BankAssurance

SCHÄFFER
POESCHEL

Henner Schierenbeck / Reinhold Hölscher

BankAssurance

Institutionelle Grundlagen der Bank- und Versicherungsbetriebslehre

2., überarbeitete und erweiterte Auflage

Schäffer-Poeschel Verlag Stuttgart

Verfasser
Prof. Dr. Henner Schierenbeck,
Institut für Betriebswirtschaft der Universität Basel

Dr. Reinhold Hölscher,
Wissenschaftlicher Mitarbeiter am selben Institut

1. Auflage 1987 – Titel der 1. Auflage „Institutionelle Bankbetriebslehre"
2. Auflage 1992

Die Deutsche Bibliothek – CIP-Einheitsaufnahme

Schierenbeck, Henner:
Bank assurance : institutionelle Grundlagen der Bank- und Versicherungsbetriebslehre / Henner Schierenbeck ; Reinhold Hölscher. – 2., überarb. und erw. Aufl. – Stuttgart : Schäffer-Poeschel, 1992
1. Aufl. u.d.T. : Schierenbeck, Henner: Institutionelle Bankbetriebslehre
ISBN 3-7910-0629-0
NE: Hölscher, Reinhold

ISBN 3 7910 0629-0

Druck: Druck-Partner Rübelmann, Hemsbach
Printed in Germany

Vorwort

Als Folge einer zunehmenden Kundenorientierung verschwimmen die herkömmlichen Grenzen zwischen Kreditinstituten,Versicherungsunternehmen und sonstigen Finanzdienstleistern immer stärker. Große Finanzdienstleistungsgruppen sind heutzutage über Eigengründungen, Beteiligungen oder Kooperationen im Bank-, Bauspar- und im Versicherungsgeschäft tätig.

Dieser Entwicklung hat die Betriebswirtschaftslehre bislang nur eingeschränkt Rechnung getragen. Zum einen unterscheiden die Ausbildungsgänge an den Hochschulen traditionell streng zwischen dem Bank- und dem Versicherungswesen, zum anderen beschäftigen sich die Lehrbücher üblicherweise nur mit der betriebswirtschaftlichen Erscheinungsform einer Branche. Auch eine sektorübergreifende Forschung ist zur Zeit nur in Ansätzen erkennbar.

Vor diesem Hintergrund möchte die vorliegende Schrift eine Brücke zwischen der Bank- und der Versicherungsbetriebslehre schlagen. Im Mittelpunkt stehen die grundlegenden betriebswirtschaftlichen Strukturen und Prozesse des Bank- und Versicherungswesen, die für ein Verständnis des Entwicklungsstandes, der Besonderheiten und der Probleme der beiden Branchen unerläßlich sind, und die gleichzeitig die Basis für eine tiefergreifende Beschäftigung mit betriebswirtschaftlichen Fragen des Bank- und Versicherungswesens, insbesondere des Bank- und Versicherungsmanagements, bilden.

Das Buch ist dreiteilig aufgebaut. Im **ersten Teil** werden die institutionellen Rahmenbedingungen beschrieben, wobei insbesondere auf die verschiedenen Unternehmenstypen und die Aufsichtssysteme eingegangen wird. Der **zweite Teil** beschäftigt sich mit den Geschäften der Banken und Versicherungsunternehmen. Neueren Entwicklungen folgend werden die Geschäfte der Kreditinstitute in das Commercial- und das Investment Banking differenziert. Von den Versicherungsgeschäften wird ausführlich auf die Lebensversicherung eingegangen, der im Rahmen der Zusammenarbeit von Banken und Versicherungsunternehmen die größte Bedeutung zukommt. Im **dritten Teil** steht schließlich die externe Rechnungslegung im Vordergrund. Erörtert werden die allgemeinen und die speziellen Bilanzierungs- und Bewertungsvorschriften, die Positionen des Jahresabschlusses sowie die Besonderheiten des Konzernabschlusses einer Bank und eines Versicherungsunternehmens.

Die Zusammenarbeit unterschiedlicher Finanzdienstleistungsunternehmen wird im deutschsprachigen Raum überwiegend als **„Allfinanz“** bezeichnet. Da zum einen im Mittelpunkt dieses Buches nur die Banken und die Versicherungsunternehmen stehen, und auf andere Unternehmen des finanziellen Sektors nur am Rande eingegangen wird, und zum anderen Kooperationen zwischen Banken und Versicherungsunternehmen im englisch- und französischsprachigen Raum auch als „Bankassurance“, „Banque-Assurance“ oder „Assurfinance“ bezeichnet werden, haben wir uns dazu entschlossen, das Buch mit **„BankAssurance“** zu betiteln. Dabei strebt die vorliegende Schrift allerdings keine vergleichende oder integrierende Betrachtung des Bank- und Versicherungswesens an. Lediglich in den jeweils ersten Kapiteln der drei Teile werden die behandelten Sachverhalte, d.h. also die

Unternehmen, die Geschäfte und die Rechnungslegungsvorschriften, aus einem übergeordneten Blickwinkel betrachtet.

An der Entstehung dieses Buches haben viele Personen mitgewirkt, bei denen wir uns auch an dieser Stelle bedanken möchten. Namentlich hervorzuheben sind dabei insbesondere Frau DR. MARIA ALBERS, Herr DR. JOSEF MEHL und Herr DIPL.-KFM. GÜNTER FIEBACH, die engagiert die inhaltliche Vorarbeit für einzelne Kapitel geleistet haben. Die arbeitsaufwendige technische Abwicklung der Drucklegung lag in den Händen von Herrn DIPL.-KFM. MATTHIAS BERGMANN. Ihm zur Seite standen Frau HELGARD SCHERER und Frau CAND. RER. POL. CHRISTIANE STURM sowie die Herren CAND. RER. POL. MARCO BREITKREUZ, MARTIN HÖLSCHER, MARTIN MATZ und ULRICH KOCH, die mit großem Einsatz die zahlreichen Abbildungen und schließlich die druckreife Fassung erstellten. Ihnen allen sind wir sehr zu Dank verpflichtet.

Basel, im März 1992

HENNER SCHIERENBECK
REINHOLD HÖLSCHER

Inhaltsübersicht

Inhaltsverzeichnis

Erster Teil

Institutionen des finanziellen Sektors

1. Kapitel: Unternehmen, Märkte und Funktionen

A. Geld als Handelsobjekt auf den Finanzmärkten

Der gesamtwirtschaftliche Leistungsprozeß ist in einer modernen Volkswirtschaft durch die **Arbeitsteilung** gekennzeichnet. Dabei umschreibt die Arbeitsteilung allgemein eine bestimmte Form der Spezialisierung von Wirtschaftsobjekten auf einzelne Teilaufgaben innerhalb des gesamtwirtschaftlichen Systems. Die Arbeitsteilung führt zwangsläufig zur Tauschwirtschaft, denn die über den Eigenbedarf hinausgehende Produktion von Gütern bringt nur dadurch einen Nutzen für den Produzenten, daß sie gegen andere benötigte Güter eingetauscht werden kann. Dieser Übertragungsprozeß wird durch den Einsatz von Geld erheblich vereinfacht, so daß ein arbeitsteiliges Wirtschaftssystem auch als **Geldwirtschaft** bezeichnet werden kann.

Der monetäre Faktor erfüllt dabei gleichzeitig mehrere **Funktionen** (BORCHERT 1982):

- Geld wird zum einen als **Recheneinheit** verwendet, was gleichbedeutend ist mit der Funktion eines Wertmessers der ausgetauschten Güter und Dienste. Gäbe es kein Geld, so müßte der Wert der zu tauschenden Güter bzw. Leistungen in Einheiten der Gegenleistung ausgedrückt werden. Dies hätte zur Konsequenz, daß die Zahl der zu bestimmenden Austauschverhältnisse um ein erhebliches höher läge als im Fall einer Geldwirtschaft, denn für jede Möglichkeit des Leistungsaustausches müßte eine realwirtschaftliche Mengenrelation bestimmt werden, während im Falle der Geldwirtschaft eine Einheit dieser Währung als einheitliche Bezugsbasis dient.

- Geld stellt des weiteren ein **allgemeines Tauschmittel (Zahlungsmittel)** dar. Dies besagt, daß mit Geld Verpflichtungen beglichen oder Leistungen erbracht werden können, ohne unmittelbar reale Güter oder Leistungen hingeben zu müssen. Würde das Geld nur als Recheneinheit verwendet, könnte von einer Geldwirtschaft im eigentlichen Sinne noch nicht gesprochen werden, denn die Wirtschaft bliebe letztlich noch auf der Stufe des Naturaltausches stehen. Erst in dem Augenblick, wo sich die Beteiligten am Wirtschaftsprozeß auf das Geld als allgemeines Tauschmittel einigen, erfolgt der Übergang zur Geldwirtschaft. Deren Kennzeichen besteht darin, daß die Wirtschaftssubjekte sich generell bereit erklären, das als Geld definierte Medium für ihre Leistungen in Zahlung zu nehmen, soweit es jederzeit in andere Güter und Dienstleistungen eingetauscht werden kann und daher eine bestimmte Kaufkraft verkörpert.

- Geld wird schließlich als **Wertaufbewahrungsmittel** eingesetzt, was bedeutet, daß mit Geld die Sammlung und Aufbewahrung von Werten erleichtert wird. Voraussetzung für diese Funktion des Geldes ist das Vertrauen in die Stabilität des Geldwertes. Wird nämlich eine Geldentwertung (Inflation) erwartet, so ist es für potentielle Käufer sinnvoll, die Kauftermine vorzuverlegen, um noch zu dem derzeitig gültigen (höheren) Geldwert die Transaktionen tätigen zu können. Es kommt damit zu Vorratskäufen und Lageraufstockungen, so daß das Geld schließlich seine Wertaufbewahrungsfunktion verliert.

In einer Geldwirtschaft ergeben sich also aus realen Tauschbeziehungen monetäre Vorgänge. Dies beinhaltet praktisch, daß jede Übertragung im güterwirtschaftlichen Bereich eine entsprechende finanzwirtschaftliche Transaktion auslöst. Daneben existieren jedoch auch finanzwirtschaftliche Transaktionen, die unabhängig von güterwirtschaftlichen Prozessen verlaufen und sich aus ihnen direkt nicht ableiten lassen. Diese Vorgänge entstehen zunächst aufgrund von **Spar- und Kreditprozessen**, indem Finanzmittel von den volkswirtschaftlichen Einheiten, bei denen die Einnahmen die Ausgaben übersteigen, zu den Sektoren, bei denen die Ausgaben größer sind als die Einnahmen, transferiert werden. Des weiteren sind finanzwirtschaftliche Transaktionen jedoch auch mit **Risikoausgleichsprozessen** verbunden. Finanzielle Mittel werden hier zur Abdeckung einer bestimmten Gefahr von einer größeren Zahl wirtschaftlicher Einheiten aufgebracht und einer geringeren, von dem Ereignis tatsächlich betroffenen Zahl von Versicherten zur Verfügung gestellt.

Die aus güterwirtschaftlichen Transaktionen abgeleiteten sowie die neben diesen stehenden autonomen Vorgänge spielen sich direkt oder indirekt im **finanziellen Sektor** einer Volkswirtschaft ab. Im finanziellen Sektor treffen insoweit **Angebot von** und **Nachfrage nach** einerseits **Geld** sowie andererseits **Versicherungsschutz** aufeinander, und in ihm werden die finanzwirtschaftlichen **Transaktionen** durchgeführt. Daher kann der finanzielle Sektor auch als die **Summe der Finanz- und Versicherungsmärkte und der an den finanziellen Vorgängen beteiligten Institutionen** definiert werden.

Auf der Basis dieser Begriffsbestimmung werden im folgenden die Elemente und die Funktionen des finanziellen Sektors näher beleuchtet. Dabei stehen zunächst die Teilmärkte des finanziellen Sektors und daran anschließend die finanzwirtschaftlichen Institutionen im Mittelpunkt der Betrachtung.

LITERATURHINWEISE:

BORCHERT, M. (1982)
BÜSCHGEN, H.E. (1989)
DUWENDAG, D. (1988)

B. Strukturelemente des Finanzsystems

I. Teilmärkte des finanziellen Sektors

1. Finanz- und Versicherungsmärkte

Unter einem **Versicherungsmarkt** ist derjenige ökonomische Ort zu verstehen, an dem Versicherungsschutz angeboten und nachgefragt sowie an dem zwischen den Vertragsparteien das Wirtschaftsgut Versicherungsschutz gegen Zahlung einer Prämie ausgetauscht wird (FARNY 1988). Einen einheitlichen Versicherungsmarkt gibt es in der Realität nicht. Vielmehr kann eine Reihe von **Teilversicherungsmärkten**, auf denen ähnliche Marktverhältnisse herrschen, abgegrenzt werden. Denkbar ist in diesem Zusammenhang beispielsweise eine Untergliederung in

- Märkte der einzelnen Versicherungszweige,
- regionale, nationale, internationale Märkte,
- Märkte der Erwerbswirtschaft, der öffentlich-rechtlich und der auf Gegenseitigkeit geführten Versicherung,
- Märkte des Geschäfts mit gewerblichen und privaten Kunden sowie mit öffentlichen Haushalten.

Wird der Versicherungsmarkt nach den beteiligten **Marktparteien** differenziert, so lassen sich der Erst- und der Rückversicherungsmarkt unterscheiden (vgl. Abb. 1.1). Abgesehen von denjenigen Versicherungen, die ein Versicherungsunternehmen zur Abdeckung eigener Risiken abschließt (z.B. Gebäudeversicherung), treten auf dem **Erstversicherungsmarkt** als Versicherungsnehmer nur solche natürlichen und juristischen Personen auf, die nicht gleichzeitig Versicherer sind. Dagegen werden auf dem **Rückversicherungsmarkt** spezielle **Sicherungsvereinbarungen zwischen Versicherungsunternehmen** getroffen (KOCH 1988).

Marktteilnehmer / Märkte	Finanzwirtschaftliche Institutionen	Kunden der finanzwirtschaftlichen Institutionen
Versicherungsmärkte	Rückversicherungsmarkt	Erstversicherungsmarkt
Finanzmärkte i.w.S.	Finanzmarkt i.e.S.	Markt für Kundengelder

Abb. 1.1: Märkte und Marktteilnehmer

Die Rückversicherung setzt grundsätzlich ein Erstversicherungsverhältnis voraus. Sie ermöglicht es dem Erstversicherer, hohe Risiken zu zeichnen und einen Teil der übernommenen Wagnisse auf ein anderes Unternehmen zu verteilen. Eine Rechtsbeziehung zu dem Endverbraucher des Versicherungsschutzes begründet die Rückversicherungsnahme nicht. Angebot und Nachfrage nach Rückversicherungsschutz sind traditionell international ausgerichtet. Im Unterschied zur

Erstversicherung können regional abgegrenzte Rückversicherungsmärkte daher nicht identifiziert werden.

Als **Finanzmarkt** wird **im weiteren Sinne** derjenige, weder örtlich noch zeitlich begrenzte Markt bezeichnet, auf dem Finanzmittel angeboten und nachgefragt bzw. auf dem zwischen den Marktparteien gegen Zahlung eines Zinses finanzielle Mittel ausgetauscht werden. Ebenso wie ein einheitlicher Versicherungsmarkt nicht existiert, werden auch die finanziellen Transaktionen nicht auf einem einzigen Markt, sondern auf mehreren **Teilfinanzmärkten** abgewickelt. Erfolgt die Bildung solcher Teilfinanzmärkte ebenso wie im Versicherungswesen nach dem Kriterium der Marktteilnehmer, so können der Markt für Kundengelder und der Finanzmarkt im engeren Sinne unterschieden werden (vgl. Abb. 1.1). Auf dem **Markt für Kundengelder** bieten private Haushalte, Unternehmen und öffentliche Haushalte Mittel an bzw. fragen zur Begründung von Kreditbeziehungen finanzielle Mittel nach. Hinsichtlich der Marktparteien ist der Markt für Kundenkredite und Kundeneinlagen dem Erstversicherungsmarkt vergleichbar, denn in beiden Fällen werden Transaktionen zwischen den finanzwirtschaftlichen Institutionen und den originären Geschäftspartnern erfaßt. Darüber hinaus lassen sich jedoch zwischen dem Markt für Kundengelder und dem Erstversicherungsmarkt in funktionaler Hinsicht auch **Überschneidungen** feststellen. Beispielsweise sind mit der kapitalbildenden Lebensversicherung auch Sparprozesse verbunden, so daß von den Versicherungsunternehmen Mittel am Finanzmarkt angelegt werden müssen; von den Banken werden im Kundengeschäft Risikoprämien erhoben, deren Kalkulation dem Versicherungsprinzip entspricht.

Der **Finanzmarkt im engeren Sinne** wird ebenso wie der Rückversicherungsmarkt durch die finanzwirtschaftlichen Institutionen geprägt. Während sich jedoch am Markt für Rückversicherungsschutz nur die Versicherungsunternehmen beteiligen, sind an den Teilmärkten des Finanzmarktes im engeren Sinne neben den Banken auch sonstige Finanzinstitutionen aktiv. Hierzu gehören u.a. Versicherungsunternehmen, Investmentgesellschaften sowie bestimmte große Industrieunternehmen, die aufgrund eines hohen Anlage- oder Kreditbedarfs sowie eines erstklassigen Ansehens eine den Kreditinstituten vergleichbare Position einnehmen.

2. Geld- und Kapitalmärkte

Der Finanzmarkt im engeren Sinne läßt sich unter Zugrundelegung der Fristigkeit der Geschäfte in den Geld- und den Kapitalmarkt unterscheiden (vgl. Abb. 1.2). Der **Geldmarkt** ist der Markt für kurzfristiges Geldkapital, unter dem **Kapitalmarkt** wird allgemein der Markt für längerfristige Kredite und für Beteiligungen verstanden. Zieht man als weiteres Unterscheidungsmerkmal den **Organisationsgrad** der Märkte heran, können organisierte und nicht organisierte Geld- bzw. Kapitalmärkte differenziert werden. Von einem organisierten Markt wird gesprochen, wenn für den Handel feste Usancen gelten und der Kreis der auf dem Marktsegment aktiven Teilnehmer beschränkt ist. Unter Berücksichtigung dieser Anforderungen ist allgemein eine Differenzierung in enger und weiter gefaßte Märkte üblich (BÜSCHGEN 1989, KRÜMMEL 1982). Dabei muß allerdings berücksichtigt werden, daß es sich jeweils um eigenständige Marktsegmente handelt und die weitergefaßten nicht auch die engergefaßten Teilmärkte umschließen.

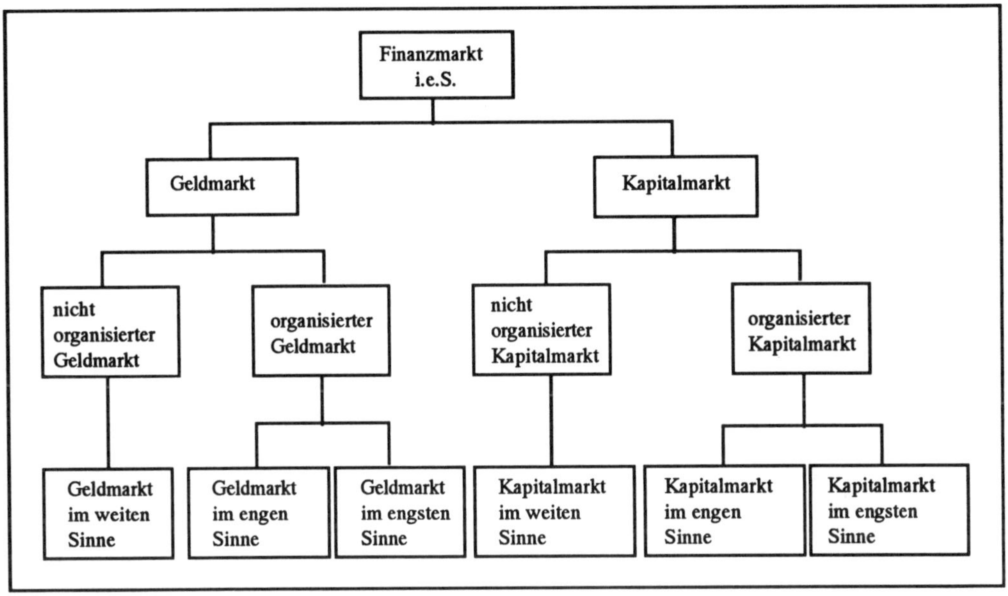

Abb. 1.2: Struktur des Finanzmarktes i.e.S.

Der **Geldmarkt im engsten Sinne** dient ausschließlich der Refinanzierung der Kreditinstitute durch die **Deutsche Bundesbank**. Als Handelsobjekte kommen einerseits **Geldmarktkredite** (Diskont- und Lombardkredite), andererseits **Geldmarktpapiere** in Betracht, die von der Notenbank im Rahmen der Offenmarktpolitik angekauft werden. Eine zunehmende Bedeutung haben in diesem Zusammenhang in den letzten Jahren die **Pensionsgeschäfte** erhalten. Bei einem Pensionsgeschäft kauft die Deutsche Bundesbank Wechsel oder Wertpapiere an, wobei sich die Kreditinstitute verpflichten, die Papiere unter Berücksichtigung einer bestimmten Verzinsung per Termin wieder zurückzukaufen.

Auf dem **Geldmarkt im engeren Sinne** wird mit **Zentralbankgeld** und bestimmten, jederzeit in Zentralbankgeld umwandelbaren **Geldmarktpapieren** (Schatzwechsel, unverzinsliche Schatzanweisungen, Privatdiskonten) gehandelt. Die Transaktionen dienen dem **Liquiditätsausgleich** und werden insbesondere zwischen Banken, teilweise jedoch auch mit großen sonstigen Finanzinstituten abgewickelt.

Ebenso wie das Geschäft mit der Deutschen Bundesbank weist auch der Geldmarkt im engeren Sinne strenge Marktusancen auf. Demgegenüber handelt es sich beim **Geldmarkt im weiteren Sinne** um ein nicht organisiertes Segment des Finanzmarktes. Neben Banken und sonstigen Finanzinstitutionen beteiligen sich dabei auch größere Unternehmen an dem Handel mit **kurzfristigen Finanzierungsmitteln**, so daß letztlich ein fließender Übergang zu dem von den finanzwirtschaftlichen Institutionen betriebenen Kundengeschäft festzustellen ist.

Obwohl die Zuordnung bestimmter mittelfristiger Transaktionen mit einer Laufzeit von 12 Monaten bis zu 4 Jahren Probleme aufwirft, hat sich in der Literatur die Trennung in den Markt für kurz- und für langfristige Mittel, d.h. also in den Geld- und den Kapitalmarkt durchgesetzt. Dem **Kapitalmarkt im engsten Sinne** ist dabei die **Emission und der börsliche Handel von Effekten** zuzurechnen, wobei als Effekten allgemein vertretbare Wertpapiere bezeichnet werden. An der Börse wickeln speziell zum Börsenhandel zugelassene Makler die Geschäfte nach genau festgelegten Regeln ab. Es müssen folgende **Marktsegmente** unterschieden werden:

- Gegenstand des **amtlichen Handels** sind die von der Börsenzulassungsstelle zu dieser Handelsform ausdrücklich zugelassenen Wertpapiere. **Amtliche Makler** vermitteln die Transaktionen und stellen dabei denjenigen Kurs fest, bei dem der größtmögliche Umsatz erzielt wird. Die Erfüllung der Geschäfte erfolgt entweder sofort (**Kassamarkt**) oder später (**Terminmarkt**). Termingeschäfte waren in der Bundesrepublik Deutschland über eine lange Zeit nur in einem sehr begrenzten Umfang erlaubt. Eine erhebliche Erweiterung des Terminmarktes ist erst mit der Errichtung der Deutschen Terminbörse im Jahre 1990 eingetreten.

- Der im Jahre 1987 eröffnete **geregelte Markt** soll mittelständischen Unternehmen den Zugang zur Börse erleichtern. Im Vergleich zum amtlichen Handel gelten für den geregelten Markt **erleichterte Zugangsbedingungen** und **niedrigere Zugangsgebühren**. Die **amtliche beaufsichtigte** Kursfeststellung erfolgt durch **Freimakler**, die die gleichen Grundsätze wie im amtlichen Handel beachten müssen.

- Im **Freiverkehr** werden schließlich diejenigen Papiere gehandelt, die weder in den amtlichen Handel noch in den geregelten Markt einbezogen sind. Er entstand im Jahre 1987 durch Zusammenfassung der bis dahin existierenden Marktsegmente geregelter Freiverkehr und ungeregelter Freiverkehr. Genauere Regelungen für dieses Marktsegment sind im Börsengesetz nicht vorhanden. Die Kurse werden durch Freimakler festgesetzt. Um Unregelmäßigkeiten zu vermeiden, unterliegt der Freiverkehr einer **Mißbrauchsaufsicht** durch die Vorstände der einzelnen Börsen.

Am **Kapitalmarkt im engeren Sinne** sind die Institutionen des finanziellen Sektors als Kapitalnehmer, Kapitalgeber oder Kapitalvermittler aktiv (BÜSCHGEN 1989a). Als Marktobjekte kommen **Beteiligungs-** und **Gläubigerrechte**, **verbriefte** (Aktien, festverzinsliche Wertpapiere) und **unverbriefte** (Anteile an einer GmbH, langfristige Kredite) **Ansprüche** in Betracht. Ein Segment des Kapitalmarktes im engeren Sinne bildet der **außerbörsliche Effektenhandel**, der insbesondere zwischen Banken bzw. zwischen Banken und institutionellen Anlegern stattfindet. Die Abwicklung der Geschäfte erfolgt außerhalb der üblichen Börsenzeiten und/oder telefonisch. Dem außerbörslichen Handel sind ferner die Tafelgeschäfte, d.h. die An- und Verkäufe von Wertpapieren über den Bankschalter zuzurechnen.

Zum **Kapitalmarkt im weiteren Sinne** zählen schließlich alle nicht über Banken oder Börsen abgewickelten langfristigen Transaktionen. Die Kredit- und Beteiligungsbeziehungen werden in der Regel informell, häufig über Zeitungsanzeigen oder Makler, hergestellt. Als Vertragsparteien treten Privatpersonen und sonstige Nichtbanken auf.

Die bisher dargestellten Elemente des inländischen Finanzmarktes sind in ihrer Grundstruktur auch auf **ausländischen Finanzmärkten** vorzufinden. Von diesen Auslandsfinanzmärkten sind die **internationalen Finanzmärkte** zu unterscheiden. Internationale Finanzbeziehungen entstehen zwar bereits durch jede grenzüberschreitende Finanztransaktion, von dem eigentlichen internationalen Finanzmarkt wird jedoch erst dann gesprochen, wenn Finanzmittel **außerhalb des jeweiligen nationalen Währungsbereichs** gehandelt werden (BÜSCHGEN 1989a). Auf diesen auch als Euro-

Markt oder Xeno-Markt bezeichneten Finanzmärkten unterliegen die abgeschlossenen Transaktionen nicht den nationalen Währungsvorschriften, so daß sich die Kreditnehmer einer restriktiven Kredit- oder Zinspolitik der Notenbank ihres Heimatlandes entziehen können.

Die Entstehung des Euromarktes geht auf das Jahr 1958 zurück, als für mehrere Währungen die freie **Konvertibilität** wiederhergestellt wurde. Neben dieser notwendigen Bedingung war jedoch vor allem der Abbau von Zahlungsbilanzüberschüssen und der **Übergang zu Zahlungsbilanzdefiziten** in den USA der Anlaß zu einem Handel mit anderen Währungen. Die entstehenden Dollarguthaben im europäischen Besitz konnten in den USA nur zu geringen Zinsen bzw. unverzinslich angelegt werden, während auf der anderen Seite eine erhebliche Nachfrage nach Dollarkrediten bestand. Für die Eigentümer von Dollarbeständen bot sich damit die Möglichkeit einer höheren Verzinsung als in den USA, und die Kreditnehmer mußten trotzdem geringere Zinsen als auf dem amerikanischen Finanzmarkt bezahlen. Ein weiterer Faktor für die Entwicklung des Euromarktes war der Abzug sowjetischer Dollarguthaben von US-amerikanischen Banken. Aus Furcht vor einer Beschlagnahmung wurden die Gelder nicht mehr in den USA, sondern bei europäischen Banken angelegt.

Begründet in der speziellen Entwicklungsgeschichte standen zu Beginn des Euromarktes Transaktionen mit **US-Dollar** im Vordergrund. Die Geschäfte wurden nur innerhalb eines engen Kreises von bestimmten Geldmarktteilnehmern durchgeführt. Doch mit zunehmender Bedeutung und wachsendem Volumen nahmen sowohl die gehandelten Währungen als auch die Anzahl der Marktpartner erheblich zu. Heute werden die Geschäfte am Euromarkt mit **allen wesentlichen frei konvertiblen Währungen**, wie dem Pfund Sterling, dem Schweizer Franken, dem Japanischen Yen und der Deutschen Mark abgeschlossen. Anbieter und Nachfrager sind neben **Kreditinstituten** auch **Unternehmen mit erstklassiger Bonität** und **öffentliche Stellen**. Weiter haben sich sogenannte **Off-Shore-Finanzplätze** entwickelt, an denen für Geschäfte, die den jeweiligen Inlandsmarkt nicht berühren, besonders günstige Rahmenbedingungen gelten. Charakteristisch für diese Finanzmärkte ist dabei die Freistellung von notenbankpolitischen Steuerungsmaßnahmen, die liberalisierte Bankenaufsicht sowie günstige steuerliche Rahmenbedingungen. Zu den bedeutenden Off-Shore Zentren zählen London, Luxemburg, New York, die Cayman-Inseln, Bahrain, Singapur und Hongkong.

Ebenso wie der nationale Finanzmarkt läßt sich auch der Euromarkt in den Eurogeld- und den Eurokapitalmarkt unterteilen (vgl. Abb. 1.3). Auf dem **Eurogeldmarkt** werden vornehmlich kurzfristige Geldaufnahmen und Geldanlagen getätigt. Er dient damit sowohl der kurzfristigen Beseitigung von Liquiditätsengpässen als auch der kurzfristigen Anlage von Liquiditätsüberschüssen.

Der **Eurokapitalmarkt** zerfällt in den Eurokredit- und den Eurobondmarkt. Während am **Eurokreditmarkt** volumensmäßig große Kredite mit mittel- bis langfristigen Laufzeiten insbesondere an Nichtbanken vergeben werden, erfolgt am **Eurobondmarkt** die Emission internationaler Anleihen zur langfristigen Finanzierung von Wirtschaftsunternehmen und der öffentlichen Hand. Das Tätigkeitsfeld der Banken am Eurobondmarkt beschränkt sich neben der Emission eigener Wertpapiere auf die Wahrnehmung von Hilfsfunktionen im Rahmen ihres Dienstleistungsgeschäftes.

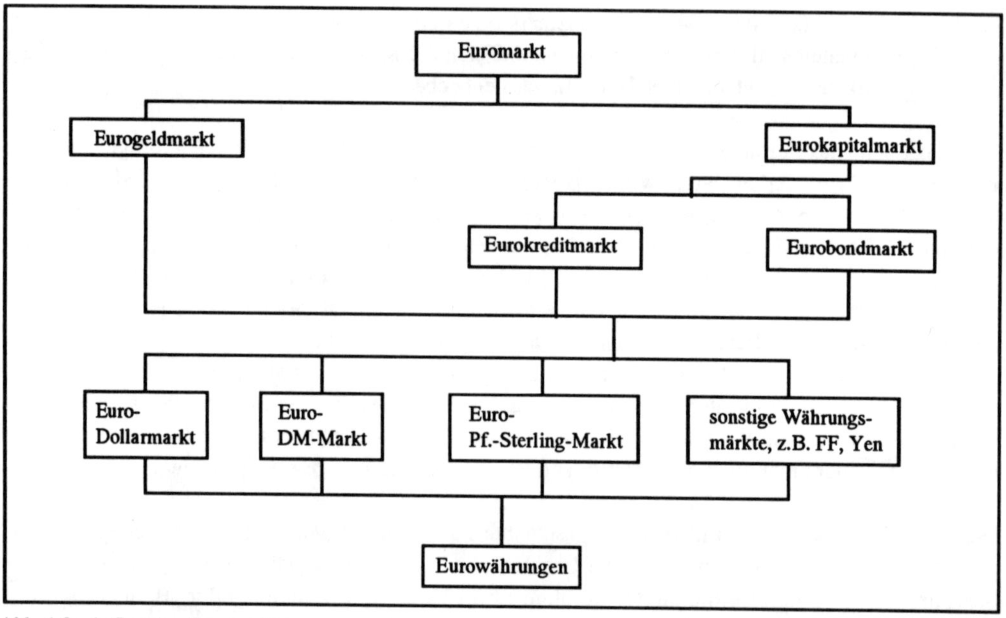

Abb. 1.3: Aufbau des Euromarktes

Der Handel mit **Eurowährungen** erstreckt sich nicht nur auf ein begrenztes geographisches Gebiet, sondern auf alle Euro-Finanzzentren der Welt. Die Bezeichnung "Euro" bedeutet damit weder eine Einschränkung des Marktes auf Europa noch eine Begrenzung auf ausschließlich europäische Währungen. Dennoch haben sich für bestimmte Währungen Zentren herausgebildet. So wird die Deutsche Mark vor allem in Luxemburg, das britische Pfund und der US-Dollar werden hauptsächlich in London gehandelt.

II. Finanzwirtschaftliche Institutionen

Neben der Systematisierung des finanziellen Sektors bezüglich der Finanzmärkte ist eine Differenzierung nach den Institutionen, die diese Transaktionen erleichtern, möglich. Die folgende Abbildung 1.4 gibt einen Überblick über die institutionelle Gliederung des gesamten deutschen Finanzsektors, wobei neben den eigentlichen Trägern der Finanzvermittlung auch das Aufsichts- und Verbandssystem als Rahmenbedingungen mit aufgeführt werden.

Die Hauptaufgaben des **Aufsichts-** und des **Verbandswesens** innerhalb des finanziellen Sektors liegen in der Aufrechterhaltung der Funktionsfähigkeit des gesamten Systems. Dabei sollen die an der Aufsicht beteiligten Institutionen, nämlich

- das **Bundesaufsichtsamt für das Kreditwesen,**
- das **Bundesaufsichtsamt für das Versicherungswesen** sowie
- das **Bundeskartellamt**

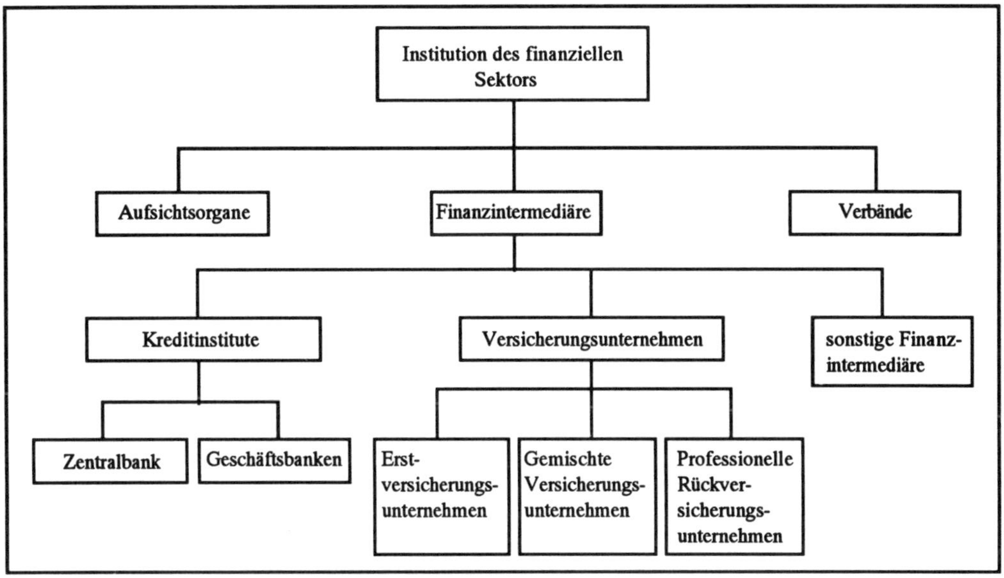

Abb. 1.4: Institutionelle Gliederung des finanziellen Sektors

die Einhaltung spezieller staatlicher Gesetze und Grundsätze überwachen, die die Geschäftstätigkeit, die Risikosituation sowie die wettbewerbspolitischen Aktionen der überwachten Institute reglementieren. Demgegenüber besteht die spezifische Aufgabe der **Verbandsorgane** darin, eine **institutsgruppenbezogene Interessenvertretung** gegenüber dem Staat und der allgemeinen Öffentlichkeit auszuüben und insoweit die Interessen der jeweiligen Institutsgruppe zu artikulieren und durchzusetzen. Da die Verbandsorganisationen des weiteren auch eine auf die Mitgliedsinstitute ausgerichtete Informations- und Beratungsfunktion wahrnehmen, können die Aufgaben des Verbandssystems folgendermaßen zusammengefaßt werden (HAHN 1984):

- **Lobbyfunktion**
  Einflußnahme auf Gesetz- oder Verordnungsgeber durch die Formulierung von Interessenstandpunkten und die Entsendung von Verbandsvertretern in politische Gremien.

- **Service-Funktion**
  Bereitstellung von Dienstleistungen für die angeschlossenen Institute (z.B. Aus-, Weiterbildung, Rechnungsprüfung, Organisationsberatung).

- **Marketing-Funktion**
  Beeinflussung der öffentlichen Meinung durch eine entsprechende Medienpolitik (Public Relations).

- **Kartellierungs-Funktion**
  Herbeiführung von Marktabsprachen insbesondere im Produkt- (Versicherungsbedingungen), Preis- und sonstigen Konditionenbereich sowie im Dienstleistungsgeschäft (z.B. Euroscheck-Verfahren, Geldausgabeautomaten).

Die eigentlichen Institutionen des finanziellen Sektors werden auch zusammenfassend als **Finanzintermediäre** bezeichnet, wobei ein Finanzintermediär als eine Wirtschaftseinheit definiert werden kann, deren Geschäftstätigkeit primär darin besteht, **Finanzinvestitionen** zu tätigen und die demzufolge auf beiden Seiten ihrer Bilanz im wesentlichen nur **Finanzvermögenspositionen** und **Verbindlichkeiten** aufweist (STÜTZEL 1988, REITZ 1974). Der den Finanzintermediären zukommende Anteil an der Zahl der Arbeitsstätten und der Beschäftigten wird durch die nachstehende Abbildung 1.5 verdeutlicht. Es zeigt sich, daß die Bedeutung der Finanzintermediäre für die Gesamtzahl der Unternehmen sowie für den Arbeitsmarkt zwar relativ gering ist, daß sich jedoch der Anteil der Finanzintermediäre an der Zahl der Arbeitsstätten im Vergleich zu 1970 mehr als verdoppelt und an der Zahl der Beschäftigten um mehr als 15 % erhöht hat. Trotzdem sind jedoch nur rd. 4,7 % der Arbeitsstätten dem Bank- und Versicherungssektor zuzurechnen und lediglich knapp 3,6 % der Beschäftigten sind im finanziellen Sektor aktiv. Dies verdeutlicht schließlich auch, daß die zentralen Aufgaben im monetären Bereich von einer verhältnismäßig geringen Zahl von Unternehmen und Beschäftigten bewältigt werden können.

Wirtschaftszweige		Arbeitsstätten (%)		Beschäftigte (%)	
		1970	1987	1970	1987
Land- und Forstwirtschaft, Fischerei		1,13	1,12	0,47	0,51
Energie- und Wasserversorgung, Bergbau		0,18	0,25	2,52	1,49
Verarbeitendes Gewerbe		21,88	13,96	48,49	30,97
Baugewerbe		8,19	7,22	10,22	6,86
Handel		33,90	27,40	16,97	14,94
Verkehr und Nachrichtenübermittlung		3,88	4,73	6,79	5,74
Finanzintermediäre		2,27	4,72	3,10	3,58
Dienstleistungen und sonstige Wirtschaftszweige		28,57	40,60	11,44	35,91
Summe	%	100,0	100,0	100,0	100,0
	absolut	1.908.060	2.581.201	21.264.406	26.972.933

Abb. 1.5: Arbeitsstätten und Beschäftigte nach Wirtschaftszweigen (Quelle: Statistisches Bundesamt, Statistisches Jahrbuch 1989, S. 112; Unternehmen und Arbeitsstätten, Arbeitsstättenzählung vom 27.5.1970, Heft 6, S. 9-163; eigene Berechnungen)

Wird innerhalb der Finanzintermediäre zunächst das **Bankensystem** betrachtet, so läßt sich dieses aufteilen in das **Zentralbankensystem**, dessen Hauptaufgabe als staatliche Institution darin besteht, die Währungspolitik verantwortlich durchzuführen, sowie in das **Geschäftsbankensystem**. Zu den Geschäftsbanken rechnen die Institute, die unter dem juristischen Blickwinkel als Kreditinstitute anzusehen sind (§ 1, 2 KWG) sowie die Postgiro- und Postsparkassenämter und die Kreditanstalt für Wiederaufbau. **Versicherungsunternehmen** haben den Betrieb von Versicherungsgeschäften zum Gegenstand (§ 1 VAG), wobei **Erstversicherungsunternehmen** ausschließlich zu den Endverbrauchern des Versicherungsschutzes Rechtsverhältnisse aufbauen, professionelle oder reine **Rückversicherungsunternehmen** nur indirektes Geschäft zeichnen und **gemischte Versicherungsunternehmen** schließlich sowohl die Erst- als auch die Rückversicherung betreiben. Die neben den Banken und Versicherungsunternehmen verbleibende Teilmenge der Institutionen des finanziellen Sektors wird von den **sonstigen Finanzintermediären** ausgefüllt. Zu dieser Gruppe gehören alle Unternehmen, die finanzielle Dienstleistungen anbieten und die nicht als Kreditinstitute oder Versicherungsunternehmen gelten. Im einzelnen handelt sich sich hierbei um

- Leasinggesellschaften,
- Factoringgesellschaften,
- Immobilienfonds,
- Pensionsfonds,
- Kapitalbeteiligungsgesellschaften,
- Pfandleihanstalten und
- Finanzmakler.

Diese Institute stehen durch ihre Geschäftstätigkeit in direkter Konkurrenz zu dem Geschäftsbankensystem; in Bezug auf die Versicherungsunternehmen kann demgegenüber von einem weitgehend wettbewerbsneutralen Verhältnis ausgegangen werden. Im Rahmen dieser Schrift soll auf die Gruppe der sonstigen Finanzintermediäre nicht näher eingegangen werden. Im Mittelpunkt stehen folglich die Kreditinstitute und die Versicherungsunternehmen, deren Funktionen im folgenden dargestellt werden.

LITERATURHINWEISE:

BÜSCHGEN, H.E. (1989)
BÜSCHGEN, H.E. (1989a)
FARNY, D. (1988)
HAHN, O. (1984)
KOCH, P. (1988)
KRÜMMEL, H.-J. (1982)
REITZ, B. (1974)
STÜTZEL, W. (1988)

C. Funktionen der Banken und Versicherungen

Nachdem der finanzielle Sektor bisher hinsichtlich seiner Teilmärkte sowie der finanzwirtschaftlichen Institutionen beschrieben wurde, ist im folgenden zu klären, welche Zusammenhänge zwischen diesen beiden Komponenten bestehen, d.h. welche Funktionen Banken und Versicherungsunternehmen wahrnehmen. Generell werden dabei von den Kreditinstituten und Versicherern

(1) Informationsprobleme,
(2) Liquiditätsprobleme und
(3) Risikoprobleme

gelöst (vgl. Abb. 1.6).

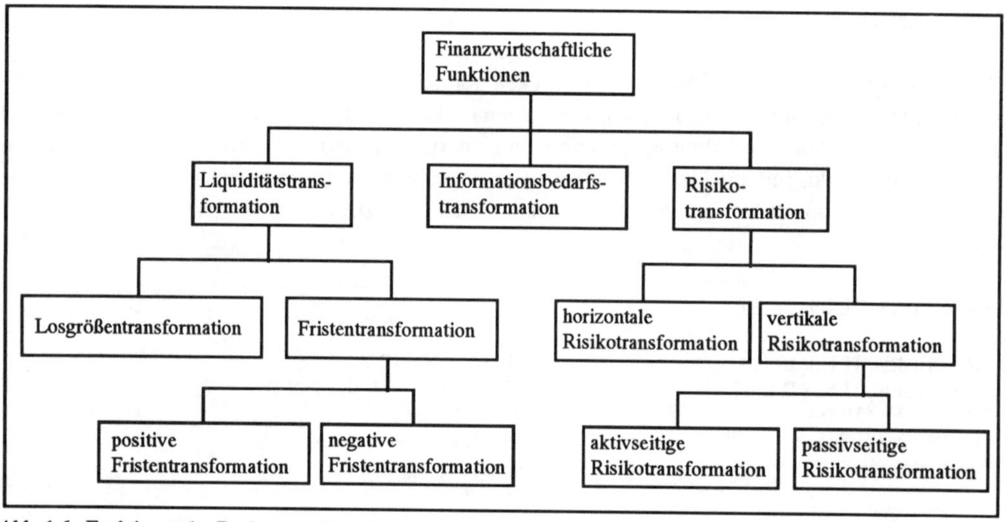

Abb. 1.6: Funktionen der Banken und Versicherungsunternehmen

Zu (1): Vor dem Abschluß eines Geschäftes müssen die Geldnehmer und Geldgeber zunächst einmal über die Existenz und die Verläßlichkeit **geeigneter Marktpartner** informiert sein. Indem die Banken und Versicherungen eine Vielzahl von Geschäften abschließen, ersparen sie sowohl den Geldnehmern als auch den Geldgebern die **individuelle Suche** nach adäquaten Marktpartnern (BITZ 1989). Die erforderlichen Informationen der originären Geschäftspartner reduzieren sich auf die Kenntnis eines geeigneten **Finanzvermittlers**, d.h. der Informationsbedarf der Kontrahenten wird umgewandelt bzw. transformiert.

Zu (2): Unter **liquiditätsmäßiger Betrachtungsweise** transferieren die Banken und Versicherungsunternehmen finanzielle Mittel von denjenigen Wirtschaftseinheiten, die Finanzmittelüberschüsse besitzen zu denjenigen Wirtschaftssubjekten, die finanzielle Defizite aufweisen (SCHIERENBECK/HÖLSCHER 1990). Diese Tätigkeit wird von den **Kreditinstituten** mit der Hereinnahme bestimmter **Einlagen** und der Vergabe kurz-, mittel- und langfristiger **Kredite** ausgeübt.

In **Versicherungsunternehmen** läßt sich der Transfer von Liquidität zum einen in der mit Sparprozessen verknüpften **kapitalbildenden Lebensversicherung** und der **Unfallversicherung mit Prämienrückgewähr** nachvollziehen, zum anderen fließen den Versicherern die **Prämien zu Beginn einer Vertragsperiode** zu, so daß sich zwangsläufig bis zum Zeitpunkt des Eintritts eines Schadens und der Schadenregulierung ein Anlagebedarf ergibt.

Zusammen mit der Weiterleitung finanzieller Mittel transformieren die Banken und Versicherungsunternehmen die Geldbeträge in betragsmäßiger und zeitlicher Hinsicht. Die betragsmäßige, auch als **Losgrößentransformation** bezeichnete Umwandlung beinhaltet die volumensmäßige Abstimmung der angebotenen und nachgefragten Mittel, wobei die betragsmäßigen Diskrepanzen grundsätzlich in zweierlei Hinsicht auftreten können:

- Entweder stehen großen Kreditpositionen zahlreiche kleinere Anlageleistungen gegenüber
- oder viele kleine Kreditbeträge werden durch eine große Einlage finanziert.

Als typisch für die Finanzmärkte kann der erstgenannte Fall angesehen werden, denn im **fremdbestimmten** (Kredit-)Geschäft übersteigen im Normalfall die zur Finanzierung umfangreicher Investitionsprojekte nachgefragten Beträge die von einzelnen Einlegern resp. Versicherungsnehmern bereitgestellten Mittel; im **eigenbestimmten** (Kapitalmarkt-)Geschäft vollzieht sich die Anlagedisposition ganz zwangsläufig nicht über einzelne, sondern über die insgesamt in einem bestimmten Zeitraum zufließenden Beträge.

Im zweiten Fall der Losgrößentransformation übernimmt ein Finanzierungsinstitut für einen Großgläubiger die Aufgabe, mit vielen Kreditnehmern über die Kreditkonditionen zu verhandeln. Sieht man von einzelnen bereitgestellten Großeinlagen ab, so ist diese Art der Transformation allenfalls typisch für eine Teilzahlungsbank, die eine große Zahl relativ kleiner Kredite gewährt und sich in großen Beträgen refinanziert. Insbesondere tritt die Umwandlung hochvolumiger Passiva in viele Aktivpositionen nicht in Versicherungsunternehmen auf, denn hier ergibt sich der Sparprozeß erst derivativ aus der kontinuierlich wahrgenommenen Risikotransformation.

Der Lösung von Liquiditätsproblemen dient neben der Losgrößen- auch die Fristentransformation (BUCH 1972, SCHMALENBACH 1961). Als **positive Fristentransformation** wird dabei die Umwandlung kürzerfristiger Passiva in längerfristige Aktivgeschäfte, als **negative Fristentransformation** die Umwandlung längerfristiger Passiva in kürzerfristige Aktivgeschäfte bezeichnet. Kreditinstitute üben im Normalfall die positive Fristentransformation aus. Dies resultiert zunächst daraus, daß bei einer normalen Zinsstruktur mit zunehmender Laufzeit auch höhere Zinssätze gegeben sind, die zusammen mit der Umwandlung kurzfristiger Einlagen in langfristige Kredite zur Erzielung einer speziellen Laufzeitprämie führen. Daneben sind viele Kreditnehmer nicht an kurzfristigen Mitteln interessiert und verlangen vielmehr eine längerfristige, fest terminierte Bereitstellung der Gelder, während die Kapitalgeber häufig ein starkes Interesse daran haben, ihre Mittel so zu binden, daß sie bei Eigenbedarf ohne Verluste verfügbar sind. Diese unterschiedlichen Interessenlagen der Gläubiger und der Schuldner gleichen die Kreditinstitute aus und tragen damit sowohl den Vorstellungen der Anleger nach hoher Liquidität ihrer Anlagen als auch den Wünschen der Kreditnehmer nach mittel- und längerfristigem Kapital Rechnung.

Die positive Fristentransformation ist den Kreditinstituten jedoch nur möglich, weil sie aus Erfahrungswerten annehmen können, daß die Einleger ihre Gelder länger bei den Banken belassen als dies eigentlich vereinbart ist und daß abgezogene Mittel durch Neueinlagen ersetzt werden. Durch diese beiden Elemente der **Prolongation** und **Substitution** wird jedoch auch die einem Kreditinstitut maximal mögliche Fristentransformation bestimmt, denn über den langfristig zur Verfügung stehenden Bodensatz hinaus ist eine langfristige Kreditvergabe kurzfristiger Mittel ohne erhebliche Liquiditätsrisiken nicht möglich.

Im Versicherungsunternehmen besitzt die (positive) Fristentransformation im Gegensatz zu den Banken eine geringere Bedeutung, denn diejenigen Produkte, bei denen eine Ansammlung von Kapital stattfindet, sind von vornherein sehr langfristig konzipiert (BUCH 1972, SCHIRMER 1971). Beispielsweise liegt die durchschnittliche Laufzeit der Lebensversicherungen bei 27, im Einzelfall sogar bei 40 Jahren und mehr (KALBAUM/MEES 1988). Eine in ertrags- und angebotspolitischen Motiven begründete Transformation zufließender Mittel in längerfristige Aktivgeschäfte ist daher nur eingeschränkt notwendig. Vor dem Hintergrund eines ständigen Substitutionsprozesses besteht jedoch auch in Versicherungsunternehmen die Möglichkeit, während der Laufzeit eines Versicherungsvertrages zufließende Beträge nicht nur bis zum vereinbarten Vertragsende, sondern längerfristig anzulegen. Dem Ausmaß der Fristentransformation sind bei Versicherungen im Vergleich zu den Kreditinstituten allerdings engere Grenzen gesetzt, da bei Eintritt eines Schadens das eingezahlte Kapital zurückgezahlt werden muß und nicht bis zum ursprünglichen Vertragsende zur Verfügung steht. Vorzeitige Verfügungen sind zwar auch in Kreditinstituten anzutreffen, jedoch zählen sie dort zu den nicht mit den Vertragsbestimmungen übereinstimmenden Handlungen, während Auszahlungen von Lebens- oder Unfallversicherungen wegen Eintritt des Versicherungsfalles zum eigentlichen Geschäft eines Versicherers gehören.

Zu (3): Die Kreditinstitute und Versicherungsunternehmen transformieren Risiken, indem sie sich zur Übernahme von Risiken und im Falle ihres Eintritts zum Ausgleich des finanziellen Schadens bereit erklären. Damit werden von diesen finanzwirtschaftlichen Institutionen die Risiken in horizontaler und in vertikaler Hinsicht transformiert.

Die **horizontale Risikotransformation** ist eng mit der Liquiditätstransformation verbunden. Banken und Versicherungsunternehmen werden von den Anlegern Mittel überlassen, weil die Vermögensanlagen bei diesen Instituten ein hohes Maß an Sicherheit aufweisen, Anteile oder Forderungen an Unternehmen dagegen häufig zu riskant erscheinen. Die Einschaltung eines Finanzintermediärs vermindert das Bonitätsrisiko dabei aus drei Gründen (BITZ 1989):

- Zunächst ist durch die Transformationsleistung der Institute ein zusätzliches Haftungsvermögen vorhanden, das im Falle des Ausfalls eines Aktivums die entstehenden Verluste auffängt (**Intermediärhaftung**).
- Daneben verfügen die Banken und Versicherungsunternehmen über einen erfahrenen Apparat, um die mit dem Aktivgeschäft verbundenen Risiken zu bewerten, die erforderlichen Besicherungen vorzunehmen und um die Positionen ständig sachgerecht zu überwachen und zu verwalten (**Risikoselektion**). Ein privater Investor wäre dagegen in der Regel nicht in der Lage, eine um

fangreiche Analyse der Solidität der Geschäftspartner und der Wirtschaftlichkeit der zu finanzierenden Projekte durchzuführen.
- Schließlich verlieren die aus dem Aktivgeschäft resultierenden Einzelrisiken einen Teil ihres Gefahrenpotentials dadurch, daß die Banken und Versicherungsunternehmen viele Geschäfte nebeneinander abschließen und bei den einzelnen Positionen unterschiedliche Ursachen für den Eintritt eines Verlustes ausschlaggebend sind (**Risikodiversifikation**). Mit steigender Zahl unterschiedlicher Risikoeinflüsse wird die Gefahr des gleichzeitigen Ausfalls aller Engagements immer kleiner.

Während mit der horizontalen Risikotransformation eine **Verminderung** des Gefahrenpotentials für die Anleger einhergeht, beinhaltet die **vertikale Risikotransformation** den **Ausgleich** schlagend gewordener Risiken durch die Kalkulation einer Risikoprämie und deren Verteilung auf sämtliche risikobehaftete Engagements. **Aktivseitig** wird die vertikale Risikotransformation sichtbar, wenn sich die mit der Geldanlage verbundenen Risiken in Form von Ausfällen oder Kursverlusten konkretisieren und die Banken und Versicherungsunternehmen die entstehenden Ertragseinbußen durch eine im Zins enthaltene Risikoprämie kompensieren. Im Gegensatz zur aktivseitig vertikalen Risikotransformation, die auf die ausgewiesenen Vermögenspositionen abzielt, betrifft die **passivseitig vertikale Risikotransformation** die übernommenen Verpflichtungen. Sie ist damit insbesondere für Versicherungsunternehmen von Bedeutung, denn diese gewähren Versicherungsschutz und zahlen im Schadensfall an den Versicherungsnehmer eine Entschädigung. Unter kalkulatorischem Blickwinkel erfordert der Risikoausgleich die Bildung eines Kollektivs, wobei von allen Mitgliedern der Risikogemeinschaft eine Prämie erhoben wird, aber nur einzelne Mitglieder tatsächlich einen Schaden erleiden. Ähnliche Vorgänge können in Kreditinstituten im Rahmen des Kreditleihgeschäftes beobachtet werden. Die Banken stellen hier kein Kapital, sondern ihre eigene Kreditwürdigkeit zur Verfügung und verpflichten sich beispielsweise im Rahmen einer Bürgschaft, für die Verbindlichkeiten eines Gläubigers einzustehen. Werden die Banken aus der Kreditleihe in Anspruch genommen, so entstehen jedoch - im Unterschied zur passivseitig vertikalen Risikotransformation der Versicherungsunternehmen - Ansprüche gegenüber dem Kreditnehmer.

Faktisch nehmen damit sowohl die Banken als auch die Versicherungsunternehmen neben der Informationsbedarfs- auch eine Liquiditäts- und Risikotransformationsfunktion wahr. Ausgehend von der grundsätzlichen Zielsetzung der Sektoren können darüber hinaus jedoch **Unterschiede** ausgemacht werden. So steht bei den **Kreditinstituten** die **Liquiditätstransformation** im Vordergrund, die lediglich aufgrund der in der Regel anzutreffenden Unsicherheit um die Risikotransformation zu ergänzen ist. Die Banken üben die Liquiditätstransformation jedoch ggfs. auch ohne zusätzliche Übernahme von Risiken aus, was die Kreditvergabe z.B. an die öffentliche Hand zeigt. Demgegenüber liegt die originäre Funktion der **Versicherungsunternehmen** in der **vertikalen Risikotransformation** (SÜCHTING 1988). Die übrigen Aufgaben ergeben sich erst derivativ aus zeitlichen Inkongruenzen und der Entwicklung bestimmter Zusatzprodukte, die jedoch das eigentliche Risikogeschäft nicht betreffen (z.B. Sparvorgang in der kapitalbildenden Lebensversicherung).

LITERATURHINWEISE:

ARNOLD, H. (1976)
BITZ, M. (1989)
BITZ, M. (1990)
BUCH, TH. (1972)
KALBAUM, G./MEES, J. (1988)
REITZ, B. (1974)
SCHIERENBECK, H./HÖLSCHER, R. (1990)
SCHIRMER, U. (1971)
SCHMALENBACH, E. (1961)
SÜCHTING, J. (1988)

2. Kapitel: Die Struktur des Bankwesens in der Bundesrepublik Deutschland

A. Banken und Bankgeschäfte

I. Die verschiedenen Banktypen

Grundlage des Bankwesens in der Bundesrepublik Deutschland ist das "**Gesetz über das Kreditwesen (KWG)**". Es beschreibt im § 1 Kreditinstitute als Unternehmen, die Bankgeschäfte betreiben, soweit der Umfang dieser Geschäfte einen in kaufmännischer Weise eingerichteten Geschäftsbetrieb erfordert. Als **Bankgeschäfte** gelten dabei nach § 1 KWG die folgenden Tätigkeiten:

- **Einlagengeschäft**
  Annahme fremder Gelder als Einlagen

- **Kreditgeschäft**
  Gewährung von Gelddarlehen und Akzeptkrediten

- **Diskontgeschäft**
  Ankauf von Wechseln und Schecks

- **Effektengeschäft**
  Anschaffung und Veräußerung von Wertpapieren für andere

- **Depotgeschäft**
  Verwahrung und Verwaltung von Wertpapieren für andere

- **Investmentgeschäft**
  Anlage eingelegten Geldes in eigenem Namen für gemeinschaftliche Rechnung der Einleger nach dem Grundsatz der Risikomischung

- **Darlehenserwerbsgeschäft**
  Eingehung der Verpflichtung, Darlehensforderungen vor Fälligkeit zu erwerben

- **Garantiegeschäft**
  Übernahme von Bürgschaften, Garantien und sonstigen Gewährleistungen für andere

- **Girogeschäft**
  Durchführung des bargeldlosen Zahlungsverkehrs und des Abrechnungsverkehrs

Die von den Kreditinstituten angebotenen Geschäfte sind auch Grundlage für die Trennung des gesamten Bankwesens in Universal- und in Spezialbanken. Während die **Universalbanken** im Prinzip sämtliche Bankgeschäfte betreiben, beschränken die **Spezialbanken** ihr Angebotssortiment tendenziell auf einzelne Leistungsarten des Gesamtkatalogs. In der Bundesrepublik Deutschland überwiegt hierbei eindeutig der Typ der Universalbank.

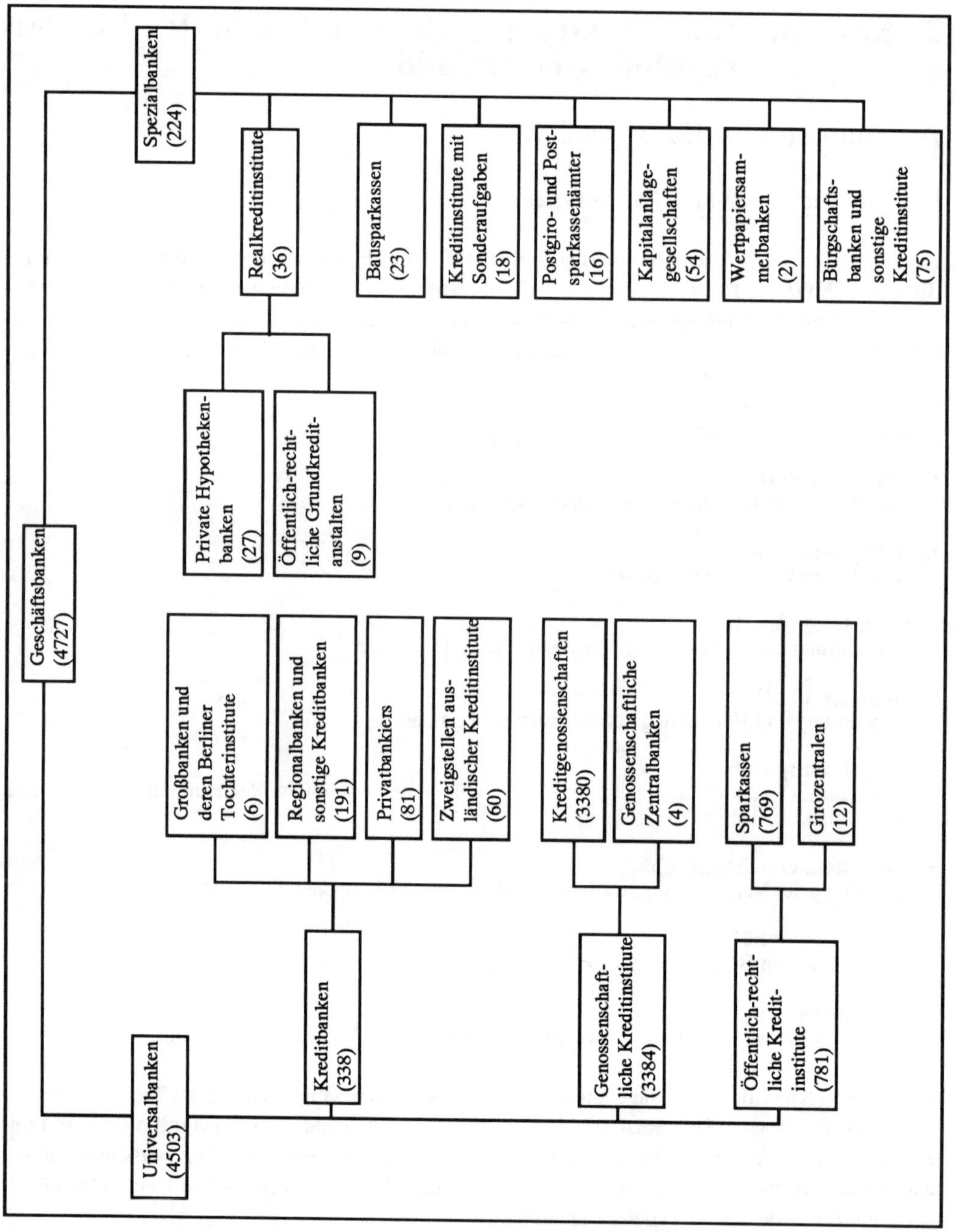

Abb. 2.1: Das Geschäftsbankensystem in der Bundesrepublik Deutschland (Quelle: Monatsberichte der Deutschen Bundesbank, März 1991, S 45)

Neben der **Deutschen Bundesbank**, die als Notenbank eine besondere Stellung innerhalb des Bankwesens einnimmt, waren Ende 1990 im gesamten Währungsgebiet der Deutschen Mark 4727 Banken aktiv. Rund 95 % der Kreditinstitute wurden als Universalbank betrieben (vgl. Abb. 2.1), etwa 5 % der Institute waren der Gruppe der Spezialbanken zuzuordnen.

Grundlage einer möglichen weiteren Typisierung der Universalbanken ist die den Instituten zugrundeliegende Zielkonzeption. Während die **Kreditbanken** als erwerbswirtschaftlich orientierte Betriebe einen nachhaltigen, möglichst hohen Gewinn erzielen wollen, streben die **genossenschaftlichen Bankbetriebe** letztlich die Förderung der Mitglieder der Genossenschaft an. Ziel der gemeinwirtschaftlich organisierten **Sparkassen** ist die kreditwirtschaftliche Versorgung der Bevölkerung des Geschäftsgebietes, wobei insbesondere der Sparsinn und die Vermögensbildung gefördert werden sollen. Ein Gewinn soll hier nur erzielt werden, um eine angemessene Eigenkapitalbildung zu ermöglichen.

Die Spezialbanken lassen sich auf der Basis der jeweils angebotenen (Spezial-)Leistungen weiter untergliedern. Während für die **Realkreditinstitute** und die **Bausparkassen** das langfristige, grundpfandrechtlich gesicherte Kreditgeschäft kennzeichnend ist, wird durch **Kapitalanlagegesellschaften** Anlegern die Möglichkeit geboten, sich gemeinschaftlich und nach dem Grundsatz der Risikomischung in Wertpapieren oder Grundstücken zu engagieren. **Wertpapiersammelbanken** wickeln den Wertpapiergiroverkehr ab und bewahren gemeinsam die von verschiedenen Kunden hinterlegten Effekten auf, **Bürgschaftsbanken** oder **Kreditgarantiegemeinschaften** übernehmen Bürgschaften und Garantien zugunsten mittelständischer Unternehmen. Zu den **sonstigen Kreditinstituten** gehören u.a. 48 Wohnungsunternehmen mit Spareinrichtung, die seit Anfang 1990 unter den § 1 KWG fallen. Die **Kreditinstitute mit Sonderaufgaben** konzentrieren sich auf Leistungen, die von anderen Instituten nicht oder nicht in ausreichendem Maße angeboten werden. In Abbildung 2.1 sind schließlich auch die **Postgiro- und Postsparkassenämter** enthalten, die als rechtlich unselbständige Einrichtungen der Deutschen Bundespost zwar nicht als Kreditinstitute gelten, aber in bestimmten Bereichen Bankgeschäfte wie eine "normale" Bank betreiben. Bis vor einigen Jahren gab es in den Statistiken der Deutschen Bundesbank mit den **Teilzahlungskreditinstituten** noch eine weitere Gruppe innerhalb der Spezialbanken. Diese Institutsgruppe wurde jedoch (statistisch) Ende 1986 aufgelöst. Die Teilzahlungskreditinstitute werden heute in der Mehrzahl bei den Regionalbanken erfaßt.

II. Größenklassen und Geschäftsstrukturen

Die unterschiedlichen Zielgruppen und Geschäftsschwerpunkte der verschiedenen Banktypen haben einen nicht unerheblichen Einfluß auf die quantitative Bedeutung einzelner Bankengruppen. Um diese Auswirkungen messen zu können und um Veränderungen im Zeitablauf festzustellen, werden häufig die Anteile der verschiedenen Institutsgruppen am insgesamt realisierten Geschäftsvolumen ermittelt (vgl. Abb. 2.2).

Bankengruppen	Anteil am Geschäftsvolumen (Jahresende)				
	1960	1970	1977	1983	1990
1. Universalbanken	68,7	74,9	77,4	76,1	77,4
• Kreditbanken	24,4	25,0	24,9	21,8	26,9
- Großbanken	11,3	10,3	10,4	8,2	8,9
- Regionalbanken und sonstige Kreditbanken	10,4	10,7	10,9	10,0	15,3
- Zweigstellen ausländischer Banken	-	1,5	1,9	2,2	1,2
- Privatbankiers	2,7	2,5	1,7	1,4	1,5
• Sparkassensektor	35,7	38,4	38,5	38,3	35,1
- Girozentralen	13,5	15,6	16,5	16,3	14,5
- Sparkassen	22,2	22,8	22,0	22,0	20,6
• Genossenschaftssektor	8,6	11,5	14,0	16,0	15,4
- Genossenschaftliche Zentralbanken	2,8	3,8	4,2	4,4	4,1
- Kreditgenossenschaften	5,8	7,7	9,8	11,6	11,3
2. Spezialbanken	31,3	25,1	22,6	23,9	22,6
• Realkreditinstitute	17,2	13,7	13,0	14,3	11,7
- Private Hypothekenbanken	5,8	6,6	8,2	8,9	8,7
- Öffentlich-rechtliche Grundkreditanstalten	11,4	7,1	4,8	5,4	3,0
• Teilzahlungskreditinstitute	1,5	1,1	1,1	1,2	-
• Kreditinstitute mit Sonderaufgaben	10,2	8,4	6,5	6,8	9,5
• Postscheck- und Postsparkassenämter	2,4	1,9	2,0	1,6	1,4
Summen	100,0	100,0	100,0	100,0	100,0

Abb. 2.2: Anteile der Bankengruppen am Geschäftsvolumen aller Banken (in %) (Quelle: Deutsches Geld- und Bank wesen in Zahlen 1876 - 1975; Hrsg. Deutsche Bundesbank, Frankfurt 1976, Seite 254; Monatsberichte der Deutschen Bundesbank, März 1978, S. 28; Monatsberichte der Deutschen Bundesbank, März 1984 und März 1991, S. 32; eigene Berechnungen)

Die Institutsgruppe mit dem größten Geschäftsvolumen ist hierbei der **Sparkassensektor**, der Ende 1990 rund 35 % des gesamten realisierten Geschäftsvolumens repräsentierte. Nach einer Phase eines kontinuierlichen Wachstums des Marktanteils nahm allerdings der Anteil der Sparkassen am Geschäftsvolumen aller Bankengruppen im Vergleich der Jahre 1983 und 1990 um mehr als 3 %-Punkte ab, wobei die Geschäftsvolumina im Jahre 1990 erstmals auch durch die Institute in den neuen Bundesländern beeinflußt wurden. Der **Genossenschaftssektor** weist zwar innerhalb der Universalbanken den geringsten Marktanteil auf, er konnte diese Quote jedoch seit 1960 als einzige Institutsgruppe deutlich erhöhen. Nach zwischenzeitlichen Schwierigkeiten haben die **Kreditbanken** in den letzten Jahren ihre alte Marktstellung wiedererlangt und durch erhebliche Wachstumsraten der Regionalbanken sogar ausgebaut. Ebenso wie zu Beginn der 70er Jahre vereinigen die Kreditbanken heute rund ein Viertel des Bankenmarktes auf sich.

Die geringere Bedeutung der Spezialbanken aufgrund ihres nur beschränkten Angebots an Bankleistungen hat sich in den letzten Jahren immer deutlicher gezeigt. Hervorgetreten in diesem Entwicklungsprozeß sind insbesondere die **öffentlich-rechtlichen Grundkreditanstalten** sowie - zumindest bis 1983 - die **Kreditinstitute mit Sonderaufgaben**, deren Marktanteile ständig schrumpften. Die Kapitalanlagegesellschaften, Wertpapiersammelbanken und Bürgschaftsbanken werden in der monatlichen Bilanzstatistik der Deutschen Bundesbank nicht erfaßt, so daß Zahlen dieser Institute in Abb. 2.2 nicht enthalten sind.

Ein weiterer Einblick in die Struktur des deutschen Bankenmarktes kann durch eine Differenzierung der Geschäftsvolumina anhand von **Größenklassen** gewonnen werden, um dadurch die Verteilung sehr großer und kleinerer Banken auf die einzelnen Institutsgruppen feststellen zu können (vgl. Abb. 2.3).

Bankengruppen	Zahl der Kredit-institute	Verteilung nach Größenklassen		
		unter 100 Mio. DM	100 Mio. DM bis 1 Mrd. DM	1 Mrd. DM und mehr
Kreditbanken	341	74	143	124
- Großbanken	6	-	-	6
- Regionalbanken und sonstige Kreditbanken	192	28	86	78
- Privatbankiers	83	33	31	19
- Zweigstellen ausländischer Banken	60	13	26	21
Sparkassensektor	782	7	463	312
- Girozentralen	11	-	-	11
- Sparkassen	771	7	463	301
Genossenschaftssektor	3.396	1.903	1.422	71
- Genossenschaftliche Zentralbanken	4	-	-	4
- Kreditgenossenschaften	3.392	1.903	1.422	67
Realkreditinstitute	36	-	5	31
- Private Hypothekenbanken	27	-	3	24
- Öffentlich-rechtliche Grundkreditanstalten	9	-	2	7
Kreditinstitute mit Sonderaufgaben	18	1	4	13
Bausparkassen	32	1	9	22

Abb. 2.3: Verteilung der Bankengruppen nach Größenklassen; Stand: Dezember 1989, Basis: berichtende Kreditinstitute laut Bilanzstatistik (Quelle: Monatsberichte der Deutschen Bundesbank, März 1991, S. 44)

Es wird hierbei deutlich, daß es sich bei den Kreditbanken um durchweg größere Institute handelt und insbesondere die Großbanken ausschließlich ein Geschäftsvolumen von über 1 Mrd. DM besitzen. Eine den Kreditbanken ähnliche Struktur weisen die Sparkassen auf, wohingegen die Kreditgenossenschaften in überwiegender Zahl kleinere Institute darstellen. Ein durchweg größeres Geschäftsvolumen besitzen auch die Realkreditinstitute, die Kreditinstitute mit Sonderaufgaben und die Bausparkassen.

Um in den folgenden Kapiteln die besonderen Geschäftsstrukturen der einzelnen Institutsgruppen hervorheben zu können, wird in der folgenden Abb. 2.4 die Bilanzstruktur sämtlicher bundesrepublikanischer Geschäftsbanken per Ende 1990 gezeigt. Aktivseitig dominieren eindeutig die **Kredite an Nichtbanken**, die insgesamt 54,3 % des Geschäftsvolumens ausmachen und damit nahezu doppelt so groß wie die **Kredite an Kreditinstitute** sind. Innerhalb der Kredite an Nichtbanken besitzen die Kredite mit einer Laufzeit von mehr als einem Jahr die weitaus größte Bedeutung. **Wertpapiere**, d.h. insbesondere festverzinsliche Papiere und Dividendenwerte, werden in einer Größenordnung von rund 10 % gehalten. Auf die **Beteiligungen** entfällt zwar nur ein Anteilswert von 1,2 %, jedoch wird dadurch mehr als 30 % des vorhandenen Eigenkapitals - in dem die Beteiligungen zum Teil auch enthalten sind - an andere Unternehmen weitergeleitet. Die **Eigenkapitalquote** aller Institute beläuft sich einschließlich des Genußrechtskapitals auf weniger als 4 %.

AKTIVA	Mio. DM	%	PASSIVA	Mio. DM	%
Barreserve	124.510	2,4	Einlagen von Kreditinstituten	1.495.620	28,5
Kredite an Kreditinstitute	1.438.819	27,3	Einlagen von Nichtbanken		
Kredite an Nichtbanken			• Sichteinlagen	436.051	8,3
• Buchkredite bis maximal 1 Jahr	495.938	9,5	• Termineinlagen	918.329	17,5
• Buchkredite über 1 Jahr	2.179.171	41,5	• Spareinlagen und Sparbriefe	996.061	19,0
• sonstige Kredite	171.500	3,3	Inhaberschuldverschreibungen	900.311	17,2
Wertpapiere	607.128	11,5	Eigenkapital	198.718	3,8
Beteiligungen	60.451	1,2	sonstige Passiva	298.752	5,7
sonstige Aktiva	173.325	3,3			
Summe	5.243.842	100,0	Summe	5.243.842	100,0

Abb. 2.4: Die wichtigsten Bilanzpositionen der Geschäftsbanken; Stand: Dezember 1990, die Angaben beziehen sich auf das gesamte Währungsgebiet der D-Mark (Quelle: Monatsberichte der Deutschen Bundesbank, März 1991, S. 32* ff., eigene Berechnungen)

Passivseitig dominieren ebenso wie auf der Aktivseite die **Geschäfte mit Nichtbanken**, wobei traditionell die **Spareinlagen** die bedeutendste Position darstellen. Die **Einlagen von Kreditinstituten** entsprechen nahezu den entsprechenden Forderungen, die Differenz ist insbesondere auf Geschäfte mit ausländischen Kreditinstituten zurückzuführen. Schließlich machen die über die Emission von **Inhaberschuldverschreibungen** beschafften Mittel immerhin mehr als 17 % des Geschäftsvolumens aller berichtenden Kreditinstitute aus.

III. Der Bankensektor in den neuen Bundesländern

Spätestens seit dem Beitritt der Länder der ehemaligen DDR zur Bundesrepublik Deutschland am **3. Oktober 1990** wird das hier betrachtete Bankensystem quantitativ und qualitativ durch eine Reihe neuer Institute beeinflußt. Obwohl der ostdeutsche Bankensektor bereits im Laufe des ersten Halbjahres 1990 in ein nach marktwirtschaftlichen Prinzipien organisiertes Geschäftsbankensystem umgestaltet wurde, ist dennoch für ein Verständnis des derzeitigen Systems sowie der aktuellen Probleme und Geschäftsschwerpunkte die Kenntnis des Aufbaus der Bankenlandschaft in der DDR unerläßlich. Im folgenden sollen daher die ehemaligen Strukturen und Prinzipien des Bankwesens in den neuen Bundesländern und die grundsätzlichen Veränderungen des Systems dargestellt werden. Auf besondere Probleme einzelner Banken oder Bankengruppen wird dagegen später eingegangen.

Das Kreditwesen in der DDR war integraler Bestandteil der sozialistischen Planwirtschaft. Alle bedeutenden wirtschaftlichen Entwicklungen wurden durch die Staatliche Plankommission und das Finanzministerium bestimmt und nahezu sämtliche Aufgaben des Bankensystems ergaben sich aus den Entscheidungen dieser beiden dominierenden zentralen Staatsorgane. Trotz "rechtlicher Selbständigkeit" waren die Banken somit vom Willen der obersten Planungsbehörden abhängig (ASHAUER 1990, STEIN 1990). Der organisatorische Aufbau des Bankwesens entsprach dabei dem territorialen Staatsaufbau der DDR nach Bezirken und Kreisen und den Notwendigkeiten bestimmter Wirtschaftsbereiche und Kombinate. Zwischen den Banken und Bankengruppen bestand eine staatlich festgelegte Aufgabenteilung. Über die zu unterscheidenden Institute informiert die nachstehende Abb. 2.5.

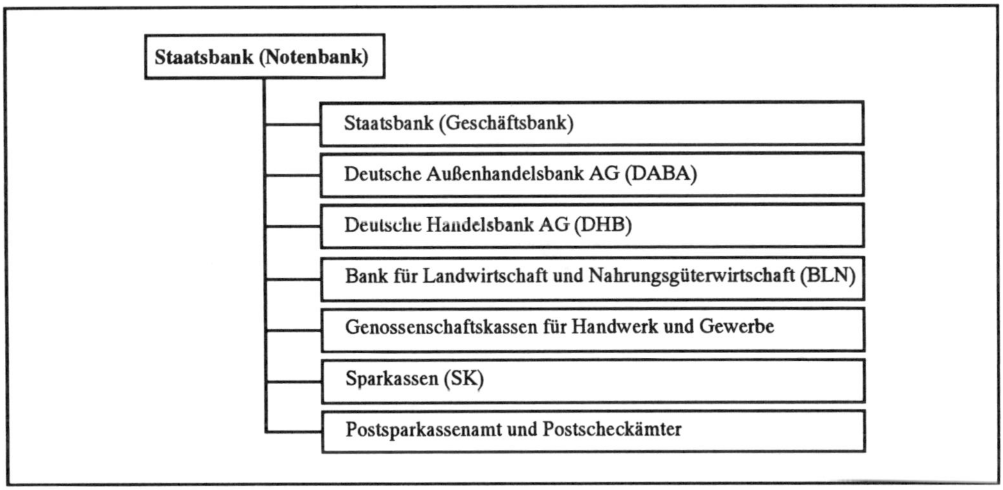

Abb. 2.5: Der Bankensektor in der DDR

An der Spitze des Bankensystems der DDR stand die **Staatsbank**, die von ihrer Funktion her Noten- und Geschäftsbank war. Als **Notenbank** erarbeitete die Staatsbank die Grundsätze auf den Gebieten des Geldumlaufs, des Zinses, des Zahlungsverkehrs, des Einlagen- sowie des Kreditwesens und regelte die Grundsätze der Planung, Rechnungsführung, Statistik, Sicherheit und Technik des Bankverkehrs. Dabei war die Staatsbank Emissionsbank (Ausgabe der Banknoten und Münzen), Bank der Kreditinstitute, Kredit- und Verrechnungszentrum der Volkswirtschaft und zentrales Aufsichtsorgan im Finanzwesen. Ihre **Geschäftsbankfunktion** nahm sie vor allem gegenüber den Kombinaten und Betrieben der Industrie, des Bauwesens, des Binnenhandels sowie des Post-, Fernmelde- und Verkehrswesens wahr. Diese Unternehmen waren verpflichtet, ihre Bankgeschäfte mit der Staatsbank abzuwickeln. Kredite wurden dabei nicht "beantragt", sondern nach politischen Vorgaben, d.h. nach Produktionsplänen, zugeteilt (KOHLHOFF 1991).

Der **Deutschen Außenhandelsbank** oblag die Durchführung des kommerziellen und nicht-kommerziellen Zahlungsverkehrs mit dem Ausland sowie die Finanzierung und Kontrolle der Außenhandelsbetriebe und der außenwirtschaftlich tätigen Verkehrsbetriebe. Daneben bestand die Aufgabe der **Deutschen Handelsbank** in der Abwicklung, Finanzierung und Kontrolle von Transitgeschäften und des Handels mit westlichen Industrieländern. Folglich überlappte sich das Arbeitsgebiet der Deutschen Handelsbank mit dem der Deutschen Außenhandelsbank. Beide Institute wurden in der Rechtsform einer Aktiengesellschaft gegründet. Das Kapital lag in voller Höhe bei staatlichen Stellen (ASHAUER 1990).

Die **Bank für Landwirtschaft und Nahrungsgüterwirtschaft** (BLN) war das zentrale Organ zur Verwirklichung der Geld- und Kreditpolitik in der Land-, Forst- und Nahrungsgüterwirtschaft. Die Bank führte u.a. die Konten der entsprechenden Genossenschaften, volkseigenen Betriebe und Kombinate, gewährte diesen Einrichtungen Kredite und finanzierte den ländlichen Wohnungsbau. Die Bevölkerung auf dem Land konnte bei der BLN oder den ihr unterstellten bäuerlichen Handelsgenossenschaften - den früheren Raiffeisenkassen - Einlagen unterhalten und den Zahlungsverkehr abwickeln.

Im Gegensatz zu allen anderen Banken durften die genossenschaftlichen Kreditinstitute 1945 wiedereröffnet werden. Die Hauptaufgabe der **Genossenschaftskassen für Handwerk und Gewerbe** bestand dabei in der Kontoführung der Produktionsgenossenschaften des Handwerks, der verbliebenen privaten Handwerker und Gewerbetreibenden sowie anderer Organisationen und Einrichtungen des Handwerks (STEIN 1990). Daneben konnten auch private Haushalte ihre Konten bei den Genossenschaftskassen unterhalten. Im Rahmen der bestehenden Vorschriften gewährten die Genossenschaftskassen den Handwerksbetrieben Kredite. Darüber hinaus führten sie den Zahlungs- und Verrechnungsverkehr für ihre Kunden durch.

Bei den **Sparkassen** der DDR handelte es sich um volkseigene Kreditinstitute, die von den Räten der Stadt- und Landkreise zur Betreuung der Bürger in allen Geldangelegenheiten eingerichtet wurden. Kunden der Sparkassen waren daher zunächst die privaten Haushalte, daneben konnten die Institute jedoch auch Konten für private Handwerker und Gewerbetreibende führen. Die Sparkassen dienten insbesondere als Geldbeschaffungsinstrument für das Finanzministerium (ASHAUER 1990). Im Zentrum der Sparkassentätigkeit stand aus diesem Grund die Sammlung von Spareinlagen. Kredite gewährten die Sparkassen vor allem an junge Eheleute und für den Eigenheimbau. Gewerbliches Kreditgeschäft war den Instituten nur in sehr engen Grenzen erlaubt.

Bankfunktionen nahm in der DDR schließlich auch die **Post** wahr. Es bestand ein Postsparkassenamt, bei dem Postsparkonten eröffnet werden konnten und fünf Postscheckämter, die Postscheck- und Postspargirokonten führten. Letztere dienten der Unterhaltung von Einlagen und der Abwicklung des Zahlungsverkehrs.

Die Palette der von den Banken in der DDR angebotenen Produkte war erheblich schmaler als in der Bundesrepublik. So konzentrierten sich die Möglichkeiten der Geldanlage privater Haushalte auf das **Sparkonto** und das **Spargirokonto**. Beide Einlagearten wurden von Sparkassen, Genossenschaftskassen, der Bank für Landwirtschaft und der Postsparkasse entgegengenommen. Die Kontoführung erfolgte gebührenfrei, bei einer grundsätzlich täglichen Fälligkeit betrug der Zinssatz seit nahezu 20 Jahren unverändert 3,25 %. Der Unterschied zwischen dem Sparkonto und dem Spargirokonto bestand im wesentlichen darin, daß bei der erstgenannten Variante ein Sparbuch ausgegeben und die Einlage bei der zweiten Variante durch Kontoauszüge verbrieft wurde. Über die Spargiroeinlagen war darüber hinaus eine Teilnahme am bargeldlosen Zahlungsverkehr möglich.

Die wichtigsten Formen der gewerblichen Kredite stellten die sog. **Grundmittelkredite** und **Umlaufmittelkredite** dar, die der Finanzierung des Anlage- resp. des Umlaufvermögens dienten. Den Bedarf an Grundmittelkrediten hatten die Betriebe "auf der Grundlage staatlicher Plankennziffern und bestätigter Titellisten zu planen" (STEIN 1990). Alle finanziellen Mittel waren auf einem Sonderbankkonto vorzuhalten und zweckgebunden zu verwenden. Der Grundzinssatz für Grundmittelkredite betrug 5 %. Darüber hinaus wurden einerseits Vorzugsbedingungen bei volkswirtschaftlich besonders wichtigen Investitionsprojekten gewährt; beispielsweise belief sich der Zinssatz für die Finanzierung von Schlüsseltechnologien nur auf 1,8 %. Andererseits wurden erhöhte Zinssätze bis zu 12 % bei nicht rechtzeitiger Schaffung der Kreditvoraussetzungen, Nichterfüllung der Kreditbedingungen oder Nichterreichung der Effektivitätsziele der Investition angewendet. Noch am ehesten den Verhältnissen in der Bundesrepublik Deutschland entsprach der **Zahlungsverkehr**, der auf der Basis von Überweisungen, Daueraufträgen, Schecks sowie eines Abbuchungsverfahrens abgewickelt wurde, und der aufgrund einer umfassenden zentralen Leitung mit einer einheitlichen Arbeitsorganisation vergleichsweise effizient aufgebaut war (ASHAUER 1990, STEIN 1990).

Im Zuge der **Umgestaltung** des Bankwesens in der DDR wurden per 1.7.1990 die Notenbankfunktionen von der Staatsbank auf die Deutsche Bundesbank und die Aufsichtsfunktionen auf das Bundesaufsichtsamt für das Kreditwesen übertragen. Zur Erledigung der kommerziellen Aufgaben der Staatsbank wurde im Frühjahr 1990 die **Deutsche Kreditbank AG** gegründet, die allerdings lediglich den größten Teil der Altschulden der DDR-Wirtschaft und der kommunalen und genossenschaftlichen Wohnungsbaugesellschaften verwaltet (O.V. 1991). Ihre aktive Geschäftstätigkeit hat die Deutsche Kreditbank auf **Joint Ventures** mit westdeutschen Großbanken, d.h. mit der Deutschen Bank und der Dresdner Bank, übertragen. Inzwischen befinden sich die Gemeinschaftsunternehmen aber im vollständigen Eigentum der Westpartner und sind bereits mit den Mutterunternehmen fusioniert.

Abgewickelt wird die Deutsche Außenhandelsbank; die Deutsche Handelsbank befindet sich im Besitz der Bank für Gemeinwirtschaft. Die Bank für Nahrungsgüterwirtschaft und Landwirtschaft wurde zunächst in "Genossenschaftsbank Berlin" umfirmiert. Sie wollte als Spitzeninstitut für die aus den Bäuerlichen Handelsgenossenschaften hervorgegangenen Raiffeisenbanken fungieren. Doch inzwischen nimmt die Funktion eines Spitzeninstituts für die ostdeutschen Volksbanken - den ehemaligen Genossenschaftskassen für Handel und Gewerbe - und Raiffeisenbanken die Deutsche Genossenschaftsbank wahr, die die Geschäfte der Genossenschaftsbank Berlin übernommen hat (O.V. 1991).

Von den Banken in der ehemaligen DDR sind somit lediglich noch die Sparkassen, die Volks- und die Raiffeisenbanken eigenständig aktiv. Allerdings verändert sich das Profil der Institute, die sich von quasi Spargeld-Sammeleinrichtungen zu Universalbanken entwickeln.

LITERATURHINWEISE:

ASHAUER, G. (1990)
BUCHHOLZ, A./JOCHAM, A. (1990)
BUCHHOLZ, A./JOCHAM, A. (1991)
JACOBI, H.H. (1988)
KOHLHOFF, H. (1991)
KUBISTA, B. (1990)
MOST, E. (1990)
MÜLHAUPT, L. (1971)
O.V. (1991)
PRIEWASSER, E. (1985)
SCHMITT-WEIGAND, A. (1988)
STEIN, J. (1990)
WELCKER, J. (1991)

B. Das Bankensystem

I. Die deutsche Bundesbank

1. Entstehung und Charakterisierung

Die **Zentralbank** der Bundesrepublik Deutschland ist die Deutsche Bundesbank. Ihre Entstehung verdankt sie einem ausdrücklichen Auftrag, den das Grundgesetz im Art. 88 den gesetzgebenden Körperschaften erteilt hat: "Der Bund errichtet eine Währungs- und Notenbank als Bundesbank." Sie entstand daraufhin mit dem **"Gesetz über die Deutsche Bundesbank"** (BBankG) vom 26.7.1957 und kann als mittelbare Nachfolgerin der Deutschen Reichsbank angesehen werden, die mit dem Kriegsende aufgelöst wurde.

In der Zeit zwischen 1948 und 1957 wurden die Notenbankfunktionen nach amerikanischem Vorbild von einem **zweistufigen Zentralbankensystem** wahrgenommen. Es bestand aus der

- Bank deutscher Länder (BdL) und den
- rechtlich selbständigen Landeszentralbanken.

Die Geschäfte mit den Kreditinstituten wurden in diesem System von den Landeszentralbanken in eigener Verantwortung wahrgenommen, während die Bank deutscher Länder für die Notenausgabe zuständig war. Dazu bediente sie sich der Landeszentralbanken; sie stand jedoch in keinem direkten Verkehr mit den einzelnen Geschäftsbanken.

Aufgelöst wurde dieses Zentralbankensystem mit der Verabschiedung des Bundesbankgesetzes, durch das die Landeszentralbanken mit der Bank deutscher Länder verschmolzen wurden. Aus dem zweistufigen entstand ein **einstufiges System**, in dem die aus der Bank deutscher Länder geschaffene Deutsche Bundesbank mit den von ihr völlig abhängigen Landeszentralbanken eine Einheit bildet.

Rechtlich handelt es sich bei der Deutschen Bundesbank um eine bundesunmittelbare juristische Person des öffentlichen Rechts. Sie hat ihren **Sitz** in **Frankfurt am Main**. Die Einschränkung, nach der sich der Sitz der Bundesbank nur solange in Frankfurt am Main befindet, bis die Bundesregierung ihren Sitz in Berlin hat, wurde im Laufe des Jahres 1990 aufgehoben. Die der Zentrale untergeordneten zur Zeit **11 Landeszentralbanken** arbeiten als Hauptverwaltungen in jeweils einem der alten Bundesländer. In den neuen Bundesländern übt die Bundesbank ihre Tätigkeit über eine **"Vorläufige Verwaltungsstelle"** aus, die hinsichtlich ihrer Funktionen und Aufgaben einer Landeszentralbank vergleichbar ist (KUBISTA 1990). Darüber hinaus unterhält die Deutsche Bundesbank in den alten Bundesländern rund 200 und in den neuen Bündesländern 15 Haupt- und Zweigstellen. Orte, an denen sich eine Landeszentralbank oder eine Zweiganstalt befinden, werden als **Bankplatz** bezeichnet.

Aufgrund des Beitritts der neuen Bundesländer ist eine organisatorische **Neugestaltung** der Deutschen Bundesbank erforderlich. Dabei stehen mehrere Modelle zur Diskussion, die entweder die konsequente Übertragung des alten Systems auf die neuen Länder, die Errichtung von lediglich zwei neuen Hauptverwaltungen oder die Reform des gesamten Zentralbanksystems mit der Schaffung von insgesamt nur acht bis zwölf Landeszentralbanken vorsehen (KLOTEN 1991). Bestimmt wird die noch zu treffende Entscheidung nicht zuletzt durch die mit dem jeweiligen Modell verbundenen Konsequenzen für die Zusammensetzung der Entscheidungsgremien der Bundesbank, wobei der letztgenannte Lösungvorschlag zur Zeit die meisten Befürworter zu haben scheint (O.V. 1991a).

Das **Grundkapital** der Deutschen Bundesbank beträgt 290 Mio. DM und gehört dem Bund als Träger der Währungshoheit. Ihm fließt auch der **Gewinn** zu, soweit er nach gesetzlichen Vorschriften nicht zur Rücklagenbildung bzw. zum Ankauf von Ausgleichsforderungen verwendet werden muß. Als Kapitalgeber kann der Bund jedoch keine Rechte geltend machen, die die Unabhängigkeit der Bundesbank auf dem Gebiet der Geld- und Währungspolitik berühren könnten.

Die weitgehende **Unabhängigkeit** stellt auch ein entscheidendes Charakteristikum der Deutschen Bundesbank dar. Sie ist bei der Ausübung der ihr gesetzlich zustehenden Befugnisse nicht an Weisungen der Bundesregierung gebunden. Eingeschränkt wird diese im § 12 Abs. 2 BBankG formulierte Autonomie allerdings durch die Verpflichtung der Bundesbank, die allgemeine Wirtschaftspolitik zu unterstützen, soweit sich dies mit ihrer Hauptaufgabe, die Währung zu sichern, vereinbaren läßt. Darüber hinaus bestehen enge Beziehungen zwischen Bundesbank und Bundesregierung aufgrund der Mitwirkung der Regierungsorgane bei der personellen Besetzung der obersten Organe der Bundesbank und durch die gegenseitige Beteiligung an der Meinungs- und Willensbildung. Einschränkungen für die Autonomie der Bundesbank ergeben sich schließlich auch aus dem ausschließlichen Recht des Bundes, die Gesetze über das Währungs-, Geld- und Münzwesen zu erlassen.

Durch die Errichtung des **europäischen Binnenmarktes** werden sich Autonomie, Organe und Aufgaben der Deutschen Bundesbank in absehbarer Zeit jedoch entscheidend verändern. Zwar verlangt ein gemeinsamer Markt für Waren und Dienstleistungen nicht zwangsläufig eine einheitliche Währung, aber die Vorteile des Binnenmarktes können sich erst dann voll entfalten, wenn im Rahmen eines freiheitlichen Geld- und Kapitalverkehrs die Währungsrisiken ganz ausgeschaltet sind und Transaktionskosten entfallen (BENKHOFF 1991). Vor diesem Hintergrund haben die Mitgliedsländer der Europäischen Gemeinschaft am 11. Dezember 1991 im holländischen **Maastricht** einen Stufenplan für eine Wirtschafts- und Währungsunion vereinbart, der spätestens **Anfang 1999** zur unwiderruflichen Festlegung der Wechselkurse, kurze Zeit später zu einer europäischen Einheitswährung und zur Errichtung einer gemeinsamen Zentralbank führen soll.

2. Organe der Deutschen Bundesbank

An der Führung der Deutschen Bundesbank sind drei Organe beteiligt:

- der Zentralbankrat,
- das Direktorium sowie
- die Vorstände der Landeszentralbanken.

Ihre Mitglieder faßt Abb. 2.6 zusammen. Den Vorsitz sowohl im Zentralbankrat als auch im Direktorium führen dabei der Präsident oder der Vizepräsident der Bundesbank.

Zentralbankrat					
Präsident	Vizepräsident	bis zu acht weitere Mitglieder	Präsident(en)	Vizepräsident	ein oder zwei weitere Mitglieder
Direktorium der Deutschen Bundesbank			Vorstände der Landeszentralbanken		

Abb. 2.6: Zusammensetzung der Führungsgremien der Deutschen Bundesbank

Alle Mitglieder des Zentralbankrates werden vom Bundespräsidenten bestellt. Dem föderativen Aufbau der Bundesrepublik entspricht es jedoch hierbei, daß der Vorschlag für die Bestellung der Mitglieder des Direktoriums von der Bundesregierung kommt, während für die Präsidenten der Landeszentralbanken der Bundesrat das Vorschlagsrecht besitzt. Weiter werden die Vizepräsidenten und die weiteren Mitglieder der Vorstände der Landeszentralbanken vom Präsidenten der Deutschen Bundesbank auf Vorschlag des Zentralbankrates bestellt. Für alle Mitglieder der Führungsgremien besteht eine Amtsdauer von 8 Jahren. Die Bestellung für eine kürzere Zeit ist nur in Ausnahmefällen möglich und muß mindestens 2 Jahre betragen. Oberstes Entscheidungsgremium der Bundesbank ist der **Zentralbankrat**. Seine Aufgabe liegt darin,

- die Währungs- und Kreditpolitik zu bestimmen,
- die allgemeinen Richtlinien für die Geschäftsführung und Verwaltung aufzustellen sowie
- die Zuständigkeiten des Direktoriums und der Vorstände der Landeszentralbanken abzugrenzen.

Im Einzelfall ist es dem Zentralbankrat gestattet, dem Direktorium und den Vorständen der Landeszentralbanken Weisungen zu erteilen. Die Beratungen des Zentralbankrates finden in der Regel vierzehntägig in Frankfurt am Main statt. Hierbei haben die Mitglieder der Bundesregierung ein Teilnahme-, jedoch kein Stimmrecht. Allerdings können sie Anträge stellen, und auf ihr Verlangen muß die Beschlußfassung bis zu zwei Wochen ausgesetzt werden.

Das **Direktorium** ist das zentrale Exekutivorgan der Bundesbank und verantwortlich für die Durchführung der Beschlüsse des Zentralbankrates. Es leitet und verwaltet die Bank, soweit hierfür nicht die Vorstände der Landeszentralbanken zuständig sind. Die Aufgaben des Direktoriums sind nicht erschöpfend festgelegt, jedoch sind vier Einzelaufgaben ausdrücklich dem Direktorium vorbehalten:

- Geschäfte mit dem Bund und seinen Sondervermögen,
- Geschäfte mit Kreditinstituten, die zentrale Aufgaben im gesamten Bundesgebiet erfüllen,
- Devisengeschäfte und Geschäfte mit dem Ausland,
- Geschäfte am offenen Markt.

Die Beschlüsse im Direktorium werden ebenso wie im Zentralbankrat mit einfacher Mehrheit der abgegebenen Stimmen gefaßt. Im Gegensatz zum Zentralbankrat gibt jedoch bei Stimmengleichheit die Stimme des Bundesbankpräsidenten den Ausschlag.

Die **Vorstände der Landeszentralbanken** sind die regionalen Ausführungsorgane der Bundesbank und führen die in den Bereich ihrer Hauptverwaltung fallenden Geschäfte und Verwaltungsangelegenheiten durch. Die Aufgaben der Landeszentralbanken beziehen sich dabei hauptsächlich auf

- Geschäfte mit dem Land sowie mit öffentlichen Verwaltungen im Land und
- Geschäfte mit Kreditinstituten ihres Bereichs, soweit sie nicht dem Direktorium vorbehalten sind.

Hierbei beschränken sich die Beziehungen zur öffentlichen Hand zunächst auf die Gewährung kurzfristiger Kredite und die zu Kreditinstituten auf das Diskont- und Lombardgeschäft sowie auf den An- und Verkauf von Schatzwechseln. Folgende Geschäfte mit jedermann, also auch mit öffentlichen Verwaltungen und Kreditinstituten, sind den Landeszentralbanken daneben jedoch auch möglich:

- Annahme unverzinslicher Sichteinlagen,
- Verwahrung und Verwaltung von Wertpapieren, mit Ausnahme der Ausübung des Stimmrechts,
- Inkassogeschäft,
- Auftragsgeschäft (z. B. Scheckbestätigung),
- An- und Verkauf von Devisen, Gold, Silber, Platin,
- alle Bankgeschäfte mit dem Ausland.

Um die Aufgaben möglichst sachgerecht erfüllen zu können, besteht bei jeder Landeszentralbank ein Beirat von höchstens 10 Mitgliedern, die besondere Kenntnisse auf dem Gebiet des Kreditwesens besitzen sollen. Der Beirat, der mindestens zur Hälfte aus sachkundigen Vertretern der gewerblichen Wirtschaft, des Handels, der Landwirtschaft sowie der Arbeits- und Angestelltenschaft und zur anderen Hälfte aus Vertretern des Kreditgewerbes bestehen soll, hat nur eine beratende Funktion und dient der Bundesbank als Kontaktstelle zu den einzelnen Wirtschaftsgruppen.

3. Die Geldpolitik der Deutschen Bundesbank

a) Ziele der Geldpolitik

Der gesamte Aufgabenbereich der Zentralbank in der Bundesrepublik Deutschland beruht auf dem "Gesetz über die Deutsche Bundesbank" (vgl. Abb. 2.7). Dort wird im § 12 ausdrücklich formuliert, daß die Bundesbank verpflichtet ist, **"unter Wahrung ihrer Aufgabe die allgemeine Wirtschaftspolitik der Bundesregierung zu unterstützen"**. Die allgemeinen Ziele der Geldpolitik entsprechen damit denen der Konjunktur- und Wachstumspolitik, soweit letztere nicht den speziellen Aufgaben der Bundesbank widersprechen.

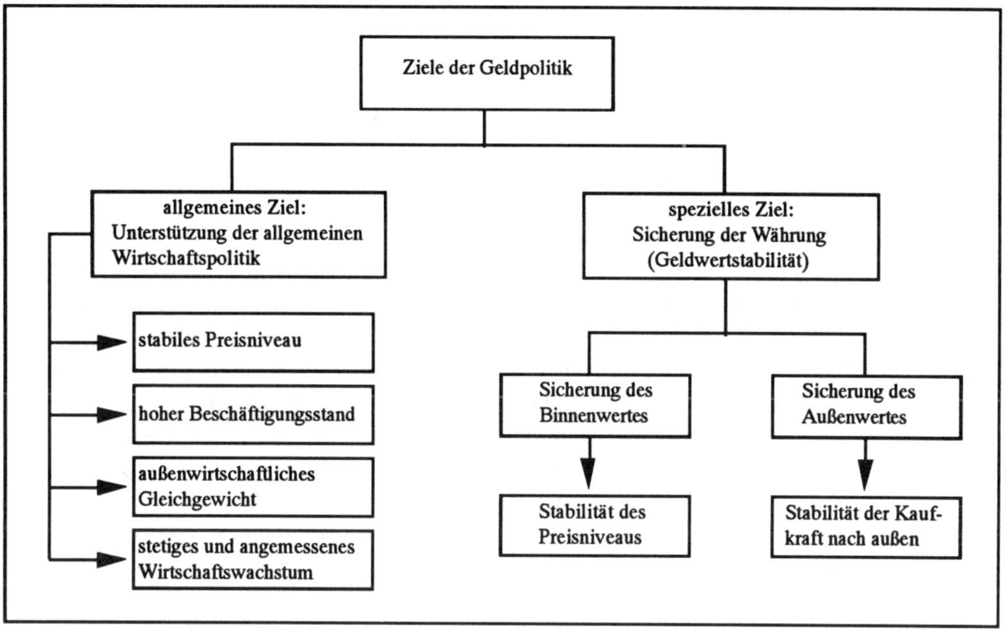

Abb. 2.7: Ziele der Geldpolitik

Die allgemeinen Ziele der Wirtschaftspolitik werden häufig mit dem sogenannten magischen Viereck umschrieben. Das **magische Viereck** beinhaltet die folgenden Ziele, die im § 1 des "Gesetz(es) zur Förderung der Stabilität und des Wachstums der Wirtschaft" genannt werden und die bei wirtschafts- und finanzpolitischen Entscheidungen von Bund, Ländern und Gemeinden zu berücksichtigen sind:

- stabiles Preisniveau,
- hoher Beschäftigungsstand,
- außenwirtschaftliches Gleichgewicht,
- stetiges und angemessenes Wirtschaftswachstum.

Für die Bundesbank besteht jedoch hinsichtlich dieser Ziele nur insoweit eine Verpflichtung als dadurch die Erfüllung ihrer eigenen Aufgabe nicht behindert wird. Diese **spezielle Aufgabenstellung**, die im § 3 des Bundesbankgesetzes niedergelegt ist, besteht darin, den Geldumlauf und die Kreditversorgung der Wirtschaft mit dem Ziel der Währungssicherung zu regeln und für die bankmäßige Abwicklung des Zahlungsverkehrs zu sorgen.

Die **Sicherung der Währung** wird dabei allgemein als die Hauptaufgabe der Deutschen Bundesbank angesehen (BORCHERT 1982, DEUTSCHE BUNDESBANK 1989, DICKERTMANN/SIEDENBERG 1984). Diese Formulierung ist jedoch wenig konkret und muß ausgelegt werden, um als operationale Grundlage einer aktiven Geldpolitik angesehen werden zu können. Hierbei sind verschiedene Interpretationsansätze denkbar, die aber auf das Ziel der Geldwertstabilität zurückgeführt werden können, wenn die Geschichte der Institution Bundesbank und die spezifische Art ihrer Instrumente berücksichtigt werden.

Geldwertstabilität bedeutet dabei für die Deutsche Bundesbank sowohl die

- Sicherung des Binnenwertes als auch die
- Sicherung des Außenwertes der Währung.

Grundlage des **Binnenwertes** einer Währung ist zunächst die Geldordnung des Staates. Ohne ein geordnetes Geldwesen ist eine moderne arbeitsteilige Volkswirtschaft nicht denkbar. Der Wert einer Geldeinheit im Innern des Landes (Binnenwert) ist gleichzusetzen mit der Kaufkraft des Geldes. Sie ergibt sich durch die Anzahl der Gütereinheiten, die mit dieser Geldeinheit gekauft werden können und kann als reziproker Wert des Preisniveaus ausgedrückt werden. Steigt also das Preisniveau, so kann mit einer Geldeinheit quantitativ immer weniger gekauft werden, so daß die Kaufkraft des Geldes sinkt. Der Wert des Geldes im Ausland (**Außenwert**) kommt in dem Umtauschverhältnis der inländischen zu einer ausländischen Währungseinheit zum Ausdruck und wird gemessen über den Wechsel- oder Devisenkurs. Dieser ergibt sich aus der Höhe des Angebots an sowie der Nachfrage nach Devisen, die ihrerseits durch den zwischenstaatlichen Handel und den internationalen Zahlungsverkehr bestimmt werden. Nach der **Kaufkraftparitätentheorie** wird damit der Wechselkurs langfristig durch das Verhältnis der in- und ausländischen Preise determiniert, da diese letztlich für den Umfang der Handelsbeziehungen verantwortlich sind.

Das von der Bundesbank verfolgte Stabilitätsziel ist hinsichtlich des Anspruchsniveaus seiner binnenwirtschaftlichen Komponente kaum auslegungsbedürftig und wird allgemein mit **Preisniveaustabilität** gleichgesetzt. Jedoch ist der Begriff der Stabilität des Außenwertes nicht völlig eindeutig. Einerseits kann hierunter die Forderung nach Stabilität der Wechselkurse verstanden werden. Damit wird jedoch ein gewisses Konfliktverhältnis zwischen binnen- und außenwirtschaftlicher Stabilität erzeugt, denn je erfolgreicher die innere Stabilitätspolitik im Vergleich zum Ausland abschneidet, desto größer ist tendenziell der Aufwertungsbedarf der heimischen Währung.

Andererseits kann der außenwirtschaftliche Aspekt jedoch auch als **Kaufkraftstabilität** definiert werden. Hiermit entsprechen sich dann die Ziele der äußeren und inneren Geldwertstabilität, denn die Forderung nach einer konstanten Kaufkraft einer Geldeinheit im Inland und im Ausland erfordert eine Aufwertung, wenn die Preissteigerungsrate im Ausland größer ist als im Inland. Nach dieser Interpretation sind also binnen- und außenwirtschaftliche Stabilität nur zwei unterschiedliche Aspekte des gleichen Ziels, nämlich der Kaufkraftstabilität, die sowohl nach außen als auch im Innern gewährleistet sein soll.

Die außenwirtschaftliche Stabilität der Kaufkraft erfordert jedoch zugleich eine **Zusammenarbeit mit der Bundesregierung**, der zahlreiche Kompetenzen zur Sicherung des Außenwertes zustehen. Hierzu zählen die Entscheidungen über das Wechselkurssystem, die Bestimmung der Paritäten in einem Festkurssystem sowie die Reglementierung des Geld- und Zahlungsverkehrs mit dem Ausland, durch die letztlich die Grenzen einer außenwirtschaftlichen Stabilisierungspolitik der Bundesbank abgesteckt werden. Aber auch zur Stabilisierung der Kaufkraft im Innern ist für die Bundesbank die Rücksichtnahme auf andere wirtschaftspolitische Ziele notwendig. Beispielsweise verliert in einer unterbeschäftigten Wirtschaft das Ziel der Geldwertstabilität ebenso an Bedeutung, wie eine stagnierende Wirtschaft die Relativierung des Stabilisierungsziels bewirkt. Wird in beiden Fällen das Anspruchsniveau bezüglich der geforderten Preisstabilität herabgesetzt, so kann zwar nur bei einer sehr weiten Interpretation von einer gesicherten Währung gesprochen werden, jedoch erfüllt die Bundesbank hiermit die Forderung, unter Wahrung ihrer Aufgabe die allgemeine Wirtschaftspolitik zu unterstützen.

Die Währungssicherung erfolgt nach § 3 des Bundesbankgesetzes über die **Regelung des Geldumlaufes und der Kreditversorgung der Wirtschaft**. Die geldpolitische Steuerung der Deutschen Bundesbank vollzieht sich also über die Kontrolle des Geldangebots sowie der Geld- und Kreditnachfrage. Jedoch ist hiermit noch nicht die Frage beantwortet, woran die Bundesbank die Wirkungen ihrer Maßnahmen konkret messen kann. Die allgemeinen wirtschaftspolitischen Ziele sind hierzu kaum unmittelbar geeignet, da sie sich einer direkten Einflußnahme durch die Bundesbank entziehen und aus dem Zusammenwirken aller am Wirtschaftsprozeß Beteiligten resultieren.

Den zielgerechten Einsatz der währungspolitischen Instrumente kann die Bundesbank im allgemeinen daher nur anhand von Zwischenzielen und monetären Indikatoren kontrollieren, die zwischen dem Geldmarkt als dem eigentlichen Handlungsfeld der Notenbank und den letzten wirtschaftspolitischen Zielen liegen. Ein **Zwischenziel** stellt eine Ersatzgröße für die prinzipiellen Ziele der Geldpolitik dar, bei dem ein enger Zusammenhang zu dem gesamtwirtschaftlichen Ziel vermutet wird. Daraus läßt sich weiter die Annahme ableiten, daß eine zielgerichtete Beeinflussung des Zwischenziels (z. B. Kreditnachfrage) zu einer gleichgerichteten Veränderung der angestrebten letzten Ziele führt.

Häufig ist aber auch das Zwischenziel durch die Bundesbank nicht eindeutig steuerbar, da dieses von Bereichen (mit-)beeinflußt wird, auf die die Bundesbank nur begrenzt Einfluß hat. Beispielsweise ist die Höhe der Kreditnachfrage zwar eine geeignete Zwischenzielgröße, sie wird jedoch in erheblichem Maße von den Gewinnüberlegungen der Investoren überlagert und ist nicht nur durch Aktionen der Bundesbank autonom bestimmbar. Die Geldpolitik muß aus diesem Grund neben den Zwischenzielen **Indikatoren** heranziehen, die allein von den Aktivitäten der Deutschen Bundesbank beeinflußt werden, also ausschließlich den monetären Bereich betreffen. Nur diese Indikatoren sind letztlich in der Lage, kontinuierlich und exakt über die Entwicklung der geldpolitischen Impulse und damit über einen restriktiven oder expansiven monetären Kurs zu berichten. Erforderlich ist es hierzu jedoch, daß der Indikator eindeutig steuerbar und leicht meßbar ist sowie in einem engen Zusammenhang zu dem gewählten Zwischenziel steht.

Die Auswahl eines adäquaten Indikators wird in der Geldtheorie umfassend diskutiert. Neben dem **Zins**, der jedoch durch die Bundesbank nicht eindeutig kontrollierbar ist, da er von Fristigkeits- und Inflationserwartungen abhängt, wird insbesondere die **Geldmenge** als geeigneter Indikator genannt. Auf die verschiedenen Geldarten und die unterschiedlichen Definitionen bezüglich der Geldmenge soll daher im folgenden eingegangen werden.

b) Geldarten und Geldmengenbegriffe

Ein Merkmal der heutigen Volkswirtschaften ist die Unterscheidung zwischen dem Zentralbankgeld und dem Geschäftsbankengeld (vgl. Abb. 2.8)

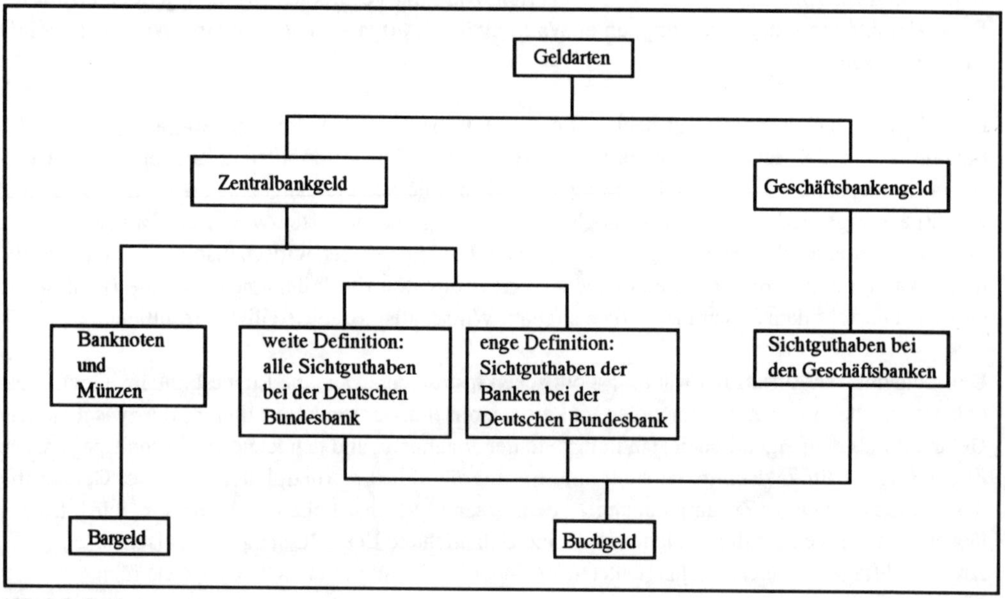

Abb. 2.8: Geldarten

Das **Zentralbankgeld** wird durch die Notenbank geschaffen. Es besteht zunächst aus dem umlaufenden **Bargeld**, das von jedermann als Geld angesehen wird. Dabei werden in der Bundesrepublik Deutschland die **Banknoten** von der Deutschen Bundesbank und die **Münzen** von der Bundesregierung zur Verfügung gestellt.

Der Banknotenumlauf in der Bundesrepublik Deutschland betrug zum Ende des Jahres 1990 rund 167 Mrd. DM. Wie die Bilanz der Deutschen Bundesbank (vgl. Abb. 2.9) zeigt, stehen die ausgegebenen Banknoten auf der Passivseite ihrer Bilanz und bilden damit eine Verpflichtung der Notenbank (BORCHERT 1982). Jedoch schuldet die Zentralbank tatsächlich nichts. Wird der Bundesbank eine von ihr emittierte Note vorgelegt, so erhält ihr Besitzer lediglich eine andere Note gleichen Wertes zurück. Die Passivierung des Banknotenumlaufs bei der Zentralbank ist daher nur historisch zu erklären. Ursprünglich stellte die Banknote lediglich eine Bescheinigung über eine bestimmte Menge Metall, das die Zentralbank in ihrem Bestand hatte, dar. Der Inhaber der Banknoten erhielt bei Vorlage die entsprechende Menge des Edelmetalls zurück. Dieses Schuldversprechen der Notenbank ist zwar heute nicht mehr gegeben, jedoch werden die Banknoten weiterhin als eine abstrakte Verbindlichkeit der Zentralbank interpretiert.

Deutsche Bundesbank 1990 (in Mrd. DM)

AKTIVA		PASSIVA	
1. Währungsreserven und sonstige Auslandsaktiva	106,446	1. Banknotenumlauf	166,909
2. Kredite an inländische Kreditinstitute	208,524	2. Einlagen von inländischen Kreditinstituten	76,678
3. Kredite und Forderungen an inländische öffentliche Haushalte	9,425	3. Einlagen von inländischen öffentlichen Haushalten	19,145
4. Wertpapiere	4,252	4. Einlagen von inländischen Unternehmen und Privatpersonen	6,420
5. Sonstige Aktivpositionen	20,951	5. Ausländische Einleger	49,105
		6. Sonstige Passiva	31,341
	349,598		349,598

Abb. 2.9: Bilanz der Deutschen Bundesbank (Dezember 1990) (Quelle: Monatsberichte der Deutschen Bundesbank, März 1991, S. 8*)

Hieraus ergibt sich, daß auch andere Verbindlichkeiten der Zentralbank Zahlungsmittelfunktionen ausüben können, selbst wenn sie nicht in Form von Banknoten verbrieft sind, denn bei **bargeldlosem Zahlungsverkehr** kommt es letztlich nur darauf an, was als Zahlungsäquivalent akzeptiert wird. Beispielsweise ist es gleichgültig, ob ein Schuldner seine Verbindlichkeiten mit Banknoten begleicht oder ob er seine Einlagen bei der Deutschen Bundesbank reduziert und die Einlagen des Zahlungsempfängers bei der Zentralbank erhöht. Aus diesem Grund müssen auch die **Guthaben der Banken** bei der Bundesbank ebenso wie **alle übrigen Einlagen** als Zahlungsmittel gelten, denn über diese Positionen kann jederzeit zu Zahlungszwecken verfügt werden.

Zentralbankgeld stellen danach die Passivpositionen 1. bis 5. aus der Bilanz der Deutschen Bundesbank dar. Jedoch ist dieses eine sehr weite Definition der Zentralbankgeldmenge. Um die geldpolitischen Aktivitäten der Bundesbank adäquater erfassen zu können, wird üblicherweise eine engere Definition der Zentralbankgeldmenge zugrunde gelegt, die neben dem Banknotenumlauf nur die Einlagen von inländischen Kreditinstituten enthält. Diese Geldgröße wird auch als **monetäre Basis** bezeichnet.

Bisher wurden die Geldmengenaggregate durch die **Passivseite** der Bilanz der Deutschen Bundesbank erklärt. Zentralbankgeldmenge und monetäre Basis können daneben aber auch von der **Aktivseite** her bestimmt werden. Damit wird dann der Entstehungsprozeß des Zentralbankgeldes angesprochen, über den zugleich wesentliche Anhaltspunkte zur Beeinflußbarkeit der Geldmenge gewonnen werden können. Dabei stellen die Kredite an Banken und inländische öffentliche Haushalte sowie der Wertpapierbestand die binnenwirtschaftliche und die Währungsreserven der Deutschen Bundesbank die außenwirtschaftliche Komponente der Zentralbankgeldmenge dar (vgl. Abb. 2.9). Werden beispielsweise Kredite an inländische Kreditinstitute vergeben oder Wertpapiere angekauft, so erhöht sich die umlaufende Geldmenge. Dies äußert sich in der Bilanz der Bundesbank in einer Zunahme der

Bestandspositionen auf der Aktivseite sowie auf der Passivseite in einer Steigerung der Einlagen von Kreditinstituten.

Ein erheblicher Teil der Zahlungsbewegungen wird heutzutage jedoch nicht über Konten bei der Bundesbank, sondern durch das Giralsystem der Kreditinstitute abgewickelt. Damit gilt offensichtlich auch für die Geschäftsbanken, daß deren Verbindlichkeiten zur Erledigung von Zahlungsvorgängen anerkannt werden. Hierfür hat sich im Gegensatz zum Zentralbankgeld der Begriff des **Geschäftsbankengeldes** entwickelt (vgl. Abb. 2.8). Es existiert in Gestalt von **Sichtguthaben bei den Banken** und kann von seinen Inhabern jederzeit zu Zahlungen benutzt werden. Dem Geschäftsbankengeld wird daher die Eigenschaft als Zahlungsmittel zuerkannt. Jedoch kann die Übertragung des Geschäftsbankengeldes nur im Rahmen des bargeldlosen Zahlungsverkehrs unter den Kreditinstituten erfolgen, so daß ihm nicht die gleiche Zahlungskraft wie dem Zentralbankgeld zukommt. Der Inhaber von Geschäftsbankengeld hat jedoch das Recht, jederzeit die Umwandlung in Zentralbankgeld, also entweder in Banknoten oder in Guthaben bei der Notenbank, zu beanspruchen. Da die Kreditinstitute hierfür eine ausreichende Gewähr bieten, wird das Geschäftsbankengeld allgemein als dem Zentralbankgeld gleichwertig angesehen.

Der Umfang des Geschäftsbankengeldes läßt sich entsprechend dem Vorgehen bei der Deutschen Bundesbank aus der zusammengefaßten Bilanz der Kreditinstitute ersehen (vgl. Abb. 2.10). Darin werden die Zahlungsmittel darstellenden Verbindlichkeiten der Banken mit den Sichteinlagen von Kreditinstituten und von Nichtbanken erfaßt. Es zeigt sich, daß dem Zentralbankgeld im Besitz der Banken (Position 1. und 2. der Aktivseite) eine erheblich größere Geschäfsbankengeldmenge gegenübersteht. Um dieses zu erklären, ist auf die Entstehung des Geschäfsbankengeldes näher einzugehen, die sich in Form der sogenannten aktiven und passiven Giralgeldschöpfung vollzieht.

Kreditinstitute 1990 (in Mrd. DM)

AKTIVA		PASSIVA	
1. Kassenbestand	22,106	1. Einlagen und aufgenommene Kredite von Kreditinstituten darunter: Sichteinlagen 424,199	1.495,620
2. Guthaben bei der Deutschen Bundesbank	96,552	2. Einlagen und aufgenommene Kredite von Nichtbanken darunter: Sichteinlagen 436,051	2.417,668
3. Schecks und Inkassopapiere	5,852	3. Inhaberschuldverschreibungen im Umlauf	900,311
4. Kredite an Kreditinstitute	1.431,819	4. Eigenkapital	198,718
5. Kredite an Nichtbanken	2.846,609	5. Sonstige Passiva	231,525
6. Wertpapiere	607,128		
7. Sonstige Aktiva	233,776		
	5.243,842		5.243,842

Abb. 2.10: Zusammengefaßte Bilanz der Kreditinstitute (Dezember 1990) (Quelle: Monatsberichte der Deutschen Bundesbank, März 1991, S. 32* ff.)

Die **passive Giralgeldschöpfung** ist dadurch gekennzeichnet, daß Zentralbankgeld aufgrund von Aktivitäten der Nichtbanken in Geschäftsbankengeld transformiert wird. Dies geschieht entweder dadurch, daß Bargeld auf ein Girokonto eingezahlt wird oder sich die Sichteinlagen durch die Überweisung von einem Konto bei der Zentralbank erhöhen. In beiden Fällen verhalten sich die Geschäftsbanken passiv. Ihnen fließt einerseits Zentralbankgeld zu, andererseits erhöhen sich ihre Sichteinlagen, so daß der Bestand an Geschäftsbankengeld steigt.

Bei der **aktiven Giralgeldschöpfung** entsteht zusätzliches Buchgeld durch die Initiative der Bank. Ein Kreditinstitut räumt einem Kunden einen Kredit ein und schreibt den Gegenwert seinem Girokonto gut. Durch die Erhöhung der Sichteinlagen entsteht zusätzliches Geschäftsbankengeld, an dessen Entstehungsprozeß das Kreditinstitut aktiv beteiligt war.

Sowohl bei der aktiven als auch bei der passiven Giralgeldschöpfung stellt die Bank ihren Kunden Buchgeld zur Verfügung. Sie verpflichtet sich jedoch auch in beiden Fällen, bei Abruf der Sichteinlagen Zentralbankgeld bereitzustellen. Aus diesem Grund wird der **Umfang der aktiven Giralgeldschöpfung** durch die Höhe des **Vorrats an Zentralbankgeld** begrenzt. Ein Kreditinstitut kann damit nur so viel Geschäftsbankengeld schaffen, wie es Zentralbankgeld zur Begleichung potentieller Auszahlungswünsche zur Verfügung hat. Daneben wird die aktive Giralgeldschöpfung jedoch auch dadurch begrenzt, daß die Geschäftsbanken einen Teil ihrer Einlagen zinslos auf Konten bei der Zentralbank in Form von sog. **Mindestreserven** hinterlegen müssen. Fließt einem Kreditinstitut also im Rahmen der passiven Giralgeldschöpfung ein bestimmter Betrag an Zentralbankgeld zu, so kann es nur auf der Basis des nach Abzug der Mindestreserve verbleibenden Bestandes an Zentralbankgeld aktiv neues Geschäftsbankengeld schaffen.

Die Differenzierung hinsichtlich des Zentralbank- und des Geschäftsbankengeldes ist auch in die verschiedenen **Geldmengendefinitionen** der Geldtheorie und Geldpolitik eingeflossen. Dabei ist es üblich, als Geldmenge nur die **Geldbestände der inländischen Nichtbanken** zu definieren. Die **Bestände der Kreditinstitute** an Zentral- oder Geschäftsbankengeld werden also nicht berücksichtigt. Dies ist erforderlich, weil das dem Güterangebot gegenüberstehende monetäre Potential erfaßt werden soll. Die Kreditinstitute stellen aber primär die Geldversorgung der Wirtschaftssubjekte sicher und treten nur in einem geringen Umfang selbst nachfragewirksam an den Gütermärkten auf (SÜCHTING 1987). Daneben bleiben in den Geldmengenbegriffen die **Zentralbankgeldbestände der öffentlichen Haushalte** unberücksichtigt. Dadurch soll die exklusive Betrachtung der Beziehungen zwischen Zentralbank und privaten Wirtschaftssubjekten sichergestellt werden. Zudem geht man davon aus, daß Regierung und Zentralbank die gleiche Politik betreiben, so daß die öffentlichen Einlagen bei der Notenbank kein geldpolitisches Problem darstellen (BORCHERT 1982).

Die Geldmenge einer Volkswirtschaft wird mit diesen Abgrenzungen international durch drei verschiedene Definitionen erfaßt. Der grundlegende Ansatz lautet dabei:

Geldvolumen M 1 = Bargeldumlauf (ohne Kassenbestände der Kreditinstitute)
+ Sichteinlagen inländischer Nichtbanken (ohne Sichteinlagen öffentlicher Haushalte bei der Zentralbank)

Zu den **Sichteinlagen** zählen die täglich fälligen Einlagen sowie die Einlagen mit einer Befristung von unter einem Monat. Die hierauf aufbauende erweiterte Definition des Geldvolumens (M 2) erfaßt neben den Sichteinlagen auch die **Termineinlagen** der inländischen Nichtbanken. Diese können zwar nicht unmittelbar zu Zahlungen verwendet werden, jedoch erfolgt ihre Bildung häufig zur kurzfristigen Überbrückung von Einzahlungsüberschüssen. Da zudem eine vorzeitige Disposition von den Kreditinstituten zumeist ermöglicht wird, können die Termineinlagen als geldnahe Verbindlichkeiten interpretiert werden, so daß sich folgende Geldmengendefinition ergibt:

Geldvolumen M 2 = Geldvolumen M 1
+ Termineinlagen inländischer Nichtbanken unter 4 Jahren

Eine ähnliche Überlegung ist für die **Spareinlagen** anzustellen. Zumindest für die Spareinlagen mit gesetzlicher Kündigungsfrist gilt, daß sie von den Sparern ohne größere Probleme abgehoben und zur Finanzierung von Güterkäufen eingesetzt werden können. Die weiteste Definition lautet daher:

Geldvolumen M 3 = Geldvolumen M 2
+ Spareinlagen mit gesetzlicher Kündigungsfrist (3 Monate)

Neben diesen Indikatoren hat die Bundesbank in den letzten Jahren eine zusätzliche monetäre Größe definiert, der sie den Namen "Zentralbankgeldmenge" gegeben hat. Da es sich hierbei jedoch nicht um die aus ihrer Bilanz ableitbare Zentralbankgeldmenge handelt, wird diese Geldmenge allgemein mit dem Zusatz (Bbk.) versehen. Sie setzt sich folgendermaßen zusammen:

Zentralbankgeldmenge (Bbk.) = Bargeldumlauf (ohne Kassenbestände der Kreditinstitute)
+ Mindestreservesoll der Kreditinstitute auf Inlandsverbindlichkeiten zu konstanten Reservesätzen

In der Zentralbankgeldmenge (Bbk.) wird von den Bankverbindlichkeiten nur ein - von den angewandten Mindestreservesätzen abhängiger - Bruchteil erfaßt. Dadurch soll dem **Ausgabeverhalten** der Einleger Rechnung getragen werden, denn mit abnehmender Liquiditätsnähe sinkt der Mindestreservesatz und damit auch die Höhe der anrechenbaren Einlagen. Die Rechnung mit konstanten Reservesätzen ermöglicht es, die Entwicklung der Zentralbankgeldmenge (Bbk.) unverzerrt von laufenden **Änderungen der Mindestreservesätze** und mit konstanter Gewichtung zu verfolgen. Dabei betragen die Reservesätze für Sichteinlagen 16,6 %, für Termineinlagen 12,4 % und für Spareinlagen 8,1 %, so daß die Bundesbank den unterschiedlichen Geld- und Liquiditätsgrad in etwa mit dem Verhältnis 4:3:2 bewertet. Starke Ähnlichkeiten weist die Zentralbankgeldmenge (Bbk.) zu der oben beschriebenen monetären Basis auf. Sie unterscheidet sich jedoch von ihr dadurch, daß die überschüssigen Guthaben der Kreditinstitute auf den Konten bei der Bundesbank und die Mindestreserven auf Auslandsverbindlichkeiten nicht berücksichtigt werden.

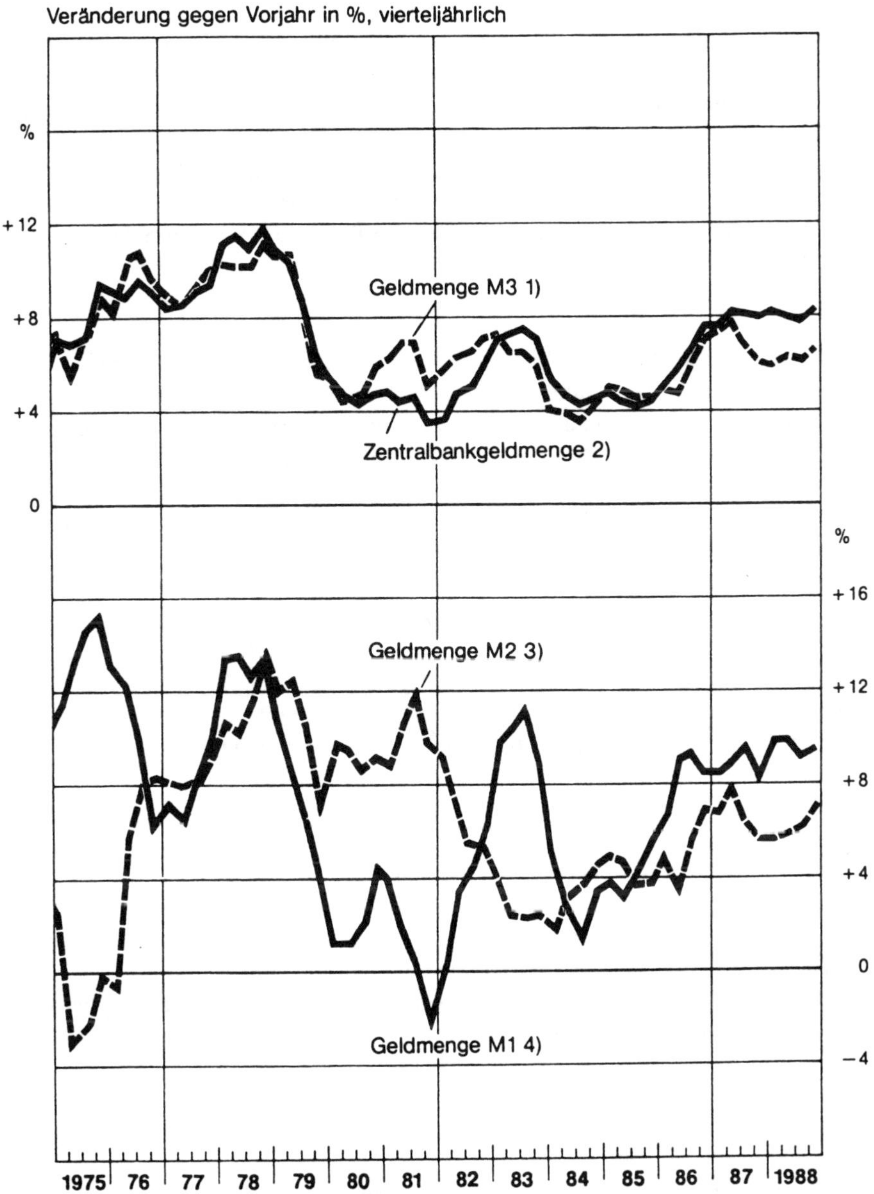

1) M3 = Bargeld, Sichteinlagen, Termingelder unter 4 Jahren, Spareinlagen mit gesetzlicher Kündigungsfrist.- 2) Zentralbankgeldmenge= Bargeldumlauf plus Reserve-Soll auf Inlandseinlagen (mit konstanten Reservesätzen-Basis Januar 1974-berechnet).- 3) M2= M3 ohne Spareinlagen mit gesetzlicher Kündigungsfrist.- 4) M1= Bargeld und Sichteinlagen.

Abb. 2.11: Geldbestände und Zentralbankgeldmenge (Quelle: Deutsche Bundesbank 1989, S. 94)

In den Jahren 1975 bis 1987 hat die Bundesbank ihre Geldpolitik an der Entwicklung der Zentralbankgeldmenge (Bbk.) ausgerichtet. Seit 1975 legt sie zudem jeweils für das kommende Jahr eine bestimmte **Zuwachsrate** als Ziel ihrer Geldpolitik vor, um damit den monetären Rahmen für das gesamtwirtschaftliche Ausgabenwachstum vorzugeben und die Anpassung an die stabilitätsorientierten Ziele der Bundesbank zu fördern. Mit Ausnahme des Jahres 1989 ist sie dabei seit 1979 dazu übergegangen, ihr Geldmengenziel nicht durch eine einzige Zahl, sondern durch eine **Bandbreite** zu fixieren. Hiermit trägt sie zum einen technischen Schwierigkeiten Rechnung, die Zentralbankgeldmenge (Bbk.) innerhalb eines bestimmten Zeitraums um eine exakte Rate zunehmen zu lassen, zum anderen behält die Bundesbank hierdurch einen beachtlichen Spielraum für situationsorientiertes Handeln.

Die spezifischen Vorzüge der Zentralbankgeldmenge (Bbk.) traten im Laufe der Zeit aber in den Hintergrund. So reagiert dieses Aggregat aufgrund des hohen Gewichts des Bargeldumlaufes ausgeprägt auf extreme Ausreißer in der Zins- und Wechselkursentwicklung und über oder -unterzeichnet damit die monetäre Expansion (DEUTSCHE BUNDESBANK 1989). Ferner hat sich die Struktur der Mindestreservesätze im Laufe der Zeit verändert und entspricht nicht mehr derjenigen des Jahres 1974. Da die Zentralbankgeldmenge (Bbk.) und die Geldmenge M 3 zudem auf lange Sicht den gleichen Verlauf zeigen (vgl. Abb. 2.11), ist die Deutsche Bundesbank seit dem Jahre 1988 dazu übergegangen, ihr Geldmengenziel anhand der Geldmenge M 3 zu formulieren. Die Komponenten der Geldmenge M 3 und der Zentralbankgeldmenge (Bbk.) stimmen weitgehend überein. Beide Größen enthalten den Bargeldumlauf; im Gegensatz zur Geldmenge M 3 müssen jedoch zur Ermittlung der Zentralbankgeldmenge (Bbk.) die reservepflichtigen Inlandseinlagen gewichtet werden. Ein geringer Unterschied besteht hinsichtlich der Spareinlagen mit vereinbarter Kündigungsfrist unter 4 Jahren sowie den Sparbriefen mit einer Laufzeit unter 4 Jahren, die in der Zentralbankgeldmenge (Bbk.) im Gegensatz zur Geldmenge M 3 enthalten sind.

Abbildung 2.12 zeigt abschließend die Zielsetzungen und die jeweiligen Zielverwirklichungen in den letzten Jahren. Dabei wurden die in den ersten Jahren formulierten Punktziele ständig überschritten, im Jahre 1978 sogar deutlich. Nach 1979, als die Bundesbank dazu überging, Zielkorridore zu formulieren, war der Zielerreichungsgrad über einen längeren Zeitraum recht hoch. Erst ab dem Jahr 1986 kam es wieder zu Zielüberschreitungen, die allerdings teilweise nicht steuerungstechnisch bedingt waren und von der Bundesbank angesichts der gesamtwirtschaftlichen Entwicklung bewußt toleriert wurden (DEUTSCHE BUNDESBANK 1989).

c) Instrumente der Geldpolitik

Durch das Bundesbankgesetz werden der Deutschen Bundesbank verschiedene geldpolitische Instrumente zur Verfügung gestellt. Mit ihrem Einsatz sollen vor allem das Kreditangebot der Banken und die Geld- und Kreditnachfrage der Wirtschaftssubjekte im Sinne der währungspolitischen Ziele der Notenbank beeinflußt werden. Die Steuerung erfolgt dabei zum einen über eine Beeinflussung des Geld- und Kreditvolumens und zum anderen über das Zinsniveau, so daß die geldpolitischen Instrumente sowohl hinsichtlich ihrer **Liquiditäts-** als auch bezüglich ihrer **Rentabilitätseffekte** analysiert werden können.

Jahr	Ziel: Wachstum der Zentralbankgeldmenge bzw. Geldmenge M3[1]			Tatsächliche Entwicklung (gerundete Zahlen)		Ziel erreicht
	im Verlauf des Jahres[2]	im Jahresdurchschnitt	Konkretisierung im Verlauf des Jahres	im Verlauf des Jahres[2]	im Jahresdurchschnitt	
1975	etwa 8	–	–	10	–	nein
1976	–	8	–	–	9	nein
1977	–	8	–	–	9	nein
1978	–	8	–	–	11	nein
1979	6 –9	–	Untergrenze	6	–	ja
1980	5 –8	–	Untergrenze	5	–	ja
1981	4 –7	–	untere Hälfte	4	–	ja
1982	4 –7	–	obere Hälfte	6	–	ja
1983	4 –7	–	obere Hälfte	7	–	ja
1984	4 –6	–	–	5	–	ja
1985	3 –5	–	–	5	–	ja
1986	3½–5½	–	–	8	–	nein
1987	3 –6	–	–	8	–	nein
1988	3 –6	–	–	7	–	nein
1989	etwa 5	–			–	

1 Ab 1988: Geldmenge M3. – **2** Jeweils vom vierten Quartal des Vorjahres bis zum vierten Quartal des laufenden Jahres; 1975: Dezember 1974 bis Dezember 1975. BBk

Abb. 2.12: Geldmengenziele und ihre Realisierung (Quelle: Deutsche Bundesbank 1989, S.99)

Eine strenge Trennung der Instrumente nach diesen Ansatzpunkten der Geldpolitik ist jedoch nicht möglich, da einzelne Instrumente häufig beide Effekte aufweisen. Im folgenden soll die Ausgestaltung des geldpolitischen Aktionsfeldes daher nach den primär binnenwirtschaftlich und den primär außenwirtschaftlich orientierten Instrumenten differenziert werden (DICKERTMANN/SIEDENBERG 1984). Durch diese zielorientierte Einteilung wird dem Umstand Rechnung getragen, daß verschiedene Instrumente zumindest in der ersten Phase ihres Einsatzes unterschiedliche Probleme lösen sollen. Dabei darf jedoch nicht übersehen werden, daß außenwirtschaftlich orientierte Instrumente auch binnenwirtschaftliche Wirkungen hervorrufen.

Die folgende Abbildung 2.13 zeigt die verschiedenen geldpolitischen Instrumente der Deutschen Bundesbank. Das gemeinsame Kennzeichen aller Eingriffsmöglichkeiten der Notenbank ist, daß der Wettbewerb und das freie Spiel der Marktkräfte weitgehend unangetastet bleiben sollen. Daher verfügt die Bundesbank nicht über die Möglichkeit, unmittelbar die Kreditaufnahme der Nichtbanken durch eine sogenannte Kreditplafondierung zu beschränken oder die an den Finanzmärkten geltenden Zinssätze administrativ festzulegen. Im folgenden nicht weiter betrachtet wird das Instrument der

"moral suasion". Hierunter sind moralische Appelle zu verstehen, mit denen die Zentralbank versucht, Einsicht, Verständnis und Kooperationsbereitschaft der Nichtbanken zu fördern, um sie dadurch zu einem bestimmten Verhalten zu bewegen. Verwendung findet die "moral suasion" immer dann, wenn klare gesetzliche Regelungen fehlen oder wenn die Notenbank nicht sofort gesetzlich verankerte kreditpolitische Instrumente einsetzen will.

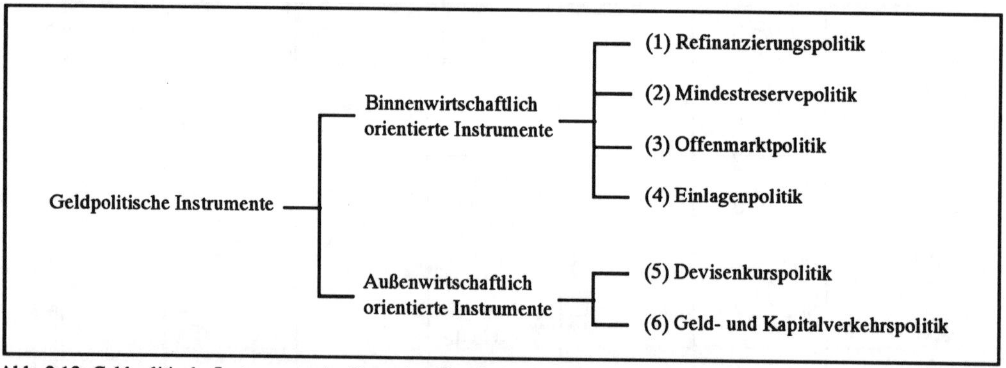

Abb. 2.13: Geldpolitische Instrumente der Deutschen Bundesbank

Zu (1): Unter dem Begriff der Refinanzierung wird allgemein die Aufnahme von Fremdkapital verstanden, um dadurch Mittel für die eigene Kreditgewährung zur Verfügung zu haben. Gegenstand der **Refinanzierungspolitik** der Bundesbank ist daher die Veränderung der Bedingungen, zu denen die Kreditinstitute den Bedarf an Zentralbankgeld durch Rückgriffe auf die Bundesbank decken können.

Möglich ist die Refinanzierung für die Banken im Rahmen der folgenden Geschäfte:

- Verkauf bundesbankfähiger Wechsel an die Landeszentralbank (Rediskontierung),
- Aufnahme verzinslicher Darlehen gegen die Hingabe von Pfandgegenständen (Lombardierung).

Voraussetzung zur **Rediskontierung** von Wechseln ist deren Rediskontfähigkeit. Sie liegt vor, wenn aus den Wechseln drei als zahlungsfähig bekannt Verpflichtete haften, die eingereichten Papiere gute Handelswechsel darstellen und sie innerhalb von drei Monaten fällig werden. Auch das **Lombardgeschäft** hat eine maximale Laufzeit von drei Monaten. Im Gegensatz zur Diskontierung von Wechseln, die grundsätzlich der Finanzierung von Handelsgeschäften dient, soll durch die Lombardierung jedoch die Liquiditätsdisposition der Kreditinstitute erleichtert werden. Daher kommen als Objekte des Lombardgeschäftes neben Wechseln auch bestimmte festverzinsliche Wertpapiere und Schatzanweisungen des Bundes in Betracht.

Der Preis, zu dem die Bundesbank Wechsel ankauft bzw. Pfandgegenstände beleiht, bemißt sich nach dem **Diskont-** und nach dem **Lombardsatz**. Aus deren Anwendung auf die gesamte Kreditsumme ergeben sich die Kosten der Bereitstellung von Liquidität durch die Bundesbank. Dabei ist wegen der unterschiedlichen Zwecksetzung der Lombardkredit teurer als der Diskontkredit.

Sofern es die geldpolitische Situation erfordert, stellt die Bundesbank die Gewährung des gewöhnlichen Lombardkredits ein. Um übermäßige Spannungen am Geldmarkt zu verhindern, vergibt sie stattdessen einen **Sonderlombardkredit**, dessen Verzinsung täglich geändert und der jederzeit zurückgefordert werden kann. In einer derartigen Situation ist die Beschaffung von Liquidität über das Lombardgeschäft für die Kreditinstitute folglich nur unter erschwerten Bedingungen möglich.

Im Rahmen der Refinanzierungspolitik stehen der Bundesbank drei **Aktionsparameter** zur Verfügung (BORCHERT 1982):

- die Festlegung der qualitativen Anforderungen an die zur Refinanzierung verwendeten Wechsel und Wertpapiere,
- die Festlegung des Umfangs der Refinanzierung durch Bestimmung individueller Rediskont- und Lombardkontingente für jedes Kreditinstitut,
- die Festlegung des Diskont- und Lombardsatzes als Bestimmungsgröße der Refinanzierungskosten.

Die **Bestimmung qualitativer Normen** für das Refinanzierungsmaterial unterliegt weitgehend nicht konjunkturpolitischen Motiven, sondern ist das Ergebnis eines grundsätzlichen Entscheidungsprozesses bezüglich der Rediskont- bzw. Lombardfähigkeit bestimmter Papiere. Der Gestaltungsspielraum der Bundesbank in diesem Bereich ist daher faktisch eng begrenzt. Eine Ausnahme bildet hier lediglich die selektive Refinanzierungspolitik, bei der die Bundesbank die allgemeinen Anforderungen an rediskontfähige Wechsel in Abhängigkeit von der wirtschaftlichen Lage einzelner Wirtschaftszweige oder Regionen verschärft oder herabsetzt. Beispielsweise konnten und können sich die Institute in den neuen Bundesländern über Bank-Solawechsel refinanzieren, bei denen Aussteller und Bezogener übereinstimmen, so daß es sich um reine Finanzwechsel handelt, denen also keine Handelsgeschäfte zugrunde liegen.

Erfüllen die eingereichten Papiere die qualitativen Anforderungen, so gelten sie als rediskontfähig. Ob sie jedoch tatsächlich von der Bundesbank angenommen werden, ist zusätzlich von der **Einhaltung individueller Rediskont- und Lombardkontingente** abhängig. Diese bestimmen, in welchem Umfang sich ein einzelnes Kreditinstitut im Rahmen des Diskont- und Lombardgeschäfts bei der Bundesbank refinanzieren kann. Damit überläßt die Bundesbank den Kreditinstituten nicht die Entscheidung über ihre spezielle Inanspruchnahme von Refinanzierungsmitteln. Vielmehr legt sie selbst eine Höchstgrenze fest und hat so die Möglichkeit, Zentralbankgeld zu günstigeren Bedingungen anzubieten, ohne gleichzeitig den gesamten potentiellen Kreditmarkt bedienen zu müssen.

Die Höhe der gesamten Rediskontkontingente wird vom Zentralbankrat aufgrund seiner geldpolitischen Zielsetzungen global bestimmt. Der daraus resultierende individuelle Anteil einer einzelnen Bank ist das Ergebnis eines Bemessungsverfahrens, in dem insbesondere das haftende Eigenkapital sowie das Verhältnis von refinanzierungsfähigen Aktiva durch die Bundesbank zum Geschäftsvolumen als Kriterien herangezogen werden. Das spezielle Rediskontkontingent, daß auch die Maßgröße zur Festlegung des Lombardkontingentes darstellt, wird anschließend den einzelnen Instituten mitgeteilt und dient so als Grundlage zu deren Liquiditätsdisposition.

Geldpolitik betreiben kann die Bundesbank mit Hilfe der Kontingentierung vor allem dadurch, daß sie die Volumina in Abhängigkeit von der wirtschaftlichen Lage global erhöht oder senkt. Eine Verminderung der Rediskont- und Lombardkontingente führt dabei zu einer Einschränkung der potentiellen Bankenliquidität. Jedoch kann es hierdurch zu einer Verringerung des Geldvolumens nur dann kommen, wenn die bestehenden Kontingente bereits voll ausgenutzt sind. Ebenso führt eine Erweiterung der Kontingente nur dann zu einer Erhöhung des Geldvolumens, wenn die Kreditinstitute den gewonnenen Refinanzierungsspielraum für eine zusätzliche Kreditvergabe verwenden.

Die **Festlegung des Diskont- und Lombardsatzes** stellt längerfristig gesehen den Mittelpunkt der Zinspolitik der Deutschen Bundesbank dar. So ist der Diskontsatz in Zeiten einer angespannten Liquiditätslage eine Art untere Grenze der Zinssätze für Monats- und Dreimonatsgeld. Der Lombardsatz fungierte im Rahmen der traditionellen, bis Anfang 1985 praktizierten Geldpolitik der Deutschen Bundesbank als Leitzins für den Tagesgeldsatz. In Zeiten einer reichlichen Liquiditätsausstattung bildete der Lombardsatz die Obergrenze für den Tagesgeldzins, denn kein Kreditinstitut ist prinzipiell bereit, am Geldmarkt höhere Zinsen als bei der Inanspruchnahme des Lombardkredits zu zahlen.

Bei einer angespannten Liquiditätslage und bereits in größerem Umfang beanspruchten Lombardkrediten wurde der Lombardsatz dagegen vorübergehend zur Untergrenze für den Tagesgeldzins, da die Kreditinstitute in einer solchen Situation eine Erhöhung des Lombardkredits zu vermeiden suchten, und ein erhöhtes Angebot am Geldmarkt von den Banken vollständig zum Abbau der Lombardverschuldung aufgenommen wurde.

Als nachteilig erwies sich das traditionelle Steuerungssystem, weil die Banken seit Ende der 70er Jahre den Lombardkredit zur Dauerrefinanzierung benutzten. Situationen knapper oder reichlicher Liquiditätsausstattung der Banken führten lediglich zu einer unterschiedlichen Inanspruchnahme des Lombardkredits, während der Tagesgeldzins sich nicht veränderte und durch die Höhe des Lombardsatzes bestimmt wurde (DEUTSCHE BUNDESBANK 1989). Insbesondere die engeren Beziehungen zwischen dem deutschen Geld- und Kapitalmarkt und den ausländischen Finanzmärkten erforderten jedoch eine größere Elastizität der Geldmarktsätze. Um die Inanspruchnahme des Lombardkredits wieder auf die kurzfristige Überbrückung eines Liquiditätsdefizits zu beschränken und den Geldmarkt flexibler steuern zu können, bietet die Deutsche Bundesbank den Kreditinstituten seit Anfang 1985 **Wertpapierpensionsgeschäfte** zu Sätzen unterhalb des Lombardsatzes an (vgl. Abb. 2.14).

Daneben können die Kreditinstitute bei der Deutschen Bundesbank **Schatzwechsel** des Bundes mit einer Laufzeit von i.d.R. drei Tagen zu einem Zinssatz, der zwischen dem Satz für Pensionsgeschäfte und dem Diskontsatz liegt, erwerben. Dadurch wird bei allgemeinen Liquiditätsüberschüssen ein übermäßiges Abgleiten des Tagesgeldzinses vermieden, bzw. bewegt sich der **Tagesgeldzins** zwischen dem Abgabesatz für Schatzwechsel (Untergrenze) und dem Lombardsatz (Obergrenze). Nach Installierung dieses Steuerungssystems ging die Inanspruchnahme des Lombardkredits bei der Deutschen Bundesbank deutlich zurück. Die für die Zinsbildung am Geldmarkt ausschlaggebende Rolle, die früher dem Lombardsatz zukam, hat nunmehr der Pensionssatz übernommen.

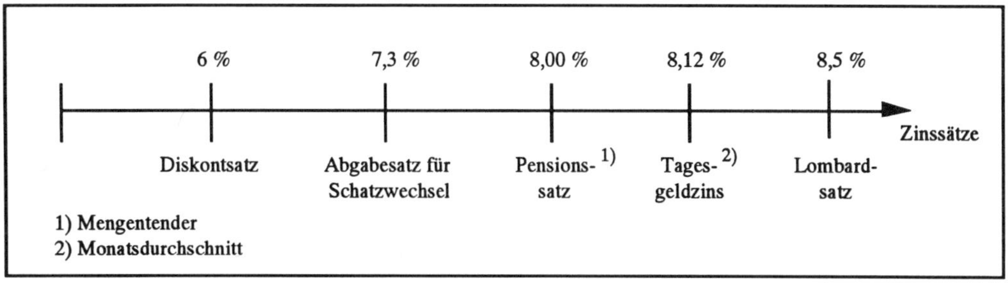

Abb. 2.14: Struktur der Geldmarktsätze im November 1990 (Quelle: Monatsberichte der Deutschen Bundesbank, Februar 1991)

Die Entwicklung der Bundesbank- und der Geldmarktzinsen in den vergangen Jahren verdeutlicht Abb. 2.15. Deutlich ersichtlich ist, daß sich der Tagesgeldzins bis 1985 am Lombardsatz und seit dieser Zeit am Pensionssatz orientiert(e). Bezüglich der Höhe der Sätze unterliegt die Deutsche Bundesbank keinerlei Restriktionen. Am 19.12.1991 erhöhte die Bundesbank den Diskontsatz auf den historischen Höchstwert von 8 % (bisher 1970 und 1981/82 7,5 %), der niedrigste Diskontsatz betrug 2,5 % (Dezember 1987 bis Ende Juni 1988).

Das Ziel einer Veränderung des Diskont- und Lombardsatzes liegt letztlich in einer **Beeinflussung der Kreditnachfrage** der Nichtbanken durch die Zunahme bzw. den Rückgang der Kreditkosten. Eine direkte Beziehung zwischen dem Diskont- und dem Lombardsatz und den Zinssätzen der Banken besteht in der Bundesrepublik jedoch bereits seit der Liberalisierung der Bankzinsen im Jahre 1967 nicht mehr. Obwohl damit die Zinssätze ausschließlich von den Markt- und Konkurrenzverhältnissen abhängen, stimmen die Bewegungen der Soll- und Habenzinssätze heute noch mit den Entwicklungen der Bundesbankzinssätze überein (vgl. Abb. 2.15).

Häufig verschiebt sich bei Veränderungen des Diskont- und Lombardsatzes auch die **Zinsstruktur**, d.h. das Verhältnis der kurz- zu den langfristigen Zinssätzen. Sieht man von den Sicht- und den Spareinlagen ab, so ist dabei zu beobachten, daß sich die Zinsen im kurzfristigen Bereich sehr viel schneller und stärker als die Sätze im längerfristigen Bereich an Veränderungen der Marktverhältnisse anpassen. Wie in den Jahren 1988 bis 1990 können diese Verschiebungen sogar zu einer inversen Zinsstruktur führen, bei der dann die kurzfristigen Zinssätze die langfristigen Sätze übersteigen (vgl. Abb.2.16).

Zu (2): Grundlage der **Mindestreservepolitik** der Deutschen Bundesbank ist die Verpflichtung der Kreditinstitute, zinslose Guthaben auf einem Girokonto bei der Notenbank (Mindestreserven) zu unterhalten. Das Recht, derartige Bestände zu fordern, wird der Bundesbank im § 16 Bundesbankgesetz eingeräumt. Auf dieser Vorschrift aufbauend sind differenzierte Bestimmungen in den "Anweisungen über die Mindestreserve" (AMR) enthalten.

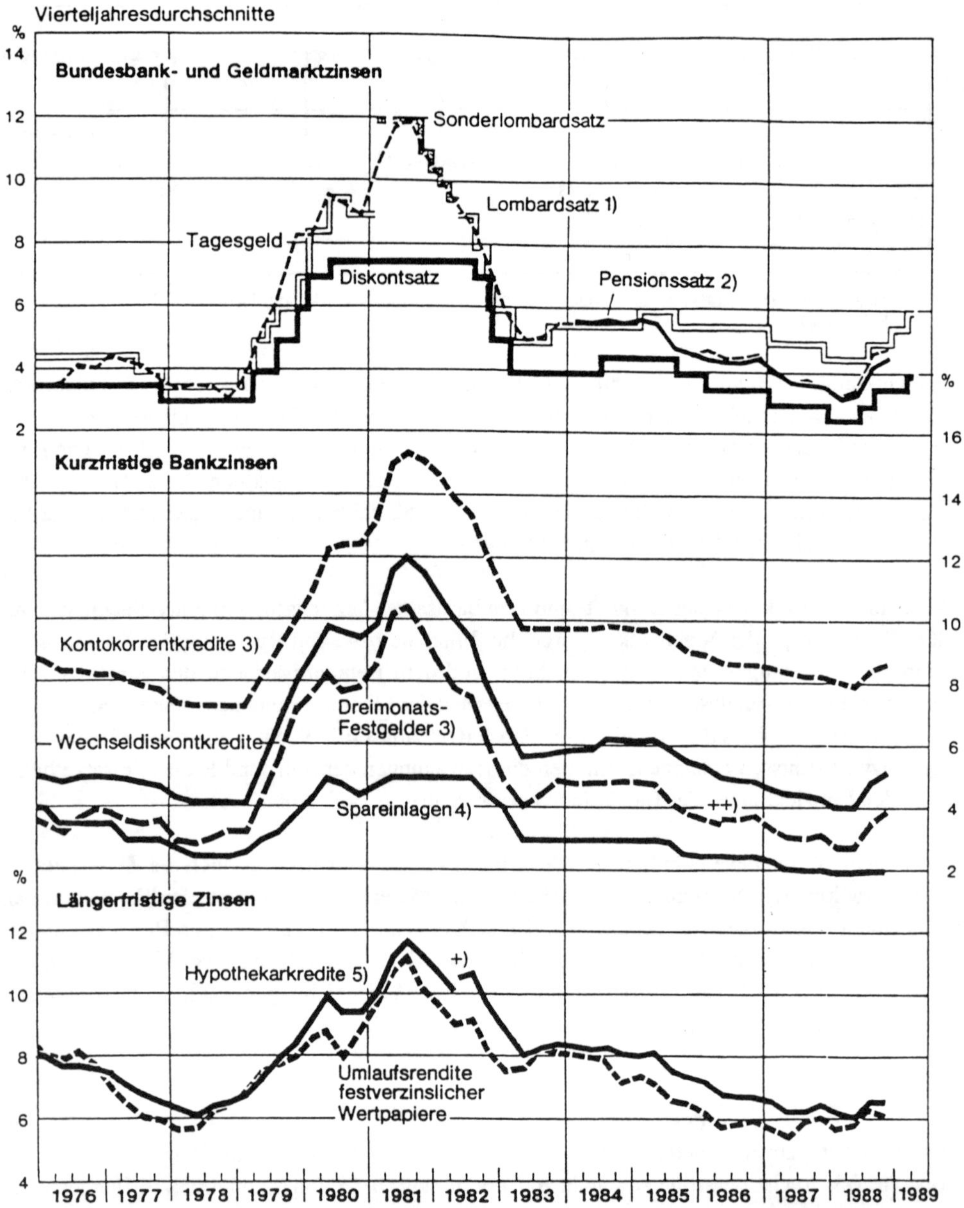

1) Lombardkredit zum Lombardsatz wurde vom 20.2.1981 bis 6.5.1982 nicht zur Verfügung gestellt; in dieser Zeit gewährte die Bundesbank bei Bedarf sog. Sonderlombardkredit zum Sonderlombardsatz.- 2) Satz für Offenmarktgeschäfte mit Rückkaufvereinbarung über Wertpapiere (ab 1984).- 3) Unter 1 Mio DM.- 4) Mit gesetzlicher Kündigungsfrist.- 5) Auf Wohnungsgrundstücke, Effektivverzinsung.- +) Ab Juni 1982 ausschließlich Durchschnittssatz für Hypothekarkredite mit variablem Zinssatz; Angaben mit den früheren nur begrenzt vergleichbar.- ++) Ab Juni 1986 Zins für Festgelder von 100 000 DM bis unter 1 Mio DM.

Abb. 2.15: Zinsentwicklung (Quelle: Deutsche Bundesbank 1989)

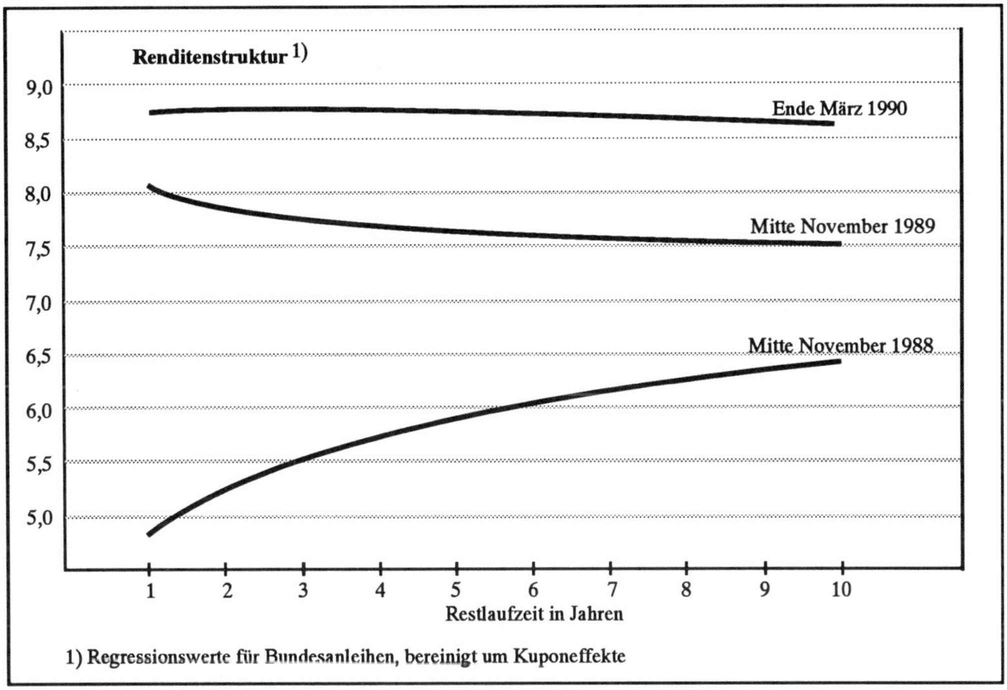

Abb. 2.16: Die Zinsstruktur und ihre Veränderungen

Die Pflicht zur Vorhaltung der Mindestreserve gilt grundsätzlich für alle Kreditinstitute. Im § 2 der AMR werden jedoch einzelne Unternehmen ausgenommen, zu denen beispielsweise die Sozialversicherungsträger, Kapitalanlagegesellschaften und Wertpapiersammelbanken gehören. Bis zum 1. April 1984 waren auch die Realkreditinstitute und die Bausparkassen von der Mindestreservepflicht befreit. Aufgrund einer wachsenden Bedeutung des kurz- und mittelfristigen Passivgeschäfts, eines starken Anstiegs der von Realkreditinstituten bei anderen Banken unterhaltenen Guthaben und zur Vermeidung von Wettbewerbsvor- oder -nachteilen wurden diese Ausnahmeregelungen jedoch aufgehoben. Die Mindestreservepflicht trifft allerdings die eigentlichen Bauspareinlagen nicht.

Bei den **mindestreservepflichtigen Verbindlichkeiten** handelt es sich um Guthaben mit einer Befristung von unter 4 Jahren von

- Nichtbanken,
- nichtreservepflichtigen Kreditinstituten und
- Banken im Ausland.

Verbindlichkeiten gegenüber reservepflichtigen Kreditinstituten sind folglich von der Mindestreservepflicht ausgenommen.

Die Deutsche Bundesbank hat für die einzelnen **Einlagearten** unterschiedliche Mindestreservesätze festgelegt. Zu unterscheiden sind zunächst

- Buchverbindlichkeiten mit einer Befristung von weniger als 4 Jahren und

- Verbindlichkeiten aus Inhaberschuldverschreibungen mit einer Befristung von weniger als 2 Jahren.

Zu den **Buchverbindlichkeiten** zählen auch Verbindlichkeiten aus Namensschuldverschreibungen sowie Orderschuldverschreibungen, die nicht Teil einer Gesamtemission sind. Im einzelnen setzen sich die Buchverbindlichkeiten aus folgenden Anlagearten zusammen:

- **Sichtverbindlichkeiten**
  täglich fällige Mittel und solche mit einer Laufzeit oder Kündigungsfrist von weniger als einem Monat,

- **befristete Verbindlichkeiten**
  Kündigungsfrist oder Laufzeit von einem Monat bis unter 4 Jahren,

- **Spareinlagen**
  Verbindlichkeiten im Sinne der §§ 21 und 22 KWG.

Die **Verbindlichkeiten aus Inhaberschuldverschreibungen**, zu denen auch Orderschuldverschreibungen gehören, wenn sie Teile einer Gesamtemission sind, unterliegen erst seit dem 1. Mai 1986 der Mindestreserve-Pflicht. Die zu diesem Zeitpunkt in Kraft getretene Neuregelung war notwendig geworden, um das Mindestreserve-Instrumentarium an neuere Entwicklungen an den Finanzmärkten anzupassen und den Kreditinstituten uneingeschränkt die Möglichkeit zur Emission von sogenannten Einlagenzertifikaten zu geben.

Die vom Zentralbankrat festgelegten **Mindestreservesätze** orientieren sich an verschiedenen Kriterien. Zunächst müssen Verbindlichkeiten gegenüber Gebietsansässigen und Gebietsfremden unterschieden werden. Für die **Einlagen von Gebietsansässigen** gelten nach § 16 Bundesbankgesetz Höchstgrenzen, die bei den Sichteinlagen 30 %, bei den befristeten Verbindlichkeiten - zu denen auch die Verbindlichkeiten aus Schuldverschreibungen gehören - 20 % und bei den Spareinlagen 10 % betragen.

In einer weiteren Differenzierung hat die Bundesbank ein **Progressionsstaffel-Verfahren** eingeführt, das mit Wirkung zum 1. Mai 1986 vereinfacht wurde. Bis dahin waren in Abhängigkeit vom jeweiligen Volumen der reservepflichtigen Verbindlichkeiten drei unterschiedliche Reservesätze gültig, die stufenweise zum Einsatz kamen. Um die Wettbewerbsfähigkeit der inländischen Finanzplätze zu stärken, hat die Deutsche Bundesbank zum 1. Mai 1986 die Reservesätze für befristete Verbindlichkeiten und Spareinlagen deutlich gesenkt. Gleichzeitig wurde auch die Reservesatzstruktur geändert, d.h. die Differenzierung der Reservesätze nach Progressionsstufen bei befristeten Verbindlichkeiten und Spareinlagen entfiel; für beide Einlagearten gilt nunmehr ein einheitlicher Reservesatz.

Die Entwicklung der Mindestreservesätze zeigt die folgende Abbildung 2.17. Aus ihr sind auch die Reservesätze für **Einlagen von Gebietsfremden** ersichtlich. Um der Bundesbank einen weiteren Handlungsrahmen zur Neutralisierung von Geldzuflüssen aus dem Ausland zu belassen, gelten für diese Einlagen keine Höchstgrenzen. Zudem hat die Bundesbank in Zeiten einer restriktiven Min destreservepolitik die Einlagen von Ausländern danach differenziert, ob es sich um Bestände oder um Zuwächse von Verbindlichkeiten nach einem bestimmten Stichtag handelte. Zuletzt war dies in der Zeit vom 1.1. bis 31.5.1978 der Fall. Zuwächse unterlagen damals dem Satz von 80% bei allen Einlagekategorien.

Das von den Kreditinstituten vorzuhaltende **Reserve-Soll** ergibt sich durch Anwendung der Prozentsätze auf den Monatsdurchschnitt der reservepflichtigen Bestände. Die durchschnittlichen Verbindlichkeiten können dabei entweder aus den Endständen sämtlicher Tage oder nur aus vier Stichtagen ermittelt werden. Referenzperiode bei dieser Berechnung ist die Zeit vom 16. des Vormonats bis zum 15. des laufenden Monats. Dagegen wird das tatsächlich von den Banken bereitgehaltene **Reserve-Ist** aus den Guthaben sämtlicher Tage des Kalendermonats ermittelt, so daß den Kreditinstituten ein halber Monat zur Erfüllung des tatsächlichen Mindestreserve-Solls verbleibt.

Ansatzpunkt der **Mindestreservepolitik** der Bundesbank sind primär die Mindestreservesätze. Durch ihre Variation will der Zentralbankrat Einfluß nehmen auf die **Giralgeldschöpfung**, deren Umfang wiederum eine entscheidende Determinante für eine mögliche Kreditexpansion im Bankensystem darstellt. Jedoch kann die Bundesbank durch die Mindestreservepolitik lediglich die potentiellen Kreditvergabemöglichkeiten der Kreditinstitute verändern. Ob dieses Volumen tatsächlich genutzt wird, hängt dagegen von der Kreditvergabebereitschaft der Banken und der Kreditnachfrage ihrer Kunden ab.

Daneben können sich Wirkungen auf die Kreditvergabe jedoch auch indirekt durch **Zinseffekte** ergeben. Aufgrund der Unverzinslichkeit der Mindestreserven reduziert jede Erhöhung der Reservesätze die Rentabilität der Kreditinstitute. Diese werden daher versuchen, die zusätzliche Belastung auf die Kreditnehmer zu übertragen. Liegt eine zinsabhängige Kreditnachfrage vor, so wird auch als indirekte Folgewirkung der Umfang der Kreditgeschäfte eingeschränkt.

Zu (3): Bei der Refinanzierungs- und Mindestreservepolitik handelt es sich um Instrumente, die alle Kreditinstitute gleichermaßen treffen und nicht auf die aktuelle Situation einzelner Banken Rücksicht nehmen. Die **Offen-Markt-Politik** ist dagegen deutlich flexibler einsetzbar. Ihre Zielsetzung besteht darin, das Anlage- und Kreditverhalten der Geschäftsbanken durch Wertpapiergeschäfte mit ihnen zu beeinflussen. Die Bundesbank überläßt dabei die Entscheidung über einen Kauf- oder Verkaufsauftrag den Kreditinstituten. Kaufen die Kreditinstitute Papiere, so tauschen sie Zentralbankgeld gegen Wertpapiere ein, so daß die angelegten Mittel während der Laufzeit der Anlage nicht zur Kreditgewährung verwendet werden können.

Die Offen-Markt-Geschäfte der Bundesbank können grundsätzlich mit einer Vielzahl von **Wertpapieren** durchgeführt werden. Als Papiere mit kurzer Laufzeit kommen jedoch in erster Linie

- Schatzwechsel und
- unverzinsliche Schatzanweisungen,

deren Aussteller der Bund, eines seiner Sondervermögen oder ein Bundesland ist, in Betracht. Diese Offen-Markt-Papiere entstehen durch die Mobilisierung der sogenannten "Ausgleichsforderungen"

Gültig ab:	Reservepflichtige Verbindlichkeiten gegenüber Gebietsansässigen								
	Sichtverbindlichkeiten			Befristete Verbindlichkeiten			Spareinlagen		
	Progressionsstufe[1])			Progressionsstufe[1])			Progressionsstufe[1])		
	1	2	3	1	2	3	1	2	3
	bis 10 Mio DM	über 10 bis 100 Mio DM	über 100 Mio DM	bis 10 Mio DM	über 10 bis 100 Mio DM	über 100 Mio DM	bis 10 Mio DM	über 10 bis 100 Mio DM	über 100 Mio DM
1978 1. März	8,65	11,7	13,75	6,1	8,15	9,65	5,7	5,9	6,1
1. Juni	8,05	10,9	12,8	5,7	7,55	9	5,3	5,5	5,7
1. Nov.	8,75	11,85	13,95	6,2	8,25	9,8	5,8	6	6,2
1979 1. Febr.	9,2	12,45	14,65	6,5	8,65	10,3	6,05	6,3	6,5
1980 1. Mai	8,45	11,45	13,45	6	8	9,45	5,6	5,8	6
1. Sept.	7,65	10,3	12,1	5,4	7,2	8,5	5	5,2	5,4
1981 1. Febr.	7,1	9,6	11,25	5	6,7	7,95	4,65	4,85	5
1982 1. Okt.	6,4	8,65	10,15	4,5	6	7,15	4,2	4,35	4,5
1986 1. Mai[2])	6	9	11		4,5			3,75	
1987 1.Febr.	6,6	9,9	12,1		4,95			4,15	

	Reservepflichtige Verbindlichkeiten gegenüber Gebietsfremden						
				Zuwachs an Verbindlichkeiten			
	Sichtverbindlichkeiten	Befristete Verbindlichkeiten	Spareinlagen	Sichtverbindlichkeiten	Befristete Verbindlichkeiten	Spareinlagen	Erläuterungen der Zuwachsreservebestimmungen
1978 1. Jan.	20	15	10		80		Zusätzlicher Reservesatz für den Zuwachs gegenüber dem Durchschnittsstand in der Periode vom 16. September bis 15. Dezember 1977
1. Juni	12,8	9	5,7		keine besonderen Sätze		
1. Nov.	13,95	9,8	6,2				
1979 1. Febr.	14,65	10,3	6,5				
1980 1. Mai	13,45	9,45	6				
1. Sept.	12,1	8,5	5,4				
1981 1. Febr.	11,25	7,95	5				
1982 1. Okt.	10,15	7,15	4,5				
1986 1. Mai	11	4,5	3,75				
1987 1. Febr.	12,1	4,95	4,15				

1 Für die ersten 10 Mio DM an reservepflichtigen Verbindlichkeiten ist der Satz der Progressionsstufe 1 anzuwenden, für die nächsten 90 Mio DM der Satz der Progressionsstufe 2 und für die über 100 Mio DM hinausgehenden der Satz der Progressionsstufe 3. – **2** Ab 1. Mai 1986 entfällt bei den befristeten Verbindlichkeiten und Spareinlagen die Differenzierung der Reservesätze nach Progressionsstufen. BBk

Abb. 2.17: **Struktur der Mindestreservesätze (in % der reservepflichtigen Verbindlichkeiten) (Quelle: Deutsche Bundesbank 1989)**

gegen den Bund, die ihren Ursprung in der Währungsreform haben und in Höhe von rund 8,7 Mrd. DM auf der Aktivseite der Notenbankbilanz verbucht sind. Bei Bedarf können die Ausgleichsforderungen in kurzfristige Titel des Bundes umgetauscht und von der Bundesbank zur Beeinflussung der Bankenliquidität verwendet werden (**Mobilisierungspapiere**). Sollten die umgewandelten Ausgleichsforderungen für Transaktionen der Notenbank nicht ausreichen, ist sie zusätzlich berechtigt, eine zweite, subsidiär einsetzbare Manövriermasse vom Bund in Form von Schatzwechseln und Schatzanweisungen zu beziehen (**Liquiditätspapiere**), die jedoch auf eine Höhe von 8 Mrd. DM begrenzt ist.

In den letzten Jahren hat die Bundesbank zur Feinsteuerung der Bankenliquidität verstärkt neue Methoden in der Offen-Markt-Politik eingesetzt. Hierzu rechnen insbesondere die "**Offen-Markt-Geschäfte mit Rückkaufsvereinbarung**" (**Pensionsgeschäfte**), die der Bundesbank Mitte der 80er Jahre zur Beseitigung einer übermäßigen Inanspruchnahme des Lombardkredits dienten und die heutzutage ein Polster bilden, das die kurzfristige Anpassung an neue liquiditätspolitische Gegebenheiten ermöglicht. Obwohl Pensionsgeschäfte generell mit Wechseln, Wertpapieren und Devisen abgeschlossen werden können, treten in jüngster Zeit **Pensionsgeschäfte mit Wertpapieren** in den Vordergrund. Allen Geschäften ist gemeinsam, daß bereits beim Abschluß des Kaufvertrages festgelegt wird, wann und zu welchem Preis die Vermögenswerte vom Verkäufer wieder zurückzukaufen sind. Dadurch wird den Kreditinstituten nur für eine **befristete Zeit** Zentralbankgeld zur Verfügung gestellt. Dies hat den geldpolitischen Vorteil einer nur kurzfristigen Ausweitung der Geldmenge sowie einer ständigen Beeinflußbarkeit der Konditionen (Laufzeit, Zinssatz, Gesamtbetrag).

Die von der Bundesbank den Kreditinstituten angebotenen Pensionsgeschäfte werden über ein Ausschreibungsverfahren abgeschlossen. Dabei sind der Mengen- und der Zinstender zu unterscheiden. Beim **Mengentender** legt die Bundesbank die Abgabesätze und die Laufzeit der Papiere fest, die Kreditinstitute nennen je nach Geldbedarf die benötigten Beträge. Der für alle Einzelangebote maßgebliche Zuteilungssatz ergibt sich daraufhin aus dem Verhältnis der Summe der Gebote zu dem Volumen der Wertpapierpensionsgeschäfte. Beim **Zinstender** müssen die Kreditinstitute demgegenüber neben dem Volumen auch den Zinssatz angeben, zu dem sie zum Abschluß eines Pensionsgeschäftes bereit sind. Die Zuteilung erfolgte bis zum Herbst 1988 zu einem einheitlichen Satz (**Holländisches Verfahren**), wobei die Bundesbank als Orientierungshilfe einen Mindestzins vorgab. Damit die strukturelle Verfassung des Geldmarktes einen größeren Einfluß auf die Zinsbildung nimmt, wird der Zinstender seit dieser Zeit zu den individuellen Bietungssätzen der Banken (**Amerikanisches Verfahren**) abgewickelt. Sowohl beim "Holländischen" als auch beim "Amerikanischen Verfahren" erhalten Gebote, die über dem einheitlichen Satz liegen bzw. den niedrigsten, zum Zuge kommenden Satz überschreiten, volle Zuteilung, während Gebote zu diesem Satz gegebenenfalls quotal berücksichtigt werden (DEUTSCHE BUNDESBANK 1989).

Auch durch den Einsatz der Offen-Markt-Politik löst die Deutsche Bundesbank **Liquiditäts- und Zinseffekte** aus. So wird dem Bankensystem Liquidität entzogen, wenn die Bundesbank an die Kreditinstitute Vermögensgegenstände, d.h. Wertpapiere verkauft, wobei lediglich die vergleichsweise unbedeutenden, in die Geldmarktregulierung einbezogenen Schatzwechsel und U-Schätze vor Fälligkeit an die Bundesbank zurückgegeben werden können. Die Sätze im Offen-Markt-Geschäft üben zumindest eine Signalwirkung aus, darüber hinaus bestimmen die im Wertpapierpensionsgeschäft angewandten Zinssätze sogar Niveau und Struktur der am Geldmarkt gesprochenen Konditionen.

Zu (4): Die **Einlagenpolitik** der Bundesbank beruht auf der dem **Bund** und den **Ländern** obliegenden Verpflichtung, ihre liquiden Mittel (Kassenbestände, Mittel für Anleihentilgung) auf einem **Konto bei der Bundesbank** zu unterhalten. Das Ziel dieser Verpflichtung liegt darin, das Kreditschöpfungspotential der Banken durch öffentliche Einlagen nicht zu steigern. Dadurch steht der Bundesbank im Rahmen ihrer Einlagenpolitik die Möglichkeit offen, die bei ihr unterhaltenen Mittel zeitweise in das Geschäftsbankensystem zu verlagern, um so expansive Liquiditätswirkungen hervorzurufen und einen auftretenden Bedarf an Zentralbankgeld reversibel auszugleichen. Umgekehrt wird bei einem Rückruf von im Bankensystem befindlichen Mitteln Liquidität abgeschöpft.

Die Einsatzmöglichkeiten der Einlagenpolitik sind allerdings beschränkt, da öffentliche Mittel nur dann in das Bankensystem transferiert werden können, wenn sie in ausreichendem Umfang und für die erforderliche Zeitspanne zur Verfügung stehen. Daher eignet sich die Einlagenpolitik nur für eine vergleichsweise kurzfristige Steuerung der am Geldmarkt vorhandenen Mittel. Zudem ist bei einer Verlagerung das Einverständnis der öffentlichen Hand erforderlich. Hieran werden Bund und Länder jedoch im Regelfall interessiert sein, da ihre Einlagen bei den Kreditinstituten marktüblich verzinst werden, während für die Mittel auf Konten bei der Bundesbank kein Zins gezahlt werden darf.

Zu (5): Die Maßnahmen der **Devisenkurspolitik** (BORCHERT 1982, DICKERTMANN/ SIEDENBERG 1984) der Deutschen Bundesbank zielen auf die **Beeinflussung der Kursentwicklung** an den Devisenkassa- und -terminmärkten ab. Dadurch sollen Störungen der binnenwirtschaftlichen Entwicklung durch geldpolitisch unerwünschte Devisentransaktionen zwischen Inländern und Gebietsfremden vermieden werden. Neben dieser außenwirtschaftlichen Absicherung soll mit den Operationen an den Devisenmärkten jedoch auch eine Feinsteuerung des Geldmarktes durch die zeitlich begrenzte Beeinflussung des Bestandes an Zentralbankgeld bewirkt werden. Die speziellen außenwirtschaftlichen Maßnahmen sind dabei die Swapsatzpolitik sowie die Devisenmarktinterventionen.

Das von der Bundesbank eingesetzte Instrumentarium der **Swapsatzpolitik** beruht auf der Überlegung, daß aus einzelwirtschaftlicher Sicht die **Rentabilität des Geldexports oder -imports** durch die Determinanten **Zinserwartung** und **Kursrisiko** bestimmt wird. Ist beispielsweise das Zinsniveau im Ausland (i_A) höher als das im Inland (i_I), so wird Kapital aus dem Inland zur Anlage in das Ausland abgezogen. Die damit aus dem Inland abfließenden Devisen wurden zuvor gegen Zentralbankgeld eingetauscht und vermindern auf unkontrollierte Weise die inländische Geldmenge. Da aber für die Kapitalanleger der zukünftige Wechselkurs unsicher ist, werden sie sich gegen das Kursrisiko absichern und bereits zum Zeitpunkt des Kapitalexports einen Vertrag über den späteren Verkauf des angelegten Geldes zu einem bestimmten Devisenterminkurs abschließen (Swapgeschäft). Das Kursrisiko ist damit für den Kapitalexporteur ausgeschaltet, da ihm zum Zeitpunkt der Geldanlage sowohl der Devisenkassakurs (W_K) als auch der Devisenterminkurs (W_T) bekannt sind. Jedoch wird der Geldexporteur die gesamte Transaktion nur dann durchführen, wenn die Geldanlage (GA) im Ausland unter Berücksichtigung der Wechselkurse (inländische Währung bezogen auf ausländische Währung) einen höheren Ertrag als bei einer Anlage im Inland erbringt. Es muß also gelten:

Ertrag Geldanlage Ausland > Ertrag Geldanlage Inland

$$GA \frac{W_T}{W_K}(1 + i_A) > GA\,(1 + i_I)$$

Daraus folgt:

$$\frac{W_T - W_K}{W_K} > \frac{i_I - i_A}{1 + i_A}$$

Der Ausdruck auf der linken Seite der Ungleichung stellt dabei den **Swapsatz** dar, der die Differenz zwischen dem Termin- und dem Kassakurs, bezogen auf den Devisenkassakurs, ausdrückt. Die Bundesbank hat nun die Möglichkeit, die Vorteilhaftigkeit eines Kapitalimports oder -exports durch die Veränderung des Swapsatzes zu beeinflussen. Dabei wird von einem Abschlag oder **Deport** gesprochen, wenn der Terminkurs unter dem Kassakurs liegt und von einem Aufschlag oder **Report**, wenn der Terminkurs den Kassakurs übersteigt. Daraus resultiert, daß der Kapitalexporteur im Falle eines Deports einen Kursverlust zu tragen hat, während die Auslandsanlage bei einem Report neben dem eigentlichen Zins noch einen zusätzlichen Ertrag aus dem Swapgeschäft erbringt, so daß sich der Anreiz für Geldexporte verstärkt.

Der Einsatz der Swapsatzpolitik war in den 70er Jahren primär zur Beruhigung der internationalen Währungslage und zur Vermeidung spekulativer Devisenbewegungen gedacht. Seit dem Jahre 1979 werden Swapgeschäfte jedoch ausschließlich zur **Feinsteuerung des Geldmarktes** eingesetzt. Verkaufen die Kreditinstitute dabei nach entsprechender Aufforderung Währungsbestände und nehmen sie diese wieder per Termin zurück, so stellt die Bundesbank gezielt für eine bestimmte Zeit Zentralbankgeld zur Verfügung, während im umgekehrten Fall Geldbestände entzogen werden. Über diese Liquiditätswirkungen hinausgehende unmittelbare Einflüsse auf den Devisenkurs sind mit den Swapgeschäften in der Regel nicht verbunden. Eine entscheidende Determinante für den Erfolg der Swapsatzpolitik ist, ebenso wie bei der Offen-Markt-Politik, das Verhalten der Kreditinstitute. Nur wenn diese bereit sind, die angebotenen Geschäfte abzuschließen, kann die Bundesbank die angestrebten Wirkungen erzielen. Sind beispielsweise betriebsintern festgelegte Kontingente für Auslandsanlagen erschöpft, verfehlt die Swapsatzpolitik ihr angestrebtes Ziel und die Bundesbank muß zu anderen geldpolitischen Instrumenten greifen.

Neben der autonomen Festsetzung des Swapsatzes kann die Notenbank im Rahmen der Devisenkurspolitik auch direkt als Käufer oder Verkäufer von Auslandswährung auftreten. Sie versucht durch diese **Interventionspolitik** zu einer Vertrauensstärkung des Marktes beizutragen, eine im Entstehen begriffene spekulative Entwicklung abzuwenden und den von ihr angestrebten Devisenkurs zu erreichen. Die Intervention an den Devisenmärkten ist bei festen Wechselkursen zwingend erforderlich, während sie bei freien Wechselkursen von den Zielen der Notenbank abhängt. In beiden

Fällen bringt der Eingriff jedoch erhebliche und häufig **unerwünschte Auswirkungen auf die Entwicklung der Geldmenge** im Inland mit sich.

Besteht beispielsweise zu einem bestimmten Kurs ein Nachfrageüberhang nach einer Devisenart, so kann diese Parität nur gehalten werden, wenn die Zentralbank den Nachfrageüberhang durch ein zusätzliches Angebot an Devisen befriedigt. Dadurch erhält die Notenbank als Gegenleistung Zentralbankgeld, so daß die umlaufende Geldmenge sinkt. Die Stützung eines abwertungsverdächtigen inländischen Wechselkurses durch die Zentralbank führt damit zu kontraktiven Geldmengenwirkungen im Inland, während bei einer Aufwertungstendenz durch die Intervention eine expansive Liquiditätswirkung eintritt.

Zu (6): Gesetzliche Grundlage der **Geld- und Kapitalverkehrspolitik** ist das Außenwirtschaftsgesetz (AWG). Es räumt der Bundesregierung das Recht ein, die Kapitalein- und -ausfuhr mit Beschränkungen zu versehen, so daß Rechtsgeschäfte und Handlungen allgemein oder unter bestimmten Voraussetzungen einer Genehmigung bedürfen oder verboten sind. Die Bundesregierung hat jedoch beim Erlaß von Rechtsverordnungen das Benehmen mit der Bundesbank herzustellen.

Im Bereich der **Geld- und Kapitalexporte** können die Regelungen vorsehen, daß der Erwerb von Grundstücken, ausländischen Wertpapieren und Wechseln sowie die Unterhaltung von Guthaben bei Geldinstituten oder die Gewährung von Krediten an Gebietsfremde beschränkt ist. Mit einigen Erweiterungen bestehen entsprechende Reglementierungsmöglichkeiten bei den **Geld- und Kapitalimporten**. Zusätzlich können die Verzinsung von Ausländerguthaben bei deutschen Kreditinstituten sowie die Gründung und Ausstattung von Unternehmen durch Gebietsfremde von einer Genehmigung abhängig gemacht oder verboten werden.

Eine besondere Stellung innerhalb der Geld- und Kapitalverkehrsbeschränkungen nimmt die **Bardepotpolitik** ein. Sie beruht auf dem Umstand, daß zwar Geldanlagen von Gebietsfremden im Inland mit besonderen Mindestreservesätzen belegt werden können, **Kreditaufnahmen im Ausland** mit diesem Instrument jedoch unkontrollierbar sind. Am 23.12.1971 wurde aus diesem Grund das sogenannte Bardepot eingeführt. Nach § 6 a des Außenwirtschaftsgesetzes kann jeder Gebietsansässige, der sich im Ausland verschuldet, zur zinslosen Hinterlegung eines bestimmten Anteils dieser Verbindlichkeit bei der Bundesbank verpflichtet werden. Hierdurch soll eine indirekte Verteuerung der Kreditaufnahme im Ausland erreicht und der Anreiz zur Verschuldung im Ausland vermindert werden. Wird der Bardepotsatz in seiner gesetzlichen Höchstgrenze von 100% festgelegt, tritt eine vollständige Stillegung der im Ausland aufgenommenen Mittel ein. Die ausländische Verschuldung wird damit unter Liquiditätsaspekten sinnlos. Nicht verhindert werden kann jedoch die Aufwertungsspekulation, durch die weiterhin ein Anreiz zur Kreditaufnahme im Ausland gegeben sein kann.

Der internationale Geld- und Kapitalverkehr ist in der Bundesrepublik prinzipiell voll liberalisiert. Aus diesem Grund wurde in der Vergangenheit von den Möglichkeiten der Geld- und Kapitalverkehrspolitik nur gelegentlich Gebrauch gemacht, um spekulative Devisenzuflüsse abzuwehren und der Geld- und Fiskalpolitik im Inland einen größeren Handlungsspielraum zu verschaffen. Beispielsweise wurde Anfang der siebziger Jahre die Kapitaleinfuhr durch eine Reihe von Verboten und

Genehmigungsvorbehalten eingeschränkt, wozu auch die Festsetzung eines Bardepotsatzes in Höhe von 40 %, dann 50 % und schließlich 20 % gehörte. Ab 1974 sind diese Regelungen aber schrittweise gelockert und bis zum März 1981 vollständig aufgehoben worden, so daß der Kapitalverkehr in der Bundesrepublik derzeit keinen Beschränkungen unterliegt.

4. Ergänzende Funktionen der Bundesbank

Neben ihren direkten geldpolitischen Aufgaben nimmt die Deutsche Bundesbank weitere historisch gewachsene Funktionen wahr, die alle in enger Beziehung zu ihrer stabilitätspolitischen Verantwortung stehen. Dazu gehören ihre Tätigkeiten als

(1) Notenbank,
(2) Bank der Banken,
(3) Bank des Staates,
(4) Aufsichtsorgan und als
(5) Verwalterin der Währungsreserven

Zu (1): Als **Notenbank** hat ausschließlich die Deutsche Bundesbank das Recht, auf Deutsche Mark lautende Banknoten auszugeben. Das Emissionsrecht für Münzen liegt dagegen beim Bund (Münzregal), in dessen Auftrag die Bundesbank die Münzen in Umlauf bringt. Münzen gelten nur in beschränktem Umfang als gesetzliches Zahlungsmittel. Ein Gläubiger muß maximal 20,-- DM im Form von Münzen, die auf DM lauten und höchstens 5,-- DM in Form von Münzen, die auf Pfennig lauten, annehmen. Demgegenüber ist jeder Gläubiger verpflichtet, Banknoten in unbegrenztem Umfang zur Begleichung von Forderungen zu akzeptieren. Daher bilden die **Banknoten** als **unbeschränktes gesetzliches Zahlungsmittel** den Kern des Geldwesens. Sie werden zur reibungslosen Abwicklung des Zahlungsverkehrs von allen am Wirtschaftsgeschehen Beteiligten gehalten.

Ende 1988 befanden sich Banknoten im Wert von knapp 144 Mrd. DM und Münzen in einem Wert von rund 11 Mrd. DM im Umlauf (vgl. Abb. 2.18). Die am häufigsten vorkommende Stückelung sind der Hundert-DM-Schein und das Ein-Pfennig-Stück, auf die nach Stückzahlen gerechnet knapp 39 % des Notenumlaufs und rund 38 % des Münzenumlaufs entfielen. Im Durchschnitt fließen die von der Bundesbank ausgegebenen Zahlungsmittel im Laufe eines Jahres drei mal zu ihr zurück (DEUTSCHE BUNDESBANK 1989). Die durchschnittliche Umlaufzeit beträgt bei 10 und 20 DM-Scheinen knapp 1 1/2 Jahre, 100 DM-Scheine müssen nach durchschnittlich 4 Jahren und 1.000 DM-Scheine nach 5 1/2 Jahren ersetzt werden.

Zu (2): Als **Bank der gesamten Kreditwirtschaft** besitzt die Deutsche Bundesbank zwei sehr unterschiedliche Aufgaben. Sie ist tätig

- als nationale und internationale Zahlungsverkehrszentrale und
- als Refinanzierungszentrale.

Zur Durchführung des **Zahlungsverkehrs** von Banken und Nichtbanken im Inland und mit dem Ausland führt die Deutsche Bundesbank dabei insbesondere aus:

- Barein- und -auszahlungen,
- Überweisungen aufgrund von Überweisungsaufträgen,
- Überweisungen im Lastschriftverfahren,
- Scheck- und Wechseleinzüge,
- An- und Verkäufe von Devisen.

		Mio. DM	%	Mio. Stück	%
BANKNOTEN	1000,-	39.736,0	27,60	39,736	2,47
	500,-	19.099,5	13,27	38,199	2,37
	100,-	62.725,1	43,58	627,251	38,93
	50,-	13.489,4	9,37	269,780	16,74
	20,-	5.393,7	3,75	269,685	16,74
	10,-	3.330,2	2,31	333,020	20,67
	5,-	167,8	0,12	33,560	2,08
	Summen	143.941,7	100,00	1.611,231	100,00
MÜNZEN	10,-	1.294,9	11,90	129,490	0,37
	5,-	4.517,9	41,52	903,580	2,59
	2,-	1.395,1	12,82	697,550	2,00
	1,-	1.717,0	15,78	1.717,000	4,91
	-,50	807,8	7,42	1.615,600	4,62
	-,10	683,9	6,29	6.839,000	19,57
	-,05	223,9	2,06	4.478,000	12,81
	-,02	109,0	1,00	5.450,000	15,59
	-,01	131,2	1,21	13.120,000	37,54
	Summen	10.880,7	100,00	34.950,220	100,00

Abb. 2.18: Zusammensetzung des Banknoten- und Münzenumlaufs

Nur ein Teil des gesamten Zahlungsverkehrs wird in der Bundesrepublik über die Deutsche Bundesbank abgewickelt. Überregionale Kreditinstitute sowie Kreditinstitutsgruppen mit einem eigenen Gironetz, wie die Sparkassenorganisation, die Kreditgenossenschaften oder die Deutsche Bundespost, wickeln ihre Transaktionen überwiegend außerhalb des Überweisungsnetzes der Deutschen Bundesbank ab.

In ihrer Funktion als **Refinanzierungszentrale** ist die Bundesbank in der Lage, kurzfristige Liquiditätsbedürfnisse der Kreditinstitute auszugleichen. Dies geschieht im Rahmen der währungspolitischen Instrumente und hierbei insbesondere des Diskont-, Lombard- und Offen-Markt-Geschäftes.

Zu (3): Als **Bank der staatlichen Verwaltung** fungiert die Deutsche Bundesbank zunächst als **Kontoführerin** für den Bund, die Länder und die Sondervermögen des Bundes. Diese müssen ihre liquiden Mittel zinslos auf Girokonten bei der Bundesbank anlegen, sofern die Zentralbank keine Ausnahmen gestattet. Dadurch soll verhindert werden, daß durch die Anlage auf Konten bei Kreditinstituten deren Kreditschöpfungskapazität gesteigert wird.

Ferner darf die Deutsche Bundesbank öffentlichen Verwaltungen kurzfristige **Buch- und Schatzwechselkredite** gewähren. Diese Kassenkredite sind jedoch durch sogenannte Kreditplafonds gesetzlich eng begrenzt. Mit der gesetzlichen Festlegung von Höchstgrenzen geht jedoch kein automatischer Anspruch der öffentlichen Hand auf Gewährung von Krediten in dieser Höhe einher. Vielmehr hängt die Gewährung von Krediten von der währungspolitischen Gesamtsituation und ihrer Beurteilung durch die Bundesbank ab.

Wesentliches Merkmal der Kassenkredite ist ihre Kurzfristigkeit. Sie stehen lediglich zur Überbrückung von Liquiditätsengpässen, nicht aber zu einer dauernden Defizitfinanzierung zur Verfügung, da sich dies in der Vergangenheit oft als Quelle inflatorischer Entwicklungen erwiesen hat.

Neben der Annahme von Einlagen und der Gewährung von Krediten führt die Bundesbank für den Staat **Dienstleistungsgeschäfte** durch. So fungiert sie als Depotbank der öffentlichen Hände und verwahrt und verwaltet sämtliche Wertpapiere des Staates. Daneben wird die Bundesbank auch tätig als Konsortialführerin bei der Emission von Anleihen und übernimmt deren Kurspflege. Sie darf allerdings für Leistungen innerhalb ihres Dienstleistungsgeschäftes keine Gebühren berechnen.

Zu (4): Der ordnungspolitische Auftrag der Deutschen Bundesbank erstreckt sich auf ihre **Mitwirkung bei der Bankenaufsicht**. Diese nicht im Bundesbankgesetz sondern im KWG formulierte Aufgabe ergibt sich daraus, daß das Bundesaufsichtsamt für das Kreditwesen und die Deutsche Bundesbank zur Zusammenarbeit verpflichtet sind. Beide Institutionen müssen einander Beobachtungen und Feststellungen mitteilen, die für die Erfüllung der beiderseitigen Aufgaben von Bedeutung sein können.

Ihre spezielle bankaufsichtsrechtliche Funktion nimmt die Deutsche Bundesbank wahr, indem sie von den Kreditinstituten laufend **Meldungen** entgegennimmt, anhand derer sie das Geschäftsgebaren der Institute überwacht. Einzureichen sind der Deutschen Bundesbank beispielsweise Monatsausweise, die Jahresbilanz und der Geschäftsbericht. Die Monatsausweise sollen hierbei einen laufenden Einblick in die geschäftliche Entwicklung der Kreditinstitute ermöglichen und die bankaufsichtsrechtlichen Institutionen in die Lage versetzen, Schwierigkeiten bei einzelnen Instituten rechtzeitig zu erkennen und zu verringern. Daher ist die Deutsche Bundesbank auch verpflichtet, die Monatsausweise mit einer Stellungnahme an das Bundesaufsichtsamt weiterzuleiten.

Darüber hinaus sind im KWG weitere Vorschriften enthalten, die die Bundesbank an der Überwachung der Kreditinstitute beteiligen. Hierzu zählen insbesondere:

- die Anzeigepflicht der Kreditinstitute über Millionenkredite (§ 14 KWG),
- die Anzeigen über die Geschäftsleitung, die Beteiligungen, die Rechtsform, die Erzielung eines Verlustes, die Verlegung des Sitzes, die Einstellung des Geschäftsbetriebes, die bankfremden Geschäfte sowie die Fusionsabsicht (§ 24 KWG),
- die Anzeigepflicht des Prüfers bei einer Gefährdung des Kreditinstitutes (§ 29 KWG),

- die Bestellung der Depotprüfer (§ 30 KWG),
- die Anzeige über die Errichtung, Verlegung und Schließung einer Repräsentanz durch ein ausländisches Unternehmen (§ 53a KWG).

Neben diesen Kontrollfunktionen kommt der Bundesbank eine nicht unerhebliche Rolle bei der Entwicklung von Regelungen bezüglich der Eigenkapitalausstattung und der Liquiditätsversorgung zu. Nach den §§ 10 und 11 KWG sind die entsprechenden Grundsätze in Zusammenarbeit des Bundesaufsichtsamtes für das Kreditwesen und der Deutschen Bundesbank aufzustellen.

Zu (5): Die Deutsche Bundesbank fungiert schließlich als offizielle **Verwalterin der Währungsreserven**. Ende 1990 beliefen sich die Währungsreserven auf rund 104 Mrd. DM, wobei 13,7 Mrd. DM auf den zu Anschaffungskosten bewerteten Goldbestand, 64,5 Mrd. DM auf Devisenbestände entfielen.

Die Entstehung der die internationale Liquidität der Bundesrepublik sichernden Währungsreserven geht zunächst auf internationale Handelsbeziehungen, den Austausch von Dienstleistungen und privatwirtschaftliche Kapitaltransaktionen zurück. Daneben beeinflußt jedoch das herrschende Währungssystem in entscheidendem Maße den Auf- oder Abbau von Fremdwährungsbeständen. So mußte die Bundesbank Ende der 60er, Anfang der 70er Jahre entsprechend den Regeln des feste Währungsparitäten beinhaltenden Abkommens von Bretton Woods in großem Umfang Dollarbestände ankaufen. Eine Interventionsverpflichtung der Bundesbank gegenüber dem US-Dollar besteht zwar seit 1973 nicht mehr, jedoch greift die Bundesbank weiterhin in das Marktgeschehen ein, um erratische, von Tag zu Tag auftretende Wechselkursausschläge zu glätten und übertriebene Wechselkursbewegungen zu dämpfen (DEUTSCHE BUNDESBANK 1989). Beispielsweise übernahm die Deutsche Bundesbank in den Jahren 1977/78 Devisen für insgesamt 30 Mrd. DM, als ausländische Gelder aus dem US-Dollar in die DM flossen. Demgegenüber wurden von ihr im Jahre 1980 Devisen in einer Größenordnung von fast 26 Mrd. DM verkauft, um den in einem hohen Leistungsdefizit begründeten Abwertungsdruck der DM zu mildern.

Relativ feste Wechselkurse gelten seit Mitte 1979 im Rahmen des **Europäischen Währungssystems**. Die beteiligten Notenbanken haben sich verpflichtet, die vereinbarten Kurse der Partnerwährungen zu verteidigen, wenn diese die sogenannten Interventionspunkte erreichen. Ein Festkurssystem bietet den Marktteilnehmern eine sichere Kalkulationsgrundlage. Es beeinflußt jedoch aufgrund der Verpflichtung zum Devisenan- oder -verkauf die nationalen Währungsreserven und damit direkt auch die umlaufende Geldmenge. Schließlich haben schon die Erfahrungen mit dem Festkurssystem von Bretton Woods gezeigt, daß sich nachhaltige Markttendenzen nicht durch Interventionen der Notenbanken beseitigen lassen, so daß ein funktionsfähiges System fester Wechselkurse letztlich eine abgestimmte Wirtschaftspolitik der Teilnehmerländer verlangt.

II. Die Universalbanken

Zu der Gruppe der Universalbanken gehören die Kreditbanken sowie die Institute des Genossenschaftsbanksektors und der Sparkassenorganisation. Entscheidendes Merkmal der Universalbanken ist ihre breite Geschäftstätigkeit. Alle vorkommenden Bankgeschäfte werden im Prinzip von den Universalbanken ausgeführt.

1. Die Kreditbanken

Von der Rechtsform her betrachtet sind die Kreditbanken, die auch als **private Geschäftsbanken** bezeichnet werden, dadurch gekennzeichnet, daß sie in den verschiedenen Formen des privaten Rechts firmieren, d.h. also als

- Einzelkaufmann,
- Personengesellschaft (OHG, KG) oder
- Kapitalgesellschaft (AG, GmbH)

am Markt auftreten. Einfluß besitzt die Rechtsform der Kreditinstitute zunächst auf die Möglichkeiten der Eigenkapitalaufbringung, der Haftung und der Geschäftsführung. Daneben ist die Rechtsform jedoch auch für die Behandlung der Kreditinstitute nach dem KWG von Bedeutung, da sich aus ihr für die Bankenaufsicht relevante Besonderheiten ergeben. Insbesondere zu nennen ist hierbei das haftende Eigenkapital nach § 10 KWG, dessen Komponenten z.T. von der Rechtsform abhängen.

Die Geschäftstätigkeit der privaten Geschäftsbanken ist sowohl national als auch international ausgerichtet. Sie nehmen Einlagen in jeder Höhe entgegen und vergeben Kredite aller Größenklassen. Von der Laufzeit her überwiegt das kürzerfristige Kreditgeschäft. Dies ist das wichtigste gemeinsame Merkmal, so unterschiedlich groß und verschieden strukturiert die einzelnen Institute auch sind. Die Refinanzierung des Kreditgeschäfts erfolgt größtenteils auf der Basis kurzfristiger Einlagen, wobei die Sicht- und Termineinlagen die Spareinlagen überwiegen. Im Dienstleistungsgeschäft werden alle für eine Universalbank typischen Geschäfte erledigt, von der Abwicklung des Zahlungsverkehrs über sämtliche Sparten des Wertpapiergeschäfts bis zum Handel mit Devisen, Sorten, Münzen und Edelmetallen. Allerdings ist die Bedeutung der verschiedenen Zweige des Dienstleistungsgeschäfts für die einzelnen Geschäftsbanken unterschiedlich, und in dieser Hinsicht sind noch am ehesten Abweichungen vom Typ der Universalbank festzustellen.

Einen Überblick über die zahlenmäßige Entwicklung der Kreditbanken seit dem Ende des Zweiten Weltkrieges gibt Abbildung 2.19.

Jahresende	insgesamt	Großbanken	Regionalbanken	Privatbankiers	Zweigstellen ausländischer Kreditinstitute
1950	265	30	90	145	-
1960	336	6	121	209	-
1970	314	6	113	170	-
1980	246	6	101	83	56
1990	338	6	191	81	60

Abb. 2.19: Zahlenmäßige Entwicklung der Kreditbanken (Quelle: Monatsberichte der Deutschen Bundesbank 1951-1991)

Die Struktur der Kreditbanken war nach dem Zweiten Weltkrieg auf Veranlassung der alliierten Besatzungsmächte durch eine starke **Dezentralisierung** gekennzeichnet. Hinzu kamen zahlreiche **Wiederzulassungen** von Kreditinstituten, so daß sich insgesamt die Anzahl der Kreditbanken zunächst kontinuierlich erhöhte. Obwohl die Höchstzahl der Kreditbanken im Jahre 1963 mit 357 Instituten erreicht wurde, setzte ein erster **Konzentrationsprozeß** bereits im Jahre 1957 mit der Wiedervereinigung der vor dem Krieg bestehenden Großbanken ein. Die verstärkt rückläufige Tendenz in den 70er Jahren betraf vor allem die Privatbankiers, jedoch auch die Regionalbanken. Die der Konzentrationsbewegung zum Opfer fallenden Institute fusionierten untereinander oder lehnten sich an eine starke regionale Bank, eine Großbank, eine Sparkasse oder Landesbank an. Zu berücksichtigen ist jedoch auch, daß ständig neue ausländische Bankniederlassungen eröffnet wurden, die entsprechende Rückgänge deutscher Banken zum Teil kompensierten. Der im Vergleich der Jahre 1980 und 1990 zu verzeichnende Zuwachs der Regionalbanken geht zum einen auf die Institute in den **neuen Bundesländern** zurück. Zum anderen hat die Deutsche Bundesbank Ende 1986 in ihren Erhebungen die Gruppe der **Teilzahlungsbanken** aufgelöst und 42 Institute den Regionalbanken sowie 22 Institute den Privatbankiers zugeordnet.

a) Großbanken

Als Großbanken werden nach der Statistik der Deutschen Bundesbank

- die **Deutsche Bank AG**,
- die **Dresdner Bank AG** und
- die **Commerzbank AG**

angesehen. Es handelt sich hierbei um **privatwirtschaftliche Kreditinstitute**, die ihr Niederlassungsnetz über das gesamte Bundesgebiet ausgedehnt haben, und die über Zweigstellen, Repräsentanzen, Tochterunternehmen oder Beteiligungen an zahlreichen ausländischen Bankplätzen vertreten sind.

In der Bundesrepublik Deutschland gibt es noch einige andere Banken mit **überregionaler Bedeutung**, so z.B. die Bayerische Hypotheken- und Wechselbank AG, die Bayerische Vereinsbank AG oder die BfG Bank AG, die zu den Großbanken gerechnet werden könnten. Beigetragen zu der heute gebräuchlichen und an der Bundesbankstatistik orientierten Bezeichnungsweise hat jedoch, daß die drei Großbanken als einzige der heute bestehenden Institute bis zum Ende des Zweiten Weltkrieges zu den sogenannten Berliner Großbanken gezählt wurden, und sie in der Nachkriegszeit ihre frühere Stellung wiedererlangen konnten.

Der **Entwicklungsprozeß** der Großbanken (vgl. hierzu BORN 1983, BÜSCHGEN 1983, HAHN 1981, POHL 1976) nahm seinen Anfang bereits in der Mitte des **19. Jahrhunderts**. Bis dahin reichte die Finanzkraft des bestehenden Bankensystems, das sich hauptsächlich auf die Privatbankiers stützte, aus, um die begrenzten Ansprüche des Handels und der Industrie zu erfüllen. Dies änderte sich erst, als mit dem Entstehen der großen Industrie-, Handels- und Verkehrsbetriebe ein zu nehmend höherer Finanzbedarf auftrat, den die Privatbankiers nicht decken konnten, da sie in der Hauptsache mit eigenen Mitteln arbeiteten. Die breite Kapitalbasis, die durch die Aufbringung des Kapitals aus zahlreichen Quellen ermöglicht wurde, versetzte daher die als Aktiengesellschaft gegründeten Banken in die Lage, Großkredite zu gewähren und Vorfinanzierungen von Emissionen zu übernehmen. Aus dieser Gründungsphase der heutigen Großbanken stammt auch noch das Schwergewicht ihrer Kreditvergabe, denn sie beschränkten sich damals vornehmlich auf die kurzfristigen Kontokorrentkredite. Langfristige Kredite wurden dagegen nur vorfinanziert, um sie bei günstigen Kapitalmarktverhältnissen durch die Ausgabe von Aktien oder Obligationen zu ersetzen.

Die Gründung der Aktienbanken wurde vielfach gefördert durch die in ihrer Finanzkraft überforderten **Privatbankiers**, da sie, wenn auch indirekt, ihrer Aufgabe nachkommen wollten, die Finanzierung der aufstrebenden Industrie zu gewährleisten, aber auch, um weiterhin an einem einträglichen Geschäft beteiligt zu sein. Die wichtigsten der in dieser Zeit gegründeten Banken wurden zu Vorläufern der heutigen Großbanken. Dazu bedurfte es aber eines in mehreren Stufen ablaufenden Entwicklungsprozesses, der durch eine ständige **Bankenkonzentration** gekennzeichnet und in den Folgen der **Inflation** der Jahre 1920-1924, der **Weltwirtschaftskrise** des Jahres 1929 und der **Bankenkrise** des Jahres 1931 begründet war. Dabei wurden in einer ersten, bis zum Beginn des Ersten Weltkrieges reichenden Phase als Großbanken diejenigen Kreditinstitute bezeichnet, die in Berlin ansässig waren und deren Geschäftsgebiet über den Berliner und preußischen Raum hinausging. Hierzu gehörten 9 Banken, von denen sich 8 in einer weiteren Stufe bis zum Jahre 1932 zu den drei Großbanken entwickelten. Unabhängig blieb als einzige die im Jahre 1856 gegründete Berliner Handelsgesellschaft, die sich nach dem Zweiten Weltkrieg jedoch nur als Regionalbank behaupten konnte und 1969 mit der Frankfurter Bank zur Berliner Handelsgesellschaft - Frankfurter Bank (BHF-Bank) fusionierte. Einen Überblick über die Entwicklungsbewegungen der heutigen drei Großbanken gibt Abbildung 2.20, in der jeweils die Gründungsjahre und die Daten der Konzentrationsvorgänge angegeben werden.

Die Entwicklung der Großbanken nach dem Zweiten Weltkrieg begann mit der völligen Zerschlagung der Institute. In Berlin und in den sowjetisch besetzten Gebieten Deutschlands wurden die Banken geschlossen, in Westdeutschland erfolgte eine Aufteilung der Besatzungszonen in elf "Bankbezirke" sowie eine Dezentralisierung der Großbanken.

Allen Banken des kurzfristigen Geschäfts wurde dabei untersagt, in einem Bankbezirk eine Zweigniederlassung zu unterhalten, wenn sich die Hauptniederlassung in einem anderen deutschen Bankbezirk befand. Dadurch entstanden 11 Nachfolgeinstitute der Deutschen Bank, 12 Nachfolgeinstitute der Dresdner Bank und 10 Nachfolgeinstitute der Commerzbank mit provisorischen Namen und ungeklärten Rechtsverhältnissen. Die relativ kleinen Banken konnten jedoch ihre Aufgaben aufgrund einer zu geringen Kapitalbasis nicht erfüllen, insbesondere weil der Kreditbedarf der deutschen Wirtschaft durch den Wiederaufbau außerordentlich groß war. Daher wurde im Jahre 1952 eine erste Neuorganisation der Großbanken beschlossen, die sich in einer Aufteilung des Bundesgebietes in drei Niederlassungsbereiche, einen nördlichen, einen westlichen und einen südlichen Bezirk, äußerte. In den jeweiligen Niederlassungsbereichen war es den Banken gestattet, Zweigstellen zu unterhalten, wodurch die einzelnen Banken sich zu insgesamt neun Nachfolgeinstituten zusammenschließen konnten.

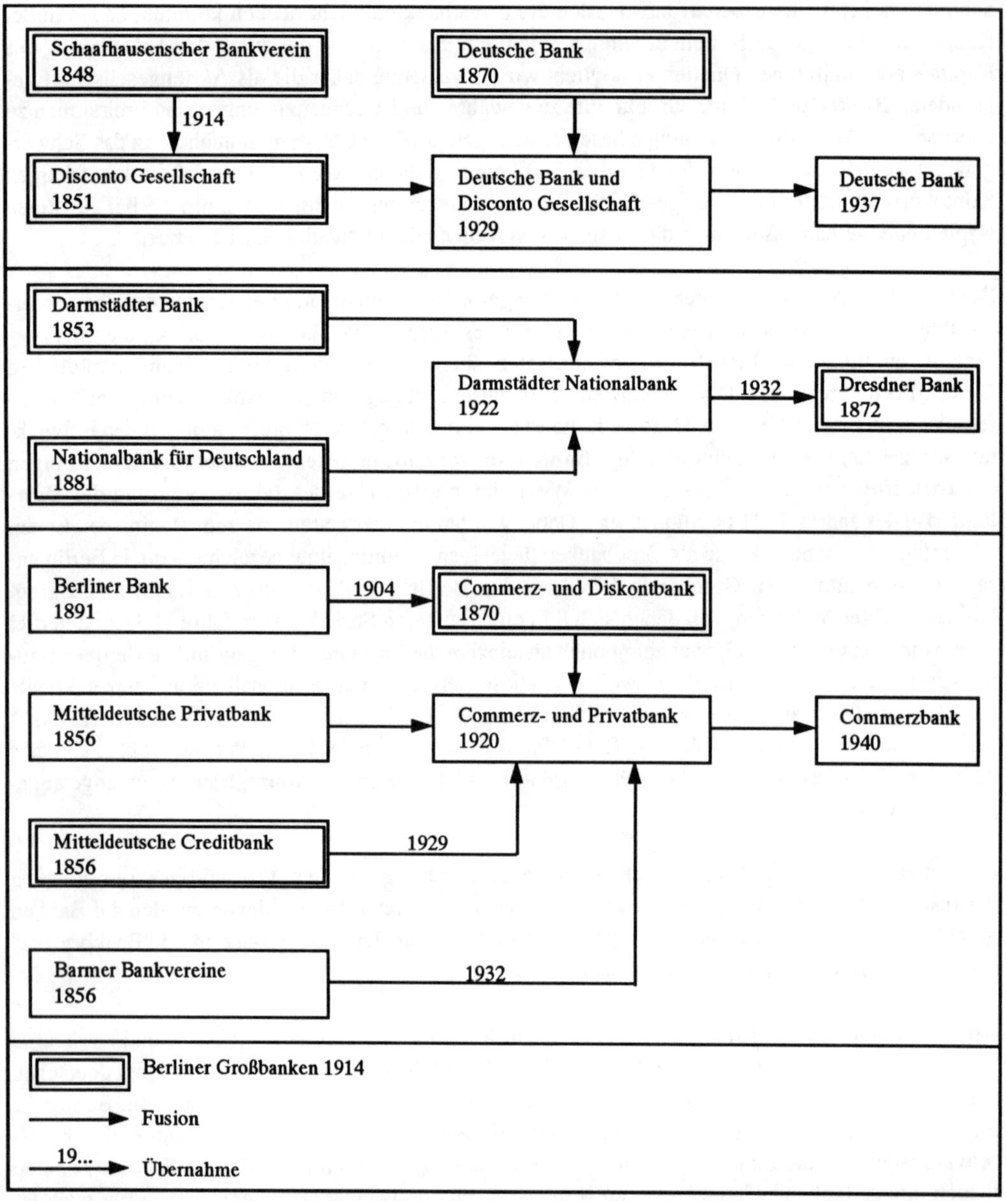

Abb. 2.20: Entwicklungsprozeß der Großbanken

Ihr vorläufiges Ende fand die Dezentralisierung in den Jahren 1957 und 1958, als die jeweiligen Nachfolgeinstitute fusionierten und ihre alten Namen wieder annahmen. Lediglich in Berlin arbeiteten noch selbständige Tochtergesellschaften der Großbanken. Mit der Wiedervereinigung sind jedoch die Ursachen für die Gründung rechtlich selbständiger Berliner Tocherbanken entfallen, so daß auch diese Institute in absehbarer Zeit mit den Muttergesellschaften fusionieren werden, bzw. bereits mit der Konzernmutter verschmolzen wurden.

In den **neuen Bundesländern** verfolgen die Großbanken unterschiedliche Strategien. Während die Deutsche Bank und die Dresdner Bank sowohl ein Joint Venture mit der Deutschen Kreditbank eingegangen sind als auch ein eigenes Filialnetz aufbauen, ist die Commerzbank von vornherein nur mit eigenen Zweigstellen in den neuen Bundesländern vertreten. Zwar kann die Commerzbank dadurch einerseits nicht auf gewachsene Geschäftsbeziehungen und vorhandene Geschäftsstellen zurückgreifen, es ist ihr andererseits jedoch möglich, von Beginn an den eigenen Betriebsapparat und eigene bzw. neu eingestellte Mitarbeiter einzusetzen. Die aus den Joint Ventures hervorgegangenen Tochterunternehmen wurden im Laufe des Jahres 1990 von den Muttergesellschaften, d.h. der Deutschen Bank sowie der Dresdner Bank, übernommen.

Die als Aktiengesellschaft organisierten Großbanken unterliegen dem Aktiengesetz. Darüber hinaus gelten für sie die Bestimmungen des Kreditwesengesetzes sowie die Anordnungen der Bundesbank und der Bankenaufsichtsbehörde. Ihre **Organe** sind

- die Hauptversammlung (beschliessend),
- der Aufsichtsrat (überwachend) und
- der Vorstand (geschäftsführend).

Art und Umfang des Geschäftsbetriebes ergeben sich weiterhin aus den einzelnen **Satzungen**. Bei der Deutschen Bank ist der **Unternehmenszweck** beispielsweise folgendermaßen definiert (§ 2 der Satzung der Deutschen Bank AG):

> "Gegenstand des Unternehmens ist der Betrieb von Bankgeschäften jeder Art und die Förderung von Wirtschaftsbeziehungen zwischen Deutschland und dem Ausland. Soweit gesetzlich zulässig, ist die Gesellschaft zu allen Geschäften und Maßnahmen berechtigt, die geeignet erscheinen, den Gesellschaftszweck zu fördern, insbesondere zum Erwerb und zur Veräußerung von Grundstücken, zur Errichtung von Zweigniederlassungen im In- und Ausland, zur Beteiligung an anderen Unternehmen gleicher oder verwandter, in Sonderfällen auch anderer Art sowie zum Abschluß von Unternehmens- und Interessengemeinschaftsverträgen."

Aufgrund ihrer Eigenschaft als Aktiengesellschaft verfolgen die Großbanken in ihrer Geschäftspolitik konsequent das **erwerbswirtschaftliche Prinzip**. Sie streben dabei eine langfristige Gewinnmaximierung an. Dieses Ziel ist dadurch bedingt, daß einerseits die Aktionäre eine möglichst hohe Verzinsung des Kapitals erwarten und andererseits die geschäftsführenden Organe darauf bedacht sein müssen, die Eigenkapitalbasis der Institute zu stärken. Die Besonderheiten in der **Geschäftstätigkeit** der Großbanken ergeben sich aus ihrer gewachsenen Struktur. So nehmen sie aufgrund ihrer weitverzweigten Filialnetze eine führende Stellung auf dem Gebiet des **Auslandsgeschäftes** ein. Gute internationale Beziehungen und ein hohes Ansehen im Ausland tragen ebenso zu dieser, im Vergleich zu anderen Institutsgruppen, enormen Bedeutung bei. Ein besonderes Gewicht besitzt daneben das **Effektengeschäft**, das trotz der umfangreichen Beratungstätigkeit erheblich zum

Gewinn der Institute beiträgt. In besonders starkem Maße sind die Großbanken dabei an Emissionen beteiligt. Sie verwalten darüber hinaus den überwiegenden Teil der umlaufenden Wertpapiere.

Die Geschäftstätigkeit der Großbanken schlägt sich aufgrund eines umfangreichen außerbilanziellen Geschäftes nur annäherungsweise in den Bilanzen dieser Institute nieder (vgl. Abb. 2.21). Aktivseitig besitzen traditionell im Vergleich zu den übrigen Kreditinstituten die **kurzfristigen Kredite** eine höhere Bedeutung (vgl. hierzu Abb. 2.4). Ein vergleichsweise hoher Anteil (5,4 % zu 1,2 %) entfällt ferner auf die **Beteiligungen**, die den dauerhaften Anteilsbesitz an Banken und bankähnlichen Instituten sowie neuerdings auch an sonstigen Unternehmen repräsentieren. Die Mittelbeschaffung der Großbanken vollzieht sich zu einem nicht unerheblichen Teil über andere Kreditinstitute. Innerhalb der Einlagen von Nichtbanken entfällt traditionell ein größerer Anteil auf die **Sicht- und Termineinlagen** als auf die Spareinlagen. Der **Anteil des Eigenkapitals** im Sinne des § 10 KWG belief sich Ende 1990 auf 6,7 % und übersteigt damit den Durchschnittswert aller Banken von 3,8 % um nahezu 3 %-Punkte.

AKTIVA	Mio. DM	%	PASSIVA	Mio. DM	%
Barreserve	20.857	4,5	Einlagen von Kreditinstituten	125.035	26,7
Kredite an Kreditinstitute	100.738	21,5	Einlagen von Nichtbanken		
Kredite an Nichtbanken			• Sichteinlagen	68.086	14,5
• Buchkredite bis maximal 1 Jahr	90.886	19,4	• Termineinlagen	102.630	21,9
• Buchkredite über 1 Jahr	161.541	34,5	• Spareinlagen und Sparbriefe	82.095	17,6
• Sonstige Kredite	24.127	5,1	Inhaberschuldverschreibungen	26.870	5,7
Wertpapiere	38.582	8,2	Eigenkapital	31.303	6,7
Beteiligungen	25.326	5,4	Sonstige Passiva	32.535	6,9
Sonstige Aktiva	6.497	1,4			
Summe	468.554	100,0	Summe	468.554	100,0

Abb. 2.21: Die wichtigsten Bilanzpositionen der Großbanken (Stand: Dezember 1990, die Angaben beziehen sich auf das gesamte Währungsgebiet der D-Mark) (Quelle: Monatsberichte der Deutschen Bundesbank März 1991, S. 32* ff., eigene Berechnungen)

b) Regionalbanken und sonstige Kreditbanken

Zur Gruppe der Regional- und sonstigen Kreditbanken gehören Kreditinstitute sehr unterschiedlicher Größe und Geschäftsstruktur. Die Institute sind in der Rechtsform

- einer Aktiengesellschaft,
- einer Kommanditgesellschaft auf Aktien oder
- einer Gesellschaft mit beschränkter Haftpflicht

organisiert. Sie unterscheiden sich von den Großbanken nicht unbedingt durch eine geringere Bedeutung, sondern insbesondere dadurch, daß sich ihre Geschäftstätigkeit in der Regel nicht auf das gesamte Bundesgebiet erstreckt.

Zum überwiegenden Teil wurden die Regional- und die sonstigen Kreditbanken in der zweiten Hälfte des 19. Jahrhunderts gegründet. Sie standen daher von Anfang an in lebhafter Konkurrenz zu den späteren Großbanken (vgl. HAHN 1981, POHL 1976). Gleichzeitig mit diesen gingen sie zur Expansion über, blieben dabei jedoch auf ihre ursprüngliche Region begrenzt. Die Übernahme derartiger regionaler Institute erleichterte wiederum eine weitere Expansion der Großbanken. Nach dem Ende des zweiten Weltkrieges strebte die amerikanische Militärregierung eine Stärkung der Regionalbanken an. Dieses Ziel wurde jedoch aufgrund erheblicher Finanzierungsprobleme der vielen kleinen Banken Mitte der fünfziger Jahre aufgegeben, so daß sich wieder die gewachsene Struktur herausbilden konnte. Einen Schwerpunkt bilden die Regionalbanken heute im bayerischen Raum, in Südwestdeutschland sowie im norddeutschen Küstengebiet, während in den übrigen Gebieten nur selten dieser Typ der Filialbank auftritt.

Die größten und bedeutendsten Regionalbanken stellen die in Bayern beheimatete **Bayerische Vereinsbank AG** und die **Bayerische Hypotheken- und Wechselbank AG** dar. Diese beiden Banken nehmen zusammen mit der **Norddeutschen Hypotheken- und Wechselbank AG** eine Sonderstellung im Kreditwesen der Bundesrepublik ein, da sie als einzige Kreditinstitute als sogenannte **gemischte Hypothekenbanken** arbeiten. Sie stellen damit eine Kombination von Kredit- und Hypothekenbank dar. Dadurch können sie neben den anderen Bankgeschäften auch das Hypothekenbankgeschäft betreiben, was an sich durch das Hypothekenbankgesetz von 1899 ausgeschlossen ist. Sie sind somit in bezug auf Geschäftsaufbau und Risikoausgleich besondere Banktypen. Nur der Tatsache, daß sie bei Erlaß des Gesetzes bereits beide Geschäfte in sich vereinigten, verdanken sie diese ausgesprochene Sonderstellung im deutschen Kreditwesen.

Erhebliches Gewicht besitzt auch die **BfG Bank AG**, die trotz ihres überregionalen Charakters den Regionalbanken zugerechnet wird. Alleiniger Aktionär dieses Instituts waren über ein lange Zeit der Deutsche Gewerkschaftsbund, die einzelnen Gewerkschaften und die Konsumgenossenschaften (Bank für Gemeinwirtschaft). Hieraus ergab sich, daß gemeinwirtschaftliche Aufgaben wie

- die Förderung gemeinwirtschaftlicher Unternehmen (z.B. Konsumgenossenschaften, gemeinwirtschaftliche Wohnungsbaugesellschaften),
- die Erhaltung und Anregung des freien Leistungswettbewerbs oder
- die Schaffung und Erhaltung von Arbeitsplätzen

Vorrang gegenüber dem Ziel der Erwirtschaftung eines langfristig möglichst hohen Gewinns besaßen. Zum Jahreswechsel 1986/87 wurde die Bank für Gemeinwirtschaft mit einem Anteil von 50 % und einer Aktie von der Aachener und Münchener Beteiligungs AG übernommen, woraus eine Umorientierung von gemeinwirtschaftlichen zu eher erwerbswirtschaftlichen Geschäftsprinzipien resultierte. Gleichzeitig mit dem Eigentümerwechsel trat das Institut in den Bundesverband deutscher Banken ein und wirkt zudem im Einlagensicherungssystem der privaten Banken mit.

Eine weitere besondere Gruppe innerhalb der Regionalbanken bilden die **Überseebanken**. Hierbei handelt es sich um Kreditinstitute, die auf das Auslandsgeschäft spezialisiert und mit eigenen Niederlassungen in Übersee vertreten sind. Zu dieser Gruppe gehört beispielsweise die Deutsch-Südamerikanische Bank AG.

In ihrer Geschäftstätigkeit sind die typischen Regionalbanken mit den Großbanken vergleichbar. Sie besitzen jedoch den Vorteil, die speziellen Probleme eines regional eingeschränkten Geschäftsgebietes genau zu kennen, da sie mit den örtlichen Wirtschaftsverhältnissen vertraut sind und in einem verhältnismäßig engen persönlichen Kontakt zu den dort ansässigen Unternehmen stehen. Insbesondere geeignet sind die Regionalbanken für Unternehmen, die abseits von zentralen wirtschaftlichen Plätzen ihren Standort haben. Demgegenüber sind die Regionalbanken jedoch dem Nachteil ausgesetzt, daß sie von der Wirtschaftsstruktur ihres Niederlassungsbereichs abhängen, was mit erhöhten Risiken verbunden sein kann.

Seit der Änderung der Bundesbankstatistik Ende 1986 / Anfang 1987 zählt zu den Regionalbanken auch der größte Teil der früher eigenständig erfaßten **Teilzahlungskreditinstitute**. Diese Institute sind auf die Vergabe kurz- und mittelfristiger Kredite an Privatpersonen und Gewerbetreibende spezialisiert. Bei Teilzahlungskrediten handelt es sich i.d.R. um **zweckgebundene Mittel**, die der Anschaffung von Konsumgütern oder sonstigen Waren sowie der Bezahlung von Dienstleistungen dienen. Die Rückzahlung erfolgt in zwei oder mehr i.d.R. gleich hohen Teilbeträgen, wobei die Höhe der Teilzahlungen und die Zahlungstermine bei der Kreditgewährung festgelegt werden. Die letzte Zahlung ist nicht später als vier Jahre nach dem Zeitpunkt der Kreditvergabe fällig.

Die bankmäßig betriebene Teilzahlungsfinanzierung stellt einen noch relativ jungen Zweig des deutschen Kreditgewerbes dar. Dabei gibt es zwar Käufe gegen planmäßige Ratenzahlungen in Deutschland schon seit etwa der Mitte des vorigen Jahrhunderts, jedoch wurde diese Art der Kreditgewährung ausschließlich vom Handel und der Industrie betrieben (vgl. KAMINSKY 1970, SCHÖTTL 1981). Dies änderte sich erst, als die eigenen Mittel der Unternehmen nach dem Ersten Weltkrieg durch die Inflation zusammenschmolzen und große Bevölkerungskreise aufgrund des Verlustes ihrer Ersparnisse auf den Teilzahlungskauf angewiesen waren. Der entstehende Bedarf an Bankkrediten wurde von den bestehenden Kreditinstituten nicht befriedigt, da die Handelsunternehmen nicht über die erforderlichen Sicherheiten verfügten und die Banken in dieser Zeit allgemein dem Teilzahlungskredit äußerst zurückhaltend gegenüberstanden.

In dieser Situation entstanden in der Mitte der zwanziger Jahre die ersten Teilzahlungsbanken in Deutschland. Anfangs konzentrierten sich diese neuen Institute hauptsächlich auf die Absatzfinanzierung von Kraftfahrzeugen, da die Automobilindustrie zur Förderung des Absatzes dieses Finanzierungsinstrument benutzen wollte. Doch schon bald wurden auch solche Institute gegründet, die den Kunden des Einzelhandels Teilzahlungskredite einräumten. In der Folgezeit konnten die Teilzahlungsinstitute beachtliche Erfolge erzielen, die nur infolge des Konjunkturrückgangs Ende der zwanziger Jahre gebremst wurden. Kurz vor Beginn des Zweiten Weltkriegs arbeiteten in Deutschland etwa 50 Teilzahlungsbanken. Während des Krieges kam das Teilzahlungsgeschäft völlig zum Erliegen und nahm erst mit der Währungsreform des Jahres 1948 wieder an Bedeutung zu. Durch das sich erheblich erhöhende Warenangebot mußten die Unternehmen Finanzierungsmöglichkeiten bieten, um ihre Waren absetzen zu können, zumal die Bevölkerung aufgrund des Verlustes der Ersparnisse nur in geringem Umfang Barkäufe tätigen konnte. Daher wurden mehr und mehr leistungsfähige Teilzahlungskreditinstitute gegründet. Mit der Zeit nahmen auch die während und nach dem Krieg in Liquidation gegangenen Institute ihre Tätigkeit wieder auf, so daß sich die Zahl der Institute auf 265 im Jahr 1961 erhöhte. Durch das zu diesem Zeitpunkt einsetzende Kleinkreditgeschäft der Geschäftsbanken verschärfte sich jedoch die Wettbewerbssituation der Teilzahlungskreditinstitute. Es kam zu einem Konzentrationsprozeß, der sich in Insolvenzen, insbesondere aber in Fusionen und Übernahmen äußerte. Bei der Auflösung der statistischen Gruppe "Teilzahlungskreditinstitute" Ende 1986 waren schließlich noch 72 Institute aktiv.

Um den Sektor der Teilzahlungsbanken nach ihrer **Zielsetzung** weitergehend zu analysieren, bietet es sich an, die Institute nach dem Kreis der Eigentümer zu systematisieren, wobei als Kapitalgeber generell

- Kreditinstitute,
- Produzenten und Händler und
- Privatpersonen

in Frage kommen. Ein großer Teil der Teilzahlungsbanken befindet sich im Besitz von **Kreditinstituten**. Durch die Beteiligung an Teilzahlungsinstituten wollen die Banken einerseits den Bedürfnissen der Kunden nach Ratenkäufen Rechnung tragen. Andererseits sehen sie jedoch auch die Notwendigkeit einer besonderen, von der Abwicklung des normalen Bankgeschäfts unterschiedlichen Organisationsstruktur, so daß sie das Teilzahlungsgeschäft nicht im eigenen Haus abwickeln wollen. Zudem besaß das Teilzahlungsgeschäft über eine lange Zeit eine nur geringe Anerkennung, wodurch die Kreditinstitute einen Verlust an eigenem Image befürchteten.

Die von **Produzenten und Händlern** gegründeten Teilzahlungsbanken besitzen eine primär absatzwirtschaftliche Funktion. Mit ihnen soll der Absatz eines bestimmten Industriezweiges oder eines Unternehmens erleichtert werden. Die Initiative zu derartigen Bankgründungen geht von den einzelnen Industrieunternehmen oder Unternehmensgruppen aus. Ein typisches Beispiel für solche Teilzahlungsbanken stellen die Finanzierungsgesellschaften der Automobilkonzerne dar. Andere Teilzahlungskreditinstitute sind durch Kauf- oder Versandhäuser gegründet worden. Die von **Privatpersonen** errichteten Teilzahlungsbanken besitzen keine spezielle Bindung an einen Wirtschaftsbereich. Sie wurden von unternehmerischen Persönlichkeiten gegründet, die das Teilzahlungsgeschäft betreiben und dabei Gewinnchancen wahrnehmen wollen. Vorwiegend handelt es sich hierbei um kleinere und mittlere Institute, die in einem örtlich begrenzten Rahmen arbeiten.

Rechtliche Grundlage für die Geschäftstätigkeit der Teilzahlungskreditinstitute ist zunächst das KWG. Daneben mußten die Teilzahlungsbanken bis Ende 1990 das "Gesetzes betreffend die Abzahlungsgeschäfte" beachten. Zum 1.1.1991 wurde das **Abzahlungsgesetz** durch das **Verbraucherkreditgesetz** abgelöst, daß jedoch nicht nur für Teilzahlungskreditinstitute, sondern nahezu für sämtliche Kreditverträge mit natürlichen Personen gilt. Das Verbraucherkreditgesetz verlangt einen **schriftlichen Kreditvertrag**, in dem zahlreiche **Pflichtangaben** zu machen sind (§ 4 Verbraucherkreditgesetz). Werden die vorgeschriebenen Angaben nicht gemacht, so ist der Kreditvertrag nichtig. Zudem wird dem Kreditnehmer im § 7 des Gesetzes eine **Widerrufsfrist** von einer Woche eingeräumt.

Die besonderen Geschäftsschwerpunkte der Regionalbanken incl. der Teilzahlungsbanken finden ihren Niederschlag in den Bilanzstrukturen dieser Bankengruppe (vgl. Abb. 2.22). Aktivseitig dominieren zwar die Buchkredite mit einer Laufzeit von über einem Jahr, der Anteilswert liegt jedoch nahezu 2 %-Punkte unter dem Durchschnittswert aller Kreditinstitute (vgl. Abb. 2.4), während die **kurzfristigen Kredite** die Durchschnittgröße um rund 11 %-Punkte überschreiten. Passivseitig stehen die **Einlagen und aufgenommenen Kredite von Kreditinstituten** im Vordergrund. Traditionell stellen diese die wesentlichste Finanzierungsquelle der Teilzahlungsbanken dar. Eine vergleichsweise geringe Bedeutung kommt dagegen den Spareinlagen zu. Ebenso wie die Großbanken verfügen die Regionalbanken schließlich auch über eine relativ hohe **Eigenkapitalquote**.

AKTIVA	Mio. DM	%	PASSIVA	Mio. DM	%
Barreserve	18.481	2,3	Einlagen von Kreditinstituten	367.367	45,9
Kredite an Kreditinstitute	168.079	21,0	Einlagen von Nichtbanken		
Kredite an Nichtbanken			• Sichteinlagen	78.463	9,8
• Buchkredite bis maximal 1 Jahr	160.998	20,1	• Termineinlagen	119.721	14,9
• Buchkredite über 1 Jahr	319.956	39,9	• Spareinlagen und Sparbriefe	60.142	7,5
• Sonstige Kredite	22.942	2,9	Inhaberschuldverschreibungen	87.629	10,9
Wertpapiere	61.809	7,7	Eigenkapital	47.477	5,9
Beteiligungen	10.670	1,3	Sonstige Passiva	40.599	5,1
Sonstige Aktiva	38.463	4,8			
Summe	801.398	100,0	Summe	801.398	100,0

Abb. 2.22: Die wichtigsten Bilanzpositionen der Regionalbanken und sonstigen Kreditbanken (Stand: Dezember 1990, die Angaben beziehen sich auf das gesamte Währungsgebiet der D-Mark) (Quelle: Monatsberichte der Deutschen Bundesbank März 1991, eigene Berechnungen)

c) Privatbankiers

Als Privatbankiers bezeichnet die Deutsche Bundesbank Kreditinstitute in der Rechtsform

- des Einzelkaufmanns,
- der Offenen Handelsgesellschaft und
- der Kommanditgesellschaft.

Ebenso wie bei Kreditinstituten, die in der Rechtsform einer Kapitalgesellschaft arbeiten, ist die "Privatbank" durch den **privaten Eigenkapitalgeber** gekennzeichnet. Der Unterschied zu diesen Instituten liegt jedoch in der Wahrnehmung der Unternehmereigenschaft. Während bei der Aktienbank Eigentümer- und Unternehmerfunktion auseinanderfallen, ist der Privatbankier als **Miteigentümer** gleichzeitig auch an der **Geschäftsführung** beteiligt. Charakteristisch für die Privatbankiers ist weiter die **Haftungsregelung**. Im Gegensatz zur Kapitalgesellschaft, bei der die Haftung des Eigentümers auf die Höhe seiner Einlagen beschränkt ist, verpflichtet sich der Privatbankier, persönlich und unbeschränkt mit seinem Gesamtvermögen für Verbindlichkeiten des Kreditinstituts zu haften. Eine Ausnahme bildet hierbei lediglich der nur mit seinem Anteil haftende Kommanditist einer

Kommanditgesellschaft und ein ggfs. vorhandener stiller Gesellschafter. Seit der KWG-Novelle des Jahres 1976 ist die Eröffnung eines Kreditinstituts in der Rechtsform eines Einzelkaufmanns nicht mehr möglich. Vielmehr gilt das **Vier-Augen-Prinzip**, so daß der Einzelbankier heute nur noch bei den zu diesem Zeitpunkt bereits bestehenden Kreditinstituten anzutreffen ist.

Die rein juristisch begründete Zuordnung bestimmter Kreditinstitute zu der Gruppe der Privatbankiers ist nicht unproblematisch (MEEDER 1989, SCHÜTZ/FECHNER 1991). So haben einerseits einige Privatbankiers in den vergangenen Jahren die Rechtsform der **Kommanditgesellschaft auf Aktien** (KGaA) angenommen, was dazu führte, daß diese Institute allein aufgrund ihres Rechtsformwechsels nicht mehr als Privatbankiers gelten, obwohl der Gesellschafterkreis identisch geblieben ist und weiterhin mindestens ein Gesellschafter als Komplementär haftet und damit auch zur Geschäftsführung und Vertretung berechtigt ist.

Für den Bundesverband deutscher Banken zählen aus diesem Grund Kommanditgesellschaften auf Aktien zu den Privatbankiers, sofern natürliche Personen als Gesellschafter persönlich haften und die das Kommanditkapital verbriefenden vinkulierten Namensaktien nicht an einer Börse notiert werden. Andererseits gehören nach der Statistik der Deutschen Bundesbank jedoch weiterhin solche Kreditinstitute zu der Gruppe der Privatbankiers, deren Eigenkapital sich in den Händen **fremder Gesellschaften** befindet. So hatten von den 87 Ende 1988 aktiven Privatbankiers 38 einen Mehrheitsgesellschafter, wobei in 17 Fällen außenstehende Banken sogar mit 100 % am Kapital beteiligt waren. Die in diesen Fällen stark zurückgehende oder überhaupt nicht mehr vorhandene Bedeutung der Person des Eigentümers läßt die Zuordnung dieser Banken in die Gruppe der Privatbankiers zumindest zweifelhaft erscheinen.

Unabhängig von diesen Abgrenzungsproblemen gilt, daß es sich bei den Privatbankiers um die älteste Gruppe des Kreditgewerbes handelt (vgl. hierzu HAHN 1981, KETZEL 1982, POHL 1976). Ihre Anfänge reichen in Deutschland bis in das Mittelalter zurück und wurden angeregt durch eine in Italien einsetzende Entwicklung, die Gepflogenheiten der Handelshäuser Fugger und Welser sowie durch das damals sehr vielgestaltige Münzwesen. Handelshäuser und Speditionsunternehmen gingen dazu über, für ihre Kunden Geldwechsel- und Kreditgeschäfte zu übernehmen und die Transportkosten, Zölle und sonstigen Abgaben zu kreditieren. Aus diesen Häusern entwickelten sich die ältesten deutschen Privatbankiers (vgl. Abb. 2.23), die sich bis zum Ende des 19. Jahrhunderts auf das ursprünglich als Nebenzweig betriebene Bankgeschäft spezialisiert hatten.

Firmenname	Sitz	Gründungsjahr
Joh. Berenberg, Gossler & Co.	Hamburg	1590
B. Metzler Seel. Sohn & Co. KGaA	Frankfurt	1674
Delbrück & Co.	Köln	1712
J.A. Krebs	Freiburg	1721
Gebr. Bethmann	Frankfurt	1748
Löbbecke & Co.	Berlin	1761
Castell-Bank	Würzburg	1774
Sal. Oppenheim jr. & Cie. KGaA	Köln	1789
C.L. Seeliger	Wolfenbüttel	1794
Georg Hauck & Sohn KGaA	Frankfurt	1796
M.M. Warburg-Brinckmann; Wirtz & Co.	Hamburg	1798

Abb. 2.23: Die ältesten deutschen Privatbankiers (Quelle: Meeder 1989)

Die Ausdehnung der Privatbankiers fand jedoch im 19. und insbesondere zu Beginn des 20. Jahrhunderts ihr Ende. So reduzierte sich ihre Zahl von 1406 Instituten im Jahre 1925 auf 709 Institute im Jahre 1933 und 491 Institute im Jahre 1938. Nach dem Zweiten Weltkrieg existierten noch 145 Privatbankiers. Ende 1990 waren nach der Statistik der Deutschen Bundesbank schließlich noch 81 Privatbankiers aktiv, wobei zu dieser Bankengruppe seit 1987 auch 22 ehemals den Teilzahlungsbanken zugeordnete Institute gehören.

Die Gründe für die Abnahme der Privatbankiers sind vielfältiger Natur. Es begann im vergangenen Jahrhundert mit dem Aufkommen der Aktienbanken als **neue Wettbewerber**, die die Finanzierung von Großunternehmen übernahmen, da die Finanzkraft der Bankiers überfordert war. Die Bedeutung der Privatbankiers für die Gesamtwirtschaft nahm damit ab, das Entstehen eines umfangreichen Filialnetzes der Aktienbanken verschärfte diese Entwicklung. Um ihre Stellung zu behaupten, versuchten die Privatbankiers sich an das Wachstum der Aktienbanken anzupassen. Dies geschah jedoch häufig ohne Rücksicht auf die eigene Kapazität. Insbesondere führten Probleme bei Großkrediten dazu, daß zahlreiche Privatbankiers ihren Geschäftsbetrieb aufgeben mußten.

Ein weiterer Entwicklungsprozeß setzte mit der **Bankenkrise** des Jahres 1931 ein. Damals überlebten zwar die meisten Privatbankiers die erste Phase der Krise, jedoch entstand bei den Kunden der Eindruck, daß die Großbanken sicherere Institute seien, da sie im Gegensatz zu den Privatbankiers größtenteils saniert wurden. Daher zog das Publikum in erheblichem Umfang Einlagen ab, so daß die Bankiers in einer zweiten Phase der Bankenkrise zur Liquidation oder zum Verkauf gezwungen waren.

Der wichtigste Grund für die Abnahme der Privatbankiers waren jedoch die sog. "**Arisierungsmaßnahmen**" in den Jahren 1933-1937, durch die die Bankiers jüdischen Glaubens gezwungen wurden, ihre Geschäfte aufzugeben. Dies war besonders bedeutsam für diese Bankengruppe, weil sich hierunter die größten und wichtigsten "Privatbanken" befanden. Die Entwicklung der Privatbankiers nach dem Zweiten Weltkrieg war zunächst dadurch beeinflußt, daß die meisten Institute in Ost- und Mitteldeutschland beheimatet waren und aus diesem Grund ihre Geschäftstätigkeit nicht mehr aufnehmen konnten.

Die Probleme der Privatbankiers in der heutigen Zeit sind hauptsächlich auf institutionelle Regelungen zurückzuführen (vgl. HAHN 1981, SCHÜTZ/FECHNER 1991, SÜCHTING 1984). So ist zur Führung des Bankgeschäftes ein angemessenes haftendes **Eigenkapital** erforderlich, das die Privatbankiers praktisch nur durch die Erzielung eines entsprechenden Gewinns erhöhen können. Steuerliche Nachteile und ungeklärte **Nachfolgeregelungen** verschärfen die Probleme der Privatbankiers weiter. Um in dieser Situation das Überleben sichern zu können, bleibt vielen Bankiers nichts anderes übrig, als sich mit anderen Instituten zusammenzuschließen oder sich an ein anderes größeres Kreditinstitut anzulehnen. Eine weitere Möglichkeit, um die Stellung zu behaupten, wird häufig in der Rückbesinnung auf den **traditionellen Geschäftsschwerpunkt** der Privatbankiers gesehen, der in der individuellen Kundenbetreuung liegt. Durch einen engen persönlichen Kontakt und eine intensive Beratung besteht ein besonderes Vertrauensverhältnis zwischen Bank und Kunde. Auf Grund dieser Vertrauensbeziehung besitzt auch die Vermögensverwaltung für die Privatbankiers eine besondere Bedeutung.

Differenziert man die Privatbankiers nach ihren **Geschäftsschwerpunkten**, so sind sowohl Institute, die das universelle Bankgeschäft und das Mengengeschäft pflegen, als auch Institute, die sich auf ganz bestimmte Geschäftsgebiete spezialisiert haben, zu finden. Hierbei bestehen gerade für **universell tätige Privatbankiers** erhebliche **Kostennachteile**, denn trotz einer verhältnismäßig geringen Betriebsgröße sind sie gezwungen, eine den Mitbewerbern am Markt vergleichbare Organisationsstruktur aufzubauen. Der Kundenkreis der Privatbankiers, die sich auf bestimmte Geschäftsgebiete spezialisiert haben, besteht größtenteils aus **vermögenden Privatkunden** und **mittleren bis großen Unternehmen** des Handels und der Industrie. Einige Privatbankiers sind besonders in der Finanzierung des **Außenhandels** tätig und besitzen hier ein umfassendes Beratungs- und Finanzierungsangebot. Verbunden wird das Außenhandelsgeschäft mit der Übernahme des internationalen Zahlungsverkehrs, der Beratung bei Devisengeschäften, dem Dokumentengeschäft sowie dem Geldhandel.

Weitere Spezialisierungen der Privatbankiers liegen in der Versorgung einer ausgewählten industriellen Großkundschaft mit kurz- bis mittelfristigen Krediten. Daneben wird das **Wertpapiergeschäft** mit dem Emissions-, Eigen-, Kommissions- und Depotgeschäft von einigen Privatbankiers besonders betont. Hierzu gehört auch, daß gerade die größeren Privatbankiers häufig die Funktion eines Unternehmensberaters übernehmen und bei dem Erwerb von Tochtergesellschaften, Fusionsvorhaben oder allgemeinen unternehmenspolitischen Fragen mit der Erstellung umfassender Analysen beauftragt werden.

Aus den Geschäftsschwerpunkten ergibt sich für die Privatbankiers auch eine besondere Struktur im Rahmen der Mittelbeschaffung und der Mittelverwendung (vgl. Abb. 2.24). Insgesamt ist der Anteil der **Geschäfte mit Kreditinstituten** bemerkenswert hoch. Der Grund hierfür liegt in der starken Geldmarktabhängigkeit der Privatbankiers, da bei ihnen häufig das Individual- und nicht das Mengengeschäft im Vordergrund steht. Hierdurch treten Liquiditätsengpässe und -überschüsse häufiger auf und schlagen dabei auch stärker zu Buche. Bedeutende Finanzierungsquellen sind weiter die **Termineinlagen** von Nichtbanken, während die Spareinlagen nur ein untergeordnetes Gewicht besitzen. Im Rahmen der Mittelverwendung überwiegen die **kurzfristigen Kredite** in erheblichem Maße. Daneben besitzen die Privatbankiers vergleichsweise hohe **Wertpapierbestände**, insbesondere Bestände an Anleihen und Schuldverschreibungen. Dies ist in Rentabilitätsüberlegungen und einem hohen Anteil von Restliquidität, der nicht in Krediten angelegt werden kann, begründet.

AKTIVA	Mio. DM	%	PASSIVA	Mio. DM	%
Barreserve	2.238	3,6	Einlagen von Kreditinstituten	27.514	43,9
Kredite an Kreditinstitute	17.779	28,3	Einlagen von Nichtbanken		
Kredite an Nichtbanken			• Sichteinlagen	8.664	13,8
• Buchkredite bis maximal 1 Jahr	16.631	26,5	• Termineinlagen	14.369	22,9
• Buchkredite über 1 Jahr	12.773	20,4	• Spareinlagen und Sparbriefe	5.911	9,5
• Sonstige Kredite	4.523	7,2	Inhaberschuldverschreibungen	521	0,8
Wertpapiere	6.576	10,5	Eigenkapital	3.166	5,0
Beteiligungen	459	0,7	Sonstige Passiva	2.591	4,1
Sonstige Aktiva	1.757	2,8			
Summe	62.736	100,0	Summe	62.736	100,0

Abb. 2.24: Die wichtigsten Bilanzpositionen der Privatbankiers (Stand: Dezember 1990, die Angaben beziehen sich auf das gesamte Währungsgebiet der D-Mark) (Quelle: Monatsberichte der Deutschen Bundesbank März 1991, eigene Berechnungen)

d) Auslandsbanken

Unter einer Auslandsbank ist ein im Inland arbeitendes Kreditinstitut zu verstehen, das sich im **Eigentum ausländischer Banken oder Nichtbanken** befindet. Damit verbunden liegt der Hauptsitz und der bankgeschäftliche Schwerpunkt dieser Institute im jeweiligen Heimatland. In der Statistik der Deutschen Bundesbank werden nur die unselbständigen Filialen ausländischer Institute als eine eigenständige Gruppe erfaßt. Da die selbständigen Kreditinstitute in Auslandsbesitz jedoch eine immer wichtigere Institutsgruppe geworden sind, ist es sinnvoll, beide Erscheinungsformen gemeinsam zu betrachten.

Neben der Zweigstelle und der Tochtergesellschaft gibt es weitere Erscheinungsformen eines Auslandsengagements. Dabei ist die einfachste Form der Auslandsaktivität die Begründung eines **Korrespondenzverhältnisses**, bei dem ein im Inland ansässiges Kreditinstitut mit der Wahrnehmung der Interessen des ausländischen Institutes beauftragt wird. Eine weitere und selbständigere Form ist die Eröffnung einer **Repräsentanz**, die die Aufgaben eines Verbindungsbüros besitzt. Die Repräsentanz nimmt nicht direkt am Geschäftsleben teil und tätigt keine Bankgeschäfte. Sie beobachtet vielmehr den Markt des Gastlandes und versucht Geschäfte zu vermitteln. Die Repräsentanz pflegt bestehende Beziehungen, knüpft neue Kontakte und ist behilflich bei der Anbahnung von Geschäften.

Im Gegensatz zu der primär informatorischen Funktion der Repräsentanz hat die **Zweigstelle** eines ausländischen Kreditinstitutes eine eigene Geschäftstätigkeit zum Ziel. Es sollen die international tätigen Unternehmen des Heimatlandes auch im Ausland mit Finanzmitteln und einem umfangreichen Dienstleistungspaket versorgt werden (KAVEN 1991). Darüber hinaus ist die Kapitalbeschaffung im

Ausland und die Ausweitung des Marktes ausschlaggebend für die Aufnahme eigener Geschäfte im Ausland.

Mit den selbständigen **Tochterinstituten** verfolgen die ausländischen Banken ähnliche Ziele wie mit den unselbständigen Niederlassungen. Viele ausländische Institute machen sich jedoch zunächst über eine Repräsentanz oder eine Filiale mit dem deutschen Finanzmarkt vertraut, um erst nach Sammlung ausreichender Erfahrungen den Kauf oder die Gründung einer Tochtergesellschaft in Erwägung zu ziehen. Statistisch werden die Tochtergesellschaften ausländischer Banken insbesondere unter den Regionalbanken aufgeführt. Ebenso wie die Zweigstellen ausländischer Kreditinstitute unterliegen auch die Tochterinstitute ausländischer Banken keinen besonderen Geschäftsbeschränkungen. Sie stehen daher mit den inländischen Banken in vollem Wettbewerb.

Ende 1990 waren in der Bundesrepublik Deutschland 177 Auslandsbanken tätig, die sich aus

- 117 rechtlich selbständigen Kreditinstituten im Mehrheitsbesitz ausländischer Banken (85 Institute) und Nichtbanken (32 Institute) sowie aus

- 60 Zweigstellen ausländischer Kreditinstitute zusammensetzten.

An der Spitze der in der Bundesrepublik vertretenen Auslandsbanken stehen traditionell nordamerikanische Institute, gefolgt von Banken aus Japan, Frankreich und Großbritannien. Insbesondere die japanischen Banken haben in den letzten Jahren ihre Präsenz in der Bundesrepublik enorm verstärkt. Die starke Präsenz von italienischen, spanischen, jugoslawischen und türkischen Vertretungen ist u.a. auf die hohe Zahl von ausländischen Arbeitnehmern zurückzuführen.

Im Rahmen der Expansion ausländischer Kreditinstitute in der Bundesrepublik nimmt Frankfurt/Main als Bankplatz eine ganz besondere Stellung ein. Die Stadt konnte in den letzten Jahren ihre zentrale Stellung innerhalb des Bankwesens der Bundesrepublik Deutschland und ihre Position als eines der führenden Zentren der internationalen Finanz- und Wirtschaftswelt stark ausbauen. Der weitaus größte Teil der in Deutschland vertretenen ausländischen Kreditinstitute hat seinen Hauptsitz in Frankfurt. Erst danach folgen Hamburg, Düsseldorf, Köln, Berlin und München (DEUTSCHE BUNDESBANK 1987).

Die Auslandsbanken finanzieren sich weitgehend aus Einlagen von Kreditinstituten, an die sie auch den größten Teil ihrer Kredite vergeben (vgl. Abb. 2.25). Die Abhängigkeit von anderen Banken ist dabei bei den Zweigstellen ausländischer Banken weitaus größer als bei den Kreditinstituten, die im Mehrheitsbesitz ausländischer Institute stehen. Im Rahmen des Kreditgeschäfts mit Nichtbanken besitzt das kurzfristige Geschäft eine erhebliche Bedeutung. Die selbständig operierenden Institute verfügen daneben über nicht unerhebliche längerfristige Positionen sowie über einen vergleichsweise großen Wertpapierbestand.

AKTIVA	Zweigstellen ausländischer Banken		Kreditinstitute im Mehrheitsbesitz ausländischer Banken	
	Mio. DM	%	Mio. DM	%
Barreserve	447	0,6	2.278	1,8
Kredite an Kreditinstitute	46.693	61,2	48.211	37,3
Kredite an Nichtbanken				
• Buchkredite bis maximal 1 Jahr	10.019	13,2	20.197	15,6
• Buchkredite über 1 Jahr	3.885	5,1	25.912	20,0
• sonstige Kredite	8.153	10,7	7.609	5,9
Wertpapiere	5.835	7,6	20.123	15,6
Beteiligungen	42	-	597	0,5
sonstige Aktiva	1.217	1,6	4.197	3,3
Summe	76.291	100,0	129.124	100,0

PASSIVA	Zweigstellen ausländischer Banken		Kreditinstitute im Mehrheitsbesitz ausländischer Banken	
	Mio. DM	%	Mio. DM	%
Einlagen von Kreditinstituten	64.256	84,3	82.133	63,7
Einlagen von Nichtbanken				
• Sichteinlagen	2.459	3,2	9.212	7,1
• Termineinlagen	2.301	3,0	11.270	8,7
• Spareinlagen und Sparbriefe	132	0,2	9.831	7,6
Inhaberschuldverschreibungen	4.003	5,2	911	0,7
Eigenkapital	3.140	4,1	7.644	5,9
sonstige Passiva			8.123	6,3
Summe	76.291	100,0	129.124	100,0

Abb. 2.25: Die wichtigsten Bilanzpositionen der Auslandsbanken, Ende 1989 (Quelle: Monatsberichte der Deutschen Bundesbank, März 1991, S. 32* ff., eigene Berechnungen)

2. Der Genossenschaftsbanksektor

Das Wesen einer Kreditgenossenschaft läßt sich aus dem Genossenschaftsgesetz ableiten. Danach können Kreditgenossenschaften als Gesellschaften mit nicht geschlossener Mitgliederzahl bezeichnet werden, die durch den gemeinschaftlichen Geschäftsbetrieb und die Abwicklung aller üblichen bankmäßigen Geschäfte den Erwerb und die Wirtschaft ihrer Mitglieder fördern wollen.

Den Genossenschaften liegen drei grundlegende **Prinzipien** zugrunde (Schramm 1982):

- **Selbsthilfe**
  Durch die Arbeit der Genossenschaft soll die Eigenwirtschaft der Mitglieder gefördert werden.
- **Selbstverantwortung**
  Die Mitglieder tragen das Risiko für ihr Handeln selbst und wälzen es nicht auf den Staat ab.
- **Selbstverwaltung**
  Genossenschaften lassen sich nicht durch den Staat oder andere verwalten, sondern verwalten sich selbst.

Historisch betrachtet zerfällt der Sektor der Genossenschaftsbanken in die Volksbanken und in die Raiffeisenbanken (vgl. BAUMANN/FALKENSTEIN 1976, POHL 1976, SCHRAMM 1982). Die Entwicklung beider Institutsgruppen setzte in der Mitte des vorigen Jahrhunderts ein, jedoch wurde eine jeweils andere Bevölkerungsschicht angesprochen. Kennzeichnend für beide Gruppen war allerdings die beginnende Industrialisierung, die Einführung der Gewerbefreiheit, die Entwicklung der Eisenbahn sowie die Entstehung eines modernen Geldwesens. Die dadurch eintretenden erheblichen Änderungen in den wirtschaftlichen und politischen Rahmenbedingungen führten zu schwergewichtigen Strukturwandlungen, die insbesondere Handwerk, Handel und Landwirtschaft schwer trafen.

Die Entstehung der als **Volksbanken** bezeichneten gewerblichen Kreditgenossenschaften wurde in entscheidendem Maße geprägt von **Hermann Schulze-Delitzsch**. Er erkannte als erster die schwerwiegenden Kreditprobleme in **Handwerk und Gewerbe**. Vor allem das Handwerk besaß in den schnell wachsenden industriellen Betrieben einen gefährlichen Konkurrenten, der sich ausreichend Kapital durch den Verkauf von Aktien beschaffen, neue und billigere Produktionsmethoden einführen sowie durch große Serienproduktionen und das wachsende Eisenbahnnetz ständig neue Absatzmärkte erschließen konnte. Hinzu kam, daß das Handwerk bisher meist auf Bestellung gearbeitet und mit den Anzahlungen die erforderlichen Roh- und Betriebsstoffe gekauft hatte. Um mit der industriellen Konkurrenz mithalten zu können, mußte nun zunächst auf Lager produziert werden bis sich ein entsprechender Käufer fand. Der durch diese Entwicklungen entstehende Kapitalbedarf konnte von den kleinen Betrieben nicht gedeckt werden, da sich insbesondere die Privatbankiers an den Bedürfnissen des Handels und die neuen Aktienbanken an dem Kapitalbedarf der aufsteigenden Industrien orientierten.

Zur Bewältigung dieser Finanzierungsprobleme griff Schulze-Delitzsch die Idee der Selbsthilfe auf. Er gründete im Jahre 1850 die erste gewerbliche Kreditgenossenschaft, deren Geschäftszweck in der Gewährung kurzfristiger Kredite aus Mitteln der Geschäftsguthaben der Mitglieder lag. Der Bedarf der mittelständischen Wirtschaft an mit einem akzeptablen Zinssatz ausgestatteten Krediten war groß. Dies zeigt schon das rasche Anwachsen der Zahl der Volksbanken, die sich von 133 im Jahre 1860 auf 870 im Jahre 1900 und 1415 im Jahre 1930 erhöhte.

Ähnlich wie im Handwerk war die Situation in der **Landwirtschaft** in der Mitte des vergangenen Jahrhunderts. Mehrjährige Mißernten und auch hier die Umstellung von der Hauswirtschaft auf die Produktion für den Markt, welche die Anschaffung zusätzlicher Betriebsmittel erforderte, verschlechterten die Lage der Landwirtschaft erheblich. Weiter fehlte es den erst wenige Jahrzehnte vorher freigewordenen Bauern an notwendigen betriebswirtschaftlichen Kenntnissen. Die Folge aus dieser Entwicklung war, daß die Bauern in einer ständig wachsenden Not lebten und in die Abhängigkeit von Wucherern und Spekulanten gerieten, was zur Vernichtung zahlreicher bäuerlicher Betriebe führte. Andere Kreditgeber waren kaum zu finden, da diese ihren Sitz in den Städten hatten und nur schwer erreichbar waren.

In dieser Situation half **Friedrich Wilhelm Raiffeisen** der ländlichen Bevölkerung durch die Errichtung von Genossenschaften, deren erste der im Jahre 1864 gegründete Heddesdorfer Darlehenskassen-Verein war. Jeder, der ein Darlehen erhalten wollte, mußte Mitglied des Vereins werden. Damit waren nicht mehr wie in der davor liegenden Zeit wohlhabende Bürger Träger einer Einrichtung zur Hilfe für kreditsuchende Bauern, sondern die Hilfsbedürftigen selbst. Voraussetzung dieses Vereins war jedoch die unbeschränkte Haftpflicht der Mitglieder. Daher breiteten sich die **Raiffeisenbanken** trotz guter Erfolge nur langsam aus, nahmen aber erheblich zu, nachdem es gelungen war, das Mißtrauen der ländlichen Bevölkerung zu überwinden.

Die Entwicklung des zweigeteilten Genossenschaftssektors vollzog sich mehr als 100 Jahre. Erst im Jahre 1972 kam es zu einer organisatorischen Vereinigung der gewerblichen und ländlichen Kreditgenossenschaften.

Ebenso wie in den anderen Bereichen des Kreditwesens war auch im Genossenschaftssektor in den vergangenen Jahren und Jahrzehnten ein deutlicher **Auslese- und Konzentrationsprozeß** zu beobachten. So haben die Bankenkrise, der Zweite Weltkrieg und seine Folgen, die Zusammenführung ländlicher und gewerblicher Kreditgenossenschaften und die kommunale Neugliederung bis zum Beginn der 80-er Jahre zu einer drastischen Verringerung der Institute geführt. Die in der Folgezeit zu beobachtenden Fusionen resultierten zum einen aus unsoliden Geschäftspraktiken einzelner Banken. Zum anderen sorgte die vergleichsweise geringe Betriebsgröße vieler Institute, die die Möglichkeiten rentabel zu arbeiten, ein umfassendes Leistungsangebot bereitzustellen und sich in einem verschärften Wettbewerb zu behaupten, stark einschränkt, für einen weiteren Konzentrationsprozeß. Bedingt durch diese Entwicklungen nahm die Zahl der Kreditgenossenschaften von 20.097 Instituten im Jahre 1919 auf 3.384 Banken Ende 1990 ab.

In der ehemaligen DDR blieb die Existenz der Genossenschaftsbanken in den ersten Nachkriegsjahren zunächst unangetastet. Erst im Laufe der Zeit wurden die Institute in die neuen politischen und wirtschaftlichen Verhältnisse integriert, d.h. sie erhielten eine sozialistische Mustersatzung mit Beschränkungen der Geschäftstätigkeit und wurden in die staatliche Planbürokratie eingebunden (REICHHARDT 1990). Die **Volksbanken** nahmen ihre Tätigkeit im Jahre 1946 als "**Banken für Handwerk und Gewerbe**" wieder auf. Ihr Zweck war primär die Förderung von kleinen Handwerks- und Gewerbebetrieben. Für ihre Kunden nahmen sie Einlagen entgegen, gewährten Kredite und führten den Zahlungsverkehr durch. 1970 mußten die Institute in Genossenschaftsbanken und 1973 in "Genossenschaftskassen für Handwerk und Gewerbe" umfirmieren. Die **Raiffeisenbanken** wurden nach dem Kriege als "**Bäuerliche Handelsgenossenschaften**" mit der "Vereinigung der gegenseitigen Bauernhilfe", deren Aufgabe die Durchführung der Bodenreform war, zwangsvereinigt. Sie betrieben von nun an überwiegend das Warengeschäft. Ihr Bankgeschäft beschränkte sich im wesentlichen auf die Abwicklung des Spar- und Zahlungsverkehrs für die ländliche Bevölkerung. Die Einlagen mußten quasi in vollem Umfang bei der "Bank für Landwirtschaft und Nahrungsgüterwirtschaft" angelegt werden (GRÜGER 1991, REICHHARDT 1990). Ende 1990 arbeiteten in den neuen Bundesländern 98 Genossenschaftskassen für Handwerk und Gewerbe und 273 Bäuerliche Handelsgenossenschaften. Die Genossenschaftskassen wurden inzwischen wieder in Volksbanken und die Handelsgenossenschaften in Raiffeisenbanken umbenannt (EHLEBRACHT/LANGE 1990).

Die Tätigkeit der Genossenschaftsbanken ist heute wie in ihrer Gründungsphase nicht darauf ausgerichtet, möglichst hohe Gewinne zu erzielen. Der verankerte Zweck einer Genossenschaft liegt vielmehr in der Förderung der Mitglieder. Der **Förderungsauftrag** kann dabei dreifach interpretiert werden:

- Es sollen den Mitgliedern Leistungen angeboten werden, die sie anderweitig nicht bekommen können,
- die Leistungen sollen qualitativ und
- die Leistungen sollen konditionsmäßig den Angeboten der Konkurrenz überlegen sein.

Bei der Errichtung der Kreditgenossenschaften im vergangenen Jahrhundert wurden alle drei Prinzipien erfüllt. Die Kreditgenossenschaften in der heutigen Zeit können jedoch dem Förderungsauftrag in dieser Form nicht mehr nachkommen. Ein Hauptgrund hierfür liegt in der Verwischung des Unterschiedes zwischen Mitgliedern und "Nur-Kunden". Während früher eine Kreditvergabe nur an Mitglieder möglich war, ist dies mit der Genossenschaftsgesetz-Novelle von 1973 aufgehoben worden. Ebenso haben sich die verschiedenen Bankengruppen in den vergangenen Jahren einander soweit angenähert, daß kein Mitglied einer Kreditgenossenschaft nicht auch von einem anderen Kreditinstitut umworben würde. Dies führte zu einer Situation, in der es die Kreditgenossenschaften schwer haben, nur ihren Mitgliedern besondere Leistungen anzubieten. Die Konditionen gelten sowohl für die Mitglieder als auch für die "Nurkunden", Besonderheiten im Sortiment werden von der Konkurrenz schnell ausgeglichen. Zur Durchsetzung des bestehenden Förderungsauftrages müssen die Kreditgenossenschaften daher neue Konzepte entwickeln, um die Mitglieder in ihrem Geschäftsbetrieb zu fördern. Diskutiert werden hierbei Ansätze, die über eine stärkere Aktivierung der Mitglieder und die Rückbesinnung innerhalb der Universalbanktätigkeit auf Leistungen, die der Rationalisierung zum Opfer gefallen sind, bis hin zu einer Beschränkung der Geschäftstätigkeit auf die Mitglieder reichen.

Erst in jüngerer Zeit ist in diesem Zusammenhang die **Zinsrückvergütung** in den Blickpunkt getreten. Dabei erhalten die Mitglieder in Abhängigkeit des im Mitgliedergeschäft erwirtschafteten und nicht für die Ausschüttung benötigten Gewinns und je nach Intensität der Geschäftsbeziehung des Mitglieds mit der Genossenschaft einen Teil der gezahlten Zinsen zurück, bzw. wird ihnen im Passivgeschäft ein effektiv höherer Betrag gutgeschrieben (BERGE 1989). Die Rückvergütungen fließen den Mitgliedern i.d.R. jedoch nicht direkt zu, sondern werden in Form niedrig verzinslicher Genußrechte verbrieft. Dadurch verfügen die Kreditgenossenschaften über steuerlich besonders günstiges Haftkapital; die Mitglieder nehmen den Förderungsauftrag wahr und erzielen im Vergleich zu den "Nurkunden" günstigere Konditionen. Beispielsweise betrug die Zinsrückvergütung einer Kreditgenossenschaft des Raiffeisenverbandes Kurhessen (Kassel) im Jahre 1988 3,5 % der Zinsaufwendungen oder Zinserträge. Dadurch ermäßigt sich ein Kreditzins von z.B. 8 % auf effektiv 7,72 %, die Verzinsung einer Termineinlage erhöht sich von z.B. 5 % auf 5,175 %.

Zur Begründung der Mitgliedschaft in einer Genossenschaft ist der Kauf eines **Geschäftsanteils** erforderlich. Den Mitgliedern ist es erlaubt, mehrere der in ihrer Höhe gesetzlich nicht festgelegten Anteile zu erwerben, jedoch hat dies im Gegensatz zur Aktiengesellschaft keinen Einfluß auf die Stimmenverhältnisse in der **Generalversammlung**. Dort hat jedes Mitglied unabhängig von der Beteiligungshöhe grundsätzlich nur eine Stimme. Zuständig ist die Generalversammlung für die Beschlußfassung in den grundsätzlichen Fragen der Kreditgenossenschaft. In ihr erfolgt auch die Wahl der **Aufsichtsratsmitglieder**, deren Aufgabe in der Überwachung des Vorstandes besteht. Der **Vorstand** ist das geschäftsführende Organ einer Genossenschaft. Er leitet das Unternehmen in eigener Verantwortung und hat nur die Beschränkungen zu beachten, die durch Gesetz und Satzung vorgegeben sind.

Eine Besonderheit der Genossenschaft liegt in dem Umfang der Haftung der einzelnen Mitglieder. Neben den Geschäftsguthaben und den angesammelten Rücklagen gehört ein **Haftsummenzuschlag** zum haftenden Eigenkapital der Kreditgenossenschaft. Jedes Mitglied ist mit der Zeichnung eines Geschäftsanteils zur Übernahme der satzungsgemäß festgelegten zusätzlichen Haftung verpflichtet. Geschäftsanteil und Haftsumme bilden zusammen die Gesamtbeteiligung eines jeden einzelnen Mitglieds einer Kreditgenossenschaft. In Höhe der Haftsummenverpflichtung kann die Kreditgenossenschaft in den im Genossenschaftsgesetz vorgesehenen Fällen auf das Vermögen ihrer Mitglieder zurückgreifen. Der Sektor der genossenschaftlichen Kreditinstitute ist prinzipiell **dreistufig** aufgebaut. Getragen wird die genossenschaftliche Bankengruppe von den einzelnen Volksbanken und Raiffeisenbanken. Hierbei handelt es sich zum Teil um kleine ländliche Banken. Ende 1990 hatten die meisten Kreditgenossenschaften ein Bilanzvolumen zwischen 50 und 100 Mio. DM. Nur eine vergleichsweise geringe Zahl von Instituten weist eine Bilanzsumme von mehr als 250 Mio. DM auf.

Die **Mitglieder** der Volksbanken und Raiffeisenbanken bestanden aufgrund des historischen Entwicklungsprozesses früher vornehmlich aus Land- und Forstwirten, Gewerbetreibenden und Handwerkern. Heute dominieren mit rund 60 % die Arbeiter, Angestellten und Beamten. Nur rund 14 % der Mitglieder sind selbständige Unternehmer (vgl. BVR, Geschäftsbericht 1988).

Die Kreditgenossenschaften bieten ihren Kunden ein universelles Leistungsangebot an, das durch die Angebote der genossenschaftlichen **Verbundunternehmen** ergänzt wird (WIEDEMANN 1991). Zu letzteren zählen u.a. die

- Deutsche Genossenschafts-Hypothekenbank,
- Münchner Hypothekenbank eG,
- Bausparkasse Schwäbisch Hall,
- R + V Versicherungsgruppe,
- Union Investment,
- Deutsche Immobilien Fonds AG,
- DG Diskontbank AG,
- VR-Leasing Gesellschaft der Volksbanken und Raiffeisenbanken mbH.

Die Mittelbeschaffung der Kreditgenossenschaften (vgl. Abb. 2.26) vollzieht sich hauptsächlich über die **Spareinlagen**, die Ende 1990 rund 44 % des Geschäftsvolumens ausmachten. Die Gründe für die erhebliche Bedeutung des Spareinlagengeschäfts liegen vornehmlich in der großen Bankstellendichte und in der besonderen Kundenstruktur. Weitere wichtige Geldbeschaffungsquellen sind die Sicht- und Termineinlagen. Die **Eigenkapitalquote** liegt knapp unterhalb des Durchschnittswertes aller Geschäftsbanken von 3,8 % (vgl. Abb. 2.4). Im Rahmen der Mittelverwendung dominieren die

Forderungen an Arbeiter, Angestellte und Beamte, gefolgt von dem Kreditgeschäft mit mittelständischen gewerblichen und ländlichen Betrieben. Hierbei werden heute hauptsächlich **langfristige Kredite** vergeben, während in der Vergangenheit die kurz- und mittelfristigen Kredite überwogen. Von Bedeutung sind daneben noch die **Wertpapierbestände**, die nahezu ausschließlich festverzinsliche Wertpapiere enthalten.

AKTIVA	Mio. DM	%	PASSIVA	Mio. DM	%
Barreserve	19.771	3,3	Einlagen von Kreditinstituten	68.356	11,5
Kredite an Kreditinstitute	110.119	18,6	Einlagen von Nichtbanken		
Kredite an Nichtbanken			• Sichteinlagen	82.853	14,0
• Buchkredite bis maximal 1 Jahr	70.874	12,0	• Termineinlagen	126.160	21,3
• Buchkredite über 1 Jahr	257.514	43,5	• Spareinlagen und Sparbriefe	261.834	44,3
• Sonstige Kredite	9.131	1,5	Inhaberschuldverschreibungen	13.078	2,2
Wertpapiere	98.420	16,7	Eigenkapital	22.005	3,7
Beteiligungen	2.462	0,4	Sonstige Passiva	17.603	3,0
Sonstige Aktiva	23.598	4,0			
Summe	591.889	100,0	Summe	591.889	100,0

Abb. 2.26: Die wichtigsten Bilanzpositionen der Kreditgenossenschaften (Stand: Dezember 1990, die Angaben beziehen sich auf das gesamte Währungsgebiet der D-Mark) (Quelle: Monatsberichte der Deutschen Bundesbank März 1991, eigene Berechnungen)

Die **genossenschaftlichen Zentralbanken** stellen die regionalen Spitzeninstitute des Genossenschaftsbanksektors dar. Sie besitzen mit Ausnahme der Westdeutschen Genossenschafts-Zentralbank die Rechtsform der Aktiengesellschaft, wobei sich das Kapital in den Händen der angeschlossenen Kreditgenossenschaften befindet. Die Deutsche Genossenschaftsbank ist das Spitzeninstitut der genossenschaftlichen Bankengruppe. Sie ist eine international arbeitende Geschäftsbank, der als Körperschaft des öffentlichen Rechts die Förderung des gesamten Genossenschaftswesens obliegt. Die Zentralbanken und das genossenschaftliche Spitzeninstitut sind gegründet worden, um den Primärbanken Hilfestellung und Unterstützung dort zu geben, wo sie aus eigener Kraft die notwendigen Leistungen zur Erfüllung des genossenschaftlichen Förderungsauftrages nicht erbringen können (SCHIERENBECK 1988). Das hieraus entwickelte **Subsidiaritätsprinzip** betont sowohl die Eigenständigkeit und Selbstverantwortung auf der Primärstufe als auch den grundsätzlich dienenden ("Mittel zum Zweck"-)Charakter des kreditgenossenschaftlichen Oberbaus für die Primärbanken. Vor diesem Hintergrund liegen die Aufgaben des genossenschaftlichen Oberbaus darin,

- die Leistungsfähigkeit der Primärbanken zu verbessern und
- das Marktgewicht der angeschlossenen Kreditgenossenschaften zu erhöhen.

Zur **Steigerung der Leistungsfähigkeit** fungieren die Institute als Giroverkehrszentrale im Rahmen des Zahlungsverkehrs, als Liquiditätsausgleichstelle und als Durchlaufstelle für zentrale Kreditaktionen. Der **Verbesserung des Marktgewichts** bzw. der Wettbewerbsposition des kreditgenossenschaftlichen Sektors dienen z.B. das Direktkundengeschäft, das Geld- und Kapitalmarktgeschäft und das Investment Banking. Die Aufgaben des genossenschaftlichen Zentralbankensystems spiegeln sich in ihrem Bilanzbild wider (vgl. Abb. 2.27).

AKTIVA	Mio. DM	%	PASSIVA	Mio. DM	%
Barreserve	2.908	1,3	Einlagen von Kreditinstituten	173.404	80,0
Kredite an Kreditinstitute	115.851	53,5	Einlagen von Nichtbanken		
Kredite an Nichtbanken			• Sichteinlagen	4.957	2,3
• Buchkredite bis maximal 1 Jahr	17.831	8,2	• Termineinlagen	9.305	4,3
• Buchkredite über 1 Jahr	31.395	14,5	• Spareinlagen und Sparbriefe	757	0,3
• Sonstige Kredite	4.176	1,9	Inhaberschuldverschreibungen	15.454	7,2
Wertpapiere	35.144	16,2	Eigenkapital	6.446	3,0
Beteiligungen	4.515	2,1	Sonstige Passiva	6.364	2,9
Sonstige Aktiva	4.867	2,3			
Summe	216.687	100,0	Summe	216.687	100,0

Abb. 2.27: Die wichtigsten Bilanzpositionen der genossenschaftlichen Zentralbanken (Stand: Dezember 1990, die Angaben beziehen sich auf das gesamte Währungsgebiet der D-Mark) (Quelle: Monatsberichte der Deutschen Bundesbank März 1991, eigene Berechnungen)

Bei der Mittelbeschaffung und der Mittelverwendung überwiegt das **Geschäft mit Kreditinstituten**. Einlagen von und Kredite an Nichtbanken spielen eine eindeutig untergeordnete Rolle. Bedeutung im Rahmen der Mittelbeschaffung besitzen noch die **Schuldverschreibungen** mit rund 7 % des Geschäftsvolumens, ein größerer Anteilswert entfällt im Bereich der Mittelverwendung auf die **Wertpapiere** und die **längerfristigen Kredite an Nichtbanken**. Die **Eigenkapitalquote** liegt mit 3 % erheblich unterhalb des Durchschnittswertes aller Banken und ist nicht einmal halb so groß wie die Eigenkapitalquote der Großbanken.

Ebenso wie andere Bankengruppen steht derzeit auch der kreditgenossenschaftliche Sektor vor neuen Herausforderungen. Ein sich schon in den vergangenen Jahren ständig verschärfender Wettbewerb, die Tendenz zur fortschreitenden Konzentration im Universalbankenbereich und der enorme technologische Fortschritt im Bankgewerbe haben die genossenschaftliche Bankengruppe in den vergangenen Jahren zur Diskussion der **Struktur des Oberbaus** gezwungen. Konkret ging es um die Frage, ob das bestehende **dreistufige** durch ein **zweistufiges**, nur aus den Primärbanken und der DG-Bank bestehendes System abgelöst werden sollte. Nach einer längeren Phase der Diskussion beschloß der Verbandsrat, das höchste Gremium des Bundesverbandes der Deutschen Volksbanken und Raiffeisenbanken (BVR) am 7.12.1989, daß jede Zentralbank frei entscheiden kann, ob sie selbständig bleiben oder mit der DG-Bank zusammengehen will (O.V. 1989). Den Weg der Selbständigkeit gehen augenscheinlich die Westdeutsche Genossenschafts-Zentralbank, Düsseldorf und die Genossenschaftliche Zentralbank, Stuttgart. Die Norddeutsche Genossenschaftsbank und die Raiffeisen-Zentralbank Kurhessen haben ihre Geschäfte vor einiger Zeit auf die DG-Bank übertragen, bereits Mitte der 80er Jahre übernahm das Spitzeninstitut die Geschäfte der Bayerischen Volksbanken AG und aufgrund einer Schieflage die der Bayerischen Raiffeisen-Zentralbank (JOCHAM 1989).

Damit präsentiert sich der Genossenschaftssektor derzeit juristisch betrachtet je nach Region als ein drei- oder als ein zweistufiges System. Faktisch konnte das dreistufige System jedoch begründeterweise nicht vollständig abgeschafft werden. Die Standorte der ehemals selbständigen Zentralbanken fungieren als regionale Hauptverwaltungen der DG-Bank. Die Zentralbanken haben allerdings ihre

Erlaubnis zum Betreiben von Bankgeschäften zurückgegeben und verwalten als Holding-Gesellschaft lediglich die Anteile an der Deutschen Genossenschaftsbank.

3. Die Sparkassenorganisation

Sparkassen sind Kreditinstitute, deren Grundgedanke in der **Förderung des Sparsinns und der Vermögensbildung** liegt. Sie dienen damit vornehmlich der sicheren Geldanlage. Die Kreditversorgung haben sie für die **Bevölkerung des Geschäftsgebietes** sicherzustellen und dabei insbesondere die **Kreditbedürfnisse des Mittelstandes** und der **wirtschaftlich schwächeren Bevölkerungskreise** zu berücksichtigen.

Zu unterscheiden sind freie und öffentlich-rechtliche Sparkassen, wobei erstere in der Bundesrepublik jedoch eindeutig in der Minderheit sind. Die **öffentlich-rechtlichen Sparkassen** betätigen sich in der Rechtsform einer Anstalt des öffentlichen Rechts. Ihre Träger sind die Gemeinden, Ämter, Kreise und Gemeindeverbände. Die **freien Sparkassen** verfügen dagegen nicht über eine Kommune als Gewährträger, mit denen die öffentlich-rechtlichen Sparkassen rechtlich, verwaltungsmäßig und organisatorisch eng verbunden sind. Bei den freien Sparkassen handelt es sich in der Regel um Vereine des bürgerlichen Rechts oder Stiftungen. Sie unterliegen damit nicht dem öffentlichen Recht, sondern dem Privatrecht. Für die freien Sparkassen gilt weder das Regionalprinzip, noch müssen sie geschäftspolitische Beschränkungen beachten (HAFKE 1988, SCHÜTZ/FECHNER 1991, VORLÄNDER 1986). Ansonsten stimmt die Geschäftstätigkeit der freien und öffentlich-rechtlichen Sparkassen jedoch grundsätzlich überein.

Der **Entwicklungsprozeß der Sparkassen** begann in Deutschland in der zweiten Hälfte des 18. Jahrhunderts (vgl. POHL 1976, POULLAIN 1972). Das Problem der sozialen Sicherheit der armen Bevölkerungsschichten war das zentrale Anliegen der damaligen Zeit. Während zuvor das im Bettlerwesen sichtbare Armenproblem mit drakonischen Mitteln bekämpft wurde, versuchte man nun das Problem auf präventiver Basis durch die Gründung von Leih- und Ersparniskassen zu lösen. Hier sollten sich die ärmeren Bevölkerungsschichten durch das Zurücklegen von kleinen Beträgen einen eigenen finanziellen Rückhalt schaffen können, von dem sie in Notzeiten leben konnten. Sicherheit und Verzinsung waren für die finanziell schwachen Bevölkerungskreise etwas Neues. Bis dahin hatte sich keine Institution um die Heranziehung solch kleiner Beträge bemüht. Der Sinn des Geschäftes der Sparkassen erforderte es, auf das Streben nach Gewinnerzielung zu verzichten, wenn das aus sozialer Hilfsbereitschaft und Verantwortungsbewußtsein heraus gesteckte Ziel erreicht werden sollte. Von Anfang an waren die Sparkassen damit gemeinnützige Einrichtungen, die lediglich die Deckung der entstehenden Kosten anstrebten.

Die ersten deutschen Sparkassen entstanden Ende des 18. Jahrhunderts in Nordwestdeutschland, nämlich die Sparkasse in Hamburg, die Sparkasse in Oldenburg und die Sparkasse in Kiel. In den folgenden Jahren kam es durch die öffentliche Hand und durch sozialpolitisch engagierte oder kirchlich orientierte Vereine und Stiftungen in den verschiedensten deutschen Städten zu weiteren Gründungen. Vor allem Preußen war an der Errichtung von Sparkassen interessiert, nachdem man die Bedeutung des Sparkassenwesens erkannt hatte. Gefördert durch eine entsprechende Gesetzgebung dehnte sich das Sparkassennetz bald über das gesamte Landesgebiet von Preußen aus.

Gleichzeitig mit dem zahlenmäßigen Anwachsen vergrößerte sich der Geschäftsumfang der Sparkassen. Einzahlungsbeschränkungen für Sparkonten und Kreditbegrenzungen wurden aufgehoben. Aufgrund des spezifischen Charakters der Spareinlagen konnte das langfristige Aktivgeschäft ausgedehnt werden. Die Sparkassen entwickelten sich damit allmählich zu regulären Bankinstituten. Zu Beginn des 20. Jahrhunderts wurde ihnen die passive Scheckfähigkeit zuerkannt, mit der Aufnahme des Scheck- und Giroverkehrs ging der Aufbau eines eigenen Gironetzes einher. Das dichte Sparkassennetz förderte den bargeldlosen Zahlungsverkehr in einem entscheidenden Maße. Eine weitere wesentliche Stütze für die Entwicklung der Sparkassen ergab sich daraus, daß die Kommunen zunehmend ihre öffentlichen Aufgaben über die Sparkassen finanzierten.

Nicht erlaubt sind den Sparkassen bis heute die Geschäfte, die mit dem ursprünglichen Auftrag der Sparkassen, den Sparsinn zu fördern und der Entwicklung ihres kommunalen Raumes zu dienen, unvereinbar sind und die die Sicherheit der Einlagen gefährden. Daher gilt für die **Geschäftstätigkeit der Sparkassen** (GRILL/PERCZYNSKI 1990):

- verboten sind grundsätzlich alle Geschäfte, die nicht ausdrücklich durch die Satzung erlaubt sind (Enumerationsprinzip),
- spekulative Devisen- und Wertpapiergeschäfte und Beteiligungen außerhalb des Sparkassensektors sind grundsätzlich nicht gestattet,
- Kredite dürfen nur an Privatpersonen oder Unternehmen vergeben werden, die in dem in der Satzung festgelegten Gebiet ihren Wohnsitz oder eine gewerbliche Niederlassung haben.

Die Tätigkeit der Sparkassen basiert auf den **Sparkassengesetzen**. Diese werden von den jeweiligen Bundesländern erlassen und enthalten ebenso grundsätzliche Vorschriften für die Landesbanken/Girozentralen und die Verbände. Festgelegt wird in den Sparkassengesetzen neben den Aufgaben, der Rechtsnatur und den Organen der Sparkassen auch die Haftung des Gewährträgers, die in unbeschränktem Umfang für alle Verbindlichkeiten der (kommunalen) Sparkasse gilt. Die **unbeschränkte Haftung des Gewährträgers** ist ein wesentliches Charakteristikum der Sparkassen. Sie folgt daraus, daß die Sparkassen bis zum Jahre 1931 unselbständige Einrichtungen ihres Gewährträgers waren, die von daher als Rechtsträger selbstverständlich hafteten.

Nach der rechtlichen Verselbständigung der Sparkassen hat sich aus der ursprünglich unmittelbaren Haftung eine bürgschaftsähnliche Gewährleistung entwickelt. Die Haftung erstreckt sich auf alle Verbindlichkeiten der Sparkasse, damit also nicht nur auf die Gewährleistung der Spareinlagen. Bedeutung besitzt die Gewährträgerhaftung für die Sparkassen, da sich bei ihnen die eigenen Mittel sehr wesentlich von denen der anderen Kreditinstitute unterscheiden. Das nach dem KWG erforderliche Eigenkapital kann ausschließlich aus den Rücklagen und damit aus den jährlichen Überschüssen gebildet werden. Die Eigenkapitalbasis der Sparkassen ist wegen des Fehlens eines Grund- oder Stammkapitals verhältnismäßig gering. Die daraus bezüglich der Sicherheit der Einlagen entstehenden Nachteile werden jedoch in vollem Umfang durch die Haftung des Gewährträgers aufgefangen.

Aufbauend auf den Sparkassengesetzen erlassen einige Bundesländer **Mustersatzungen**, auf deren Grundlage der Gewährträger eine Satzung für seine Sparkasse aufstellen muß. Andere Länder (Nordrhein-Westfalen, Bayern, Baden-Württemberg) schalten den Satzungen **Sparkassenverordnungen** vor, in denen die Zuständigkeiten der Organe der Sparkasse festgelegt werden und die ferner Regelungen bezüglich Einlagen und anderer Verbindlichkeiten sowie insbesondere die zulässigen Akivgeschäfte enthalten.

Eine weitere Besonderheit der Sparkassen stellt ihre **Mündelsicherheit** dar. Dies bedeutet, daß die Sparkassen gemäß § 1807 Absatz 1 Ziffer 5 BGB zur Anlage von Mündelgeld geeignet sind. Hierbei handelt es sich um eine Vorschrift zum Schutz der als Vormund bestellten Personen vor Regreßansprüchen. Zum Zeitpunkt des Erlasses des Bürgerlichen Gesetzbuches gab es für die Anlage kleinerer Mündelvermögen kaum eine andere sichere Anlage als bei öffentlichen Sparkassen. Mit der Anlage der Gelder bei einer Sparkasse hatte der Vormund seine Pflicht getan und konnte deswegen nicht mehr in Anspruch genommen werden. Heutzutage ist die Frage, ob die Mündelsicherheit der Einlagen nur bei den Sparkassen gewährleistet werden kann, häufig Gegenstand von Diskussionen. Insbesondere die Kreditgenossenschaften betrachten die gültige Regelung als nicht mehr zeitgemäß und sehen darin ein Privileg zugunsten der öffentlichen Sparkassen.

Vorstand und Verwaltungsrat sind die **Organe** einer Sparkasse. Der **Verwaltungsrat** übt Aufsichts- und Kontrollfunktionen aus, er beschließt daneben aber auch über die Richtlinien der Geschäftspolitik und erläßt die Geschäftsanweisung für den Vorstand. Ihm gehören Mitglieder aus der Vertretung des Gewährträgers sowie in manchen Bundesländern Arbeitnehmer der Sparkasse an. Der **Vorstand** wird auf Vorschlag des Verwaltungsrates von der Vertretung des Gewährträgers bestimmt. Die Zahl seiner Mitglieder richtet sich nach der Größe und den Bedürfnissen der einzelnen Sparkasse. Der Vorstand leitet die Sparkasse selbständig und in eigener Verantwortung. Er vertritt die Sparkasse gerichtlich und außergerichtlich. In manchen Bundesländern sind in den Sparkassengesetzen als weiteres Organ **Kreditausschüsse** vorgesehen. Sie setzen sich aus Mitgliedern des Verwaltungsrates und des Vorstandes zusammen und entscheiden endgültig über Kreditanträge, die eine bestimmte Größenordnung übersteigen.

Die **Sparkassenorganisation** im Bundesgebiet ist ebenso wie der Genossenschaftssektor dreistufig aufgebaut. Getragen wird der Sparkassensektor dabei von den einzelnen **Sparkassen**. Es handelt sich hierbei überwiegend um Zweckverbandssparkassen und Sparkassen mit mehreren kommunalen Trägern (Bezirkssparkassen), gefolgt von den Stadt- und Kreissparkassen. Die meisten Sparkassen weisen ein Geschäftsvolumen auf, das zwischen 1 und 5 Mrd. DM liegt, wodurch die Sparkassen im Durchschnitt eindeutig größer sind als die Kreditgenossenschaften. Die größten Sparkassen besitzen sogar ein Geschäftsvolumen von über 10 Mrd. DM. Ende 1990 arbeiteten in der Bundesrepublik Deutschland 769 Sparkassen, davon entfielen 195 Institute auf die neuen Bundesländer.

Die Geschäftstätigkeit der Sparkassen ist auch heute noch durch ihre historischen Aufgaben gekennzeichnet. Trotzdem haben sich die Sparkassen zu universell tätigen Geschäftsbanken entwickelt. Hervorzuheben ist für den Sparkassensektor das große Girosystem, das sie mit den Girozentralen bilden und über das der bargeldlose Zahlungsverkehr abgewickelt wird. Hieraus ist auch die starke Liquiditätsposition zu erklären, die die Sparkassen innerhalb des Bankensystems besitzen.

Bei der Mittelherkunft nehmen die **Spareinlagen** mit knapp 50 % eine hervorragende Stellung ein (vgl. Abb. 2.28). In den letzten Jahren ging der Anteil der Spareinlagen am Geschäftsvolumen jedoch erheblich zurück, was in der größeren Renditeorientierung der Kunden und dem verstärkten Bemühen der anderen Institutsgruppen um die Spareinlagen seine Begründung findet. Neben den bedeutenden Spareinlagen fallen die übrigen Passiva naturgemäß verhältnismäßig niedrig aus. Die Einlagen von Kreditinstituten, Sicht- und Termineinlagen von Nichtbanken tragen jeweils zwischen 11 und 14 % zur Mittelherkunft bei. Der Anteil des **Eigenkapitals** am Geschäftsvolumen betrug Ende 1990 3,7 %. Die Eigenkapitalquote lag damit knapp unterhalb des Durchschnittswertes aller Geschäftsbanken und entsprach darüber hinaus dem entsprechenden Wert der Kreditgenossenschaften.

Im Rahmen der Mittelverwendung überwiegt mit mehr als 45 % das **längerfristige Kreditgeschäft** mit Nichtbanken. Verwendet werden die langfristigen Kredite überwiegend zur Finanzierung des Wohnungsbaus sowie zur Finanzierung kommunaler Aufgaben der Gewährträger. Das kurz- und mittelfristige Kreditgeschäft mit Nichtbanken besitzt bei den Sparkassen traditionell gegenüber dem langfristigen Geschäft nur eine untergeordnete Bedeutung. Trotz einzelner Erleichterungen bestehen in Sparkassen für den Kauf von Aktien erhebliche Beschränkungen (STRUNK 1990), so daß sich die Wertpapierbestände, die rund 20 % der gesamten Mittelverwendung ausmachen, nahezu ausschließlich aus **Anleihen und Schuldverschreibungen** zusammensetzen.

AKTIVA	Mio. DM	%	PASSIVA	Mio. DM	%
Barreserve	35.746	3,3	Einlagen von Kreditinstituten	148.863	13,8
Kredite an Kreditinstitute	149.550	13,8	Einlagen von Nichtbanken		
Kredite an Nichtbanken			• Sichteinlagen	147.146	13,6
• Buchkredite bis maximal 1 Jahr	90.962	8,4	• Termineinlagen	126.666	11,7
• Buchkredite über 1 Jahr	498.569	46,2	• Spareinlagen und Sparbriefe	535.463	49,5
• Sonstige Kredite	18.893	1,7	Inhaberschuldverschreibungen	40.537	3,8
Wertpapiere	219.739	20,3	Eigenkapital	39.961	3,7
Beteiligungen	3.839	0,4	Sonstige Passiva	42.219	3,9
Sonstige Aktiva	63.557	5,9			
Summe	1.080.855	100,0	Summe	1.080.855	100,0

Abb. 2.28: Die wichtigsten Bilanzpositionen der Sparkassen (Stand: Dezember 1990, die Angaben beziehen sich auf das gesamte Währungsgebiet der D-Mark) (Quelle: Monatsberichte der Deutschen Bundesbank März 1991, eigene Berechnungen)

Die **Landesbanken/Girozentralen** stellen die Zentralinstitute des Sparkassensektors dar. Sie entstanden aus den 1832 in den preußischen Provinzen geschaffenen Provinzhilfskassen, die die Aufgabe hatten, Sparkassengelder als verzinsliche Einlagen entgegenzunehmen. Ab dem Jahre 1909 kam dann für die Zentralbanken die Abwicklung des Zahlungsverkehrs als weitere Aufgabe hinzu. Die in der heutigen Form arbeitenden Landesbanken/Girozentralen wurden zumeist erst Ende der sechziger oder Anfang der siebziger Jahre dieses Jahrhunderts gegründet. In den folgenden Jahren expandierten die Landesbanken erheblich, so daß sie heute zu den größten Kreditinstituten in der Bundesre publik gehören. Die Anteilseigner der Landesbanken unterscheiden sich je nach Bundesland. Wie die Abb. 2.29 zeigt, werden sie überwiegend von den Ländern, häufig in Zusammenarbeit mit den jeweiligen Sparkassen- und Giroverbänden, getragen.

Von den Landesbanken werden vielfältige **Aufgaben** wahrgenommen. Insbesondere sind sie tätig als

- Staatsbank für das Bundesland,
- Kommunalbank für die Gemeinden,
- Zentralinstitut für die Sparkassen und
- Geschäftsbank im Privat- und Firmenkundengeschäft.

Institute	Träger
Bayerische Landesbank/Girozentrale, München	50 % Land Bayern, 50 % Bayerischer Sparkassen- und Giroverband
Bremer Landesbank-Kreditanstalt Oldenburg/Girozentrale, Bremen	25 % Freie Hansestadt Bremen, 75 % NordLB
Hamburgische Landesbank/Girozentrale, Hamburg	100 % Freie und Hansestadt Hamburg
Hessische Landesbank/Girozentrale, Frankfurt	100 % Hessischer Sparkassen- und Giroverband
Landesbank Rheinland-Pfalz/Girozentrale, Mainz	50 % Land Rheinland-Pfalz, 50 % Sparkassen- und Giroverband Rheinland-Pfalz
Landesbank Saar/Girozentrale, Saarbrücken	23,5 % Land Saarland, 76,5 % Sparkassen- und Giroverband Saar
Landesbank Schleswig-Holstein/Girozentrale, Kiel	50 % Land Schleswig-Holstein, 50 % Sparkassen- und Giroverband für Schleswig Holstein
Norddeutsche Landesbank/Girozentrale, Hannover	40 % Land Niedersachsen, 60 % Niedersächsischer Sparkassen- und Giroverband
Landesbank Berlin/Girozentrale	100 % Land Berlin
Südwestdeutsche Landesbank, Stuttgart/Mannheim	50 % Badischer Sparkassen- und Giroverband, 50 % Württembergischer Sparkassen- und Giroverband
Westdeutsche Landesbank/Girozentrale, Düsseldorf	43,2 % Land NRW, 11,7 % Landschaftsverband Rheinland, 11,7 % LandschaftsverbandWestfalen-Lippe, 16,7 % Rhein. Sparkassen- und Giroverband, 16,7 % Westfälisch-Lippischer Sparkassen- und Giroverband

Abb. 2.29: Eigentümerstruktur der Landesbanken/Girozentralen (Quelle: Buchholz 1989)

Die spezifischen Aufgaben der Landesbanken/Girozentralen finden ihren Niederschlag in der Struktur der zusammengefaßten Bilanzen (vgl. Abb. 2.30). So besitzen die Landesbanken/Girozentralen aufgrund ihrer zentralen Stellung im Zahlungsverkehr und ihrer Liquiditätsausgleichsfunktion einen verhältnismäßig hohen Anteil an **Einlagen von Kreditinstituten** und von **Krediten an Banken**. An erster Stelle innerhalb der Mittelverwendung stehen jedoch die **langfristigen Kredite an Nichtbanken,** die knapp 38 % der gesamten Bilanzsumme ausmachen. Finanziert wird dieses Geschäft vorwiegend mit **Bankschuldverschreibungen**, auf die etwa 39 % des Geschäftsvolumens dieser Gruppe entfallen. Ausgesprochen niedrig ist mit 2,3 % die **Eigenkapitalquote**, die den Durchschnittswert aller Geschäftsbanken um rund 40 % unterschreitet.

AKTIVA	Mio. DM	%	PASSIVA	Mio. DM	%
Barreserve	7.609	1,0	Einlagen von Kreditinstituten	278.086	36,5
Kredite an Kreditinstitute	278.615	36,5	Einlagen von Nichtbanken		
Kredite an Nichtbanken			• Sichteinlagen	14.759	1,9
• Buchkredite bis maximal 1 Jahr	29.616	3,9	• Termineinlagen	101.123	13,3
• Buchkredite über 1 Jahr	288.213	37,8	• Spareinlagen und Sparbriefe	5.048	0,7
• Sonstige Kredite	38.989	5,1	Inhaberschuldverschreibungen	295.679	38,8
Wertpapiere	96.369	12,7	Eigenkapital	17.442	2,3
Beteiligungen	11.054	1,5	Sonstige Passiva	49.632	6,5
Sonstige Aktiva	11.304	1,5			
Summe	761.769	100,0	Summe	761.769	100,0

Abb. 2.30: Die wichtigsten Bilanzpositionen der Girozentralen (Stand: Dezember 1990, die Angaben beziehen sich auf das gesamte Währungsgebiet der D-Mark) (Quelle: Monatsberichte der Deutschen Bundesbank März 1991, eigene Berechnungen)

An der Spitze des Sparkassensektors steht die **Deutsche Girozentrale - Deutsche Kommunalbank Frankfurt**. Die DGZ betreibt alle Geschäfte einer Universalbank, ihre Aufgaben liegen jedoch in erster Linie in dem Liquiditätsausgleich für den Sparkassenverbund am Geldmarkt und der Verwaltung der Einlagen der Girozentralen. Die Bank finanziert sich vornehmlich durch die Emission von Schuldverschreibungen, bei der Mittelverwendung steht der Kommunalkredit im Vordergrund. Ferner fungiert die Deutsche Girozentrale als Sparkassenzentralbank für die Sparkassen in den neuen Bundesländern (GEIGER 1991).

Vergleichbar dem Genossenschaftssektor wurde in den vergangenen Jahren auch in der Sparkassenorganisation intensiv über eine Straffung der zweiten und dritten Organisationsebene diskutiert. Ausgelöst wurde diese Diskussion u.a. durch die geplante Verwirklichung des europäischen Binnenmarktes, der einerseits die verstärkte internationale Präsenz des Sparkassensektors notwendig macht, andererseits jedoch nicht eine Expansion aller Landesbanken/Girozentralen sinnvoll erscheinen läßt bzw. erfordert. Des weiteren haben Unklarheiten über die vertikale Arbeitsteilung in der Organisation und die Frage, ob den Sparkassen marktgerechte Konditionen geboten werden, eine Strukturdebatte begründet, deren Ende derzeit noch nicht abzusehen ist (GÜDE 1989). Verworfen wurde dabei bereits die Zusammenlegung aller Landesbanken und die Bildung eines einheitlichen Spitzeninstituts. Im Mittelpunkt der Diskussion stehen derzeit Fusionen einzelner Landesbanken, wobei sich im Jahr 1989 bereits die Landesbank Stuttgart und die Badische Kommunale Landesbank Mannheim zur Südwestdeutschen Landesbank zusammengeschlossen haben.

III. Die Spezialbanken

1. Realkreditinstitute

Die Gruppe der Realkreditinstitute zerfällt in der Bundesrepublik Deutschland in die auf privatwirtschaftlicher (private Hypothekenbanken) und in die auf öffentlich-rechtlicher Grundlage (öffentlich-rechtliche Grundkreditanstalten) arbeitenden Institute. Beide Institutsgruppen betreiben vornehmlich das langfristige Kreditgeschäft. Die Mittel zur Finanzierung von Krediten an Private - die durch Grundpfandrechte oder Schiffspfandrechte gesichert sein müssen - beschaffen sich die Realkreditinstitute durch die Ausgabe von Pfandbriefen. Nicht grundbuchlich gesichert werden die Kredite an Gemeinden oder Gemeindeverbände, die durch die Ausgabe von Kommunalobligationen refinanziert werden.

a) Private Hypothekenbanken

Die privaten Hypothekenbanken sind **Spezialinstitute des langfristigen Kredits**. Sie blicken auf eine Entwicklung zurück, die mit der Gründung der beiden ersten reinen Hypothekenbanken in Deutschland im Jahre 1862 in Frankfurt am Main und in Meiningen ihren Anfang nahm. Die in den folgenden Jahren entstandenen weiteren Hypothekenbanken vergaben überwiegend Kredite an die Landwirtschaft, die sich in der Zeit des Aufschwungs in einer besonderen Kreditnot befand.

Die weitere Entwicklung der Hypothekenbanken bis in die heutige Zeit ist von gegenläufigen Phasen gekennzeichnet, die auf das engste mit der gesamtwirtschaftlichen Entwicklung verknüpft sind (vgl. GOEDECKE/KERL 1974, HAHN 1984, POHL 1976). Dabei ergab sich einerseits aus der zunehmenden Verstädterung eine steigende Nachfrage nach neuen, qualitativ verbesserten Wohnungen und damit nach Fremdfinanzierungsmitteln für den Wohnungsbau. Das enorme Wachstum der Städte insbesondere zu Beginn dieses Jahrhunderts, wäre ohne die Finanzierung durch Hypothekenbanken nicht denkbar gewesen.

Andererseits ist die Geschichte der Hypothekenbanken auch durch erhebliche Krisenzeiten gekennzeichnet, die ihre Hauptursache in konjunkturellen Abschwächungen hatten. Bedeutsam in dieser Entwicklung war vor allem der zweimalige inflationsbedingte und weitgehende Verlust von Vermögensbeständen. So führte die Inflation der zwanziger Jahre dazu, daß Hypothekendarlehen, mit denen große Wohnkomplexe errichtet worden waren, "mit dem Gegenwert einer Briefmarke" zurückgezahlt werden konnten.

Die galoppierende Inflation vernichtete damit bei den Hypothekenbanken nahezu restlos das Ergebnis jahrzehntelanger Arbeit. Aber auch andere Entwicklungen wie überhöhte Beleihungen und betrügerische Handlungen von Bankvorständen um die Jahrhundertwende bewirkten einen institutionellen Reinigungsprozeß, der mit Geschäftsschließungen, Kooperationen und Fusionen verbunden war.

Um zumindest diesen Unregelmäßigkeiten zu begegnen, trat am 1. Januar 1900 mit dem **Hypothekenbankgesetz** eine spezielle Rechtsvorschrift für die Hypothekenbanken in Kraft, die mit Beleihungsbestimmungen und genauen Angaben über die zulässigen Geschäfte noch heute Gültigkeit besitzt. Danach ist die Geschäftstätigkeit der Hypothekenbanken primär darauf ausgerichtet:

- inländische Grundstücke zu beleihen und aufgrund der erworbenen Hypotheken Schuldverschreibungen auszugeben sowie
- Darlehen an inländische Körperschaften und Anstalten des öffentlichen Rechts oder gegen Übernahme der vollen Gewährleistung durch eine solche Körperschaft oder Anstalt zu gewähren und aufgrund der erworbenen Forderungen Schuldverschreibungen auszugeben (§ 1 HypBG).

Weitere risikobehaftete Geschäfte sind den Hypothekenbanken nur in einem sehr engen Rahmen gestattet. Um die Gläubiger der Hypothekenbanken vor Vermögensverlusten zu schützen, wurde ihr Emissionsgeschäft durch das Hypothekenbankgesetz mit Auflagen versehen. So muß der Gesamtbetrag der im Umlauf befindlichen Hypothekenpfandbriefe in Höhe des Nennwertes jederzeit durch Hypotheken von mindestens gleicher Höhe und gleichem Zinsertrag gedeckt sein. Für den Umlauf der Kommunalobligationen ist ebenfalls **kongruente Deckung** durch einen entsprechenden Umfang an Kommunalkrediten mit mindestens gleichhohem Zinssatz vorgeschrieben.

Die **Umlaufgrenze** beträgt für Kommunalschuldverschreibungen unter Hinzurechnung der im Umlauf befindlichen Hypothekenpfandbriefe maximal das 60-fache des haftenden Eigenkapitals. Zudem gilt auch für die Hypothekenbanken seit einiger Zeit der **Grundsatz I**. Die Einhaltung der gesetzlichen Vorschriften hinsichtlich der Deckung der ausgegebenen Pfandbriefe und Kommunalobligationen wird von einem staatlich bestellten Treuhänder überwacht, der vom Bundesaufsichtsamt für das Kreditwesen bestellt wird, jedoch nicht an Weisungen dieser Behörde gebunden ist. Gesetzlich vorgeschrieben ist für die Hypothekenbanken auch die Rechtsform, die auf die Aktiengesellschaft und die Kommanditgesellschaft auf Aktien beschränkt ist.

Einen Überblick über die Mittelherkunft und -verwendung der privaten Hypothekenbanken gibt Abb. 2.31. Die **Inhaberschuldverschreibungen**, d.h. also die Pfandbriefe und Kommunalobligationen sind naturgemäß die größte Finanzierungsquelle. Ein erhebliches Gewicht kommt daneben den **Termineinlagen** von Nichtbanken zu, die Ende 1990 zu mehr als 30 % zur Mittelbeschaffung beitrugen. Bedeutung besitzen daneben noch die Einlagen von Kreditinstituten mit einem Anteil von knapp 10 % am Geschäftsvolumen. In der Mittelverwendung entfällt auf das **langfristige Kreditgeschäft mit Nichtbanken** ein Anteil von rund 74 %. Erwähnenswert ist daneben nur noch das **Kreditgeschäft mit Kreditinstituten**, das die verbleibenden Mittel zum größten Teil auffängt.

AKTIVA	Mio. DM	%	PASSIVA	Mio. DM	%
Barreserve	265	0,1	Einlagen von Kreditinstituten	43.015	9,4
Kredite an Kreditinstitute	101.838	22,3	Einlagen von Nichtbanken		
Kredite an Nichtbanken			• Sichteinlagen	571	0,1
• Buchkredite bis maximal 1 Jahr	1.418	0,3	• Termineinlagen	138.320	30,3
• Buchkredite über 1 Jahr	335.468	73,4	• Spareinlagen und Sparbriefe	179	0,1
• Sonstige Kredite	1.494	0,3	Inhaberschuldverschreibungen	248.490	54,4
Wertpapiere	7.205	1,6	Eigenkapital	10.059	2,2
Beteiligungen	359	0,1	Sonstige Passiva	16.087	3,5
Sonstige Aktiva	8.674	1,9			
Summe	456.721	100,0	Summe	456.721	100,0

Abb. 2.31: Die wichtigsten Bilanzpositionen der privaten Hypothekenbanken (Stand: Dezember 1990, die Angaben beziehen sich auf das gesamte Währungsgebiet der D-Mark) (Quelle: Monatsberichte der Deutschen Bundesbank März 1991, eigene Berechnungen)

b) Öffentlich-rechtliche Grundkreditanstalten

Neben den privaten Hypothekenbanken gibt es heute noch insgesamt 9 öffentlich-rechtliche Grundkreditanstalten. Charakteristisch für die Institute dieser Gruppe ist, daß sie - wie aus ihrem Namen schon hervorgeht - in öffentlich-rechtlicher Rechtsform gegründet wurden und dem "Gesetz über die Pfandbriefe und verwandten Schuldverschreibungen öffentlich-rechtlicher Kreditanstalten" unterliegen.

Trotz ihrer verhältnismäßig geringen Anzahl ist die Gruppe der öffentlich-rechtlichen Grundkreditanstalten in ihren Erscheinungsformen nicht homogen. Anhand der geschichtlichen Entwicklung und gemeinsamer Begriffsmerkmale kann eine weitere Differenzierung in vier Untergruppen vorgenommen werden:

- Landschaften,
- Ritterschaften,
- Stadtschaften und
- sonstige öffentlich-rechtliche Grundkreditanstalten.

Die drei zuerst genannten Gruppen treten heute in ihrer Bedeutung weit zurück, obwohl sie als erste die Idee des Pfandbriefes aufgriffen (vgl. HAHN 1984, SPELSBERG 1964, TREMER 1977). So beginnt die Geschichte der **Landschaften** im Jahr 1767. Der Siebenjährige Krieg hatte den preußischen Grundbesitz in eine schwierige Lage gebracht, da erhebliche Investitionen erforderlich waren, um die Betriebe wieder ertragskräftig zu machen. Das ohnehin knappe Kapital mied jedoch die Anlage in der Landwirtschaft. In dieser Situation unterbreitete der Berliner Kaufmann Bühring dem preußischen König einen Plan zur Gründung einer "Generallandschaftskasse", die in ganz Preußen Beleihungen durchführen und zu diesem Zweck Pfandbriefe ausgeben sollte.

Im Jahre 1770 entstand daraufhin die erste schlesische Landschaft, der weitere ähnlicher Art folgten. Es handelte sich hierbei um öffentlich-rechtliche Zwangsvereinigungen adliger Großgrundbesitzer zur Erlangung landwirtschaftlichen Grundkredits. Die Zwangsmitglieder des Kreditverbandes besaßen ein Recht auf Kredit. Auf Antrag eines Mitgliedes stellte die Landschaft bis zur Höhe einer auf sein Gut eingetragenen Hypothek Pfandbriefe aus, die dem Mitglied zur eigenen Verwertung überlassen wurden. Für die Pfandbriefe bestand eine unmittelbare Haftung aus den mit der Hypothek belasteten Grundstücken. Daneben lag subsidiär eine Zwangshaftung aller an der Landschaft beteiligten Güter vor.

In der Folge entstand im Jahre 1777 in Berlin die erste **Ritterschaft**. Sie hatte die gleiche Aufgabenstellung wie die Landschaften, jedoch handelte es sich nicht um einen Zwangsverband. Mitglied in dem Institut waren nur solche Rittergüter, die tatsächlich Pfandbriefkredit erhalten hatten. Nach erfolgter Tilgung schieden die Güter wieder aus dem Verband aus.

Aufgrund der im Jahre 1850 von der preußischen Verfassung beseitigten ständischen Grundlage änderte sich die Form der Landschaften. Es entstanden dadurch nicht mehr ständische Zwangsvereinigungen, sondern auf freiwilliger Basis gegründete, regional tätige Kreditvereine, die durch königliche Verleihung das Recht zur Ausgabe von Pfandbriefen erhielten.

Die Motive, die zur Errichtung von **Stadtschaften** führten, resultierten aus dem starken Wachstum der Städte am Ende des vergangenen Jahrhunderts. Die Errichtung großer Mietshäuser sowie die Finanzierung von Eigenheimen wurde zunehmend schwieriger und konnte häufig nur mit relativ teuren Privatdarlehen realisiert werden. Um in dieser Lage sichere, langfristige und unkündbare Hypotheken aufnehmen zu können, wurden Pfandbriefinstitute für den städtischen Bodenkredit auf der Grundlage des Zusammenschlusses der Darlehensnehmer errichtet. Diese Gedankengänge erhielten insbesondere nach dem Ersten Weltkrieg erheblichen Auftrieb. Trotzdem konnten sich die Stadtschaften bis heute nicht durchsetzen. Aus dem heutigen Erscheinungsbild der öffentlich-rechtlichen Bodenkreditinstitute sind sie verschwunden.

Dagegen haben sich die Landschaften und Ritterschaften bis heute halten können. Die mit der Industralisierung und Verstädterung verbundene Gründung und Entwicklung anderer Typen von Realkreditinstituten hat jedoch zusammen mit der Teilung Deutschlands und dem Verlust zahlreicher im Osten Deutschlands angesiedelter Institute dazu geführt, daß die älteste und bis 1875 größte Gruppe des organisierten Realkredits innerhalb des Bankwesens nur noch eine untergeordnete Rolle spielt. Bei den heute noch tätigen Instituten handelt es sich um regional ausgerichtete Grundkreditanstalten, deren Aufgaben in der Gewährung landwirtschaftlichen Realkredits und der Beschaffung der hierfür erforderlichen Mittel liegen.

Zu den **sonstigen öffentlich-rechtlichen Grundkreditanstalten** gehören die Landeskreditanstalten und die überregionalen Bodenkreditinstitute. Charakteristisch für diese Institute war ursprünglich die Kreditgewährung im Agrarsektor zur Bodenverbesserung, Wasserwirtschaft und Flurbereinigung. Hinzu kam nach den Weltkriegen der Einsatz im Rahmen der staatlichen Förderungsmaßnahmen, insbesondere die Vergabe und Verwaltung der für die Förderung des sozialen Wohnungsbaus bereitgestellten öffentlichen Mittel (ULLRICH 1991).

Im Gegensatz zu den privaten Hypothekenbanken gelten für die öffentlich-rechtlichen Grundkreditanstalten keine Regelungen über den zulässigen Geschäftsbereich. Auch wird der maximal zulässige Umlauf an Schuldverschreibungen im "Gesetz über die Pfandbriefe und verwandten Schuldverschreibungen öffentlich-rechtlicher Kreditinstitute" nicht festgelegt. Dagegen unterliegen die Grundkreditanstalten jedoch, ebenso wie die Hypothekenbanken, dem Prinzip der kongruenten Deckung zwischen im Umlauf befindlichen Pfandbriefen und Hypotheken mindestens gleicher Höhe und gleichem Zinsertrag. Auch ist für die Grundkreditanstalten kein Treuhänder vorgesehen. Dennoch arbeiten bei einigen Instituten Treuhänder aufgrund von Satzungsbestimmungen.

Die öffentlich-rechtlichen Grundkreditanstalten gleichen von ihrer Bilanzstruktur her den reinen Hypothekenbanken (vgl. Abb. 2.32). Beide Institutsgruppen sind auf den **Hypotheken- und Kommunalkredit** spezialisiert, der bei den öffentlich-rechtlichen Grundkreditanstalten mehr als 60 % der Mittelverwendung ausmacht. Im Rahmen der Mittelherkunft dominieren die **Termineinlagen** von Nichtbanken und die als Inhaberschuldverschreibungen ausgewiesenen **Pfandbriefe und Kommunalobligationen**. Ebenso wie den Krediten kommt daneben den Einlagen von Kreditinstituten eine gewisse Bedeutung zu.

AKTIVA	Mio. DM	%	PASSIVA	Mio. DM	%
Barreserve	257	0,2	Einlagen von Kreditinstituten	25.692	16,6
Kredite an Kreditinstitute	33.197	21,5	Einlagen von Nichtbanken		
Kredite an Nichtbanken			• Sichteinlagen	378	0,2
• Buchkredite bis maximal 1 Jahr	523	0,3	• Termineinlagen	77.575	50,2
• Buchkredite über 1 Jahr	100.279	64,9	• Spareinlagen und Sparbriefe	3	-
• Sonstige Kredite	11.349	7,4	Inhaberschuldverschreibungen	28.011	18,2
Wertpapiere	6.719	4,3	Eigenkapital	5.111	3,3
Beteiligungen	203	0,1	Sonstige Passiva	17.726	11,5
Sonstige Aktiva	1.969	1,3			
Summe	154.496	100,0	Summe	154.496	100,0

Abb. 2.32: Die wichtigsten Bilanzpositionen der öffentlich-rechtlichen Grundkreditanstalten (Stand: Dezember 1990, die Angaben beziehen sich auf das gesamte Währungsgebiet der D-Mark) (Quelle: Monatsberichte der Deutschen Bundesbank März 1991, eigene Berechnungen)

2. Bausparkassen

Der Geschäftsbetrieb der Bausparkassen ist darauf ausgerichtet, Einlagen von Bausparern entgegenzunehmen und aus den angesammelten Beträgen den Bausparern Gelddarlehen für wohnungswirtschaftliche Maßnahmen zu gewähren (§ 1 Bausparkassengesetz). Bausparkassen sind folglich Zwecksparunternehmen. Jedes Mitglied eines Bausparkollektivs verpflichtet sich zur Ansparung eines bestimmten Mindestbetrages. Der Bausparer erwirbt durch den Sparvorgang einen von dem jeweiligen Vertragstyp abhängigen Kreditanspruch, der grundsätzlich erst nach Erreichen der **Mindestansparsumme** angemeldet werden kann. Sowohl die Spargelder der Kunden als auch die Bauspardarlehen werden vergleichsweise niedrig verzinst.

Über den Mindestsparbetrag hinaus setzt die Funktionsfähigkeit des Bausparsystems voraus, daß jeder Bausparer dem System seine Sparbeträge für eine bestimmte **Mindestdauer** überläßt. Ansonsten könnte das Mitglied eines Kollektivs den Mindestbetrag bereits bei Vertragsabschluß vollständig einzahlen und zum gleichen Zeitpunkt den Kreditanspruch geltend machen, ohne selbst einen Beitrag zur Finanzierung anderer Bauspardarlehen geleistet zu haben. Ferner müssen dem Bausparkollektiv laufend **neue Sparer** beitreten, da andernfalls die Zahlungen für die noch nicht befriedigten Bausparer nur aus den Darlehenstilgungen der ehemaligen Sparer aufgebracht werden könnten. Damit gefährdet ein rückläufiges Neugeschäft erheblich die Stabilität des gesamten Systems.

Unter Berücksichtigung dieser Bedingungen laufen die Bausparprozesse umso reibungsloser ab, je **größer** die **Zahl der Sparer** ist und je **geringer** die **Summen der einzelnen Verträge** sind. Zum einen nimmt nämlich mit vielen Kleinverträgen der Anteil der Sparer zu, die niemals einen Kredit beanspruchen, zum anderen erhöht sich bei Großverträgen das Risiko, zum Zuteilungszeitpunkt keine entsprechend hohen Neuverträge akquirieren zu können (HAHN 1984). Zur Gewährleistung eines effizienten Bausparsystems müssen damit insgesamt vielfältige Voraussetzungen erfüllt sein. Aus diesem Grund stellen die Bausparkassen auch die zur Zeit einzige in der deutschen Kreditwirtschaft erlaubte Erscheinungsform der Zwecksparunternehmen dar (§ 3 Nr. 2 KWG).

Die Entwicklung der Bausparkassen begann bereits in der zweiten Hälfte des 18. Jahrhunderts (DEGNER/RÖHER 1986, RÖHER/LANGER 1982). Zunächst wurden in England sogenannte **"Building Societies"** gegründet. Die Mitglieder dieser Vereinigung zahlten monatlich kleinere Sparleistungen in einen Fonds ein und erhielten später Darlehen, um den Bau eines Eigenheims finanzieren zu können. Von England aus griff der Baus pargedanke frühzeitig auf andere Länder über. In den USA nahm im Jahre 1831 die erste Bausparkasse ihr Geschäft auf, in der Mitte des vergangenen Jahrhunderts entstanden in Australien, Südafrika und Kanada nach dem englischen Vorbild arbeitende Bauspargesellschaften.

In Deutschland setzte sich das Bausparwesen dauerhaft erst nach dem Ersten Weltkrieg durch, als sichtbare Probleme in der Wohnungsversorgung auftraten und hohe Inflationsraten enorme Zinsbelastungen zur Folge hatten. Beginnend mit der "Gemeinschaft der Freunde" in Wüstenrot wurden ab dem Jahre 1924 im gesamten Reichsgebiet private Institutionen gegründet, die das kollektive Bauspargeschäft betrieben.

Nur vier Jahre später empfahl der Deutsche Sparkassen- und Giroverband, in Anbindung an die Sparkassenverbände und Girozentralen, Landes- und Provinzialbausparkassen zu bilden. Daraufhin nahmen noch im gleichen Jahr 18 **öffentliche Bausparkassen** ihre Arbeit auf. Während sich die öffentlichen Bausparkassen von vornherein auf den nachstelligen Beleihungsraum konzentrierten, stellten die **privaten Bausparkassen** die gesamten Fremdfinanzierungsmittel für den Eigenheimerwerb bereit. Die mit der Vollfinanzierung einhergehenden Probleme führten zusammen mit der Weltwirtschaftskrise und dem zu Beginn der 30er Jahre eingeführten Konzessionszwang zu einer deutlichen Reduzierung der Zahl der Bausparkassen. Von ursprünglich rund 300 privaten Bausparkassen arbeiteten im Jahre 1938 nur noch 38 Institute. Abgeschlossen wurde die Konsolidierungsphase durch die Bausparkassenreform vom 11. April 1938. Seit dieser Zeit gelten auch die privaten Bausparkassen als **Spezialkreditinstitute für die nachstellige Wohnungsbaufinanzierung**.

Nach der durch Bauverbot, Krieg und Währungsverfall geprägten Zeit von 1939 bis 1948 setzte eine stetige Aufwärtsentwicklung des deutschen Bausparwesens ein. Die Zahl der Verträge und die Bausparsummen erhöhten sich deutlich. Am 1. Januar 1973 trat das **"Gesetz über Bausparkassen"** in Kraft; seit dieser Zeit sind private und öffentliche Bausparkassen formell und materiell gleichgestellt und unterstehen der Aufsicht des Bundesaufsichtsamtes für das Kreditwesen. Ende 1990 arbeiteten in der Bundesrepublik Deutschland 19 private und 13 öffentliche Bausparkassen, wobei allerdings 9 der öffentlichen Bausparkassen rechtlich unselbständig sind und als Abteilungen anderer öffentlich-rechtlicher Kreditinstitute geführt werden.

Private Bausparkassen dürfen ausschließlich in der Rechtsform einer Aktiengesellschaft betrieben werden, die Rechtsform der öffentlich-rechtlichen Bausparkassen wird von den Ländern bestimmt (§ 2 BSpkG). Das **kollektive Bauspargeschäft** stellt naturgemäß das Haupttätigkeitsfeld der Bausparkassen dar. Daneben erlaubt § 4 des Bausparkassengesetzes bestimmte, enumerativ aufgezählte **Nebengeschäfte** (LANGER 1991). Hierzu gehört insbesondere die **Vor- und Zwischenfinanzierung** von Bausparverträgen. Daneben dürfen die Bausparkassen in beschränktem Umfang wohnungswirtschaftliche Darlehen gewähren, ohne daß diesen ein Bausparvertrag zugrunde liegt. Nicht direkt in Darlehen fließende Mittel können bei anderen Banken oder in Schuldverschreibungen angelegt werden. Zur **außerkollektiven Refinanzierung** sind die Bausparkassen befugt, Schuldverschreibungen auszustellen und Darlehen von Kreditinstituten, von sonstigen Kapitalsammelstellen sowie von sonstigen Gläubigern aufzunehmen.

Aufgrund der vergleichsweise homogenen Geschäftsstruktur dominieren in den Bilanzen der Bausparkassen die **Baudarlehen** und die **Bauspareinlagen** (vgl. Abb. 2.33). Ein nicht unbedeutender Anteil der Bilanzsumme entfällt daneben auf **Geschäfte mit Kreditinstituten**, die in einem vergleichsweise geringen Umfang auch Bauspareinlagen und Bausparkredite enthalten. Immerhin knapp 10 % der verfügbaren Mittel waren Ende 1990 in **Wertpapieren** investiert, die **Eigenkapitalquote** liegt schließlich deutlich über dem Durchschnittswert aller Geschäftsbanken von 3,8 %.

AKTIVA	Mio. DM	%	PASSIVA	Mio. DM	%
Barreserve	191	0,1	Einlagen von Kreditinstituten	20.268	12,0
Kredite an Kreditinstitute	14.209	8,4	Einlagen von Nichtbanken		
Kredite an Nichtbanken			• Bauspareinlagen	123.517	73,3
• Baudarlehen	135.081	80,1	• Sicht- und Termineinlagen	6.198	3,7
• Sonstige Kredite	9	-	Inhaberschuldverschreibungen	525	0,3
Wertpapiere	16.269	9,7	Eigenkapital	7.974	4,7
Sonstige Aktiva	2.822	1,7	Sonstige Passiva	10.099	6,0
Summe	168.581	100,0	Summe	168.581	100,0

Abb. 2.33: Die wichtigsten Bilanzpositionen der Bausparkassen (Stand: Dezember 1990, die Angaben beziehen sich auf das gesamte Währungsgebiet der D-Mark) (Quelle: Monatsberichte der Deutschen Bundesbank Mai 1991, eigene Berechnungen)

3. Kreditinstitute mit Sonderaufgaben

Eine besondere Gruppe innerhalb des Bankwesens der Bundesrepublik Deutschland bilden die Kreditinstitute mit Sonderaufgaben (vgl. hierzu HAHN 1984). Das Tätigkeitsfeld dieser Banken läßt sich aufgrund der Heterogenität der Institute nur schwer allgemein und dennoch umfassend formulieren. Grundsätzlich nehmen die Kreditinstitute mit Sonderaufgaben jedoch **Ergänzungsfunktionen** im kreditwirtschaftlichen Bereich wahr. Sie erfüllen Aufgaben, die von den anderen Kreditinstituten nicht oder nicht in genügendem Umfang ausgeübt werden.

Zu unterscheiden sind die in privatrechtlicher und die in öffentlich-rechtlicher Trägerschaft organisierten Kreditinstitute mit Sonderaufgaben. Die überwiegende Mehrheit der privatwirtschaftlich geführten Institute wird in der Rechtsform der Aktiengesellschaft oder der Gesellschaft mit beschränkter Haftung betrieben. Grundlage der Tätigkeit der öffentlich-rechtlichen Kreditinstitute mit Sonderaufgaben ist das öffentliche Interesse an bestimmten finanzwirtschaftlichen Tätigkeiten.

Obwohl es sich bei den Kreditinstituten mit Sonderaufgaben um eine sehr heterogene Bankengruppe handelt, lassen sich für die Mittelherkunft und Mittelverwendung dennoch einheitliche Tendenzen ableiten (vgl. Abb. 2.34). So überwiegen bei der Kapitalbeschaffung die **Einlagen von Kreditinstituten** sowie die von Nichtbanken entgegengenommenen **Termineinlagen**. Bedeutsam für diese Bankengruppe sind daneben die **Schuldverschreibungen**, mit denen das langfristige Geschäft refinanziert wird. Im Rahmen der Mittelverwendung fällt der große Anteil der **Kredite an Kreditinstitute** besonders auf, während bei der **Kreditvergabe an Nichtbanken** eindeutig das **längerfristige** Geschäft dominiert.

AKTIVA	Mio. DM	%	PASSIVA	Mio. DM	%
Barreserve	1.582	0,3	Einlagen von Kreditinstituten	171.575	34,3
Kredite an Kreditinstitute	299.700	60,0	Einlagen von Nichtbanken		
Kredite an Nichtbanken			• Sichteinlagen	7.294	1,5
• Buchkredite bis maximal 1 Jahr	5.800	1,2	• Termineinlagen	100.069	20,0
• Buchkredite über 1 Jahr	142.548	28,6	• Spareinlagen und Sparbriefe	82	-
• Sonstige Kredite	26.166	5,2	Inhaberschuldverschreibungen	144.042	28,9
Wertpapiere	13.100	2,6	Eigenkapital	11.709	2,3
Beteiligungen	1.522	0,3	Sonstige Passiva	64.799	13,0
Sonstige Aktiva	9.152	1,8			
Summe	499.570	100,0	Summe	499.570	100,0

Abb. 2.34: Die wichtigsten Bilanzpositionen der Kreditinstitute mit Sonderaufgaben (Stand: Dezember 1990, die Angaben beziehen sich auf das gesamte Währungsgebiet der D-Mark) (Quelle: Monatsberichte der Deutschen Bundesbank März 1991, eigene Berechnungen)

a) Privatrechtlich organisierte Institute

Auf die folgenden privatrechtlichen Kreditinstitute mit Sonderaufgaben wird nachstehend näher eingegangen:

(1) AKA Ausfuhrkredit-Gesellschaft mbH
(2) Deutsche Bau- und Bodenbank AG
(3) Deutsche Verkehrs-Bank AG
(4) IKB Deutsche Industriebank
(5) Liquiditäts-Konsortialbank GmbH
(6) Privatdiskont AG.

Zu (1): Die **AKA Ausfuhrkredit-Gesellschaft mbH** ist ein Spezialinstitut für die mittel- und langfristige Exportfinanzierung. Es wurde im Jahre 1952 von einem Konsortium deutscher Kreditinstitute gegründet und arbeitete zunächst in der Rechtsform einer Aktiengesellschaft. Da die Bank alle Anteilseigner im Aufsichtsrat vertreten haben wollte, erfolgte nach Erlaß des neuen Aktiengesetzes die Umwandlung in eine Gesellschaft mit beschränkter Haftung. Ende 1989 wurde das Institut von 54 Konsortialbanken getragen, die aus allen Bereichen des Kreditwesens kamen (HÖSCH 1990).

Gegenstand der Finanzierung der AKA sind hauptsächlich Investitionsgüterexporte. Dabei gewährt die AKA Lieferantenkredite an deutsche Exporteure zur Refinanzierung der Produktionskosten bzw. der kreditierten Exportforderungen sowie Bestellerkredite an ausländische Abnehmer oder deren Banken zur Bezahlung von Lieferverbindlichkeiten gegenüber deutschen Exporteuren. Hierbei überwiegen die Kredite an Abnehmer in Entwicklungs- und Staatshandelsländern, während Kredite an Importeure in anderen Industrieländern nur vergleichsweise selten vergeben werden. Die Refinanzierung erfolgt über sogenannte Kreditplafonds (A, B und C), die von den Konsortialbanken und der Deutschen Bundesbank bereitgestellt werden.

Zu (2): Im Jahre 1923 wurde von Institutionen der unternehmerischen Wirtschaft die **Deutsche Bau- und Bodenbank AG** gegründet, deren hauptsächliches Aufgabengebiet darin bestand, langfristige Finanzierungsmittel für den Wohnungsbau zwischenzufinanzieren. Schon bald erkannte der Staat die Bedeutung dieses Instituts und erwarb durch die Übernahme späterer Kapitalerhöhungen eine Beteiligung von letztlich über 80 %. Ende 1978 ging das Institut, das nach dem Zweiten Weltkrieg aufgrund der Wohnraumnot weitergeführt wurde, aus dem unmittelbaren Bundesbesitz in den Besitz der Deutschen Pfandbriefanstalt über, deren heutiger Firmenname "Deutsche Pfandbrief- und Hypothekenbank Aktiengesellschaft" lautet.

Die Aufgaben der Deutschen Bau- und Bodenbank hängen eng mit denen der Deutschen Pfandbriefbank zusammen. Während die Pfandbriefbank als Realkreditinstitut letztlich die Finanzierung vornimmt, vergibt die Bau- und Bodenbank Zwischenkredite und Vorfinanzierungsdarlehen in der Bauphase der Objekte. Kreditnehmer sind hierbei ausschließlich die Bauherren und nicht die ausführenden Unternehmen der Bauwirtschaft. Die Kredite werden hauptsächlich an private Erwerber von Eigenheimen und Eigentumswohnungen vergeben, deren Anteil am Gesamtgeschäft sich in den letzten Jahren ständig erhöht hat. Daneben pflegt die Bau- und Bodenbank jedoch auch das Geschäft mit der unternehmerischen Wohnungswirtschaft.

Weitere Aufgaben der Bank liegen in der Mitwirkung bei staatlichen Förderungsmaßnahmen des sozialen Wohnungsbaus und solcher im Sinne des Lastenausgleichsgesetzes. Daneben vergibt die Bank im eigenen und im fremden Namen für Treugeber langfristige Wohnungsbaudarlehen, die sie auch verwaltet. Tätig ist die Bau- und Bodenbank letztlich auch als Treuhänder im Rahmen öffentlicher wohnungswirtschaftlicher Aufgaben und als Treuhänder von Immobilienfonds.

Zu (3): Die **Deutsche Verkehrs-Bank AG** entstand im Jahre 1991 aus der Fusion der Deutschen Verkehrs-Kredit-Bank (DVKB) mit der 1990 von der DVKB gegründeten Deutschen Verkehrs-Bank Berlin. Die Deutsche Verkehrs-Kredit-Bank selbst geht bereits auf das Jahr 1923 zurück. Sie war zunächst zur Einführung eines neuen Verfahrens der bankmäßigen Abwicklung der Frachtstundung im Eisenbahn-Güterverkehr errichtet worden. 1924 übernahm die Deutsche Reichsbahn die Mehrheit des Aktienkapitals und übertrug der Bank die Abwicklung ihrer Bankgeschäfte. Seit dieser Zeit fungiert die Verkehrs-Kredit-Bank als Hausbank der Deutschen Bundesbahn bzw. (wieder) der Deutschen Reichsbahn. In den Händen der Deutschen Bundesbahn Holding GmbH befinden sich 65,1 % des Aktienkapitals der Bank, 10 % gehören der Deutschen Reichsbahn.

Als Hausbank der Bahn verwaltet die Verkehrs-Kredit-Bank deren Finanzmittel und wickelt den Zahlungsverkehr der Deutschen Bundesbahn im In- und mit dem Ausland ab. Daneben versteht sich das Institut als Verkehrsbank unter den Geschäftsbanken, d.h. der Schwerpunkt des Firmenkundengeschäfts liegt im Wirtschaftsbereich Verkehr und den transportintensiven Branchen. Für die genossenschaftlichen Sparda-Banken fungiert die Verkehrs-Bank als Zentralbank (O.V. 1991d). Zur Abwicklung der Geschäfte unterhält die Verkehrs-Bank Zweigniederlassungen sowie zahlreiche Wechselstuben, die in großen Bahnhöfen, Flugplätzen und an wichtigen Grenzübergängen den An- und Verkauf ausländischer Reisezahlungsmittel ermöglichen.

Zu (4): Die Hauptaufgabe der **IKB Deutsche Industriebank** liegt in der Versorgung der gewerblichen Wirtschaft mit mittel- und langfristigen Krediten. Dabei sollen im Angebot der Industriebank insbesondere die Bedürfnisse der kleineren und mittleren Betriebe berücksichtigt werden.

Entstanden ist die Bank im Jahre 1974 durch die Verschmelzung der Deutschen Industriebank Berlin, mit der Industriekreditbank AG, Düsseldorf. Die Geschichte der Bank hat ihren Ursprung jedoch bereits im Jahre 1924 (vgl. CASSIER 1975, KANN 1983). Damals wurde im Zuge einer Gemeinschaftsaktion der gewerblichen Wirtschaft in Berlin die "Bank für deutsche Industrie-Obligationen" gegründet, die bei der Abwicklung der Reparationsverpflichtungen der deutschen Industrie mitwirken sollte. Nachdem im Jahre 1929 die unmittelbare Beteiligung der Unternehmen aufgehoben wurde, einigten sich Industrie und Reichsregierung darauf, das Mittelaufkommen zur Umschuldung kurzfristiger Agrarkredite in langfristige Darlehen für die in ihrer Existenz stark gefährdete Landwirtschaft einzusetzen. Gleichzeitig wurde damit begonnen, verstärkt gewerbliche Kredite zu vergeben. Um die sich mit der Zeit geänderte Geschäftstätigkeit auch nach außen in Erscheinung treten zu lassen, wurde der Name der Bank im Jahre 1938 in "Deutsche Industriebank" geändert. Im Jahre 1945 mußte die Industriebank ihre Geschäftstätigkeit einstellen und wurde erst im Jahre 1954 wieder für das Berlingeschäft zugelassen. Inzwischen war in der Bundesrepublik jedoch bereits ein Nachfolgeinstitut gegründet worden. Die heutige Struktur der Bank entstand im Jahre 1974, als die bis dahin rechtlich getrennten, aber wirtschaftlich zusammengehörenden Institute fusionierten. Die Bank firmierte zunächst als "Industriekreditbank AG - Deutsche Industriebank", im Jahr 1991 wurde der Name in "IKB Deutsche Industriebank" geändert.

Eigentümer der Industriebank sind die "Stiftung zur Förderung der Forschung für die gewerbliche Wirtschaft", über die sich die mittelständischen Unternehmen an dem Institut beteiligen, die drei Großbanken, große Versicherungsgesellschaften und private Anleger mit in etwa gleichgroßen Anteilen. Die Kredite werden in der Mehrzahl für industrielle und gewerbliche Investitionen vergeben. Hingegen fehlen die sonst für eine Bank üblichen Geschäfte des Spar- und Giroverkehrs. Die Bank vergibt auch keine kurzfristigen Kontokorrent- oder Konsumentenkredite (KANN 1989). Kleinen und mittleren Unternehmen bietet sie jedoch ein breites Spektrum mittel- und langfristiger Kredite, die sich im allgemeinen durch eine feste Zinsbindung über die gesamte Laufzeit auszeichnen. Die Refinanzierung erfolgt grundsätzlich laufzeitkongruent durch die Emission von Anleihen und Kassenobligationen sowie aus Darlehen von Banken und Kapitalsammelstellen. Die Kunden der Industriebank kommen zu einem großen Teil aus der Industrie, in wachsendem Maße zählen jedoch auch Handels- und Dienstleistungsbetriebe zum Kundenkreis.

Zu (5): Die **Liquiditäts-Konsortialbank GmbH** wurde im Jahre 1974 gegründet, um Zusammenbrüche von solchen Kreditinstituten zu vermeiden, die sich trotz einwandfreier Bonität in vorübergehenden Zahlungsschwierigkeiten befinden. Die Gründung der Liquiditäts-Konsortialbank ist eine Folgeerscheinung des Zusammenbruchs der Herstatt-Bank im Jahre 1974. Damals gerieten vornehmlich kleinere Kreditinstitute aufgrund einer allgemeinen Verunsicherung der Einleger in Liquiditätsschwierigkeiten. Um Probleme dieser Art zu lösen, vergibt die Liquiditäts-Konsortialbank Kredite an die bedrohten Banken, legt Gelder bei ihnen ein oder kauft Wechsel der Kreditinstitute an. Aus dieser Aufgabenstellung ergibt sich, daß die Bank keine Geschäfte mit Nichtbanken betreibt.

Das Stammkapital der Gesellschaft in Höhe von 310 Mio. DM wird von der Deutschen Bundesbank und über die Verbände von den übrigen Kreditinstituten bereitgestellt. Es besteht eine Nachschußpflicht bis zu einem Gesamtbetrag von 930 Mio. DM. Die Gesamthaftung der Bank aus eigenen Mitteln beträgt damit 1,24 Mrd. DM.

Für die Kreditbewilligung der Liquiditäts-Konsortialbank ist ein Kreditausschuß zuständig, der aus den Repräsentanten aller beteiligten Bankengruppen besteht. Zur Vergabe eines Kredits ist ein Antrag erforderlich, in dem der Antragsteller unter anderem die Gründe für die Liquiditätsschwierigkeiten, weitergehende Erläuterungen zu wesentlichen Positionen seiner Bilanz sowie den Betrag der gewünschten Liquiditätshilfe darlegen muß und dem alle Mitglieder des Kreditausschusses zustimmen müssen. Zur Finanzierung der Liquiditätshilfe stehen der Bank zunächst die eingezahlten Eigenmittel zur Verfügung. Ein darüber hinausgehender Bedarf kann über eine Sonderrediskontlinie der Deutschen Bundesbank abgedeckt werden.

Zu (6): Die **Privatdiskont AG** wurde im Jahre 1959 von überwiegend privaten Kreditinstituten zur Pflege des Privatdiskontenmarktes und zur technischen Abwicklung aller damit zusammenhängenden Geschäfte gegründet.

Bei Privatdiskonten handelt es sich um Bankakzepte der zum Privatdiskontenmarkt zugelassenen Akzeptbanken, die der Finanzierung von Einfuhr-, Ausfuhr- oder Transithandelsgeschäften dienen und eine Laufzeit zwischen mindestens 10 und höchstens 90 Tagen aufweisen. Die Aufgaben der Privatdiskont AG bestanden traditionell darin, die börsenmäßigen Umsätze in Privatdiskonten abzuwickeln und vornehmlich durch die Gestaltung der Privatdiskontsätze Angebot und Nachfrage auszugleichen. Die Bank fungierte hierbei als alleinige Verbindungsstelle zwischen dem Markt und der Deutschen Bundesbank, die von den Banken Privatdiskonten nicht direkt übernahm.

Besondere Bedeutung besaß die Privatdiskont AG in Zeiten einer angespannten Geldmarktlage, da die zugelassenen Geschäftsbanken ihr Wechselmaterial über dieses Institut bei der Deutschen Bundesbank einreichen konnten, ohne daß eine Anrechnung auf das jeweilige Rediskontkontingent der Bank erfolgte. Begrenzt wurden die Möglichkeiten der Liquiditätsbeschaffung jedoch dadurch, daß als Akzeptbanken nur Kreditinstitute mit einem haftenden Eigenkapital von mindestens 20 Mio. DM zugelassen waren und die Aussteller der Privatdiskonten Firmen unzweifelhafter Bonität mit einem haftenden Eigenkapital von mehr als 1 Mio. DM sein mußten.

Aufgrund einer Entscheidung des Zentralbankrates vom September 1989 ist das Rediskontkontingent der Privatdiskont AG bis Anfang 1992 abgebaut worden. Da der Markt für Privatdiskonten in hohem Maße von dieser besonderen Refinanzierungsmöglichkeit abhing, werden zur Erhaltung der Privatdiskont AG derzeit verschiedene Varianten, die von der Öffnung der Privatdiskonten für inländische Handelsgeschäfte bis zur Schaffung eines neuen Finanzierungsinstrumentes reichen, diskutiert (GRESHAKE/LAUBSCHER 1991, LINK 1992, SCHIERENBECK/WIEDEMANN 1990).

b) Öffentlich-rechtliche Sonderkreditinstitute

Zu den öffenlich-rechtlichen Sonderkreditinstituten gehören u.a. die

(1) Deutsche Siedlungs- und Landesrentenbank,
(2) Kreditanstalt für Wiederaufbau,
(3) Deutsche Ausgleichsbank und die
(4) Landwirtschaftliche Rentenbank.

Zu (1): Die **Deutsche Siedlungs- und Landesrentenbank (DSL-Bank)** entstand im Jahre 1966 durch die Vereinigung der Deutschen Landesrentenbank und der Deutschen Siedlungsbank. Die heutigen Aufgaben der Bank hängen noch immer eng mit denen ihrer Vorgängerinstitute zusammen, die zum Ende der zwanziger Jahre gegründet wurden und insbesondere ländliche Strukturinvestitionen finanzierten. Während hierbei die Deutsche Landesrentenbank als Nachfolgeinstitut der Preußischen Provinzialrentenbank entstand, wurde die Deutsche Siedlungsbank erst errichtet, als die Förderung der ländlichen Siedlungen nicht nur den Ländern, sondern auch dem Reich angelastet wurde. Der Aufgabenkreis der beiden Institute rückte im Laufe der Zeit immer mehr zusammen, so daß sie schließlich fusionierten (SEHRBROCK 1985). Das neue Institut sah sich aber schon in den ersten Jahren einer tiefgreifenden Änderung in seiner Geschäftsstruktur ausgesetzt. Langjährige öffentliche Aufgaben zur Eingliederung der aus der Landwirtschaft stammenden Vertriebenen und Flüchtlinge und der gesamte Bereich der Agrarstrukturverbesserung hatten ihre Bedeutung für das Bankgeschäft verloren oder waren im wesentlichen erfüllt.

Daher wurde im Jahre 1981 das Errichtungsgesetz der Bank dahingehend novelliert, daß eingeräumte Sonderrechte wie die Befreiung von der Körperschaft-, Gewerbe- und Vermögensteuer aufgehoben und der gesetzliche Rahmen für das Wettbewerbsgeschäft beträchtlich erweitert wurden (SCHMIDT 1980). Damit kann das Institut nunmehr öffentliche und private Projekte jeglicher Art im In- und Ausland finanzieren. Das Institut gewährt auch Kredite zur Strukturverbesserung in ländlichen Gebieten, die durch treuhänderisch zur Verfügung stehende öffentliche Mittel refinanziert werden, allerdings nur mit einem geringen Anteil am Geschäftsvolumen. Daneben nimmt die Deutsche Siedlungs- und Landesrentenbank Kapitalmarktmittel auf. Diese sind nach der Gesetzesnovelle zwar nicht mehr durch die Bundesrepublik Deutschland garantiert, gelten jedoch nach ausdrücklicher gesetzlicher Vorschrift als mündelsicher.

Die Deutsche Siedlungs- und Landesrentenbank ist eine Anstalt des öffentlichen Rechts. Sie wird seit der im Jahre 1989 erfolgten Teilprivatisierung zu 52 % vom Bund und zu 48 % von einer Holdinggesellschaft getragen. Die Holding arbeitet in der Rechtsform einer Aktiengesellschaft. Ihre Aktien werden an der Börse notiert und sind breit über das Anlegerpublikum gestreut (SCHMIDT 1989).

Zu (2): Im Jahre 1948 wurde die **Kreditanstalt für Wiederaufbau (KfW)** als Körperschaft des öffentlichen Rechts gegründet (vgl. GÖTTE 1986, POHL 1973, ROSENSTOCK 1989). Das Grundkapital in Höhe von 1 Mrd. DM wird heute zu 80 % vom Bund und zu 20 % von den Ländern gehalten. Aus der öffentlichen Trägerschaft leitet sich die wirtschaftspolitische Aufgabenstellung der Bank ab. Sie soll

- die deutsche Wirtschaft durch die Vergabe von Krediten und die Übernahme von Bürgschaften fördern sowie

- im Rahmen der finanziellen Zusammenarbeit mit Entwicklungsländern Kredite und Zuschüsse vergeben.

Entscheidende Bedeutung für die Entstehung der Kreditanstalt für Wiederaufbau kommt den amerikanischen Hilfen für den Wiederaufbau Europas zu. Kern der als "Marshallplan" bezeichneten Hilfsmaßnahmen war die Bereitstellung von Dollar-Beträgen, mit denen die dringend erforderlichen Warenimporte nach Europa finanziert werden sollten. Die von den Importeuren anschließend in Höhe des inländischen Warenwertes abzuführenden Gelder sollten bei der Finanzierung vordringlicher Investitionen eingesetzt werden. Im Rahmen der Marshallplanhilfe (European Recovery Program - ERP) wurde der KfW dabei die Aufgabe übertragen, die Wirtschaft mit Darlehen für Wiederaufbauvorhaben zu versorgen, soweit andere Kreditinstitute dazu nicht in der Lage waren. Die Kreditanstalt für Wiederaufbau übernahm damit eine wichtige Verbindungsfunktion zwischen den amerikanischen Behörden und den deutschen Investoren.

Mit der sukzessiven Rückzahlung der ERP-Mittel änderten sich die Aufgaben der Kreditanstalt. So wurden bereits 1953 die Mittel des inzwischen geschaffenen ERP-Sondervermögens zur langfristigen Exportfinanzierung eingesetzt und Kredite an inländische Lieferanten oder ausländische Besteller industrieller Anlagen vergeben. Ende der 50er Jahre flossen die Mittel zudem verstärkt in strukturpolitische Maßnahmen des Bundes. Seit einer Gesetzesänderung im Jahre 1961 obliegt der Kreditanstalt für Wiederaufbau ganz allgemein die Förderung der deutschen Wirtschaft sowie insbesondere im Rahmen der Entwicklungshilfe die Finanzierung förderungswürdiger Vorhaben im Ausland. Zur Finanzierung ihrer Vorhaben greift die Kreditanstalt auf Mittel, die vom Bund und vom ERP-Sondervermögen bereitgestellt werden, und durch die Ausgabe von Inhaberschuldverschreibungen und die Aufnahme von Darlehen auf den Kapitalmarkt zurück.

Die Kreditgeschäfte der KfW konzentrieren sich heute insbesondere auf die langfristige, strukturpolitisch ausgerichtete Investitionsfinanzierung und auf die Exportfinanzierung von Lieferungen an Entwicklungsländer. Die **Investitionsfinanzierung** richtet sich darauf, durch die Kreditvergabe

- spezifische Finanzierungsprobleme kleiner und mittlerer Unternehmen zu mildern,

- den sektoralen Strukturwandel zu erleichtern sowie

- Maßnahmen in den Bereichen des Umweltschutzes, des Energiesektors und des Wohnungsbaus zu fördern.

Die spezielle Aufgabe der Kreditanstalt zur **Förderung der Entwicklungsländer** besteht darin, Vorhaben, für die ein Darlehen beantragt wird, auf ihre entwicklungspolitische Förderungswürdigkeit zu prüfen und nach positiver Entscheidung durch die Bundesregierung den Darlehensvertrag abzuschließen und die Abwicklung zu übernehmen. Die Mittel der KfW werden zu einem kleinen Teil im Rahmen nicht projektgebundener Kredite zur Deckung des laufend notwendigen zivilen Einfuhrbedarfs, hauptsächlich jedoch im Rahmen der projektgebundenen Zusammenarbeit bereitgestellt. In erster Linie werden hierbei förderungswürdige Vorhaben in den Bereichen Verkehr, Land- und Energiewirtschaft unterstützt.

Zu (3): Ein weiteres Sonderkreditinstitut stellt die **Deutsche Ausgleichsbank** dar, die im Jahre 1950 unter dem Namen Lastenausgleichsbank gegründet wurde (HAMMER 1980, HAMMER 1986, ZIEMER 1970). Ihre Errichtung beruht sowohl auf wirtschaftlichen als auch auf sozialpolitischen Erwägungen. Für die Eingliederung und Förderung der rund 11 Mio. Vertriebenen und etwa 3,5 Mio. Flüchtlinge mußte ein zentrales Kreditinstitut errichtet werden, das bei den außergewöhnlichen wirtschaftlichen Schwierigkeiten der Kriegsgeschädigten und insbesondere bei der Versorgung der gewerblichen Wirtschaft mit Aufbaukrediten Hilfestellung leisten sollte. Entsprechend dieser Aufgabenstellung betrieb die Lastenausgleichsbank in den ersten Jahren folgende Geschäfte:

- Übernahme von Bürgschaften und Vergabe von Krediten an Vertriebene, Flüchtlinge und Kriegsgeschädigte,
- Durchführung bankmäßiger Aufgaben für das Bundesausgleichsamt im Rahmen des Lastenausgleichs,
- Beschaffung von Kapitalmarktmitteln zur Vorfinanzierung des Lastenausgleichs.

Doch schon Anfang der 60er Jahre weitete die Lastenausgleichsbank ihr Kreditgeschäft von den Vertriebenen und Flüchtlingen auf neue Kundenkreise aus.

Die Deutsche Ausgleichsbank vergibt heute Kredite

- im wirtschaftsfördernden Bereich, besonders für den gewerblichen Mittelstand und die freien Berufe,
- im Bereich des Umweltschutzes,
- im sozialen Bereich und zur wirtschaftlichen Eingliederung und Förderung der durch den Zweiten Weltkrieg und seine Folgen betroffenen Personen.

Das Kreditgeschäft wird über zahlreiche Förderungsprogramme abgewickelt. Im Mittelpunkt steht dabei die Gründung selbständiger Existenzen. Die frühere Hauptaufgabe der Ausgleichsbank, die wirtschaftliche Eingliederung der vom Krieg und seinen Folgen betroffenen Personen tritt zunehmend in den Hintergrund.

Die zur Finanzierung der Geschäftstätigkeit erforderlichen Mittel fließen der Ausgleichsbank aus öffentlichen Haushalten zu oder werden von der Bank am Kapitalmarkt aufgenommen. Bedeutsam hierbei ist insbesondere das ERP-Sondervermögen, für das die Ausgleichsbank neben der Kreditanstalt für Wiederaufbau und der Berliner Industriebank als Hauptkreditgeber tätig ist. Eigene Kreditprogramme sowie die zahlreichen anderen Aufgaben werden von der Bank am Kapitalmarkt zu den üblichen Konditionen refinanziert und zu Lasten des eigenen Ertrages oder mit Zinssubventionen aus dem Bundeshaushalt zur Erfüllung der angestrebten wirtschafts- und sozialpolitischen Förderung zu günstigen Konditionen bereitgestellt. Hierbei bedient sich die Ausgleichsbank der örtlichen Kreditinstitute. Sie vergibt ihre Kredite nicht direkt an die Empfänger, sondern leitet sie über ein von dem Kreditnehmer gewähltes Institut weiter.

Zu (4): Nach Beendigung des Zweiten Weltkrieges bildete die Kreditversorgung der Landwirtschaft ein zentrales Problem. Um die eingetretene Leistungsminderung zu überwinden, waren erhebliche Investitionen erforderlich, die von der Landwirtschaft aus eigenen Kräften nicht getätigt werden konnten. Daher wurde im Jahre 1949 die **Landwirtschaftliche Rentenbank** durch Gesetz als Anstalt des öffentlichen Rechts gegründet (SEIDEL o.J., ZIMPELMANN 1989). Dadurch entstand zwar ein staatliches Institut, es war jedoch von vornherein als eine Selbsthilfeeinrichtung der deutschen Land- und Forstwirtschaft gedacht. Das Grundkapital wurde aus diesem Grund von allen land- und forstwirtschaftlichen Betrieben selbst aufgebracht, indem jeder Betrieb über 10 Jahre jährlich 0,15 % des Einheitswertes seiner Grundstücke als Rentenbankgrundschuldzinsen abführen mußte. Die so gesammelten Mittel bildeten den Grundstock für das Eigenkapital und stehen der Bank auch heute noch als Stiftungsvermögen der deutschen Land- und Forstwirtschaft zur Verfügung.

Die Geschäftstätigkeit der Landwirtschaftlichen Rentenbank ist auf die Kreditbedürfnisse der gesamten Agrarwirtschaft ausgerichtet. Dabei fungiert das Institut jedoch als eine Zentralbank und vergibt Kredite nicht direkt an die Kreditnehmer, sondern nur über andere Kreditinstitute. Direktkredite sind nur in Ausnahmefällen und nur bei Agrarbetrieben, die eine allgemeine Bedeutung besitzen, zulässig. Das Schwergewicht der Kredittätigkeit des Instituts liegt im mittel- und langfristigen Bereich. Zu Beginn der Geschäftstätigkeit wurden hierbei insbesondere Maschinenkäufe und die Aufstockung der Viehbestände finanziert, später kamen der Neubau und die Modernisierung landwirtschaftlicher Gebäude sowie die Abfindung ausscheidender Erben hinzu. Heute finanziert das Institut zunehmend auch wasserwirtschaftliche und bodenkulturelle Maßnahmen und vergibt Investitionskredite in den verschiedenen Sparten der Ernährungswirtschaft.

Das kurzfristige Kreditgeschäft dient vornehmlich der Finanzierung der öffentlichen Lagerhaltung von Nahrungsmitteln sowie im privatwirtschaftlichen Bereich der Finanzierung der Aufnahme, Einlagerung, Verarbeitung und des Absatzes land- und ernährungswirtschaftlicher Erzeugnisse und Betriebsmittel.

4. Die Postbank

Die Postbankdienste waren über eine lange Zeit voll in die Deutsche Bundespost und damit in ein Transport- und Kommunikationsunternehmen integriert. Nachdem am 1.7.1989 das Poststrukturgesetz in Kraft getreten ist, wird nunmehr die **"Deutsche Bundespost POSTBANK"** als eigenständiges Unternehmen geführt. Die Postbank stellt ein Spezialinstitut für den Zahlungsverkehr und das Einlagengeschäft dar, und sie fungiert gleichzeitig als Zentralkasse der Deutschen Bundespost (SCHWARZ-SCHILLING 1988). Obwohl die Postbank damit Bankgeschäfte im Sinne des § 1 KWG betreibt, werden nur gewisse Geschäftsbereiche von den Vorschriften des KWG erfaßt. Hierzu gehört insbesondere das Spargeschäft, das den gleichen Anforderungen wie bei den übrigen Kreditinstituten unterliegt.

Die Geschäfte der Postbank werden von 16 regionalen Postbanken, die sich aus 14 **Postgiroämtern** und 2 **Postsparkassenämtern** zusammensetzen, abgewickelt. Die Entstehung des **Postgirodienstes** geht bereits auf das Ende des 19. Jahrhunderts zurück (vgl. HAHN 1978, SCHUBERT/SCHNEIDER 1980). Damals wurden die hohen Kosten der Bargeldzahlungen und das Fehlen einer bargeldlosen Zahlungsverkehrseinrichtung immer deutlicher. Es bestand zu dieser Zeit zwar ein Reichsbank-Girosystem, jedoch war dies wegen der hohen Mindesteinlage von 1.000,-- Mark nur für Banken und größere Unternehmen geeignet. Um der übrigen Wirtschaft und der Bevölkerung den bargeldlosen Zahlungsverkehr anbieten zu können, sollte ein entsprechendes Postscheck-System geschaffen werden. Die Reichspostverwaltung legte im Jahr 1900 einen ersten diesbezüglichen Vorschlag vor, der jedoch am Widerstand der Interessengruppen des Bank- und Sparkassenbereichs scheiterte. In den folgenden Beratungen verlangte der Reichstag den Verzicht auf die Verzinsung und auf die gebührenfreie Kontoführung. Hierzu konnte sich die Reichspostverwaltung jedoch zunächst nicht entschließen und willigte erst im Jahre 1908 in einen Kompromiß ein, der die Unverzinslichkeit und niedrige Gebühren vorsah, worauf der Reichskanzler den Überweisungs- und Scheckverkehr der Post einführte.

Zur gleichen Zeit, als Überlegungen zum Postscheckdienst angestellt wurden, entwickelte man auch Vorschläge zur Errichtung eines **Postsparkassendienstes**. Die Vorteile eines engmaschigen Netzes der Poststellen boten hervorragende Voraussetzungen, um breite Bevölkerungsschichten für den Spargedanken zu gewinnen. Jedoch dachte die Reichspost aufgrund der bereits bestehenden Spareinrichtungen von vornherein nur an eine Kooperation zwischen den Sparkassen und der Post. Die Postämter sollten danach für Rechnung der Sparkassen Einlagen entgegennehmen und Auszahlungen leisten. Die Sparkassen gingen auf diesen Vorschlag jedoch nicht ein, da sie dem zunehmenden Wettbewerb entgehen wollten. Dies war auch der Grund, warum ein daraufhin vorgelegtes Postsparkassen-Gesetz im Reichstag ebenso wie alle anderen Versuche zur Errichtung eines Postsparkassenwesens scheiterten. Erst im Jahre 1938 wurde mit dem sog. "Anschluß" Österreichs an das Deutsche Reich eine Postsparkasse errichtet, da die bereits seit 1883 in Österreich bestehende Institution sich einer großen Beliebtheit erfreute und eine einheitliche Regelung erforderlich war.

Die Postbank bietet traditionell zwei Bankgeschäfte für den Massenverkehr an. Sie nimmt einerseits Spar- und Sichteinlagen entgegen und wickelt andererseits für Privat- und Geschäftskunden Zahlungsverkehrsaufträge ab. Obwohl von der Postbank seit Mitte 1991 kurzfristige Kontokorrentkredite bis zu 10.000 DM vergeben werden sowie die Palette der Passivprodukte um Sparbriefe, Festgelder und das Versicherungssparen ausgeweitet und Kreditkarten angeboten werden sollen, will die Postbank nach eigener Aussage ihre grundsätzlich angestammten Betätigungsfelder nicht verlassen und ihre Aktivitäten nicht in Richtung einer Universalbank ausbauen (O.V. 1991b, SCHWARZ-SCHILLING 1989).

Die Geschäftstätigkeit der Postbank findet ihren entsprechenden Niederschlag in den Bilanzstrukturen der Postgiro- und Postsparkassenämter (vgl. Abb. 2.35). So bilden die **Spareinlagen** den bedeutendsten Anteil an der Mittelbeschaffung, die **Sichteinlagen** machen immerhin mehr als 1/4 der Mittelherkunft aus. Innerhalb der Mittelverwendung dominiert das **langfristige Kreditgeschäft**, während auf das kurzfristige Geschäft bisher nur ein geringer Anteil entfällt. Die Mittel werden dabei überwiegend der Deutschen Bundespost bereitgestellt. Bemerkenswert ist daneben die hohe Barreserve und der hohe Anteil an Wertpapieren, d.h. primär an Anleihen und Schuldverschreibungen, die sich im Besitz der Postbank befinden.

AKTIVA	Mio. DM	%	PASSIVA	Mio. DM	%
Barreserve	14.349	19,7	Einlagen von Kreditinstituten	2.457	3,4
Kredite an Kreditinstitute	9.660	13,3	Einlagen von Nichtbanken		
Kredite an Nichtbanken			• Sichteinlagen	20.421	28,0
• Buchkredite bis maximal 1 Jahr	380	0,5	• Termineinlagen	90	0,1
• Buchkredite über 1 Jahr	27.030	37,1	• Spareinlagen und Sparbriefe	44.415	60,9
• Sonstige Kredite	1.557	2,1	Inhaberschuldverschreibungen	-	-
Wertpapiere	19.030	26,1	Eigenkapital	36	0,1
Beteiligungen	-	-	Sonstige Passiva	5.457	7,5
Sonstige Aktiva	870	1,2			
Summe	72.876	100,0	Summe	72.876	100,0

Abb. 2.35: Die wichtigsten Bilanzpositionen der Postgiro- und Postsparkassenämter (Stand: Dezember 1990, die Angaben beziehen sich auf das gesamte Währungsgebiet der D-Mark) (Quelle: Monatsberichte der Deutschen Bundesbank März 1991, eigene Berechnungen)

5. Kapitalanlagegesellschaften

Als Kapitalanlage- oder Investmentgesellschaften werden im § 1 KAGG Unternehmen bezeichnet, deren Geschäftsbetrieb darauf ausgerichtet ist, bei ihnen eingelegtes Geld in eigenem Namen für gemeinschaftliche Rechnung der Einleger nach dem Grundsatz der Risikomischung in Wertpapieren, in Wertpapieren und Beteiligungen als stiller Gesellschafter oder in Grundstücken sowie Erbbaurechten gesondert vom eigenen Vermögen anzulegen und über die sich hieraus ergebenden Rechte den Einlegern Urkunden auszustellen. Eine Kapitalanlagegesellschaft gilt nach § 1 KWG ausdrücklich als Kreditinstitut und unterliegt folglich den Vorschriften des Kreditwesengesetzes. Sie darf nur in der Rechtsform der AG oder der GmbH betrieben werden.

Die ersten Investmentgesellschaften nahmen im 19. Jahrhundert in Belgien, in der Schweiz und in Großbritannien ihren Geschäftsbetrieb auf (HAHN 1984). Erste Versuche, das Investmentsparen in Deutschland zu etablieren, wurden nach dem Ersten Weltkrieg unternommen, durchgesetzt hat sich der Gedanke der Geldanlage in Investment-Zertifikaten jedoch erst in den 50er Jahren. Den Auftakt bildete die Gründung der Allgemeinen Deutschen Investment-Gesellschaft (ADIG) im Jahre 1950. Weitere Investmentgesellschaften und Investmentfonds entstanden zu Beginn des Aufschwungs der deutschen Wertpapierbörsen im Jahre 1956 sowie Ende der 60er Jahre, als das Spezialfondsgeschäft an Bedeutung gewann und sich US-amerikanische Anlage- und Vertriebsgesellschaften mit aggressiven Vertriebsstrategien am deutschen Markt engagierten. Die Spezialisierung auf spekulative amerikanische Aktien, eine Abkehr von ertragsorientierten Anlageformen und der Erwerb unerschlossenen Grundvermögens führten daraufhin jedoch zu Insolvenzen kleinerer Investment-Vertriebsgesellschaften und insbesondere zum Zusammenbruch der IOS (Investors Overseas-Services). Der hierdurch ausgelöste Rückschlag des Investmentwesens war jedoch nur vorübergehender Natur. Ende 1990 waren 54 Kapitalanlagegesellschaften am deutschen Markt aktiv. Sie verwalteten ein Sparvermögen von insgesamt 237,3 Milliarden DM (O.V. 1991c).

Die Investmentgesellschaften können zur Kennzeichnung ihrer Arbeitsweise anhand verschiedener Kriterien differenziert werden. So lassen sich nach der **rechtlichen Gestaltungsform** der Kapitalanlagegesellschaften der Gesellschafts- und der Vertragstyp unterscheiden. Beim **Gesellschaftstyp** wird der Anleger Aktionär der Investmentgesellschaft, der die Mittel folglich in Form von Eigenkapital zufließen. Die in der Bundesrepublik ausschließlich zulässige Gestaltungsform des **Vertragstyps** unterscheidet demgegenüber Eigenmittel und Fondsvermögen. Letzteres ist als Sondervermögen getrennt vom Kapital der Gesellschaft zu verwalten, so daß zwischen Investmentsparer und Kapitalanlagegesellschaft ein Schuld- und kein Beteiligungsverhältnis entsteht. Der Vertragstyp kann als **Treuhandlösung** (treuhänderisches Eigentum der Investmentgesellschaft) oder als **Miteigentumslösung** (bruchteiliges Miteigentum der Investoren am Fonds) ausgestaltet sein. Die Treuhandlösung wird häufig bei Immobilienfonds, die Miteigentumslösung bei Wertpapierfonds gewählt (SCHEIDL 1988).

Hinsichtlich der **Emissionshöhe** können offene (open-end-fund) und geschlossene (closed-end-fund) Fonds unterschieden werden. **Geschlossene Fonds** zeichnen sich dadurch aus, daß nach Sammlung des von vornherein festgelegten Emissionsbetrages der Fonds "geschlossen" wird und keine weiteren Anleger aufgenommen werden. Der Erwerb von Anteilen ist nach Abschluß der Emission nur noch über den Sekundärmarkt möglich. Dagegen besteht bei den **offenen Investmentfonds** für die Anleger jederzeit die Möglichkeit, Anteile direkt von der Investmentgesellschaft zu beziehen. Das Fondsvermögen ist somit variabel, es kann sich im Gegensatz zu den geschlossenen Fonds durch die Rückgabe sogar verringern.

Anhand der den Investmentgesellschaften verbleibenden **Dispositionsfreiheit** lassen sich schließlich fixierte, flexible und halbflexible Fonds unterscheiden. Ist der Bestand der anzuschaffenden Wertpapiere nach Art und Menge in den Statuten von vornherein festgelegt, handelt es sich um einen sogenannten **fixed-fund**. Im anderen Extremfall, dem **flexible-fund**, sind die Investmentgesellschaften in ihrer Anlagetätigkeit beweglich und können in Abhängigkeit von den jeweiligen Verhältnissen Wertpapiere veräußern und dürfen dafür andere Wertpapiere anschaffen. Als Kompromiß kann das Management eines **semi-flexible-funds** bei Eintreten bestimmter Umstände Änderungen des Portefeuilles vornehmen. Ertragsverschlechterungen oder Dividendenausfälle können z.B. Umschichtungen rechtfertigen (BÜSCHGEN 1975, TORMANN 1978).

6. Wertpapiersammelbanken

Wertpapiersammelbanken, die auch als **Kassenvereine** bezeichnet werden, obliegt die **rationelle Abwicklung der Effektengeschäfte**. Sie sind insbesondere für die technische Erledigung des Wertpapiergiroverkehrs und die Wertpapiersammelverwahrung zuständig. Eine Wertpapiersammelbank gilt aufgrund ihrer Eigenschaft als Depotbank als Kreditinstitut und unterliegt demzufolge den Normen des Kreditwesengesetzes. Da von einem Kassenverein jedoch weder Einlagen- noch Kreditgeschäfte betrieben werden, ist er von den die laufende Geschäftstätigkeit einer Universalbank betreffenden Vorschriften befreit.

Die Entwicklung der Wertpapiersammelbanken begann in Deutschland bereits im vergangenen Jahrhundert (DELORME 1970, HAHN 1985). Zunächst war die Sammelverwahrung jedoch auf Berlin und mangels entsprechender Rechtsnormen auf die Eigenbestände der Kreditinstitute beschränkt. Erst nach Anerkennung der Sammelverwahrung durch Reichsgerichts-Entscheidung und begünstigt durch erhebliche Steigerungen der Effektenumsätze während der Zeit der ersten Inflation entstanden auch an den übrigen deutschen Börsenplätzen "Effekten-Girobanken" und wurden auch Kundenpapiere in das Abrechnungs- und Depotsystem integriert. Mit dem im Jahre 1937 verabschiedeten Depotgesetz erhielten die Kassenvereine die Firmenbezeichnung "Wertpapiersammelbank". Ihre Funktionen gingen 1942 auf die Reichsbank, 1947 auf die Landeszentralbanken über. Ab dem Jahre 1949 entstanden an fast allen deutschen Börsenplätzen neue Wertpapiersammelbanken in der Rechtsform von Aktiengesellschaften. Lediglich Hamburg und Bremen besaßen ein gemeinsames Institut. Träger und gleichzeitig Kunden der Wertpapiersammelbanken waren die Börsenmitglieder des jeweiligen Geschäfts- und Einzugsgebietes.

Über eine lange Zeit gab es in der Bundesrepublik Deutschland neben dem **Auslandskassenverein** sieben Wertpapiersammelbanken. Im Jahre 1987 schlossen sich jedoch bereits der Niedersächsische und der Norddeutsche Kassenverein zusammen, zwei Jahre später übertrugen die für das Inlandsgeschäft zuständigen Wertpapiersammelbanken ihr Vermögen auf den Frankfurter Kassenverein, aus dem inzwischen der **Deutsche Kassenverein** hervorgegangen ist. Mit der Verschmelzung der Wertpapiersammelbanken wird das Ziel verfolgt, die Position des Finanzplatzes Deutschland im verschärften internationalen Wettbewerb und im Hinblick auf den Europäischen Binnenmarkt zu sichern und auszubauen. Es sollen die organisatorischen Voraussetzungen dafür geschaffen werden, daß eine reibungslose, fristgerechte und kostengünstige Abwicklung der Wertpapiergeschäfte möglich ist (SCHMIDT 1990).

Die im Zuge der Verschmelzung untergegangenen Kassenvereine sind als Niederlassungen des Deutschen Kassenvereins weiterhin insbesondere für die Girosammelverwahrung und den Effektengiroverkehr zuständig. Die Girosammelverwahrung beinhaltet dabei die gemeinsame Aufbewahrung der Effekten derselben Gattung, wobei die einlegenden Kunden ein bruchteiliges Miteigentum am gesamten Sammeldepotbestand einer Gattung erhalten. Beim Effektengiroverkehr erfolgt eine buchmäßige Übertragung von Effekten des Sammelbestandes vom Verkäufer auf den Käufer. Weitere Aufgaben einer Wertpapiersammelbank liegen in der Verwaltung der Wertpapiere (Einlösung von Zins- und Dividendenscheinen, Abwicklung von Kapitalerhöhungen und -herabsetzungen). Nicht berechtigt sind die Wertpapiersammelbanken zur Ausübung des Vollmachtstimmrechts.

7. Bürgschaftsbanken

Alleiniger Geschäftszweck der Bürgschaftsbanken und Kreditgarantiegemeinschaften ist die **Übernahme von Bürgschaften und Garantien** zugunsten kleinerer und mittlerer Betriebe. Das Garantiegeschäft gehört nach § 1 KWG zu den Bankgeschäften, so daß auch diese Institute zu den Kreditinstituten zählen, soweit der Umfang ihrer Geschäfte einen in kaufmännischer Weise eingerichteten Geschäftsbetrieb erfordert. Bürgschaftsbanken werden von den Schuldnern zur Dokumentierung ihrer Kreditwürdigkeit beansprucht. An die von ihrer Tätigkeit her vergleichbaren Kreditversicherungen tritt demgegenüber der Gläubiger einer Forderung heran.

Die Entwicklung der Bürgschaftsbanken begann Mitte der 20er Jahre. Sie etablierten sich zunächst in der Schweiz, wo die Bürgschaftsgewährung traditionellerweise eine wesentlich bedeutendere Rolle als in Deutschland spielt (FISCHER 1959, HAHN 1985, REINERMANN 1976). Auf deutschem Boden entstanden in der Folgezeit zwar ähnliche Einrichtungen, jedoch konnten sich diese auf Dauer nicht durchsetzen und wurden spätestens 1945 liquidiert. Im Jahre 1953 begann die Gründungsphase der heutigen Kreditgarantiegemeinschaften. Als erstes Institut entstand die Kreditgarantiegemeinschaft des Niedersächsischen Handwerks, innerhalb von 2 Jahren folgten Gründungen in allen anderen Bundesländern. Ende 1990 arbeiteten 32 Bürgschaftsbanken in der Bundesrepublik Deutschland, von denen fünf ihren Sitz in den neuen Bundesländern hatten (WINGERT 1990). Sie werden durchweg in der Rechtsform einer GmbH geführt und größtenteils von Verbänden und Kammern getragen. In geringerem Umfang finden sich Selbsthilfeeinrichtungen und staatliche Institute.

Die Aufgabe der Kreditgarantiegemeinschaften besteht im Kern darin, Personen oder Unternehmen den Banken gegenüber kreditwürdig zu machen, die zwar über eine entsprechende Ertragskraft verfügen, denen aber die notwendigen Sicherheiten fehlen. Damit liegt die Funktion dieser Institute in der Transformation von Sicherheiten. Von den Banken nicht akzeptierte Sicherheiten werden in bankfähige Sicherheiten umgewandelt. Die Kreditgarantiegemeinschaften übernehmen dazu Bürgschaften bis zu einer Höhe von 70 bis 80 % der Darlehensbeträge. Der jeweilige Restbetrag verbleibt als eigenes Risiko beim kreditgebenden Institut. Charakteristisch für die deutschen Kreditgarantiegemeinschaften ist darüber hinaus, daß sich die öffentliche Hand über Rückbürgschaften mit maximal 65 % am Risiko des bürgenden Instituts beteiligt, wobei jeweils 60 % auf den Bund und 40 % auf das jeweilige Bundesland entfallen.

LITERATURHINWEISE:

BAUMANN, H./FALKENSTEIN, L., (1976)
BECKER, W.-D. (1966)
BENKHOFF, W. (1991)
BERGE, H. (1989)
BUCHHOLZ, A. (1989)
BÜSCHGEN, H.E. (1975)
BÜSCHGEN, H.E. (1983)
BÜSCHGEN, H.E. (1989)
DEGNER, J./RÖHER, A. (1986)
DELORME, H. (1970)
DEUTSCHE BUNDESBANK (1987)
DEUTSCHE BUNDESBANK (1989)
DICKERTMANN, D./SIEDENBERG, A. (1984)
EHRLICHER, W./SIMMERT, D.B. (1988)
FISCHER, H.G. (1959)
GEIGER, H. (1991)
GÖTTE, G. (1986)
GRESHAKE, K./LAUBSCHER, D. (1991)
GRILL, W./PERCZYNSKI, H. (1990)
HAFKE, H.C. (1988)
HAHN, O. (1978)
HAHN, O. (1981)
HAHN, O. (1984)
HAHN, O. (1985)
HAMMER, K. (1980)
HAMMER, K. (1986)
HÖSCH, W. (1990)
ISSING, O. (1981)
JOCHAM, A. (1989)
KANN, G. (1989)
KAVEN, J.-P. (1991)
KETZEL, G. (1982)
KLOTEN, N. (1991)
KÖHLER, C. (1977)
KÖNNEKER, W. (1973)
KÖSTERS, W. (1990)
KUBISTA, B. (1990)
LANGER, P. (1991)
LINK, M. (1992)
MEEDER, C. (1989)
MOESCH, I./SIMMERT, D.B. (1976)
MÜLHAUPT, L. (1971)

MÜLHAUPT, L. (1980)
POHL, M. (1973)
POHL, M. (1976)
POHL, M. (1982)
POHL, M. (1983)
REINERMANN, W. (1976)
RÖHER, A./LANGER, P. (1982)
ROSENSTOCK, A. (1989)
SCHEIDL, K. (1988)
SCHIERENBECK, H. (1988)
SCHIERENBECK, H./WIEDEMANN, A. (1990)
SCHMIDT, D. (1989)
SCHMIDT, P. (1990)
SCHRAMM, B. (1982)
SCHUBERT, M./SCHNEIDER, F. (1980)
SCHÜTZ, A./FECHNER, A. (1991)
SCHWARZ-SCHILLING, CHR. (1988)
SCHWARZ-SCHILLING, CHR. (1989)
SEHRBROCK, H. (1985)
SEIDEL, G.W. (o.J.)
STRUNK, I., (1990)
SÜCHTING, J. (1984)
SÜCHTING, J. (1987)
TORMANN, W. (1978)
ULLRICH, E. (1991)
VORLÄNDER, A. (1986)
WIEDEMANN, A. (1992)
WINGERT, A. (1990)
ZIEMER, G. (1970)
ZIMPELMANN, U. (1989)

C. Bankenaufsicht

I. Aufgaben und Organisation der Bankenaufsicht

1. Struktur des Aufsichtssystems

Nachdem in den vorangegangenen Kapiteln die Struktur des Bankensektors näher beleuchtet wurde, stehen im folgenden die Aufsichtsinstrumente im Mittelpunkt. Zunächst muß dabei auf die Ziele der Bankenaufsicht eingegangen werden, die jedoch nur vor dem Hintergrund möglicher negativer Folgen eines unbeaufsichtigten Bankensystems verständlich sind.

So bieten die Kreditinstitute ihren Kunden u.a. Einlagemöglichkeiten, stellen Kredite zur Verfügung und wickeln Zahlungsverkehrsaufträge ab. Sie nehmen dadurch in der finanziellen Sphäre einer Volkswirtschaft eine zentrale Stellung ein. Da nahezu jeder private Haushalt und jedes Unternehmen in Kontakt zu einem oder mehreren Kreditinstituten steht, bleiben Störungen im Bankensektor vermutlich nicht auf diesen Bereich beschränkt, sondern greifen ebenso auf andere Wirtschaftszweige über. Wie auch die Erfahrungen der Bankenkrise Anfang der 30er Jahre deutlich zeigen, erfordert die **Funktionsfähigkeit der Gesamtwirtschaft** einen reibungslosen Ablauf im Bereich des Kreditwesens.

Voraussetzung für die Durchführung von Bankgeschäften ist das Vertrauen der Gläubiger und der Öffentlichkeit, daß die Gelder sicher angelegt sind und termingerecht zurückgezahlt werden können. Von der Mehrzahl der Kunden kann jedoch nicht erwartet werden, daß sie die fachlichen Voraussetzungen besitzen, sich Informationen über die Bonität von Kreditinstituten zu beschaffen und auszuwerten sowie über genügend Verhandlungsmacht verfügen, um an die Bereitstellung von Einlagen Bedingungen knüpfen zu können (MÜLLER 1981). Zudem resultiert aus der geringen Eigenkapitalquote der Kreditinstitute, daß bereits relativ geringe Verluste zu **Schädigungen der Gläubiger** führen können.

Um nun die Funktionsfähigkeit des Kreditapparates sicherzustellen und die Gläubiger vor Vermögensverlusten zu schützen, ist für den Bankensektor mit dem Kreditwesengesetz ein spezielles aufsichtsrechtliches Gesetzeswerk und mit dem Bundesaufsichtsamt für das Kreditwesen eine eigenständige Aufsichtsbehörde geschaffen worden. Die Ziele des KWG schlagen sich dabei naturgemäß in den **Aufgaben des Bundesaufsichtsamtes** nieder. Nach § 6 Abs. 2 KWG hat das Bundesaufsichtsamt Mißständen im Kreditwesen entgegenzuwirken,

- die die Sicherheit der den Kreditinstituten anvertrauten Vermögenswerte gefährden,
- die ordnungsmäßige Durchführung der Bankgeschäfte beeinträchtigen oder
- die erhebliche Nachteile für die Gesamtwirtschaft herbeiführen können.

Mit der Sicherung der den Kreditinstituten anvertrauten Vermögenswerte ist explizit eines der Hauptziele des KWG der Bankenaufsicht vorgegeben worden. Die beiden anderen Ziele können als spezielle Formulierung der Forderung nach Wahrung der Funktionsfähigkeit des Kreditapparates angesehen werden (MÜLLER 1981).

Um die Ziele zu erreichen, wird von der Bankenaufsicht eine allgemeine **Unternehmenssicherung** angestrebt, die darauf ausgerichtet ist, das einzelne Kreditinstitut als Verwalter fremden Vermögens intakt zu halten. Eine Bankinsolvenz soll dabei jedoch nicht grundsätzlich verhindert werden, da eine derartige Existenzsicherung gegen das Wettbewerbsprinzip verstoßen würde und einen zu starken Eingriff in die Geschäftspolitik der Banken zur Folge hätte (DÜRRE 1973). Die Unternehmenssicherung ist vielmehr so zu verstehen, daß durch generelle Regulierungen und Aufsichtsnormen der Eintritt von Schwierigkeiten verhindert bzw. auftretende Probleme minimiert werden sollen.

Der Bankenaufsicht unterliegen zunächst generell alle **Kreditinstitute**. Als Kreditinstitut definiert § 1 KWG Unternehmen, die eines der neun dort abschließend aufgezählten Bankengeschäfte betreiben, wenn der Umfang dieser Geschäfte einen in kaufmännischer Weise eingerichteten Geschäftsbetrieb erfordert. Das Bundesaufsichtsamt hat in diesem Zusammenhang bestimmte Kriterien entwickelt, nach denen es beurteilt, ob für einzelne Bankgeschäfte dieser **Mindestumfang** erreicht wird. So müssen 25 Einlagenkonten vorhanden sein oder ein Einlagenbestand von 25.000,-- DM existieren, der sich auf mehr als fünf einzelne Einlagen verteilt. Im Kreditgeschäft liegt die Grenze bei 100 Darlehnsverträgen oder einem Kreditvolumen von über 1 Mio. DM, das sich aus mehr als 20 einzelnen Darlehen zusammensetzt (MAYER 1981).

Eine Reihe von Unternehmen gelten nicht als Kreditinstitut im Sinne des KWG und unterliegen damit nicht der Bankenaufsicht. Nach § 2 KWG handelt es sich im einzelnen um

- die Deutsche Bundesbank,
- die Deutsche Bundespost,
- die Kreditanstalt für Wiederaufbau,
- die Sozialversicherungsträger und die Bundesanstalt für Arbeit,
- private und öffentlich-rechtliche Versicherungsunternehmen,
- Unternehmen des Pfandleihgewerbes sowie
- Unternehmensbeteiligungsgesellschaften.

Diese Ausnahmen sind zum einen in einer anderweitig ausgeübten Fachaufsicht, zum anderen in besonderen öffentlichen Funktionen begründet. Mit Ausnahme der Deutschen Bundesbank gelten jedoch für alle genannten Unternehmen einzelne Vorschriften des Kreditwesengesetzes. So muß die Deutsche Bundespost die Vorschriften über den Sparverkehr beachten; der Pflicht zur Anzeige von Millionenkrediten unterliegen auch die Sozialversicherungsträger, die Bundesanstalt für Arbeit und die Versicherungsunternehmen.

Abgesehen von dem Mindestumfang und den Ausnahmeregelungen unterstehen sämtliche Kreditinstitute unabhängig von ihrer Rechtsform, ihrer Größe und der räumlichen Ausdehnung ihres Geschäftsgebietes der Bankenaufsicht (KUNTZE 1990). Als **Einzelfirma** dürfen Kreditinstitute seit der KWG-Novelle vom 24.3.1976 nicht mehr neu zugelassen werden, alle **Bausparkassen** sind seit dem Jahre 1973 der Bankenaufsicht unterstellt. Schließlich handelt es sich auch bei den **unselbständigen Zweigstellen von Auslandsbanken**, die Bankgeschäfte in der Bundesrepublik betreiben, um aufsichtspflichtige Kreditinstitute.

Die Aufsicht über die Kreditinstitute wird generell vom **Bundesaufsichtsamt für das Kreditwesen** ausgeübt. Es hat seinen Sitz in Berlin und ist dem Bundesministerium der Finanzen unterstellt. Nach § 7 KWG sind das Bundesaufsichtsamt und die **Deutsche Bundesbank** zur Zusammenarbeit verpflichtet. Die Mitwirkung der Deutschen Bundesbank bei der Aufsichtsführung ist notwendig, da sich zum einen die Aufgabenfelder berühren und zum anderen das Bundesaufsichtsamt über keinen eigenen Unterbau verfügt. Erst das weitverzweigte Netz der Deutschen Bundesbank ermöglicht eine ortsnahe, wirksame und rationelle Bankenaufsicht.

Die Aufgaben des Bundesaufsichtsamtes und der Bundesbank auf dem Gebiet der Bankenaufsicht sind klar geteilt. So liegen die hoheitlichen Aufgaben wie z.B. der Erlaß von Verwaltungsakten beim Bundesaufsichtsamt. Vor dem Erlaß bestimmter Regelungen hat sich das Bundesaufsichtsamt jedoch mit der Bundesbank abzustimmen, wobei der Grad der Mitwirkungsbefugnis von dem Ausmaß abhängt, in dem die beabsichtigte Regelung das Aufgabenfeld der Bundesbank berührt. Beim Erlaß von Eigenkapital- und Liquiditätsgrundsätzen ist das Bundesaufsichtsamt beispielsweise an das Einvernehmen mit der Bundesbank gebunden, in anderen Fällen muß nur das Benehmen mit der Bundesbank hergestellt werden. Umfassend ist die Bundesbank schließlich in die laufende Überwachung eingeschaltet. Berichte und Anzeigen werden von ihr entgegengenommen, analysiert, an das Bundesaufsichtsamt weitergeleitet und auch für eigene geldpolitische Zwecke verwendet.

2. Durchführung der Bankenaufsicht

Die Aufsicht über die Kreditinstitute umfaßt drei Aufgabenfelder. Der erste Bereich betrifft die Errichtung einer Geschäftsbank, der zweite die laufende Aufsichtsführung und der dritte Bereich schließlich alle Fragen, die mit der Aufhebung der Erlaubnis zusammenhängen (vgl. Abb. 2.36).

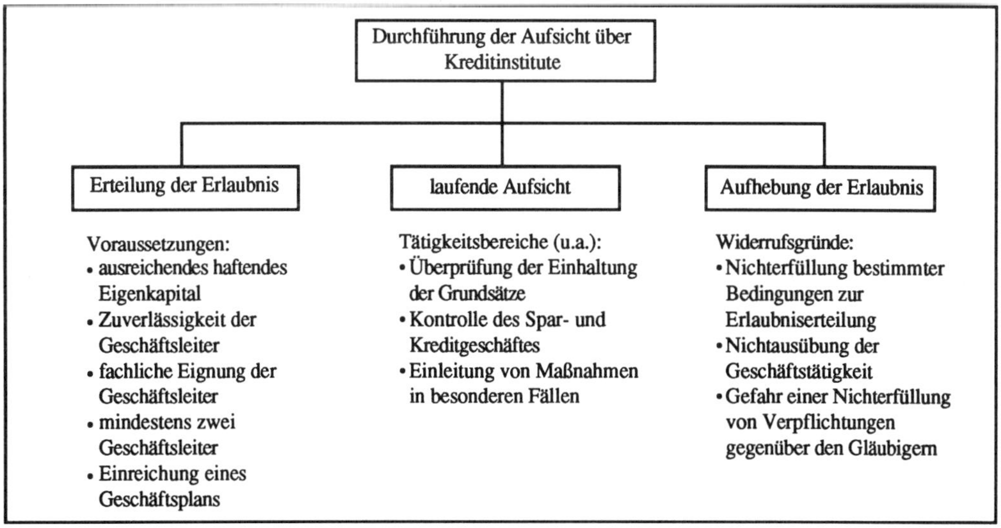

Abb. 2.36: Durchführung der Aufsicht über Kreditinstitute

Vor Aufnahme der bankgeschäftlichen Tätigkeit bedürfen die Kreditinstitute der schriftlichen **Erlaubnis** durch das Bundesaufsichtsamt für das Kreditwesen (§ 32 Abs. 1 KWG). Die Erteilung einer Erlaubnis ist an die Erfüllung bestimmter, im § 33 KWG genannter Voraussetzungen gebunden. Sind diese Bedingungen jedoch gegeben, so hat das den Antrag stellende Kreditinstitut einen Rechtsanspruch auf die Zulassung zum Geschäftsbetrieb. Im Unterschied zu früher findet also keine Bedürfnisprüfung statt, d.h. es wird nicht die wirtschaftliche Notwendigkeit zur Eröffnung einer neuen Bank untersucht.

Als erste Voraussetzung muß ein Kreditinstitut ein **ausreichendes haftendes Eigenkapital** besitzen. Notwendig ist die Existenz genügender haftender Finanzierungsmittel,

- um einen ordentlichen Geschäftsbetrieb in Gang zu setzen und
- um die üblicherweise zu Beginn der Tätigkeit zu erwartenden Anfangsverluste ausgleichen zu können (MAYER 1981).

Über den notwendigen Umfang der Eigenmittel enthält das KWG keine Informationen. Die **Mindesthöhe** wird vielmehr vom Bundesaufsichtsamt bestimmt und hängt von der Art der jeweils betriebenen Bankgeschäfte ab. Gegenwärtig liegt bei Kreditinstituten, die das Einlagengeschäft betreiben wollen, die Untergrenze bei 6 Mio. DM; für Kreditgenossenschaften gelten unter gewissen Umständen geringere Anforderungen. Bausparkassen müssen ein Eigenkapital in Höhe von 10 Mio. DM, Hypothekenbanken 50 Mio. DM nachweisen. Etwa nach Ablauf eines Jahres werden diese absoluten Mindestnormen durch die allgemeinen Regelungen des § 10 KWG abgelöst, wobei zur Vermeidung einer zu extensiven Ausweitung des Kreditvolumens die Obergrenze des Grundsatzes I in den ersten drei Jahren auf das 10-fache des haftenden Eigenkapitals begrenzt werden kann (REISCHAUER/KLEINHANS 1963, § 33, Rdn. 6).

Die Kreditinstitute arbeiten weitgehend mit fremden Geldern und weisen eine hohe Vertrauensempfindlichkeit auf. Als weitere Voraussetzung muß aus diesem Grund bei allen Geschäftsleitern eine **persönliche Zuverlässigkeit** gegeben sein. Diese liegt beispielsweise nicht vor, wenn ein Geschäftsleiter wiederholt Anzeigepflichten verletzt, die Grundsätze nicht eingehalten, Kredite mangelhaft abgesichert, Prüfungsmanipulationen begangen oder Spekulationsgeschäfte getätigt hat. Um Geschäftsleiter eines Kreditinstituts zu werden, ist jedoch nicht nur die Zuverlässigkeit, sondern darüber hinaus auch die **fachliche Eignung** nachzuweisen. Ob jemand die fachliche Eignung besitzt, läßt sich nicht generell, sondern nur in Bezug auf das Kreditinstitut, in dem die Geschäftsleiterfunktion ausgeübt werden soll, sagen. Dabei muß der Bewerber über Leitungserfahrung verfügen, d.h. Durchsetzungsvermögen besitzen und Anleitungs- und Überwachungsfunktionen ausgeübt haben, bankpraktische Erfahrungen sowie in speziellen Lehrgängen und Kursen banktheoretische Kenntnisse gesammelt haben. Mit Ausnahme des theoretischen Wissens ist von einer fachlichen Eignung regelmäßig dann auszugehen, wenn eine dreijährige leitende Tätigkeit bei einem vergleichbaren Kreditinstitut nachgewiesen wird (§ 33 Abs. 2 KWG).

Als weitere Bedingung müssen in einem Kreditinstitut seit der KWG-Novelle des Jahres 1976 **mindestens zwei Geschäftsleiter** tätig sein. Das sog. Vier-Augen-Prinzip beruht auf der Erfahrung der Bankenaufsicht, daß die verantwortliche Führung eines Kreditinstituts durch einen

Geschäftsleiter nicht hinreichend gesichert ist. Krankheit oder Urlaub eines alleinigen Geschäftsleiters führen nahezu zur Handlungsunfähigkeit eines Kreditinstituts, unsolide oder gar kriminelle Vorkommnisse werden durch einen zweiten Geschäftsleiter zumindest erschwert (MAYER 1981). Da das Vier-Augen-Prinzip von Kreditinstituten in der Rechtsform eines Einzelkaufmanns nicht erfüllt werden kann, sind entsprechende Neugründungen seit 1976 nicht mehr möglich.

Aufgrund der Ersten Bankrechts-Koordinierungs-Richtlinie wurde schließlich als letzte Voraussetzung im Jahre 1984 die **Einreichung eines Geschäftsplans** in das KWG aufgenommen. Aus dem Geschäftsplan sollen die Art der geplanten Geschäfte und der organisatorische Aufbau des Kreditinstituts hervorgehen. Er enthält somit die für das Zulassungsverfahren notwendigen Informationen, ist jedoch nicht wie bei Versicherungsunternehmen expliziter Gegenstand der Erlaubnis.

Vor Erteilung der Erlaubnis zum Betreiben des Einlagengeschäftes hat das Bundesaufsichtsamt nach § 32 Abs. 2 KWG den für das Kreditinstitut in Frage kommenden **Verband** anzuhören. Hintergrund dieser Vorschrift ist der Umstand, daß von den Verbänden die jeweiligen **Einlagensicherungseinrichtungen** getragen werden, und das Einlagengeschäft im Prinzip nur bei Vorliegen einer Mitgliedschaft in einer Sicherungseinrichtung betrieben werden darf. Durch diese Regelung soll den Fonds der Hinweis auf die Ablehnung eines Aufnahmeantrages ermöglicht werden. Allerdings ist die Mitgliedschaft in einem Einlagensicherungsfonds gesetzlich nicht verpflichtend vorgeschrieben. In Ausnahmefällen erteilt das Bundesausichtsamt daher auch ohne eine solche Mitgliedschaft die Erlaubnis. In einem derartigen Fall müssen jedoch alle Einleger ausdrücklich über die Nichtmitgliedschaft informiert werden (REISCHAUER/KLEINHANS 1963, § 33 KWG, Rdn. 19).

Die **laufende Bankenaufsicht** umfaßt die gesamte Geschäftstätigkeit eines Kreditinstitutes und beschränkt sich nicht alleine auf die im § 1 KWG genannten erlaubnispflichtigen Bankgeschäfte. Im Mittelpunkt des Interesses der Aufsichtsbehörde steht dabei die Frage, ob die Institute die im Kreditwesengesetz enthaltenen Vorschriften über das Spar- und Kreditgeschäft und die auf dem KWG beruhenden Grundsätze über das Eigenkapital und die Liquidität einhalten.

Im Rahmen der laufenden Aufsichtsführung bedient sich die Bankenaufsicht zur Erreichung ihrer Ziele allgemeiner, auf bankwirtschaftlichen Erkenntnissen beruhenden Verhaltensregeln, die einerseits den Kreditinstituten größtmöglichen Spielraum in ihren geschäftlichen Tätigkeiten belassen, andererseits aber die Risiken zu begrenzen und aufzufangen suchen. Das aufsichtsrechtliche Regelwerk erfaßt dabei zum einen den **einzelnen Geschäftsvorfall,** der gewissen Mindestanforderungen genügen muß. Entscheidungen über die Gewährung einzelner Kredite treffen jedoch alleine die Kreditinstitute, Zweckmäßigkeitskontrollen durch das Bundesaufsichtsamt sind im Gesetz nicht vorgesehen. Vor dem Hintergrund, daß beispielsweise die Zinsänderungs- und Währungsrisiken nur in ihrer Summe interpretationsfähig sind und die Tragfähigkeit der Ausfallrisiken von Art und Höhe des gesamten Kreditgeschäftes und der verfügbaren Eigenmittel abhängt, stellen die aufsichtsrechtlichen Normen zum anderen jedoch auch bestimmte Anforderungen an die **Bilanzstruktur**, d.h. also an die Zusammensetzung der Aktiv- und Passivgeschäfte.

Besteht **Gefahr** für die Erfüllung der Verpflichtungen eines Kreditinstituts gegenüber seinen Gläubigern, so kann das Bundesaufsichtsamt nach § 46 KWG besondere Anweisungen für die Geschäftsführung erlassen, die Annahme von Einlagen und die Gewährung von Krediten verbieten sowie Geschäftsleitern die Ausübung ihrer Tätigkeit untersagen und Aufsichtspersonen bestellen. Verdichten sich die Erwartungen zur Konkursgefahr, so besteht nach § 46a KWG die Möglichkeit, ein Veräußerungs- und Zahlungsverbot zu erlassen, die Schließung des Kreditinstitutes anzuordnen sowie die Entgegennahme von Zahlungen zu verbieten. Ein **Konkursverfahren** über das Vermögen eines Kreditinstitutes findet im Falle der **Zahlungsunfähigkeit** oder der **Überschuldung** statt. Um den Erfolg einer Banksanierung nicht durch überstürzte Reaktionen der Gläubiger zu gefährden, steht das Recht zur Beantragung einer Konkurseröffnung ausschließlich dem Bundesaufsichtsamt zu (NIRK 1985).

Unabhängig von konkreten Gefahrensituationen kann die Aufsichtsbehörde die erteilte **Erlaubnis aufheben**, sofern sich Geschäftsleiter als unzuverlässig bzw. fachlich nicht geeignet erweisen, nicht mindestens zwei Geschäftsleiter tätig sind oder der Geschäftsbetrieb ein Jahr lang nicht mehr ausgeübt worden ist. Ergibt sich ein Verlust in Höhe der Hälfte des haftenden Eigenkapitals oder stellt sich in drei aufeinanderfolgenden Geschäftsjahren ein Verlust von jeweils mehr als 10 % des haftenden Eigenkapitals ein, so wird nach § 35 Abs. 2 Nr. 4 KWG von einer Gefahr für die Erfüllung der Verpflichtungen gegenüber den Gläubigern ausgegangen. Auch diese Situation kann zur Aufhebung der Erlaubnis führen.

3. Harmonisierung aufsichtsrechtlicher Bestimmungen

In der im Jahre 1987 verabschiedeten "**Einheitlichen Europäischen Akte**" haben sich die Regierungen der Mitgliedsstaaten der Europäischen Gemeinschaft verpflichtet, bis zum Ende des Jahres 1992 einen gemeinsamen Binnenmarkt zu errichten. Der **Binnenmarkt** soll dabei ein geographischer Raum ohne Binnengrenzen sein, in dem der freie Verkehr von Waren, Personen, Dienstleistungen und Kapital gewährleistet ist.

Ein europaweiter Markt wird sich jedoch nur dann etablieren können, wenn innerhalb der Gemeinschaft identische Rahmenbedingungen herrschen. Da dies auch für den Finanzmarkt im allgemeinen und die Bankprodukte im besonderen gilt, hat die Kommission der Europäischen Gemeinschaften zur Harmonisierung der aufsichtsrechtlichen Bestimmungen eine Reihe von Richtlinien und Empfehlungen erarbeitet. Hierzu gehört zunächst die "**Zweite Bankrechts-Koordinierungsrichtlinie**", in der die grundlegenden Komplexe für das Zustandekommen eines einheitlichen Bankenmarktes geregelt werden (SCHNEIDER 1991). Die durchgängige Leitmaxime dieser Richtlinie kommt in den folgenden vier Hauptprinzipien zum Ausdruck (DUWENDAG 1988a):

- **Gegenseitige Anerkennung**
  Die Bankenstrukturen und die Aufsichtsregeln in den Ländern der Europäischen Gemeinschaft sind teilweise sehr unterschiedlich. Um den Harmonisierungsbedarf zu reduzieren und Integrationsfortschritte schneller zu erzielen, wird auf eine perfekte Angleichung der nationalen rechtlichen Regelungen verzichtet. Stattdessen müssen die Mitgliedsstaaten untereinander ihre jeweiligen Melde-, Schutz- und Aufsichtsregeln aktzeptieren.

- **Minimum-Harmonisierung**

Um das Entstehen zu starker Wettbewerbsverzerrungen zu verhindern, ist allerdings ein gewisses Mindestmaß an Harmonisierung notwendig. Ansonsten wäre zu vermuten, daß zunächst die Anbieter von Finanzdienstleistungen in die Länder mit leichter zu erfüllenden Aufsichtsnormen abwandern und sich daraufhin unter dem Druck der Märkte die Staaten mit strengeren Regeln den schwächeren Systemen anpassen müssen. Da ein derartiger, quasi marktmäßiger Harmonisierungsprozeß die Stabilität des Finanzsystems nicht fördert, müssen die wesentlichen Bankaufsichtsregeln EG-einheitlich festgelegt werden. Es handelt sich in diesem Zusammenhang aber nur um Mindestanforderungen, die von den Mitgliedsstaaten nicht unter-, wohl aber überschritten werden können.

- **Herkunftsland-Kontrolle**
  Ferner sieht die Zweite Bankrechts-Koordinierungsrichtlinie vor, daß die im Heimatland eines Kreditinstituts ansässige Aufsichtsbehörde die Geschäfte eines jeweiligen Kreditinstituts in allen Mitgliedsstaaten überwacht. Die Kreditinstitute müssen sich also nur noch an den in ihrem Heimatland geltenden Aufsichtsregeln orientieren und nicht mehr zusätzlich die einzelstaatlichen Regeln beachten, die für die Orte ihrer Niederlassungen gelten.

- **Einheitliche Bankenzulassung**
  Schließlich erhalten die Kreditinstitute das Recht, aufgrund nur einer Zulassung Dienstleistungen in allen Mitgliedsstaaten anzubieten, ohne erneut eine Zulassung beantragen zu müssen. Die internationalen Geschäfte können dabei sowohl über eigene Niederlassungen als auch grenzüberschreitend abgewickelt werden.

Gegenstand der Minimum-Harmonisierung ist insbesondere die Vereinheitlichung der **Eigenkapital-** und der **Solvabilitätsvorschriften**. Entsprechende Richtlinien, auf die an anderer Stelle genauer eingegangen wird, hat der Rat der Europäischen Gemeinschaften im Jahre 1989 beschlossen. Grundlegende Aspekte werden darüber hinaus unmittelbar in der Zweiten Bankrechts-Koordinierungsrichtlinie geregelt.

So müssen die Kreditinstitute in Zukunft ein **Anfangskapital** in Höhe von 5 Mio. ECU besitzen, wobei die Eigenmittel während der Tätigkeit das Anfangskapital nicht unterschreiten dürfen. Da insbesondere zahlreiche Kreditgenossenschaften und Sparkassen 5 Mio. ECU nicht erreichen dürften, besteht die Möglichkeit, besondere Kategorien von Kreditinstituten (beschränkter Geschäftsbereich) bereits mit einem Anfangskapital von 1 Mio. ECU zuzulassen (KLUGE 1990).

Ferner muß in Zukunft jede natürliche oder juristische Person, die sich direkt oder indirekt an einem Kreditinstitut mit einer qualifizierten Mehrheit (10 % und mehr) beteiligen will, zuvor die zuständige Aufsichtsbehörde unterrichten und den Betrag der Beteiligung mitteilen. Wenn die Aufsichtsbehörde davon überzeugt ist, daß der potentielle **Erwerber** nicht die Gewähr für eine **solide** und **umsichtige Führung** des Kreditinstituts bietet, kann sie innerhalb von drei Monaten gegen den Erwerb Einspruch erheben. Ebenso ist jede Verkaufsabsicht einer qualifizierten Beteiligung der Aufsichtsbehörde mitzuteilen. Die Kreditinstitute haben die Behörden mindestens einmal jährlich über die Identität der Aktionäre oder Gesellschaften, die qualifizierte Beteiligungen halten, zu unterrichten.

Schließlich ist zukünftig eine einzelne **Bankbeteiligung** an Unternehmen des nichtfinanziellen Sektors auf maximal **10 % des Kapitals** begrenzt, sofern der Betrag der Beteiligung 15 % der Eigenmittel überschreitet. Der **Gesamtbetrag** der qualifizierten Beteiligungen an Unternehmen des nichtfinanziellen Sektors darf **höchstens 60 % der Eigenmittel** eines Kreditinstituts ausmachen.

Neben der Zweiten Bankrechts-Koordinierungsrichtlinie, der Solvabilitäts- und der Eigenmittelrichtlinie ist bereits die **Richtlinie zur Verhinderung von Geldwäsche** verabschiedet. Vom 1.1.1993 an soll in allen EG-Ländern die Geldwäsche unter Strafe gestellt werden. Bei Aufnahme der Geschäftsbeziehung hat der Kunde seine Identität bekanntzugeben, ebenso der Gelegenheitskunde bei Überweisungen ab 15.000 ECU. Bei einem Verdacht auf Geldwäsche sind die zuständigen Behörden zu informieren. Diskutiert werden daneben im Moment vor allem noch die **Großkredit-Richtlinie**, die **Konsolidierungs-Richtlinie** und die **Regelung der Einlagensicherungssysteme**. Ebenso sind die deutschen (Universal-)Banken von den geplanten Richtlinien für Wertpapierhäuser, d.h. der **Kapitaladäquanz-Richtlinie** und der **Wertpapierdienstleistungs-Richtlinie**, betroffen (BUCHHOLZ/VON DER ROPP 1991).

II. Anforderungen an die Eigenkapitalausstattung

Die Kreditinstitute müssen nach § 10 Abs. 1 KWG "im Interesse der Erfüllung ihrer Verpflichtungen gegenüber ihren Gläubigern, insbesondere zur Sicherheit der ihnen anvertrauten Vermögenswerte, ein angemessenes haftendes Eigenkapital haben". Während zur Beurteilung der Angemessenheit das Bundesaufsichtsamt den Grundsatz I und den Grundsatz Ia erlassen hat, sind die Elemente des haftenden Eigenkapitals in den Absätzen 2 bis 8 des § 10 KWG niedergelegt worden.

1. Bestandteile des haftenden Eigenkapitals

a) Elemente gemäß § 10 KWG

Das Eigenkapital dient in einem Kreditinstitut insbesondere dazu, Anlagegegenstände zu finanzieren, die Höhe der Risiken zu begrenzen und auftretende Verluste auszugleichen. Die **Risikobegrenzungs-** und die **Verlustausgleichsfunktion** stehen im Mittelpunkt des § 10 KWG. Als haftendes Eigenkapital werden daher traditionell nur solche Mittel anerkannt, die **eingezahlt**, **dauerhaft** und **nachrangig** sind sowie am **laufenden Verlust teilnehmen** (NIRK 1985). Darüber hinaus ist der Umfang des haftenden Eigenkapitals von der Rechtsform der Kreditinstitute abhängig. Die bei einer Aktienbank anrechnungsfähigen Positionen gibt die nachstehende Abbildung 2.37 wieder.

	Grundkapital
-	ausstehende Einlagen auf das Grundkapital
-	Bestand an eigenen Aktien
+	Rücklagen
+	Gewinn, soweit Rücklagenzuweisung beschlossen
-	Bilanzverlust
-	unübliche Kredite an Gesellschafter mit mehr als 25 % Kapitalanteil
+	Genußrechtskapital
+	Vermögenseinlagen stiller Gesellschafter
	Haftendes Eigenkapital

Abb. 2.37: Das haftende Eigenkapital einer Aktienbank

Zum haftenden Eigenkapital zählt zunächst das **Grundkapital** in seiner nominellen Höhe. In Abzug zu bringen sind die effektiv zum Verlustausgleich (noch) nicht einsetzbaren **ausstehenden Einlagen** sowie der einer Rückzahlung von Grundkapital gleichkommende **Bestand an eigenen Aktien**. Ferner gehören zum Eigenkapital alle **offenen Rücklagen**, unabhängig davon, ob sie aus einbehaltenen Gewinnen oder aus dem Agio bei einer Kapitalerhöhung stammen. Nicht anrechnungsfähig sind demgegenüber aufgrund steuerlicher Vorschriften erst bei ihrer Auflösung zu versteuernde Passiva (**Sonderposten mit Rücklagenanteil**) sowie die **stillen Reserven**. Der **Bilanzgewinn** kann dem haftenden Eigenkapital zugerechnet werden, wenn seine Zuweisung zu den Rücklagen beschlossen ist, d.h. also mit Ablauf der jeweiligen Hauptversammlung. In Höhe des **Bilanzverlustes** sind Teile des Eigenkapitals durch die Geschäftstätigkeit aufgezehrt worden, so daß ein entsprechender Betrag von den haftenden Mitteln abgezogen werden muß.

Seit der KWG-Novelle des Jahres 1984 ist daneben das Haftkapital um **bankunübliche Kredite an bestimmte Gesellschafter** zu kürzen. Das Ziel dieser Neuregelung lag darin, eine verdeckte Einlagenrückgewähr bzw. die Gewährung ungesicherter Kredite an die Gesellschafter und die Rückleitung dieser Mittel als Eigenkapital zu verhindern (NIRK 1985). An einer derartigen, rein formellen Erhöhung des Eigenkapitals werden sich allerdings nur besonders einflußreiche Gesellschafter beteiligen können. Daher gilt die Abzugsverpflichtung nur bei Aktionären, denen mehr als 25 % des Kapitals gehört. Als bankunübliche Kredite werden dabei solche Engagements angesehen, die entgegen allgemeiner Bankübung nicht ausreichend gesichert sind oder die nicht zu marktmäßigen Bedingungen gewährt wurden, bei denen also insbesondere die Konditionen oder die Tilgungsmodalitäten nicht den Marktverhältnissen entsprechen.

Ebenfalls mit der KWG-Novelle 1984 wurde allen Kreditinstituten die Möglichkeit eröffnet, haftendes Eigenkapital bis zur Höhe von 25 % des eingezahlten Eigenkapitals durch die Emission von Genußrechten zu bilden. **Genußrechte** stellen für ein Kreditinstitut Verbindlichkeiten dar, die typischerweise eine gewisse Gewinnbeteiligung, allerdings keinerlei gesellschaftsrechtliche Mitwirkungs- und Kontrollrechte verbriefen. Steuerrechtlich wird das Genußrechtskapital als Fremdkapital behandelt, sofern die Ansprüche des Genußrechtsinhabers im Liquidationsfall nicht über den Nennbetrag der jeweiligen Genußrechte hinausgehen. Um als Haftkapital anerkannt zu werden, müssen die Genußrechte folgenden **Anforderungen** genügen:

- volle Teilnahme am Verlust,
- Rückforderung erst nach Befriedigung der übrigen Gläubiger,
- Laufzeit mindestens 5 Jahre, Restlaufzeit mindestens 2 Jahre,
- ausdrücklicher und schriftlicher Hinweis darauf, daß die Bedingungen nachträglich nicht geändert werden können.

Durch die Mindestlaufzeit wird die hinreichende Dauerhaftigkeit des Eigenkapitals gewährleistet, die zweijährige Restlaufzeit soll die Kreditinstitute zu rechtzeitigen Ersatzdispositionen veranlassen. Eine Erweiterung der haftenden Eigenmittel ist schließlich auch durch **Vermögenseinlagen stiller Gesellschafter** möglich. Die stillen Vermögenseinlagen müssen dabei die gleichen Bedingungen wie das Genußrechtskapital erfüllen.

Für Kreditinstitute, die in anderen Rechtsformen geführt werden, gelten zwar im Prinzip die gleichen Eigenkapitalbestandteile wie für Aktienbanken, jedoch sind gewisse Modifikationen zu beachten. So basiert die Eigenmittelberechnung bei **Einzelkaufleuten, offenen Handelsgesellschaften und Kommanditgesellschaften** auf dem Geschäftskapital, d.h. also demjenigen Teil des Vermögens eines Gesellschafters, der ausschließlich dem Bankgeschäft gewidmet ist. Desweiteren sind die Rücklagen zu erfassen, in Abzug zu bringen sind die Entnahmen des Inhabers oder der persönlich haftenden Gesellschafter und die diesen gewährten Kredite. Die Haftung eines Einzelbankiers oder eines persönlich haftenden Gesellschafters beschränkt sich im Konkursfall jedoch nicht allein auf das dem Kreditinstitut gewidmete Kapital. Aus diesem Grund muß das haftende Eigenkapital zum einen um einen eventuellen **Schuldenüberhang** beim freien Vermögen des Inhabers gekürzt werden. Zum anderen kann das Bundesaufsichtsamt auf Antrag sogenannte **freie Vermögensteile** als haftendes Eigenkapital anerkennen. Das Anrechnungsverfahren ist dabei in einer besonderen Mitteilung der Aufsichtsbehörde geregelt. Zunächst soll das freie Vermögen in einer vertretbaren Höhe zum bilanziellen Eigenkapital stehen, so daß freie Vermögensteile im allgemeinen nur bis zur Höhe des bilanzierten haftenden Eigenkapitals Berücksichtigung finden. Die Vermögenswerte sind durch einen Wirtschaftsprüfer, ggfs. unter Hinzuziehung eines Sachverständigen, zu bewerten. Angerechnet werden die Gegenstände allerdings nur bis zu bestimmten Höchstwerten, die bei festverzinslichen Wertpapieren bei 80 % des Börsenkurses, bei Dividendenwerten bei 60 % des Börsenkurses und bei Grundbesitz bei 50 % des Verkehrswertes liegen. Im Zuge der Prüfungen der Jahresabschlüsse in den folgenden Jahren hat der beauftragte Wirtschaftsprüfer auch den Wert des anerkannten freien Vermögens zu ermitteln. Wertminderungen führen zu einer entsprechenden Herabsetzung des Anrechnungsbetrages, Werterhöhungen können dagegen nur über einen neuen Antrag Berücksichtigung finden. Treten während des Geschäftsjahres Wertminderungen von mehr als 20 % des letzten Wertansatzes auf, so sind diese unverzüglich dem Bundesaufsichtsamt anzuzeigen.

Bei eingetragenen **Genossenschaften** bilden die eingezahlten Geschäftsguthaben und die Rücklagen die Grundlage zur Berechnung des haftenden Eigenkapitals. Daneben wird bei den Kreditgenossenschaften ein sog. **Haftsummenzuschlag** anerkannt. Dieser beruht auf der Verpflichtung der Mitglieder einer Kreditgenossenschaft, im Falle des Konkurses einen zusätzlichen Betrag, maximal bis zur Höhe der Haftsumme, nachschießen zu müssen (**Nachschußpflicht**). Die Haftsumme tritt im normalen Geschäftsbetrieb als Finanzierungsmittel nicht in Erscheinung, sie stellt für die Gläubiger jedoch eine zusätzliche Garantie dar. Die genaue Höhe des Haftsummenzuschlags wird in einer speziellen "Zuschlagsverordnung" durch zwei alternativ wirkende Vorschriften festgelegt. Einerseits beläuft sich der Zuschlag danach

- für Genossenschaften mit beschränkter Haftpflicht auf 3/4 des Gesamtbetrages der Haftsummen,
- für Genossenschaften mit unbeschränkter Nachschußpflicht auf das Doppelte des Gesamtbetrages der Geschäftsanteile.

Andererseits darf der Zuschlag jedoch einen bestimmten Prozentsatz des ohne ihn vorhandenen haftenden Eigenkapitals nicht überschreiten. Dieser Prozentsatz betrug bis einschließlich 1985 50 % und wird seit 1986 stufenweise um 2,5 %-Punkte jährlich bis zum Jahr 1995 auf 25 % zurückgeführt (1986 47,5 %, 1987 45 % usw.). Die Auswirkungen dieser Bestimmungen, durch die eine

Angleichung des als haftend anerkannten und des effektiv vorhandenen Eigenkapitals erreicht wird, soll an einem Zahlenbeispiel verdeutlicht werden. Zugrunde gelegt werden dabei zwei Kreditgenossenschaften mit beschränkter Nachschußpflicht, bei denen die Haftsumme der Höhe der Geschäftsguthaben entspricht. Die Berechnung wird für das Jahr 1990 durchgeführt (vgl. Abb. 2.38).

	Kreditgenossenschaft			
	A		B	
Geschäftsguthaben		3,00		1,40
Rücklagen		3,00		5,80
Eingezahltes Eigenkapital		6,00		7,20
Haftsummmenzuschlag, min.:				
• 75 % der Haftsumme	2,25		1,05	
• 37,5 % des eingezahlten Eigenkapitals	2,25	2,25	2,70	1,05
Haftendes Eigenkapital		8,25		8,25

Abb. 2.38: Berechnung des Haftsummenzuschlags einer Kreditgenossenschaft (in Mio. DM)

Im Jahre 1990 verfügen beide Institute über ein haftendes Eigenkapital in Höhe von 8,25 Mio. DM. Ab dem Jahr 1991 vermindert sich jedoch für die Kreditgenossenschaft A das haftende Eigenkapital, da das anrechnungsfähige eingezahlte Eigenkapital bereits den Wert von 75 % der Haftsumme erreicht hat. Zur Aufrechterhaltung ihrer Geschäftsmöglichkeiten muß diese Genossenschaft daher eine verstärkte Mitgliederwerbung betreiben, die eingezahlten Geschäftsguthaben, die Haftsummen oder die Rücklagen erhöhen. Für die Kreditgenossenschaft B besteht diese Notwendigkeit zur Erhaltung des haftenden Eigenkapitals nicht, da der anerkannte Haftsummenzuschlag im Jahr 1990 lediglich rd. 14,5 % des eingezahlten Eigenkapitals beträgt.

Bei **Sparkassen** setzt sich das haftende Eigenkapital aufgrund eines nicht vorhandenen expliziten Geschäftskapitals insbesondere aus der Sicherheitsrücklage und den sonstigen Rücklagen zusammen, bei den übrigen **Kreditinstituten des öffentlichen Rechts** (Landesbanken, Girozentralen) bildet neben den Rücklagen das von den Gewährträgern bereitgestellte Dotationskapital die Basis der Berechnung. Daneben verfügen die öffentlich-rechtlichen Kreditinstitute jedoch über eine allgemeine Garantie ihres jeweiligen Gewährträgers. Diese konkretisiert sich in zwei Formen. Zum einen übernimmt der Gewährträger einer Sparkasse die Haftung für die Sicherheit der Einlagen aller Gläubiger für den Fall, daß das zu sichernde Institut seine Verbindlichkeiten nicht mehr zurückzahlen kann (Gewährträgerhaftung). Zum anderen verpflichtet sich der kommunale Träger jedoch auch, die wirtschaftliche Basis der Sparkasse zu sichern, sie funktionsfähig zu erhalten und etwaige finanzielle Lücken durch Zuschüsse auszugleichen (Anstaltslast). Im Gegensatz zu der auf den einzelnen Gläubiger bezogenen **Gewährträgerhaftung** tritt als Begünstigter der **Anstaltslast** folglich das öffentlich-rechtliche Kreditinstitut selbst auf. Trotz dieser umfassenden Sicherung werden als haftendes Eigenkapital im Sparkassensektor neben dem Bilanzgewinn, dem Genußrechtskapital und den Vermögenseinlagen stiller Gesellschafter (NIRK 1985) ausschließlich die Rücklagen anerkannt. Die Garantieübernahme der Eigentümer hat somit im Gegensatz zu den Kreditgenossenschaften keine Berücksichtigung gefunden.

b) Elemente nach der EG-Eigenmittelrichtlinie

Vor dem Hintergrund des angestrebten europäischen Binnenmarktes sind die Mitgliedsstaaten der Europäischen Gemeinschaft verpflichtet, spätestens bis zum 1. Januar 1993 die am 17. April 1989 vom Ministerrat erlassene Eigenmittelrichtlinie in nationales Recht zu transformieren. Ziel der Eigenmittelrichtlinie ist es, vergleichbare Maßstäbe für die Unterlegung risikobehafteter Engagements mit Eigenkapital zu schaffen. Dabei enthält die Eigenmittelrichtlinie Kapitalbestandteile, die in ihrer Qualität zum Teil den Anforderungen, die den Eigenkapitalkomponenten des § 10 KWG zugrunde liegen, nicht genügen.

In Übereinstimmung mit dem vom "Ausschuß für Bankbestimmungen und -überwachung" (Cooke-Kommission) bei der Bank für internationalen Zahlungsausgleich (BIZ) in Basel entwickelten Begriff sieht die Eigenmittelrichtlinie zwei Arten von Eigenmitteln vor, nämlich die Basiseigenmittel und die ergänzenden Eigenmittel, wobei die ergänzenden Eigenmittel **maximal bis zur Höhe des Kernkapitals** anerkannt werden (REHM/GEIGER 1990). Zu den **Basiseigenmitteln** zählen

- das eingezahlte Kapital (Grundkapital, Dotationskapital, eingezahlte Genossenschaftsanteile),
- ein Emissionsagio,
- die Rücklagen sowie
- der Teil des Gewinns, dessen Zuweisung zu den Rücklagen beschlossen ist.

Die **ergänzenden Eigenmittel** können - im Rahmen des Kernkapitals - zum Teil **unbegrenzt**, zum Teil nur **begrenzt** in Anrechnung gebracht werden. Zu der erstgenannten Kategorie gehören die folgenden Positionen:

- **Neubewertungsrücklagen**
  Bei den Neubewertungsrücklagen handelt es sich um **unrealisierte Gewinne**, d.h. um Differenzen zwischen dem aktuellen Marktpreis und dem auf historischen Anschaffungskosten beruhenden Buchwert insbesondere bei Beteiligungen, Wertpapieren oder Immobilien.

- **Fonds für allgemeine Bankrisiken**
  Der Fonds für allgemeine Bankrisiken nimmt **versteuerte** (stille) **Reserven** auf. Im Unterschied zur stillen Reservebildung gemäß § 26 a KWG resp. 340 f. HGB erfolgt jedoch keine Bilanzverkürzung durch die Bildung einer Globalabschreibung, sondern vielmehr eine offene Risikovorsorge in Form eines **passivischen Bilanzausweises**.

- **Wertberichtigungen**
  Wertberichtigungen zählen zu den ergänzenden Eigenmitteln, wenn es sich um **stille Reserven**, d.h. um Pauschalwertberichtigungen auf Forderungen und Wertpapiere handelt, wobei die Wertpapiere nicht zum Handelsbestand gehören und nicht wie Finanzanlagen bewertet sein dürfen und der Bilanzansatz der Forderungen und Wertpapiere den Wert gemäß Niederstwertprinzip unterschreiten muß.

- **Sonstige Bestandteile**
  Zu den sonstigen Bestandteilen rechnen sämtliche Mittel, über die ein Kreditinstitut **frei verfügen** kann, um normale geschäftliche Risiken abzudecken. Allerdings müssen die sonstigen Mittel aus den internen Unterlagen ersichtlich sowie in ihrer Höhe von der Geschäftsleitung festgestellt, von unabhängigen Buchprüfern geprüft, den zuständigen Aufsichtsbehörden offengelegt und ihrer Überwachung unterworfen sein. Diese Anforderungen erfüllen aus deutscher Sicht vor allem die **Genußrechte** (AKMANN 1990).

Bestimmte Bestandteile der ergänzenden Eigenmittel dürfen aufgrund ihrer verminderten Qualität maximal in einer Größenordnung von 50 % der Basiseigenmittel berücksichtigt werden. Hierzu gehören insbesondere die **nachrangigen Verbindlichkeiten**, d.h. Verbindlichkeiten, für die ein Rangrücktritt hinter die übrigen Verbindlichkeiten vereinbart worden ist, und der **Haftsummenzuschlag** der Kreditgenossenschaften. Darüber hinaus sind von den errechneten Eigenmitteln die folgenden Posten abzuziehen:

- der Bestand des Kreditinstituts an eigenen Aktien,
- immaterielle Anlagewerte,
- Verluste im laufenden Geschäftsjahr,
- Beteiligungen an Kreditinstituten oder an Finanzinstituten in Höhe von mehr als 10 %,
- Beteiligungen an Kreditinstituten oder an Finanzinstituten, die einzeln höchstens 10 % des Kapitals dieser Kreditinstitute ausmachen, soweit sie insgesamt 10 % des eigenen Kapitals der beteiligten Bank übersteigen.

Vom Kapitalabzug kann jedoch abgesehen werden, wenn es sich um Beteiligungen an Instituten handelt, die in die konsolidierte Aufsicht einbezogen sind. Da für deutsche Kreditinstitute eine Konsolidierungspflicht erst ab einer Beteiligungsquote von 40 % (oder einem beherrschenden Einfluß) besteht, dürfte das Abzugsgebot insbesondere für Beteiligungen an Kreditinstituten zwischen 10 % und 40 % Relevanz besitzen.

Bei der Umsetzung der Eigenmittelrichtlinie in nationales Recht haben die Mitgliedsstaaten die Möglichkeit, nicht alle denkbaren Eigenkapitalkomponenten anzuerkennen. Da die Definition des haftenden Eigenkapitals gemäß § 10 KWG derzeit die volle Einzahlung des Kapitals, die Teilnahme der Mittel am laufenden Verlust und die Dauerhaftigkeit voraussetzt, ist insbesondere die Anerkennung der Neubewertungsrücklagen fraglich.

2. Eigenkapitalausstattung eines einzelnen Kreditinstituts

a) Aufbau des Grundsatzes I

Die im § 10 KWG enthaltene Forderung nach der Angemessenheit des haftenden Eigenkapitals ist vom Bundesaufsichtsamt für das Kreditwesen im Grundsatz I konkretisiert worden. Bei Bekanntmachung des Grundsatzes I im Jahre 1962 ging das Amt dabei von der Erfahrung aus, daß das Wagnis eines Kreditinstituts in erster Linie von der Art der Anlage der ihm anvertrauten Mittel abhängt. Im Mittelpunkt des Grundsatzes I stand zunächst ausschließlich das **Kreditrisiko**. In den letzten Jahren sind an den Finanzmärkten jedoch eine Reihe innovativer, bilanzunwirksamer

Geschäfte entwickelt worden, die bei Ausfall des Geschäftspartners ebenfalls zu Verlusten führen können. Daher ist der Grundsatz I im Jahre 1990 zu einer Norm für das gesamte **Adressenausfallrisiko** ausgebaut worden. Dagegen erfolgt die Begrenzung bestimmter Preisrisiken (Zinsrisiken, Währungsrisiken) nach wie vor nicht im Grundsatz I, sondern im Grundsatz Ia.

Zur Limitierung des Adressenausfallrisikos werden im Grundsatz I Aktivgeschäfte nach Risikogesichtspunkten ausgewählt, bewertet und dem haftenden Eigenkapital gegenübergestellt. Das haftende Eigenkapital gilt dann als angemessen, wenn die bewertete Risikoaktiva das 18fache des haftenden Eigenkapitals nicht übersteigt. Damit beinhaltet der Grundsatz I vier Problemkreise, auf die im folgenden näher eingegangen wird:

(1) Auswahl der Risikoaktiva
(2) Ermittlung der Bemessungsgrundlage
(3) Bewertung der Risikoaktiva
(4) Definition des Risikomaximums.

Zu (1): Zu den Risikoaktiva gehören nach Absatz 1 des Grundsatzes I

- Beteiligungen,
- Kredite,
- Finanz-Swaps sowie
- Termingeschäfte und Optionsrechte über einen vertretbaren Geschäftsgegenstand.

Die zu erfassenden **Beteiligungen** entsprechen der gleichnamigen Bilanzposition. In den Grundsatz I gehen auch nach der jüngsten Überarbeitung sonstige Wertpapierbestände nicht ein, allerdings ist deren Integration im Zusammenhang mit einer internationalen Harmonisierung der Eigenkapitalnormen absehbar.

Die **Kredite** sind seit jeher im Grundsatz I zu berücksichtigen. Das Bundesaufsichtsamt hatte zu Beginn der 60er Jahre jedoch zunächst darauf verzichtet, jedes Kreditgeschäft, das ein Risiko in sich bergen könnte, in Rechnung zu stellen. Vielmehr wurden nur die als besonders risikobehaftet angesehenen Engagements erfaßt und zum Beispiel die Realkredite, die Bürgschaften und bestimmte Forderungen an Kreditinstitute außer acht gelassen (SZAGUNN/WOHLSCHIEß 1986). Mit den im Zeitablauf wachsenden Risiken weitete das Aufsichtsamt den Katalog **anrechnungspflichtiger Geschäfte** jedoch immer weiter aus. Als Kredite sind heute nach Absatz 3 des Grundsatzes I anzusehen:

- Wechsel im Bestand und aus dem Bestand zum Einzug versandte Wechsel,
- Forderungen an Kreditinstitute und an Kunden,
- Risikoaktiva, die aufgrund von i.d.R. unechten Pensionsgeschäften vom Bestand abgesetzt wurden,
- Gegenstände, über die ein Kreditinstitut als Leasinggeber Leasingverträge abgeschlossen hat,

- Eventualforderungen aus
  - den Kreditnehmern abgerechneten eigenen Ziehungen im Umlauf,
  - Indossamentsverbindlichkeiten aus weitergegebenen Wechseln,
  - Bürgschaften und Gewährleistungsverträgen,
  - unbedingten Verpflichtungen der Bausparkassen zur Ablösung fremder Zwischenkredite an Bausparer.

Bei den **Bestandswechseln** kann das Kreditinstitut ebenso wie bei den **abgerechneten eigenen Ziehungen** und den übrigen **weitergegebenen Wechseln** im Fall der Nichteinlösung durch den Bezogenen in Anspruch genommen werden, so daß diese Positionen ein berücksichtigungsfähiges Kreditrisiko in sich bergen. Dagegen sind die nicht abgerechneten eigenen Ziehungen vom ausstellenden Kreditinstitut selbst einzulösen und deshalb nicht anrechnungspflichtig.

Seit der Änderung des Grundsatzes I im Jahre 1990 gehören zu den Krediten auch Pensionsgeschäfte, bei denen die Pensionsgegenstände vom bilanzierenden Kreditinstitut vom Bestand abgesetzt wurden. I.d.R. handelt es sich hierbei um **unechte Pensionsgeschäfte**, die dem Pensionsnehmer das Recht einräumen, die Rücknahme der Gegenstände zu verlangen. Da der Pensionsnehmer das Recht mit Sicherheit dann ausüben wird, wenn der Schuldner aus dem Pensionsgegenstand insolvent und der Pensionsgegenstand damit wertlos ist, trägt der Pensionsgeber weiterhin das Adressenausfallrisiko in bezug auf den Schuldner der Forderung (DEUTSCHE BUNDESBANK 1990). Die Einbeziehungspflicht betrifft dabei nur solche Pensionsgegenstände, die in den Grundsatz I eingehen (Forderungen, Beteiligungen, Wechsel). Ferner waren die Gegenstände aus echten Pensionsgeschäften schon vor der jüngsten Grundsatzänderung zu erfassen, weil sie weiterhin vom Pensionsgeber zu bilanzieren sind.

Als Aktivkomponente im Grundsatz I gelten bereits seit Anfang des Jahres 1986 bestimmte **Leasingverträge**, da das Leasinggeschäft bei wirtschaftlicher Betrachtungsweise ein Kreditgeschäft darstellt, bei dem die Leasinggegenstände als Kreditsicherheit dienen (REISCHAUER/KLEINHANS, § 19, Rdn. 21a). Relevanz besitzt diese Vorschrift allerdings nur bei Gegenständen, die beim Kreditinstitut oder einer zu konsolidierenden Leasinggesellschaft als Leasinggeber bilanziert werden. Erfolgt die Bilanzierung beim Leasingnehmer, so geht die vom Kreditinstitut auszuweisende Leasingforderung als Kredit in den Grundsatz I ein. Ebenso werden Gegenstände, die ein Kreditinstitut als Leasingnehmer besitzt, nicht berücksichtigt, denn in diesem Fall nimmt das Kreditinstitut quasi selbst einen durch den Leasinggegenstand gesicherten Kredit auf.

Zu den Gewährleistungsverträgen gehören seit einiger Zeit auch die Verpflichtungen aus **Emissionsfazilitäten**, bei denen sich ein Schuldner die benötigten Mittel revolvierend durch die Emission kurzfristiger Schuldtitel beschafft und der Plazierungserfolg durch eine mittel- bis langfristige Kreditlinie einer oder mehrerer Banken abgesichert ist. Zunächst handelt es sich damit bei diesen Geschäften lediglich um Kreditzusagen, die ansonsten in den Grundsatz I nicht eingehen. Da die übernommenen Verpflichtungen allerdings eine vergleichsweise lange Laufzeit aufweisen und insbesondere bei einer verschlechterten Bonität des Emittenten oder eines allgemeinen Zinsanstiegs in Anspruch genommen werden, unterscheiden sie sich in wesentlichen Punkten von den gewöhnlichen Kreditzusagen und stellen daher seit Mitte 1986 eine für den Grundsatz I anrechnungspflichtige Risikokomponente dar. Verfügt der Emittent über die ihm eingeräumte Kreditlinie, so ist die im

Grundsatz I erfaßte Fazilität um den entsprechenden Betrag zu kürzen, sofern dieser Betrag als Buchkredit in den Grundsatz I eingeht. Übernimmt das Kreditinstitut jedoch nicht anrechnungspflichtige Wertpapiere, so muß im Grundsatz I weiterhin auf die Gewährleistungsverpflichtung abgestellt werden.

Das **Bausparkassengeschäft** wird entweder von rechtlich selbständigen Instituten oder von rechtlich unselbständigen Einrichtungen eines Kreditinstituts betrieben. Im letztgenannten Fall gehen die Aktivgeschäfte der Bausparkassen prinzipiell auf zweifache Weise in den Grundsatz I ein. Zum einen müssen die Bausparkassenabteilungen auf der Grundlage des ihnen zugewiesenen Eigenkapitals für sich genommen den Grundsatz I einhalten, zum anderen ist der Grundsatz I auf die Kreditinstitute einschließlich ihrer unselbständigen Bauspareinrichtungen zu beziehen. Für die rechtlich selbständigen Bausparkassen(-töchter) gilt demgegenüber zunächst nur die isolierte Pflicht zur Einhaltung des Grundsatzes I. Ob eine zusammenfassende Betrachtung notwendig ist, hängt daneben von der Höhe der Beteiligungsquote ab (vgl. § 10 a KWG). Als Aktivkomponente im Rahmen des Grundsatzes I müssen die Bausparkassen neben den vergebenen Krediten die übernommenen Verpflichtungen zur Ablösung fremder Zwischenkredite an Bausparer erfassen. Allerdings belasten nur unbedingte Zusagen den Grundsatz I, d.h. die Verpflichtung der Bausparkasse muß unabhängig von der Auszahlung des Bauspardarlehens bestehen und darf nicht von der Bonität des Bausparers abhängen (OECHLER 1986).

In den Grundsatz I neu aufgenommen wurden im Jahre 1990 die **Finanzinnovationen**, d.h. die Finanz-Swaps, Termingeschäfte und Optionsrechte. Bei diesen Geschäften liegt das Risiko darin, daß der Geschäftspartner aus einem Swap oder einem Termingeschäft resp. der Stillhalter aus dem erworbenen Optionsrecht ausfällt und seinen Liefer- oder Zahlungsverpflichtungen nicht nachkommt. Sofern die Bank mit diesen Geschäften eine offene Position geschlossen hatte, lebt mit dem Ausfall des Geschäftspartners das ursprüngliche Risiko wieder auf. Bei einer erneuten Beseitigung der offenen Position durch ein Ersatzgeschäft kann es dazu kommen, daß das Institut wegen einer ungünstigeren Marktlage einen Verlust realisieren muß (TRABER 1990).

Aus Vereinfachungsgründen werden in den Grundsatz I generell alle Finanzswaps einbezogen, unabhängig davon, ob ein Eindeckungsrisiko tatsächlich besteht. Begründet ein Finanz-Swap eine offene Position und fällt der Vertragspartner aus, so erlischt auch das durch den Swap hervorgerufene Risiko. Das Aufsichtsamt geht jedoch davon aus, daß die Kreditinstitute Swapgeschäfte i.d.R. nur zu Sicherungszwecken abschließen. Durch die generelle Erfassungspflicht wird zudem ein erheblicher Erfassungsaufwand vermieden (DEUTSCHE BUNDESBANK 1990).

Bei Termingeschäften und Optionsrechten hängen die Eindeckungsrisiken nicht nur von der Bonität des Geschäftspartners, sondern u.a. auch von der Volatilität des jeweiligen Kurses oder Preises und der Kontraktlaufzeit ab. Daher sind nur Termingeschäfte über **vertretbare Geschäftsgegenstände** zu erfassen. Geschäfte über individuell bestimmbare Gegenstände (z.B. Grundstücke, Beteiligungen) gehören demgegenüber nicht zur grundsatzrelevanten Risikoaktiva. In den Grundsatz I fallen dabei nicht nur **zinssatzabhängige** (z.B. Zinsterminkontrakte, Forward Rate Agreements, erworbene Zinsoptionen) und **wechselkursabhängige** (z.B. Währungstermingeschäfte, Währungsterminkontrakte, erworbene Währungsoptionen) Termingeschäfte, sondern auch **andere bilanz-**

unwirksame Transaktionen mit hinausgeschobenem Erfüllungszeitpunkt (z.B. Aktientermin- und -optionsgeschäfte, Indextermin- und -optionsgeschäfte).

Zu (2): Bemessungsgrundlage für die Anrechnung der Risikoaktiva im Grundsatz I ist bei **Beteiligungen** und **Krediten** der **Buchwert**. Um das tatsächlich risikobehaftete Volumen zu erfassen, müssen diese beiden Positionen jedoch um einige Größen gekürzt werden. Hierzu gehören zunächst die **passivierten Wertberichtigungen**. Sofern Wertberichtigungen aktivisch abgesetzt werden, vermindert sich der für den Grundsatz I maßgebliche Buchwert. Da mit dem passivischen Ausweis einer Wertberichtigung ebenso der geringere Wertgehalt eines Aktivums ausgedrückt werden kann, ist es folgerichtig, daß eine entsprechende Kürzungsposition in die Grundsatzberechnung eingeht. Vor dem Hintergrund des Verbots, Einzelwertberichtigungen auf Forderungen oder Wertpapiere passivisch auszuweisen und der Abschaffung der Sammelwertberichtigungen kommt dieser Kürzungsregelung allerdings materiell nur eine geringe Bedeutung zu.

Von dem ermittelten Buchwert der Kredite sind ferner die **passivischen Rechnungsabgrenzungsposten** aus Gebührenabgrenzung abzuziehen. Dieser Abzugsposten beruhte ursprünglich auf der Gepflogenheit der Teilzahlungsbanken, sowohl gegenüber den Kunden als auch auf der Aktivseite der Bilanz die Darlehenshöhe unter Einrechnung der künftigen Zinsen auszuweisen (NIRK 1985). Der gleiche wirtschaftliche Vorgang ist bei der Auszahlung eines Darlehens unter Einbehaltung eines Disagios zu beobachten. In beiden Fällen werden allerdings die in der Differenz zwischen dem Kredit- und dem Auszahlungsbetrag zum Ausdruck kommenden Erträge nicht sofort buchhalterisch vereinnahmt, sondern auf der Passivseite in einen Rechnungsabgrenzungsposten eingestellt und zeitanteilig aufgelöst. Der effektiv ausfallgefährdete Kreditbetrag ergibt sich folglich, wenn von dem nominellen Kreditbetrag die entsprechenden passivischen Rechnungsabgrenzungsposten in Abzug gebracht werden. Zukünftige Erträge stellen damit kein berücksichtigungspflichtiges Aktivum im Grundsatz I dar.

Auch bei Gegenständen, über die ein Kreditinstitut als Leasinggeber Leasingverträge abgeschlossen hat, ist vom Buchwert auszugehen. Der Buchwert ist jedoch um bestimmte Posten zu kürzen, die wegen der Erfüllung oder der Veräußerung von **Forderungen aus Leasingverträgen** gebildet werden. Bei diesen Positionen kann es sich sowohl um Mietvorauszahlungen als auch um Ratenzahlungen handeln, die größer als die anteiligen Abschreibungen sind. Beide Vorgänge führen bilanziell zum Ausweis eines Rechnungsabgrenzungspostens, wirtschaftlich zur früheren Tilgung einer Leasingforderung, die in entsprechender Höhe im Grundsatz I berücksichtigt wird.

Im Gegensatz zu Krediten und Beteiligungen, bei denen ggfs. der gesamte Kapitalbetrag verloren gehen kann, bezieht sich das Adressenausfallrisiko bei den **nicht bilanzwirksamen Geschäften** lediglich auf den **Eindeckungsverlust**. Da dieser nicht mit den Kapitalbeträgen resp. den Erfüllungsansprüchen übereinstimmt, müssen die Nominalvolumina der innovativen Geschäfte zunächst in sog. **Kreditäquivalenzbeträge** umgerechnet werden, um sie mit der sonstigen Risikoaktiva vergleichbar zu machen (DEUTSCHE BUNDESBANK 1990a).

Für die Ermittlung der Kreditäquivalenzbeträge stehen mit der Laufzeit- und der Marktbewertungsmethode zwei Verfahren zur Verfügung. In beiden Methoden wird aufgrund unterschiedlicher

Risikodeterminanten zwischen Zinskontrakten, Währungskontrakten und Kontrakten mit sonstigen Preisrisiken unterschieden. Sofern Kontrakte zwei Risikoelemente aufweisen (z.B. Zins- und Währungsrisiko), erfolgt keine Addition von Risikobeträgen, vielmehr werden die Geschäfte insgesamt in der höheren Kategorie erfaßt. Ferner hängt die Umrechnung in beiden Verfahrensweisen von der Laufzeit der innovativen Geschäfte ab. Zur Bestimmung der maßgeblichen Laufzeit sind zwei unterschiedliche Verfahren vorgesehen. Bei Termingeschäften und Optionsrechten mit Geschäftsgegenständen, die selbst eine genau bestimmte Laufzeit aufweisen (z.B. Zinsterminkontrakte, Zinsoptionen), ist auf die Laufzeit des Geschäftsgegenstandes abzustellen, in allen anderen Fällen (z.B. Devisentermingeschäft) gilt die Laufzeit des Geschäftes selbst als maßgebliche Laufzeit (ARNOLD/SCHULTE-MATTLER 1990).

Bei der **Laufzeitmethode** wird der Kreditäquivalenzbetrag für jede Kontraktart geschätzt. Er ergibt sich aus der Multiplikation des Nominalbetrages der Geschäfte mit einem - risiko- und laufzeitabhängigen - Gewichtungssatz (vgl. Abb. 2.39). Der tatsächliche Marktwert eines Kontraktes spielt bei der Laufzeitmethode keine Rolle. Die Umrechnungsfaktoren beziehen sich bei reinen Zinskontrakten auf die Restlaufzeit, bei allen anderen Kontrakten ist die Ursprungslaufzeit relevant.

	Laufzeitmethode		**Marktbewertungsmethode**		
				Zuschlag	
	Zinskontrakte	Währungskontrakte und Kontrakte mit sonstigem Preisrisiko	Marktbewertung	Zinskontrakte	Währungskontrakte und Kontrakte mit sonstigem Preisrisiko
	Restlaufzeit	Ursprungslaufzeit		Restlaufzeit	
bis zu 1 Jahr	0,5 %	2,0 %	aktuelle Wiederbeschaffungskosten	-	1,0 %
mehr als 1 Jahr	1 % für jedes weitere Jahr, abzüglich 1 %	3 % für jedes weitere Jahr, abzüglich 1 %	aktuelle Wiederbeschaffungskosten	0,5 %	5,0 %

Abb. 2.39: Umrechnungsfaktoren der Laufzeit- und der Marktbewertungsmethode

Bei der **Marktbewertungsmethode** setzt sich der zu ermittelnde Kreditäquivalenzbetrag aus zwei Elementen zusammen, nämlich aus den aktuellen Wiederbeschaffungskosten und einem Zuschlag. Die Ermittlung der **aktuellen Wiederbeschaffungskosten** erfordert eine laufende Marktbewertung der Kontrakte, wobei diejenigen Kosten zu berücksichtigen sind, die bei der Beschaffung von Ersatzmitteln der gleichen Art entstehen würden (DEUTSCHE BUNDESBANK 1990a). Ergibt sich wegen einer günstigen Marktentwicklung aus der Bewertung kein Verlust, so ist zunächst kein Risikobetrag aus der unmittelbaren Marktbewertung anzusetzen. Da jedoch ein künfiges, potentielles Risiko verbleibt, muß bei allen Kontrakten mit einem positiven ebenso wie bei den Kontrakten mit einem negativen Wert ein **Zuschlag** berücksichtigt werden (vgl. Abb. 2.39), der allerdings im Unterschied zur Laufzeitmethode grundsätzlich von der Restlaufzeit abhängt, weil das bis zum Bewertungsstichtag entstandene Risiko bereits durch die Marktbewertung erfaßt wird.

Die Kreditinstitute können sich entweder für die Laufzeit- oder die Marktbewertungsmethode entscheiden. Ein späterer Wechsel ist jedoch nur von der vereinfachten Laufzeit- zur genaueren Marktbewertungsmethode zulässig. Die Vorgehensweise der Laufzeit- und der Marktbewertungsmethode verdeutlicht abschließend das nachstehende Beispiel (vgl. Abb. 2.40). Dem Beispiel liegt ein Devisenterminverkauf über 1 Mio. US-Dollar per 6 Monate zu einem Kurs von 1,80 DM zugrunde. Im Fall 1 wird von einer Aufwertung der D-Mark und damit schlechteren Ersatzkonditionen, im Fall 2 von einer Abwertung der D-Mark und daraus resultierend einem günstigeren Kurs für den Ersatz-Terminverkauf ausgegangen.

	Laufzeitmethode	**Marktbewertungsmethode**
	Lieferanspruch • Kassakurs • Umrechnungsfaktor	Wiederbeschaffungskosten + Zuschlag
Fall 1 Kassakurs: 1,74 Terminkurs: 1,70	1 Mio. US-$ • 1,74 • 2 % Kreditäquivalent = 34.800 DM	(1 Mio. US-$ • 1,80 - 1 Mio. US-$ • 1,70) + (1 Mio. US-$ • 1,74 • 1 %) Kreditäquivalent = 117.400 DM
Fall 2 Kassakurs: 1,86 Terminkurs: 1,84	1 Mio. US-$ • 1,86 • 2 % Kreditäquivalent = 37.200 DM	(1 Mio. US-$ • 1,80 - 1 Mio. US-$ • 1,84) + (1 Mio. US-$ • 1,86 • 1 %) Kreditäquivalent = 18.600 DM (Wiederbeschaffungskosten sind nicht anzurechnen)

Abb. 2.40: Vergleich von Laufzeit- und Marktbewertungsmethode (Quelle: Traber 1990)

Sofern aufgrund vertraglicher Vereinbarungen alle gegenüber demselben Vertragspartner bestehenden Ansprüche und Verpflichtungen aus Termingeschäften und Finanz-Swaps mit gleichen Währungen und gleichem Erfüllungsdatum laufend saldiert werden und diese Saldierung auch für den Fall des Konkurses des Kontraktpartners vorgesehen ist, kann ebenso der Grundsatzberechnung der jeweilige **Saldo** zugrunde gelegt werden. Die gesamte auf **Fremdwährung** lautende Risikoaktiva ist darüber hinaus zum Devisenkurs des jeweiligen Stichtages in D-Mark umzurechnen. Lediglich bei denjenigen Beteiligungen, die ein Kreditinstitut nicht als Bestandteil seiner Fremdwährungsposition behandelt, darf der zum Zeitpunkt ihrer Erstverbuchung maßgebliche Devisenkurs angewendet werden.

Zu (3): Um dem unterschiedlichen Risikogehalt Rechnung zu tragen, werden die Aktivkomponenten mit verschiedenen Anrechnungsfaktoren gewichtet (vgl. Abb. 2.41). Gegenwärtig existieren fünf **Risikogruppen**, wobei die niedrigste Risikogruppe die Forderungen an die inländische öffentliche Hand enthält und in der höchsten Kategorie im wesentlichen die nicht grundpfandrechtlich gesicherten Kredite an Nichtbanken und die Beteiligungen erfaßt werden.

Im Gegensatz zu den direkt an inländische öffentliche Haushalte vergebenen Kredite sind öffentlich-rechtlich verbürgte Kredite zu 50 % im Grundsatz I zu berücksichtigen. Forderungen an inländische Kreditinstitute werden mit 20 % gewichtet, Forderungen an ausländische Kreditinstitute gehen unabhängig vom Heimatland des Instituts mit einem Faktor von 50 % in die Rechnung ein. Für die Euronote-Fazilitäten gilt ein Anrechnungssatz von 50 %, allerdings reduziert sich dieser Satz auf 20 %, wenn die Fazilität einem inländischen Kreditinstitut eingeräumt wurde.

Grundsatz I-Aktiva	Anrechnungssatz	Risikokategorie
• Forderungen an inländische öffentliche Haushalte • Erfüllungsansprüche aus Finanz-Swaps, Optionen oder Termingeschäften gegenüber einem Staat, der als Vollmitglied der OECD angehört oder an die Zentralbank dieses Staates • Erfüllungsansprüche aus Optionen und Termingeschäften gegenüber einer Börse	0 %	I
• Forderungen oder Erfüllungsansprüche aus Krediten, Finanz-Swaps, Optionen oder Termingeschäften gegenüber inländischen Kreditinstituten • Erfüllungsansprüche aus Finanz-Swaps, Optionen oder Termingeschäften gegenüber ausländischen Kreditinstituten mit Sitz in einem Land der OECD	20 %	II
• Forderungen an ausländische Kreditinstitute • öffentlich verbürgte Forderungen • Realkredite • Eventualforderungen aus Bürgschaften und Gewährleistungsverträgen • Erfüllungsansprüche aus Finanz-Swaps, Optionen oder Termingeschäften, ausgenommen die Ansprüche der Kategorien I und II	50%	III
• Bauspardarlehen aus Zuteilungen • Darlehen zur Vor- und Zwischenfinanzierung von Bausparverträgen • unbedingte Ablöseverpflichtungen der Bausparkassen für fremde Zwischenkredite an Bausparer	70 %	IV
• alle sonstigen Forderungen und Eventualforderungen an Nichtbanken inclusive Leasingverträge • Beteiligungen	100 %	V

Abb. 2.41: Anrechnungsfaktoren im Grundsatz I

Als **Realkredite** gelten Kreditverhältnisse, bei denen die Beleihungsgrenze von 60 % des Beleihungswertes nicht überschritten wird. Diese Kredite können mit einem Anrechnungssatz von 50 % berücksichtigt werden, wobei es unerheblich ist, ob für die unterschiedlichen Kreditteile getrennte Kreditverträge abgeschlossen wurden (echtes Kreditsplitting) oder ob ein Kredit lediglich für aufsichtsrechtliche Zwecke in einen Realkredit-Teil und einen Personalkredit-Teil aufgespalten wird (unechtes Kreditsplitting). Dagegen gilt der ermäßigte Anrechnungsfaktor von 50 % nicht für zugeteilte **Bauspardarlehen**. Bausparkassen müssen diese Kredite ebenso wie Vor- und Zwischenfinanzierungen und übernommene Ablöseverpflichtungen prinzipiell mit einem Faktor von 70 % erfassen. Vor- und Zwischenfinanzierungskredite sowie die Eventualforderungen dürfen dabei nicht um angesammelte Bausparguthaben gekürzt werden.

Für die im Jahre 1990 neu in den Grundsatz einbezogenen **Kontrakte** ist der durch niedrigere Anrechnungssätze begünstigte Inlandsbereich grundsätzlich auf **OECD-Staaten** (Präferenzzone) ausgeweitet worden. Vor dem Hintergrund, daß zu diesem Markt nur Unternehmen mit hoher Bonität Zugang haben, liegt der maximale Anrechnungsfaktor für Finanz-Swaps, Termingeschäfte und Optionen nicht bei 100 %, sondern bei 50 %. Da von einer unzweifelhaften Bonität ausgegangen wird, sind darüber hinaus börsenmäßige Termin- und Optionsgeschäfte nicht anrechnungspflichtig, sofern die Futures-Börse selbst Vertragspartner der Bank ist (TRABER 1990).

Zu (4): Die gewichteten Aktivkomponenten dürfen schließlich das **18-fache des haftenden Eigenkapitals** eines Kreditinstitutes nicht überschreiten, d.h. ein Kreditinstitut, das aktivseitig nur Kredite und umgerechnete Finanzinnovationen mit einem Anrechnungsfaktor von 100 % sowie Beteiligungen aufweist, muß eine Eigenkapitalquote von mindestens 5,56 % besitzen.

Die im Grundsatz I definierte Höchstgrenze läßt sich theoretisch nicht begründen. Ebenso wie die traditionellen Aktivkomponenten und die Anrechnungsfaktoren ist auch die Auslastungsobergrenze das Ergebnis umfangreicher bilanzstatistischer **Modellrechnungen**, die von der Bundesbank Anfang der 60er Jahre durchgeführt wurden. Die im Grundsatz I niedergelegten Vorgaben stellen "**strukturelle Normalwerte**" dar (SZAGUNN/WOHLSCHIEß 1986), sie sind aber sicherlich auch das Resultat eines Verhandlungsprozesses zwischen Aufsichtsbehörde und Kreditinstituten. Jede Bank muß den Grundsatz I als verbindliche Richtschnur beachten, allein aufgrund seiner allgemeingültigen Formulierung reicht die Beachtung dieser Norm zur adäquaten Risikosteuerung jedoch nicht aus.

Als Basis für die Berechnung des Auslastungsgrades dienen die von den Kreditinstituten der Deutschen Bundesbank unverzüglich nach Ablauf eines Monats einzureichenden **Monatsausweise** (§ 25 KWG). Zur Vereinfachung sind besondere **Berechnungsvordrucke** geschaffen worden, die sich auf die einzelnen Positionen der Monatsausweise beziehen. Obwohl eine Kontrolle demzufolge nur zum Monatsende erfolgt, ist der Grundsatz ständig einzuhalten.

Maßgebend für die Ermittlung des haftenden Eigenkapitals ist die letzte für den Schluß eines Geschäftsjahres festgestellte Bilanz (§ 10 Abs. 7 KWG). Da hierdurch jedoch einem vergangenen haftenden Eigenkapital fortgeschriebene Aktivkomponenten gegenübergestellt werden, kann das Bundesaufsichtsamt nachgewiesene Kapitalveränderungen, d.h. insbesondere Kapitalerhöhungen bei Aktienbanken bereits vor Feststellung des Jahresabschlusses berücksichtigen.

Überschreitet ein Kreditinstitut die Obergrenze des Grundsatzes I nicht nur geringfügig oder wiederholt, so ist nach der Präambel zu den Grundsätzen die Vermutung begründet, daß das Kreditinstitut nicht über die notwendigen Eigenmittel verfügt. Die Grundsätze haben jedoch nicht den Charakter einer Rechtsnorm oder eines Verwaltungsaktes, so daß ihre Nichteinhaltung unmittelbar keine Rechtsfolgen auslöst (SZAGUNN/WOHLSCHIEß 1986). Sonderverhältnisse einzelner Banken können geringere, aber auch höhere Anforderungen rechtfertigen. Die Durchschnittskennziffer des Grundsatzes I betrug im Jahre 1990 das 12,6-fache des haftenden Eigenkapitals (vgl. Abb. 2.42), wobei von den im Mengengeschäft tätigen Universalbanken die Kreditbanken den höchsten und die Kreditgenossenschaften den niedrigsten Auslastungsgrad aufwiesen.

Jahr	Insgesamt	Kreditbanken	Girozentralen 1)	Genossen-schaftliche Zentralbanken 1)	Sparkassen	Kreditgenos-senschaften
1980	14,0	15,0	15,0	9,5	13,7	12,8
1981	14,3	15,1	15,9	10,1	13,9	13,2
1982	14,1	15,1	15,5	9,9	13,5	13,1
1983	13,7	14,7	14,9	9,4	13,0	12,9
1984	13,6	14,7	14,8	9,1	12,9	12,7
1985	13,4	14,6	14,9	8,5	12,6	12,3
1986	12,7	13,3	14,9	7,1	12,3	11,6
1987	12,3	12,7	14,6	6,7	12,0	11,2
1988	12,4	13,2	14,8	6,4	11,8	11,1
1989	12,6	13,3	14,8	6,2	12,1	11,3
1990	12,6	12,7	15,1	7,1	12,4	11,7

* Ohne Institute der neuen Bundesländer und ohne Zweigstellen von Unternehmen mit Sitz in einem anderen Staat, Teilzahlungskreditinstitute und öffentlich-rechtliche Grundkreditanstalten. 1) Ohne Spitzeninstitute

Abb. 2.42: Durchschnittskennziffern des Grundsatzes I nach § 10 KWG* (Quelle: Deutsche Bundesbank; Geschäftsbericht für das Jahr 1990, S. 95)

Auf der Basis der **Solvabilitätsrichtlinie** muß der Grundsatz I bis Ende 1992 erneut überarbeitet werden. In der Solvabilitätsrichtlinie werden die Aktivgeschäfte und die außerbilanziellen Geschäfte gewichtet und ins Verhältnis zu den Eigenmitteln gesetzt. Da diese Vorgehensweise dem Grundsatz I entspricht und dieser bereits im Jahre 1990 umfassend und unter Berücksichtigung einzelner Teile der Solvabilitätsrichtlinie überarbeitet wurde, bewegen sich die zu erwartenden Änderungen jedoch in einem begrenzten Rahmen. Neben Veränderungen einzelner, vergleichsweise unbedeutender Risikokomponenten und Anrechnungsfaktoren enthält die Solvabilitätsrichtlinie zum einen sämtliche Wertpapiere, so daß die grundsätzliche Freistellung von festverzinslichen Wertpapieren oder von Dividendenwerten außerhalb der Beteiligungen künftig entfallen wird. Zum anderen verlangt die Solvabilitätsrichtlinie einen Mindestbestand an Eigenmitteln in Höhe von 8 %, die sich zu mindestens 50 % aus den Basiseigenmitteln zusammensetzen müssen. In der Terminologie des Grundsatzes I bedeutet dies letztlich, daß die Risikoaktiva das 12,5-fache des haftenden Eigenkapitals nicht überschreiten darf.

b) Aufbau des Grundsatzes Ia

Zur Gewährleistung eines angemessenen haftenden Eigenkapitals müssen die Kreditinstitute nicht nur den Grundsatz I, sondern ebenfalls den Grundsatz Ia einhalten. Der Grundsatz Ia stellte ursprünglich eine spezielle **Verhaltensnorm für das Devisengeschäft** dar. Er wurde am 1.10.1974 eingeführt, nachdem am 26.6.1974 das Bankhaus Herstatt aufgrund umfangreicher und mit erheblichen Verlusten abgeschlossener Devisentermingeschäfte geschlossen werden mußte. Eine erste Überarbeitung des Grundsatzes erfolgte mit der Einbeziehung der **Edelmetallpositionen** im Jahre 1980.

In den letzten Jahren entstand an den Finanzmärkten eine Reihe innovativer Instrumente (Optionen, Financial Futures, Swaps), die neben dem üblichen Ausfallrisiko mit sog. Preisrisiken (z.B. Zinsänderungsrisiko, Währungsrisiko) behaftet sind. Da sich zum einen der Anteil dieser außerbilanziellen

Geschäfte am gesamten bilanzwirksamen Geschäft der Banken zwischen Ende 1986 und Ende 1989 von 29 % auf 56 % deutlich erhöht hat (DEUTSCHE BUNDESBANK 1990) und die Instrumente zum anderen (maximal) einen geringen Kapitaleinsatz erfordern, wurde der Grundsatz Ia inzwischen zu einer Norm umgestaltet, durch die allgemein bestimmte mit **Preisrisiken** verbundene Positionen beschränkt werden.

Der novellierte Grundsatz Ia trat zum 1.10.1990 in Kraft. Für die Anwendung und das Verständnis der Norm sind differenzierte Kenntnisse sowohl der innovativen Instrumente als auch der bankbetrieblichen Risiken erforderlich. Aufgrund der Komplexität der Materie werden im folgenden nur die Grundgedanken des Grundsatzes Ia dargestellt (vgl. ausführlich DEUTSCHE BUNDESBANK 1990, SCHIERENBECK 1991, TRABER 1990a).

Die Risikobegrenzung erfolgt im Grundsatz Ia in Abhängigkeit von den einzelnen **Risikoarten**. Dabei dürfen

- die **Fremdwährungs- und Edelmetallpreisrisiken**
  aus Bilanzpositionen, Termingeschäfte, Finanz-Swaps und Optionen **30 %**,
- die **Zinsrisiken**
  aus Zinsterminkontrakten und Zinsoptionen **20 %** und
- die **sonstigen Preisrisiken**
  aus Terminkontrakten und Optionen mit sonstigem Preisrisiko (insbesondere aus Aktien- und Indexkontrakten) **10 %**

des **haftenden Eigenkapitals** nicht übersteigen. Die Obergrenze liegt damit insgesamt bei einem Anteil von **60 %** des haftenden Eigenkapitals und ist folglich wesentlich niedriger als im Grundsatz I. Sofern einzelne Geschäfte mehrere Preisrisiken beinhalten, sind sie auch mehrmals zu erfassen.

Zur Ermittlung der **Fremdwährungsrisiken** geht der Grundsatz Ia von der Überlegung aus, daß Devisenkursänderungen wertneutral sind, wenn sich die Aktiv- und Passivpositionen einer bestimmten Währung entsprechen. Die **offene Fremdwährungsposition** wird dabei zum einen - und dies bereits seit 1974 - durch die **bilanzwirksamen Fremdwährungsgeschäfte** (Forderungen, Verbindlichkeiten, Wechsel, festverzinsliche Wertpapiere, emittierte Schuldverschreibungen) mit Ausnahme der Aktien und sonstigen Beteiligungswerte und die **Devisentermingeschäfte** bestimmt. Zum anderen erfaßt der Grundsatz Ia nunmehr ausdrücklich auch **sonstige nicht bilanzwirksame Fremdwährungsgeschäfte** wie Fremdwährungs-Futures, Finanz-Swaps und Devisenoptionen.

Basis für die Berücksichtigung der **Finanz-Swaps** sind die getauschten und später wieder zurückzuzahlenden Kapitalbeträge aus reinen Währungs- und kombinierten Währungs- und Zinsswaps. Die noch nicht fälligen, auf Fremdwährung lautenden Zinszahlungen gehen demgegenüber nicht in den Grundsatz Ia ein. Bei den **Fremdwährungsoptionen** ist zwischen Stillhalterpositionen und Optionsrechten zu unterscheiden. Während **Stillhalterpositionen** ein quasi unbegrenztes Risiko beinhalten und demzufolge grundsätzlich in die globale Fremdwährungsposition einzubeziehen sind, dürfen **Optionsrechte** nur in dem Umfang positionsmindernd berücksichtigt werden, wie sie eine bestehende offene Fremdwährungsposition verringern oder schließen. Um festzustellen, ob erworbene Optionen eine **Hedgewirkung** besitzen, ist zunächst der Unterschiedsbetrag z.B. aus US-Dollar unter Einschluß der Stillhalterpositionen, aber ohne Optionsrechte zu ermitteln. Anschließend können die dem Überhang entgegengesetzten Optionsrechte (Kauf- oder Verkaufsoptionen) mit dem Unterschiedsbetrag verrechnet werden (TRABER 1990a). Nur der verbleibende Unterschiedsbetrag geht in die Berechnung nach Grundsatz Ia ein. Die nicht Hedgingzwecken dienenden Optionsrechte, die einen Verlust maximal in Höhe des Optionspreises bewirken können, sind aufgrund ihres spekulativen Charakters darüber hinaus der Deutschen Bundesbank nachrichtlich zu melden (DEUTSCHE BUNDESBANK 1990a).

Zur Quantifizierung der Fremdwährungsposition ist i.d.R. auf den **Nominalbetrag** der Geschäfte zurückzugreifen. Dies ist bei Optionen, deren Wert resp. Risiko von verschiedenen Einflußgrößen abhängt, nicht möglich. Die Wertermittlung erfolgt daher in Theorie und Praxis anhand komplexer **Optionspreismodelle**, die in vereinfachter Form auch ihren Niederschlag im Grundsatz Ia gefunden haben.

Während die Begrenzung der Fremdwährungsrisiken durch die Novellierung des Grundsatzes Ia im Jahre 1990 lediglich ausgebaut und verbessert wurde, stellt die Limitierung der **Zinsrisiken** eine grundsätzliche Erweiterung der Risikonorm dar. Zielsetzung des Grundsatzes Ia ist es dabei nicht, sämtliche Zinsänderungsrisiken zu begrenzen. Vielmehr fließen in den Grundsatz nur die aufgrund ihrer Hebelwirkung besonders risikoreichen **bilanzunwirksamen Geschäfte** mit Zinsrisiken ein. Derartige Zinstermingeschäfte und Zinsoptionen können jedoch nicht nur zu spekulativen Zwecken, sondern auch zur Beseitigung offener Zinspositionen und damit zum Hedging eingesetzt werden. Der Grundsatz Ia limitiert daher nur diejenigen außerbilanziellen Geschäfte mit Zinsrisiken, die das herkömmliche bilanzielle Zinsrisiko einer Bank vergrößern (DEUTSCHE BUNDESBANK 1990a).

Gegenstand des Grundsatzes Ia ist die aus allen Zinsterminkontrakten und Zinsoptionen in einer Währung resultierende "**Zinsgeschäftsposition**". Dieser wird die entsprechend ermittelte "**Festzinsposition**" gegenübergestellt, um eine ggfs. risikoerhöhende Wirkung der außerbilanziellen Geschäfte festzustellen. Die Berechnung des risikoerhöhenden Teils erfolgt im Rahmen eines mehrstufigen Verfahrens (vgl. SCHIERENBECK 1991). Dabei fließen in die Betrachtung nur die Risiken aus **Festzinsüberhängen** und nicht die Zinsänderungsrisiken aus sämtlichen variabel verzinslichen Geschäften ein.

Die Begrenzung der Risiken aus **Aktien- und Indexkontrakten** entspricht im Prinzip der Vorgehensweise im Berich der Zinsrisiken, denn im Grundsatz Ia werden nur risikoerhöhende Positionen aus Termingeschäften und Optionen, nicht jedoch die preisrisikobehafteten Bestände selbst berücksichtigt. Zur Berechnung einer offenen Position müssen zunächst die Lieferansprüche und Lieferverpflichtungen eines Kreditinstituts aus Termingeschäften und Stillhalterpositionen aus Optionsgeschäften je Geschäftsgegenstand zu einem aktivischen oder passivischen **Brutto-Unterschiedsbetrag** saldiert werden. Bei einem passivischen Brutto-Unterschiedsbetrag - die Lieferverpflichtungen übersteigen die Lieferansprüche - ist daraufhin festzustellen, ob diese Position das Preisrisiko aus einem Bestand reduziert und folglich Sicherungscharakter hat. Das in dem Teil des Brutto-Unterschiedsbetrages, der keine Hedge-Eigenschaft besitzt (**bereinigter Brutto-Unterschiedsbetrag**), enthaltene Preisrisiko ist schließlich um (risikomindernde) Optionsrechtspositionen mit gegenläufiger Ausrichtung zu kürzen. Nur der nach dieser dreistufigen Berechnungsweise verbleibende **Netto-Unterschiedsbetrag** wird letztlich durch den Grundsatz Ia auf 10 % des haftenden Eigenkapitals begrenzt (DEUTSCHE BUNDESBANK 1990).

Positionen aus Indexgeschäften dürfen nicht mit solchen aus Aktiengeschäften verrechnet werden. Die Absicherung eines Aktienportfolios durch ein Indexgeschäft findet im Rahmen des Grundsatzes Ia jedoch Berücksichtigung, wenn der Aktienbestand zu mindestens 70 % mit dem Index übereinstimmt.

3. Eigenkapitalausstattung einer Kreditinstitutsgruppe

Vor der Novellierung des Kreditwesengesetzes im Jahre 1984 wurde die Angemessenheit des haftenden Eigenkapitals lediglich anhand der Geschäfte eines einzelnen Kreditinstituts überprüft. Die Kreditinstitute konnten dadurch über Beteiligungen an anderen Banken zusätzliche Kreditvolumina aufbauen, so daß die tatsächliche Risikoaktiva vom Grundsatz I nur unzureichend begrenzt wurde. Aus diesem Grund fügte der Gesetzgeber im Rahmen der Dritten Novelle des KWG den § 10 a in das Gesetz ein. § 10 a KWG bestimmt, daß nicht nur ein einzelnes Kreditinstitut, sondern auch Kreditinstitutsgruppen insgesamt ein angemessenes Haftungskapital aufweisen müssen. Die Auslastung des Grundsatzes I - nicht allerdings die Auslastung des Grundsatzes Ia - ist zur Kontrolle dieses Sachverhaltes zusätzlich auch anhand einer konsolidierten Bilanz zu errechnen. Im folgenden wird auf einige damit verbundene Grundfragen hinsichtlich des Konsolidierungsverfahrens, der einzubeziehenden Unternehmen und der Berechnung des maßgeblichen haftenden Eigenkapitals von Kreditinstitutsgruppen eingegangen.

a) Konsolidierungsverfahren

Durch die aufsichtsrechtliche Konsolidierung sollen die in einer Kreditinstitutsgruppe auf dem vorhandenen haftenden Eigenkapital lastenden Risikovolumina sichtbar gemacht und die risikotragenden Geschäfte durch die Anwendung des Grundsatzes I auf die konsolidierte Bilanz wirksam begrenzt werden. Inwiefern die verschiedenen Konsolidierungsverfahren dieses Ziel erreichen, soll an dem folgenden vereinfachten Fall demonstriert werden:

- Ein Bankenkonzern besteht aus drei hierarchischen Stufen mit jeweils einem Kreditinstitut auf jeder Stufe, die durch 60 %ige Mehrheitsbeteiligungen miteinander verbunden sind.
- Jedes Kreditinstitut erfüllt für sich genommen den Grundsatz I, wobei der Auslastungsgrad jeweils beim 18-fachen des haftenden Eigenkapitals liegt.
- Der durchschnittliche Anrechnungsfaktor der Kredite gemäß Grundsatz I beträgt 100 %.
- Der Buchwert der Beteiligungen entspricht jeweils dem anteiligen Nominalkapital der Untergesellschaft, so daß bei der Konsolidierung keine Kapitalaufrechnungsdifferenzen entstehen.

Die Abbildung 2.43 gibt die Bilanzen der Kreditinstitute wieder.

A-BANK			
Kredite	6.300	6.120	Einlagen
Beteiligung an B	180	360	Eigenkapital
	6.480	6.480	

60 %

B-BANK			
Kredite	5.250	5.100	Einlagen
Beteiligung an C	150	300	Eigenkapital (davon 120 FEK)
	5.400	5.400	

60 %

C-BANK			
Kredite	4.500	4.250	Einlagen
		250	Eigenkapital (davon 100 FEK)
	4.500	4.500	

Abb. 2.43: Beispielhafte Darstellung einer Kreditinstitutsgruppe (FEK = Fremdes Eigenkapital)

Für die aufsichtsrechtliche Konsolidierung kommen prinzipiell drei Verfahren in Betracht:

- das **Abzugsverfahren**, bei dem die Beteiligungen lediglich durch eine entsprechende Verminderung des Eigenkapitals des Mutterinstituts aus der Bilanz eliminiert werden,
- die **handelsrechtliche Vollkonsolidierung**, bei der die gesamten Vermögens- und Schuldenpositionen der Untergesellschaften ungekürzt übernommen werden und auf der Passivseite der konsolidierten Bilanz der auf die Minderheitsgesellschafter entfallende Anteil gesondert ausgewiesen wird (Ausgleichsposten für Anteile im Fremdbesitz),
- die **Quotenkonsolidierung**, bei der mit Ausnahme des gegen die Beteiligung aufgerechneten Eigenkapitals alle Aktiva und Passiva der Untergesellschaften nur in Höhe der Beteiligungsquote übernommen werden (SCHIERENBECK/HÖLSCHER 1988).

Die Ergebnisse der verschiedenen Konsolidierungsverfahren zeigt Abb. 2.44. Die Voll- und die Quotenkonsolidierung führen dabei nur dann zu unterschiedlichen Ergebnissen, wenn die Beteiligungsquoten - wie in dem Beispiel - unter 100 % liegen. Beim Abzugsverfahren ändern sich lediglich die Bilanzen der Institute A und B, da nur diese beiden Kreditinstitute Beteiligungen unterhalten. Es entsteht dabei keine besondere Konzernbilanz, sondern es werden nur die Bilanzen der Obergesellschaften korrigiert. Bei der Quotenkonsolidierung werden der Obergesellschaft das Kreditvolumen und das Fremdkapital nur anteilig zugerechnet.

Abzugsverfahren

A-BANK

Kredite	6.300	6.120	Verbindlichkeiten
		180	Eigenkapital
	6.300	6.300	

B-BANK

Kredite	5.250	5.100	Verbindlichkeiten
		150	Eigenkapital
	5.250	5.250	

Vollkonsolidierte Konzernbilanz

Kredite	16.050	15.470	Verbindlichkeiten
		580	Eigenkapital (davon: EEK 360 FEK 220)
	16.050	16.050	

Quotenkonsolidierte Konzernbilanz

Kredite Bank A	6.300	6.120	Verbindlichkeiten A
Kredite Bank B (0,6 • 5.250)	3.150	3.060	Verbindlichkeiten B (0,6 • 5.100)
Kredite Bank C (0,36 • 4.500)	1.620	1.530	Verbindlichkeiten C (0,36 • 4.250)
		360	Eigenkapital
	11.070	11.070	

Abb. 2.44: Rechenbeispiel zu den Konsolidierungsverfahren (EEK: Eigenkapital der Kreditinstitutsgruppe; FEK: Fremdes Eigenkapital)

Werden die Kreditvolumina in den betrachteten drei Fällen ins Verhältnis zum entsprechenden haftenden Eigenkapital gesetzt, so ergeben sich, wie Abbildung 2.45 zeigt, die jeweiligen Grundsatz-I-Multiplikatoren, wobei der Kreditmultiplikator bei Vollkonsolidierung einmal unter Einbezug und einmal unter Ausklammerung der Anteile im Fremdbesitz errechnet wird. Es zeigt sich zunächst, daß die effektiven Grundsatz-I-Multiplikatoren - obwohl sie bei den einzelnen Kreditinstituten jeweils genau das 18-fache des haftenden Eigenkapitals ausmachen - für die Gruppe insgesamt durchweg erheblich über dem zulässigen Maximalwert liegen. Das heißt, daß der Grundsatz I durch ein System von Bank-an-Bank-Beteiligungen faktisch umgangen werden kann, sofern er nur auf die Einzelbilanzen abstellt.

Verfahren		Kreditmultiplikatoren
Abzugsverfahren	a) A-BANK	$\frac{6.300}{180} = 35,0$
	b) B-BANK	$\frac{5.250}{150} = 35,0$
Vollkonsolidierung	a) unter Einbeziehung der Anteile im Fremdbesitz	$\frac{16.050}{580} = 27,7$
	b) unter Ausklammerung der Anteile im Fremdbesitz	$\frac{16.050}{360} = 44,6$
Quotenkonsolidierung		$\frac{11.070}{360} = 30,8$

Abb. 2.45: Berechnung der Kreditmultiplikatoren

Darüber hinaus lassen sich jedoch bei den einzelnen Kreditmultiplikatoren erhebliche Unterschiede feststellen. Fraglich ist daher, welches der Verfahren den tatsächlichen Risiko- und Haftungsverhältnissen am nächsten kommt bzw. welche Argumente für und gegen die einzelnen Verfahren sprechen:

- Gegen das **Abzugsverfahren** werden eine Reihe von Argumenten vorgebracht (BUNDESMINISTERIUM DER FINANZEN 1979, S. 355 f.). So wird es als zu **schematisch** angesehen, weil durch die spezifische Konstruktion dieses Verfahrens die Muttergesellschaft nicht ausgenutzte Teile des Kreditvolumens der Tochtergesellschaft nicht für sich in Anspruch nehmen kann. Ferner wird durch den Abzug der Beteiligungen vom haftenden Eigenkapital der **Muttergesellschaft** nur deren Grundsatz-I-Volumen beschränkt, was allerdings nur dann zum Problem wird, wenn die Tochterbanken - wie bei ausländischen Gesellschaften der Fall - nicht dem deutschen Kreditwesengesetz unterliegen. Außerdem verschlechtern sich für die Muttergesellschaft durch das Abzugsverfahren die Relationen im Zusammenhang mit der **Großkreditregelung** des § 13 KWG. Aus diesen und ähnlichen Gründen wird das Abzugsverfahren trotz seiner Einfachheit weitgehend abgelehnt. Es wird allenfalls dort empfohlen, wo sich der Einsatz der Konsolidierungsverfahren wegen der geringen Bedeutung der Beteiligung nicht lohnt (BECKER 1980) und ist insbesondere in der **EG-Eigenmittelrichtlinie** für Bankbeteiligungen über 10 %, die nicht konsolidiert werden, vorgesehen.

- Gegen das Verfahren der **aktienrechtlichen Vollkonsolidierung** wird zum einen eingewandt, daß bei Beteiligungen unter 100% in der vollkonsolidierten Bilanz nicht ersichtlich ist, welcher Teil des **Kreditvolumens** dem konzerneigenen Eigenkapital (EEK) und welcher dem Eigenkapital im Fremdbesitz (FEK) zuzurechnen ist (im allgemeinen wird dem EEK, insbesondere, wenn die Tochtergesellschaften ihren Grundsatz I voll auslasten, zuwenig anteiliges Kreditvolumen zugerechnet). Zum anderen kann die Mehrfachbelegung des haftenden Eigenkapitals bei Vollkonsolidierung und Beteiligungen unter 100% nur dann ausgeschlossen werden, wenn die komplementären Anteile von **Nichtbanken** gehalten werden, weil das Eigenkapital der Beteiligungsgesellschaften sonst doppelt gezählt wird.

- Der Sonderfall der **Vollkonsolidierung unter Ausschluß der Anteile im Fremdbesitz** ist insofern etwas anders zu beurteilen, als hier unterstellt wird, daß die Obergesellschaft die Haftung für die **gesamten Verbindlichkeiten** des Tochterinstituts übernimmt. Allerdings setzt letzteres im Regelfall die Existenz von Patronatserklärungen o.ä. voraus. Nur bei **hohen Betei-**

ligungsquoten, insbesondere dann, wenn sich das fremde Eigenkapital im Streubesitz befindet, wird ein solcher vollständiger Haftungsverbund zwischen Ober- und Untergesellschaft existieren können.

- Der überwiegend als "Normalfall" konstatierte Sachverhalt ist allerdings, daß die Obergesellschaft eines Bankenkonzerns für die Verbindlichkeiten des Tochterinstituts gemäß der gehaltenen **Beteiligungsquote** haftet. In einem solchen Fall ist die **Quotenkonsolidierung** das allein sinnvoll anzuwendende Konsolidierungsverfahren. Für dieses Verfahren spricht auch, daß die Einwände gegen die aktienrechtliche Vollkonsolidierung, die oben genannt wurden, hier nicht zutreffen, und daß nur eine quotenkonsolidierte Konzernbilanz das Ausmaß der durch Kreditpyramiden von der Obergesellschaft des Bankenkonzerns übernommenen **Kapitalstrukturrisiken** hinreichend widerspiegelt (vgl. dazu ausführlich SCHIERENBECK 1982).

Der Gesetzgeber hat nicht zuletzt aus diesen Gründen im § 10 a Abs. 3 KWG für bankaufsichtsrechtliche Zwecke generell die Quotenkonsolidierung vorgeschrieben. Lediglich in besonderen Ausnahmefällen kann auf das Abzugsverfahren zurückgegriffen werden (§ 10 a Abs. 5 KWG).

b) Konsolidierungskreis

Bei der Festlegung des Konsolidierungskreises ist zum einen abzuklären, ab welcher Beteiligungsquote die Konsolidierung erfolgen muß, zum anderen ist festzulegen, welche Beteiligungsunternehmen überhaupt in die Konsolidierung einzubeziehen sind. Auf den erstgenannten Fragenkomplex wird im folgenden zunächst eingegangen.

Im § 10 a KWG werden bestimmte über- und nachgeordnete Kreditinstitute zu Kreditinstitutsgruppen zusammengefaßt. Für die Gruppenzugehörigkeit sieht das Gesetz mit dem "herrschenden Einfluß" und der "erheblichen Beteiligung" zwei unterschiedliche Kriterien vor.

Der **herrschende Einfluß** entspricht der Definition des Abhängigkeitsverhältnisses nach § 17 AktG. Von einer Abhängigkeit kann i.d.R. bei einer **Kapitalmehrheit** gesprochen werden, so daß die Einbeziehungspflicht bei einem 50 % übersteigenden Anteilsbesitz entsteht. Sofern Kapital- und Stimmenmehrheit auseinanderfallen (z.B. aufgrund stimmrechtsloser Vorzugsaktien), ist jedoch jeweils die höhere Quote zur Bestimmung der Abhängigkeitsverhältnisse maßgebend. Zu einer Kreditinstitutsgruppe gehören dabei nicht nur die Beteiligungsunternehmen, auf die **unmittelbar** beherrschender Einfluß ausgeübt werden kann. Vielmehr müssen auch die Unternehmen, die über ein abhängiges Unternehmen dem herrschenden Einfluß unterliegen, in der Konsolidierung berücksichtigt werden. Lediglich diejenigen **mittelbaren Beteiligungen**, die nach ihrer **durchgerechneten Beteiligungsquote** weniger als 10 % ausmachen, bleiben im Fall der Abhängigkeit außer Betracht (§ 10 a Abs. 6 KWG). Damit kann eine Kreditinstitutsgruppe nach dem Kriterium des beherrschenden Einflußes beispielsweise folgendes Aussehen haben (vgl. Abb. 2.46). Die Zugehörigkeit zu einer Kreditinstitutsgruppe kann neben der beherrschenden Einflußnahme aus einer **erheblichen Beteiligung** resultieren. Von einer erheblichen Beteiligung wird dann gesprochen, wenn ein Kreditinstitut (übergeordnetes Kreditinstitut) an einem anderen Kreditinstitut (nachgeordnetes Kreditinstitut) unmittelbar oder mittelbar beteiligt ist und die folgenden Beteiligungshöhen erreicht werden:

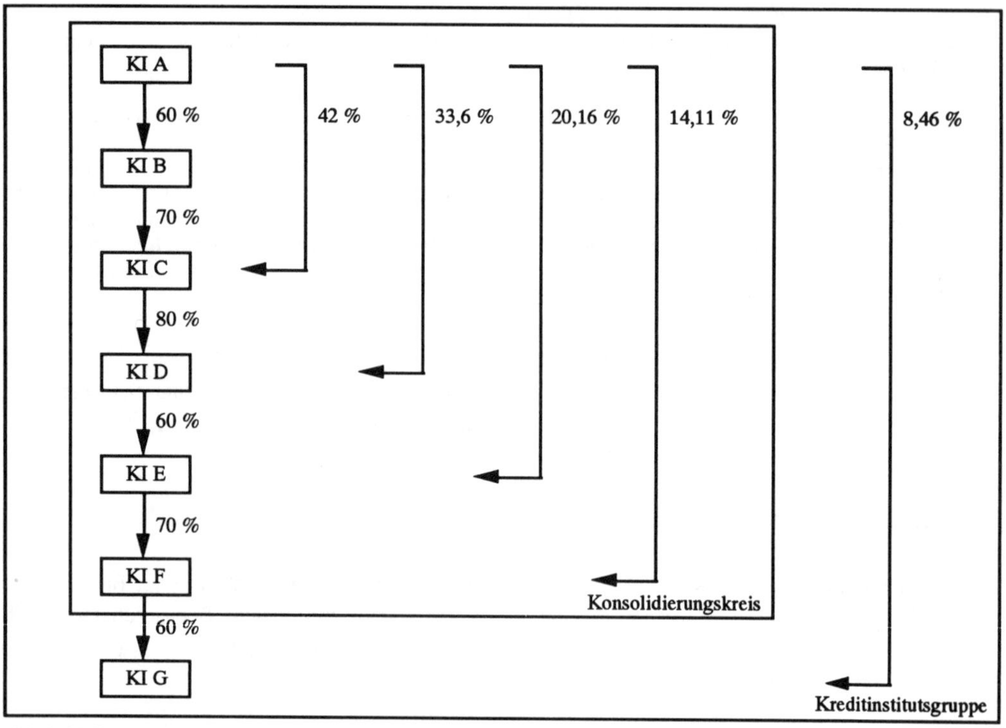

Abb. 2.46: Beherrschender Einfluß als Konsolidierungskriterium

- die **unmittelbare** Beteiligungsquote muß mindestens **40%** ausmachen.
- die **mittelbare**, durchgerechnete Beteiligungsquote muß ebenfalls mindestens **40%** betragen, dabei werden die unmittelbaren und die - durch unmittelbare Beteiligungen in Höhe von mindestens 40% vermittelten - durchgerechneten Beteiligungsquoten addiert, wenn die Anteile von mehreren Gruppenmitgliedern gehalten werden.

Diese beiden Bedingungen sollen anhand einiger Beispiele näher erläutert werden (vgl. Abb. 2.47). Im **Fall 1** bilden die Kreditinstitute A, B, C und D eine Kreditinstitutsgruppe, da die Mindestquote von 40 % in allen Beteiligungsbeziehungen erreicht wird. Aus dem gleichen Grund setzt sich die Kreditinstitutsgruppe im **Fall 2** zunächst aus den Instituten A, B und C zusammen. Die mittelbare Beteiligungsquote beträgt jedoch im Verhältnis zu D nur 20,25 %. Im Gegensatz zum Institut E, bei dem mit einer mittelbaren Beteiligungsquote von 40,5 % die Mindesthöhe überschritten wird, gehört das Kreditinstitut D folglich nicht zur Kreditinstitutsgruppe. Im **Fall 3** sind die unmittelbar und mittelbar gehaltenen Kapitalanteile zusammenzurechnen, um die Beteiligungsquote von A an C festzustellen. Da diese 40 % überschreitet, bilden A, B und C eine Kreditinstitutsgruppe. Unerheblich ist dabei, daß die direkte Beteiligung von A an C nur 30 % beträgt. Obwohl eine höhere durchgerechnete Beteiligungsquote erreicht wird, liegt dagegen im **Fall 4** keine Kreditinstitutsgruppe vor. Die 40 % unterschreitende unmittelbare Beteiligung von A an B verhindert hier die Addition der Beteiligungsquoten. Im **Fall 5** entsteht schließlich eine Kreditinstitutsgruppe durch mehrere mittelbare Beteiligungen. Die unmittelbaren Beteiligungen erreichen die Mindesthöhe von 40 %, so daß die mittelbaren Beteiligungsquoten addiert werden müssen.

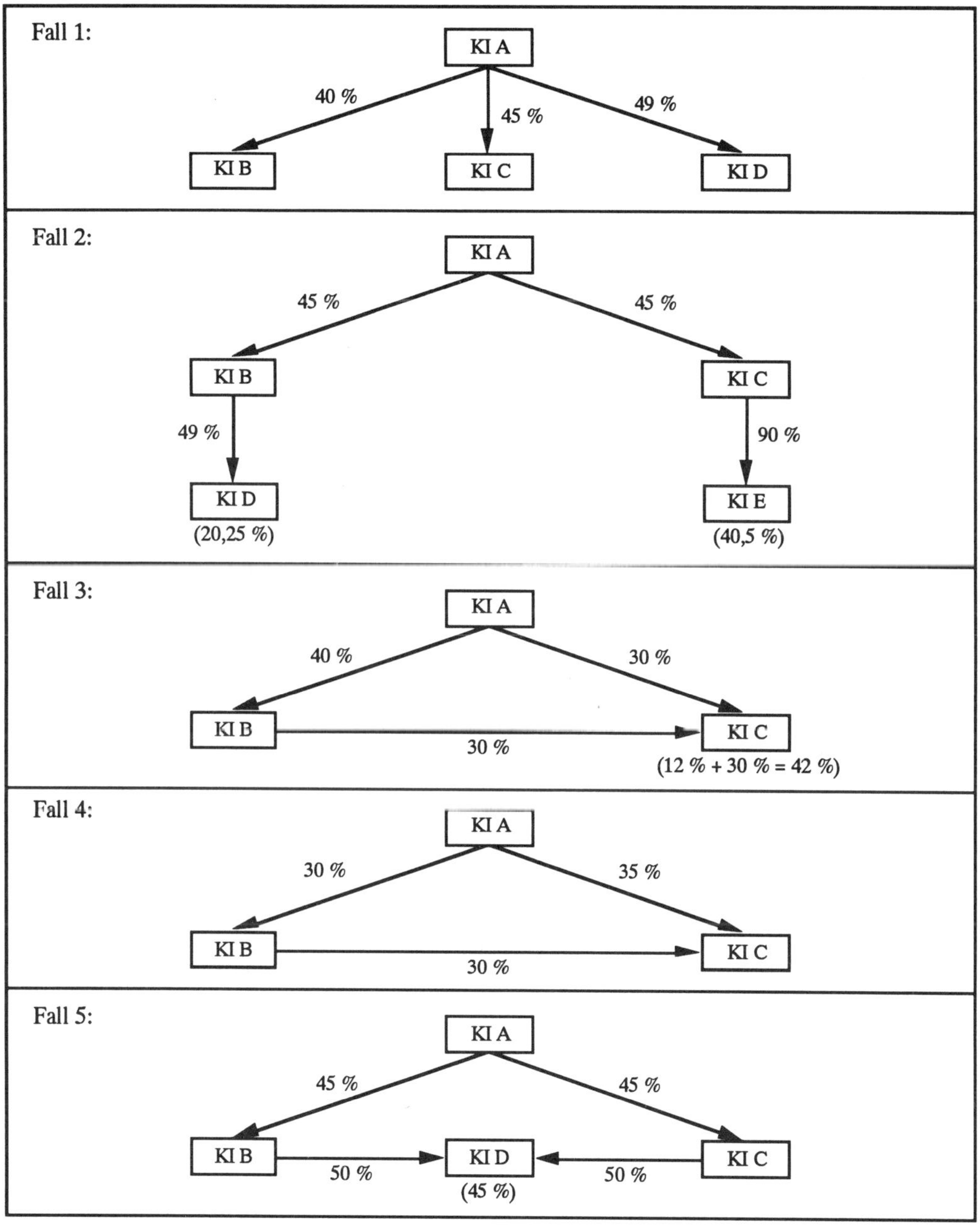

Abb. 2.47: Erhebliche Beteilungen als Konsolidierungskriterium

Liegt eine mehr als zweistufige Kreditinstitutsgruppe vor, dann ist eine Zwischengesellschaft nicht nur ein nachgeordnetes, sondern gleichzeitig auch ein übergeordnetes Kreditinstitut. Die Konsolidierungspflicht besteht jedoch nur für die **Spitze** einer Kreditinstitutsgruppe, so daß die nachfolgenden Institute prinzipiell keine eigene konsolidierungspflichtige Teilgruppe bilden müssen. Ausgenommen sind von dieser Vereinfachungsregelung nach § 10 a Abs. 6 KWG allerdings:

- **wechselseitig beteiligte Kreditinstitute**, da es sich hierbei auch außerhalb mehrstufiger Beteiligungsketten um gleichzeitig über- und nachgeordnete Kreditinstitute handelt und die Vereinfachungsregel diese Fälle nicht freistellen will;

- Kreditinstitute, die einem Unternehmen mit **Sitz in einem anderen Staat** nachgeordnet sind, da die ausländischen Institute nicht dem § 10 a unterliegen und zumindest das oberste inländische Kreditinstitut eine Kreditinstitutsgruppe bilden soll;

- Kreditinstitute, an denen ein übergeordnetes Kreditinstitut **weniger als 75 % der Kapitalanteile** hält, da hierbei die für die Beurteilung der angemessenen Eigenkapitalausstattung maßgeblichen Positionen mit einem zu geringen Anteil in die Konsolidierung eingehen.

Neben der Beteiligungsquote ist für die Bestimmung der Kreditinstitutsgruppe die Art der Geschäftstätigkeit der Beteiligungsunternehmen entscheidend. Dabei gehören zunächst die **Beteiligungen an inländischen Kreditinstituten** zum Konsolidierungskreis, während der Anteilsbesitz an Unternehmen des nicht-finanziellen Sektors - aufgrund des fehlenden sachlichen Zusammenhangs - prinzipiell nicht zu konsolidieren ist. Der Ausschluß des industriellen Beteiligungsbesitzes kann allerdings keine Umgehung der gesetzlichen Konsolidierungsvorschrift durch Zwischenschaltung eines nicht-konsolidierungspflichtigen Unternehmens in eine Beteiligungskette hervorrufen. Vielmehr werden in einem solchen Fall die nachgeordneten Kreditinstitute als mittelbare, bei entsprechender Quote zu konsolidierende Beteiligungen erfaßt, während das vermittelnde Unternehmen in der Zusammenfassung außer Ansatz bleibt.

Zu den konsolidierungspflichtigen inländischen Kreditinstituten zählen auch die **Hypothekenbanken** und die **Bausparkassen**. Obwohl die Geschäftstätigkeit dieser Institute durch das Hypothekenbank- und das Bausparkassengesetz besonders beaufsichtigt wird und die Risiken durch spezielle Deckungsvorschriften begrenzt werden, vergeben sie letztlich ebenfalls Kredite und tragen so zum Aufbau des Gesamtkreditvolumens einer Bankengruppe bei. Im Rahmen der Bestimmung des gesamten Risikovolumens einer Kreditinstitutsgruppe sind die Geschäfte der Hypothekenbanken und Bausparkassen daher ebenfalls zu berücksichtigen. Nicht zu konsolidieren sind dagegen die **Investmentgesellschaften** und die **Wertpapiersammelbanken**, da diese Unternehmen keine Kreditrisiken tragen und insofern kein Konsolidierungserfordernis besteht.

Zum Kreis der konsolidierungspflichtigen Institute rechnen auch die Beteiligungen an **Leasing-** und **Factoringgesellschaften**. Diese Institute gelten nicht als Kreditinstitute. Sie üben jedoch Finanzierungsfunktionen aus und können von den Muttergesellschaften Geschäfte übernehmen, wenn deren Geschäftsgrenzen erreicht sind. Treten Verwertungsprobleme der Klienten einer Factoringgesellschaft auf, können auf die Institutsgruppe Risiken zukommen, für die das Mutterinstitut letztlich einstehen muß. Um diese Risikovolumina von vornherein offenzulegen und zu begrenzen, gehören die Leasing- und Factoringgesellschaften - bei entsprechender Beteiligungsquote - zu den konsolidierungspflichtigen Kreditinstituten.

In die bankaufsichtsrechtliche Zusammenfassung sind schließlich auch die **gebietsfremden Kreditinstitute, Leasing- und Factoringgesellschaften** einzubeziehen. Dies hat seinen Grund in der Zunahme der Wirtschaftsverflechtungen, die in den letzten Jahren eine rasche Expansion der internationalen Finanzmärkte und eine Internationalisierung der Bankaktivitäten mit sich brachte. Da im internationalen Bankgeschäft zu den allgemeinen Geschäftsrisiken neue Risikopotentiale hinzukommen (z.B. Länderrisiken) und teilweise in den ausländischen Finanzzentren geringere bankaufsichtsrechtliche Anforderungen gestellt werden, gilt für diese Beteiligungsunternehmen die Forderung nach einer angemessenen Eigenkapitalausstattung in besonderem Maße.

Allerdings besitzt das Kreditwesengesetz nur für inländische Kreditinstitute Gültigkeit. Die den nachgeordneten Kreditinstituten obliegende Verpflichtung zur Bereitstellung der für die Konsolidierung erforderlichen Angaben (§ 10 Abs. 5 KWG) kann daher bei ausländischen Töchtern im Zweifelsfall nicht durchgesetzt werden. Für einen solchen Fall sieht der § 10 a KWG das Abzugsverfahren vor und unterstellt damit eine Ausnutzung in Höhe des 18-fachen des haftenden Eigenkapitals bei der ausländischen Tochtergesellschaft.

c) Haftendes Eigenkapital einer Kreditinstitutsgruppe

Nach der Definition des Kreises der konsolidierungspflichtigen Kreditinstitute muß die für die Angemessenheitsentscheidung maßgebliche Höhe des haftenden Eigenkapitals der Kreditinstitutsgruppe bestimmt werden. Der § 10 Abs. 3 KWG sieht dabei vor, daß das übergeordnete Kreditinstitut sein haftendes Eigenkapital mit dem haftenden Eigenkapital des nachgeordneten Kreditinstituts **in Höhe des Anteils** zusammenfaßt, der **seiner Kapitalbeteiligung** am nachgeordneten Kreditinstitut entspricht. Um das haftende Eigenkapital nicht zu hoch auszuweisen, sind anschließend die auf die gruppenangehörigen Kreditinstitute entfallenden **Beteiligungsbuchwerte** vom haftenden Eigenkapital der Muttergesellschaft abzuziehen. Es ergeben sich damit die in Abbildung 2.48 beispielhaft dargestellten Rechenschritte zur Bestimmung des haftenden Eigenkapitals einer Kreditinstitutsgruppe.

Da dem anteiligen haftenden Eigenkapital ein Beteiligungsbuchwert in gleicher Höhe gegenübersteht, stimmt im **Fall 1** das haftende Eigenkapital der Kreditinstitutsgruppe mit dem haftenden Eigenkapital des Mutterinstituts überein. Im **Fall 2** ist dagegen das anteilige haftende Eigenkapital höher als der Buchwert der Beteiligung, so daß das haftende Eigenkapital der Kreditinstitutsgruppe das haftende Eigenkapital des übergeordneten Kreditinstituts übersteigt.

Ein derartiger **passivischer Unterschiedsbetrag** ist auf eine Einbehaltung von Gewinnen (offene Selbstfinanzierung) oder auf eine entsprechende Abschreibung des Beteiligungsbuchwertes bei der Muttergesellschaft zurückzuführen. Da die Beteiligung somit effektiv einen höheren als den in der Einzelbilanz ausgewiesenen Wert besitzt, wird bei der Beurteilung der Angemessenheit des haftenden Eigenkapitals der Kreditinstitutsgruppe dieser zusätzliche Betrag berücksichtigt.

Kreditinstitut A			
Kredite	1.300	Einlagen	1.250
Beteiligung 100 % an B	50	Eigenkapital	100
	1.350		1.350

	Bilanz des nachgeordneten Kreditinstituts	Berechnung des haftenden Eigenkapitals der Kreditinstitutsgruppe	Quotenkonsolidierte Bilanz
Fall 1: Übereinstimmung von Beteiligungsbuchwert und Eigenkapitalanteil	**Kreditinstitut B** Kredite 500 | Einlagen 450 | Eigenkapital 50 500 | 500	Eigenkapital der Mutter 100 + Anteiliges Eigenkapital der Tochter 50 - Buchwert der Beteiligung 50 = Haftendes Eigenkapital der Kreditinstitutsgruppe 100	**Kreditinstitute A + B** Kredite A 1.300 | Einlagen A 1.250 Kredite B 500 | Einlagen B 450 | Eigenkapital 100 1.800 | 1.800
Fall 2: Passivischer Unterschiedsbetrag	**Kreditinstitut B** Kredite 860 | Einlagen 790 | Eigenkapital 70 860 | 860	Eigenkapital der Mutter 100 + Anteiliges Eigenkapital der Tochter 70 - Buchwert der Beteiligung 50 = Haftendes Eigenkapital der Kreditinstitutsgruppe 120	**Kreditinstitute A + B** Kredite A 1.300 | Einlagen A 1.250 Kredite B 860 | Einlagen B 790 | Eigenkapital 120 2.160 | 2.160
Fall 3: Aktivischer Unterschiedsbetrag	**Kreditinstitut B** Kredite 360 | Einlagen 340 | Eigenkapital 20 360 | 360	Eigenkapital der Mutter 100 + Anteiliges Eigenkapital der Tochter 20 - Buchwert der Beteiligung 50 + Aktivischer Unterschiedsbetrag 30 = Haftendes Eigenkapital der Kreditinstitutsgruppe 100	**Kreditinstitute A + B** Kredite A 1.300 | Einlagen A 1.250 Kredite B 360 | Einlagen B 340 Aktivischer Unterschiedsbetrag 30 | Eigenkapital 100 1.690 | 1.690

Abb. 2.48: Berechnung des haftenden Eigenkapitals einer Kreditinstitutsgruppe (Angaben in Mio. DM)

Im Unterschied zum Fall 2 entsteht im **Fall 3** durch den im Vergleich zu der Höhe des anteiligen Eigenkapitals niedrigeren Beteiligungsbuchwert ein **aktivischer Unterschiedsbetrag**. Bei konsequenter Anwendung des beschriebenen Rechenverfahrens ergäbe sich daraus eine Verminderung des haftenden Eigenkapitals der Kreditinstitutsgruppe. Dies wäre auch gerechtfertigt, wenn das niedrigere Eigenkapital der Tochtergesellschaft seine Ursache in entsprechenden Verlusten hätte. Ein darin begründeter unterschiedlicher Ausweis wird jedoch i.d.R. durch das Niederstwertprinzip - das eine Abwertung der Beteiligung verlangt - verhindert, so daß die höheren Beteiligungsbuchwerte primär aus den sogenannten Paketzuschlägen resultieren, die aufgrund erheblicher stiller Reserven oder guter Ertragsaussichten beim Kauf der Tochtergesellschaft gezahlt werden mußten. Aus diesem

Grund vermindert auch nach § 10 Abs. 3 KWG ein bei **erstmaliger Konsolidierung** auftretender aktivischer Unterschiedsbetrag zunächst nicht das haftende Eigenkapital der Kreditinstitutsgruppe. Der entsprechende Betrag muß folglich im Fall 3 wieder zum Eigenkapital der Muttergesellschaft hinzugerechnet werden. Die Korrektur der Eigenkapitalposition verlangt jedoch zum Ausgleich der Bilanz eine ebensolche Veränderung der Aktivseite. Der aktivische Unterschiedsbetrag wird dabei aufsichtsrechtlich wie eine Beteiligung an einem gruppenfremden Institut behandelt. Er erhöht damit das Kredit- und Beteiligungsvolumen der Kreditinstitutsgruppe und wird auch im Grundsatz I berücksichtigt.

Die aktivischen Unterschiedsbeträge sind allerdings **jährlich** um mindestens **10 %** zu verringern, so daß spätestens 10 Jahre nach dem Kauf einer Beteiligung der Unterschiedsbetrag vollständig als eigenkapitalmindernde Größe erfaßt wird. Die dabei noch von dem Abzug befreiten Teile sind weiterhin als Beteiligung zu behandeln. Erhöhungen des Eigenkapitals der Tochtergesellschaft in den folgenden Perioden durch thesaurierte Gewinne haben keinerlei Auswirkungen auf den Abschmelzungsprozeß. Beträgt im Beispielsfall bei ansonsten gleichen Daten das Eigenkapital der Tochter in der folgenden Periode 25 Mio. DM, so errechnet sich das haftende Eigenkapital der Kreditinstitutsgruppe folgendermaßen:

	Eigenkapital der Mutter	100 Mio. DM
+	anteiliges Eigenkapital der Tochter	25 Mio. DM
-	Buchwert der Beteiligung	50 Mio. DM
+	ursprünglicher aktivischer Unterschiedsbetrag	30 Mio. DM
-	jährliche Auflösung des aktivischen Unterschiedsbetrages	3 Mio. DM
Haftendes Eigenkapital der Kreditinstitutsgruppe in der Folgeperiode		102 Mio. DM

Die Erhöhung des Eigenkapitals der Tochter schlägt sich damit in voller Höhe im haftenden Eigenkapital der Kreditinstitutsgruppe nieder. In gleicher Weise würde jedoch auch eine weitere Veminderung des Haftungskapitals der Tochtergesellschaft erfaßt werden. Daraus wird deutlich, daß ein aktivischer Unterschiedsbetrag nur bei der erstmaligen Einbeziehung einer Beteiligung als eigenkapitalähnliche Position und ansonsten als Abzugsposten betrachtet wird.

III. Anforderungen an die Finanzierungsstruktur

Neben der Gewährleistung einer angemessenen Eigenkapitalausstattung stehen unter strukturellen Aspekten die Finanzierungsverhältnisse der Kreditinstitute, d.h. also die Beziehungen zwischen den kurz-, mittel- und langfristigen Aktiv- und Passivpositionen im Mittelpunkt des Interesses der Bankenaufsicht. Im einzelnen setzen sich die Finanzierungsnormen aus den Grundsätzen II und III und dem § 12 KWG zusammen.

1. Grundsätze II und III

Nach § 11 KWG müssen die Kreditinstitute ihre Mittel so anlegen, daß jederzeit eine **ausreichende Zahlungsbereitschaft** gewährleistet ist. Ebenso wie die Angemessenheit der Eigenkapitalausstattung anhand der Grundsätze I und Ia überprüft wird, werden auch zur Beurteilung der ausreichenden Liquidität mit den Grundsätzen II und III zwei gesetzesexterne Normen herangezogen. Die Inhalte der Grundsätze II und III beruhen auf Erfahrungen der Kreditwirtschaft und bauen konkret auf der Goldenen Bankregel und der Bodensatztheorie auf.

Nach der **Goldenen Bankregel** muß jede einzelne Anlage im Aktivgeschäft mit der zugehörigen Kapitalbeschaffung betrags- und laufzeitmäßig abgestimmt werden, damit die Bank Mittel im Aktivgeschäft nicht länger bindet, als sie diese im Passivgeschäft hereingenommen hat. Kurzfristige Gelder sollen nur kurzfristig ausgeliehen, langfristige Mittel langfristig angelegt werden. Diese erste, im Jahre 1854 von Otto Hübner entwickelte bankbetriebliche Liquiditätsregel beachtet jedoch nicht, daß die Zahlungsfähigkeit eines Kreditinstituts von den materiellen Fristen abhängt und letztlich nicht durch die vereinbarten formellen Fristigkeiten bestimmt wird.

Die tatsächlichen Zahlungstermine unterscheiden sich von den vereinbarten Fristen, da eine Vielzahl von Einlegern nicht alle fälligen Mittel abziehen (Prolongation) und abgerufene Einlagen durch neue ersetzt werden (Substitution). Der sich daher bildende Grundstock finanzieller Mittel stellt die Basis für die im Jahre 1857 von Adolf Wagner entwickelte **Bodensatztheorie** dar. Danach kann die Bank den Teil der kurzfristigen Einlagen, der ihr tatsächlich längerfristig zur Verfügung steht, auch langfristig ausleihen, sie kann also Fristentransformation betreiben.

Die Goldene Bankregel und die Bodensatztheorie beachten jedoch nicht die Möglichkeit der **Geldaufnahme bei anderen Kreditinstituten** und die Beschaffung von finanziellen Mitteln über eine **Umschichtung der Aktiva**, d.h. zum Beispiel über den Verkauf von Wertpapieren. Sie berücksichtigen zudem nicht, daß die Funktion einer Bank nicht lediglich in einer Art Kreditvermittlung durch die Weitergabe empfangener Gelder besteht, sondern daß die Kreditinstitute selbst **Geld in Form von Sichteinlagen schöpfen** können (MÜLHAUPT 1980). Die Vergabe von Krediten ist daher auch ohne einen unmittelbar vorausgegangenen Zufluß originärer Einlagen möglich. Da der Goldenen Bankregel und der Bodensatztheorie zudem eine **statische Auffassung** zugrunde liegt, die die Dynamik des Wirtschaftsgeschehens und die Abhängigkeit von der Entwicklung des Kapitalmarktes und der Politik der Notenbank nicht beachtet, kann die Zahlungsfähigkeit eines Kreditinstituts durch Grundsätze, die auf diesen Normen beruhen, nicht hinreichend gesichert werden. Hierzu eignen sich vielmehr allein zukunftsorientierte Planungsmethoden, die allerdings keine praktikable Lösung für ein aufsichtsrechtliches Normensystem darstellen und somit im Aufgabenbereich der Kreditinstitute verbleiben.

Liegt die Lösung des Liquiditätsproblems letztlich in den Händen der Kreditinstitute, so bedeutet dies nicht, daß die Bankenaufsicht auf die Begrenzung der Liquiditätsrisiken verzichten kann bzw. verzichten muß, denn es ist theoretisch und empirisch erwiesen, daß die Fristentransformation, d.h. also die Umwandlung kurzfristiger Passiva in langfristige Aktiva, Schwierigkeiten und Insolvenzen hervorrufen kann (MÜLLER 1981). **Zweck der Liquiditätsgrundsätze** ist es insoweit, die Möglichkeiten der **Fristentransformation einzuschränken** und **ein Mindestmaß an Liquiditätsvorsorge** sicherzustellen. Durch die Einhaltung der Grundsätze können jedoch Liquiditätsprobleme nicht grundsätzlich vermieden werden.

Die Inhalte der Grundsätze II und III gibt die nachstehende Abbildung 2.49 wieder. Grundsatz II befaßt sich mit den langfristigen Anlagen eines Kreditinstituts und bezieht diese auf die langfristigen Passiva; der Grundsatz III gibt den Teil der Finanzierungsmittel an, der kurz- und mittelfristig ausgeliehen werden kann.

	Anlageformen		**Finanzierungmittel**	
	Position	**Anrechnungsfaktor**	**Position**	**Anrechnungsfaktor**
Grundsatz II	Kredite ≥ 4Jahre	100 %	Eigenkapital	100 %
	Beteiligungen	100 %	Verbindlichkeiten und Schuldverschreibungen ≥ 4Jahre	100 %
	nicht börsengängige Wertpapiere	100 %	Spareinlagen und Schuldverschreibungen < 4 Jahre	60 %
	Anteile an einer herrschenden oder mit Mehrheit beteiligten Gesellschaft	100 %	Sichteinlagen und Termineinlagen von Nichtbanken < 4 Jahre	10 %
	Sachanlagen	100 %	Pensionsrückstellungen	60 %
Grundsatz III	Kredite an Nichtbanken < 4 Jahre	100 %	Spareinlagen und Schuldverschreibungen < 4 Jahre	20 %
	Kredite an Banken zwischen 3 Monaten und 4 Jahren	20 %	Sichteinlagen und Termineinlagen von Nichtbanken < 4 Jahre	60 %
	abgerechnete eigene Ziehungen	100 %	Verbindlichkeiten gegenüber Banken zwischen 3 Monaten und 4 Jahren	50 %
	börsengängige Anteile und Investmentanteile	100 %	Verbindlichkeiten gegenüber Banken < 3 Monate	10 %
	Sonstige Aktiva	100 %	Eigene Akzepte und abgerechnete eigene Ziehungen im Umlauf	80 %
			Finanzierungüberschuß (-fehlbetrag) im Grundsatz II	100 %
Liquide Anlageformen	Kredite an Banken zwischen 3 Monaten und 4 Jahren	80 %	Spareinlagen und Schuldverschreibungen < 4 Jahre	20 %
	Kredite an Banken < 3 Monate	100 %	Sichteinlagen und Termineinlagen von Nichtbanken < 4 Jahre	30 %
	festverzinsliche Wertpapiere	100 %	Pensionsrückstellungen	40 %
	Barreserve, Inkassopapiere	100 %	Verbindlichkeiten gegenüber Banken zwischen 3 Monaten und 4 Jahren	50 %
	Wechsel	100 %	Verbindlichkeiten gegenüber Banken < 3 Monate	90 %
			Eigene Akzepte und abgerechnete eigene Ziehungen im Umlauf	20 %

Abb. 2.49: Aufbau der Grundsätze II und III

Als Aktivkomponenten werden im **Grundsatz II** zunächst alle Forderungen an Kreditinstitute und Kunden mit einer Laufzeit oder Kündigungsfrist von mehr als vier Jahren erfaßt. Aufgrund einer u.U. schwierigen Veräußerbarkeit müssen ferner die nicht börsenfähigen Wertpapiere berücksichtigt werden. Bei den Beteiligungen handelt es sich ebenso wie bei den Sachanlagen von ihrer Natur her um langfristige Vermögenswerte. Sämtliche Aktiva können um die Wertberichtigungen gekürzt werden. Obwohl im Text der Grundsätze nicht explizit genannt, ist es entsprechend dem Vorgehen im Grundsatz I auch zulässig, die gebildeten passiven Rechnungsabgrenzungsposten aus Gebührenabgrenzung und Disagien in Abzug zu bringen (REISCHAUER/KLEINHANS 1963, Anhang zu §§ 10 und 11, Rdn. 30).

Den langfristigen Finanzierungsmitteln ist zunächst das Eigenkapital zuzurechnen, wobei jedoch nur diejenigen Elemente erfaßt werden dürfen, die effektiv, d.h. also zu Finanzierungszwecken vorhanden sind. Im Unterschied zum haftenden Eigenkapital scheiden also das anerkannte freie Vermögen des Inhabers oder eines persönlich haftenden Gesellschafters und der Haftsummenzuschlag bei Kreditgenossenschaften aus.

Die den Kreditinstituten für vier Jahre oder länger bereitgestellten Passiva gelten in voller Höhe als langfristige Finanzierungsmittel. Die übrigen Positionen werden dagegen nur in Höhe eines bestimmten Anrechnungsfaktors berücksichtigt, der den Bodensatz zum Ausdruck bringen soll. Beispielsweise dürfen von den Spareinlagen 60 % und von den Sicht- und Termineinlagen gegenüber Nichtbanken 10 % langfristig ausgeliehen werden.

Als kurz- und mittelfristige Aktiva gehen in den **Grundsatz III** beispielsweise sämtliche Forderungen an Kunden mit einer Laufzeit von weniger als 4 Jahren und die börsengängigen Anteile und Investmentanteile ein. Bei den Finanzierungsmitteln werden wiederum bestimmte Bodensätze anerkannt, die bei den (täglich fälligen) Sichteinlagen von Nichtbanken immerhin eine Höhe von 60 % erreichen und bei den Verbindlichkeiten gegenüber Kreditinstituten mit täglicher Fälligkeit und einer Laufzeit von weniger als 3 Monaten 10 % betragen.

Zur Finanzierung kann im Grundsatz III auch der **Überschuß aus dem Grundsatz II** herangezogen werden. Daraus wird deutlich, daß die mittel- und kurzfristigen Aktiva auch langfristig finanziert werden dürfen. Die Übertragungsmöglichkeit besteht jedoch nicht vom Grundsatz III zum Grundsatz II, so daß die Fristentransformation durch die in den Grundsätzen angegebenen Bodensätze der einzelnen Finanzierungsmittel ihre Begrenzung findet.

Die nicht in den Grundsätzen II und III erfaßten Finanzierungsmittel müssen in **liquiden oder leicht verwertbaren Vermögensgegenständen** vorgehalten werden. Eine längerfristige Anlage dieser Passiva ist nicht möglich. Zu den nicht erfaßten Aktiva zählen neben der Barreserve nahezu vollständig die kurz- und mittelfristigen Forderungen an Banken sowie die festverzinslichen Wertpapiere. Die Transformation von Finanzierungsmitteln in diese Anlageformen wird somit nicht begrenzt, was für Kreditinstitute im Hinblick auf die zinstragende Unterbringung im Kreditgeschäft nicht nachgefragter Mittel von erheblicher Bedeutung ist.

Die tatsächlichen Auslastungsgrade der Grundsätze II und III lagen im Jahre 1990 durchschnittlich bei 88,8 % bzw. 69,6 % (vgl. Abb. 2.50), wobei der Sparkassensektor aufgrund seiner traditionell bedeutsamen Rolle im langfristigen Kreditgeschäft im Grundsatz II die höchsten Werte aufweist, während die üblicherweise eher im kurzfristigen Geschäft aktiven Kreditbanken im Grundsatz III an der Spitze liegen.

Jahr	Insgesamt	Kreditbanken	Girozentralen 1)	Genossen-schaftliche Zentral-banken 1)	Sparkassen	Kreditgenos-senschaften
	Grundsatz II (Obergrenze 100 %)					
1980	91,7	91,0	96,4	91,7	93,0	81,5
1981	92,1	90,4	95,5	91,8	94,5	83,3
1982	91,0	87,4	96,4	91,5	92,7	82,9
1983	90,1	85,0	96,6	90,2	92,3	81,5
1984	89,9	83,8	96,0	90,0	92,9	82,8
1985	90,2	85,1	95,5	89,6	92,9	83,6
1986	87,9	83,6	92,9	86,9	90,1	82,4
1987	86,7	84,1	91,7	83,2	87,7	81,6
1988	88,4	87,6	93,4	85,5	88,0	83,2
1989	89,5	87,5	92,7	86,9	90,1	86,6
1990	88,8	85,5	89,4	86,9	91,6	88,9
	Grundsatz III (Obergrenze 100 %)					
1980	82,9	93,1	76,8	72,1	72,2	82,7
1981	85,1	92,9	86,8	74,3	75,2	83,7
1982	83,4	92,5	88,1	73,5	71,6	81,1
1983	80,9	92,3	84,6	66,0	68,0	77,4
1984	80,4	91,6	79,8	67,9	68,3	77,8
1985	78,2	90,8	74,2	65,5	66,0	75,2
1986	71,3	87,5	61,8	48,8	58,3	67,7
1987	65,2	83,2	55,2	47,6	52,1	61,1
1988	65,6	86,0	55,3	51,3	50,6	59,4
1989	66,9	86,5	53,4	50,1	53,0	61,5
1990	69,6	88,0	56,5	57,1	56,2	63,0

* Ohne Institute der neuen Bundesländer und ohne Zweigstellen von Unternehmen mit Sitz in einem anderen Staat, Teilzahlungskreditinstitute und öffentlich-rechtliche Grundkreditanstalten. 1) Ohne Spitzeninstitute

Abb. 2.50: Durchschnittskennziffern der Grundsätze II und III nach § 11 KWG* (Quelle: Deutsche Bundesbank; Geschäftsbericht für das Jahr 1990, S. 95)

2. Kapitaldeckung des Anlagevermögens

Nach § 12 KWG sollen die Sachinvestitionen durch Eigenkapital gedeckt sein. Bei den Sachinvestitionen handelt es sich um Vermögensbestandteile, die nicht Gegenstand der Umsatztätigkeit eines Kreditinstituts und nicht zur Veräußerung bestimmt sind, sondern aus betriebstechnischen Gründen vorhanden sein müssen und im wesentlichen der Erstellung der Bankleistungen dienen. Häufig sind diese Anlagen zudem besonders illiquide und nur schwer veräußerbar.

Der Katalog der Anlagearten des § 12 KWG wurde im Rahmen der KWG-Novelle des Jahres 1984 erweitert. Als **Sachinvestitionen** sind heute Grundstücke, Gebäude, die Betriebs- und Geschäftsausstattung, der Besitz von Schiffen, Anteile an Kreditinstituten und an sonstigen Unternehmen, Vermögenseinlagen als stiller Gesellschafter und Genußrechte zu erfassen. Eine der wesentlichsten Änderungen betraf dabei den Anteilsbesitz an anderen Unternehmen. Während in diesem Zusammenhang vor der KWG-Novelle von Beteiligungen gesprochen wurde, stellt der § 12 KWG in seiner geänderten Fassung allein auf den Umstand des **Anteilsbesitzes** ab, so daß damit weder die Beteiligungsabsicht noch die Bilanzierungspraxis die Erfassungspflicht im § 12 KWG berührt. Sowohl der Besitz von Anteilen an Kreditinstituten als auch der Anteilsbesitz an sonstigen Unternehmen müssen durch Eigenkapital gedeckt sein, wobei jedoch nach § 12 Abs. 2 KWG folgende **Ausnahmen** zu beachten sind:

- Anteile an sonstigen Unternehmen bleiben bis zu einer Quote von **10 % des Kapitals des Unternehmens** unberücksichtigt, um den **Arbeitsaufwand** bei einer Vielzahl kleinerer Beteiligungen zu minimieren. Dies kann im Einzelfall aber problematisch sein, wenn die Kapitalanteile an verhältnismäßig großen Unternehmen gehalten werden (SZAGUNN/WOHLSCHIEß 1986). Übersteigt der Anteilsbesitz die 10 %-Grenze, so ist er in voller Höhe zu erfassen. Die Freistellungsregelung betrifft nicht den Besitz von Anteilen an Kreditinstituten, diese Werte sind also in jedem Fall zu berücksichtigen. Allerdings bezieht sich die Erfassungspflicht nur auf den unmittelbaren Anteilsbesitz, mittelbar gehaltene Kapitalanteile werden durch den § 12 KWG nicht begrenzt.

- Zum **Eigenhandel** und zur **Kurspflege** bestimmte börsengängige Beteiligungspapiere sind bis zu einer Höhe von **5 % des Kapitals eines Unternehmens** freigestellt, um den Wertpapierhandel nicht zu behindern. Dazu muß jedoch der Handelsbestand vom übrigen Anteilsbesitz getrennt erfaßt und verwaltet werden. Diese Voraussetzung soll eine Umgehung der 10 %-Freistellungsregelung verhindern.

- In eigenem Namen, jedoch für Rechnung eines Dritten erworbene Anteile an Unternehmen müssen nicht erfaßt werden, sofern das Kreditinstitut sie nicht länger als zwei Jahre behält. Hintergrund dieser Ausnahmeregelung ist die Überlegung, daß der **Kauf oder Verkauf von Beteiligungspaketen** ohne Zwischenschaltung von Kreditinstituten zu erheblichen Kursschwankungen führen könnte.

- Freigestellt sind schließlich auch Anteile an Unternehmen, die ein Kreditinstitut zur Verhütung von Verlusten im Kreditgeschäft erworben hat, solange das Kreditinstitut die Anteile nicht länger als 5 Jahre behält. Der vergleichsweise große Zeitrahmen ist notwendig, um die **erworbenen Pfandrechte** optimal verwerten zu können. Oftmals muß zum Wiederverkauf erst eine konjunkturelle Besserung der Marktlage eingetreten sein.

Die Ausnahmeregelung für bestimmte, zur Verhütung von Verlusten im Kreditgeschäft übernommene Anteilswerte gilt auch für entsprechend erworbene Grundstücke, Gebäude und Schiffe. Darüber hinaus sind diejenigen Teile der Betriebs- und Geschäftsausstattung der Kreditgenossenschaften freigestellt, die zur Durchführung von Warengeschäften erforderlich sind.

Zur Verbesserung des Auslastungsgrades nach § 12 KWG steht den Kreditinstituten die Möglichkeit offen, Teile der Betriebs- und Geschäftsausstattung und ihrer Bankgebäude auf Leasingtöchter zu übertragen und gleichzeitig wieder zurückzuleasen (**"Sale-and-Lease-back-Verfahren"**). Da die Einhaltung des § 12 KWG nicht auf konsolidierter Basis überprüft wird, können die Kreditinstitute dadurch die Kapitaldeckung des Anlagevermögens umgehen. Insbesondere deutlich wird dies, wenn die Muttergesellschaft den Konzerntöchtern zur Finanzierung des Erwerbs Kredite gewährt (NIRK 1985). Allerdings fallen diese Kredite unter die Großkreditgrenze und sind insoweit auf ein bestimmtes Maß begrenzt.

Als Bezugsgröße fungiert im Rahmen des § 12 KWG das **haftende Eigenkapital**. Da die im § 10 aufgelisteten Haftungselemente auch nicht eingezahlte Positionen enthalten, ist die Interpretation der Anlagendeckungsnorm als Finanzierungsregel nicht unproblematisch, sie hat sich jedoch weitgehend durchgesetzt (MÜLHAUPT 1979). Als haftendes Eigenkapital erkennt das Bundesausichtsamt neben den eingezahlten Teilen nur den Haftsummenzuschlag an. Obwohl im § 10 Abs. 6 KWG genannt, rechnet (inkonsequenterweise) das anerkannte freie Vermögen des Inhabers oder eines persönlich haftenden Gesellschaftes nicht zum Haftungskapital gemäß § 12 KWG.

IV. Vorschriften für das Spar- und Kreditgeschäft

Zu den elemetaren Tätigkeitsfeldern eines Kreditinstituts gehört die Entgegennahme von Spareinlagen und die Gewährung von Krediten. Beide Geschäftsgebiete besitzen eine hohe volkswirtschaftliche Bedeutung. Da zudem durch eine zu risikoreiche Kreditvergabe die Rückzahlung der Spareinlagen gefährdet werden kann, enthält das KWG in den § 13 bis 22a spezielle Vorschriften für das Kreditgeschäft und den Sparverkehr.

Im folgenden sollen zunächst die Pflichten der Kreditinstitute bei der Vergabe von Krediten betrachtet werden. Dazu ist es zunächst notwendig, den für diesen Bereich des KWG maßgeblichen Kreditbegriff zu erläutern. Darauf aufbauend werden dann die Vorschriften hinsichtlich einzuholender Kreditunterlagen, die Millionenkreditmeldungen, die Großkredit- und die Organkreditregelungen vorgestellt.

1. Begriffliche Grundlagen und Informationsregeln für das Kreditgeschäft

a) Kredit und Kreditnehmer

Um eine möglichst effiziente Risikobegrenzung und -überwachung sicherzustellen, ist der Kreditbegriff der §§ 13 bis 18 KWG sehr viel weiter als der Begriff des Kreditgeschäfts im § 1 KWG gefaßt. Während zum Kreditgeschäft im Sinne des § 1 KWG nur die Gewährung von Gelddarlehen und Akzeptkrediten gehört, umfaßt der im § 19 KWG niedergelegte Kreditbegriff nahezu alle Arten von Geldforderungen, insbesondere also auch Factoring und Leasing (NIRK 1985). Reine Factoring- oder Leasingunternehmen betreiben keine Bankgeschäfte und unterliegen demzufolge nicht der Bankenaufsicht. Bieten jedoch Kreditinstitute diese Leistungen an, so müssen sie aufgrund des weiten Kreditbegriffs im Rahmen des Factoring- und Leasinggeschäftes die Vorschriften des KWG für das Kreditgeschäft beachten (SCHICK 1985). Dies gilt im Hinblick auf die Zusammenfassungspflicht des § 10 a KWG und die Großkreditregelungen (§ 13 a KWG) auch für Tochtergesellschaften von Kreditinstituten, die im Leasinggeschäft tätig sind.

Im einzelnen sind nach § 19 Abs. 1 KWG als **Kredit** anzusehen:

- **Barkredite**
  Zu den Barkrediten gehören **Gelddarlehen aller Art**, entgeltlich erworbene Geldforderungen, Forderungen aus Namensschuldverschreibungen (Nr. 1) und sonstige Geldforderungen aus nichtbankmäßigen Handelsgeschäften, ausgenommen die Forderungen aus Warengeschäften der Kreditgenossenschaften (Nr. 3). Mit den **entgeltlich erworbenen Forderungen** wird das echte Factoring-Geschäft, bei dem die Banken Forderungen ankaufen und das Delkredererisiko übernehmen, erfaßt. Von den **Namensschuldverschreibungen** sind die entsprechenden Pfand-

briefe und Kommunalobligationen ausgenommen, da diese nur aufgrund strenger Vorschriften in Spezialgesetzen emittiert werden dürfen. Zu den sonstigen Geldforderungen rechnen schließlich beispielsweise Provisionsforderungen aus der Vermittlung von Immobilien, Versicherungen oder Bausparverträgen.

- **Wechselkredite**
  Als Wechselkredite gelten zum einen **Akzeptkredite** (Nr. 1), zum anderen **Diskontkredite** (Nr. 2). Während die Bank bei einem Akzeptkredit ihre Kreditwürdigkeit zur Verfügung stellt und darauf vertraut, daß der Kunden den Betrag kurz vor Fälligkeit des Wechsels anschafft, kauft sie bei einem Diskontkredit Wechsel bzw. Schecks vor Fälligkeit unter Abzug eines Zwischenzinses an.

- **Avalkredite**
  Zu den Avalkrediten gehört die Übernahme von **Bürgschaften, Garantien und sonstigen Gewährleistungen** (Nr. 4). Seit der KWG-Novelle des Jahres 1984 ist ferner die Haftung aus der Bestellung von Sicherheiten für fremde Verbindlichkeiten zu erfassen, da es materiell unbeachtlich ist, ob sich ein Kreditinstitut für den Kredit eines Kunden bei einem anderen Kreditinstitut verbürgt oder zu dessen Gunsten ein Pfandrecht bestellt (SZAGUNN/WOHLSCHIEß 1986).

- **Pensionsgeschäfte**
  Als Kredit gilt auch die Verpflichtung, für die Erfüllung entgeltlich übertragener Geldforderungen einzustehen oder sie auf Verlangen des Erwerbers zurückzuerwerben (Nr. 5). Mit dieser Geschäftsart werden die **unechten Pensionsgeschäfte** erfaßt, bei denen der Pensionsgeber Forderungen mit der Maßgabe überträgt, sie auf Verlangen des Erwerbers wieder zurückzukaufen. Das Risiko verbleibt dabei letztlich beim Pensionsgeber, der weiterhin als Kreditgeber des Erstschuldners betrachtet wird. Bei echten Pensionsgeschäften ist eine übertragene Forderung ohnehin dem Pensionsgeber zuzurechnen, so daß eine gesonderte Erfassung nicht notwendig ist. Von der Vorschrift nicht erfaßt werden Pensionsgeschäfte in Wertpapieren.

- **Beteiligungen**
  Beteiligungen (Nr. 6) sind als Kredite zu behandeln, weil Eigenkapitalgeber zum einen im Konkursfall nur letztrangig befriedigt werden und Beteiligungen von daher ein höheres Risiko besitzen und zum anderen die Umwandlung von Krediten in Beteiligungen verhindert werden soll. Als Beteiligung gilt zunächst jeder Besitz eines Kreditinstituts an Aktien, Kuxen oder Geschäftsanteilen eines Unternehmens, wenn er **mindestens 25 % des Kapitals** erreicht. Darüber hinaus vertritt das Bundesaufsichtsamt jedoch die Auffassung, daß auch ein geringerer Anteilsbesitz zu erfassen ist, wenn er in Beteiligungsabsicht und nicht nur vorübergehend von der Bank übernommen wird (REISCHAUER/KLEINHANS 1963, § 19, Rdn. 19). Die §§ 13 bis 18 KWG sind dabei unabhängig von der Bereitstellung weiterer Kredite für Beteiligungen relevant.

- **Leasinggeschäfte**
  Bei wirtschaftlicher Betrachtungsweise handelt es sich bei Leasinggeschäften (Nr. 7) um Kredite, die durch die Leasinggegenstände gesichert sind. Zu berücksichtigen sind jedoch nur Geschäfte, bei denen das **Kreditinstitut als Leasinggeber** fungiert und die **Leasingobjekte beim Leasingnehmer bilanziert** werden. Erfolgt dagegen eine Bilanzierung beim Leasinggeber, so ist die Leasingforderung als Geldforderung aus nicht bankmäßigen Handelsgeschäften auszuweisen und zu erfassen. Von den Buchwerten können aufgrund von Mietvorauszahlungen gebildete Rechnungsabgrenzungsposten und im Falle des Verkaufs von Leasingforderungen bilanzierte Passivposten abgezogen werden (SCHICK 1985).

Als **Kreditnehmer** gilt derjenige Kunde, auf dessen Leistungsfähigkeit das Kreditinstitut bei der Kreditgewährung primär vertraut (NIRK 1985). Bei Darlehen ist dies der Darlehensnehmer, bei Avalkrediten der Hauptschuldner, bei Diskontkrediten der Einreicher, beim echten Factoring der Schuldner und beim unechten Factoring der Veräußerer der Forderung. Stehen zwei oder mehrere Kreditnehmer in einer bestimmten personellen oder sachlichen Verbindung zueinander, so bilden sie wirtschaftlich eine Risikoeinheit und sind daher als ein Kreditnehmer zu interpretieren. Nach § 19 Abs. 2 KWG handelt es sich um eine **Kreditnehmereinheit** im Falle von

- demselben Konzern angehörenden Unternehmen,
- durch Gewinnabführungsvertrag verbundenen Unternehmen,
- in Mehrheitsbesitz stehenden Unternehmen mit deren mehrheitlichen Anteilseignern,
- Personenhandelsgesellschaften und ihren persönlich haftenden Gesellschaftern,
- Kreditnehmern und Personen und Unternehmen, die für Rechnung des Kreditnehmers in eigenem Namen Kredite aufnehmen.

Von den §§ 13 bis 18 KWG sind vergleichsweise risikolose Forderungen ausgenommen. Hierzu gehören nach § 20 KWG:

- **Kommunalkredite**
  Bei der öffentlichen Hand unterstellt der Gesetzgeber eine einwandfreie Bonität. Daher müssen bei Krediten an Gebietskörperschaften, an ein Sondervermögen des Bundes, an sonstige inländische juristische Personen des öffentlichen Rechts sowie an die Europäische Gemeinschaft und an die Europäische Investitionsbank die Vorschriften über das Kreditgeschäft nicht beachtet werden. Mit Ausnahme der Millionenkreditmeldung gilt das gleiche für die öffentlich verbürgten Kredite.

- **Geldmarktgeschäfte zwischen Banken**
  Aufgrund eines vergleichsweise geringen Risikos und um den Geldausgleich unter den Banken nicht unnötig zu erschweren, gelten die §§ 13 bis 18 KWG nicht für die typischen, ungesicherten Geldmarktgeschäfte. Hierbei handelt es sich zunächst um Forderungen an Banken aus Geldanlagen mit einer Ursprungslaufzeit bis zu drei Monaten. Längere Geldanlagen sind ausgenommen, wenn es sich um Forderungen von Genossenschaftsbanken oder Sparkassen an ihre Zentralbanken bzw. Girozentralen sowie von dort an die zuständigen Zentralkreditinstitute handelt. Freigestellt ist darüber hinaus der Ankauf von am Geldmarkt üblicherweise gehandelten Wechseln, sofern eine andere Bank wechselrechtlich haftet und die Restlaufzeit höchstens 3 Monate beträgt.

- **Abgeschriebene Kredite**
  Bei bereits abgeschriebenen Krediten sind besondere Maßnahmen zur Risikobegrenzung oder -überwachung nicht mehr erforderlich. Zu den abgeschriebene Kredite gehören jedoch nur die endgültig ausgebuchten, nicht jedoch die vorsorglich wertberichtigten Kredite (NIRK 1985).

- **Realkredite**
  Von den Großkreditgrenzen, bestimmten Organkreditvorschriften und der zwingenden Prüfung der Kreditwürdigkeit sind Kredite befreit, die grundpfandrechtlich oder durch Schiffshypotheken innerhalb von 60 % des Beleihungswertes gesichert sind. In diesem Rahmen vergebene Kredite gelten als besonders sicher, da in der Regel auch unerwartete Wertminderungen aufgefangen werden können. Überschreitet ein Kredit die Beleihungsgrenze, so fehlt dem gesamten Kredit die Realkrediteigenschaft. Nur wenn der übersteigende Betrag von der öffentlichen Hand gewährleistet wird, können in diesem Fall die Ausnahmeregelungen des § 20 KWG in Anspruch genommen werden. In der Praxis wird dieses Problem jedoch zumeist durch die Vergabe zweier gesonderter Kredite umgangen.

Insgesamt erweisen sich die Vorschriften des KWG hinsichtlich des Kreditbegriffs, der Kreditnehmereinheit und bestimmter Ausnahmeregelungen als ausgesprochen komplex und unübersichtlich.

Erst auf der Basis dieser Vorschriften können jedoch im folgenden die detaillierten Regelungen zur Gewährleistung eines ordnungsgemäßen Kreditgeschäfts genauer betrachtet werden.

b) Kreditunterlagen

Mit der Vergabe eines Kredites ist zwangsläufig das Risiko verbunden, das der Kunde zur Rückzahlung des Kreditbetrages und der Zinsen nicht in der Lage ist. Um dieses Risiko möglichst gering zu halten, informieren sich die Kreditinstitute allein schon aus betriebswirtschaftlichen Gründen regelmäßig über die Kreditwürdigkeit der Schuldner. Darüber hinaus verlangt jedoch auch § 18 KWG, das Kreditnehmer, denen Kredite von insgesamt mehr als **100.000,-- DM** gewährt werden, ihre **wirtschaftlichen Verhältnisse** offenlegen müssen. Durch diese gesetzliche Festlegung der Informationspflicht ist das Verlangen der Banken nach entsprechenden Unterlagen gegenüber den Kunden besser durchsetzbar. Kreditinstitute können keinen Wettbewerbsvorteil dadurch erlangen, daß sie auf die Offenlegung der wirtschaftlichen Verhältnisse verzichten.

Die von den Banken einzuholenden Unterlagen hängen von der Art des Kreditnehmers ab. Bei der Vergabe von Krediten an Unternehmen bedarf es zwingend der Vorlage mehrerer Jahresabschlüsse. Ein einzelner Jahresabschluß ermöglicht keine angemessene Beurteilung der Unternehmensentwicklung. Darüber hinaus sind von Kreditinstituten zusätzliche Unterlagen einzuholen, wenn die Jahresabschlüsse ein klares Urteil über die wirtschaftlichen Verhältnisse eines Kreditnehmers nicht ermöglichen. Denkbar ist in diesem Zusammenhang die Einblicknahme in Finanzpläne, Umsatz- und Auftragszahlen, Marktanteilsentwicklungen sowie Branchenprognosen (SZAGUNN/WOHLSCHIEß 1986). Bei Krediten an natürliche Personen, die keinen Jahresabschluß erstellen, ermöglichen Einkommen- und Vermögensteuerbescheide, Grundbuchauszüge und Gehaltsbescheinigungen des Arbeitgebers einen Einblick in die wirtschaftlichen Verhältnisse des Kreditnehmers.

Sofern der Schuldner persönlich haftender Gesellschafter einer Personengesellschaft ist, hat sich die Bank aufgrund der Kreditnehmereinheit (§ 19 KWG) weitgehend auch die wirtschaftlichen Verhältnisse der Gesellschaft offenlegen zu lassen (NIRK 1985). Dies gilt generell auch bei Krediten an Konzernunternehmen. Um die Kreditinstitute jedoch nicht bei der Vergabe eines Kredits an ein kleines Unternehmen zur Überprüfung der Bonität eines multinationalen Großkonzerns zu zwingen, dürfen die Jahresabschlußunterlagen des Gesamtkonzerns unberücksichtigt bleiben, wenn sie für die wirtschaftlichen Verhältnisse des kreditnehmenden Unternehmens belanglos sind. Da die übrigen Konzernmitglieder weder rechtlich noch faktisch aus dem Kredit verpflichtet sind, dürfte diese Situation vergleichsweise häufig vorliegen (SZAGUNN/WOHLSCHIEß 1986).

Die Einblicknahme in die wirtschaftlichen Verhältnisse ist gesetzlich nicht vorgeschrieben bei Krediten gemäß § 20 KWG. Eine Ausnahmeregelung besteht darüber hinaus, wenn die Offenlegung im Hinblick auf die gestellten Sicherheiten oder auf die Mitverpflichteten offensichtlich unbegründet ist. Die Sicherheiten müssen dabei so beschaffen sein, daß durch ihre Realisierung in jedem Fall das zur Verfügung gestellte Kapital und die Zinsen gedeckt sind. Als Bezugsgröße dient in diesem Zusammenhang bei Sparguthaben und Termineinlagen der Nennwert, bei Lebensversicherungen der Rückkaufswert und bei Edelmetallen der Metallwert. Festverzinsliche Wertpapiere werden in Höhe von

80 %, Dividendenwerte in Höhe von 60 % des Börsenkurses und Grundpfandrechte mit 60 % des Beleihungswertes berücksichtigt. Als Mitverpflichtete gelten Personen, die sich rechtsgeschäftlich, z.B. also wechselrechtlich oder als Bürge mitverpflichtet haben. Diese Mitverpflichteten müssen nach Ansicht des BAK darüber hinaus Sicherheiten in der beschriebenen Qualität bereitstellen. Die Verpflichtung zur Offenlegung der wirtschaftlichen Verhältnisse entfällt schließlich auch bei echten Factoringgeschäften, wenn Forderungen gegen den jeweiligen Schuldner laufend erworben werden und die Restlaufzeit drei Monate nicht übersteigt. Durch diese Ausnahmeregelung sind im Rahmen des Forderungsankaufs neben den reinen Factoringunternehmen auch die Kreditinstitute von der Informationspflicht befreit, so daß insoweit keine Wettbewerbsunterschiede bestehen.

c) Millionenkredite

Über die Kreditunterlagen erhalten die Banken einen Einblick in die wirtschaftliche Lage eines Kreditnehmers. In der Vergangenheit gemachte Erfahrungen zeigen jedoch, daß durch eine Kreditwürdigkeitsprüfung und die Befragung des Kreditnehmers die Unkenntnis über weitere Kreditinanspruchnahmen bei anderen Banken nicht grundsätzlich beseitigt werden kann (REISCHAUER/ KLEINHANS 1963, § 14, Rdn. 1). Um dieser Gefahr zu begegnen, verlangt § 14 KWG von den Kreditinstituten die **Anzeige** derjenigen Kreditnehmer, deren **Verschuldung** im Referenzzeitraum **1 Mio. DM oder mehr** betragen hat. Sind dem Kreditnehmer von mehreren Instituten Millionenkredite gewährt worden, so benachrichtigt die Deutsche Bundesbank anschließend die beteiligten Stellen. Die Bestimmungen über die Millionenkreditmeldungen durchbrechen damit in gewissem Umfang das Bankgeheimnis. Dies ist aber letztlich gerechtfertigt, da Verluste aus der Gewährung von Millionenkrediten auch bei großen Kreditinstituten erhebliche negative Folgen nach sich ziehen können.

Die zentrale Zielsetzung der Millionenkreditmeldungen liegt in der **Information der Kreditinstitute** über die Verschuldung größerer Kreditnehmer. Darüber hinaus erhält jedoch auch die Bundesbank einen detaillierten Einblick in die Struktur der Kreditaufnahme der deutschen Wirtschaft, den sie zur Erfüllung ihrer geldpolitischen Aufgaben nutzen kann. Unter aufsichtsrechtlichem Blickwinkel kann mit den Millionenkreditanzeigen ferner die Kreditpolitik einzelner Banken und der Kreditbedarf der verschiedenen Kreditnehmer nachvollzogen werden (NIRK 1985). Letzteres berührt aber wiederum den geldpolitischen Tätigkeitsbereich der Deutschen Bundesbank, die nur solche Wechsel und Schecks ankauft, auf denen neben der Bank zwei weitere als zahlungsfähig bekannte Verpflichtete haften.

Der Meldepflicht unterliegen neben den Kreditinstituten auch die Sozialversicherungsträger, die Versicherungsunternehmen, die Bundesanstalt für Arbeit und die Kreditanstalt für Wiederaufbau. Gemeldet werden müssen bis zum 15.1., 15.4., 15.7. und 15.10. eines Jahres diejenigen Kreditnehmer, deren Verschuldung bei dem Kreditinstitut zu irgendeinem Zeitpunkt der vergangenen drei Kalendermonate 1 Million DM oder mehr betragen hat. Anzuzeigen ist dabei die Höhe der nach Fristen und Kreditarten gegliederten Verschuldung am Ende des der Anzeige vorangehenden Monats, selbst wenn dieser Betrag nicht der Höchstverschuldung entspricht oder eine Million DM nicht erreicht. Gelten mehrere Schuldner als ein Kreditnehmer, so müssen neben der Gesamtverschuldung auch die

Verbindlichkeiten der einzelnen Kreditnehmer angegeben werden. Sofern mehrere Kreditinstitute einem Kreditnehmer gemeinschaftlich einen Millionenkredit gewähren, ist der jeweilige eigene Anteil anzuzeigen. Dies gilt auch dann, wenn der Anteil des einzelnen Instituts den Betrag von 1 Mio. DM nicht erreicht. Seit 1986 sind schließlich auch die Millionenkredite ausländischer nachgeordneter Kreditinstitute im Sinne des § 13 a KWG in die Millionenkreditmeldung einbezogen. Das übergeordnete Kreditinstitute hat derartige Millionenkredite gesondert anzuzeigen, wobei die Meldung lediglich die Kredithöhe nicht jedoch die Kreditstruktur enthalten muß.

Die Deutsche Bundesbank sammelt und bearbeitet die Millionenkreditanzeigen. Sie benachrichtigt anschließend die beteiligten Institute, wenn ein Kreditnehmer mehrmals Millionenkredite beansprucht hat. Die **Benachrichtigungen** dürfen nur die Gesamtverschuldung der Kreditnehmer, die Anzahl der Kreditgeber sowie eine Aufgliederung nach folgenden Kreditarten enthalten:

- Kredite mit einer Ursprungslaufzeit von mindestens 4 Jahren,
- Kredite mit einer Ursprungslaufzeit von weniger als 4 Jahren,
- Wechselkredite,
- Avalkredite.

Zusätzlich gibt die Deutsche Bundesbank an, welche dieser Kredite durch Gebietskörperschaften gewährleistet werden und ob es sich bei den Forderungen um Realkredite handelt.

Von inländischen Kreditnehmern im Ausland aufgenommene Kredite werden durch die Millionenkreditmeldungen insoweit erfaßt, als sie von Tochtergesellschaften deutscher Kreditinstitute vergeben werden. Durch andere ausländische Kreditinstitute bereitgestellte Mittel gehen jedoch nicht in das Meldesystem ein. Da diesem Mangel aufgrund einer zunehmenden internationalen Verflechtung eine wachsende Bedeutung zukommt, wird ein internationaler Informationsaustausch zwischen Banken und Bankaufsichtsbehörden angestrebt. Sollte ein derartiges Informationssystem zustande kommen, ist die Bundesbank nach Absatz 4 des § 14 KWG befugt, die Millionenkreditmeldungen an ausländische Aufsichtsbehörden weiterzugeben.

Durch einen grenzüberschreitenden Datenaustausch erhöht sich zweifellos die Effizienz des Meldesystems. Aus Sicht der kreditgebenden Unternehmen verbleiben jedoch weiterhin die Nachteile, daß aus Gründen des Datenschutzes vor der Vergabe eines Millionenkredits keine Informationen bereitgestellt werden und auch Kreditzusagen nicht in das Meldeverfahren einbezogen sind. Generell stellen allerdings bereits derzeit die Millionenkreditanzeigen erhebliche Anforderungen an das Datenverarbeitungssystem der Kreditinstitute und der Bundesbank, denn die Daten müssen in einer angemessenen Zeitspanne zunächst banken- und institutsgruppenweit, anschließend sogar im Hinblick auf sämtliche meldenden Unternehmen abgestimmt werden. Gemeldet wurden der Deutschen Bundesbank im Jahre 1990 rund 450.000 Millionenkredite, wobei Anzeigen von nahezu sämtlichen Kreditinstituten und Versicherungsunternehmen eingereicht wurden. Um trotz dieser Datenmenge eine rationelle Bearbeitung der Anzeigen zu gewährleisten, besteht seit 1980 die Möglichkeit, den Melde- und Rückmeldevorgang weitgehend über den Austausch von Magnetbändern abzuwickeln. Zudem werden grundsätzlich sämtliche Kreditnehmer und Kreditgeber durch eine sogenannte Identifizierungsnummer verschlüsselt.

2. Anzeige-, Begrenzungs- und Beschlußfassungsvorschriften im Kreditgeschäft

Durch die Einholung von Kreditunterlagen und die Abgabe der Millionenkreditmeldungen verbessert sich der Informationsstand der Kreditinstitute. Differenziertere Eingriffe in die Geschäftstätigkeit der Kreditinstitute sieht das Kreditwesengesetz darüber hinaus vor, sofern bestimmte, institutsspezifisch formulierte Kreditvolumina überschritten (Großkredite) oder Kredite an dem Institut nahestehende Personen vergeben werden (Organkredite).

a) Großkredite

Als Großkredit bezeichnet § 13 KWG Kredite an einen Kreditnehmer, die insgesamt **15 % des haftenden Eigenkapitals** einer Bank übersteigen. Maßgeblich sind hierbei sowohl die in Anspruch genommenen als auch die nur zugesagten Kredite, wobei aufgrund eines vergleichsweise geringen Risikos Kredite aus dem Ankauf bundesbankfähiger Wechsel und bestimmte Avalkredite nur zu 50 % berücksichtigt werden (§ 13 Abs. 6 KWG). Vollständig außer acht bleiben nach § 20 KWG Kommunalkredite, Geldmarktgeschäfte unter Banken und abgeschriebene Kredite. Für die Großkredite enthält § 13 KWG im einzelnen folgende Vorschriften:

- **Anzeigepflicht**
  Jede Gewährung eines Großkredits ist unverzüglich der Deutschen Bundesbank anzuzeigen. Ausgeklammert sind Großkredite, bei denen der zugesagte oder in Anspruch genommene Betrag nicht höher als 50.000,-- DM ist, es sei denn, das Kreditvolumen überschreitet 50 % des haftenden Eigenkapitals. Bereits angezeigte Großkredite sind erneut anzuzeigen, wenn sie um mehr als 20 % des zuletzt angezeigten Betrages erhöht werden oder 50 % des haftenden Eigenkapitals übersteigen. Die Deutsche Bundesbank versieht die Anzeigen mit einer Stellungnahme und leitet sie an das Bundesaufsichtsamt weiter. Sowohl Bundesbank als auch BAK erhalten durch die Anzeigen einen Einblick in die Kreditpolitik und die Risikolage der Kreditinstitute.

- **Höchstgrenzen**
  Der einzelne Großkredit darf **50 %**, die Summe aller Großkredite das **8-fache des haftenden Eigenkapitals** nicht überschreiten. Als Maßstab dient in Bezug auf den einzelnen Kredit der zugesagte Kreditbetrag, zur Begrenzung aller Großkredite sind die beanspruchten Beträge heranzuziehen. Den Höchstgrenzen unterliegen nicht Realkredite (§ 20 Abs. 2 KWG). Kredite, die Zentralkreditinstitute über angeschlossene Institute an Endkreditnehmer leiten, sind wie direkt gewährte Kredite zu behandeln, wenn die Kreditforderungen zur Sicherheit an das zentrale Kreditinstitut abgetreten werden (§ 13 Abs. 5 KWG). Die Formulierung von Höchstgrenzen soll ein Mindestmaß an Kreditstreuung sicherstellen, um die Gefährdung eines Kreditinstituts durch den Ausfall einzelner Kreditnehmer in Grenzen zu halten. Schöpft ein Kreditinstitut die Spielräume vollständig aus, so kann es 16 Großkredite mit einem Volumen von jeweils 50 % des haftenden Eigenkapitals vergeben (NIRK 1985). Sofern ebenfalls der Grundsatz I voll ausgelastet ist, beträgt - abgesehen von den Anrechnungsfaktoren - der Anteil der Großkredite am gesamten Kreditvolumen 44,4 %. Im Zusammenhang mit der Verwirklichung des europäischen Binnenmarktes wurde im Jahre 1991 vom Ministerrat der Europäischen Gemeinschaften eine **Großkredit-Richtlinie** verabschiedet. Danach ist der einzelne Großkredit ab 1993 auf **25 %** des haftenden Eigenkapitals begrenzt.

- **Beschlußfassungspflichten**
  Kreditinstitute dürfen einen Großkredit nur aufgrund eines einstimmigen Beschlusses sämtlicher Geschäftsleiter gewähren, wobei der Beschluß vor der Kreditzusage gefaßt werden soll. Sofern eine rechtzeitige Beschlußfassung nicht möglich ist, muß die Zustimmung der übrigen Geschäftsleiter unverzüglich nachgeholt werden. In diesem Fall ist der Deutschen Bundesbank und dem BAK innerhalb eines Monats anzuzeigen, ob eine Beschlußfassung stattgefunden und zu welchem Ergebnis sie geführt hat. Die strengen Anforderungen an das Vergabeverfahren sollen die Bedeutung der Kreditentscheidung und die Verantwortung der Geschäftsleiter deutlich machen. Es soll bewirkt werden, daß alle verantwortlichen Personen ihren Sachverstand hinsichtlich Bonitätsbeurteilung, Besicherung und Kreditlaufzeit in die Kreditentscheidung einbringen.

Seit Mitte 1985 sind die Großkreditvorschriften mit Ausnahme der Beschlußfassungspflichten nicht nur von den einzelnen Kreditinstituten, sondern nach § 13 a KWG auch von **Kreditinstitutsgruppen** einzuhalten. Dadurch soll verhindert werden, daß die formulierten Großkreditnormen durch die Verteilung von Krediten auf verschiedene Institute einer Institutsgruppe umgangen werden. Sowohl Zielsetzung als auch Vorgehensweise entsprechen dabei weitgehend der konsolidierten Betrachtung des Grundsatzes I. Es ist also das Verfahren der **Quotenkonsolidierung** anzuwenden und das zusammengefaßte Eigenkapital ergibt sich durch Verrechnung des Beteiligungsbuchwertes mit dem anteiligen haftenden Eigenkapital.

Unterschiede zum § 10 a KWG zeigen sich dagegen zunächst in der **Konsolidierungsschwelle**. Eine Zusammenfassung muß im Falle des beherrschenden Einflusses oder einer maßgeblichen Beteiligung, d.h. bei einem unmittelbaren oder mittelbaren Anteilsbesitz von 50 % erfolgen. Die im Vergleich zum § 10 a KWG um 10 %-Punkte höhere Konsolidierungsschwelle ergibt sich daraus, daß die Zusammenfassung der Großkredite differenzierte Angaben über einzelne Schuldner und Kreditbeträge erfordert, die von ausländischen Banken schwerer zu beschaffen sind als die globalen Daten zur zusammenfassenden Betrachtung des Grundsatzes I. Darüber hinaus hat eine Zusammenfassung nur dann zu erfolgen, wenn bei einem der gruppenangehörigen Institute für sich betrachtet ein Großkredit vorliegt, so daß nicht sämtliche Kreditnehmer und Kreditbeträge eines nachgeordneten Kreditinstitutes mit den Daten des übergeordneten Instituts abgestimmt werden müssen. Verbunden mit dieser vereinfachten Handhabung kann jedoch der Fall auftreten, daß sich durch die Zusammenfassung sämtlicher Kredite einer Kreditinstitutsgruppe an einen Schuldner ein Großkredit ergeben würde, der gemäß § 13 a KWG nicht zu erfassen ist, weil bei keinem Institut die Großkreditgrenze von 15 % des haftenden Eigenkapitals erreicht wird.

Für die Einhaltung der Anzeige- und Begrenzungsvorschriften ist das übergeordnete Institut einer Kreditinstitutsgruppe verantwortlich. Dieses Institut erhält durch § 13 a KWG jedoch kein spezielles Weisungsrecht, so daß es bei Überschreitung der Großkreditgrenzen durch ein nachgeordnetes Kreditinstitut ggfs. gezwungen ist, seine eigenen Kredite entsprechend zu kürzen (SZAGUNN/WOHLSCHIEß 1986). Inländische nachgeordnete Kreditinstitute sind gesetzlich verpflichtet, dem übergeordneten Institut alle notwendigen Informationen zu liefern. Können die benötigten Angaben von ausländischen Banken nicht beschafft werden, so ist das Abzugsverfahren anzuwenden. Bildet der Abzug der Beteiligungsbuchwerte vom haftenden Eigenkapital die im Ausland aufgebauten Risikopotentiale nicht adäquat ab, kann das Bundesaufsichtsamt nach § 12a KWG sogar die Fortführung der Beteiligung untersagen.

b) Organkredite

Als Organkredite werden Kredite an Personen oder Unternehmen bezeichnet, die zu der Bank in einer besonders engen Beziehung stehen. Bei diesen Krediten sind keine Begrenzungsvorschriften, jedoch bestimmte Beschlußfassungs- und Anzeigevorschriften einzuhalten. Dadurch soll sichergestellt werden, daß eine persönlich oder wirtschaftlich enge Beziehung zum Kreditinstitut nicht zur Durchsetzung unberechtigter Kreditwünsche mißbraucht wird.

Zu den **Personalorgankrediten** gehören nach § 15 Abs. 1 KWG Kredite an

- Geschäftsleiter,
- Gesellschafter,
- Mitglieder des Aufsichtsorgans,
- Prokuristen und zum gesamten Geschäftsbetrieb ermächtigte Handlungsbevollmächtigte,
- Ehegatten und minderjährige Kinder der vorgenannten Personen sowie
- stille Gesellschafter des Kreditinstituts.

Nicht von den Organkreditvorschriften erfaßt werden die Kredite an sonstige Bankbedienstete. Die Kreditinstitute sollen dadurch vor einem unverhältnismäßig hohen Verwaltungsaufwand bewahrt werden, zumal die Gefahr eines Interessenkonfliktes nur bei Prokuristen bzw. Handlungsbevollmächtigten mit wesentlichen Entscheidungsspielräumen besteht, und die Kredite an die Mitarbeiter durch den Vorstand, die Innenrevision oder die Personalabteilung überwacht werden. Darüber hinaus zählen zu den Personalorgankrediten nach § 15 Abs. 2 KWG jedoch auch Kredite an Vorstandsmitglieder bzw. Geschäftsführer, persönlich haftende Gesellschafter, Aufsichtsratsmitglieder, Prokuristen bzw. zum gesamten Geschäftsbetrieb ermächtigte Handlungsbevollmächtigte sowie die oben genannten Familienangehörigen eines von dem Kreditinstitut abhängigen oder es beherrschenden Unternehmens.

Die **Unternehmensorgankredite** setzen eine enge Beziehung zwischen der Bank und dem kreditsuchenden Unternehmen voraus. Im § 15 Abs. 1 Nr. 7 bis 11 KWG werden drei Verflechtungsformen erfaßt (NIRK 1985):

- **Personelle Unternehmensverflechtungen**
  Eine relevante personelle Beziehung liegt vor, wenn eine maßgebliche Person eines Kreditinstituts (Geschäftsleiter, Prokurist, Handlungsbevollmächtiger) gesetzlicher Vertreter oder Mitglied des Aufsichtsorgans einer juristischen Person oder Gesellschafter einer Personenhandelsgesellschaft ist bzw. diese Personen oder ein Prokurist oder Handlungsbevollmächtiger dem Aufsichtsorgan des Kreditinstituts angehört. Die Gesellschafter einer Bank werden folglich bei den personellen Unternehmensverflechtungen nicht berücksichtigt. Irrelevant ist zudem die gleichzeitige Mitgliedschaft einer Person in den Aufsichtsorganen der Bank und des Unternehmens.

- **Haftungsmäßige Unternehmensverflechtungen**
  Von einer haftungsmäßigen Unternehmensbeziehung wird ausgegangen, wenn das Kreditinstitut oder ein Geschäftsleiter eines Kreditinstituts persönlich haftender Gesellschafter eines Unternehmens ist. Eine persönliche Haftung liegt bei Gesellschaftern einer OHG und Komplementären einer KG vor und kann bei einer Gesellschaft bürgerlichen Rechts (GbR) gegeben sein, sofern diese Unternehmenseigenschaft besitzt.

- **Kapitalmäßige Unternehmensverflechtungen**
  Zwischen einer Bank und einem Unternehmen bestehen kapitalmäßige Verflechtungen, wenn das Kreditinstitut oder ein Vorstandsmitglied eines Kreditinstituts am Kapital eines Unternehmens beteiligt ist oder ein Unternehmen bzw. ein gesetzlicher Vertreter einer juristischen Person oder ein Gesellschafter einer Personengesellschaft an einem Kreditinstitut eine Beteiligung unterhält. In allen Fällen gilt dabei eine Bagatellgrenze von 10 %. Bei Beteiligungen über 10 % bis zu 25 % kommt es auf die Absicht des Dauerbesitzes an und ab 25 % wird jeder Anteilsbesitz unwiderlegbar als Beteiligung interpretiert.

Organkredite dürfen nur aufgrund eines **einstimmigen Beschlusses sämtlicher Geschäftsleiter** eines Kreditinstituts und nur **mit ausdrücklicher Zustimmung des Aufsichtsorgans** gewährt werden. Die Beschlüsse sind vor der Gewährung des Kredits zu fassen und müssen Bestimmungen über die Verzinsung und Rückzahlung des Kredits enthalten. Bei eilbedürftigen Organkrediten an Unternehmen und stille Gesellschafter besteht darüber hinaus die Möglichkeit, die Beschlüsse unverzüglich nachzuholen. Sofern der Beschluß der Geschäftsleiter nicht innerhalb von zwei Monaten und der Beschluß des Aufsichtsorgans nicht innerhalb von vier Monaten nachgeholt wird, ist dies dem BAK unverzüglich anzuzeigen. Eine Aufhebung des Kreditvertrages ist aus Gründen des Vertrauensschutzes nicht vorgesehen. Demgegenüber müssen ausgereichte Personalkredite mit Ausnahme der Kredite an stille Gesellschafter sofort zurückgezahlt werden, wenn keine ordnungsgemäße Beschlußfassung stattgefunden hat und nicht sämtliche Geschäftsleiter sowie das Aufsichtsorgan der Kreditgewährung nachträglich zustimmen. Abgesehen von der Verspätungsanzeige ist jede Vergabe eines Organkredits dem Bundesaufsichtsamt unverzüglich anzuzeigen. Ebenso wie bei den Beschlußfassungsvorschriften sind hier jedoch bestimmte Freigrenzen zu beachten, über die die nachstehende Abbildung 2.51 informiert.

	Freigrenzen für die Beschlußfassung	Freigrenzen für die Anzeigen
Personalorgankredite		
• Kredite an Prokuristen, Handlungsbevollmächtigte oder deren Angehörige	ein Jahresgehalt	250.000 DM
• Kredite an stille Gesellschafter	weniger als 1 % des haftenden Eigenkapitals des Kreditinstituts oder weniger als 100.000 DM	250.000 DM
• sonstige Personalkredite	-	250.000 DM
Unternehmensorgankredite	weniger als 1 % des haftenden Eigenkapitals des Kreditinstituts oder weniger als 100.000 DM	5 % des haftenden Eigenkapitals des Kreditinstituts und 250.000 DM
Organkrediterhöhungen	10 % des bisher beschlossenen Betrages	20 % des bisher angezeigten Betrages*

Abb. 2.51: Freigrenzen für Organkredite (* § 5 der Zweiten Befreiungsverordnung vom 22.7.1963) (Quelle: Nirk 1985)

Geschäftsleiter, die bei der Vergabe eines Organkredits die auferlegten Pflichten verletzen oder Aufsichtsratsmitglieder, die in Kenntnis der beabsichtigten Kreditgewährung nicht gegen diese einschreiten, haften dem Kreditinstitut für den entstandenen Schaden. Sie müssen den aus der Abwicklung des Kredits resultierenden Verlust einschließlich eines entgangenen (Zins-)Vorteils ersetzen (SZAGUNN/WOHLSCHIEß 1986). Den Nachweis des entstandenen Schadens hat das zuständige Organ des Kreditinstituts zu führen und geltend zu machen.

3. Vorschriften im Sparverkehr und Einlagensicherung

a) Spareinlagen

Den Spareinlagen kommt im Rahmen der privaten Vermögensbildung und der volkswirtschaftlichen Kapitalversorgung eine große Bedeutung zu. In den §§ 21 und 22 KWG wird aus diesem Grund das Spargeschäft gesetzlich geregelt. Ausgenommen sind lediglich die Bauspareinlagen (§ 22 a KWG), für die das Bauspargesetz spezielle Regelungen enthält.

Unter Spareinlagen sind unter formellem Blickwinkel Einlagen zu verstehen, die durch Ausfertigung einer entsprechenden **Urkunde**, insbesondere eines Sparbuches, als solche gekennzeichnet sind (§ 21 Abs. 1 KWG). In einer eher materiellen Betrachtungsweise dürfen als Spareinlagen nur Geldbeträge angenommen werden, die der **Ansammlung oder Anlage von Vermögen** dienen (§ 21 Abs. 2 KWG). Bei der Eröffnung eines Sparbuches oder der Einzahlung eines Geldbetrages muß demnach für das Kreditinstitut erkennbar sein, daß der Kunde nicht Gelder, die für den Geschäftsbetrieb oder den Zahlungsverkehr bestimmt sind, anlegen will. Im Unterschied zu den täglich fälligen Sichteinlagen und den befristeten Termineinlagen müssen Spareinlagen grundsätzlich auf unbestimmte Zeit angenommen werden.

Bei natürlichen Personen, gemeinnützigen, mildtätigen oder kirchlichen Einrichtungen wird der zwingend notwendige Sparwille prinzipiell unterstellt (SZAGUNN/WOHLSCHIEß 1986). Juristische Personen und Personengesellschaften verwenden ihre Gelder fast stets zu Zahlungszwecken, so daß die Voraussetzungen zur Errichtung und Unterhaltung von Sparkonten nur im Ausnahmefall erfüllt werden. Daher muß das Kreditinstitut von diesen Unternehmen bei der Errichtung eines Kontos und jeder Gutschrift eine Erklärung verlangen, die den Sparcharakter der Einlagen im einzelnen verdeutlicht. Denkbar ist in diesem Zusammenhang beispielsweise die Bildung einer Rücklage für genau definierte Zwecke.

Das die Spareinlage wesensmäßig kennzeichnende der Sparbuch muß grundsätzlich die Höhe des eingezahlten Betrages ausweisen. Urkunden über Spareinlagen ohne Einlage dürfen nicht ausgegeben werden. Die Urkunde bzw. das Sparbuch ist dem Einleger auszuhändigen, es darf jedoch in Ausnahmefällen bei dem Kreditinstitut hinterlegt werden. Um den materiellen Unterschied zu den übrigen Einlagearten deutlich zu machen, unterliegen die Spareinlagen einer Reihe von **Verfügungsbeschränkungen**. So dürfen nach § 21 Abs. 4 KWG Verfügungen über Spareinlagen nicht durch Überweisungen oder Schecks und nur gegen Vorlage der Urkunde zugelassen werden. **Ausnahmen** von dieser eindeutigen Gesetzesbestimmung hat das Bundesaufsichtsamt in seiner Mitteilung 1/64 in folgenden Fällen zugelassen:

- Verfügungen durch Überweisungen, wenn das Sparbuch vorgelegt wird,
- Verfügungen ohne Vorlage des Sparbuches, wenn
  - Daueraufträge zugunsten eines anderen Sparkontos des Sparers bei demselben Kreditinstitut ausgeführt werden,
  - das kontoführende Institut wegen fälliger Forderungen gegen den Sparer (z.B. Tilgungsraten, Zinsen, Wertpapierkäufe) das Sparkonto belastet,
  - der Sparer aus besonderen Gründen (z.B. Krankheit) nicht erscheinen kann, die Einsendung des Sparbuchs ihm nicht zumutbar ist und Überweisungen an den Sparer selbst erfolgen,
  - der Verlust des Sparbuchs angezeigt worden ist und die sonstigen in diesem Fall maßgeblichen gesetzlichen und satzungsmäßigen Vorschriften beachtet wurden.

Sofern die Spareinlagen ohne eine besondere Kündigungsvereinbarung angelegt werden, beträgt die **Kündigungsfrist drei Monate**. Obwohl durch diese Zeitspanne dem vermögensbildenden Charakter der Spareinlagen nur ansatzweise Rechnung getragen wird, wäre bei strikter Einhaltung der Dreimonatsfrist eine Hemmung des Kontensparens zu befürchten. Daher können nach § 22 Abs. 1 KWG von jedem Sparbuch mit gesetzlicher Kündigungsfrist ohne Kündigung innerhalb von 30 Zinstagen bis zu 2.000,-- DM zurückgefordert werden. Eine höhere Verzinsung erhält der Sparer, wenn er eine längere Kündigungsfrist vereinbart. Diese muß mindestens 6 Monate betragen, wobei eine Einlage frühestens 6 Monate nach ihrer Einzahlung gekündigt werden darf. Durch diese Kündigungssperrfrist erreicht das KWG, das Spareinlagen mit vereinbarter Kündigungsfrist dem Kreditinstitut mindestens ein volles Jahr verbleiben und nicht kurz nach ihrer Einzahlung wieder gekündigt werden können.

Vorzeitigen Rückzahlungswünschen der Kunden können sich die Kreditinstitute durchweg nicht entziehen. Ein derartiger Fall bringt jedoch zinsmäßige Nachteile für den Kunden mit sich, denn nach § 22 Abs. 3 KWG ist der (zuviel) zurückgezahlte Betrag als Vorschuß zu verzinsen, wobei die Sollzinsen die zu vergütenden Habenzinsen um mindestens ein Viertel übersteigen müssen. Die Berechnung von **Vorschußzinsen** kann unterbleiben, wenn Spareinlagen zum Erwerb von Wertpapieren benutzt oder auf andere Sparkonten oder Bausparkonten bei demselben Kreditinstitut übertragen werden oder der Sparer seinen Wohnsitz wechselt und das Kreditinstitut die Spareinlage auf Sparkonten desselben Sparers bei einem Kreditinstitut am neuen Wohnort des Sparers überträgt (SZAGUNN/WOHLSCHIEß 1986). Bei voller Rückzahlung der Spareinlagen ist das Sparbuch vom Kreditinstitut zurückzufordern. Nach Entwertung darf es allerdings dem Sparer wieder ausgehändigt werden.

Die gesetzlichen Vorschriften über die Spareinlagen dienen dem Schutz des Sparers und sollten ursprünglich den Sparwillen fördern. Inzwischen ist die Mehrzahl der Sparer ausgesprochen ertragsbewußt und kennt sich darüber hinaus in einer Vielzahl von Sparformen aus. Im Zusammenhang mit der Umsetzung der Zweiten Bankrechts-Koordinierungsrichtlinie wird daher zur Zeit die Abschaffung der gesetzlichen Kündigungsfrist bei Sparkonten und die Aufhebung der §§ 21 und 22 KWG diskutiert.

b) Einlagensicherung

Damit das Bundesaufsichtsamt eines seiner Hauptziele, nämlich die Sicherung der den Kreditinstituten anvertrauten Vermögenswerte erreichen kann, enthält das Kreditwesengesetz zahlreiche, präventiv wirkende gewerbepolizeiliche Bestimmungen. Zusammenbrüche von Kreditinstituten lassen sich dadurch jedoch nicht grundsätzlich vermeiden. Aus diesem Grund sind in der Vergangenheit verschiedene Einlagensicherungssysteme entstanden, deren primäres Ziel in der finanziellen Absicherung der Kundeneinlagen - und damit nicht nur der Spareinlagen - liegt. Die Sicherungseinrichtungen entstanden auf freiwilliger Basis, so daß ein direkter Bezug zur Bankenaufsicht und den Vorschriften des KWG nicht besteht. Indirekt ergänzen die Systeme jedoch die aufsichtsrechtlichen Bestimmungen und sind daher zweifelsohne für Maßnahmen des Aufsichtsamtes von erheblicher Relevanz. Dieses wird beispielsweise auch darin sichtbar, daß ohne die Mitgliedschaft in einer Sicherungseinrichtung die Erlaubnis zum Betreiben des Einlagengeschäftes nur in Ausnahmefällen und insbesondere nur dann erteilt wird, wenn alle Kunden über die Nicht-Mitgliedschaft im einzelnen informiert werden.

Gegenwärtig gehören nahezu alle Kreditinstitute, die das Einlagengeschäft betreiben, einem Sicherungssystem an (VON STEIN/VON STIEGLITZ 1990). Getragen werden die Sicherungseinrichtungen von den Verbänden, wobei folgende Systemelemente zu beachten sind.

Für die **Kreditbanken** besteht ein Einlagensicherungsfonds beim **Bundesverband deutscher Banken**. Sein Ziel liegt in der reinen **Einlagensicherung**, nicht jedoch in der Sicherung des illiquiden Instituts, das normalerweise abgewickelt wird (SCHOLL 1980). Der Einlagensicherungsfonds schützt die in der Bilanzposition "Verbindlichkeiten aus dem Bankgeschäft gegenüber anderen Gläubigern" ausgewiesenen Passiva, d.h. also die Sicht-, Spar- und Termineinlagen sowie die auf den Namen lautenden Sparbriefe. Die Sicherungsgrenze liegt pro Einleger bei 30 % des haftenden Eigenkapitals im Sinne von § 10 KWG. Die Finanzierung des Fonds erfolgt über eine Umlage der beteiligten Banken in Höhe von 0,03 % des Volumens der geschützten Einlagen. Sofern die Mittel des Einlagensicherungsfonds nicht ausreichen, kann die Jahresumlage auf 0,06 % erhöht oder ein Sondereinschuß der Fondsmitglieder bis zur Höhe einer Jahresumlage je Geschäftsjahr gefordert werden (BÜSCHGEN 1989).

Bei den **genossenschaftlichen Instituten** ist zunächst eine über die gezeichneten Geschäftsanteile hinausgehende **Nachschußpflicht** der Mitglieder im Konkursfall vorgesehen. Das praktisch bedeutsamere Instrument stellt jedoch die dem Bundesverband der Deutschen Volksbanken und Raiffeisenbanken angegliederte Sicherungseinrichtung dar, die aus dem Garantiefonds und dem Garantieverbund besteht. Zweck des **Garantiefonds** ist es, wirtschaftliche Schwierigkeiten bei den Mitgliedsbanken abzuwenden oder zu beheben, um Beeinträchtigungen des Vertrauens in genossenschaftliche Institute zu verhüten. Das Sicherungssystem ist damit in erster Linie auf die **Erhaltung**

der Genossenschaftsbanken selbst ausgerichtet (Institutssicherung), indirekt wird damit jedoch auch die Sicherheit der Einlagen bewirkt. Als Grundbeiträge zum Garantiefonds erheben die jeweils zuständigen Prüfungsverbände eine jährliche Umlage in Höhe von 0,05 % der Kundenforderungen und der Bestandswechsel (ALTENHAIN 1987). Über den Grundbeitrag hinaus können im Bedarfsfall erhöhte Sätze bis zum 4-fachen des Grunderhebungssatzes, also bis zu 0,2 %, festgelegt werden. Reichen die Garantiefondsmittel eines Prüfungsverbandes auch nach Erhebung des Höchstbeitrages nicht aus, so findet ein überregionaler Ausgleich statt.

Das Ziel des **Garantieverbundes** liegt in der Gewährung von Bürgschaften und Garantien als **Bilanzierungshilfe**. Notleidende Forderungen können beispielsweise weiterhin aktiviert werden, weil die Sicherungseinrichtung sich für diese Forderungen verbürgt hat (REISCHAUER/KLEINHANS 1963, § 26a, Rdn. 14). Zur Deckung der Verpflichtungen des Garantieverbundes übernehmen die Mitgliedsbanken schriftliche Garantien in Höhe von 60 % ihrer Sammelwertberichtigungen, die vollständig vom jeweiligen Prüfungsverband verwaltet werden. Demgegenüber fließen 10 % der Garantiefonds-Beiträge an den BVR und werden demzufolge zentral verwaltet.

In der **Sparkassenorganisation** gewährleistet zunächst die öffentliche Hand durch die Anstaltslast und die Gewährträgerhaftung den Schutz der Einlagen. Über diesen öffentlich garantierten Einlegerschutz hinaus besitzt die Sparkassenorganisation ein gruppenspezifisches Sicherungssystem, das insbesondere aus den Sparkassenstützungsfonds und der Sicherungsreserve der Landesbanken/Girozentralen besteht. Die **Sparkassenstützungsfonds** dienen der **Unternehmenssicherung** und gewährleisten damit ebenso wie bei den Kreditgenossenschaften nur indirekt den Schutz der Einlagen. Ein Stützungsfall wird unterstellt, wenn eine Sparkasse nicht in der Lage ist, einen Verlustausweis zu vermeiden, der den Bestand oder die Entwicklung einer Sparkasse wesentlich beeinträchtigen könnte. Finanziert werden die Stützungsfonds durch eine Umlage in Höhe von 0,03 % der Bilanzposition "Forderungen an Kunden", bis die Fonds 50 % des geplanten Gesamtvolumens von 0,3 % der Forderungen an Kunden erreicht haben (VON STEIN/VON STIEGLITZ 1990). Sobald die Hälfte des Gesamtvolumens vorhanden ist, erlischt also die Pflicht zu regelmäßigen Beiträgen, sie lebt wieder auf, wenn das Fondsvermögen unter 50 % des Gesamtvolumens sinkt. In den Satzungen ist darüber hinaus ein überregionaler Ausgleich der bestehenden regionalen Stützungsfonds vorgesehen.

Die beim Deutschen Sparkassen- und Giroverband bestehende **Sicherungsreserve** der Landesbanken/Girozentralen dient als Zusatzsicherheit für die Einlagen von Nichtbanken-Kunden bei den Landesbanken. Die jährlichen Beiträge belaufen sich auf 0,1 % der Einlagen von Nichtbanken; die Beitragspflicht endet, sobald die Hälfte des Fondsvolumens von 1 % der Bemessungsgrundlage erreicht ist. Die Sparkassenstützungsfonds und die Sicherungsreserve der Landesbanken bilden eine freiwillige Haftungsgemeinschaft, nach der Mittel des einen Systems für Stützungsmaßnahmen im Bereich des anderen Systems eingesetzt werden können (FISCHER 1982). Reichen die Mittel eines Sicherungssystems zur Durchführung von Sicherungsmaßnahmen in diesem Bereich nicht aus, kann der Deutsche Sparkassen- und Giroverband die Mittel des anderen Systems für Hilfsmaßnahmen heranziehen.

Insgesamt genießen die Einleger durch die Sicherungseinrichtungen einen umfassenden Schutz. Neben der Bankenaufsicht tragen die Sicherungssysteme dazu bei, das Vertrauen in die Kreditwirtschaft zu gewährleisten und damit die Funktionsfähigkeit des Bankensystems zu erhalten.

LITERATURHINWEISE:

AKMANN, M. (1990)
ALTENHAIN, TH. (1987)
ARNOLD, W./SCHULTE-MATTLER, H. (1990)
ARNOLD,W./ SPRIßLER, W. (1984)
BECKER, J. (1980)
BUCHHOLZ, A./VON DER ROPP, N. (1991)
BÜSCHGEN, H.E. (1989)
DEUTSCHE BUNDESBANK (1985)
DEUTSCHE BUNDESBANK (1990)
DEUTSCHE BUNDESBANK (1990a)
DÜRRE, G. (1973)
DUWENDAG, D. (1988a)
EICKE, J. (1985)
FISCHER, R. (1982)
HOCH VON, H. (1985)
KLUGE, O. (1990)
KUNTZE, W. (1990)
MAYER, H. (1981)
MÜLHAUPT, L. (1979)
MÜLHAUPT, L. (1980)
MÜLLER, W.A. (1981)
NIRK, R. (1985)
OECHLER, E. (1986)
REHM, H./GEIGER, W. (1990)
REISCHAUER, F. /KLEINHANS, J. (1963)
SCHICK, W. (1985)
SCHIERENBECK, H. (1982)
SCHIERENBECK, H. (1991)
SCHIERENBECK, H./HÖLSCHER, R. (1988)
SCHNEIDER, U.H. (1991)
SCHOLL, C. (1980)
STEIN VON, H. /STIEGLITZ VON, S. (1990)
SZAGUNN, V./WOHLSCHIEß, K. (1986)
TRABER, U. (1990)
TRABER, U. (1990a)
TREUARBEIT (1985)

3. Kapitel: Der Aufbau des Versicherungswesens in der Bundesrepublik Deutschland

A. Grundstrukturen der Versicherungswirtschaft

I. Versicherungsgeschäfte und Versicherungsunternehmen

Unter aufsichtsrechtlichem Blickwinkel bildet das "**Gesetz über die Beaufsichtigung der Versicherungsunternehmen**" (VAG) die Grundlage des Versicherungswesens in der Bundesrepublik Deutschland. Das Gesetz definiert im § 1 Versicherungsunternehmen als Unternehmen, die den Betrieb von Versicherungsgeschäften zum Gegenstand haben und nicht Träger der Sozialversicherung sind. Eine Erläuterung der Versicherungsgeschäfte wird im Versicherungsaufsichtsgesetz nicht gegeben, was dazu geführt hat, daß der Begriff des Versicherungsgeschäfts umstritten ist (SCHMIDT/FREY 1989, § 1, Rdn. 5). Einen Hinweis auf die Tätigkeit der Versicherungsunternehmen liefert allerdings die Anlage A zum Versicherungsaufsichtsgesetz, in der diejenigen Versicherungssparten aufgelistet werden, für die nach § 6 VAG eine gesonderte Erlaubnis erteilt wird. Daneben enthält der Abschnitt C der Anlage 1 der "Verordnung über die Rechnungslegung von Versicherungsunternehmen gegenüber dem Bundesaufsichtsamt für das Versicherungswesen" (Interne VUReV) eine aus der Praxis entwickelte Gliederung der Versicherungszweige. Beide Systematisierungsansätze werden in der nachstehenden Abbildung 3.1 wiedergegeben.

Versicherungssparten nach der Anlage A des VAG	Versicherungszweige nach Abschnitt C der Anlage 1 der Internen VUReV
1. Unfall	1. Lebensversicherung
2. Krankheit	2. Krankenversicherung
3. Landfahrzeug-Kasko	3. Allgemeine Unfallversicherung
4. Schienenfahrzeug-Kasko	4. Allgemeine Haftpflichtversicherung
5. Luftfahrzeug-Kasko	5. Kraftfahrzeugversicherung
6. See-, Binnensee-, und Flußschiffahrtskasko	6. Rechtsschutzversicherung
7. Transportgüter	7. Feuerversicherung
8. Feuer- und Elementarschäden	8. Einbruch- und Diebstahlversicherung
9. Hagel-, Frost- und sonstige Sachschäden	9. Leitungswasserversicherung
10. Haftpflicht für Landfahrzeuge mit eigenem Antrieb	10. Sturmversicherung
11. Luftfahrzeughaftpflicht	11. Verbundene Hausratversicherung
12. See-, Binnensee-, und Flußschiffahrthaftpflicht	12. Verbundene Wohngebäudeversicherung
13. Allgemeine Haftpflicht	13. Hagelversicherung
14. Kredit	14. Tierversicherung
15. Kaution	15. Technische Versicherungen
16. Verschiedene finanzielle Verluste	16. Einheitsversicherung
17. Rechtsschutz	17. Transportversicherung
18. Beistandsleistungen zugunsten von Personen, die sich in Schwierigkeiten befinden	18. Kredit- und Kautionsversicherung
19. Leben	19. Sonstige Schaden- und Unfallversicherung
20. Heirats- und Geburtenversicherung	
21. Fondsgebundene Lebensversicherung	

Abb. 3.1: System der Versicherungszweige

Um die Versicherten bereits durch die juristische Konstruktion der Unternehmen vor Verlusten zu schützen, dürfen bestimmte Versicherungszweige nur von rechtlich selbständigen Unternehmen angeboten werden. Dieser **Grundsatz der Spartentrennung** betrifft traditionell

- die **Lebensversicherung** zum Schutz der eingezahlten Sparbeiträge der Versicherten,
- die **Krankenversicherung** mit Rücksicht auf die in jüngeren Jahren im Vergleich zum Krankheitsrisiko zu viel gezahlten und in der Altersrückstellung gesammelten Beiträge,
- die **Kredit- und Kautionsversicherung** aufgrund der konjunkturabhängig schweren Kalkulierbarkeit sowie
- die **Rechtsschutzversicherung**, um Interessenkollisionen zu vermeiden.

Die verbleibenden Versicherungszweige werden als **Schaden- und Unfallversicherungen im engeren Sinne** bezeichnet. Im weiteren Sinne gehören zu den Schaden- und Unfallversicherungen jedoch auch die Kredit- und die Rechtsschutzversicherung (KOCH 1989).

Die Schaden- und Unfallversicherungen im engeren Sinne können von einem Unternehmen zusammen betrieben werden. Diesen Unternehmen, die auch als **Komposit-Versicherer** bezeichnet werden, stehen **Spezialversicherer** gegenüber, die ihr Geschäft ohne aufsichtsrechtliche Notwendigkeit auf einen Zweig beschränken (z.B. Transport-, Unfall-, Kraftfahrtversicherung). Der Grundsatz der Spartentrennung wurde im Zusammenhang mit der Koordinierung des Aufsichtsrechts in der Europäischen Gemeinschaft aufgrund einer am 22.6.1987 verabschiedeten Richtlinie für die Rechtsschutz- und die Kredit- und Kautionsversicherung zum 1.7.1990 aufgehoben. Betreibt jedoch ein Versicherungsunternehmen die Rechtsschutzversicherung zusammen mit anderen Versicherungssparten, so muß die Leistungsbearbeitung einem anderen Unternehmen übertragen werden (§ 8 a VAG).

Einen Überblick über die spartenmäßige Gliederung der auf dem deutschen Markt tätigen und unter **Bundesaufsicht** stehenden Versicherungsunternehmen gibt die nachstehende Abbildung 3.2. Neben diesen Unternehmen waren im Jahre 1989 jedoch auch 1.942 unter **Landesaufsicht** stehende Versicherer am deutschen Markt engagiert. Hierbei handelt es sich jedoch größtenteils um kleinere Sterbekassen und Tierversicherungsunternehmen, die insgesamt nur eine geringe wirtschaftliche Bedeutung besitzen. Sichtbar wird in Abb. 3.2 die Notwendigkeit einer Differenzierung zwischen Erst- und Rückversicherungsunternehmen. Während bei einer **Erstversicherung** eine Rechtsbeziehung zu einem Endverbraucher von Versicherungsschutz entsteht, stellt die **Rückversicherung** ein spezielles Sicherungssystem zwischen den einzelnen Versicherungsunternehmen dar. Rückversicherungsschutz gewähren sowohl professionell auf diese Geschäftsart spezialisierte Unternehmen als auch Erstversicherer im Rahmen des indirekten bzw. nicht selbst abgeschlossenen Geschäftes (KOCH 1989). Im Jahre 1989 boten 32 professionelle Rückversicherungsunternehmen und 758 Erstversicherer ihre Leistungen in der (alten) Bundesrepublik Deutschland an. Innerhalb der Erstversicherer überwogen die Lebensversicherungsunternehmen, gefolgt von den Schaden- und Unfallversicherungsunternehmen, die in der Mehrzahl als Komposit-Versicherer arbeiteten.

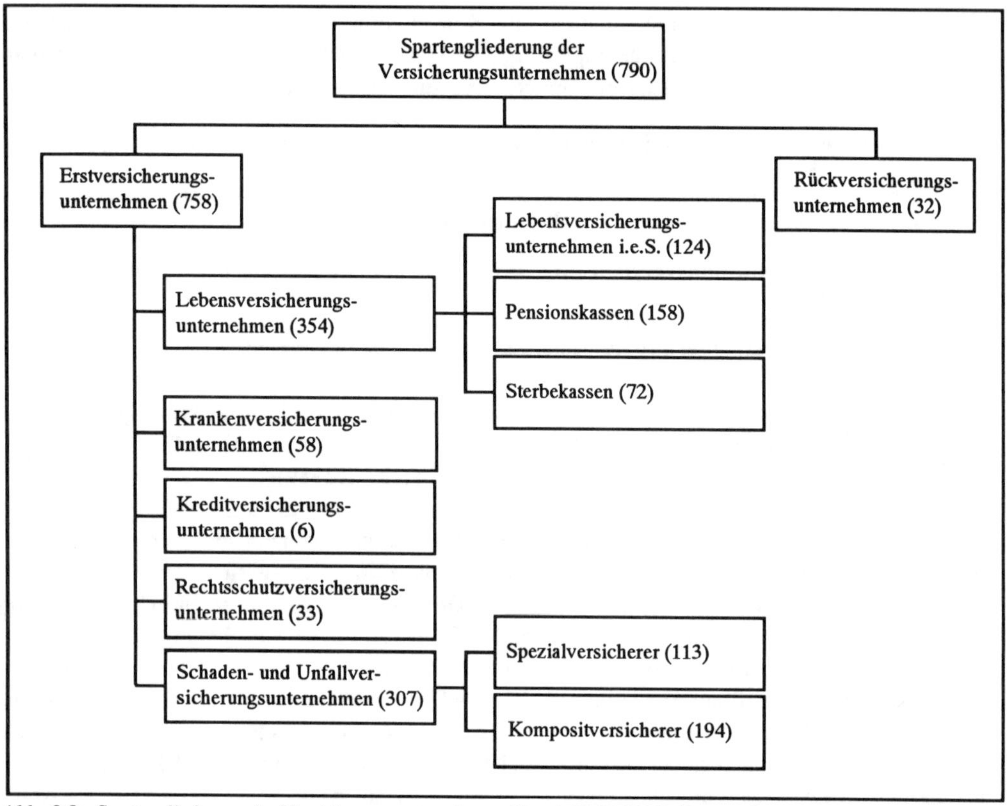

Abb. 3.2: Spartengliederung der Versicherungsunternehmen (Stand: 31.12.1989) (Quelle: Geschäftsbericht des Bundesaufsichtsamtes für das Versicherungswesen 1989, Tabelle 010)

Die Lebensversicherung nimmt auch hinsichtlich des **Brutto-Beitragsaufkommens** eine Spitzenstellung innerhalb der Versicherungswirtschaft ein. So flossen im Jahre 1990 rund 40 % der gesamten Beitragseinnahmen der dem Gesamtverband der Deutschen Versicherungswirtschaft angeschlossenen Unternehmen in die Lebensversicherung (vgl. Abb. 3.3). Es folgen mit 21 % die zusammengefaßten Zweige der Kraftfahrzeugversicherung. Ein volumensmäßig erhebliches Gewicht kommt schließlich auch der privaten Krankenversicherung zu, während die Kredit- und Rechtsschutzversicherungen einen vergleichsweise geringen Anteil an dem gesamten Beitragsaufkommen auf sich vereinigen.

Im Hinblick auf die **Rechtsform** können Versicherungsunternehmen sowohl in privatwirtschaftlicher als auch in öffentlich-rechtlicher Form organisiert sein. Bei den auf privatwirtschaftlicher Basis arbeitenden Versicherungsunternehmen muß es sich um **juristische Personen** handeln, d.h. es werden nur Aktiengesellschaften oder Versicherungsvereine auf Gegenseitigkeit zum Versicherungsgeschäft zugelassen (§ 7 Abs. 1 VAG). Der Grund für diese im Vergleich zu anderen Wirtschaftszweigen einschränkende Sonderregelung liegt insbesondere in der häufig erheblichen Länge der Versicherungsverträge und der im Versicherungsfall u.U. notwendigen hohen Zahlungen.

	1980		1987		1990	
	Mrd. DM	%	Mrd. DM	%	Mrd. DM	%
Lebensversicherung	25,85	36,1	41,507	37,9	53,532	40,2
Krankenversicherung	9,45	13,2	13,892	12,7	18,670	14,0
Kreditversicherung	0,49	0,7	0,963	0,9	1,225	0,9
Rechtsschutzversicherung	1,64	2,3	2,613	2,4	3,190	2,4
Schaden- und Unfall-versicherungen, darunter:						
• Autoversicherung	15,31	21,4	22,662	20,7	28,059	21,0
• Haftpflichtversicherung	3,66	5,1	5,773	5,3	6,965	5,2
• Unfallversicherung	2,88	4,0	5,035	4,6	6,141	4,6
• Sonstige	12,33	17,2	17,115	15,7	15,594	11,7
Σ	71,61	100,0	109,560	100,0	133,376	100,0

Abb. 3.3: Brutto-Beitragsaufkommen einzelner Versicherungszweige (Quelle: Zahlenspiegel der Versicherungs–wirtschaft 1990 und 1991, Hrsg: Gesamtverband der Deutschen Versicherungswirtschaft e.V., eigene Berechnungen)

Dies erfordert Unternehmen, die von vornherein auf Bestand ausgerichtet sind und über ein nicht ohne weiteres reduzierbares Eigenkapital verfügen. Wie die nachstehende Abb. 3.4 zeigt, ist die Mehrzahl der deutschen unter Bundesaufsicht stehenden Versicherungsunternehmen in der Rechtsform des Versicherungsvereins auf Gegenseitigkeit organisiert. Allerdings enthalten die Ende 1989 registrierten 374 Versicherungsvereine 285 kleinere Vereine (§ 53 VAG), so daß von der Marktwirkung den Versicherungs-Aktiengesellschaften das größere Gewicht zukommt.

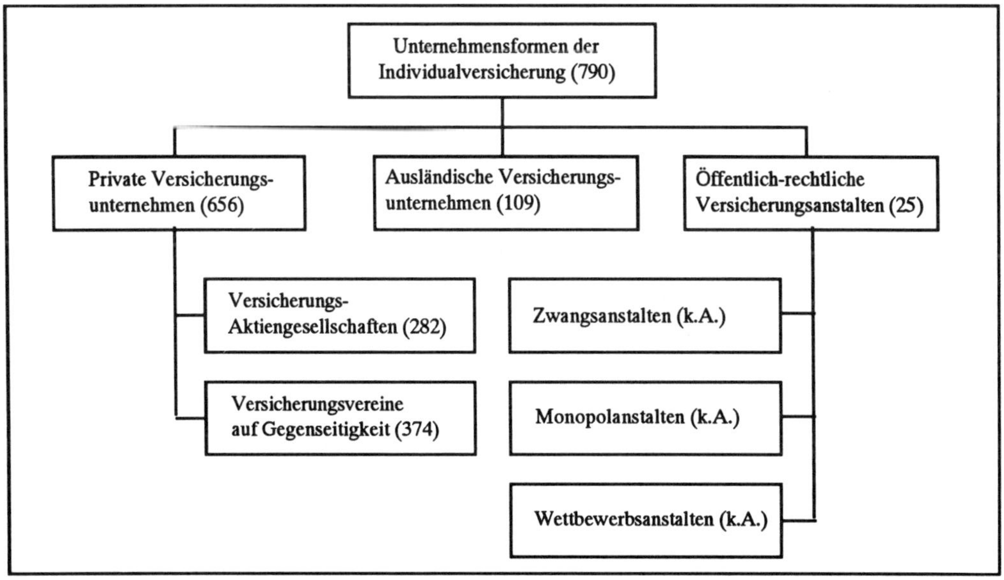

Abb. 3.4: Unternehmensformen der Individualversicherung (Stand: 31.12.1989, k.A. = keine Angaben) (Quelle: Geschäftsbericht des Bundesaufsichtsamtes für das Versicherungswesen 1989, Tabelle 011)

Die Existenz der in **öffentlich-rechtlicher Trägerschaft** arbeitenden Versicherungsunternehmen geht auf besondere historische Problemstellungen zurück, denen der Staat Rechnung tragen mußte. Heutzutage treten die öffentlich-rechtlichen Versicherer als Zwangs-, Monopol- und Wettbewerbsanstalten am Markt auf. Im Vergleich zu den privaten Versicherungsunternehmen ist ihre Bedeutung vergleichsweise gering, was sich auch an der niedrigen Anzahl der unter Bundesaufsicht stehenden Unternehmen zeigt (vgl. Abb. 3.4).

Seitdem am 3.10.1990 der **Einigungsvertrag** in Kraft getreten ist, wird das Versicherungswesen in der Bundesrepublik Deutschland auch durch die neuen Bundesländer geprägt. Dabei gingen mit der Errichtung einer nach marktwirtschaftlichen Prinzipien arbeitenden Individualversicherung noch weitreichendere Änderungen als mit der Umgestaltung des Bankwesens einher, denn die Versicherungstätigkeit wurde in der ehemaligen DDR nur von zwei in ihren Aufgabenbereichen voneinander abgegrenzten Versicherungseinrichtungen durchgeführt, nämlich der **Staatlichen Versicherung der DDR** und der **Auslands- und Rückversicherungs-AG der DDR** (DARAG). Die Staatliche Versicherung bot quasi alle für die Bürger, die staatlichen, genossenschaftlichen und privaten Betriebe sowie die sonstigen Einrichtungen relevanten Versicherungen an. Ausgenommen waren lediglich die mit Zahlungen in fremder Währung verbundenen Zweige der internationalen Transportversicherung und internationalen Haftpflichtversicherung für die Betriebe sowie die internationale Rückversicherung, die von der DARAG betrieben wurden (BADER 1990, SCHULZE 1990).

Neben dem eigentlichen Versicherungsgeschäft führte die Staatliche Versicherung die Sozialversicherung für Mitglieder der Produktionsgenossenschaften und selbständig oder freiberuflich Tätige durch (11 % der Bevölkerung); die Arbeiter und Angestellten waren dagegen über den Freien Deutschen Gewerkschaftsbund sozialversichert (89 % der Bevölkerung, vgl. WEBER 1990). Die Staatliche Versicherung und die DARAG waren zwar rechtlich und wirtschaftlich selbständig, sie wurden jedoch als Bestandteil des einheitlichen sozialistischen Finanzsystems betrachtet. Dies zeigte sich konkret in der Unterstellung beider Versicherungseinrichtungen unter das Ministerium der Finanzen, der Abführung der erwirtschafteten Gewinne (mit Ausnahme des Sterblichkeits- und Zinsgewinns in der Lebensversicherung) an den Staatshaushalt und einer starken Reglementierung der Versicherungstätigkeit (GIEßMANN 1990, ZSCHOCKELT 1990).

Der Anpassungsprozeß der Rahmenbedingungen setzte mit dem am 1.7.1990 in Kraft getretenen Staatsvertrag zur Schaffung einer Währungs-, Wirtschafts- und Sozialunion ein. So wurde zur Mitte des Jahres 1990 insbesondere

- das staatliche Versicherungsmonopol abgeschafft,
- die Niederlassungsfreiheit im Gebiet der ehemaligen DDR festgeschrieben und
- die Versicherungsaufsicht dem Bundesaufsichtsamt für das Versicherungswesen übertragen (NEUHAUS 1991).

Die grundsätzliche Rechtseinheit besteht seit dem Beitritt der neuen Bundesländer zur Bundesrepublik Deutschland im Oktober 1990, obwohl für zahlreiche Bereiche Übergangsvorschriften gelten und die

DDR-Bestimmungen teilweise vorläufig weiter Bestand haben. Der gesamte Individualversicherungsbereich der Staatlichen Versicherung der DDR wurde inzwischen auf die neu gegründete Deutsche Versicherungs-AG übertragen. Diese befindet sich zu 51 % in Händen der Allianz Versicherungs-AG und zu 49 % in Händen der Treuhandanstalt.

II. Individual- und Sozialversicherung

Versicherungswirtschaftliche Leistungen werden sowohl von der Individual- als auch von der Sozialversicherung erbracht. Die Träger der Sozialversicherung gelten nach § 1 VAG nicht als Versicherungsunternehmen. Da die Individual- und die Sozialversicherung jedoch teilweise die gleichen Risiken tragen, wird im folgenden zunächst ein Überblick über die Entstehung und die Zweige der Sozialversicherung und ihre Abgrenzung zur Individualversicherung gegeben.

1. Vergleich von Individual- und Sozialversicherung

Die **Ziele** der Sozialversicherung sind öffentlicher bzw. sozialpolitischer Natur. Es sollen Risiken abgedeckt werden, die die Existenzgrundlage und die Erwerbsfähigkeit eines Einzelnen beeinträchtigen können. Hierzu gehören beispielsweise Krankheit, Arbeitslosigkeit, Invalidität oder Berufsunfall. Das Versicherungsverhältnis in der Sozialversicherung entsteht i.d.R. zwangsweise kraft Gesetzes, sofern bestimmte berufliche oder arbeitsrechtliche Merkmale erfullt sind. Demgegenüber dient die Individualversicherung insbesondere privaten, über die Grundversorgung durch die Sozialversicherung hinausgehenden Interessen. Der einzelne Versicherungsnehmer kann prinzipiell frei entscheiden, gegen welche Risiken, in welcher Form und bei welchem Unternehmen er sich versichern möchte. Allerdings sind der Individualität und Freiwilligkeit der Individualversicherung auch Grenzen gesetzt. So werden den Versicherungsverträgen die weitgehend vereinheitlichten "Allgemeinen Versicherungsbedingungen" zu Grunde gelegt, für Kraftfahrzeughalter besteht ebenso wie beispielsweise für Wirtschaftsprüfer, Notare oder amtlich anerkannte Sachverständige die Pflicht zum Abschluß einer Haftpflichtversicherung.

Die **Prämien** basieren in der Individualversicherung auf wirtschaftlichen Gesichtspunkten. Sie werden mit komplexen Risikoausgleichskalkülen nach dem Prinzip der versicherungstechnischen Äquivalenz, d.h. unter dem Blickwinkel der Gleichheit von Leistung und Gegenleistung berechnet. In der Sozialversicherung hängen die Beiträge von der Höhe des Lohnes oder Gehaltes ab. Im Mittelpunkt steht also nicht die Höhe des Risikos wie z.B. Zahl der Kinder, Beruf oder Krankheitszustand, sondern die Leistungsfähigkeit des Versicherten und der Gedanke des sozialen Ausgleichs. Jedoch wird auch in der Sozialversicherung nicht generell das Äquivalenzprinzip außer acht gelassen. Beispielsweise orientieren sich die Rentenzahlungen an der Versicherungsdauer und der Höhe der geleisteten Beiträge, das Krankengeld in der Krankenversicherung stellt einen Anteil des der Beitragsberechnung zugrunde liegenden Lohnes oder Gehaltes dar. Als **Gegenleistung** erhält der Versicherte einer Individualversicherung im Zweifelsfall eine Geldzahlung, über die er frei verfügen kann. Demgegenüber strebt die Sozialversicherung mehr als einen reinen Vermögensausgleich an. Der eingetretene Schaden soll tatsächlich beseitigt werden, so daß neben

Geldleistungen (z.B. Rentenzahlungen) im Falle von Krankheit oder Unfall auch Naturalleistungen (ärztliche Behandlung, Arzneimittel, Kuraufenthalt) gewährt werden (HAX 1964).

Träger der Individualversicherung sind private und öffentlich-rechtliche Versicherungsunternehmen, die Sozialversicherung wird dagegen von speziellen Sozialversicherungsträgern betrieben. Die **Rechtsgrundlage** bilden in der Individualversicherung privatwirtschaftliche Gesetze wie z.B. das Versicherungsvertragsgesetz (VVG) oder das Versicherungsaufsichtsgesetz (VAG), für die Sozialversicherung werden in den Sozialversicherungsgesetzen, d.h. insbesondere dem Sozialgesetzbuch (SGB) und der Reichsversicherungsordnung (RVO) die wesentlichen rechtlichen Grundlagen gelegt. Über **Rechtsstreitigkeiten** entscheiden schließlich in der Privatversicherung die ordentlichen Gerichte, in der Sozialversicherung liegt die Zuständigkeit bei den jeweiligen Sozialgerichten.

Individual- und Sozialversicherung sind zwei eigenständige Formen der Versicherung, die unterschiedliche Methoden anwenden und verschiedene Ziele verfolgen. Dennoch lassen sich insbesondere im Hinblick auf den Sicherungszweck **Überschneidungen** konstatieren (HAX 1964). So ist einerseits nicht zu übersehen, daß auch die Individualversicherung eine erhebliche Bedeutung für die allgemeine Wohlfahrt besitzt. Daher wird sie in vielerlei Formen steuerlich gefördert. Beispielsweise können die Prämienzahlungen für Lebensversicherungen vom steuerpflichtigen Einkommen abgezogen werden, die Leistungen aus Lebensversicherungen sind ab einer bestimmten Versicherungsdauer generell steuerfrei. Andererseits erscheint die Sozialversicherung vom Standpunkt eines Einzelnen häufig so nützlich und wichtig, daß ihr Schutz auch dann gesucht würde, wenn ein Versicherungszwang nicht (mehr) bestünde. Hinsichtlich der an den Beitragseinnahmen gemessenen Bedeutung kommt das größere Gewicht eindeutig der Sozialversicherung zu (vgl. Abb. 3.5). Im Jahre 1990 entfielen rd. 73 % der Beitragseinnahmen auf die Sozialversicherung. Die Individualversicherung erreichte - allerdings mit steigender Tendenz - lediglich einen Anteil von rd. 27 % der gesamten Einnahmen.

Jahr	insgesamt Mrd. DM	Anteil Sozialversicherung 1) in %	Anteil Individualversicherung 2) in %
1980	301,8	76,3	23,7
1981	325,8	76,4	23,6
1982	345,8	76,3	23,7
1983	356,9	75,4	24,6
1984	374,9	75,4	24,6
1985 v)	395,2	75,2	24,8
1986 v)	416,3	75,3	24,7
1987 v)	435,6	74,8	25,2
1988 v)	459,2	74,3	25,7
1989 v)	484,2	73,7	26,3
1990 p)	506,3	73,3	26,7

1) Tatsächliche Sozialbeiträge, in der Abgrenzung der volkswirtschaftlichen Gesamtrechnung, ohne Vorgänge der Finanzierungsrechnung, ohne Übertragungen zwischen Sozialleistungsträgern
2) GDV/Fachverbände; ohne Einmalbeiträge aus der RfB (Lebens-, private Krankenversicherung)
v) vorläufig, p) geschätzt

Abb. 3.5: Beitragseinnahmen von Sozial- und Individualversicherung (Quelle: Zahlenbeispiel der Versicherungswirtschaft 1990, S. 9, Hrsg.: Gesamtverband der Deutschen Versicherungswirtschaft e.V.)

2. Entstehung und Zweige der Sozialversicherung

Die Entwicklung des Sozialversicherungssystems geht auf das 19. Jahrhundert und die mit dem einsetzenden Industrialisierungsprozeß verbundenen Probleme zurück. Während die überwiegende Mehrheit der Bürger in überkommenen Verbänden (Sippe, Zunft) eingebunden war, über Besitz und Vermögen verfügte und für sich selbst sorgen konnte, lebte die besitzlose Minderheit der Arbeiter lediglich vom Einkommen aus ihrer Arbeit. Im Falle von Krankheit, Invalidität oder Arbeitslosigkeit war diese Bevölkerungsgruppe auf die Hilfsbereitschaft von Verwandten, der Kirche und öffentlichen Einrichtungen wie z.B. Armenhäusern angewiesen. Mit der zunehmenden Industrialisierung verschärften sich die sozialen und politischen Auseinandersetzungen und führten schließlich zu der in der **Kaiserlichen Botschaft** vom 17. November 1881 niedergelegten Auffassung, daß es die Aufgabe des Staates sei, die soziale Frage der Arbeiterschaft zu lösen und jedem Staatsbürger ein Einkommen bereitzustellen, wenn er ohne eigenes Verschulden zur Arbeit nicht in der Lage war (FARNY 1982, STOBBE 1975).

Daraufhin wurden die wesentlichen Bausteine des heutigen Sozialversicherungssystems geschaffen, nämlich die gesetzliche Krankenversicherung (1883), die gesetzliche Unfallversicherung (1884) und die Invaliditäts- und Altersversicherung (1889). Die stark von Bismarck beeinflußten und in anderen Ländern vielfach als Vorbild herangezogenen Gesetzeswerke basierten auf den folgenden drei **Strukturelementen**, die auch heute noch für die Sozialversicherung kennzeichnend sind (SCHREIBER 1971):

- die **Selbsthilfe** der Versicherten durch die Einzahlung von Pflichtbeiträgen aus dem Arbeitseinkommen,
- die **Fürsorge** durch die Zuschüsse des Staates, der Arbeitgeber und den sozialen Ausgleich unter den Versicherten selbst,
- das **Versicherungsprinzip** durch die Beitragszahlung aller Versicherten und die Zahlung einer Leistung nur an die Personen, die von den Risiken tatsächlich betroffen sind.

Nach mehreren Änderungen wurden die Sozialgesetze im Jahre 1911 in der **Reichsversicherungsordnung** (RVO) zusammengefaßt, die trotz zahlreicher Anpassungen und Reformen in ihren Grundzügen bis heute gilt. In den letzten Jahrzehnten sind jedoch neben der Sozialversicherung eine Reihe neuer Sozialleistungsbereiche wie z.B. das Wohn- oder das Kindergeld entstanden, die bisher in Spezialgesetzen ihren Niederschlag gefunden haben. Um die Gesetzeswerke zu vereinfachen, überschaubarer zu machen und strukturellen Veränderungen anzupassen, hat die Bundesregierung im Jahre 1970 beschlossen, das geltende Sozialrecht in einem **Sozialgesetzbuch** (SGB) zusammenzufassen (STROER 1989). Daraufhin wurde einer Kommission von 30 Sachverständigen der Auftrag erteilt, alle Bereiche des Sozialrechts, die sich zur Einordnung in ein solches Gesetzeswerk eignen, zu überarbeiten und die Bundesregierung bei der stufenweise vorgesehenen Erarbeitung der Gesetzesentwürfe zu unterstützen. Fertiggestellt sind bis heute im wesentlichen der Allgemeine Teil und die gemeinsamen Vorschriften für die Sozialversicherung. Ferner wurden am 20.12.1988 als 5. Buch des Sozialgesetzbuches das Reformwerk zur gesetzlichen Krankenversicherung und am 9.11.1989 als 6. Buch die Rentenreform 1992 verabschiedet.

Zum heutigen Sozialversicherungssystem gehören:

(1) die Rentenversicherung,
(2) die Krankenversicherung,
(3) die Arbeitslosenversicherung und
(4) die Unfallversicherung,

wobei hier nur die gesetzlichen Versicherungen und nicht die auf eigene Veranlassung bei einem privaten Versicherungsträger abgeschlossenen Verträge (z.B. private Krankenversicherung) erfaßt werden. Die größte materielle Bedeutung kommt dabei der Rentenversicherung zu, auf die traditionell rund 50 % der erzielten Beitragseinnahmen entfallen.

Zu (1): Die **gesetzliche Rentenversicherung** umfaßt die Rentenversicherung für Arbeiter, die Rentenversicherung für Angestellte, die knappschaftliche Rentenversicherung für Bergleute und die Altershilfe für Landwirte. Als Träger fungieren insbesondere die Bundesversicherungsanstalt für Angestellte (BfA), die Bundesknappschaft, Landesversicherungsanstalten und die landwirtschaftlichen Alterskassen. Die hauptsächlichen **Ziele** der Rentenversicherung liegen in

- der Zahlung von **Renten** an die Versicherten, wenn sie ein bestimmtes Lebensalter erreicht haben, berufs- oder erwerbsunfähig werden, sowie in der Zahlung von Renten an Hinterbliebene,

- der Übernahme der **Kosten** für Gesundheitsmaßnahmen zur Wiederherstellung der Erwerbsfähigkeit der Versicherten und

- der Zahlung von **Beiträgen** an die Krankenversicherung der Rentner.

Pflichtversichert in der Rentenversicherung sind - mit einigen Einschränkungen - Personen, die Lohn oder Gehalt erhalten. Die zu zahlenden Beiträge werden jeweils **zur Hälfte** vom **Arbeitgeber** und vom **Arbeitnehmer** aufgebracht, wobei der Arbeitnehmeranteil monatlich von den Bezügen einbehalten, vom Arbeitgeber an die Krankenkasse und von dort an den Versicherungsträger transferiert wird. Der Beitragssatz beläuft sich seit dem 1. April 1991 auf **17,7 %** des Arbeitsentgeltes. Allerdings sind die Beiträge nicht unbeschränkt für jeden Verdienst zu zahlen, sondern nur bis zu der **Beitragsbemessungsgrenze**. Diese ändert sich jährlich und beträgt im Jahre 1992 monatlich DM 6.800,-- oder jährlich DM 81.600,--. Nicht pflichtversichert sind neben den Personen, die keinen Lohn oder kein Gehalt beziehen (z.B. Selbständige, Gewerbetreibende) Arbeitnehmer, die über angemessene anderweitige Versorgungsanwartschaften verfügen. Hierzu gehören beispielsweise Beamte, Richter oder Berufssoldaten.

Durch die Zahlung einer Rente soll einerseits der durch die bisherige Arbeit erworbene Lebensstandard als Rentner erhalten bleiben, andererseits der jeweiligen Lebensarbeitsleistung Rechnung getragen werden. Die Höhe der Rente ergibt sich aus der sog. Rentenformel, die nach der Rentenreform 1992 folgendermaßen aufgebaut ist (vgl. Abb. 3.6):

- Die **Entgeltpunkte** spiegeln das Verhältnis der jeweiligen Verdienste des Versicherten zu den durchschnittlichen Arbeitsverdiensten aller Arbeitnehmer wider. Entspricht das Arbeitsentgelt eines Versicherten dem Durchschnittsverdienst eines Kalenderjahres, ergibt sich ein voller Entgeltpunkt. Pflichtbeitragszeiten für eine Berufsausbildung erhalten einen Mindestwert von 0,9 Entgeltpunkten je Ausbildungsjahr, für jedes Jahr an Kindererziehungszeiten werden 0,75 Entgeltpunkte gutgeschrieben. Die Summe der Entgeltpunkte gilt als Maßstab für den Lebensstandard eines einzelnen Versicherten, den er während der Erwerbsphase innehatte.

- Der **Zugangsfaktor** gleicht Vor- bzw. Nachteile beim früheren oder späteren Bezug einer Rente wegen Alters aus. Er beträgt 1,000, wenn eine Altersrente mit Erreichen der maßgeblichen Regelarbeitszeit bewilligt wird. Ab 1992 erhöht sich der Zugangsfaktor für jeden Monat, in dem die Rente nach Vollendung des 65. Lebensjahres in Anspruch genommen wird, um 0,005, ab dem Jahr 2001 mindert sich entsprechend bei vorzeitigem Bezug der Rente der Zugangsfaktor um monatlich 0,003 Punkte. Das Produkt aus der Summe der Entgeltpunkte und dem Zugangsfaktor ergibt die **persönlichen Entgeltpunkte**.

- Der **Rentenartfaktor** bildet das Verhältnis der jeweiligen Rentenart zu einer Altersrente ab. Dementsprechend beträgt der Rentenartfaktor einer Rente wegen Alters 1,0. Da bei einer Rente wegen Berufsunfähigkeit von einer weiteren Erwerbstätigkeit ausgegangen wird, liegt der Faktor hier bei 0,6667. Bei Halbwaisenrenten beträgt der Rentenartfaktor 0,1 und bei Vollwaisenrenten 0,2.

- Der **aktuelle Rentenwert** gibt die monatliche Rente je Entgeltpunkte an. Er entspricht folglich der Rente eines Durchschnittsentgeltes für ein Kalenderjahr, sofern eine Altersrente mit Erreichen der Altergrenze gezahlt wird. Im ersten Halbjahr 1990 betrug der aktuelle Rentenwert 38,39 DM. Der Betrag wird im Zeitablauf dynamisch, ab 1992 in Abhängigkeit von der Entwicklung der verfügbaren Arbeitsentgelte, angepaßt (Nettoanpassung).

Durch die **Multiplikation** der vier Bestimmungsfaktoren ergibt sich die Höhe der monatlichen Rente.

		Summe der Entgeltpunkte	x	**Zugangsfaktor**	x	**Rentenartfaktor**	x	**Aktueller Rentenwert**
Monatliche Rente	=	Arbeitsentgelte der Versicherten gemessen an den Durchschnittswerten aller Versicherten		Ausgleichsgröße unterschiedlicher Rentenbezugsdauern		Ausgleichsgröße unterschiedlicher Rentenzahlungsgründe		monatliche Rente auf der Basis eines Durchschnittsentgeltes für ein Kalenderjahr

Abb. 3.6: Rentenformel

Um eine Rente beanspruchen zu können, müssen bestimmte **Voraussetzungen** erfüllt sein. Hierzu gehört die Einhaltung einer Wartezeit, die bei dem Altersruhegeld wegen Vollendung des 65. Lebensjahres bei 60 Beitragsmonaten liegt. Ferner besteht z.B. ein Anspruch auf Invaliditätsrente nur dann, wenn 36 Monate in den letzten 5 Jahren vor dem Versicherungsfall Beiträge geleistet wurden. Schließlich dürfen differenzierte Hinzuverdienstgrenzen, die beispielsweise bei einer erstmals nach 1983 ausgezahlten Rente wegen Erwerbsunfähigkeit bei 500,-- DM liegt, nicht überschritten werden. Mit dem Rentenreformgesetz 1992 abgeschafft wurde die sog. **Halbbelegung**, nach der Ausfallzeiten nur dann angerechnet wurden, wenn die Zeit vom Eintritt in die Versicherung bis zum Versicherungsfall mindestens zur Hälfte mit Pflichtbeiträgen belegt war.

Einen Überblick über die Entwicklung der gesetzlichen Rentenversicherung vermittelt die nachstehende Abbildung 3.7. Sie zeigt den bereits in den letzten Jahren zu verzeichnenden, im Vergleich zu den Versicherten überproportionalen Zuwachs des Rentenbestandes, das erhebliche Wachstum der Beitragsbemessungsgrenze und die deutliche Erhöhung des Beitragssatzes auf. Zudem ist ersichtlich, daß das (relative) Nettorentenniveau in den letzten Jahren zwar zugenommen hat, die durchschnittlich ausgezahlte Versichertenrente jedoch erheblich unter der Rente eines Versicherten liegt, der 40 anrechnungsfähige Versicherungsjahre aufweist und dessen Entgelte den durchschnittlichen Verdiensten aller Arbeitnehmer entsprachen.

	1970	1975	1980	1988	1989	1990
Versicherte 1) in 1000	26.062	25.816	26.998	32.576	32.793	-
davon zahlten Pflichtbeiträge	19.552	19.452	21.551	21.820	22.198	-
Beitragsbemessungsgrenze	1.800	2.800	4.200	6.000	6.100	6.300
Beitragssatz 2)	17	18	18	18,7	18,7	18,7
Beitragseinnahmen in Mio. DM	43.618	79.027	113.508	156.452	163.939	172.422
Allgemeine Bundeszuschüsse und Erstattungen aus öffentlichen Mitteln in Mio. DM	10.648	18.984	30.435	40.540	42.411	45.091
Ausgaben insgesamt in Mio. DM	52.140	100.989	142.439	207.101	217.285	215.284
darunter ausgezahlte Renten in Mio. DM	43.510	80.499	119.544	173.872	181.992	190.537
Rentenbestand in 1000	10.212	11.839	13.107	14.585	14.827	15.053
darunter Versichertenrenten	6.242	7.525	8.490	9.925	10.171	10.408
Durchschnittliche Versichertenrenten 3) in DM monatlich						
- Arbeiterrentenversicherung	313	532	682	871	890	917
- Angestelltenrentenversicherung	520	843	1.040	1.245	1.274	1.304
Nettorentenniveau 4)	56,8	59,0	63,2	63,9	64,3	61,3
Standardrente in der Rentenversicherung 5) in DM monatlich	489	826	1.096	1.469	1.513	1.559

1) Am Stichtag des Mikrozensus
2) In % des Bruttoarbeitsentgelts bis zur Bemessungsgrenze
3) Jahresanfang
4) Quotient aus der Jahresrente eines "Standardrentners" und dem Jahresarbeitsentgelt eines Durchschnittsverdieners, jeweils im gleichen Kalenderjahr. Als "Standardrentner"wird ein Versicherter definiert, der während 40 Versicherungsjahren stets ein Entgelt in Höhe des Durchschnittsentgeltes aller Versicherten bezogen hat.
5) Nach 40 anrechnungsfähigen Versicherungsjahren bei persönlicher Bemessungsgrundlage von 100 %

Abb. 3.7: Entwicklung der gesetzlichen Rentenversicherung (Quelle: Statistisches Taschenbuch der Versicherungswirtschaft 1991, Hrsg.: Gesamtverband der Deutschen Versicherungswirtschaft, Tab. 112)

Zu (2): In der **gesetzlichen Krankenversicherung** sind rd. 90 % der Bevölkerung versichert. Ihre Aufgabe liegt vor allem in der Erhaltung und Wiederherstellung der **Gesundheit** und **Arbeitskraft** sowie im Ausgleich durch Krankheit bedingten **Einkommensausfalles**. Getragen wird die gesetzliche Krankenversicherung von den Allgemeinen Ortskrankenkassen, den Betriebs- und Innungskrankenkassen, der Bundesknappschaft, Ersatzkassen, der Seekrankenkasse sowie landwirtschaftlichen Krankenkassen.

Die Mitgliedschaft in der gesetzlichen Krankenversicherung ist im wesentlichen für Arbeiter und Angestellte, Rentner, Studenten und Auszubildende gesetzlich verpflichtend vorgeschrieben (§§ 5,6 SGB 5). Unter bestimmten Voraussetzungen besteht jedoch **Versicherungsfreiheit**. So sind Arbeiter und Angestellte nur versicherungspflichtig, sofern ihr Einkommen eine bestimmte Entgeltgrenze nicht überschreitet. Diese liegt bei 75 % der Beitragsbemessungsgrenze in der Rentenversicherung und beläuft sich im Jahre 1992 (in den alten Bundesländern) auf jährlich DM 61.200,-- oder monatlich DM 5.100,--. Eine freiwillige Mitgliedschaft in der gesetzlichen Krankenversicherung ist bei Überschreiten der Entgeltgrenze in Form der Weiterführung einer bestehenden Versicherung möglich. Mit dem am 1.1.1989 in Kraft getretenen Gesundheitsreformgesetz sind dagegen die Möglichkeiten des freiwilligen Beitritts einer nichtversicherungspflichtigen Person stark eingeschränkt worden und bestehen im wesentlichen nur noch für Arbeiter und Angestellte, die erstmals eine Tätigkeit aufnehmen und dabei die Jahresarbeitsverdienstgrenze überschreiten.

Die **Beiträge** zur gesetzlichen Krankenversicherung werden ebenso wie in der Rentenversicherung jeweils zur Hälfte vom Arbeitnehmer und vom Arbeitgeber getragen. Die Höhe der Beiträge hängt vom beitragspflichtigen Entgelt, das maximal der Beitragsbemessungsgrenze entsprechen kann und vom Beitragssatz ab. Letzterer wird durch die jeweilige Krankenkasse bestimmt. Im Jahr 1990 belief sich der Beitragssatz auf durchschnittlich 12,6 %. Anspruch auf Leistungen aus der gesetzlichen Krankenversicherung haben neben den Versicherten grundsätzlich auch deren Familienangehörige. Die Leistungen bestehen dabei im wesentlichen aus **Sachleistungen**, d.h. der Versicherte kann die Dienste der Ärzte, Krankenhäuser und Apotheken in Anspruch nehmen. Geldleistungen werden dagegen nur in wenigen Fällen (Sterbe- oder Krankengeld) bereitgestellt.

Die nachstehende Abbildung 3.8 verdeutlicht die Entwicklung der gesetzlichen Krankenversicherung in den vergangenen Jahren. Besonders bemerkenswert erscheint dabei zum einen die Erhöhung des Beitragssatzes im Zeitraum von 1970 bis 1990 um mehr als 50 %. Zum anderen entstand zwischen den Beiträgen und Leistungen je Mitglied in den letzten Jahren eine deutliche Differenz. Diese geht auf die Krankenversicherung der Rentner zurück, die in den Zahlen nicht enthalten und mit weitaus höheren Leistungen als Beiträgen verbunden ist.

Zu (3): Die **Arbeitslosenversicherung** gehört nur im weiteren Sinne zur Sozialversicherung. Sie wurde erst im Jahre 1927 geschaffen und hat primär die Aufgabe, unselbständig Beschäftigten im Falle der Arbeitslosigkeit die Bestreitung des Lebensunterhaltes zu ermöglichen.

Versicherungspflichtig sind grundsätzlich alle Personen, die als Arbeiter oder Angestellte gegen Entgelt oder zur Berufsausbildung beschäftigt sind. Die Beiträge, die jeweils zur Hälfte vom Arbeitgeber und Arbeitnehmer aufgebracht werden müssen, ergeben sich aus der Multiplikation des Beitragssatzes von derzeit 6,3 % und des Arbeitsentgeltes, das maximal der Beitragsbemessungsgrenze in der Rentenversicherung entspricht.

	1970	1975	1980	1988	1989	1990
Mitglieder in 1000	30.646	35.395	36.209	37.001	37.230	37.904 4)
davon freiwillige Mitglieder	4.798	4.454	4.480	4,373	4.441	4.433 4)
Versicherungspflicht- und Beitragsbemessungsgrenze DM monatlich	1.200	3.150	4.050	4.500	4.575	4.725
Beitragssatz 1)	8,2	11,4	11,8	12,9	12,9	12,6
Einnahmen insgesamt in Mio. DM	26.116	88.452	111.831	132.639	132.682	-
Leistungen insgesamt in Mio. DM	23.849	85.956	108.704	128.059	123.242	-
Beiträge je Mitglied in DM 2)	881	2.756	3.464	4.094	4.231	-
Leistung je Mitglied in DM 2)	763	2.252	2.557	2.873	2.752	-
Krankenstand der Pflichtmitglieder 3)	5,6	5,7	4,7	5,0	5,1	5,3 4)

1) Durchschnittlicher Beitragssatz für Pflichtmitglieder mit Entgeltfortzahlungsanspruch für mindestens 6 Wochen in % des Bruttoarbeitsentgelts
2) Mitglieder ohne Rentner
3) Arbeitsunfähig kranke Pflichtmitglieder in % dieser Versicherten
4) Jahresdurchschnitt der Monate Januar bis Dezember 1989

Abb. 3.8: Entwicklung der gesetzlichen Krankenversicherung (Quelle: Statistisches Taschenbuch der Versicherungswirtschaft, Hrsg: Gesamtverband der Deutschen Versicherungswirtschaft e.V. 1991, Tab. 113)

Die Leistungen der Arbeitslosenversicherung bestehen insbesondere in der Zahlung des **Arbeitslosengeldes**, der **Arbeitslosenhilfe** und des **Konkursausfallgeldes**. Getragen wird die Arbeitslosenversicherung von der **Bundesanstalt für Arbeit**, der die jeweiligen Landes- und Gemeindearbeitsämter unterstellt sind. Deren Aufgaben liegen zusätzlich darin, Arbeiter und Angestellte vor Arbeitslosigkeit zu bewahren, so daß den Ämtern auch u.a. die Arbeitsvermittlung, die Berufsberatung, die berufliche Bildung sowie die Betreibung von Maßnahmen zur Erhaltung und Schaffung von Arbeitsplätzen obliegt.

Zu (4): Die **gesetzliche Unfallversicherung** ist ursprünglich mit der Abschaffung der Haftung der Unternehmen für Berufsunfälle entstanden. Sie soll Arbeitsunfälle verhüten und bei Eintritt eines Unfalls Entschädigungen leisten. Der Unfall muß jedoch in ursächlichem Zusammenhang mit einem Beschäftigungsverhältnis stehen, wobei Wegeunfälle und Berufskrankheiten eingeschlossen sind. Träger der Unfallversicherung sind die **Berufsgenossenschaften**.

Pflichtmitglied der gesetzlichen Unfallversicherung ist jedes Unternehmen, versichert sind alle aufgrund eines Arbeits-, Dienst- oder Ausbildungsverhältnisses Beschäftigten ohne Rücksicht auf Alter, Geschlecht oder Höhe des Einkommens. Die Mittel zur Deckung der Aufwendungen werden ausschließlich von den Unternehmen aufgebracht und i.d.R. nach Schluß des Geschäftsjahres im Rahmen eines Umlage- bzw. Äquivalenzziffernverfahrens ermittelt. Zur Berechnung des notwendigen Beitrages werden die im abgelaufenen Jahr im Unternehmen gezahlten Löhne und Gehälter mit einer Gefahrenziffer gewichtet, die die unterschiedliche Unfallbelastung der einzelnen Unternehmen zum Ausdruck bringen soll (AULMANN 1988). Das Verhältnis dieser für alle Unternehmen ermittelten Beitragseinheiten entspricht dem Aufteilungsverhältnis des Umlagesolls.

Die Leistungen des jeweiligen Unfallversicherungsträgers reichen von der Bereitstellung von Mitteln zur medizinischen und beruflichen Rehabilitation über die Zahlung von Abfindungen, Beihilfen, Verletzten- oder Übergangsgeldern bis hin zur Gewährung von Renten an Verletzte oder Hinterbliebene. Zu den Aufgaben der Unfallversicherungsträger gehört jedoch insbesondere auch die Unfallverhütung und die Gewährleistung einer wirksamen ersten Hilfe bei Arbeitsunfällen durch Erlaß entsprechender Vorschriften und deren Überprüfung in den Unternehmen.

LITERATURHINWEISE:

AULMANN, H. (1988)
BAUER, H. (1990)
FARNY, D. (1982)
GIEßMANN, C.-D. (1990)
HAX, K. (1964)
HERDER-DORNEICH, P. (1988)
KOCH, P. (1989)
MÜLLER, H. (1988)
NEUHAUS, G.D. (1991)
SCHEWE, D. (1988)
SCHMIDT, R./FREY, P. (1989)
SCHREIBER, W. (1971)
SCHRÖDER, G. (1988)
SCHULZE, S. (1990)
STROER, H. (1989)
WEBER, A. (1990)
WINTERSTEIN, H. (1988)
ZACHER, H.F. (1988)
ZSCHOCKELT, W. (1990)

B. Versicherungsunternehmen

Erstversicherungsunternehmen dürfen nur in der Rechtsform einer Aktiengesellschaft, eines Versicherungsvereins auf Gegenseitigkeit oder als Körperschaft oder Anstalt des öffentlichen Rechts geführt werden (vgl. Abb. 3.9). Im folgenden soll ein Überblick über die Entwicklung und das Wesen dieser verschiedenen Rechtsformen gegeben und die Bildung von Versicherungsgruppen bzw. Versicherungskonzernen näher beleuchtet werden.

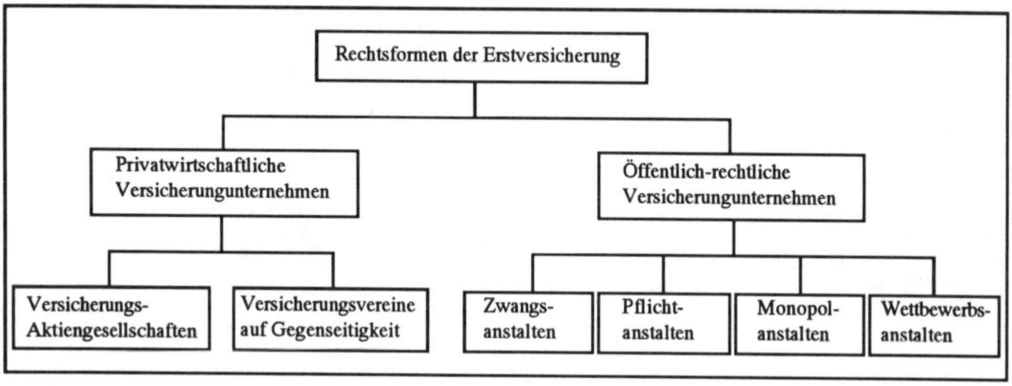

Abb. 3.9: Rechtsformen der Erstversicherung

I. Unternehmensformen der Privatversicherung

1. Versicherungs-Aktiengesellschaften

Die Versicherungs-Aktiengesellschaften unterscheiden sich in ihrer Tätigkeit von anderen, als Aktiengesellschaft geführten Unternehmen primär allein dadurch, daß sie **Versicherungsgeschäfte** betreiben und nicht Waren produzieren oder mit ihnen handeln.

Die Gründung der ersten Versicherungs-Aktiengesellschaften hängt eng mit der Entwicklung des auf ökonomischer Basis betriebenen Versicherungswesens zusammen. Diese geht bereits auf die zweite Hälfte des 14. Jahrhunderts zurück, als sich der neuzeitliche Handel in den oberitalienischen Seestädten ausbreitete (KOCH 1988a). Ihren Ursprung hatte die kaufmännische Form der Versicherung dabei letztlich in dem **Seedarlehen**, das ein Reeder zur Finanzierung einer Seereise aufnahm, das er jedoch nur bei der Heimkehr des Schiffes im Heimathafen zurückzahlen mußte. Im Falle des Untergangs des Schiffes waren dagegen für den Darlehensgeber der Kreditbetrag, die Zinsen und das der Prämie entsprechende Aufgeld verloren (SIEG 1988). Über verschiedene Länder gelangte die Idee der Seeversicherung bis nach Hamburg, wo die Ausstellung der ersten Seeversicherungs-Police jedoch erst für das Jahr 1588 nachweisbar ist.

Auch andere Versicherungszweige entwickelten sich zunächst in benachbarten europäischen Ländern. Als eines der Ursprungsländer des Versicherungswesens kann hierbei **England** angesehen werden, wo nach den verheerenden Auswirkungen des Londoner Brandes des Jahres 1666 die Notwendigkeit einer **Feuerversicherung** sichtbar geworden war und wo der Astronom **Edmond Halley** aus Breslauer Kirchenbüchern eine mathematisch-statistisch begründete **Sterbetafel** entwickelte, nach der Mitte des 18. Jahrhunderts das erste, auf wissenschaftlicher Basis arbeitende Lebensversicherungsunternehmen seine Prämien kalkulierte (KOCH 1988a). In Deutschland wurden nach 1800 die zu der damaligen Zeit weit verbreiteten, aber nicht theoretisch begründeten Sterbekassen durch mathematisch fundierte Lebensversicherer abgelöst, in der gleichen Zeit entstanden an verschiedenen Orten Aktiengesellschaften, die das Feuerversicherungsgeschäft betrieben. Somit waren im ersten Drittel des 19. Jahrhunderts die Grundlagen für die drei klassischen Sparten des Versicherungsgeschäfts, die **Transport-**, die **Lebens-** und die **Feuerversicherung**, in Deutschland gelegt. Die Kommerzialisierung des Versicherungswesens setzte etwa 1850 mit der Bildung von Versicherungskonzernen, der Entwicklung von Rückversicherungssystemen und dem zunehmenden Wettbewerb ein. Ihren Abschluß fand die Aufbauphase des kaufmännisch betriebenen Versicherungswesens mit dem Inkrafttreten des **Versicherungsaufsichtsgesetzes** im Jahre 1902 und dem Erlaß eines **Versicherungsvertragsgesetzes** im Jahre 1908.

Zwischen den Versicherungs-Aktiengesellschaften und den in anderer Rechtsform arbeitenden Versicherungsunternehmen lassen sich heutzutage hinsichtlich Zielsetzung und Arbeitsweise so gut wie keine Unterschiede ausmachen (MÜLLER-LUTZ 1984). Der Wettbewerbsdruck hat Prämienhöhe, Angebotspalette und Service weitgehend ausgeglichen, teilweise werden sogar in einer Versicherungsgruppe die Unternehmen in verschiedenen Rechtsformen geführt. Geblieben sind jedoch die gesetzlich begründeten Charakteristika einer Versicherungs-Aktiengesellschaft. So muß die Firma den Bestandteil "Versicherung" und einen Hinweis auf die betriebenen Versicherungssparten enthalten. Bei den ausgegebenen Aktien handelt es sich sehr häufig um **vinkulierte Namensaktien**, denn diese können zum einen aufgrund ihres Charakters als Namensaktien bereits vor der vollen Leistung des Nennbetrages oder des höheren Emissionskurses ausgegeben werden (§ 10 Abs. 2 AktG). Zum anderen wird durch die Vinkulierung, die eine Veräußerung der Aktie an die Zustimmung der Gesellschaft bindet, eine Überfremdung verhindert (FARNY 1989a, HÜBNER 1988). Das Grundkapital, für das bei Aktiengesellschaften im allgemeinen ein Mindestbetrag von 100.000 DM gilt, muß zur dauernden Erfüllbarkeit der Verpflichtungen bei Versicherungsunternehmen wesentlich höher sein, wobei die Anforderungen mit Rücksicht auf die besonderen wirtschaftlichen Lagen in den vergangenen Jahren unterschiedlich waren (GOLDBERG/MÜLLER 1980, S. 103 ff). So wurde bei neugegründeten Lebensversicherungs-Unternehmen z.B. ein Grundkapital von 4 Mio. DM, bei Komposit-Gesellschaften von 4 bis 5 Mio. DM und bei Rechtsschutz-Versicherungen von 1 Mio. DM bei einer Einzahlungsquote von jeweils 50 % verlangt.

2. Versicherungsvereine auf Gegenseitigkeit

Bei dem Versicherungsverein auf Gegenseitigkeit handelt es sich um einen rechtsfähigen Verein, der die Versicherung seiner Mitglieder nach dem **Grundsatz der Gegenseitigkeit** betreibt.

Die Entwicklung der Versicherungsvereine auf Gegenseitigkeit geht auf **genossenschaftliche Zusammenschlüsse** zurück, die bereits im Mittelalter nach dem Prinzip der gegenseitigen Unterstützung bei Schadensfällen arbeiteten. So lag die Hauptaufgabe der **Zünfte** der Handwerker und der **Gilden** der Kaufleute in der Wahrnehmung wirtschaftlicher Interessen ihrer Mitglieder. Bei Krankheit, Tod oder Invalidität gewährten sie bestimmte Leistungen, die auch in einem kostenlosen Arztbesuch oder dem Aufenthalt in einem Spital bestehen konnten (KOCH 1988a). Zur Abdeckung des Sturmrisikos und der Feuergefahr entstanden daneben seit Mitte des 16. Jahrhunderts in Schleswig-Holstein sogenannte Brandgilden. Während diese Brandgilden als einer der Ursprünge der modernen Feuer- und Sturmversicherung in Deutschland angesehen werden können, gingen mit der Zeit aus den quasi versicherungswirtschaftlichen Teilen der Zünfte und Gilden selbständige Kranken- und Sterbekassen hervor.

Die neuere Entwicklung der Versicherungsvereine auf Gegenseitigkeit begann in der ersten Hälfte des 19. Jahrhunderts. Damals wurde der deutsche Versicherungsmarkt sehr deutlich durch ausländische, insbesondere englische Versicherungsunternehmen geprägt, die erwerbswirtschaftlich orientiert waren und hohe Prämien durchgesetzt hatten (LORENZ 1988). Dem begegneten die Versicherungsvereine mit dem Gegenseitigkeitsgedanken, der ebenso wie bei den in der gleichen Zeit entstandenen Kreditgenossenschaften auf den Prinzipien

- der Selbsthilfe,
- der Selbstverantwortung und
- der Selbstverwaltung

beruhte. Es sollten Unternehmen geschaffen werden, die das Versicherungsgeschäft nicht mit dem Ziel der Gewinnerzielung betrieben, sondern in der Absicht, den Mitgliedern **möglichst günstigen Versicherungsschutz** zu bieten, und es sollte die Marktmacht der erwerbswirtschaftlich orientierten Unternehmen gebrochen werden. Die ersten Versicherungsvereine initiierte **Ernst Wilhelm Arnoldi**. Er gründete im Jahre 1821 die "**Gothaer Feuerversicherungsbank**" und im Jahre 1827 die "**Gothaer Lebensversicherungsbank**". Beide Unternehmen waren beispielgebend für die in der Folgezeit entstehenden Versicherungsvereine, die seit dieser Zeit im Wettbewerb zu den Versicherungs-Aktiengesellschaften stehen.

Die Rechtsgrundlagen des Versicherungsvereins auf Gegenseitigkeit sind im Versicherungsaufsichtsgesetz (§§ 15 - 53 VAG) niedergelegt. Dort wird zunächst zwischen den großen Versicherungsvereinen und den sog. kleinen Versicherungsvereinen unterschieden. Die Normalform stellen die **großen Vereine** dar, für die im Vergleich zu den Versicherungs-Aktiengesellschaften Besonderheiten insbesondere hinsichtlich

(1) der Gründung,
(2) der Mitgliedschaft,
(3) der Beitragsform und
(4) der Vereinsorgane

zu beachten sind.

Zu (1): Die **Gründung** eines Versicherungsvereins auf Gegenseitigkeit geschieht durch mindestens 2 Personen. Zur Gründungsfinanzierung ist ein sog. **Gründungsstock** aufzubringen, dem eine dreifache Aufgabe zukommt (vgl. GOLDBERG/MÜLLER 1980):

- **Errichtungsstock**
  Mit dem Gründungsstock werden die Errichtungskosten, d.h. beispielsweise die Gerichts- und Notariatsgebühren, die Grundbuchgebühren und Steuern gedeckt.

- **Betriebsstock**
  Der Gründungsstock dient ferner der Einrichtung des Betriebes. So lange aus Beitragseingängen Mittel nicht in ausreichender Höhe zur Verfügung stehen, kann der Gründungsstock z.B. zur Anschaffung des Inventars, zum Kauf eines Geschäftshauses und zur Deckung der laufenden Betriebs- und Verwaltungskosten eingesetzt werden.

- **Gewährstock**
  Schließlich fungiert der Gründungsstock als Verlustrücklage und schützt dadurch die Versicherten vor außergewöhnlichen Ertragseinbußen.

Die Bereitstellung des Gründungsstocks kann durch die Gründer des Vereins selbst, andere Mitglieder oder dritte Personen erfolgen. Über die Mindesthöhe des Gründungsstocks lassen sich über die erforderliche Solvabilitätsspanne hinaus keine allgemeinen Aussagen machen. Der notwendige Betrag kann vielmehr im Einzelfall schwanken und wird vor der Erlaubniserteilung vom Aufsichtsamt festgelegt.

Als Gegenleistung erhalten die den Gründungsstock bereitstellenden Personen eine aus den Jahreseinnahmen zu leistende Verzinsung und/oder eine Beteiligung am Jahresgewinn. Eine Kündigung der eingebrachten Mittel ist nicht möglich, jedoch muß die **Tilgung** beginnen, sobald die Errichtungs- und Einrichtungskosten des ersten Geschäftsjahres gedeckt sind. Da diese Kosten aktivierungsfähig sind und auf maximal fünf Jahre verteilt werden können, setzt die Tilgung spätestens mit dem Ablauf des fünften Geschäftsjahres ein. Allerdings müssen die Tilgungsbeträge zum einen aus den Jahreseinnahmen stammen. Eine Verwertung des Vermögens zur Rückzahlung des Gründungsstocks ist dagegen nicht möglich. Zum anderen muß der Versicherungsverein auch nach der Rückzahlung über ein ausreichendes Gewährkapital verfügen. Die Tilgung ist daher nur in dem Ausmaß gestattet, in dem gleichzeitig eine Verlustrücklage gebildet wird. Dies führt letztlich dazu, daß bis zur vollständigen Rückzahlung der aktuelle Betrag des Gründungsstocks und die Verlustrücklage zusammengenommen den ursprünglichen Nominalbetrag des Gewährstocks ergeben.

Zu (2): Die **Mitgliedschaft** in einem Versicherungsverein auf Gegenseitigkeit setzt die Begründung eines **Versicherungsverhältnisses** voraus. Der Beginn der Mitgliedschaft und der Versicherungsbeginn fallen somit zusammen. Ausgehend von dieser Doppelfunktion stehen die Mitglieder zu dem Versicherungsverein sowohl in einer körperschaftlichen **Mitgliedschaftsbeziehung**, aus der heraus sie sich an unternehmensbezogenen Entscheidungen, wie z.B. der Verteilung des Bilanzgewinns, beteiligen können als auch in einer schuldrechtlichen **Vertragsbeziehung**, die ihnen bei bestimmten Ereignissen bestimmte Ansprüche garantiert (FARNY 1989a). Dabei haben alle Mitglieder ein Recht auf gleichmäßige Behandlung. Dies bedeutet, daß die Beiträge und Versicherungsleistungen nach den gleichen Grundsätzen bemessen sein und identische Risiken eine identische Behandlung erfahren müssen. Dagegen läßt sich aus dem

Gleichheitsgrundsatz nicht ableiten, daß ein Jahresbeitrag von z.B. 1.000,-- DM bei allen Mitgliedern den gleichen Anspruch begründet (KOCH 1989).

Falls es die Satzung gestattet, besteht für Versicherungsvereine auch die Möglichkeit, gegen eine feste Prämie Nichtmitglieder zu versichern. Im Gegensatz zum "**reinen Verein**", dem nur Mitglieder angehören, spricht man in diesem Fall von einem "**gemischten Verein**".

Zu (3): Die **Mitgliedsbeiträge** bzw. **Versicherungsprämien** können entweder als Vorausbeitrag oder als nachträgliche Umlage erhoben werden. Der **Vorausbeitrag** entspricht dem geschätzten künftigen Bedarf. Übersteigen die Beiträge die Versicherungsleistungen, so erhalten die Versicherten eine Gewinnbeteiligung, im anderen Fall kann je nach Satzung eine Nachschußpflicht oder eine Kürzung der Versicherungsleistungen vorgesehen sein. Denkbar ist jedoch auch der völlige Ausschluß der Nachschußpflicht. In diesem, bei den am Versicherungsmarkt tätigen großen Versicherungsvereinen regelmäßig zu beobachtenden Fall, stimmt die Form der Beitragserhebung der Versicherungsvereine vollständig mit dem System bei Versicherungs-Aktiengesellschaften überein.

Umlagen werden entsprechend dem Bedarf erhoben und sind demzufolge nicht im voraus, sondern nachträglich abzuführen. Für das Umlageverfahren, das praktisch nur bei kleinen Vereinen Bedeutung besitzt, kann die Satzung einen Höchstbetrag vorsehen.

Zu (4): Die **Organe** des Versicherungsvereins auf Gegenseitigkeit sind der Vorstand, der Aufsichtsrat und die oberste Vertretung. Besonderheiten gegenüber der Aktiengesellschaft ergeben sich nur bezüglich der obersten Vertretung, die grundsätzlich der Hauptversammlung einer AG vergleichbar ist. Die **oberste Vertretung** kann entweder als **Mitgliedervertretung**, d.h. als Zusammenkunft sämtlicher Mitglieder eines Vereins oder als **Mitglieder-Vertreter-Versammlung** konzipiert sein. Im letzteren Fall, der aus Praktikabilitätsgründen bei großen Versicherungsvereinen vorherrscht, bilden gewählte Vertreter der Mitglieder die oberste Vertretung. Die Wahl kann dabei über die sog. Urwahl durch alle Mitglieder erfolgen oder im Rahmen der Kooptation, d.h. der Wahl neuer Mitglieder durch die amtierende Mitgliedervertretung, abgewickelt werden. Der Kooptation, die sich für größere Vereine als sinnvoll erweist, geht dabei natürlich letztlich eine Urwahl voraus.

Eine Sonderstellung am Versicherungsmarkt nehmen die **kleineren Versicherungsvereine** ein. Während sich die großen Vereine hinsichtlich Rechtsstellung und Arbeitsweise den Aktiengesellschaften angenähert haben, richten sich die kleineren Vereine weitgehend nach dem Vereinsrecht des BGB. Als kleinere Versicherungsvereine gelten dabei Unternehmen, die bestimmungsgemäß einen eng begrenzten Wirkungskreis haben. Dies bedeutet im einzelnen (GOLDBERG/MÜLLER 1980, S. 442 ff.):

- Der **sachlicher Wirkungskreis** muß beschränkt sein, d.h. der kleinere Verein darf das Versicherungswesen wirtschaftlich nicht entscheidend beeinflussen. Dies ist z.B. bei einer Konzentration auf einen einzelnen Versicherungszweig gegeben.
- Der **örtliche Wirkungskreis** darf sich nur auf ein verhältnismäßig kleines Geschäftsgebiet wie z.B. eine Stadt oder einen Landkreis erstrecken und muß mindestens auf ein Bundesland begrenzt sein.

- Als Kunden kommen nur **bestimmte Personenkreise**, z.B. die Angestellten eines Unternehmens oder die Beamten einer städtischen Verwaltung in Betracht.

Die Entscheidung, ob es sich um einen kleinen Verein handelt, trifft die Aufsichtsbehörde. Sterbekassen, die lediglich ein Sterbegeld zur Deckung der mit dem Todesfall verbundenen Kosten gewähren, werden nur als kleinere Vereine zugelassen.

Für die Tätigkeit der kleineren Vereine gelten gewisse **Besonderheiten**. So kann die Aufsichtsbehörde gestatten, daß die Bildung eines Gründungsstocks unterbleibt, wenn z.B. durch die Struktur der Mitglieder (Gemeinden, Großunternehmen) eine weitgehende Sicherheit hinsichtlich der Beiträge und Nachschüsse besteht. Daneben ist die Versicherung von Nichtmitgliedern den kleineren Vereinen ausdrücklich untersagt. Ferner muß ein Aufsichtsrat nicht gebildet werden (LORENZ 1988), weil die hierfür erforderliche Mindestzahl von 500 Arbeitnehmern quasi nie erfüllt wird. Schließlich gibt es für die kleineren Versicherungsvereine auf Gegenseitigkeit gewisse Erleichterungen in der Rechnungslegung.

II. Öffentlich-rechtliche Versicherungsunternehmen

Bei den öffentlich-rechtlichen Versicherungsunternehmen handelt es sich um juristische Personen des öffentlichen Rechts, die bestimmte versicherungswirtschaftliche Aufgaben im öffentlichen Interesse wahrnehmen. Im kreditwirtschaftlichen Sektor sind die öffentlichen Versicherer den Sparkassen vergleichbar. Ebenso wie bei diesen beruht ihre Tätigkeit auf Landesrecht. Auch besteht für die Mehrzahl der Sparkassen und der öffentlich-rechtlichen Versicherungsunternehmen eine Gewährträgerhaftung.

Die öffentlich-rechtlichen Versicherungsunternehmen besitzen in Deutschland eine lange Tradition. Aufgrund der großen Bedeutung eines ausreichenden Gebäudebestandes beschränkten sie ihre Tätigkeit zunächst auf den Betrieb der Gebäude-Brandversicherung. Bereits im Jahre 1676 wurde in Hamburg die Hamburger Feuerkasse gegründet. Nach dem Beispiel dieses ältesten größeren Versicherungsunternehmens in der Welt entstanden im Laufe des 18. und zu Beginn des 19. Jahrhunderts in einer Reihe deutscher Einzelstaaten Feuersozietäten und öffentlich-rechtliche Brandkassen (MICHAELS/RIEGER/VOGELSANG 1988). Mit der Zeit kamen weitere Versicherungszweige hinzu. So wurde im Jahre 1872 das erste öffentlich-rechtliche Lebensversicherungsunternehmen, die "Lebensversicherungs-Anstalt für Armee und Marine", aus der später die "Deutsche Beamtenversicherung" hervorging, geschaffen. Während sich der Versichertenkreis dieses Unternehmens auf Offiziere, Militärärzte sowie Heeres- und Marinebeamte beschränkte, bestand die Aufgabe der seit dem Jahre 1910 gegründeten öffentlich-rechtlichen Lebensversicherungsunternehmen darin, die Lebensversicherung allen Bevölkerungsschichten zugänglich zu machen und die angesammelten Kapitalbeträge im Gebiet der Gründungskörperschaft wiederanzulegen.

Die öffentlich-rechtlichen Versicherer sind im Gegensatz zu den ebenfalls öffentlich-rechtlichen Sozialversicherungsträgern durch das **Prinzip der Autonomie** gekennzeichnet. Die Gründung dieser Unternehmen geht auf historische Erfordernisse zurück, Neugründungen sind demzufolge nicht mehr zu erwarten (FARNY 1981a). Eine einheitliche Regelung der Organe existiert nicht. Neben dem Vorstand besteht jedoch häufig ein mit dem Aufsichtsrat einer Aktiengesellschaft vergleichbarer Verwaltungsrat.

Heutzutage sind die öffentlich-rechtlichen Versicherungsunternehmen als Zwangs-, Pflicht-, Monopol- und Wettbewerbsanstalten am Markt tätig, wobei sich die drei erstgenannten Formen nur auf die Gebäudeversicherung beziehen (vgl. Abb. 3.10). Bei den **Zwangsanstalten** entsteht das Versicherungsverhältnis kraft Gesetzes, d.h. zur Versicherung bedarf es keinen Antrages, das Gebäude ist unmittelbar mit der Fertigstellung versichert. Existieren **Pflichtanstalten**, so ist der Eigentümer eines Gebäudes verpflichtet, eine Versicherung bei der Anstalt abzuschließen. Das Versicherungsverhältnis tritt mit der Stellung eines Antrages in Kraft. Im Falle von **Monopolanstalten** kann der Gebäudeeigentümer dagegen frei entscheiden, ob er sein Gebäude versichern lassen möchte. Sofern jedoch eine Gebäudeversicherung abgeschlossen werden soll, ist dies rechtswirksam nur bei der Monopolanstalt möglich.

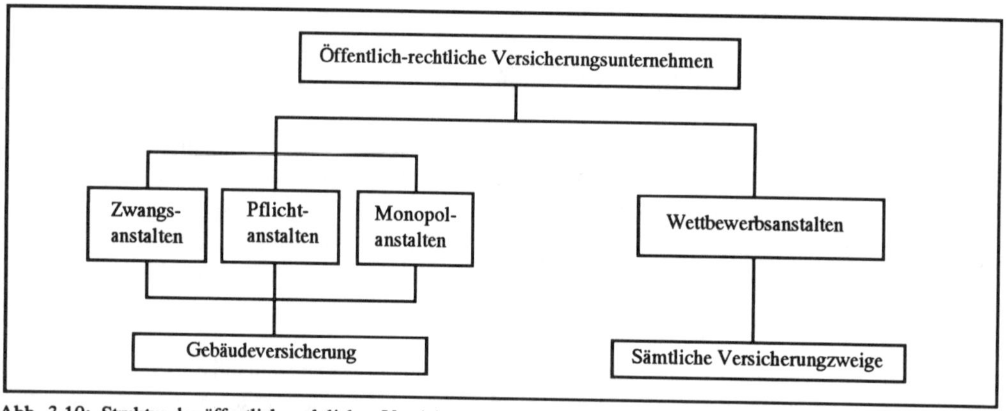

Abb. 3.10: Struktur der öffentlich-rechtlichen Versicherung

Die in einigen Landesteilen eingeschränkte Entscheidungsfreiheit in der Gebäudeversicherung - z.B. arbeitet die Hamburger Feuerkasse als Zwangsanstalt, Monopolanstalten finden sich in Baden-Württemberg, Bayern und teilweise in Hessen - geht für die öffentlich-rechtlichen Versicherungsunternehmen mit einem **Annahmezwang** einher. Um auch bei ungünstiger Risikolage einen ausreichenden Versicherungsschutz zu gewährleisten, müssen diese Unternehmen jedes in ihrem Geschäftsgebiet gelegene Gebäude zur Versicherung annehmen (MICHAELS/RIEGER/VOGELSANG 1988). Die im Versicherungsfall zu leistende **Entschädigung** ist **zweckgebunden**, d.h. die Mittel werden i.d.R. nur zur Wiederherstellung des beschädigten Gebäudes an derselben Stelle und zum gleichen Zweck ausgezahlt. Nur wenn wichtige Gründe vorliegen, darf eine Wiederherstellung des Gebäude an anderer Stelle oder mit anderer Zwecksetzung vorgenommen werden oder die Bereitstellung eines Geldbetrages zur freien Verfügung erfolgen. Unterbleibt die Wiederherstellung, so werden z.B. nach dem Hamburger Feuerkassen-Gesetz nur 20 % der Entschädigungssumme bereitgestellt.

Die Tätigkeit der Zwangs-, Pflicht- und Monopolanstalten erstreckt sich jedoch nicht allein auf den Ausgleich eingetretener Schäden. Vielmehr sind die Anstalten auch auf dem Gebiet des **Brand-**

schutzes aktiv, in dem z.B. Brandursachen erforscht, Wege zur Brandvorbeugung aufgezeigt und Mittel für die Brandverhütung und Brandbekämpfung bereitgestellt werden. Die Bedeutung der Versicherungspflichten und Monopole im Bereich der Gebäudeversicherung ist in den letzten Jahren tendenziell rückläufig. Jedoch entfielen im Jahre 1980 von den gesamten Prämien für die Feuer- und Wohngebäudeversicherung immerhin noch 20,2 % auf diese Unternehmen (FARNY 1983, S. 70 ff.).

Im Gegensatz zu den Zwangs-, Pflicht- und Monopolanstalten verfügen die **Wettbewerbsanstalten** über keinerlei staatliche Privilegien. Sie stehen zu den privaten Versicherungsunternehmen in einem freien **Konkurrenzverhältnis**, was hinsichtlich der Gebäudeversicherung beispielsweise für Nordrhein-Westfalen, Niedersachsen und Schleswig-Holstein gilt (KOCH 1989). Die Wettbewerbsanstalten sollen zur Aufrechterhaltung und Fortentwicklung des marktwirtschaftlichen Systems beitragen. Ihr Ziel kann es dabei nicht sein, sich auf besonders lukrative Kundengruppen zu konzentrieren. Die marktorientierte Aufgabe der Wettbewerbsanstalten liegt stattdessen darin, sämtlichen Bevölkerungsschichten in allen Sparten einen ausreichenden Versicherungsschutz anzubieten. Die Wettbewerbsanstalten arbeiten intensiv mit den örtlichen Sparkassen zusammen. Auch daraus läßt sich ableiten, daß sie ihrem Gründungsauftrag, die angesammelten Kapitalbeträge in der Heimatregion anzulegen, noch heute nachkommen.

Versicherungs-Aktiengesellschaften, Versicherungsvereine auf Gegenseitigkeit und öffentlich-rechtliche Versicherer bilden das Spektrum möglicher Unternehmensformen in der Versicherungswirtschaft. Die wesentlichen Kennzeichen und Unterschiede der verschiedenen Rechtsformen faßt die nachstehende Abbildung 3.11 zusammen.

	Versicherungsaktiengesellschaft	**Versicherungsverein auf Gegenseitigkeit**	**Öffentlich-rechtliche Versicherungsunternehmen**
Rechtsgrundlage	Aktiengesetz	§§ 15-53 VAG	landesrechtliche Vorschriften
Stellung am Markt	Wettbewerb	Wettbewerb	Wettbewerb, aber auch: Zwang, Pflicht, Monopol
Rechtsverhältnis	Versicherungsvertrag	Mitgliedschaft/ Versicherungsvertrag	kraft Gesetzes oder Verwaltungsakt, Versicherungsvertrag
Entgelt	feste Prämien	Vorausbeiträge mit Nachschußpflicht / Leistungskürzung oder Umlagen	feste Prämien (auch Umlagen)
Organe	Vorstand, Aufsichtsrat, Hauptversammlung	Vorstand, Aufsichtsrat, Oberste Vertretung	Vorstand, Verwaltungsrat
Haftungsgrundlage	Gründungsstock, Rücklagen	Gründungsstock, Rücklagen	Stammkapital, Rücklagen, Gewährträgerhaftung

Abb. 3.11: Strukturmerkmale der Rechtsformen in der Versicherungswirtschaft (in Anlehnung an Koch 1988 b, S. 52)

III. Zusammenschlüsse von Versicherungsunternehmen

Unternehmenszusammenschlüsse besitzen im Versicherungswesen eine lange Tradition. Die Gründe hierfür liegen neben Sanierungsfällen, übereinstimmenden Gründern und Standorten oder gemeinsamen Namen insbesondere im Prinzip der Spartentrennung, das - zumindest traditionell - den Betrieb der Lebens-, Kranken-, Rechtsschutz- und Kreditversicherung in jeweils einem rechtlich selbständigen Unternehmen verlangt. Um den Kunden sämtliche Versicherungsarten anbieten zu können, war folglich allein die Gründung von fünf Unternehmen erforderlich, wobei sich in der Realität die Zahl der Unternehmen durch das Verbot, als Versicherer versicherungsfremde Geschäfte zu betreiben, noch weiter erhöht. Die rechtlich selbständigen Unternehmen treten jedoch wirtschaftlich als eine Einheit auf, indem sie sich je nach Art der Zusammenarbeit zu Versicherungskonzernen, Konsortial-Gesellschaften oder Versicherungsgruppen zusammenschließen.

Die Definition des **Versicherungskonzerns** beruht auf § 18 AktG. Danach entsteht ein **Unterordnungskonzern**, wenn ein oder mehrere abhängige Unternehmen unter der einheitlichen Leitung eines herrschenden Unternehmens zusammengefaßt werden. Dieser Fall ist für die Versicherungswirtschaft typisch, wobei das Unterordnungsverhältnis i.d.R. durch den Besitz einer maßgeblichen Beteiligung begründet und durch personalmäßige Verflechtungen in den Leitungs- und Kontrollgremien gestützt wird (FARNY 1983, FARNY 1989a). Versicherungsvereine auf Gegenseitigkeit und öffentlich-rechtliche Versicherungsunternehmen können jedoch weder kapitalmäßig verknüpft noch der Mehrheitsbeteiligung einer Kapitalgesellschaft unterstellt werden. Der Zusammenschluß dieser Unternehmen erfolgt über die Bildung eines **Gleichordnungskonzerns**, bei dem kein Abhängigkeitsverhältnis vorliegt, die Unternehmen jedoch ebenso wie beim Unterordnungskonzern unter einer einheitlichen Leitung stehen.

Als **Obergesellschaft** kann in einem Unterordnungskonzern eine Aktiengesellschaft, ein Versicherungsverein auf Gegenseitigkeit oder ein öffentlich-rechtliches Versicherungsunternehmen fungieren. Traditionellerweise handelt es sich bei der Obergesellschaft um einen **Erstversicherer**, d.h. entweder um ein Schaden- oder um ein Lebens- oder Krankenversicherungsunternehmen. Seit geraumer Zeit drängt jedoch das Bundesaufsichtsamt für das Versicherungswesen darauf, Lebensversicherer aus ihrer Funktion als Konzernspitze herauszulösen, um das Lebensversicherungsgeschäft von den Risiken der Tochtergesellschaften frei zu halten. Hintergrund dieser Forderung sind hohe Verluste einiger Rückversicherungsunternehmen Ende der 70er, Anfang der 80er Jahre, die an die jeweiligen Konzernmütter weitergeleitet wurden und dort zu einer drastischen Verringerung der Gewinnbeteiligung der Versicherungsnehmer führten (KELLENBENZ 1989).

Alternativ kann an der Spitze eines Unterordnungskonzerns eine **Holding-Gesellschaft** stehen. Die Aufgaben dieser Gesellschaft liegen in der Verwaltung der Beteiligungen, d.h. die Konzernspitze steuert die Konzernaktivitäten und stimmt sie aufeinander ab ohne selbständig Versicherungsgeschäfte zu betreiben. Über eine Holding-Konstruktion verfügen bereits seit längerer Zeit der Allianz-Konzern, die Aachener und Münchener Gruppe und der Gerling-Konzern, in jüngerer Zeit haben beispielsweise der Deutsche Herold, die Volksfürsorge, die Victoria-Versicherungen, die Deutsche Beamten-Versicherung und die Colonia Versicherungen eine Umgründung vollzogen. Zur Umwandlung werden dabei der gesamte Versicherungsbestand und große Teile des Vermögens auf eine neu gegründete Lebensversicherungs-Aktiengesellschaft übertragen, bei der Konzernspitze verbleiben lediglich die Beteiligungen.

Diese Trennung von Versicherungsgeschäft und Beteiligungsbestand ist jedoch mit nicht unerheblichen Problemen verknüpft, denn nach Ansicht von Versicherten wird den Versicherungsnehmern dadurch ein Anteil an den in dem Anteilsbesitz enthaltenen stillen Reserven entzogen (REITZ 1989). Während dieses Problemfeld bei neueren Umgründungen wie z.B. der Victoria-Versicherung dazu geführt hat, daß denjenigen Versicherten, die im Zeitpunkt der Bestandsübertragung bei der Altgesellschaft versichert waren und im Zeitpunkt der Veräußerung von Beteiligungen noch bei der neuen Lebensversicherung versichert sind, mindestens 90 % der Veräußerungsgewinne zugesagt wurden (O.V. 1989a), steht eine Lösung bei bereits abgewickelten Umgründungen derzeit noch aus. Fraglich ist jedoch in jedem Fall, ob die Versicherungsunternehmen stille Reserven jemals in einer nennenswerten Höhe aufdecken werden, denn die Beteiligungen bilden die Basis des Geschäfts der Unternehmen und stellen weitgehend nicht lediglich eine rentable Kapitalanlage dar.

Zusammenschlüsse von Versicherungsunternehmen können neben der Bildung eines Versicherungskonzerns in abgeschwächter Form durch die Gründung einer Konsortial-Gesellschaft oder die Errichtung einer Versicherungsgruppe erfolgen. Im Rahmen einer **Konsortial-Gesellschaft** betreiben mehrere unabhängige Versicherer eine Tochtergesellschaft. Diese Form der Zusammenarbeit ist insbesondere in der Rechtsschutz- und der Kreditversicherung zu beobachten (KOCH 1989). Bei **Versicherungsgruppen** handelt es sich um Versicherungsunternehmen, die unter Beibehaltung ihrer rechtlichen und wirtschaftlichen Selbständigkeit zusammenarbeiten.

Ebenso wie bei Konzernen kann die Zusammenarbeit durch Anteilsbesitz, Unternehmensverträge oder personelle Verflechtungen fundiert sein, die Unternehmen stehen jedoch im Gegensatz zum Konzern nicht unter einer einheitlichen Leitung. Das Ziel der Zusammenarbeit besteht lediglich darin, bestimmte marktorientierte oder betriebsinterne Aufgaben zu koordinieren, wie z.B. die wechselseitige Vermittlung der nicht eigenständig betriebenen Versicherungsgeschäfte oder die gemeinsame Nutzung von Außenstellen, Schadenbüros oder EDV-Anlagen.

Im Jahre 1984 wurde das bundesdeutsche Versicherungswesen durch insgesamt **96 Konzerne** und **Gruppen** oder einzelne **Versicherungsunternehmen** geprägt, wobei das Schwergewicht eindeutig bei den Versicherungskonzernen lag. Die auf die Unternehmen resp. Zusammenschlüsse entfallenden Marktanteile waren in der Mehrzahl vergleichsweise gering, nur wenige Versicherungsgruppen bzw. -konzerne wiesen einen an den Gesamtprämieneinnahmen gemessenen Marktanteil von mehr als 1,5 % auf (FARNY 1985). Die größten Versicherungszusammenschlüsse des Jahres 1990 verdeutlicht abschließend die nachstehende Abb. 3.12.

	Beitrags-einnahmen (Mio. DM)	Beschäftigte (in 1.000)	Beiträge je Mitarbeiter (1.000 DM)	An-merkungen 1)
1 Allianz AG	38.275	56,2	681	W
2 Münchener Rückversicherungs Ges.	12.652	1,8	7.029	E
3 Colonia Versicherungen	9.596	12,0	800	So
4 Gerling Konzern	8.170 2)	9,4	869	K
5 AMB Aachener und Münchener	7.800	10,0	780	K
6 Victoria Versicherungen	5.640 3)	9,2	613	K
7 R + V Versicherungen	5.338	9,6	556	So
8 SR Beteiligungen AG	5.302	7,5	707	K
9 Vereinte Versicherungen	4.232	8,5	498	So
10 HDI Gruppe	4.045	3,5	1.156	K
11 Hamburg-Mannheimer Versicherungs-AG	3.898	11,8	330	E
12 Volksfürsorge	3.873	7,0	553	K
13 HUK Coburg	3.536	4,8	737	K
14 Gothaer Versicherungen	3.500	-	-	K
15 Deutsche Krankenversicherung AG	3.273	5,8	564	So
16 Alte Leipziger	3.053	-	-	So
17 Continentale Versicherungs-Gruppe	1.769	3,3	536	-

1) W = Weltumsatz, K = Konzernumsatz laut GuV oder nach Angaben des Unternehmens,
E = Umsatz laut Einzelabschluß, So = Sonstiger Umsatz laut Mitteilung des Unternehmens
2) Schätzung
3) nicht konsolidiert

Abb. 3.12: Die größten Versicherungsunternehmen im Jahre 1990 (Quelle: Giersberg 1991)

LITERATURHINWEISE:

DOERRY, A. (1988)
FARNY, D. (1981a)
FARNY, D. (1983)
FARNY, D. (1985)
FARNY, D. (1989a)
GOLDBERG, A./MÜLLER, H. (1980)
HÜBNER, K. (1988)
KELLENBENZ, P. (1989)
KOCH, P. (1988a)
KOCH, P. (1988b)
KOCH, P. (1989)
LORENZ, E. (1988)
MICHAELS, B./RIEGER, W./VOGELSANG, D. (1988)
MÜLLER-LUTZ, H.L. (1984)
REITZ, D. (1989)
SIEG, K. (1988)

C. Versicherungsaufsicht

I. Ziele und Strukturen der Versicherungsaufsicht

1. Aufbau des Aufsichtssystems

Die Versicherungswirtschaft nimmt in einer Volkswirtschaft ebenso wie das Kreditwesen eine hervorragende Stellung ein. Zum einen betreiben die Versicherungsunternehmen **Liquiditätstransformation**, d.h. ihnen fließen erhebliche Kapitalbeträge zu, die erst nach Ablauf einer längeren Zeitspanne an die Versicherungsnehmer auszuzahlen sind und in der Zwischenzeit angelegt werden müssen. Zum anderen **transformieren** die Versicherer **Risiken**, d.h. sie verteilen Schäden durch die Kalkulation einer Risikoprämie auf eine große Zahl von prinzipiell gefährdeten Personen. Für die Versicherten ist in diesem Zusammenhang von Bedeutung, daß ihre Ersparnisse sicher und rentabel angelegt werden und die kalkulierte Risikoprämie zum Ausgleich der Schäden ausreicht; für Banken, Industrie, den Staat und private Haushalte stellen die von den Versicherungsunternehmen bereitgestellten Mittel eine wichtige Quelle dar, um Investitionsprojekte zu finanzieren.

Da somit das Versicherungswesen als Kapitalsammelstelle und Risikoträger wichtige gesamtwirtschaftliche Aufgaben zu erfüllen hat und zudem die Versicherungsnehmer i.d.R. nicht in der Lage sind, die finanzielle Leistungsfähigkeit eines Versicherers zu überprüfen, unterstehen die Versicherungsunternehmen einer staatlichen Aufsicht. Die Rechtsgrundlage der Versicherungsaufsicht bildet das "Gesetz über die Beaufsichtigung der Versicherungsunternehmen" (Versicherungsaufsichtsgesetz/VAG). Es schreibt für die Versicherungswirtschaft das System der **materiellen Staatsaufsicht** vor, das im Gegensatz zu einem auf die Zulassung beschränkten Aufsichtssystems die Überwachung der Tätigkeit eines Versicherungsunternehmens in rechtlicher, wirtschaftlicher und finanzieller Hinsicht vom Anfang bis zum Ende des Geschäftsbetriebes vorsieht.

Der Versicherungsaufsicht unterliegen nach § 1 Abs. 1 VAG zunächst alle Unternehmen, die den Betrieb von Versicherungsgeschäften zum Gegenstand haben und nicht Träger der Sozialversicherung sind. Über diese Grundsatznorm hinausgehend sind jedoch einige Besonderheiten zu beachten, die sich auf

- die Rechtsform der Versicherungsunternehmen,
- die betriebenen Versicherungszweige und
- die Herkunft der Versicherungsunternehmen

beziehen. So trifft die Aufsichtspflicht **grundsätzlich** alle **Versicherungsvereine auf Gegenseitigkeit** und alle **Erstversicherer**. Erleichterungen gelten daher quasi nur für Rückversicherungsunternehmen, die in der Rechtsform einer (Versicherungs-) Aktiengesellschaft arbeiten. Sofern es sich um ein inländisches Rückversicherungsunternehmen handelt, unterliegt es einer auf die Rechnungslegung beschränkten Aufsicht, ausländische Rückversicherer können vollständig aufsichtsfrei arbeiten (vgl. Abb. 3.13). Die Gründe für diese weitgehende Freistellung von der Aufsichtspflicht liegen in der Internationalität des Geschäftes, die nicht eingeschränkt werden soll und in der Professionalität der Vertragsparteien, die daher keiner Beaufsichtigung und keines Schutzes bedürfen (KOCH 1989).

		Versicherungsvereine auf Gegenseitigkeit	**Übrige Rechtsformen**
Erstversicherungs-unternehmen	inländische Erstversicherer	Beaufsichtigung	Beaufsichtigung
	ausländische Erstversicherer	Beaufsichtigung	Beaufsichtigung
		Transport-, Mit-, Korrespondenzversicherungen: keine Beaufsichtigung	
Rückversicherungs-unternehmen	inländische Rückversicherer	Beaufsichtigung	beschränkte Beaufsichtigung
	ausländische Rückversicherer	Beaufsichtigung	keine Beaufsichtigung

Abb. 3.13: Beaufsichtigte Versicherungsunternehmen

Im Gegensatz zu den ausländischen Rückversicherungsunternehmen unterstehen die ausländischen, am deutschen Markt tätigen Erstversicherer nahezu vollständig der Versicherungsaufsicht. Eine Ausnahmeregelung existiert jedoch zum einen für Versicherungsunternehmen mit Sitz in einem anderen Mitgliedsstaat der EG, die sich an gewerblichen oder freiberuflichen Risiken im Wege der Mitversicherung beteiligen oder die See- oder Transportversicherung anbieten. Auch hier handelt es sich um ein internationales Geschäftsgebiet, das aufsichtsfrei betrieben werden kann. Der inländischen Versicherungsaufsicht unterliegen zum anderen auch nicht die Korrespondenzversicherungen. Hierbei handelt es sich um Versicherungsverträge, die lediglich brieflich, d.h. ohne Einschaltung eines Vermittlers und auf Initiative des Versicherungsinteressenten abgeschlossen werden.

Getragen wird die Versicherungsaufsicht

- vom Bundesaufsichtsamt für das Versicherungswesen (BAV) und
- von Landesbehörden.

Das **BAV** wurde am 31. Juli 1951 durch das "Gesetz über die Errichtung eines Bundesaufsichtsamtes für das Versicherungswesen" (BAG) geschaffen. Es fungiert als eine dem Bundesfinanzministerium nachgeordnete selbständige Bundesoberbehörde und hat seinen Sitz in Berlin. An der Spitze des Aufsichtsamtes stehen der **Präsident** und der **Vizepräsident**. Zur Mitwirkung bei der Aufsicht existiert daneben ein **Beirat**, dem 60 ehrenamtlich tätige Sachverständige des Versicherungswesens angehören. In wichtigen Angelegenheiten, wie z.B. der Erteilung einer Erlaubnis zum Geschäftsbetrieb oder der Genehmigung von Bestandsübertragungen entscheidet eine sog. **Beschlußkammer**. Die Beschlußkammern setzen sich aus drei Mitgliedern des Bundesaufsichtsamtes und zwei Beiratsmitgliedern zusammen. Auf Landesebene wird die Versicherungsaufsicht von den **Ministerien für Wirtschaft bzw. Finanzen** ausgeübt. Um ein effektives Aufsichtssystem sicherzustellen, sind das Bundesaufsichtsamt und die aufsichtsführenden Landesbehörden verpflichtet, sich gegenseitig ihre Rechts- und Verwaltungsgrundsätze mitzuteilen (§ 152 VAG). Dabei steht dem BAV gegenüber den Landesaufsichtsbehörden keine Weisungsbefugnis zu. Vielmehr gehört die Landesaufsicht zu den eigenständigen Aufgaben der Länder (SIEG 1988a).

Hinsichtlich der **Zuständigkeit** der Aufsichtsbehörden muß zwischen einer **ursprünglichen** und einer **abgeleiteten Zuständigkeit** unterschieden werden (vgl. Abb. 3.14). Während das Bundesaufsichtsamt ursprünglich zuständig ist für die Aufsicht über die privaten Versicherungsunternehmen und diejenigen öffentlich-rechtlichen Wettbewerbsanstalten, die über den Bereich eines Landes hinaus tätig sind, erstreckt sich die ursprüngliche Verantwortung der Länder auf die Zwangs-, Pflicht- und Monopolanstalten sowie diejenigen Wettbewerbsanstalten, deren Tätigkeitsgebiet sich auf ein Bundesland beschränkt (§ 2 BAG). Mit Ausnahme der privaten Versicherungsunternehmen mit größerer wirtschaftlicher Bedeutung, deren Beaufsichtigung grundsätzlich dem BAV obliegt, kann die Aufsichtstätigkeit von den Landesbehörden auf das Bundesaufsichtsamt und umgekehrt **übertragen** werden. Erforderlich ist dazu ein Antrag derjenigen Behörde, die ihre Aufsichtsbefugnis abgeben möchte.

		Ursprüngliche Zuständigkeit	**Übertragung möglich auf**
Private Versicherungs-unternehmen	größere wirtschaftliche Bedeutung	Bundesaufsichtsamt	Nicht übertragbar
	geringere wirtschaftliche Bedeutung	Bundesaufsichtsamt	Landesbehörden
Öffentlich-rechtliche Versicherungs-unternehmen	Zwangs-, Pflicht und Monopolanstalten	Landesbehörden	Bundesaufsichtsamt
	Wettbewerbsanstalten mit Tätigkeit über ein Bundesland hinaus	Bundesaufsichtsamt	Landesbehörden
	Wettbewerbsanstalten mit Tätigkeit nur in einem Bundesland	Landesbehörden	Bundesaufsichtsamt

Abb. 3.14: Zuständigkeit des BAV und der Landesaufsichtsbehörden (Quelle: Schmidt, R./Frey, P. 1989, S. 79)

Als Folge dieser abgeleiteten Zuständigkeit ist das Versicherungswesen durch eine komplexe und unübersichtliche Zuständigkeitsverteilung gekennzeichnet. Den Landesbehörden wurde beispielsweise weitgehend die Aufsicht über die privaten Versicherungsunternehmen mit geringer wirtschaftlicher Bedeutung übertragen. Eine geringe wirtschaftliche Bedeutung liegt dabei immer dann vor, wenn die Geschäftstätigkeit auf ein Land beschränkt ist, die Versicherungsunternehmen das Versicherungswesen wirtschaftlich nicht entscheidend beeinflussen und keine Wagnisse decken, die einer besonderen oder einheitlichen Überwachung durch eine zentrale Behörde bedürfen (SCHMIDT/FREY 1989). Als Maßstab zieht das Bundesaufsichtsamt die Prämieneinnahmen heran. Um von einer geringen wirtschaftlichen Bedeutung sprechen zu können, dürfen diese beispielsweise in Kranken-, Schaden- oder Unfallversicherungsunternehmen 500.000 DM nicht überschreiten.

2. Durchführung der Versicherungsaufsicht

Die Versicherungsaufsicht umfaßt die Erteilung der Erlaubnis zur Aufnahme des Geschäfts, die laufende Überwachung des Geschäftsbetriebes und den Widerruf der Erlaubnis bei schweren Mißständen (vgl. Abb. 3.15).

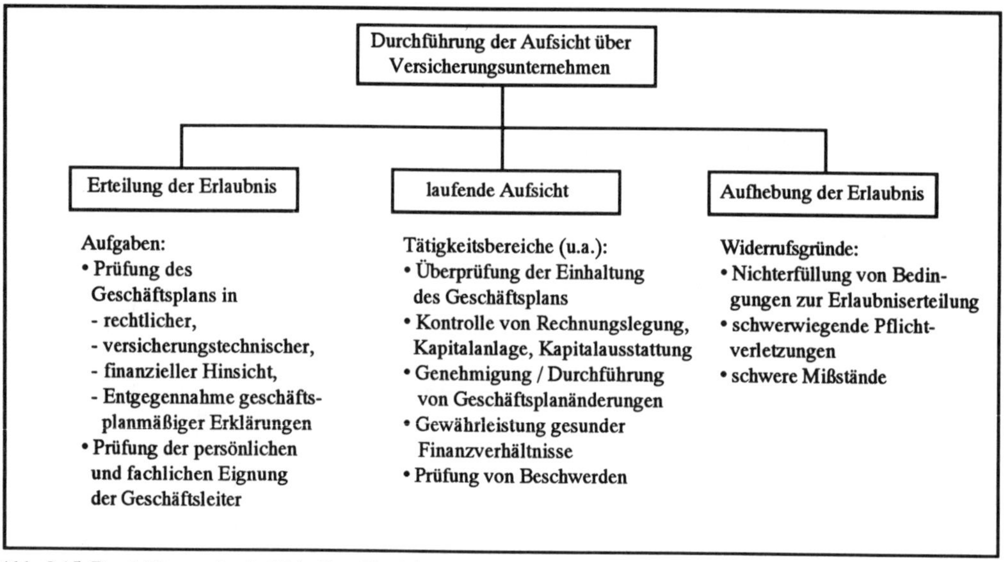

Abb. 3.15: Durchführung der Aufsicht über Versicherungsunternehmen

Um Versicherungsgeschäfte betreiben zu dürfen, ist die **Erlaubniserteilung** durch das Aufsichtsamt erforderlich. Der Erlaubniszwang soll dafür sorgen, daß Unternehmen,

- die von persönlich oder fachlich nicht geeigneten Personen geleitet werden oder
- bei denen die Belange der Versicherten nicht ausreichend gewahrt erscheinen bzw. die dauernde Erfüllbarkeit der Versicherungsverträge nicht mit ausreichender Sicherheit gewährleistet ist,

von vornherein am Versicherungsmarkt nicht aktiv werden können, und es insofern zu Beeinträchtigungen der Versicherteninteressen erst gar nicht kommt. Sofern diese Voraussetzungen (§ 8 VAG) jedoch erfüllt sind, besteht ein **Rechtsanspruch** auf die Zulassung zum Geschäftsbetrieb. Dabei wird die Erlaubnis für jede Versicherungssparte gesondert erteilt (MÜLLER 1988).

Ob die wirtschaftlichen Verhältnisse eine Zulassung zum Geschäftsbetrieb erlauben, entscheidet die Aufsichtsbehörde anhand des **Geschäftsplans**, der ihr mit der Antragstellung einzureichen ist. Unter einem Geschäftsplan werden diejenigen Unterlagen verstanden, die über die rechtlichen, finanziellen und versicherungstechnischen Grundlagen des Versicherungsunternehmens Auskunft geben. Sowohl der erste Geschäftsplan als auch jede spätere Änderung bedürfen der Genehmigung durch die Aufsichtsbehörde.

In **rechtlicher Hinsicht** gehört zum Geschäftsplan zunächst die **Satzung** des Unternehmens, in der beispielsweise Angaben über Firma und Sitz der Gesellschaft, die betriebenen Versicherungszweige, Bildung, Zusammensetzung, Amtsdauer und Befugnisse der Organe sowie die Höhe des Grundkapitals bzw. des Gründungsstocks enthalten sein müssen. Inhalt des Geschäftsplans sind ferner die **Allgemeinen Versicherungsbedingungen**, bei denen es sich um Produktbeschreibungen und vorformulierte Vertragsbedingungen eines Versicherers handelt (PUSKAS 1988). Der Gestaltungsfreiheit bei der Aufstellung der Versicherungsbedingungen sind den Versicherungsunternehmen im Vergleich zu anderen Wirtschaftszweigen wesentlich engere Grenzen gesetzt. So legt zunächst der § 10 VAG fest, daß die Allgemeinen Versicherungsbedingungen insbesondere Angaben enthalten müssen über:

- die Ereignisse, bei deren Eintritt der Versicherer zu einer Leistung verpflichtet ist,
- die Art, den Umfang und die Fälligkeit der Leistungen des Versicherers,
- das Entgelt, das der Versicherte zu entrichten hat,
- die Dauer und die Möglichkeiten der Verlängerung, der Kündigung und der Aufhebung des Versicherungsvertrages,
- den Verlust des Anspruchs aus dem Versicherungsvertrag, wenn Fristen versäumt werden,
- die Vorgehensweise bei Streitigkeiten aus dem Versicherungsvertrag,
- die Grundsätze und Maßstäbe der Überschußbeteiligung sowie
- bei Lebensversicherungen über die Voraussetzungen und den Umfang von Vorauszahlungen oder Darlehen auf Versicherungsscheine.

Über die **Vollständigkeit** der Allgemeinen Versicherungsbedingungen hinaus legt das Aufsichtsamt Wert auf deren **Übersichtlichkeit** und **Einheitlichkeit**. Das Ziel der Einheitlichkeit dient dabei der Markttransparenz. Die Interessen der Versicherten sollen gewahrt bleiben, indem die Bedingungswerke der verschiedenen Anbieter vergleichbar sind. Um dies zu erreichen, werden von den Verbänden der Versicherungswirtschaft, Versicherungsnehmerkreisen und der Versicherungsaufsicht Musterbedingungen entwickelt, deren Übernahme durch die Versicherungsunternehmen zwar freiwillig erfolgt (Ausnahme: Kraftfahrzeug-Haftpflichtversicherung), sich inzwischen jedoch allgemein am Markt durchgesetzt hat. Von den Standardbedingungen abweichende Regelungen werden von der Aufsichtsbehörde allerdings prinzipiell ebenso genehmigt, sofern damit eine Verbesserung des Versicherungsschutzes einhergeht.

Die Einheitlichkeit der Versicherungsbedingungen steht bereits seit längerer Zeit im Zentrum einer intensiven Diskussion. Es wird insbesondere kritisiert, daß ein individueller Risikoschutz nicht geboten werden kann, Innovationen sich nur langsam am Markt durchsetzen können und generell kein Qualitätswettbewerb stattfindet. Zwar hat die Aufsicht signalisiert, daß sie künftig Veränderungen der Bedingungswerke zügiger bearbeiten will und Verbesserungen mit einem Wettbewerbsvorsprung belohnt werden sollen, ein Ende der Deregulierungsdebatte ist jedoch derzeit noch nicht absehbar (vgl. hierzu EGGERSTEDT 1987, FINSINGER 1988, MONOPOLKOMMISSION 1988, SOLTWEDEL ET AL. 1986).

Zu den rechtlichen Elementen des Geschäftsplans gehören neben der Satzung und den Allgemeinen Versicherungsbedingungen auch **Unternehmensverträge** im Sinne der §§ 291, 292 AktG, also beispielsweise Beherrschungs- und Gewinnabführungsverträge. Derartige Vertragswerke sind nur dann genehmigungsfähig, wenn sie mit den Zielen des Versicherungsaufsichtsgesetzes vereinbar sind, d.h. insbesondere das Verbot versicherungsfremder Geschäfte und das Gebot der Spartentrennung nicht unterlaufen. Für Lebensversicherungsunternehmen bedeutet dies beispielsweise, daß Unternehmensverträge nur mit eben solchen Lebensversicherungsunternehmen und nicht mit Versicherern abgeschlossen werden können, die auch andere Versicherungssparten betreiben (PUSKAS 1988). Schließlich gehören zum Geschäftsplan Funktionsausgliederungsverträge, durch die z.B. der Vertrieb, die Bestandsverwaltung, die Leistungsbearbeitung oder das Rechnungswesen auf ein anderes Unternehmen übertragen werden.

Neben den rechtlichen kommt auch den **versicherungstechnischen Grundlagen** als Bestandteil des Geschäftsplans eine große Bedeutung zu. Hierbei handelt es sich um diejenigen Unterlagen, die den ordnungsgemäßen Betrieb der einzelnen Versicherungszweige nachweisen (SCHMIDT 1984). In der Lebens-, Kranken- und Unfallversicherung zählen zu dem technischen Teil des Geschäftsplans die Tarife, d.h. die nach Gefahrenklassen gestaffelten Zusammenstellungen der Leistungen und Gegenleistungen, die Grundsätze für die Berechnung der Prämien und der Deckungsrückstellung sowie Angaben über die verwendeten Zinsfüße und Wahrscheinlichkeitsverteilungen. Darüber hinaus sind die der Berechnung zugrunde liegenden Formeln vorzulegen und durch ein Zahlenbeispiel zu erläutern (§§ 11, 12 VAG).

Die detaillierte Vorgabe der in der Lebens-, Kranken- und Unfallversicherung einzureichenden versicherungstechnischen Unterlagen führt letztlich ebenso wie in der KFZ-Haftpflichtversicherung dazu, daß die **Prämien** in diesen Zweigen **genehmigungspflichtig** sind. Ausschlaggend für die Genehmigungspflicht, die ebenso wie die Einheitlichkeit der Versicherungsbedingungen häufig kritisiert wird, ist die Vermutung, daß unregulierte Versicherungsmärkte zu ruinöser Konkurrenz und Instabilität tendieren und in besonders wichtigen Versicherungszweigen sowie bei längerfristigen Verträgen weitgehende Marktsteuerungsinstrumente notwendig sind (FINSINGER 1988). Aber auch in den anderen Sparten kann die Versicherungsaufsicht auf die Preisbildung Einfluß nehmen. So sind die Tarife mit Ausnahme der Kredit- und Transportversicherung einzureichen und Angaben über die beabsichtigte Rückversicherung zu machen. Die Aufsichtsbehörde ist befugt, bei unzureichenden Prämien eine Prämienerhöhung zu verlangen, die Subventionierung einer Sparte durch Überschüsse aus einer anderen zu unterbinden oder die Beschaffung zusätzlicher Eigenmittel anzuordnen.

Die Geschäftsplanbestandteile werden schließlich vervollständigt durch **finanzielle Nachweise**, die Auskunft darüber geben sollen, ob die dauernde Erfüllbarkeit der Verbindlichkeiten gesichert erscheint. Dazu müssen Eigenmittel in Höhe des sog. **Mindestgarantiefonds** vorhanden sein (§ 53c VAG). Dieser Betrag ergibt sich aus der am 13.12.1983 erlassenen **Kapitalausstattungs-Verordnung**. Der Mindestgarantiefonds hängt von den betriebenen Versicherungszweigen ab und beträgt

- 1.464.000,-- DM für alle Arten der Haftpflichtversicherung sowie für die Kredit- und Kautionsversicherung,

- 1.098.000,-- DM für die Unfall- und Krankenversicherung, alle Arten der Kasko-Versicherung sowie die Versicherung von Transportgütern, Feuer- und Elementarschäden und von verschiedenen finanziellen Verlusten,
- 732.000,-- DM für die Versicherung von Hagel-, Frost- und sonstigen Sachschäden sowie für die Rechtsschutzversicherung und
- 800.000,-- ECU für die Lebensversicherung bei einem Umrechnungskurs im Jahre 1988 von 2,06145 DM.

Sofern mehrere Sparten gleichzeitig betrieben werden, ist der Höchstbetrag maßgebend. Zusätzlich zum Mindestgarantiefonds hat das Versicherungsunternehmen für die ersten drei Geschäftsjahre Schätzungen vorzulegen über die Provisionsaufwendungen und die sonstigen laufenden Ausgaben für den Versicherungsbetrieb, die voraussichtlichen Beiträge und Leistungen für Versicherungsfälle und die zukünftige Liquiditätslage. Darüber hinaus ist darzulegen, welche finanziellen Mittel voraussichtlich zur Verfügung stehen, um die Verpflichtungen aus den Verträgen zu erfüllen (§ 5 Abs. 4 VAG). Schließlich ist eine Schätzung der für den Aufbau der Verwaltung und des Vertreternetzes erforderlichen Aufwendungen einzureichen. Das Unternehmen hat nachzuweisen, daß die erforderlichen Mittel zur Verfügung stehen. Die Aufbringung geschieht bei Versicherungs-Aktiengesellschaften über die Aktionäre. Ein Teil der von ihnen bereitgestellten Mittel fließt in einen sog. **Organisationsfonds** und wird ausschließlich für die Errichtung des Unternehmens verwandt.

Der Inhalt des Geschäftsplans wird ergänzt durch sog. **geschäftsplanmäßige Erklärungen**, die das Versicherungsunternehmen der Aufsichtsbehörde gegenüber abzugeben hat und die ein planmäßiges, auf Dauer angelegtes Verhalten sicherstellen sollen. Die geschäftsplanmäßigen Erklärungen beziehen sich beispielsweise auf die Auslegung und Handhabung der Allgemeinen Versicherungsbedingungen, die Bildung von Rückstellungen und Rücklagen, soweit dies nicht anderweitig geregelt ist, die Gestaltung bestimmter Vordrucke und allgemein das Verhalten in Wettbewerb und Werbung (PUSKAS 1988).

Die Erlaubnis zum Betrieb von Versicherungsgeschäften setzt ferner die Eignung der Geschäftsleiter, d.h. also der Vorstandsmitglieder bei Aktiengesellschaften und Versicherungsvereinen sowie der Leiter öffentlich-rechtlicher Versicherungsunternehmen voraus. Die Geschäftsleiter müssen ehrbar sein, was beispielsweise bei bestimmten Vorstrafen, etwa wegen eines Konkursvergehens, bei Bestechung, Betrug oder Untreue nicht gegeben ist. Ferner ist eine fachliche Vorbildung notwendig, die durch eine praktische Tätigkeit im Versicherungswesen nachgewiesen werden kann (GOLDBERG/MÜLLER 1980). Schließlich müssen die Geschäftsleiter die für den Betrieb eines Versicherungsunternehmens sonst noch erforderlichen Eigenschaften und Erfahrungen besitzen, also etwa eine allgemeine Zuverlässigkeit, ein gewisses Maß an Lebenserfahrung, und sie müssen letztlich auch ein bestimmtes Lebensalter aufweisen.

Die Zulassung zum Geschäftsbetrieb stellt die erste Kontaktaufnahme zwischen Aufsichtsbehörde und Versicherungsunternehmen dar. Das Aufsichtsamt überwacht darüber hinaus jedoch auch den **laufenden Geschäftsbetrieb** der Versicherer, indem es die Einhaltung des Geschäftsplans, die Rechnungslegung, die Vermögensanlage, die Kapitalausstattung und das Verhalten des Unternehmens am Markt überwacht. Sofern die Interessen der Versicherten es verlangen, kann die Aufsichtsbehörde auch den Geschäftsplan bei bestehenden Versicherungsverhältnissen ändern (§ 81a VAG). Genügt die Kapitalausstattung nicht mehr den gesetzlichen Anforderungen, verlangt das Aufsichtsamt einen Plan zur Wiederherstellung gesunder Finanzverhältnisse bzw. zur kurzfristigen Beschaffung von Eigenmitteln (KOCH 1989). Versicherungsnehmer und andere Personen können sich mit Eingaben an die Aufsichtsbehörde wenden. Das Aufsichtsamt ist verpflichtet, die Beschwerden entgegenzunehmen, zu prüfen und zu beantworten. Das betroffene Unternehmen hat die Möglichkeit, eine Stellungnahme abzugeben. In begründeten Fällen wird ihm empfohlen, dem Verlangen des Versicherten stattzugeben.

Erfüllt ein Versicherungsunternehmen nicht mehr die Voraussetzungen zur Erteilung der Erlaubnis, hat das Unternehmen in schwerwiegender Weise ihm obliegende Verpflichtungen verletzt oder haben sich so schwere Mißstände ergeben, daß eine Fortsetzung des Geschäftsbetriebes die Belange der Versicherten gefährdet, kann die Aufsichtsbehörde den **Geschäftsbetrieb untersagen** (§ 87 VAG). Der Widerruf der Erlaubnis ist jedoch das härteste aufsichtsrechtliche Mittel. Betroffen hiervon sind nicht nur die Geschäftsleiter und Unternehmensinhaber, sondern auch die Arbeitnehmer und die Versicherten. Die Aufsichtsbehörde greift daher nur zu diesem Mittel, wenn keine anderen Maßnahmen mehr geeignet erscheinen, um die aufgetretenen Mängel zu beheben.

II. Kapitalanlagevorschriften

1. Allgemeine Anlagegrundsätze

Den Versicherungsunternehmen fließen in erheblichem Umfang Prämien zu, die erst nach einer gewissen Zeitspanne an Versicherungsnehmer auszuzahlen sind. Die Umwandlung dieser zur Zeit noch nicht benötigten Prämienbeträge in verzinsliche Vermögenswerte wird ebenso wie das erworbene Aktivum selbst als Kapitalanlage bezeichnet. Die Kapitalanlagen erstrecken sich von Bankentermingeldern über Wertpapiere bis hin zu Hypotheken, sie können kurzfristiger, beispielsweise in der Lebensversicherung jedoch auch sehr langfristiger Natur sein. Generell darf jedoch durch die Art und Weise der Kapitalverwendung die Erfüllung der Versicherungsverträge nicht gefährdet werden. Aus diesem Grund bestehen für die Kapitalanlagen strenge gesetzliche Vorschriften, die in den **§§ 54 bis 54d VAG** sowie darauf aufbauend im **Rundschreiben 2/75** des Bundesaufsichtsamtes für das Versicherungswesen niedergelegt sind und sowohl allgemeine Anlagepostulate als auch spezielle Anlagearten und Anlagegrenzen vorschreiben.

Nach den allgemeinen Anlagegrundsätzen ist das Vermögen eines Versicherungsunternehmens so anzulegen, daß eine möglichst große Sicherheit und Rentabilität bei jederzeitiger Liquidität unter Wahrung angemessener Mischung und Streuung erreicht wird (§ 54 Abs. 1 VAG). Diese gesetzlich definierten Eckpfeiler jeder Anlagepolitik gelten für das gesamte Vermögen und für alle Versicherungszweige der unter Aufsicht stehenden Unternehmen.

Die Aufzählung der Anlagegrundsätze beginnt bewußt mit dem Postulat der **Sicherheit**, denn der mit erheblichen Unsicherheitsmomenten behafteten Verpflichtungsstruktur eines Versicherungsunternehmens sollen zumindest vergleichsweise sichere Aktivwerte gegenüberstehen. Daher muß jede

Anlageart so ausgewählt werden, daß gegenwärtige und erkennbare zukünftige Risiken so weit wie möglich ausgeschlossen sind, und das erworbene Aktivum später fristgerecht und vollständig realisiert werden kann (R 2/75). Eine absolute Sicherheit kann es im wirtschaftlichen Leben jedoch nicht geben. Gefordert wird aus diesem Grund auch keine absolute, sondern nur eine den Umständen nach größtmögliche Sicherheit (VON BARGEN 1984). Investitionen mit hohen Verlustrisiken sind daher einerseits für Versicherungsunternehmen grundsätzlich untersagt, bestimmte Kredite und Wertpapieranlagen andererseits jedoch unter gewissen Bedingungen und Einschränkungen erlaubt.

Trotz sorgfältiger Auswahl einzelner Anlageobjekte lassen sich aufgrund verbleibender (Rest-) Unsicherheit Verluste nicht vollständig vermeiden. Um in diesem Zusammenhang negativen strukturellen Effekten, d.h. spezifischen Problemen einzelner Branchen oder Regionen aus dem Wege zu gehen, verlangen die Anlagegrundsätze die **Mischung und Streuung** der Kapitalanlagen. Neben der relativen Risikolosigkeit des einzelnen Aktivums muß also die Sicherheit der Kapitalanlagen in ihrer Gesamtheit gewährleistet sein. Die Forderung nach einer angemessenen Mischung bezieht sich dabei auf die einzelnen Kapitalanlagearten. Sie soll verhindern, daß sich Versicherungsunternehmen einseitig auf bestimmte Anlageformen wie z.B. Aktien, Industriedarlehen oder Hypothekarkrediten beschränken (R 2/75). Der Gedanke der Streuung wird demgegenüber unter räumlichen und schuldnerorientierten Aspekten gesehen, indem eine regionale Schwerpunktbildung und eine Anlagenhäufung bei einem einzelnen Schuldner, beispielsweise durch den Erwerb von Aktien und die Gewährung von Darlehen vermieden werden soll.

Das Postulat der **Rentabilität** gilt dann als erfüllt, wenn die Kapitalanlagen einen nachhaltig guten Ertrag abwerfen (R 2/75). Die Renditeuntergrenze ergibt sich bei Versicherungs-Aktiengesellschaften aus der Notwendigkeit, die Rücklagen zu erhöhen und den Anteilseignern eine angemessene Dividende ausschütten zu müssen. In der Lebensversicherung ist zudem der sog. technische Rechnungszins in Höhe von 3,5 % zu erwirtschaften, der den Versicherungsnehmern fest zugesagt wurde. Übersteigt die erzielte Rendite den notwendigen Mindestgewinn, fließt der Überschuß den Versicherungsnehmern in Form von Beitragsrückerstattungen oder Überschußbeteiligungen zu (KALDAUM/MEES 1988). Häufig können bei Anlageformen, die mit größeren Risiken verknüpft sind, überdurchschnittliche Renditen erzielt werden, so daß das Renditestreben mit dem Ziel größtmöglicher Sicherheit kollidiert. In einem solchen Fall haben die Sicherheitserwägungen den Vorrang, d.h. das Streben nach Rentabilität darf keinesfalls zu Lasten der angestrebten Sicherheit gehen.

Die Forderung nach einer angemessenen **Liquidität** soll sicherstellen, daß den Versicherungsunternehmen zu jeder Zeit ein betriebsnotwendiger Betrag an liquiden oder ohne Schwierigkeiten liquidierbaren Anlagen zur Verfügung steht (R 2/75). Der Begriff Liquidität bezieht sich in diesem Zusammenhang also nicht auf eine einzelne Anlageart, denn dies würde bedeuten, daß das Vermögen eines Versicherungsunternehmens weitgehend nur in flüssigen oder zumindest sehr kurzfristigen Mitteln angelegt werden könnte. Angesprochen wird hier vielmehr die Zahlungsbereitschaft des gesamten Versicherungsunternehmens, die ständig gewährleistet sein muß. Der Umfang der hierfür erforderlichen Mittel hängt dabei insbesondere von der Art der betriebenen Versicherungsgeschäfte ab. Während der Liquiditätsbedarf in der Lebensversicherung aufgrund von versicherungsmathematischen Sterblichkeitstabellen und innerbetrieblichen Ablaufplanungen relativ genau errechenbar ist und die Zahlungsmittelreserve folglich gering gehalten werden kann, unterliegen die Ein- und Auszahlungen in der Schaden- und Unfallversicherung wesentlich stärkeren Schwankungen, so daß ein größerer Teil der zufließenden Mittel zum Liquiditätsausgleich bereitgehalten werden muß.

2. Gebundenes und freies Vermögen

Die allgemeinen Anlagegrundsätze gelten für das gesamte Vermögen eines Versicherungsunternehmens. Darüber hinaus bestehen jedoch weitergehende Anlagevorschriften für denjenigen Teil der Aktiva, der den versicherungstechnischen Verpflichtungen entspricht. Diesem sog. gebundenen Vermögen, daß sich aus dem Deckungsstock und dem übrigen gebundenen Vermögen zusammensetzt, steht das freie oder restliche Vermögen gegenüber. Gebundenes und freies Vermögen ergeben zusammen genommen die Bilanzsumme des Versicherungsunternehmens.

Die Bestände des **Deckungsstocks** bilden ein vom übrigen Vermögen intern getrenntes Sondervermögen, auf das selbst im Konkursfall nur die Versicherten Anspruch haben. Die Mindesthöhe des Deckungsstocks ergibt sich zunächst aus der **Deckungsrückstellung**. Bereits im Laufe des Geschäftsjahres hat der Vorstand eines Versicherungsunternehmens Beträge in solcher Höhe dem Deckungsstock zuzuführen, wie es dem voraussichtlichen Anwachsen der Deckungsrückstellung entspricht (§ 66 Abs. 1 VAG). Da sich die Ansprüche der Versicherten jedoch nicht allein in der Deckungsrückstellung widerspiegeln, kann die Aufsichtsbehörde anordnen, daß dem Deckungsstock **weitere Beträge** zuzuführen sind. Nach der derzeitigen Praxis des Bundesaufsichtsamtes für das Versicherungswesen werden in den relevanten Versicherungszweigen zum Deckungsstocksoll die in der nachstehenden Abbildung 3.16 wiedergegebenen Positionen gerechnet (GOLDBERG/MÜLLER 1980).

Lebensversicherung	Krankenversicherung	Unfallversicherung
• Deckungsrückstellung • Beitragsüberträge • Rückstellung für noch nicht abgewickelte Versicherungsfälle und Rückkäufe • Gutgeschriebene Überschußanteile der Versicherungsnehmer • Geschäftsplanmäßige Verwaltungskostenrückstellung für beitragsfreie Versicherungsjahre • Geschäftsplanmäßige Wiederinkraftsetzungsrückstellung • Stornorückstellung	• Deckungsrückstellung • Rückstellungen für fällige Zusatzleistungen im Todesfall, wenn für diese eine Deckungsrückstellung zu bilden war	• Deckungsrückstellung für lebenslängliche Unfallversicherungen und Unfallversicherungen mit Beitragsrückgewähr • Rückstellung für fällige Rentenleistungen und Beitragsrückgewähr

Abb. 3.16: Elemente des Deckungsstocksolls

Die dem Deckungsstock zugewiesenen Vermögensbestandteile müssen in ein **Deckungsstockverzeichnis** eingetragen werden. Erst mit der Eintragung gehört ein Gegenstand zum Deckungsstock. Darüber hinaus ist ein **Treuhänder** zu bestellen, der die Bestände des Deckungsstocks unter Mitarbeit des Versicherungsunternehmens zu verwahren hat.

Eine Verfügung über den Deckungsstock ist nur mit schriftlicher Zustimmung des Treuhänders erlaubt. Unter der Bilanz muß der Treuhänder bestätigen, daß die Mittel vorschriftsmäßig angelegt und aufbewahrt sind.

Im Gegensatz zum Deckungsstock handelt es sich beim **übrigen gebundenen Vermögen** nicht um ein abgegrenztes Sondervermögen, sondern lediglich um eine rechnerische Gegenüberstellung von bestimmten Aktiva und Passiva. Zum übrigen gebundenen Vermögen rechnen dabei diejenigen versicherungstechnischen Rückstellungen sowie aus Versicherungsverhältnissen entstandenen Verbindlichkeiten und Rechnungsabgrenzungsposten, die zur Ermittlung des Deckungsstocks nicht erfaßt wurden (§ 54 Abs. 1 VAG).

Unter Berücksichtigung dieser Positionen setzen sich die zu erfassenden versicherungstechnischen Rückstellungen beispielsweise aus der Schadenrückstellung, der Rückstellung für Beitragsrückerstattung und der Schwankungsrückstellung zusammen. Ausschlaggebend für die anzusetzenden Werte ist der Eigenbehalt. Der rückversicherte Teil bleibt also außer Ansatz. Dies gilt nicht für die Deckungsrückstellung, die brutto, d.h. einschließlich des in Rückversicherung gegebenen Teils zu erfassen ist.

Bestimmte Positionen können bei der Berechnung des übrigen gebundenen Vermögens abgezogen werden (§ 54 Abs. 1 Satz 3 - 5). Hierzu rechnen beispielsweise die in der Lebensversicherung in der Rückstellung für Beitragsrückerstattung enthaltenen Überschußanteile, sofern sie nicht im nächsten Geschäftsjahr ausgeschüttet werden sowie 50 % der in den letzten drei Monaten fällig gewordenen, aber noch nicht eingegangenen Beitragsforderungen.

Die Kürzungsbeträge im übrigen gebundenen Vermögen fließen in das **freie Vermögen**, das außerhalb der allgemeinen Grundsätze keinen speziellen Anlagevorschriften unterliegt. Darüber hinaus rechnen zum restlichen Vermögen insbesondere die Gegenwerte des Eigenkapitals und derjenigen Rückstellungen, die keine unmittelbare Beziehung zu Versicherungsverhältnissen aufweisen, also z.B. die Pensionsrückstellung.

Die Zusammenhänge zwischen den Vermögenswerten und den jeweiligen Passivpositionen veranschaulicht abschließend die nachstehende Abbildung 3.17.

3. Anlagekatalog und Anlagegrenzen

Die für die Anlage des gebundenen Vermögens zugelassenen Anlagearten werden im § 54a Abs. 2 VAG aufgezählt (vgl. Abb. 3.18). Nach der Lockerung der Anlagevorschriften zum 1.1.1991 kann das gebundene Vermögen darüber hinaus in Werten, die im Anlagekatalog nicht enthalten sind oder die die im Gesetz genannten Grenzen übersteigen, bis zu einer Höhe von jeweils 5 % des Deckungsstockvermögens und des übrigen gebundenen Vermögens angelegt werden. Dadurch ist es den Versicherungsunternehmen nunmehr möglich, z.B. auch nachrangige Realkredite zu vergeben und sich schneller auf neuartige Finanzierungstechniken und Finanzierungsinstrumente einzustellen. Ausdrücklich nicht erlaubt ist jedoch die Anlage in Konsumentenkrediten, Betriebsmittelkrediten, beweglichen Sachen oder Ansprüchen auf bewegliche Sachen sowie in immateriellen Werten (§ 54a Abs. 2 Nr. 14 VAG).

AKTIVA		PASSIVA
Gebundenes Vermögen	Deckungsstock	• Deckungsrückstellung nach aufsichtsrechtlicher Praxis zudem u.a. • Beitragsüberträge • Rückstellung für noch nicht abgewickelte Versicherungsfälle und Rückkäufe • Gutgeschriebene Überschußanteile
	Übriges gebundenes Vermögen	• weitere versicherungstechnische Rückstellungen • Verbindlichkeiten aus Versicherungsverhältnissen • Rechnungsabgrenzungsposten aus Versicherungsverhältnissen
Freies Vermögen		• Kürzungsbeträge u.a. - 50 % der wertberichtigten Beitragsaußenstände der letzten drei Monate - im nächsten Geschäftsjahr nicht ausgeschütteter Teil der Rückstellung für Beitragsrückerstattung
		• Grundkapital, Gründungsstock, Rücklagen, Gewinnvortrag • nicht versicherungstechnische Passiva

Abb. 3.17: Aufsichtsrechtliche Strukturierung von Aktiva und Passiva in der Lebensversicherung

Die einzelnen Positionen des Anlagekatalogs (§ 54a Abs. 2 Nr. 1 - 13) müssen - außerhalb der Öffnungsklausel der Nr. 14 - strengen **Anforderungen** genügen. So setzt die Gewährung von Darlehen, die durch Hypotheken oder Grundschulden besichert sind, voraus, daß Zinsen und Tilgung aus dem Grundstück erbracht werden können und der Beleihungswert 60 % nicht übersteigt (KOCH 1989). Darlehen an inländische Unternehmen müssen durch erststellige Grundpfandrechte oder mit Genehmigung der Aufsichtsbehörde durch eine Negativerklärung gesichert sein. Die Verzinsung und Rückzahlung des Darlehens darf nicht gefährdet erscheinen, wovon nach Ansicht der Aufsichtsbehörde ausgegangen werden kann, wenn

- das Verhältnis des Eigenkapitals zum Fremdkapital 1 : 2 nicht unterschreitet,
- das langfristig gebundene Vermögen durch langfristiges Kapital finanziert wird,
- das kurzfristig realisierbare Umlaufvermögen mindestens 50 % der kurzfristigen Verbindlichkeiten und Rückstellungen beträgt,
- die kurzfristigen Verbindlichkeiten und Rückstellungen das gesamte Umlaufvermögen nicht übersteigen,
- keine Verluste ausgewiesen werden oder zu erwarten sind sowie
- der Cash Flow ausreicht, um die Schulden in angemessener Zeit zu tilgen (R 2/75).

Anlagen bei Kreditinstituten sind nur dann erlaubt, sofern das Kreditinstitut hierzu geeignet ist. Dazu muß es das Recht zur Annahme von Einlagen besitzen, die Mindestreservebestimmungen und die

Grundsätze über das Eigenkapital und die Liquidität einhalten. Beim Erwerb von bebauten oder in Bebauung befindlichen Grundstücken ist die Angemessenheit des Kaufpreises in der Regel durch das Gutachten eines vereidigten Sachverständigen nachzuweisen.

1. Darlehen
- gesichert durch Grund-, Schiffspfandrechte oder eine öffentlich- rechtliche Bürgschaft (Nr. 1, 2)
- eingetragen in das Schuldbuch des Bundes oder eines Landes (Nr. 4);
- gesichert durch die Abnahme der vollen Gewährleistung von Gebietskörperschaften (Nr. 8c);
- gesichert durch Verpfändung oder Sicherheitsübertragung bestimmter Grundpfandrechte, bestimmter Wertpapiere oder bestimmter Namensschuldverschreibungen (Nr. 7);
- an die öffentliche Hand (Nr. 8a, b);
- an Unternehmen (Nr. 8d);
- an die Deutsche Bundesbank und inländische Kreditinstitute (Nr. 9);
- an eigene VersNehmer (Nr. 12).

2. Wertpapiermäßig verbriefte Forderungen
- Inhaberschuldverschreibungen, Orderschuldverschreibungen als Teil einer Gesamtemission, Namensschuldverschreibungen mit besonderer Deckungsmasse (Nr. 3);
- Mobilisierungs-, Liquiditätspapiere (Nr. 5).

3. Anteile und Beteiligungen
- Aktien (Nr. 5, 5a);
- GmbH-Geschäftsanteile (Nr. 5a);
- Kommanditanteile (Nr. 5a);
- Beteiligung als stiller Gesellschafter (Nr. 5a);
- Anteile an Wertpapierfonds (Nr. 6);
- Anteile an (offenen) Immobilienfonds (Nr. 11);
- Anteile an Beteiligungsfonds (Nr. 13).

4. Grundstücke, grundstücksgleiche Rechte (Nr. 10)

5. Genußrechte (Nr. 5a)

Ab. 3.18: Anlagekatalog gemäß § 54 a Abs. 2 VAG (Quelle: Schmidt/Frey 1989, S. 559)

Nicht börsennotierte Aktien, GmbH-Geschäftsanteile, Kommanditanteile, stille Beteiligungen und Genußrechte können von den Versicherungsunternehmen seit Anfang 1987 erworben werden. Voraussetzung ist allerdings, daß das Beteiligungsunternehmen dem Versicherungsunternehmen einen Jahresabschluß zur Verfügung stellt, der in entsprechender Anwendung der für Kapitalgesellschaften geltenden Vorschriften aufgestellt und geprüft worden ist. Das Unternehmen muß sich verpflichten, auch künftig zu jedem Bilanzstichtag einen derartigen Jahresabschluß vorzulegen. Seit 1987 ist ferner der Kauf von Anteilen an Beteiligungs-Sondervermögen erlaubt. Diese können Aktien erwerben sowie typische stille Beteiligungen aufnehmen und sich damit auch bei mittelständischen, nicht emissionsfähigen Unternehmen engagieren. Um den Versicherungsunternehmen ein professionelles Portefeuillemanagement zu ermöglichen, zählen schließlich seit Anfang 1991 auch Termingeschäfte und Geschäfte mit Optionen und ähnlichen Finanzinstrumenten zu den zulässigen Versicherungsgeschäften, wenn diese der Absicherung gegen Kurs- und Zinsänderungsrisiken dienen (§ 7 Abs. 2 VAG). Möglich ist ferner die Nutzung dieser Instrumente zur zusätzlichen Ertragserzielung aus vorhandenen Wertpapieren, sofern hierdurch keine Unterdeckung des gebundenen Vermögens eintreten kann.

Bei der Anlage des gebundenen Vermögens müssen die Versicherungsunternehmen jedoch nicht allein den Katalog zugelassener Anlagearten beachten. Darüber hinaus bestehen vielmehr für einzelne Positionen konkrete **Anlagegrenzen**, deren Überschreitung nicht erlaubt ist. So darf der Anteil der im Ausland ausgestellten Schuldverschreibungen - die zudem auf Deutsche Mark lauten und an einer inländischen Börse zu amtlichen Handel zugelassen sein müssen - 5 % des gebunden Vermögens nicht übersteigen. Der Höchstbetrag für Grundstücke und Anteile an Grundstückssondervermögen liegt bei jeweils 25 % des Deckungsstockvermögens und des übrigen gebundenen Vermögens.

Die differenziertesten Grenzen gelten jedoch für **Anteilswerte**. So dürfen Aktien, GmbH-Anteile, Kommanditanteile, stille Beteiligungen oder Genußrechte derselben Gesellschaft nur bis zu 10 % des Grundkapitals dieser Gesellschaft erworben werden. Die Obergrenze für Anteilswerte liegt im Deckungsstock und im übrigen gebundenen Vermögen bei jeweils 30 %, wobei hiervon jeweils maximal ein Viertel die nicht börsennotierten Aktien, GmbH- und Kommanditanteile, Genußrechte und stillen Beteiligungen einerseits und Anteile an Beteiligungs-Sondervermögen andererseits ausmachen dürfen.

Anteile an ausländischen Gesellschaften können in größerem Umfang im übrigen gebundenen Vermögen gehalten werden, im Deckungsstock sind diese Werte zunächst nur insoweit erlaubt, als sie an einer inländischen Börse gehandelt werden. Dabei dürfen die Aktien ausländischer Gesellschaften und Anteile an Beteiligungs- sowie Wertpapier-Sondervermögen, die überwiegend Aktien ausländischer Gesellschaften enthalten, ein Fünftel der jeweils für Anteilswerte im Deckungsstock und im übrigen gebundenen Vermögen zugelassenen Beträge nicht überschreiten. Eine weitere Erhöhung der ausländischen Anlagen insgesamt ist darüber hinaus seit Anfang 1991 auf der Basis des § 54a Abs. 6 VAG möglich, nach dem in Abweichung von den speziellen Höchstgrenzen 5 % der Bestände des Deckungsstocks und 20 % des übrigen gebundenen Vermögens außerhalb der Bundesrepublik Deutschland angelegt werden können (SCHWEBLER 1991).

Die für Anteilswerte geltenden Anlagegrenzen sind damit insgesamt komplex und unübersichtlich aufgebaut. Sie überschneiden sich gegenseitig und erschweren die Kapitalanlage in Versicherungsunternehmen in einem nicht unerheblichem Umfang. Über das Zusammenspiel der einzelnen Grenzwerte für Anteilswerte informiert die nachstehende Abbildung 3.19, in der die allgemeine Öffnungsklausel (§ 54a Abs. 2 Nr. 14 VAG) und die erweiterten Möglichkeiten zur Kapitalanlage im Ausland (§ 54a Abs. 6 VAG) jedoch nicht enthalten sind.

Um seine Überwachungspflichten wahrnehmen zu können, benötigt das Aufsichtsamt umfangreiche **Informationen**. Aus diesem Grund sind die Versicherungsunternehmen verpflichtet, dem Bundesaufsichtsamt vierteljährlich über die Neuanlagen und jährlich über den Vermögensbestand zu berichten, wobei nach Anlagearten und Vermögensblöcken sowie Erträgen und Aufwendungen aus den Kapitalanlagen zu differenzieren ist (KALBAUM/MEES 1988). Darüber hinaus sind der Aufsichtsbehörde der Erwerb von Grundstücken und grundstücksgleichen Rechten, von Beteiligungen, sofern der Nennbetrag der Beteiligung 10 % des Nennkapitals der fremden Gesellschaft übersteigt, sowie die Anlage bei verbundenen Unternehmen (§ 15 AktG) anzuzeigen. Schließlich verlangt das KWG auch von den Versicherungsunternehmen die vierteljährliche Meldung der sogenannten Millionenkredite (§§ 2, 14 KWG).

	Nennbetrag ≤ 10 % des Grundkapitals einer Gesellschaft						Anteilsbesitz an Wertpapier-sondervermögen		Anteilsbesitz an Beteiligungs-Sondervermögen	
	Börsennotierte Aktien				**Nicht börsennotierte Aktien, GmbH-, Kommanditanteile, stille Beteiligungen, Genußrechte**					
	Inländische Börse		Ausländische Börse							
	Inländische Gesellschaft	Ausländische Gesellschaft	Ausländische Gesellschaft	Inländische Gesellschaft	Inländische Gesellschaft	Ausländische Gesellschaft	Überwiegend inländische Gesellschaften	Überwiegend ausländische Gesell schaften	Überwiegend inländische Gesellschaften	Überwiegend ausländische Gesellschaften
Deckungsstock Anlage ≤ 30 % des Deckungsstockvermögens	Anlage erlaubt	Anlage ≤ 6 % des Dekkungsstock vermögens	Anlage nicht erlaubt	Anlage nicht erlaubt	Anlage ≤ 7,5 % des Dekkungsstockvermögens	Anlage nicht erlaubt	Anlage erlaubt	Anlage nicht erlaubt	Anlage ≤ 7,5 % des Dekkungsstockvermögens	Anlage nicht erlaubt
Übriges gebundenes Vermögen Anlage ≤ 30 % des übrigen gebundenen Vermögens	Anlage erlaubt	Anlage ≤ 6 % des übrigen gebundenen Vermögens		Anlage erlaubt	Anlage ≤ 7,5 % des übrigen gebundenen Vermögens	Anlage nicht erlaubt	Anlage erlaubt	Anlagevolumen incl. ausländische Aktien ≤ 6 % des übrigen gebundenen Vermögens	Anlage ≤ 7,5 % des übrigen gebundenen Vermögens	Anlagevolumen incl. ausl. Aktien ≤ 6 % des übrigen gebundenen Vermögens

Abb. 3.19: Anlagegrenzen von Anteilswerten (ohne § 54 a Abs. 2 Nr. 14 und Abs. 6 VAG)

III. Solvabilitätsvorschriften

Die Versicherungsunternehmen unterliegen während ihrer Tätigkeit zahlreichen **Risiken**. Neben dem allgemeinen, in sich ändernden Marktverhältnissen begründeten Unternehmensrisiko sind hier insbesondere das versicherungstechnische Risiko, das Kapitalanlagerisiko und das Betriebskostenrisiko zu nennen. Das **versicherungstechnische Risiko** beinhaltet die Gefahr, daß die Versicherungsfälle häufiger als erwartet auftreten und die kalkulierte Risikoprämie nicht mehr ausreicht. Mit dem **Kapitalanlagerisiko** wird die Gefahr eines Wertverfalls der Aktivwerte umschrieben und das **Betriebskostenrisiko** bezeichnet schließlich die Gefahr einer unzureichenden Deckung der Betriebskosten durch die kalkulierten und vereinnahmten Kostenzuschläge.

Sofern die Risiken auftreten, muß ein Versicherungsunternehmen über **Eigenmittel** verfügen, um die entstehenden Ertragseinbußen ausgleichen zu können. Ziel der Solvabilitätsvorschriften ist es aus diesem Grund, bei einem bestimmten Risikogehalt des Versicherungsgeschäftes die notwendige Höhe der Eigenmittel zu definieren bzw. bei einem feststehenden Eigenmittelbestand die maximale Risikohöhe festzulegen. Ebenso wie bei Kreditinstituten müssen dazu die berücksichtigungsfähigen Eigenmittel und der anzuwendende Berechnungsvorgang bestimmt werden (HÖLSCHER 1990).

1. Anrechnungsfähige Eigenmittel

Die anrechnungsfähigen Eigenmittel eines Versicherungsunternehmens werden im § 53 c Abs. 3 VAG definiert und durch das Bundesaufsichtsamt im Rundschreiben 2/88 für die Lebensversicherung sowie 3/88 für die Schadendirekt- und Krankenversicherung präzisiert sowie erläutert. Dem gesetzlichen Katalog der Eigenmittel kommt kein abschließender Charakter zu. Vielmehr kann die Aufsichtsbehörde auch weitere, für einen Verlustausgleich geeignete Passiva als Eigenmittel anerkennen. Über die derzeit generell vom Bundesaufsichtsamt bei einer Versicherungs-Aktiengesellschaft akzeptierten Positionen gibt die nachstehende Abbildung 3.20 Auskunft. Zu unterscheiden sind explizite und implizite Mittel. Während die **expliziten Mittel** in der Bilanz offen ausgewiesen und generell als Sicherungsmittel anerkannt werden, sind die **impliziten Mittel** aus der Bilanz nicht ersichtlich. Sie müssen bei der zuständigen Aufsichtsbehörde beantragt und nachgewiesen werden.

I. Explizite Eigenmittel

Grundkapital
- 50 % der ausstehenden Einlagen auf das Grundkapital
+ Kapital- und Gewinnrücklagen
+ Gewinnvortrag
+ Genußrechtskapital
+ Sonderposten mit Rücklageanteil nach Versteuerung
+ freie Teile der Rückstellung für Beitragsrückerstattung (nur Lebensversicherung)
- immaterielle Vermögenswerte (aktivierte Kosten der Ingangsetzung, aktivierter Geschäfts- oder Firmenwert, Bilanzverlust, Beteiligungen)

II. Implizite Eigenmittel

stille Reserven
+ künftige Überschüsse (nur Lebensversicherung)
+ Unterschiedsbetrag aus Abschlußkosten (nur Lebensversicherung)

III. Gesamtbetrag der Eigenmittel

Abb. 3.20: Eigenmittel von Versicherungsunternehmen nach § 53 c VAG

Den Ausgangspunkt zur Berechnung der expliziten Mittel bildet das **Grundkapital**, das zunächst in seiner nominellen Höhe zu erfassen ist. Der nichteingezahlte Teil des Grundkapitals steht zum Verlustausgleich nicht zur Verfügung und müßte von daher vollständig in Abzug gebracht werden. Allerdings besitzt das Versicherungsunternehmen in entsprechender Höhe eine einklagbare Forderung, der sich die Aktionäre zwar prinzipiell nicht entziehen können, deren Durchsetzung jedoch nicht endgültig gesichert ist. Um dem Unsicherheitsmoment Rechnung zu tragen, müssen **50 % der ausstehenden Einlagen** vom nominellen Grundkapital abgezogen werden (HERTEL 1984). Bei Versicherungsvereinen auf Gegenseitigkeit beginnt die Berechnung der Eigenmittel mit dem eingezahlten Teil des Gründungsstocks, bei öffentlich-rechtlichen Versicherungsunternehmen ist vom eingezahlten Betrag des dem Grundkapital einer Aktiengesellschaft entsprechenden Postens auszugehen.

Sofern sich die Einzahlung auf mindestens 25 % beläuft, kann entsprechend dem Vorgehen bei einer Versicherungs-Aktiengesellschaft die Hälfte des nicht eingezahlten Teils zusätzlich berücksichtigt werden.

Bei den **Rücklagen** nicht erfaßt werden darf der sog. Organisationsfonds, der den Aufbau eines Versicherungsunternehmens finanzieren soll und von daher als Garantiekapital ausfällt sowie die Rücklage für eigene Aktien. Letztere ist in derjenigen Höhe zu bilden, mit der auf der Aktivseite eigene Aktien bilanziert sind und soll verhindern, daß ein der Aktivierung eigener Aktien entsprechender Wert an die Aktionäre ausgeschüttet wird. Die Rücklage für eigene Anteile darf nicht zur Verlustdeckung verwendet werden und scheidet daher als Eigenmittelbestandteil aus (ANGERER 1980). Als **Gewinnvortrag** ist der Teil des Bilanzgewinns zu erfassen, der auf das folgende Geschäftsjahr vorgetragen oder durch Beschluß des obersten Organs eines Versicherungsunternehmens den Gewinnrücklagen zugewiesen wird.

Seit dem Beginn des Jahres 1987 gilt **Genußrechtskapital** als Eigenkapitalbestandteil. Ebenso wie bei Kreditinstituten ist Kapital, das gegen die Gewährung von Genußrechten eingezahlt ist, jedoch nur dann den Eigenmitteln zuzurechnen,

- wenn es bis zur vollen Höhe am Verlust teilnimmt,
- wenn es erst nach Befriedigung der Gläubiger eines Versicherungsunternehmens zurückgefordert werden kann,
- wenn die Ursprungslaufzeit mindestens 5 Jahre und die Restlaufzeit mindestens 2 Jahre beträgt,
- wenn das Versicherungsunternehmen auf die Rechtsfolgen ausdrücklich und schriftlich hingewiesen hat und
- das Genußrechtskapital 25 % des Grundkapitals, der Rücklagen und des Gewinnvortrags nicht überschreitet.

Der **Sonderposten mit Rücklageanteil** enthält Gewinnanteile, die erst nach einer mehr oder weniger langen Zeit zu versteuern sind. Sie ergeben sich häufig aus der Realisierung stiller, auf andere Wirtschaftsgüter übertragbarer Reserven. Sofern eine Übertragung nicht stattfindet, sind die jeweiligen Bestandteile des Sonderpostens mit Rücklageanteil ertragswirksam aufzulösen und zu versteuern. Werden die Sonderposten dagegen innerhalb einer bestimmten Frist übertragen, erfolgt die Versteuerung durch eine Minderung der zukünftigen Abschreibungen. Generell stellt damit der Sonderposten mit Rücklageanteil sowohl Fremd- als auch Eigenkapital dar. In Höhe des Steueranteils ist er als Rückstellung, in Höhe des nach Versteuerung verbleibenden Betrages als Rücklage zu interpretieren (ANGERER 1980). Da als Eigenmittel nur Eigenkapital- und niemals Fremdkapitalpositionen erfaßt werden können, rechnet nur der um den Steueranteil verminderte Sonderposten zu den expliziten Mitteln.

Die Berücksichtigung der **freien Teile der Rückstellung für Beitragsrückerstattung** geht auf die hohen Überschüsse der Lebensversicherungsunternehmen zurück. Diese Überschüsse müssen zwar zu großen Teilen an die Versicherten zurückgezahlt werden, allerdings liegt zwischen Entstehung und Auszahlung eine mehrjährige Zeitspanne, in der die in der Rückstellung für Beitragsrückerstattung angesammelten Gewinne noch zur Deckung außerordentlicher Verluste herangezogen werden können. Über die Höhe der Rückerstattung beschließen die zuständigen Organe eines Lebensversicherungsunternehmens in der Regel allerdings bereits zwei Jahre vor der Ausschüttung. Diese Beträge können zwar noch im Krisenfall eingesetzt werden, dies hätte aber einen erheblichen Vertrauensverlust zur Konsequenz. Als Eigenmittel gelten daher nur die freien Teile der Rückstellung für Beitragsrückerstattungen, d.h. also diejenigen Beträge, die noch nicht für die Überschußbeteiligung der Versicherten deklariert sind.

In der von Versicherungsvereinen oder von öffentlich-rechtlichen Versicherungsunternehmen betriebenen Schadenversicherung werden als weitere Eigenkapitalkomponente 50 % der gegebenenfalls zu leistenden **Nachschüsse** anerkannt, wobei dieser Betrag jedoch maximal die Hälfte der expliziten Mittel ausmachen darf. Unabhängig von der Rechtsform und den Versicherungszweigen müssen die **immateriellen Werte** in Abzug gebracht werden, da diese im Falle eines Verlustes als nicht realisierbar erscheinen. Im einzelnen handelt es sich hierbei um die aktivierten Kosten der Ingangsetzung, einen aktivierten Geschäfts- oder Firmenwert oder aktivierte EDV-Software. Auch ein Bilanzverlust wird in diesem Zusammenhang als immaterieller Wert interpretiert.

Insbesondere begründet in dem Prinzip der Spartentrennung bestehen zwischen den Versicherungsunternehmen erhebliche kapitalmäßige Verflechtungen. Dadurch steht das Eigenkapital jedoch nicht mehr ausschließlich zur Deckung von Risiken eines Versicherungsunternehmens zur Verfügung, so daß ebenso wie im Bankwesen eine aufsichtsrechtliche Konsolidierung erforderlich wäre (HÖLSCHER 1990). Das Bundesaufsichtsamt hält es auch prinzipiell für notwendig, an dieser Stelle der Eigenmittelberechnung den Buchwert der **Beteiligungen** in Abzug zu bringen und damit Eigenmittel in entsprechender Höhe vollständig für die Tochterunternehmen zu reservieren (Abzugsverfahren). Als Konsolidierungsschwelle wird dabei teilweise bereits eine Beteiligungsquote von 10 % genannt (ANGERER 1980). Allerdings hat sich die aufsichtsrechtliche Konsolidierung von Versicherungsunternehmen bisher noch nicht durchgesetzt. Das Bundesaufsichtsamt duldet es bis auf weiteres, daß Beteiligungen an Versicherungsunternehmen nicht von den Eigenmitteln abgesetzt werden. Die Versicherungsunternehmen müssen dem Aufsichtsamt jedoch die Beträge der Beteiligungen mitteilen.

Das erste Element der impliziten, nicht aus der Bilanz ersichtlichen Eigenmittel stellen die stillen Reserven dar. **Stille Reserven** resultieren bei Versicherungsunternehmen insbesondere aus einer Unterbewertung der Aktiva, indem Vermögenswerte bewußt niedriger als es dem Zeitwert entspricht bewertet werden oder weil aufgrund des Anschaffungskostenprinzips der höhere Tageswert nicht angesetzt werden darf. Daneben können stille Reserven prinzipiell ebenfalls durch eine Überbewertung der Passiva entstehen. Eine Erfassung der in den vorsichtig bemessenen versicherungstechnischen Rückstellungen enthaltenen Unsicherheitsaufschläge ist allerdings ausgeschlossen, da es sich hierbei um notwendige Schätzungsreserven und nicht um stille Reserven handelt (ANGERER 1980). Als problematisch erweist sich die Ermittlung der in den Aktiva enthaltenen stillen Reserven, denn teilweise handelt es sich um schwer erfaßbare Werte (z.B. Grundstücke), teilweise unterliegen die Vermögenspositionen starken Schwankungen (z.B. Wertpapiere). Stille Reserven werden vom Bundesaufsichtsamt daher nur in besonderen Ausnahmesituationen, d.h. wenn die übrigen Positionen nicht ausreichen, und auf Antrag als Eigenmittel anerkannt. Abzuziehen sind von den nachgewiesenen Beträgen generell die Steuern und die Verkaufskosten.

Neben den stillen Reserven zählen bei Lebensversicherungsunternehmen auch die künftigen Überschüsse und der Unterschiedsbetrag aus Abschlußkosten zu den impliziten Mitteln. Ausschlaggebend für die Möglichkeit, **künftige Überschüsse** (Ü) als Eigenmittel erfassen zu können, sind die äußerst vorsichtigen Kalkulationsgrundlagen einer Lebensversicherungsprämie sowie die vergleichsweise lange Laufzeit der Verträge, denn dadurch kann von einer langfristigen Konstanz der Überschüsse und damit des zufließenden neuen Verlustausgleichspotentials ausgegangen werden. Der anrechnungsfähige Betrag wird folgendermaßen berechnet (HERTEL 1981):

$$\text{Ü} = \frac{1}{2} \cdot \frac{1}{5} \cdot \sum_{t=n-4}^{n} (\text{JÜ}_t + \text{AfB}_t) \cdot \min(D, 10)$$

Der geschätzte jährliche Überschuß ergibt sich zunächst aus dem arithmetischen Mittel der Jahresüberschüsse (JÜ_t) und der Aufwendungen für die Überschußbeteiligung (AfB_t), d.h. also der Zuführung zur Rückstellung für Beitragsrückerstattung, der letzten fünf Jahre. Maßgebend sind ausschließlich die Überschüsse aus dem selbst abgeschlossenen Geschäft. Aufwendungen und Erträge aus dem in Rückdeckung übernommenen Geschäft und aus dem Vermittlungsgeschäft bleiben unberücksichtigt.

Der durchschnittliche Überschuß ist anschließend mit der durchschnittlichen Restlaufzeit (D) der Versicherungsverträge, maximal jedoch mit dem Faktor 10 zu multiplizieren. Als durchschnittliche Restlaufzeit gilt dabei nach dem Rundschreiben 2/88 des BAV "das mit den jährlichen Beiträgen gewichtete Mittel der Restlaufzeiten unter Berücksichtigung der im Durchschnitt der vergangenen fünf Jahre vorzeitig erloschenen Verträge." Die künftigen Überschüsse werden schließlich zur Hälfte als implizite Eigenmittel anerkannt. Die Reduzierung um 50 % stellt einen Sicherheitsabschlag dar.

Die **Abschlußkosten** eines Versicherungsvertrages entstehen bei dem Vertragsabschluß. Sie werden kalkulatorisch von dem Versicherungsnehmer während der gesamten Versicherungsdauer gezahlt, bilanziell jedoch in der Regel bereits in den ersten Vertragsjahren von der Deckungsrückstellung abgezogen (Zillmerung). Sofern ein Lebensversicherungsunternehmen auf die sofortige Kürzung der Deckungsrückstellung verzichtet und somit Erträge in die Zukunft verlagert, kann es den Unterschiedsbetrag zwischen der ungezillmerten und der gezillmerten Deckungsrückstellung bei der

Errechnung der impliziten Eigenmittel berücksichtigen. Abzuziehen von dieser Differenzgröße ist allerdings ein eventuell auf der Aktivseite ausgewiesener Betrag, der die Forderungen des Versicherungsunternehmens an die Versicherten zum Ausdruck bringt ("noch nicht fällige Ansprüche an Versicherungsnehmer"). Der Unterschiedsbetrag aus Abschlußkosten hat allerdings für deutsche Versicherungsunternehmen nur eine geringe Bedeutung, da die Deckungsrückstellung in den meisten Fällen unter Abzug der Abschlußkosten ausgewiesen wird.

2. Ermittlung der Solvabilitätsspanne

Nach § 53c Abs. 1 VAG sind die Versicherungsunternehmen verpflichtet, "zur Sicherstellung der dauernden Erfüllbarkeit der Verträge freie unbelastete Eigenmittel mindestens in Höhe einer Solvabilitätsspanne zu bilden, die sich nach dem gesamten Geschäftsumfang bemißt." Der Bundesminister der Finanzen wird im Absatz 2 ermächtigt, zur Durchführung von EG-Richtlinien Vorschriften über die Berechnung und die Höhe der Solvabilitätsspanne zu erlassen.

Als Solvabilitätsspanne wird folglich der Mindestbetrag der Eigenmittel bezeichnet. Er ergibt sich aus mehreren Rechenschritten, wobei generell nicht die Differenz zweier Zahlen gebildet wird, so daß der Ausdruck "Spanne" eigentlich ungeeignet ist. Der grundsätzliche Berechnungsvorgang der Solvabilitätsspanne ist in der **Kapitalausstattungsverordnung** niedergelegt. Zu unterscheiden sind die Vorschriften für die Lebensversicherung und die Vorschriften für alle anderen Versicherungssparten. Entsprechend wird die Kapitalausstattungsverordnung im Rundschreiben R 2/88 des BAV für die Lebensversicherung und R 3/88 für die Schadendirekt- und Krankenversicherung erläutert.

a) Lebensversicherung

Zur Berechnung der Solvabilitätsspanne sind in der Lebensversicherung drei Bereiche zu differenzieren (HÖLSCHER 1990a):

- Lebensversicherungen ohne fondsgebundene Lebensversicherungen und ohne Zusatzversicherungen,
- Zusatzversicherungen,
- fondsgebundene Lebensversicherungen.

Das Mindesteigenkapital für die Gesamtheit der **Lebensversicherungen mit Ausnahme der Zusatzversicherungen und fondsgebundenen Lebensversicherungen** ergibt sich aus der Addition des sog. ersten und zweiten Ergebnisses. Das **erste Ergebnis** erfaßt das Kapitalanlagerisiko und errechnet sich folgendermaßen:

$$S_1^{LV} = 0{,}04 \cdot MR_B^{LV} \cdot \max\left(\frac{MR_N^{LV}}{MR_B^{LV}}; 0{,}85\right)$$

S = Solvabilitätsspanne
LV = Lebensversicherungen
MR = Mathematische Reserven
B = Brutto
N = Netto

Als **mathematische Reserven** gelten diejenigen Teile der versicherungstechnischen Rückstellungen, die mathematisch berechnet werden. Dies trifft für die Deckungsrückstellung und die um die Kostenanteile verminderten Beitragsüberträge zu. Beide Beträge zusammengenommen repräsentieren die dem Versicherungsunternehmen für eine gewisse Zeit überlassenen Gelder. Die Anlage dieser Mittel kann zu Verlusten führen, die nicht auf die Versicherungsnehmer durchschlagen dürfen und insoweit durch ausreichende Eigenmittel aufzufangen sind.

Durch **Rückversicherungsnahme** werden Teile des Kapitalanlagerisikos auf andere Versicherungsunternehmen übertragen, so daß der zur Abdeckung von Verlusten notwendige Betrag sinkt. Die Höhe des verbleibenden Risikos läßt sich ermitteln, indem die brutto-, d.h. ohne Beachtung der Rückversicherung berechneten mathematischen Reserven mit dem Verhältnis der mathematischen Reserven nach und vor Abzug der Rückversicherung multipliziert werden. Der Quotient darf dabei nicht niedriger als **85 %** sein, so daß die Rückversicherung maximal in Höhe von 15 % Berücksichtigung findet.

Die notwendigen Eigenmittel belaufen sich schließlich auf **4 %** der anrechnungspflichtigen mathematischen Reserven eines Versicherungsunternehmens.

Das **zweite Ergebnis** berücksichtigt das versicherungstechnische Risiko, also die Gefahr, daß Versicherungsleistungen aus Eigenmitteln bestritten werden müssen, weil die kalkulierten Risikoprämien nicht ausreichen. Die notwendige (Teil-)Solvabilitätsspanne berechnet sich nach folgendem Schema:

$$S_2^{LV} = \sum_{i=1}^{3} k_i \cdot (VS_B^{LV} - MR_B^{LV}) \cdot \max\left(\frac{RK_N^{LV}}{RK_B^{LV}}; 0{,}5\right)$$

k = Mindesteigenmittel
i = Laufzeit
VS = Versicherungssumme
RK = Risikokapital

Das **riskierte**, dem versicherungstechnischen Risiko unterliegende **Kapital** ergibt sich für einen Lebensversicherungsvertrag aus der Differenz zwischen der Versicherungssumme und der mathematischen Reserve. Dem versicherungstechnischen Risiko im Sinne einer tatsächlich **geringeren Lebensdauer** der Versicherungsnehmer unterliegen alle selbst abgeschlossenen oder in Rückdeckung übernommenen Todesfallversicherungen, so daß Versicherungen auf den Erlebensfall (Rentenversicherungen) nicht zu erfassen sind. In einer gemischten Lebensversicherung baut sich die Versicherungssumme unter Berücksichtigung einer Verzinsung von 3,5 % kontinuierlich während der Vertragslaufzeit auf. Bei diesen Versicherungen wird das riskierte Kapital folglich im Zeitablauf immer geringer.

Die Höhe des versicherungstechnischen Risikos sinkt durch **Rückversicherungsnahme**. Dies wird ebenso wie beim ersten Ergebnis bei der Berechnung der notwendigen Eigenmittel berücksichtigt, indem das ohne Beachtung der Rückversicherungsnahme errechnete Risikokapital mit dem Verhältnis von Eigenbehalt und Brutto-Risikokapital multipliziert wird. Der Multiplikator errechnet sich folgendermaßen (HERTEL 1981):

$$\frac{RK_N^{LV}}{RK_B^{LV}} = \frac{VS_N^{LV} - MR_N^{LV}}{VS_B^{LV} - MR_B^{LV}}$$

Durch die Rückversicherung kann das riskierte Kapital maximal um 50 % sinken, d.h. der anzusetzende Faktor muß mindestens 0,5 betragen. Das versicherungstechnische Risiko hängt letztlich auch von der Laufzeit der Verträge ab. Daher stimmt das notwendige Mindesteigenkapital nicht bei allen Verträgen überein, sondern steigt mit zunehmender Vertragslaufzeit an. Es beträgt bei einer Laufzeit von

- bis zu 3 Jahren: 1 ‰,
- über 3 Jahren bis 5 Jahren: 1,5 ‰,
- über 5 Jahren: 3 ‰ des anrechnungspflichtigen Risikokapitals.

Häufig werden Lebensversicherungen mit bestimmten **Zusatzversicherungen** wie der Berufsunfähigkeits-, Unfall- oder Invaliditätszusatzversicherung gekoppelt. Bei den Zusatzversicherungen entsteht kein zu schützendes Anlagekapital, es tritt jedoch die Gefahr der Fehlschätzung der Prämie auf. Dieses **versicherungstechnische Risiko** wird bei der Berechnung der Solvabilitätsspanne in folgender Weise erfaßt:

$$S^Z = \{0{,}18 \cdot \min(10 \cdot WK; BB^Z) + 0{,}16 \cdot \max(0; BB^Z - 10 \cdot WK)\} \cdot \max\left(\frac{AV_N^Z}{AV_B^Z}; 0{,}5\right)$$

WK	=	Wechselkurs
BB	=	Bruttobeiträge
AV	=	Aufwendungen für Versicherungsfälle
Z	=	Zusatzversicherungen

Als Maßstab für die Höhe des versicherungstechnischen Risikos fungieren die **Brutto-Beitragseinnahmen** aus dem selbstabgeschlossenen und in Rückdeckung übernommenen Zusatzversicherungsgeschäft des letzten Geschäftsjahres abzüglich der stornierten Beiträge. Die Höhe der erforderlichen Eigenmittel hängt vom Umfang des Zusatzversicherungsgeschäftes ab, wobei **zwei Gruppen** gebildet werden. In der ersten Gruppe werden die Beitragseinnahmen bis zu 10 Mio. ECU, in der zweiten Gruppe die 10 Mio. ECU übersteigenden Beitragseinnahmen erfaßt. Den Umrechnungskurs für den ECU gibt nach § 53c Abs. 2 VAG der Bundesminister der Finanzen bekannt.

Er entspricht dem Kurs am letzten Tag des Monats Oktober des jeweils abgelaufenen Geschäftsjahres. In der Gruppe bis 10 Mio. ECU sind Eigenmittel in Höhe von **18 %**, darüber hinaus von **16 %** der anrechnungspflichtigen Beitragseinnahmen zu bilden.

Die **Rückversicherungsnahme** geht über die Aufwendungen für Versicherungsfälle in die Berechnungsvorschrift ein. Dabei werden die ohne Beachtung der Rückversicherung notwendigen Eigenmittel mit dem Verhältnis der Aufwendungen für eigene Rechnung und den Bruttoaufwendungen für Zusatzversicherungen, mindestens jedoch mit 0,5 multipliziert.

In der **fondsgebundenen Lebensversicherung** (FL) erhält der Versicherungsnehmer im Erlebensfall keine garantierte Versicherungssumme, sondern eine bestimmte Anzahl von Anteilen an einem Investmentfonds. Die Berechnung dieser (Teil-)Solvabilitätsspanne entspricht im Prinzip den sonstigen Lebensversicherungen. Zu unterscheiden sind wiederum ein erstes und ein zweites Ergebnis, wobei das **erste Ergebnis** in folgender Weise berechnet wird:

$$S_1^{FL} = 0{,}01 \cdot MR_B^{FL} \cdot \max\left(\frac{MR_N^{FL}}{MR_B^{FL}}; 0{,}85\right)$$

Das erste Ergebnis basiert auf den **mathematischen Reserven**, also auf der Deckungsrückstellung und auf den um die Kostenanteile verminderten Beitragsüberträgen. Die mathematischen Reserven sind um die **Rückversicherungsnahme** zu korrigieren, maximal wird jedoch eine Kürzung um 15 % berücksichtigt. Im Gegensatz zu den übrigen Lebensversicherungen belaufen sich die notwendigen Eigenmittel nur auf **1 %** und nicht auf 4 % der anrechnungspflichtigen mathematischen Reserven. Die Kürzung des Mindestbetrages resultiert daraus, daß bei der fondsgebundenen Lebensversicherung der Versicherungsnehmer das Kapitalanlagerisiko trägt und der Versicherer nur noch das Betriebskostenrisiko abdecken muß. Allerdings läßt sich die notwendige Höhe des Betriebskostenaufschlages bei kurzfristigen Versicherungen vergleichsweise sicher kalkulieren. Daher ist eine (Teil-)Solvabilitätsspanne nur bei fondsgebundenen Lebensversicherungen mit einer Laufzeit von mehr als 5 Jahren zu bilden.

Das **zweite Ergebnis** dient ebenso wie bei den anderen Lebensversicherungen der Abdeckung des versicherungstechnischen Risikos. Folgender Berechnungsweg ist vorgeschrieben:

$$S_2^{FL} = 0{,}003 \cdot (VS_B^{FL} - VS_N^{FL}) \cdot \max\left(\frac{RK_N^{FL}}{RK_B^{FL}}; 0{,}5\right)$$

Die Ermittlung des zweiten Ergebnisses stimmt formal vollständig mit der Vorgehensweise bei den übrigen Lebensversicherungen überein. Lediglich der Mindestbetrag an Eigenmitteln steigt hier nicht mit der Laufzeit der Verträge an, sondern beträgt einheitlich 3 ‰ des anrechnungspflichtigen Risikokapitals.

Die von einem Lebensversicherungsunternehmen mit Eigenmitteln zu bedeckende **Solvabilitätsspanne** ergibt sich insgesamt aus der Addition der Sollgrößen für die verschiedenen Versicherungszweige:

$$S = S_1^{LV} + S_2^{LV} + S^{Z} + S_1^{FL} + S_2^{FL}$$

Unterschreiten die verfügbaren Eigenmittel die notwendige Solvabilitätsspanne, so hat das Versicherungsunternehmen auf Verlangen der Aufsichtsbehörde einen Plan zur Wiederherstellung gesunder Finanzverhältnisse zur Genehmigung vorzulegen (§ 81b Abs. 1 VAG). Dieser sogenannte **Solvabilitätsplan** kann sowohl die Aufstockung der Eigenmittel als auch eine Änderung der Geschäftspolitik und damit einhergehend eine Verringerung der Solvabilitätsspanne zum Inhalt haben.

b) Schadendirekt- und Krankenversicherung

Während sich die Solvabilitätsspanne in der Lebensversicherung aus fünf Rechenschritten ergibt, sind in der Schaden- und Krankenversicherung nur zwei Berechnungen durchzuführen. Im Unterschied zur Lebensversicherung führt dabei nicht die Addition, sondern der Vergleich der beiden Ergebnisse zur Solvabilitätsspanne, denn ausschließlich der jeweils höhere Betrag gibt die Mindestausstattung an Eigenmitteln wieder.

Das **erste Ergebnis** wird als **Beitragsindex** (B) bezeichnet. Die Berechnung des Beitragsindexes stimmt prinzipiell mit der (Teil-)Solvabilitätsspanne für Zusatzversicherungen in der Lebensversicherung überein. Folgender Ermittlungsweg ist dabei vorgeschrieben:

$$S^{B} = \{0{,}18 \cdot \min(36{,}6; BB) + 0{,}16 \cdot \max(0; BB-36{,}6)\} \cdot \max\left(\frac{AV_N}{AV_B}; 0{,}5\right)$$

Maßgebend sind die gesamten **Bruttobeiträge** aus dem selbst abgeschlossenen und dem in Rückdeckung übernommenen Versicherungsgeschäft abzüglich der stornierten Beiträge. Die Bruttobeiträge werden unterteilt in solche bis zu **36,6 Mio. DM** und in solche, die 36,6 Mio. DM überschreiten. Die notwendigen Eigenmittel betragen für die ersten 36,6 Mio. DM an Bruttobeiträgen **18 %**. Sofern die Bruttobeiträge über diesen Wert hinausgehen, gilt ein Mindestsatz von **16 %**. Eine Besonderheit ist bei Krankenversicherungsunternehmen zu beachten, die nur 1/3 der sich aus diesen Rechenschritten ergebenden Beträge an Eigenmitteln besitzen müssen.

Die **Rückversicherungsnahme** fließt durch das Verhältnis der Aufwendungen für Versicherungsfälle für eigene Rechnung und den Bruttoaufwendungen in die Rechnung ein. Der Multiplikator muß jedoch mindestens 0,5 betragen.

Das **zweite Ergebnis** greift auf die Zahlungen für Versicherungsfälle zurück und gilt daher als **Schadenindex** (S). Die Mindesthöhe der Eigenmittel wird folgendermaßen berechnet:

$$S^{Sch} = \{0{,}26 \cdot \min(25{,}62; ZV_D) + 0{,}23 \cdot \max(0; ZV_D - 25{,}62)\} \cdot \max\left(\frac{AV_N}{AV_B}; 0{,}5\right)$$

Die Höhe der Solvabilitätsspanne wird grundsätzlich bestimmt durch die **Zahlungen für Versicherungsfälle** (ZV) aus dem selbst abgeschlossenen und aus dem in Rückdeckung übernommenen Versicherungsgeschäft. Heranzuziehen ist dabei das arithmetische Mittel der Zahlungen in den letzten drei bzw. in Unternehmen, die im wesentliche nur Sturm-, Hagel- und Frostrisiken übernehmen, in den letzten sieben Geschäftsjahren. Ebenso wie beim ersten Ergebnis erfolgt wiederum eine Differenzierung nach der Höhe der Zahlungen. In der ersten Gruppe werden die Zahlungen für Versicherungsfälle bis zu 25,62 Mio. DM, in der zweiten Gruppe die darüber hinausgehenden Zahlungen erfaßt. Betragen die Zahlungen für Versicherungsfälle maximal 25,62 Mio. DM, so sind 26 % der Versicherungsleistungen an Eigenmitteln vorzuhalten, höhere Zahlungen sind mit 23 % Eigenmitteln zu bedecken. Krankenversicherungsunternehmen müssen nur 1/3 des für Schadenversicherer geltenden Mindestbetrages an Eigenmitteln besitzen.

Die Inanspruchnahme von **Rückversicherungsschutz** reduziert über die brutto- und nettoberechneten Aufwendungen für Versicherungsfälle die Solvabilitätsspanne um maximal 15 %.

Je nachdem welcher Wert höher ausfällt, ist die Solvabilitätsspanne nach dem Beitrags- oder dem Schadenindex zu bilden. Entsprechend der Regelung bei der Lebensversicherung kann die Aufsichtsbehörde einen Solvabilitätsplan verlangen, sofern die notwendigen Eigenmittel nicht vorhanden sind.

3. Garantiefonds

Ebenso wie bei der Solvabilitätsspanne handelt es sich beim Garantiefonds um einen **Sollbetrag**. Der Garantiefonds bezeichnet zum einen eine **kritische Schwelle** der Solvabilität und gibt zum anderen an, in welcher Höhe ein Versicherungsunternehmen über **bestimmte Eigenmittel** verfügen muß (vgl. Abb. 3.21).

Nach § 53c Abs. 1 VAG beträgt der Garantiefonds **1/3 der Solvabilitätsspanne**, er ist jedoch grundsätzlich nicht niedriger als der bereits bei Gründung eines Versicherungsunternehmens nachzuweisende Betrag an Eigenmitteln. Dieser **Mindestgarantiefonds** hat lt. Kapitalausstattungsverordnung in der Lebensversicherung eine Höhe von 800.000 ECU und bewegt sich in den anderen Versicherungszweigen zwischen rd. 700.000 und 1,5 Mio. DM (KARTEN 1990).

In Höhe von **50 % des Garantiefonds**, mindestens jedoch in Höhe der **Untergrenze des Garantiefonds** muß ein Versicherungsunternehmen über **explizite Eigenmittel** verfügen. Da bei der Gründung eines Versicherungsunternehmens implizite Mittel nicht vorhanden sind, setzen sich die Eigenmittel bei der Zulassung zum Geschäftsbetrieb quasi automatisch nur aus expliziten Mitteln zusammen.

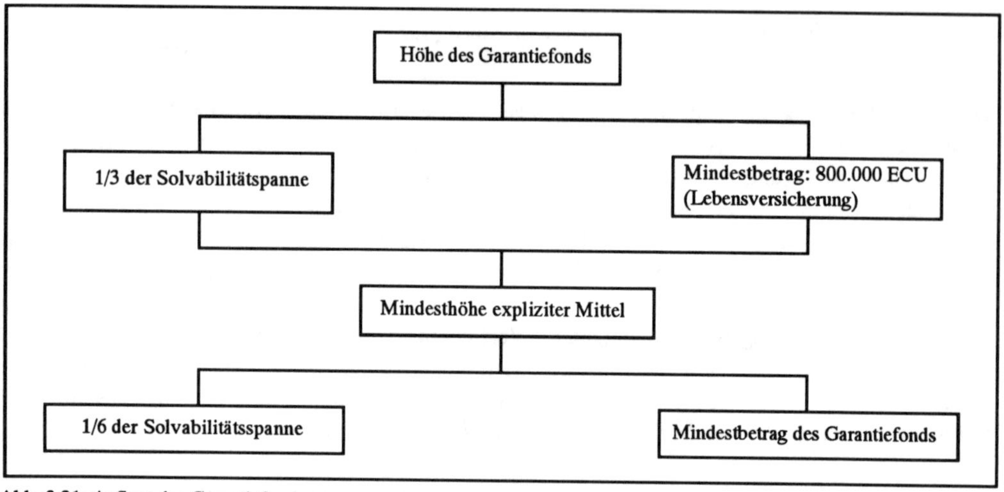

Abb. 3.21: Aufbau des Garantiefonds

Erreichen die Eigenmittel nicht mehr den Garantiefonds oder sind in einem zu geringen Umfang explizite Mittel vorhanden, so befindet sich das Unternehmen in einer finanziell bedenklichen Situation (ANGERER 1980). Daher kann die Aufsichtsbehörde einen Plan über die kurzfristige Beschaffung der erforderlichen Eigenmittel verlangen (§ 81b Abs. 2 VAG). Dieser **Finanzierungsplan** unterscheidet sich vom Solvabilitätsplan dadurch, daß er direkt die Beschaffung von Kapital zum Inhalt hat. Eine untere Grenze für die Solvabiltät eines Versicherungsunternehmens ist gesetzlich nicht definiert. Jedoch kann die Aufsichtsbehörde die Erlaubnis für den Geschäftsbetrieb widerrufen, wenn das Unternehmen nicht in der Lage ist, innerhalb einer gesetzten Frist den Finanzierungsplan durchzuführen.

LITERATURHINWEISE:

ANGERER, A. (1980)
BARGEN, M. VON (1984)
EGGERSTEDT , H. (1987)
FARNY, D. (1989a)
FINSINGER, J. (1988)
GOLDBERG, A.//MÜLLER, H. (1980)
HERTEL, A. (1981)
HERTEL, A. (1984)
HERTEL, A. (1984a)
HÖLSCHER, R. (1990)
HÖLSCHER, R. (1990a)
KALBAUM, G./MEES, J. (1988)
KARTEN, W. (1990)
KOCH, P. (1989)
KOCH, P.(1990)
MEYER, H.D. (1990)
MONOPOLKOMMISSION (1988)
MÜLLER, H. (1988)
PUSKAS, G. VON (1988)
SCHMIDT, R. (1984)
SCHWEBLER, R. (1991)
SCHWEBLER, R. (1991a)
SIEG, K. (1988a)
SOLTWEDEL, R. ET AL (1986)

4. Kapitel: Strukturen des Bankwesens ausgewählter Länder

Mit wachsender Tendenz ging in den vergangenen Jahren die Isolierung der nationalen Finanzmärkte zurück. Unter anderem begründet in einem stetig zunehmenden Außenhandel, einem enormen Wettbewerbsdruck im Inlandsgeschäft und der fortschreitenden Entwicklung neuartiger Finanzprodukte nahm die Internationalität des Bankgeschäfts sowie die Präsenz einerseits ausländischer Institute auf dem heimischen Markt und andererseits inländischer Banken auf ausländischen Märkten ständig zu. Nicht zuletzt durch die Errichtung des Europäischen Binnenmarktes wird sich dieser Trend auch in der Zukunft weiter fortsetzen.

Um dieser Entwicklung Rechnung zu tragen, werden im folgenden die Strukturmerkmale wichtiger ausländischer Bankenmärkte beschrieben. Die Ausführungen beschränken sich dabei auf - für das Bankwesen - zentrale europäische Länder (Schweiz, Großbritannien, Frankreich, Spanien) und die zwei bedeutendsten außereuropäischen Staaten (USA, Japan). Grundsätzlich werden dabei zunächst die charakteristischen Merkmale der jeweiligen Bankensysteme sowie darauf aufbauend die wesentlichen Ordnungsinstitutionen und -vorschriften und zum Schluß die einzelnen Institutsgruppen beschrieben.

A. Schweiz

I. Charakterisierung des schweizerischen Bankensystems

Die Entwicklung des schweizerischen Bankwesens begann in der Mitte des 18. Jahrhunderts. Die ersten in dieser Zeit gegründeten Privatbankhäuser waren jedoch zunächst nicht ausschließlich auf Bankgeschäfte ausgerichtet, sondern betätigten sich gleichzeitig als Warengroßhändler oder Spediteure. Der stark wachsende Finanzierungsbedarf im Zuge der Industrialisierung führte bald zur Gründung von Aktienbanken und weiteren Banktypen. Das Bankensystem ist heute geprägt durch ein Nebeneinander von öffentlichen und privaten Instituten mit einer im internationalen Maßstab außerordentlich hohen Bankstellendichte.

Auf der Grundlage einer liberalen Gesetzgebung bieten die Banken in der Regel sämtliche Geschäfte einer **Universalbank** an, wenngleich einzelne Geschäftssparten von bestimmten Instituten besonders intensiv betrieben werden. In hohem Maße spezialisierte Banken sind dagegen kaum anzutreffen. Eine auch im internationalen Vergleich beachtliche Stellung haben die Institute im Bereich der **Vermögensverwaltung**, die zu den ältesten Dienstleistungen schweizerischer Banken gehört.

Deutliche Unterschiede zeigen sich in Bezug auf die **regionale Ausrichtung** der einzelnen Institutsgruppen. Der Großteil der Institute ist entweder aufgrund gesetzlicher Vorgaben (z.B. die Mehrzahl der Kantonalbanken) oder auf der Basis geschäftspolitischer Entscheidungen (z.B. Darlehens- und Raiffeisenkassen) nur regional begrenzt tätig. (HEYDEN 1985). Diesen Instituten stehen die überregional tätigen Institutsgruppen mit den Großbanken an der Spitze gegenüber. Strukturelle Unterschiede bestehen demzufolge auch im Hinblick auf das **Auslandsgeschäft,** das insbesondere von den Großbanken erheblich ausgebaut worden ist.

Vor diesem Hintergrund war der Bankensektor in der Vergangenheit durch deutliche **Konzentrationsprozesse** geprägt, in deren Verlauf sich die Marktanteile der einzelnen Institutsgruppen markant verschoben haben. So entfällt heute allein auf die fünf Großbanken die Hälfte des aggregierten Bilanzvolumens aller Banken, während sich der Marktanteil der noch 1960 größenmäßig führenden Kantonalbanken innerhalb von 30 Jahren nahezu halbiert hat (vgl. Abb. 4.1). Dabei ist der Wettbewerb zwischen den schweizerischen Banken bis heute durch zahlreiche gruppenübergreifende Absprachen, die sich vor allem auf die Zins- und Gebührengestaltung beziehen, gekennzeichnet.

Institutsgruppe	**1945**	**1975**	**1988**
Kantonalbanken	39,5 %	23,1 %	18,6 %
Großbanken	25,1 %	45,5 %	50,0 %
Regionalbanken und Sparkassen	25,6 %	11,6 %	8,5 %
Darlehens- und Raiffeisenkassen	3,3 %	2,7 %	2,9 %
Auslandsbanken	0,5 %	1,8 %	2,5 %
Privatbankiers	2,0 %	0,6 %	0,5 %
Übrige Banken	1,1 %	12,3 %	14,7 %

Abb. 4.1: Entwicklung der Marktanteile im schweizerischen Bankwesen (Maßstab: aggregierte Bilanzsumme)

II. Ordnungsrahmen

1. Die Zentralbank

Die Zentralbankfunktionen werden in der Schweiz durch die im Jahre 1906 gegründete **Schweizerische Nationalbank** (SNB) ausgeübt. Das Institut, dessen Tätigkeit bundesgesetzlich geregelt ist, operiert in der Rechtsform einer Aktiengesellschaft. Die als Namenspapiere ausgestalteten Aktien gehören zu 61 % öffentlich-rechtlichen Körperschaften (vor allem Kantonen und Kantonalbanken), während sich die restlichen Anteile in Privatbesitz befinden. Der Bund selbst verfügt nicht über Aktien, hat jedoch kraft Gesetzes gewisse Einflußmöglichkeiten, die sich im wesentlichen auf die Besetzung der Geschäftsführungs- und Aufsichtsgremien der Nationalbank beziehen.

Oberstes geschäftsführendes Organ ist das **Direktorium** der SNB, dem drei Mitglieder angehören. Die Zentralbank ist in ihren Entscheidungen weitgehend unabhängig. Grundsätzliche währungspolitische Beschlüsse werden jedoch regelmäßig erst nach Rücksprache mit der Bundesregierung getroffen.

Die gesetzliche Grundlage für die Geschäftstätigkeit der Schweizerischen Nationalbank bildet das **Nationalbankgesetz** von 1953, das 1978 auf instrumenteller Ebene ergänzt wurde. Die Schweizerische Nationalbank hat nach diesem Gesetz insbesondere die folgenden Aufgaben:

- Regelung des Geldumlaufs,
- Erleichterung des Zahlungsverkehrs,
- Durchführung einer den Gesamtinteressen des Landes dienenden Kredit- und Währungspolitik.

Zur Erfüllung ihrer gesetzlichen Aufgaben bedient sich die SNB primär der Devisen-, Offenmarkt-, Diskont- und Lombardpolitik. Seit mehreren Jahren steht dabei der Abschluß von Devisenswap-Geschäften im Vordergrund. Dagegen ist die Bedeutung der Diskontpolitik deutlich zurückgegangen. Nachdem Mindestreserven bereits seit 1977 nicht mehr eingefordert worden sind, wurden die entsprechenden Verordnungen 1988 völlig abgeschafft. Der bewußte Verzicht auf dieses Instrument liegt darin begründet, daß man anderenfalls ein Ausweichen der Marktteilnehmer auf die mindestreservefreien Euromärkte für wahrscheinlich hielt.

Als Bank der Banken und des Staates führt die SNB den Zahlungsverkehr für in- und ausländische Banken sowie den Bund durch. Darüber hinaus nimmt sie noch weitere Dienstleistungen, wie etwa die Anlage von Staatsmitteln oder die Emission von Bundesanleihen, für die Regierung wahr (SNB 1989b).

2. Bankenaufsicht

Die Geschäftstätigkeit der Banken beruht auf dem **Bankengesetz** von 1934, das durch eine **Vollziehungsverordnung** ergänzt wird. Die Bestimmungen sind insbesondere im Hinblick auf einen erweiterten Bankenbegriff, umfassendere Befugnisse der Aufsichtsbehörde sowie verschärfte Gründungsvoraussetzungen mehrfach revidiert worden. Der Geltungsbereich des Gesetzes erstreckt sich über Banken, Privatbankiers und Sparkassen hinaus auch auf solche Finanzgesellschaften, die sich öffentlich zur Annahme fremder Gelder empfehlen und/oder bankähnliche Tätigkeiten ausüben.

Die Aufsicht über das Bankwesen obliegt einer unabhängigen Bundesbehörde, der **Eidgenössischen Bankenkommission**. Ihre sieben Mitglieder werden vom Parlament ernannt. Die jährliche Revision der dem Gesetz unterstellten Institute darf nur von eigens zugelassenen Revisionsstellen durchgeführt werden, die ihre Prüfungsberichte an die Bankenkommission weiterleiten. Darüber hinaus ist die Bankenkommission für die Erteilung und - bei Verstoß gegen die gesetzlichen Vorschriften - den Entzug der Bewilligung zum Geschäftsbetrieb verantwortlich.

Die **Eigenkapitalvorschriften** wurden bereits 1981 deutlich verschärft. Die Eigenmittel müssen demnach in einem bestimmten Verhältnis zu den Aktiva, Eventualverbindlichkeiten einschließlich schwebender Geschäfte sowie offenen Devisen- und Edelmetallpositionen stehen, die jeweils in Risikoklassen eingeteilt sind. Die erforderliche Eigenkapitalquote ist mit ca. 8 % traditionell vergleichs weise hoch (AEBERLI 1989). Seit 1990 müssen auch bestimmte Off-Balance-Sheet-Geschäfte mit Eigenmitteln unterlegt werden.

Darüber hinaus enthält das Gesetz detaillierte Regelungen zur Begrenzung von **Großkrediten** sowie Mindestanforderungen für das Verhältnis der liquiden Mittel (**Kassenliquidität**) und der leicht verwertbaren Aktiva (**Gesamtliquidität**) zu den kurzfristigen Verbindlichkeiten.

III. Institutsgruppen

1. Großbanken

Die **Großbanken** stellen die mit Abstand bedeutendste Gruppe im Schweizer Bankwesen dar. Innerhalb dieser statistischen Gruppe bestehen erhebliche Größenunterschiede, so daß man zu den Großbanken im engeren Sinne nur die drei führenden Institute (**Schweizerische Bankgesellschaft, Schweizerischer Bankverein, Schweizerische Kreditanstalt**) zählt. Die Einbeziehung der beiden anderen, bedeutend kleineren Banken (Schweizerische Volksbank, Bank Leu) ist historisch bedingt. Allein auf die "Großen Drei" entfallen ca. 50 % der Bilanzsumme aller in der Schweiz tätigen Banken. Diese Dominanz zeigt sich auch mit Blick auf ihren Anteil an der Zahl der Niederlassungen (21 %) sowie der Mitarbeiter (50 %) aller Banken (SNB 1989a).

Die Großbanken betreiben direkt oder über Tochtergesellschaften die gesamte Palette des Universalbankgeschäfts, wobei traditionell das **kurzfristige Kreditgeschäft** im Vordergrund steht. Stark ausgebaut wurde in den letzten Jahren das Hypothekengeschäft, das in der Schweiz einen hohen Stellenwert einnimmt. Wachsende Bedeutung hat daneben mit der Vermögensverwaltung (Anteil der Großbanken am gesamten Treuhandgeschäft: 41 %), dem Emissionsgeschäft und dem Handel mit Wertpapieren, Devisen und Edelmetallen das Provisionsgeschäft. Diese Entwicklung spiegelt sich auch in der Ertragsstruktur wider, wobei die Provisionserträge zu Lasten des Zinsertrags tendenziell zunehmen.

Kennzeichnend sind weiterhin die ausgeprägten **internationalen Aktivitäten** der Großbanken, die über ein weltweites Netz von Niederlassungen und Tochtergesellschaften ausgeübt werden. So ist der Auslandsanteil der Aktiva (50 %) und der Passiva (ca. 40 %) außergewöhnlich hoch.

Als organisatorische Besonderheit ist die 1988 erfolgte Einbindung der Schweizerischen Kreditanstalt (SKA) und ihrer Beteiligungen unter das Dach der **CS-Holding** (Credit Suisse) zu nennen. Geplant ist die Gründung einer weiteren Großbanken-Holding, in die neben der bisher selbständigen Bank Leu zwei Vermögensverwaltungstöchter der SKA-Gruppe (Bank Hofmann und Clariden Bank) eingebracht werden sollen. Dabei soll die Kapitalmehrheit wiederum von der CS-Holding gehalten werden (O.V. 1990).

2. Kantonalbanken

Als **Kantonalbanken** werden von den Kantonen auf der Grundlage spezieller Kantonalbankgesetze gegründete Anstalten des öffentlichen Rechts bezeichnet, für deren Verbindlichkeiten zumeist der jeweilige Kanton haftet. Die Kantone stellen auch das Eigenkapital und sind darüber hinaus für die Beaufsichtigung der Institute verantwortlich. Insofern sind die Kantonalbanken mit den deutschen Landesbanken vergleichbar.

Seit der Gründung des Kantons Jura im Jahre 1979 existieren 29 Kantonalbanken, wobei in drei der 26 Kantone jeweils zwei Institute angesiedelt sind. Die Kantonalbanken verfügen im jeweiligen Kanton über ein weitverzweigtes Geschäftsstellennetz und bilden heute nach den Großbanken die zweitgrößte Gruppe des Schweizer Bankwesens. Die einzelnen Kantonalbanken weisen jedoch deutliche Größenunterschiede auf. Das mit Abstand größte Institut (**Zürcher Kantonalbank**) erreicht die Größenordnung der Schweizer Volksbank (Nr. 4 der Großbanken).

Die Geschäftstätigkeit der überwiegend in der Mitte des 19. Jahrhunderts gegründeten Institute konzentrierte sich zunächst auf die Förderung der Spartätigkeit sowie die Finanzierung kleinerer Gewerbebetriebe und des Wohnungsbaus auf kantonaler Ebene. Auch heute noch stehen das **Spareinlagen-** und das **Hypothekengeschäft** im Vordergrund, tendenziell zeichnet sich jedoch eine Entwicklung in Richtung Universalbank ab. So werden u.a. auch Dienstleistungen wie die Vermögensverwaltung oder das Leasing angeboten. Eine führende Stellung haben die Kantonalbanken daneben auch im Emissionsgeschäft, insbesondere bei Staatsanleihen (HEIN 1988).

Die Tätigkeit der Kantonalbanken ist bis heute auf den jeweiligen Kanton beschränkt, wobei zusätzliche gesamtwirtschaftliche und soziale Zielsetzungen zu beachten sind. So bestehen Beschränkungen für das internationale Geschäft, das demzufolge nur eine untergeordnete Rolle spielt. Gewisse Wettbewerbsvorteile bringt die Staatsgarantie im Bereich der Einlagenbeschaffung mit sich, so daß mit ca. 35 % der Großteil der gesamten Spareinlagen auf die Kantonalbanken entfällt. Erleichterungen bestehen darüber hinaus in Bezug auf einzelne Anforderungen des Bankengesetzes.

Von Bedeutung ist weiterhin die **Pfandbriefzentrale der Schweizerischen Kantonalbanken**, deren Aktienkapital gemeinschaftlich von den Kantonalbanken gehalten wird (SNB 1989a). Ihr Geschäftszweck besteht in der Ausgabe von Pfandbriefen, die der Beschaffung von langfristigen Mitteln für das Hypothekengeschäft der Kantonalbanken dienen. Darüber hinaus ist lediglich die **Pfandbriefbank Schweizerischer Hypothekarinstitute**, die eine vergleichbare Funktion für die zur Gruppe der Regionalbanken und Sparkassen gehörenden Hypothekenbanken wahrnimmt, zur Emission von Pfandbriefen autorisiert.

3. Privatbankiers

Die ersten Gründungen von **Privatbankhäusern**, die stets in der Rechtsform einer Einzelfirma oder einer KG geführt werden, reichen zurück bis in die Mitte des 18. Jahrhunderts. Sie bilden damit die

älteste Gruppe des Schweizer Bankensektors. Die Zahl der Institute ist im Verlauf dieses Jahrhunderts von ca. 180 (1900) auf nur noch 22 (1988) deutlich zurückgegangen.

Aufgrund ihrer starken Ausrichtung auf das nicht bilanzwirksame Geschäft - allein das Treuhandgeschäft beträgt das 2,25-fache des gesamten Bilanzvolumens (SNB 1989a) - ist der Anteil der Privatbankiers an der Bilanzsumme aller Banken (0,5 %) wenig aussagekräftig. Eine bedeutende Marktstellung, vielfach auch auf den internationalen Märkten, haben die Privatbankiers vor allem in der **Vermögensverwaltung** sowie im Wertpapier-, Emissions- und Plazierungsgeschäft.

Für diejenigen Privatbankiers, die sich nicht öffentlich zur Annahme fremder Gelder empfehlen, sieht das Bankengesetz gewisse Erleichterungen, z.B. in Bezug auf die Eigenmittelausstattung und Publizitätspflichten, vor.

4. Sonstige Banken und Finanzgesellschaften

Zu den sonstigen Banken, auf die im Jahre 1988 ein Marktanteil von knapp 29 % entfiel, gehören die Regionalbanken und Sparkassen, die Darlehens- und Raiffeisenkassen, die Auslandsbanken und die übrigen, den anderen Gruppen nicht zuzuordnenden Institute.

Bei den **Regionalbanken und Sparkassen** (insgesamt 213 Institute) handelt es sich um eine relativ heterogene Gruppe. Sie setzt sich zu etwa einem Drittel aus Sparkassen, zu einem größeren Teil aus Hypothekenbanken sowie aus wenigen kleineren, im kommerziellen Bankgeschäft tätigen Instituten zusammen. Die Geschäftstätigkeit dieser Institutsgruppe konzentriert sich traditionell auf die Vergabe von **Hypotheken** (über 50 % der Aktiva) und die Annahme von **Spareinlagen** (35 % der Passiva). Generell ist jedoch auch bei den Regionalbanken und Sparkassen ein Trend zur Universalbank feststellbar, so daß heute vielfach nur noch der Name eines Instituts (Ersparniskasse, Hypothekarbank etc.) auf eine ursprünglich strenge Spezialisierung hinweist.

Die Regionalbanken sind in Bezug auf ihr geographisch begrenztes Geschäftsgebiet mit den Kantonalbanken vergleichbar. Im Unterschied zu diesen unterhalten sie ihre Filialen jedoch nicht im ganzen Kanton, sondern beschränken sich üblicherweise auf eine einzelne Gemeinde. Auffällig ist dabei eine deutliche Konzentration auf die Kantone Bern und Aargau, in denen allein 43 % aller Niederlassungen angesiedelt sind. In anderen Kantonen ist diese Bankengruppe dagegen überhaupt nicht vertreten (SNB 1989a). Ein weiterer Unterschied zu den Kantonalbanken besteht in der überwiegend privatrechtlichen Organisation der Institute. Zumeist handelt es sich um Aktiengesellschaften und Genossenschaften.

Die **Darlehens- und Raiffeisenkassen** bilden mit 1.241 Niederlassungen zwar die zahlenmäßig stärkste Bankengruppe, ihr Anteil an der kumulierten Bilanzsumme ist allerdings mit ca. 3 % außerordentlich gering (SNB 1989a). Die gemeinnützig ausgerichteten Institute sind als Genossenschaften organisiert, deren Mitglieder mit beschränkter Nachschußpflicht haften. Die Kreditvergabe erfolgt nur an Mitglieder und gegen Stellung von Sicherheiten. Einlagengeschäfte werden jedoch auch mit Nichtmitgliedern getätigt. Die Institute sind vorwiegend in ländlichen Gebieten mit starker Konzentration auf wenige Kantone vertreten. Der weitaus größte Teil (1.228) der Institute ist dem Schweizer Verband der Raiffeisenkassen angeschlossen, der neben Beratungs- und Prüfungsaufgaben über die Zentralbank des Verbandes auch den Liquiditätsausgleich für die Gruppe wahrnimmt.

Zur Gruppe der **Auslandsbanken** zählen neben den Filialen ausländischer Banken (17) auch die ausländisch beherrschten Banken schweizerischen Rechts (116), die statistisch jedoch bei den "Übrigen Banken" erfaßt werden. Ein beherrschender ausländischer Einfluß wird bei einer direkten oder indirekten Beteiligung von mehr als 50 % (Kapital- oder Stimmenmehrheit) oder bei in anderer Weise faktisch ausgeübtem beherrschenden Einfluß angenommen. Auf die Auslandsbanken entfallen zusammen etwa 12 % des addierten Bilanzvolumens aller in der Schweiz tätigen Banken (SNB 1989a). Die Bilanzstruktur dieser teils universell, teils auf Spezialgebieten tätigen Institute ist gekennzeichnet durch den **hohen Anteil von Interbankenpositionen**, von denen wiederum der größte Teil auf Geschäfte mit Banken, die ihren Sitz im Ausland haben, entfällt. Darüber hinaus steht das Treuhandgeschäft im Vordergrund.

Mit der Verordnung über die ausländischen Banken in der Schweiz haben die Aufsichtsbehörden einen besonderen Gesetzesrahmen geschaffen. So verzichtet man bei den Filialen ausländischer Banken auf die Anwendung der Vorschriften über Eigenmittelausstattung und Risikostreuung. Der Geschäftsbetrieb wird jedoch nur solchen Filialen gestattet, deren Mutterinstitute an ihrem Hauptsitz einer angemessenen Bankenaufsicht unterliegen. Zudem ist die Zulassung an die Bedingung geknüpft, daß für Schweizer Banken im jeweiligen Herkunftsland keine restriktiveren Bedingungen gelten, als für ausländische Banken in der Schweiz (KLEINER 1990).

Die Gruppe der "**Übrigen Banken**" umfaßt diejenigen Institute, die den anderen Institutsgruppen unmittelbar nicht zugeordnet werden können. Insbesondere die folgenden Banken gehören dieser Gruppe an:

- **Handelsbanken,**
  zumeist Universalbanken mit Schwerpunkt im kommerziellen Kredit- (hier vor allem Leasing, Factoring, Forfaitierung) und Hypothekargeschäft,

- **Börsenbanken,**
  auf das Wertpapiergeschäft und die Vermögensverwaltung spezialisierte Institute,

- **Kleinkreditbanken,**
  auf die Vergabe von Kleinkrediten im Rahmen der Konsumfinanzierung spezialisierte Banken.

Unter dem Gesichtspunkt der schweizerischen Bankenstatistik zählen auch die bereits erwähnten ausländisch beherrschten Banken schweizerischen Rechts zur Gruppe der "Übrigen Banken". Vom gesamten Bilanzvolumen der (statistischen) Gruppe entfallen knapp 70 % auf die ausländisch beherrschten Banken.

Neben den Banken im eigentlichen Sinne sind dem Bankengesetz bestimmte **Finanzgesellschaften** unterstellt, wenn diese bestimmte, im Gesetz genannte Kriterien erfüllen, d.h. sich öffentlich zur Annahme fremder Gelder empfehlen und/oder bankähnliche Tätigkeiten ausüben. Eine "bankähnliche Tätigkeit" wird beispielsweise unterstellt, wenn Darlehen oder Beteiligungen an Unternehmen zum Zwecke der Kapitalanlage erworben werden.

Anfang 1990 wurde der Bankenbegriff auf solche Finanzgesellschaften, die

- das Emissionsgeschäft betreiben und/oder
- sich in erheblichem Umfang bei mehreren nicht maßgeblich an ihnen beteiligten Banken refinanzieren, um mit diesen Mitteln bankmäßige Finanzierungen vorzunehmen,

erweitert. Dadurch sind derzeit ca. 200 Finanzgesellschaften in Bezug auf die aufsichtsrechtlichen Rahmenbedingungen den Banken gleichgestellt (EISENRING 1989). Der Großteil dieser Gesellschaften befindet sich mehrheitlich in ausländischem Besitz.

LITERATURHINWEISE:

BREMEIER, E./STAUDT, N. (1979)
EMCH, U./RENZ, H. (1984)
GERBER, B./GERTSCH, H./
MARBACHER, J. (1987)
HEIN, M. (1988)
HEYDEN, W. (1985)
KILGUS, E. (1986)
SNB (1989a)
SNB (1989b)

B. Großbritannien

I. Entwicklungsstufen des britischen Bankwesens

Die Struktur des britischen Bankwesens war über lange Jahre gekennzeichnet durch eine ausgeprägte Arbeitsteilung. Neben einer Vielzahl von Spezialinstituten standen sich als maßgebliche Gruppen zum einen die großen Depositenbanken mit den Londoner Clearing-Banken an der Spitze und zum anderen die Merchant-Banken gegenüber. Während sich die **Depositenbanken** primär auf das kurzfristige Einlagen- und Kreditgeschäft sowie die Abwicklung des Zahlungsverkehrs konzentrierten und weder den Kauf von Aktien auf eigene Rechnung - und damit verbunden das Emissionsgeschäft - noch den Erwerb von Beteiligungen an Nichtbanken betrieben, lag der Tätigkeitsschwerpunkt der **Merchant-Banken** in der internationalen Handelsfinanzierung sowie im Emissionsgeschäft. Anders als zum Beispiel in den USA hat sich dieses **Trennbankensystem** jedoch nicht aufgrund von gesetzlichen Bestimmungen gebildet und verfestigt, sondern beruhte ausschließlich auf langer Tradition.

Die heutige Struktur zeichnet sich durch eine zunehmende Auflösung der traditionellen Arbeitsteilung und eine deutliche Tendenz zum **Universalbanksystem** deutscher Prägung aus. Forciert wurde diese Entwicklung insbesondere durch den EG-Beitritt Großbritanniens 1973 und die Kreditreform des Jahres 1971. Bis zu diesem Zeitpunkt waren die Clearing-Banken als einzige Institutsgruppe bei der Ausweitung ihres Aktivgeschäftes an von der Bank of England vorgegebene **Kreditplafonds** gebunden, die im Kreditgeschäft lediglich geringe Wachstumsraten zuließen. Zudem sahen kartellmäßige Zinsabsprachen der Clearing-Banken untereinander vor, daß laufende Konten gar nicht und Termineinlagen lediglich niedrig verzinst wurden. Die Zinsabsprachen trugen zusätzlich zu der mangelnden Konkurrenzfähigkeit der betroffenen Clearing-Banks im Wettbewerb mit anderen, den restriktiven Bestimmungen nicht unterworfenen Institutsgruppen bei. In den 60er Jahren konnten so beispielsweise die im Realkreditgeschäft tätigen Building Societies, die Teilzahlungsbanken (Finance Houses) sowie die Sparbanken (Trustee Savings Banks) ihren Marktanteil bei langfristigen Einlagen zu Lasten der Clearing-Banken deutlich ausdehnen. Die Clearing-Banks begannen daraufhin, die zwischen ihnen getroffenen Zinsabsprachen über Tochtergesellschaften zu unterlaufen.

1971 traten im Rahmen einer Kreditreform bedeutende Änderungen in Kraft. Die quantitativen Kreditbeschränkungen wurden durch ein Mindestreservesystem ersetzt. Im Gegensatz zu den bisherigen Regelungen galt die Mindestreservepflicht ausnahmslos für alle Institutsgruppen, so daß diesbezüglich gleiche Wettbewerbsbedingungen hergestellt waren. Nahezu gleichzeitig verzichteten die Clearing-Banken endgültig auf das zwischen ihnen bestehende Zinskartell.

Zusätzlich verstärkt durch den starken Zuzug ausländischer Banken nach dem EG-Beitritt Großbritanniens führten die veränderten Rahmenbedingungen zu einer deutlichen Intensivierung des Wettbewerbs. Vor diesem Hintergrund sahen sich sämtliche Institutsgruppen veranlaßt, ihre traditionelle Produktpalette erheblich auszuweiten. Die Diversifikation der Clearing-Banks in neue Leistungsbereiche vollzog sich dabei vor allem durch Fusionen, Beteiligungen und die Gründung von Tochterunternehmen. Diese Institute betreiben nunmehr einen Großteil der zuvor den Spezialinstituten vorbehaltenen Geschäfte selbst.

II. Ordnungsrahmen

1. Zentralbank

Die Funktion der Zentralbank wird in Großbritannien von der **Bank of England** (BoE) ausgeübt. Sie wurde 1694 als damals erste und für lange Zeit einzige private Aktienbank in Großbritannien gegründet. Wichtigste Aufgabe war zunächst die Deckung des im Zuge des Frankreichkrieges immens gewachsenen Finanzbedarfs der Regierung. 1844 wurde der BoE im Rahmen des Bank Charter Act (auch: Peelsches Bankgesetz) das Monopol zur Notenausgabe für England und Wales übertragen. Auf der Grundlage des Bank of England Act wurde die Bank im Jahre 1946 gegen Ausgabe von Staatsanleihen an die bisherigen Aktionäre verstaatlicht. Einziger Aktionär ist seitdem das Schatzamt.

Das **Direktorium** (Court of Directors) bildet das höchste Entscheidungsgremium der Bank. Es trägt die formale Verantwortung für die Politik der Zentralbank. Seine Mitglieder (Gouverneur, Vizegouverneur sowie 16 Direktoren, von denen bis auf vier alle nebenamtlich tätig sind) werden auf Vorschlag der Regierung von der Krone ernannt. Die grundlegenden geldpolitischen Entscheidungen fallen im **Committee of Treasury,** das einmal wöchentlich tagt. Es setzt sich aus dem Gouverneur, seinem Stellvertreter und fünf Direktoren zusammen (HEIN 1989).

Die Aktivitäten der Bank of England in ihrer Funktion als Zentralbank vollziehen sich auf der Grundlage des Bank of England Act 1946. In diesem Gesetz ist u.a. die **Weisungsbefugnis** des Schatzamtes gegenüber der Zentralbank kodifiziert. Darüber hinaus räumt das Gesetz der Regierung das Recht ein, die Satzung der Bank of England zu erlassen und jederzeit zu ändern. Zusammen mit der Möglichkeit, die Führungsgremien der Zentralbank zu besetzen, führen diese Regelungen zu einem erheblichen Einfluß der jeweiligen Regierung auf die britische Währungspolitik (VON BONIN 1979).

Neben ihrer geldpolitischen Tätigkeit ist die Bank of England für die Banknotenausgabe zuständig. Sie fungiert ferner als Bank des Staates, als Bank der Banken und übt schließlich auch Aufsichtsfunktionen aus. Die **Notenausgabe** darf nur bis zum Erreichen einer gesetzlich festgelegten Obergrenze erfolgen (fiduciary issue). Diese kann jedoch durch das Schatzamt verändert werden und wird in der Praxis je nach Bedarf angepaßt.

In ihrer Funktion als **Bank des Staates** verwaltet die BoE die Konten des Schatzamtes und gewährt Kassenkredite, deren Höhe im Rahmen des Staatshaushaltes von der Regierung festgelegt wird. Des weiteren ist sie für die Plazierung der staatlichen Schuldverschreibungen und die wöchentliche Versteigerung von Schatzwechseln verantwortlich. Als **Bank der Banken** führt die Zentralbank die Konten für die britischen Geschäftsbanken, die einen Teil ihrer Liquiditätsreserve in Form von Zentralbankguthaben unterhalten. Im Unterschied zu der Regelung in der Bundesrepublik Deutschland ist in Großbritannien ausschließlich die Zentralbank für die **Bankenaufsicht** zuständig. In diesem Zusammenhang steht ihr vor allem die Befugnis zur Erteilung und Rücknahme der Banklizenz zu.

Die **geldpolitischen Einflußmöglichkeiten** der Bank of England basieren im wesentlichen auf dem allgemeinen Recht, den Kreditinstituten Empfehlungen oder auch, bei Vorliegen einer Ermächtigung des Schatzkanzlers, verbindliche Weisungen zu erteilen. Eine detaillierte gesetzliche Regelung ihrer Befugnisse in Bezug auf die Geldpolitik existiert jedoch nicht.

Bei der Umsetzung der geldpolitischen Zielsetzungen bedient sich die BoE traditionell der Diskont-, Offenmarkt- und Mindestreservepolitik. In der Vergangenheit haben sich hinsichtlich der Verwendung der Instrumente deutliche und mehrfache Schwerpunktverlagerungen gezeigt. Dabei bevorzugte man abwechselnd einmal eine direkte Steuerung über eine Beschränkung der Kredite bzw. Einlagen, dann wieder eine mehr marktorientierte, indirekte Lenkung über die Höhe der Zinssätze.

Seit 1981 ist die Bank of England wieder zu einer Steuerung über die Zinssätze übergegangen. Dabei steht die Offenmarkt-Politik und damit im wesentlichen der An- und Verkauf von Wechseln am Geldmarkt im Vordergrund. Darüber hinaus stellt die Zentralbank den Banken im Rahmen von Pensionsgeschäften mit längerfristigen Papieren Liquidität zur Verfügung (HEIN 1989). Die Bedeutung der Diskont- und der Mindestreservepolitik ist demgegenüber stark zurückgegangen. Allerdings behält sich die BoE den vorübergehenden Einsatz dieser Instrumente vor.

2. Bankenaufsicht

Das britische Aufsichtsrecht ist gekennzeichnet durch ein Nebeneinander von verschiedenen Aufsichtssystemen für die einzelnen Institutsgruppen. Auf den folgenden wichtigsten aktuellen Rechtsquellen beruht dabei die Bankenaufsicht:

- Banking Act 1979 und 1987
- Building Societies Act 1986
- Trustee Savings Banks Act 1985
- Financial Services Act 1986.

Diese Gesetze werden ergänzt durch eine Vielzahl von einzelfallbezogenen Verordnungen (Rules and Regulations) und Grundsätzen (Papers), die jeweils von der Bank of England erlassen werden (SCHNEIDER 1989a).

Bereits die Entstehungsdaten der derzeit gültigen Gesetze zeigen deutlich, daß die britische Bankengesetzgebung in der jüngeren Vergangenheit eine Reihe von bedeutenden Änderungen erfahren hat. Dabei gab es bis 1979 kein umfassendes Bankengesetz. Regelungen bestanden nur in Form von vereinzelten Vorschriften im Rahmen allgemeinerer Gesetze (Acts of Parliament), so z.B. dem Exchange Control-Act von 1947, der Bestimmungen für den Devisenhandel enthielt (HEIN 1989). In Anlehnung an die britische Rechtstradition existierte lediglich eine informelle Bankaufsicht, die im wesentlichen auf einem gegenseitigen Informationsaustausch beruhte und von der Zentralbank ausgeübt wurde. Die Kontrolle beschränkte sich auf einen relativ kleinen Kreis von Instituten, die von der Bank of England als "Bank" angesehen wurden.

Zu Beginn der 70er Jahre kam es aufgrund eines drastischen Zinsanstiegs zu einem vorübergehenden Preisverfall am Immobilienmarkt. Dieser führte zu einer Reihe von Bankinsolvenzen und verdeutlichte die Notwendigkeit einer umfassenden Bankenaufsicht sowie eines institutsübergreifenden Einlagensicherungsfonds (REVELL 1986). Das erste allgemeine Bankgesetz für in Großbritannien tätige Kreditinstitute, der **Banking Act von 1979,** trat daraufhin am 1. Oktober 1979 in Kraft. Der Begriff "Bank" und damit der Geltungsbereich des Gesetzes erstreckte sich auf sämtliche das Einlagengeschäft betreibende Institutionen. Für diese Institute waren jetzt Konzessionszwang und eine laufende Beaufsichtigung durch die Bank of England vorgeschrieben. Ausgenommen blieben einige explizit aufgeführte Institute (vor allem ausländische Zentralbanken) sowie solche Institute, die jeweils Spezialgesetzen unterlagen (WOESTE 1989). Das Gesetz unterschied zwei Arten von Banken (**two-tier-system**):

- zugelassene Institute (**licensed institutions**),
- anerkannte Banken (**recognized banks**).

Unterschiede zwischen diesen beiden Banktypen bestanden vor allem im Hinblick auf die Informationspflichten gegenüber der Bank of England sowie in Bezug auf die Voraussetzungen für eine Erlaubnis zur Aufnahme der Geschäftstätigkeit. Zudem sah das Gesetz erstmals einen Einlagensicherungsfonds vor, der 1982 seine Tätigkeit aufnahm. Ihm gehörten alle anerkannten und zugelassenen Institute zwangsweise an, soweit sie nicht durch das Schatzamt von der Beitragspflicht befreit waren.

Die stark gewachsene Anzahl der in London niedergelassenen (insbesondere Auslands-) Banken, die eine intensive Kontaktpflege zwischen Bankenaufsicht und Banken zunehmend erschwerte sowie die Krise des renommierten Bankhauses Johnson Matthey Bankers Ltd. im Jahre 1984 führten schließlich zum Erlaß des **Banking Act 1987**. Dieser beinhaltete zunächst einmal die Aufhebung des zweigleisigen Zulassungssystems, das durch die nunmehr allein zulässige Form der "**authorised bank**" ersetzt wurde.

Eine Änderung erfuhr ferner der Kreditinstitutsbegriff. Als Kreditinstitut gelten seit 1984 solche Unternehmen, die Einlagen annehmen, sofern diese als Darlehen gewährt oder in anderer Form zur Finanzierung des Geschäftsbetriebes herangezogen werden. Wesentlich erweitert wurden darüber hinaus die Meldepflichten der Institute z.B. über Großkredite. Zudem sah das Gesetz eine verstärkte Einbeziehung der Wirtschaftsprüfer in die Bankenaufsicht (insbesondere Prüfung des bankinternen Kontrollsystems) sowie eine Erhöhung der im Rahmen der Einlagensicherungsfonds geschützten Einlagen auf 20.000 £ Sterling vor, von denen im Falle einer Insolvenz 75 % ausgezahlt werden (HEIN 1989, SCHNEIDER 1989a).

Sämtliche Institute, die das "Investment Business" (Wertpapiergeschäft im weiteren Sinne) betreiben, unterliegen zusätzlich den Bestimmungen des **Financial Services Act von 1986.** Die darin begründete Kapitalmarktaufsicht obliegt dem Wirtschaftsminister, der jedoch einen Großteil seiner Kompetenzen auf den privatrechtlich organisierten Securities and Investment Board (SIB) delegiert hat. Dieser wiederum hat die Aufsicht auf derzeit fünf Selbstverwaltungsorganisationen (Self Regulating Organisations = SRO's) übertragen, die jeweils für bestimmte Teilbereiche des Investment-Geschäfts zuständig sind und für ihre Mitglieder umfangreiche Richtlinien aufstellen (vgl. Abb. 4.2).

Die Zulassung zum Investment-Geschäft setzt eine Mitgliedschaft in der betreffenden SRO voraus. Je nach Umfang der Investment-Aktivitäten ist somit die Mitgliedschaft in mehreren SRO's notwendig.

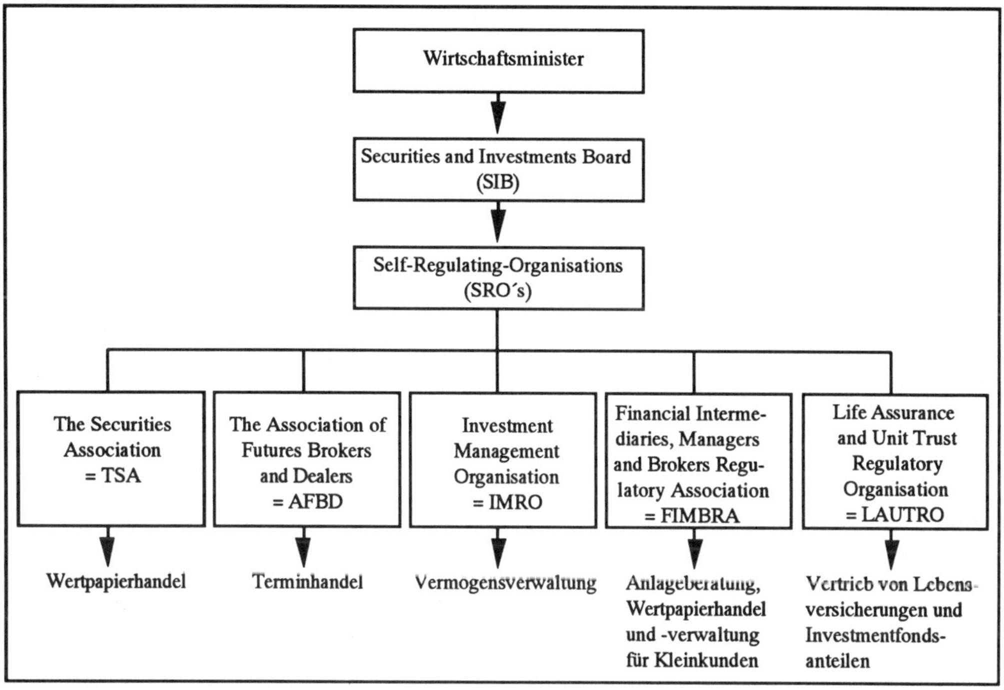

Abb. 4.2: Institutionen der britischen Kapitalmarktaufsicht (Quelle: Hein 1989, S. 144 ff.)

III. Institutsgruppen

1. Retail Banks

Eine eindeutige und überschneidungsfreie Abgrenzung der einzelnen Institutsgruppen ist bei der heutigen Struktur des britischen Bankwesens kaum noch möglich. Diese Problematik zeigt sich auch beim Blick auf die von der Bank of England erstellte amtliche Bankenstatistik, deren Zuordnungskriterien in den letzten 20 Jahren mehrfach geändert wurden. Seit 1983 orientiert sich die BoE am vorrangig betriebenen Geschäft der Banken und faßt solche inländischen Institute, die schwerpunktmäßig das **Mengengeschäft** betreiben, zu der Gruppe der "Retail Banks" zusammen. Dieses Segment setzt sich aus folgenden drei Teilgruppen zusammen:

(1) Londoner, schottische und nordirische Clearing Banken,
(2) Trustee Savings Banks,
(3) Übrige Retails Banks.

Auf die Retail Banks entfallen ca. 51 % der gesamten Sterling-Einlagen in Großbritannien (vgl. Abb. 4.3). Gemeinsames Merkmal dieser Banken ist ein **weitverzweigtes Filialnetz,** über das traditionell vor allem das **kurzfristige Einlagen- und Kreditgeschäft** mit der Privatkundschaft betrieben wird. Eine Sonderstellung besitzt die Bankabteilung (Banking Department) der Bank of England, die nicht über Zweigstellen verfügt. Ihre Einbeziehung in die Teilgruppe der "Übrigen Retail Banks" liegt darin begründet, daß sie zu den wesentlichen Teilnehmern des britischen Clearing-Systems gehört (HEIN 1989).

Institutsgruppe	**Einlagen**		**davon:**			
			in £		**in Fremdwährung**	
	Mrd. £	%	Mrd. £	%	Mrd. £	%
Britische Banken:						
- Retail Banks	234,1	24	187,1	51	47,0	8
- Merchant Banks	35,0	4	20,7	6	14,3	2
- Andere Inlandsbanken	67,2	7	43,5	12	23,7	4
	336,3	35	251,3	69	85,0	14
Auslandsbanken:						
- Amerikanische Banken	95,4	10	16,7	4	78,7	13
- Japanische Banken	259,2	27	25,6	7	233,6	40
- Andere Auslandsbanken	268,4	28	73,0	20	195,4	33
	623,0	65	115,3	31	507,7	86
Alle Banken:	959,3	100	366,6	100	592,7	100

Abb. 4.3: Marktanteile im britischen Bankwesen (Maßstab: Einlagen per 09/88)

Zu (1): Der Name "**Clearing Bank**" hat seinen Ursprung in der Mitgliedschaft der großen Londoner Aktienbanken in dem seit 1833 bestehenden "London Bankers Clearing House". Von den ursprünglich 11 Londoner Clearing Banken existieren nach einer Reihe von Fusionen und Übernahmen mittlerweile nur noch fünf rechtlich selbständige Institute. Die vier größten von ihnen, "the big four", d.h. die

- National Westminster Bank,
- Barclays Bank,
- Lloyds Bank,
- Midland Bank

bilden bezogen auf das Inlandsgeschäft nach wie vor die mit Abstand bedeutendste Gruppe des britischen Bankensystems. Zusammen unterhalten sie mehr als 10.000 Zweigstellen und vereinigen gemessen an der Bilanzsumme ca. 75 % des Geschäftsvolumens aller Retail Banks auf sich.

Beim Einlagengeschäft standen bis zu Beginn der 70er Jahre die Sichteinlagen eindeutig im Vordergrund. In der jüngsten Zeit haben sich jedoch deutliche Verschiebungen zu Gunsten der höherverzinslichen Termin- und Spareinlagen ergeben. Das Kreditgeschäft war lange Zeit beschränkt auf die Vergabe von Krediten mit einer Fristigkeit von bis zu zwei Jahren. Im Zuge des verschärften Wettbewerbs im Anschluß an den Verzicht auf das Zinskartell und die Kreditreform im Jahre 1971 wurden die angebotenen Kreditarten deutlich ausgeweitet. So offeriert man jetzt auch verstärkt mittel- und langfristige Kredite sowohl für Privat- als auch für Firmenkunden. Ein weiterer Geschäftsschwerpunkt der Clearing Banks ist traditionell die Abwicklung des Zahlungsverkehrs.

Über das auf die Bedürfnisse der breiten Privatkundschaft abgestimmte Leistungsangebot hinaus haben die Clearing-Banken ihre Angebotspalette in der jüngsten Zeit erheblich ausgedehnt. Mittlerweile bieten sie entweder selbst oder mittelbar über Beteiligungen oder Tochterunternehmen von der Vermögensverwaltung, über Teilzahlungskredite bis zu Factoring und Leasing das gesamte Sortiment einer Universalbank an. Eine Ausnahme bilden bis heute die Industriebeteiligungen, die Clearing-Banken nach wie vor nicht übernehmen (REVELL 1986).

Zu (2): Die britischen **Trustee Savings Banks** (TSB) bzw. Sparkassen haben in den vergangenen Jahren einen auch im internationalen Vergleich bemerkenswerten Strukturwandel vollzogen. Nachdem noch zu Beginn der 70er Jahre mehr als 70 selbständige Sparkassen existierten, die jeweils in ihrem lokalen Markt mit einem auf wenige Sparprodukte beschränkten Angeboten operierten, gab es 1983 nach einer Welle von Fusionen nur noch vier regional tätige TSB. Die mit Abstand größte von ihnen, die **TSB England and Wales PLC,** ist hinter den "big four" und der "Royal Bank of Scotland" die sechsgrößte Retail-Bank in Großbritannien.

Zusammen verfügen die TSB's über mehr als 1.600 Zweigstellen. Sie besitzen in Bezug auf die Bilanzsumme einen Marktanteil von ca. 3 % (GRÖSCHEL 1989). Die Aktien der TSB Group PLC, die als Holding-Gesellschaft die Aktien der mittlerweile in Aktiengesellschaften (PLC's) umgewandelten Institute hielt, wurden 1986 an der Londoner Börse eingeführt und bei mehr als 3 Mio. Aktionären breit gestreut plaziert (MEYER-HORN 1987).

Die TSB's haben sich heute zu einer universell tätigen Finanzdienstleistungsgruppe entwickelt, deren Produktangebot von sämtlichen Facetten des Bankgeschäfts über Versicherungen und den Handel mit Immobilien bis zur Autovermietung reicht. Im Mai 1989 wurden sämtliche Aktivitäten neu strukturiert und den drei Geschäftsbereichen "Bankgeschäfte" (**Banking Division** = TSB Bank PLC), "Versicherungen und Vermögensverwaltung" (**Insurance and Investment Service Division**) sowie "Ergänzende Finanzierungsdienstleistungen" zugeordnet. Möglich wurde die Entwicklung einer derart breiten Produktpalette allerdings erst durch eine Reihe von Gesetzesänderungen, deren Ausgangspunkt ein Untersuchungsbericht über das britische Sparwesen von 1973 bildete. Man hatte erkannt, daß die auf den Beginn des 19. Jahrhunderts zurückgehenden geschäftspolitischen Beschränkungen verbunden mit der Regierungskontrolle die TSB`s im Wettbewerb deutlich benachteiligten. Waren die Institute bisher gezwungen, ihre Einlagen an die staatliche Schuldenverwaltung abzuführen oder in Staatspapieren anzulegen, so erlaubte ihnen erstmals der TSB Act 1976 die Kreditvergabe an Privatpersonen. Als zwischen 1975 und 1980 der Anteil der TSB´s am privaten Sparmarkt um fast 50 % sank, fielen allmählich sämtliche Beschränkungen, die bis dahin einer breiteren Produktpalette und einer Diversifikation in neue Geschäftsfelder im Wege gestanden hatten (CHARLTON 1989).

Zu (3): Zu der Gruppe der **Übrigen Retail Banks** zählt die Bank of England die folgenden Institute:

- Girobank PLC
- Yorkshire Bank PLC
- Co-operative Bank PLC
- Banking Department der Bank of England.

Von größerer Bedeutung ist dabei lediglich die **Girobank PLC**. Diese ist aus dem 1968 gegründeten Post-Girodienst National Giro hervorgegangen. Nach schrittweisem Ausbau der Geschäftsaktivitäten wurde die Bank 1985 in eine Aktiengesellschaft umgewandelt und firmiert seither als Girobank PLC. Alleiniger Aktionär ist bisher das Postoffice, obwohl die britische Regierung bereits 1988 eine baldige Privatisierung angekündigt hatte. Schwierigkeiten bereitet in diesem Zusammenhang trotz der relativ bedeutenden Marktstellung vor allem die vertriebsmäßige Abhängigkeit von den 20.000 Postämtern, da man nicht über eigene Filialen verfügt (SCHOGS 1989).

2. Merchant Banks

Die Gruppe der **Merchant Banks**, zu der beispielsweise S.G. Warburg, Kleinwort Benson und Morgan Grenfell gehören, umfaßt eine Reihe von bezüglich Größe und Geschäftsschwerpunkt äußerst heterogenen Instituten. Der Name "Merchant Bank" geht zurück auf die ursprüngliche Betätigung von einigen dieser Institute als reine Handelsunternehmen (Merchants). Den Schwerpunkt ihrer Geschäftstätigkeit bildete lange Jahre die Finanzierung des internationalen Warenverkehrs, wobei der Akzeptkredit das bevorzugte Finanzierungsinstrument darstellte. Eine dominierende Stellung nahm dabei ein exklusiver Kreis von 16 besonders bedeutenden Merchant Banks ein, die sich im "Accepting House Committee" zusammengeschlossen hatten. Diese Institute werden auch heute noch als "**Accepting Houses**" bezeichnet. Ihr besonderes Standing zeigt sich u.a. darin, daß die Bank of England die Akzepte dieser Institute zu Vorzugssätzen ankauft (HEIN 1989). Darüber hinaus stellt das Emissionsgeschäft, das bis heute vornehmlich von spezialisierten Emissionshäusern ("**Issuing Houses**") betrieben wird, traditionell einen Geschäftsschwerpunkt der Merchant Banks dar.

Inzwischen haben sich auch die Tätigkeitsbereiche der Merchant Banks deutlich ausgedehnt, wobei bilanzunwirksame Geschäfte einen hohen Anteil einnehmen. Von Beginn an besaßen die Merchant Banken auf den Eurogeld- und Eurokapitalmärkten eine führende Position. Auch bei den Finanzinnovationen der 80er Jahre spielten sie eine Vorreiterrolle. Einen wesentlichen Marktanteil haben die Merchant Banks heute im gesamten Bereich des "**Corporate Finance**", also der umfassenden Betreuung der Firmenkundschaft in finanziellen Angelegenheiten. Hier gelten sie als Spezialisten für das Erarbeiten maßgeschneiderter Lösungen. So gehören sie beispielsweise zu den führenden Beratern bei der Konzeption von Takeover-Strategien.

Ein zentrales Geschäftsfeld stellt weiterhin die Vermögensverwaltung ("**Asset Management**") insbesondere für Versicherungen, Pensionskassen und vermögende Privatkunden dar. Die 1989 mehr heitlich von der Deutschen Bank übernommene Morgan Grenfell verwaltet beispielsweise alleine umgerechnet ca. 50 Mrd. DM (o.V. 1989b). Des weiteren diversifizierten die Merchant Banks verstärkt in angrenzende Gebiete wie die Vermittlung von Immobilien und Versicherungen und das Leasing (HEIN 1989). Demgegenüber hat sich beispielsweise Morgan Grenfell aus dem angestammten Geschäftsfeld des Wertpapierhandels zurückgezogen, nachdem dort im Zuge des sog. "Big Bang" 1986 ein ruinöser Preiswettbewerb eingetreten war.

Im Einlagengeschäft (u.a. in Form von CD`s) besitzen die Merchant-Banken lediglich einen Marktanteil von ca. 6 %. Der Anteil der ursprünglich vorherrschenden Fremdwährungspositionen ist sowohl im Kredit- als auch im Einlagenbereich rückläufig.

3. Auslandsbanken

Ein grundlegendes Merkmal des britischen Bankensystems ist die herausragende Bedeutung der "**Overseas Banks**", also der ausländischen Banken mit Sitz in Großbritannien. Die Anzahl von 448 Instituten (Stand 1988) aus 80 Ländern, die ihre Stützpunkte in Form von Filialen, Tochtergesellschaften, Repräsentanzen oder Gemeinschaftsgründungen (sog. **Consortium Banks**) unterhalten, unterstreicht, daß London einer der führenden internationalen Finanzplätze ist. Auf die Auslandsbanken entfallen nahezu doppelt so viele Einlagen wie auf alle britischen Banken zusammen. Auch wenn der Großteil davon noch in Fremdwährung gehalten wird, haben die Auslandsbanken ihren Marktanteil an den Sterling-Einlagen auf zuletzt 30 % deutlich ausdehnen können (HEIN 1989). Neben der globalen Bedeutung Londons als Zentrum des Euromarktes hat insbesondere die liberale Haltung der Bank of England bei der Niederlassung ausländischer Banken zu der Präsenz ausländischer Kreditinstitute beigetragen.

Der Schwerpunkt der Geschäftstätigkeit der Auslandsbanken liegt eindeutig bei den Euromarktgeschäften und damit vor allem im Interbankengeschäft. Gemessen am Geschäftsvolumen ist die Führungsrolle von den amerikanischen Kreditinstituten allmählich auf die japanischen Banken übergegangen. Obwohl Ende 1988 59 US-amerikanische und 45 japanische Banken am Londoner Markt vertreten waren, entfielen etwa 40 % aller Fremdwährungseinlagen auf japanische und nur 14 % auf amerikanische Häuser.

4. Sonstige Finanzinstitute

Zu den sonstigen Finanzinstituten zählen die:

(1) Building societies,
(2) Discount Houses,
(3) Finance Houses sowie
(4) Kreditinstitute mit Sonderaufgaben.

Zu (1): Die primär in dem für Großbritannien mit seinem hohen Anteil an Hauseigentümern traditionell bedeutsamen Hypothekenmarkt tätigen **Building Societies** sind keine Banken im Sinne des Banking Act 1987. Sie fallen demzufolge in den Geltungsbereich eines Spezialgesetzes und unterliegen der gesonderten Aufsicht durch die Building Societies Commission. Die als gemeinnützig anerkannten Building Societies sind fast ausschließlich genossenschaftlich organisiert (mutual societies) und nicht auf Gewinnerzielung ausgerichtet. Sie haben in der Vergangenheit beachtliche Wachstumsraten erzielt. Bei den Sterling-Einlagen besitzen sie mit Hilfe eines großflächigen Zweigstellennetzes heute einen Marktanteil von über 40 %, der nahezu die Größenordnung sämtlicher Retail-Banken erreicht. Begünstigt wurde diese Entwicklung in den 70er Jahren durch die den Banken im Wege der Kreditplafondierung auferlegten Kreditbeschränkungen, die auf der Einlagenseite nur ein begrenztes Wachstum erforderten (STEFFENS 1982). Von den Hypothekendarlehen entfallen heute ca. 70 % auf die Building Societies, nachdem in jüngerer Zeit vor allem die Clearing-Banken verstärkt in diesen Markt eingedrungen sind (SCHREINER 1989).

Nach einem deutlichen Konzentrationsprozeß verblieben von den ursprünglich nahezu 3.000 Building Socities noch 151 Institute. Allein 75 % des Geschäftsvolumens entfallen auf die 10 größten Institute mit der **Halifax Building Society** und **Abbey National** an der Spitze. Das ursprünglich auf das Bauspargeschäft ausschließlich für Mitglieder beschränkte Tätigkeitsspektrum ist mittlerweile deutlich erweitert worden. So dürfen nach Inkrafttreten des Building Societes Act 1986 neben erstrangigen Hypothekenkrediten auch zweitrangig gesicherte bzw. völlig ungesicherte Kredite bis zu einer Obergrenze von 10 % der "Commercial Assets" (gesamte Aktiva abzüglich der liquiden und dauernden Anlagen) vergeben werden. Daneben ist seither das Angebot von angrenzenden Dienstleistungen wie z.B. dem Zahlungsverkehr und Versicherungen zulässig.

Wichtigste Finanzierungsquelle der Building Societies sind mit 82 % der Verbindlichkeiten (Stand 1986) nicht börsengängige Anteile. Die Anteilseigner werden Mitglieder des betreffenden Instituts und erhalten Zinsen für ihre Anteile. Zusätzliche Mittel werden durch die Hereinnahme von Einlagen sowie die Kreditaufnahme bei Banken, insbesondere über die Emission von CD´s, beschafft. Eine Kopplung des Passivgeschäftes an das Aktivgeschäft ist nicht gegeben, da weder die Anlage von Geldern eine spätere Bautätigkeit noch eine Kreditaufnahme das Vorhandensein eines entsprechenden Sparguthabens voraussetzt. Bei der Mittelverwendung stehen Hypothekarkredite mit einer Laufzeit von in der Regel 30 Jahren im Vordergrund. Weit verbreitet ist eine monatliche Zinszahlung verbunden mit der gleichzeitigen Einzahlung eines bestimmten Betrages in eine Lebensversicherung, die bei Fälligkeit zur Ablösung des Kredites dient.

Die zweitgrößte Building Society, Abbey National PLC, wurde im Frühjahr 1989 als bisher einziges Bausparinstitut in eine Aktiengesellschaft umgewandelt. Diese Umwandlung hatte allerdings zur Folge, daß das betreffende Institut seinen Status als Building Society verlor und seither dem Bankengesetz unterliegt.

Zu (2): Eine bedeutende Stellung am britischen Geldmarkt nehmen die Geldmarktbanken (**Discount Houses**) ein. Sie fungieren traditionell als Mittler bei der Liquiditätsversorgung zwischen der Bank of England und den Geschäftsbanken. Insbesondere die Clearing-Banken legen ihre Liquiditätsüberschüsse zumeist in Form von Tagesgeld bzw. täglich fälligem Geld bei diesen Instituten an. Daneben haben die Discount Houses die Möglichkeit, sich im Bedarfsfall über Diskont- und Lombardkredite bei der Bank of England zu refinanzieren. Die den Discount Houses auf diese Weise zufließenden Mittel dienen vornehmlich zum Erwerb von Handelswechseln und kurzfristigen Wertpapieren mit einer Laufzeit bis zu fünf Jahren. So werden traditionell die im Rahmen der wöchentlichen Versteigerung durch die Zentralbank emittierten Schatzwechsel ausnahmslos von den Discount Houses aufgenommen, um sie danach am Markt weiter zu plazieren. Darüber hinaus werden in jüngerer Zeit auch verstärkt Depositenzertifikate erworben, für die die Discount Houses einen Sekundärmarkt etabliert haben.

Zu (3): Die Teilgruppe der **Finance Houses** umfaßt ca. 1.900 Institute, die primär das Teilzahlungskreditgeschäft, daneben jedoch auch das Firmenkredit- und das Leasinggeschäft betreiben. Die bedeutendsten Finance Houses sind heute als Tochtergesellschaften in den Konzernverbund der großen Geschäftsbanken oder Versicherungsgesellschaften eingebunden. Diejenigen Institute, die wie sämtliche größeren Häuser auch im Einlagengeschäft aktiv sind, gelten als Banken im Sinne des Banking Act. Alle Finance Houses unterliegen einer Reihe von Spezialgesetzen, die insbesondere den Verbraucherschutz gewährleisten sollen.

Zu (4): Die zur Gruppe der **Kreditinstitute mit Sonderaufgaben** (sog. Finance Corporations) gehörenden Institute wurden mit dem Ziel gegründet, die Versorgung von nicht emissionsfähigen Klein- und Mittelbetrieben mit mittel- und langfristigen Krediten zu verbessern. Die Initiative zur Gründung dieser Institute ging i.d.R. - unter kapitalmäßiger Beteiligung der großen Geschäftsbanken - von der Bank of England aus. Die wichtigsten Institute sind heute die Investors In Industry Group PLC (3 i-Group) sowie die auf den Landwirtschaftssektor konzentrierte Agricultural Mortgage Corporation PLC (HEIN 1989).

LITERATURHINWEISE:

GLOGOWSKI, E. / MÜNCH, M. (1990)
HEIN, M. (1989)
KPMG PEAT MARWICK MCLINTOCK (1988)
MORISON, I.C./SHEPHERDSON, I.C. (1990)
REVELL, J. (1986)
SCHNEIDER, U. H. (1989a)

C. Frankreich

I. Entwicklungsstufen und charakteristische Merkmale des französischen Bankwesens

Die Entstehung des französischen Bankwesens geht zurück auf das 19. Jahrhundert, als sowohl die Banque de France als auch die Mehrzahl der heutigen Großbanken gegründet wurden. Mitte der 30er Jahre dieses Jahrhunderts begann der Staat, seinen Einfluß auf das bis dahin als liberal zu bezeichnende Bankwesen in mehreren Schritten deutlich zu erhöhen. Die zu diesem Zweck eingeleiteten Maßnahmen beinhalteten neben verschärften Vorschriften im Bereich der Bankenaufsicht und der Kreditkontrolle vor allem die 1945 erfolgte Verstaatlichung der Banque de France sowie der vier größten Geschäftsbanken. Die Aufgabe der staatlich kontrollierten Institute bestand primär darin, der französischen Wirtschaft durch die Vergabe zinsgünstiger Kredite langfristige Mittel für Investitionen zur Verfügung zu stellen.

Erst Mitte der 60er Jahre wurde eine Reihe von Reformen eingeleitet, die zu einer gewissen Lockerung der umfassenden staatlichen Kontrolle führten. Durch diese Reformen sollte insbesondere die Wettbewerbsfähigkeit der Banken erhöht und somit der Staat von seinen umfangreichen Aufgaben im Zusammenhang mit der Investitionsfinanzierung entlastet werden. Der Wahlsieg Mitterands im Jahre 1982 bildete den Ausgangspunkt für eine neuerliche Verstaatlichungswelle, die nahezu sämtliche größeren Banken erfaßte. Wenn auch seit 1986 einige Institute wiederum reprivatisiert worden sind, ist die weitreichende **Einflußnahme des Staates** bis heute das herausragende Merkmal des französischen Bankwesens (CLOES/SCHOGS 1989).

Die traditionelle und seit 1945 gesetzlich fixierte Aufteilung des Bankensektors in **Depositenbanken** einerseits und **Beteiligungsbanken** andererseits mit entsprechend eng gefaßten Geschäftsmöglichkeiten ist - unterstützt durch verschiedene Liberalisierungsmaßnahmen - mittlerweile einem deutlichen Trend zur **Universalbank** gewichen. Nahezu sämtliche Bankengruppen zeichnen sich heute durch eine breit diversifizierte Geschäftstätigkeit aus. Der zuvor eingeschränkte Wettbewerb zwischen den Institutsgruppen hat sich demzufolge deutlich verschärft.

Ein weiteres charakteristisches Merkmal ist die fortschreitende **Konzentration** im französischen Bankwesen. Die zehn größten Institute vereinigen heute einen Marktanteil von mehr als 60 % auf sich (GROSJEAN 1989). Dabei haben die Institute eine auch im internationalen Vergleich beachtliche Größenordnung erreicht. In der Rangliste der nach der Bilanzsumme größten europäischen Banken finden sich unter den ersten zehn allein fünf französische Institute.

II. Ordnungsrahmen

1. Zentralbank

Die Zentralbankfunktionen werden in Frankreich von der im Jahre 1800 als private Aktiengesellschaft gegründeten **Banque de France** (BDF) wahrgenommen. Das der Bank zustehende Notenausgabemonopol bezieht sich seit 1848 auf ganz Frankreich, es beschränkte sich zunächst jedoch nur auf Paris. Trotz des ursprünglich privatwirtschaftlichen Charakters wurde bereits seit dem Jahre 1806 die Führungsspitze der Notenbank durch die Regierung ernannt. Die endgültige Verstaatlichung der Banque de France erfolgte Ende 1945 im Zuge einer Neuordnung des Kreditwesens.

Auf das Nationalisierungsgesetz des Jahres 1945 zurück geht auch der nationale **Kreditrat** (Conseil National du Crédit = CNC), dessen Aufgabe darin besteht, die Regierung in allen Fragen der Kredit- und Währungspolitik zu beraten. Er soll insbesondere bei Gesetzen und Verordnungen, die seinen Zuständigkeitsbereich betreffen, zu Rate gezogen werden. An der Spitze dieses Gremiums, das 51, durch die Regierung bestimmte Mitglieder umfaßt, stehen der Finanzminister als Vorsitzender sowie der Notenbank-Gouverneur als sein Stellvertreter.

Die gesetzlichen Bestimmungen zur Tätigkeit der Zentralbank sowie ihr Verhältnis zur Regierung bzw. zum nationalen Kreditrat ergeben sich vor allem aus dem Bankgesetz von 1984 und dem Gesetz über die BdF von 1973. Nach diesen Gesetzen beschränken sich die Aufgaben der Notenbank in Bezug auf die Geldpolitik im wesentlichen auf die **Vorbereitung** und **Ausführung** der von der Regierung beschlossenen Maßnahmen (KURM 1989).

Zur Steuerung der Geldmenge hat sich die BdF von 1972 bis 1987 einer quantitativen Kreditkontrolle bedient. Jede Bank durfte dabei auf der Grundlage der Vorjahreszahlen ihr Kreditvolumen nur um einen bestimmten Prozentsatz ausweiten. Seit der endgültigen Aufhebung der Kreditkontingentierung im Jahre 1987 können die Banken eine eigenständige Kreditpolitik mit freier Preisgestaltung betreiben. Der Verzicht auf die Kreditplafondierung machte zugleich die Umstellung der zuvor sowohl auf Einlagen als auch auf Kreditzuwächse erhobenen Mindestreserve auf ein rein passivseitiges System notwendig (MADER 1989). Neben der Diskont- und Mindestreservepolitik steht heutzutage vor allem die Offenmarktpolitik in Form kurzfristiger Wertpapier-Pensionsgeschäfte im Vordergrund der Geldpolitik.

Als Bank des Staates ist die Banque de France auch in die staatliche Kreditaufnahme eingebunden. Die weitreichenden Einflußmöglichkeiten der Regierung auf die Besetzung der Führungspositionen der BdF führen letztlich dazu, daß faktisch die Regierung über den Beitrag der Notenbank zur Haushaltsfinanzierung befindet, obwohl diese Entscheidung formal im Ermessen der BdF liegt. Anfang 1986 wurde wegen der mit diesem System verbundenen Inflationsgefahren durch die rechtsliberale Regierung Chirac eine Gesetzesreform eingeleitet, derzufolge der Zentralbank nach dem Vorbild der deutschen Bundesbank ein höheres Maß an Autonomie eingeräumt werden sollte (O.V. 1986). Diese Pläne sind allerdings bislang noch nicht umgesetzt worden.

2. Bankenaufsicht

Das französische Bankenaufsichtsrecht hat durch das **Bankgesetz von 1984** eine völlige Neuordnung erfahren. Nachdem zuvor für die einzelnen Institutsgruppen jeweils spezielle Gesetze Gültigkeit besaßen, knüpft das 84er Gesetz die Kreditinstitutseigenschaft und damit den Geltungsbereich der Bestimmungen an die Ausübung von bestimmten **Bankgeschäften.** Als Bankgeschäft gelten Einlagengeschäfte, Kreditgeschäfte und Dienstleistungsgeschäfte im Rahmen des Zahlungsverkehrs. Das Emissions- und Wertpapiergeschäft zählt dagegen nicht zu den Bankgeschäften im Sinne des Gesetzes. Die ausschließlich in dem letztgenannten Bereich tätigen Institute (**Maisons de titres**) unterliegen lediglich in beschränktem Umfang der Bankenaufsicht. So sind beispielsweise die Eigenkapitalanforderungen für diese Institute geringer als für Banken. Darüber hinaus unterstehen auch mehrheitlich an Kreditinstituten beteiligte Holding-Gesellschaften, die selbst jedoch nicht über den Bankenstatus verfügen, der Bankenaufsicht (SCHNEIDER 1989, COMMISSION BANCAIRE 1989).

Mit der Regulierung und Beaufsichtigung der Kreditinstitute befassen sich seit 1984 vier Institutionen (vgl. Abb. 4.4). Die allgemeinen Rahmenbedingungen für die Kreditwirtschaft werden vom **Comité de la Reglementation Bancaire** erlassen. Entscheidungen, die einzelne Kreditinstitute betreffen (z. B. Zulassung, Änderung der Rechtsform), fallen in den Zuständigkeitsbereich des **Comité des Etablissements de Crédit.** Dessen Mitglieder rekrutieren sich aus den Reihen des **Conseil National du Crédit,** der wiederum als Beratungsgremium zur Verfügung steht.

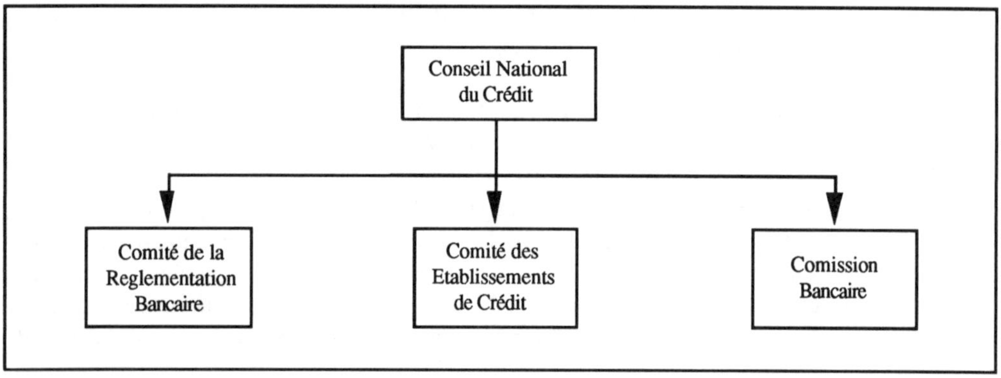

Abb. 4.4: Institutionen zur Regulierung und Aufsicht im französischen Bankwesen

Die Bankenaufsicht wird mit Unterstützung der BdF durch die Bankenkommission (**Commission Bancaire**) ausgeübt. Sie überwacht die laufende Geschäftstätigkeit der Kreditinstitute und kann im Falle von Verstößen gegen die geltenden Bestimmungen Sanktionsmaßnahmen ergreifen. Den Vorsitz in der Bankenkommission führen der Wirtschafts- und Finanzminister sowie der Zentralbankgouverneur, so daß der Einfluß des Staates auch bei der Bankenaufsicht gewährleistet ist (COMMISSION BANCAIRE 1989, BANQUE DE FRANCE 1989).

Die **Eigenkapitalausstattung** der französischen Kreditinstitute ist mit durchschnittlich 3 % vergleichsweise gering. Dabei bestehen jedoch zum Teil deutliche Unterschiede zwischen den einzelnen Institutsgruppen. So beträgt der Eigenkapitalanteil bei den Finanzierungsgesellschaften 9,2 %, während die Spezialkreditinstitute lediglich eine Quote von 0,8 % aufweisen. Zu berücksichtigen ist hier allerdings die hohe Anzahl der in Staatsbesitz befindlichen Institute.

Der im November 1986 eingeführte **Finanzierungskoeffizient** verpflichtet die Banken und Investmenthäuser, 60 % ihrer langfristigen Franc-Anlagen entweder mit Eigenkapital oder mit langfristigem Fremdkapital zu unterlegen. Diese Relation wurde vom weitaus größten Teil der Institute bereits 1989 erfüllt. Die übrigen Häuser mußten die geforderte Quote spätestens Ende 1991 aufweisen. Die Bankenkommission erwägt darüber hinaus eine Ausweitung dieser Deckungsvorschrift auch auf Fremdwährungsanlagen (GROSJEAN 1989).

III. Institutsgruppen

1. Geschäftsbanken

Die 408 **Geschäftsbanken** (Banken im engeren Sinne) vereinigen gemessen am aggregierten Bilanzvolumen einen Marktanteil von 55,2 % auf sich. Sie bilden damit den Kern des französischen Bankwesens (vgl. Abb. 4.5). Mit insgesamt fast 10.000 Geschäftsstellen verfügen sie über 40 % aller Bankstellen des Landes (GROSJEAN 1989).

Institutsgruppe	Anzahl	Marktanteil
Geschäftsbanken	408	55,2 %
Kreditgenossenschaften	178	15,8 %
Finanzierungsgesellschaften	1.059	11,4 %
Spezialkreditinstitute mit Sonderaufgaben	32	9,2 %
Sparkassen	301	8,4 %
Pfandanstalten	21	0,2 %

Abb. 4.5: Struktur des französischen Bankwesens (Maßstab: aggregierte Bilanzsumme, Zahlen per 12/88) (Quelle: Grosjean 1989, S. 912/914)

Die Geschäftsbanken sind zu differenzieren in

(1) Inlandsbanken
(2) Auslandsbanken

Zu (1): Innerhalb der **Inlandsbanken** dominieren die drei Großbanken Banque Nationale de Paris, Credit Lyonnais und Societe Generale, auf die alleine 56 % der Geschäftsstellen sowie 43 % des Geschäftsvolumens aller Geschäftsbanken entfallen (GROSJEAN 1989). Darüber hinaus gehören überwiegend kleinere Privatbankhäuser sowie Regional- und Lokalbanken zu den inländischen Geschäftsbanken. Nach der Aufhebung zahlreicher gesetzlicher Beschränkungen ist das Leistungsangebot der Banken deutlich ausgeweitet worden, so daß die Produktpalette heute i.d.R. sämtliche Dienstleistungen einer Universalbank umfaßt. Darüber hinaus forcieren insbesondere die Großbanken mit zunehmender Tendenz ausgewählte Bereiche (Exportfinanzierung, Investmentbanking etc.) des internationalen Geschäfts (MAYOUX 1987).

Im Rahmen des 1986 eingeleiteten Privatisierungsprogramms wurden einige der 1945 bzw. 1982 verstaatlichten Großbanken reprivatisiert. Zu diesem Kreis zählen z.B. die Societe Generale, Paribas und die Finanzholding Suez. Andere Großbanken wie die BNP und Credit Lyonnais befinden sich jedoch nach wie vor in Staatsbesitz. Problematisch ist für sämtliche staatlichen Institute vor allem die Zuführung neuer Eigenmittel, da diese in erheblichem Maße durch die jeweilige Haushaltssituation determiniert wird (FOSHAG 1989).

Zu (2): Die 162 **Auslandsbanken**, deren Präsenz tendenziell zunimmt, stellen anzahlmäßig 40 %, in Bezug auf ihre Bilanzsumme jedoch lediglich 16 % des Sektors (GROSJEAN 1989). Die Betätigung der Auslandsinstitute unterliegt seit der endgültigen Abschaffung der Kreditplafondierung keinen wesentlichen Beschränkungen mehr. So ist beispielsweise die Lizenzvergabe an die gleichen Kriterien gebunden, die auch für die französischen Institute gelten (BURGHAGEN/FÜLSTER 1988).

Probleme ergeben sich jedoch beim Erwerb bestehender französischer Institute. Angesichts der nach wie vor großen Anzahl verstaatlichter Banken ist der Kreis potentieller Kaufobjekte relativ beschränkt. Darüber hinaus legen die Genehmigungsbehörden Wert auf die Möglichkeit entsprechender Gegenbeteiligungen im Herkunftsland des Erwerbers.

Da die ausländischen Institute i.d.R. nicht über ein flächendeckendes Geschäftsstellennetz verfügen, konzentrieren sie sich vornehmlich auf das Interbankengeschäft sowie auf das Geschäft mit großen Industrieunternehmen. Charakteristisch ist weiterhin der im Vergleich zur Inlandskonkurrenz hohe Anteil des Provisionsgeschäfts am Gesamtergebnis (DELRIEU 1988, FOSHAG 1990).

2. Kreditgenossenschaften

Der genossenschaftliche Sektor, der gemessen an der Bilanzsumme mit 15,8 % die zweitgrößte Gruppe des französischen Bankwesens bildet (Grosjean 1989), setzt sich aus den folgenden Teilbereichen zusammen:

- Credit Agricole,
- Credit Mutuel,
- Banques Populaire,
- Credit Cooperatif.

Das gemeinsame Merkmal dieser Bankengruppe ist ihre **genossenschaftliche Entstehungsgeschichte**. Dabei galten für die einzelnen Teilgruppen ursprünglich jeweils besondere gesetzliche Regelungen. Das Aktivgeschäft war einerseits i.d.R. auf einen im Gesetz genau fixierten Kundenkreis beschränkt, wobei vor allem die Landwirtschaft, das Handwerk sowie mittelständische Betriebe im Vordergrund standen. Aufgrund von Steuerprivilegien und staatlichen Zinssubventionen konnten die Kreditgenossenschaften andererseits ihre Kredite zu Vorzugskonditionen gewähren (D'ILLIERS/MORGENROTH 1974).

Eine für die gesamte französische Kreditwirtschaft herausragende Bedeutung hat die Agrarkreditorganisation **Credit Agricole**, auf die 64 % des Geschäftsvolumens dieses Sektors entfallen (GROSJEAN 1989). Zu der Gruppe der Credit Agricole gehören neben dem Zentralinstitut Caisse Nationale de Credit Agricole (CNCA) und deren Töchtern 92 Regional- und mehr als 3.000 Lokalbanken. Gemessen an der Bilanzsumme nimmt die Credit Agricole-Gruppe weltweit den 6. Rang ein (ELI 1988).

Seit dem Erlaß des Bankgesetzes von 1984 gelten für Banken und Kreditgenossenschaften nahezu gleiche Wettbewerbsbedingungen. So unterliegt der Credit Agricole seitdem zum Beispiel der Gewinnsteuer. Darüber hinaus wurde 1989 das Monopol des Credit Agricole für zinsverbilligte Kredite an die Landwirtschaft abgeschafft. Im Gegenzug fiel jedoch auch die bisher in Teilbereichen gültige Begrenzung der Aktivitäten auf ländliche Bereiche (FOSHAG 1990, DELRIEU 1988).

3. Sparkassen

Das französische Sparkassenwesen (Caisses d'Epargne) umfaßt neben der **Postsparkasse** (Caisse d'Epargne Nationale), die unter der Kontrolle des Fernmeldeministeriums steht, vor allem die gewöhnlichen, als Institute des öffentlichen Rechts operierenden **Sparkassen** (Caisse d'Epargne Ecureuil). Die Postsparkasse, deren Bankleistungen im wesentlichen auf das Spargeschäft beschränkt sind, verfügt mit mehr als 17.000 Postämtern über das dichteste Vertriebsnetz des gesamten französischen Kreditgewerbes (JANßEN 1990).

Der Sektor der öffentlichen Sparkassen ist durch einen deutlichen Konzentrationsprozeß gekennzeichnet. Von den 550 Instituten zu Beginn der 70er Jahre sind heute nur noch ca. 300 verblieben. Bei ca. 3.400 Geschäftsstellen ist der Marktanteil der öffentlichen Sparkassen mit 8,4 % vergleichsweise gering (GROSJEAN 1989).

Bis vor wenigen Jahren fungierten die Sparkassen fast ausschließlich als **Kapitalsammelstellen**. Die hereingenommenen Gelder, deren Verwaltung der Staatsdepositenkasse (Caisse des Depots et Consignations) oblag, wurden vor allem zur Finanzierung von Gebietskörperschaften und der gemeinnützigen Wohnungswirtschaft verwendet. Die Sparkassen selbst hatten lange Zeit lediglich ein Vorschlagsrecht bei Kreditvergabeentscheidungen. Bestrebungen zur Stärkung der Wettbewerbsfähigkeit der Sparkassen führten 1983 zum Erlaß eines Reformgesetzes. Im Gegenzug zur schrittweisen Aufhebung der bisherigen Steuervorteile sieht dieses Gesetz zwar wesentlich erweiterte Geschäftsmöglichkeiten vor allem im Kreditbereich vor, die Sparkassen operieren aber weiterhin relativ unselbständig. Nach wie vor müssen große Teile der Einlagen an die Caisse de Depots abgeführt werden (MAYOUX 1987, GROSJEAN 1989).

Mit dem **Sparbuch A**, auf das allein 70 % aller Sparkasseneinlagen entfallen, verfügen die Sparkassen über ein bedeutsames Privileg. Bei diesen Konten bleibt der Zinsertrag für Einlagen bis zu einer bestimmten Höhe steuerfrei. Dadurch konnten die Sparkassen im Spareinlagengeschäft eine herausragende Marktstellung erlangen. Wenig entwickelt ist dagegen das Firmenkunden- und Auslandsgeschäft (GRÖSCHEL 1989).

Mit dem Reformgesetz von 1983 wurde auch die **Organisation** des Sparkassensektors neu geordnet. Auf der untersten Ebene operieren die Sparkassen nach dem Regionalprinzip in ihrem lokalen Einzugsgebiet. Die Aufgaben auf regionaler Ebene (insbesondere Liquiditätsausgleich und Beratungsdienste) werden von regionalen Finanzierungsgesellschaften (SOREFI = Societes regionales de financement) wahrgenommen, an denen die betreffenden Sparkassen und die Caisse des Depots jeweils zur Hälfte beteiligt sind. Als Landeszentrale der französischen Sparkassen fungiert die CENCEP (Centre National des Caisses d'Epargne et de Prevoyance), die von den Sparkassen, den SOREFIS`s und der Caisse des Depots getragen wird. Neben Aufgaben im Bereich der Organisation, der Reglementierung und der Kontrolle vertritt die CENCEP die Sparkassenorganisation gegenüber dem Gesetzgeber sowie in- und ausländischen Partnern. Weitere übergeordnete Aufgaben werden daneben durch die Caisse des Depots wahrgenommen (BENUSILHO 1988).

4. Finanzierungsgesellschaften

Bei den **Finanzierungsgesellschaften** (Societes Financieres) handelt es sich i.d.R. um kleinere Institute, die vorwiegend das **langfristige Kreditgeschäft**, z. B. in den Bereichen Baufinanzierung, Leasing und Factoring betreiben. Die Institute dürfen dabei grundsätzlich nur solche Bankgeschäfte ausüben, die durch die sie betreffenden Spezialvorschriften abgedeckt sind. Da auch die Entgegennahme kurzfristiger Einlagen an das Vorliegen einer besonderen Erlaubnis gebunden ist, erfolgt die Refinanzierung der Finanzierungsgesellschaften zu einem wesentlichen Teil über die Emission von Wertpapieren sowie am Interbankenmarkt (SCHNEIDER 1989).

Die Anzahl der in der Gruppe der Finanzierungsgesellschaften erfaßten Institute ist nach dem Erlaß des Bankgesetzes von 1984 aufgrund der Einbeziehung von Leasing-Gesellschaften und vergleichbaren Instituten in die Bankenaufsicht deutlich gestiegen. So bilden die Finanzierungsgesellschaften in Bezug auf ihren Marktanteil (11,4 %) die drittstärkste, mit mehr als 1.000 selbständigen Instituten zahlenmäßig jedoch die mit Abstand größte Gruppe des französischen Bankwesens (GROSJEAN 1989).

5. Spezialkreditinstitute mit Sonderaufgaben

Die 32 staatlichen bzw. halbstaatlichen Spezialkreditinstitute sollen im allgemeinen **öffentlichen Interesse** bestimmte Aufgabenbereiche wahrnehmen. Der Schwerpunkt der Geschäftstätigkeit dieser Institute liegt in der Vergabe langfristiger Kredite zur Förderung bestimmter Geschäftszweige und Institutionen. Das Geschäftsvolumen der Gruppe, deren Marktanteil derzeit bei 9,2 % liegt, wird erheblich durch das jeweilige Ausmaß der staatlichen Subventionspolitik beeinflußt.

Die weitaus größe Bedeutung haben innerhalb der Spezialkreditinstitute der Credit Foncier de France (Vergabe von Darlehen für den Wohnungsbau), der Credit Local de France (Kreditvergabe an öffentliche Körperschaften zur Förderung der Infrastruktur), die Caisse de garantie du logement social (Vergabe von Bürgschaften im sozialen Wohnungsbau) sowie der Credit Nationale (Förderung von Ausrüstungsinvestitionen der französischen Industrie), die allein 85 % der Gesamtkreditvergabe dieser Gruppe auf sich vereinigen. Darüber hinaus bestehen Institutionen zur Förderung mittelständischer Unternehmen und eine Reihe von Entwicklungsgesellschaften, die sich jeweils einer bestimmten Region des Landes widmen (GROSJEAN 1989, SCHNEIDER 1989).

LITERATURHINWEISE:

BENUSILHO, M. (1990)
DELRIEU, A. (1988)
FOSHAG, J. (1990)
GROSJEAN, R.K. (1989)
MAYOUX, J. (1987)
SCHNEIDER, U.H. (1989)

D. Spanien

I. Entwicklungsprozeß der spanischen Bankenstruktur

Die Grundstruktur des spanischen Bankwesens hat sich auf der Basis des ersten Bankengrundgesetzes von 1856, in dessen Folge eine Vielzahl von Bankengründungen zu verzeichnen war, herausgebildet. Der im Rahmen des 1946 erlassenen dritten Bankengrundgesetzes kodifizierte "statu quo bancario" beinhaltete u.a. eine staatliche Genehmigungspflicht für die Fusion von Banken, die für lange Zeit Konzentrationsprozesse im Bankensektor verhinderte (LUBITZ 1985).

Angesichts zunehmender gesamtwirtschaftlicher Probleme wurden mit Beginn der 70er Jahre verstärkt Maßnahmen zur **Liberalisierung** des Bankensektors, der bis dahin durch mangelnden Wettbewerb und weitreichenden staatlichen Dirigismus geprägt war, ergriffen. In diesem Zusammenhang entfielen beispielsweise die Vorschriften hinsichtlich Zinsbindung und Spezialisierung der verschiedenen Bankgruppen sowie die Restriktionen in Bezug auf Filialgründungen. Seitdem hat sich die Anzahl der Zweigstellen explosionsartig erhöht, so daß heute nahezu jede vierte Bankstelle der EG in Spanien zu finden ist (SCHNEIDER 1989). Die im Verlauf des Jahres 1977 ausgebrochene Bankenkrise führte zu einer deutlichen **Konzentrationswelle**, aus der insbesondere die Großbanken, darüber hinaus aber auch die Sparkassen gestärkt hervorgegangen sind.

Neben den angesprochenen Liberalisierungsmaßnahmen hat auch die Wiederzulassung der Auslandsbanken im Jahre 1978 zu einer deutlichen Intensivierung des Wettbewerbs beigetragen. Um keine Marktanteile zu verlieren und neue Kunden zu gewinnen, weiteten sämtliche Bankengruppen ihr Produktangebot deutlich aus. Auch das über lange Jahre zwischen den Großbanken bestehende Zinskartell gehört angesichts drastisch angehobener Zinssätze (zuvor: 0,1 % p.a.) für Girokonten ("Supercuentas") der Vergangenheit an (MARIN 1990). Darüber hinaus ist die gesamte Kreditwirtschaft besonders in den letzten Jahren durch von der Regierung forcierte Fusionsprozesse gekennzeichnet.

Mit Blick auf die überaus kostenintensiven Strukturen zeichnet sich somit ein deutlicher Rückgang des bislang auch im Weltmaßstab außerordentlich hohen Ertragsniveaus der spanischen Banken ab, zumal eine Studie über die Preise für Finanzprodukte in der EG für Spanien das höchste Preissenkungspotential aller EG-Staaten ergeben hat (ADAMS 1989).

II. Ordnungsrahmen

1. Zentralbank

Die spanische Zentralbank, die **Banco de Espana** (BdE), ist 1856 aus der Umbenennung ihres Vorläuferinstituts (Nuevo Banco Espanol de San Fernando) hervorgegangen. Nachdem bereits von Beginn an der Großteil der Notenemissionen von der Banco de Espana abgewickelt worden war, wurde ihr 1874 das Notenbankmonopol verliehen. Gleichzeitig erhielt die Regierung das Recht zur Ernennung des Gouverneurs und seiner beiden Stellvertreter bei dem nach wie vor in Privatbesitz befindlichen Institut. 1962 wurde die BdE im Zuge einer Reorganisation des gesamten Bankensystems verstaatlicht. Seitdem unterliegen Geschäfte mit privaten Nichtbanken, die bis dahin einen beträchtlichen Anteil der Geschäftstätigkeit des Instituts ausgemacht hatten, deutlichen Beschränkungen (ALVAREZ-CANAS 1983).

Die gesetzliche Grundlage für die Tätigkeit der Zentralbank bilden im wesentlichen die **Bankgesetze der Jahre 1962 und 1988**. Ein weiteres, im Jahre 1980 zur Ergänzung der Bestimmungen von 1962 erlassenes Gesetz enthält neben einem erweiterten Handlungsspielraum für die Banco de Espana erstmals eine Garantie der Unabhängigkeit der Zentralbank gegenüber der Regierung (LUBITZ 1985). Mittelbar ist der Einfluß der Regierung allerdings nach wie vor gegeben. So hat die Regierung vor allem das Recht zur Besetzung und vorzeitigen Abberufung der zentralen Führungspositionen der BdE. Die Zentralbank kann zwar über den Einsatz ihres Instrumentariums - im wesentlichen Mindestreserve-, Offenmarkt- und Refinanzierungspolitik - frei entscheiden, die Festlegung der geldpolitischen Ziele obliegt jedoch der Regierung. Großzügige Regelungen bestehen auch im Hinblick auf die Haushaltsfinanzierung durch die Notenbank. Darüber hinaus ist die Regierung letztlich zur Festlegung der Obergrenze des Notenumlaufs befugt (KURM 1990).

Das oberste Entscheidungsgremium der Banco de Espana ist der **Generalrat.** Ihm gehören neben dem Gouverneur und seinem Stellvertreter noch bis zu 13 weitere Mitglieder an, die mehrheitlich von der Regierung ernannt werden bzw. dieser angehören. Der **Exekutivrat** (Direktorium) setzt sich unter Führung des Gouverneurs aus Mitgliedern des Generalrats zusammen und ist im wesentlichen für die Ausführung der vom Generalrat getroffenen Beschlüsse verantwortlich. Neben ihren Aufgaben als Zentralbank (Notenbank, Bank der Banken, Bank des Staates) übt die BdE auch Bankaufsichtsfunktionen aus. Ferner werden verschiedene Transaktionen im Rahmen des Auslandsgeschäfts sowie der An- und Verkauf von Devisen und Edelmetallen zentral über die BdE abgewickelt (STILLE 1989, LUBITZ 1985).

2. Bankenaufsicht

Die oberste Aufsichtsinstanz des spanischen Bankwesens ist das **Wirtschafts- und Finanzministerium**, das sich jedoch im wesentlichen auf den Erlaß von Richtlinien für die Überwachung der einzelnen Institute beschränkt. Die Aufsicht selbst wird je nach Institutsgruppe von folgenden Institutionen ausgeübt:

- **Banco de Espana** (private Geschäftsbanken, Sparkassen, Kreditgenossenschaften)
- **Instituto de Credito Oficial** (öffentlich-rechtliche Institute, öffentlich-rechtliche Sparten der Banco Exterior)
- **Direktorium für Finanzpolitik** (übrige Institute).

Bis 1962 fungierte der oberste Bankenrat (Dachverband der privaten Geschäftsbanken), dem bis heute sämtliche privaten Institute zwangsweise angehören, als Aufsichtsbehörde der privaten Geschäftsbanken. Seitdem diese Funktion auf die Banco de Espana übergegangen ist, nimmt der Bankenrat nur noch Beratungsaufgaben gegenüber dem Wirtschafts- und Finanzministerium wahr (LUBITZ 1985).

Vor dem Hintergrund der 1977 ausgebrochenen Bankenkrise, in deren Verlauf bis zur Mitte der 80er Jahre zahlreiche Insolvenzen zu verzeichnen waren, wurde das Bankenaufsichtsrecht deutlich verschärft. So enthält das nach Institutsgruppen differenzierte Aufsichtsrecht bis heute vergleichsweise detaillierte Regelungen, die insbesondere im Bereich der Mittelverwendung über die Vorgabe sogenannter Koeffizienten (Kassen-, Anlage- und Schatzwechselkoeffizienten) zum Teil stark in die Autonomie der einzelnen Institute eingreifen.

Nach den mittlerweile im Zuge der Bemühungen um eine Stärkung der Wettbewerbsfähigkeit spanischer Banken ergriffenen Liberalisierungsmaßnahmen liegt die Quote der gemäß staatlicher Vorgaben zu verwendenden Mittel derzeit bei ca. 30 % des Einlagenbestandes (vergleichbare Quote vorher: 60 % für Banken, 80 % für Sparkassen). Eine Entlastung bewirkte in diesem Zusammenhang vor allem die drastische Rückführung des Anlagekoeffizienten, über den ein Teil der Investitionen in bestimmte staatlich präferierte Objekte gelenkt wird, von 20 % auf 1 % (CHISLETT 1987). Im Rahmen vertikaler und horizontaler **Bilanzstrukturvorschriften** wird eine Eigenkapitalquote in Höhe von 8 % der Einlagen gefordert, wobei allerdings neben dem Kernkapital auch Neubewertungsrücklagen, allgemeine Rückstellungen sowie in beschränktem Maße auch nachrangige Verbindlichkeiten als Eigenkapitalkomponenten anerkannt werden (PECCHIOLI 1989). Bei Verstoß gegen die gesetzlichen Vorschriften erstreckt sich das Spektrum der vorgesehenen Sanktionen von einfachen Verwarnungen bis zur Schließung des betreffenden Instituts.

Banken, die sich in der **Gründungsphase** befinden, unterliegen teilweise besonderen Vorschriften. So bestehen gewisse Beschränkungen in Bezug auf den Aufbau von Filialnetzen, die Durchführung von Auslands- und Devisengeschäften sowie die Gewinnverwendung. **Einlagensicherungsfonds** existieren seit 1977 für den Sektor der privaten Geschäftsbanken und die Sparkassen sowie seit 1982 für den genossenschaftlichen Sektor. Die Finanzierung und Verwaltung erfolgt zu gleichen Teilen durch die Mitgliedsinstitute und die Zentralbank. Die Mitgliedschaft ist den Instituten zwar einerseits freigestellt, sie ist jedoch andererseits zwingende Voraussetzung für die Refinanzierung bei der Zentralbank. Geschützt sind Einlagen von Nichtbanken bis zu 1,5 Mio. Peseten (KPMG PEAT MARWICK 1989).

III. Institutsgruppen

1. Geschäftsbanken

Die privaten Geschäftsbanken stellen die mit Abstand stärkste Gruppe im spanischen Bankensystem dar (vgl. Abb. 4.6). Zu unterscheiden sind die

(1) inländischen und die
(2) ausländischen Institute.

Institutsgruppe	Marktanteil
Private Geschäftsbanken	63,1 %
Sparkassen	25,6 %
Kreditgenossenschaften	2,6 %
Kreditinstitute mit Sonderaufgaben	8,7 %

Abb. 4.6: Marktanteile im spanischen Bankwesen (Maßstab: aggregierte Bilanzsumme, Zahlen per 07/84) (Quelle: Lubitz 1985, S. 28)

Zu (1): Die inländischen spanischen Geschäftsbanken lassen sich je nach geographischer Ausdehnung unterscheiden in:

- Nationalbanken,
- Regionalbanken und
- Lokalbanken.

Bei den überregional tätigen **Nationalbanken** dominieren wiederum die Großbanken, auf die alleine ca. 70 % des Gesamtmarktes entfallen. Von den ehemals "Großen Sieben" sind nach der Anfang 1988 erfolgten Fusion der Banco de Bilbao mit der Banco de Vizcaya und dem Zusammenschluß der Banco Hispano Americano und der Banco Central im Jahre 1992 folgende Institute verblieben:

- Banco Central Hispano-Americano,
- Banco Bilbao Vizcaya (BBV),
- Banco Español de Crédito (Banesto),
- Banco Santander,
- Banco Popular.

Ferner ist durch den Zusammenschluß mehrerer, vormals selbständiger Institute ein neues Staatsbankengebilde (Corporation Bancaria de Espana) entstanden, das die zweitgrößte Finanzdienstleistungsgruppe Spaniens darstellt (O.V. 1991e).

Da fast die Hälfte der **Regional- und Lokalbanken** trotz der Beibehaltung ihres ursprünglichen Namens mehrheitlich von den Großbanken beherrscht wird und sich auch die Zahl der Großbankenzweigstellen seit 1974 gut verdreifacht hat, wird mittlerweile nahezu die Hälfte aller Bankzweigstellen durch die Großbanken kontrolliert (FAIRLAMB 1988). Gesamtwirtschaftliche Bedeutung erlangen die Großbanken darüber hinaus durch zahlreiche Industriebeteiligungen in den unterschiedlichsten Branchen.

Die durch das Bankengesetz von 1962 eingeführte Trennung zwischen Handelsbanken, die für das Einlagen- und kurzfristige Kreditgeschäft zuständig waren und Industriebanken für das mittel- und langfristige Kreditgeschäft, wurde 1978 wieder aufgehoben. Die Großbanken hatten allerdings auch vorher über die Gründung eigener Industriebanktöchter Zugang zu sämtlichen Geschäftsarten. Heute betätigen sich die privaten Geschäftsbanken nahezu durchgängig als Universalbanken. In jüngster Zeit waren bei den Lokal- und Regionalbanken vermehrt Aufkäufe von Seiten ausländischer Institute zu verzeichnen. Auch die größeren Sparkassen zeigten zunehmend Interesse an Instituten dieser Gruppe. Vor diesem Hintergrund haben die Lokalbanken Anfang 1989 beschlossen, vorerst keine auf eine Übernahme abzielenden Anteilskäufe zuzulassen (CHISLETT 1989).

Zu (2): Bereits zu Beginn dieses Jahrhunderts ließen sich einige **Auslandsbanken** mit eigenen Filialen in Spanien nieder. Der 2. Weltkrieg und die darauf folgende restriktive Bankengesetzgebung unter Franco führte jedoch zur Schließung bzw. dem Verkauf vieler Auslandsbanken. Erst seit 1978 ist die Gründung ausländischer Institute in der Form von Repräsentanzen, Filialen oder Niederlassungen wieder erlaubt. Seitdem haben sich 43 ausländische Institute etabliert.

Grundsätzlich knüpft die Zentralbank die Genehmigung zur Filialgründung einer Auslandsbank an das Vorhandensein eines **nationalen Interesses** und die **Reziprozität.** Darüber hinaus bestehen weitere Auflagen, die sich im wesentlichen auf die Eröffnung zusätzlicher Filialen und die Refinanzierungsmöglichkeiten beziehen. So dürfen Auslandsbanken beispielsweise nicht mehr als drei Filialen gründen. Außerdem sind die Einlagen in Inlandswährung, sofern sie nicht am Geldmarkt beschafft wurden, auf 40 % der Aktiva beschränkt (KPMG PEAT MARWICK 1989).

Angesichts derart eingeschränkter Refinanzierungsmöglichkeiten waren die ausländischen Institute maßgeblich an der Einführung innovativer Finanzinstrumente und dem Aufbau des spanischen Interbankenmarktes beteiligt. Sie konzentrierten sich von Beginn an besonders auf das internationale Geschäft mit der spanischen Firmenkundschaft. Hier halten sie beispielsweise im Bereich der Import- und Exportfinanzierung einen Marktanteil von 25 %, wobei generell hohe Wachstumsraten zu verzeichnen sind.

Neben der Gründung von Filialen beteiligen sich Auslandsbanken auch vermehrt an bestehenden spanischen Instituten. Seit 1989 hat die Zentralbank ihre anfänglich restriktive Genehmigungspraxis deutlich gelockert, so daß mit derzeit 15 % des Kapitals nur noch für Beteiligungen an Großbanken eine Beschränkung des Auslandsanteils Gültigkeit besitzt (O.V. 1990a). Durch den Erwerb einer Beteiligung ist den Auslandsinstituten der Zugang zum bisher weitgehend verwehrten Retail-Banking möglich. So verfügt z.B. die Deutsche Bank durch den sukzessiven Ausbau ihrer Beteiligung an der Banco Comercial Transatlantico (Bancotrans) auf derzeit 72 % über ca. 70 Filialen.

2. Sparkassen

Die derzeit 77 Sparkassen bilden neben den privaten Geschäftsbanken die zweite bedeutende Gruppe des spanischen Bankensektors. Gestützt auf ein landesweites Netz von 14.000 Filialen vereinigen sie 40 % aller Einlagen auf sich (KPMG PEAT MARWICK 1989).

Auch der Sparkassensektor ist durch zahlreiche **Fusionsbestrebungen** gekennzeichnet. So ist die nunmehr größte Sparkasse und zweitgrößte Bank Spaniens, die "Caixa" mit Sitz in Barcelona, aus der Fusion der ursprünglich größten und drittgrößten Sparkasse hervorgegangen. Ende 1989 standen weitere 49 Sparkassen in Verhandlungen über einen Zusammenschluß zu insgesamt 13 neuen Instituten, die jeweils in autonomen Regionen tätig sein sollen. Andere Sparkassen planen die Gründung von regionalen Konsortien, die bestimmte Dienstleistungen vor allem im Bereich des Corporate Finance, des Wertpapier- und Auslandsgeschäftes übernehmen sollen (MEYER-HORN 1990).

Bis 1962 war das Betätigungsfeld der Sparkassen aufgrund gesetzlicher Vorschriften im wesentlichen auf das Einlagen- und langfristige Kreditgeschäft mit der Privatkundschaft sowie kleineren und mittleren Betrieben aus der Region beschränkt. Die sukzessive Lockerung der Gesetze führte zunächst in Bezug auf die Geschäftstätigkeit und mit Aufhebung des Regionalprinzips (Ende 1988), die den Sparkassen auch die Gründung von Auslandsniederlassungen erlaubt, auch im Hinblick auf die regionale Ausdehnung zu einer Gleichstellung der Sparkassen mit den Geschäftsbanken (GRÖSCHEL 1989). Beschränkungen bestehen weiterhin hinsichtlich der Gewinnverwendung. Einen bestimmten Prozentsatz ihres Gewinns - allerdings mit deutlich abnehmender Tendenz - müssen die Sparkassen einer gemeinnützigen Verwendung zuführen.

Die veränderten Rahmenbedingungen schlagen sich in einer deutlich erweiterten Angebotspalette und einem breiteren Kundenspektrum nieder. So sind die Sparkassen mittlerweile beispielsweise auch im Wertpapiergeschäft mit einem Anteil von mehr als 40 % gut positioniert. Die besondere Stärke der Institute liegt jedoch nach wie vor im langfristigen Kreditgeschäft vor allem mit Privatpersonen, beispielsweise der Vergabe von Hypothekendarlehen, wo der Anteil der Sparkassen bei rd. 80 % liegt (O.V. 1988).

3. Kreditgenossenschaften

Auf die Kreditgenossenschaften entfallen trotz ihrer relativ großen Zahl von ca. 120 Instituten mit 2.800 Geschäftsstellen lediglich 3,5 % der gesamten Bankeinlagen. Die Vergabe von Krediten ist für sämtliche Institute beschränkt auf angeschlossene Genossenschaften und Mitglieder. Andere Bankdienstleistungen und Einlagengeschäfte können dagegen auch mit Nichtmitgliedern abgewickelt werden (KPMG PEAT MARWICK 1989).

Zum überwiegenden Teil handelt es sich um ländliche Kreditgenossenschaften, deren Geschäftstätigkeit auf den Agrarsektor konzentriert ist. Die übrigen Institute, die zum Teil als berufsständische Genossenschaftsbanken organisiert sind, spielen nur eine untergeordnete Rolle. Seit Mitte 1984 nimmt die staatliche **Banco de Crédito Agricola** (BCA) im Rahmen eines Assoziierungsvertrages die

Funktion eines Spitzeninstituts für den Genossenschaftssektor wahr. Ein wesentlicher Gründungsauftrag bestand in der Gewährleistung der Unabhängigkeit von sanierungsbedürften Kreditgenossenschaften. Nachdem mittlerweile zehn dieser notleidenden Institute von Sparkassen übernommen wurden, ist in verschiedenen Provinzen sowie in den Städten Madrid und Barcelona keine ländliche Kreditgenossenschaft mehr vertreten. Vor diesem Hintergrund betreibt ein Großteil der bisher dem BCA angeschlossenen Institute die Gründung eines eigenen, privatrechtlich organisierten Spitzeninstituts (STILLE 1989).

4. Kreditinstitute mit Sonderaufgaben

Die öffentlich rechtlichen **Kreditinstitute mit Sonderaufgaben** bilden die drittstärkste Gruppe des spanischen Bankensystems. Errichtet wurden diese Banken zumeist nach dem ersten Weltkrieg, um bestimmte Wirtschaftszweige mit langfristigen Krediten zu versorgen (LUBITZ 1985).

Das 1971 gegründete **Instituto de Crédito Oficial** (ICO) hat als Zentralinstitut der Gruppe vor allem die Aufgabe, die Aktivitäten der Kreditinstitute zu koordinieren und als Aufsichtsinstanz auch zu kontrollieren. Darüber hinaus ist es für die Bereitstellung der Mittel für das Kreditgeschäft der nachgeordneten Institute verantwortlich. Die Refinanzierung des Instituts erfolgt mittlerweile weitgehend über den Kapitalmarkt. Als Institution des öffentlichen Rechts untersteht das ICO direkt dem Wirtschafts- und Finanzministerium, das u.a. für die Zinsgestaltung zuständig ist (SCHNEIDER 1989). Im Zuge einer Gesetzesänderung hat das ICO zum 1.1.1988 vier staatliche Institute, die sich vor allem der privaten Wohnungsbaufinanzierung, der Förderung großer und mittlerer Industriebetriebe, der Agrarwirtschaft und der Finanzierung von regionalen Infrastrukturmaßnahmen widmen, übernommen. Das ICO fungiert seitdem als staatliche Finanzholding und hält als Gruppe einen Anteil von 13,3 % am Kreditgeschäft aller Banken (O.V. 1989c).

Eine Sonderstellung hinsichtlich Eigentümerstruktur und Geschäftstätigkeit nimmt die **Banco Exterior de España** ein. Sie besitzt als einzige Bank des Sektors private Anteilseigner, wobei der Staat allerdings Mehrheitsaktionär ist. Während die öffentliche Sparte der Banco Exterior insbesondere für die Vermittlung staatlich subventionierter Exportkredite zuständig ist, betreibt der selbständig bilanzierende private Zweig das Universalbankgeschäft. Zur Förderung des Exportgeschäfts unterhält die Bank ein umfangreiches Netz von Auslandsniederlassungen. Im Inland ist die Banco Exterior gemessen an den Einlagen das siebtgrößte Institut (SCHNEIDER 1989).

LITERATURHINWEISE:

ADAMS, M.M. (1989)
KNIPPER, H.-J. (1989)
KPMG PEAT MARWICK (1989)
ORIOL, M.R. (1990)
LUBITZ, K.-J. (1985)
SCHNEIDER, U. (1989)

E. USA

I. Entwicklungsstufen und Charakterisierung des Bankwesens in den USA

Der US-amerikanische Finanzsektor ist gekennzeichnet durch ein außergewöhnlich vielgestaltiges und teilweise unübersichtliches Netz von Kreditinstituten. Insbesondere untypisch für die bürokratie- und obrigkeitsfeindliche Mentalität der Amerikaner ist der differenzierte Rahmen von Aufsichtsvorschriften und -institutionen, der die Bewegungsfreiheit der Banken in nicht unerheblicher Weise einschränkt. Erklären läßt sich diese Struktur nur vor dem Hintergrund der historischen Entwicklung, in der seit etwa Mitte des 19. Jahrhunderts durch grundlegende Regelungen immer wieder Einfluß auf die Geschäftstätigkeit der Banken genommen wurde.

Wichtigste Schnittstelle in dieser Entwicklung ist dabei der **Börsenkrach des Jahres 1929.** Durch das Auftreten von Trust Companies (Vermögensverwaltungen), die zunächst in das Wertpapier- und schließlich in das kommerzielle Bankgeschäft drängten, hatte sich die traditionelle Arbeitsteilung zwischen **Commercial Banks** (Einlagen- und Kreditgeschäft) und **Investment Banks** (Wertpapiergeschäft) mehr und mehr aufgelöst. Bis 1929 verfügten alle großen Commercial Banks über eigene Trust-Abteilungen und betrieben über Tochtergesellschaften das Investment Banking, während sich die Investment Banks im kommerziellen Bankgeschäft engagierten. Dadurch waren die Commercial Banks von der Weltwirtschaftskrise zum einen durch die hohen Kursverluste im Wertpapiergeschäft, zum anderen durch zahlreiche Insolvenzen im Kreditgeschäft in zweifacher Weise betroffen. Zwischen 1929 und 1933 gingen nahezu 10.000 Banken in Konkurs, die Zahl der Institute reduzierte sich um mehr als 40 % (MORSCHBACH 1981). Diese Ereignisse markierten den Ausgangspunkt für eine völlige Neuordnung des amerikanischen Bankwesens.

Der Banking Act von 1933 (**Glass-Steagall-Act**) nahm erstmals eine gesetzliche Trennung von Einlagen- und Kreditgeschäft (Commercial Banks) einerseits und dem Wertpapiergeschäft (Investment Banks) andererseits vor, die den einzelnen Banken das Betreiben der Geschäfte der jeweils anderen Institutsgruppe bis heute untersagt. Der Banking Act von 1935 beinhaltete u.a. die Schaffung einer Bundeseinlagenversicherung und die Übertragung des Notenausgabemonopols auf das Zentralbanksystem. Dieses Gesetz bildete auch die gesetzliche Grundlage für den Erlaß der **"Regulation Q"**, die bis in die 80er Jahre hinein ein Verzinsungsverbot für Sichteinlagen sowie Höchstzinssätze für Termin- und Spareinlagen vorsah.

Ein spezifisches Merkmal des amerikanischen Bankwesens ist das sogenannte **"dual banking"**, das sich daraus ergibt, daß sowohl die Bundesregierung (**National** oder **Federal Charter**) als auch die jeweiligen Bundesstaaten (**State Charter**) zur Erteilung einer Bankkonzession berechtigt sind (vgl. Abb. 4.7). Heute besteht für fast alle Banktypen die Möglichkeit, zwischen einer National und einer State Charter zu wählen. Eine Ausnahme bilden lediglich die Investment Banks, die ausschließlich eine State Charter erhalten können. Die Entscheidung für eine National oder eine State Charter hat zunächst Auswirkungen auf die jeweils relevanten Bankgesetze, da die konzessionierende Stelle berechtigt ist, die Banken zu beaufsichtigen und entsprechende Gesetze zu erlassen. Dabei weichen die einzelstaatlichen Regelungen sowohl untereinander als auch im Verhältnis zur Bundesgesetzgebung zum Teil erheblich voneinander ab (MORSCHBACH 1981). Ein weiterer grundlegender Unterschied liegt in der Zugehörigkeit zum Zentralbankensystem, zu der die National Banks verpflichtet sind, während sie den State Banks freigestellt ist.

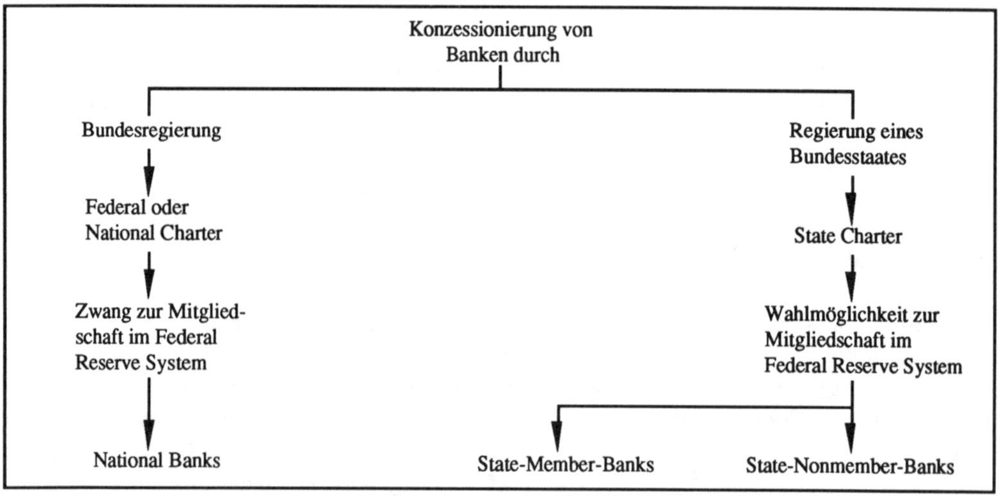

Abb. 4.7: Konzessionierung von Kreditinstituten in den USA

Eine weitere Besonderheit des amerikanischen Bankwesens stellen die im McFadden Act von 1927 fixierten **regionalen Beschränkungen** dar, die den Commercial Banks eine Filialeröffnung über die Grenzen eines Bundesstaates hinaus grundsätzlich verbieten. Die Errichtung von Zweigstellen innerhalb eines Bundesstaates wird darüber hinaus durch einzelstaatliche Gesetze geregelt und ist in unterschiedlichem Ausmaß erlaubt resp. beschränkt. Die Regelungen erstrecken sich dabei vom Verbot jeglicher Filialeröffnung (Unit Banking) über die Erlaubnis, Filialen innerhalb einer bestimmten Region zu errichten (limited area branching) bis zur Möglichkeit einer unbegrenzten Ausdehnung innerhalb des jeweiligen Bundesstaates (state wide branching, vgl. Abb. 4.8).

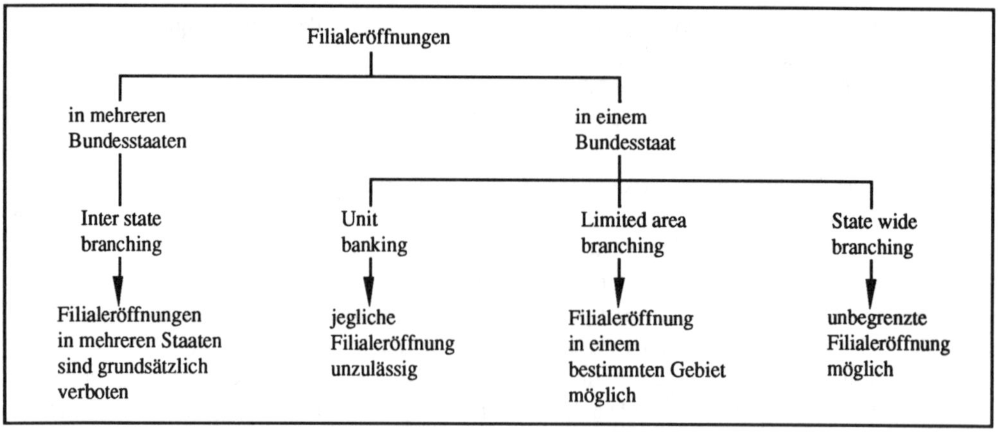

Abb. 4.8: Filialeröffnungen im Bankensystem der USA

Wichtigstes Instrument zur Umgehung der gesetzlichen Beschränkungen in Bezug auf die Filialeröffnungen und den Umfang der Geschäftstätigkeit stellen die **Holding-Gesellschaften** dar, über die sich die Banken an Instituten derselben Gruppe (Umgehung der Filialgesetzgebung) oder an Instituten anderer Gruppen (Umgehung der Arbeitsteilung) beteiligen. Der Erwerb einer Bankbeteiligung außerhalb des Heimatstaates ist einer Bank Holding allerdings nur dann möglich, wenn die Gesetze des anderen Staates dieses ausdrücklich gestatten. Eine solche Erlaubnis ist seit einigen Jahren bei der Mehrzahl der Bundesstaaten gegeben. Neben Beteiligungen an einer (One Bank Holding) oder mehreren Banken (Multi Bank Holding) halten die Bank-Holding-Companies in der Regel auch Beteiligungen an Nichtbanken. Diese sind grundsätzlich auf 5 % der Anteile des Unternehmens begrenzt, sofern es sich nicht um Gesellschaften handelt, die bankähnliche Geschäfte wie z.B. Leasing oder Factoring betreiben (GRUSON/HERNDL 1990). Eine weitere Möglichkeit zur Betätigung in anderen Bundesstaaten besteht in der Gründung sogenannter **Edge-Act-Corporations**, die allerdings im wesentlichen nur Auslandsgeschäfte abwickeln und Bankbeteiligungen im Ausland erwerben.

Die genannten gesetzlichen Bestimmungen, die größtenteils aus den 30er Jahren stammen, sind in den letzten Jahren durch eine extensive Auslegung seitens der Aufsichtsbehörden und der Gerichte teilweise deutlich ausgehöhlt worden. So hat beispielsweise die Übernahme insolventer Sparbanken (Savings & Loan Associations) einigen US-Banken eine Betätigung außerhalb der Grenzen des angestammten Bundesstaates ermöglicht, ohne auf eine komplizierte Holding-Konstruktion zurückgreifen zu müssen. Weiterhin erteilte die Zentralbank seit April 1987 mehreren Bank-Holding-Gesellschaften die Genehmigung, sich über Tochtergesellschaften als Underwriter und Händler für Schuldverschreibungen zu betätigen und damit in eine traditionelle Domäne der Investment Banks einzudringen (GRUSON/HERNDL 1990).

Darüber hinaus ist es in Teilbereichen der Bankgesetze - insbesondere hinsichtlich regionaler Ausdehnung, Produktangebot und Zinsgestaltung - bereits seit Beginn der 80er Jahre zu partiellen **Deregulierungsmaßnahmen** gekommen. Nunmehr plante das Finanzministerium zur Stärkung der Wettbewerbsfähigkeit der US-Banken eine **umfassende Reform** der gesetzlichen Grundlagen. Kernpunkte dieses Vorhabens waren neben der Neugliederung der Aufsichtsstruktur und der Reform der Einlagenversicherung insbesondere die **Aufhebung des Trennbankensystems** und die **Beseitigung der regionalen Beschränkungen**. Eine entsprechende Gesetzesinitiative ist allerdings Ende 1991 im Repräsentatenhaus gescheitert; voraussichtlich wird es nur zu einer Reform der Einlagensicherung kommen (LINK/HARTUNG 1991, O.V. 1991f).

II. Ordnungsrahmen

1. Zentralbank

Das **Federal Reserve System** (FRS) ist das Zentralbankensystem der USA. Es wurde mit dem Federal Reserve Act von 1913 gegründet, nachdem bereits seit 1791 verschiedene bundesstaatliche Institutionen vorübergehend Zentralbankaufgaben wahrgenommen hatten.

Die organisatorische Struktur des Federal Reserve Systems hat sich im Laufe der Zeit nur geringfügig geändert. Es setzt sich im wesentlichen zusammen aus der Zentralbehörde in Washington (Board of Governors), 12 auf Distriktebene tätigen Federal Reserve Banks sowie den Mitgliedsbanken des Zentralbankensystems (vgl. Abb. 4.9).

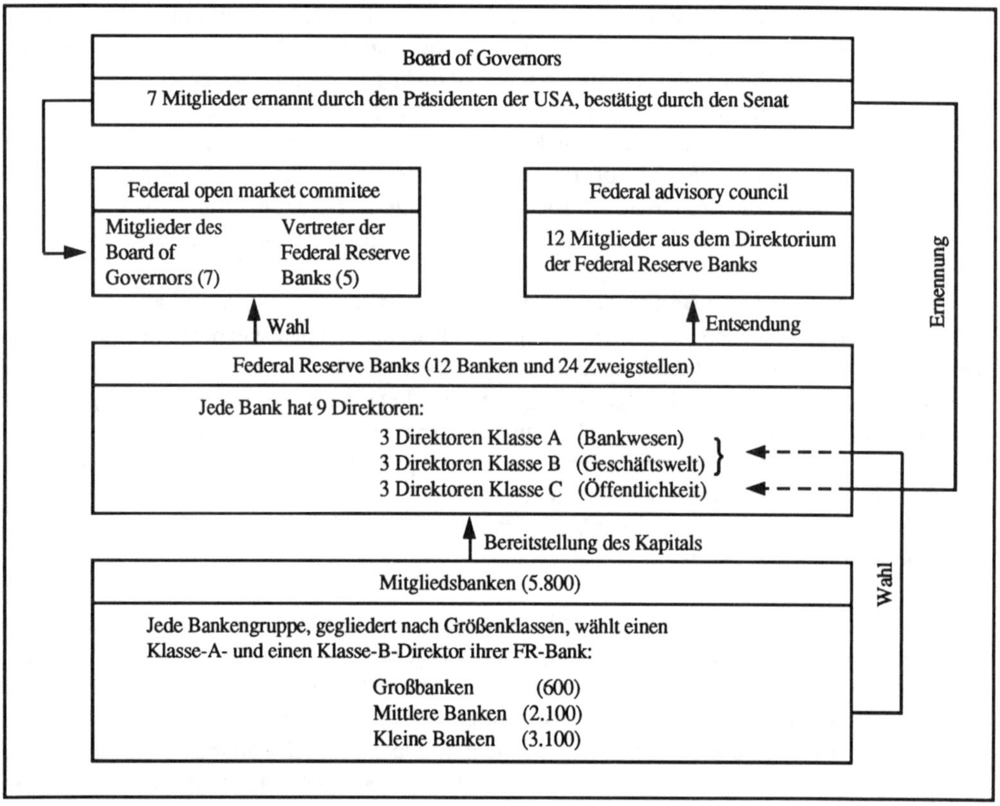

Abb. 4.9: Organisation des Federal Reserve Systems

Der **Board of Governors** fungiert als Führungsgremium des FRS. Seine 7 Mitglieder werden vom Präsidenten der USA für eine 14-jährige Amtszeit ernannt und müssen vom Senat bestätigt werden. Eine Wiederernennung über eine volle Amtsperiode hinaus ist nicht möglich. Die Mitglieder des Board müssen jeweils aus unterschiedlichen Wirtschaftsbereichen stammen, um eine ausgewogene Interessenvertretung zu gewährleisten. Hauptaufgabe des Board ist die Formulierung der Geld- und Kreditpolitik, über die er als unabhängige Regierungsstelle dem Kongreß gegenüber berichtspflichtig ist. Darüber hinaus hat der Board Aufsichtspflichten gegenüber seinen Mitgliedsbanken. Wichtigster Ausschuß des Boards ist das **Federal Open Market Committee**, das vor allem für die Durchführung der Offenmarktpolitik verantwortlich ist. Es wird unterstützt vom Federal Advisory Council, der den Board in allen Fragen der Geschäftspolitik berät.

Die 12 **Federal Reserve Banks** dienen der Umsetzung der vom Board beschlossenen Geldpolitik. Jede dieser Banken bildet dabei die Zentrale eines häufig mehrere Bundesstaaten umfassenden Distrikts. Mit Abstand bedeutendstes Institut ist die Federal Reserve Bank of New York, auf die rund ein Viertel des Bilanzvolumens des FRS entfällt. Das Grundkapital der privatrechtlich organisierten Federal Reserve Banks wird von den **FRS-Mitgliedsbanken** (sämtliche National Banks sowie freiwillig eingetretene State Banks) des betreffenden Distrikts gehalten (GONDRING 1989, MORSCHBACH 1981).

Die Aufgaben des Federal Reserve Systems ähneln denen der Deutschen Bundesbank. So fungiert die Zentralbank als Bank der Banken, als Bank der Bundesregierung, und sie besitzt auch das Monopol zur Banknotenausgabe. Das hauptsächliche Tätigkeitsgebiet des FRS ist jedoch die Sicherung der Stabilität der Währung, wobei sich das notenbankpolitische Instrumentarium im wesentlichen auf die Mittel der Diskont-, der Offenmarkt- und der Mindestreservepolitik erstreckt. Mit Abstand wichtigstes Instrument ist die **Offenmarkt-Politik**. Dabei werden im Rahmen von Kassa- und Pensionsgeschäften Bundespapiere, vom Bund garantierte Papiere sowie Geldmarktpapiere privater Emittenten gehandelt. Ausgeführt werden Offenmarkt-Operationen grundsätzlich von der Federal Reserve Bank of New York. Die Bedeutung der Diskontpolitik ist gering, da sich die Institute vorwiegend über zinsgünstigere Kredite refinanzieren, die durch verpfändete Wertpapiere und Hypotheken gesichert sind (MORSCHBACH 1981).

2. Bankenaufsicht

Das US-amerikanische Bankenaufsichtssystem ist äußerst differenziert aufgebaut. Zunächst sind dabei die einzelnen Banktypen, d.h. also die Commercial Banks, die Thrift Institutions und die Investment Banks, zu unterscheiden.

Um eine Übersicht über das System der bankaufsichtsrechtlichen Zuständigkeiten bei den **Commercial Banks** zu erhalten, ist es sinnvoll, diese Banken anhand der Kriterien konzessionierende Stelle, Mitgliedschaft im Federal Reserve System und Versicherung der Einlagen einzugruppieren (vgl. Abb. 4.10). Das erste Differenzierungsmerkmal ergibt sich aus dem "dual Banking". Banken mit einer National Charter werden auf Bundesebene überwacht, während solche mit einer Staatslizenz der Gesetzgebung und der Aufsicht ihres Heimatstaates unterliegen. Die Zuständigkeiten der Aufsichtsorgane der einzelnen Bundesstaaten sind sehr unterschiedlich geregelt. Die Spannweite reicht von der Überwachung aller Institute mit State Charter bis zur ausschließlichen Überwachung der Noninsured-Nonmember State Banks. Große Unterschiede bestehen darüber hinaus auch im Hinblick auf die Häufigkeit und den Inhalt der Kontrollen.

Auf Bundesebene wird die Aufsichtsfunktion vom **Comptroller of the Currency** (CC) wahrgenommen, dessen Existenz auf den National Bank Act von 1864 zurückgeht. Er stellt damit die älteste Bankaufsichtsbehörde der USA dar. Der CC wird vom Präsidenten für eine Amtszeit von 5 Jahren ernannt, wobei eine Bestätigung durch den Senat erforderlich ist. Organisatorisch ist diese Behörde zwar dem Schatzamt (Treasury) angegliedert, sie genießt jedoch eine weitgehende Autonomie gegenüber der Bundesregierung.

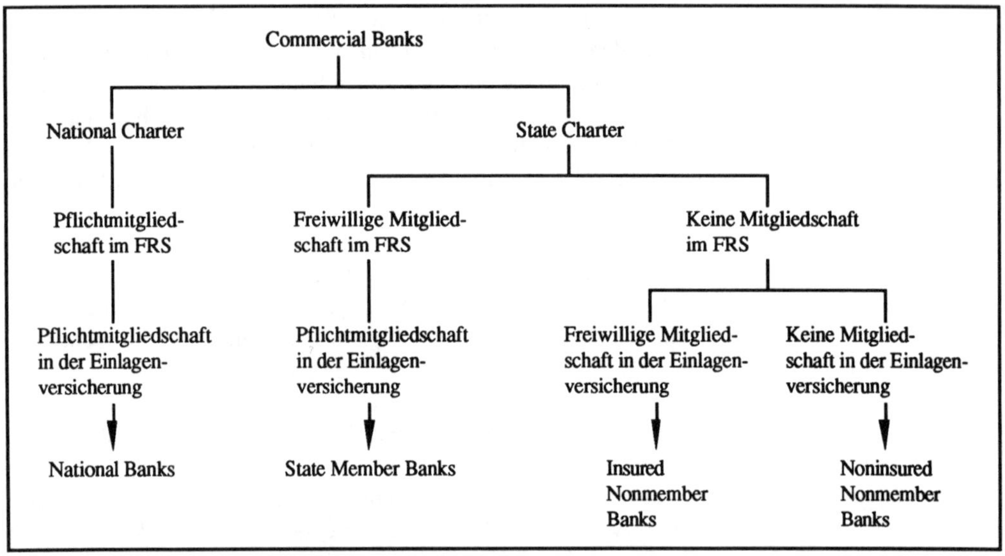

Abb. 4.10: System der Commercial Banks in den USA

Es besteht lediglich eine Rechenschaftspflicht gegenüber dem Kongreß, der jährlich einen Bericht erhält. In den Zuständigkeitsbereich des CC fallen sämtliche Banken mit einer National Charter, die er konzessioniert und überwacht. Inhaltlich beziehen sich die Prüfungen vor allem auf die:

- Angemessenheit des Eigenkapitals,
- Qualität der Aktiva,
- Qualität des Managements,
- Ertrags- und Liquiditätslage.

Für Mitgliedsbanken des Federal Reserve Systems übernimmt darüber hinaus der **Federal Reserve Board** Überwachungsfunktionen. Allerdings prüft der Board nicht alle Mitgliedsbanken, sondern überläßt das Recht zur Prüfung der National Banks dem Comptroller of the Currency. Der Board überwacht somit letztlich nur die State-Member-Banks. Dabei werden die Prüfungen in Zusammenarbeit mit den einzelstaatlichen Aufsichtsbehörden durchgeführt, um Doppelprüfungen zu vermeiden.

Die dritte staatliche Bankenaufsichtsbehörde ist die **Federal Deposit Insurance Corporation** (FDIC), die 1933 in Folge der Bankenkrise gegründet wurde. Ihre Hauptaufgabe liegt in der Versicherung der Einlagen. Versicherungspflicht besteht nur für National Banks sowie für die übrigen Mitgliedsbanken des FRS. Darüber hinaus gehört jedoch auch der weitaus größte Teil der nichtversicherungspflichtigen Institute der FDIC an. Grundsätzlich ist die FDIC berechtigt, alle bei ihr versicherten Institute zu kontrollieren. Faktisch beschränkt sich die Prüfung jedoch auf die in den Bundesstaaten konzessionierten und nicht dem FRS angehörenden Banken, da alle anderen Institute bereits von Bundesbehörden überwacht werden (vgl. Abb. 4.11). Zur Behebung von Mißständen kann die FDIC neben der Intensivierung ihrer Prüfungen die Durchführung bestimmter risikoreicher Geschäftspraktiken untersagen sowie ein Verfahren zur Beendingung des Versicherungsschutzes eröffnen.

Versichert bei der FDIC sind zur Zeit Einlagen bis zu einer Höhe von 100.000 Dollar, so daß die Anleger ihr Risiko durch eine Streuung ihres Geldvermögens auf zahlreiche Konten bei einer oder verschiedenen Banken vollständig absichern können. Mit der Reform des US-Bankwesens ist die Beschränkung des Versicherungsschutzes auf 100.000 US-Dollar für jeden Einleger geplant. Diese Einschränkung soll schrittweise eingeführt werden, zunächst ist die Begrenzung von 100.000 Dollar je Einleger und Bank vorgesehen. Zudem sollen sich die Prämien nicht mehr wie bisher an der Einlagenhöhe, sondern an der Stärke der Eigenkapitalbasis orientieren (LINK/HARTUNG 1991).

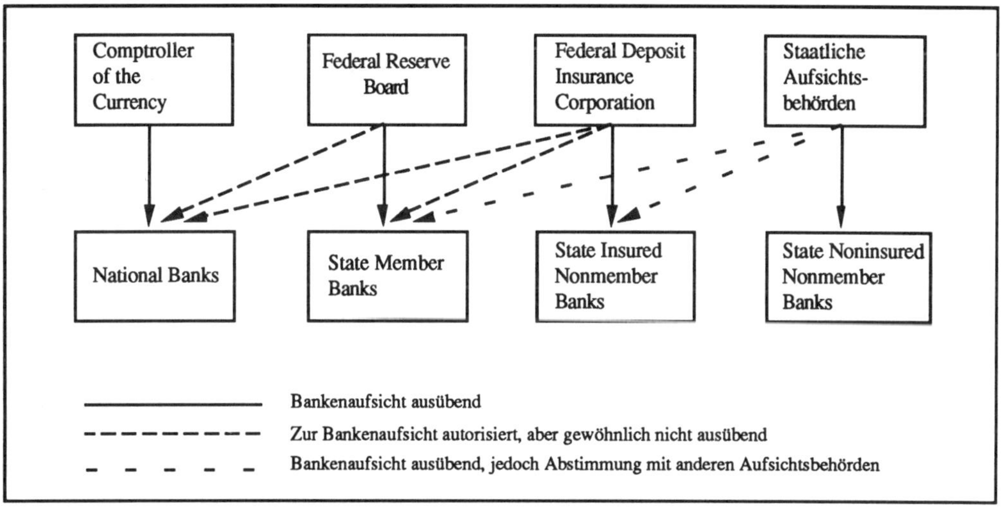

Abb. 4.11: Organe der Bankenaufsicht in den USA

Für die **Thrift Institutions,** die zweite große Institutsgruppe des amerikanischen Bankwesens, haben sich je nach konzessionierender Stelle sowie Banktyp größtenteils eigene Institute etabliert, die in Aufgabenstellung und Arbeitsweise weitgehend den für die Geschäftsbanken zuständigen Organisationen entsprechen. Zur Überwachung der Savings & Loan Associations ist im Rahmen der Gesetzesreform von 1989 mit dem **Office of Thrift Supervision** eine neue Aufsichtsbehörde geschaffen worden, die jedoch mit der Neustrukturierung des Aufsichtswesens ebenso wie der Comptroller of the Currency wieder abgeschafft werden sollte. Es war beabsichtigt, die Bankenaufsicht zu vereinheitlichen und die Aufgaben nur noch auf zwei Behörden mit klar abgegrenzten Aufgabenbereichen zu übertragen. So sollten die State-Member-Banks vom Federal Reserve Systems und die National Banks sowie die Savings & Loan Associations von einer neu zu gründenden Behörde, der Federal Banking Agency, überwacht werden. Außerdem war geplant, Art und Umfang der aufsichtsrechtlichen Befugnisse an der Kapitalbasis der Institute auszurichten.

Für die **Investment Banks** bestehen sowohl auf Bundes- als auch auf einzelstaatlicher Ebene besondere Gesetze und Aufsichtsinstitutionen. Wichtigste Behörde auf Bundesebene ist die **Securities and Exchange Commission** (SEC), die die Einhaltung der Bundesgesetze für den

Wertpapiersektor überwacht. Dazu ist sie vom Gesetzgeber ermächtigt worden, weitergehende Normen zu erlassen sowie Registrierungen und Kontrollen vorzunehmen. Eine große Bedeutung im Wert-papierbereich hat jedoch traditionsgemäß die Regulierung und Kontrolle durch eigene Standesvertretungen, wobei insbesondere die **National Association of Securities Dealers** zu nennen ist (MORSCHBACH 1981).

III. Institutsgruppen

1. Commercial Banks

Die Commercial Banks bilden sowohl in Bezug auf ihre Anzahl - ca. 14.200 Institute - als auch hinsichtlich ihres Marktanteils im Einlagengeschäft - auf sie entfallen ca. 2/3 aller Depositen - die größte amerikanische Bankengruppe (AMEL/JACOWSKI 1989). Dabei weist die Gruppe der Commercial Banks eine äußerst heterogene Struktur auf. Nach den Kriterien Bilanzvolumen und Sitz der Banken lassen sich Money Center Banks, Regional Banks, Local Banks und Foreign Banks unterscheiden.

Als **Money Center Banks** werden Großbanken bezeichnet, deren Konzernbilanzsumme 30 Mrd. US-$ übersteigt. Diese Banken haben ihren Sitz zumeist an den zentralen Bankplätzen New York oder Chicago. Bekannte Vertreter dieser Gruppe sind beispielsweise die Citicorp, die Bankamerika Corp. und die Chase Manhattan Corp.

Zu den **Regional Banks** gehören diejenigen Institute, die eine Konzernbilanzsumme bis zu 30 Mrd. US-$ aufweisen und die ihren Sitz an weniger bedeutenden Bankplätzen haben. Darunter befindet sich jedoch eine Reihe von Banken mit überregionaler Bedeutung wie z.B. die First Interstate Corp. oder die Security Pacific Corp. Die verbleibenden inländischen Institute, die sich lediglich in einem geographisch eng begrenzten Gebiet betätigen, bilden die Gruppe der **Local Banks**. Sie sind durchweg unabhängig und nicht Bestandteil eines Bankkonzerns. Als **Foreign Banks** gelten schließlich alle Repräsentanzen, Filialen und Tochterinstitute ausländischer Banken (MORSCHBACH 1981). Für Auslandsbanken gelten seit dem Erlaß des "International Banking Act" von 1978 weitgehend die gleichen Bestimmungen wie für die heimischen Banken. Die zuvor bestehenden Privilegien der ausländischen Institute vor allem im Hinblick auf die regionale Ausdehnung und die Ausübung von bestimmten Nichtbank-Aktivitäten sind damit abgeschafft bzw. sollen mit der anstehenden Reform des US-Bankwesens beseitigt werden (KPMG PEAT MARWICK 1988a, LINK 1991).

Die Geschäftstätigkeit der Commercial Banks erstreckt sich vor allem auf das Einlagen- und das Kreditgeschäft, die Abwicklung des Zahlungsverkehrs sowie das Trust-Geschäft. Kredite werden hauptsächlich im Rahmen gewerblicher Finanzierungen vergeben, jedoch auch als Hypotheken- oder Konsumentenkredite zur Verfügung gestellt. Die Mittelbeschaffung vollzog sich bis zum Ende der 50er Jahre hauptsächlich über gemäß der Regulation Q unverzinsliche Sichteinlagen. Mit der schrittweisen Aufhebung der Zinsbegrenzung seit 1980 gewannen jedoch andere Einlageformen erheblich an Bedeutung. Im Vordergrund standen dabei zunächst die Großkunden, denen mit den **Certificates of Deposit** für Mindestbeträge ab 100.000 US-$ neue, hochverzinsliche Anlagemöglichkeiten eröffnet wurden. Um die in Ermangelung vergleichbarer Anlagealternativen zu anderen Institutsgruppen abgewanderten Kleinsparer zurückzugewinnen, erweiterten die Commercial Banks ihre Produktpalette um NOW- bzw. Super-NOW-Konten, die bereits bei den Thrift Institutions erfolgreich eingeführt worden waren. Bei diesen Anlageformen handelt es sich um Konten mit vereinbarter Abhebung (Negotiable Order of Withdrawal), bei denen Einlagen ohne Laufzeitvereinbarung entgegengenommen werden, über die mit einem scheckähnlichen Instrument verfügt werden kann.

Daneben wurden Geldmarkteinlagekonten eingeführt, auf denen ein Mindestbetrag von 2.500 US-$ gehalten werden muß und deren Verzinsung sich an den jeweiligen Geldmarktsätzen orientiert. Aufgrund der günstigen Verzinsungsmodalitäten hat sich die Struktur der Einlagen deutlich zu Gunsten dieser neuen Passivprodukte verschoben.

2. Investment Banks

Während den Commercial Banks seit 1933 die Emission und der Erwerb von Wertpapieren auf eigene Rechnung untersagt ist, dürfen Investment Banks grundsätzlich kein Einlagen- und kein Kreditgeschäft betreiben. Die Geschäftstätigkeit der Investment Banks umfaßt vor allem den Handel mit Wertpapieren als Makler (Broker) oder Eigenhändler (Dealer), die Übernahme (Underwriting) und Plazierung von Wertpapieremissionen sowie die Beratung von Unternehmen (z.B. im M&A-Geschäft) und privaten Kapitalanlegern. Daneben betreiben diese Institute über Tochtergesellschaften auch eher dem Commercial Banking zuzurechnende Dienstleistungen wie das Leasing oder das Hypothekengeschäft.

Die mehr als 6.000 Institute umfassende Gruppe der Investment Banks ist bezüglich Größe und Geschäftsschwerpunkten überaus heterogen strukturiert (SCHUBERT 1989). Neben einer großen Anzahl kleinerer, hochspezialisierter Häuser gibt es einige Großinstitute wie z.B. den Branchenführer **Merrill Lynch**, die sich durch ein breit diversifiziertes Geschäftsspektrum auszeichnen. Diese größeren Investmentbanken verfügen dabei in der Regel über ein bundesweites Filialnetz sowie zahlreiche Auslandsstützpunkte, während die kleineren Institute häufig nur wenige Niederlassungen besitzen. Seit dem Ende der 60er Jahre ist bei den Investmentbanken generell ein Trend zu größeren Betriebseinheiten und zu einem breiteren Leistungsangebot festzustellen.

Treibende Kraft für das Wachstum der führenden Investmentbanken in den 80er Jahren war eine Welle von **Fusionen und Übernahmen** in der US-amerikanischen Wirtschaft, in die die Investmenthäuser als Berater und Finanziers eingeschaltet waren. In diesem Zusammenhang ist auch das Entstehen des **Junk-Bond-Marktes** bedeutsam, der bei einem Marktvolumen von zuletzt 2 Mrd. US-$ von einigen wenigen großen Investment Banken beherrscht wurde.

Die einseitige Ausrichtung auf dieses Marktsegment führte angesichts eines drastischen Kursverfalls bei Junk-Bonds im Frühjahr 1990 zum Zusammenbruch der Investmentbank Drexel Burnham Lambert (Junk-Bond-Marktanteil: ca. 40 %). Mit diesem bisher größten Einzelkonkurs der amerikanischen Finanzgeschichte kam auch der Handel mit Junk-Bonds nahezu zum Erliegen (BRÜGGEMANN 1990).

3. Thrift Institutions

In der Nachkriegszeit haben drei Institutsgruppen, die zusammen als Thrift Institutions bezeichnet werden, besonders hohe Zuwachsraten erzielt. Unterstützt durch den zunehmenden Stellenwert des Privatkundengeschäfts und die Möglichkeit, bereits vor den Commercial Banks mit den NOW-Accounts verzinsliche Sichteinlagen anzubieten, haben sich die Thrift Institutions in vielen Bereichen zu ernsthaften Konkurrenten der Commercial Banks entwickelt. Den traditionellen Geschäftsschwerpunkt dieser Institute stellt das Hypothekengeschäft dar, während sich die Mittelbeschaffung weitgehend über Spareinlagen vollzieht. Darüber hinaus bieten sie ihren Kunden aber auch eine Reihe weiterer Dienstleistungen an, insbesondere die Abwicklung des Zahlungsverkehrs, Unternehmens- und Konsumkredite sowie das Treuhandgeschäft.

Im einzelnen gehören zur Gruppe der Thrift Institutions die Savings & Loan Associations, die Mutual Savings Banks und die Credit Unions.

Bei den **Savings & Loan Associations** (S & L) handelt es sich um mit den deutschen Bausparkassen vergleichbare Institute. Sie sind zu 80 % genossenschaftlich organisiert, die restlichen 20 % werden als Aktiengesellschaften geführt. Im Anschluß an die Aufhebung der Zinsobergrenzen, durch die sich die Mittelbeschaffung zu Beginn der 80er Jahre deutlich verteuerte, ist der traditionell auf das Hypothekargeschäft beschränkte Tätigkeitsbereich der Savings & Loan Associations deutlich ausgeweitet worden. Mit ca. 60 % der Bilanzsumme stehen allerdings Hypothekarkredite weiterhin im Vordergrund (KUNZ 1989).

Der S & L-Sektor befindet sich seit Mitte der 80er Jahre vor allem aufgrund von Managementfehlern in einer schweren Krise. Nachdem drastisch gesunkene Immobilienpreise, Betrugsfälle und unzureichende aufsichtsrechtliche Kontrollen bei einer Vielzahl von S & L-Instituten zum Konkurs geführt hatten, wurde im August 1989 im Rahmen einer umfassenden Gesetzesreform eine völlige Neuordnung des S & L-Sektors beschlossen. Die bisher zuständige Aufsichtsbehörde wurde aufgelöst und durch das **"Office of Thrift Supervision"** ersetzt, die Aufgaben des bisherigen Einlagensicherungsfonds gingen auf den **"Savings Association Insurance Fund"** über. Weiterhin wurden die Eigenkapitalvorschriften und Ausleihgrundsätze verschärft und die Prämien für die Einlagenversicherung erhöht. Eine neu gegründete Institution (**Resolution Trust Corporation**) ist mit der Liquidation des Vermögens bankrotter S & L-Institute betraut worden (O.V. 1989d). Die Erfüllung dieser Aufgabe erweist sich jedoch als äußerst schwierig, so daß von den bisher übernommenen weit über 300 Instituten erst ein geringer Teil verkauft bzw. liquidiert werden konnte. Von den derzeit noch selbständig operierenden ca. 2.400 Instituten gilt zudem lediglich ein Drittel als selbständig überlebensfähig. Der gesamte Sanierungsbedarf für die S & L-Branche wird mittlerweile auf bis zu 500 Mrd. US-$ - verteilt auf 30 Jahre - geschätzt. Angesichts dieser Entwicklung stellen die gesunden Sparinstitute derzeit Überlegungen an, die krisenbehaftete Bezeichnung "Savings & Loan Association" abzulegen, um sich dann als "National Bank" oder "Savings Bank" zu etablieren (O.V. 1990c).

Bei den **Mutual Savings Banks** (MSB) handelt es sich um genossenschaftlich organisierte Institute, die von einem Treuhänderrat (Board of Trustees) geleitet werden. Die knapp 500 MSB's verteilen sich auf lediglich 17 Staaten der USA, wobei die Institute ihren regionalen Schwerpunkt im Nordwesten haben. Die Banken dieser Gruppe sind im Durchschnitt größer als andere Thrift Institutions, weisen jedoch üblicherweise eine geringere Bilanzsumme auf als die Commercial Banks (SCHUBERT 1989).

Die ca. 22.000 **Credit Unions** sind Kreditkooperativen, die Anfang dieses Jahrhunderts als Selbsthilfeeinrichtungen auf genossenschaftlicher Basis gegründet wurden. Geschäfte werden nur mit Mitgliedern getätigt, die jeweils z.B. als Angestellte eines bestimmten Unternehmens ein gemeinsames Interesse verbindet (BRIXNER 1971). Die einzelnen Credit Unions stellen dementsprechend die kleinsten Einheiten in der Gruppe der Thrift Institutions dar.

4. Non-Bank Banks

Zu den Non-Bank Banks wird eine Gruppe von Instituten zusammengefaßt, die zwar Banktätigkeiten ausüben, die aber keine Banken im Sinne des Gesetzes sind. Diese Institute nutzen damit eine Lücke in der Gesetzgebung aus, die Banken als Institutionen definiert, die sowohl Einlagen annehmen als auch Kredite vergeben. Solange diese Definitionsmerkmale nicht kumulativ erfüllt sind, unterliegen die betreffenden Institute nicht den gesetzlichen Beschränkungen und Aufsichtsinstitutionen der Banken.

Bei den Non-Bank Banks handelt es sich zumeist um 100 %ige Tochtergesellschaften von Industrie- und Handelsunternehmen, die das **Ratenkreditgeschäft** als Instrument zur Absatzförderung einsetzen. So finanziert beispielsweise die General Motors Corp. den Kauf eines entsprechenden Kraftfahrzeuges oder die Sears Roebuck Acceptance Corp. den Absatz von Warenhausprodukten. Daneben existieren Finanzierungsgesellschaften, die allgemeine, nicht zweckgebundene Ratenkredite vergeben.

Seit Beginn der 80er Jahre ist über die ursprüngliche Geschäftstätigkeit hinaus eine deutliche Diversifizierung der Aktivitäten der Non-Bank Banks festzustellen. Der Warenhauskonzern Sears Roebuck bietet beispielsweise neben Anschaffungsdarlehen auch Hypotheken, Versicherungsverträge, Kreditkarten sowie über das von ihm übernommene Investmenthaus Dean Witter auch Dienstleistungen des Wertpapiergeschäfts an. Auf diese Weise haben sich die Non-Bank Banks zu ernsthaften Konkurrenten der Banken entwickelt (O.V. 1987, GONDRING 1989).

LITERATURHINWEISE:

AMEL, D.F./JACOWSKI, M.J. (1989)
GLOGOWSKI, E./MÜNCH, M. (1990)
GONDRING, H. (1989)
GRUSON, M./HERNDL, T. (1990)
KPMG PEAT MARWICK (1988a)
LINK, T.J. (1991)
LINK, T.J./HARTUNG, A.R. (1991)
MORSCHBACH, M. (1981)
SCHUBERT, K. (1989)

F. JAPAN

I. Kennzeichnung und Entwicklungsstufen des japanischen Bankwesens

Nach einer mehr als 200jährigen Phase der nationalen Isolierung begann in Japan in der zweiten Hälfte des 19. Jahrhunderts der Aufbau eines Banksystems moderner Prägung. Als Vorbild diente das bereits etablierte Bankwesen einiger europäischer Staaten sowie vor allem das der USA. Bis zum Beginn des 2. Weltkrieges verfügte Japan über ein relativ differenziertes, zudem vergleichsweise schnell wachsendes Bankensystem. Im Zuge eines starken Konzentrationsprozesses vor allem im Bereich der Commercial Banks entwickelten sich dabei einige Institute zu Großbanken, die universalbankmäßig neben der gesamten Palette des kommerziellen Bankgeschäftes auch den Wertpapierhandel und das Emissionsgeschäft betrieben. Organisatorisch waren die meisten dieser Großbanken in einen Konzernverbund mit einer Vielzahl bedeutender Industrie- und Handelsunternehmen eingebettet. Die Kontrolle über die Konzerngesellschaften wurde durch Holding-Gesellschaften ausgeübt, deren Anteile sich zumeist im Besitz einer einzelnen Familie befanden. Diese als "**Zaibatsu**" (Finanzcliquen) bezeichneten Gruppen besaßen aufgrund ihrer Finanzkraft und Machtzusammenballung eine überragende Stellung in der japanischen Wirtschaft. Zudem verfügten sie über erheblichen politischen Einfluß. Die drei größten Gruppen - Mitsui, Misubishi und Sumitomo - kontrollierten kurz vor dem 2. Weltkrieg viele industrielle Sektoren (ELI 1988).

Nach dem Ende des 2. Weltkrieges ergriffen die Alliierten ein Bündel von Maßnahmen zur Entflechtung der japanischen Wirtschaft, die unter anderem auch zu einer vollständigen Reorganisation des Bankwesens führten. 1947 wurde nach dem Muster des amerikanischen Anti-Trust-Gesetzes der **Anti-Monopoly-Act** erlassen, der ein Verbot von Holding-Gesellschaften sowie von Beteiligungen zum Zwecke der wirtschaftlichen Kontrolle eines anderen Unternehmens beinhaltete. Somit war den alles beherrschenden Vorkriegs-Zaibatsu zumindest formaljuristisch die Grundlage entzogen.

Den tiefgreifendsten Einschnitt in die Bankenstruktur stellte der Erlaß des **Artikels 65** des **japanischen Börsengesetzes von 1948** dar, der den japanischen Banken bis heute den Handel mit Wertpapieren privater Emittenten sowie die Übernahme von Emissionen untersagt, und damit die gesetzliche Grundlage für das japanische **Trennbankensystem** bildet. Der enorme Kapitalbedarf der japanischen Wirtschaft im Zuge des Wiederaufbaus und die nach wie vor engen Beziehungen zwischen den großen Industrieunternehmen und den führenden Großbanken führten jedoch schon bald zu einer Wiederbelebung der alten Gruppenstrukturen. Die Großbanken waren dabei als Kerngesellschaften für die Finanzierung der Gruppenaktivitäten verantwortlich. An die Stelle der früheren Konzernverflechtungen traten materiell vergleichbare **Verbundgruppen** (sog. "Kigyo Keiretsu"). Diese auch heute noch bestehenden Gruppen weisen zwar keine Holding-Struktur auf, die Gruppengesellschaften sind jedoch kapitalmäßig und personell eng miteinander verflochten. Die einzelnen Beteiligungen erreichen regelmäßig nur wenige Prozent des Aktienkapitals, ergeben aber kumulativ jeweils die Kapitalmehrheit (ELI 1988).

Die durch das Trennbankensystem zum Ausdruck kommende **Arbeitsteilung** bezieht sich im japanischen Bankwesen jedoch nicht nur auf die **Art der Geschäftstätigkeit** (kommerzielles Bankgeschäft versus Wertpapiergeschäft), sondern darüber hinaus auch auf die **Fristigkeit der Bankge-**

schäfte (Banken für das kurzfristige versus Banken für das langfristige Geschäft). Die durch gesetzliche Maßnahmen sorgfältig geschützten Tätigkeitsfelder einzelner Institutsgruppen bewirken dabei letztlich ebenso wie die staatlich verordneten Niedrigzinsen eine Einschränkung des Wettbewerbs.

Angesichts des restriktiven nationalen Umfeldes haben die Institute einen Teil ihrer Aktivitäten auf die i.d.R. in geringerem Maße regulierten internationalen Finanzmärkte verlegt. Dabei verfolgen die japanischen Banken eine ausgeprägte **Wachstumsstrategie**. Dies zeigt sich auch an der herausragenden Größenordnung der japanischen Banken und Wertpapierhäuser. So befinden sich heute unter den zehn größten Banken der Welt allein sieben japanische Institute (vgl. Abb. 4.12). Eine ähnlich dominierende Stellung nehmen in ihrem Bereich die vier führenden Wertpapierhäuser ein (PRINDL 1989).

Rang	Bank	Land	Bilanzsumme	Veränderung gegenüber 1986 in Prozent	Eigenkapital	Reingewinn	Börsenwert am 31. Mai 1988
1	Dai-Ichi Kangyo Bank	Japan	266.907,4	40,49	4.875,9	680,4	63.252
2	Sumitomo Bank	Japan	250.568,6	51,96	5.559,0	383,4	68.787
3	Fuji Bank	Japan	244.056,2	43,29	5.395,1	657,8	62.810
4	Mitsubishi Bank	Japan	227.521,9	40,92	4.886,1	657,8	55.806
5	Sanwa Bank	Japan	218.196,8	45,88	4.472,6	632,4	51.422
6	Crédit Agricole	Frankreich	214.381,8	38,84	7.729,8	404,1	-
7	Citicorp	USA	203.607,0	3,82	8.810,0	- 1.138,0	7.550
8	Norinchukin Bank	Japan	184.898,5	35,03	1.158,4	154,3	-
9	Banque Nationale de Paris	Frankreich	182.674,9	28,76	4.643,1	563,5	-
10	Industrial Bank of Japan	Japan	176.969,8	40,84	3.550,1	380,0	55.890
11	Crédit Lyonnais	Frankreich	168.343,8	29,78	3.570,8	441,4	-
12	Deutsche Bank	BRD	165.782,5	27,96	6.966,6	423,1	8.319
13	National Westminster Bank	Großbritannien	161.910,7	31,78	9.226,0	809,3	7.705
14	Tokai Bank	Japan	159.115,9	46,40	2.934,9	298,4	31.282
15	Barclays	Großbritannien	157.970,2	40,65	7.867,9	355,3	8.078
16	Mitsui Bank	Japan	154.131,7	44,60	2.945,8	347,7	30.246
17	Mitsubishi Trust & Banking	Japan	153.561,7	53,54	2.133,7	412,2	30.910
18	Societé Générale	Frankreich	153.022,3	31,90	3.648,5	501,9	3.320
19	Sumitomo Trust & Banking	Japan	143.958,2	45,49	2.122,8	399,2	28.616
20	Taiyo Kobe Bank	Japan	133.187,2	39,23	2.239,4	213,3	18.748

Abb. 4.12: Die größten Banken der Welt per 1987 (in Mio. US-Dollar) (Quelle: Eli 1988)

Zunehmende **Liberalisierungs- und Deregulierungstendenzen** führen allerdings seit Beginn der 80er Jahre zu einer schrittweisen Aufweichung der starren Strukturen. So werden seit 1985 die rigiden Zinsbegrenzungen allmählich gelockert, zunächst allerdings beschränkt auf große Einlagen. Des weiteren nimmt die Palette der zulässigen Produkte fortlaufend zu. Nachdem den Banken seit 1984 der Handel mit Staatsanleihen erlaubt ist, zeigt auch das bisher strikt eingehaltene Trennbankensystem erste Auflösungserscheinungen, so daß sich der Inlandswettbewerb deutlich verschärft hat.

Vor diesem Hintergrund verstärkt sich der Druck der Finanzhäuser auf das japanische Finanzministerium, der letztlich auf eine Abschaffung des Trennbankensystems abzielt. Die jüngsten Verlautbarungen deuten jedoch weniger auf eine baldige Einführung des Universalbankensystems, als vielmehr auf eine Erlaubnis für Banken und Brokerhäuser hin, die ihnen bisher verwehrten Aktivitäten über hundertprozentige Tochtergesellschaften zu betreiben (BECKER 1990).

II. Ordnungsrahmen

1. Zentralbank

Die **Bank of Japan** (BoJ) wurde 1882 als zentrale Notenbank gegründet. Sie ist damit die älteste Zentralbank Südostasiens und seit 1884 für die Banknotenausgabe verantwortlich. Zuvor hatte ein 1872 nach amerikanischem Muster errichtetes System von regional tätigen Nationalbanken das Recht zur Notenausgabe. Diesen zuletzt mehr als 150 Instituten war es jedoch nicht gelungen, die hohen Inflationsraten entscheidend einzudämmen (SCHULTZE-KIMMLE 1968). Im Jahre 1942 trat ein neues Zentralbankgesetz in Kraft, das sich stark an das deutsche Reichsbankgesetz von 1939 anlehnte und entsprechend nationalistische Züge trägt. Als wesentliche Neuerung sah das Gesetz umfangreiche Kontroll- und Weisungsrechte der Regierung vor, die bis heute kaum eingeschränkt wurden. Die BoJ operiert seit 1942 als Aktiengesellschaft mit Sonderstatus, die dem nationalen Interesse in besonderer Weise verpflichtet ist. Hauptanteilseigner ist mit 55 % die Regierung, während sich die restlichen Anteile, die zwar einen Dividendenanspruch, jedoch keinerlei Einflußmöglichkeiten einräumen, in Privateigentum befinden.

Oberstes Entscheidungsorgan ist seit 1949 der notenbankpolitische Ausschuß (**Policy Board**). Ihm gehören neben dem Notenbank-Gouverneur und zwei nichtstimmberechtigten Regierungsvertretern vier hauptamtliche Vertreter aus dem Kreis der City- und Regionalbanken, dem Handel, der Industrie sowie der Landwirtschaft an. Als Exekutivorgan fungiert das **Direktorium** der Bank of Japan, dem der Gouverneur vorsteht. Der staatliche Einfluß auf die Politik der BoJ ist nach wie vor erheblich. So ist das Finanzministerium bei sämtlichen gewichtigen Entscheidungen zu konsultieren. Zudem steht dem Finanzministerium bzw. dem Kabinett das Recht zur Berufung und Entlassung der Mitglieder des Direktoriums sowie des Policy Board zu (PRINDL 1989, ODRICH 1990).

Die Aufgaben der Notenbank entsprechen im wesentlichen denen der Deutschen Bundesbank. So ist die Bank of Japan als Bank der Banken beispielsweise in die Abwicklung des Zahlungsverkehrs eingeschaltet. Zur Erfüllung ihrer währungspolitischen Aufgaben stehen der BoJ vor allem die Instrumente der Diskont-, Offenmarkt- und der Mindestreservepolitik zur Verfügung. Das Schwergewicht liegt nach wie vor bei der Diskontpolitik. So haben Änderungen des Diskontsatzes i.d.R. deutliche Auswirkungen auf das gesamte japanische Zinsgefüge. Mit dem zunehmenden Ausbau der Geld- und Kapitalmärkte steht inzwischen jedoch auch für Offenmarktgeschäfte eine größere Anzahl geeigneter Papiere (vor allem CD's, Bankakzepte und Commercial Papers) zur Verfügung, so daß die Offenmarktpolitik tendenziell an Bedeutung gewinnt. Eine Mindestreservepolitik wird in Japan erst seit 1959 praktiziert. Die nach Art der reservepflichtigen Verbindlichkeiten gestaffelten Mindestreservesätze sind im internationalen Vergleich traditionell äußerst niedrig (VINER 1989).

Eine Besonderheit der japanischen Geldpolitik stellt die sogenannte "**Schalterkontrolle**" (window guidance) dar. Im Rahmen dieser Maßnahme, die die klassischen Instrumente ergänzt, legt die BoJ einen verbindlichen Rahmen für das Wachstum des Kreditvolumens der führenden Geschäftsbanken fest und nimmt somit direkten Einfluß auf deren Kreditvergabepolitik. Hintergrund dieser für marktwirtschaftliche Systeme ungewöhnlichen Vorgehensweise ist die für die japanische Wirtschaft charakteristische enge Verbindung zwischen den Banken und anderen Unternehmen einer wirtschaftlichen Verbundgruppe, die häufig zu einer relativ unkontrollierten Kreditvergabe an Gruppenmitglieder geführt hat (FEDERATION OF BANKERS ASSOCIATIONS OF JAPAN 1989).

2. Bankenaufsicht

Die neben dem Artikel 65 des Börsengesetzes (Kodifizierung des Trennbankensystems) wichtigste gesetzliche Grundlage für die Geschäftstätigkeit der japanischen Banken bildet das **Bankgesetz von 1981,** das das bis dahin geltende Bankgesetz von 1927 ablöste. Darüber hinaus existiert eine Reihe von Spezialgesetzen für einzelne Institutsgruppen.

Angesichts des zunehmenden Wettbewerbs in der japanischen Bankenlandschaft wurden in den letzten Jahren die aufsichtsrechtlichen Bestimmungen (z.B. Publizitätspflichten, Eigenkapitalquote, Beschränkung von Großkrediten) verschärft. Parallel dazu ist auch die Dotierung des Einlagensicherungsfonds erhöht sowie der Betrag der gesicherten Einlagen deutlich heraufgesetzt worden (MADER 1987, PEAT MARWICK MINATO 1987).

Ausgeübt wird die Bankenaufsicht in Japan einheitlich für alle Institutsgruppen durch das **Finanzministerium** (Ministry of Finance = MoF), das außergewöhnlich umfangreiche Einflußmöglichkeiten besitzt. So werden in Einzelfällen z.B. die Zinssätze für bestimmte Darlehen oder der Emissionskurs und -zeitpunkt bei Neuemissionen vorgegeben (PRINDL 1989). Zu den wesentlichen Aufgaben des MoF zählen im einzelnen die Lizenzerteilung für die Aufnahme des Geschäftsbetriebs, die Genehmigung bei der Errichtung neuer Filialen, die Vorgabe von Bilanzierungsrichtlinien und die regelmäßige Prüfung der Institute. Des weiteren erlegt das Bankengesetz den Instituten umfangreiche Berichtspflichten im Hinblick auf ihren Geschäftsverlauf auf (MISUBISHI TRUST AND BANKING CORPORATION 1990).

Über den Erlaß von **Verwaltungsrichtlinien** versucht das MoF darüber hinaus die Geschäftspolitik der Banken zu steuern. Inhaltlich beziehen sich diese Richtlinien beispielsweise auf die Einhaltung bestimmter Liquiditätsgrundsätze (O.V.1978, ELI 1988). Die ebenfalls im Rahmen der Verwaltungsrichtlinien vorgegebenen Eigenkapitalquoten sind über lange Jahre deutlich unterschritten worden, so daß die japanischen Großbanken im Vergleich zu ihren europäischen und US-amerikanischen Konkurrenten erheblich unterkapitalisiert waren. In jüngster Zeit vorgenommene massive Kapitalerhöhungen, die die Banken angesichts der hohen Börsenbewertung äußerst kostengünstig durchführen konnten, bewirkten eine deutliche Verbesserung der Eigenkapitalquoten und eine Annäherung an internationale Standards (O.V. 1989e, KRUMNOW 1989).

III. Institutsgruppen

1. Geschäftsbanken

Zu der Gruppe der Geschäftsbanken (Commercial Banks) zählen

- die City-Banken,
- die Regionalbanken und
- die Auslandsbanken

Den Kern des japanischen Bankensystems bildet die nach der Fusion von Mitsui und Taiyo Kobe im Frühjahr 1990 noch 12 Institute umfassende Gruppe der **City-Banken** (vgl. Abb. 4.13). Auf die City-Banken entfällt etwa die Hälfte der Inlandsaktiva aller **Geschäftsbanken**. Die Institute dieser Gruppe sind im ganzen Land flächendeckend mit Zweigstellen vertreten, wenn auch eine Konzentration auf den Großraum Tokio und andere Großstädte festzustellen ist. Eine Sonderstellung nimmt die **Bank of Tokyo** ein. Dieses als spezialisierte Außenhandelsbank gegründete Institut verfügte lange Zeit über das Devisenhandelsmonopol. Sie hat mit lediglich 32 Filialen eine vergleichsweise schmale Inlandsbasis, spielt aber mit mehr als 250 Auslandsniederlassungen eine zentrale Rolle auf den Überseemärkten (ELI 1988).

Institutsgruppe	Anzahl	Marktanteil
City-Banken	13	20 %
Regionalbanken	64	13,5 %
Auslandsbanken	77	0,3 %
Banken für langfristige Kredite	3	5,2 %
Treuhandbanken	7	15,5 %
Sogo-Banken	69	5,5 %
Kreditkassen und -genossenschaften	955	12,6 %
Agrargenossenschaften	6.122	13,0 %
Postsparkasse	1	14,4 %

Abb. 4.13: Marktanteile im japanischen Bankwesen (Maßstab: Einlagen und Anleihen, Zahlen per 09/86) (Quelle: Economic Statistics Monthly, No. 476, November 1986, Statistics Department, The Bank of Japan; entnommen aus: Eli 1988)

Der Geschäftsschwerpunkt der City-Banken liegt traditionell in der kurzfristigen Unternehmensfinanzierung. Materiell haben die Kredite jedoch eher langfristigen Charakter, da die Kreditlinien i.d.R. ständig prolongiert werden. Die Möglichkeit einer langfristigen Refinanzierung besteht für die

City Banks in beschränktem Umfang erst seit 1987, so daß die kurzfristigen Passiva eindeutig dominieren. Kreditnehmer waren lange Zeit primär Großunternehmen, hier vor allem die zum jeweiligen Gruppenverbund gehörenden Unternehmen. Vor dem Hintergrund stagnierender Kreditnachfrage ihrer traditionellen Klientel gewinnt jedoch das Geschäft mit Privatkunden (inzwischen 70 % des Gesamtgeschäfts) sowie Klein- und Mittelbetrieben mehr und mehr an Gewicht. Einen hohen Stellenwert besitzt das internationale Geschäft, das mit Beginn der 80er Jahre stark ausgebaut wurde.

Die Geschäftstätigkeit der **Regionalbanken** (Local Banks) ist i.d.R. auf die jeweilige Region begrenzt. Die durchschnittliche Anzahl der Zweigstellen, die zumeist in kleineren Städten angesiedelt sind, ist somit deutlich geringer als bei den City-Banks. Trotz ihrer regionalen Begrenzung gehören 80 % dieser Institute zu den 500 weltweit größten Banken. Die Regionalbanken konzentrieren sich primär auf das Inlandsgeschäft mit der Privatkundschaft und mittelständischen Unternehmen aus der Region, wobei ein bedeutender Anteil der gesamten Bankeinlagen auf diese Institutsgruppe entfällt. Die Regionalbanken gehören dadurch zu den größten Kapitalgebern am japanischen Geldmarkt. Die größten Institute wie z.B. die Bank of Yokohama haben allerdings auch eine Reihe von Auslandsniederlassungen gegründet, um ihre Kundschaft bei deren Auslandsaktivitäten betreuen zu können.

In den 70er Jahren haben sich verstärkt **Auslandsbanken** aus den westlichen Industrieländern in Japan niedergelassen. Ihre Geschäftstätigkeit war von Beginn an äußerst restriktiven Bestimmungen unterworfen. Die Anzahl der Niederlassungen und die zulässigen Geschäfte sind bis heute streng limitiert. Die ausgeprägte Loyalität der Unternehmen eines Konglomerats zur jeweiligen Hausbank erschwert den Zugang zum Kreditgeschäft in Inlandswährung. Zudem steht das Verbot, Werbung zu treiben, einer Ausweitung der Einlagenbasis im Wege und sorgt damit für eine überaus starke Abhängigkeit vom Geldmarkt. Vor diesem Hintergrund spielen die Auslandbanken in Japan mit einem Marktanteil im Kreditgeschäft von weniger als 3 % eine nur untergeordnete Rolle.

Der Geschäftsschwerpunkt der Auslandsbanken lag zunächst in der Vergabe von Fremdwährungskrediten, die den japanischen Instituten bis 1980 untersagt war. Nach Aufhebung dieser Beschränkungen nahm der Anteil der Auslandsbanken an den Fremdwährungskrediten von vormals 60 % auf unter 20 % drastisch ab. Der mit zunehmender Wettbewerbsintensivierung eintretende Margenverfall im klassischen Kreditgeschäft führte zusammen mit den eingeschränkten Geschäftsmöglichkeiten zu einer völlig unzureichenden Ertragssituation der Auslandsbanken. Einige ausländische Institute reagierten darauf mit der Schließung ihrer Niederlassungen, andere (z.B. die Citibank) versuchen dagegen, über den Ausbau ihres Zweigstellennetzes das Privatkundengeschäft auszuweiten (BECKER 1989). Generell ist in jüngerer Zeit eine stärkere Ausrichtung der Geschäftstätigkeit der Auslandsbanken auf das Beratungsgeschäft und den Handel im Bereich der Devisen-, Anleihe- und vor allem Swapmärkte zu beobachten.

2. Banken für langfristige Kredite

Zur Gruppe der Banken für das langfristige Kreditgeschäft gehören seit der Nachkriegszeit noch drei Institute. Ihre einzige Aufgabe bestand lange Zeit in der Finanzierung des Wiederaufbaus der japanischen Industrie, deren langfristiger Kapitalbedarf von den City Banks nicht gedeckt werden konnte.

Die Banken für langfristige Kredite haben bis heute als einzige Institutsgruppe das Recht, sich über die Emission von Schuldverschreibungen zu refinanzieren. Sie sind somit in der Lage, ihrer Kundschaft langfristige Festsatzkredite zu gewähren. Zusammen vereinigen sie heute einen Anteil von fast 15 % des Kreditvolumens aller börsennotierten Unternehmen auf sich.

Vor dem Hintergrund eines rückläufigen Kreditbedarfs der Industriekundschaft und gesunkener Margen im Kreditgeschäft streben zumindest die beiden größten Institute dieser Gruppe vermehrt in das internationale Bankgeschäft. So gehören die **Industrial Bank of Japan**, die 90 % der 200 größten japanischen Unternehmen zu ihren Kunden zählt und über ein hervorragendes Standing verfügt, sowie die **Long-Term-Credit-Bank of Japan** heute zu den führenden Konsortialbanken am Eurobond-Markt (VINER 1989).

3. Treuhandbanken

Die Geschäftstätigkeit der Treuhandbanken (Trust Banks) erstreckt sich auf das Trust-Geschäft, d.h. die treuhänderische Verwaltung von Vermögensteilen, das kommerzielle Bankgeschäft sowie den Wertpapiereigenhandel. Da die Treuhandbanken somit im Vergleich zu den anderen Institutsgruppen über relativ umfassende Geschäftsmöglichkeiten verfügen, unterliegen sie sowohl dem Bankengesetz als auch speziellen Treuhandgesetzen.

Die Gruppe der Treuhandbanken umfaßt neben sieben japanischen Instituten, auf die der weitaus größte Marktanteil entfällt, seit 1985 auch neun ausländische Institute, die sich jedoch im Gegensatz zu ihren japanischen Konkurrenten ausschließlich auf das Trust-Geschäft konzentrieren (SCHNEIDER 1989). Darüber hinaus sind die City-Bank Daiwa sowie die Lebensversicherungsgesellschaften zum Treuhandgeschäft zugelassen. Einige Treuhandbanken gehören als jeweils eigenständige Tochtergesellschaft zum Konzernverbund großer City-Banken.

Auch bei den japanischen Treuhandbanken steht das Trust-Geschäft eindeutig im Vordergrund der Geschäftstätigkeit. Im Rahmen des Trust-Geschäfts dominieren wiederum die sogenannten "**Loan Trusts**" und die "**Money Trusts**". Unter diesen Anlageformen sind mittel- bis langfristige Sparkonten mit halbjährlicher Zinszahlung, deren Verzinsung in regelmäßigen Abständen an die Marktentwicklung angepaßt wird, zu verstehen. Die Anlage der Trust-Gelder erfolgt z.B. in Form von Unternehmenskrediten oder in Wertpapieren. Aufgrund des immensen Volumens des von ihnen verwalteten Vermögens gehören die japanischen Trust-Banken neben den großen japanischen Lebens- und Sachversicherern weltweit zu den größten institutionellen Investoren.

Insbesondere die Verwaltung von Pensionsfonds weist angesichts der demographischen Entwicklung in Japan hohe Wachstumsraten auf. Daher drängen auch andere Institutsgruppen bei den Aufsichtsbehörden auf eine Zulassung zu diesem attraktiven Geschäftsfeld. In absehbarer Zeit wird zumindest mit einer Lizenzerteilung für Investmentgesellschaften gerechnet, so daß das Trustgeschäft vermutlich nicht mehr lange der Monopolbereich der traditionellen Treuhandbanken bleiben wird (SCHNEIDER 1989).

4. Banken für Klein- und Mittelbetriebe

Zu der Gruppe der Banken für Klein- und Mittelbetriebe gehören die folgenden Institute:

- Spar- und Darlehenskassen auf Gegenseitigkeit (Sogo-Banken),
- Kreditkassen und -genossenschaften,
- Agrargenossenschaften.

Kennzeichnend für diese Institute ist die Struktur ihrer Kundschaft, die sich zum überwiegenden Teil aus kleinen und mittleren Betrieben rekrutiert. Die Teilgruppe der Kredit- und Agrargenossenschaften umfaßt zusammen mehr als 7.000 Institute und bildet damit anzahlmäßig das stärkste Segment des japanischen Bankensystems (MADER 1987). Größere Bedeutung haben jedoch lediglich die insgesamt 68 **Sogo-Banken** sowie die Zentralbanken der beiden letztgenannten Gruppen. Die Sogo-Banken konzentrieren sich auf das Spargeschäft und die Vergabe von Darlehen vor allem an kleinere Unternehmen der Region. Sie dürfen jedoch auch andere Bankgeschäfte betreiben.

Mit Abstand bedeutendstes Institut des Agrarsektors ist die **Norinchukin-Bank,** die als zentrale Genossenschaftsbank für die Land-, Forst- und Fischereiwirtschaft fungiert. Sie bietet ein breites Spektrum von Finanzdienstleistungen an. Als Zentralinstitut von tausenden ländlichen Genossenschaften, die verpflichtet sind, mindestens 50 % ihrer beträchtlichen Liquiditätsüberschüsse zu einem Vorzugszins bei ihr anzulegen, ist die Norinchukin-Bank bezüglich der Einlagen von Inländern die größte Bank Japans (VINER 1989).

5. Wertpapierhäuser

Seit 1948 ist die Betätigung als Händler oder Makler im Wertpapiergeschäft sowie die Übernahme von Emissionen (Underwriting) ausschließlich den Wertpapierhäusern vorbehalten. Neben den "**Big Four**" - Nomura, Daiwa, Yamaichi und Nikko Securities - existieren nach einem deutlichen Konzentrationsprozeß von den ursprünglich über 1.100 noch 240 mittlere und kleinere Gesellschaften, die teilweise ebenfalls mit den vier großen Instituten verbunden sind.

Der Inlandsmarkt wird eindeutig durch die großen Häuser, auf die etwa die Hälfte des gesamten Aktien- und Anleihehandels sowie ca. 80 % des Emissionsgeschäfts entfallen, beherrscht. Die starke Marktstellung dieser Institute ist insbesondere auf eine aggressive Vertriebsstrategie zurückzuführen. Allein der Marktführer Nomura Securities unterhält ein ständiges Verkaufspersonal von etwa 4.800 Mitarbeitern, die entweder im Wege des "Tür-zu-Tür-Verkaufs" oder per Telefon aus einem der mehr als 100 landesweit verteilten Büros Investmentfonds und andere Wertpapiere vertreiben.

Weltweit gehören die "Big Four" zu den größten Wertpapierhäusern. So haben sie im internationalen Emissionsgeschäft aufgrund ihrer enormen Plazierungskraft eine Quasi-Monopolstellung als Konsortialführer vor allem bei Eurobonds erreicht (vgl. Abb. 4.13). Ferner gehören die "Big Four" zu den wesentlichen Market Makers bzw. Primary Dealers in amerikanischen und englischen Staatsanleihen (STREIB 1990).

Rang 1989	Rang 1988	Bank	1989 Summe in Mio. US-$	1989 Anzahl der Emissionen	1989 Anteil in %	1988 Summe in Mio. US-$	1988 Anzahl der Emissionen	1988 Anteil in %
1	1	Nomura Securities	31.892,2	148	15,0	17.637,4	134	10,00
2	4	Daiwa Securities	16.862,0	92	7,9	9.454,7	85	5,40
3	5	Yamaichi Securities	16.329,1	78	7,7	7.268,6	61	4,13
4	6	Nikko Securities	15.286,4	52	7,2	6.858,9	61	3,90
5	3	Deutsche Bank	10.677,0	62	5,0	12.118,4	84	6,89
6	2	Credit Suisse First Boston/Crédit Suisse	9.398,5	57	4,4	14.403,5	85	8,20
7	10	JP Morgan	7.615,3	39	3,6	5.603,8	34	3,19
8	7	Merril Lynch Capital Markets	7.437,7	50	3,5	6.178,4	35	3,51
9	17	Morgan Stanley International	6.614,3	38	3,1	3.565,6	29	2,03
10	13	Salomon Brothers	6.141,5	27	2,9	4.883,0	27	2,78
11	9	Paribas Capital Markets Group	6.076,5	42	2,9	6.029,2	46	3,43
12	8	Bankers Trust International	5.917,6	68	2,8	6.029,3	50	3,40
13	11	Industrial Bank of Japan	4.845,0	55	2,3	5.590,4	49	3,18
14	15	Goldman Sachs International	3.814,9	29	1,8	3.962,6	26	2,25
15	12	Union Bank of Switzerland	3.416,9	29	1,6	4.883,0	47	3,11
16	33	Crédit Lyonnais	2.870,8	23	1,4	1.097,3	9	0,60
17	14	SG Warburg	2.810,1	15	1,3	4.413,9	21	2,50
18	20	Hambros Bank	2.765,4	47	1,3	2.676,4	46	1,50
19	21	Long-Team Credit Bank of Japan	2.729,4	30	1,3	2.345,2	25	1,30
20	16	Dresdner Bank	2.612,7	17	1,2	3.811,0	24	2,25
21	25	Westdeutsche Landesbank Girozentrale	2.213,6	22	1,0	2.009,4	27	1,30
22	27	Crédit Commercial de France	1.951,9	20	0,9	1.811,1	19	1,00
23	29	Barclays Bank Group	1.828,4	9	0,9	1.331,8	9	0,80
24	48	Banque Nationale de Paris	1.816,5	17	0,9	477,0	5	0,27
25	18	Commerzbank	1.747,6	17	0,8	3.565,6	29	2,00

Abb. 4.14: Die 25 größten Eurobond-Emissionshäuser (Quelle: o.V. 1990)

Der Großteil der Erträge der Wertpapierhäuser stammt aus den im Vergleich zu anderen Finanzzentren wie London oder New York außerordentlich hohen japanischen Maklergebühren, Provisionen aus dem Underwriting-Geschäft sowie aus dem Eigenhandel mit Wertpapieren. Daneben ist die Verwaltung von Investmentfonds äußerst profitabel. Auffällig ist in diesem Zusammenhang die im Verhältnis zur Größe des Marktes geringe Zahl von 14 Gesellschaften, die zur Auflegung und zum Management von Wertpapierfonds autorisiert sind (SCHNEIDER 1989, VINER 1989).

Seit Anfang der 80er Jahre haben auch die Wertpapiergesellschaften verstärkt mit dem Aufbau internationaler Stützpunkte begonnen. Dort wird neben dem traditionellen Wertpapiergeschäft über die Gründung von Banken und Finanzgesellschaften auch das kommerzielle Bankgeschäft betrieben. Seit einigen Jahren drängen auch ausländische Institute verstärkt in das als lukrativ angesehene japanische Wertpapiergeschäft. Dabei wurde 1985 die Deutsche Bank als erste ausländische Universalbank, die zugleich über eine Filiale in Tokio das Commercial Banking betreibt, zum Wertpapiergeschäft zugelassen. Zur Wahrung des Trennbankensystems erfolgte die Lizenzvergabe bisher allerdings nicht unmittelbar an die betreffende Bank, sondern an eine Beteiligungsgesellschaft, an der diese Bank mit maximal 50 % beteiligt sein darf. Die restlichen Anteile müssen von Nichtbanken gehalten werden (WALTER 1986).

6. Öffentliche Finanzinstitute

Die öffentlichen Finanzinstitute sind zumeist in den 50er Jahren vom Staat gegründet worden, um den Kreditbedarf derjenigen Wirtschaftsbereiche zu decken, die durch private Institutsgruppen nicht in ausreichendem Maße versorgt werden konnten. Zur Gruppe der öffentlichen Finanzinstitute gehören die in ihren Aufgaben mit der Kreditanstalt für Wiederaufbau vergleichbare Japan Development Bank, die Export-Import Bank of Japan, deren Tätigkeitsfeld sich auf die Finanzierung des Außenhandels erstreckt, sowie neun Finanzierungsgesellschaften, die jeweils Kredite an bestimmte Branchen bzw. Regionen vergeben. Den öffentlichen Finanzinstituten ist es nicht gestattet, Einlagen entgegen zu nehmen und auf diese Weise mit Instituten des privaten Sektors zu konkurrieren (FEDERATION OF BANKERS ASSOCIATIONS OF JAPAN 1989). Ebenfalls zum öffentlichen Sektor gehört die 1885 gegründete **Postsparkasse**, die sich im Einlagenbereich zum größten Konkurrenten der Geschäftsbanken entwickelt hat. Die Postsparkasse ist keine Bank im Sinne des Gesetzes und unterliegt somit auch nicht der Aufsicht des MoF, sondern der des Post- und Fernmeldeministeriums. Mit über 23.000 Postämtern verfügt die Postsparkasse über das am weitesten verzweigte Vertriebsnetz aller Einlagen annehmenden Institutionen. Ihr Anteil an den privaten Spareinlagen beträgt etwa 32 %, die einen Gegenwert von ca.1.600 Mrd. DM repräsentieren. Die Zahl der Postsparkonten ist etwa doppelt so hoch wie die Zahl der Einwohner Japans. Begünstigt wurde diese Marktstellung durch staatlich verordnete Zinssätze, die deutlich über denen der Geschäftsbanken lagen, wobei die Zinserträge auf Postsparguthaben zum Großteil nicht der Steuerpflicht unterlagen.

Das bisher auf wenige Dienstleistungen beschränkte Produktangebot der Postsparkasse ist im Unterschied zu den Geschäftsbanken ausschließlich auf die Kleinsparer ausgerichtet. Nach dem Abbau der bis April 1988 geltenden Steuervergünstigungen für kleine Sparguthaben und der Einführung einer Quellensteuer hat sich der Konkurrenzdruck allerdings auch für die Postsparkasse deutlich erhöht. Vor diesem Hintergrund darf die Postsparkasse einen Teil der Gelder, die bisher zum Zwecke der Haushaltsfinanzierung fast ausschließlich an das Finanzministerium abgeführt werden mußten, über einen Fonds selbst anlegen. Zudem wurde die Produktpalette z.B. um den Verkauf von Staatsanleihen und Lebensversicherungen erweitert. Geplant ist ferner auch die Darlehensvergabe an Private, so daß das bisher als Dienstleistungsabteilung des japanischen Postsystems organisierte Postsparwesen zumindest in Bezug auf das Leistungsangebot zunehmend den Charakter einer Geschäftsbank annimmt (JANßEN 1989, MARTIN 1989).

LITERATURHINWEISE:

ELI, M. (1988)
FEDERATION OF BANKERS ASSOCIATIONS OF JAPAN (1989)
KPMG PEAT MARWICK
MINATO (1987)
MADER, R. (1987)
PRINDL, A (1989)
SCHNEIDER, R. (1989)
STREIB, F. (1990)
VINER, A. (1989).

Zweiter Teil

Die Geschäfte der Banken und Lebensversicherungsunternehmen

5. Kapitel: Der Aufbau der Leistungsprogramme in Kreditinstituten und Versicherungsunternehmen

A. Gemeinsamkeiten bank- und versicherungswirtschaftlicher Marktleistungen

Nachdem sich die bisherigen Ausführungen mit dem strukturellen Aufbau des Bank- und des Versicherungswesens beschäftigten, werden im zweiten Teil dieses Lehrbuches die typischerweise von den Banken und den Lebensversicherungsunternehmen angebotenen und von den Kunden nachgefragten Leistungen beschrieben. Aus der breiten Palette versicherungswirtschaftlicher Angebote wird damit zwar nur ein Element herausgegriffen, jedoch ist die Lebensversicherung der traditionell größte Versicherungszweig. Vom gesamten Brutto-Beitragsaufkommen entfielen beispielsweise im Jahre 1990 rund 40 % auf die Lebensversicherung. Zudem handelt es sich bei der Lebensversicherung um diejenige Versicherungssparte, die an erster Stelle nicht nur von versicherungswirtschaftlichem, sondern darüber hinaus auch von bankbetrieblichem Interesse ist. So geht insbesondere mit der Lebensversicherung ein dem Passivgeschäft der Kreditinstitute vergleichbarer Sparprozeß einher; die Aufnahme von Versicherungsaktivitäten bedeutet für die Kreditinstitute durchweg den Verkauf von Lebensversicherungen und nicht unmittelbar das Angebot sämtlicher Versicherungsprodukte. Auch die institutionelle Absicherung einer versicherungswirtschaftlichen Expansionsstrategie fällt durch den Kauf oder die Gründung eines Unternehmens für den Bereich der Lebensversicherung nicht selten wesentlich intensiver als in Bezug auf andere Versicherungssparten aus.

Obwohl resp. gerade weil im 8. Kapitel nur das Lebensversicherungsgeschäft genauer beleuchtet wird, soll das Angebot der Versicherungsunternehmen im folgenden zunächst aus einem allgemeinen Blickwinkel näher betrachtet werden. Dabei sind unabhängig davon, daß Kreditinstitute primär Liquiditätstransformation betreiben, und im Mittelpunkt der Marktleistung eines Versicherungsunternehmens die Risikotransformation steht, an anderer Stelle bereits nicht unerhebliche funktionale Gemeinsamkeiten des Bank- und Versicherungswesens festgestellt worden. Gemeinsamkeiten lassen sich nun auch hinsichtlich der von Banken und Versicherungsunternehmen angebotenen Produkte konstatieren (SÜCHTING 1988).

So handelt es sich bei den Bank- und Versicherungsprodukten um **abstrakte Dienstleistungen.** Die Produkte sind immaterieller Natur, ihnen fehlt folglich die Substanz. Eine Speicherung oder Lagerung von Bank- oder Versicherungsprodukten ist demzufolge unmöglich. Die Unternehmen können lediglich die Abwicklung einer Marktleistung anbieten, die Produktion findet quasi parallel mit dem Absatz statt.

Gegenstand der Bank- und Versicherungsleistungen ist im Unterschied zu vielen anderen Dienstleistungsbereichen das **Geld**. Die Kunden von Kreditinstituten zahlen Geld auf Konten ein, und ihnen werden im Rahmen des Kreditgeschäfts direkt oder indirekt Geldmittel zur Verfügung gestellt; die Versicherten entrichten eine in Geldeinheiten ausgedrückte Prämie an die Versicherungsunternehmen und erhalten im Leistungsfall ebenfalls Geld zurück. Hinter den monetären Prozessen stehen in beiden Sektoren häufig realwirtschaftliche Vorgänge wie z.B. der Erwerb eines Konsumgutes oder der Brand eines Hauses.

Sowohl Bank- als auch Versicherungsprodukte werden durch detaillierte **vertragliche Bestimmungen** zu absatzfähigen Leistungen geformt. Ohne die definitive Vereinbarung von Verzinsungs- und Rückzahlungsmodalitäten ist ein Kreditgeschäft nicht vorstellbar; im Versicherungswesen müssen demgegenüber die Höhe der Prämie und die Leistungsvoraussetzungen exakt definiert sein. Die Vertragsbestimmungen müssen dabei nicht in jedem Einzelfall neu ausgehandelt werden, denn Gesetze, Verordnungen und Allgemeine Geschäfts- bzw. Versicherungsbedingungen legen einen bestimmten Mindestqualitätsstandard fest.

Schließlich weisen sowohl Bank- als auch Versicherungsgeschäfte eine **zeitliche Dimension** auf. Mit der Eröffnung eines Sparkontos, der Auszahlung eines Kredits oder dem Abschluß eines Versicherungsvertrages beginnt eine längerfristige Absatzbeziehung. Die Geschäfte finden also nicht wie in vielen anderen Bereichen mit einem einmaligen Absatzakt ihren Abschluß.

Diese gemeinsamen Merkmale machen aus der Sicht eines Nachfragers die Bank- und Versicherungsleistungen zu **erklärungsbedürftigen** und **vertrauensempfindlichen Produkten**. So ist einerseits die Funktionsweise eines Hypothekarkredits, einer Lebens- oder einer Krankenversicherung erläuterungsbedürftig, andererseits werden die Banken und Versicherungsunternehmen von ihren Kunden nur dann Finanzmittel erhalten, wenn sie die Gewähr für ein dauerhaft gesundes Geschäftsgebaren bieten.

Trotz dieser Gemeinsamkeiten weisen die Bank- und Versicherungsprodukte nicht unerhebliche Besonderheiten auf. Auf diese Besonderheiten wird in den Abschnitten B. und C. des 5. Kapitels näher eingegangen.

LITERATURHINWEISE:

FARNY, D. (1989a)
SÜCHTING, J. (1987)
SÜCHTING, J. (1988)

B. Das Produktangebot der Kreditinstitute

I. Systematisierungsansätze bankbetrieblicher Produkte

Für eine differenzierte Behandlung der Bankgeschäfte ist ihre geordnete Einteilung erforderlich. Je nachdem, welches Kriterium zugrunde gelegt wird, lassen sich die Bankgeschäfte folgendermaßen systematisieren:

- Unter **rechtlichen Gesichtspunkten** sind **Bankgeschäfte im Sinne von § 1 KWG** und **sonstige Finanz- und Dienstleistungsgeschäfte** zu unterscheiden. § 1 Abs. 1 KWG bezeichnet insgesamt neun Geschäfte als Bankgeschäfte. Ein Kreditinstitut liegt vor, wenn ein Unternehmen eines dieser Geschäfte betreibt und der Umfang der Geschäfte einen in kaufmännischer Weise eingerichteten Geschäftsbetrieb erfordert.

- Hinsichtlich der **Geschäftspartner** lassen sich **Kundengeschäfte** und **Interbankengeschäfte** differenzieren. Die grundsätzlich mit Nichtbanken abgeschlossenen Kundengeschäfte werden häufig weiter in Geschäfte mit Privatkunden, Firmenkunden und öffentlichen Stellen unterteilt, wobei innerhalb des Privatkundengeschäfts eine darüber hinausgehende Aufspaltung in das Mengen- oder Massen- und in das Individualgeschäft denkbar ist.

- Ausgehend von dem **Initiator** der Transaktionen ergibt sich eine Trennung der Bankgeschäfte in **Fremdgeschäfte** und **Eigengeschäfte**. Während Fremdgeschäfte der Befriedigung von Kundenbedürfnissen dienen, werden Eigengeschäfte aus bankinternen Motiven heraus abgeschlossen. Eigengeschäfte sollen insbesondere eine Verbesserung der Risikostruktur und eine Steigerung der Ertragskraft eines Kreditinstituts bewirken.

- Bezogen auf **bilanzielle Aspekte** lassen sich **Aktivgeschäfte**, **Passivgeschäfte** und **(sonstige) Dienstleistungsgeschäfte** differenzieren. Auf der Aktivseite der Bilanz wird ein Großteil der von den Banken gewährten Kredite sichtbar, passivseitig sind die gesamten hereingenommenen Einlagen zu erfassen. Ausschlaggebend für diese, in der klassischen absatzpolitisch orientierten Literatur zu findenden Systematisierung mag darüber hinaus die traditionelle Vorstellung des nur im Kreditgeschäft notwendigen aktiven Verkaufs sein.

- Hinsichtlich der von den Banken ausgeübten **Funktionen** können **banktypische Kernleistungen, bankenmäßige Nebenleistungen** und **bankneutrale Leistungen** unterschieden werden (VON STEIN 1988). Während die Kernleistungen aus der Wahrnehmung der wesentlichen kreditwirtschaftlichen Funktionen resultieren und die Finanzierungs-, Kapitalanlage- und Zahlungsverkehrsleistungen umfassen, ergänzen die Nebenleistungen das originäre Produktprogramm. Die bankneutralen Leistungen dienen der Sicherung der Marktstellung, der Erschließung neuer Ertragsquellen sowie der verbesserten Auslastung der vorhandenen Kapazitäten.

- Unter **marktmäßigen und organisatorischen Gesichtspunkten** sind schließlich **Einlagengeschäfte, Kreditgeschäfte, Wertpapiergeschäfte, Zahlungsverkehrs- und sonstige Geschäfte** zu unterscheiden. Dieser Gliederungsansatz geht zum einen von der beobachtbaren Bedürfnisstruktur der Kunden aus, zum anderen wird mit dieser Sichtweise der Organisationsstruktur vieler Kreditinstitute Rechnung getragen, die traditionell derart spartenorientiert aufgebaut ist.

Obwohl alle Systematisierungsmöglichkeiten die Geschäfte der Kreditinstitute vollständig erfassen, eignen sie sich nicht durchgehend für eine sachgerechte und überschneidungsfreie Darstellung der einzelnen Tätigkeitsbereiche. So folgt die erstgenannte Aufteilung auf Basis des KWG weniger dem bankgeschäftlichen Charakter als vielmehr der Notwendigkeit, einzelne Geschäfte aufsichtsrechtlich zu erfassen. Daher können durch Gesetzesänderungen weitere Leistungen in den Kreis der Bankgeschäfte aufgenommen werden. Neben der zeitlichen Inkonsistenz bewirkt diese Gliederung auch eine unübersichtliche Darstellung, da beispielsweise der bargeldlose Zahlungsverkehr zu den Bankgeschäften nach § 1 KWG zu rechnen ist, während der bare oder halbbare Zahlungsverkehr zu den sonstigen Dienstleistungen zählt.

Auch die weiteren Kriterien führen größtenteils nicht zu einer sinnvollen Unterteilung der Bankgeschäfte. So ist es für die Darstellung der einzelnen Bankleistungen gleichgültig, ob eine kleine Einlage von einem Privatkunden oder eine Großeinlage von einem Kreditinstitut hereingenommen wird, auf wessen Initiative hin befristete Mittel von anderen Banken zufließen oder ob von Kunden eingereichte Zahlungsverkehrsaufträge oder die Gehaltszahlungen der eigenen Mitarbeiter abgewickelt werden. Die bilanzielle Einteilung der Bankgeschäfte verkennt daneben, daß sämtliche Angebote eines Kreditinstituts als Dienstleistungen zu bezeichnen sind und verwendet zudem Begriffe, die für einen externen Beobachter des Bankwesens nicht bekannt und aussagefähig sein müssen. Der Gliederung anhand funktionaler Merkmale fehlt schließlich die notwendige Eindeutigkeit. Dieses Kriterium kann zudem dazu führen, daß beispielsweise das Emissionsgeschäft als Kernleistung, das Depot- und Vermögensverwaltungsgeschäft dagegen als Nebenleistung erfaßt wird, und es somit zu einer Aufspaltung eigentlich zusammengehörender Geschäftsbereiche kommt.

Aus diesen Gründen erscheint für praktische Zwecke sowie für eine beschreibende Behandlung der Bankgeschäfte die letztgenannte Unterscheidung am ehesten geeignet zu sein, da hierdurch die Charakteristika einzelner Bankleistungen weitgehend systematisch behandelt werden können. Auf der Basis dieser Systematisierung und begründet in Entwicklungen im internationalen Bankgeschäft hat sich in den letzten Jahren jedoch verstärkt eine Tendenz zur Zusammenfassung - im wesentlichen - der Bereiche Kredit-, Einlagen- und Zahlungsverkehrsgeschäft unter dem Oberbegriff **Commercial Banking** und die Bezeichnung der mit Wertpapieren zusammenhängenden Geschäfte als **Investment Banking** herausgebildet. Um im Rahmen dieser Schrift neueren Entwicklungen Rechnung zu tragen, soll diese Systematisierung auch in den folgenden Kapiteln zugrunde gelegt werden, wobei das Investment Banking im Kern die Emission, die Plazierung, den Handel sowie die Verwahrung und Verwaltung sämtlicher handelbarer Wertpapiere und wertpapierähnlicher Instrumente beinhaltet. Bevor nachfolgend diese Unterscheidung Anwendung findet, wird zunächst jedoch ein kurzer Einblick in die Kernbereiche des Bankgeschäfts gegeben.

II. Die wesentlichen Bankgeschäftsarten

1. Einlagen- und Kreditgeschäft

Zu den charakteristischen und historisch gewachsenen Geschäftsfeldern der Kreditinstitute gehören das Einlagen- und das Kreditgeschäft. Während das Einlagengeschäft die für die Mehrzahl der Kreditinstitute wichtigste Form der Geldbeschaffung darstellt, wird mit dem Kreditgeschäft die bedeutendste Form der Mittelanlage angesprochen. Beide Geschäftsarten stehen dabei in einem engen sachlichen Zusammenhang, denn einerseits ermöglicht die Geldbeschaffung durch Einlagen erst die

Vergabe von Krediten, andererseits macht erst die potentielle Kreditnachfrage die Hereinnahme von Einlagen erforderlich.

Trotz der Bedeutung des Einlagengeschäftes gibt es keine einheitliche, allgemein anerkannte Definition des Begriffs **Einlagen.** § 1 KWG zählt die Annahme fremder Gelder als Einlagen zwar zu den Bankgeschäften, unterläßt jedoch eine explizite Definition des Begriffs der "Einlagen". Es wird lediglich deutlich, daß es sich bei Einlagen um Gelder handelt, die auf Veranlassung von außen (Annahme) als Fremdmittel (fremde Gelder) entgegengenommen werden. Das BAK stellt in einem Schreiben vom 24.4.1968 fest, daß Einlagen im Sinne des KWG dann vorliegen, wenn jemand von mehreren Geldgebern, die keine Kreditinstitute im Sinne des § 1 KWG sind, fremde Gelder aufgrund typisierter Verträge als Darlehen (§ 607 BGB) oder zur unregelmäßigen Verwahrung (§ 700 BGB) ohne Bestellung banküblicher Sicherheiten und ohne schriftliche Vereinbarung im Einzelfall laufend annimmt. Einlagen stellen somit aus **juristischer Sicht** Darlehen oder zur unregelmäßigen Verwahrung hereingenommene Gelder dar.

Als **Darlehen** wird die Hingabe von Geld oder anderer vertretbarer Sachen verstanden, mit der Verpflichtung des Darlehensnehmers, zu vereinbarten Zeitpunkten Geld bzw. Sachen gleicher Art, Güte und Menge zurückzugeben. Die **unregelmäßige Verwahrung** ist mit dem Darlehen direkt vergleichbar. Während bei der regelmäßigen Verwahrung die übergebenen Sachen selbst später zurückzugeben sind, ist der Verwahrer bei der unregelmäßigen Verwahrung nur verpflichtet, wie beim Darlehen Geld bzw. Sachen gleicher Art, Menge und Güte zurückzugeben. Die zu unregelmäßiger Verwahrung übergebenen Sachen gehen in das Eigentum des Verwahrers über. Wegen der Ähnlichkeit zwischen Darlehen und unregelmäßiger Verwahrung gelten auch für die letztgenannte Form die Vorschriften des BGB zum Darlehen.

Neben dieser juristischen Interpretation der Einlagen, die es den Kreditinstituten ermöglicht, hereingenommene Gelder in Form des "depositum irregulare" aufzubewahren und dem Einleger nicht dieselben Geldscheine oder Münzen, sondern nur den wertmäßig gleichen Betrag zurückzuzahlen, können die Einlagen nach dem KWG und dem erwähnten Schreiben des BAK auch aus **betriebswirtschaftlichem Blickwinkel** gekennzeichnet werden. Danach sind die Einlagen grundsätzlich mit den folgenden Merkmalen verbunden:

- Bringgelder,
- Geschäfte mit Nichtbanken,
- laufend angenommene Gelder,
- eine größere Anzahl von Marktteilnehmern.

Durch diese Klassifizierung zählen z.B. nicht zu den Einlagengeschäften Refinanzierungstransaktionen mit anderen Banken (Geldmarktgeschäfte, Interbankengeschäfte) sowie grundsätzlich Geschäfte mit "Holgeldcharakter".

Der generell mit den Einlagen korrespondierende Begriff **Kredit** hat seinen Ursprung in dem lateinischen Verb "credere", was mit Glauben oder Vertrauen übersetzt werden kann. Dieser allgemeine

Begriffsinhalt deckt jedoch den heutigen Inhalt, der mit dem Wort Kredit erfaßt wird, nicht ab. Vielmehr wird der Kreditbegriff in mehrfacher Weise verwendet (DEPPE 1973):

- Unter dem Kredit **im engeren Sinne** wird die **befristete Überlassung von Zahlungsmitteln** und ggfs. auch von Sachgütern und Diensten verstanden, jeweils im Vertrauen auf die Fähigkeit und Bereitschaft des Schuldners, den aus der Zahlungsmittelüberlassung entstehenden Verpflichtungen vereinbarungsgemäß nachzukommen.

- Der Kreditbegriff **im weiteren Sinne** weist verschiedene Ausprägungen auf:

  (1) Kredit kann zunächst im Sinne von **Kreditwürdigkeit** (Standing) gebraucht werden. Bezeichnend für diesen Begriffsinhalt ist etwa die Formulierung: "Ein Kunde hat Kredit".

  (2) Kredit im weiteren Sinne kann aber auch eine **Kreditzusage** oder ein **Kreditversprechen** (Kreditlimit) beinhalten.

  (3) Kredit entsteht neben der vorübergehenden Überlassung von Zahlungsmitteln (typischer Bankkredit) auch durch eine an sich fällige, jedoch **aufgeschobene Zahlung**.

  (4) Kredit im weiteren Sinne bedeutet schließlich auch die **Übertragung der eigenen Kreditwürdigkeit** auf den Kreditnehmer (Kreditleihgeschäft) durch Rechtsgeschäfte bestimmter Art.

In den ersten beiden Fällen sowie im letztgenannten Fall beinhaltet der Kreditbegriff im weiteren Sinne noch keinen unmittelbaren Zahlungsmittelfluß, wenngleich ein solcher häufig Folge einer gegebenen Kreditwürdigkeit, einer Kreditzusage oder eines Kreditleihgeschäfts ist. Auch die Stundung einer an sich fälligen Zahlung (Fall (3)) geht nicht unmittelbar mit einer Zahlungsmittelbewegung einher. Allerdings liegen hier wie im Falle der echten Übertragung von Zahlungsmitteln Schuldner-Gläubiger-Beziehungen vor.

Im Kreditgeschäft der Banken treten alle Kreditbegriffsinhalte auf. Im Rahmen der Darstellung der Instrumente besitzen jedoch der enge Kreditbegriff und die Interpretation (2) und (4) der weiten Fassung ein besonderes Gewicht.

2. Wertpapiergeschäft

Der Begriff des Wertpapiers wird an keiner Stelle eines Gesetzes allgemeingültig definiert. Vielmehr existieren in der Rechtstheorie, in mehreren Gesetzen und in der Bankpraxis unterschiedliche Bestimmungen des Wesens von Wertpapieren. Dabei entstammt die weiteste Definition der Rechtswissenschaft, die unter einem Wertpapier eine Urkunde versteht, die ein Recht in der Weise verbrieft, daß zur Ausübung des Rechts der Besitz der Urkunde erforderlich ist. Der Gläubiger muß also dem Schuldner die Urkunde vorlegen, wenn er sein Recht z.B. aus einem Scheck, einem Sparbuch oder einem Rentenwert geltend machen will.

Der juristische Wertpapierbegriff hat jedoch im Wirtschaftsverkehr eine einengende Modifikation erfahren, der auch hier gefolgt werden soll. Danach gelten als Wertpapier:

- Aktien, Kuxe, Investmentanteile (sowie Zwischen-, Zins- und Gewinnanteilsscheine),
- Schuldverschreibungen (Orderschuldverschreibungen jedoch nur dann, wenn sie Teil einer Gesamtemission sind),
- andere Wertpapiere, wenn sie börsengängig sind.

Diese Wertpapiere werden insgesamt auch als **Effekten** bezeichnet. Ihnen ist gemeinsam, daß es sich um Massenpapiere handelt, die in der gleichen Gattung vertretbar (Fungibilität), und die am organisierten Kapitalmarkt (Börse) übertragbar sind. Effekten werden daher auch kurz als **marktmäßig handelbare Kapitalanteile** definiert (DEPPE 1976).

Nach dieser engen Auslegung zählen folglich nicht zu den Wertpapieren:

- Geldmarktpapiere (z.B. Schatzwechsel und unverzinsliche Schatzanweisungen),
- Schecks und Wechsel,
- Namensschuldverschreibungen und Orderschuldverschreibungen, sofern letztere nicht Teil einer Gesamtemission sind (z.B. Sparbriefe).

Trotz der terminologischen Unklarheiten wird das Effektengeschäft der Kreditinstitute in der Bankenpraxis traditionell als Wertpapiergeschäft bezeichnet. Es umfaßt alle Bankgeschäfte, die den An- und Verkauf, die Verwahrung und Verwaltung sowie die Emission und Plazierung von Effekten betreffen, wobei Wertpapiergeschäfte entweder Geschäfte für eigene oder für fremde Rechnung (Dienstleistungsgeschäfte) sein können. Die Gesamtheit der Wertpapiergeschäfte wird im 7. Kapitel unter der Überschrift "Investment Banking" erörtert.

3. Zahlungsverkehrsgeschäft

Unter dem Zahlungsverkehrsgeschäft der Kreditinstitute ist die **Abwicklung von Zahlungsvorgängen** im Bankensystem zu verstehen. Auftraggeber der Zahlungsverkehrstransaktionen können dabei sowohl die Kunden als auch die Bank selbst sein. In beiden Fällen übernimmt der Zahlungsverkehr lediglich eine **Hilfsfunktion**, nämlich die technisch-organisatorische Abwicklung der betrieblichen Finanzprozesse wie beispielsweise die Bezahlung von Rohstoffen, Betriebsmitteln, Gehältern oder die Durchführung von Effekteneigen- oder Geldmarktgeschäften. Für die Kreditinstitute ist der Zahlungsverkehr daneben jedoch auch als ein **eigenständiger Geschäftszweig** anzusehen. Dies resultiert daraus, daß die Banken als maßgeblicher Mittler zwischen den Wirtschaftseinheiten auftreten.

Das Wesen des Zahlungsverkehrs kann systematisch aus dem Begriff der Zahlung abgeleitet werden. Unter einer **Zahlung** ist im engeren Sinne die Übergabe von Geld, in einer weiteren Fassung die Übertragung von Zahlungsmitteln von einem Zahlungserbringer zu einem Zahlungsempfänger zu verstehen. Hierbei müssen nicht unbedingt schuldrechtliche Verhältnisse bestehen (z.B. die Begründung oder Rückzahlung einer Forderung), sondern es kann sich auch um freiwillige Leistungen handeln.

Die **Zahlungsmittel** setzen sich zunächst aus den originären Geldformen, dem Bar- und dem Buchgeld zusammen. Als **Bargeld** werden die materiell vorhandenen Banknoten und Münzen bezeichnet. Der Unterschied zwischen diesen beiden Geldformen liegt neben dem differierenden physischen Gehalt in den Möglichkeiten der Verwendung der Zahlungsmittel. Münzen sind lediglich beschränkt gesetzliche Zahlungsmittel, da nach § 3 Abs. 1 Münzgesetz niemand verpflichtet ist, auf DM lautende Münzen in einem Betrag von mehr als 20,-- DM und auf Pfennig lautende Münzen im Betrag von mehr als 5,-- DM in Zahlung zu nehmen. Noten der Deutschen Bundesbank gelten dagegen als unbeschränktes gesetzliches Zahlungsmittel. Sie müssen also für alle in Geld zu begleichenden Verbindlichkeiten in unbeschränkter Höhe von Gläubigern angenommen werden.

Unter **Buchgeld** sind die Guthaben auf LZB- und Postscheckkonten sowie die Sichtguthaben auf Konten bei anderen Geschäftsbanken zu verstehen. Teilweise werden auch nicht ausgenutzte Überziehungsmöglichkeiten als Buchgeld bezeichnet. Damit ist das Buchgeld im Vergleich zu den Noten und Münzen abstrakter Natur. Es stellt eine Forderung gegen die Kreditinstitute mit dem Anspruch auf eine Umwandlung in Bargeld dar. Bargeld und Buchgeld unterscheiden sich daneben jedoch auch hinsichtlich ihrer Entstehungsweise. So dürfen Münzen ausschließlich durch die **Bundesregierung**, Banknoten nur durch die **Deutsche Bundesbank** herausgegeben werden. In beiden Fällen werden staatliche Stellen zur Erfüllung öffentlicher Aufgaben tätig. Buchgeld kann demgegenüber durch Aktivitäten von Nichtbanken oder durch Maßnahmen von Kreditinstituten entstehen, durch die jeweils aufgrund einzelwirtschaftlicher Interessen eine Erhöhung des Bestandes an Sichteinlagen eintritt. Der Prozeß der Entstehung von Giralgeld wird daher aus der Sicht der Kreditinstitute allgemein als **passive** oder als **aktive Giralgeldgeschöpfung** bezeichnet.

Der Begriff der Zahlungsmittel umfaßt neben dem Bar- und dem Buchgeld die sogenannten **Geldersatzmittel**. Diese ersetzen zeitweilig eine Zahlung und treten somit gewissermaßen im Zusammenhang mit Zahlungen auf. Als Geldsurrogat gilt zunächst der **Scheck**, der ein Verfügungsinstrument über Buchgeld darstellt, und daneben der **Wechsel**, der bei seiner Weitergabe bis zur Einlösung Bar- und Buchgeld ersetzt.

Der Zahlungsverkehr kann schließlich nach der Art des Geldabflusses beim Zahlungserbringer und der Form des Geldzuflusses beim Zahlungsempfänger, d.h. nach Barzahlungen, halbbaren Zahlungen und bargeldlosen Zahlungen differenziert werden. **Barzahlungen** werden getätigt, indem der Zahlungserbringer den zu leistenden Betrag dem Zahlungsempfänger in Form von Münzen und Noten übergibt. **Halbbare Zahlungen** erfolgen auf der einen Seite durch Buchgeld, auf der anderen Seite durch Bargeld, während bargeldlose Zahlungen ausschließlich durch die Bewegung von Buchgeld von einem auf ein anderes Konto abgewickelt werden. Die Hauptdienstleistung der Kreditinstitute ist die Durchführung des **bargeldlosen** Zahlungsverkehr, der daher auch Gegenstand der weiteren Ausführungen im 6. Kapitel sein soll.

LITERATURHINWEISE:

BÜSCHGEN, H.E. (1989)
DEPPE, H.-D. (1976)
EILENBERGER, G. (1987)
SCHURIG, M. (1981)
STEIN, J. H. VON (1988)

C. Die Angebotspalette der Versicherungsunternehmen

I. Versicherung und Versicherungszweige

Während in der Kreditwirtschaft eine ausgeprägte Diskussion des Begriffs "Bankgeschäft" nicht festzustellen ist, sind im Versicherungswesen in der Vergangenheit zahlreiche Versuche unternommen worden, das Wesen einer "Versicherung" aus wirtschaftlicher, rechtlicher oder mathematischer Sicht zu bestimmen (FARNY 1988a). Im wirtschaftswissenschaftlichen Bereich hat sich eine auf der Bedarfstheorie aufbauende, vom Versicherungswissenschaftler A. Manes begründete und von dem Betriebswirtschaftler K. Hax verfeinerte Begriffsbestimmung durchgesetzt. Danach bezweckt eine Versicherung die **planmäßige Deckung eines im einzelnen ungewissen, insgesamt aber schätzbaren Geldbedarfs auf der Grundlage eines zwischenwirtschaftlichen Risikoausgleichs**.

Diese Definition charakterisiert die Versicherung einerseits als ein Instrument der Bedarfsdeckung und beschreibt andererseits die zur Erreichung dieses Ziels eingesetzten Mittel. Im einzelnen setzt sich die Begriffsbestimmung aus den folgenden zentralen Elementen zusammen (KOCH 1989):

- **Deckung eines Geldbedarfs**
  Der durch den Eintritt des versicherten Ereignisses ausgelöste Schaden muß objektiv in Geldeinheiten zu beziffern sein. Nicht versicherbar sind demnach Gegenstände, für die ein Marktpreis nicht existiert wie z.B. ein persönliches Erinnerungsfoto. Die Höhe des Geldbedarfs ergibt sich entweder konkret aus dem Umfang des Schadens (z.B. KFZ-Versicherung) oder ist das Ergebnis eines abstrakten Beurteilungsprozesses (z.B. Lebensversicherung).

- **Ungewißheit und Schätzbarkeit des Bedarfs**
  Der Eintritt des versicherten Ereignisses muß ungewiß und damit gleichzeitig zufällig sein. Als zufällig gelten Gefahren, die zwar vielen drohen, die aber nur wenige tatsächlich treffen. Zur Ermittlung der notwendigen Prämie einer Versicherung müssen sowohl die Häufigkeit eines Versicherungsfalles als auch der Umfang der erforderlichen Leistungen hinsichtlich der Wahrscheinlichkeit ihres Eintritts geschätzt werden können. Dies erfordert ein ausreichendes statistisches Zahlenmaterial.

- **Zwischenwirtschaftlicher Risikoausgleich**
  Die Kalkulation einer Versicherung beruht auf dem statistischen Erfahrungssatz, das bei Unabhängigkeit der zusammengefaßten Risiken der Schadeneintritt mit wachsendem Versicherungsbestand den auf der Basis der Wahrscheinlichkeitsberechnung ermittelten Werten entspricht. Die Ereignisse sind damit in ihrer Gesamtheit aus der Sicht eines Versicherungsunternehmens nicht mehr ungewiß, sie treten vielmehr nach bestimmten Gesetzmäßigkeiten ein. Periodische oder individuelle Über- und Unterschäden gleichen sich teilweise oder ganz aus, es ergibt sich insoweit ein bestimmter Risikoausgleich.

Die Interpretation einer Versicherung als **Gefahrengemeinschaft** ist in jüngster Zeit kritisiert worden (EISEN/MÜLLER/ZWEIFEL 1990). In einer moderneren, wirtschaftlichen Sichtweise wird als Versicherungsprodukt die vom Versicherungsunternehmen hergestellte und am Markt angebotene Leistung bezeichnet. Mit dem Abschluß eines Versicherungsvertrages erhält jeder Käufer eine Zustandsgarantie für sein Vermögen. Diese Garantie beinhaltet die Zusicherung, daß das Vermögen des Versicherten während der Vertragslaufzeit keine Verluste durch die vereinbarten Schadenereignisse erleiden wird. Sollte tatsächlich eine Vermögensminderung eintreten, so wird diese im Rahmen der

Garantie durch die Schadenzahlungen der Versicherung ausgeglichen. Für dieses Informationsprodukt zahlt der Versicherungsnehmer einen Preis, nicht jedoch für die Schadenzahlungen (MÜLLER 1988).

Die systematische Darstellung der wesentlichen Versicherungsgeschäfte erfordert die Bildung abgegrenzter Geschäftsbereiche. Sieht man dabei von den Eigengeschäften der Versicherungsunternehmen (Kapitalanlagegeschäft, Rückversicherungsgeschäft) und den sonstigen Dienstleistungsgeschäften ab, so verbleibt die Notwendigkeit, die Kundengeschäfte resp. die **Versicherungszweige** anhand geeigneter Kriterien zu strukturieren. Generell sind dabei folgende Einteilungen denkbar:

- In bezug auf die **versicherte Gefahr** können u.a. die Feuer-, Transport-, Lebens- und die KFZ-Versicherung unterschieden werden. Ausgehend von dem Merkmal der versicherten Gefahr haben sich zum einen die verschiedenen Zweige entwickelt; dieses Kriterium ist zum anderen maßgebend für die aufsichtsrechtliche Erlaubnis zum Betrieb einzelner Versicherungsgeschäfte sowie für die Abrechnung der Versicherungszweige gegenüber der Aufsichtsbehörde und der Öffentlichkeit.

- Hinsichtlich der **Art der Versicherungsleistung** sind die Schaden- und die Summenversicherung zu differenzieren. Bei einer Schadenversicherung ersetzt der Versicherer nur den tatsächlich eingetretenen Vermögensschaden, wobei eine im Versicherungsvertrag genannte Versicherungssumme den Höchstbetrag markiert. Im Gegensatz dazu hat das Versicherungsunternehmen im Rahmen einer Summenversicherung einen bei Vertragsabschluß vereinbarten Geldbetrag zu leisten. Die Höhe des bei Eintritt des Versicherungsfalles entstehenden Schadens ist bei der Summenversicherung also unerheblich.

- Ausgehend von dem **versicherten Gegenstand** lassen sich Personen- und Güterversicherungen unterscheiden. Während der Versicherungsfall bei Personenversicherungen unmittelbar im körperlichen Zustand der versicherten Person sichtbar wird, ist mit Güterversicherungen ein Schutz vor Schäden verbunden, die sich außerhalb dieser engen persönlichen Sphäre zeigen. Die Güterversicherungen können darüber hinaus in Sach- und Vermögensversicherungen unterschieden werden. Sachversicherungen erstrecken sich auf konkrete, bewegliche oder unbewegliche Sachen, Vermögensversicherungen nehmen auf das Vermögen als Ganzes bezug. Beispielsweise können Schadenersatzverpflichtungen zu einer Minderung des gesamten Vermögens führen, eine Abdeckung dieses Risikos ist durch eine Haftpflichtversicherung möglich.

In der nachfolgenden Abb. 5.1 werden die wesentlichen Versicherungsgeschäftsarten kurz erläutert. Die Systematik beruht dabei auf dem erstgenannten Merkmal, ergänzend wird die Einordnung gemäß der Kriterien "Art der Versicherungsleistung" und "versicherter Gegenstand" angegeben.

Neben der spartenmäßigen Untergliederung können die Versicherungsgeschäfte auch hinsichtlich der grundlegenden Leistungen eines Versicherungsunternehmens gegliedert werden. Unter diesem Blickwinkel sind die im folgenden dargestellten Risiko-, Spar-/Entspar- und Kapitalanlagegeschäfte zu unterscheiden.

Versicherungszweige	Versicherungszwecke	Unterarten	Versicherungsgruppe	Beitragseinnahmen 1989[1]		Versicherungsleistungen 1989[2]	
				Mio. DM	%	Mio. DM	%
Lebensversicherung	Absicherung der aus der Ungewißheit und Unberechenbarkeit des menschlichen Lebens resultierenden Risiken	Gemischte Lebensvers., Risikolebensvers., Todesfallversicherung, Fondsgebundene Lebensversicherung, Vermögensbildungsvers.	Summenversicherung, Personenversicherung	49.246	30,56	40.764[4]	34,02
Private Krankenversicherung	Deckung der durch Krankheit oder Unfall entstehenden Kosten zur Erhaltung und Wiederherstellung der Gesundheit und Arbeitskraft sowie Ausgleich des Einkommensausfalls bei Arbeitsunfähigkeit	Krankheitskostenvers., Krankentagegeldvers., Krankenhaustagegeld-vers., Pflegekranken-vers., Auslandsreise-krankenversicherung	Schaden- oder Summenversicherung, Personenversicherung	17.613	10,93	14.123[5]	11,79
Allgemeine Unfallversicherung	Ausgleich der wirtschaftlichen Folgen eines Unfalls	Einzelunfallvers., Familienunfallvers., Sportunfallvers., Unfallvers. mit Beitragsrückgewähr	Summenversicherung, Personenversicherung	5.848	3,63	2.051	1,71
Haftpflichtversicherung	Deckung von Hafpflichtansprüchen, die ein Versicherungsnehmer aufgrund von gesetzlichen Haftpflichtbestimmungen privatrechtlichen Inhalts zu erfüllen hat	Privathaftpflichtvers., Berufshaftpflichtvers., Betriebshaftpflichtvers.	Schadenversicherung, Güter-/Vermögensversicherung	7.076	4,39	4.745	3,96
Rechtsschutzversicherung	Übernahme der zur Wahrung der rechtlichen Interessen eines Versicherten entstehenden Kosten	Familien-Rechtsschutz-vers., Verkehrs-Rechts-schutzvers., Rechts-schutzversicherung für Grundstückseigentum und Miete	Schadenversicherung, Güter-/Vermögensversicherung	3.051	1,89	1.809	1,51
Kreditversicherung	Übertragung des Kreditrisikos vom Kreditgeber auf den Versicherer	Delkredereversicherung, Kautionsvers., Vertrau-ensschadenvers., Com-putermißbrauchvers.	Schadenversicherung, Güter-/Vermögensversicherung	1.136	0,71	421	0,35
Rückversicherung	Übertragung des von einem Versicherer übernommenen Risikos auf andere Versicherungsunternehmen	Summenexzedenten-rückvers., Quotenrück-vers , Schadenexze-dentenrückvers., Jahres-überschadenrückvers.	Schadenversicherung	33.780[3]	20,96	22.812[3]	19,04

Versicherungszweige	Versicherungszwecke	Unterarten	Versicherungsgruppe	Beitragseinnahmen 1989[1)]		Versicherungsleistungen 1989[2)]	
				Mio. DM	%	Mio. DM	%
Kraftfahrtversicherung	Absicherung von Risiken, die aus dem Gebrauch von Kraftfahrzeugen resultieren	Kraftfahrzeug-Haftpflichtversicherung, Fahrzeugvoll- (teil-) versicherung, Kraftfahrt-Unfallversicherung	Schaden- (Summen-)versicherung, Güter- (Personen-)versicherung	26.704	16,58	21.924	18,30
Luftfahrtversicherung	Übernahme von Personen- und Sachschäden sowie der Haftpflicht aus der Verwendung, dem Bau und der Wiederherstellung von Luftfahrzeugen aller Art	Luftfahrt-Krankenvers., Luftfahrthaftpflichtvers., Luftfahrtunfallvers.	Schaden- (Summen-) versicherung, Güter- (Personen-) versicherung	k.A.	-	k.A.	-
Transportversicherung	Versicherung beförderter Güter und zur Beförderung benutzter Transportmittel	Warentransportvers., Transport-Kaskovers., Verkehrshaftungsvers.	Schadenversicherung, Güterversicherung	2.078	1,29	1.581	1,32
Einheitsversicherung	Versicherung von Risiken, die Waren vom Kauf des Rohmaterials bis zum Verkauf des Endproduktes sowie während der Reparatur oder Aufbewahrung drohen	Versicherung von Kundeneigentum in Rauchwaren-Betrieben, Versicherung von Juwelierwaren	Schadenversicherung, Güter-/Sachversicherung	48	0,03	34	0,03
Einbruchdiebstahl- und Beraubungsversicherung	Versichert sind Sachen, die aus Räumen oder von Grundstücken oder auf Transportwegen durch Einbruchdiebstahl oder -versuch abhanden kommen, zerstört oder beschädigt werden	Geschäftsberaubungsversicherung, Einbruchdiebstahlversicherung für Geldinstitute, Juweliere, Kirchen, Transportberaubungsversicherung	Schadenversicherung, Güter-/Sachversicherung	789	0,49	406	0,34
Feuerversicherung	Ausgleich der durch Brand, Blitzschlag, Explosion, Anprall oder Absturz eines bemannten Flugkörpers, seiner Teile oder seiner Ladung hervorgerufenen finanziellen Schäden	Gewerbliche Feuerversicherung, Industrielle Feuerversicherung, Landwirtschaftliche Feuerversicherung	Schadenversicherung, Güter-/Sachversicherung	3.994	2,48	3.862	3,22
Glasversicherung	Versicherung von Glasscheiben oder sonstiger Gegenstände gegen Zerbrechen	Glasversicherung für Geschäftsbetriebe, Haushaltsglasversicherung	Schadenversicherung, Güter-/Sachversicherung	787	0,49	317	0,26
Sturmversicherung	Ausgleich von Schäden, die durch die unmittelbare oder mittelbare Einwirkung eines Sturmes entstehen	-	Schadenversicherung, Güter-/Sachversicherung	267	0,17	51	0,04

Versicherungszweige	Versicherungszwecke	Unterarten	Versicherungsgruppe	Beitragseinnahmen 1989[1]		Versicherungsleistungen 1989[2]	
				Mio. DM	%	Mio. DM	%
Leitungswasserversicherung	Ausgleich von durch Leitungswasser an bestimmten Sachen hervorgerufenen Schäden	-	Schadenversicherung, Güter-/Sachversicherung	346	0,21	168	0,14
Technische Versicherungen	Deckung von Schäden, die aus dem Eintritt technischer Risiken resultieren	Maschinenversicherung, Elektronikvers., Montagevers., Bauwesenvers.	Schadenversicherung, Güter-/Sachversicherung	2.165	1,34	1.444	1,21
Verbundene Hausratversicherung	Versicherung des Hausrats gegen Feuer, Einbruchdiebstahl, Beraubung, Leitungswasser- und Sturmschäden sowie gegebenenfalls gegen Glasbruch und Fahrraddiebstahl	Feuervers., Einbruchdiebstahlversicherung, Sturmvers., Leitungswasservers., Glasvers.	Schadenversicherung, Güter-/Sachversicherung	3.103	1,93	1.552	1,30
Verbundene Wohngebäudeversicherung	Versicherung von Wohngebäuden gegen Schäden durch Feuer, Leitungswasser, Sturm, Schwamm und Hausbockkäfer	Feuerversicherung, Leitungswasservers., Sturmversicherung	Schadenversicherung, Güter-/Sachversicherung	2.732	1,70	1.485	1,24
Betriebsunterbrechungs-versicherung	Versicherung eines Betriebes gegen Erlösausfall durch Betriebsunterbrechung, ausgelöst durch einen Sachschaden	Klein-BU (Feuer, Einbruchdiebstahl, Leitungswasser, Sturm) Groß-BU (Feuer), Maschinen und Montage-BU	Schadenversicherung, Güter-/Vermögensversicherung	k.A.	-	k.A.	-
Hagelversicherung	Ausgleich von Ertragsausfällen, die durch Hagelschäden an landwirtschaftlichen, garten- und weinbaulichen Bodenerzeugnissen entstehen	-	Schadenversicherung, Güter-/Vermögensversicherung	221	0,14	155	0,13
Tierversicherung	Versicherung von Schäden an Tieren in Landwirtschaft, Gewerbe und Sport	Tier-Krankenvers., Schlachttierversicherung	Schadenversicherung, Güter-/Sachversicherung	122	0,08	107	0,09

k.A. = keine Angaben verfügbar, Daten sind in den anderen Sachversicherungszweigen enthalten
1) Bruttobeiträge
2) Brutto-Aufwendungen für Versicherungsfälle ohne Aufwendungen für den Versicherungsbetrieb
3) 1988
4) Aufwendungen für Versicherungsfälle, Rückkäufe und Beitragsrückerstattung
5) Aufwendungen für Versicherungsfälle und Beitragsrückerstattung

Abb. 5.1: Die verschiedenen Versicherungszweige (Quelle: Geschäftsbericht des Bundesaufsichtsamtes für das Versicherungswesen 1989, eigene Berechnungen)

II. Die verschiedenen Versicherungsleistungen

1. Risikogeschäft

Das Risikogeschäft, das den Hauptbestandteil der Marktleistung eines Versicherungsunternehmens bildet, beinhaltet allgemein den Transfer eines Risikos vom Versicherungsnehmer auf den Versicherer gegen Zahlung einer Prämie (FARNY 1988b). Im Mittelpunkt des Risikogeschäfts steht folglich der **Risikotransfer**, wobei der **Begriff des Risikos** durch die folgenden zwei Faktoren gekennzeichnet werden kann (HÖLSCHER 1987):

- In einer **ursachenbezogenen Betrachtungsweise** entstehen Risiken, weil die Ergebnisse von Entscheidungen unbestimmt sind. Ausschlaggebend hierfür sind zum einen die unvollkommenen Informationen über den Zusammenhang zwischen einer Handlung und einem Ergebnis (Ungewißheit), zum anderen nehmen häufig nicht vorhersehbare Umwelteinflüsse wie z.B. Sturm, Hagel, Versagen technischer Einrichtungen auf das Ergebnis Einfluß (Zufälle). Durch die Unsicherheit kann einer Entscheidung im Regelfall nicht ein eindeutiges Ergebnis, sondern nur eine Vielzahl von Ergebnismöglichkeiten zugeordnet werden, die jeweils mit (bekannten oder unbekannten) Wahrscheinlichkeiten eintreten. Ursachenbezogen läßt sich ein Risiko damit durch eine Wahrscheinlichkeitsverteilung von möglichen Ergebnissen einer Handlung beschreiben (FARNY 1989a).

- Unter einem **wirkungsbezogenen Blickwinkel** beinhalten Risiken die Möglichkeit der Zielverfehlung. Einem Risiko liegt danach prinzipiell eine Sollvorstellung zugrunde, die in der tatsächlichen Situation nicht realisiert, d.h. über- oder unterschritten wird. Sind sowohl günstige als auch ungünstige Abweichungen vom Planwert möglich, spricht man von einem spekulativen Risiko. Im Gegensatz dazu können bei reinen Risiken nur negative Abweichungen von den Planwerten auftreten. Im allgemeinen empfindet ein Wirtschaftssubjekt allerdings Überschreitungen einer Zielgröße nicht als Risiko, sondern als Chance und trifft für diesen Fall auch keine besonderen Vorkehrungen. Aus diesem Grund werden in der praktischen Risikoforschung nur ungünstige oder negative Abweichungen von den Planungen als Risiko erfaßt. Das Ausmaß der Unterschreitung eines Zielwertes kann allgemeingültig in wirtschaftlichen Größen, etwa in Mindereinzahlungen oder Mehrauszahlungen, gemessen werden. Derartige Sachverhalte werden als Schäden bezeichnet (FARNY 1989a).

Das **Risiko** läßt sich damit zusammenfassend auch als **Wahrscheinlichkeitsverteilung von Schäden** oder als Schadenverteilung definieren. Die Begriffe Risiko und Schaden stellen wirtschaftliche Größen dar, die von den realen Sachverhalten zu unterscheiden sind. Den Wirtschaftssubjekten bzw. seinen Objekten drohen reale Gefahren wie z.B. Brände, Einbrüche oder Krankheiten und die Realisation dieser Gefahren führt zunächst zu realen Schäden. Im Mittelpunkt der versicherungswirtschaftlichen Tätigkeit stehen jedoch nicht die realen Schäden, sondern die aus diesen resultierenden wirtschaftlichen, d.h. in Geldeinheiten meßbaren Konsequenzen (vgl. Abb. 5.2).

Unter Berücksichtigung der Risikodefinition kann damit das Risikogeschäft als **Transfer einer Schadenverteilung** vom Versicherungsnehmer auf den Versicherer bezeichnet werden. Das Versicherungsunternehmen verpflichtet sich durch den Versicherungsvertrag, genau definierte Leistungen zum Ausgleich exakt bestimmter ungünstiger Planabweichungen (Schäden) zu gewähren. Demgegenüber übernimmt der Versicherte die Verpflichtung zur Zahlung der Versicherungsprämie.

	Wahrscheinlichkeits-verteilung	Realisation
reale Sphäre	Gefahr	realer Schaden
wirtschaftliche Sphäre	Risiko	Schaden

Abb. 5.2: Ergebnisse wirtschaftlichen Handelns (in Anlehnung an Farny 1989)

Ein Versicherungsunternehmen übernimmt jedoch nicht allein ein einzelnes Risiko, sondern eine Vielzahl von unabhängigen, gleichen oder ungleichen Schadenverteilungen und schafft dadurch die Voraussetzungen für einen Risikoausgleich im Kollektiv und in der Zeit (FARNY 1989a). Der **Risikoausgleich im Kollektiv** beinhaltet die betragsmäßig genaue Übereinstimmung von erwarteten und effektiv eingetretenen Schäden. Obwohl sich eine derartige Situation nur im Idealfall ergibt, kann ein Versicherer davon ausgehen, daß wenige große durch viele kleine Schäden ausgeglichen werden und die vereinnahmten Prämien tendenziell dem Gesamtwert der Schäden entsprechen. Durch den kollektiven Risikoausgleich sind damit letztlich die individuellen Schadenverteilungen für den Versicherer weniger gefährlich als für den Versicherungsnehmer.

Der Risikoausgleichsprozeß ist für einen Versicherer ein permanenter Vorgang. Abweichungen der effektiven von den erwarteten Schäden treten daher nicht nur in einer einzelnen Rechnungsperiode, sondern auch im Zeitablauf auf. Die bewußte oder unbewußte mehrperiodische Kompensation dieser (jährlichen) Über- und Unterschäden wird als **Risikoausgleich in der Zeit** bezeichnet. Die Nutzung dieses Effektes für die praktische Risikopolitik setzt allerdings voraus, daß zufallsbedingte Unterschäden nicht als Gewinne behandelt werden und periodische Überschäden nicht zum Konkurs des Versicherungsunternehmens führen. Ausdruck dieser Problematik ist die in einzelnen Versicherungszweigen zu bildende Schwankungsrückstellung. Mit dem geltenden Handels- und Steuerrecht nicht vereinbar ist demgegenüber die Aktivierung von Überschäden, die später durch Unterschäden und daraus resultierenden Gewinnen gedeckt werden sollen.

2. Spar- und Entspargeschäft

Spar- und Entspargeschäfte stellen keine eigenständigen Leistungen eines Versicherungsunternehmens dar. Sie sind vielmehr in einigen Versicherungszweigen rechtlich oder faktisch mit dem Risikogeschäft verknüpft. Das **Spargeschäft** beinhaltet den **Aufbau eines bestimmten Kapitalbetrages** durch die einmalige oder laufende Zahlung von Sparbeiträgen an den Versicherer, wobei dieser sich dazu verpflichtet, das gebildete Sparkapital zu verzinsen und **zu bestimmten Zeitpunkten** oder **unter gewissen Bedingungen** an den Versicherungsnehmer **zurückzuzahlen**. Die Rückzahlung kann dabei entweder einmalig oder laufend in Form einer Rente erfolgen. Im letztgenannten Fall handelt es sich um ein Entspargeschäft: Einem Versicherten fließt ein bestimmter Kapitalbetrag planmäßig und unter Berücksichtigung von Verzinsungseffekten über Rentenzahlungen zu. Ein Entspargeschäft setzt allerdings nicht zwangsläufig einen kontinuierlichen Sparprozeß voraus. Vielmehr kann der erforderliche Kapitalbetrag auch einmalig vom Empfänger der Rentenzahlung oder einem Dritten aufgebracht werden.

Spar- und Entsparvorgänge kommen in der Unfallversicherung mit Prämienrückgewähr, in der Krankenversicherung sowie insbesondere in der Lebensversicherung vor. Im Rahmen der gemischten Lebensversicherung enthalten die Prämien neben Risiko- auch Sparanteile, die vom Versicherer gesammelt, verzinst und entweder mit Ablauf der Versicherung oder im vorzeitigen Todesfall ausgezahlt werden. Sparvorgänge ergeben sich darüber hinaus, wenn bei langfristigen Versicherungsverträgen der Erwartungswert der Schäden im Zeitablauf steigt, der Versicherungsnehmer jedoch eine konstante Prämie zahlt. Dadurch erhält der Versicherer zunächst eine im Vergleich zu den durchschnittlichen Schäden zu hohe Risikoprämie. Die überhöhten Prämienanteile werden in einer Rückstellung gesammelt, verzinst und zum Ausgleich der in späteren Jahren zu niedrigen Prämienzahlungen verwendet.

3. Kapitalanlagegeschäft

Das Kapitalanlagegeschäft der Versicherungsunternehmen beinhaltet die Umwandlung zur Zeit nicht benötigter Geldbeträge in verzinsliche Vermögenswerte. Die Notwendigkeit der Kapitalanlage ergibt sich aus den folgenden drei Gründen (FARNY 1989a):

- **Versicherungsprämien** sind im allgemeinen zu Beginn einer Versicherungsperiode, für ein Jahr oder kürzere Zeiträume **im voraus** zu zahlen. Da die Auszahlungen für Versicherungsleistungen überwiegend später anfallen, kann der jeweils vorhandene Prämienbestand für Kapitalanlagegeschäfte genutzt werden.
- Im Rahmen des Spar- und Entspargeschäftes sagt ein Versicherungsunternehmen die verzinsliche Ansammlung der zufließenden Kapitalbeträge zu. Um seine Verpflichtungen zu erfüllen, muß ein Versicherer das vorhandene Kapital in attraktive Anlageformen transformieren und durch die Erträge die den Versicherten zugesagte **Mindestverzinsung erwirtschaften.**
- Versicherungsunternehmen müssen zum Schutz der Versicherten über ausreichende **Sicherheitsmittel** (Eigenkapital, Schwankungsrückstellungen) verfügen. Daneben enthalten die Bilanzen der Versicherer nichtversicherungstechnisches Fremdkapital, wie beispielsweise Pensionsrückstellungen. Soweit diese Mittel nicht zur Aufrechterhaltung der Zahlungsfähigkeit in liquider Form vorgehalten werden müssen, ist ihre Umwandlung in ertragbringende Vermögenswerte möglich und sinnvoll.

In den beiden erstgenannten Fällen ergibt sich das Kapitalanlagevolumen aus dem Umfang des Risiko- sowie des Spar- und Entspargeschäftes. Das Kapitalanlagegeschäft ist hier insoweit eine unmittelbar vom Versicherungsgeschäft abhängige Größe und kann nicht wie beispielsweise in den Kreditinstituten durch die separate Aufnahme von Mitteln am Kapitalmarkt gesteuert werden. Im dritten Fall hängt der Umfang der Kapitalanlagetätigkeit insbesondere von der Ausstattung mit Sicherheitsmitteln ab. Da die Solvabilitätsvorschriften und die Vorschriften über die Bildung von Schwankungs- und ähnlichen Rückstellungen für die Sicherheitsmittel ein gewisses Mindestniveau definieren, liegt hier eine mittelbare Abhängigkeit vom Umfang des Versicherungsgeschäftes vor.

Das Kapitalanlagegeschäft wird jedoch nicht allein durch das Versicherungsgeschäft verursacht, es dient ihm vielmehr zugleich. Diese dienende Funktion wird zum einen darin sichtbar, daß die versi cherungstechnischen Verpflichtungen eines Versicherungsunternehmens durch Kapitalanlagen gedeckt sind. Zum anderen ermöglicht erst das Kapitalanlagegeschäft die Erzielung der im Spar- und Entspargeschäft zugesagten Mindestverzinsung. Kapitalanlage- und Versicherungsgeschäft bilden somit eine letztlich nicht zu trennende Einheit. Derartig verknüpfte Prozesse werden güterwirtschaftlich auch als verbundene Produktion oder als Kuppelproduktion bezeichnet.

Die Kapitalanlagen eines Versicherungsunternehmens sollen insbesondere rentabel und sicher sein. Bei der Auswahl der Anlageformen sind differenzierte aufsichtsrechtliche Vorschriften zu beachten, die an anderer Stelle beschrieben werden.

Literaturhinweise:

FARNY, D. (1988a)
FARNY, D. (1988b)
FARNY, D. (1989a)
HÖLSCHER, R. (1987)
KOCH, P. (1989)

6. Kapitel: Commercial Banking

Der Begriff des Commercial Banking entstand - ähnlich wie der des Investment Banking - ursprünglich in der US-amerikanischen Finanzwelt. Nach dem Börsenkrach des Jahres 1929, mit der Folge des Zusammenbruchs zahlreicher Kreditinstitute, versuchte der amerikanische Gesetzgeber eine durch Arbeitsteilung auf dem Finanzsektor charakterisierte Bankenstruktur durchzusetzen, die aus Investment Banks und Thrift Institutions sowie sogenannten Commercial Banks bestand. Hauptsächliche Aufgabe der Commercial Banks ist es seitdem, als Depositenbanken das kurz- und mittelfristige Einlagen- und Kreditgeschäft zu betreiben. Da seit Beginn der 80er Jahre zunehmend angloamerikanische Terminologien für den Bereich des Wertpapiergeschäftes Verwendung finden, bietet es sich in Abgrenzung zu diesem neuen, nun als Investment Banking bezeichneten Geschäft folgerichtig an, das bislang von deutschen Kreditinstituten betriebene traditionelle Einlagen-, Kredit- und Zahlungsverkehrsgeschäft unter dem Oberbegriff Commercial Banking zusammenzufassen. Inzwischen haben auch in diesem Geschäftsbereich - ähnlich dem Investment Banking - Innovationen Einzug gehalten; im Gegensatz zum Investment Banking betreffen diese beim Commercial Banking jedoch ausschließlich die der Bankkundschaft angebotenen Produkte, nicht jedoch einzelne Tätigkeitsfelder.

A. Das Einlagengeschäft

Das Einlagengeschäft ist keine in sich homogene Sparte, sondern besteht aus verschiedenen Erscheinungsformen. Die generell zu unterscheidenden Einlagearten gibt die folgende Abbildung 6.1 wieder.

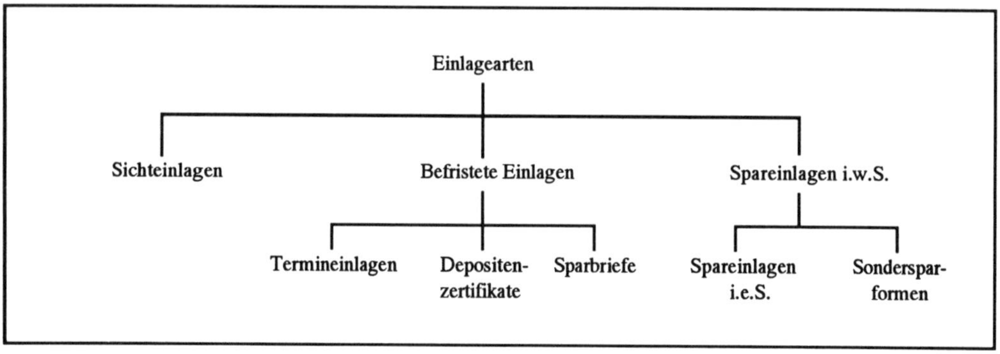

Abb. 6.1: Einlagearten

I. Sichteinlagen

Sichteinlagen sind Verbindlichkeiten der Kreditinstitute gegenüber Kunden oder gegeneinander, die auf Weisung des Gläubigers resp. Einlegers jederzeit und unbeschränkt zurückgezahlt oder an Dritte übertragen werden müssen.

Heutzutage sind alle Konten, auf denen Sichteinlagen gehalten werden - mit Ausnahme der Postgirokonten - **Konten in laufender Rechnung**, d.h. sogenannte Kontokorrentkonten. Entstehende Ansprüche oder Verpflichtungen werden beim Kontokorrentkonto durch regelmäßige "Verrechnung und Feststellung des für den einen oder anderen Teil sich ergebenden Überschusses ausgeglichen" (§ 355 HGB). Durch den Kontoabschluß, der in der Regel monatlich oder vierteljährlich erfolgt, gehen die einzelnen Forderungen und Verbindlichkeiten im Saldo unter; der Saldo des Abschlusses bildet dann die einzige, neue Einzelforderung, die in die neue Rechnung vorgetragen wird (RÖßLE 1981).

Wie bereits oben angeführt, sind Sichteinlagen **jederzeit**, d.h. täglich, und **unbeschränkt** auf Weisung des Einlegers zurückzahlbar. Konsequenz dieser täglichen Fälligkeit ist, daß die Kreditinstitute die Sichteinlagen nur teilweise im Kreditgeschäft und somit zur Ertragserzielung einsetzen können. Ein Teil der Sichteinlagen ist als zinslose Mindestreserve bei der zuständigen Landeszentralbank zu unterhalten. So müssen nach § 16 I BBankG bei Sichteinlagen von Gebietsansässigen bis zu 30 % und bei denen von Gebietsfremden eventuell bis zu 100 % hinterlegt werden.

Mit der Einführung der bargeldlosen Lohn- und Gehaltszahlung auch an Angestellte und Arbeiter setzte sich seit den 60er Jahren das Sichteinlagenkonto auf breiter Front durch. Waren bis dahin von den Kreditinstituten Geschäfts- resp. Privatkontokorrentkonten vorwiegend für Unternehmen, Beamtenhaushalte und Selbständige geführt worden, so ist heute das Kontokorrentkonto für über 90 % aller privaten Haushalte zu einer Selbstverständlichkeit geworden. Primär werden die Sichteinlagen zur Abwicklung des **bargeldlosen Zahlungsverkehrs** gehalten. Darüberhinaus stellen Guthaben auf Kontokorrentkonten für den Kunden - im Vergleich zu Bargeld - eine **Sicherheit** gegen Verlust, Diebstahl oder Vernichtung dar. Die Möglichkeit, über das Konto am bargeldlosen Zahlungsverkehr teilnehmen zu können, entbindet den Bankkunden einerseits von der Notwendigkeit, größere Zahlungen mit Bargeld abzuwickeln, führt zusammen mit der täglichen Fälligkeit jedoch andererseits dazu, daß Sichteinlagen in der Regel nicht oder nur sehr gering (z. B. 0,5 %) verzinst werden. Diese **Un- oder Minderverzinslichkeit** hat bei zinsbewußten Einlegern zur Folge, daß Liquiditätsüberschüsse vom Kontokorrentkonto abdisponiert und in der Regel als Termin- oder Spareinlagen angelegt werden.

Neben Sichteinlagen von Kunden existieren Sichteinlagen von Kreditinstituten. Letztere stellen durchweg Guthaben auf Verrechnungskonten dar, die im Zusammenhang mit der Erledigung des bargeldlosen Zahlungsverkehrs als sogenannte Nostro- oder Lorokonten unterhalten werden. Beim **Nostrokonto** ("unser Konto") der Bank A bei der Bank B obliegt der Bank B die Kontoführung; beim **Lorokonto** ("Ihr Konto bei uns") verhält es sich genau umgekehrt.

Obgleich Sichteinlagen täglich fällig sind, können Kreditinstitute davon ausgehen, daß ihnen ständig ein bestimmter Mindestbestand, der sogenannte Bodensatz, zur Verfügung steht. Die Entstehung des Bodensatzes beruht darauf, daß

- in der Regel die Kunden über ihre Guthaben nicht in voller Höhe verfügen, die Laufzeit der Sichteinlagen also materiell länger ist,

- Ein- und Auszahlungsströme sich durch den gleichzeitigen Zufluß von Finanzmitteln von anderen Kunden resp. Kreditinstituten oder durch die interne Verrechnung (Umbuchung von einem Kundenkonto auf ein anderes bei dem gleichen Kreditinstitut) teilweise ausgleichen.

Durch die Existenz des Bodensatzes können die Kreditinstitute formal kurzfristig angelegte Gelder mittel- oder langfristig ausleihen und somit **Fristentransformation** betreiben. Die Fristentransformation hat ihren Niederschlag auch in den Liquiditätsgrundsätzen des BAK gefunden. Ein Teil (10 %) des Sichteinlagenbestandes von Nichtbanken geht als längerfristiges Finanzierungsmittel (größer 4 Jahre) in den Grundsatz II, ein anderer Teil (60 %) als kurz- bis mittelfristiges Finanzierungsmittel (kleiner 4 Jahre) in den Grundsatz III ein. Die verbleibenden 30 % der Sichteinlagen müssen dagegen in Form von liquiden Anlagen (z.B. Bargeldbestände, festverzinsliche Wertpapiere) gehalten werden.

Während bei den Sichteinlagen kein resp. nur ein relativ geringer Zinsaufwand anfällt, ist es durchaus möglich, mit den in Wertpapieren, kurzfristig bei Banken oder in Höhe des Bodensatzes längerfristig ausgeliehenen Geldern, Zinserträge zu erwirtschaften. Ferner besteht für die Kreditinstitute die Möglichkeit, im Zusammenhang mit dem Giroverkehr durch entsprechende Gestaltung der Valuten Float-Gewinne zu erzielen. Allerdings stehen diesen Ertragsmöglichkeiten auch beträchtliche, im Zusammenhang mit dem bargeldlosen Zahlungsverkehr entstehende Aufwendungen gegenüber. Diese werden nur z. T. durch die inzwischen weithin eingeführten Kontoführungs- und Postengebühren abgegolten; des weiteren schmälert die auf Sichteinlagen zu unterhaltende, relativ hohe und zinslose Mindestreserve die Ertragsmöglichkeiten (ASHAUER 1988).

II. Befristete Einlagen

1. Termineinlagen

Im Unterschied zu den Sichteinlagen dienen Termingelder nicht dem Zahlungsverkehr, sondern der **Anlage** zeitweilig nicht benötigter Gelder. Hinsichtlich der Laufzeit bzw. der Kündigungsfrist von Termineinlagen sind drei Hauptkategorien zu unterscheiden:

- kurzfristige Termineinlagen mit einer Fristigkeit von einem Monat bis unter drei Monaten,
- mittelfristige Termineinlagen mit einer Fristigkeit von drei Monaten bis unter vier Jahren,
- langfristige Termineinlagen mit einer Laufzeit von vier Jahren und länger.

Termineinlagen gibt es in zwei grundsätzlich verschiedenen Varianten, als Festgelder und als Kündigungsgelder. Bei **Festgeldern** wird zum Zeitpunkt des Vertragsabschlusses bereits exakt bestimmt, für welche Dauer das Geld angelegt werden soll. Damit existiert ein genauer Fälligkeitstag. Demgegenüber liegt **Kündigungsgeldern** eine unbestimmte Anlagedauer zugrunde. Es wird lediglich eine bestimmte Kündigungsfrist vereinbart, so daß Kündigungsgelder erst fällig werden, wenn nach einer Kündigung, die zu einem beliebigen Zeitpunkt erfolgen kann, die Kündigungsfrist abgelaufen ist.

Termineinlagen stellen insbesondere für diejenigen Kreditinstitute eine wichtige Finanzierungsquelle dar, in deren Kundenstamm mittlere und größere Unternehmungen sowie vermögende Privatkunden relativ stark vertreten sind. Ferner legen Sparkassen bei ihren Landesbanken/Girozentralen und die Kreditgenossenschaften bei ihren Zentralbanken häufig Liquiditätsüberschüsse als Termingeld an. Je nach Liquiditätslage des Bankensektors ist die Position "Termineinlagen von Kreditinstituten" in den Jahresabschlüssen von Banken durch starke Schwankungen gekennzeichnet. Im Unterschied zu Sichteinlagen entsteht bei Termineinlagen ein relativ geringer Sach- und Personalaufwand, da Termingelder in der Regel in größeren Beträgen angelegt und Termingeldkonten zwischen Einzahlung und Auflösung nicht bewegt werden. Die sowohl von der Höhe der Einlage als auch von der vereinbarten Laufzeit abhängenden Zinssätze für Termingelder liegen dabei über denen für Sicht- und vergleichbare Spareinlagen. Des weiteren passen sich die Zinssätze stärker und schneller an die allgemeine Zinsentwicklung als Spareinlagenzinssätze an.

Fällige, aber nicht abgerufene Termineinlagen werden als Sichteinlagen behandelt. Häufig erfolgt jedoch eine automatische Verlängerung der Termineinlagen zu dem dann gültigen Zinssatz und der gleichen Anlagedauer, wenn dem Kreditinstitut keine anderweitige Weisung des Kunden vorliegt und diese Vorgehensweise zum Zeitpunkt des Vertragsabschlusses vereinbart worden ist. Auch bei Termineinlagen kann daher - insbesondere durch die Verlängerung fälliger Einlagen - mit einem **Bodensatz** gerechnet werden. Die dadurch faktisch möglichen längeren Kreditlaufzeiten werden auch in den Grundsätzen II und III des BAK berücksichtigt. So können 10 % der Termineinlagen von Nichtbanken mit vereinbarter Laufzeit von unter vier Jahren langfristig und 60 % kurz- und mittelfristig angelegt werden.

Unter liquiditätsmäßigen Aspekten erlauben die Termineinlagen den Kreditinstituten eine wesentlich genauere Disposition als die Sichteinlagen. Während nämlich über die Sichtverbindlichkeiten täglich verfügt werden kann, stehen die Termineinlagen grundsätzlich längerfristig sowie für eine genau fixierte Zeit zur Verfügung, bzw. können erst nach einer bestimmten Kündigungsfrist abgerufen werden. Diese größere Liquiditätsferne erleichtert die Liquiditätsplanung der Kreditinstitute und findet ihren Niederschlag auch in den Mindestreservesätzen, die bei Termineinlagen bis zu 20 % festgelegt werden können (ASHAUER 1988).

2. Depositenzertifikate

Eine Sonderform der Termineinlagen stellen Depositenzertifikate (certificates of deposit) dar, bei denen es sich um von Banken ausgegebene **marktfähige, gewöhnlich auf den Inhaber lautende Quittungen** handelt, welche die Einlage von Geldern für eine bestimmte Zeit zu einem angegebenen Zinssatz bestätigen. Im Unterschied zu den Bankeinlagen werden die Depositenzertifikate anonym geführt. Zur Geltendmachung von Zins- und Rückzahlungsansprüchen ist daher allein die Präsentation des Papiers erforderlich; aufgrund der Verbriefung sind die Zertifikate darüber hinaus handelbar und können über den Zweitmarkt veräußert werden.

Durch die Ausgabe von Depositenzertifikaten erhalten die Banken einerseits Einlagen mit fester Laufzeit, andererseits wird jedoch das Bedürfnis der Kunden nach kurzfristiger Liquidierbarkeit gleichermaßen befriedigt. Die Verzinsung der Depositenzertifikate hängt ab von den Marktverhältnissen und der Laufzeit der Papiere, die sich zwischen 30 und 360 Tagen bewegt.

Certificates of Deposit sind ein auf den internationalen Geldmärkten seit langem bekanntes Instrument zur Refinanzierung der Banken (HAGENMÜLLER/JACOB 1987). Insbesondere in den USA veranlaßten staatliche Regulierungen, wie beispielsweise die gesetzlich vorgeschriebenen Zinsobergrenzen für Bankeinlagen, die Kreditinstitute, sich bis dahin verschlossene Gestaltungsmöglichkeiten durch eine Verbriefung von Einlagen zu erschließen. Ende der 70er Jahre setzten die ersten Bestrebungen ein, auf DM lautende Depositenzertifikate einzuführen sowie einen Zweitmarkt für solche Titel aufzubauen. Sämtliche Initiativen deutscher Kreditinstitute scheiterten jedoch zunächst an den geldpolitischen Bedenken der Deutschen Bundesbank. Erst im Dezember 1985 genehmigte die Bundesbank die - seit Mai 1986 erlaubte - Emisssion von DM-Depositenzertifikaten. Im Zuge einer Neuregelung der Mindestreservebestimmungen wurden diese Papiere zusammen mit allen anderen Bankschuldverschreibungen mit Laufzeiten unter zwei Jahren der Mindestreservepflicht unterworfen. Dabei legt die Deutsche Bundesbank großen Wert darauf, daß der Markt für solche Papiere im Inland verankert bleibt und die Zertifikate nur in der Bundesrepublik Deutschland begeben werden.

Bislang haben die Depositenzertifikate in der Bundesrepublik Deutschland keine weite Verbreitung gefunden, was neben der Mindestreservepflicht vor allem auf die bei Inhaberpapieren abzuführende Börsenumsatzsteuer, die allerdings seit Anfang 1991 entfallen ist, zurückzuführen sein dürfte. Für die Kreditinstitute entstehen durch die Ausgabe von Depositenzertifikaten nicht nur den Termingeldzinssätzen in etwa vergleichbare Zinsaufwendungen, sondern darüber hinaus müssen die Institute Emissionskosten sowie Kosten der Liquiditätshaltung tragen. Letztere ergeben sich für die Emissionsbanken aus der Notwendigkeit, jederzeit einen Zweitmarkt für im Umlauf befindliche Zertifikate aufrecht zu erhalten (GLOGOWSKI/MÜNCH 1990).

3. Sparbriefe

Zu den befristeten Einlagen rechnet eine weitere Form der Kapitalbeschaffung von Kreditinstituten, und zwar der Sparbrief bzw. bei Sparkassen der Sparkassenbrief. Der Sparbrief ist dadurch gekennzeichnet, daß sich ein Kreditinstitut mit der Ausgabe einer **Urkunde** verpflichtet, nach Ablauf einer bestimmten Zeitspanne einen festgelegten Geldbetrag an den Käufer des Papiers zurückzuzahlen. Der Spar(kassen)brief, der bei längeren Laufzeiten auch als Spar(kassen)obligation oder Sparschuldverschreibung emittiert wird, lautet auf den Namen des Erwerbers und wird nicht an der Börse gehandelt.

Sparbriefe nehmen eine Zwischenstellung zwischen Spareinlagen und börsengängigen festverzinslichen Wertpapieren ein. Sie stehen in Konkurrenz zu den seit 1964 von der Bundesrepublik Deutschland über die Kreditinstitute vertriebenen Bundesschatzbriefen; angeboten werden sie

- entweder als **normalverzinsliche Papiere**, die zum Nennwert erworben und zurückgezahlt und bei denen halbjährlich oder jährlich die vereinbarten Zinsen vergütet werden

- oder als **auf- oder abgezinste Papiere**, die zum Kaufpreis zuzüglich aller angesammelten Zinsen und Zinseszinsen zurückgezahlt werden, wobei die Ausgabe zum Nennwert und die Ausgabe zu einem um die gesamten Zinsen verminderten Betrag unterschieden werden müssen.

Für die Kunden bedeutete die Kreation der Sparbriefe eine neue Möglichkeit der Kapitalanlage. Im Vergleich zum klassischen Sparkonto kann der Anleger beim Sparbrief eine höhere und für die Laufzeit fest vereinbarte Verzinsung bei längerer Anlagedauer erzielen. Obgleich es sich bei Sparbriefen nicht um Wertpapiere im Sinne des Depotgesetzes handelt, übernehmen Kreditinstitute auf Wunsch der Kunden die Verwahrung und Verwaltung der Papiere. Ein Kursrisiko existiert entweder gar nicht oder - im Falle von Sparkassenobligationen - nur in beschränktem Umfang. Zudem sind die Sparbriefe relativ liquide. So ist bei einigen Typen nach einer festgelegten Sperrfrist die jederzeitige Rückgabe der Papiere möglich. Steigende Zinssätze sollen jedoch die Kunden veranlassen, die Anlage bis zum Laufzeitende durchzuhalten. Generell stellen die Sparbriefe im Falle des Geldbedarfs gute Sicherheiten dar, denn Kreditinstitute beleihen die Papiere auf Wunsch bis zu 100 % (ASHAUER 1988).

Den Kreditinstituten ermöglichen die Sparbriefe die Beschaffung festverzinslicher, mittel- und langfristiger Mittel. Zum Teil sind die abgesetzten Sparbriefe aus der Umbuchung von Spareinlagen entstanden und haben somit zu einer Verteuerung der Passivseite geführt. Sofern die Sparbriefe eine Laufzeit von über vier Jahren aufweisen, stehen sie allerdings mindestreservefrei zur Verfügung.

III. Spareinlagen

Die für viele Kreditinstitute wichtigste Refinanzierungsquelle stellen traditionell die Spareinlagen dar. Unter Spareinlagen sind Einlagen zu verstehen, die durch die Ausfertigung einer Urkunde, insbesondere eines Sparbuchs (bei Sparkassen: Sparkassenbuch) als solche gekennzeichnet sind (§ 21 KWG). Als Spareinlagen dürfen nur Geldbeträge angenommen werden, die der **Ansammlung oder Anlage von Vermögen** dienen. Diese Voraussetzung wird nicht von Geldbeträgen erfüllt, die zur Durchführung des Zahlungsverkehrs vorgehalten oder die von vornherein nur befristet bereitgestellt werden.

Über ein Sparguthaben kann grundsätzlich von jedem geschäftsfähigen Inhaber verfügt werden. Dabei obliegt dem Kreditinstitut zwar nicht die Verpflichtung, das rechtmäßige Eigentum zu überprüfen, es hat allerdings das Recht zu einer solchen Prüfung und kann ggfs. die Auszahlung verweigern. Jede Abhebung setzt im Prinzip die **Vorlage des Sparbuches** voraus. Dabei gelten lediglich die folgenden Ausnahmen:

- bei Daueraufträgen zugunsten eines anderen Sparkontos bei demselben Kreditinstitut,
- bei einer Belastung aufgrund eigener Forderungen des kontoführenden Kreditinstituts (z.B. Kredittilgung, Wertpapierkäufe),
- bei Übertragungen an den Sparer selbst, soweit dieser aus besonderen Gründen verhindert ist,
- bei Verlust des Sparbuches, soweit es Gesetz und Satzung zulassen.

Vor dem Hintergrund dieser gesetzlichen Vorschriften sind die Spareinlagen i.e.S. und die Sondersparformen zu unterscheiden. Als **Spareinlagen im engeren Sinne** gelten dabei die traditionellen Anlagemöglichkeiten auf Sparbüchern. Sie können weiter unterschieden werden in Spareinlagen mit gesetzlicher und Spareinlagen mit vereinbarter Kündigungsfrist.

Für **Spareinlagen mit gesetzlicher Kündigungsfrist** beträgt die Kündigungszeit drei Monate. Dennoch können nach § 22 Abs. 1 KWG 2.000 DM innerhalb von 30 Tagen auch ohne Kündigung abgehoben werden. Hierin zeigt sich ein wesentlicher materieller Unterschied zu den **Spareinlagen mit vereinbarter Kündigungsfrist**, für die eine ähnliche gesetzliche Regelung nicht existiert. Ein weiterer Unterschied besteht in der Kündigungssperrfrist, die bei den Spareinlagen mit vereinbarter Kündigungsfrist mindestens sechs Monate beträgt. Schließlich unterscheiden sich die Spareinlagen mit vereinbarter von denen mit gesetzlicher Kündigungsfrist dadurch, daß die vereinbarte Kündigungsfrist mindestens sechs Monate zu betragen hat, so daß Spareinlagen mit vier- oder fünfmonatiger Kündigungsfrist nicht existieren. Bei allen Sparformen ist jedoch faktisch auch eine vorzeitige Rückzahlung unter Verrechnung von sog. **Vorschußzinsen** möglich, da Kreditinstitute aus Kulanzgründen, aber auch um keinen Zweifel an ihrer Zahlungsfähigkeit aufkommen zu lassen, sich diesem Wunsche nicht widersetzen.

Neben dem traditionellen Spargeschäft haben die Kreditinstitute in den vergangenen Jahren und Jahrzehnten eine Vielzahl von **Sondersparformen** entwickelt. Diese Sparformen unterscheiden sich hinsichtlich ihrer Sparzwecke, ihrer Zahlungsweise, ihrer Abwicklungsform, dem angesprochenen Personenkreis, hinsichtlich ihrer Laufzeit, ihrer Verzinsung sowie insbesondere auch hinsichtlich ihrer staatlichen Förderung.

Staatlich geförderte Sparformen existieren in der Bundesrepublik Deutschland seit den 50er Jahren. Zur Zeit fördert der Staat das Sparen primär durch das 5. Vermögensbildungsgesetz, das Wohnungsbau-Prämiengesetz und das Einkommensteuergesetz. Das **5. Vermögensbildungsgesetz** bezieht sich auf Zahlungen, die unmittelbar vom Arbeitgeber an ein Kreditinstitut oder ein Unternehmen überwiesen werden, bei dem die vermögenswirksame Anlage erfolgt. Die Aufbringung der Sparleistungen kann dabei auf zwei Wegen erfolgen:

- Entweder zahlt der Arbeitgeber - häufig aufgrund tarifvertraglicher Vereinbarungen - zusätzlich zum Bruttogehalt die gesamten oder einen Teil der vermögenswirksam angelegten Leistungen
- oder dem Arbeitnehmer wird der Sparbeitrag von seinem Nettogehalt abgezogen.

Die vom Arbeitgeber erbrachten vermögenswirksamen Leistungen unterliegen dabei sowohl der Einkommensteuer als auch der Sozialversicherung.

Förderungswürdig sind Anlagen von Arbeitnehmern, deren zu versteuerndes Einkommen im Jahr der Sparleistungen 27.000 DM bei Alleinstehenden und 54.000 DM bei Verheirateten nicht übersteigt. Die Förderung des Staates besteht in der Zahlung einer **Arbeitnehmersparzulage**, die seit 1990 im Rahmen des Lohnsteuer-Jahresausgleiches oder der Einkommensteuer-Veranlagung ausgezahlt wird und deren Höhe von der Anlageart abhängt. Im Anlagekatalog sind seit dem 1.01.1990 ab 1989 abgeschlossene verzinsliche Anlagen auf Sparkonten bei Kreditinstituten - inclusive Wertpapiersparverträge zum Erwerb von Gewinnschuldverschreibungen und Genußscheinen - sowie vermögenswirksame Lebensversicherungen nicht mehr enthalten. Altverträge werden jedoch auf der Basis von Übergangsvorschriften bis zum Vertragsende mit 10 % für maximal 624 DM pro Jahr weiter gefördert (DIEPEN/SAUTER 1989).

Der Anlagekatalog beinhaltet damit zur Zeit nur noch Anlagen in Beteiligungswerten und Arbeitnehmerdarlehen sowie Anlagen nach dem Wohnungsbau-Prämiengesetz. Die **Anlagen in Beteiligungswerten und Arbeitnehmerdarlehen**, die vom Staat durch eine Arbeitnehmersparzulage in Höhe von 20 %, bezogen auf den Anlagehöchstbetrag von jährlich 936 DM, gefördert werden, erstrecken sich insbesondere auf folgende Anlageformen:

- Wertpapierspar- oder Wertpapierkaufverträge, sofern Aktien, Anteile an Aktienfonds und gemischten Fonds (ab 70 % Aktienanteil) oder Wandelschuldverschreibungen erworben werden,
- Beteiligungen als stiller Gesellschafter,
- Erwerb von GmbH-Anteilen oder Genossenschaftsanteilen,
- Darlehen an den Arbeitgeber mit Bankbürgschaft oder anderer privatrechtlicher Absicherung.

Auch bei den **Anlagen nach dem Wohnungsbau-Prämiengesetz** beläuft sich der maximal geförderte Anlagebetrag auf 936 DM, die Arbeitnehmersparzulage beträgt jedoch lediglich 10 %. Zu den Anlagen nach dem Wohnungsbau-Prämiengesetz gehören im einzelnen die folgenden Anlagearten:

- Bausparverträge bei Bausparkassen,
- Wohnbau-Sparverträge mit einem Kreditinstitut, einem gemeinnützigen Wohnungsbauunternehmen oder einem Organ der staatlichen Wohnungspolitik zum Erwerb eines bestimmten Wohnungseigentums,
- Baufinanzierungsverträge mit einem Wohnungs- oder Siedlungsunternehmen oder einem Organ der staatlichen Wohnungspolitik mit festgelegten Sparraten sowie
- Ersterwerb von Anteilen an Bau- und Wohnungsbaugenossenschaften.

Neben dem Vermögensbildungsgesetz werden für wohnungswirtschaftliche Zwecke erbrachte Sparleistungen nach dem **Wohnungsbau-Prämiengesetz** staatlich gefördert. Dabei erhalten unbeschränkt einkommensteuerpflichtige Personen für den Sparhöchstbetrag von

- 800 DM für Alleinstehende und
- 1.600 DM für Verheiratete

eine Wohnungsbauprämie in Höhe von 10 %. Eine höhere Wohnungsbauprämie wird in den Jahren 1991 bis 1993 gezahlt, wenn die Mittel für wohnungswirtschaftliche Zwecke in den neuen Bundesländern eingesetzt werden. Für jährliche Sparbeiträge in Höhe von 2.000 DM für Alleinstehende und 4.000 DM für Verheiratete steigt die Wohnungsbauprämie in diesem Fall um 5 %-Punkte auf 15 %.

Für die staatliche Sparförderung nach dem Wohnungsbau-Prämiengesetz gilt ebenso wie im Vermögensbildungsgesetz eine Einkommenshöchstgrenze von 27.000 DM für Alleinstehende und 54.000 DM für Verheiratete. Unabhängig von der Einkommenshöhe können Kapitalanlagen auf Bausparkonten und Lebensversicherungen nach **§ 10 EStG** als **Sonderausgaben** geltend gemacht werden und dadurch eine Steuerersparnis bewirken. Sowohl die steuerliche als auch die Förderung nach dem Wohnungsbau-Prämiengesetz setzt jedoch voraus, daß die geförderten Bausparguthaben für wohnungswirtschaftliche Zwecke verwendet werden oder eine Sperrfrist von 10 Jahren eingehalten wird. Sofern der Sparer vorzeitig verfügt und die Mittel in nicht begünstigte Verwendungszwecke fließen, sind die Förderungsbeträge an den Staat zurückzuzahlen.

Bei allen Formen der staatlichen Sparförderung ist das Kumulierungsverbot zu beachten, d.h. für eine Sparleistung kann nur eine Förderungsmaßnahme beansprucht werden:

- Für Sparleistungen, die durch eine Sparzulage gefördert wurden, wird weder eine Wohnungsbauprämie noch eine Steuervergünstigung gewährt,

- für nicht durch eine Sparzulage geförderte Bausparleistungen kann entweder die Wohnungsbauprämie oder die Steuervergünstigung in Anspruch genommen werden.

Neben den staatlich geförderten Sparformen bieten die Kreditinstitute in zunehmendem Maße weitere Sondersparformen an. Im Rahmen des **Zuwachssparens** oder **Wachstumssparens** wird mit dem Sparer für die gesamte Laufzeit eine bestimmte Zinsstaffel vereinbart, d.h. dem Sparer wird für jedes Jahr der Geldanlage ein vorab festgelegter, höherer Zinssatz vergütet. Dabei ist die Zinsstaffel so aufgebaut, daß die Verzinsungszuwächse am Ende der Laufzeit zunehmen, um das Durchhalten der Kapitalanlage für den Sparer attraktiv zu gestalten.

Das sogenannte **Prämien- oder Bonussparen** stellt eine Sondersparform dar, bei der sich die Verzinsung zwar am Zinssatz für Spareinlagen mit gesetzlicher Kündigungsfrist orientiert, bei der jedoch zudem am Ende des Vertragszeitraums eine Prämie oder ein Bonus von z.B. 14 % oder 16 % gezahlt wird. Angeboten wird diese Sparform vor allem Kunden, die regelmäßig sparen wollen und die nicht mehr unter die Bestimmungen des Vermögensbildungsgesetzes fallen. So werden auch in Anlehnung an die im Rahmen des Vermögensbildungsgesetzes ursprünglich möglichen Kontensparvertragsarten zwei Varianten angeboten, nämlich das Prämiensparen als Einmal- und das Prämiensparen als Ratensparprogramm (ASHAUER 1988, DISTELRATH 1981).

Schließlich versuchen insbesondere Sparkassen diejenigen Kunden, die an einer längerfristigen Kapitalanlage auf Sparkonten interessiert sind, mit einem **Vermögenssparvertrag** an sich zu binden. Der Zinssatz für derartige Vermögensspareinlagen orientiert sich an der Durchschnittsrendite des Kapitalmarktes für Wertpapiere mit einer Restlaufzeit von vier oder fünf Jahren; hiervon wird jedoch ein Zinsabschlag von ca. 0,5 % vorgenommen, da der Sparer kein Kursrisiko eingeht und keine Kosten für Erwerb, Verwaltung und Veräußerung von Wertpapieren anfallen (ASHAUER 1988).

Zu den neueren Sparformen im Leistungsangebot der Kreditinstitute gehört auch der **Sparplan mit Versicherungsschutz**, der eine Kombination von normalem Kontensparvertrag und einer Risikolebensversicherung mit fallender Versicherungssumme darstellt. Derartige Sparpläne können im einzelnen unterschiedlich ausgestaltet sein, beispielsweise hinsichtlich der Laufzeit, der Sparraten oder etwaiger Bonusvereinbarungen. Ebenfalls neuerer Natur sind **Ausbildungssparpläne** oder **Pensionssparpläne**.

Wegen der hohen Anrechnungsquoten in den Grundsätzen II und III des BAK von insgesamt 80 % sind die Spareinlagen zur Anlage im Kredit- und Wertpapiergeschäft äußerst flexibel einsetzbar. Im Sparkassenbereich sind diese Verwendungsmöglichkeiten jedoch aufgrund des Sparkassengesetzes bzw. der Mustersatzung stark eingeschränkt. Danach dürfen Spareinlagen nur zu ganz bestimmten, im allgemeinen relativ risikoarmen Aktivgeschäften verwendet werden. Zu den erlaubten Anlageformen gehört die Vergabe von Hypothekar- oder Kommunalkrediten und der Erwerb mündelsicherer Wertpapiere. Darüber hinaus enthält die Mustersatzung einschränkende Bestimmungen zum Personalkreditgeschäft, um zu verhindern, daß Verluste in diesem Bereich die Sicherheit der Spareinlagen gefährden.

LITERATURHINWEISE:

ASHAUER, G. (1988)
DIEPEN, G./SAUTER, W. (1989)
DISTELRATH, G. (1981)
GLOGOWSKI, E./MÜNCH, M. (1990)
HAGENMÜLLER, K.F./JACOB, A.-F. (1987)
RÖßLE, M. (1981)

B. Das Kreditgeschäft

I. Kreditformen und Methoden der Effektivzinsberechnung

1. Systematisierung der Kreditarten

Bevor in den folgenden Kapiteln auf das Kreditgeschäft der Banken differenziert eingegangen wird, sollen die Kreditarten zunächst abgegrenzt, geordnet und in ihren vielfältigen Erscheinungsformen grundsätzlich erläutert werden. Zur Unterteilung der Kredite können verschiedene Kriterien herangezogen werden, die zwar jeweils zu einer Betonung einzelner Besonderheiten in der Vertragsgestaltung führen, die aber letztlich keine theoretisch überzeugende Einteilung des kreditgeschäftlichen Entscheidungsfeldes bieten. Im folgenden wird daher nicht der Versuch **einer** umfassenden und eindeutigen Klassifizierung des Kreditgeschäfts unternommen, sondern vielmehr werden **verschiedene** wichtige Systematisierungsansätze vorgestellt.

(1) Nach der **Häufigkeit** der Bereitstellung finanzieller Mittel sind der nicht revolvierende und der revolvierende Kredit zu unterscheiden. Beim **nicht revolvierenden Kredit** erbringt die Bank eine einmalige Leistung, d.h. der Kreditbetrag wird auf einmal ausgezahlt oder die Bank diskontiert/akzeptiert auf einmal einen oder mehrere Wechsel. Demgegenüber sichert das Kreditinstitut beim **revolvierenden Kredit** zu, während der Dauer des Kreditverhältnisses bis zum vereinbarten Höchstbetrag immer wieder Geld - oder die eigene Kreditwürdigkeit - bereitzustellen, wobei es dem Kreditnehmer freisteht, ob und in welchem Umfang er von der Zusage Gebrauch macht und wie er bezogene Mittel zurückzahlt. Die Verpflichtung einer Bank erlischt - abgesehen von einem etwaigen Kündigungsrecht - auch dann nicht, wenn der Kreditnehmer eines Kontokorrentkredits, der wichtigsten Form des revolvierenden Bankkredits, den Sollsaldo vorübergehend vollständig tilgt (Emch/Renz 1984).

(2) Eine weitere Differenzierung des Kreditgeschäfts der Banken ergibt sich mit der Unterteilung nach **Kreditnehmergruppen**. Sieht man dabei vom Kreditgeschäft mit Kreditinstituten, das sich am Geld- und Kapitalmarkt abspielt, ab, können die folgenden drei Kundengruppen gebildet werden:

- Unternehmen (Industrie, Handwerks-, Dienstleistungsbetriebe),
- öffentliche Stellen,
- private Haushalte.

Den jeweiligen Kreditnehmern lassen sich in einem weiteren Schritt spezifische Kreditarten zuordnen. Während die Unternehmen **gewerbliche** oder **kommerzielle Kredite** erhalten, ist das Kreditgeschäft mit öffentlichen Stellen durch den **Kommunalkredit** gekennzeichnet. An private Haushalte werden schließlich überwiegend **Konsumenten-**, daneben aber auch **Realkredite** vergeben.

(3) Nach der **Art des Kreditverhältnisses** lassen sich die erzwungene und die freiwillige Kreditvergabe unterscheiden. Dabei ist die Grenze zwischen **freiwilliger** und **erzwungener**

Kreditvergabe nicht immer exakt zu ziehen. So sind die zur Aufrechterhaltung der Zahlungsfähigkeit hochverschuldeten Unternehmen oder Ländern (zusätzlich) bereitgestellten Mittel einerseits als erzwungene Kredite zu bezeichnen, da ansonsten eine Abschreibung auf das gesamte Engagement zu tätigen wäre; andererseits ist diese Kreditvergabe jedoch freiwillig, da die beteiligten Banken letztlich aufgrund eigener Entscheidungsgewalt die Kredite vergeben.

(4) Nach dem **Kreditzweck** wird herkömmlicherweise zwischen **konsumtiven Krediten**, die dazu dienen, Bedürfnisse des Kreditnehmers in der Konsumsphäre zu decken, und **produktiven Krediten** unterschieden. Letztere wiederum werden unterteilt in

- **Betriebsmittelkredite** (zur Finanzierung des Umlaufvermögens) und
- **Investitionskredite** (zur Finanzierung des Anlagevermögens).

Ferner lassen sich hervorheben:

- Saisonkredite,
- Überbrückungskredite,
- Effektenkredite,
- Import- und Exportkredite.

Der Effektenkredit dient dem Kauf von Wertpapieren. Er wird üblicherweise bis zur Höhe von 50 % des Effektenwertes eingeräumt, so daß mit Hilfe eines Effektenkredits nicht das gesamte Wertpapierportefeuille finanziert werden kann. Der Import- und Exportkredit ist Bestandteil des Außenhandelskreditgeschäfts und dient der Finanzierung von Importen und von Exporten.

(5) Eine weitere Unterscheidung des Kreditgeschäfts der Banken ergibt sich durch das Kriterium der **Kreditsicherheit**, nach dem ungesicherte und gesicherte Kredite differenziert werden können. Beim **ungesicherten Kredit**, der häufig auch als Blanko- oder Personalkredit bezeichnet wird, werden keine besonderen Sicherheiten vom Kreditnehmer bereitgestellt. Dadurch ist der ungedeckte Kredit jedoch nicht zwangsläufig gefährdeter als ein gesicherter Kredit, denn bei ihm wird der persönlichen Bonität des Kreditnehmers, die sich in der persönlichen Vertrauenswürdigkeit und angemessenen Vermögens- und Einkommensverhältnissen äußert, besondere Beachtung geschenkt.

Der **gesicherte Kredit** ist im Gegensatz zum Blankokredit dadurch gekennzeichnet, daß der Kreditnehmer zur Deckung der Forderung besondere Sicherheiten bereitgestellt hat. Diese lassen sich zum einen in Personensicherheiten, bei denen schuldrechtliche Ansprüche gegen dritte Sicherungsgeber bestehen, und zum anderen in Sachsicherheiten, mit denen dingliche Verwertungsrechte verbunden sind, differenzieren. Einen Überblick über einzelne Arten von Sicherheiten gibt die folgende Abbildung 6.2. Dabei wird zusätzlich auf die sog. **nichtakzessorischen Sicherheiten** hingewiesen, bei denen die bestellten Sicherheiten von der ursprünglichen Forderung unabhängig sind und demzufolge nach Rückzahlung des Kredits weiterhin bestehen.

Personensicherheiten	**Sachsicherheiten**	
Verpflichtungserklärungen	Bewegliche Sachen, Forderungen und Rechte	Grund und Boden
- Bürgschaft - Wechselhaftung - Garantie (im Gegensatz zur Bürgschaft nicht akzessorisch) - Sicherungsklauseln - sonstige	- Verpfändung von Wertgegenständen - Sicherungsübereignung - Abtretung von Forderungen und Rechten - Eigentumsvorbehalt	- Hypothek - Grundschuld (im Gegensatz zur Hypothek nicht akzessorisch) - Rentenschuld (Sonderform der Grundschuld)

Abb. 6.2: Arten von Kreditsicherheiten

(6) Nach der Zugehörigkeit von Kreditnehmer und Kreditgeber zu einem oder zu mehreren **Währungsgebieten** sind Inlands- und Auslandskredite zu unterscheiden. Während bei **Inlandskrediten** beide Partner demselben Währungsgebiet angehören, sind bei **Auslandskrediten** Kreditgeber und Kreditnehmer in verschiedenen Währungsgebieten ansässig. Eine Besonderheit stellen in diesem Zusammenhang die sog. **Eurokredite** dar, bei denen spezielle Usancen und ihr Charakter als internationale Finanzkredite das Transaktionsgeschehen prägen.

(7) Wird das Kreditgeschäft der Banken nach dem **Kreditinhalt** differenziert, lassen sich die Geldleihe und die Kreditleihe unterscheiden. Bei der **Geldleihe** werden dem Kreditnehmer direkt Zahlungsmittel zur Verfügung gestellt. Demgegenüber ist die **Kreditleihe** lediglich durch die Bereitstellung der eigenen Kreditwürdigkeit des Kreditinstituts gekennzeichnet. Dies geschieht beispielsweise, indem die Bank für einen Kunden eine Bürgschaft übernimmt oder indem sie einen vom Kunden auf sie gezogenen Wechsel akzeptiert. In beiden Fällen verbessert der Kreditnehmer seine Bonität durch die Mithaftung eines Kreditinstituts. Er ist jedoch verpflichtet, die Zahlungen zu ersetzen, die das Kreditinstitut aufgrund einer Kreditleihe erbringen muß.

(8) Nach dem Kriterium der **Kredithöhe** wird häufig zwischen Kleinkrediten, Großkrediten und Millionenkrediten unterschieden. Diese Differenzierung ist jedoch nicht überschneidungsfrei, denn ein Großkredit kann gleichzeitig ein Millionenkredit, ein Millionenkredit braucht jedoch kein Großkredit zu sein. **Kleinkredite** überschreiten im allgemeinen nicht die Höhe von 30.000 DM. **Großkredite** werden dagegen nicht in absoluten Beträgen gemessen, sondern in Prozent des haftenden Eigenkapitals des Kreditinstituts. Überschreitet ein Kredit nach § 13 KWG den Wert von 15 % des haftenden Eigenkapitals, so wird er grundsätzlich als Großkredit klassifiziert. Ein **Millionenkredit** ist ein Kredit, der den Betrag von 1 Million DM erreicht oder überschreitet. Dabei kommt es nicht darauf an, für welche Frist der Kredit den genannten Betrag übersteigt.

(9) Eines der wesentlichsten Unterscheidungskriterien ist dasjenige der Kreditdauer bzw. -laufzeit. Nach der Fristigkeit wird in Übereinstimmung mit der Deutschen Bundesbank häufig die folgende Einteilung gewählt:

- kurzfristiger Kredit: Laufzeit < 1 Jahr
- mittelfristiger Kredit: 1 Jahr ≤ Laufzeit < 4 Jahre
- langfristiger Kredit: Laufzeit ≥ 4 Jahre

Bei der genannten Einteilung ist für praktische und theoretische Analysen noch auf folgende Sachverhalte hinzuweisen:

- Die Einteilung beruht (traditionell) auf Ursprungslaufzeiten. Für bestimmte Untersuchungen ist jedoch ggfs. die Restlaufzeit die aussagefähigere Größe. Ein ursprünglich langfristig vereinbarter Kredit kann kurz vor der Rückzahlung stehen und entweder zu Liquiditätszuflüssen oder zu Liquiditätsabflüssen führen, je nachdem, ob das Institut Kreditnehmer oder Kreditgeber ist.

- Die formale (rechtliche) Vereinbarung und die materielle Laufzeit differieren sehr häufig. So ist der Kontokorrentkredit formal kurzfristig, materiell jedoch von erheblich längerer Laufzeit.

(10) Ferner ist die **Tilgungsform** für die Charakterisierung von Kreditgeschäften von Bedeutung. Einen Überblick gibt dazu Abbildung 6.3.

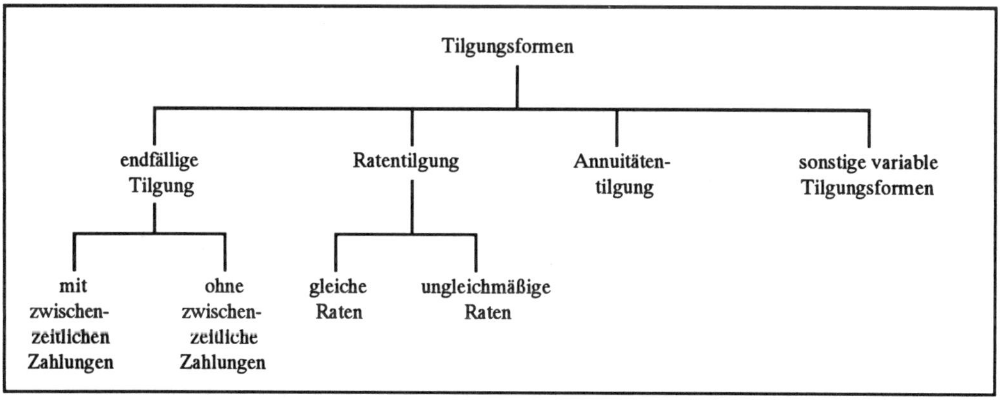

Abb. 6.3: Tilgungsformen

Die **endfällige Tilgung** ist durch die Rückzahlung des Kapitals in einer Summe zum Ende der Laufzeit gekennzeichnet. In Abhängigkeit davon, ob während der Laufzeit Zinszahlungen anfallen, kann diese Tilgungsform in die zwei Varianten mit und ohne zwischenzeitliche Zahlungen unterteilt werden. Bei der **Ratentilgung** erfolgt dagegen die Rückzahlung von Kapitalteilen bereits während der Laufzeit der Finanzierung. Erfolgt diese Tilgung in mehreren gleich großen Raten, liegt eine Tilgung mit gleichbleibenden Raten vor, während von einer Tilgung in unregelmäßigen Raten gesprochen wird, wenn zu den einzelnen Tilgungsterminen unterschiedliche Zahlungen erfolgen. Ebenso wie die Annuitätentilgung läßt sich die Ratentilgung auch noch weiter danach unterscheiden, zu welchem Zeitpunkt die Tilgung einsetzt. Dabei kann sowohl der sofortige Tilgungsbeginn als auch der Tilgungsbeginn nach Ablauf eines bestimmten Zeitraums im Kreditvertrag vereinbart werden.

In ihrer Normalform ist die Ratentilgung mit einem im Zeitablauf sinkenden Kapitaldienst (Tilgung, Zinsen) verbunden, da bei einer in ihrer Höhe gleichbleibenden Rate die Zinsen nur auf das noch nicht getilgte Kapital berechnet werden. Dagegen ist die **Annuitätentilgung** durch einen im Zeitablauf konstanten Kapitaldienst definiert, der mit einem sinkenden Zins- und einem steigenden Tilgungsanteil verbunden ist. Dies resultiert ebenso wie bei Ratentilgung aus der Zinsberechnung auf das gebundene Kapital. Die vierte Kategorie der Tilgungsformen ist durch im voraus **nicht vereinbarte Tilgungspläne** mit bestimmten Tilgungsvolumina gekennzeichnet. Hierunter fällt vor allem der Kontokorrentkredit, dessen Tilgungsverlauf ausschließlich von den Dispositionen des Kreditnehmers abhängt.

(11) Das Kreditgeschäft der Banken kann weiter nach der **Zahl der Kreditgeber** differenziert werden. Dabei wird im Normalfall ein **Einzelkredit** vergeben, bei dem nur ein Kreditgeber auftritt. Insbesondere bei Großkrediten sind jedoch häufig mehrere Kreditinstitute an der Bereitstellung der Finanzmittel beteiligt, so daß hier von einem **Konsortial- oder Gemeinschaftskredit** gesprochen wird. Dieser Zusammenschluß wird von den Kreditinstituten aus Gründen der Risikostreuung oder aufgrund der begrenzten Finanzierungskraft eines einzelnen Instituts vorgenommen. Das besondere Charakteristikum der Gemeinschaftskredite ist das grundsätzlich gemeinschaftliche Handeln aller an dem Konsortium beteiligten Banken.

(12) Weiterhin kann das Kreditgeschäft der Banken auch nach den **Kündigungsmöglichkeiten** unterschieden werden, die bei einer grundsätzlich vereinbarten Laufzeit durch den Schuldner und/oder Gläubiger gegeben sein können. Besteht eine vorzeitige Kündigungsmöglichkeit für beide Partner, liegt ein **beidseitig kündbarer Kredit** vor, während von einem **beidseitig unkündbaren Kredit** gesprochen wird, wenn diese Voraussetzungen nicht gegeben sind. Die Mischform dieser Kündigungsmöglichkeiten ist der **einseitig kündbare Kredit**, der entweder dem Schuldner oder dem Kreditinstitut die Kündigungsmöglichkeit offenläßt.

(13) Schließlich können Kreditgeschäfte danach charakterisiert werden, ob ein **Festzins** vereinbart wird oder ob der Zinssatz von der Bank jederzeit angepaßt werden kann, wenn die Situation auf den Geld- und Kapitalmärkten sich verändert. In diesem Fall spricht man von einem Kreditgeschäft mit **variablem Zins**. Bei Krediten mit Festzinsvereinbarungen spielt naturgemäß die Länge der Festzinsperiode eine wichtige Rolle. Je kürzer sie ist, desto mehr nähert sich der Festzinskredit materiell einem Kredit mit variablem Zins an.

2. Effektivzinssätze im Kreditgeschäft

Mit der Verzinsungskomponente von Kreditgeschäften eng verbunden ist die Frage nach dem **Effektivzins** solcher Geschäfte. Sieht man von den statischen Verfahren zur Effektivzinsberechnung ab, die noch in den Fällen Bedeutung erlangen, wo die Rechenoperationen ohne Verwendung elektronischer Hilfsmittel durchgeführt werden oder wo ein erster Näherungswert gesucht wird, bauen die in der Bankpraxis gebräuchlichen Verfahren auf der Internen Zinsfußmethode auf. Als spezielle Varianten seien hierbei erwähnt (vgl. ausführlich SCHIERENBECK/ROLFES 1986):

(1) der Effektivzins nach der **Preisangabenverordnung (PAngV)** von 1985; er ersetzt den früher gebräuchlichen Effektivzins nach Braess/Fangmeyer,

(2) der "internationale" Effektivzins der **Association of International Bond Dealers (AIBD)**, der, wie der Name sagt, international im Wertpapiersektor gebräuchlich ist.

Bevor hierauf näher eingegangen wird, soll die gemeinsame Grundlage dieser Verfahren, die **Interne Zinsfußmethode** kurz beschrieben werden.

Anders als bei der statischen Effektivzinsrechnung wird bei der Internen Zinsfußmethode der **zeitliche Anfall** von Rückzahlungen aus einem gegebenen Kredit berücksichtigt. Materiell kennzeichnet der Interne Zinsfuß dabei die Rentabilität, mit der sich der jeweils noch nicht amortisierte Kapitaleinsatz jährlich verzinst. Mit einem Beispiel soll dieser Aussagegehalt des Internen Zinsfußes verdeutlicht werden.

Eine Bank vergibt einen zweijährigen Kredit von nominal 2.000 DM bei einer Auszahlung von 90 %, also von 1.800 DM. Es ist eine jährliche Zins- und Tilgungszahlung vereinbart worden, wobei die Tilgung in zwei gleichen Raten von jeweils 1.000 DM am Ende des ersten und am Ende des zweiten Jahres erfolgen soll. Der Nominalzins beträgt 5 %. Daraus ergibt sich ein Kapitaldienst am Ende des ersten Jahres in Höhe von 1.100 DM und am Ende des zweiten Jahres in Höhe von 1.050 DM.

Die Interne Zinsfußmethode stellt formal zunächst lediglich fest, mit welchem Zinsfuß die beiden Rückzahlungen abgezinst werden müßten, damit die Rückzahlungsbarwerte in ihrer Summe genau dem Kreditauszahlungsbetrag entsprechen. Dies verdeutlicht die Ausgangsgleichung zur Berechnung des Internen Zinsfußes:

$$1.800 \text{ DM} = 1.100 \text{ DM} \cdot (1 + r)^{-1} + 1.050 \text{ DM} \cdot (1 + r)^{-2}$$

Formt man diese Ausgangsgleichung in eine quadratische Gleichung um, so läßt sich daraus der Zinsfuß, mit dem abgezinst werden muß, bestimmen. Er beläuft sich in diesem Beispiel auf 12,8172 %. Bei diesem Zinssatz handelt es sich um die Eigen- oder **Interne Verzinsung des jeweils noch eingesetzten Restkapitals** (vgl. Abb. 6.4).

Das Besondere an diesem Grundbeispiel ist, daß auch die Preisangabeverordnung sowie die AIBD-Formel zum gleichen Effektivzins von 12,8172 % führen würden. Das Grundbeispiel enthält nämlich erstens nur jährliche Zahlungen und legt zweitens eine Laufzeit von zwei ganzen Jahren zugrunde. Die genannten Varianten der Internen Zinsfußmethode unterscheiden sich aber nur dann, wenn

- unterjährige Zahlungen geleistet werden und / oder
- sogenannte "gebrochene" Laufzeiten, beispielsweise 1 1/2 oder 1 1/4 Jahre vorliegen.

Bei der Methode nach **PAngV** wird **unterjährig** mit einer **linearen Verzinsung**, also ohne Zinseszinsen gerechnet, während die **AIBD-Formel** mit **exponentieller Verzinsung**, also mit Zinseszinsrechnung auch im unterjährigen Bereich arbeitet. **Gebrochene Laufzeiten** spielen eine

Rolle speziell bei der PAngV. Hier gilt, daß sich der "gebrochene" Teil stets am **Ende der Gesamtlaufzeit** befindet.

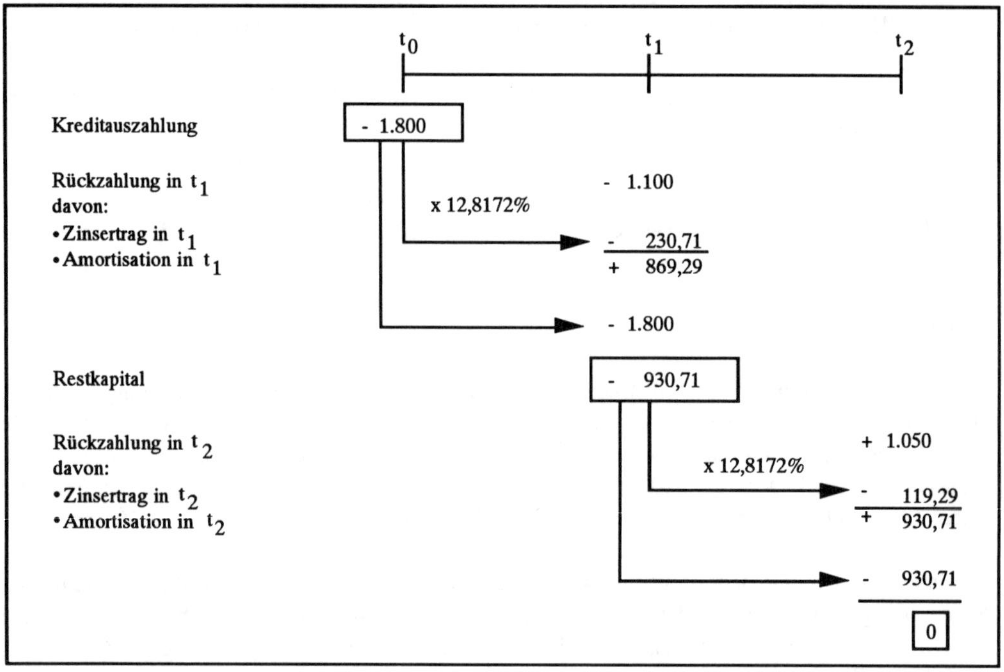

Abb. 6.4: Berechnung des Internen Zinsfußes

Mit Hilfe eines einheitlichen Beispiels, eines über 1 1/4 Jahre laufenden Kredits, sollen die genannten Unterschiede zwischen den beiden Effektivzinsmethoden verdeutlicht werden: Am 1.10.1990 werden einem Kreditkunden 1.800 DM ausgezahlt. Dieser Betrag entspricht 90 % des nominalen Kreditvolumens in Höhe von 2.000 DM (Disagio = 10 %). Vereinbart sind des weiteren eine endfällige Tilgung und Zinszahlungen zum Ende und zur Mitte des Kalenderjahres (Nominalzins = 5 %).

(1) Der Effektivzins nach der Preisangabenverordnung

Die Effektivzinsberechnung nach der Preisangabenverordnung, die seit dem 1. September 1985 für Kreditinstitute vorgeschrieben ist, bestimmt, welche Kostenbestandteile eines Kredits in einem **"effektiven Jahreszins"** (bei Festzinskrediten) bzw. **"anfänglichen effektiven Jahreszins"** (bei variabel verzinslichen Krediten) zu berücksichtigen sind und in welcher Weise dies geschehen soll. Das Ziel der Preisangabenverordnung besteht darin, ein einheitliches Vorgehen der Effektivzinsberechnung und -angabe bei den Kreditinstituten herbeizuführen.

Wie bereits angedeutet, wird die "gebrochene" Laufzeit an das Ende der Gesamtlaufzeit gelegt und es wird unterjährig mit einfachen Zinsen gerechnet. Entsprechend hat die Grundgleichung zur Bestimmung des Effektivzinses folgendes Aussehen:

$$
\begin{aligned}
1.800 = {} & 25 \cdot (1 + r_{eff} \cdot \tfrac{270}{360}) (1 + r_{eff})^{-1} \\
& + 50 \cdot (1 + r_{eff} \cdot \tfrac{90}{360}) (1 + r_{eff})^{-1} \\
& + 2.050 \cdot (1 + r_{eff} \cdot \tfrac{90}{360})^{-1} (1 + r_{eff})^{-1}
\end{aligned}
$$

r_{eff} nach PAngV = 14,358 %

Wie die rechte Seite der obigen Gleichung verdeutlicht, kann die erste Rückzahlung in Höhe von 25 DM nicht direkt über ein Vierteljahr abgezinst werden, da sie nicht mit einer Zinsverrechnung zusammenfällt. Vielmehr sind die 25 DM bis zur ersten Zinsverrechnung am 1.10.1991 (linear) aufzuzinsen, weil sie bis dahin voll vom Zinskapital abgesetzt werden können und aus diesem Grunde einen (positiven) "Einspareffekt" bewirken. Das gleiche gilt für die zweite Rückzahlung in Höhe von 50 DM, die allerdings nur für 90 Tage, also vom 1.7 bis zum 1.10.1991 (linear) aufgezinst wird. Beide Rückzahlungen werden dann vom 1.10.1991 ausgehend um ein Jahr auf den 1.10.1990 abgezinst.

Die Schlußzahlung in Höhe von 2.050 DM, die mit dem (letzten) Zinsverrechnungstermin zusammenfällt, kann unmittelbar abgezinst werden. Dabei ist zunächst eine Abzinsung um ein Vierteljahr auf den 1.10.1991 und von dort um ein ganzes Jahr auf den 1.10.1990 erforderlich.

Besonders deutlich werden diese Zinsverrechnungsprämissen bei der **stufenweisen Zins- und Tilgungsrechnung** (vgl. Abb. 6.5). Im ersten Vierteljahr fallen Zinsen in Höhe von 64,61 DM an. Diese werden jedoch nicht mit der Zahlung in Höhe von 25 DM am 31.12.1990 verrechnet, sondern bis zum Zinsverrechnungstermin am 1.10.1991 "stehen gelassen". Die Rückzahlung in Höhe von 25 DM vermindert dagegen voll das Zinskapital. Bezogen auf die neue Kapitalbasis in Höhe von 1.775 DM fallen bis zum 1.7.1991 - hier verringert sich die Kapitalbasis ebenfalls um die volle Rückzahlung in Höhe von 50 DM auf 1.725 DM - Zinsen in Höhe von 127,43 DM an, die wiederum bis zum Zinsverrechnungstermin am 1.10.1991 "stehen gelassen" werden. Bezogen auf die neue Kapitalbasis in Höhe von 1.725 DM ergeben sich dann bis zur Zinsverrechnung noch Zinskosten in Höhe von 61,92 DM.

Bis zur Zinsverrechnung am 1.10.1991, also ein Jahr nach der Kreditauszahlung, haben die angefallenen Zinsen noch keinen Einfluß auf das Zinskapital ausgeübt. Erst zu diesem Zeitpunkt werden sie dem nach Abzug der zwischenzeitlichen Zahlungen noch bestehenden Restkapital hinzugerechnet und bis zum Ende der Kreditlaufzeit, also für das restliche Vierteljahr, mitverzinst. Die neue Kapitalbasis beläuft sich auf 1.978,96 DM, worauf am 31.12.1991 Zinsen in Höhe von 71,04 DM berechnet werden. Diese werden, zusammen mit dem Restkapital, durch die Schlußzahlung in Höhe von 2.050 DM gedeckt.

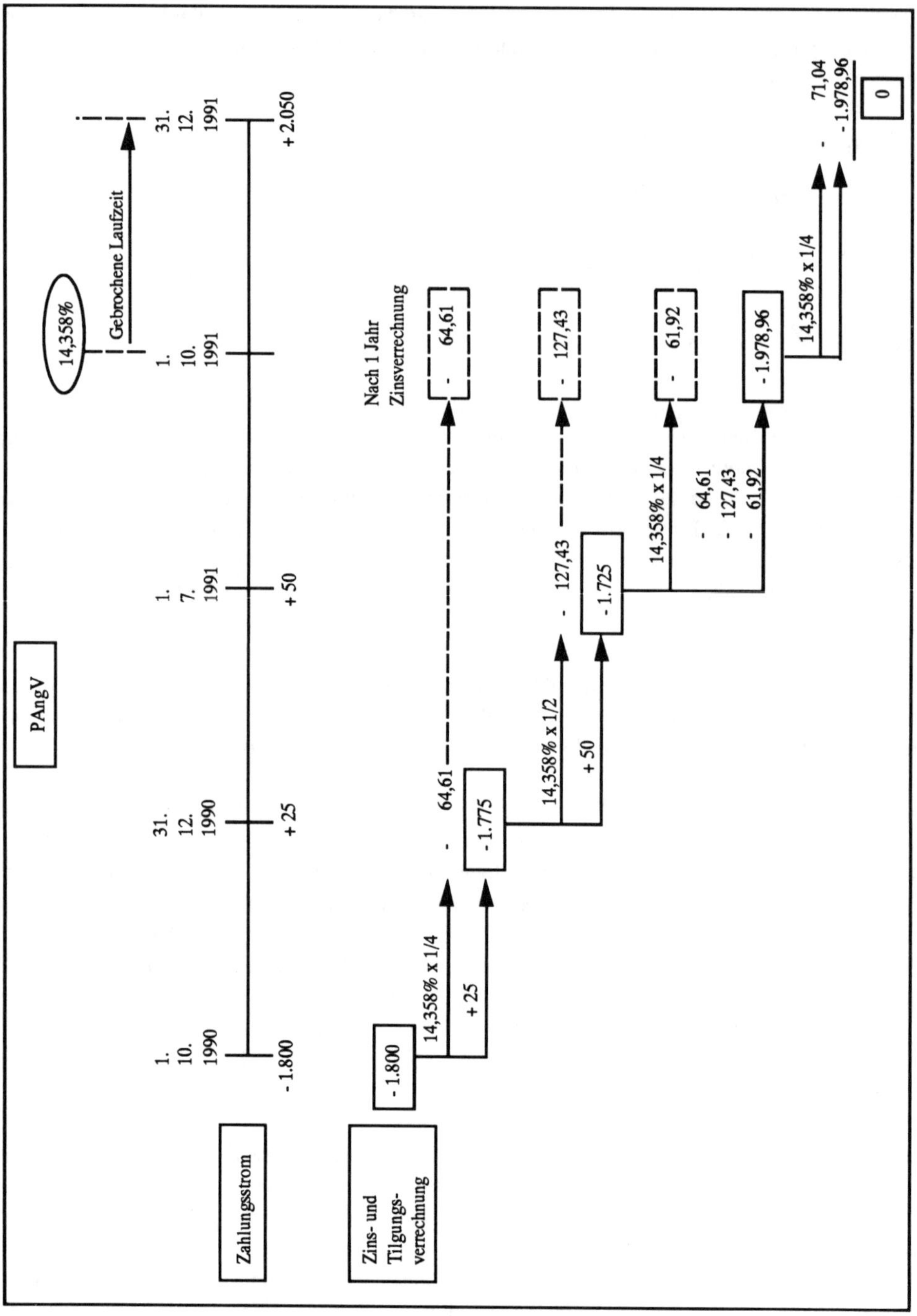

Abb. 6.5: Zins- und Tilgungsrechnung nach der Preisabgabenverordnung (PAngV)

(2) Der "internationale" Effektivzins der Association of International Bond Dealers (AIBD)

Anders als beim Effektivzinsverfahren nach PAngV wird bei dem sogenannten "internationalen" Effektivzinsverfahren (AIBD) nicht nur im jährlichen Bereich bzw. im Abstand der Zinsverrechnung, sondern auch im unterjährigen Bereich, unabhängig von willkürlich festgelegten Zinsverrechnungszeitpunkten, mit **exponentiellen Zinsen**, also quasi täglich mit Zinseszinsen, kalkuliert. Die für einen Tag anfallenden Zinsen werden somit, ganz gleich ob eine Zahlung erfolgt oder nicht, täglich kapitalisiert und am nächsten Tag wieder mitverzinst.

Die Ausgangsgleichung zur Bestimmung des "internationalen" Effektivzinses verdeutlicht dies:

$$1.800 = 25 \cdot (1 + r_{eff})^{-\frac{90}{360}} + 50 \cdot (1 + r_{eff})^{-\frac{270}{360}} + 2.050 \cdot (1 + r_{eff})^{-\frac{450}{360}}$$

r_{eff} nach AIBD = 14,5069 %

Jede Rückzahlung wird direkt exponentiell auf den Auszahlungszeitpunkt des Kredits abgezinst. Faktisch bedeutet dies für jeden Rückzahlungsbetrag eine stufenweise Abzinsung vom Zahlungstag auf den Tag davor und von dort aus wiederum über die einzelnen Tage zurück bis zum Auszahlungszeitpunkt. Die Abzinsung erfolgt also nicht wie bei dem anderen Verfahren von einem Zinsverrechnungszeitpunkt auf den nächsten davorliegenden, sondern von einem Tag auf den anderen. Die Abzinsungsschritte sind somit erheblich kürzer.

Der sich aus dieser Bestimmungsgleichung ergebende Effektivzins in Höhe von 14,5069 % unterstellt mit der Annahme der exponentiellen Verzinsung praktisch, daß die Zinsschuld täglich dem Kapital zugeschlagen wird. Auf die Termine der Zinsverrechnung nehmen also weder irgendwelche willkürlichen Annahmen noch die Zahlungstermine Einfluß (vgl. Abb. 6.6).

Effektivzinssätze, ob nach PAngV oder nach der AIBD-Formel, spielen in der Bankpraxis eine erhebliche Rolle. Dies gilt im Grunde für Einlagen **und** Kredite, allerdings mit deutlichem Schwerpunkt für Kreditgeschäfte und hier wiederum vor allem für das mittel- und langfristige Kreditgeschäft.

Die bislang zur Kennzeichnung von Kreditgeschäften verwendeten Merkmale sind die Grundlage für die weitere Darstellung. Differenziert wird dabei nach Fristigkeiten (kurz-, mittel- und langfristiges Kreditgeschäft) sowie danach, ob es sich um das Inlands- oder Auslandskreditgeschäft handelt.

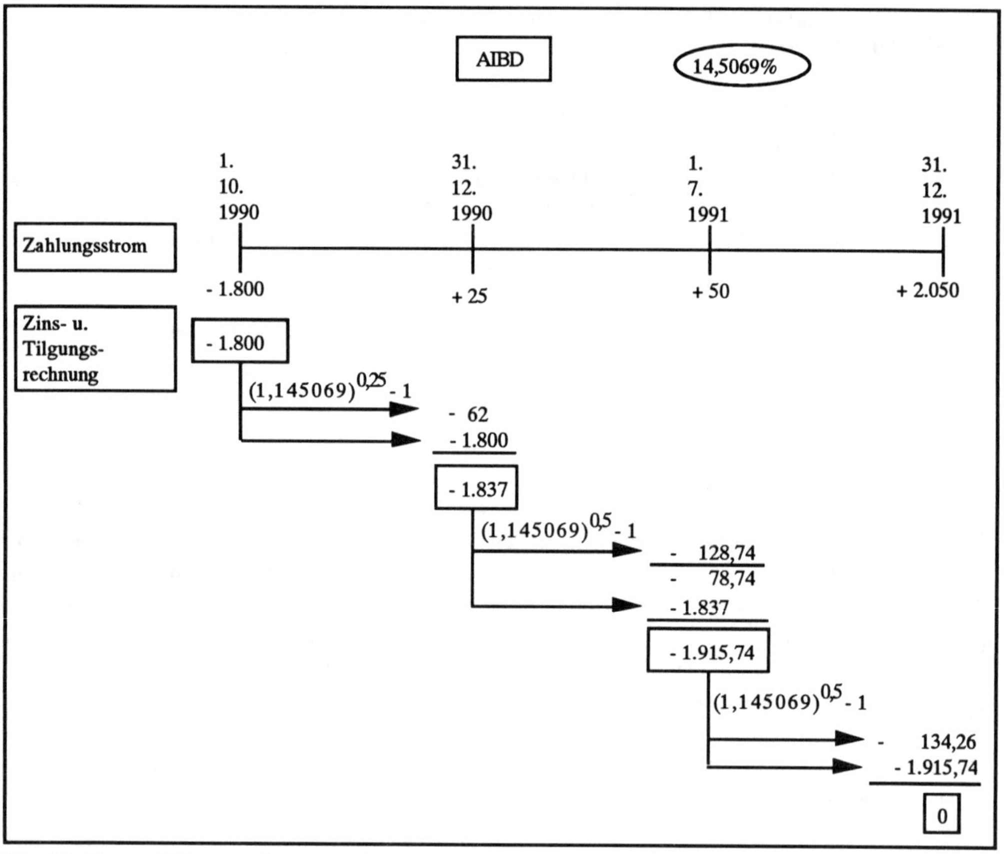

Abb. 6.6: Zins- und Tilgungsrechnung des »internationalen« Effektivzinses (AIBD)

II. Das inländische Kreditgeschäft

1. Kurz- und mittelfristiges Kreditgeschäft

Das kurz- und mittelfristige Kreditgeschäft ist ein Konglomerat verschiedener Kreditarten. Infolgedessen ist eine schrittweise Darstellung der einzelnen Kreditarten angezeigt. Zunächst soll dabei auf den Kontokorrentkredit eingegangen werden.

a) Kontokorrentkredit

Unter einem Kontokorrentkredit ist ein Buchkredit zu verstehen, der innerhalb einer bestimmten Kreditgrenze (Kreditlimit) vom Kreditnehmer je nach Bedarf **in wechselndem Umfang** in Anspruch genommen werden kann. Das Kreditverhältnis ist entweder täglich oder nach einer vereinbarten Kündigungsfrist von wenigen Monaten kündbar. Durch fortwährende Prolongation besteht jedoch faktisch häufig ein mittel- bzw. langfristiges Kreditverhältnis.

Die Kennzeichnung als Buchkredit macht deutlich, daß zur Aufnahme eines Kontokorrentkredites ein Konto - das **Kontokorrentkonto** - erforderlich ist. Auf diesem Kontokorrentkonto werden, soweit von Kunden kein Kredit in Anspruch genommen wird, auch die Sichteinlagen verbucht.

Als Kreditnehmer von Kontokorrentkrediten treten sowohl Unternehmen und Selbständige als auch Privatpersonen und öffentliche Haushalte auf. Da innerhalb dieser Gruppen Kontokorrentkredite häufig zur Finanzierung unterschiedlicher Projekte Verwendung finden, bietet sich eine Strukturierung des Kontokorrentkreditgeschäfts in Abhängigkeit von der speziellen Zwecksetzung an. Über die einzelnen Arten gibt dazu Abbildung 6.7 Auskunft.

Neben den dargestellten Formen der Kontokorrentkredite sind die - aus der Sicht des Kreditinstituts - Ertragskomponenten zur Charakterisierung des Kontokorrentkreditgeschäfts von Bedeutung. Das Entgelt für einen Kontokorrentkredit setzt sich grundsätzlich aus den nachstehenden Teilpreisen zusammen, wobei diese im Einzelfall nicht alle gleichzeitig erhoben werden müssen (vgl. HIELSCHER/LAUBSCHER 1989):

(1) Sollzins
(2) Kredit- oder Bereitstellungsprovision
(3) Überziehungsprovision
(4) Kontoführungsgebühren resp. Umsatzprovision
(5) Wertstellungsusancen der Banken.

Im folgenden werden die genannten Komponenten erläutert.

Zu (1): Die **Sollzinsen** orientieren sich in ihrer Höhe an dem Diskontsatz der Deutschen Bundesbank. Wird keine Kreditprovision gesondert in Rechnung gestellt, liegen sie etwa zwischen 3,5 % und 6 % über dem genannten Bundesbanksatz. Von Bedeutung ist daneben, daß es sich bei dem Kontokorrentzins um einen variablen Zinssatz handelt, der jederzeit den Marktverhältnissen angepaßt werden kann. Bei der zinsmäßigen Abrechnung der Kontokorrentkonten finden auch zeitweilige Guthaben (Sichteinlagen) ihre Berücksichtigung. Die Zinsberechnung erfolgt durch eine **Kontokorrentstaffel** (Staffel- oder Saldomethode). Dabei wird der jeweilige Saldo eines Kontos für die Tage bis zur nächsten Kontostandsänderung der Zinsberechnung zugrundegelegt. Zinsen werden also für den **Zeitraum des Bestehens** dieses Kontostandes berechnet.

Das Vorgehen der Staffelmethode erfordert eine Umformung der allgemeinen Zinsformel:

$$Z = \frac{K \cdot p \cdot t}{100 \cdot 360}$$

mit Z = Zinsertrag
K = Kreditbetrag bzw. Einlagenbetrag
p = Zinssatz für den Kredit bzw. für die Einlage
t = Zahl der Tage, die der Kredit bzw. die Einlage besteht

Arten des Kontokorrentkredits	Kennzeichen
Betriebsmittelkredit	Der Betriebsmittelkredit ist ein kurzfristiger Kredit an Unternehmen zur Finanzierung des Betriebsprozesses. Durch ihn wird der Zeitraum zwischen der Beschaffung von Rohstoffen, Produktion und Absatz bzw. zwischen Wareneinkauf und Absatz überbrückt. Zurückgezahlt wird er aus den Umsatzerlösen.
Saisonkredit	Der Saisonkredit ist ein spezieller Betriebsmittelkredit, der an Unternehmen vergeben wird, bei denen zwischen Produktion bzw. Einkauf und Absatz aufgrund saisonaler Schwankungen erhebliche Zeiträume auftreten (Saisonbetriebe).
Zwischenkredit	Der Zwischenkredit kann sowohl an Privatpersonen als auch an Unternehmen vergeben werden und dient der Vorfinanzierung von längerfristigen Maßnahmen, wenn ein langfristiger Kredit zwar genehmigt, jedoch die entsprechenden Mittel noch nicht verfügbar sind. So wird er im Privatbereich häufig zur Zwischenfinanzierung von Baudarlehen genutzt, bevor ein langfristiger Realkredit aufgenommen wird; im Unternehmensbereich wird er durch einen langfristigen Investitionskredit abgelöst. Der Zwischenkredit stellt somit einen Überbrückungskredit dar.
Dispositionskredit	Auch der Dispositionskredit wird sowohl im Privat- als auch im Unternehmensbereich vergeben und beinhaltet eine kurzfristige, häufig stillschweigende Krediteinräumung. Von Unternehmen wird er häufig als Betriebsmittelkredit eingesetzt. Im Privatbereich ersetzt er die sogenannten Kleinkredite. Von den genannten Formen unterscheidet er sich durch seine fehlende Zweckgebundenheit. Damit ist diese Kreditform sehr flexibel einsetzbar.
Überziehungskredit	Der Überziehungskredit ist der Teil des Kontokorrentkredits, der vom Kontoinhaber über sein Kreditlimit hinaus abgerufen und der ihm eingeräumt wird. Wurde kein Kreditlimit vereinbart, so stellt der gesamte Kredit einen Überziehungskredit dar.
Kassenkredit	Kassenkredit ist die Bezeichnung für den Kontokorrentkredit an öffentliche Haushalte. Er dient zur Finanzierung von Zahlungen aus dem Verwaltungshaushalt, wenn entsprechende Etateinnahmen noch nicht zur Verfügung stehen.

Abb. 6.7: Formen des Kontokorrentkredits

In dieser Formel wird nach kaufmännischer Gepflogenheiten von einem Jahr mit 360 Tagen (12 • 30 Tage) ausgegangen. Die genannte Formel wird dann folgendermaßen umgestellt:

$$Z = \frac{\frac{K}{100} \cdot t}{\frac{360}{p}}$$

mit $\frac{K}{100} \cdot t = \text{Zinszahl}$

und $\frac{360}{p} = \text{Zinsdivisor}$

Die Umstellung der Formel ermöglicht es, die Bewegungen in Staffelform darzustellen und die jeweiligen Kreditinanspruchnahmen bzw. die Habensalden tageweise zu gewichten und somit zu einer genauen Zinsberechnung für die Tagesendbestände zu gelangen. Wegen der Existenz von Haben- und Sollsalden und ihrer unterschiedlichen Verzinsung sind getrennte Staffeln für Guthaben und Kreditinanspruchnahmen zu erstellen.

Das folgende Beispiel (vgl. Abb. 6.8) zeigt das technische Vorgehen, wobei ein Sollzins von 10 % und ein Habenzins von 1 % unterstellt werden. Die Abrechnung des Kontos erfolgt vierteljährlich. Die Zinserträge und die Zinskosten ergeben sich, indem die spaltenweise addierten Zinszahlen durch die jeweiligen Zinsdivisoren, die für den Kreditbetrag 360 : 10 = 36 und für das Guthaben 360 : 1 = 360 betragen, dividiert werden. Aus der Zusammenfassung der errechneten Zinsbeträge resultiert schließlich der Betrag, mit dem das Konto am 30.3. belastet wird.

Wert	S/H	Bestände u. Umstände DM	Tage des Bestehens der (End-) Bestände	Zinszahlen Habensaldo	Zinszahlen Sollsaldo
30.12.	S	10.000,--	15		1.500
15.01.	H	7.000,--			
	S	3.000,--	15		450
30.01.	S	1.000,--			
	S	4.000.--	10		400
10.02.	H	8.000,--			
	H	4.000,--	18	720	
28.02.	H	2.000,--			
	H	6.000,--	17		
15.03.	S	8.000,--			
	S	2.000,--	15	1.020	300
30.03.	S	68,78			
	S	2.068,78	90	1.740	2.650
				Habenzinsen: $\frac{1.740}{360} = 4{,}83$	Sollzinsen: $\frac{2.650}{36}$ = 73,61
				Zinssaldo = 73,61 - 4,83 = 68,78 S	

Abb. 6.8: Beispiel einer Kontokorrentstaffel

Zu (2): Eine **Kreditprovision** bzw. eine **Bereitstellungsprovision** berechnen die Kreditinstitute, weil sie Liquidität für zugesagte aber noch nicht in Anspruch genommene Kredite vorhalten müssen und somit Kosten für die Refinanzierung dieser Mittel, die einer alternativen Verwendungsrichtung nicht zugeführt werden können, entstehen. Die Kredit- und Bereitstellungsprovisionen sollen folglich die Kosten der Liquiditätshaltung bzw. die Opportunitätskosten abdecken.

Die Berechnung dieser Provisionen erfolgt häufig anhand der folgenden Methoden:

- Der Sollzins wird um die Kreditprovision erhöht. Dadurch ergeben sich die Kreditkosten aus dem tatsächlich in Anspruch genommenen Betrag.

- Die Kreditprovision wird auf die zugesagte Kontokorrentlinie bezogen, der tatsächlich in Anspruch genommene Betrag ist mit dem Sollzins zu verzinsen. In diesem Fall verursacht die Kreditprovision Leerkosten bei nicht voller Inanspruchnahme der Linie.

- Die Kreditprovision wird auf den Spitzenbetrag eines Monats oder Vierteljahres berechnet. Auf die Differenz zwischen Kreditlinie und dem (niedrigeren) tatsächlich in Anspruch genommenen Betrag wird die Kreditprovision bezogen.

- Zusätzlich zum Sollzins incl. Kreditprovision wird eine Bereitstellungsprovision berechnet, die sich auf den beanspruchten Kreditbetrag bezieht.

Üblich ist heute bei nahezu allen Kreditinstituten die erstgenannte Berechnungsmethode. Die übrigen Kalkulationsvarianten sind vornehmlich in Zeiten knappen Geldes verbreitet (HIELSCHER/LAUBSCHER 1989).

Zu (3): Die **Überziehungsprovision** wird neben den Sollzinsen berechnet, wenn der Kunde einen Kredit über das vereinbarte Kreditlimit hinaus in Anspruch genommen hat. Wirtschaftlich stellt die Überziehungsprovision einen "Strafzins" für eine nicht vereinbarungsgemäße Nutzung des Kontos dar. Der Überziehungsprovision liegt prinzipiell die genaue Erfassung der Überziehungszeiten zugrunde.

Zu (4): Die **Kontoführungsgebühren** und die **Umsatzprovision** stellen ihrem Charakter nach im Gegensatz zu den bisherigen Komponenten kein Entgelt für eine Kreditinanspruchnahme, sondern den Preis für die Zahlungsverkehrsleistungen bzw. die Inanspruchnahme des technisch-organisatorischen Bereichs der Bank dar. Die Umsatzprovision wird gewöhnlich auf die umsatzstärkere Seite des Kontokorrentkontos bezogen. Als Umsatz wird dabei der Gesamtbetrag (Gesamtwert) der einzelnen Buchungen auf einer Kontoseite bezeichnet. Kontoführungsgebühren werden sowohl als Postenentgelte, d.h. als Gebühren für einzelne Buchungen, als auch in Form fixer Gebühren für die Kontokorrentführung berechnet. Sie treten gewöhnlich anstatt einer Umsatzprovision auf.

Ad (5): Die **Wertstellungsusancen** einer Bank sind kein explizit vereinbarter Kostenbestandteil eines Kontokorrentkontos, dennoch müssen sie aber in der Erfolgsrechnung als ein wesentlicher Faktor berücksichtigt werden. Unter Wertstellung oder Valutierung wird das Datum, an dem die Verzinsung eines Betrages beginnt oder endet, verstanden. Durch die gezielte Beeinflussung dieses Datums kann ein Kreditinstitut seine Aufwendungen senken bzw. seine Erträge erhöhen, indem das Datum des tatsächlichen Zahlungsvorfalls und das Valutierungsdatum voneinander abweichen. Im Falle von abgehenden Beträgen entsteht ein solcher Gewinn, sofern das Valutierungsdatum vor dem Liquiditätsabfluß liegt, während er im Falle eines eingehenden Betrages zu verzeichnen ist, wenn ein Liquiditätszufluß später valutiert wird. Werden diese Bedingungen erfüllt, vermindert sich bei Guthabenkonten der Zinsertrag für den Kunden, bei Kreditkonten erhöht sich der Zinsaufwand und demnach der Zinsertrag für das Kreditinstitut. Schlägt ein Konto um, d.h. werden debitorische zu kreditorischen Konten bzw. kreditorische zu debitorischen Konten, so treten beide Effekte gleichzeitig auf.

Ein einfaches Beispiel soll das Entstehen eines Wertstellungsgewinns verdeutlichen:

Vorfall: Einreichung eines auf eine andere Bank gezogenen Schecks durch einen Kunden bei seiner Bank.

Daten:		
	Scheckbetrag	10.000 DM
	Ausgangssaldo des Kundenkontos (Soll)	15.000 DM
	Einreichungs- und Buchungsdatum (Gutschrift Eingang vorbehalten)	1.3.1991
	Valutierungsdatum	5.3.1991
	Eingang des Scheckgegenwertes bei der Bank des Kunden	3.3.1991
	Sollzins (p)	10 % p.a.

Berechnung des Wertstellungsgewinns (W):

$$W = (\text{Valutierungstag - Eingangstag des Scheckgegenwertes}) \cdot \frac{p}{360} \cdot \text{Scheckbetrag}$$

$$W = 2 \cdot \frac{10\ \%}{360} \cdot 10.000\ \text{DM}$$

$$W = 5{,}56\ \text{DM}$$

Insbesondere Verbraucherschutzorganisationen haben den Banken in der Vergangenheit oft eine Überschreitung der angemessenen Sätze bei der Wertstellung vorgeworfen. In diesem Zusammenhang erklärte der BGH in einem Urteil vom 17.01.1989 eine Wertstellungsklausel im Preisverzeichnis einer Sparkasse für unangemessen und folglich unwirksam, nach der Bareinzahlungen auf Girokonten für die Zinsberechnung erst einen Tag nach der Einzahlung berücksichtigt wurden. Angesichts der fortdauernden Diskussion ist damit zu rechnen, daß die Wertstellungsgewinne der Kreditinstitute auch zukünftig - aufgrund gerichtlicher oder aufgrund geschäftspolitischen Entscheidungen - zurückgehen werden.

b) Wechselkredite

Der Wechsel ist ein Wertpapier mit der unbedingten Anweisung des Ausstellers an den Bezogenen (Zahlungspflichtigen), einen bestimmten Geldbetrag an einen im Wechsel genannten Begünstigten oder an dessen Order zu einem späteren Termin zu zahlen. Da dabei der Bezogene auch der Aussteller selbst sein kann, gibt es zwei grundlegende Formen des Wechsels:

- den **gezogenen Wechsel** als eine Anweisung des Ausstellers an den Bezogenen (Zahlungspflichtigen) sowie

- den **eigenen Wechsel** als Zahlungsversprechen des Ausstellers, die Wechselsumme an einen Berechtigten zu zahlen.

Von seiner Rechtsnatur her begründet der Wechsel eine selbständige Zahlungsverpflichtung, d.h. losgelöst von irgendwelchen Grundgeschäften bzw. Verpflichtungen ist die Wechselsumme einzulösen. Dadurch hat der Wechsel im Wirtschaftsleben verschiedene Funktionen erlangt, und zwar wird er benutzt als

- **Zahlungsmittel**, durch die Hingabe des Wechsels zahlungshalber,
- **Kreditmittel**, durch die zeitliche Differenz zwischen Ausstellungs- und Verfalldatum,
- **Refinanzierungsmittel**, durch die Rediskontmöglichkeit bei der Bundesbank,
- **Sicherungsmittel**, durch die besonderen Haftungsregeln aufgrund der sog. Wechselstrenge,
- **Geldanlagemittel**, durch die kurzfristige, verzinsliche und refinanzierungsfähige Anlage zur Verfügung stehender Mittel.

Dabei kann ein Wechsel gleichzeitig verschiedene Funktionen erfüllen, zumal insbesondere die Kredit-, Refinanzierungs- und Geldanlagefunktion in einem engen Zusammenhang stehen. Der Kreditfunktion des Wechsels kommt heutzutage die größte Bedeutung zu, während der Einsatz des Wechsels als Zahlungsmittel mehr und mehr in den Hintergrund tritt. Die Sicherungsfunktion schließlich wird insbesondere von Kreditinstituten beansprucht, die bei der Vergabe von Krediten einen Wechsel auf den Kreditnehmer ziehen (Eigene Ziehung). Nachdem der Kunde den Wechsel akzeptiert hat, bleibt das Papier ggfs. lediglich als Sicherungsmittel im Bestand der Bank. Er kann jedoch bei einer Nichteinlösung durch die Wechselstrenge schnell und sicher gerichtlich durchgesetzt werden.

Im Rahmen des Wechselkreditgeschäfts der Kreditinstitute sind zwei Kreditformen zu unterscheiden, und zwar der

(1) Wechseldiskontkredit und der
(2) Akzeptkredit

Zu (1): Der **Wechseldiskontkredit** oder kurz Diskontkredit ist ein kurzfristiger Kredit, den ein Kreditinstitut durch den Ankauf von nichtfälligen Wechseln dem Veräußerer dieser Wechsel gewährt. Es findet eine Kreditierung des Wechselbetrages vom Zeitpunkt des Ankaufs bis zum Verfalldatum des Wechsels statt. Beim Wechseldiskontkredit handelt es sich damit um einen Kredit mit **fester Laufzeit** (bis zum Verfalltag), darüber hinaus aber auch um einen **Festzinskredit**. Zu den grundlegenden Merkmalen des Diskontkredits gehört es, daß kein Kreditvertrag zwischen dem Bezogenen des Wechsels und dem Kreditinstitut, sondern zwischen dem Einreicher und dem Kreditinstitut abgeschlossen wird. Obwohl das Kreditverhältnis damit zwischen Wechseleinreicher und Kreditinstitut besteht, wird der Kredit in der Regel vom Bezogenen des Wechsels zurückgezahlt, indem die Bank dem Bezogenen den Wechsel vorlegt. Somit erhält der Einreicher des Wechsels bei der Bank den Wechselbetrag abzüglich des Diskonts, der Provision und der Spesen zum Einreichungszeitpunkt und das Kreditinstitut den Wechselbetrag zum Fälligkeitszeitpunkt. Der Verdienst der Bank liegt in der Differenz dieser beiden Größen.

Kreditinstitute kaufen Wechsel häufig nur dann an, wenn diese neben den gesetzlichen Vorschriften auch die Anforderungen der Deutschen Bundesbank für rediskontfähige Wechsel erfüllen. Abgesehen von formalen Aspekten sind dabei vor allem folgende Bedingungen von Bedeutung:

- die **Restlaufzeit** darf **höchstens 90 Tage** betragen,
- es muß sich um einen **Handelswechsel** handeln, d.h. dem Wechsel muß ein Handelsgeschäft und nicht ein Finanzgeschäft zugrunde liegen,
- der Wechsel muß bei der Einreichung bei der Bundesbank insgesamt **drei gute Unterschriften** tragen. Die dritte Unterschrift leistet die rediskontierende Bank selbst.

Die Kosten des Wechseldiskontkredites setzen sich für den Einreicher des Wechsels aus dem Zinssatz und den Provisionen und Gebühren zusammen. Der **Zinssatz** orientiert sich am Diskontsatz der Deutschen Bundesbank, zu dem diese bereit ist, Wechsel zu rediskontieren. Dieser Satz wird um einen Zuschlag erhöht, der je nach Marktlage, Bonität und Bedeutung des Kreditnehmers sowie nach der Höhe des Wechselbetrages variiert. Zudem war in der Vergangenheit eine **Wechselsteuer** (0,15 DM je angefangene 100 DM Wechselsumme) zu entrichten, die jedoch zum 1.1.1992 abgeschafft wurde.

Bei der Beurteilung der Vorteilhaftigkeit eines Wechselkredits sind die folgenden Sachverhalte zu beachten:

- Um aus den Zinssätzen für Diskontkredite Effektivsätze zu berechnen, muß der Diskont auf den Nettobetrag, d.h. auf die Wechselsumme abzüglich Diskont, bezogen werden. Dadurch sind die Effektivzinsen höher als der Nominalzins.
- Der Kreditnehmer hat für die gesamte Restlaufzeit Zinsen zu bezahlen, ohne Rücksicht darauf, ob der Kreditbetrag für die gesamte Dauer benötigt wird.
- Beim Diskontkredit ist immer der im Zeitpunkt der Diskontierung vereinbarte Sollzinssatz für die gesamte Restlaufzeit maßgebend, so daß nachträgliche Zinsvariationen keinen Einfluß auf die Zinskosten haben. Darin ist allerdings insofern ein Vorteil zu sehen, als Marktzinssteigerungen sich ebenfalls nicht negativ auf die Kosten des Wechseldiskontkredits auswirken können.

Zu (2): Der **Wechselakzeptkredit** oder Akzeptkredit ist ein Kreditleihgeschäft, bei dem die Bank einen von ihrem Kunden auf sie gezogenen Wechsel unter der Bedingung akzeptiert, daß der Kunde den Gegenwert des Wechsels spätestens einen Tag vor Fälligkeit der Bank zur Verfügung stellt. Der Kreditnehmer kann diesen Wechsel in Umlauf geben, d.h. entweder zur Bezahlung eigener Verbindlichkeiten verwenden oder ihn diskontieren lassen.

Akzeptkredite sind kurzfristige Kredite, die in mehreren Versionen auftreten, und zwar als

- **Kreditakzepte oder Handelsakzepte**
  Hier dient der Akzeptkredit der Finanzierung eines Handelsgeschäftes. Sonderformen, auf die später noch eingegangen wird, sind der Rembourskredit und der Privatdiskontkredit.

- **Finanzakzepte**
  Diese benutzen die Banken zur Befriedigung ihrer eigenen Refinanzierungsbedürfnisse. Bei Finanzakzepten handelt es sich daher um reine Passivgeschäfte, also um kein eigentliches Kreditleihgeschäft, weil die akzeptierende Bank den Wechselaussteller ausdrücklich von der Haftung für die Einlösung bzw. der Anschaffung des Wechselbetrages freistellt, und sich verpflichtet, den Wechsel bei Fälligkeit aus eigenen Mitteln einzulösen. Finanzakzepte sind bei der Bundesbank nicht rediskontfähig.

Den Grundgedanken des Akzeptkredits verdeutlicht Abbildung 6.9.

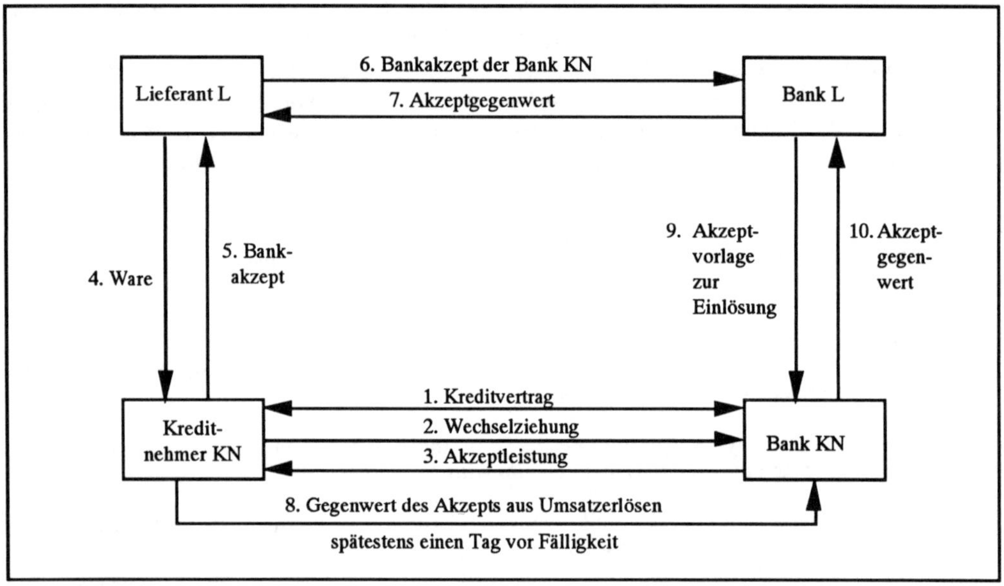

Abb. 6.9: Abwicklung eines Akzeptkredites

Wie bereits erwähnt, ist der Akzeptkredit (in seiner Grundversion) ein reines Kreditleihgeschäft. Für die Bank tritt damit keine Liquiditätsbelastung auf, wie dieses bei einer Geldleihe der Fall wäre. Durch die Bereitstellung des Gegenwertes kurz vor Fälligkeit des Wechsels gleichen sich die Zahlungen aus, so daß netto betrachtet keine Liquidität abfließt. Da die Bank jedoch den Wechsel akzeptiert, ist sie Hauptschuldner des Wechsels. Ein Dritter, der ihr diesen Wechsel vorlegt, kann, da die Wechselforderung losgelöst von anderen Forderungen besteht, bei Fälligkeit des Wechsels auf jeden Fall Zahlung verlangen. Im **Außenverhältnis** ist die Bank also durch die Akzeptleistung eine wechselmäßige Verpflichtung eingegangen. Demgegenüber ist im **Innenverhältnis** der Kunde Kreditnehmer und somit Schuldner des Kreditinstituts. Dieses Gläubiger/Schuldner-Verhältnis ergibt sich jedoch nicht aus dem Wechsel selbst, sondern aufgrund des Kreditvertrages, der den Kunden zum

Schuldner der Bank werden läßt. Der Akzeptkredit stellt somit nur eine Eventualverbindlichkeit dar, da die Bank nur dann - netto betrachtet - liquiditätsmäßig belastet wird, wenn der Kunde seinen vertraglichen Verpflichtungen nicht nachkommt und den Gegenwert gar nicht oder erst zu spät zur Verfügung stellt.

Der Kreditnehmer kann das Akzept in mehrfacher Weise verwenden:

- Der Kreditnehmer begleicht mit dem ihm ausgehändigten Akzept eigene Verbindlichkeiten. Häufig sehen Lieferverträge die Bezahlung der Ware durch ein Bankakzept vor, da dieses als besonders sicher gilt.

- Der Kreditnehmer läßt den Wechsel bei einer anderen Bank diskontieren. In diesem Fall wird dem Kreditnehmer bei einer anderen Bank ein Diskontkredit gewährt. In der Praxis ist diese Vorgehensweise jedoch nicht üblich.

- Der Kreditnehmer reicht den Wechsel sofort nach der Akzeptierung der Akzeptbank zum Diskont ein. Die Akzeptbank gewährt dem Kreditnehmer nun neben dem reinen Akzeptkredit auch einen Barkredit in Form eines Wechseldiskontkredits. Diese Verwendungsmöglichkeit ist in der Praxis von weit größerer Bedeutung als die anderen genannten Verwendungsrichtungen.

Die Erträge des Akzeptkredits für ein Kreditinstitut müssen danach differenziert werden, ob die Bank ihren eigenen Wechsel ankauft oder ob nicht. Vergibt die Bank einen "reinen" Akzeptkredit ohne ihr eigenes Akzept zu diskontieren, fällt als Ertrag lediglich die Akzeptprovision an. Die Gepflogenheit, beim reinen Akzeptkredit keine Zinsen, sondern nur eine Provision zu berechnen, resultiert daraus, daß die Bank bei einem ordnungsgemäß abgewickelten Geschäft kein eigenes Kapital einsetzen muß. Die Provision deckt lediglich den - infolge der erstklassigen Bonität des Kreditnehmers - äußerst geringen Risikoaufwand sowie die verhältnismäßig niedrigen Betriebskosten ab. Wird der Akzeptkredit mit einem Diskontkredit verbunden, entsteht für die diskontierende Bank ein Diskontertrag, der sich am Diskontsatz der Deutschen Bundesbank orientiert.

c) Lombardkredite

Der Lombardkredit ist ein Beleihungskredit, der in der Gewährung eines kurzfristigen, auf einen festen Betrag lautenden Darlehens, das durch **Verpfändung marktgängiger, beweglicher Vermögensobjekte** des Schuldners besonders gesichert ist, besteht. Der Begriff Lombardkredit geht auf die italienische Region Lombardei zurück. Im Mittelalter liehen in der Lombardei ansässige Geldwechsler Münzen, die ihnen zur (unregelmäßigen) Verwahrung anvertraut wurden, gegen die Stellung von Pfändern kurzfristig wieder aus. Im Gegensatz zur regelmäßigen Verwahrung konnten bei der unregelmäßigen Verwahrung die Geldwechsler die Münzen zu Kreditzwecken verwenden, da sie in diesem Fall nicht verpflichtet waren, dieselben Münzen an den Einleger zurückzugeben.

Der beschriebene **"echte" Lombardkredit** ist allerdings im aktivischen Kreditgeschäft der Banken nicht mehr üblich. Heutzutage bevorzugen die Kreditinstitute den sog. **"unechten" Lombardkredit**. Hierbei handelt es sich um einen in laufender Rechnung eingeräumten Kredit, also um einen Kontokorrentkredit, der durch Lombard gesichert ist. Die Abwicklung dieses Kredits erfolgt nach normalen kontokorrentmäßigen Grundsätzen. Der echte Lombardkredit ist nur noch im Verkehr mit der Deutschen Bundesbank von Bedeutung. Den Kreditinstituten dient er zur kurzfristigen Refinanzierung ihres Bankgeschäftes.

Für den Lombardkredit gibt es keine speziellen Rechtsvorschriften. Auf ihn anwendbar sind einerseits die Vorschriften über das Darlehen (§§ 607 - 610 BGB) und andererseits die Bestimmungen über das Pfandrecht an beweglichen Sachen und an Rechten (§§ 1204 - 1206 BGB). Daneben sind eine Reihe handelsrechtlicher Spezialvorschriften zu beachten.

Nach der Art der verpfändeten Vermögensobjekte sind die folgenden Lombardkredite zu unterscheiden:

- der Effekten-Lombard,
- der Wechsel-Lombard sowie
- der Waren-Lombard (einschließlich der Sonderform des Edelmetall-Lombards).

Die bedeutendste Form des Lombardkredits ist der **Effekten-Lombard**. Die Sicherung dieser Kreditform erfolgt gegen die Verpfändung von vertretbaren Wertpapieren. Der Grund für die Bedeutung dieser Variante des Lombardgeschäfts liegt darin, daß die Beleihung von Wertpapieren relativ leicht zu handhaben und mit verhältnismässig geringen Kosten verbunden ist. Infolge relativ niedriger Beleihungsgrenzen, die je nach Art der Wertpapiere im allgemeinen zwischen 50 % und 80 % des Kurswertes schwanken, ist die Sicherheit des Lombardkredits in besonderer Weise gewährleistet. Pfandbriefe und sonstige mündelsichere Papiere werden bis zu 90 % des Kurswertes beliehen.

Das mit einer Verpfändung von Wechseln verbundene **Wechsel-Lombardgeschäft** besitzt im aktiven Kreditgeschäft der Banken nur eine untergeordnete Bedeutung. Im Verkehr mit der Deutschen Bundesbank spielt es jedoch als Refinanzierungsquelle für Kreditinstitute eine bedeutende Rolle. Diese Form der Refinanzierung wird von Kreditinstituten insbesondere bei kurzfristigen Liquiditätsengpässen gewählt, wenn die Rediskontkontingente bereits ausgeschöpft sind und der Tagesgeldzins den Lombardsatz übersteigt.

Der **Waren-Lombardkredit** wird gegen die Verpfändung von wertbeständigen, marktgängigen und an einer Warenbörse gehandelten Waren, wie beispielsweise Getreide oder Baumwolle, gewährt. Der Waren-Lombard ist vor allem im Einzugsgebiet von Hafenstädten von Bedeutung. Er kann als relativ sicher angesehen werden, da die Beleihungsgrenzen für marktgängige Handelswaren zum einen relativ leicht ermittelt werden können und zum anderen sehr niedrig angesetzt sind. Im Normalfall werden die Pfandobjekte bei einem Waren-Lombard nicht der Bank übergeben, sondern auf ihren Namen in einem Lagerhaus deponiert. Das Kreditinstitut erhält in diesem Fall lediglich den Lagerschein. Soweit die verpfändeten Waren noch auf dem Transportwege sind, erfolgt die Übertragung der Verfügungsgewalt durch Übergabe des Konnossements oder des Ladescheins. Eine Sonderform des Waren-Lombardkredits ist der **Edelmetall-Lombard.** Dieses hat jedoch heute nur noch geringe Bedeutung. Objekte des Edelmetall-Lombardkredits sind Münzen, Barren aus Gold sowie Silber und Platin. Dabei liegt die Beleihungsgrenze bei etwa 90 v.H. des Feingehaltmetallwertes.

Die genannten Arten des Lombardgeschäfts dürfen nicht darüber hinwegtäuschen, daß neben Effekten, Wechseln oder bestimmten Waren auch andere Objekte für eine Lombardierung in Frage kommen. Hier sind Forderungen verschiedener Art zu nennen, insbesondere die Sparguthaben, die Forderungen aus Versicherungsverträgen sowie die Lohn- und Gehaltsforderungen. Die Lombardierung von Forderungen erfolgt häufig zur Sicherung von Kontokorrentkrediten. Die Erträge aus dem Lombardkreditgeschäft setzen sich aus den Zinsen und der Kreditprovision zusammen. Der Zinssatz orientiert sich in der Regel am Lombardsatz der Deutschen Bundesbank, der wiederum mit dem Diskontsatz eng verknüpft ist. Da der Diskontsatz ein wesentlicher Maßstab für den Kontokorrentzins der Kreditinstitute ist, weisen die Zinssätze des Lombard- und des Kontokorrentkreditgeschäfts der Banken eine sichtbare Verbindung auf.

d) Avalkredite

Wie der Wechselakzeptkredit gehört der Avalkredit zu den Kreditleihgeschäften. Während früher das Avalkreditgeschäft lediglich in Form der Übernahme einer Wechselbürgschaft betrieben wurde, besteht die feste Wechselbindung heute nicht mehr. Heutzutage läßt sich das Avalkreditgeschäft als eine Kreditgewährung entweder durch ein Haftungsversprechen aus einer Bürgschaft oder aus einer Garantie beschreiben.

Bei einer **Bürgschaft** verpflichtet sich der Bürge gegenüber dem Gläubiger, für die Erfüllung der Verbindlichkeit eines Schuldners einzustehen. Demgegenüber stellt die **Garantie** ein abstraktes Zahlungsversprechen dar, mit dem der Garantiegeber zusagt, bei Eintreten bestimmter Voraussetzungen Zahlung zu leisten. Durch eine Garantie wird die Haftung für das Eintreten eines bestimmten Erfolges bzw. für das Nichteintreten eines möglichen Schadens übernommen.

Gemeinsamkeiten zwischen der Garantie und der Bürgschaft treten insofern auf, als in beiden Fällen die kreditgebende Bank lediglich eine Eventualverbindlichkeit eingeht. Der erste wesentliche Unterschied zwischen Bürgschaft und Garantie besteht darin, daß eine Bürgschaft an die Existenz einer Forderung des Gläubigers dem Schuldner gegenüber gebunden ist (Akzessorietät). Die Garantie ist demgegenüber ein abstraktes Leistungsversprechen und beinhaltet eine von der Hauptverbindlichkeit unabhängige Verpflichtung. Desweiteren geht bei einer Bürgschaft die Forderung vom bisherigen Gläubiger automatisch auf den Bürgen über, wenn dieser zur Haftung herangezogen wurde. Bei der Garantie fehlt es an diesem automatischen Übergang, es muß also ein Kreditvertrag mit dem Kreditnehmer vereinbart werden.

Nach diesen grundlegenden Ausführungen zur Rechtsnatur des Avalkredits sollen nun die Anwendungsgebiete in den Vordergrund treten. Die Abbildung 6.10 systematisiert zunächst die wesentlichen Anwendungsfälle.

Durch die Stellung einer **Bürgschaft gegenüber der öffentlichen Hand** erreicht der Schuldner eine Stundung seiner an sich fälligen Verbindlichkeiten gegenüber staatlichen Stellen und damit einen späteren Abfluß liquider Mittel. Ferner hat das Unternehmen nicht mehr jede einzelne Verbindlichkeit sofort, sondern gebündelt zu bestimmten Zeitpunkten zu begleichen. Dadurch ergibt sich ein erheblicher Rationalisierungseffekt.

Bankgarantien finden vor allem im Bereich des Außenhandels, und damit eher im internationalen Kreditgeschäft Anwendung. Auf die **Anzahlungsgarantie** wird in dem folgenden Fall zurückgegriffen: Hat ein Importeur eine Vorauszahlung auf eine Ware geleistet, so geht er das Risiko einer nicht termingerechten, mangelhaften oder völlig ausfallenden Lieferung ein. Durch eine Anzahlungsgarantie garantiert die Bank des Exporteurs, daß der Importeur diese Vorauszahlung zurückhält, soweit der Lieferant seinen vertraglichen Verpflichtungen nicht nachkommt.

<table>
<tr><th colspan="10">AVALKREDITE</th></tr>
<tr><td colspan="5">in der Form einer Bürgschaftsübernahme gegenüber</td><td colspan="5">in der Form einer Bankgarantie für</td></tr>
<tr><td colspan="4">der öffentlichen Hand</td><td>sonstigen Gläubigern</td><td colspan="4">vertragsmäßige Ausführung von Lieferung und Leistung</td><td>Schadloshaltung im Zusammenhang mit fehlerhaften oder fehlenden Dokumenten</td></tr>
<tr><td>Zollbürgschaften</td><td>Frachtstundungsbürgschaften</td><td>Avale gegenüber der Bundesmonopolverwaltung für Branntwein</td><td>Bürgschaften bei der Stundung von Holzkaufgeldern</td><td>Prozeßbürgschaften, Bürgschaften gegenüber anderen Kreditgebern</td><td>Anzahlungsgarantie</td><td>Bietungsgarantie</td><td>Lieferungs- und Leistungsgarantie</td><td>Gewährleistungsgarantie</td><td>z.B. Konnossementgarantie</td></tr>
</table>

Abb. 6.10: Anwendungsgebiete von Avalkrediten

Um zu vermeiden, daß Unternehmen an Ausschreibungen teilnehmen, die die Voraussetzungen für eine ordnungsgemäße Durchführung der ausgeschriebenen Objekte nicht gewährleisten, verlangen die Ausschreibenden in vielen Fällen eine sogenannte **Bietungsgarantie**. Hierbei übernimmt eine Bank für einen Kunden, der sich an einer Ausschreibung beteiligt, die Garantie, daß ihr Kunde in der Lage ist, den Auftrag ordnungsgemäß durchzuführen. Die **Gewährleistungsgarantie** soll schließlich die Qualität der erbrachten Leistung für die Dauer der vereinbarten Garantie absichern.

Garantien für die Schadloshaltung im Zusammenhang mit fehlenden oder mangelhaften Dokumenten sind insbesondere bei Export- bzw. Importgeschäften von Bedeutung. So darf die Übergabe der gelieferten Waren an den Importeur in den allermeisten Fällen nur gegen Vorlage ganz bestimmter Dokumente erfolgen. Häufig liegen diese Dokumente dem Importeur zum Zeitpunkt der Ankunft der Ware jedoch noch nicht oder nicht vollständig vor. Um bei Auslieferung der Waren trotz fehlender Dokumente gegen Schadenersatzansprüche geschützt zu sein, verlangen die Reeder eine **Konnossementgarantie**, mit der die Ersatzansprüche durch die Bank des Importeurs abgedeckt werden.

Die Kosten eines Avalkredits bestehen für den Kreditnehmer lediglich in der Avalprovision. Diese Avalprovision ist jedoch nicht nur von der Höhe der Bürgschaft oder Garantie abhängig, sondern richtet sich außerdem nach dem Risiko bzw. der Besicherung sowie der Laufzeit.

e) Konsumentenkredite

Mit dem Konsumentenkreditgeschäft der Banken werden diejenigen Kreditarten angesprochen, die durch eine weitgehende Standardisierung in Bezug auf den einzelnen Kunden und den Einsatz im Bereich des Mengengeschäfts der Banken gekennzeichnet sind. Die Abbildung 6.11 veranschaulicht dazu die grundsätzlich zu den Konsumentenkrediten gehörenden Kreditformen.

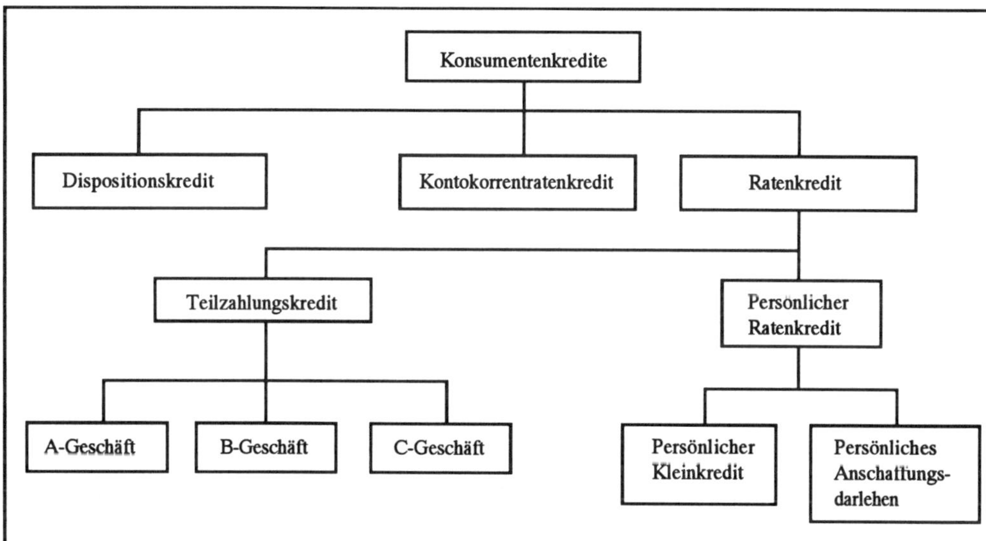

Abb. 6.11: Arten des Konsumentenkreditgeschäfts

Der **Dispositionskredit** wurde dabei bereits als eine Sonderform des Kontokorrentkredits dargestellt, so daß auf eine nochmalige Behandlung verzichtet werden kann.

Als **Ratenkredit** wird ein Darlehen bezeichnet, das von privaten Haushalten zur Beschaffung von Konsumgütern aufgenommen und in festen monatlichen Teilbeträgen (Raten) zurückgezahlt wird. Zu diesem für alle Ratenkredite gültigen Merkmal kommen bei den einzelnen Varianten des Ratenkreditgeschäfts weitere Merkmale hinzu, die im folgenden dargestellt werden sollen.

Der **Teilzahlungskredit** als eine Unterform des Ratenkredits dient zur Finanzierung des Kaufs von im Kreditvertrag festgelegten, meistens längerlebigen, beweglichen Konsumgütern. Häufig muß dabei der Kauf bei solchen Firmen erfolgen, mit denen das Kreditinstitut Rahmenverträge abgeschlossen hat. Durch diese Vertragsgestaltung ergibt sich eine enge ökonomische Verknüpfung von Waren-

und Kreditgeschäft. Als ein typisches Beispiel kann die Finanzierung eines Autokaufs durch ein (Teilzahlungs-) Kreditinstitut, an das der Konsument durch den Händler vermittelt wird, angesehen werden.

Das Teilzahlungskreditgeschäft wird in drei Unterformen, dem A, B und C-Geschäft abgewickelt. Das **A-Geschäft** erfolgt ohne direkte Vermittlung und Mithaftung des Händlers. In einer früher üblichen Form wurden dem Kreditnehmer Kreditschecks (Zahlungsanweisungen über den Kreditbetrag) ausgehändigt, die dieser bei allen angeschlossenen Unternehmen zur Zahlung vorlegen konnte. Die Vertragsfirmen lösten die Schecks beim Teilzahlungskreditinstitut ein und erhielten den Kaufpreis abzüglich Skonto gutgeschrieben. Dieses Verfahren ist allerdings inzwischen in den Hintergrund getreten, da hierbei nur eingeschränkte Möglichkeiten hinsichtlich der Objekt- und Händlerwahl bestanden. Stattdessen findet die Barauszahlung des Kreditbetrages zunehmend Verbreitung.

Im Gegensatz zum A-Geschäft wird das **B-Geschäft** unter Vermittlung und Mithaftung des Verkäufers abgewickelt. Der Verkäufer nimmt vom Käufer einen Antrag auf Kreditvermittlung entgegen, leitet ihn an die Teilzahlungsbank weiter und verrechnet den bereitgestellten Buchkredit mit dem Kaufpreis. Lediglich die Ratenzahlungen werden vom Konsumenten direkt an das Kreditinstitut geleistet. Die weiteren Vertragsbestandteile der B-Geschäfte sind:

- Bei Abschluß des Kreditvertrages leistet der Käufer eine Anzahlung von 20 - 30 % des Kaufpreises. Der Teilzahlungskredit wird ihm also nur in Höhe von 70 bis 80 % des Kaufpreises gewährt.
- Das Kreditinstitut und das verkaufende Unternehmen sind durch Globalverträge miteinander verbunden, in denen u.a. geregelt wird, bis zu welcher Grenze den Kunden des Unternehmens von der (Teilzahlungs-) Bank Kredite eingeräumt werden können.
- Dem Verkäufer werden zum Zeitpunkt des Vertragsabschlusses nur 80 % des kreditierten Betrages direkt, die verbleibenden 20 % erst nach Zahlung der letzten Rate überwiesen.
- Die Mithaftung des Händlers im Falle von Zahlungsausfällen ist nicht auf diese 20 % beschränkt, sondern umfaßt den gesamten ausstehenden Kreditbetrag.

Das **C-Geschäft** weist starke Ähnlichkeiten mit dem B-Geschäft auf. Es unterscheidet sich von ihm dadurch, daß zur Sicherung der einzelnen Raten vom Verkäufer Wechsel ausgestellt werden, die der Kunde akzeptiert und an die Teilzahlungsbank zum Diskont weiterleitet. Das Teilzahlungsinstitut legt an den jeweiligen Fälligkeitsterminen dem Konsumenten die Wechsel zwecks Einlösung und damit Rückzahlung des Ratenkredites vor.

Wegen des hohen Verwaltungsaufwandes liegen die Kosten von Teilzahlungskrediten über den Kosten anderer vergleichbarer Kredite. Für Teilzahlungskredite wird ein Zins erhoben, der als Prozentsatz pro Monat angegeben wird. Der Zins bezieht sich auf den Ausgangskreditbetrag und vermindert sich **nicht** durch die laufenden Tilgungen. Die Erträge eines Kreditinstituts erhöhen sich beim Teilzahlungskreditgeschäft vom Typ C dadurch, daß eine Inkassogebühr für eingereichte Wechsel berechnet wird. Beim A-Geschäft erzielt das Teilzahlungsinstitut dadurch einen zusätzlichen Ertrag, daß es der Verkäuferfirma den kreditierten Betrag unter Abzug von Skonto gutschreibt.

Die zweite Form des Ratenkredites ist neben dem Teilzahlungskredit der **Persönliche Ratenkredit**. Er besteht aus zwei Varianten, dem Persönlichen Kleinkredit (PKK) und dem Persönlichen Anschaffungsdarlehen (PAD). Der **Persönliche Kleinkredit** ist ein Personalkredit, der bar ausgezahlt wird und zur Anschaffung langlebiger Gebrauchsgüter sowie in geringerem Umfang von Betriebsgegenständen kleinerer Gewerbetreibender dient. Die maximale Höhe des Kredits, die in den letzten Jahren ständig angehoben wurden, beträgt 6.000 DM, die Laufzeit bewegt sich zwischen 6 und 36 Monaten. Die Kosten des Persönlichen Kleinkredits setzen sich aus einer einmaligen Bearbeitungsgebühr (2 %) sowie aus einem Zinssatz zusammen, der als Monatssatz, bezogen auf den Ursprungsbetrag, angegeben wird und sich nicht durch Tilgungen vermindert. Als Sicherungsmittel dienen in erster Linie Lohn- und Gehaltsabtretungen.

Der Zweck des **Persönlichen Anschaffungsdarlehens** liegt im Konsumentenbereich in der Anschaffung höherwertiger Gegenstände. Daneben dient er Unternehmen der Finanzierung von gewerblichen Anschaffungen. Seine Bereitstellung erfolgt normalerweise dadurch, daß der Kaufpreis vom Kreditinstitut an den Verkäufer der gelieferten Waren überwiesen wird. Die Laufzeit beträgt maximal 72 Monate, die Kredithöhe im Normalfall bis zu 30.000 DM. Die Kosten des Kredits setzen sich wie beim Persönlichen Kleinkredit aus einer Bearbeitungsgebühr sowie den in gleicher Weise berechneten Zinsen zusammen, während die Sicherung zusätzlich durch die Übereignung der finanzierten Gegenstände erfolgt (BÜSCHGEN 1989).

Seit etwa 1983/84 wird von den Banken eine neue Kreditform angeboten, die die Merkmale des klassischen Kontokorrentkredits und des traditionellen Ratenkredits in einem sogenannten **Konsumentenratenkredit**, auch Kontokorrentratenkredit genannt, vereinigt (TOBIAS 1990). Dieser Kredit existiert in den verschiedensten Varianten und wird der Kundschaft - je nach Kreditinstitut - unter den unterschiedlichsten Bezeichnungen offeriert. Allen Varianten gemeinsam ist jedoch u.a. die Kredithöchstgrenze von bis zu 50.000 DM, die damit erheblich den Rahmen, in dem normalerweise Raten- und Dispositionskredite gewährt werden, übersteigt. Innerhalb dieses Rahmens ist die Inanspruchnahme dem Kreditnehmer grundsätzlich freigestellt, d.h. er kann den Kreditbetrag in seiner vollen Höhe oder in Teilbeträgen nutzen und auch getilgte Beträge bei Bedarf erneut in Anspruch nehmen (BÜSCHGEN 1989). Eingeschränkt wird die freie Wiederinanspruchnahme allerdings oft durch die Festlegung einer Kreditlaufzeit, innerhalb welcher der Kredit zurückzuführen ist, durch Änderungs- oder Widerrufsvorbehalte in den Kreditverträgen sowie durch die Zurverfügungstellung des Kreditrahmens "bis auf weiteres".

Die Kreditabwicklung erfolgt häufig unter Einbeziehung von zwei Konten, einem Giro- und einem Kreditkonto. Dem **Kreditkonto** liegt der vereinbarte Darlehenszins zugrunde, auf dem **Girokonto** befindliche Beträge erfahren keine oder nur eine geringe Verzinsung. Teilweise wird dem Girokonto ein Dispositionsrahmen beigegeben, der bei seiner Inanspruchnahme mit dem Darlehenszins oder - insbesondere bei einem größeren Dispositionsrahmen - mit dem höheren Kontokorrentzins verzinst wird. Das Girokonto dient während der Kreditlaufzeit als Abwicklungs- oder Clearingkonto. Sämtliche eingehenden Gelder werden zunächst dem Abwicklungskonto gutgeschrieben und anschließend mittels Dauerauftrag oder auf Anweisung des Kunden auf das eigentliche Darlehenskonto umgebucht. Sollte das Girokonto überzogen bzw. der Dispositionsrahmen überschritten sein, sind die Banken i.d.R. ermächtigt, den Überziehungsbetrag dem Darlehenskonto zu belasten (TOBIAS 1990).

Zurückgeführt wird der Kontokorrentratenkredit i.d.R. über eine **Mindestrate**, wobei es dem Kreditnehmer jedoch freisteht, darüber hinausgehende **Sondertilgungen** zu leisten. Die Mindestrate orientiert sich entweder am zur Verfügung gestellten Kreditrahmen oder an der Höhe seiner Inanspruchnahme. Im letztgenannten Fall errechnet sich die Ratenhöhe aus einem Promille-Satz der jeweiligen Restschuld. Daraus resultiert eine um so höhere Rate, je weiter der Kreditnehmer den Rahmen ausgeschöpft hat.

Für die Inanspruchnahme eines Kontokorrentratenkredits stellen die Banken Zinsen sowie eventuell Bearbeitungs- und Kontoführungsgebühren in Rechnung. Das Kreditverhältnis beruht bei allen Varianten ausnahmslos auf einer variablen Zinsvereinbarung, wobei die Zinsberechnung selbst staffelmäßig erfolgt und mit der Kontokorrentperiode gekoppelt ist, so daß die Zinsen entweder monatlich oder vierteljährlich fällig werden. Bearbeitungsgebühren fallen nicht bei allen Kontokorrentratenkrediten an. Sofern Bearbeitungsgebühren vorgesehen sind, werden sie entweder aus der Höhe der Inanspruchnahme oder aus dem insgesamt zur Verfügung gestellten Kreditrahmen berechnet. Die Kontoführungsgebühren sollen zur Deckung der Porto- und Buchungskosten beitragen. Wird nach der Zweikonten-Methode vorgegangen, sind Kontoführungsgebühren sowohl für den Darlehens- als auch für das Girokonto vorgesehen.

Inzwischen hat sich der Kontokorrentratenkredit zu einem Produkt entwickelt, das den konventionellen Ratenkredit zunehmend ablöst. Die neuen Kreditformen decken hinsichtlich Nettokreditbetrag, Laufzeit und Ratenhöhe den beim traditionellen Ratenkredit üblichen Rahmen ab, sind darüber hinaus aber wesentlich flexibler einsetzbar. Sowohl Ratenkredite als auch Kontokorrentratenkredite dienen dabei einer mittel- bis langfristigen Beschaffung finanzieller Mittel, folglich zielen beide auf die gleiche Kundengruppe ab.

2. Langfristiges Kreditgeschäft

Die Behandlung des kurz- und mittelfristigen Kreditgeschäfts hat deutlich werden lassen, daß eine ausnahmslos gültige Abgrenzung von kurz-, mittel- oder langfristigen Krediten nicht möglich ist. Der formal kurzfristige Kontokorrentkredit wird durch eine ständige Prolongation materiell mittel- oder sogar langfristig, und auch das Persönliche Anschaffungsdarlehen hat bei einer maximalen Laufzeit von 72 Monaten häufig einen eher langfristigen Charakter. Im Gegensatz zum kurz- und mittelfristigen Kreditgeschäft sind bei den im folgenden zu behandelnden langfristigen Krediten die Laufzeiten jedoch grundsätzlich auf längere Fristen ausgerichtet, nur in Ausnahmefällen werden hier Laufzeiten von mittlerer Frist, d.h. bis zu vier Jahren, vereinbart.

a) Industrie-, Kommunal- und Agrarkredite

Kreditnehmer des **Industriekredits** sind Industrieunternehmen, gewerbliche Betriebe und freiberuflich Tätige. Er wird primär vergeben als langfristiger Investitionskredit, dient jedoch als mittelfristiger Betriebsmittelkredit auch zur Finanzierung des Umsatzprozesses bzw. des Umlaufvermögens.

Der Industriekredit weist eine feste Laufzeit auf und wird sowohl mit einem Festzinssatz als auch mit einem variablen Zinssatz vergeben. Die Tilgung erfolgt entweder in Teilbeträgen während oder in einer Summe am Ende der Laufzeit. Häufig orientiert sich dabei der Tilgungsrhythmus am Abschreibungsverlauf der Anlagen.

Unter **Kommunalkrediten** sind langfristige Darlehen zu verstehen, die an eine öffentlich-rechtliche Körperschaft oder Anstalt vergeben werden. Kreditnehmer im Kommunalkreditgeschäft sind daher vor allem die nicht emissionsfähigen Gemeinden, Kreise, Gemeindeverbände und kommunalen Zweckverbände, die diese Mittel zur Finanzierung von Infrastrukturinvestitionen einsetzen. Im weiteren Sinne gehören zu den Kommunaldarlehen jedoch auch die durch eine öffentlich-rechtliche Körperschaft oder Anstalt verbürgten Kredite. Als Kreditgeber im Kommunalkreditgeschäft treten vor allem die Landesbanken und Girozentralen auf. Die Kredite werden in der Regel als kongruent refinanzierte Festzinskredite vergeben. Häufig sind die dabei zu erzielenden Margen gering, jedoch wird dieser Nachteil durch das geringe Risiko der Kommunalkredite teilweise ausgeglichen. Die Verzinsung und Tilgung erfolgt vornehmlich annuitätisch, womit ein gleichbleibender Kapitaldienst mit sinkenden Zins- und steigenden Tilgungsanteilen verbunden ist.

Agrarkredite werden der Landwirtschaft, landwirtschaftlichen Betrieben, Trägern gemeinsamer landwirtschaftlicher Maßnahmen (Wasser- und Bodenverbände u.a.), Betrieben der Ernährungswirtschaft und zur Finanzierung der staatlichen Vorratshaltung von Agrarprodukten zur Verfügung gestellt. Als Agrarkredit im engeren Sinne gilt dabei der sog. Hofkredit, der den landwirtschaftlichen Betrieben unmittelbar zufließt. Kreditgeber sind vor allem die spezialisierten Agrarkreditinstitute, wie z.B. die Deutsche Siedlungs- und Landesrentenbank. Durch Zinszuschüsse des Bundes in Höhe von 6 bis teilweise sogar 7 % ergibt sich eine günstige Zinsbelastung für den Kreditnehmer. Der von ihm zu tragende Zinssatz muß sich jedoch auf mindestens 2 % belaufen.

b) Realkredite

Als Realkredit im weiteren Sinne wird jeder Kredit gegen Verpfändung oder Sicherungsübereignung von realen Vermögenswerten, z.B. Waren oder Wertpapieren, bezeichnet. Im Gegensatz dazu steht der Personalkredit, der gegen persönliche Sicherheiten, z.B. einer Bürgschaft, vergeben wird. Im folgenden soll jedoch eine engere Definition des Realkredits verwendet werden. Danach ist ein Realkredit ein zweck- und objektgebundenes langfristiges Darlehen, das durch die **Eintragung von Grundpfandrechten** gesichert ist und insbesondere der Finanzierung des **Erwerbs von Grundstücken** und des **Wohnungsbaus** dient. Die wesentlichsten Merkmale des Realkredits i.e.S. sind somit seine Zweckbestimmtheit und die Form seiner Besicherung. Darüber hinaus zeichnet sich der Realkredit durch weitere Merkmale aus, über die Abbildung 6.12 informiert.

Da im Realkreditgeschäft die Besicherung der Kredite mit Hilfe von Grundpfandrechten von besonderer Bedeutung ist, sollen an dieser Stelle die wesentlichen rechtlichen Grundlagen dieser Pfandrechte erläutert werden. Es sei jedoch betont, daß auch bei den anderen langfristigen Kreditformen, zum Beispiel dem langfristigen Industriekredit, die Besicherung durch Grundpfandrechte erfolgen kann.

Für die Verpfändung von Grundstücken und grundstückseigenen Rechten (z.B. Wohnungseigentum, Erbbaurechte) hat der Gesetzgeber zwei Formen von Grundpfandrechten geschaffen, die Hypothek und die Grundschuld:

- Unter einer **Hypothek** versteht man nach § 1113 BGB die Belastung eines Grundstückes in der Weise, "daß an denjenigen, zu dessen Gunsten die Belastung erfolgt, eine bestimmte Geldsumme zur Befriedigung wegen einer ihm zustehenden Forderung aus dem Grundstücke zu zahlen ist".
- Bei einer **Grundschuld** erfolgt nach § 1191 BGB die Belastung eines Grundstückes in der Form, "daß an denjenigen, zu dessen Gunsten die Belastung erfolgt eine bestimmte Geldsumme aus dem Grundstücke zu zahlen ist".

Kriterien	Erläuterungen
Kreditnehmer	Vor allem Privatpersonen und Wohnungsbauunternehmen treten als Kreditnehmer auf.
Kreditgeber	Kreditgeber sind vor allem Hypothekenbanken, Grundkreditanstalten, Girozentralen, Bausparkassen und Sparkassen, d.h. Institute, die im großen Umfang oder sogar ausschließlich das langfristige Kreditgeschäft betreiben. Die zunehmende Universalisierung des Bankleistungsprogramms hat jedoch auch das Realkreditgeschäft erfaßt, so daß in den letzten Jahren auch private Kreditbanken sowie Kreditgenossenschaften Realkredite anbieten.
Kreditzweck	Der Realkredit dient insbesondere zur Finanzierung des Kaufs von Grundstücken, des Kaufs oder der Herstellung von Gebäuden sowie des Ausbaus oder der Modernisierung von Gebäuden.
Auszahlungskurs	Der Realkredit wird entweder zu 100% oder mit einem Damnum (Disagio) ausgezahlt.
Zinsfestschreibung	Der Zinssatz ist entweder variabel, so daß er kurzfristig der Kapitalmarktsituation angepaßt werden kann, oder es erfolgt für eine bestimmte Zeit eine Zinsfestschreibung (im Grenzfall für die Kreditgesamtlaufzeit).
Tilgungsmodalitäten	Bei Realkrediten sind unterschiedliche Tilgungsarten möglich. Bei Annuitätendarlehen bleibt die Summe aus Zinsen und Tilgung konstant. Eine Sonderform des Annuitätendarlehens stellt die dynamische Tilgung dar, bei der zunächst Tilgungsfreijahre vereinbart werden und anschließend der Tilgungssatz ansteigt. Beim relativ seltenen Abzahlungsdarlehen bleibt der jährliche Tilgungsbeitrag konstant, so daß der Kreditnehmer jährlich fallende Leistungen erbringen muß. Beim Festdarlehen wird die gesamte Darlehenssumme erst am Ende der Laufzeit zurückgezahlt.
Besicherung	Die Besicherung erfolgt gegen Stellung erstrangiger und unter bestimmten Bedingungen auch zweitrangiger Grundpfandrechte. Heute ist insbesondere die Grundschuld üblich. Die Hypothek tritt demgegenüber zunehmend in den Hintergrund.

Abb. 6.12: Merkmale des Realkredits

Die Definition der Grundschuld unterscheidet sich damit von der Definition der Hypothek lediglich durch die Formulierung **"zur Befriedigung wegen einer ihm zustehenden Forderung"**. Während die Hypothek vom Bestehen einer persönlichen Forderung abhängig und folglich streng akzessorisch ist, besteht bei der Grundschuld als abstrakte dingliche Schuld vom Bestehen einer persönlichen Forderung keine unmittelbare Abhängigkeit. Somit kann der Grundschuldgläubiger bei

Fälligkeit der Grundschuld die Zahlung notfalls mittels Zwangsvollstreckung durchsetzen, ohne daß er das Bestehen einer persönlichen Forderung nachweisen muß. Auch nach Rückzahlung einer durch eine Grundschuld besicherten Forderung bleibt die Grundschuld bestehen. Deshalb ist sie im Gegensatz zur Hypothek auch zur Sicherung von Krediten mit schwankender Forderungshöhe einsetzbar.

Ist zur Sicherung einer Forderung eine Hypothek bestellt und wird die Forderung zurückgezahlt, so erlischt die Hypothek. Entsteht anschließend eine neue Forderung, so lebt die Hypothek nicht wieder auf. Deshalb kann die Hypothek nur zur Sicherung einer und nicht mehrerer Forderungen verwendet werden. Lediglich im Falle der Höchstbetragshypothek führt das erneute Entstehen einer neuen Forderung wieder zum Aufleben der Hypothek.

c) Schuldscheindarlehen

Ein Schuldscheindarlehen ist ein **Großdarlehen mit langer Laufzeit und anleiheähnlichen Ausstattungsmerkmalen**. Die explizite Ausstellung eines Schuldscheins ist nicht erforderlich, obwohl die Bezeichnung "Schuldscheindarlehen" dies andeutet. Es wird lediglich ein Darlehensvertrag abgeschlossen ("Schuldscheinloses Schuldscheindarlehen"). Bei diesen Darlehensverträgen handelt es sich um individuelle und nichttypisierte Verträge, die nicht an der Börse gehandelt werden. Schuldscheindarlehen weisen i.d.R. ein Nominalvolumen von mindestens 4 Mio. DM auf. Die übliche Gesamtlaufzeit liegt zwischen 2 und 10 Jahren, die Tilgung erfolgt in gleichen Raten.

Im Gegensatz zum traditionellen Bankkredit übernehmen die Kreditinstitute im Schuldscheindarlehensgeschäft überwiegend die Rolle eines **Darlehensvermittlers** und zumindest nicht auf Dauer diejenige des Kreditgebers. Als Kreditgeber treten vor allem Kapitalsammelstellen und hier insbesondere die Lebensversicherer auf, die mit der Gewährung von Schuldscheindarlehen ihre überschüssigen, langfristig zur Verfügung stehenden Prämieneinnahmen einer entsprechend langfristigen (deckungsstockfähigen) Vermögensanlage zuführen. Charakteristisch für diese Form des Schuldscheindarlehens ist somit die **Fristenkongruenz** von Finanzierungs- und Anlagemitteln.

Schuldscheindarlehen existieren jedoch nicht nur in der geschilderten Variante, sondern eine gewisse Bedeutung haben auch die folgenden **Revolving-Systeme**, bei denen eine **Fristentransformation** stattfindet (SÜCHTING 1978):

- **Direktes Revolving-System**
  Dem Kreditnehmer werden kurzfristig verfügbare Termingelder gegen Schuldschein zugeleitet. Diese de jure kurzfristig fälligen Gelder werden (i.d.R. unter Inanspruchnahme eines Finanzmaklers) durch ständigen Austausch der Kreditgeber in ein faktisch langfristig gewährtes Darlehen transformiert. Das Transformations- und Zinsänderungsrisiko trägt dabei die kreditnehmende Unternehmung.

- **Indirektes Revolving-System**
  Zwischen Kreditnehmer und Kreditgeber tritt eine Bank, die mit Hilfe von kurzfristigen Termingeldern, die ihr über einen Finanzmakler vermittelt werden, ein langfristiges Darlehen refinanziert. Der Finanzmakler übernimmt der Bank gegenüber die Verpflichtung, die Anschlußfinanzierung für die Laufzeit des Schuldscheindarlehens sicherzustellen. Erleichtert wird ihm die Übernahme

des Transformationsrisikos dadurch, daß das Zinsänderungsrisiko von der kreditnehmenden Unternehmung getragen wird.

- **System 7 M (des Finanzmaklers Münnemann)**
  Dieses System unterscheidet sich vom indirekten Revolving-System dadurch, daß der Finanzmakler nicht nur das Transformations-, sondern auch das Zinsänderungsrisiko trägt. Der kreditnehmenden Unternehmung wird also ein langfristiges Darlehen mit einer festen Laufzeit zu einem gleichbleibenden Zinssatz gewährt, während von den Geldgebern revolvierend kurzfristige Mittel beschafft und variable, den jeweiligen Verhältnissen an den Geldmärkten angepaßte Zinssätze vereinbart werden.

Da sich insbesondere die Konstruktion des Systems 7 M wegen des hohen Risikos für den Finanzmakler nicht durchgesetzt hat, und die Unternehmen bei ihrer langfristigen Finanzierung vorzugsweise mit festen Zinsen und Laufzeiten zu rechnen wünschen, ist der eingangs erwähnte Normaltyp des langfristigen Schuldscheindarlehens mit fristenkongruenter Refinanzierung in den letzten Jahren zunehmend in den Vordergrund getreten. Wie die folgende Abbildung 6.13 zeigt, sind die Banken dabei am Schuldscheindarlehensgeschäft in aktivischer und passivischer Form beteiligt.

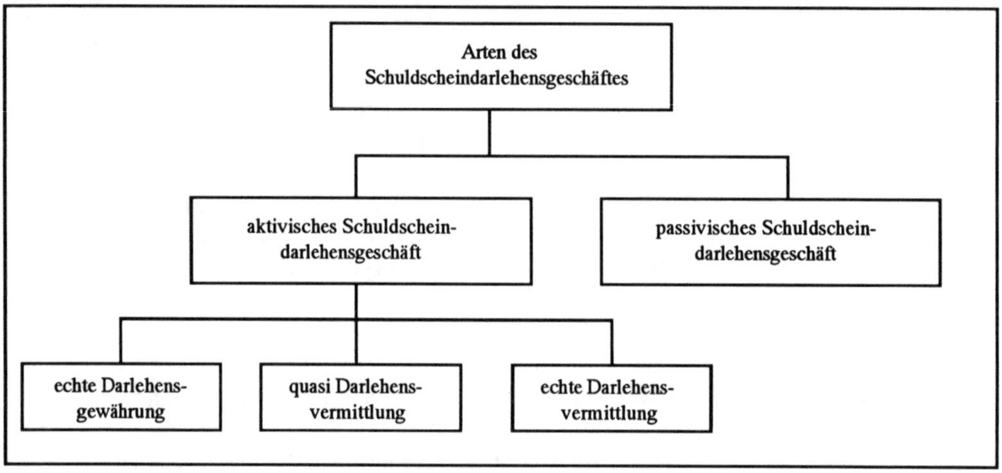

Abb. 6.13: Arten des Schuldscheindarlehensgeschäftes

Beim **passivischen Schuldscheindarlehensgeschäft** nimmt die Bank selbst ein Schuldscheindarlehen zur Refinanzierung von aktivischen Geschäften auf. Die Bedeutung des passivischen Schuldscheingeschäftes hat für Kreditinstitute in den letzten Jahren erheblich zugenommen.

Das **aktivische Schuldscheindarlehensgeschäft** wird in drei Formen betrieben. In der ersten Form liegt eine echte Darlehensgewährung vor. Der Kunde erhält ein Schuldscheindarlehen, das die Bank selbst refinanziert und bei dem sie während der gesamten oder zumindest für einen Teil der Kreditlaufzeit als Darlehensgeber auftritt. Die zweite Form ist eine Mischform aus echter Darlehensgewährung und reiner Darlehensvermittlung. In diesem Fall bahnt das Kreditinstitut zunächst die Geschäftsverbindung an und gewährt das Darlehen an den Kunden. Anschließend tritt es die Darlehensforderung an Kapitalsammelstellen, wie z.B. Versicherungen ab und erhält den Gegenwert zurück. Darlehensgeber sind dann die aufkaufenden Unternehmungen; die Bank ist nicht mehr im Obligo.

Damit die Unterbringung des Schuldscheindarlehens hinreichend gesichert ist, bemüht sich das Kreditinstitut in den meisten Fällen schon vor der Vergabe des Darlehens darum, interessierte Investoren zur rechtsverbindlichen Übernahme der Darlehensgeberfunktion zu finden. Bei der echten Darlehensvermittlung wird die Bank lediglich als Kreditvermittler (Makler) tätig und führt potentielle Darlehensnehmer und Darlehensgeber zusammen. Diese Vermittlungsaufgabe wird üblicherweise mit einer Provision vergütet.

d) Treuhandkredite

Bei einem Treuhandkredit leitet eine Bank finanzielle Mittel, die ihr von einem Geldgeber (Treugeber) zur Verfügung gestellt werden, an einen Kreditnehmer weiter. Das Kreditinstitut erfüllt dabei lediglich vertraglich vereinbarte Verwaltungsaufgaben im Interesse des Treugebers und trägt kein Kreditrisiko. Eine Haftung besteht nur für die ordnungsgemäße Weiterleitung der Mittel sowie für eine ordentliche, den vertraglichen Vereinbarungen entsprechende Verwaltung. Der Treuhandkredit ist streng vom sogenannten durchgeleiteten Kredit, bei dem die Bank ein Kreditrisiko entweder in vollem Umfang oder teilweise mitträgt, zu unterscheiden. Treuhandkredite und durchgeleitete Kredite weisen jedoch insofern Gemeinsamkeiten auf, als beide mit einer Weiterleitung von finanziellen Mitteln verbunden sind, deren Verwendungszweck und Empfängerkreis vom Gläubiger festgelegt werden. Zu den durchgeleiteten Krediten gehört beispielsweise ein aus ERP-Mitteln (European Recovery Program) gewährter Kredit. Treuhandkredite können einerseits nach durchlaufenden Krediten und Verwaltungskrediten, andererseits nach Krediten mit Förderungscharakter und Krediten mit Anlagecharakter unterschieden werden.

Durchlaufende Kredite werden vom Kreditinstitut im eigenen Namen, aber für Rechnung des Treugebers gewährt. Im fremden Namen und für fremde Rechnung gewährte Kredite werden als **Verwaltungskredite** bezeichnet und nicht in die Bilanz aufgenommen. Sie werden lediglich unter der Bilanz oder in einer Vorspalte erfaßt, während die durchlaufenden Kredite in gleichlautenden Positionen auf der Aktiv- und auf der Passivseite der Bilanz ausgewiesen werden.

Treuhandkredite mit Förderungscharakter bilden den überwiegenden Teil des Treuhandkreditgeschäftes. Sie werden vor allem aus gesamtwirtschaftlichen und sozialpolitischen Gründen an bestimmte Personenkreise vergeben. Als Treugeber tritt daher fast ausschließlich der Staat bzw. eine von ihm beauftragte Stelle auf. Die technische Abwicklung sowie die Mitwirkung der Kreditinstitute beim Treuhandkredit mit Förderungscharakter vollzieht sich in der Weise, daß der Darlehensnehmer zunächst einen Kreditantrag stellt und die Hausbank eine Erklärung abgibt, nach der sie sich verpflichtet, im Falle der Bewilligung mit dem Antragsteller einen Kreditvertrag abzuschließen und das Darlehen treuhänderisch zu verwalten (Hausbank-Erklärung). Desweiteren nimmt die Hausbank die Bonitätsbeurteilung vor und unterrichtet die Bewilligungsbehörde über die Ergebnisse. Die Kreditentscheidung trifft jedoch nicht die Hausbank, sondern der Treugeber bzw. eine von ihm beauftragte Stelle. Im Falle der Zusage wird ein Darlehensvertrag zwischen Hausbank und Darlehensnehmer (Treugutempfänger) abgeschlossen. Nach Abschluß des Darlehensvertrages, der die wesentlichen Angaben zur Kredithöhe, Laufzeit, Tilgung, Zinskosten usw. enthält, fordert die Hausbank die Darlehensmittel an. Danach wird das Darlehen an den Darlehensnehmer oder dessen Gläubiger ausgezahlt.

Die **Treuhandkredite mit Anlagecharakter** weisen eine stärkere Ähnlichkeit mit dem regulären Kreditgeschäft der Banken auf. Kapitalgeber (Treugeber) sind vorwiegend Kapitalsammelstellen, die nach einer Anlagemöglichkeit ihrer Einnahmen bei bonitätsmäßig einwandfreien Unternehmen suchen. Dabei fungieren die Banken als Intermediäre zwischen dem Kapitalgeber und den Großunternehmen, indem sie die Bonität der kreditsuchenden Unternehmungen beurteilen, die Gelder verwalten sowie bestimmte Überwachungsfunktionen wahrnehmen. Während für Treuhandkredite mit Förderungscharakter die von den Kreditnehmern zu zahlenden Zinssätze je nach Kreditzweck und Belastbarkeit zwischen Null Prozent und einem marktgerechten Zinssatz schwanken, ist für Treuhandkredite mit Anlagecharakter der Marktzins nebst Provision zu zahlen. Für die Kreditinstitute fallen im Treuhandgeschäft lediglich betriebsbedingte Aufwendungen an, da sie die Mittel nicht selbst bereitstellen und auch kein Kreditrisiko tragen. Dementsprechend erhalten die Kreditinstitute als Gegenleistung lediglich eine Bearbeitungs- und Verwaltungsgebühr bzw. einen Anteil von den gezahlten Zinsen.

III. Das ausländische Kreditgeschäft

Traditioneller Schwerpunkt der Finanzierungsgeschäfte mit dem Ausland ist das **Außenhandelskreditgeschäft**, das zum einen das Kreditgeschäft mit ausländischen Kreditnehmern, zum anderen die Kreditvergabe an inländische Ex- und Importeure umfaßt. Es dient insbesondere zur Überbrückung der Produktionsdauer, von Transportzeiten sowie der Bereitstellung von Lieferantenkrediten bei Außenhandelsgeschäften. Neben dem Außenhandelskreditgeschäft ist inzwischen das **Eurokreditgeschäft** zu einem wesentlichen Faktor im Auslandskreditgeschäft der Kreditinstitute geworden. Zusammen mit der Kreditvergabe an ausländische Kreditnehmer bildet das Eurokreditgeschäft das eigentliche, grenzüberschreitende Kreditgeschäft der Banken (vgl. Abb. 6.14).

Die Kreditvergabe im Auslandsgeschäft erfolgt grundsätzlich in der gleichen Weise wie bei der Bereitstellung von Inlandskrediten. Aufgrund der Eigenarten von grenzüberschreitenden Handelsgeschäften und Kapitalübertragungen sowie insbesondere der größeren Risiken im internationalen Zahlungs- und Kreditverkehr sind jedoch andere, im Inlandsgeschäft unübliche Instrumente zur Abwicklung internationaler Kreditkontrakte entwickelt worden. Im Gegensatz zu den übereinstimmenden Gestaltungsvarianten im In- und Auslandsgeschäft soll auf diese Besonderheiten im folgenden näher eingegangen werden. Dabei wird zunächst das kurz-, mittel- und langfristige Außenhandelskreditgeschäft und daran anschließend das Eurokreditgeschäft dargestellt.

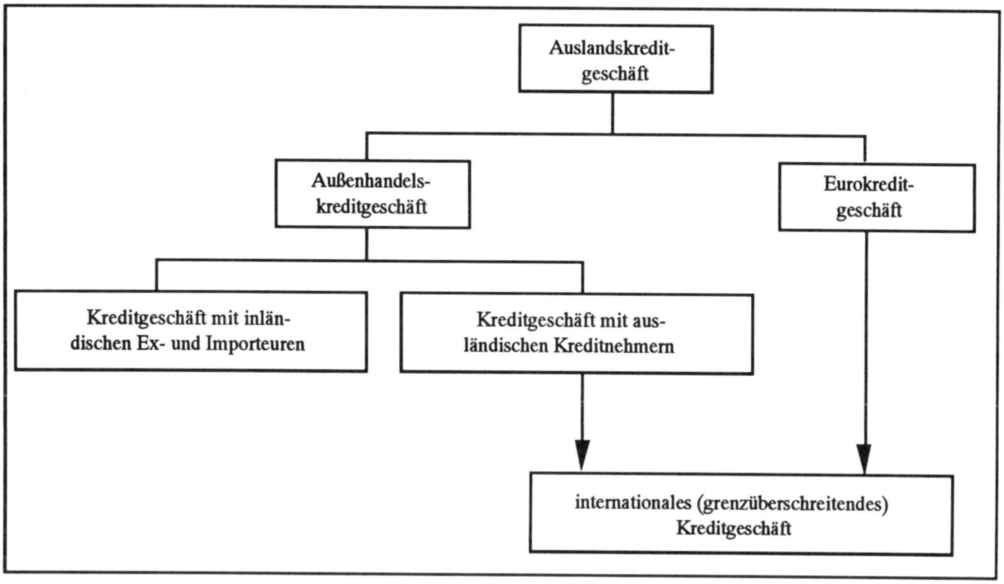

Abb. 6.14: Auslandskreditgeschäfte

1. Kurzfristige Außenhandelskredite

a) Kontokorrentkredite

Der Kontokorrentkredit ist die einfachste Art der Kreditgewährung im kurzfristigen Auslandsgeschäft. Er entspricht in Bezug auf seine Abwicklung und die Stellung von Sicherheiten weitgehend dem inländischen Kontokorrentkredit. Unterschiede bestehen naturgemäß hinsichtlich der Kreditzwecke, wobei Kontokorrentkredite an den Exporteur, Kontokorrentkredite an den Importeur und Kontokorrentkredite als Postlaufkredite im Interbankengeschäft zu differenzieren sind.

Kontokorrentkredite an den Exporteur dienen zur Finanzierung der Produktion von Exportgütern sowie der Finanzierung von Zahlungszielen im Exportgeschäft. Sie sind eher bei Käufermärkten von Bedeutung, während die dem gleichen Zweck dienenden **Kontokorrentkredite an den Importeur** bei Verkäufermärkten verstärkt Anwendung finden. Durch die starke Stellung des Verkäufers ist der Importeur in dieser Situation verpflichtet, Voraus- oder Anzahlungen zu leisten bzw. sofort bei Erhalt der gelieferten Güter zu zahlen.

Der **Postlaufkredit** ist ein Überbrückungskredit, den sich die Banken untereinander zur finanziellen Abwicklung von Ex- und Importgeschäften während des Zeitraums von der Ausführung einer Zahlung bis zu ihrem Eintreffen auf dem üblichen Postweg gewähren. Er wird häufig im Zusammenhang mit einem Dokumentenakkreditiv bereitgestellt. Da die Bank des Importeurs erst nach Erhalt der Dokumente Zahlung leisten kann, der Exporteur aber gleich nach Versand der Ware den Gegenwert erhalten möchte, zahlt ihm seine Bank den Rechnungsbetrag aus und räumt gleichzeitig der Bank des

Importeurs bis zum Eingang der Dokumente einen Postlaufkredit ein. Gewöhnlich werden Postlaufkredite nicht von Fall zu Fall sondern global in bestimmter Höhe gewährt. Die gängige Laufzeit beträgt 15 Tage, der Zinssatz ist fest b.a.w. (bis auf weiteres), d.h. bis eine Veränderung vereinbart wird.

b) Wechselkredite

Wechselkredite werden im Auslandskreditgeschäft hauptsächlich zur Einräumung von Zahlungszielen eingesetzt. In der Praxis sind dabei verschiedene Formen entwickelt worden, die zunächst nach den einfachen Wechselkrediten und den Wechseldokumentarkrediten unterschieden werden können. Die verschiedenen Kreditarten, auf die im folgenden näher eingegangen werden soll, gibt Abbildung 6.15 wieder.

Die Abwicklung des **Wechseldiskontkredits** entspricht der im Inlandsgeschäft üblichen Vorgehensweise. Dabei zieht der Exporteur auf den ausländischen Kunden einen Wechsel, den dieser akzeptiert. Nach der Akzeptleistung wird der Wechsel einer Bank zum Diskont vorgelegt. Die Höhe der Diskontsätze im Land des Exporteurs und im Heimatland des Importeurs bestimmen die Auswahl der kreditgewährenden Bank.

Beim **Wechselakzeptkredit**, der zweiten Form des einfachen Wechselkredits, zieht der Ex- oder Importeur auf seine Hausbank einen Wechsel, den diese unter der Bedingung akzeptiert, daß der Kunde den Gegenwert spätestens einen Tag vor der Fälligkeit des Wechsels bereitstellt. Anschließend wird der Wechsel häufig von der akzeptierenden Bank selbst diskontiert. Hinsichtlich der technischen Abwicklung bestehen auch bei den Akzeptkrediten keine Unterschiede zum Inlandsgeschäft. Jedoch finden im ausländischen Akzeptkreditgeschäft vor allem privatdiskontfähige Bankakzepte Verwendung.

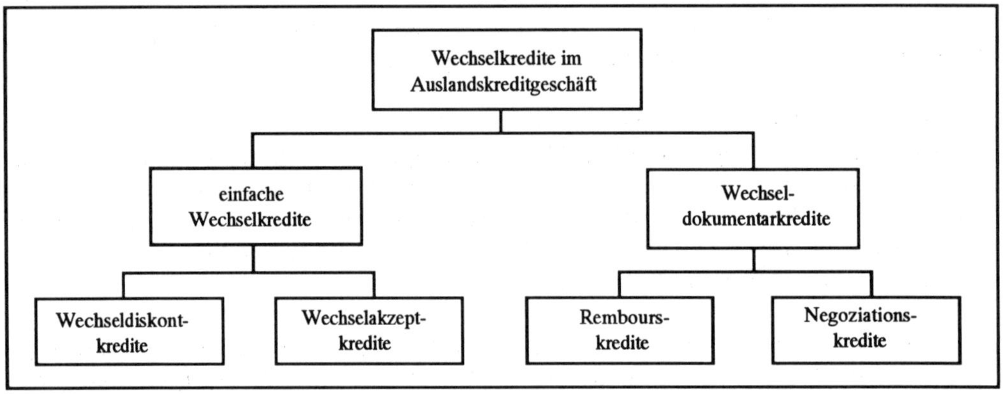

Abb. 6.15: Wechselkreditarten

Da einfache Wechselkredite für die Kreditinstitute mit erheblichen Risiken behaftet sind, werden sie häufig gegen die Übergabe bestimmter, das Eigentum an der Ware verkörpernder Dokumente abgewickelt. Der **Rembourskredit** gehört dabei grundsätzlich in die Kategorie der Akzeptkredite. Im Unterschied zum einfachen Akzeptkredit erhält der Exporteur das Akzept des Kreditinstituts bzw. den daraus resultierenden Diskonterlös beim Rembourskredit jedoch erst nach Einreichung der vereinbarten Papiere. Häufig handelt es sich dabei um Verschiffungsdokumente, die der Akzeptbank den Versand der Ware anzeigen.

Der Rembourskredit tritt in der Praxis sowohl mit als auch ohne die Stellung eines Akkreditivs in Erscheinung, wobei allerdings die Verbindung mit einem Dokumentenakkreditiv öfter anzutreffen ist. Bei einem **Dokumentenakkreditiv** handelt es sich um einen Auftrag, den der Importeur seiner Bank erteilt und der die Weiterleitung eines bestimmten Geldbetrages gegen die Übergabe von Dokumenten durch die Bank des Exporteurs vorsieht. Neben der Abwicklung eines Rembourskredites mit oder ohne Akkreditiv besteht innerhalb beider Formen die Möglichkeit, die Tratte des Exporteurs von der Importeurbank, der Hausbank des Exporteurs oder einer besonderen Remboursbank akzeptieren zu lassen. Wird zur Abwicklung eines Rembourskredits eine spezielle Remboursbank eingeschaltet, so spricht man vom "indirekten" oder "vermittelten" Rembourskredit, während in den anderen beiden Fällen ein "direkter" Rembourskredit vorliegt. Die banktechnische Abwicklung eines direkten, durch ein Dokumentenakkreditiv gesicherten Rembourskredits verdeutlicht die folgende Abbildung 6.16 (vgl. GRILL/PERCZYNSKI 1990).

Durch den **Negoziationskredit** wird dem Exporteur die Möglichkeit eröffnet, einen noch zu akzeptierenden Wechsel zum Diskont und damit zur Bevorschussung seiner Exportforderung zu verwenden. Zur Minderung des Risikos ist der Negoziationskredit dabei häufig durch ein Dokumentenakkreditiv oder ein "Commercial Letter of Credit" gesichert. Der Negoziationskredit tritt im wesentlichen in zwei verschiedenen Versionen auf. In der ersten Form, der **"Authority to purchase"**, erklärt sich die Hausbank des Importeurs bereit, eine vom Exporteur auf den Importeur gezogene Tratte zu diskontieren. Diese Zusage wird zusammen mit dem Auftrag, die Dokumente gegen die Begleichung der Forderung zu übernehmen und den Exporteur hiervon zu unterrichten, an die Bank des Exporteurs weitergeleitet. Legt der Exporteur die notwendigen Dokumente vor, erhält er trotz des fehlenden Akzepts den Gegenwert ausgezahlt, während die Bank des Importeurs nach Erhalt der Tratte vom Importeur entweder die Akzeptierung der Tratte oder die direkte Rückzahlung des Vorschußbetrages verlangen kann.

Bei der zweiten Version des Negoziationskredits, der **"Order to negotiate"**, beauftragt die Bank des Importeurs auf Veranlassung des Importeurs ihre ausländische Korrespondenzbank, die vom Exporteur auf die Importeurbank gezogene und zusammen mit den Dokumenten eingereichte Tratte zu ihren Lasten anzukaufen. Im Gegensatz zu der bisher beschriebenen Form tritt also nicht der Importeur selbst sondern die Bank des Importeurs als Bezogener auf.

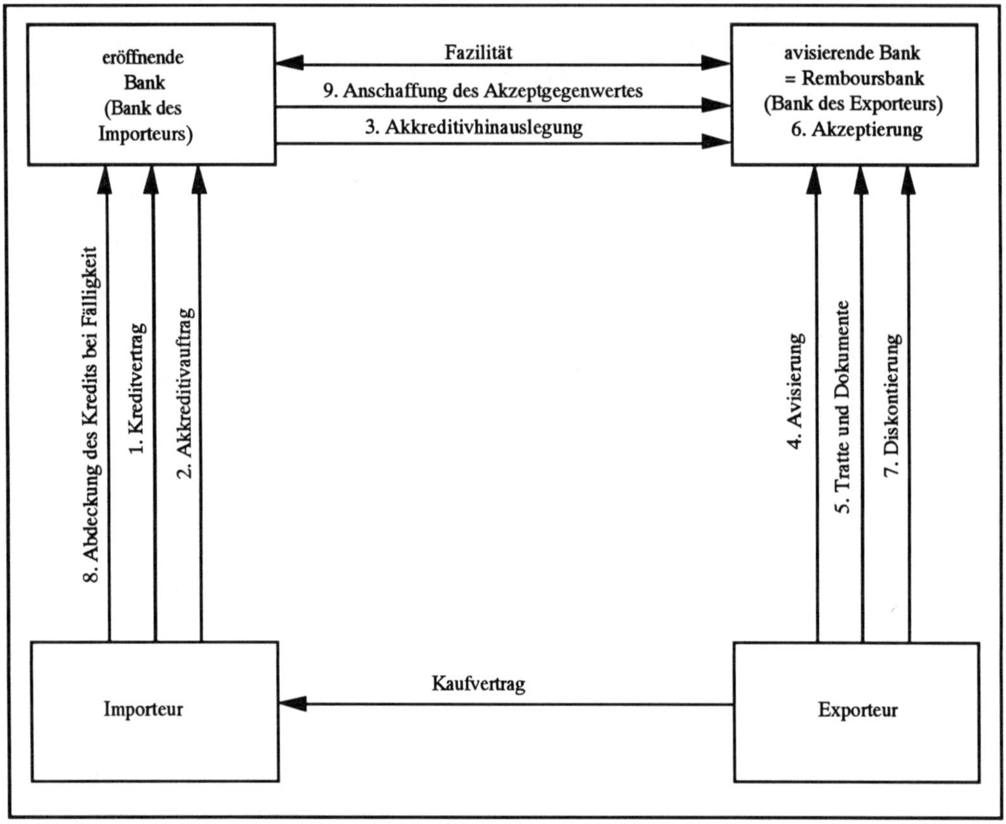

Abb. 6.16: Abwicklung eines Rembourskredits

In diesem Abschnitt wurde auf einige Besonderheiten des kurzfristigen Außenhandelskreditgeschäftes eingegangen. Neben den dargestellten Kreditformen finden auch weitere Formen im Auslandsgeschäft Verwendung. So spielen beispielsweise Avalkredite im Außenhandel eine große Rolle. Hinsichtlich ihrer Ausgestaltung weisen sie jedoch keine Besonderheiten zu den "inländischen Avalkrediten" auf.

2. Mittel- und langfristige Außenhandelskredite

Mittel- und langfristige Außenhandelskredite werden vor allem als zweckgebundene Finanzkredite vergeben, die nicht zur freien Disposition des Kreditnehmers stehen. Sie dienen der Finanzierung von Planungs- und Fertigungszeiten sowie der Gewährung von Zahlungszielen für genau spezifizierte, größere und langlebige Projekte, wie beispielsweise dem Bau von Fabrikanlagen, Schiffen oder Kraftwerken.

Im Hinblick auf den Kreditnehmer sind zwei Varianten der Außenhandelskredite zu unterscheiden, nämlich der Lieferanten- und der Bestellerkredit. Empfänger des **Lieferantenkredits** ist ein im Inland ansässiger Exporteur, der die Zeitspanne bis zur endgültigen Begleichung einer Forderung durch den Importeur überbrücken muß. Da der Exporteur diese Finanzierung häufig nicht mit eigenen Mitteln abwickeln kann, refinanziert er sich seinerseits im Rahmen bestehender Kreditlinien oder neu aufzunehmender Bankkredite, die als Lieferantenkredite bezeichnet werden. Demgegenüber wird der **Bestellerkredit** an einen ausländischen Importeur oder dessen Hausbank vergeben. Seine Auszahlung erfolgt jedoch in der Regel direkt an den Exporteur, der die Mittel zur Begleichung ausstehender Forderungen verwendet. Bestellerkredite sind daneben in den meisten Fällen mit einer Bank- oder Staatsgarantie ausgestattet.

Da Außenhandelskredite von den Universalbanken nur in begrenztem Umfang gewährt werden, sind in Deutschland mit der AKA Ausfuhr-Kredit GmbH und der Kreditanstalt für Wiederaufbau zwei Spezialkreditinstitute geschaffen worden. Ihre Geschäftstätigkeit im Rahmen der Außenhandelsfinanzierung soll daher aufbauend auf der bereits an anderer Stelle geschilderten Entwicklungsgeschichte der Banken im folgenden dargestellt werden.

a) Exportfinanzierung durch die Ausfuhrkreditanstalt (AKA)

Aufgabe der Ausfuhrkreditanstalt (AKA) ist es, im Rahmen der ihr zur Verfügung stehenden Kreditplafonds bei der Finanzierung mittel- und langfristiger Außenhandelsgeschäfte mitzuwirken. Die Gesellschaft führt dabei die Geschäfte des sie tragenden Bankenkonsortiums aus, indem sie die vom Kreditausschuß genehmigten Mittel bereitstellt und für eine rationelle Abwicklung der Kreditverträge sorgt. Der Kreditausschuß setzt sich aus den Repräsentanten der am Konsortium beteiligten Kreditinstitute zusammen.

Als Refinanzierungsquelle stehen der Kreditanstalt drei revolvierend einsetzbare Kreditplafonds zur Verfügung. Der "**Plafond A**" (2 Mrd. DM) dient der Finanzierung von Lieferantenkrediten. Die erforderlichen Mittel werden von den Konsortialbanken aufgebracht. Der "**Plafond B**" (ab 1991 2 Mrd. DM) stellt dagegen eine Sonderrediskontlinie der Deutschen Bundesbank dar. Er dient der Refinanzierung von Lieferantenkrediten mit einer Laufzeit zwischen 12 und 48 Monaten. Schließlich kann die Ausfuhrkreditanstalt mit dem "**Plafond C**" (12 Mrd. DM) Bestellerkredite an ausländische Kreditnehmer vergeben. Die Refinanzierung erfolgt mittels langfristiger Buchkredite durch die Konsortialbanken. Für ein einzelnes Finanzierungsobjekt ist sowohl die Finanzierung aus einem, als auch der kombinierte Einsatz von Mitteln aus mehreren Plafonds möglich. Denkbar ist dabei auch die Verbindung eines Lieferantenkredits (Plafond A oder B) mit einem Bestellerkredit (Plafond C).

Die Kreditvergabe durch die AKA ist an bestimmte Bedingungen geknüpft. Für **Lieferantenkredite**, d.h. für Kredite aus den Plafonds A und B, gelten insbesondere die folgenden Voraussetzungen (vgl. Kreditrichtlinien der AKA):

- Die Kredite sind zweckgebunden und nur für die zu finanzierenden Geschäfte einzusetzen. Die jeweils abgerufenen Kreditmittel dürfen den tatsächlichen Finanzbedarf nicht übersteigen. Vorzeitig beim Exporteur eingehende Zahlungen sind zur Rückführung des Lieferantenkredits zu verwenden.

- Lieferungs- bzw. Leistungsverträge müssen fest abgeschlossen sein. Soweit sich ein Geschäft im Verhandlungsstadium befindet, ist die Reservierung eines Kreditbetrages für eine Frist von 3 Monaten möglich, die jedoch verlängert werden kann.

- Es wird nicht der gesamte Auftragswert kreditiert, sondern nur ein um An- und Zwischenzahlungen und eine Selbstfinanzierungsquote von 10 % (staatliche ausländische Abnehmer) oder 15 % (private ausländische Abnehmer) bei A-Krediten und 20 % (Festzinskredit) oder 30 % (variabler Kredit) bei B-Krediten gekürzter Betrag.

- Bei Krediten mit einer Laufzeit von mehr als 24 Monaten und in besonderen Fällen auch bei kürzeren Laufzeiten ist eine Ausfuhr-Bürgschaft oder Ausfuhr-Garantie der Bundesrepublik Deutschland (Hermes) erforderlich.

- Zur Sicherung des Kredits sind die Forderungen aus dem Exportvertrag, einschließlich der dafür haftenden Sicherheiten, die Ansprüche aus Kreditversicherungen sowie bei Krediten aus Plafond B die Forderungen der Hausbank aus dem mit dem Exporteur abgeschlossenen Kreditvertrag auf die AKA zu übertragen.

- Der Kreditnehmer (Exporteur) sowie seine Hausbank haben bestimmte Informationspflichten gegenüber der AKA, z.B. hinsichtlich Änderungen der finanzierten Geschäfte und Verschlechterungen der Vermögenslage des Kreditnehmers. Das Kreditrisiko trägt bei Finanzierungen aus Plafond A die Hausbank des Exporteurs in Höhe von 75 % des finanzierten Betrages (Vorweghaftungsquote, Hausbankquote). Die Hausbank muß im übrigen eine Konsortialbank der AKA sein. 25 % des Risikos werden nach Köpfen auf die an der AKA beteiligten Banken aufgeteilt. Somit ist die Hausbank am Risiko immer mit mehr als 75 % beteiligt. Bei Krediten aus Plafond B trägt die Hausbank das gesamte Kreditrisiko.

Die Gewährung und Auszahlung eines Kredits aus dem Plafond B erfolgt über Sola-Wechsel, die der Exporteur an die Order der Hausbank ausstellt und dieser zum Diskont einreicht (JÄHRIG/SCHUCK 1989). Ein ähnliches Modell wurde früher beim Plafond A angewandt, aus Gründen der Arbeitserleichterung wird zur Zeit jedoch auf diese Verfahrensweise verzichtet.

Über den Plafond C werden ausländischen Importeuren **Bestellerkredite** gewährt. Diese Kreditform läßt sich folgendermaßen kennzeichnen (vgl. Kreditrichtlinien der AKA):

- Der Kreditvertrag wird zwischen Importeur und AKA geschlossen. Der Exporteur tritt jedoch aus technischen Gründen als Kreditvermittler auf.

- Im Gegensatz zum Lieferantenkredit aus Plafond B, der als Wechseldiskontkredit abgewickelt wird, handelt es sich hier um einen Buchkredit. Auch die Refinanzierung durch die Konsortialbanken erfolgt mittels langfristiger Buchkredite.

- Zur Sicherung der Kreditforderung soll eine Garantie bzw. Bürgschaft der Bundesrepublik Deutschland zu Gunsten der AKA vorliegen. Für vom Bund nicht gedeckte Risiken muß der Exporteur haften. Einen Anteil an der Finanzierung des Kredits (Selbstfinanzierungsquote) braucht der Exporteur jedoch nicht zu übernehmen.

- Bestellerkredite werden in voller Höhe der im Ausfuhrzeitpunkt noch bestehenden Ausfuhrforderung gewährt. Die Auszahlung erfolgt unmittelbar an den deutschen Exporteur. Vor Bereitstellung des Bestellerkredits kann der Exporteur einen etwaigen Finanzierungsbedarf durch Inanspruchnahme von Lieferantenkrediten überbrücken.

Die Kosten eines Lieferanten- resp. Bestellerkredits setzen sich aus den Zinsen, einer Zusage-(Bereitstellungs-)Provision sowie ggfs. der Wechselsteuer zusammen. Die Kreditnehmer können wählen zwischen einem für mehrere Jahre festgelegten und einem variablen Zinssatz; die jeweilige Höhe orientiert sich am Geld- und Kapitalmarkt. Bei den Bestellerkrediten gemäß Plafond C berechnen die Banken zusätzlich eine einmalige Bearbeitungsgebühr (JÄHRIG/SCHUCK 1989).

b) Exportfinanzierung durch die Kreditanstalt für Wiederaufbau (KfW)

Die Kreditanstalt für Wiederaufbau ist ein Spezialkreditinstitut, das unter anderem Kredite zur Finanzierung von langfristigen Exportgeschäften gewährt. Schwerpunkttätigkeit im Bereich der Exportfinanzierung sind die Bestellerkredite; Lieferantenkredite werden von der KfW nur in begründeten Ausnahmefällen und unter Haftung der Bank des Exporteurs vergeben. Zu unterscheiden sind Kredite, die unter teilweisem Einsatz von zinsverbilligten ERP-Mitteln und Kredite, die ausschließlich am Markt refinanziert werden.

Die Vergabe von KfW/ERP-Krediten ist insbesondere an folgende Voraussetzungen geknüpft (BÜSCHGEN 1986a, JÄHRIG/SCKUCK 1989):

- Grundsätzlich muß es sich um Lieferungen und Leistungen an Entwicklungsländer handeln. Der Kredit ist in DM abzuwickeln.
- Die Kreditlaufzeit soll dem zugrunde liegenden Handelsgeschäft entsprechen und mindestens fünf Jahre betragen.
- Die Besicherung muß durch eine Hermes-Finanzbürgschaft oder -Garantie erfolgen. Die Ansprüche aus der Exportforderung und aus der Kreditversicherung sind an die KfW abzutreten.
- Da die Exportfinanzierung auch aus ERP-Mitteln erfolgt, muß das Vorhaben im Sinne dieser Richtlinien förderungswürdig sein.
- Die Antragstellung (durch den Exporteur bzw. seine Hausbank) muß vor Vertragsabschluß bei der KfW erfolgen.
- Es gelten Höchstkreditgrenzen pro Auftrag. Bei Auftragswerten bis 25 Mio. DM abzüglich An- und Zwischenzahlungen kann auf den gesamten Auftrag Kredit gewährt werden; bei Werten zwischen 25 und 50 Mio. DM werden lediglich 25 Mio. DM kreditiert; bei Auftragswerten von mehr als 50 Mio. DM wird nur noch die Hälfte bereitgestellt, maximal jedoch ein Betrag in Höhe von 85 Mio. DM.

Die Kosten (ohne Besicherungskosten) eines KfW-Kredits setzen sich aus den Zinsen und der Zusageprovision zusammen. Die Zusageprovision wird für den Zeitraum von der Unterzeichnung des Kredits bis zur Auszahlung berechnet.

3. Eurokredite

Neben den nationalen Finanzmärkten hat sich in den 60er und 70er Jahren ein internationaler Geld- und Kapitalmarkt entwickelt, der als Euro-Markt bezeichnet wird. Auf ihm werden Gelder gehandelt, die sich außerhalb ihres jeweiligen Währungsgebietes befinden und demzufolge kein gesetzliches Zahlungsmittel in dem Land darstellen, in dem die Transaktionen stattfinden. Die Mittel unterliegen insofern nicht den nationalen Währungsvorschriften, so daß sich die Kreditnehmer einer restriktiven Kredit- und Zinspolitik in ihrem Heimatland entziehen können.

Bezugnehmend auf die Fristigkeit der Geschäfte kann der Euromarkt in den Eurogeld- und den Eurokapitalmarkt differenziert werden. Während sich die kurzfristigen Transaktionen am **Eurogeldmarkt** abspielen, ist der **Eurokapitalmarkt** durch die Langfristigkeit der Geschäfte gekennzeichnet. Bestandteile des Eurokapitalmarktes sind der Eurokredit- und der Eurobondmarkt. Am **Eurokreditmarkt** werden volumensmäßig große Kredittransaktionen abgewickelt, am **Eurobondmarkt** erfolgt die Emission internationaler Anleihen zur langfristigen Finanzierung von Unternehmen, Staaten und überstaatlichen Institutionen (z.B. die Weltbank). Im folgenden wird auf den Eurogeld- und den Eurokreditmarkt näher eingegangen; der Eurobondmarkt ist (indirekt) Bestandteil des Investment Banking.

a) Geschäfte am Eurogeldmarkt

Gegenstand des internationalen Geldmarktes ist der grenzüberschreitende Handel mit Tages- und Termingeld sowie mit Geldmarktpapieren. Ebenso wie der nationale Geldmarkt dient der Eurogeldmarkt zur Überbrückung von Liquiditätsengpässen bzw. zur kurzfristigen Anlage liquider Mittel. Darüber hinaus ist am Eurogeldmarkt jedoch auch die Erzielung von Arbitragegewinnen aufgrund von Zinsdifferenzen der Geldmärkte verschiedener Länder sowie die Spekulation auf Wechselkursänderungen und daraus resultierenden Währungsgewinnen möglich. Die Handelspartner am Eurogeldmarkt sind vornehmlich Geschäftsbanken. Daneben haben auch international bekannte und bonitätsmäßig einwandfreie Großunternehmen, Zentralbanken und internationale Währungsbehörden Zugang zum Handel mit Eurogeld.

Die **technische Abwicklung** der Transaktionen unterliegt keinen besonderen Regeln. Häufig werden die Abschlüsse telefonisch vereinbart und erst anschließend schriftlich bestätigt. Dabei ist die Stellung von Sicherheiten unüblich. Aufgrund seiner besonderen Aufgaben ist der Eurogeldmarkt als "wholesale market" aufgebaut, auf dem nur vergleichsweise große Beträge bewegt werden. Der Mindestabschlußbetrag liegt im allgemeinen bei 500.000 US-Dollar bzw. einem entsprechend hohen Betrag einer anderen Währung. Häufig werden als Vermittler große Courtagehäuser in London oder Paris in Anspruch genommen, die auf die Vermittlung von Eurogeldern spezialisiert sind (vgl. MANDEL 1976).

Die **Festlegung der Zinssätze** erfolgt durch sog. Händlerbanken, bei denen es sich um 50 bis 60 Institute handelt, die ständig am Eurogeldmarkt engagiert sind. Eine größere Zahl anderer, nicht an der Bestimmung der Zinssätze beteiligter Banken tritt daneben unregelmäßig als Anbieter oder Nachfrager an den Geldmarkt heran. Ihre Integration in das Marktgeschehen erfolgt durch die Vermittlung von Brokern. Die möglichen Zinssätze einer Währung bewegen sich normalerweise zwischen einer oberen und unteren Grenze, wobei die Spannweite durch die Zinsverhältnisse am heimischen Markt bestimmt wird. Die Zinssätze für Anlagen am Eurogeldmarkt liegen bis zu 1 % über den vergleichbaren Inlandssätzen, während für Geldmarktkredite bis zu 1 % weniger an Zinsen aufgebracht werden müssen. Daraus ergibt sich für die Eurobanken eine wesentlich geringere Zinsspanne als im Inlandsgeschäft. Dies resultiert zum einen aus einem wesentlich schärferen Wettbewerb, der höhere Margen nicht zuläßt, zum anderen aus geringeren (Ausfall-)Risiken und fehlenden gesetzlichen Restriktionen, die im Inlandsgeschäft beispielsweie die Unterhaltung einer unverzinslichen Mindestreserve vorsehen.

Das grundlegende **Instrument zur Geldanlage** am Eurogeldmarkt ist die Bankeinlage, also das **Tages- oder Termingeld**. Neben der Auswahl des Kreditinstituts und der Währung hat der Anleger hierbei insbesondere die Wahlmöglichkeit hinsichtlich der Bindungsdauer. Die Angebote der Banken sind dabei weitgefächert und sehen Anlageformen in jeder zeitlichen Staffel, über Gelder mit ein-, zweitägiger oder wöchentlicher Kündigungsfrist bis zu festen Geldern auf einen, zwei, drei, sechs Monat(e) und ein Jahr, vor. Die feste zeitliche Bindung von Termineinlagen stellt jedoch für viele Anleger ein erhebliches Handicap dar, da die Zeitspanne des Liquiditätsüberschusses nicht eindeutig bekannt ist. Aus diesem Grund entwickelten die Banken am Euromarkt in London bereits Mitte der 60er Jahre ein Londoner **"Certificate of Deposit"**. Hierbei handelt es sich um ein Wertpapier, das die Gläubigerrechte aus der Termineinlage verkörpert und im Gegensatz zu der Bankeinlage anonym geführt wird. Dadurch ist für die Geltendmachung von Zins- und Rückzahlungsansprüchen zum einen allein die Präsentation des Papiers erforderlich. Zum anderen sind die Certificates handelbar und können über den Markt verkauft oder an den vermittelnden Broker zurückgegeben werden, so daß die Zins- und Währungsvorteile des Euromarktes realisiert, die Nachteile aus der Vertragsdauer jedoch vermieden werden können (WIDMER 1977).

Heutzutage werden Depositenzertifikate praktisch von allen in London ansässigen Marktteilnehmern ausgegeben. Insbesondere zur Refinanzierung des Eurokreditgeschäftes haben daneben in der letzten Zeit die sog. **"Floating Rate Certificates of Deposit"** Bedeutung erlangt. Dabei handelt es sich um CD's, die mit einem variablen Zinssatz ausgestattet sind, der alle drei oder sechs Monate an die geltenden Marktzinssätze angepaßt wird und der somit die zinsmäßige Flexibilität garantiert. Auch diese Papiere eignen sich aufgrund ihrer Fungibilität zur Anlage kurzfristiger Überschüsse. Ihre Laufzeit beträgt bis zu sieben Jahren, woraus der fließende Übergang von Titeln des Eurogeldmarktes zu Titeln des Eurokapitalmarktes deutlich wird.

Die Kreditgeschäfte am Eurogeldmarkt werden hauptsächlich im Rahmen von **Euro-Festsatzkrediten** abgewickelt. Dabei handelt es sich um kurzfristige Kreditformen mit Laufzeiten bis zu 12 Monaten, die mit einem festen Zins ausgestattet sind und für die gesamte Laufzeit in der festgelegten Höhe in Anspruch genommen werden müssen.

b) Geschäfte am Eurokreditmarkt

Kreditnehmer am Eurokreditmarkt sind Unternehmen, internationale Organisationen sowie öffentliche Institutionen. Die Kredite wurden ursprünglich vor allem zur Finanzierung von Auslandsinvestitionen sowie zur Leistung von An- und Zwischenzahlungen bei Ex- und Importgeschäften verwendet. Seit der ersten Ölkrise in den Jahren 1973/74 nehmen jedoch auch verstärkt Staaten und Zentralbanken den Eurokreditmarkt in Anspruch, um ihre Haushalts- bzw. ihre Zahlungsbilanzdefizite zu finanzieren. In letzter Zeit widmen sich die Banken verstärkt der Finanzierung von Großprojekten, bei denen als Kreditnehmer nicht mehr ein Ex- oder Importeur, ein Staat oder eine Währungsbehörde, sondern vielmehr eine Projektgesellschaft auftritt, die aus den Überschüssen des Projekts Zins- und Tilgungszahlungen leistet. Anwendungsgebiet sind dabei häufig Investitionen zur Erschließung von Rohstoffen, im Energiesektor sowie Infrastruktur- und Verkehrsprojekte.

Zur Beantragung von Eurokrediten wendet sich der Kreditnehmer an seine Hausbank oder direkt an eine Bank des jeweiligen Europlatzes. Die gehandelten Kredite haben in der Regel eine Laufzeit zwischen 5 und 10 Jahren und können eine Größenordnung von mehreren 100 Mio. US-$ erreichen. Teilweise werden auch Kredite mit einem Volumen von mehr als 1 Mrd. US-$ vergeben. Daraus resultiert, daß Eurokredite vielfach nicht von einer Bank allein (Individualkredite) sondern von mehreren Banken in Form von syndizierten Krediten oder Konsortialkrediten bereitgestellt werden.

Für derartige **Konsortialkredite** sind bestimmte Verfahrensweisen und Techniken entwickelt worden, die eine systematische Abwicklung des Kredits garantieren. Es müssen dabei die folgenden Stufen unterschieden werden (vgl. DEUTSCHE BANK 1981):

(1) Der Kreditnehmer bestimmt eine Bank als Konsortialführer ("Lead Manager") und erteilt ihr den Auftrag, den Kredit zu den vorgeschlagenen Konditionen bei anderen Banken im Markt zu plazieren.

(2) Der Lead-Manager übernimmt mit einer weiteren Gruppe von Führungsbanken ("Managementgruppe") entweder den gesamten oder nur einen Teil des Kreditbetrages. Die Zusage für den nicht fest übernommenen Teil erfolgt nur unter dem Vorbehalt der Plazierbarkeit, d.h. auf "Best Efforts" Basis.

(3) Die konsortialführende Bank lädt andere Institute ("Partizipanten") ein, sich an dem Kredit mit einem bestimmten Zeichnungsbetrag zu beteiligen. Der Lead-Manager führt auch die Verhandlungen mit dem Kreditnehmer, erstellt die Vertragsdokumentation und stimmt diese mit dem Konsortium ab.

(4) Nach der Vertragsunterzeichnung wird der Kredit ausgezahlt und von einem Agenten verwaltet und abgewickelt. Diese Funktion wird üblicherweise von der Führungsbank übernommen, jedoch ist dies nicht zwingend, da die Aufgabe des Konsortialführers mit dem Abschluß der Verhandlungen endet.

(5) Der Kreditnehmer muß neben dem Zins eine einmalige Provision ("Management Fee") in Höhe eines bestimmten Prozentsatzes vom Kreditbetrag aufbringen. Davon erhält der Konsortialführer vorab einen bestimmten Anteil ("Präzipuum"), der Rest wird auf alle beteiligten Banken verteilt. Der Agent erhält für seine Tätigkeit eine meist jährlich fällige Gebühr ("Agency Fee").

Neben der Syndizierung der Eurokredite stellen die Refinanzierungsbasis sowie die Zinsgestaltung die wichtigsten Unterschiede zu inländischen Kreditgeschäften dar. Eurokredite werden dabei traditionell als **Roll-over-Kredite** bereitgestellt, die dem Kreditnehmer zwar für eine bestimmte Laufzeit zugesagt, von der kreditgewährenden Bank jedoch nur kurzfristig am Eurogeldmarkt refinanziert werden. Zu den jeweiligen Roll-over-Terminen erfolgt eine Anpassung der Zinsen an die gültigen Marktbedingungen. Für den Kreditnehmer besteht dadurch der Vorteil, daß er einen längerfristigen Kredit zu Geldmarktbedingungen erhält. Allerdings trägt er das Zinsrisiko und kann daher eine Steigerung der Zinskosten nicht vorab für die gesamte Laufzeit ausschließen.

Der Roll-over-Eurokredit existiert in drei Grundformen, und zwar als Roll-over-Eurodarlehen, als revolvierender Roll-over-Eurokredit und als Stand-by-Roll-over-Eurokredit. Die folgende Abbildung 6.17 gibt die wesentlichen Merkmale und Unterschiede dieser drei Grundformen wieder.

Grundformen des Roll-over-Eurokredits und seine Merkmale	
Roll-over-Eurodarlehen (Eurocurrency term loan)	• Auszahlung der Darlehenssumme in einem Betrag nach Vertragsabschluß oder zu einem festen späteren Zeitpunkt • Rückzahlung je nach Vertragsgestaltung, entweder am Ende der Laufzeit oder in Raten nach einer Anzahl von Tilgungsfreijahren • Generelle Möglichkeit der vorzeitigen teilweisen oder vollständigen Tilgung am Ende jeder Refinanzierungsperiode
Revolvierender Roll-over-Eurokredit	• Einräumung einer Kreditlinie • Beanspruchung in runden Beträgen von Zinsperiode zu Zinsperiode • Erhebung einer »commitment fee« für den ungenutzten Teil der Kreditlinie • Recht des Kreditnehmers auf Kreditrückzahlung zu den Roll-over-Terminen **ohne** Erlöschen des Rechts auf erneute Kreditinanspruchnahme
Stand-by-Roll over Eurokredit	• Vergleichbar dem revolvierenden Roll-over-Eurokredit • Inanspruchnahme jedoch nur dann, wenn bei Kapitalbedarf keine anderen Finanzierungsmöglichkeiten offenstehen • Erhebung einer »stand-by-fee« für den nicht genutzten Betrag

Abb. 6.17: Grundformen des Roll-over-Eurokredits

Der **Zinssatz** für Roll-over-Kredite setzt sich aus dem Einstandssatz der Banken am Eurogeldmarkt und einer vertraglich vereinbarten Marge ("Spread") zusammen. Der Basiszins ist dabei der Zins, den die Händlerbanken für ausgeliehene Gelder einer bestimmten Währung und mit der gleichen Laufzeit wie die Refinanzierungsperiode von erstrangigen Banken im Durchschnitt fordern. Hierbei handelt es sich um bankplatzspezifische Interbankensätze. So wird für Euro-Dollarkredite häufig der LIBOR (London InterBank Offered Rate) zugrunde gelegt. Dieses ist der Satz, den die Londoner Händlerbanken von anderen erstklassigen Instituten fordern. Die Zinsperiode ist entweder für die gesamte Laufzeit einheitlich bestimmt oder kann vom Kreditnehmer zu Beginn jeder Roll-over-Periode neu festgelegt werden. Üblich sind als Perioden 3 und 6 Monate, je nach Verfügbarkeit am Markt können aber auch 1, 2, 9 oder 12 Monate vereinbart werden.

Den eigentlichen Ertrag für die Bank verkörpert die zweite Komponente des Zinssatzes, der Spread. Im Gegensatz zu dem variablen Einstandszins ist der Spread ein konstanter Teil, der sich während der

Kreditlaufzeit nicht ändert. Er spiegelt insbesondere die Risikoprämie des Kreditgebers wider und hängt daher primär vom Standing des Kreditnehmers, von der Marktsituation, der Kreditlaufzeit und dem Tilgungsmodus ab. Trotz der Konstanz des Spread ergibt sich insgesamt durch den regelmäßig angepaßten Basiszins ein variabler Zinssatz für den Roll-over-Kredit.

Der Konsortialkredit auf Roll-over-Basis stellt die traditionelle Form des Kreditgeschäfts am Euromarkt dar, die insbesondere in den 70er Jahren nahezu ausschließlich angewandt wurde. Gleichzeitig nahm jedoch auch die Kreditvergabe an Entwicklungs- und Staatshandelsländer erheblich zu, was in den letzten Jahren zu verstärkten Problemen bei Tilgungs- und Zinszahlungen dieser Länder führte. Dadurch hat sich der Eurokreditmarkt inzwischen in zwei Bereiche aufgespalten, nämlich in den Umschuldungssektor, der die finanzschwachen Schuldner vor Zahlungsunfähigkeit schützen und mit den notwendigen Finanzmitteln versorgen soll, und den dynamischen Bereich der Kreditnehmer erster Adressen, insbesondere aus den Industrie- und Schwellenländern, um die aufgrund ihrer einwandfreien Bonität ein verschärfter Wettbewerb besteht. Zusammen mit einer hohen Liquidität der internationalen Finanzmärkte und einem nachlassenden Kreditbedarf erstklassiger Schuldner hat das letztere zu erheblich rückläufigen Margen geführt. Bei den Kreditnehmern selbst handelt es sich daneben i.d.R. um kapitalmarktfähige Adressen, die unter Ausschaltung der Kreditinstitute ("Disintermediation") zunehmend von den neuen Instrumenten des Investment Banking Gebrauch machen.

Vor diesem Hintergrund verstärkte sich das Interesse vieler Banken an neuen Finanzierungsmodellen, mit denen die Beteiligung der Kreditinstitute und eine als angemessen erachtete Marge gesichert werden sollten. Zu einem wichtigen Instrument ist dabei der syndizierte Eurokredit mittels **Emissionsfazilitäten** geworden. Bei diesen Emissionsfazilitäten handelt es sich um gesetzlich bindende Arrangements zwischen Schuldner und Banken, die zum einen die Emission kurzfristiger Papiere durch die Schuldner in deren Namen und zum anderen die anschließende Syndizierung und Plazierung dieser Papiere durch die beteiligten Banken zum Inhalt haben. Im Rahmen dieser Fazilitäten treten die Banken nicht mehr resp. nicht mehr unmittelbar als Kreditgeber auf, sondern führen lediglich Anleger und Schuldner zusammen. Nur für den Fall, daß keine entsprechenden Kapitalgeber bzw. keine Kapitalgeber zu einem vereinbarten Höchstzinssatz gefunden werden können, kann den Banken - im Falle sogenannter "Underwritten-Facilities" - eine Auffangrolle zukommen.

Die Fazilitäten sind jedoch aufgrund der Emission kurzfristiger Papiere im eigentlichen Sinne nicht mehr dem Commercial Banking, sondern dem Investment Banking zuzuordnen. Sie werden daher an anderer Stelle ausführlicher behandelt.

LITERATURHINWEISE:

BÜSCHGEN, H.E. (1986a)
BÜSCHGEN, H.E. (1989)
DEPPE, H.D. (1973)
DEUTSCHE BANK (1981)
EILENBERGER, G. (1986)
EMCH, U./RENZ, H. (1984)
GEIGER, H. (1980)
GRILL, W./PERCZYNSKI, H. (1990)
HAGENMÜLLER, K.F./JACOB, A.-F. (1987)
HAGENMÜLLER, K.F./DIEPEN, G. (1984)
HEIN, M. (1981)
HIEBLER, F. (1979)
HIELSCHER, U./LAUBSCHER, H.-D. (1989)
JÄHRIG, A./SCHUCK, H. (1989)
KEMMER, H.T./RÄDLINGER, K. (1979)
KREIM, E./KEßLER, H.J. (1979)
MANDEL, H.H. (1976)
MÜLHAUPT, L. (1980)
RICHOLT, K. (1976)
SCHIERENBECK, H./ROLFES, B. (1986)
STEIN VON, J.H./KIRSCHNER, M. (1988)
SÜCHTING, J. (1974)
TOBIAS, E.J. (1990)
WIDMER, R. (1977)

C. Das Zahlungsverkehrsgeschäft

Das Zahlungsverkehrsgeschäft der Kreditinstitute zerfällt in den Zahlungsverkehr im nationalen und den Zahlungsverkehr im internationalen Bereich. Eine neuere Sparte des Zahlungsverkehrsgeschäfts stellt das Electronic Banking dar, auf das ebenso wie auf die beiden anderen genannten Bereiche im folgenden näher eingegangen wird.

I. Instrumente des bargeldlosen nationalen Zahlungsverkehrs

1. Überweisungsauftrag

Die Überweisung ist der Auftrag eines Zahlungserbringers an sein Kreditinstitut, zu Lasten seines Kontos einem begünstigten Dritten auf dessen Konto einen bestimmten Betrag gutzuschreiben oder gutschreiben zu lassen, wenn der Dritte kein Konto bei der vom Zahlungserbringer beauftragten Bank hat. Häufig sind Zahlungserbringer und Zahlungsempfänger unterschiedliche Personen, es kann sich jedoch auch um die gleichen Personen handeln.

Je nach Überweisungsweg lassen sich verschiedene Überweisungsarten unterscheiden, und zwar

- die Hausüberweisung oder institutsinterne Überweisung,
- die institutsgruppeninterne Überweisung, die innerhalb eines Gironetzes erfolgt, und
- die institutsgruppenüberschreitende Überweisung.

Bei der institutsgruppenüberschreitenden Überweisung werden zum einen die **direkte Fernüberweisung**, bei der die Bank des Zahlungserbringers und die Bank des Zahlungsempfängers in direkter Kontoverbindung stehen, und zum anderen die **indirekte Fernüberweisung**, die über Zentralstellen (z.B. Girozentralen) abgewickelt wird, unterschieden. Sonderformen der Überweisung sind die per Telefon, Telefax oder Telex erledigte **Eilüberweisung** sowie der **Dauerauftrag**, der die rechtzeitige und arbeitsparende Überweisung regelmäßig anfallender Zahlungen in konstanter Höhe sicherstellt.

Im Normalfall wird der Überweisungsauftrag auf einen dreiteiligen (Durchschreibe-)**Formularsatz** erteilt. Diese drei Blätter dienen als Buchungsbeleg für die Bank, als Auftragsbestätigung für den Kunden sowie als Gutschriftträger, der dem Zahlungsempfänger zugestellt wird. Daneben bedienen sich Auftraggeber mit häufiger Nutzung des Zahlungsverkehrs zunehmend der **beleglosen Überweisung**. Die Abwicklung der Transaktionen erfolgt dabei lediglich mit Hilfe eines Magnetbandes, das die entsprechenden Daten des Auftraggebers enthält. Der Empfänger der Zahlung bekommt entweder einen von seinem Kreditinstitut ausgedruckten Gutschriftträger oder eine ausführliche Information auf seinem Kontoauszug.

Um Zahlungen intern verrechnen zu können und den Abfluß von Zentralbankgeld zu vermeiden, machten die Kreditinstitute bei Überweisungsaufträgen früher von der **Fakultativklausel** Gebrauch. Die Fakultativklausel ermöglichte es den Banken, Zahlungen statt auf das angegebene Konto auf ein Konto bei der auftraggebenden Bank gutzuschreiben, wenn der Zahlungsempfänger auch bei dieser ein Konto unterhielt. Die Verhinderung von Geldabflüssen war jedoch nur dann zulässig, wenn der Zahlungserbringer den Zusatz "oder auf ein anderes Konto des Empfängers" auf dem Überweisungsauftrag nicht gestrichen hatte. Der Bundesgerichtshof erklärte in einem Urteil vom 5.5.1986 die Fakultätklausel für unwirksam, da sie gegen die Allgemeinen Geschäftsbedingungen (AGB-Gesetz) verstößt.

2. Lastschrift

Unter einer Lastschrift ist ein vom Gläubiger ausgefertigtes und bei seiner Hausbank eingereichtes **Einzugspapier** zu verstehen, mit dem Forderungen vom Konto eines Schuldners abgebucht werden können. Im Gegensatz zur Überweisung wird damit bei Lastschriften die Begleichung einer Zahlungsverpflichtung vom Gläubiger und nicht vom Schuldner ausgelöst. Voraussetzung für den Einsatz von Lastschriften ist die **Zustimmung des Schuldners.** Diese kann in Form einer Einzugsermächtigung oder in Form eines Abbuchungsauftrags erteilt werden. Der **Abbuchungsauftrag** ist eine Anweisung des Zahlungspflichtigen an sein **Kreditinstitut**, vom Zahlungsempfänger ausgestellte und eingereichte Lastschriften zu Lasten seines Kontos einzulösen. Bei der **Einzugsermächtigung** erteilt der Schuldner seinem **Gläubiger** die Erlaubnis, Lastschriften auszustellen und sie über seine Bank der kontoführenden Stelle des Schuldners zur Einlösung vorzulegen. Präsentiert der Gläubiger eine aufgrund einer Einzugsermächtigung ausgestellte Lastschrift, so trägt sie den Vermerk "Einzugsermächtigung des Zahlungspflichtigen liegt dem Zahlungsempfänger vor". Eine derartige Lastschrift wird vom Kreditinstitut des Schuldners ohne weitere Prüfung eingelöst.

Durch die generelle Abbuchungserlaubnis birgt das Lastschriftverfahren erhebliche **Risiken** einer mißbräuchlichen Ausstellung und Einlösung von Lastschriften. Deshalb kommen als Einreicher nur vertrauenswürdige und bonitätsmäßig einwandfreie Gläubiger in Betracht. Zudem wird das Risiko im Falle der Einzugsermächtigung für den Zahlungserbringer dadurch eingeschränkt, daß er einer Belastung seines Kontos binnen 6 Wochen widersprechen kann. Der belastete Betrag ist in diesem Fall wieder zurückzubuchen bzw. zu ändern, soweit lediglich die Höhe des Betrages Gegenstand des Protestes war. Innerhalb der genannten Frist ist die Stornierung von Belastungen unabhängig davon möglich, ob tatsächlich eine ungerechtfertigte Lastschrift eingereicht wurde. Neben den Risiken weist das Lastschriftverfahren jedoch auch erhebliche **Vorteile** für den Gläubiger und den Schuldner auf. Der Gläubiger vereinfacht durch die pünktliche Abwicklung von vereinbarten Zahlungen in erheblichem Umfang seine Finanzplanung, der Schuldner ist von der Ausstellung von Schecks, Überweisungen etc. befreit und muß die Zahlungstermine nicht mehr überwachen. Im Gegensatz zur Überweisung eignet sich das Lastschriftverfahren insbesondere für die Begleichung fälliger Forderungen in unterschiedlicher Höhe und zu wechselnden Terminen. Für den Schuldner weist das Verfahren jedoch den Nachteil auf, daß er hinsichtlich seiner Liquiditätsdispositionen eingeschränkt ist, da eine Verzögerung der Zahlungen durch ihn nicht möglich ist.

3. Scheck

Unter einem Scheck ist die unbedingte Anweisung des Ausstellers an sein Kreditinstitut zu verstehen, aus seinem Guthaben bzw. einer eingeräumten Kreditlinie den im Scheck genannten Betrag an sich selbst auszuzahlen oder einem Dritten zur Verfügung zu stellen. Da der Dritte über den Gegenwert des Schecks entweder in bar oder mittels einer Kontogutschrift verfügen kann, ist der Scheck sowohl ein Instrument des bargeldsparenden als auch des bargeldlosen Zahlungsverkehrs.

Hinsichtlich seiner Rechtsnatur kann der Scheck folgendermaßen klassifiziert werden:

- Der Scheck ist prinzipiell eine **Urkunde**. Dies bedeutet, daß zur Geltendmachung des Zahlungsanspruchs die Innehabung und Vorlage des Schecks erforderlich ist.

- Der Scheck ist ein **geborenes Orderpapier**, d.h. in der nach dem Scheckgesetz vorgesehenen Normalform (geboren) darf die Auszahlung nur an den im Scheck genannten Empfänger oder an eine durch ein Indossament bezeichnete Person erfolgen.

- Der Scheck ist ein **abstraktes Forderungspapier**. Der Einreicher kann daher unabhängig von irgendwelchen Schuldverhältnissen seine Forderung aus dem Scheck geltend machen. Es ist also nicht erforderlich, die Existenz eines Zahlungsanspruchs zu beweisen.

- Der Scheck ist **kein gesetzliches Zahlungsmittel**. Die Übergabe eines Schecks ist somit lediglich eine Leistung zahlungshalber. Eine bestehende Verbindlichkeit erlischt erst durch die tatsächliche Begleichung in Form von Bar- oder Buchgeld.

- Der Scheck unterliegt strengen **Formvorschriften**. Nach dem Scheckgesetz muß ein Scheck im einzelnen folgende gesetzliche Bestandteile aufweisen:

  (1) die Bezeichnung "Scheck" im Text der Urkunde,
  (2) die unbedingte Anweisung, einen bestimmten Geldbetrag zu zahlen, d.h. eine vom Aussteller hinzugefügte Bedingung macht den Scheck ungültig,
  (3) das bezogene Kreditinstitut,
  (4) den Zahlungsort,
  (5) den Ort und den Tag der Ausstellung,
  (6) die handschriftliche Unterschrift des Ausstellers.

Zur Vereinfachung der Scheckabwicklung sowie zur Erhöhung der Sicherheit stellen die Kreditinstitute höhere Anforderungen an die vorgelegten Schecks. Zu den **kaufmännischen Bestandteilen** des Schecks gehören:

(1) die Schecknummer, um einen einzelnen Scheck eindeutig identifizieren und ggfs. sperren zu können,
(2) die Kontonummer des Ausstellers,
(3) die Bankleitzahl des bezogenen Kreditinstituts,
(4) die Schecksumme in Ziffern,
(5) die Angabe des Zahlungsempfängers,
(6) die Überbringungsklausel (Zahlen Sie an ... oder Überbringer), wodurch der Scheck nicht mehr den strengen Vorschriften eines Orderschecks unterliegt und an jeden Inhaber aus gezahlt werden kann,
(7) die Codierzeile, mit der die automatische Bearbeitung des Schecks ermöglicht wird,
(8) die Guthabenklausel (Zahlen Sie ... aus meinem/unserem Guthaben), die vor der Ausstellung ungedeckter Schecks warnen soll.

Obwohl der Scheck die unbedingte Anweisung des Ausstellers enthält, ist die bezogene Bank dem Einreicher gegenüber nicht grundsätzlich verpflichtet, den angegebenen Betrag auszuzahlen. Neben Formfehlern und einem etwaigen Scheckwiderruf durch den Aussteller beruht die Nichteinlösung insbesondere auf mangelndem Guthaben bzw. nicht ausreichenden Kreditlinien. Unabhängig von den Deckungsmöglichkeiten besteht jedoch eine generelle Einlösungspflicht bei sog. Euroschecks, die von der bezogenen Bank bis zu einer Höhe von 400 DM garantiert sind. Als Sicherungsmittel dient dabei die Euroscheckkarte, die bei einer Bareinlösung grundsätzlich vorgelegt werden muß und die den nicht widerrechtlichen Besitz des Schecks nachweist. Schecks stellen für den Aussteller kein Kreditmittel dar. Sie sind daher prinzipiell bei Sicht fällig und werden auch im Falle einer Vordatierung bei Vorlage ausgezahlt. Das Scheckgesetz begrenzt die Vorlegungsfristen für im Inland ausgestellte Schecks auf 8 Tage, für Schecks aus dem europäischen Ausland auf 20 Tage und für in überseeischen Ländern ausgestellte Schecks auf 70 Tage. Nach diesen Fristen ist das Kreditinstitut zur Einlösung der Schecks nicht mehr verpflichtet, und der Scheckinhaber verliert seine scheckrechtlichen Rückgriffsrechte auf den Aussteller und mögliche Indossanten.

In der bankbetrieblichen Praxis haben sich verschiedene Arten von Schecks herausgebildet, die nach der Art der Weitergabe, der Einlösungsform von Schecks und nach dem Bezogenen differenziert werden können. Die wesentlichen Kennzeichen der einzelnen Scheckarten gibt dazu die folgende Abbildung 6.18 wieder.

Kriterium	Scheckart	Kennzeichnung
Weitergabe	Orderscheck	Einigung, Indossament und Übergabe
	Rektascheck	Abtretung (Zession) der Scheckrechte und Übergabe
	Inhaberscheck	Einigung und Übergabe
Einlösung	Barscheck	Barauszahlung an den Kontoinhaber oder an einen Dritten
	Verrechnungs-scheck	Gutschrift auf dem Konto eines Dritten
Bezogener	Bankscheck	Verfügung zu Lasten eines Girokontos bei einer (Universal-) Bank
	Postscheck	Verfügung zu Lasten eines Postgirokontos
	Bundesbank-scheck	Verfügung zu Lasten eines kreditorischen Kontos bei der Bundesbank, kann auf Antrag durch die Bundesbank bestätigt werden und erhält dadurch eine besondere Sicherheit

Abb. 6.18: Scheckarten

Als übliche Scheckform tritt heutzutage insbesondere der problemlos zu übergebende Inhaberscheck auf. In Kombination mit dem Zusatz "Nur zur Verrechnung" stellt er trotzdem sicher, daß eine Auszahlung an Unberechtigte ausgeschlossen ist bzw. nachträglich nachgewiesen werden kann. Die Möglichkeit, als Bezogener eines Schecks aufzutreten, wird allgemein auch als passive Scheckfähigkeit bezeichnet. Dagegen definiert die aktive Scheckfähigkeit das Recht, selbst Schecks ausstellen zu können. Sie liegt bei allen voll geschäftsfähigen natürlichen und juristischen Personen sowie bei Personengesellschaften vor.

4. Wechsel

Grundsätzlich verbrieft der Wechsel das Versprechen, zu einem bestimmten Zeitpunkt einen bestimmten Geldbetrag zu zahlen. Die gebräuchliche Form ist der **gezogene Wechsel**, bei dem der Aussteller die sog. "Tratte" als Zahlungsaufforderung dem Bezogenen übergibt. Durch das Akzept wird dann aus der Zahlungsanweisung eine Zahlungsverpflichtung des Bezogenen. Der **eigene Wechsel** stellt dagegen ein Zahlungsversprechen des Ausstellers dar. Er verpflichtet sich, den Wechselbetrag am Verfalltag an den durch die Wechselurkunde als berechtigt Ausgewiesenen zu zahlen.

Von seiner Aufgabenstellung her ist der Wechsel zunächst ein **Kredit- und ein Sicherungsmittel**. Der Aussteller kann sich mit einem Wechsel Kredit beschaffen, dem Gläubiger dient der Wechsel durch seine differenzierten rechtlichen Grundlagen als Sicherungsmittel. Daneben stellt der Wechsel als Geldersatzmittel jedoch auch ein **Zahlungsmittel** für die Wechselbeteiligten dar, da die Weitergabe eines Wechsels zur Tilgung einer Schuld zahlungshalber erfolgt. Die ursprüngliche Schuld erlischt erst mit der Einlösung des Wechsels. Im Rahmen ihrer Zahlungsverkehrsgeschäfte übernehmen die Kreditinstitute alle Aufgaben, die mit der Einlösung eines Wechsels verbunden sind. Sie beschaffen die Gegenwerte nur zum Inkasso eingereichter Wechsel und sorgen für die Einlösung solcher Papiere, die von den Banken selbst im Rahmen des Diskontgeschäftes angekauft wurden. Fällige Wechsel, bei denen ein Kunde des Kreditinstituts als Bezogener auftritt, nehmen die Kreditinstitute entgegen und lösen sie zu Lasten eines Kundenkontos ein, wenn ein entsprechender Auftrag des Bezogenen vorliegt.

Bezüglich seiner Rechtsnatur läßt sich der Wechsel folgendermaßen kennzeichnen:

- Der Wechsel ist eine **Urkunde**. Daher ist zur Einlösung des Wechsels die Vorlage des Papiers erforderlich.

- Die Wechselforderung ist **abstrakt** und besteht losgelöst von dem zugrunde liegenden Rechtsgeschäft. Eine evtl. Klage kann sich daher allein auf die im Wechsel verbriefte Zahlungsverpflichtung stützen.

- Der Wechsel unterliegt der **Wechselstrenge**. Wird ein Wechsel am Verfalltag nicht eingelöst, so wird an einem der beiden folgenden Werktage der Wechsel zu Protest gegeben. Dem Wechselinhaber haften der Aussteller, der Bezogene und die Indossanten gesamtschuldnerisch und unmittelbar. In einem Wechselprozeß können nur die Einreden geltend gemacht werden, die aus dem Wechsel selbst resultieren. Ein rechtskräftiges Urteil liegt bereits nach wenigen Tagen vor.

- Der Wechsel muß strenge gesetzliche Formvorschriften erfüllen. Dazu gehören im einzelnen:

  (1) die Bezeichnung "Wechsel" im Text der Urkunde,
  (2) die unbedingte Anweisung, eine bestimmte Geldsumme zu zahlen, d.h. die Aufnahme von Bedingungen oder nicht genau festgelegten Geldsummen machen den Wechsel ungültig,
  (3) der Name des Bezogenen,
  (4) die Angabe der Verfallzeit, wobei unterschieden werden können:
  - Tageswechsel, Fälligkeit an einem kalendermäßig bestimmten Tag,
  - Sichtwechsel, Fälligkeit bei Vorlage (bei Sicht),
  - Nachdatowechsel, Fälligkeit eine bestimmte Zeit nach Ausstellung,
  - Nachsichtwechsel, Fälligkeit eine bestimmte Zeit nach Sicht,
  (5) die Angabe des Zahlungsortes, wenn beim Namen des Bezogenen kein Ort erwähnt wird,

(6) der Name des Wechselnehmers, d.h. desjenigen, an den gezahlt werden soll, dabei dürfen Wechsel als geborene Orderpapiere nicht auf den Inhaber ausgestellt sein,
(7) der Tag und der Ort der Ausstellung,
(8) die Unterschrift des Ausstellers.

Ebenso wie der Scheck soll auch der Wechsel aus Sicherheitsgründen sowie zur Vereinfachung des Wechselverkehrs bestimmte kaufmännische Bestandteile aufweisen. Zu den kaufmännischen Bestandteilen gehören die Wiederholung der Wechselsumme in Ziffern, die Anschrift des Ausstellers, der Vermerk, bei welcher Bank der Wechsel zur Einlösung vorgelegt werden soll (Zahlstellenvermerk) sowie die Wiederholung des Verfalltages und des Zahlungsortes in der oberen rechten Ecke des Papiers.

In der bankbetrieblichen Praxis haben sich für bestimmte Arten von Wechseln charakteristische Begriffe gebildet. Über die einzelnen Formen und deren Inhalte gibt dazu Abbildung 6.19 Auskunft.

Wechselart	Wesen
Handelswechsel	Finanzierung eines Waren- und Dienstleistungsgeschäftes
Finanzwechsel	Kapitalbeschaffung ohne ein zugrundeliegendes Waren- oder Dienstleistungsgeschäft
Umkehrwechsel	Barzahlung einer Ware unter Ausnutzung von Skonto und gleichzeitige Akzeptierung eines vom Lieferanten auf den Käufer gezogenen Wechsels, Beschaffung von Liquidität durch Inanspruchnahme des im Vergleich zum Lieferantenkredits günstigeren Diskontkredits (Scheck-Wechsel-Tauschverfahren)
Bankakzepte	Akzeptierung eines Wechsels durch ein Kreditinstitut (Akzeptkredit)
Privatdiskonten	Bankakzepte, die bestimmte qualitative Bedingungen erfüllen und auf dem Privatdiskontmarkt gehandelt werden
Debitorenziehungen	Sicherung einer Forderung eines Kreditinstituts durch Ziehung eines Wechsels auf den Kreditnehmer

Abb. 6.19: Wechselarten

Der Inhaber eines Wechsels hat verschiedene Möglichkeiten, einen Wechsel zu verwenden. Zunächst kann er ihn bis zur Fälligkeit im Bestand halten und ihn dann bei seinem Kreditinstitut zum Inkasso einreichen. Daneben kann er den Wechsel durch die Übertragung auf einen Gläubiger zur Begleichung eigener Zahlungsverpflichtungen einsetzen, und schließlich hat er die Möglichkeit, den Wechsel durch eine Bank diskontieren zu lassen und somit Diskontkredit in Anspruch zu nehmen. In den beiden letztgenannten Fällen ist die Übertragung aller Rechte aus dem Wechsel auf den neuen Wechselgläubiger erforderlich. Dies geschieht durch ein Indossament, mit dem der Berechtigte aus dem Wechsel erklärt, daß der Bezogene des Wechsels bei Fälligkeit nicht an ihn, sondern an den neuen Wechselgläubiger zahlen soll. Das Indossament steht auf der Rückseite des Wechsels und kann in Form des **Vollindossaments** ("Für uns an die Order der Firma...", Unterschrift des alten Wechselgläubigers) oder des **Blankoindossaments** (Unterschrift des alten Wechselgläubigers) erfolgen. Eine Sonderform ist das **Inkassoindossament**, mit dem lediglich ein Kreditinstitut zum Einzug des Gegenwertes beauftragt wird.

Die Einlösung des Wechsels erfolgt grundsätzlich am Verfalltag. Fällt dieser jedoch auf einen gesetzlichen Feiertag oder einen Samstag, so ist der Wechsel am ersten Werktag nach dem Verfalltag einzulösen. Der letzte Vorlegungstag, an dem alle wechselrechtlichen Ansprüche gewahrt werden, ist der zweite Werktag nach dem Zahlungstag. Danach besteht lediglich eine Anspruchsgrundlage gegen den Bezogenen, nicht jedoch gegen die Indossanten und den Aussteller des Wechsels.

5. Kartensysteme

Überweisungsauftrag, Lastschrift, Scheck und Wechsel stellen traditionelle, schon seit langem bekannte Zahlungsverkehrsinstrumente dar. Um ein ständig wachsendes Zahlungsverkehrsaufkommen kostengünstig, einfach und trotzdem sicher bewältigen zu können sowie geänderten Bedürfnisstrukturen der Kunden Rechnung zu tragen, bemühen sich die Kreditinstitute seit einigen Jahren intensiv um die Entwicklung kartengestützter Zahlungsverkehrssysteme. Die wichtigsten Kartensysteme arbeiten auf der Basis

(1) der Euroscheckkarte und
(2) der Kreditkarte.

Zu (1): Die **Euroscheckkarte** enthält die Garantieerklärung des bezogenen Kreditinstituts, nach der im Zusammenhang mit dieser Karte ausgestellte Schecks unter genau festgelegten Bedingungen bis zu einem Betrag von 400 DM - bzw. einem entsprechenden Betrag in einer ausländischen Währung - eingelöst werden. Die Garantie ermöglicht es dem Karteninhaber, Euroschecks an jedem Ort, zu jeder Zeit und gegenüber Jedermann wie Bargeld zu verwenden (GLOGOWSKI/MÜNCH 1990).

Der Euroscheck-Service, der Anfang 1968 in einer Reihe europäischer Länder eingeführt wurde, hat sich inzwischen zum größten Zahlungssystem Europas entwickelt. Euroschecks können zusammen mit der Euroscheckkarte in 40 europäischen und nordafrikanischen Staaten zur Bargeldversorgung im Bankenbereich sowie häufig auch als Zahlungsinstrument im Nichtbankenbereich verwendet werden. Die Euroscheckkarte besteht aus einem fälschungssicheren Material und besitzt ein international einheitliches Format. Die Gültigkeitsdauer der Karte beträgt zwei Kalenderjahre. Jeweils bei Ausgabe der Euroscheckkarte und häufig auch zu Beginn des Folgejahres stellen die Banken ihren Kunden eine Kartengebühr in Rechnung. Auch die Benutzung der Karte und der Euroschecks zur Beschaffung von Bargeld ist vielfach mit der Berechnung einer Auszahlungsgebühr verbunden. So müssen die Nutzer des Systems für die Auszahlung eines Schecks durch eine Bank im Ausland in einigen Ländern eine Provision in Höhe von 1,75 % des umgerechneten DM-Betrages, mindestens jedoch 2,50 DM zahlen.

In den letzten Jahren hat sich die Euroscheck-Karte neben ihrer traditionellen Garantiefunktion zu einem multifunktionalen, dabei ohne den Euroscheck einsetzbaren Instrument entwickelt. Insbesondere findet die Karte an Geldausgabeautomaten und kundenbedienten Bankschaltern Verwendung. Auch wird ihr Einsatz im Zusammenhang mit der Entwicklung von POS-Systemen diskutiert.

Geldausgabeautomaten dienen der maschinellen Bereitstellung von Bargeld. Sie führen u.a. zu einem Abbau von Warteschlangen an den Kassen, einer Entlastung des Personals von Routinetätigkeiten und ermöglichen insbesondere auch die Abhebung von Bargeld außerhalb der Öffnungszeiten. Damit bewirken die Geldausgabeautomaten zum einen eine **Serviceverbesserung**, zum anderen lösen sie **Rationalisierungseffekte** aus.

Die Nutzung eines Geldausgabeautomaten setzt eine Euroscheck-Karte - bei institutsinternen Verfügungen genügt ggfs. eine Kundenkarte - voraus, die über einen codierten Magnetstreifen verfügt, auf dem für die Identifizierung des Benutzers und die Verbuchung des Vorganges wichtige Informationen gespeichert sind. Als Legitimationskriterium dient eine persönliche Geheimzahl **(PIN = Personal Identification Number)**, die dem Geldausgabeautomaten einzugeben ist. Die Auszahlungshöhe beträgt täglich maximal 400 DM, sofern bei fremden Kreditinstituten stationierte Automaten in Anspruch genommen werden; bei Geräten der eigenen Bank ist auch die Abhebung höherer Beträge möglich. Um die Sicherheit des Systems zu verbessern, werden alle Verfügungen in den Evidenzzentralen der Spitzenverbände des Kreditgewerbes online mit einer Sperr- und einer Transaktionsdatei verglichen oder dezentral beim kontoführenden Kreditinstitut des Kontoinhabers überwacht. Seit 1989 besteht zwischen den Systemen ein elektronischer Netzwerkverbund, so daß die Verwendung einer Euroscheck-Karte am Geldausgabeautomaten immer von der gleichen Stelle überprüft wird, unabhängig davon, an welchem Automaten die Karte zum Einsatz kommt.

Der **kundenbediente Bankschalter**, der auch als automatischer Bankschalter oder als Automated Teller Machine (ATM) bezeichnet wird, stellt eine konsequente Weiterentwicklung des Geldausgabeautomaten dar. Zum einen wird bei den kundenbedienten Bankschaltern der Automatisierungsgedanke des Geldausgabeautomaten auf weitere Zahlungsverkehrsleistungen übertragen, zum anderen werden die nur zur Erledigung einer Dienstleistung erstellten Geldausgabeautomaten zu Multifunktionsterminals ausgebaut. Dabei sind insbesondere zwei Arten von Selbstbedienungsautomaten zu unterscheiden, nämlich Kontoauszugsdrucker und Mehrfunktionsautomaten (BENTHIEN 1990). Der **Kontoauszugsdrucker**, der sowohl isoliert als auch in Kombination mit einer Geldausgabefunktion eingesetzt werden kann, erstellt nach Eingabe der Identifikations-, d.h. insbesondere der Euroscheckkarte, den aktuellen Kontoauszug und macht dadurch die regelmäßige Anfertigung der Kontoauszüge und deren Abholung am Bankschalter überflüssig. Die **Mehrfunktionsautomaten** sind in der Lage, eine Vielzahl weiterer, qualifizierter Zahlungsverkehrsaufträge entgegenzunehmen und auszuführen. Im einzelnen bieten Mehrfunktionsautomaten folgende Servicefunktionen an:

- Barein-, Barauszahlungen,
- Scheckeinreichungen,
- Kontostandsabfragen und Ausdruck von Kontoauszügen,
- Entgegennahme von Überweisungsaufträgen,
- Erteilen von Daueraufträgen,
- Bestellung von Vordrucken und ähnliches.

Während die Geldausgabeautomaten und kundenbedienten Bankschalter in den **Kreditinstituten** installiert sind, kommen die Point of Sale-Systeme unmittelbar im **Handel** zum Einsatz. **POS-Sy-**

steme bezwecken den Ersatz von Barzahlungskäufen durch die beleglose Kartenzahlung. Sie sollen primär zu einer Einschränkung der aufwendigen und risikobehafteten Bargeldhaltung führen, den Zahlungsvorgang selbst beschleunigen und ihm ein höheres Maß an Sicherheit verleihen sowie schließlich auch eine Kostenreduzierung für Handel und Kreditinstitute bewirken.

Um sich am Point of Sale-System beteiligen zu können, benötigen die Händler spezielle **POS-Terminals**. Bei einem derartigen Terminal handelt es sich zunächst lediglich um ein Datenerfassungsgerät im Kassenbereich eines Unternehmens, das mit einem Rechner verbunden ist. Praktische Anwendung erfahren diese Terminals bereits seit längerer Zeit zur Artikelerfassung und Verbuchung an der Kasse über Etikettenleser. Die darüber hinausgehende Nutzung des Point of Sale-Terminals zu Zahlungsverkehrszwecken erfordert von den Kunden den Besitz einer Code-Karte. Als Autorisierungsmedium kommen dabei grundsätzlich neben der Euroscheckkarte auch die Chipkarte und die sog. Hybridkarte in Betracht.

Im Falle der Durchführung einer POS-Transaktion mit einer Euroscheckkarte wird nach Eingabe der Karte in das Terminal und dem Eintippen der Geheimzahl eine Leitungsverbindung zum zuständigen Rechenzentrum des Kreditgewerbes hergestellt. Dort erfolgt eine Legitimations- (Geheimzahl, Echtheit der Karte) und eine Sicherheitsprüfung (Sperrdatei) sowie eine Kontrolle, ob das vorhandene Guthaben bzw. der Kreditrahmen ausreicht, oder ob ein mit der Karte verbundenes Verfügungslimit überschritten wird. Sofern alle Prüfungen positiv ausfallen, wird dem Händler der Rechnungsbetrag garantiert. Die einzelnen Transaktionen werden entweder online von der kontoführenden Bank verbucht oder zunächst vom Rechner des Händlers gesammelt und zur Abwicklung später an die Hausbank weitergeleitet.

Während bei einem auf der Basis der Euroscheckkarte arbeitenden POS-System die Kontrollen an einer entfernten Stelle stattfinden und damit der Aufbau eines umfangreichen Leitungs- und Rechnernetzes erforderlich ist, können die Prüfungen bei der **Chip-Karte** unmittelbar im POS-Terminal durchgeführt werden. Die Chip-Karte verfügt über einen Rechner, einen Programm-, einen Arbeits- und einen zusätzlichen integrierten Datenspeicher, dessen Inhalt nahezu beliebig oft geändert werden kann. Die Chip-Karte weist ein bestimmtes Periodenlimit auf, das sich - nach erfolgreicher Legitimationskontrolle - bei jeder Transaktion um den jeweils zu zahlenden Betrag vermindert. Nach Ablauf eines Monats wird der noch offenstehende Verfügungsrahmen wieder auf das ursprüngliche Periodenlimit hochgeschrieben. **Hybridkarten** verfügen sowohl über die mit der Euroscheckkarte als auch über die mit der Chip-Karte verbundenen Technologien. In Abhängigkeit von verschiedenen Parametern, beispielsweise den zuvor getätigten Umsätzen, wird bei jeder Transaktion entschieden, ob der Rückgriff auf die Rechenzentralen erforderlich ist (GLOGOWSKI/MÜNCH 1990).

POS-Pilotprojekte liefen bislang in München und Berlin auf der Basis der Euroscheckkarte, in Regensburg wurde die Chip-Karte getestet. Trotz des erfolgreichen Verlaufs der Feldversuche hat sich das POS-System bislang noch nicht durchsetzen können. In erster Linie dürfte dies auf die mit der Implementierung und Nutzung von POS-Systemen verbundenen Kosten sowie auf die Schwierigkeiten bei der Verteilung dieser Kosten auf die Beteiligten zurückzuführen sein.

Zu (2): Durch die Vorlage einer **Kreditkarte** erhält der Karteninhaber bei einer Akzeptanzstelle, beispielsweise im Handel, an Tankstellen, in Hotels oder Gaststätten, Leistungen, die er nicht sofort bezahlen, sondern deren Erhalt er zunächst lediglich durch seine Unterschrift bestätigen muß. Die Rechnungen werden durch das Kreditkartenunternehmen unter Abzug einer Provision beglichen; der Karteninhaber wird über das Verrechnungssystem des Emittenten der Kreditkarte i.d.R. einmal monatlich mit dem Gesamtrechnungsbetrag belastet. Die Ausgabe der Kreditkarte erfolgt nach Bonitätsprüfung gegen Zahlung eines bestimmten Jahresbeitrages. Die Karte hat eine begrenzte Gültigkeitsdauer von häufig einem Jahr, sie wird aber im Normallfall wiederholt zur Verfügung gestellt.

Kreditkarten werden zur Zeit von den folgenden vier großen Kartengesellschaften angeboten:

- Visa,
- American Express,
- Diners Club sowie
- Eurocard.

Zu den traditionellen Kartenanbietern zählen American Express und Diners Club. Als Gegengewicht zu diesen Gesellschaften erwarben die privaten Geschäftsbanken, die Sparkassenorganisation und der Genossenschaftssektor in den 70er Jahren die "Eurocard Deutschland GmbH". Aus der Fusion der Eurocard Deutschland und der Deutschen Eurocheque Zentrale entstand im Jahre 1982 die "GZS Gesellschaft für Zahlungssysteme mbH". Im Februar 1987 gründete die GZS die "Eurocard Service GmbH", die bis 1989 sowohl die Karteninhaber als auch die Vertragsunternehmen betreute. Seit Anfang des Jahres 1989 liegt die Verantwortung für die Kartenausgabe und die Betreuung der Karteninhaber bei den Kreditinstituten selbst. Die Banken können zudem den eigenen Namen und ihr Institutssymbol auf die Karte drucken lassen. Die Eurocard-Organisation arbeitet international mit dem amerikanischen Mastercard-System zusammen. Durch diesen Verbund, den auch ein entsprechendes Symbol auf der Kreditkarte verdeutlicht, wird die Eurocard nicht nur europa-, sondern weltweit akzeptiert.

Seit Mitte der 80er Jahre sind im Geschäft mit den Kreditkarten erhebliche strukturelle Veränderungen festzustellen. Hauptsächlich um eine stärkere Kundenbindung zu erreichen, führten eine Reihe von "non-banks" eigene Kreditkarten ein. Aufgrund von Zusatzangeboten wie Zahlungszielen oder Überziehungslinien wuchs die Konkurrenzbeziehung zur Produktpalette der Kreditinstitute, woraus wiederum ein zunehmendes Interesse der Banken an der Kreditkarte resultierte. Nicht nur durch Veränderungen im Erscheinungsbild, sondern auch durch die Erweiterung der über die Eurocard verfügbaren Dienstleistungen versuchen die Kreditinstitute ihre Marktstellung zu behaupten und auszubauen. So sind inzwischen die Voraussetzungen zum Einsatz der Eurocard an den Geldausgabeautomaten geschaffen worden, darüber hinaus ist der Einsatz der Eurocard für POS-Transaktionen denkbar.

II. Bankleistungen im bargeldlosen internationalen Zahlungsverkehr

1. Internationaler Zahlungsauftrag, Scheck und Wechsel

Der internationale Zahlungsverkehr ist durch eine gewisse Zweigleisigkeit gekennzeichnet. Einerseits sind aufgrund der zusätzlichen bzw. andersgearteten Risiken besondere Instrumente geschaffen worden, andererseits finden im internationalen Zahlungsverkehr mit einigen Modifikationen auch die nationalen Instrumente Anwendung. Zu der letzten Kategorie zählen insbesondere

- der Zahlungsauftrag,
- der Orderscheck,
- der Inhaberverrechnungsscheck sowie
- der Wechsel.

Unter einem **Zahlungsauftrag** wird im allgemeinen jeder Auftrag eines Kunden an seine Bank verstanden, zu Lasten seines Kontos eine bestimmte Zahlung zu leisten. Im Rahmen des internationalen Zahlungsverkehrs stellt der Zahlungsauftrag jedoch eine Sonderform der Überweisung, die sogenannte Auslandsüberweisung, dar. Bei der Auslandsüberweisung beauftragt der Zahlungserbringer sein Kreditinstitut, einem Begünstigten im Ausland einen Geldbetrag in einer bestimmten Währung zu überweisen. Die Auftragserteilung erfolgt dabei auf einem besonderen Formularsatz, von dem eine Durchschrift über die beauftragte Bank an die Bundesbank zur Erfüllung von Meldebestimmungen weiterzuleiten ist.

Traditionell werden Auslandsüberweisungen in brieflicher Form abgewickelt, wobei das beauftragte Kreditinstitut das erstellte Formular an die Empfängerbank oder - soweit sie mit der Empfängerbank in keiner direkten Kontoverbindung steht - einer Korrespondenzbank zusendet. Zur Ausführung der meisten Aufträge nutzen die Banken seit 1977 jedoch ein belegloses und vollautomatisiertes Datenfernübertragungssystem, das nach seiner Gründungsgesellschaft, der "Society for Worldwide Interbank Financial Telecommunication", kurz als S.W.I.F.T. bezeichnet wird.

Die in das **S.W.I.F.T.-System** eingegebenen Daten werden im on-line-Betrieb übertragen und verarbeitet. Dabei setzt sich das System aus den folgenden drei grundlegenden Elementen zusammen:

- den Switching Centers oder Operating Centers,
- den nationalen Konzentratoren und
- den Benutzer-Endgeräten.

Die zur Zeit zwei, in Europa und den USA ansässigen **Switching Centers** sind die Schaltzentralen des S.W.I.F.T-Systems. Ihre wesenlichste Aufgabe besteht darin, Nachrichten von den einzelnen, an das Rechenzentrum angeschlossenen Konzentratoren zu empfangen und an die Adressaten weiterzuleiten. Weitere Aufgaben liegen in der formalen Überprüfung von Nachrichten, in der Nachrichtenspeicherung sowie in der Durchführung von Kontrollen zur Sicherung des Systems gegen Übertragungsfehler und Betrugsversuche. Die einzelnen Switching Centers sind durch Standleitungen miteinander verbunden.

Die **nationalen Konzentratoren**, die das Verbindungsglied zwischen den Switching Centers und den Endgeräten der Benutzer bilden, haben die von den einzelnen Mitgliedsbanken eingehenden Nachrichten entgegenzunehmen, zu konzentrieren und anschließend technisch modifiziert an die Switching Centers weiterzuleiten. Desweiteren sind die Konzentratoren für die Weitergabe der von den Switching Centers übermittelten Finanzdaten an die einzelnen Kreditinstitute zuständig.

Die Verbindung von den einzelnen Banken zu den nationalen Konzentratoren wird über bestimmte **Benutzer-Endgeräte** hergestellt. Hierbei handelt es sich entweder um Fernschreiber oder um Computer-Terminals. Andere Anschlußgeräte sind nicht zugelassen. Ist ein Kreditinstitut nicht unmittelbar am S.W.I.F.T.-System beteiligt, so besteht prinzipiell die Möglichkeit, die Verbindung eines anderen Instituts zu nutzen. So nehmen in vielen Fällen Sparkassen über ihre Landesbanken am S.W.I.F.T.-System teil.

Die Hauptaufgabe des S.W.I.F.T.-Systems lag ursprünglich in der Weiterleitung von Aufträgen im internationalen Zahlungsverkehr. Inzwischen wurde das System dahingehend erweitert, daß auch Wertpapier- und Devisengeschäfte, Inkasso-, Akkreditiv- und sonstige Geschäfte abgewickelt werden können (JUETERBOCK 1988). S.W.I.F.T. übermittelt dabei jedoch grundsätzlich nur die für die Abwicklung einer Zahlung erforderlichen Informationen. Es ist somit ausschließlich ein Nachrichtenübermittlungs- und kein Clearingsystem, so daß die Verrechnung der ausgeführten Aufträge weiter über Korrespondenzbanken erfolgen muß.

Das S.W.I.F.T.-System bietet gegenüber der herkömmlichen brieflichen Übermittlung verschiedene Vorteile. Sie liegen darin, daß die Zahlungen schneller zum Empfänger gelangen, sicherer gegen Eingriffe und Fälschungen von außen geschützt sind und rationeller abgewickelt werden können. Allerdings setzt die Inanspruchnahme des Systems voraus, daß die beteiligten Kreditinstitute S.W.I.F.T.-Mitglieder sind bzw. indirekt über einen S.W.I.F.T-Anschluß verfügen. Sofern dies nicht der Fall ist, kann bei dringenden Zahlungen auf die fernschriftliche, telegrafische oder telefonische Überweisung zurückgegriffen werden.

Der Überweisungsauftrag, der die Entwicklung des S.W.I.F.T.-Systems unmittelbar ausgelöst hat, ist vor allem im innereuropäischen Zahlungsverkehr - ausgenommen Großbritannien - von Bedeutung. Im Zahlungsverkehr mit den USA sowie den Ländern des Sterling-Raumes werden die Kundenzahlungsaufträge üblicherweise nicht im Wege der Überweisung sondern durch Versendung von **Bankorderschecks** ausgeführt. Auch bei diesem Verfahren erteilt der Kunde seiner Bank zunächst einen Zahlungsauftrag. Daraufhin stellt das beauftragte Kreditinstitut zu Lasten seines Kontos bei einer Korrespondenzbank im Ausland einen Scheck aus und sendet diesen Scheck direkt an den ausländischen Zahlungsempfänger, den dieser über seine Hausbank der bezogenen Bank zur Gutschrift einreicht.

Die Abwicklung von Zahlungen mittels Bankorderschecks erfolgt jedoch nicht nur im Falle von Importen, sondern auch bei deutschen Exporten. In diesem Fall erhalten deutsche Exporteure Bankorderschecks, die häufig im Ausland zahlbar sind. Insbesondere in den Ländern, in denen der Transfer von Scheckgegenwerten eine Devisengenehmigung erfordert, ist für den Scheckeinzug mit längeren Abwicklungszeiten zu rechnen, die für den Einreicher des Schecks zu Zinsverlusten führen.

Eine zweite Möglichkeit der Abwicklung von Zahlungen mittels Scheck besteht in der Ausstellung und Versendung eines **Inhaber-Verrechnungsschecks** direkt durch den Zahlungserbringer an den Zahlungsempfänger im Ausland. Die Ausstellung des Schecks erfolgt zu Lasten eines DM-Kontos oder zu Lasten eines Währungskontos bei der inländischen Hausbank des Zahlungserbringers. Nach Erhalt des Schecks reicht der Zahlungsempfänger diesen seiner Bank zur Gutschrift ein. Diese sendet den Scheck anschließend an die bezogene Bank. Soweit die Kreditinstitute in direkter Kontoverbindung stehen, erfolgt gleichzeitig eine Verrechnung zwischen den beiden beteiligten Banken.

Bis zum 1. Weltkrieg stellte der **Wechsel** im internationalen Zahlungsverkehr ein wesentliches Instrument dar. In der heutigen Zeit hat er jedoch seine praktische Bedeutung als Mittel des Zahlungsverkehrs weitgehend verloren. Wie im nationalen Geschäft dient er auch im internationalen Bereich heutzutage im wesentlichen nur noch als Kreditmittel, wobei die Anforderungen an das Wechselmaterial sowie die verschiedenen Wechselarten dem nationalen Geschäft entsprechen.

2. Akkreditiv

Zu den speziell für den internationalen Zahlungsverkehr entwickelten Instrumenten zählt neben dem Dokumenteninkasso insbesondere das Akkreditiv. Sowohl das Dokumenteninkasso als auch das Akkreditiv stellen Instrumente der Zahlungssicherung dar, bei denen weniger die Durchführung einer Zahlung, als vielmehr die Vermeidung einer ungerechtfertigten Zahlung durch den Importeur bzw. die Sicherung von Zahlungen für erbrachte Leistungen durch den Exporteur im Vordergrund stehen. Die Instrumente kommen somit dann zur Anwendung, wenn aufgrund der höheren Risiken im Außenhandelsgeschäft das Vertrauen der Vertragspartner nicht ausreicht, um sich ausschließlich der im vorherigen Abschnitt beschriebenen Instrumente zu bedienen.

Das Akkreditiv ist seinem Wesen nach die Anweisung eines Zahlungserbringers an sein Kreditinstitut, ihm oder einem Dritten bei einer ausländischen Bank einen bestimmten Geldbetrag, ggfs. unter bestimmten Bedingungen, auszuzahlen. Akkreditive kommen in der Praxis in vielfältigen Formen vor. Grundlegend ist zunächst die Unterscheidung zwischen **Barakkreditiven** und **Dokumenten- oder Warenakkreditiven**. Erstere werden unter anderem auch mit den Begriffen einfaches oder nicht bedingtes Kassa-Akkreditiv oder auch mit dem Begriff Sicht-Akkreditiv belegt. Kennzeichen dieser Form des Akkreditivs ist die Auszahlung des Akkreditivbetrages ohne eine Gegenleistung des Zahlungsempfängers. Im Normalfall ist lediglich eine Legitimation erforderlich bzw. eine Unterschrift zu leisten; ggfs. hat der Zahlungsempfänger eine ihm vom Zahlungspflichtigen zugesandte Auszahlungsanweisung vorzulegen. Der wesentliche Unterschied des Barakkreditivs zum internationalen Zahlungsauftrag liegt damit lediglich darin, daß bei einem Akkreditiv auch die Möglichkeit einer Teilabhebung besteht. Wegen der bedingungslosen Auszahlung hat es jedoch aus der Sicht des Zahlungspflichtigen (Importeur) praktisch keinen Sicherungswert. In der Praxis kommt es deshalb nur selten vor.

Eine größere Bedeutung besitzt dagegen das Dokumenten- oder Warenakkreditiv, daß die Interessen des Exporteurs und des Importeurs hinreichend sichert. Die Auszahlung von Dokumentenakkrediti ven ist an die Übergabe bestimmter Dokumente gebunden. Hierbei handelt es sich in vielen Fällen um Konnossemente, mit denen der Verfrachter den Empfang der entsprechenden Waren sowie die Verpflichtung zur Beförderung nachweist. Desweiteren sind Versicherungsdokumente sowie andere Papiere, die beispielsweise die Herkunft oder Qualität der Ware bescheinigen, üblich. Durch ein Dokumentenakkreditiv schützt sich somit der Exporteur dagegen, ohne Bezahlung zu liefern und der Importeur dagegen, ohne Erhalt der Lieferung Zahlung zu leisten.

Die Abwicklung eines Dokumentenakkreditivs setzt verschiedene, aufeinander aufbauende Arbeitsschritte voraus, die auch aus Abbildung 6.20 ersichtlich sind:

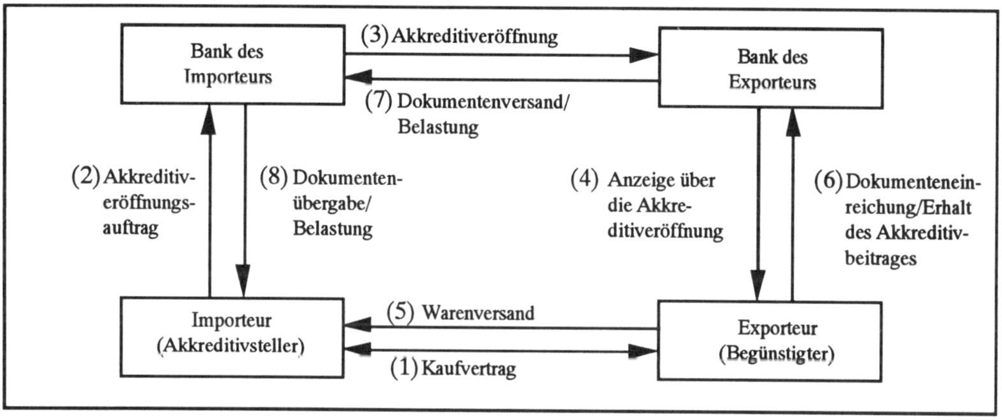

Abb. 6.20: Die Abwicklung eines Dokumentenakkreditivs

(1) In dem Vertrag zwischen dem Importeur und dem Exporteur wird zunächst vereinbart, daß die Zahlung des Kaufpreises mittels Akkreditiv erfolgen soll.

(2) Nach Abschluß des Kaufvertrages stellt der Importeur bei seiner Hausbank einen Antrag auf Eröffnung eines Dokumentenakkreditives. Er beauftragt damit das Kreditinstitut, dem Exporteur gegen die Vorlage bestimmter Dokumente einen bestimmten Geldbetrag bei einer ausländischen Bank auszuzahlen.

(3) Wenn der Importeur den Akkreditivbetrag auf seinem Konto bereitgestellt hat oder ein entsprechender Kredit vereinbart wurde, fertigt die Importeurbank ein Akkreditiveröffnungsschreiben an und sendet es an die Bank des Exporteurs.

(4) Die Bank des Exporteurs unterrichtet nach Erhalt des Schreibens den Exporteur von der Akkreditiveröffnung.

(5) Nach Fertigstellung bringt der Exporteur die Ware auf den Transportweg.

(6) Der Exporteur reicht alle im Akkreditiv- bzw. Kaufvertrag geforderten Dokumente bei seiner Bank ein. Sofern die im Akkreditiv festgelegten Bedingungen erfüllt sind, wird ihm der Akkreditivbetrag ausgezahlt.

(7) Die Bank des Exporteurs sendet daraufhin die Dokumente an die Importeurbank und belastet diese mit dem Akkreditivbetrag.

(8) Nach ihrer Ankunft werden die Dokumente dem Importeur ausgehändigt und der Akkreditivwert seinem Konto belastet. Der Importeur kann mit den Dokumenten die Auslieferung der Waren beanspruchen.

Der vom Importeur an seine Bank zu richtende Akkreditiveröffnungsantrag enthält neben dem Namen, der Adresse des Begünstigten, dem Akkreditivbetrag sowie Angaben zur Warenart, Warenmenge und einzureichenden Dokumenten auch eine genaue Bestimmung der Art des Dokumentenakkreditives. Dabei kann es sich zum einen um ein widerrufliches oder ein unwiderrufliches, zum anderen um ein bestätigtes oder ein unbestätigtes Akkreditiv handeln.

Widerrufliche Akkreditive können sowohl vom Akkreditivsteller (Importeur) als auch von der Akkreditivbank (Bank des Importeurs) ohne Benachrichtigung des Begünstigten (Exporteur) geändert oder widerrufen werden, sofern die Exportbank die Dokumente noch nicht übernommen hat. Grundsätzlich gelten alle Akkreditive, die nicht ausdrücklich als unwiderruflich bezeichnet werden, als widerrufliche Zahlungsanweisungen. Für den Exporteur hat diese Form des Akkreditivs nur einen geringen Sicherungscharakter, da bis zur Aufnahme der Dokumente durch seine Bank die Bezahlung nicht endgültig gesichert ist. Zwar kann der Importeur im Falle des Widerrufs keinen Besitz und kein Eigentum an den Waren erlangen, im Extremfall ist jedoch die Ware zum Zeitpunkt der Kenntniserlangung des Widerrufes durch den Exporteur bereits auf dem Transportweg. Wegen des verminderten Schutzes des Exporteurs im Falle eines widerruflichen Akkreditivs überwiegt in der Praxis das **unwiderrufliche Dokumentenakkreditiv**. Im Unterschied zum widerruflichen Akkreditiv wird in diesem Fall durch die Akkreditivbank (Importeurbank) eine feststehende Verpflichtung gegenüber dem Exporteur begründet.

Soweit ein unwiderrufliches Akkreditiv von der Bank des Exporteurs **bestätigt** wird, hat der Exporteur nicht nur einen Anspruch auf Zahlung durch die Importeurbank (Akkreditivbank), sondern auch durch seine Bank. In diesem Fall erreicht der Exporteur die maximale Sicherheit, die durch ein Akkreditiv zu erzielen ist. Bleibt demgegenüber ein unwiderrufliches Akkreditiv durch die Exporteurbank **unbestätigt**, so trägt der Exporteur das Risiko, daß die Bank des Importeurs Mängel an den Papieren geltend macht, und somit ein von der Exporteurbank bereits gutgeschriebener Betrag rückbelastet wird, da die Importeurbank die Zahlung an die Exporteurbank verweigert. In diesem Fall hätte der Exporteur keinen Anspruch gegen seine Hausbank, während bei einem bestätigten Akkreditiv die Dokumente ohne Rücksicht darauf übernommen werden, ob die Einlösung durch die Bank des Importeurs erfolgt.

Bestätigte Akkreditive sind theoretisch auch für widerrufliche Akkreditive denkbar. In der Praxis wird dieser Fall verständlicherweise jedoch nicht auftreten, da das Risiko für die bestätigende Exporteurbank außerordentlich hoch ist.

Neben den bereits beschriebenen Grundformen des Akkreditivs existieren in der Praxis vielfältige Sonderformen. Einige von ihnen sind abschließend in der folgenden Abbildung 6.21 enthalten und werden dabei hinsichtlich ihrer wesentlichsten Merkmalen erläutert.

Bezeichnung	Kennzeichen und Verwendung
Commercial Letter of Credit (C.L.C. oder L/C)	Der L/C ist die in den angelsächsischen Ländern übliche Form des Dokumentenakkreditivs. Er wird von der Akkreditiveröffnungsbank wie ein Kreditbrief an den Exporteur ausgestellt, der damit eine auf den Importeur gezogene Tratte im Normalfall einer beliebigen Bank unter Übergabe der geforderten Dokumente zum Ankauf anbieten kann. Die den L/C austellende Bank verpflichtet sich, die ihr mit den Dokumenten vorgelegte Tratte anzukaufen, sowie alle angefallenen Aufwendungen zu tragen. Diese werden danach dem Importeur belastet. Die Abwicklung dieser Akkreditivform ist faktisch mit der Vergabe eines Negoziierungskredits verbunden.
Übertragbares Dokumentenakkreditiv	Beim übertragbaren Dokumentenakkreditiv kann der Exporteur den Akkreditivbetrag oder Teile davon auf seinen eigenen Lieferanten zur Besicherung von dessen Forderung übertragen.
Teilbares Dokumentenakkreditiv	Das teilbare Dokumentenakkreditiv ist ein übertragbares Dokumentenakkreditiv, bei dem (Teil-)beträge auf mehrere Lieferanten des Exporteurs übertragen werden können.
Revolvierendes Akkreditiv	Das revolvierende Akkreditiv kann von seinem Begünstigten mehrmals nacheinander in Anspruch genommen werden, bis eine Gesamtgrenze erreicht ist. Diese Form tritt vor allem bei dauerhaften Geschäftsbeziehungen auf.
Gegenakkreditiv (back-to-back credit, Deckungsakkreditiv	Ein Gegenakkreditiv dient zur Sicherstellung des Warenlieferanten des Exporteurs, wenn andere Sicherheiten, etwa ein übertragbares Akkreditiv, nicht vorliegen oder aus anderen Gründen nicht verwendet werden sollen. In diesem Fall beauftragt der Exporteur seine Bank, aufgrund des von ihm vorliegenden Akkreditivs zugunsten seines eigenen Lieferanten ein Gegenakkreditiv zu eröffnen. Das dem Exporteur vorliegende Akkreditiv der Importeurbank dient ihr dabei als Sicherheit für das Gegenakkreditiv.
Packing Credit (Anticipatory Credits)	Bei einem Packing Credit handelt es sich um ein Dokumentenakkreditiv, bei dem einem Exporteur Vorschüsse gewährt werden. Zwei Formen von Packing Credits sind üblich. Packing Credits mit der »Red Clause« ermächtigen die Exporteurbank unter Obligo der Akkreditivbank, dem Exporteur zur Finanzierung der Vorleistungen Vorschüsse zu gewähren. Dokumente werden der Bank erst später eingereicht. Bei Akkreditiven mit der »Green Clause« erfolgt die Kreditierung der fertigen Exportgüter gegen Übergabe entsprechender Dokumente.

Abb. 6.21: Akkreditivarten

3. Dokumenteninkasso

Ähnlich dem Dokumentenakkreditiv werden dem Importeur beim Dokumenteninkasso die zur Eigentumserlangung notwendigen Dokumente sowie weitere Schriftstücke entweder gegen die Zahlung des Gegenwertes oder gegen die Akzeptierung eines vom Exporteur auf den Importeur gezogenen Wechsels ausgehändigt. Im Gegensatz zum Dokumentenakkreditiv wird hierbei jedoch die Zahlungsabwicklung nicht durch den Importeur sondern durch den Exporteur eingeleitet.

Zur Ausführung eines Dokumenteninkassos reicht der Exporteur den Inkassoauftrag einschließlich der Warendokumente sowie ggfs. eines auf den Importeur gezogenen Wechsels bei seiner Bank ein. Nach Erhalt händigt die Bank des Importeurs die Dokumente gegen die Zahlung des Kaufpreises bzw. gegen Akzeptierung des Wechsels an den Importeur aus. Den Wechsel kann der Exporteur anschließend durch seine Hausbank diskontieren lassen, während bei einer sofortigen Zahlung die Gutschrift auf seinem Konto im üblichen Verrechnungsweg erfolgt.

Die Zahlungssicherung beim Dokumenteninkasso besteht darin, daß der Importeur erst dann über die Ware verfügen kann, wenn er Zahlung geleistet resp. einen Wechsel akzeptiert hat. Die Effizienz dieser Absicherung ist allerdings begrenzt, denn die Banken übernehmen im Gegensatz zum Dokumentenakkreditiv keine Haftung für die Aufnahme fehlerhafter Dokumente. Sie müssen lediglich prüfen, ob die erhaltenen Dokumente den im Inkassoauftrag genannten Papieren zu entsprechen scheinen. Ist dies nicht der Fall, so muß der Auftraggeber des Dokumenteninkassos sofort benachrichtigt werden. Weitere Verpflichtungen zur Prüfung der Dokumente bestehen jedoch für die beteiligten Banken nicht. Für den Exporteur bleibt daneben das Risiko der Zahlungsleistung bestehen. Er versendet die Ware und muß mit der Zahlungsfähigkeit und -willigkeit des Importeurs rechnen.

Dies wird dagegen bei einem unwiderruflichen Akkreditiv sichergestellt, so daß sich das Dokumenteninkasso nur bei einer langjährigen und vertrauensvollen Zusammenarbeit anbietet. Ferner besteht für den Importeur ein Risiko aufgrund seiner Vorleistungspflicht. Er muß zunächst die Dokumente übernehmen und Zahlung leisten, bevor er die Ware auf ihren vertragsgemäßen Zustand überprüfen kann. Seine Rückgriffsmöglichkeiten auf den Exporteur aufgrund mangelhafter Vertragserfüllung bleiben allerdings bestehen. Er muß sie jedoch in einem gesonderten Verfahren durchsetzen und kann nicht aufgrund eines Instruments der Zahlungssicherung auf die Ordnungsmäßigkeit der Ware vertrauen.

4. Reisezahlungsverkehr

Die Geschäfte der Banken im Reisezahlungsverkehr umfassen die Bereitstellung, die Rücknahme und die Einlösung von Reisezahlungsmitteln. Objekte des Reisezahlungsverkehrs können zum einen Sorten, zum anderen bestimmte Devisen sein. Unter **Sorten** sind dabei Barzahlungsmittel in ausländischer Währung zu verstehen. **Devisen** stellen im Ausland zahlbare Zahlungsansprüche in fremder Währung dar. Zu den Devisen gehören Guthaben in Fremdwährung eines Inländers bei einer Bank im Ausland sowie in fremder Währung und im Ausland zahlbare Schecks, Wechsel und ähnliche Zahlungsansprüche. Im Reisezahlungsverkehr sind jedoch nur bestimmte Arten von Devisen relevant. Diese werden in der folgenden Abbildung 6.22 verdeutlicht.

Im Rahmen des **Sortenhandels** halten die Kreditinstitute für ihre Kunden ausreichende Mengen an ausländischen Banknoten bereit und kaufen nicht benötigte Sorten zurück. Die Abwicklung dieser Geschäfte erfolgt zwar spesenfrei, jedoch zu speziellen Sortenkursen, die erheblich von den amtlich festgestellten Devisenkursen des bargeldlosen Zahlungsverkehrs abweichen. Die Kurse sind für die Kunden prinzipiell ungünstiger als im Devisenhandel, da den Kreditinstituten Kosten durch die physische Bereitstellung und den Transport sowie durch die Unverzinslichkeit der Bargeldbestände entstehen. Die Abrechnung des Sorten-, aber auch des Devisenhandels, erfolgt zu Geld- bzw. Briefkursen. Zum **Geldkurs** nehmen die Kreditinstitute Sorten zurück und rechnen für Kunden eingehende Devisen ab. Zum **Briefkurs** verkaufen die Kreditinstitute Sorten bzw. Devisen an ihre Kunden. Damit erhält der Bankkunde bei der Rückgabe eines Fremdwährungsbetrages einen niedrigeren Geldkurs als bei der Einreichung eines Fremdwährungsschecks, und er muß beim Kauf von Banknoten einen höheren Briefkurs als bei einer Scheckzahlung in ausländischer Währung zahlen.

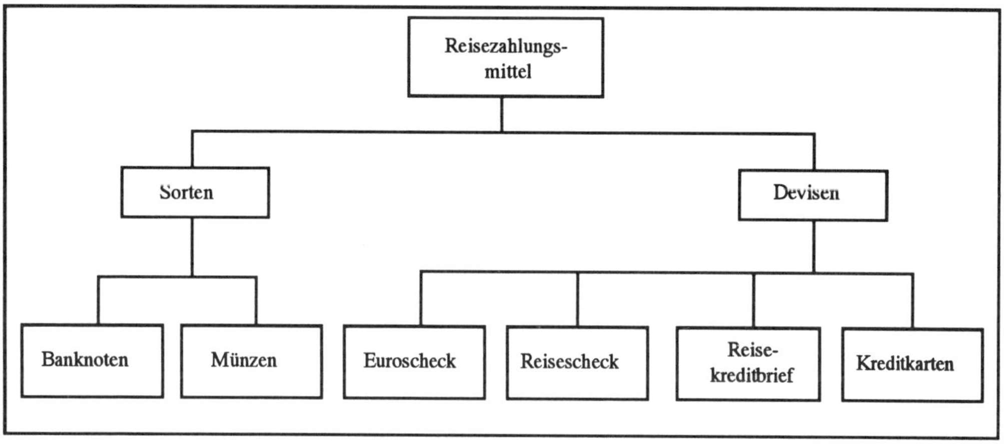

Abb. 6.22: Systematik der Reisezahlungsmittel

Zu den im Reisezahlungsverkehr relevanten Devisen gehören der Euroscheck, der Reisescheck, der Reisekreditbrief sowie die Kreditkarte. Der **Euroscheck**, der auch im inländischen Zahlungsverkehr von erheblicher Bedeutung ist, stellt in Verbindung mit der Euroscheckkarte ein risikoarmes Zahlungsmittel dar, denn die bezogene Bank übernimmt eine Einlösungsgarantie in Höhe von 400 DM oder eines entsprechenden Betrages in ausländischer Währung. Diese Garantie gilt nahezu in ganz Europa und in den an das Mittelmeer angrenzenden Staaten.

Reiseschecks können sowohl auf DM als auch auf Fremdwährung lauten. Der von den deutschen Kreditinstituten selbst im eigenen Namen und auf eigene Rechnung ausgegebene Reisescheck ist in DM auf einem für alle deutschen Kreditinstitute gleichen Formular ausgestellt. In der Praxis wird er deshalb als "Einheitlicher DM-Reisescheck" bezeichnet. Auf Fremdwährung lautende Reiseschecks werden als Traveller Cheques bezeichnet und von deutschen Kreditinstituten nur kommissionsweise verkauft. Ausgegeben werden sie von ausländischen Kreditinstituten bzw. Kreditkartenunternehmen. Reiseschecks werden vom Kunden sofort beim Erwerb bezahlt, eingelöst werden sie sowohl von inländischen Kreditinstituten als auch von Kreditinstituten im Ausland. In manchen Fällen akzeptieren auch Geschäfte oder Hotels einen Reisescheck. Zur Sicherung vor einer unbefugten Einlösung muß der Kunde beim Erwerb eines Reiseschecks in Anwesenheit eines Bankangestellten das Scheckformular unterschreiben. Bei der Einlösung hat der Kunde den Scheck mit einer Kontrollunterschrift zu versehen, die vom einlösenden Institut mit der ersten Unterschrift verglichen wird. Treten dabei Zweifel auf, so wird zusätzlich die Legitimation des Einreichers geprüft. Bei Verlust von Reiseschecks werden dem Erwerber unter bestimmten Bedingungen Beträge bis zu 1000.- DM noch während der Reise ersetzt.

Von geringer Bedeutung sind im Reisezahlungsverkehr die **Reisekreditbriefe**. Hierbei handelt es sich um eine Sonderform des Barakkreditivs, die aus den früher üblichen Empfehlungsschreiben hervorgegangen ist. Besonderes Kennzeichen des Kreditbriefes ist die Bitte des ausstellenden Kreditinstituts an bestimmte Korrespondenzbanken (Spezialkreditbrief) oder an eine größere Zahl von Einlösungsstellen (Zirkularkreditbrief), an den Inhaber des Kreditbriefes nach Legitimation Zahlungen bis zur Höhe des in der Urkunde angegebenen Betrages innerhalb des vorgesehenen Zeitraumes zu leisten. Die abgehobenen Beträge werden auf der Rückseite des Briefes eingetragen, vom Empfänger quittiert und mittels der Quittungen vom auszahlenden Institut bei der ausstellenden Bank eingezogen. Nach Auszahlung der Restsumme behält das letzte Kreditinstitut den Kreditbrief ein und sendet ihn an den Aussteller zurück. Durch die Entwicklung des Euro- und des Reiseschecks ist der Reisekreditbrief jedoch heutzutage weitgehend verdrängt worden.

Zu den Reisezahlungsmitteln zählen schließlich auch die Kreditkarten, die jedoch inzwischen auch im inländischen Zahlungsverkehr eine erhebliche Bedeutung erlangt haben und daher ebenso wie die Euroscheckkarte an anderer Stelle ausführlicher beschrieben werden.

III. Electronic Banking

Unter dem Begriff Electronic Banking werden diejenigen Dienstleistungen eines Kreditinstituts zusammengefaßt, die sowohl der elektronischen Bereitstellung von Informationen als auch der elektronischen Abwicklung von Geschäften, primär des Zahlungsverkehrs, dienen. Bestandteile des Electronic Banking sind insbesondere der Bildschirmtext und das Cash Management.

1. Bildschirmtextdienste

Als Bildschirmtext (BTX) wird ein von der Deutschen Bundespost bereitgestelltes Informations- und Kommunikationssystem bezeichnet, mit dem Texte und graphische Informationen über das bestehende Telefonnetz übertragen und auf dem Bildschirm eines Fernsehgerätes wiedergegeben werden können. Neben dem **Telefonanschluß** und dem **Fernsehgerät** sind zur Inanspruchnahme der Bildschirmtextdienste ein von der Post bereitgestelltes **Modem**, das die Verbindung zwischen dem Telefonapparat und dem Bildschirm herstellt, ein im oder am Fernsehgerät angebrachter **Decoder** und eine Eingabemöglichkeit, d.h. insbesondere eine **alphanumerische Tastatur**, erforderlich. Den Nutzern des Bildschirmtextes steht eine theoretisch unbegrenzte Menge an Informationen zur Verfügung, wobei die einzelnen Informationen gezielt und insbesondere unabhängig von zeitlichen und räumlichen Restriktionen abgefragt werden können.

Der Bildschirmtext stellt zwar keine bankspezifische Dienstleistung dar, jedoch eröffnet er auch den Kreditinstituten weitreichende Anwendungsmöglichkeiten, die zum einen nicht auf bankexterne Bereiche, zum anderen nicht allein auf die Abwicklung des Zahlungsverkehrs beschränkt sind. In der folgenden Abbildung 6.23 sind die verschiedenen Nutzungsmöglichkeiten der Bildschirmtextdienste im Kreditsektor aufgeführt.

Da über den Bildschirmtext auch Kontoinformationen abgerufen und Aufträge erteilt werden können, haben die Kreditinstitute im Jahre 1984 ein spezielles Sicherungskonzept vereinbart. Danach muß der Kunde neben seiner **Konto- resp. Depotnummer** eine persönliche **Identifikationsnummer** (BTX-PIN) sowie für die Auftragserteilung zusätzlich eine nur einmal nutzbare **Transaktionsnummer** (BTX-TAN) in das System eingeben. Der BTX-Teilnehmer wird automatisch gesperrt, wenn dreimal hintereinander falsche Identifikations- oder Transaktionsnummern eingetippt wurden. Die Freischaltung erfolgt zumeist erst nach Absprache mit dem Kunden (BUSCHKÜHL 1990).

Trotz ursprünglich hoher Erwartungen haben die Bildschirmtextdienste im privaten Bereich bislang noch keine weite Verbreitung gefunden. Dabei stehen vergleichsweise hohe Kosten für die Anschaffung BTX-tauglicher Fernsehgeräte, Anschlußkosten, die laufenden Telefongebühren und die monatliche Modemgebühr auf der einen Seite sowie Akzeptanzprobleme und eine große Zahl mangelhafter BTX-Angebote auf der anderen Seite einer schnellen Vergrößerung der Benutzerzahlen im Wege. Im Unterschied zum privaten Bereich hat sich der Bildschirmtext dagegen im geschäftlichen Bereich inzwischen durchgesetzt (GLOGOWSKI/MÜNCH 1990).

Nutzungsmöglichkeiten des BTX im Kreditgewerbe	
Verwendung durch den Kunden	Verwendung durch die Bank
1. Allgemeine Informationen, z.B. • Schalteröffnungszeiten • Wertpapier-, Edelmetall- und Devisenkurse • Produkte und Konditionen des Kreditinstitutes 2. Kundenspezifische Informationen, z.B. • Kontostände • Zinssätze • Depotbestände und -strukturen • bestehende Daueraufträge • eingeräumte Kreditlinien • Anlageberatung und Beratungsleistungen 3. Spezifische Informationen für geschlossene Benutzergruppen, z.B. für • Firmenkunden • Presse • freie Berufe • Vereine 4. Abwicklung von Aufträgen und Übermittlung von Bestellungen, z.B. • Überweisungen • Wertpapiertransaktionen • Umbuchungen auf Sparkonto/Terminalgeldkonto • Kleinkrediteinräumung • Stammdatenänderungen • Bestellung von Schecks und Überweisungsformularen	1. Nutzung des Angebots anderer Informationslieferer, z.B. • Börseninformationen • Bundesbankinformationen • Schufa-Auskünfte • Verbandsmitteilungen 2. Nutzung der Nachrichtendienste • Nachrichten der Bank an ihre Kunden und Abruf der Nachricht bei der nächsten Btx-Nutzung durch den Kunden • Werbung 3. Nutzung für die interne Kommunikation, z.B. • Konditionsänderungen • organisatorische Anweisungen • Abrufen von Informationen aus dem Rechnungswesen (Statistik etc.) • Informationen zu neuen Dienstleistungen • Ausbildung

Abb. 6.23: Nutzungsmöglichkeiten des Bildschirmtextes im Kreditgewerbe

2. Cash Management-Systeme

Die Steuerung der Liquiditätsversorgung stellt für die Unternehmen aufgrund wachsender Betriebsgrößen und einer zunehmenden Dynamik und Komplexität des Umfeldes eine immer anspruchsvollere Aufgabe dar. Durch die tendenziell sinkenden Gewinnmargen ist zudem der ökonomische Umgang mit der knappen Ressource Liquidität deutlich wichtiger geworden. Die Aufgabe der Cash Management-Systeme besteht vor diesem Hintergrund darin, eine rasche und einfache Disposition und Steuerung in- und ausländischer Zahlungsströme im Hinblick auf Höhe, Zeitpunkt und Ort der Zahlungen sowie eine weitgehende Optimierung von kurzfristigen Geldanlagen und Geldaufnahmen zu ermöglichen (BÜSCHGEN 1989).

Durch Cash Management-Systeme können die Unternehmen direkt über das unternehmenseigene Terminal mit dem Computer des Kreditinstituts kommunizieren. Dabei lassen sich bei den angebotenen Systemen drei Generationen voneinander unterscheiden (GLOGOWSKI/MÜNCH 1990):

- Bei den Systemen der **ersten Generation** handelt es sich um reine Informationssysteme. Der Firmenkunde kann Informationen abrufen, muß selbst jedoch passiv bleiben.
- In den Systemen der **zweiten Generation** besteht für den Kunden nicht nur die Möglichkeit Informationen zu empfangen, sondern er kann über sein Terminal auch selbst Transaktionen veranlassen.
- Cash Management-Systeme der **dritten Generation** erlauben es, die von den Banken bereitgestellten Informationen in den Unternehmen - beispielsweise kombiniert mit internen Daten - weiterzuverarbeiten. Die Verwendungsmöglichkeiten werden bestimmt durch die vorhandene Software, die hier das eigentliche Angebot der Banken darstellt.

Auf der Basis dieser drei Systemgenerationen können drei Leistungsarten von Cash Management-Systemen unterschieden werden, nämlich Informations-, Transaktions- und Zusatzleistungen (GLAUM 1987). Die **Informationsleistungen** bilden die Basis für alle anspruchsvolleren Systeme. Die Bank sammelt zunächst sämtliche Daten der Konten, die der Kunde weltweit bei ihr sowie ggfs. bei anderen Banken unterhält. Den Kunden werden prinzipiell die folgenden Informationen bereitgestellt:

- Kontoauszüge aller Konten,
- Kontensalden, d.h. Buchsalden und valutarische Salden,
- Kontenumsätze, aufgeschlüsselt nach bestimmten Kriterien wie z.B. Währungen oder Betragshöhe,
- Totalübersichten über sämtliche Konten und Währungen,

wobei diese oder ähnliche Leistungen nicht nur für Kontokorrentkonten, sondern von einigen Banken auch für andere Kontenarten angeboten werden. Abgerundet werden diese Informationsleistungen teilweise durch jederzeit abrufbare Marktdaten, wie z.B. Devisen-, Börsenkurse und Zinssätze.

Neben der Bereitstellung von Informationen beinhalten die Cash Management-Systeme heutzutage durchweg auch die Möglichkeit der **Transaktionsabwicklung.** So können Zahlungsaufträge über das Terminal unmittelbar an die Hausbank erteilt, Überweisungen in allen gängigen Währungen veranlaßt und Daueraufträge eingerichtet und geändert werden.

Zusatzleistungen werden von den Kreditinstituten meist bausteinartig angeboten. Wesentliche Bereiche für Zusatzleistungen sind die automatische Kontoübertragung, die kurzfristige Finanzplanung und das Währungsmanagement. Die **automatische Kontoübertragung** dient dem täglichen Ausgleich dezentral geführter Konten. Alle auf diesen Konten anfallenden Umsätze werden automatisch auf ein Hauptkonto gebucht, so daß auf den abgebenden Konten grundsätzlich keine Haben- oder Sollzinsen anfallen. Die automatische Kontoübertragung ist banküberspreifend nicht möglich. Daher muß mit jeder Bank eine eigenständige Vereinbarung getroffen werden; Transfers zwischen den bei den einzelnen Banken eingerichteten Zielkonten sind weiterhin erforderlich (BUSCHKÜHL 1990).

Finanzplanungssysteme rufen automatisch bestimmte Bankinformationen wie z.B. Umsätze und Kontostände ab, vergleichen diese Ist-Daten mit den zuvor eingegebenen Soll-Daten, erstellen einen Bericht über die Abweichung und schreiben abschließend die um die Abweichung korrigierte Liquiditätsplanung fort.

Das **Währungsmanagement** können Cash Management-Systeme zunächst dadurch verbessern, daß sämtliche Fremdwährungspositionen erfaßt, laufend anhand aktueller Kurse bewertet, nach verschiedenen Kriterien aufbereitet, und die Ergebnisse dem Rechnungswesen zugänglich gemacht werden. Im Rahmen des sog. **Devisen-Netting** werden gegenläufige Zahlungen in derselben Währung zwischen Konzernunternehmen aufgerechnet. Dies trägt sowohl zu einer Einsparung von Kurssicherungskosten als auch zu einer Senkung der teilweise erheblichen Transaktionskosten von Geldübertragungen bei. Schließlich ist es möglich, die Auswirkungen zukünftiger Zahlungsströme in den verschiedenen Währungen mit Hilfe von Simulationen aufzuzeigen. Hochentwickelte Systeme sind dabei in der Lage, für jede Situation eine optimale Kurssicherungspolitik vorzuschlagen (GLOGOWSKI/MÜNCH 1990).

LITERATURHINWEISE:

BENTHIEN, T. (1990)
BLOMEYER, K. (1986)
BÜSCHGEN, H.E. (1989)
BUSCHKÜHL, M. (1990)
DEPPE, H.D. (1973)
GLAUM, M. (1987)
GLOGOWSKI, E./MÜNCH, M. (1990)
GRILL, W./PERCZYNSKI, H. (1990)
HAGENMÜLLER, K.F./DIEPEN, G. (1984)
HAGENMÜLLER, K.F./JACOB, A.-F. (1987)
JUETERBOCK, D. (1988)
SCHMIDT, H./SCHURIG, M./ WELCKER, J. (1981)
SCHUSTER, L. (1986)
ZAHN, J. (1980)
ZAHN, C.D./EBERDING, E./EHRLICH, D. (1986)

D. Das sonstige Geschäft der Banken und das banknahe Geschäft

Das Einlagen-, Kredit- und Zahlungsverkehrsgeschäft bildet den Kern des Commercial Banking. Neben diesen Geschäftsarten werden von den Banken im Rahmen des Commercial Banking weitere Produkte offeriert, die sie zum Teil selbst "produzieren", die zum Teil jedoch auch von sonstigen Finanzintermediären "erstellt" und von den Banken gegen die Vereinnahmung einer Vermittlungsprovision lediglich am Markt abgesetzt werden. Die diesen beiden Geschäftsbereichen zurechenbaren Angebote werden im folgenden näher erläutert.

I. Die sonstigen Geschäfte der Kreditinstitute

1. Edelmetallhandel

Edelmetallgeschäfte werden von den Kreditinstituten sowohl mit Kunden abgeschlossen als auch in Form von Eigengeschäften betrieben. Während die **Dienstleistungsgeschäfte** unmittelbar der Erbringung von Marktleistungen, insbesondere der Bereitstellung und Vermittlung von Kapitalanlageformen dienen, erfolgt der Abschluß von **Eigengeschäften** primär aus eigenen Anlageinteressen der Kreditinstitute heraus. Daneben sind Edelmetalleigengeschäfte zur Beschaffung des notwendigen Handelsbestandes jedoch auch im Zusammenhang mit Dienstleistungsgeschäften von Bedeutung. Eine weitere Systematisierung der Edelmetallgeschäfte wird in der folgenden Abbildung 6.24 vorgenommen.

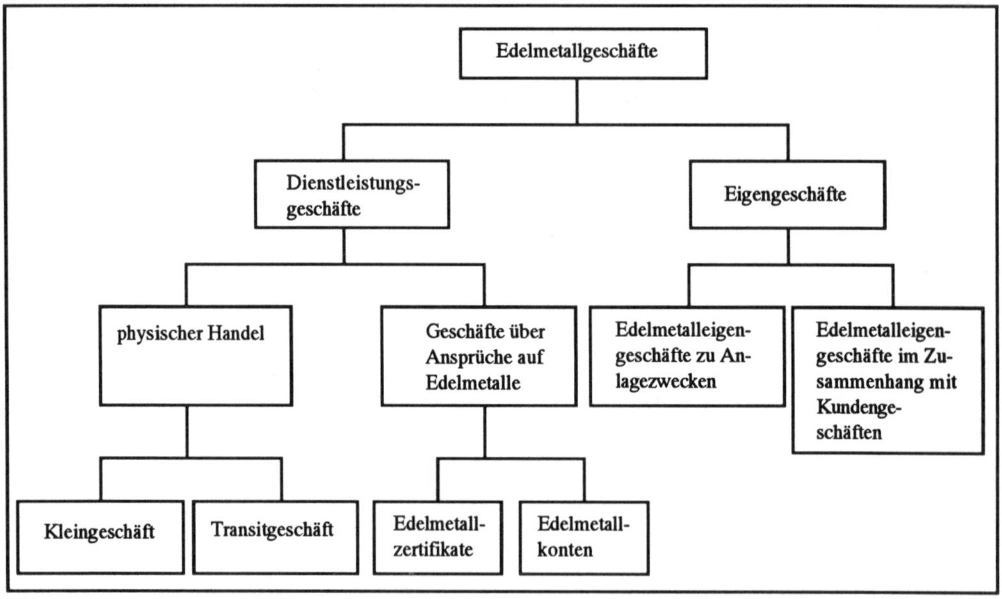

Abb. 6.24: Die Edelmetallgeschäfte der Kreditinstitute

Im Rahmen der **Edelmetalldienstleistungsgeschäfte** wird im wesentlichen **Gold** gehandelt. Nur im Einzelfall und auf einen speziellen Kundenauftrag hin vermitteln die Kreditinstitute Anlagen in Silber oder Platin. Beim **physischen Handel** wird das Edelmetall zwischen dem Käufer und dem Verkäufer direkt, z.B. am Bankschalter, ausgetauscht. Dabei werden im **Kleingeschäft** Goldbarren ab einem Gewicht von 5 Gramm sowie Goldmünzen und Goldmedaillen gehandelt. **Transitgeschäfte** mit Gold erfolgen im Ausland, indem Gold ge- und verkauft wird, ohne daß es zwischenzeitlich die deutsche Grenze überschreitet. In Deutschland wird das Transitgeschäft von den Großbanken betrieben. Gegenstand des Transithandels sind überwiegend **Goldbarren** mit einem Gewicht von 12,5 kg sowie **Goldmünzen**.

Dem Erwerb von Goldmünzen liegen unterschiedlichste Motive zugrunde. So werden gängige Münzen häufig als eine inflationssichere Anlagemöglichkeit interpretiert; daneben gibt es aber auch spekulative Motive sowie das Bestreben nach Goldhortung. Eine Ursache für den Kauf von Goldmünzen ist schließlich auch das Sammlermotiv. Letzterem tragen die Steuergesetze insofern besondere Rechnung, als der Verkauf gängiger Münzen dem vollen Mehrwertsteuersatz unterliegt, während im Sammler- resp. numismatischen Bereich nur der halbe Steuersatz in Rechnung gestellt wird. Voraussetzug dafür ist allerdings, daß der Einzelwert einer Münze mindestens 250 % ihres Metallwertes beträgt. Beratung und Beschaffung von Münzen übernehmen in den Kreditinstituten spezielle numismatische Abteilungen. Darüber hinaus wird die Kundschaft durch ständig aktualisierte Broschüren und Kataloge umfassend informiert (HENTZNER/VOSSHENRICH 1988).

Geschäfte über **Ansprüche auf Gold** vermitteln im Gegensatz zum physischen Handel lediglich Eigentumsrechte ohne bzw. ohne direkten Zugriff auf die Goldbestände. Dabei verschafft der Emittent von **Goldzertifikaten** dem Käufer einen Miteigentumsanteil an einem Goldsammelbestand, z.B. Goldmünzen oder Goldbarren, in Höhe der im Zertifikat verbrieften Menge Goldes. Da die Emission von Goldzertifikaten durch deutsche Kreditinstitute der Mehrwertsteuer unterliegt, wird der überwiegende Teil der Zertifikate über Tochterinstitute deutscher Banken in Luxemburg vertrieben. Der diesen Zertifikaten zugrunde liegende Sammelbestand lagert in Luxemburg bzw. an einem anderen ausländischen Bankplatz. Neben Goldzertifikaten werden von Luxemburger Tochterinstituten deutscher Banken sogenannte **Edelmetallkonten** angeboten, auf denen im Falle von Goldkäufen seitens des Kunden die entsprechenden Beträge abgebucht werden. Auch im Falle der Goldkonten deutscher Banken lagert der entsprechende Goldbestand zur Vermeidung der Mehrwertsteuer im Ausland. Die deutschen Banken erhalten für ihre Tätigkeiten lediglich eine Vermittlungsprovision.

Neben den Dienstleistungsgeschäften betreiben die Kreditinstitute **Edelmetalleigengeschäfte**. Dabei ist im Einzelfall eine exakte Trennung zwischen den anlageorientierten Goldeigengeschäften und dem Goldeigenhandel im Zusammenhang mit Kundengeschäften nicht möglich. Objekte des Eigengeschäfts mit Gold sind zum einen Goldbarren und Goldmünzen, zum anderen schließen die Banken Termingeschäfte in Gold ab, mit denen sie sich zur Abnahme bzw. Lieferung einer bestimmten Goldmenge zu einem bestimmten Termin und einem festgelegten Preis verpflichten. Die Termingeschäfte dienen dabei insbesondere der Absicherung von Goldbeständen und nur in geringem Ausmaß der Spekulation.

Insgesamt nimmt der Goldhandel im Rahmen der Bankgeschäfte nur eine untergeordnete Rolle ein. Ursachen hierfür sind neben den erheblichen Risiken insbesondere in der Mehrwertsteuerpflicht von Goldumsätzen zu finden. Anlagen in Gold eignen sich daher für ein Kreditinstitut oder für Kunden nur dann, wenn eine traditionell und unter langfristigen Aspekten besonders krisenfeste und sachwertorientierte Anlage gesucht wird sowie auf laufende Erträge verzichtet werden kann.

2. Anlageberatung und Vermögensverwaltung

Insbesondere auch aufgrund verstärkter Aktivitäten im Rahmen des Investment Banking ist von den Banken in den letzten Jahren die Vermögensberatung sowie das Vermögensverwaltungs- oder Trustgeschäft erheblich intensiviert worden.

Die **Anlageberatung** richtet sich dabei insbesondere an vermögende Kunden, daneben jedoch auch an Kunden unterer und mittlerer Einkommensschichten. Sie zielt auf eine objektive Information über alternative Anlagemöglichkeiten ab und umfaßt alle Formen der Kapitalanlage auf Konten, in Wertpapieren oder Beteiligungen sowie in steuerbegünstigten Projekten. Die Anlageberatung wird den Kunden kostenlos ohne Abschluß eines speziellen Vertrages angeboten. Da hierdurch die Ertragssituation der Kreditinstitute zunächst nur negativ beeinflußt wird, dient sie letztlich dazu, Kundenbeziehungen zu intensivieren und über einen erhöhten Absatz anderer Bankprodukte den Erfolg des Kreditinstituts zu steigern.

Die **Vermögensverwaltung** ist ein relativ junger Geschäftszweig der deutschen Kreditinstitute, der auch heute noch nur von einer begrenzten Anzahl größerer Banken angeboten wird. Ausgangspunkt der Vermögensverwaltung ist eine besondere Vereinbarung mit dem Eigentümer des Vermögens bzw. eine letztwillige Verfügung (Testament), durch die dem Verwalter des Vermögens ein Verfügungsrecht eingeräumt wird, das er zum Zwecke der Vermögenserhaltung bzw. Vermögensmehrung ausüben soll. Der Verwalter kann dabei sowohl eine Dispositionsvollmacht besitzen als auch allein mit der Wahrnehmung technischer Verwaltungsarbeiten beauftragt werden.

Vor Abschluß eines Vermögensverwaltungsvertrages mit Dispositionsvollmacht wird mit dem Kunden eine individuelle und verbindliche Anlagekonzeption entwickelt. Das Kreditinstitut übernimmt hierbei insbesondere Beratungsfunktionen, indem es die speziellen Wünsche des Anlegers mit den Möglichkeiten des Marktes vergleicht, um so zu einer realistischen und ausgewogenen Vermögensstrukturierung zu gelangen. Im Einzelfall kann die Konzeption z.B. folgende Bestimmungen vorsehen:

- Angaben zum Verhältnis verschiedener Vermögensarten zum gesamten zu verwaltenden Vermögen,
- Angaben zu den Anteilswerten unterschiedlicher Wertpapierarten, insbesondere Aktien und Rentenwerten,
- Angaben zur Branchenstreuung oder zum Anteil von Auslandsaktien,

- Angaben zu vorrangigen Anlagezielen, so z.B. ob das Portefeuille primär aus Wertpapieren mit hohen Kurschancen und damit auch hohen Kursrisiken bestehen soll oder ob Werte mit hohen Ausschüttungen zu bevorzugen sind.

Des weiteren enthält eine Anlagekonzeption auch Angaben dazu, inwieweit steuerliche Fristen, insbesondere die Spekulationsfrist von 6 Monaten bei Wertpapieren, nach Möglichkeit eingehalten werden sollen und ob realisierte Erträge wieder anzulegen sind.

Schwerpunkte der Vermögensverwaltung sind primär Wertpapierdepots, für die das Kreditinstitut - im Fall der Dispositionsvollmacht - selbständig Käufe und Verkäufe vornimmt, Bezugsrechte ausübt und regelmäßig beratend tätig wird. Daneben umfaßt die Vermögensverwaltung vieler Banken weitere Objekte, die in Abbildung 6.25 wiedergegeben werden.

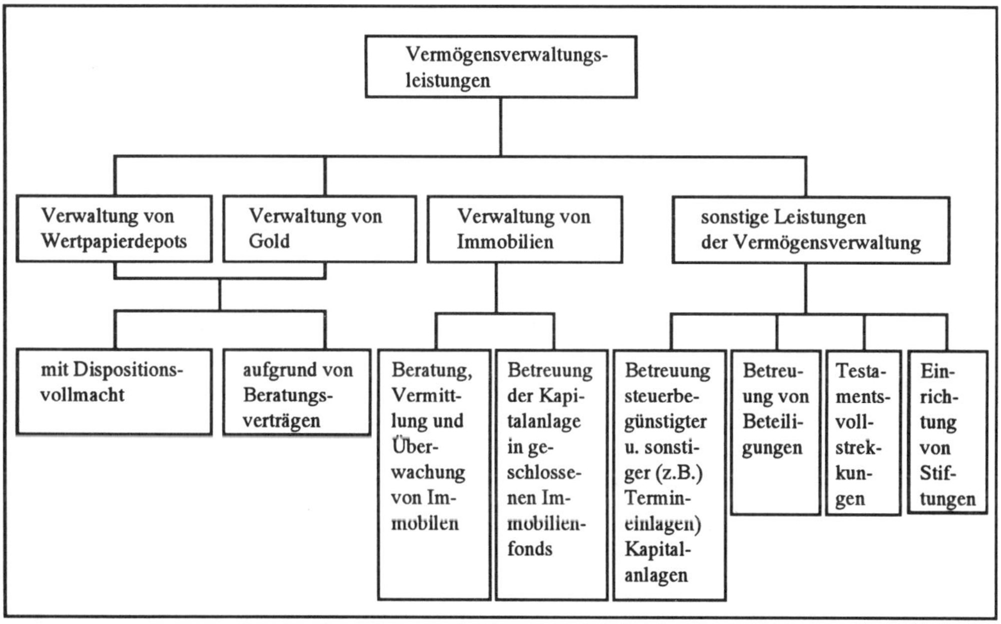

Abb. 6.25: Leistungen der Vermögensverwaltung

Im Bereich der Verwaltung von Immobilien und Beteiligungen werden dem Kreditinstitut nur die Rechte eingeräumt, die zur Wahrnehmung technischer Verwaltungsarbeiten erforderlich sind. Zusammen mit den Beratungsleistungen bei der Verwaltung von Wertpapierdepots wird dadurch die enge Verbindung zwischen der Vermögensverwaltung und der Vermögensberatung deutlich.

3. Immobilienservice

Im Zuge einer verstärkten Ausdehnung der Geschäftstätigkeit dringen die Kreditinstitute heutzutage zunehmend in Bereiche ein, die nicht zu ihrem ursprünglichen Aufgabenkomplex gehören. Sie streben dadurch eine Abrundung ihres Leistungsangebots an, wollen damit jedoch nicht das Wesen bankgeschäftlicher Tätigkeit verwischen. Ansatzpunkte der Diversifikationsbemühungen sind vielmehr die traditionellen Marktleistungen und die spezifischen Vorzüge eines Bankbetriebs, die durch die neuen Bankprodukte mit einem geänderten Nachfrageverhalten der Kunden in Einklang gebracht werden sollen.

Ein wichtiger Bereich neuer kreditwirtschaftlicher Tätigkeiten resultiert aus dem Bemühen, in einem Bankbetrieb alle anfallenden finanziellen Bedürfnisse erfüllen zu können. Diese unter dem Begriff "**Finanzsupermarkt**" stehende Entwicklung trägt beispielsweise das Geschäft der Bausparkassen, Lebensversicherungen und des Immobiliensektors in den Bankbetrieb, so daß dem Kunden letztlich alle wesentlichen Formen der Kapitalanlage und -aufnahme angeboten sowie alle damit zusammenhängenden Fragen gelöst werden können. Die Darstellung der Geschäfte der sonstigen Finanzintermediäre, die von den Kreditinstituten vermittelt werden, erfolgt an anderer Stelle. Daher soll im folgenden nur der **Immobilienservice** der Kreditinstitute näher erläutert werden.

Die Grundlage des Geschäfts eines Immobilienmaklers besteht einerseits in der Kenntnis anstehender Verkäufe, andererseits in dem Wissen über potentielle Käufer von Immobilienobjekten. Durch diese Kenntnis wird dem Makler die Zusammenführung kauf- und verkaufswilliger Parteien möglich. Für die Aufnahme dieser Leistung in die Angebotspalette von Kreditinstituten sprechen verschiedene Gesichtspunkte. Durch den verstärkten Wettbewerb um Marktanteile und das Angebot einer Immobilienvermittlung durch ein anderes Kreditinstitut kann ein Kunde dazu veranlaßt werden, seine Bankverbindung zu wechseln. Hierfür spricht insbesondere der Umstand, daß der Erwerb von Immobilien für die große Mehrheit der Bevölkerung einen einmaligen oder zumindest seltenen Vorgang darstellt, bei dem ein solcher Wechsel eher in Betracht gezogen wird als bei anderen Anlässen. Aber auch eine Intensivierung der Beziehungen zum angestammten Kundenkreis erscheint durch diese neue Bankleistung möglich, da der Kauf eines Objektes häufig mit einer Nachfrage nach anderen Bankgeschäften, insbesondere Finanzierungsleistungen, verbunden ist. Eine Verstärkung der Geschäftsverbindung mit dem Verkäufer einer Immobilie kann beispielsweise durch die Anlage des Verkaufserlöses bei der Bank eintreten. Des weiteren kann auch das Interesse des Kunden an einer einzigen und vertrauensvollen Beratungs- und Vermittlungsstelle den Erfolg des Immobiliengeschäftes bei Kreditinstituten positiv beeinflussen.

Eine erfolgreiche Immobilienvermittlung ist jedoch an bestimmte interne und externe Voraussetzungen gebunden. Zu den internen Bedingungennn zählt zunächst ein entsprechend **qualifiziertes Personal**, das u. U. eingestellt, in jedem Fall aber geschult werden muß. Des weiteren müssen auch die **organisatorischen Voraussetzungen**, das heißt die Eingliederung der Immobilienvermittlung in den Gesamtbetrieb, gegeben sein. Von größerer Bedeutung sind jedoch die externen Bedingungen, die den **Absatzmarkt** betreffen. So muß der Immobilienservice den Kunden bekannt sein und von ihnen angenommen werden. Daneben muß die Kundenstruktur ein Immobiliengeschäft in dem notwendigen Ausmaß zulassen und schließlich darf die Konkurrenz zu den herkömmlichen Maklerbetrieben den Gesamterfolg der Bank, z.B. durch den Verlust von Geschäftsbeziehungen zu Maklern, nicht negativ beeinflussen.

In der Praxis wird das Maklergeschäft sowohl durch spezielle Immobiliengesellschaften, an denen mehrere Kreditinstitute beteiligt sind, als auch betriebsintern, etwa durch die Gründung einer Immobilienabteilung oder durch die Erweiterung der Funktionen der Kredit- oder der Vermögensberatungsabteilung, betrieben. Auch heute zählt jedoch die Immobilienvermittlung bei weitem nicht zum Standardprogramm einer Universalbank. Manche Institute lehnen das Betreiben von Immobiliengeschäften dabei aufgrund eines befürchteten negativen Images der Makler ab.

II. Die Geschäfte sonstiger Finanzintermediäre

1. Das Geschäft der Investmentgesellschaften

Investmentgesellschaften ermöglichen Anlegern mit bereits geringem Kapitaleinsatz eine das **Prinzip der Risikomischung** gewährleistende Anlage in Wertpapieren und Immobilien. Dazu sammelt eine Investment- resp. Kapitalanlagegesellschaft durch den Verkauf von Investmentzertifikaten entsprechende Finanzmittel und legt sie in Effekten oder Grundstücken an. Mit dem Kauf eines derartigen Zertifikates erwirbt der Inhaber des Anteils

- Miteigentum am Fondsvermögen,
- Anspruch auf Beteiligung am Ertrag,
- Anspruch auf Rücknahme des Investmentzertifikates sowie
- Anspruch auf eine ordnungsgemäße Verwaltung des Fondsvermögens.

Rechtlich fixiert ist das Investmentgeschäft im "**Gesetz über Kapitalanlagegesellschaften**" (KAGG). Die Tätigkeit der Kapitalanlagegesellschaften zählt zu den Bankgeschäften gemäß § 1 KWG, so daß die Investmentgesellschaften als Kreditinstitute gelten. Während jedoch für die übrigen Kreditinstitute im allgemeinen eine beliebige Rechtsform gewählt werden kann, dürfen Kapitalanlagegesellschaften nur als AG oder als GmbH geführt werden (§ 1 Abs. 3 KAGG).

Nach der Art der Vermögensobjekte lassen sich verschiedene Investmentfonds unterscheiden:

- **Wertpapierfonds,**
  die als reine Aktien-, reine Renten- oder gemischte Fonds geführt werden und die entweder nur inländische, nur ausländische oder sowohl inländische als auch ausländische Effekten beinhalten können,

- **Immobilienfonds,**
  die verschiedene Arten inländischer und ausländischer, bebauter und unbebauter Grundstücke sowie Erbbaurechte erwerben können,

- **Beteiligungsfonds,**
  die nur Wertpapiere und stille Beteiligungen im Sinne des § 230 HGB an inländischen Unternehmen enthalten dürfen, wobei die erworbenen Papiere nicht zum amtlichen Handel oder zum geregelten Markt zugelassen sein oder an einem inländischen organisierten Markt gehandelt werden dürfen (BÜSCHGEN 1989).

Die den Investmentgesellschaften zufließenden Mittel müssen nach dem Prinzip der Risikostreuung in verschiedene Vermögenswerte fließen. Um die Risikostreuung durchzusetzen, enthält das Kapitalanlagegesetz differenzierte Regelungen, mit denen die Anlagemöglichkeiten der eingebrachten Mittel beschränkt werden. So dürfen für die einzelnen Wertpapier-Sondervermögen nur die folgenden Werte erworben werden (§ 8 Abs. 1 KAGG):

- Wertpapiere, die an einer Börse in einem Mitgliedsstaat der Europäischen Gemeinschaften zum amtlichen Handel zugelassen oder in einen anderen organisierten Markt in einem Mitgliedsstaat einbezogen sind, der anerkannt, für das Publikum offen und dessen Funktionsweise ordnungsgemäß ist,

- an einer Börse in einem Mitgliedsstaat der Europäischen Gemeinschaften zum amtlichen Handel noch nicht zugelassene oder in einen organisierten Markt noch nicht einbezogene Wertpapiere, deren Zulassung resp. Einbeziehung jedoch in den Ausgabebedingungen vorgesehen ist, soweit dies innerhalb des ersten Jahres nach der Ausgabe erfolgt,

- ausschließlich an Börsen außerhalb der Mitgliedsstaaten der Europäischen Gemeinschaften zum amtlichen Handel zugelassene oder in einen organisierten Markt einbezogene Wertpapiere, soweit die Vertragsbedingungen den Erwerb solcher Papiere vorsehen,

- an einer Börse außerhalb der Mitgliedsstaaten der Europäischen Gemeinschaften noch nicht zugelassene oder in einen organisierten Markt noch nicht einbezogene Wertpapiere, deren Zulassung resp. Einbeziehung jedoch aufgrund der Ausgabebedingungen innerhalb eines Jahres nach der Ausgabe erfolgt, sofern die Vertragsbedingungen den Erwerb solcher Papiere vorsehen,

- Aktien, die dem Sondervermögen bei einer Kapitalerhöhung aus Gesellschaftsmitteln zustehen,

- Bezugsrechte auf Wertpapiere, die nach den vorstehenden Bedingungen zum Erwerb zugelassen sind,

- aus der Ausübung von Bezugsrechten, die zum Sondervermögen gehören, erworbene Wertpapiere.

Das Kapitalanlagegesetz definiert jedoch nicht nur den Katalog zulässiger Wertpapiere (qualitative Beschränkungen), sondern es enthält auch bestimmte quantitative Beschränkungen hinsichtlich der Anlage in einzelnen Wertpapieren. So gilt eine Anlagegrenze für den Erwerb von Wertpapieren eines Emittenten in Höhe von 5 % des Sondervermögens, die unter bestimmten Bedingungen jedoch angehoben werden kann. Darüber hinaus ist es nicht gestattet, mehr als 10 % der Stimmrechte einer Gesellschaft mit dem gesamten verwalteten Sondervermögen zu erwerben (§ 8 a KAGG). Dadurch wird verhindert, daß Gesellschaften mit einem großen Fondsvermögen einen wesentlichen Einfluß auf eine Unternehmung ausüben können. Schließlich dürfen Wertpapiere, die nicht zum amtlichen Handel an einer Börse zugelassen oder in einen organisierten Markt einbezogen sind, nur bis zu 10 % des Wertes des Sondervermögens erworben werden (§ 8 Abs. 2 KAGG).

Auch bei den **Immobilienfonds** sind die Anlagemöglichkeiten begrenzt. Dies wird beispielsweise dadurch deutlich, daß der Wert - zum Zeitpunkt des Kaufs - der außerhalb der Mitgliedsstaaten der Europäischen Gemeinschaften gelegenen Grundstücke 20 % des Wertes des Sondervermögens nicht überschreiten darf (§ 27 KAGG). Daneben muß ein Grundstücks-Sondervermögen aus mindestens zehn Grundstücken bestehen und keines der Grundstücke darf zum Zeitpunkt des Erwerbs den Wert von 15 % des Sondervermögens übersteigen (§ 28 KAGG).

In **Beteiligungsfonds** darf zum Zeitpunkt des Kaufs der Wert einer stillen Beteiligung 5 % und der Gesamtwert aller stillen Beteiligungen 30 % des Wertes des Sondervermögens nicht übersteigen, wobei stille Beteiligungen an Konzernunternehmen im Sinne des § 18 KAGG als stille Beteiligung an demselben Unternehmen gelten (§ 25 b KAAG). Schuldverschreibungen dürfen für ein Beteiligungs-Sondervermögen maximal in einer Höhe von 30 % des Fondsvermögens erworben werden.

Neben der Unterscheidung hinsichtlich der Anlageobjekte lassen sich die Investmentfonds in Spezial- und Publikumsfonds einteilen. Während **Publikumsfonds** sich prinzipiell an jeden Anleger wenden, werden **Spezialfonds** für bestimmte institutionelle Anleger oder nur für einen bestimmten Anleger aufgelegt. Adressaten dieser Spezialfonds sind insbesondere Versicherungsunternehmen, aber auch betriebliche Unterstützungskassen, kirchliche Institutionen oder verschiedene berufsständische Organisationen.

Im Rahmen der Wertpapierfonds ist des weiteren zwischen **Fonds ohne Ertragsausschüttung**, bei denen sämtliche Gewinne einbehalten und reinvestiert werden, und den **Fonds mit Ertragsausschüttung** zu unterscheiden. Letztere zerfallen in die akkumulierenden und die distributiven Fonds. Während bei **akkumulierenden Fonds** lediglich Zinsen und Dividenden ausgeschüttet, jedoch sämtliche realisierten Kursgewinne erneut investiert werden, fließen in **distributiven Fonds** neben den Zins- und Dividendenerträgen auch die Kursgewinne an die Anleger (HAHN 1984).

Neben den dargestellten Anlagevorschriften enthält das Kapitalanlagegesetz weitere Regelungen hinsichtlich der Verwahrung und Verwaltung des Vermögens, des Aufbaus eines Verkaufsprospektes und der Bestimmung des Ausgabe- und Rücknahmepreises. Die Ausgabe der Investmentzertifikate erfolgt gegen Zahlung des anteiligen Fondsvermögens und eines Aufschlages von i.d.R. 5 % bei Aktien und 3 % bei Rentenfonds. Täglich nach Börsenschluß ermitteln die Investmentgesellschaften aufgrund der Tageskurse den Wert des Sondervermögens und die neuen Ausgabe- und Rücknahmepreise. Dabei werden Investmentzertifikate nicht an der Börse gehandelt. Sie müssen daher - soweit es sich um open-end-funds handelt - bei einer Rückgabe durch die Anteilseigner von der Gesellschaft unter Verminderung des Sondervermögens zurückgenommen werden.

2. Das Geschäft der Bausparkassen

Bausparkassen sind Zwecksparunternehmen, die Einlagen von Bausparern entgegennehmen und aus den angesammelten Beträgen Gelddarlehen für wohnungswirtschaftliche Maßnahmen gewähren. Gesetzliche Grundlage des Bauspargeschäfts ist zum einen das Kreditwesengesetz, zum anderen als Spezialgesetz das Bausparkassengesetz.

Das Bausparen basiert auf dem **Kollektivprinzip**. Danach verpflichtet sich jedes Mitglied eines Bausparkollektives einerseits zur Erbringung bestimmter Sparleistungen. Durch den Sparvorgang erwirbt der Bausparer andererseits einen Rechtsanspruch auf die Gewährung eines unkündbaren, zinsgünstigen Bauspardarlehens, mit einem während der gesamten Laufzeit konstanten Zinssatz, wobei für die Gewährung des Kredits bzw. die Zuteilung eins Bausparvertrages traditionell die folgenden Bedingungen erfüllt sein müssen:

- Ablauf der Mindestsparzeit des jeweiligen Tarifs,
- Erreichung des in den Bausparbedingungen festgelegten Mindestsparguthabens,
- eine ausreichend hohe Bewertungszahl und
- eine Antragstellung auf Zuteilung der Bausparsumme.

Die **Mindestsparzeit** kennzeichnet die absolute zeitliche Untergrenze, ab der eine Zuteilung grundsätzlich möglich ist. Zu diesem Zeitpunkt hat der Bausparer jedoch keinen Rechtsanspruch auf die Gewährung eines Darlehens. Vielmehr dürfen sich die Bausparkassen vor der Zuteilung nicht verpflichten, die Bausparsumme zu einem bestimmten Zeitpunkt auszuzahlen. Daher ist der Zuteilungszeitpunkt grundsätzlich variabel. In der Regel überschreitet er die Mindestsparzeit.

Durch die **Bewertungszahl** wird der sog. "Sparverdienst" eines Bausparers ausgedrückt. Sie errechnet sich zum einen aus einem **Zeitfaktor**, nämlich der Dauer der Einlagenüberlassung und zum anderen aus einem **Geldfaktor**, der sich aus dem Verhältnis der angesparten Beträge zu der Bausparsumme ergibt. Darüber hinaus verwenden die einzelnen Bausparkassen interne Formeln, mit denen entweder die eine oder die andere Komponente der Bewertungszahl besonders gewichtet wird.

Hat ein Bausparer eine hinreichend hohe Bewertungszahl erreicht, so wird sein Vertrag zugeteilt, und er kann über die Bausparsumme verfügen. Dabei ist aufgrund des Bausparkassengesetzes die Verwendung des Bauspardarlehens ausschließlich für wohnungswirtschaftliche Zwecke möglich. Zu diesen wohnungswirtschaftlichen Maßnahmen zählt das Gesetz beispielsweise den Bau, den Kauf, die Instandsetzung sowie die Verbesserung von Wohngebäuden bzw. Wohnungen, insbesondere von Eigenheimen und Eigentumswohnungen. Daneben können Bauspardarlehen auch zur Ablösung von Verbindlichkeiten, die für obige Zwecke eingegangen wurden, verwendet werden. Seit einigen Jahren ist ferner die Modernisierung einer Wohnung durch den Mieter mit einem Bauspardarlehen erlaubt.

Zur Abwicklung des Bauspargeschäfts sind von den Bausparkassen komplexe Bausparmodelle bzw. spezielle Bauspartarife entwickelt worden. Der **Standardtarif** ist folgendermaßen aufgebaut:

- Guthabenzins: 3 %
- Darlehenszins: 5 %
- Mindestansparbetrag: 40 % der Bausparsumme
- Abschlußgebühr: 1 % -1,8 % der Bausparsumme
- Darlehensgebühr: 2 % des Kreditbetrages
- monatlicher Regelsparbeitrag: 4 % - 5 % der Bausparsumme
- monatlicher Tilgungsbeitrag: 5 % - 6 % der Bausparsumme.

Neben dem Standardtarif bieten die Bausparkassen eine **Niedrigzinsvariante**, die mit einem Guthabenzins von 2,5 % und einem Darlehenszins von 4,5 % ausgestattet ist, sowie sog. **Hochzins-Langzeittarife** und **Schnelltarife**, mit denen jeweils die Bedürfnisse einer bestimmten Gruppe von Bausparern erfüllt werden. Darüber hinaus werden von vielen Bausparkassen **Optionstarife** angeboten, die den Bausparern das Recht einräumen, mindestens einmal den ursprünglich gewählten Tarif zu wechseln. Ferner besteht seit einigen Jahren in einzelnen Bauspartarifen die Möglichkeit, sich das Bauspardarlehen mit einem **Disagio**, also einem prozentualen Abzug von der Darlehenssumme, auszahlen zu lassen. Dies hat für den Bausparer den Vorteil, daß sich der Darlehenszins sowie die monatliche Rückzahlung vermindern und das Disagio unter bestimmmten Bedingungen steuerlich geltend gemacht werden kann (LAUX 1987).

Vor dem Hintergrund ungünstiger gesamtwirtschaftlicher Rahmenbedingungen und veränderter Verwendungsschwerpunkte haben die Bausparkassen seit Mitte der 80er Jahre neue Tarifvarianten eingeführt. Entscheidend mitbeeinflußt hat diese Entwicklung das Beamtenheimstättenwerk (BHW), das seit Anfang 1985 den sog. "Dispo 2000" anbietet. Im Unterschied zu den üblichen Bauspartarifen bietet der Dispo 2000 den Sparern eine größere Dispositionsfreiheit. So besteht bei diesem Tarif die Möglichkeit

- den Sparzins rückwirkend zu erhöhen,
- sich Teilbausparsummen zuteilen zu lassen,
- Teile des Bausparguthabens ohne Verminderung der Bausparsumme abzuheben,
- sich die Abschlußgebühr bei dem Verzicht auf ein Bauspardarlehen verzinst zurückerstatten zu lassen,
- die Tilgungsraten in Abhängigkeit vom Sparverhalten zu bestimmen (STRACKE/POHL 1987).

Durch das Instrument der **Teilbausparsumme** kann im Bedarfsfall für kleinere Maßnahmen, die nicht den Einsatz der gesamten Bausparsumme verlangen, nur ein entsprechender Teil des Bausparvertrages zugeteilt werden, ohne daß der verbleibende Rest der Bausparsumme untergeht. Bei Inanspruchnahme der Teilbausparsumme errechnet sich das Bauspardarlehen nicht mehr - wie ansonsten üblich - aus der Differenz zwischen der Bausparsumme und dem Bausparguthaben. Vielmehr entspricht das erreichbare Bauspardarlehen dem jeweils vorhandenen Guthaben, so daß die Teilbausparsumme die Summe aus Bausparguthaben und Bauspardarlehen darstellt. Sofern die Mindestsparzeit verstrichen ist und der Vertrag die notwendige Bewertungszahl aufweist, kann der Bausparer jederzeit die Zuteilung der sich aufgrund des vorhandenen Bausparguthabens ergebenden Teilbausparsummen verlangen (KNODEL 1986).

3. Das Geschäft der Kapitalbeteiligungsgesellschaften

Die strukturellen Eigenkapitalbeschaffungshindernisse gerade mittelständischer Unternehmen führten Mitte der sechziger Jahre zur Gründung der ersten Kapitalbeteiligungsgesellschaften. Hierbei handelt es sich um Unternehmen, die sich an mittleren oder kleineren nicht emissionsfähigen Unternehmen für eine begrenzte Zeit als Minderheitsgesellschafter beteiligen. Kapitalbeteiligungsgesellschaften verschaffen diesen Unternehmen somit **zusätzliches Eigenkapital.** Sie gelten dabei nicht als Kreditinstitut im Sinne des Kreditwesengesetzes.

Gegründet werden Kapitalbeteiligungsgesellschaften überwiegend als Tochtergesellschaften von Kreditinstituten oder zumindest als Unternehmen, an denen Kreditinstitute maßgeblich beteiligt sind.

Als Träger treten daneben private Investoren, der Staat, Handelsorganisationen oder Industrieunternehmen auf. Hauptaufgabe der Kapitalbeteiligungsgesellschaften ist nach ihrer Gründungsidee die Verbesserung der Eigenkapitalausstattung nicht emissionsfähiger Unternehmen. Daneben kann es jedoch auch Aufgabe der Gesellschaften sein, die Kapitalstruktur, etwa im Falle eines ausscheidenden Gesellschafters, zu erhalten, um dadurch zu einer verbesserten Ertragskraft und erweiterten Fremdfinanzierungsmöglichkeiten beizutragen. Kapitalbeteiligungsgesellschaften haben des weiteren eine Kontroll- und Beratungsaufgabe. Während die Kontrollfunktion in erster Linie den Kapitalbeteiligungsgesellschaften zur eigenen Absicherung dient, liegt die Beratungsfunktion im Interesse der finanzierten Unternehmen, denn durch die Beratung soll eine gesunde wirtschaftliche Entwicklung sichergestellt werden. Erwerbswirtschaftlich ausgerichtete Kapitalbeteiligungsgesellschaften sollen daneben auch ihren Trägern attraktive Anlagemöglichkeiten eröffnen. Hierbei wird das höhere Risiko der Bereitstellung von Eigenkapital durch eine entsprechende Renditeerwartung ausgeglichen.

Der Bereitstellung von Eigenkapital dienen auch die **Wagnisfinanzierungs-** oder **Venture Capital Gesellschaften**. Im Unterschied zu Kapitalbeteiligungsgesellschaften ist die Wagnisfinanzierung jedoch speziell auf Unternehmen ausgerichtet, die zur **Finanzierung von Innovationen** ihre Eigenkapitalbasis verbreitern müssen. Hierbei kann es sich sowohl um ein neugegründetes als auch um ein bestehendes Unternehmen handeln, das Eigenkapital benötigt und ein neues Produkt am Markt unterbringen will. In Anlehnung an amerikanische Venture Capital Gesellschaften ist die Wagnisfinanzierung darüber hinaus durch folgende Merkmale gekennzeichnet (SCHMIDT 1990):

- die finanzierten Unternehmen sind jung, weisen ein beträchtliches Wachstumspotential auf und operieren tendenziell in einem technologisch anspruchsvollen Bereich,
- der Ertrag des Financiers ist vom Gewinn bzw. der Wertsteigerung des Kapitalanteils abhängig,
- das Kapital wird langfristig, i.d.R. für eine Dauer von mehr als fünf Jahren, überlassen,
- die Venture Capital Gesellschaft löst sich vereinbarungsgemäß erst dann aus der Beteiligung, wenn das finanzierte Unternehmen entweder an eine andere Unternehmung verkauft wird oder wenn die Anteile an der Börse eingeführt sind,
- der Kapitalgeber berät und betreut das finanzierte Unternehmen,
- der Venture Capital-Financier ist ein auf diese Geschäftstätigkeit spezialisierter Finanzintermediär.

Die Entwicklungsarbeiten für die zu realisierenden Projekte sollten weitgehend abgeschlossen sein, Wagnisfinanzierungsgesellschaften stellen also keine Mittel für Forschungsaufwendungen bereit. Dennoch ist die Wagnisfinanzierung durch den frühen Zeitpunkt der Überlassung von Eigenmitteln und durch die Ausrichtung auf Innovationen prinzipiell risikoreicher als die herkömmliche Form der Eigenkapitalbereitstellung durch Kapitalbeteiligungsgesellschaften.

4. Das Geschäft der Leasing-Gesellschaften

Als Leasing wird ein Rechtsverhältnis bezeichnet, das dem Leasingnehmer die Nutzung eines beweglichen oder unbeweglichen Gegenstandes gegen einen vorher vereinbarten, periodisch anfallenden Betrag ermöglicht. Das Leasing kann daher mit einer Vermietung oder Verpachtung verglichen werden. Es geht jedoch hinsichtlich der Rechte und Pflichten der Parteien im allgemeinen über das Maß üblicher Miet- und Pachtverträge hinaus. Nach der Stellung des Leasinggebers können das direkte und das indirekte Leasing unterschieden werden. Beim **direkten** oder **Hersteller-Leasing** tritt der Produzent selbst als Leasinggeber, d.h. als Vermieter auf. Dagegen ist beim **indirekten Leasing** zwischen den Produzenten und den Leasingnehmern eine **Leasing-Gesellschaft** eingeschaltet, die mit dem Hersteller den Kaufvertrag abschließt, den Kaufpreis begleicht und das Leasingverhältnis mit dem Leasingnehmer abwickelt (vgl. Abb. 6.26). Leasing-Gesellschaften stehen als Finanzintermediäre häufig in unmittelbarem Besitz von Kreditinstituten, so daß sie sich dort auch refinanzieren. Bei bankunabhängigen Leasing-Gesellschaften werden die Leasing-Gegenstände ihrerseits als Sicherheiten für die Beschaffung des erforderlichen Kapitals verwendet.

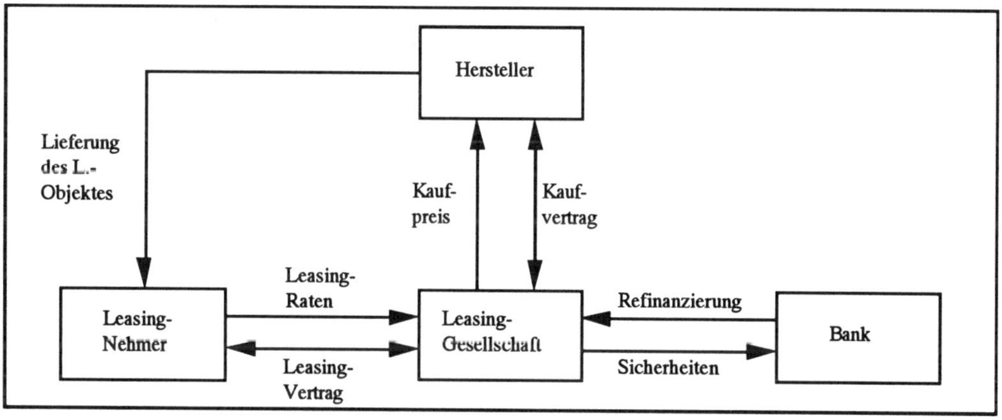

Abb. 6.26: Abwicklung des indirekten Leasing

Nach der **Dauer des Leasing-Vertrages** sind das Operate-Leasing und das Financial-Leasing zu unterscheiden. Beim **Operate-Leasing** handelt es sich um einen kurzfristigen Vertrag, der vom Mieter unter Einhaltung einer bestimmten Frist jederzeit wieder gekündigt werden kann. Sein Zweck liegt darin, einen Gegenstand für eine wesentlich kürzere Zeit als die technische Lebensdauer zu nutzen und gewisse mit dem Eigentum verbundene Risiken, wie z.B. das der technischen oder wirtschaftlichen Überholung, auf den Leasing-Geber abzuwälzen. Die Vertragsgestaltung bei Operate-Leasing-Verträgen entspricht daher herkömmlichen Mietverträgen. Damit verbunden ist das Leasing-Objekt beim Leasing-Geber zu aktivieren und abzuschreiben. Die Leasing-Raten stellen für den Leasing-Nehmer Aufwand dar und sind steuerlich als Betriebsausgaben abzugsfähig.

Das **Financial-Leasing** hat prinzipiell einen längerfristigen Charakter. Es ist mit einer **unkündbaren Grundmietzeit** verknüpft, die i.d.R. die betriebsgewöhnliche Nutzungsdauer des Leasing-Objektes nicht erreicht. Die objektbezogenen Risiken trägt beim Financial-Leasing der Leasing-Nehmer. Einer Überalterung durch technische Weiterentwicklungen oder eingeschränkte Absatzmöglichkeiten der Produkte kann daher nicht durch die kurzfristige Rückgabe des Leasing-Objektes begegnet werden. Da der Leasing-Nehmer beim Financial-Leasing ebenso wie bei einem Kauf das volle Investitionsrisiko trägt, wird es auch als Kreditsubstitut bezeichnet. Es stellt sich damit grundsätzlich die Frage, ob eine Investition mit traditionellen Mitteln oder als Finanzierungsalternative mit Financial-Leasing durchgeführt werden sollte.

Die Vertragsformen und die damit zusammenhängenden bilanziellen und steuerlichen Probleme sind beim Financial-Leasing vielfältig (vgl. MÜLLER/STOPPOK 1981). Um dennoch einige typisierende Aussagen zu den häufigsten in der Praxis vorkommenden Financial-Leasing-Verträgen machen zu können, ist zunächst eine Differenzierung nach dem Kriterium des **Vertragsinhaltes** in Voll- und Teilamortisationsverträge erforderlich.

Bei einem **Vollamortisationsvertrag** werden die Leasing-Raten so kalkuliert, daß sich die Investition für den Leasing-Geber nach Ablauf der Grundmietzeit einschließlich der Kapitalkosten amortisiert hat. Nach dieser Zeit kann der Leasing-Nehmer je nach Vertragsgestaltung den **Mietvertrag verlängern**, das **Leasing-Objekt kaufen** oder **an den Leasing-Geber zurückgeben**.

Ein **Teilamortisationsvertrag** ist dagegen innerhalb der Grundmietzeit nur mit einer teilweisen Amortisation verbunden. Daher muß der Leasing-Geber das Leasing-Objekt in irgendeiner Form weiterverwerten, um eine vollständige Rückführung des investierten Kapitals zu erreichen. Mit dem Leasing-Nehmer können dabei ebenso wie bei einem Vollamortisationsvertrag neben der **Rückgabe des Objektes** verschiedene Rechte im Leasing-Vertrag vereinbart werden. Liegt z.B. ein **Andienungsrecht des Leasing-Gebers** vor, so kann dieser das Leasing-Objekt nach Ablauf der Grundmietzeit dem Leasing-Nehmer zur Mietverlängerung oder zum Kauf anbieten. Dem Leasing-Geber steht jedoch auch jede anderweitige Verwertung offen. Bei einem Teilamortisationsvertrag mit **Mehrerlösbeteiligung des Leasing-Nehmers** wird vereinbart, daß der Leasing-Gegenstand nach Vertragsende veräußert und der Leasing-Nehmer einen Teil des über den noch nicht amortisierten Restbuchwert liegenden Mehrerlöses erhält. Aus steuerlichen Gründen ist diese Mehrerlösbeteiligung i.d.R. auf 75 % des zusätzlichen Erlöses begrenzt. Fällt der erzielte Betrag dagegen geringer als der Restbuchwert aus, so ist der Leasing-Nehmer zur Zahlung der Differenz an den Leasing-Geber verpflichtet. Dadurch ergibt sich eine nachträgliche Anpassung der Leasing-Zahlungen an den tatsächlichen Werteverzehr, so daß der Leasing-Nehmer die finanziellen Konsequenzen eines nicht vereinbarungsgemäßen Gebrauchs tragen muß. Angewandt wird dieses Modell daher inbesondere dann, wenn der Leasing-Nehmer auf den zu erzielenden Erlös einen großen Einfluß hat. Dies ist beispielsweise im Rahmen des KFZ-Leasing gegeben, bei dem der Leasing-Nehmer durch die Inanspruchnahme und Pflege des Fahrzeugs den Verkaufspreis entscheidend beeinflußt. Ein Teilamortisationsvertrag kann schließlich auch mit einem **Kündigungsrecht des Leasing-Nehmers** ausgestattet sein. Dies erlaubt ihm nach Ablauf der Grundmietzeit die Kündigung des Vertragsverhältnisses, wobei er dann eine bestimmte, nach Kündigungsterminen gestaffelte Abschlußzahlung zu leisten hat, die jedoch i.d.R. um bis zu 90 % eines etwaigen Verwertungserlöses aus dem Leasing-Objekt gekürzt wird.

Um die Vorteilhaftigkeit des Leasing im Vergleich zum Kauf zu erhöhen, wünschen die Vertragsparteien im allgemeinen, daß das Leasing-Objekt beim Leasing-Geber steuerrechtlich bilanziert und abgeschrieben wird und der Leasing-Nehmer die periodisch anfallenden Mietzahlungen in voller Höhe als Aufwand verbuchen kann. Voraussetzung für diese dem rechtlichen Eigentum entsprechende Zuordnung ist jedoch, daß der Leasing-Geber nicht für die gesamte Nutzungsdauer von der Einwirkung auf das Leasing-Objekt ausgeschlossen ist und ihm somit auch das wirtschaftliche Eigentum zusteht. In Einklang mit einem Urteil des Bundesfinanzhofes aus dem Jahre 1970 hat die Finanzverwaltung in mehreren Leasing-Erlassen diese wenig präzise Zurechnungsvorschrift genauer definiert. Danach muß die Grundmietzeit von Financial-Leasing-Verträgen i.d.R. mindestens 40 % und höchstens 90 % der betriebsgewöhnlichen Nutzungsdauer betragen, damit das Mietobjekt vom Leasing-Geber bilanziert werden kann. Begründet werden diese von der Finanzverwaltung festgelegten Grenzen folgendermaßen:

- Bei einer **Grundmietzeit von mehr als 90 %** der betriebsgewöhnlichen Nutzungsdauer wird "annähernde Deckung" unterstellt. In diesem Fall hat der Leasing-Geber zwar formal noch Anspruch auf den Leasing-Gegenstand, faktisch ist beim Überschreiten der 90 %-Grenze der Gegenstand für den Leasing-Geber wirtschaftlich wertlos.
- Da die Finanzverwaltung ursprünglich nur von Vollamortisationsverträgen ausging, nahm sie an, daß der Leasing-Nehmer bei **weniger als 40 % Grundmietzeit** mit einer Vollamortisation nur dann einverstanden sein wird, wenn ihm die Überlassung des Leasing-Gegenstandes nach Ablauf der Grundmietzeit zumindest stillschweigend zugesichert ist. Für die Finanzverwaltung stellt ein derartiges Vertragsverhältnis daher keinen Leasing-Vertrag sondern einen Ratenkauf dar.

Neben diesen zeitlichen Grenzen muß bei allen Vollamortisationsverträgen mit Optionsrechten der Optionspreis angemessen sein, und bei Teilamortisationsverträgen mit Zusatzvereinbarungen darf das Risiko der Wertminderung sowie die Chance der Wertsteigerung nicht voll beim Leasing-Nehmer liegen. Die darüber hinaus von der Finanzverwaltung entwickelten Grenzen können der Abbildung 6.27 entnommen werden. Nicht enthalten ist darin der Teilamortisationsvertrag mit Andienungsrecht des Leasing-Gebers, der unter Beachtung der erforderlichen Grundmietzeit prinzipiell dem Leasing-Geber zugerechnet wird, da der Leasing-Nehmer das Objekt bei einer Andienung auf der Basis des Restbuchwertes kaufen muß und insofern allein dem Leasing-Geber die Chance einer Wertsteigerung durch einen höheren Verkaufspreis am Markt zusteht. Ebenso existieren besondere Regelungen für die Zurechnung von Gebäuden sowie Grund und Boden, die sich allerdings an den dargestellten Vorschriften für Vollamortisationsverträge orientieren. Unabhängig von der Grundmietzeit werden schließlich Spezial-Leasing-Verträge, bei denen faktisch nur der Leasing-Nehmer das Leasing-Objekt verwenden kann, weil es speziell auf seine Bedürfnisse zugeschnitten ist, prinzipiell dem Leasing-Nehmer zugerechnet.

Werden die Leasing-Verträge nach dem **Vertragsgegenstand** differenziert, so lassen sich das Mobilien- und das Immobilien-Leasing unterscheiden. Gegenstand des **Mobilien-Leasing** sind dabei zum einen **langlebige Konsumgüter**, wie z.B. Kraftfahrzeuge, zum anderen **bewegliche Investitionsgüter**, zu denen insbesondere Werkzeugmaschinen, EDV-Anlagen und Nutzfahrzeuge gehören. Bei den Mobilien-Leasing-Verträgen handelt es sich i.d.R. um Standardverträge, die häufig folgende Bestimmungen beinhalten (SPITTLER 1985):

- Da der Leasing-Nehmer i.d.R. den Lieferanten aussucht, haftet der Leasing-Geber nicht für Spät- oder Nichtlieferung.
- Der Leasing-Nehmer ist für Anlieferung, Montage, Wartungs- und Reparaturarbeiten zuständig und trägt die Gefahr eines zufälligen Untergangs und eines vorzeitigen Verschleißes.
- Die Eigentümerrechte liegen beim Leasing-Geber, so daß der Leasing-Nehmer über das Leasing-Objekt nicht verfügen und es nicht verändern oder entfernen darf.
- Die Gewährleistungsansprüche gegenüber dem Lieferanten liegen i.d.R. beim Leasing-Nehmer, Mängel nach Ablauf dieser Zeit hat der Leasing-Nehmer zu tragen.
- Die Leasing-Raten sind für die gesamte Laufzeit fest vereinbart. Bei Verzug können die gesamten Zahlungen fällig gestellt und der Gegenstand zurückgefordert werden.

Zurechnung des Leasing-Objekts / Leasing-Vertrag	Der Leasing-Gegenstand ist zuzurechnen dem	
	Leasing-Geber wenn die Grundmietzeit zwischen 40% und 90% der betriebsgewöhnlichen Nutzungsdauer beträgt und	Leasing-Nehmer wenn die Grundmietzeit weniger als 40% oder mehr als 90% der betriebsgewöhnlichen Nutzungsdauer beträgt oder wenn die Grundmietzeit zwischen 40% und 90% liegt und
Vollamortisationsverträge über Mobilien mit Kaufoption	der Optionspreis mindestens dem linear ermittelten Buchwert oder dem niedrigeren gemeinen Wert entspricht	der Optionspreis niedriger ist als der linear ermittelte Buchwert oder der niedrigere gemeine Wert
Vollamortisationsverträge über Mobilien mit Mietverlängerungsoption	die Anschlußmiete den Werteverzehr deckt, der sich auf der Basis des Buchwertes oder des gemeinen Wertes (s.o.) und der Restnutzungsdauer ergibt	die Anschlußmiete nicht den Werteverzehr deckt, der sich auf der Basis des Buchwertes oder des gemeinen Wertes (s.o.) und der Restnutzungsdauer ergibt
Teilamortisationsverträge mit Aufteilung des Mehrerlöses	der Leasing-Nehmer einen Veräusserungsverlust tragen muß und beim Veräußerungsgewinn mindestens 25% dem Leasing-Geber zustehen	der Leasing-Geber einen Anteil von weniger als 25% des Mehrerlöses erhält
Teilamortisationsverträge mit Kündigungsrecht des Leasing-Nehmers	der Leasing-Nehmer frühestens nach 40% der betriebsgewöhnlichen Nutzungsdauer kündigt, sowie eine Abschlußzahlung in Höhe des noch nicht amortisierten Restwertes unter Anrechnung von höchstens 90% des Verkaufserlöses leistet	der Leasing-Nehmer vor Ablauf der 40%-Grenze kündigt, den noch nicht amortisierten Restwert nicht begleichen muß oder ein Verkaufserlös zu mehr als 90% dem Leasing-Nehmer angerechnet wird

Abb. 6.27: Zurechnung von Leasing-Gegenständen

Die Mobilien-Leasing-Verträge waren traditionell auf Basis der Vollamortisation ausgelegt, so daß die Leasing-Zahlungen neben Finanzierungskosten, einer Gewinnspanne und Nebenkosten die gesamten Anschaffungskosten enthielten. Bei den heutzutage verstärkt in den Vordergrund tretenden Teilamortisationsverträgen werden die Zahlungen dagegen um den Restbuchwert, d.h. um den erwarteten zukünftigen Verkaufserlös, vermindert.

Gegenstand des **Immobilien-Leasing** sind **unbewegliche Investitionsgüter**, wie z.B. Grundstücke, Gebäude und Betriebsanlagen. Aufgrund der durch das höhere Volumen und die längere Laufzeit größeren Risiken werden die einzelnen Vertragsbestandteile im Gegensatz zum Mobilien-Leasing zwar i.d.R. individuell ausgehandelt, häufig wird jedoch folgendes vereinbart (SPITTLER 1985):

- Der Leasing-Geber erwirbt das zu bebauende Grundstück und errichtet das Gebäude oder die Anlage.
- Um eine exakte rechtliche und wirtschaftliche Trennung zu erreichen, werden die Leasing-Objekte häufig über eine nur für diesen Zweck gegründete Gesellschaft abgewickelt.
- Der Leasing-Nehmer muß u.U. eine Bearbeitungsgebühr von 5 % der Investitionskosten tragen und zwischen Vertragsabschluß und Bezugsfertigkeit sog. "Vormieten" leisten.
- Die Instandhaltung, den Unterhalt und alle mit dem Leasing-Objekt verbundenen Risiken trägt der Leasing-Nehmer.

Auch beim Immobilien-Leasing kann zwischen einer Voll- und einer Teilamortisation unterschieden werden. Die Vollamortisation ist jedoch aufgrund einer wesentlich kürzeren Grundmietzeit im Vergleich zur betriebsgewöhnlichen Nutzungsdauer mit vergleichsweise hohen Leasing-Zahlungen verbunden, die eine wirtschaftliche Vorteilhaftigkeit erheblich vermindern. Daher wird der Teil der Raten, der die steuerrechtlich zulässige Abschreibung übersteigt, als Darlehen des Leasing-Nehmers an den Leasing-Geber betrachtet (Mieterdarlehen) und nach Vertragsende zurückgezahlt oder bei einer Vertragsverlängerung angerechnet. Der Leasing-Geber ist somit nach Ablauf der Grundmietzeit zu einer Umschuldung oder zum anderweitigen Verkauf des Leasing-Objektes gezwungen, wenn der Leasing-Nehmer den Vertrag nicht verlängert. Dabei trägt der Leasing-Geber allein das Weiterverwertungsrisiko und kann den Leasing-Nehmer hierzu nicht heranziehen. Dies gilt selbstverständlich auch für die Teilamortisationsverträge, die eine Rückführung des Kapitals nur in Höhe der steuerrechtlich erlaubten Abschreibungen vorsehen.

Gegenstand von Immobilien-Leasing-Verträgen sind häufig "Sale-and-lease-back Geschäfte". Das **Sale-and-lease-back** stellt eine Sonderform des Financial Leasing dar. Es ist dadurch gekennzeichnet, daß der zukünftige Leasing-Nehmer ein in seinem Eigentum befindliches und von ihm häufig auch genutztes Objekt an eine Leasing-Gesellschaft verkauft und anschließend das Recht zur weiteren Nutzung des gleichen Gegenstandes durch Abschluß eines Leasing-Vertrages erwirbt. Dem ursprünglichen Eigentümer fließt dadurch im Rahmen einer **Umschichtungsfinanzierung** einerseits Kapital in Höhe des Verkaufspreises zu, andererseits muß er Finanzmittel für die laufende Abführung der Leasing-Raten bereitstellen. Die Besonderheiten des Sale-and-lease-back bestehen damit im Vergleich zu den bereits angesprochenen Leasing-Varianten insbesondere darin, daß

- Identität zwischen dem ursprünglichen Eigentümer des Leasing-Objektes und dem Leasing-Nehmer besteht,

- es sich bei dem Leasing-Gegenstand meistens um bereits vom Leasing-Nehmer genutzte Objekte handelt,
- im Gegensatz zum traditionellen Financial-Leasing die Investitionsentscheidung bereits gefallen ist und
- bisher im Objekt gebundenes Kapital freigesetzt wird und dem Leasing-Nehmer liquide Mittel zur freien Disposition zufließen.

Darüber hinaus werden beim Sale-and-lease-back höhere Anforderungen an das Leasing-Objekt und an den Leasing-Nehmer gestellt. Als **Leasing-Objekt** kommen nur in seltenen Fällen mobile Wirtschaftsgüter in Betracht, da der Leasing-Nehmer i.d.R. eine langfristige Kapitalfreisetzung anstrebt, die mit einer vergleichsweise kurzen betriebsgewöhnlichen Nutzungsdauer und damit verbundenen hohen anteiligen Leasing-Raten nicht zu verwirklichen ist. Sale-and-lease-back Geschäfte werden daher fast ausschließlich mit Immobilien abgewickelt. Als Objekte fungieren vornehmlich Verwaltungsgebäude, Produktions- und Lagerhallen, Kaufhäuser und Verbrauchermärkte. Ausschlaggebend für die Leasingfähigkeit eines Gebäudes ist dabei, daß es auch für einen branchenfremden Mieter ohne größere Umbauten interessante Nutzungsmöglichkeiten bietet und insoweit von der Leasing-Gesellschaft mit dem Ende des Leasing-Vertrages weiterverwertet werden kann. Dementsprechend sind Gebäude, die nur vom Verkäufer sinnvoll genutzt werden können, für ein Sale-and-lease-back nicht geeignet. Übersteigerte Forderungen des Verkäufers sind daher, auch durch die Einschaltung eines unabhängigen Sachverständigen, i.d.R. nicht durchzusetzen.

Der Auswahl des **Leasing-Nehmers** kommt aufgrund der hohen Investitionssumme und der langen Laufzeit bei Sale-and-lease-back Verträgen eine große Bedeutung zu. Die Leasinggesellschaften stellen dabei im Rahmen der Bonitätsüberprüfung ähnlich hohe Anforderungen hinsichtlich Ertragslage, Management, Marktstellung und Produktionsprogramm wie die Banken bei einer Kreditvergabe und akzeptieren nur rentablilitäts- und kapitalstarke, expansive Unternehmen, die eine ausreichende Gewähr für eine vertragsgerechte Zahlung der Leasing-Raten bieten. In Ausnahmefällen kann zwar eine mangelnde Kreditwürdigkeit des Leasing-Nehmers durch den Abschluß von Untermietverträgen mit bonitätsmäßig einwandfreien Unternehmen ausgeglichen werden, ein probates Mittel zur Sanierung angeschlagener Unternehmen ist das Sale-and-lease-back damit jedoch nicht.

Zur Durchführung von Sale-and-lease-back Geschäften ist der Abschluß eines regulären **Kaufvertrages** und eines **Leasing-Vertrages** erforderlich. Der Leasing-Vertrag wird dabei nur selten auf Basis der traditionellen Vollamortisation abgeschlossen, da der Leasing-Nehmer dann bei Vereinbarung einer Kaufoption den Restbuchwert unter Zugrundelegung einer linearen Abschreibung über die betriebsgewöhnliche Nutzungsdauer zahlen müßte, um nicht die Zurechnung des Leasing-Objektes zum Leasing-Geber zu gefährden. Im Rahmen einer Vollamortisation hat der Leasing-Nehmer jedoch bereits innerhalb der Grundmietzeit das Kapital vollständig zurückgeführt, so daß diese Vertragsgestaltung mit einer doppelten Begleichung des Restbuchwertes verbunden wäre. Verstärkt wird dieses Problem dadurch, daß die Sale-and-lease-back Verträge i.d.R. eine Laufzeit von 20 bis 30 Jahren aufweisen, während die betriebsgewöhnliche Nutzungsdauer regelmäßig bei 50 Jahren liegt. Die Abwicklung von Sale-and-lease-back Verträgen erfolgt daher häufig in Verbindung mit den bereits dargestellten Mieterdarlehen, die letztlich auf eine Verrechnung zwischen den abgeführten Amortisationsteilbeträgen und dem Restbuchwert hinauslaufen. Allerdings kann der Leasing-Nehmer dabei nur die effektiven und nicht die abfließenden Leasing-Raten als steuerlich abzugsfähige Betriebsausgaben ansetzen und muß das Darlehen als unverzinsliche Forderung in seiner Bilanz aktivieren.

Die positiven Wirkungen des Sale-and-lease-back resultieren zunächst aus dem zufließenden Veräußerungsgegenwert und der Möglichkeit, durch eine Umschichtung Investitionsvorhaben langfristig finanzieren oder fällige Verbindlichkeiten zurückzahlen zu können. Daneben werden vielfach durch den Verkauf von Gebäuden oder Grund und Boden stille Reserven aufgelöst, die zu einer verbesserten Ertragslage führen. Zu beachten ist dabei allerdings, daß die stillen Reserven versteuert werden müssen, wenn nicht die Übertragung auf neue Wirtschaftsgüter resp. die Bildung einer steuerfreien Rücklage im Rahmen des § 6 b EStG gelingt oder die Inanspruchnahme eines Verlustrück- oder Verlustvortrages nicht möglich ist. Die Veränderung der Bilanzstruktur und dabei insbesondere die Verbesserung des Verschuldungsgrades durch eine geringere Fremdkapitalaufnahme sind schließlich nur vordergründiger Natur, da sich an der tatsächlichen Situation des Unternehmens nichts ändert und lediglich bilanzielle Verpflichtungen in Off-Balance-Sheet Positionen umgewandelt werden.

5. Das Geschäft der Factoring-Gesellschaften

Das Factoringgeschäft wurde in Deutschland Ende der 50er Jahre aufgenommen und hat seitdem als Kreditsubstitut eine nicht unerhebliche Bedeutung erlangt. Als Factoring gilt dabei der laufende Ankauf von i.d.R. kurzfristigen Forderungen aus Lieferungen und Leistungen vor Fälligkeit durch ein Factoringunternehmen (Factor). Der Factor übernimmt die gesamte Debitorenbuchhaltung des ursprünglichen Zahlungsempfängers und überwacht die pünktliche und vollständige Rückzahlung der Forderungen. Im allgemeinen trägt er auch das Delkredererisiko, also die Gefahr, daß der Schuldner seinen Verpflichtungen nicht vereinbarungsgemäß nachkommt. Das Factoring wird jedoch auch ohne die Übertragung des Kreditrisikos praktiziert, was für den Verkäufer einer Forderung insbesondere mit geringeren Kosten verbunden ist. Unter rechtlichen Aspekten stellt Factoring einen Kauf und damit kein Bankgeschäft im Sinne des Kreditwesengesetzes dar. Der entgeltliche Erwerb von Forderungen gilt jedoch nach § 19 KWG als ein Kredit, so daß von Kreditinstituten betriebene Factoringgeschäfte den Bestimmungen des KWG unterliegen.

Grundlage der Geschäftsbeziehungen zwischen Factor und Klient ist ein **Factoringvertrag**, der die zahlreichen aus der Zusammenarbeit resultierenden gegenseitigen Rechte und Pflichten regelt. In dem Vertrag verpflichtet sich der Veräußerer der Forderungen, sämtliche Forderungen dem Factoring-Institut zum Kauf anzubieten. Lediglich in großen Unternehmen kann diese Pflicht, die den Factor davor schützen soll, nur erheblich risikobehaftete Forderungen angeboten zu bekommen, auf bestimmte Absatzgebiete, Produkt- oder Kundengruppen beschränkt werden. Der Anbietungspflicht des Klienten entspricht die Ankaufspflicht des Factors, der davon nur dann befreit ist, wenn eine nach bankübblichen Gesichtspunkten abgewickelte Kreditwürdigkeitsprüfung zu einem negativen Ergebnis führt. Um Meinungsunterschiede bei dieser Einschätzung zu vermeiden, reicht der Klient vor Beginn der Zusammenarbeit eine Kundenliste ein, die der Factor analysiert und die er für jeden Kunden mit einem Kreditlimit versieht, in dessen Rahmen der Ankauf der angebotenen Forderungen grundsätzlich zugesagt wird. Der Klient offeriert dem Factor anschließend seine Forderungen lediglich durch Übersendung der Rechnungsdurchschriften, aus denen neben dem Namen des Kunden auch die Art der gelieferten Waren oder erbrachten Dienste, der Rechnungsbetrag und sonstige Nebenkosten oder Preisnachlässe entnommen werden können (vgl. BETTE 1973). Grundsätzlich nicht geeignet ist das Factoring für Forderungen gegenüber Endabnehmern, da zum einen der Rechnungsbetrag im Vergleich zu den Aufwendungen für die Kreditwürdigkeitsprüfung zu niedrig ist und zum anderen i.d.R. nur eine einmalige und keine fortwährende Geschäftsbeziehung wie bei Wiederverkäufern besteht. Daneben werden zum Factoring keine langfristigen Forderungen herangezogen. Dies resultiert ebenfalls aus der Kreditwürdigkeit des Kunden, die der Factor nur für eine kurze Zeitspanne überblicken kann. Zudem würde eine vergleichsweise spät den Factor oder den Klienten treffende Zahlungsunfähigkeit die Effizienz des Gesamtsystems stark behindern.

Durch den Ankauf von Forderungen übernimmt der Factor Finanzierungs-, Dienstleistungs- und Delkrederefunktionen. Im Rahmen der **Finanzierungsfunktion** erwirbt bzw. bei Ausschluß des Ausfallrisikos bevorschußt der Factor die Lieferungen und Leistungen des Klienten, der dadurch gewährte Lieferantenkredite refinanzieren kann. Die Auszahlung des Gegenwertes erfolgt i.d.R. wenige Tage nach Einreichung der Rechnungsdurchschriften unter Abzug eines Kürzungsbetrages von etwa 10 %. Dieser Restbetrag wird einem Sperrkonto gutgeschrieben und dient dem Ausgleich von Beanstandungen, Rechnungskürzungen und Zahlungsausfällen. Verfügt der Klient über eine ausreichende Liquidität und strebt er insbesondere die Übertragung der Dienstleistungs- und der Delkrederefunktion an, so kann die Auszahlung der Forderungsgegenwerte jedoch auch erst zum Zahlungszeitpunkt, bei Verfall der einzelnen Buchforderungen oder zum durchschnittlichen Fälligkeitstermin erfolgen. Für die Bereitstellung der Forderungsgegenwerte vor Fälligkeit berechnen die Factoringgesellschaften **Kreditzinsen**. Diese liegen i.d.R. geringfügig über den banküblichen Zinsen, da sich die Gesellschaften selbst bei Kreditinstituten refinanzieren müssen.

Übernimmt der Factor die **Dienstleistungsfunktion**, so sind damit insbesondere die folgenden Aufgaben verbunden:

- Führung der Debitorenbuchhaltung,
- Bonitätskontrolle,
- Mahnwesen,
- Beratung und sonstige Sonderleistungen.

Inwieweit der Factor am **Inkassowesen** beteiligt ist, hängt von der Beziehung zwischen dem Klienten und seinen Kunden ab. Unterschieden werden können das **offene** und das **verdeckte Factoring**. Beim offenen oder modifizierten Factoring wird die Übertragung der Forderungen auf den Factor den Kunden angezeigt, so daß diese mit befreiender Wirkung nur noch an den Factor Zahlung leisten können. Dagegen werden die Kunden beim verdeckten oder nicht modifizierten Factoring von der Abtretung der Forderungen nicht unterrichtet. Sie zahlen weiterhin an den Lieferanten, der die entsprechenden Beträge allerdings auf einem Sonderkonto sammelt. Für die Übernahme der factoringspezifischen Dienstleistungen erhebt der Factor eine **Dienstleistungsgebühr**. Sie schwankt je nach Art und Umfang seiner Leistungen und hängt u.a. vom Forderungsvolumen, der durchschnittlichen Rechnungshöhe sowie der Anzahl der Debitoren und der Rechnungen ab. Die Gebühr beläuft sich auf 0,5 % bis 3 % des Forderungsankaufs.

Im Rahmen der **Delkredere- oder Versicherungsfunktion** übernimmt der Factor das wirtschaftliche Risiko der Zahlungsunfähigkeit der Kunden. Der Factor hat in diesem Fall die Forderungen des Klienten nicht nur bevorschußt, sondern sie vielmehr endgültig erworben. Das Delkredererisiko gilt dabei als eingetreten, wenn der Kunde nach Ablauf einer gewissen Zeitspanne nach Ende des Zahlungsziels nicht bezahlt. Der Factor muß dann seine Versicherungsleistung erbringen, ohne daß ein spezieller Nachweis wie Konkurs oder Zwangsvollstreckung geführt werden müßte. Als Entgelt für die übernommenen Ausfallrisiken berechnen die Factoringgesellschaften eine **Delkrederegebühr**. Sie ist naturgemäß vor allem abhängig von der Bonität der Abnehmer, den Zahlungsbedingungen und den Zahlungsusancen. Von der Größenordnung her beträgt die Delkrederegebühr i.d.R. etwa zwischen 0,1 % und 1 % vom Forderungsankauf.

Trägt der Factor neben der Finanzierungs- und der Dienstleistungsfunktion auch das Delkredererisiko, so ist die umfassendste Form des Factoring erreicht, die daher auch als **echtes Factoring** bezeichnet wird. In Deutschland stellt diese Gestaltungsform jedoch eher die Ausnahme dar und wird nur im Rahmen des Factoring von Exportforderungen betrieben, da internationale Factoringgesellschaften über ihre Tochterinstitute die Bonität besser überprüfen und den Einzug der Forderungen nachhaltiger betreiben können. Das von Kreditinstituten angebotene Factoring mit Inlandsforderungen schließt dagegen die Übernahme des Delkredererisikos i.d.R. aus. In diesem Fall handelt es sich daher auch nicht um eine echte Kapitalfreisetzung, sondern lediglich um eine besondere Form der Kreditgewährung, indem die Forderungen des Klienten beliehen werden.

Um die Vorteilhaftigkeit des Factoring zu ermitteln, sind den entstehenden Finanzierungs-, Dienstleistungs- und Delkrederekosten die erzielbaren Kostenersparnisse und die sonstigen geldwerten Vorteile gegenüberzustellen. Eine exakte Beurteilung ist nur individuell für jedes Unternehmen und nicht allgemeingültig möglich. Generell können jedoch zu den positiven Effekten gerechnet werden:

- eine Rentabilitätserhöhung infolge schnelleren Umschlags der Forderungen und Rückführung von Bankkrediten,
- geringere Aufwendungen für Schreibarbeiten, Telefon oder Porti im Mahn- und Inkassowesen,
- Senkung der Kosten in der Debitorenbuchhaltung,
- Verringerung der Verluste aus Insolvenzen von Geschäftspartnern,
- Stärkung der Einkaufsposition durch erhöhte Liquidität (Ausnutzung von Skontovorteilen und/oder Preisvorteilen durch Sofortzahlung),
- Freisetzung knapper Managementkapazitäten.

Hinsichtlich der Betriebskosten ist im Rahmen einer Wirtschaftlichkeitsrechnung darauf zu achten, daß nur Kostenarten erfaßt werden, die zu einer tatsächlichen Einsparung führen. Zeitabhängige Kosten, zu denen primär die Personal- und Raumkosten zählen, sinken häufig nicht oder erst nach einer gewissen Zeitspanne (vgl. PERRIDON/STEINER 1991).

Als Nachteil des Factoring wird häufig angeführt, daß Geschäftspartner aus der Abtretung der Forderungen falsche Rückschlüsse auf das "Kreditstanding" und die Liquidität des Unternehmens ziehen könnten. Speziell um dieser "Abtretungsscheu" entgegenzuwirken, existiert jedoch die bereits oben erwähnte Form des stillen Factoring, bei der dem Schuldner die Forderungsabtretung verborgen bleibt. Weitere Probleme des Factoring können sich ergeben, wenn Kunden in ihren Geschäftsbedingungen die Abtretung der an sie gerichteten Kaufpreisforderungen gemäß § 399 BGB verbieten oder wenn ein verlängerter Eigentumsvorbehalt der Lieferanten an den Waren, die weiterverkauft werden, besteht. Dies hat zur Folge, daß die Forderungen gegen die Abnehmer des Klienten nicht wirksam abgetreten werden können.

6. Das Geschäft der Forfaitierungs-Gesellschaften

Dem Factoring verwandt ist die Forfaitierung. Hierunter ist der **Verkauf einzelner mittel- oder langfristiger Exportforderungen** an einen Forfaiteur unter Ausschluß des Rückgriffsrechts auf den Forderungsverkäufer (Forfaitist) zu verstehen. Im Unterschied zum Factoring ist die Forfaitierung auf größere Forderungen sowie auf Forderungen aus Exportgeschäften ausgerichtet. Sie ist daneben immer mit einem Übergang des Delkredererisikos auf den Käufer verbunden. In der Bundesrepublik Deutschland begannen in den 60er Jahren zunächst die in die Exportfinanzierung eingeschalteten Banken mit der Vermittlung von sog. "a-forfait-Finanzierungen" oder auch mit dem Ankauf von Exportforderungen für eigene Rechnung. Heutzutage sind daneben bankunabhängige Finanzierungsgesellschaften sowie Spezialinstitute von international arbeitenden Banken am Forfaitierungs-Geschäft beteiligt.

Die Finanzierung von grenzüberschreitenden Geschäften beinhaltet für den Forfaiteur eine Reihe von Risiken, die er durch eine entsprechende Absicherung zu begrenzen versucht. Zu den typischen Risiken gehört zunächst das **Länderrisiko**, das bei politischen Unruhen, Revolutionen oder Kriegen und bei einer mangelnden Zahlungsbereitschaft oder Zahlungsfähigkeit der Regierung des betreffenden Landes schlagend wird. Um dieses Risiko einzugrenzen, ist der Verkauf von Forderungen nur bei Ländern möglich, die über ein stabiles politisches System und eine liberale Wirtschaftsordnung verfügen, und bei denen aufgrund vorhandener Devisenreserven ein ordnungsgemäßer Transfer der Forderungen erwartet werden kann. Bei schwächer eingeschätzten Ländern erfolgt ggfs. nur ein Ankauf von Forderungen mit kürzeren Laufzeiten (SELZER 1986).

Die besonderen Abwicklungsformalitäten der Forfaitierung knüpfen am **Delkredererisiko** an, das vom Forfaitisten grundsätzlich übernommen wird. Zur Ausschaltung dieses Risikos verlangt der Forfaitist im allgemeinen ein Aval oder die Garantie eines Kreditinstituts sowie eine eindeutige Dokumentation der Forderung, um am Fälligkeitstag eine problemlose Durchsetzung der Ansprüche sicherzustellen.

Eingesetzt wird dabei als Instrument insbesondere der **Wechsel**, der aufgrund seines internationalen Bekanntheitsgrades, einer nahezu einheitlichen Gesetzgebung sowie seines abstrakten und damit von Meinungsdifferenzen unabhängigen Charakters zur Zahlungssicherung besonders geeignet ist. Probleme treten allerdings beim **gezogenen Wechsel** auf, da die vom Exporteur auf den Importeur gezogene und vom Forfaiteur angekaufte Urkunde ein Rückgriffsrecht auf den Exporteur mangels Zahlung des Importeurs beinhaltet. Um dennoch den wesentlichen Kern der Forfaitierung zu erhalten, stellt der Forfaiteur den Aussteller des Wechsels in einer gesonderten Erklärung von allen Risiken frei und verzichtet somit auf ein wechselrechtlich eigentlich nicht abdingbares Rückgriffsrecht.

Unproblematisch und daher auch häufiger angewandt ist dagegen der **Sola oder eigene Wechsel**, der vom Importeur ausgestellt und akzeptiert wird und insofern mit keiner wechselrechtlichen Zahlungsverpflichtung des Exporteurs verbunden ist. Neben dem Wechsel wird zur Zahlungssicherung seltener auf **Akkreditive** zurückgegriffen, die unwiderruflich und bestätigt sowie zur Sicherung des langfristigen Charakters der Forfaitierung nicht auf Sicht ausgestellt sein dürfen. Nur bei Importeuren mit einwandfreier Bonität ist schließlich der Verkauf einer **Buchforderung** möglich. Weitere Voraussetzungen sind dazu, daß der Käufer die Ware angenommen, akzeptiert und die Forderung hinsichtlich Betrag und Fälligkeit bestätigt hat.

Begrenzen muß der Forfaitist schließlich auch das **Währungsrisiko**. Es tritt bei Forderungen auf, die in Fremdwährung fakturiert sind und wird bei einer Aufwertung der inländischen Währung wirksam. Zur Abdeckung wird i.d.R. auf eine währungs- und fristenkongruente Refinanzierung zurückgegriffen, die jedoch nur bei bestimmten Währungen problemlos möglich ist. Aus diesem Grund übernehmen die Forfaiteure nur Forderungen, die auf gängige Hartwährungen, wie z.B. US-Dollar oder Schweizer Franken, lauten. Um Forderungen anderer konvertierbarer Währungen zu verkaufen, müssen direkt Forfaiteure mit Sitz in dem jeweiligen Land angesprochen werden.

Die **Kosten** der Forfaitierung sind aufgrund der erheblichen Risiken von mehreren Faktoren, wie z.B. der Bonität des Schuldners und des Landes, der Währung, der Laufzeit sowie den Kurssicherungs- und Refinanzierungskosten, abhängig. Sie werden ausgedrückt in einem Diskontsatz und wie bei einem Wechseldiskontgeschäft sofort beim Ankauf der Forderung in Abzug gebracht. Der Diskontsatz setzt sich zusammen aus der Marge für das Delkredere- und das Länderrisiko, den voraussichtlichen Kosten für den Einzug der Forderungen sowie der Gewinnmarge für den Forfaiteur.

Die Forfaitierung weist starke Ähnlichkeiten zum Exportfactoring auf (vgl. Abb. 6.28). Neben der differierenden Laufzeit unterscheiden sich diese beiden Varianten im wesentlichen jedoch dadurch, daß der Forfaiteur nur einzelne Forderungen ankauft, während beim Factoring auch die Übernahme zukünftiger, noch unbestimmter Forderungen vorgesehen ist (vgl. CAPELL/SWINNE 1981). Weiter kann beim Factoring nur die Delkredereabsicherung, nicht jedoch die Übertragung des Länder- und des Kursrisikos vereinbart werden, und schließlich ist im Gegensatz zur Forfaitierung das Exportfactoring häufig mit der Erledigung weiterer Dienstleistungen verbunden.

Die Vorteile der Forfaitierung liegen damit in der umfassenden Sicherung internationaler Kreditengagements auf der Basis von Waren- oder Dienstleistungsgeschäften. Im einzelnen können die Vorteile folgendermaßen beschrieben werden:

- sämtliche Risiken entfallen aufgrund des regreßfreien Verkaufs,
- sofortige Verbesserung der Liquiditätssituation,
- Kostenersparnis durch Wegfall von Überwachungs- und Inkassoarbeiten,

- kein Selbstbehalt (100 % Finanzierung) und keine Kosten für die Kreditversicherung,
- eindeutige Kostenkalkulation durch feste Zinssätze.

Zur Entscheidungsfindung ist allerdings nicht nur der Nutzen zu erfassen, sondern es müssen auch die entstehenden Kosten berücksichtigt werden. Nur ein umfassendes Kalkül, in das auch die jeweilige länderspezifische Grundrichtung sowie die Möglichkeiten und Grenzen einer Risikostreuung des Unternehmens insgesamt eingehen, kann so zu einer fundierten und ertragsbezogenen Entscheidung führen.

Merkmale	Exportfactoring	Forfaitierung
Wesen	Forderungskauf i.d.R. mit teilweiser Risikoübernahme durch Factoring-Gesellschaft	Kauf von Exportforderungen ohne Rückgriff auf den Exporteur (Forderungsverkäufer)
Laufzeit	meist 30-120 Tage	6 Monate bis 5 Jahre
Währung	alle möglich	i.d.R. Sfr., DM, US $, sowie andere Währungen, in denen kongruente Refinanzierung möglich ist
Finanzierungsausmaß	i.d.R. in DM bis zu 95% des Forderungsbetrages	Nominalwert der Forderung abzüglich Diskont
Delkredererisiko zu Lasten	i.d.R. Factoring-Gesellschaft	Forfaiteur
Länderrisiko zu Lasten	i.d.R. Exporteur	Forfaiteur
Voraussetzungen	ausreichende Bonität des Lieferanten, des ausländischen Importeurs und des Importlandes	erstklassige Schuldneradresse oder gutes Bankaval, ausreichende Bonität des Importlandes
Kosten	Dienstleistungsgebühren und Geldkosten	Kosten der kongruenten Refinanzierung und Zuschlag
Besonderheiten der einzelnen Finanzierungsarten	häufig verbunden mit zusätzlichen Dienstleistungen, wie Buchhaltung, Mahnwesen, Inkasso, Statistiken	keinerlei Eventualengagement des Exporteurs aus der Finanzierung
Eignung zur Finanzierung	Konsum- und kurzlebige Investitionsgüter, Dienstleistungen	Investitionsgüter

Abb. 6.28.: Vergleich von Exportfactoring und Forfaitierung (Quelle: Capell/Swinne 1981, S. 139)

LITERATURHINWEISE:

BETTE, K. (1973)
CAPELL, J./SWINNE, A. (1981)
DEGENER, T. (1986)
DORNER, R. (1970)
HAHN, D. (1984)
HARTMANN, R. (o.Jg.)
HENTZNER, F./VOSSHENRICH, B. (1988)
HERRMANNS, F. (1980)
KISSNER, E./FEINEN, K./BITTMANN, H. (1982)
KNODEL, K. (1986)
LAUX, H. (1983)
LAUX, H. (1988)
MÜLLER, H.-P./STOPPOK, G. (1981)
ORTH, F. (1982)
PERRIDON, L./STEINER, M. (1991)
SELZER, R. (1986)
SCHMIDT, R.H. (1990)
SCHMITT, R.M. (1968)
SCHUBERT, G. (1982)
SPITTLER, H.-J. (1985)
STRACKE, G./POHL, M. (1987)
VALLENTHIN, W. (1976)

7. Kapitel: Investment Banking

A. Begriff und Systematisierung

Der Begriff "Investment Banking" geht auf das US-amerikanische Trennbankensystem zurück, das seit dem **Glass-Steagall-Act** von 1934 die Geschäftsfelder einzelner Banktypen begrenzt. So mußten sich die Banken damals entscheiden, ob sie als Geschäftsbanken, sog. "Commercial Banks" oder als Wertpapierhäuser, d.h. "Investment Banks", tätig sein wollten.

Inzwischen existieren an allen wichtigen Finanzplätzen Investmentbanken. Die größten Häuser befinden sich heute in Japan, in den USA sowie in England. Auf letzterem Finanzmarkt tragen die Wertpapierhäuser allerdings aufgrund historischer Wurzeln in der Handelsfinanzierung, insbesondere im Akzeptkredit, die Bezeichnung "Merchant Banks" (Händlerbanken). Im Gegensatz zu den US-amerikanischen und japanischen Investmentbanken unterliegen sie keinerlei Restriktionen in ihrer Geschäftstätigkeit (SCHNEIDER-GÄDICKE 1987, MOSCHNER 1988/1989).

In der Bundesrepublik Deutschland wurde von den heimischen Universalbanken zunächst als "Investment Banking" in aller Regel ausschließlich das traditionelle Wertpapiergeschäft bezeichnet, das

- zum einen **Kundengeschäfte**, d.h. die Deckung des Finanzbedarfs von (Groß-)kunden durch plazierbare Anlagetitel (Emissionsgeschäft), die Verwahrung und Verwaltung dieser Titel (Depotgeschäft) und den Handel mit diesen (Effektenhandel) sowie

- zum anderen **Eigengeschäfte**, d.h. die Geldanlage in Effekten, die Emission von Wertpapieren im Namen und für Rechnung des eigenen Hauses, den aktiven Handel mit den Effekteneigenbeständen sowie die Durchführung von Wertpapierpensionsgeschäften beinhaltet.

Während die finanziellen Bedürfnisse der Kreditinstitute und der Kundschaft früher ausschließlich durch klassische, handelbare Wertpapiere wie Aktien und Festzinsanleihen befriedigt werden konnten, traten seit Beginn der 80er Jahre zunehmend neue Problemstellungen und neue Instrumente in den Vordergrund. Als Folge dieser Entwicklung verschob sich die Auffassung von der heutzutage als Investment Banking zu bezeichnenden Geschäftstätigkeit. Eine einheitliche Interpretation von Investment Banking besteht dabei nicht. Einigkeit besteht nur darüber, welche Tätigkeitsfelder das Investment Banking mindestens enthält. So kann eine Klassifikation in Investment Banking im engeren Sinne und in Investment Banking im weiteren Sinne vorgenommen werden. Dabei beinhaltet das **Investment Banking im engeren Sinne** die Entwicklung, die Emission, die Plazierung, den Kauf und Verkauf sowie die Verwahrung und Verwaltung von sog. "Negotiable Instruments", d.h. handelbaren Wertpapieren und wertpapierähnlichen Instrumenten. Während das Investment Banking im engeren Sinne im Vergleich zum klassischen Wertpapiergeschäft somit ausschließlich durch die Nutzung einer erweiterten Finanzproduktpalette charakterisiert ist, setzt das **Investment Banking im weiteren Sinne** sowohl auf der instrumentellen Ebene als auch auf der Ebene der Geschäftstätigkeiten an. So werden inzwischen zum einen beispielsweise zusätzlich Swap-Transaktionen sowie auch Futures- und Optionsgeschäfte durchgeführt; zum anderen gewinnen völlig neue Geschäfte wie das des Mergers & Akquisitions neben den anderen traditionellen Wertpapierdienstleistungsgeschäften zunehmend an Bedeutung. Auch werden traditionell nicht im Bereich des Wertpapiergeschäfts eingeordnete Tätigkeiten, wie beispielsweise der Devisenhandel, zur Abrundung der bisherigen Produktpalette in das Investment Banking integriert.

Neben den Kundengeschäften beinhaltet das Investment Banking - in Analogie zu der in den USA traditionell vertretenen Auffassung - auch die Wertpapiereigengeschäfte einer Bank, welche prinzipiell aktivisch als auch passivisch betrieben werden können. Eine Besonderheit innerhalb dieser Eigengeschäfte stellen dabei die Wertpapierpensionsgeschäfte dar, die sowohl der Kapitalanlage (aktivisches Geschäft: Inpensionnahme) als auch der Kapitalbeschaffung (passivisches Geschäft: Inpensiongabe) dienen können .

Das Fehlen einer einheitlichen Auffassung über die Inhalte des Investment Banking muß allerdings insofern relativiert werden, als das Investment Banking einem ständigen Wandel unterworfen ist. Die fortwährend wachsende Zahl neuer, zum Teil komplexer Geschäfte und Produkte wird auch in Zukunft eine ständige, jeweils an die Finanzmärkte angepaßte, inhaltliche Erweiterung resp. Verschiebung des Begriffs "Investment Banking" zur Folge haben.

Die unterschiedlichen begrifflichen Auffassungen werden abschließend in Abb. 7.1 gegenübergestellt, deren Systematik im folgenden als Grundlage für die Erläuterungen der einzelnen, unter das Investment Banking fallenden Produkte und Geschäfte, dient.

LITERATURHINWEISE:

BOFINGER, P. (1988)
FEUCHTMÜLLER, W. (1989)
MOSCHNER, M. (1988/1989)
NEUBER, F. (1990)
SCHNEIDER-GÄDICKE, K.-H. (1987)
SCHUSTER, L. (1990)

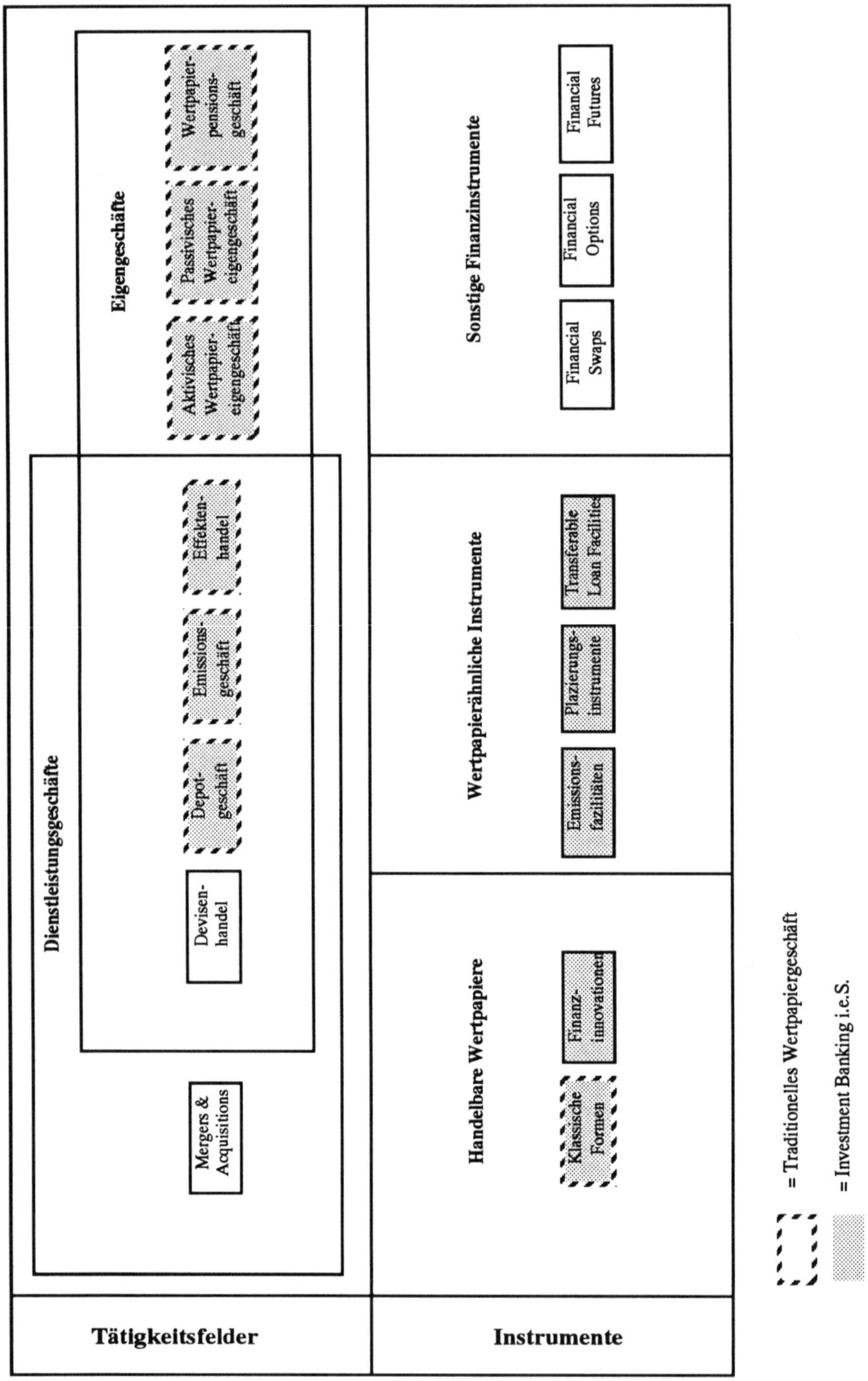

Abb. 7.1: Elemente des Investment Banking i.w.S.

B. Tätigkeitsfelder des Investment Banking

I. Dienstleistungs- und Eigengeschäfte

1. Emissionsgeschäft

Als "Emission" wird die erstmalige **Ausgabe von Wertpapieren** und ihre **Unterbringung im Publikum** bezeichnet. Dabei können die Wertpapiere sowohl der Beschaffung von Eigenkapital (Anteilsrechte) als auch der Aufnahme von Fremdkapital (Gläubigerrechte) dienen. Das Emissionsgeschäft der Kreditinstitute umfaßt die mit der Erstausgabe und dem Absatz erforderlichen Tätigkeiten, wobei als Emittent sowohl Dritte als auch das Kreditinstitut selbst in Frage kommen. Das Emissionsgeschäft ist somit nicht nur ein Dienstleistungsgeschäft für Kunden, sondern enthält auch die im Zusammenhang mit dem passivischen Wertpapiereigengeschäft verbundenen Aufgaben. Des weiteren treten zwischen der Emission für andere und dem aktivischen Wertpapiereigengeschäft Überschneidungen auf, da aufgrund eines Emissionsauftrages Wertpapiere häufig längerfristig von Kreditinstituten übernommen werden bzw. aufgrund vertraglicher Abmachungen übernommen werden müssen.

Bei einer Emission kann es sich um eine Selbst- oder Fremdemission handeln. Bei einer **Selbstemission** plazieren die Emittenten ihre Effekten weitgehend ohne die Hilfe Dritter bei den Anlegern. Obwohl größere Unternehmen prinzipiell ihre Wertpapiere selbst emittieren könnten, finden sich in der Praxis nahezu ausschließlich Kreditinstitute als Selbstemittenten, da zur Unterbringung sehr gute Beziehungen zum Kapitalmarkt und ein ausgebautes Vertriebssystem notwendig sind. Zur Eigenkapitalbeschaffung von Wirtschaftsunternehmen und öffentlichen Haushalten ist die **Fremdemission** unter Mitwirkung von Kreditinstituten die übliche Emissionsart. Dies ist insbesondere für privatrechtlich organisierte Unternehmen mit dem Vorteil verbunden, daß sich das Vertrauen, das die beteiligten Kreditinstitute bei ihren Kunden genießen, auf die Emission überträgt (GRILL/PERCZYNSKI 1990). Die Kunden verlassen sich häufig auf die einwandfreie Bonität des Emittenten, wenn die Papiere von einem angesehenen Kreditinstitut am Markt untergebracht werden.

Im Rahmen einer Fremdemission üben die Banken üblicherweise die folgenden Funktionen aus:

- **Plazierungsfunktion**
  Die Kreditinstitute übernehmen den Absatz der Papiere. Sie erreichen über ihr Filialnetz eine große Zahl interessierter Anleger.

- **Übernahmefunktion**
  Die Kreditinstitute sind häufig aufgrund vertraglicher Abmachungen sowie aus Gründen des Standings gezwungen, im Publikum nicht unterzubringende Titel selbst zu übernehmen.

- **Abwicklungsfunktion**
  Die Kreditinstitute beraten den Emittenten, arbeiten die Verträge und Prospekte aus und wickeln die Zeichnung und Börseneinführung ab.

Eine Fremdemission läuft i.d.R. in den folgenden drei Stufen ab:

1. Stufe: Abschluß eines **Effektenübernahmevertrages** zwischen einem oder mehreren Kreditinstituten und dem Emittenten.

2. Stufe: Kommissionsweise oder feste **Übernahme** der Wertpapiere durch das Kreditinstitut bzw. die Kreditinstitute.

3. Stufe: Unterbringung im Publikum (**Plazierung**).

Üblicherweise wird eine Fremdemission nicht von einer einzelnen Bank, sondern von mehreren Banken durchgeführt. Zu diesem Zweck gründen die Institute ein in der Rechtsform einer BGB-Gesellschaft arbeitendes **Emissionskonsortium**, dessen Aufgabe ausschließlich in der Unterbringung der Papiere liegt. In einem Konsortium tritt eine Bank als Konsortialführer auf. Dieser führt die Verhandlungen mit dem Emittenten, schließt die notwendigen Verträge ab und vertritt das Konsortium nach außen.

Es können verschiedene Arten von Emissionskonsortien unterschieden werden. Bei einem **Plazierungs- oder Begebungskonsortium** übernehmen die beteiligten Banken lediglich den Verkauf der Wertpapiere, ohne ein Absatzrisiko zu tragen. Dagegen verpflichten sich die Institute bei einem **Garantiekonsortium** zur Übernahme der bei der Begebung nicht abgesetzten Stücke zu einem vorher festgelegten Kurs. Kennzeichen eines **Übernahmekonsortiums** ist schließlich der vollständige Kauf der Emission durch das Konsortium. Die Wertpapiere bleiben entweder im Bestand der Banken oder werden unter Einschaltung eines Begebungskonsortiums im Publikum untergebracht. Eine Sonderform des Übernahmekonsortiums ist das **Optionskonsortium**, bei dem die beteiligten Banken nur Teile des gesamten Emissionsbetrages übernehmen. Auf den anderen Teilbetrag lassen sich die Konsortialbanken eine Option zur Übernahme einräumen. Diese Option üben sie aus, wenn die Unterbringung des fest übernommenen Betrages erfolgreich verlaufen ist und auch der Restbetrag voraussichtlich untergebracht werden kann.

Die in Deutschland üblichen **Einheitskonsortien** stellen eine Mischform des Übernahme- und des Begebungskonsortiums dar. Dabei kaufen die beteiligten Kreditinstitute die Wertpapiere, allerdings ohne sie in ihrem eigenen Bestand halten zu wollen und veräußern sie an das anlagesuchende Publikum. Das Absatzrisiko tragen die Konsorten in Höhe der übernommenen Konsortialquoten. Einheitskonsortien werden in Deutschland zur Emission von Aktien, Inlandsanleihen sowie zur Begebung "klassischer" Auslandsanleihen gebildet. Im Gegensatz dazu sind bei der Begebung von Euroanleihen die Banken, die die Wertpapiere übernehmen und die Banken, die diese Wertpapiere im Publikum unterbringen, strikt zu trennen. Die sogenannte "Underwriting-Gruppe" übernimmt das Absatzrisiko; die "Selling-Gruppe" hat dagegen lediglich die Aufgabe, die Papiere unterzubringen, ohne daß sie selbst ein Risiko eingehen muß. Zwar können die beteiligten Banken gleichzeitig zur Underwriting- und zur Selling-Gruppe gehören, häufig umfaßt jedoch die Selling-Gruppe neben den Banken, die zur Underwriting-Gruppe gehören, noch andere Banken und Wertpapierhändler.

Die zweite Stufe einer Fremdemission ist die **Übernahme der Papiere**. Dabei lassen sich drei verschiedenen Möglichkeiten, die eng mit der Art des Konsortiums zusammenhängen, unterscheiden:

- **Geschäftsbesorgung**
  Im Rahmen der Geschäftsbesorgung wird die Bank lediglich vermittelnd tätig. Die Wertpapiere werden stellvertretend sowie im Namen und für Rechnung des Emittenten vertrieben. Allerdings kann die Übernahme des Absatzrisikos im Emissionsvertrag gesondert vereinbart werden.

- **Kommissionsweise Übernahme**
  Bei der kommissionsweisen Übernahme übernimmt die Bank die Papiere zum Verkauf im eigenen Namen und für fremde Rechnung. Auch hier ist für die Übernahme des Absatzrisikos eine besondere Vereinbarung im Emissionsvertrag erforderlich.

- **Kauf**
  In diesem Fall kauft die Bank die Papiere und trägt als Eigentümer grundsätzlich das volle Absatzrisiko.

Von der Übernahme der Effekten ist die **Plazierung der Effekten** (dritte Stufe) begrifflich zu trennen. Die Plazierung betrifft die Frage nach der Art und Weise der Unterbringung der Effekten im Publikum. Diese kann auf mehreren Wegen erfolgen:

- **Auflegung zur öffentlichen Zeichnung**
  Bei der Auflegung zur öffentlichen Zeichnung (Subskription) werden Angebote zur Zeichnung von Wertpapieren veröffentlicht. Diese Angebote (Zeichnungsprospekte) enthalten eine Beschreibung der Wertpapiere, Informationen zu Zeichnungsbedingungen und -fristen sowie eine Aufforderung zur Abnahme der Wertpapiere. Nach Ablauf der Zeichnungsfrist werden die Wertpapiere den Anlegern zugeteilt, wobei im Falle einer Überzeichnung die nachgefragten Beträge gekürzt werden (Repartierung).

- **Freihändiger Verkauf**
  Beim freihändigen Verkauf geben die Konsortialbanken die Wertpapiere nicht durch eine einmalige Aktion, sondern sukzessive je nach Finanzierungsbedarf und Nachfrage in den Markt. Dabei kann der Verkaufskurs geändert und der Verkauf jederzeit unterbrochen werden.

- **Einführung an der Börse**
  Der börsenmäßige Verkauf setzt die Zulassung zum Börsenhandel voraus und wird heute nur noch zur Unterbringung von Emissionsresten eingesetzt. Dabei werden die Wertpapiere nach der Börseneinführung angeboten und zu dem jeweiligen Börsenkurs verkauft.

- **Tenderverfahren**
  Im Rahmen des Tenderverfahrens werden die Wertpapiere nicht zu einem festen, sondern zu einem von der Nachfrage abhängigen variablen Ausgabekurs aufgelegt. Die Anleger müssen das Volumen und den Kurs, zu dem sie bereit sind, die nachgefragte Menge zu übernehmen, der beteiligten Bank mitteilen. Daraufhin werden die Papiere in der Weise zugeteilt, daß zunächst die Kaufgebote mit einem hohen Kurs befriedigt werden. Die Abrechnung wird zu dem Kurs vorgenommen, der den Absatz des Gesamtbetrages gerade noch ermöglicht oder zu dem vom jeweiligen Anleger individuell gebotenen Kurs. Auf das Tenderverfahren greift insbesondere die Deutsche Bundesbank zurück.

Die Bedeutung der Emissionsgeschäfte für die Kreditwirtschaft und für die einzelnen Sektoren ist anhand von Daten des Jahresabschlusses nur ansatzweise abzuschätzen, weil Emissionsaufwendungen und -erträge in verschiedenen Sammelposten untergehen und darüber hinaus Wertpapierbestände, die aus Emissionsgeschäften resultieren, in der Bilanz nicht explizit ausgewiesen werden. Aus den

Emissionsprospekten läßt sich jedoch ablesen, daß insbesondere Großbanken, Regionalbanken und Privatbanken stark im Emissionsgeschäft engagiert sind, während Sparkassen und Genossenschaftsbanken an Emissionen nur in geringem Umfang teilnehmen.

2. Depotgeschäft

Zum Depotgeschäft der Banken gehören alle Tätigkeiten, die mit der Verwahrung und Verwaltung von Effekten sowie der Verwahrung sonstiger Vermögensgegenstände für Dritte verbunden sind. Das Wertpapierdepotgeschäft stellt damit nur einen Teilbereich des gesamten Depotgeschäftes dar. Das mit **sonstigen Vermögensgütern** betriebene Depotgeschäft umfaßt zum einen die Vermietung von Schrankfächern in einem Stahlschrank oder einem Tresorraum, zum anderen die Aufbewahrung von verschlossenen und versiegelten oder plombierten Verwahrstücken, wie beispielsweise Kisten oder Koffern, deren Inhalt nicht erkennbar ist. Die Aufbewahrung erfolgt dabei im sog. **geschlossenen Depot**, bei dem die Art des verwahrten Gegenstandes dem Kreditinstitut nicht bekannt ist.

Dagegen erfolgt die Verwahrung von **Wertpapieren** im **offenen Depot**: Die Papiere werden unverschlossen übergeben, zugleich übernimmt der Verwahrer die Verwaltung der Effekten. Daraus ist ersichtlich, daß im Rahmen des Effektendepotgeschäfts zwischen dem Effektenverwahrungs- und dem Effektenverwaltungsgeschäft unterschieden werden muß.

Beim **Effektenverwahrungsgeschäft** sind die Arten der Verwahrung sowie die Möglichkeiten der Verpfändung von besonderem Interesse. Die verschiedenen **Verwahrungsarten** gibt Abbildung 7.2 wieder. Die größte Bedeutung besitzt in der heutigen Bankpraxis die **Sammelverwahrung**. Diese führt - insbesondere mit der **Drittverwahrung** bei Wertpapiersammelbanken - zu erheblichen Kosten- und Zeitvorteilen bei der Abwicklung von Wertpapiergeschäften.

Durch die **Dritt- oder Weiterverpfändung** können Kredite, die einem Kunden gegen Verpfändung der im Depot befindlichen Effekten gewährt wurden, bei Drittverwahrern refinanziert werden. Die Weiterverpfändung ist an die folgenden Voraussetzungen geknüpft:

- Das Kreditinstitut muß dem Hinterleger einen Effektenlombardkredit eingeräumt haben.
- Der Hinterleger muß den Erst- resp. Zwischenverwahrer ausdrücklich und schriftlich zur Weiterverpfändung ermächtigt haben.
- Die Weiterverpfändung muß zugunsten eines Drittverwahrers im Sinne des Depotgesetzes erfolgen (GRILL/PERCZYNSKI 1990).

Je nach dem Umfang der Haftung der verpfändeten Wertpapiere können verschiedene Verpfändungsarten unterschieden werden. Bei der **regelmäßigen oder üblichen Verpfändung** haftet jeder einzelne Hinterleger mit seinen verpfändeten Wertpapieren bis zur gesamten Höhe aller dem Zwischenverwahrer gewährten Rückkredite. Somit haftet jedes verpfändete Wertpapier des Kunden A nicht nur für den Rückkredit zur Finanzierung des vom Kunden A aufgenommenen Kredits, sondern auch für den Rückkredit, der zur Refinanzierung des Kredits an den Kunden B bei der Drittbank aufgenommen wurde. Demgegenüber haften die Wertpapiere eines bestimmten Depotkunden im Falle der **beschränkten Verpfändung** nur bis zur Höhe des diesem Kunden eingeräumten Kredits. Da der Drittverwahrer in diesem Fall für jeden Depotkunden des Zwischenverwahrers ein besonderes Depotkonto führen muß, was zu einem höheren Verwaltungsaufwand führt, ist die beschränkte Verpfändung in der Praxis nur wenig gebräuchlich. Während bei der regelmäßigen und der beschränkten Verpfändung die entsprechenden Wertpapiere lediglich für aufgenommene Rückkredite haften, ergibt sich im Falle der **unbeschränkten Verpfändung** eine Haftung der Wertpapiere des Hinterlegers für alle Verbindlichkeiten des Zwischenverwahrers beim Drittverwahrer. In diesem Fall haften die verpfändeten Wertpapiere der Kunden dem Drittverwahrer gegenüber wie eigene Wertpapiere der Bank.

Arten der Effektenverwahrung nach dem Depotgesetz		
Bezeichnung	**Kennzeichnung**	**Vor- und Nachteile**
Sonderverwahrung	Verwahrung der Wertpapiere - unter äußerlich erkennbarer Bezeichnung des Hinterlegers - gesondert von den Eigenbeständen des Kreditinstituts und den Beständen Dritter - in besonderen Hüllen, Mappen (Streifbänder) - mit der Möglichkeit, verschiedene Effektenarten eines Kunden in einem Streifband aufzubewahren	Vorteile: - Aussonderungsrecht des Kunden bei Konkurs des Verwahrers - für die Verwahrung sämtlicher Effektenarten geeignet Nachteile: - relativ hohe Personal- und Sachaufwendungen - hoher Zeitaufwand für die Abwicklung von Käufen und Verkäufen
Sammelverwahrung	Verwahrung von Wertpapieren derselben Art - ungetrennt von den Eigenbeständen und von den Beständen Dritter - unter Verlust des Eigentums an den anvertrauten Papieren und gleichzeitig unter Erwerb des Miteigentums am Sammelbestand	Vorteil: - im allgemeinen geringere Kosten für das Kreditinstitut und indirekt für den Kunden Nachteile: - nicht für alle Wertpapierarten geeignet - Ermächtigung vom Hinterleger erforderlich
Drittverwahrung	- Sonderform der Sonderverwahrung und Sammelverwahrung - Verwahrung der Effekten bei einer Drittbank (bei Sammelverwahrung Wertpapiersammelbank) - weitergebende Bank: Zwischenverwahrer; entgegennehmende Bank: Drittverwahrer	Vorteile: - schnellere Erledigung von Börsengeschäften - Kostenersparnis, v.a. für kleinere Kreditinstitute Nachteil: - Garantie des Zwischenverwahrers nur für sorgfältige Auswahl des Endverwahrers (Einschränkung der gesetzlichen Haftung)
Tauschverwahrung	Verwahrung von Wertpapieren mit dem Recht der Bank - an Stelle der anvertrauten Papiere andere Wertpapiere zurückzugewähren - bzw. hinterlegte Wertpapiere auszutauschen gegen andere Papiere der gleichen Art	Keine gesetzlichen Änderungen zur "normalen" Sonderverwahrung (Eigentumsrechte an den anvertrauten Papieren gehen nicht unter; bei Tausch erwirbt der Hinterleger Eigentum an den Ersatzstücken)

Abb. 7.2: Effektenverwahrungsarten

Wegen der unterschiedlichen Haftungsintensität ist es erforderlich, daß der Drittverwahrer für den Zwischenverwahrer verschiedene Depots führt. Diese Depots sind ein Mittel zur buchhalterischen Erfassung der unterschiedlichen Haftungsgrade der dem Drittverwahrer verpfändeten oder lediglich zur Verwahrung anvertrauten Wertpapiere. Im Rahmen der Drittverwahrung unterscheidet man die vier folgenden Depotarten:

- **Depot A oder Eigendepot**
  Das Depot A enthält zum einen die der Drittbank anvertrauten eigenen Wertpapiere des Zwischenverwahrers, zum anderen werden hier die Wertpapiere der Kunden des Zwischenverwahrers, die im Wege der unbeschränkten Verpfändung haften, verwahrt.

- **Depot B oder Anderdepot**
  Im Depot B werden die Wertpapiere erfaßt, die der Drittbank zur Drittverwahrung ohne jegliche Verpfändung übergeben wurden.

- **Depot C oder Pfanddepot**
  Das Pfanddepot enthält diejenigen Wertpapiere, die im Wege der regelmässigen Verpfändung für Rückkredite des Zwischenverpfänders haften.

- **Depot D oder Sonderpfanddepot**
  Im Falle der recht seltenen beschränkten Verpfändung von Wertpapieren erfolgt die buchhalterische Erfassung im Depot D. Hierbei wird für jeden einzelnen Kunden ein eigenes Depotkonto geführt.

Neben der Verwahrung sind die Kreditinstitute für ihre Kunden im **Effektenverwaltungsgeschäft** tätig. Die damit verbundenen Aufgaben sind in den Allgemeinen Geschäftsbedingungen der Banken und Sparkassen genau festgelegt. Insbesondere ist darin geregelt, in welchen Fällen die Kreditinstitute von ihren Kunden besondere Weisungen einholen müssen. Im wesentlichen umfaßt das Effektenverwaltungsgeschäft die folgenden Aufgaben:

- Abtrennung, Einlösung und Erneuerung der Zins- und Gewinnanteilsscheine,

- Anmeldung zur Hauptversammlung bzw. weisungsgemäße Ausübung des Stimmrechts,

- Benachrichtigung über Übernahme-, Abfindungs-, Bezugsangebote etc. sowie Abwicklung der daraus resultierenden Weisungen,

- Einzug verloster oder gekündigter Wertpapiere.

Das Volumen des Depotgeschäfts läßt sich anhand der Depotstatistik der Deutschen Bundesbank nachvollziehen (vgl. Abb. 7.3). Im Jahre 1987 befanden sich rund 52 % der umlaufenden Aktien und mehr als 54 % der Schuldverschreibungen in den Kundendepots der inländischen Kreditinstitute. Bei den DM-Auslandsanleihen und den Investmentzertifikaten sind die Anteile mit rd. 85 % und knapp 64 % sogar noch erheblich höher. Allerdings wird auch deutlich, daß ein wesentlicher Teil der Aktien (rd. 40 %) und der Investmentzertifikate (rd. 30 %) von den Eigentümern selbst verwahrt und verwaltet wird.

Wertpapierart	Jahresende bzw. Jahr	Wertpapiere im Umlauf 1)	Eigenbestände		Depotbestände bei inländischen Kreditinstituten (einschließlich Bundesbank) sowie Bestände an Einzelschuldbuchforderungen bei der Bundesschuldenverwaltung									Nicht aufgliederbarer Rest 3) 9)
						Inländische Nichtbanken								
			inländische Kreditinstitute 2) 3)	Deutsche Bundesbank	zusammen	Privatpersonen	Organisationen ohne Erwerbszweck	Fonds von Kapitalanlagegesellschaften	Versicherungsunternehmen 4)	Nichtfinanzielle Unternehmen 5)	Sozialversicherung 6)	Sonstige öffentliche Haushalte 7)	Ausländer 8)	
		Stand am Jahresende												
		Mrd. DM Nominalwert												
Schuldverschreibungen inländischer Emittenten 10)	1984	850,5	343,7	4,4	443,1	160,0	23,0	34,0	107,4	51,4	16,5	6,5	44,5	59,2
	1985	929,5	377,7	4,1	497,3	158,7	23,9	39,8	113,0	59,4	16,2	7,2	79,1	50,5
	1986	1.014,9	404,4	5,0	556,3	148,9	25,0	54,0	113,3	56,3	16,0	5,9	137,4	48,7
	1987	1.105,7	447,0	4,4	599,3	143,4	27,8	65,8	111,4	57,6	14,7	7,4	171,2	55,1
DM-Schuldverschreibungen ausländischer Emittenten	1984	96,3	6,0	-	78,8	7,3	0,6	0,7	1,9	0,8	0,0	0,0	67,5	11,5
	1985	117,4	9,1	-	94,9	9,2	0,7	1,0	2,4	0,9	0,0	0,0	80,6	13,4
	1986	141,2	11,6	-	120,3	10,3	0,7	1,9	2,5	1,1	0,0	0,0	103,3	9,4
	1987	150,0	11,1	-	126,8	11,0	0,8	3,0	2,6	1,2	0,0	0,0	108,2	12,1
Aktien (einschließlich Genußscheine) inländischer Emittenten 11)	1984	101,0	7,7	-	52,0	14,7	0,6	2,8	2,5	16,7	0,0	6,6	8,1	41,3
	1985	106,4	8,4	-	54,5	15,3	0,7	2,9	2,6	16,8	0,0	6,5	9,1	43,6
	1986	113,5	9,1	-	61,2	17,6	0,8	3,6	3,3	18,6	0,0	6,3	11,0	43,3
	1987	117,6	9,8	-	61,3	17,5	0,9	4,2	3,0	19,2	0,0	5,9	10,7	46,5
		Mio. Stück												
Investmentzertifikate der Fonds inländischer Kapitalanlagegesellschaften 3) 12)	1984	1.281,1	61,5	-	869,0	451,9	39,3	-	214,4	57,3	4,9	1,6	99,5	350,6
	1985	1.505,2	61,8	-	994,3	508,2	43,2	-	250,8	73,0	5,9	1,7	111,5	449,1
	1986	1.861,6	82,2	-	1.180,0	601,3	57,9	-	308,2	87,7	9,4	2,3	113,2	599,4
	1987	2.392,1	113,1	-	1.520,9	739,1	85,8	-	401,6	127,0	44,8	3,5	119,2	758,2

1) Laut Emissionsstatistik, einschließlich Wertpapiere aus dem Altgeschäft und Altsparerwertpapiere. 2) Einschließlich Bestände der Kreditinstitute an Schuldverschreibungen eigener Emissionen; ohne Auslandsbonds. Einschließlich Bausparkassen. 3) Eigenbestände der inländischen Kreditinstitute an Investmentzertifikaten in Stück schätzungsweise aus dem Bilanzwert errechnet (mit dem jeweiligen Durchschnittswert eines Zertifikats). Da die tatsächliche Stückzahl nicht bekannt ist, läßt sich ihr Anteil am Umlauf nicht exakt ermitteln; dementsprechend kann auch der nicht aufgliederbare Rest für Investmentzertifikate nicht genau angegeben werden. 4) Ohne Depotbestände der Zusatzversorgungsanstalten für den öffentlichen Dienst (vgl. Anm. 6). 5) Einschließlich Bundesbahn und Bundespost, ohne Bausparkassen. 6) Einschließlich Depotbestände der Zusatzversorgungsanstalten für den öffentlichen Dienst (vgl. Anm. 4). 7) Ohne Bundesbahn und Bundespost. 8) Ausländische Nichtbanken und ausländische Kreditinstitute. 9) Im wesentlichen selbstverwahrte Werpapiere, ins Ausland verbrachte Stücke sowie bis Ende 1984 Eigen- und Depotbestände der bis dahin nicht zur Bankenstatistik berichtenden kleinen Kreditgenossenschaften. 10) Nur auf DM lautende Schuldverschreibungen , ohne Namensschuldverschreibungen. 11) Ohne Versicherungsaktien (ausgenommen relativ geringe Eigenbestände der inländischen Kreditinstitute). 12) Ab Ende 1987 einschließlich Zertifikate offener Immobilienfonds.
Differenzen in den Summen durch Runden der Zahlen.

Abb. 7.3: Umlauf und Unterbringung von Wertpapieren (Quelle: Deutsche Bundesbank, Statistische Beihefte zu den Monatsberichten, Reihe 1, Juli 1988, Nr. 7, S. 2)

3. Effektenhandel

Gegenstand des Effektenhandels der Kreditinstitute ist der An- und Verkauf von Effekten einschließlich Namensschuldverschreibungen und Schuldscheinen. Die Geschäfte werden

(1) primär im Kundenauftrag, d.h. für fremde Rechnung, aber auch
(2) für eigene Rechnung durchgeführt und
(3) weitgehend über die Wertpapierbörsen abgewickelt.

Zu (1): Im **Effektenkundengeschäft** ist rechtlich zwischen

- Effektenkommissionsgeschäften und
- Effekteneigenhändlergeschäften

zu unterscheiden.

Unter einem **Kommissionsgeschäft** ist generell der gewerbsmäßige Kauf oder Verkauf in eigenem Namen und für fremde Rechnung zu verstehen (§ 383 HGB). Der Kommissionär ist nach § 384 HGB verpflichtet,

- im Interesse des Auftraggebers (Komittenten) zu handeln und damit bei der Einkaufskommission den günstigsten Verkäufer, bei der Verkaufskommission den günstigsten Käufer auszuwählen,
- den Komittenten unverzüglich von der Ausführung des Auftrags zu unterrichten und eine genaue Abrechnung über Erträge und Aufwendungen zu erstellen,
- die Gegenleistung aus der Geschäftsbesorgung herauszugeben sowie
- dem Auftraggeber für die Erfüllung des Geschäftes zu haften, wenn nicht zugleich mit der Ausführungsanzeige der Geschäftspartner benannt wird.

Bei der **einfachen Effektenkommission** müssen die Kreditinstitute das Deckungsgeschäft mit einem Dritten abschließen oder den Selbsteintritt ausdrücklich anzeigen (§ 405 HGB). Da dies mit einem erheblichen Arbeitsaufwand verbunden ist, wird der Effektenhandel mit Papieren, die zum amtlichen Handel oder zum geregelten Markt zugelassen sind, üblicherweise in Form der **Effektenkommission mit Selbsteintritt** ausgeführt, bei der es nach den Allgemeinen Geschäftsbedingungen der Banken keiner besonderen Anzeige gemäß § 405 HGB bedarf. Selbsteintritt bedeutet, daß die Kreditinstitute die Kommissionsgeschäfte über den eigenen Bestand abwickeln und die Gegengeschäfte an der Börse im eigenen Namen und für eigene Rechnung abschließen. Dadurch ist es für Kunden nicht ersichtlich, ob das Kreditinstitut den Auftrag aus dem eigenen Portefeuille erfüllt hat oder ob die Papiere direkt an der Börse beschafft worden sind. Kauf- und Verkaufsaufträge über Aktien, die zum amtlichen Handel zugelassen sind, werden jedoch stets über die Börse abgewickelt, so daß der Handel aus dem eigenen Bestand lediglich für Rentenwerte praktische Bedeutung besitzt.

Der Kauf und Verkauf von Wertpapieren für Kunden kann auch in Form von **Eigenhändlergeschäften** erfolgen. Dabei stehen sich Kreditinstitut und Kunde unmittelbar als Käufer bzw. Verkäufer gegenüber, schließen einen Kaufvertrag ab und tauschen die Papiere direkt aus (Tafelgeschäft). Bei Eigenhändlergeschäften sind daher auch die gesetzlichen Vorschriften über den Kaufvertrag und nicht über das Kommissionsgeschäft anzuwenden. Der Preis beim Eigenhändlergeschäft wird zwischen den Vertragsparteien frei vereinbart und ist prinzipiell nicht von Börsennotierungen abhängig. Er enthält sämtliche Provisionen und sonstige Auslagen, die nicht gesondert in Rechnung gestellt werden. Üblich sind Eigenhändlergeschäfte insbesondere mit Wertpapieren, die nicht zum amtlichen Handel oder zum geregelten Markt zugelassen sind (Freiverkehrswerte), da für diese Geschäfte die vereinfachenden Vorschriften des Kommissionsgeschäfts mit Selbsteintritt keine Anwendung finden.

Zu (2): Die **Effekteneigenhandelsgeschäfte** der Kreditinstitute dienen zunächst zur Ausführung der freiwilligen und unfreiwilligen Transaktionen im Rahmen des **aktivischen Wertpapiereigengeschäftes**, daneben werden sie zur **Erfüllung von Kundengeschäften** sowie zur Ertragserzielung resp. Verlustvermeidung im Rahmen des Trading, des Hedging und der Arbitrage durchgeführt. Ausdruck des **Trading**, d.h. der Spekulation, ist der Effektenterminhandel, der den Kauf oder Verkauf eines Wertpapiers zu einem festgelegten Kurs zu einem späteren Termin beinhaltet. Die teilnehmenden Banken versuchen durch Termingeschäfte, Kurssteigerungen und Kursverluste von Wertpapieren zu ihren Gunsten auszunutzen. Der sogenannte Baissier rechnet mit nachgebenden Kursen. Er verkauft deshalb Papiere zu einem festen Kurs und erwartet, daß er zwischenzeitlich diese Papiere infolge von Kurssenkungen billiger erwerben kann. Somit verkauft der Baissier Papiere, die er zum Zeitpunkt des Vertragsabschlußes noch nicht besitzt (Leerverkäufe). Demgegenüber kauft ein Marktteilnehmer, der steigende Kurse erwartet (Haussier), Wertpapiere per Termin zu einem festen Kurs in der Erwartung, daß er diese Papiere zu einem höheren Kurs weiterverkaufen kann.

Gegenstand des **Hedging** ist die vollständige oder teilweise Beseitigung eines Preisänderungsrisikos aus einem Wertpapier. Auch der Hedger greift auf Termingeschäfte zurück, indem er beispielsweise das Recht erwirbt, im Bestand befindliche Papiere zu einem bestimmten Kurs zu verkaufen.

Im Gegensatz zu den Termingeschäften, die auf Kursunterschieden eines Papieres zu verschiedenen Zeitpunkten basieren, sollen bei der **Arbitrage** Erträge mit Wertpapieren an einem Zeitpunkt erzielt werden. Dabei nutzen die Kreditinstitute Kursunterschiede eines bestimmten Wertpapiers an verschiedenen Börsen in der Weise aus, daß sie die Papiere an der Börse mit dem niedrigeren Preis kaufen und unmittelbar darauf die erworbenen Papiere an dem Börsenplatz mit dem höheren Kurs wieder verkaufen. Arbitragegeschäfte erfordern zum einen ein schnelles Handeln und eine kurze Entscheidungsfrist, zum anderen führen sie im Ergebnis zu einer Kursanpassung zwischen den Börsen.

Zu (3): Der Effektenhandel wird i.d.R. über die **Wertpapierbörsen** abgewickelt. Am Beispiel des **Aktienhandels** sollen daher die verschiedenen Marktsegmente erläutert werden (vgl. Abb. 7.4). Innerhalb des börslichen Handels sind zunächst die Kassa- und die Terminmärkte zu unterscheiden. Während Kassageschäfte sofort, d.h. am zweiten Börsentag nach Geschäftsabschluß erfüllt werden müssen, erfolgt die Erfüllung von Termingeschäften erst zu einem späteren Zeitpunkt.

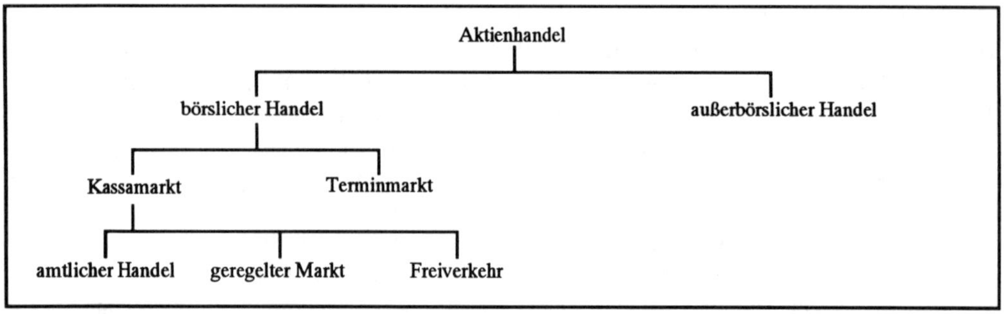

Abb. 7.4: Märkte des Aktienhandels

Der **Kassamarkt** setzt sich zusammen aus dem amtlichen Handel, dem geregelten Markt und dem Freiverkehr. Objekt des **amtlichen Marktes** sind die zum amtlichen Börsenhandel zugelassenen Papiere. Die Abwicklung der Geschäfte erfolgt ausschließlich durch **amtliche Kursmakler**, die von der Landesregierung auf Vorschlag des Börsenvorstandes bestellt und vereidigt werden. Ihre Aufgabe besteht darin, Geschäftsabschlüsse in dem ihnen zugeteilten Gebiet (z.B. Bank- oder Chemiewerte) zu vermitteln und an jedem Börsentag ("börsentäglich") die amtlichen Börsenkurse festzustellen.

Hinsichtlich der Häufigkeit der Kursfeststellung an einem Börsentag sind der Einheitsmarkt und der variable Markt zu unterscheiden. Am **Einheitsmarkt** wird täglich einmal für Papiere mit relativ geringen Umsätzen ein amtlicher **Einheitskurs** festgestellt. Dazu sammelt der Kursmakler alle eingehenden Aufträge und stellt eine gewisse Zeit nach Börsenbeginn den Kurs fest, der den größten mengenmäßigen Umsatz ermöglicht. Zu diesem nach dem "Meistausführungsprinzip" fixierten Kurs werden alle Aufträge abgewickelt, soweit dies nach der Kurslimitierung durch die Käufer bzw. Verkäufer möglich ist. Das folgende Beispiel verdeutlicht das Vorgehen zur Ermittlung des Einheitskurses (vgl. Abb. 7.5).

Kaufaufträge		**Verkaufsaufträge**		**Umsatzverlauf**			
Stück	Kurs (DM/Stück)	Stück	Kurs (DM/Stück)	Kurs (DM/Stück)	Käufe (Stück)	Verkäufe (Stück)	Umsätze (Stück)
50	billigst	40	bestens	< 211	310	40	40
40	215	40	211	211	310	80	80
70	214	50	212	212	265	130	130
65	213	70	213	213	225	200	200
40	212	55	214	214	160	255	160
45	211	30	215	215	90	285	90
				> 215	50	285	50

Abb. 7.5: Rechnerische Ermittlung des Einheitskurses

Einem Kursmakler liegen an einem Börsentag verschiedene, sowohl limitierte, d.h. der Kurs darf beim Kauf nicht über- und beim Verkauf nicht unterschritten werden, als auch unlimitierte Aufträge vor. Für jeden möglichen Kurs errechnet der Kursmakler die angebotenen und die nachgefragten Stücke. Bei einem Kurs von 212 DM sind dies beispielsweise Kaufaufträge in Höhe von 265 Stück (alle Käufe zu einem Kurs von 212 DM und darüber) und Verkaufsaufträge von 130 Stück (alle Verkäufe zu 212 DM und darunter). Daraus folgt, daß ein Umsatz von 130 Stück möglich wäre. Wird diese Rechnung für jeden Kurs durchgeführt, zeigt sich, daß die meisten Stücke bei einem Umsatz von 213 DM gehandelt würden. Daher wird dieser Wert als Einheitskurs festgestellt.

Der Einheitskurs läßt sich auch graphisch als Schnittpunkt zwischen den kumulierten Kauf- und Verkaufsorders bestimmen. Dies zeigt Abbildung 7.6.

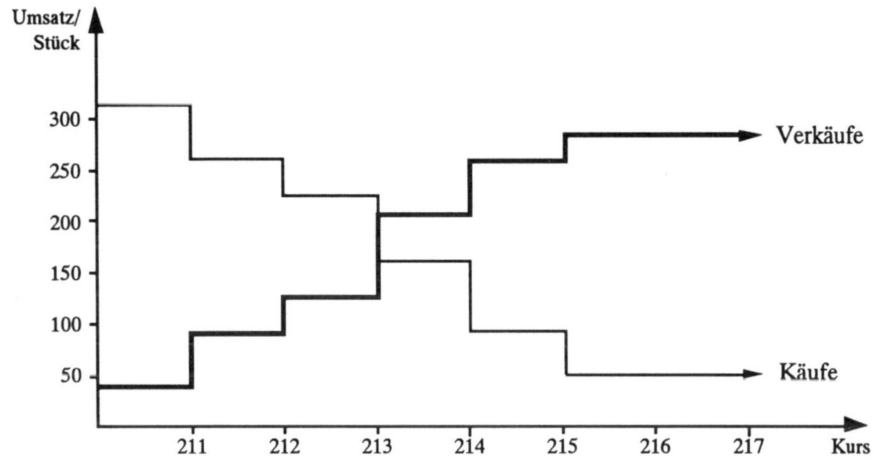

Abb. 7.6: Graphische Ermittlung des Einheitskurses

Der Einheitskurs stellt einen Mittelwert dar, der zwar einerseits technisch zur Abwicklung zahlreicher Kleinaufträge erforderlich ist, der aber andererseits auch dazu führt, daß einige Aufträge ungünstiger ausgeführt werden, als es bei individuellem Ausgleich möglich wäre, andere unerledigt bleiben und ein Teile der Aufträge sogar besser ausgeführt wird als von den Auftraggebern gefordert. Nachteilig wirkt sich darüber hinaus die fehlende zeitliche Flexibilität aus, da bis zur Feststellung des Einheitskurses alle Aufträge in der Schwebe bleiben, während danach keine Geschäfte mehr möglich sind. Aus diesen Gründen werden für Papiere, die regelmäßige Umsätze aufweisen, zusätzlich zum Einheitskurs **variable** bzw. **fortlaufende Notierungen** festgestellt. Zu Beginn der Börsenzeit ermittelt der Kursmakler aufgrund der bis dahin vorliegenden Aufträge anhand des Prinzips der Einheitskursbestimmung zunächst den sogenannten **Eröffnungskurs**. Im Anschluß daran werden die eingehenden Aufträge individuell vermittelt, wobei für jedes Geschäft der Preis gesondert vereinbart und als Kurs festgestellt wird. Der letzte Kurs, zu dem Geschäfte abgewickelt werden, gilt als **Schlußkurs**. Zugelassen sind zur variablen Notierung jedoch nur Aufträge über mindestens 50 Stück eines Papiers. Damit soll sichergestellt werden, daß der variable Markt nur größeren Umsätzen vorbehalten bleibt und kleinere Aufträge am Kassamarkt abgewickelt werden.

Der **geregelte Markt**, das zweite Segment des Kassamarktes, wurde am 4. Mai 1987 eröffnet. Ziel der Schaffung dieses Börsensegmentes war es, vor allem mittelständischen Unternehmen, welche die

Anforderungen des amtlichen Handels nicht erfüllen wollten oder konnten, durch erleichterte Zugangsbedingungen, niedrigere Zulassungsgebühren und geringere Publizitätsanforderungen den Zutritt zum organisierten Kapitalmarkt zu erleichtern. Insbesondere folgende Vorteile weist der geregelte Markt im Vergleich zum amtlichen Handel auf (BÜSCHGEN 1989):

- Die Unternehmen müssen im amtlichen Markt eine **Lebensdauer** von mindestens drei Jahren, im geregelten Markt jedoch nur von einem Jahr aufweisen.

- Während der **Mindestnennbetrag** bei Erstemissionen im amtlichen Markt 2,5 Mio. DM beträgt, genügen im geregelten Markt 0,5 Mio. DM.

- Die **Zulassungsgebühren** zum geregelten Markt betragen die Hälfte der Zulassungsgebühren zum amtlichen Handel.

- Im amtlichen Handel müssen mindestens 25 % der Papiere im Publikum gestreut werden. Dagegen bestehen für den geregelten Markt keine **Streuungsvorschriften**.

Die Kursfeststellung obliegt am geregelten Markt sog. **freien Maklern**, die vom Börsenvorstand zugelassen werden, die jedoch nicht vereidigt sind. Die Kurse werden nach den Regeln der amtlichen Kursfeststellung und unter Aufsicht des Börsenvorstandes ermittelt, im Gegensatz zum amtlichen Handel aber nicht amtlich notiert.

Daß der geregelte Markt trotz der Erleichterungen für viele mittelständische Unternehmen bis heute noch keine Lösung ihrer Eigenkapitalprobleme erbracht hat, ist in erster Linie auf die folgenden Gründe zurüchzuführen: So verhalten sich die Unternehmen zögernd beim Gang an die Börse aus Angst vor aktienrechtlichem Formalismus, übersteigerter Publizität und Fremdbestimmung. Darüber hinaus ist der geforderte "Mindeststandard" von vielen mittelständischen Betrieben nicht zu erfüllen; erschwerend kommt noch hinzu, daß die Anforderungen für eine Einführung in den geregelten Markt von Seiten der die emissionswilligen Unternehmen begleitenden Banken hinsichtlich der Qualität der Börsenkandidaten ähnlich hoch wie beim amtlichen Handel angesetzt werden (SCHIERENBECK 1988a).

Als **Freiverkehr** wird der nichtamtliche Börsenhandel bezeichnet, der während der Börsenzeit im Börsensaal zwischen Händlern und freien Maklern stattfindet. Er entstand im Zuge der Neuordnung der Wertpapiermärkte am 4. Mai 1987 durch die Zusammenfassung der Marktsegmente geregelter Freiverkehr und ungeregelter Freiverkehr. Im Unterschied zum amtlichen Handel und zum geregelten Markt erfolgt die Zulassung zum Freiverkehr i.d.R. nicht auf Antrag des emissionswilligen Unternehmens, sondern aufgrund eines von den Freimaklern vermuteten Handelsbedarfs. Generell können dabei im Freiverkehr folgende Papiere gehandelt werden (GRILL/PERCZYNSKI 1990):

- Aktien von nur regionaler Bedeutung,

- Papiere, die an einer anderen Börse zum amtlichen Handel oder zum geregelten Markt zugelassen sind,

- Papiere, die die Voraussetzungen zum amtlichen Handel oder zum geregelten Markt (noch) nicht erfüllen,

- Aktien junger Unternehmen, deren Entwicklung abgewartet werden soll,
- ausländische Papiere.

Die Kurse werden zwischen den Freimaklern und den Händlern frei vereinbart. Um Unregelmäßigkeiten zu vermeiden, unterliegt der Freiverkehr einer Mißbrauchsaufsicht durch die jeweiligen Börsenvorstände.

Die festgestellten Einheitskurse und die variablen Notierungen des amtlichen Handels und des geregelten Marktes werden im amtlichen Kursblatt, die Freiverkehrskurse in einer Beilage zum amtlichen Kursblatt veröffentlicht und von Kreditinstituten, Rundfunk und Presse weitergegeben. Die nachstehende Abbildung 7.7 gibt die dabei gebräuchlichen Kurszusätze wieder.

b, bz., bez.	= bezahlt: Angebot und Nachfrage waren ausgeglichen, es konnten ausgeführt werden: • alle nicht oder zu diesem Kurs limitierten Aufträge • alle höher limitierten Kaufaufträge • alle niedriger limitierten Verkaufsaufträge
G	= Geld: zu diesem Kurs Nachfrage; aber keine Verkaufsangebote
B	= Brief: zu diesem Kurs Verkaufsangebote, aber keine Käufer
bG	= bezahlt Geld: alle auf der Kursbasis liegenden Verkaufsaufträge wurden ausgeführt, es bestand aber noch weitere Nachfrage
bB	= bezahlt Brief: Kaufwünsche wurden befriedigt, weiteres Angebot lag vor
T(t)	= Taxkurs: geschätzter Kurs einer Aktie, die nicht gehandelt wurde
-	= gestrichen: die Aktien wurden nicht gehandelt und nicht notiert
exD	= ex Dividende: Aktie wird ohne Anspruch auf fällige Dividende gehandelt
exB	= ex Bezugsrecht: alte Aktien werden ohne Anspruch auf den Bezug junger Aktien gehandelt
exBA	= ex Berechtigungsaktie: Aktie wird ohne Anspruch auf den Bezug von Berichtigungs- oder Zusatzaktien gehandelt
Div	= Dividende, die zuletzt bezahlt wurde: zwei Zahlen bedeuten Dividende plus Bonus
Grep.	= bezahlt Geld repartiert: zu diesem Kurs sind Umsätze durchgeführt worden, aber die Nachfrage war bei diesem Kurs größer als das Angebot, die Nachfrage wurde anteilig berücksichtigt
Brep.	= bezahlt Brief repartiert: zu diesem Kurs sind Umsätze durchgeführt worden, aber das Angebot war bei diesem Kurs größer als die Nachfrage, die Anbieter wurden anteilig berücksichtigt

Abb. 7.7: Die wichtigsten Kurszusätze

Im Unterschied zu Kassageschäften werden **Termingeschäfte** erst zu einem späteren Zeitpunkt erfüllt. Da Termingeschäfte für die Marktteilnehmer mit einem hohen Risiko verbunden sein können, wurden diese Geschäfte in Deutschland im Jahre 1931 zunächst eingestellt. Kauft beispielsweise ein Haussier 100 Aktien per Termin zu einem Preis von 200 DM pro Stück und fällt der Kurs entgegen seiner Erwartung auf 100 DM, so erleidet er einen Verlust von 10.000 DM, da er die Papiere zu 200 DM erwerben muß. Erst im Jahre 1970 wurde der Wertpapierterminhandel in Form des risikoärmeren Optionsgeschäftes wieder eingeführt, wobei Geschäfte zunächst nur in Aktien, ab 1986 auch in festverzinslichen Wertpapieren abgeschlossen werden konnten. Mit ca. 500.000 Kontrakten pro Jahr besaß das Optionsgeschäft jedoch im Vergleich zu den ausländischen Kapitalmärkten nur eine relativ geringe Bedeutung (FRANKE 1990).

In den letzten Jahren hat das weltweit erheblich gewachsene Geldvermögen allerdings zu einem enormen Bedarf an neuen spekulativen Anlageformen einerseits und effizienten Absicherungsmöglichkeiten andererseits geführt. Erfahrungen auf internationalen Finanzmärkten zeigten dabei, daß Termingeschäfte einen unverzichtbareren Bestandteil eines konkurrenzfähigen Finanzplatzes darstellen. Insbesondere wanderten auch Teile des Kassahandels mehr und mehr an diejenigen Börsen ab, an denen Termingeschäfte abgeschlossen und Instrumente wie Financial Futures und Optionen gehandelt werden. So übt heutzutage die Kursentwicklung des an der Londoner Terminbörse (LIFFE) gehandelten Bund-Future einen bedeutenden Einfluß auf die Preisgestaltung am deutschen Renten-Kassamarkt aus. Demzufolge haben rückläufige Notierungen beim Future häufig Kursrückgänge bei Bundesanleihen zur Folge.

Vor diesem Hintergrund nahm am 26.1.1990 die **Deutsche Terminbörse (DTB)** ihren Geschäftsbetrieb auf. Die DTB ist ein eigenständig organisierter Markt für Börsentermingeschäfte. Gehandelt wurden zunächst Optionen auf 14 deutsche Standardwerte. Seit August 1990 sind darüber hinaus Geschäfte mit Financial Futures möglich, wobei in der ersten Stufe ein Terminkontrakt auf den Deutschen Aktienindex (DAX-Future) sowie auf eine idealtypische 6 %ige Bundesanleihe (BUND-Future) in den Markt einbezogen wurden. Inzwischen bietet die DTB auch Optionen auf den Deutschen Aktienindex und auf den DAX-Future an, geplant sind darüber hinaus ein Terminkontrakt auf 5-jährige Anleihen bzw. Obligationen sowie ein Future auf einen Dreimonats-Zins, um ein möglichst breites Spektrum der Zinsstrukturkurve abzudecken.

Die DTB zeichnet sich durch folgende, bislang in der Bundesrepublik unbekannte strukturelle Besonderheiten aus:

- Die DTB ersetzt die traditionelle Präsenzbörse durch eine **Computerbörse**. Eine Beteiligung am Handel ist ausschließlich über Bildschirmterminals, die mit dem Zentralrechner der DTB verbunden sind, möglich. Der Standort der Beteiligten ist daher unerheblich, so daß die DTB eine überregionale Börse darstellt. Die Geschäftsabschlüsse werden bei Übereinstimmung der Kauf- und Verkaufsaufträge durch den Zentralrechner automatisch hergestellt.

- Bestimmte Börsenteilnehmer, sog. **Market-Maker**, haben sich verpflichtet, während der Börsenzeit verbindliche Geld- und Briefkurse für bestimmte Basiswerte zu stellen und so für eine ausreichende Markttiefe in den von ihnen betreuten Werten zu sorgen. Die Market-Maker sind verpflichtet, auf der Basis der gestellten Kurse Geschäftsabschlüsse zu tätigen.

- Die DTB GmbH ist als **Clearing-Stelle** Kontraktpartner für jedes abgeschlossene Geschäft. Sie übernimmt gegenüber beiden Parteien die Garantie für die Erfüllung der eingegangenen Verpflichtungen und minimiert auf diese Weise das Erfüllungsrisiko für die Geschäftspartner. Geschäfte kommen dabei nur zwischen der DTB und einem Clearing-Mitglied und nicht mit einzelnen Bankkunden zustande.

- Das Erfüllungsrisiko für die Clearing-Stelle selbst wird durch ein **Sicherheitssystem** begrenzt. Für alle risikobehafteten Positionen sind Sicherheiten (Margins) zu leisten, die auf der Basis der aktuellen Kursentwicklung börsentäglich neu berechnet werden. Gegebenenfalls fällig werdende Nachschüsse müssen bis zum nächsten Tag vorbörslich angeschafft werden. Ist der Positionsinhaber dazu nicht in der Lage, werden die Kontrakte zwangsweise glattgestellt, um ein Akkumulieren von Verlusten zu verhindern. Des weiteren müssen die Clearing-Mitglieder bestimmte Mindestanforderungen in Bezug auf die Eigenmittel erfüllen.

Im Mittelpunkt des DTB-Systems steht der **DTB-Zentralrechner,** an den die Börsenteilnehmer über sogenannte User-Devices mit den zugehörigen Handelsbildschirmen angeschlossen sind. Der Handelsbildschirm nimmt mehrere Funktionen wahr. Neben dem Abruf von Informationen über aktuelle Marktdaten (Preise, Umsätze, Volumina, Angebots- und Nachfrageniveau) dient er zur Eingabe von Kursnotierungen und Orders. Alle Marktteilnehmer verfügen damit über die gleichen Informationsmöglichkeiten, so daß ein hohes Maß an Transparenz gewährleistet ist. Der Verbesserung der Zuverlässigkeit des Systems dienen eine Reihe von Sicherheitsvorkehrungen. Zu nennen sind in diesem Zusammenhang Mehrfachkopien aller Transaktionsdaten, doppelt ausgelegte Kommunikationsverbindungen sowie eine automatische Umschaltung auf einen Ersatzrechner bei Ausfall des Zentralrechners. Sowohl die Zugriffsgeschwindigkeit als auch die Kosten für die Systemnutzung sind für alle Börsenteilnehmer unabhängig von ihrem Standort gleich. Auf diese Weise wird eine bevorzugte Behandlung von Marktteilnehmern an bestimmten börsennahen Standorten verhindert.

Neben den börslichen Kassa- und Termingeschäften werden Wertpapiere auch **außerbörslich**, d.h. außerhalb der Börsenzeit und nicht in den Räumen der Börse gehandelt. Als Marktobjekte kommen sowohl Papiere, die zum amtlichen Handel oder zum geregelten Markt zugelassen oder in den Freiverkehr einbezogen sind als auch unnotierte Werte in Betracht, wobei die Preise zwischen den Marktteilnehmern frei ausgehandelt werden. Der Handel erfolgt insbesondere auf drei Wegen (GRILL/PERCZYNSKI 1990):

- über computerunterstützte **Informations- und Handelssysteme**, wie z.B. IBIS (Inter-Banken-Informations-System) und MATIS (Makler-Trading-Informations-System), die alle marktrelevanten Daten über einen Bildschirm zur Verfügung stellen,
- am **Telefon**, vor allem bei Geschäften mit Großanlegern und Kapitalsammelstellen,
- am **Schalter**, hauptsächlich bei Verkäufen von Wertpapieren an Privatkunden (Tafelgeschäfte).

Die Computersysteme IBIS und MATIS dienten ursprünglich ausschließlich der Förderung des vor- und nachbörslichen Handels umsatzstarker, zum amtlichen Handel zugelassener Werte. Die Geschäftsabschlüsse wurden telefonisch getätigt, zu den am Bildschirm angezeigten Kursen bestand jedoch kein Kontrahierungszwang. Aufgrund der fehlenden Verbindlichkeit der gestellten Kurse handelte es sich nicht um Handels-, sondern lediglich um Informationssysteme. Seit dem 5.4.1991 können über IBIS jedoch auch ganztägig die im Deutschen Aktienindex enthaltenen Aktienwerte sowie 28 Anleihen des Bundes, der Post und der Bahn elektronisch gehandelt werden (BLITZ 1991). Im Entwicklungsstadium befindet sich darüber hinaus ein unter dem Namen "Boss" konzipiertes EDV-Programm, das die elektronische Weiterleitung und Bearbeitung von Börsenaufträgen in der gesamten Bundesrepublik ermöglichen soll.

4. Devisenhandel

Gegenstand des Devisenhandels ist der Austausch von bei ausländischen Korrespondenzbanken unterhaltenen Fremdwährungsguthaben; andere Devisenformen, wie beispielsweise auf ausländische Währungen lautende Geldsurrogate, d.h. Wechsel und Schecks, stellen somit kein Objekt des Devisenhandels dar. Die Anschaffung der gehandelten Devisen erfolgt auf ein vom Käufer zu bestimmendes Konto in dem jeweiligen - ausländischen - Währungsgebiet. Der Handel selbst findet vorwiegend per Telefon, aber auch per Fernschreiber, über elektronisch gesteuerte Kommunikationssysteme sowie an Devisenbörsen statt, wobei der größte Teil der Geschäfte durch die Einschaltung eines Devisenmaklers zustandekommt.

Ein funktionierender Devisenhandel setzt zum einen die Konvertierbarkeit, d.h. die freie Handelbarkeit der Währungen sowie zum anderen funktionsfähige Devisenmärkte voraus. Entscheidend bestimmt werden die Devisenmärkte durch das jeweilige **Wechselkurssystem**. Die wichtigsten Systeme sind:

- das freie Floaten, d.h. die Kursbestimmung durch die Märkte,
- das Ausrichten des Wertes einer Währung gegenüber einem Korb von Fremdwährungen,
- das absolute Festkurssystem,
- das Festkurssystem mit Schwankungsbreiten sowie
- das Ausrichten des Wechselkurses an einen bestimmten Index.

Das deutsche Wechselkurssystem ist gekennzeichnet durch

- die Festlegung bestimmter Leit- und Interventionskurse gegenüber den Währungen des Europäischen Währungssystems (EWS) und

- das freie Floaten gegenüber dem US-Dollar und allen anderen Nicht-EWS-Währungen.

Im Rahmen des **Europäischen Währungssystems** hat sich im Jahre 1979 ein Großteil der Staaten der Europäischen Gemeinschaft auf ein System relativ fester Wechselkurse mit Bandbreiten von +/- 2,25 % (bei der italienischen Lira +/- 6 %) geeinigt. Erreicht eine Währung ihren Grenzkurs, dann sind die Zentralbanken der betreffenden Länder dazu verpflichtet, zu intervenieren, um die Marktkurse innerhalb der vorgesehenen Schwankungsmarge zu halten. Bei nachhaltigen Spannungen können allerdings die Leitkurse und damit die Interventionspunkte durch Auf- resp. Abwertungen der jeweiligen Währungen geändert werden.

Gegenüber allen nicht am Europäischen Währungssystem teilnehmenden Ländern existieren keinerlei Festlegungen der Devisenkurse. Diese als "**Floaten**" bezeichnete freie Kursbestimmung durch die Märkte besteht seit März 1973, als die wichtigsten westlichen Industrieländer die bis dahin geltenden festen Kursrelationen zum US-Dollar aufgaben. Die Deutsche Bundesbank interveniert allerdings - wie die meisten Zentralbanken der bedeutenden Industrienationen - sporadisch auch heute noch in den US-Dollar, um plötzlichen und übertriebenen Wechselkursveränderungen entgegenzuwirken.

Die gelegentlichen Eingriffe der Deutschen Bundesbank in das Marktgeschehen sind nicht zuletzt deshalb erforderlich, weil der **US-Dollar** die dominierende Währung im Rahmen des Devisenhandels darstellt. So ist quasi jede Bank bereit, auf Anfrage Kauf- und Verkaufskurse (Geld- resp. Briefkurse) für den US-Dollar gegen die jeweilige nationale Währung oder auch gegen eine andere Währung zu quotieren. Nichtdollar-Währungen werden überwiegend unter Einschaltung des US-Dollars gehandelt. Muß beispielsweise eine Bank in der Bundesrepublik Deutschland zur Abwicklung eines Kundengeschäftes einen Betrag in schwedischen Kronen gegen DM erwerben, so kauft sie zunächst US-Dollar gegen DM und verkauft anschließend die US-Dollar an eine schwedische Bank gegen schwedische Kronen. In den letzten Jahren hat sich daneben in Europa ein Interbankenhandel in DM entwickelt. US-Dollar und DM nehmen somit an den Devisenmärkten die Funktion von "Vehikel-" oder "Transportwährungen" wahr.

Gehandelt wird an den Devisenmärkten entweder

(1) per Kasse (Kassageschäft) oder
(2) per Termin (Termingeschäft).

Zu (1): Alle Devisenhandelsgeschäfte, bei denen kein besonderer Liefertermin vereinbart wird, gelten grundsätzlich als **Kassageschäfte**. Zwischen Geschäftsabschluß und Anschaffung, d.h. Bereitstellung der Devisen liegt bei Devisenkassageschäften eine Frist von höchstens 2 Werktagen.

Banken tätigen Devisenkassageschäfte sowohl im **Kundenauftrag** als Kommissionär als auch in Form von Eigengeschäften. Die **Kommissionsgeschäfte** werden zu dem für diesen Börsentag amtlich festgestellten Devisenkurs abgewickelt. Unter den fünf deutschen Devisenbörsen obliegt dem Frankfurter Platz die Ermittlung des amtlichen Kurses. Dabei werden - in Anwesenheit eines Vertreters der Deutschen Bundesbank - die Spitzenbeträge der einzelnen Devisenbörsen nach der Methode der Einheitskursberechnung ausgeglichen. Im Falle der Nichtübereinstimmung von Angebot und Nachfrage zum Einheitskurs übernimmt die Deutsche Bundesbank den Spitzenausgleich. Der Einheitskurs bildet sich somit nur aufgrund der Aufträge, die an den einzelnen Börsen nicht direkt ausgeglichen werden konnten.

Der festgestellte Einheitskurs ist der sogenannte "**Mittelkurs**", der für das eigentliche Börsengeschäft gilt. Veröffentlicht und bei der Abrechnung für die Bankkunden zugrundegelegt werden aber die Geld- und Brief-, d.h. Ankaufs- und Verkaufskurse. Die Geld- und Briefkurse weichen um ca. 2 %-Punkte vom Mittelkurs ab.

In der Regel üben die Kreditinstitute bei Kundenaufträgen das Selbsteintrittsrecht des Kommissionärs aus, d.h. sie geben die von Exporteuren angebotenen Devisen nicht unmittelbar zum Verkauf an die Devisenbörse und kaufen nicht die von Importeuren benötigten Devisen an der Börse, sondern versuchen soweit wie möglich einen internen Ausgleich herzustellen. Daher werden nur Aufträge über die Spitzen an angebotenen und nachgefragten Devisen, die aus eigenen Beständen nicht ausgeglichen werden konnten resp. für die unter den Kreditinstituten zur Zeit kein Geschäftspartner zu finden war, zum Handel an die Devisenbörsen weitergeleitet (DIEPEN/SAUTER 1990).

Die **Eigengeschäfte** der Banken im Devisenkassahandel werden fast ausschließlich außerbörslich abgewickelt. Die Kreditinstitute betreiben im Rahmen der Eigengeschäfte die sog. "Devisenarbitrage", die die Ausgleichs-, die Differenz- und die Zeitarbitrage beinhaltet. Während bei der **Ausgleichsarbitrage** lediglich der günstigste Börsenplatz zum Kauf resp. Verkauf eines bestimmten Devisenbetrages ausgewählt wird, ist mit der **Differenzarbitrage** ein Kopplungsgeschäft verbunden, bei dem bestehende Kursunterscheide zwischen verschiedenen Plätzen ausgenutzt werden. Ausgleichs- und Differenzarbitragegeschäfte bewirken letztlich - aufgrund einer höheren Nachfrage nach Devisen an den "billigeren" Börsenplätzen mit der Folge steigender Kurse und aufgrund einer Zunahme des Angebotes an Devisen an den "teureren" Börsenplätzen mit der Folge fallender Kurse - eine Beseitigung der Kursunterschiede an den verschiedenen Plätzen. Da in den letzten Jahren zudem der Markt transparenter geworden ist, haben die Ausgleichs- und die Differenzarbitrage an Bedeutung verloren. An ihre Stelle ist die **Zeitarbitrage** getreten, bei der die Kreditinstitute für eine kurze Zeitspanne eine offene Position halten. Durch das Schließen dieser offenen Position zu günstigeren Kursrelationen versuchen die Banken anschließend einen Gewinn zu erzielen.

Zu (2): Im Gegensatz zu den Devisenkassageschäften wird beim Abschluß von **Devisentermingeschäften** zum Zeitpunkt des Geschäftsabschlusses die Anschaffung der Devisen für einen späteren Zeitpunkt - mindestens drei Werktage später - vereinbart. Termindevisen werden ausschließlich außerhalb der Börse gehandelt. Daher muß der Abrechnungskurs für Termingeschäfte bei jedem Abschluß individuell ausgehandelt werden.

Kreditinstitute schließen Termingeschäfte ab

- mit **Kunden**, wenn sich diese gegen Wechselkursrisiken absichern wollen, um - im Falle von Firmenkunden - eine feste Kalkulationsbasis zu schaffen oder um - im Falle von Privatkunden - den Wert ausländischer Kapitalanlagen zu sichern,

- mit anderen **Banken**, um Kursrisiken aus eigenen Forderungen und Verbindlichkeiten in fremder Währung, Auslandswechseln, Währungsguthaben oder Sorten abzusichern. Die Devisenspekulation spielt hingegen im Termingeschäft der Banken nur eine untergeordnete Rolle.

Devisentermingeschäfte betreiben die Kreditinstitute in verschiedenen Formen. Im Rahmen von **Outright-** oder **Solo-Geschäften** wird der Kauf oder Verkauf von Devisen zu einem bestimmten späteren Zeitpunkt vereinbart. Outright-Geschäfte dienen vor allem der Sicherung von Währungsforderungen oder -verbindlichkeiten aus Waren- und Dienstleistungsgeschäften sowie allgemein dem Schutz von Devisenguthaben und Sortenbeständen. Sofern einem Kunden der Zu- oder Abflußtermin eines Fremdwährungsbetrages nicht exakt bekannt ist, kann mit der Bank die Erfüllung des Geschäftes innerhalb einer bestimmten Frist vereinbart werden.

Während aus einem Outright-Geschäft nur eine einzige finanzielle Transaktion resultiert, besteht ein **Swapgeschäft** aus der Kombination zweier Geschäfte, nämlich eines Kassa- und eines Termingeschäftes. Im Rahmen von Swapgeschäften wird zum selben Zeitpunkt

- der Kauf von Kassadevisen und deren Verkauf per Termin oder
- der Verkauf von Kassadevisen und deren Kauf per Termin

in jeweils gleicher Höhe vereinbart. Anwendung finden Swapgeschäfte insbesondere zur Kurssicherung von Finanztransaktionen. Möchte ein Kunde beispielsweise für drei Monate einen Geldbetrag in Fremdwährung anlegen, so kann er das aus dieser offenen Position resultierende Währungsrisiko dadurch beseitigen, daß er ein Swapgeschäft über den Kauf und den Wiederverkauf der Devisen abschließt.

Outright- und Swapgeschäfte sehen den unbedingten Kauf bzw. Verkauf eines Devisenbetrages vor. Demgegenüber erwirbt der Inhaber einer **Devisenoption** das Recht, nicht jedoch die Pflicht, einen festgelegten Devisenbetrag innerhalb eines bestimmten Zeitraumes zu kaufen resp. zu verkaufen. Nach europäischen Usancen werden die Devisenoptionen mit Fälligkeit exakt zum Enddatum, nach amerikanischen Usancen bis zum Enddatum vereinbart. Die i.d.R. als Stillhalter fungierende Bank erwartet spätestens zwei Werktage vor dem Fälligkeitstag die Entscheidung des Optionsinhabers, ob er sein Recht ausübt oder nicht. Sofern der Optionsinhaber der Bank keine Nachricht zukommen läßt, verfällt die Option. Insbesondere amerikanische Börsen bieten Devisenoptionen in standardisierter Form an. Demgegenüber offerieren die europäischen Banken ihren Kunden individuell zugeschnittene Freiverkehrs-Optionen. Abschlüsse können in den gängigen Währungen gegen DM, aber auch in Fremdwährung gegen Fremdwährung getätigt werden.

Terminkurs und Kassakurs der gleichen Währung sind nur in Ausnahmefällen identisch, in der Regel weichen sie voneinander ab. Die Differenz zwischen dem Kassa- und dem Terminkurs wird auch als (absoluter) Swapsatz bezeichnet. Liegt der Terminkurs unter dem Kassakurs, so wird die entsprechende Währung mit einem Abschlag (Deport) gehandelt; im umgekehrten Fall (Terminkurs > Kassakurs) spricht man von einem Aufschlag (Report). Die Swapsätze hängen dabei ausschließlich von den unterschiedlichen Zinsstrukturen in den jeweils beteiligten Ländern ab. Ein Deport ergibt sich bei Währungen mit einem höheren Zinsniveau, Währungen mit einem niedrigeren Zinsniveau werden per Termin mit einem Report gehandelt. Begründen läßt sich dies folgendermaßen:

Angenommen, Drei-Monats-Euro-Dollar verzinsen sich zu 8,75 % p.a. und entsprechende DM mit 5,5 % p.a und einem Exporteur stehen zwei Möglichkeiten offen, eine Drei-Monats-Forderung in US-Dollar abzusichern: Entweder er verkauft den Fremdwährungsbetrag im Rahmen eines Outright-Geschäftes per drei Monate mit einem entsprechenden Abschlag auf den Kassakurs oder er nimmt einen - im Vergleich zur Heimatwährung - um 3,25 % p.a. höherverzinslichen Währungskredit auf. Im letzteren Fall müßte der Exporteur die aufgenommenen US-Dollar sofort per Kasse verkaufen und den Währungskredit in drei Monaten mit dem eingegangenen Forderungsbetrag tilgen. Die Mehrkosten für seinen Währungskredit beliefen sich auf 3,25 % p.a. für drei Monate. Folglich würde der Exporteur im Falle des Direktverkaufs der US-Dollar-Forderungen per drei Monate einen Abschlag (Deport) gegenüber dem Kassakurs in einer Höhe von - maximal - 3,25 % p.a. auf drei Monate hinnehmen.

Die Umrechnung des prozentualen in einen absoluten Abschlag geschieht unter Berücksichtigung der Laufzeit des Devisengeschäftes folgendermaßen (HÖLSCHER 1987):

$$\frac{\text{Dollarkurs} \cdot \text{Zinsgefälle} \cdot \text{Laufzeit}}{360 + (\text{Auslandszins} \cdot \text{Laufzeit})} = \frac{1{,}545 \cdot 0{,}0325 \cdot 90}{360 + (0{,}0875 \cdot 90)} = 0{,}012284 \, \frac{\text{DM}}{\text{US-\$}}$$

Demzufolge wird der Outright-Kurs für Dreimonats-Dollar ca. 1,2 Pfennig pro US-Dollar unter dem Kassakurs von 1,545 DM liegen, also ca. 1,533 DM betragen.

II. Eigengeschäfte

1. Aktivische Wertpapiereigengeschäfte

Gegenstand des aktivischen Wertpapiereigengeschäftes ist die Geldanlage in Effekten im Namen und für Rechnung des eigenen Hauses.

Die **Bestimmungsgründe** der Kreditinstitute für die Anlage von Finanzmitteln in Wertpapieren lassen sich nach dem Grad der Dispositionsfreiheit gliedern, über den ein Kreditinstitut zum Anlagezeitpunkt verfügt. Wie die folgende Abbildung 7.8 zeigt, können freiwillige Anlagen und Anlagen mit einem gewissen Zwangcharakter unterschieden werden. **Freiwillig** erfolgt die Wertpapieranlage vor allem aus der **Substitutionsbeziehung** zwischen dem Kredit- und dem Wertpapiergeschäft. Die Banken sind zunächst bestrebt, ihre geschäftspolitischen Ziele durch die Vergabe von Krediten zu erreichen. Ist dies in Zeiten eines Rückgangs der Kreditnachfrage nicht mehr möglich, entsteht bei den Kreditinstituten ein Liquiditätsüberhang, den sie kurzfristig am Geldmarkt, langfristig jedoch in Effekten anlegen. Die Wertpapieranlage der Kreditinstitute besitzt insofern eine Ausgleichsfunktion. In Zeiten expansiver Notenbankpolitik und geringer wirtschaftlicher Aktivität ist die Wertpapieranlage aufgrund überschüssiger Liquidität am größten, bei kontraktiver Zentralbankpolitik und hoher Kreditnachfrage dagegen am geringsten.

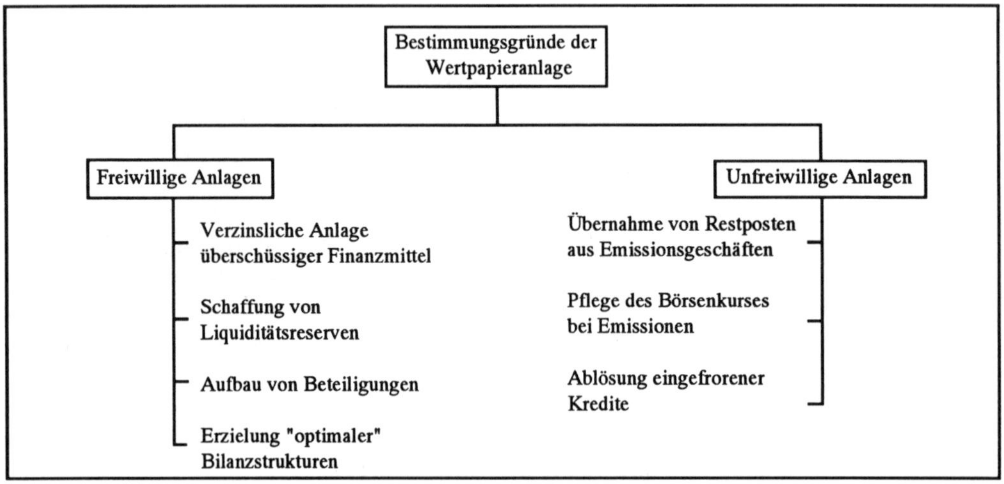

Abb. 7.8: Bestimmungsfaktoren der Wertpapieranlage

Die freiwillige Wertpapieranlage dient ferner dem Aufbau einer **Liquiditätsreserve**, auf die zurückgegriffen werden kann, wenn im Rahmen der Gelddisposition ein Auszahlungsüberschuß festgestellt wird. Die Eignung von Wertpapieren als Element eines verzinslichen Liquiditätspolsters resultiert insbesondere aus ihrer schnellen Liquidierungsmöglichkeit über den Kapitalmarkt. Jedoch kann der Verkauf von Wertpapieren mit hohen Opportunitätskosten und bei steigenden Zinsen sogar mit erheblichen Verlusten verbunden sein. In dieser Situation werden die Kreditinstitute Wertpapiere zur Deckung von Auszahlungsüberschüssen nur bei extremen Liquiditätsspannungen veräußern. Der

Erwerb von Wertpapieren kann darüber hinaus zu **Beteiligungszwecken** erfolgen. Neben der Gewinnung von Einflußmöglichkeiten und Renditeüberlegungen stellt hierbei insbesondere die Ergänzung des bankbetrieblichen Angebots das entscheidende Motiv dar. Schließlich wird die freiwillige Wertpapieranlage auch zur Erreichung bestimmter risikobegrenzender **Bilanzstrukturen** im Rahmen eines umfassenden Bilanzstruktur-Managements eingesetzt (SCHIERENBECK 1991).

Unfreiwillig erfolgt die Wertpapieranlage demgegenüber aufgrund einer **vertraglichen Bindung**. So kann zum einen im Rahmen des **Emissionsgeschäftes** die Übernahme nicht plazierter Restposten und die Kurspflege emittierter Papiere vereinbart sein, was die Kreditinstitute zum Ausgleich eines bestehenden Marktungleichgewichts zwingt. Zum anderen müssen die Kreditinstitute Wertpapiere übernehmen, wenn in **Sanierungsfällen** Fremd- durch Eigenkapital ersetzt und somit ein eingefrorener Kredit durch Wertpapiere abgelöst wird.

Neben den Bestimmungsfaktoren läßt sich das aktivische Wertpapiereigengeschäft der Kreditinstitute hinsichtlich der gehandelten **Wertpapiergattungen** differenzieren. Dabei ist der Kauf und Verkauf von festverzinslichen Wertpapieren (Rentenwerte) und von Dividendenwerten (Aktien) zu unterscheiden. Durch aktivische Wertpapiergeschäfte mit **festverzinslichen Wertpapieren** erwirbt das Kreditinstitut Forderungsrechte. Es besitzt demzufolge einen Anspruch auf Rückzahlung und Verzinsung des Kapitals. Nach der Art des Ausstellers können festverzinsliche Wertpapiere in

- Staatsanleihen,
- Kommunalanleihen,
- Bankschuldverschreibungen und
- Industrieobligationen

unterteilt werden. Staats- und Kommunalanleihen dienen der Finanzierung von öffentlichen Aufgaben. Bankschuldverschreibungen und Industrieobligationen werden von Kreditinstituten bzw. industriellen Großunternehmen zur Finanzierung ihres Aktivgeschäftes emittiert. Alle genannten Anleiheformen zeichnen sich durch ein geringes Risiko aus. Dies resultiert zum einen aus dem erstklassigen Standing der Emittenten, zum anderen erfolgt die Rückzahlung von Rentenwerten grundsätzlich zum Nennwert, so daß sich Kursschwankungen aufgrund eines veränderten Zinsniveaus letztlich nur bei einem vorzeitigen Verkauf des Papiers negativ aber auch positiv auswirken können.

Die Bedeutung der festverzinslichen Wertpapiere im Besitz der Kreditinstitute für den deutschen Kapitalmarkt wird aus der folgenden Abb. 7.9 deutlich. Sie zeigt, daß die Banken in bestimmten wirtschaftlichen Phasen bis zu 50 % der abgesetzten Rentenwerte übernahmen, der Erwerb aufgrund der Drehscheibenfunktion des Wertpapiergeschäfts in anderen Situationen jedoch ebenso extrem zurückgenommen wurde.

Der Bestand der Kreditinstitute an inländischen Anleihen und Schuldverschreibungen betrug Ende 1990 rd. 532 Mrd. DM. Etwa 207 Mrd. DM entfielen davon auf die Sparkassen und 81 Mrd. DM auf die Girozentralen, die damit zusammengenommen rd. 55 % der festverzinslichen Wertpapierbestände hielten. Hierdurch wird deutlich, daß der Schwerpunkt des aktivischen festverzinslichen Wertpapiergeschäftes im öffentlich-rechtlichen Sektor liegt.

Jahr	Nettoabsatz von Rentenwerten (in Mrd. DM)	Kreditinstitute als Erwerber (in Mrd. DM)	Anteile der Kreditinstitute (in %)
1980	52,6	17,3	32,9
1981	73,0	17,6	24,1
1982	83,7	43,1	51,5
1983	91,3	35,2	38,6
1984	86,8	26,4	30,4
1985	103,5	32,7	31,6
1986	103,9	31,3	30,1
1987	113,0	44,3	39,2
1988	89,8	33,5	37,3
1989	119,2	15,18	12,7
1990	245,4	9,5	36,5

Abb. 7.9: Anteile der Kreditinstitute am Gesamtabsatz von Rentenwerten (Quelle: Monatsberichte der Deutschen Bundesbank, Mai 1991, eigene Berechnungen)

Als **Dividendenwerte** sind vor allem Aktien anzusehen. Durch den Kauf von Aktien erwirbt das Kreditinstitut Teilhaberrechte am Grundkapital einer Aktiengesellschaft. Damit verbunden ist einerseits der Anspruch auf eine Gewinnbeteiligung (Dividende) sowie das Teilnahme- und Stimmrecht auf der Hauptversammlung. Andererseits trägt der Aktionär als Miteigentümer der Gesellschaft auch einen Teil des Unternehmensrisikos. Dies äußert sich letztlich in dem Börsenkurs des Papiers, der durch die wirtschaftliche Situation der Gesellschaft maßgeblich beeinflußt wird.

Daneben spielen jedoch auch konjunkturelle, politische und markttechnische Faktoren eine wesentliche Rolle, so daß die Anlage in Dividendenwerten aufgrund veränderbarer Dividendensätze und schwankender Börsenkurse im Vergleich zu Rentenwerten mit einer unsicheren Rendite verbunden ist. Wegen dieses höheren Risikos ist es den Sparkassen auch weitgehend nicht gestattet, für eigene Rechnung Aktien zu erwerben.

Obwohl das aktivische Wertpapiereigengeschäft im wesentlichen lediglich ergänzende Funktionen zum Kreditgeschäft wahrnimmt, ist es für die Kreditinstitute aufgrund der weitgehend eigenbestimmten und rentablen Geldanlage von nicht unerheblicher Bedeutung. Dabei variieren die Wertpapierbestände jedoch zwischen den Institutsgruppen und den Wertpapierarten erheblich. Die jeweiligen Anteile am Geschäftsvolumen zeigt Abb. 7.10. Der Anteil an festverzinslichen Wertpapieren erhöhte sich im Vergleich der Jahre 1980 und 1990 mit Ausnahme der Großbanken und der Regionalbanken bei allen Institutsgruppen.

Am deutlichsten fiel die Steigerung bei den Kreditgenossenschaften aus, deren Besitz an Anleihen und Schuldverschreibungen sich um nahezu 5 %-Punkte erhöhte. Verglichen mit den anderen Institutsgruppen legen die Großbanken den geringsten Teil ihrer Aktiva in festverzinslichen Papieren an. Den größten Anteilswert weisen dagegen die Sparkassen auf, die sich jedoch zusammen mit den Kreditgenossenschaften, den Girozentralen und den genossenschaftlichen Zentralbanken im Bereich der Dividendenwerte am unteren Ende der Rangordnung befinden, während die Großbanken beim Aktienbesitz den mit Abstand größten Anteilswert aufweisen.

Institutsgruppe \ Wertpapierart	Anleihen und Schuldverschreibungen		Dividendenwerte	
	Dezember 1980	Dezember 1990	Dezember 1980	Dezember 1990
Großbanken	6,32	5,10	4,53	3,13
Regionalbanken und sonstige Kreditbanken	7,47	6,79	2,21	0,93
Privatbankiers	9,11	9,60	3,49	0,88
Kreditgenossenschaften	11,70	16,36	0,54	0,27
Genossenschaftliche Zentralbanken	12,62	15,53	1,88	0,69
Sparkassen	16,01	19,51	0,51	0,82
Girozentralen	9,10	12,24	1,19	0,41

Abb. 7.10: Anteile der Wertpapierbestände am Geschäftsvolumen nach Bankengruppen (Angabe in %, Dividendenwerte inclusive Investmentzertifikate und sonstige Wertpapiere)(Quelle: Monatsberichte der Deutschen Bundesbank Mai 1991, Mai 1981, eigene Berechnungen)

2. Passivische Wertpapiereigengeschäfte

Unter passivischen Wertpapiereigengeschäften ist die Emission und der Rückkauf eigener Schuldverschreibungen zu verstehen. Durch den Verkauf dieser Schuldverschreibungen erhalten die Kreditinstitute mittel- und langfristige Mittel, die sie im Kreditgeschäft für eine bestimmte Laufzeit festverzinslich ausleihen können. Da im Hinblick auf die **Emissionstechnik** keine Unterschiede zwischen dem Wertpapiereigen- und dem Dienstleistungsgeschäft bestehen, werden diese Aspekte an anderer Stelle behandelt. Die folgenden Ausführungen konzentrieren sich daher auf die von den Banken im Rahmen des passivischen Wertpapiereigengeschäfts emittierten Effekten. Zu unterscheiden sind traditionell auf der einen Seite Pfandbriefe und Kommunalobligationen, auf der anderen Seite Kassenobligationen und sonstige Papiere.

Pfandbriefe dienen der Finanzierung von Hypothekar- und Grundschuldkrediten. In technischer Hinsicht handelt es sich bei den Pfandbriefen um festverzinsliche (Inhaber-)Schuldverschreibungen, die aufgrund des Hypothekenbankgesetzes (HypBG) ausgegeben werden, und bei denen eine Dekkung durch Hypotheken in mindestens gleicher Höhe und gleichen Zinserträgen vorliegt. Sie werden ebenso wie Kommunalobligationen nur von Realkreditinstituten und Girozentralen emittiert. Eine besondere Form stellen Schiffspfandbriefe dar, die zur Beschaffung langfristiger Mittel für den Schiffsbau von Schiffspfandbriefbanken ausgegeben werden und durch Hypotheken auf Schiffe gedeckt sind.

Bei **Kommunalobligationen** handelt es sich ebenso um festverzinsliche Schuldverschreibungen. Sie werden aufgrund des "Gesetzes über Pfandbriefe und verwandte Schuldverschreibungen öffentlich-rechtlicher Kreditanstalten" zur Refinanzierung von Darlehen an öffentlich-rechtliche Körperschaften oder von Darlehen an Dritte, die von öffentlich-rechtlichen Körperschaften garantiert sind, verwandt. Umlaufende Kommunalobligationen müssen in Höhe ihres Nennwertes durch Kommunaldarlehen in mindestens gleicher Höhe und mit mindestens gleichem Zinsertrag gedeckt sein. Sowohl bei Kommunaldarlehen als auch bei Pfandbriefen ist eine Ersatzdeckung durch Bargeld, Guthaben bei der Deutschen Bundesbank, Schatzwechseln etc. nur in begrenztem Umfang möglich.

Die Kassenobligationen und die sonstigen Schuldverschreibungen werden primär von den übrigen Geschäftsbanken, aber auch von den Instituten des Pfandbriefgeschäfts als ergänzendes Refinanzierungsinstrument genutzt. Dabei können die folgenden wesentlichen Wertpapierarten unterschieden werden:

- **Kassenobligationen**
  Kassenobligationen sind Inhaberschuldverschreibungen mit kurzen und mittleren Laufzeiten. Sie dienen der Finanzierung von kurz- und mittelfristigen Krediten, haben einen festen Zinssatz und werden an der Börse gehandelt.

- **Bankschuldverschreibungen**
  Bei Bankschuldverschreibungen handelt es sich um Inhaberschuldverschreibungen der privaten Kreditbanken mit mittleren und längeren Laufzeiten. Sie werden zur laufzeitkongruenten Finanzierung des Aktivgeschäfts eingesetzt.

- **Sparkassenobligationen**
  Sparkassenobligationen werden als nichtbörsengängige Schuldverschreibungen mit Laufzeiten von häufig 4 bis 10 Jahren emittiert. Ein Rückkauf vor Fälligkeit ist i.d.R. zu besonders festgelegten Rücknahmepreisen möglich.

- **Rentenschuldverschreibungen, Renten- und Landwirtschaftspapiere**
  Diese Papiere werden von den Kreditinstituten mit Sonderaufgaben ausgegeben. Sie dienen zur Finanzierung der gesetzlich oder satzungsmässig festgelegten Aufgaben.

Die Bedeutung der Refinanzierung durch alle Arten von Schuldverschreibungen für die verschiedenen Institutsgruppen veranschaulicht Abb. 7.11. Die privaten Hypothekenbanken weisen den größten Anteilswert auf. Eine ähnliche Bedeutung besitzt das passivische Wertpapiereigengeschäft daneben nur noch für die Girozentralen, die Kreditinstitute mit Sonderaufgaben und mit Abstrichen für die öffentlich-rechtlichen Grundkreditanstalten.

Institutsgruppe	Dezember 1980	Dezember 1990
Großbanken	4,27	5,73
Regionalbanken und sonstige Kreditbanken	15,14	10,93
Privatbankiers	-	0,83
Kreditgenossenschaften	0,01	2,21
Genossenschaftliche Zentralbanken	7,95	7,13
Sparkassen	0,11	3,75
Girozentralen	47,00	38,81
Private Hypothekenbanken	62,32	54,41
Öffentlich-rechtliche Grundkreditanstalten	27,10	18,13
Kreditinstitute mit Sonderaufgaben	14,69	28,83

Abb. 7.11: Anteile der Inhaberschuldverschreibungen am Geschäftsvolumen der Kreditinstitutsgruppen (Angaben in %) (Quelle: Monatsberichte der Deutschen Bundesbank, Mai 1991, Mai 1981, eigene Berechnungen)

3. Pensionsgeschäfte

Im Rahmen von Pensionsgeschäften werden Vermögensgegenstände gegen Zahlung eines Geldbetrages von einem Kreditinstitut (Pensionsgeber) auf einen Dritten (Pensionsnehmer) übertragen. Der **Pensionsnehmer** ist entweder **verpflichtet** (echtes Pensionsgeschäft) oder **berechtigt** (unechtes Pensionsgeschäft) die Gegenstände gegen Rückerhalt des entrichteten oder eines anderen im voraus vereinbarten **Betrages** zurückzugeben. Der **Zeitpunkt** der Rückgabe kann dabei bereits im voraus vereinbart sein, oder er wird bei echten Pensionsgeschäften vom Pensionsgeber, bei unechten Pensionsgeschäften vom Pensionsnehmer bestimmt.

Pensionsgeschäfte lassen sich prinzipiell mit verschiedenen Arten von Vermögensgegenständen tätigen. Gegenstand solcher Geschäfte können beispielsweise Buchforderungen, Devisen oder Wechsel sein, im Vordergrund stehen jedoch die Wertpapierpensionsgeschäfte. Die Motive für Pensionsgeschäfte sind verschiedener Natur. Ursprünglich waren sie - als Kundengeschäfte - durch die nur vorübergehende Übertragung von Vermögensgegenständen auf die Bank ein Instrument der Kreditsicherung. Während der Zeit der Zinsreglementierung bis zum Jahre 1967 wurden sie dagegen eingesetzt, um die Höchstzinsverordnungen für Einlagen zu umgehen und den Anlegern eine marktgerechte Verzinsung zu bieten. Heutzutage finden Pensionsgeschäfte - als Eigengeschäfte - insbesondere in liquiditäts- und bilanzpolitischen Motiven ihre Begründung.

Zur **Beseitigung von Liquiditätsengpässen** wird auf Pensionsgeschäfte zurückgegriffen, da die Beschaffung von Zahlungsmitteln durch die Inpensionsgabe nicht mit der endgültigen Abgabe des Eigentums an den übertragenen Gegenständen verbunden ist. Dies ist insbesondere dann vorteilhaft, wenn nur ein kurzfristiger Liquiditätsengpaß besteht und die übertragenen Wertpapiere einen vergleichsweise hohen Nominalzins aufweisen. Daneben kann mit Pensionsgeschäften eine vorübergehende Plazierung von Emissionen erreicht werden, falls eine endgültige Übernahme durch Daueranleger noch nicht durchgesetzt werden konnte.

Die **bilanzpolitischen Motive** für die Durchführung von Pensionsgeschäften bauen darauf auf, daß bei bestimmten Pensionsgeschäften das Kreditinstitut die übertragenen Gegenstände vom Gesamtbestand der jeweiligen Aktivposition absetzen kann. Dieses ist bei unechten Pensionsgeschäften immer der Fall, da aufgrund der fehlenden Rückgabeverpflichtung die Gegenstände grundsätzlich dem Pensionsnehmer zuzurechnen sind. Bei den mit einer Rückgabeverpflichtung verbundenen echten Pensionsgeschäften müssen die Wertpapiere dagegen weiterhin dem Pensionsgeber zugerechnet und in seiner Bilanz geführt werden. Nach den alten, bis 1993 geltenden Bilanzierungsvorschriften setzt die Zuordnung der Vermögensgegenstände zum Pensionsgeber im Rahmen der echten Pensionsgeschäfte jedoch voraus, daß die Gegenstände nach wirtschaftlicher Betrachtungsweise zu seinem Vermögen zählen. Anhaltspunkte für eine solche Zuordnung sind beispielsweise, daß der Gegenstand primär als Sicherheit für ein Kreditgeschäft dient, ausschließlich die Erträge aus dem übertragenen Papier auf Zeit dem Pensionsnehmer zufließen sollen oder die Stimmrechte bei Aktien beim Pensionsgeber verbleiben.

Die Verminderung des Bilanzbestandes durch die Inpensionsgabe von Wertpapieren oder anderen Gegenständen ist für die Kreditinstitute mit folgenden Vorteilen verbunden:

- Als Gegenleistung für die abgegebenen Vermögensgegenstände fließen den Kreditinstituten Finanzmittel zu. Dies verbessert die Liquiditätsstruktur der Bilanz. Zudem sind die eingehenden Mittel nicht mindestreservepflichtig, sofern Pensionsgeschäfte mit Kreditinstituten abgeschlossen werden.

- Durch die Reduzierung bestimmter Aktiva werden die Auslastungsgrade der Grundsätze I, II und III vermindert. Indirekt ergibt sich zudem durch einen etwaigen Finanzierungsüberschuß im Grundsatz II auch für den Grundsatz III zumindest zeitweilig eine Erleichterung.

- Mit Hilfe von Pensionsgeschäften können stille Reserven gebildet und aufgelöst werden. Entspricht beispielsweise der Buchwert eines Wertpapiers seinem Verkaufspreis, so sinkt unabhängig von der Kursentwicklung dieser Wert, wenn ein niedriger Rücknahmepreis vereinbart wird. Dadurch ist eine die Gewinn- und Verlustrechnung belastende Reserve geschaffen worden.

Pensionsgeschäfte können des weiteren in steuerlichen Erwägungen oder im Rahmen der Inpensionsnahme im Wunsch nach einer kurzfristigen und verzinslichen Geldanlage begründet sein. Transaktionspartner sind insbesondere die Deutsche Bundesbank, andere Kreditinstitute und Kapitalsammelstellen, wie z.B. Lebensversicherungsgesellschaften. Die Deutsche Bundesbank beteiligt sich seit 1973 im Rahmen ihrer Offen-Markt-Geschäfte an den Geschäften mit Rückkaufsvereinbarung. Zunächst wurden die Geschäfte nur auf Basis von Wechseln mit einer Laufzeit von 10 Tagen abgewickelt, später wurde der Kreis ankaufsfähiger Papiere um weitere Wertpapierarten (z.B. lombardfähige, festverzinsliche Wertpapiere, U-Schätze) ausgeweitet. Die Geschäfte mit der Deutschen Bundesbank dienen dazu, die Kreditinstitute mit liquiden Mitteln zu versorgen, ohne geldpolitisch unerwünschte Nebeneffekte auszulösen.

III. Mergers and Acquisitions

Bis vor wenigen Jahren galt das Tätigkeitsfeld Mergers and Acquisitions (M & A) als klassische Domäne US-amerikanischer Investment- und britischer Merchant Banks. Mittlerweile sind jedoch auch bei bundesdeutschen Kreditinstituten verstärkte Bemühungen unübersehbar, sich in diesem neuen und lukrativen Geschäft zu etablieren. Ursprünglich umfaßte das M & A-Geschäft - wie auch der Bezeichnung selbst zu entnehmen - nur Fusionen (Mergers) und Übernahmen (Acquisitions). Im Rahmen von **Fusionen** gehen entweder sämtliche Vermögenswerte und Schulden des übernommenen Unternehmens auf den Käufer über, so daß nur die Rechtspersönlichkeit dieser übernommenen Gesellschaft verloren geht, oder beide Gesellschaften bringen - unter Verlust ihrer jeweiligen Rechtspersönlichkeit - ihre Aktiva und Passiva in eine neue Obergesellschaft ein (CAYTAS/MAHARI 1988). **Übernahmen** hingegen beinhalten den Kauf von Unternehmen oder Teilbetrieben, die als Tochtergesellschaften weitergeführt oder als Teilbetriebe in das erwerbende Unternehmen eingegliedert werden. In den letzten Jahren hat jedoch diese anfangs strenge begriffliche Fassung des M & A-Geschäftes zunehmend eine inhaltliche Aufweichung erfahren. Inzwischen ist der Begriff Mergers and Acquisitions zu einem Synonym für sämtliche Aktivitäten geworden, die mit der **Vermittlung von Unternehmen, Unternehmensteilen und Beteiligungen** zu tun haben. Er umfaßt damit beispielsweise auch die Hilfestellung der Banken bei Kooperationen, Gemeinschaftsgründungen oder der Übernahme eines Unternehmens durch die eigenen Manager (MOSCHNER 1988/1989, MATUSCHKA 1989).

Zentraler Ausgangspunkt jeder Geschäftstätigkeit im M & A ist die Akquisition von Kunden, an deren Problemlösungen sinnvoll mitgearbeitet werden kann. Dokumentiert wird eine solche Zusammenarbeit in einem Kooperationsabkommen resp. einer Vermittlungsvereinbarung. In den Prozeß der Zusammenführung von Unternehmen sind die Banken im Rahmen des M & A in unterschiedlicher Weise eingebunden. In Abhängigkeit vom Aktivitätsgrad der Banken können drei verschiedene Tätigkeitsformen unterschieden werden (MOSCHNER 1988/1989):

- Im Falle einer "**Reinen Vermittlung**" erfüllt das M & A eine Art Maklerfunktion. Die Bank nimmt Interessensanmeldungen von Kunden entgegen, faßt sie zu einem Pool zusammen und stellt - bei Übereinstimmung der Interessenslagen - Kontakte her. Die Basis einer solchen Tätigkeit ist ein entsprechend weites Netz von Beziehungen; ein Honorar wird nur im Erfolgsfall berechnet ("sucess fee"). Da sich das Vermittlungspotential nur auf die im Pool befindlichen Unternehmen beschränkt, ist jedoch nicht immer eine optimale Vermittlung gewährleistet; die außerhalb des Portefeuilles liegenden Unternehmen werden im Vermittlungsprozeß nicht berücksichtigt.

- Bei der "**Aktiven Suche**" wird die vermittelnde Bank auch zum Berater, indem sie für den Auftraggeber entweder die Gesamtabwicklung eines Kauf- resp. Verkaufsprojektes von der Formulierung einer Kauf- oder Verkaufsstrategie über eine Identifizierung der Zielgruppen bis zu den Verhandlungen und zu begleitenden Maßnahmen nach Vertragsabschluß übernimmt oder einzelne M & A-Prozeßphasen betreut. Diese Tätigkeit erfordert ein umfassendes Informationssystem in wirtschaftlicher, rechtlicher sowie technischer Hinsicht. Für die laufenden Bemühungen wird eine Gebühr, eine sogenannte "retainer fee", berechnet, die üblicherweise auf die Erfolgsprovision anrechenbar ist.

- Die dritte Tätigkeitsform stellt schließlich das sogenannte "**Deal drafting**" dar. Bei diesem handelt es sich um das "Erahnen" und "Aufspüren" von Kauf- und Verkaufsmöglichkeiten durch eigene Initiative sowie das aktive Erarbeiten von Vorschlägen durch den M & A-Spezialisten. Voraussetzung für eine solche Vorgehensweise im M & A-Geschäft ist ein positives Vertrauensverhältnis zwischen den Kunden und den Beratern, wobei letztere - im Hinblick auf die Möglichkeit, qualitativ neue Vorschläge erbringen zu können - jeweils über die Strategien ihrer Kunden informiert sein sollten. Für die Tätigkeit wird i.d.R. eine Erfolgsprovision gezahlt. Darüber hinaus hat das beratende Kreditinstitut die Möglichkeit, im Rahmen der Vermittlung eine Reihe von Nebengeschäften auszuführen.

Die "Aktive Suche" sowie das "Deal Drafting" sind heutzutage die üblichen Tätigkeitsformen im M & A-Geschäft. Neben den genannten Grundformen der Vermittlung bieten M & A-Abteilungen von Banken häufig weitergehende Beratungsleistungen an. Diese beziehen sich auf Finanz- und Finanzierungsfragestellungen im weitesten Sinne und erstrecken sich beispielsweise auf das Aufzeigen alternativer Formen der Eigenmittelaufbringung oder steuerlich optimaler Finanzierungsmodelle.

Der im Falle der aktiven Suche einem Vermittlungsauftrag folgende z.T. komplexe M & A-Prozeß läuft i.d.R. nach einem bestimmten Aktionsraster ab, dessen einzelne Phasen - je nach Vereinbarung - unterschiedlich gewichtet sind. Unterschieden werden muß zunächst in M & A-Aktivitäten beim Kauf und beim Verkauf von Unternehmen resp. Beteiligungen. Der **Verkaufsprozeß** weist grundsätzlich folgende Phasen auf:

- Analyse und Bewertung des Verkaufsobjektes,
- Ausarbeitung einer Verkaufsstrategie, d.h. Prüfung des Objektes auf seine Verkäuflichkeit,
- Erstellung einer Kurzinformation über das Unternehmen und seine Absichten,

- Identifizierung der Zielgruppe sowie potentieller Käufer,
- Erarbeitung einer Strategie für die Kontaktaufnahme,
- Anknüpfung der Kontakte mit gesprächsbereiten Käufern,
- Führung der Verkaufsverhandlungen incl. Festlegung des Preises und der Übergangsmodalitäten.

Bei einem **Unternehmenskauf** gestaltet sich das M & A-Prozeßphasenschema entsprechend: Beginnend mit der Formulierung einer Akquisitionsstrategie ist in einem zweiten Schritt die betreffende Branche resp. Zielgruppe zu analysieren. Nach der sich daran anschließenden Identifikation geeigneter Akquisitionskandidaten muß die Gesprächsbereitschaft des identifizierten Zielunternehmens festgestellt werden. Hierbei kommt der Ansprache des richtigen Gesprächspartners häufig eine entscheidende Bedeutung zu. Eine falsch gewählte Anlaufstelle beim Zielunternehmen kann ein Projekt bereits zum Scheitern verurteilen bzw. lange blockieren; dies gilt insbesondere bei direkter Ansprache durch das kaufwillige Unternehmen. Dem Feststellen der Gesprächsbereitschaft folgt die Bewertung und Analyse des Zielunternehmens. Daran anschließend können die konkreten Verkaufsverhandlungen beginnen. Bei entsprechendem Bedarf seitens des kaufwilligen Unternehmens besteht die Möglichkeit, daß die beratende Bank auch die Finanzierung des Kaufpreises übernimmt.

Die Dauer oben beschriebender Aktivitäten hängt vom jeweiligen Projekt ab. I.d.R. läßt sich die Such- und Analysephase - je nach Intensität der Kooperation seitens des Auftraggebers - auf ein bis vier Monate beschränken. Die Erstellung der Verträge gelingt einerseits nur selten in einem Zeitraum von weniger als einem halben Jahr; länger als ein Jahr dauernde Verhandlungen sind andererseits wiederum als ein Zeichen für die mangelnde Bereitschaft zumindest einer Seite zu werten (MOSCHNER 1988/1989). Ist das Kreditinstitut nur vermittelnd tätig, werden die meisten Phasen des Kauf- resp. Verkaufsprozesses nur kurz gestreift, beim "Deal Drafting" liegt die Anfangsphase des Prozesses vor der Auftragserteilung.

Neben der klassischen Ausprägung des M & A-Geschäfts, daß sich auf der Basis des beschriebenen Aktionsphasenschemas vollzieht, wurden inzwischen weitere und verfeinerte Formen des Unternehmenskaufs und -verkaufs kreiert, die sich von den bisherigen M & A-Tätigkeiten insofern unterscheiden, als sie andere, ausgefeiltere Strategien bei der Kundenakquisition, rechtliches und steuerliches Spezial-Know-How sowie spezielle Finanzierungstechniken erfordern. Allgemein werden diese neuartigen M & A-Transaktionsformen unter die Bezeichnung "Buy out" begrifflich gefaßt, wobei im einzelnen folgende Buy-Out-Strategien unterschieden werden können:

- Das "**Management Buy-Out**" (MBO) als Kauf oder Übernahme eines Unternehmens durch seine Manager und/oder leitenden Angestellten,

- der "**Employee Stock Ownership Plan**" (ESOP), der den Kauf des Unternehmens durch den Großteil oder die Gesamtheit der Mitarbeiter beinhaltet,

- das "**Management Buy-In**" (MBI), d.h. der Kauf eines Unternehmens durch von außen kommende Manager, die das Unternehmen auf eigene Rechnung weiterführen,

- das **Leveraged Buy-Out im engeren Sinne**, bei dem private Investoren, institutionelle Anleger oder Venture Capital Gesellschaften die Stimmenmehrheit und damit den beherrschenden Einfluß mit dem Ziel übernehmen, den Wert des Unternehmens rasch zu steigern, um es dann gewinnbringend abstoßen zu können.

Als **Leveraged Buy-out im weiteren Sinne** werden diejenigen Buy-out-Transaktionen bezeichnet, bei denen Unternehmen unter Einsatz eines hohen Anteils von Fremdkapital erworben werden, wobei das Vermögen des gekauften Objektes als Sicherheit für die Fremdfinanzierung dient. Durch diese Strategie soll der sog. **Leverage-Effekt** ausgenutzt werden, nach dem die Finanzierung einer Investition durch Fremdkapital zu einer Erhöhung der Eigenkapitalrentabilität führt, wenn die Gesamtkapitalrendite den Fremdkapitalzins übersteigt.

Bislang bieten im Bankenbereich - über die Errichtung einer eigenen Abteilung oder die Gründung einer Tochtergesellschaft - nur einige Großbanken sowie einige spezialisierte kleinere Institute einen Beratungsservice im M & A-Bereich an. Der Großteil der Transaktionen wird jedoch über Dritte abgewickelt. Zum einem sind hier private Berater, insbesondere in- und ausländische Unternehmensberater, Wirtschaftsprüfer und -anwälte und vor allem ausländische (Investment- und Merchant-) Banken zu nennen. Trotz der vergleichsweise geringen Aktivitäten der deutschen Kreditinstitute im M & A-Geschäft sollten die zukünftigen Wachstumschancen nicht verkannt werden. So dürfte der gemeinsame europäische Binnenmarkt mit seinen Anforderungen an Unternehmen hinsichtlich "europäischer" Betriebsgrößen und Kostenstrukturen eine Zunahme an Unternehmensfusionen und damit - auch für die deutschen Kreditinstitute - einen vermehrten Handlungsbedarf im M & A-Geschäft bewirken. Allerdings ist nicht auszuschließen, daß mit dem Marktwachstum ein Verfall der erzielbaren Provisionserträge, induziert durch den zahlenmäßigen Anstieg der Konkurrenten und den härteren Wettbewerb, einhergeht (BRINGMANN/KRAG 1990, MATUSCHKA 1988, MOSCHNER 1988/1989).

LITERATURHINWEISE:

BRINGMANN, R./KRAG, J. (1990)
BÜSCHGEN, H.E. (1989)
CAYTAS, I.G./MAHARI, J.I. (1988)
DIEPEN, G./SAUTER, W. (1990)
FRANKE, J. (1990)
GRILL, W./PERCZYNSKI, H. (1990)
HÖLSCHER, R. (1987)
MATUSCHKA, A. (1989)
MOSCHNER, M. (1988/1989)
SCHIERENBECK, H. (1988a)
SCHIERENBECK, H. (1991)
WERMUTH, D./OCHYNSKI, W. (1987)

C. Instrumente des Investment-Banking

I. Wertpapiere

1. Teilhaberpapiere

Teilhaberpapiere verbriefen Mitgliedschaftsrechte an einem Unternehmen. Sie sind mit dem Anspruch auf Gewinnbeteiligung, aber auch mit der Teilnahme am Verlust eines Unternehmens verknüpft.

a) Aktien

Eine Aktie stellt ein Wertpapier dar, das die vom Aktionär durch den Kauf eines Anteils am Grundkapital einer Gesellschaft erworbenen Rechte verbrieft. In Deutschland sind nur Aktien erlaubt, die einen bestimmten Nennbetrag aufweisen. Der Mindestnennbetrag beläuft sich auf 50 DM, höhere Nennbeträge müssen auf volle 100 DM lauten.

Die einzelnen Aktienarten können nach verschiedenen Kriterien klassifiziert werden. Legt man als Klassifizierungsmerkmal die **Übertragungsformen** zugrunde, so sind Inhaber-, Namens- und vinkulierte Namensaktien zu unterscheiden. Soweit die Satzung der Aktiengesellschaft keine andere Regelung enthält, sind nach § 24 AktG **Inhaberaktien** auszustellen. Bei ihnen vollzieht sich die Eigentumsübergabe völlig unkompliziert durch Einigung und Übergabe (§ 929 BGB). Daher ist die Inhaberaktie auch die am häufigsten verwendete Form. Die Übertragung von **Namensaktien** erfolgt durch Indossament und Übergabe, ist also nicht formlos möglich. Die Bezeichnung Namensaktie resultiert aus der notwendigen Eintragung des jeweiligen Inhabers (mit Namen, Wohnort und Beruf) in das Aktienbuch der Gesellschaft. Dadurch sind Eigentumsübertragungen zwangsläufig mit einem höheren Verwaltungsaufwand verbunden. Die Übertragung **vinkulierter Namensaktien** ist schließlich zusätzlich an die Zustimmung der Gesellschaft gebunden. Durch die Vinkulierung soll verhindert werden, daß unerwünschte Beteiligungsverschiebungen stattfinden. Sie kann daher durch eine entsprechende Bestimmung in der Satzung vorgesehen werden.

Die Unterscheidung der Aktienarten nach dem **Umfang der verbrieften Rechte** führt zu der Differenzierung zwischen Stamm- und Vorzugsaktien. Emittieren Unternehmen **Stammaktien**, so müssen sie den Inhabern der Aktien sämtliche im Aktiengesetz für den Normalfall vorgesehenen Rechte gewähren:

- Teilnahmerecht an der Hauptversammlung,
- Stimmrecht in der Hauptversammlung,
- Anteil am Gewinn (Dividende),
- Bezugsrecht auf junge Aktien und
- Teilhaberrechte am Liquidationserlös bei Auflösung der Gesellschaft.

Vorzugsaktien sind dagegen im Hinblick auf einen oder mehrerer dieser Ansprüche mit Vorrechten ausgestattet. Dafür müssen die Vorzugsaktionäre verschiedentlich aber Nachteile in Kauf nehmen. Zu diesen Nachteilen zählt häufig der Verlust des Stimmrechts, mit dem beispielsweise in Aktiengesellschaften umgewandelte Unternehmen den Erhalt der ursprünglichen Mehrheitsverhältnisse sicherstellen wollen. Systematisiert nach der Art der Vorrechte lassen sich die folgenden Vorzugsaktien unterscheiden (SCHIERENBECK 1989):

- **Vorzugsaktien mit Überdividende** (grundsätzlicher Dividendenvorteil gegenüber den Stammaktien),
- **Kumulative Vorzugsaktien** (Anspruch auf Nachzahlung bei Dividendenausfall),
- **Stimmrechtslose Vorzugsaktien** (nur in Zusammenhang mit stimmrechtslosen Vorzugsaktien, Stimmrecht lebt bei Dividendenausfall wieder auf),
- **Limitierte Vorzugsaktien** (Begrenzung der Vorzugsdividende, Verteilung des Restgewinns an die Stammaktionäre),
- **Prioritätische Vorzugsaktien** (Vorabdividende mit fixiertem Mindestbetrag),
- **Stimmrechtsvorzugsaktien** (mehrfaches Stimmrecht in der Hauptversammlung, Neuausgabe heute nur mit Ausnahmegenehmigung möglich).

b) Genußscheine

Insbesondere im Bereich des Kreditwesens hat in den letzten Jahren eine weitere Form von Dividendenwerten, nämlich der Genußschein, an Bedeutung gewonnen. Bei einem Genußschein handelt es sich prinzipiell um ein aktienähnliches Papier, das Genußrechte verbrieft. Die Genußrechte können in Bezug auf die Stammaktien, vorgeordnete, gleichberechtigte oder nachgeordnete Ansprüche beinhalten.

Genußscheine werden zwar in einigen Gesetzen erwähnt, dort aber nicht allgemeingültig definiert. Sie unterliegen daher inhaltlich einer weitgehend freien Gestaltbarkeit durch den Emittenten. Von ihrem Charakter her stellen Genußscheine eine Mischung zwischen Gläubiger- und den reinen Teilhaberpapieren dar. Sie verbriefen einerseits keine Mitgliedsrechte an einem Unternehmen und gewähren somit weder ein Recht zur Teilnahme an der Hauptversammlung noch das gesellschaftsrechtliche Stimmrecht. Andererseits verschaffen sie ihrem Eigentümer aber Vermögensrechte und -pflichten, wie sie üblicherweise einem Aktionär zustehen. Hierzu rechnen vor allem die Gewinn- und Verlustbeteiligung und/oder die Beteiligung an einem anfallenden Liquidationserlös. Daneben kann die Gewinnbeteiligung in absoluter Höhe vorgegeben oder an die ausgeschüttete Dividende gekoppelt sein. Ferner wird in den Emissionsbedingungen entweder die Rückzahlung zu einem bestimmten Zeitpunkt oder nach einer feststehenden Kündigungsfrist vereinbart. Darüber hinaus besteht die Möglichkeit, die Genußscheine mit einem Bezugsrecht auf weitere Papiere auszustatten und ebenso den Altaktionären ein Recht zum Bezug auf Genußscheine einzuräumen.

Werden die Genußscheine mit den anderen Aktienarten verglichen, so weisen sie insbesondere mit den stimmrechtslosen Vorzugsaktien starke Gemeinsamkeiten auf. In diesem Zusammenhang müssen aber vier wichtige Unterschiede beachtet werden:

- Beide Wertpapiergattungen verbriefen zwar grundsätzlich kein Stimmrecht, jedoch stehen den Inhabern von Vorzugsaktien alle anderen **Verwaltungsrechte** zu. Daneben lebt nur für die Vorzugsaktionäre das Stimmrecht wieder auf, wenn eine ausgefallene Dividende nicht im nächsten Jahr - neben der dann fälligen Gewinnausschüttung - nachgeholt werden kann.

- Nur mit den Inhabern von Genußscheinen ist die Vereinbarung einer gewinnunabhängigen **Basisverzinsung** möglich. Die stimmrechtslosen Vorzugsaktien gewähren zwar eine vorrangige Bedienung und einen Nachzahlungsanspruch; ob eine Ausschüttung erfolgt, hängt letztlich jedoch von der Höhe des erwirtschafteten Gewinns ab.
- Bezüglich der Ausgabe von Genußscheinen besteht keine Begrenzungsregelung für das **Emissionsvolumen**. Demgegenüber dürfen Vorzugsaktien nur bis zur Höhe des Gesamtnennbetrages der anderen Aktien ausgegeben werden.
- Schließlich unterscheiden sich die Genußscheine und die stimmrechtslosen Vorzugsaktien in ihrer **steuerlichen Behandlung**. Wird bei den Genußscheinen die Beteiligung am Liquidationserlös ausgeschlossen, so werden die jährlichen Ausschüttungen als steuermindernde Betriebsausgaben anerkannt, während die Leistungen an Vorzugsaktionäre als eine steuerpflichtige Gewinnverwendung gelten.

Da die Unternehmen vielfältige Gestaltungsmöglichkeiten bei der Emmission von Genußscheinen besitzen, können auch die Motive für ihre Ausgabe verschiedenartig sein. Unter historischem Blickwinkel ist hier insbesondere der Zweck des Kapitalersatzes hervorzuheben. Dabei erfolgt kein Zufluß zusätzlichen Kapitals, sondern die Genußrechte dienen

- der Rückführung von Inhaber- und Gläubigeransprüchen bei einer Sanierung, um eine Entschädigung für den verlorenen Nennbetrag zu leisten,
- als Gegenleistung für die Einbringung und wirtschaftliche Nutzung von Patenten oder Erfindungen sowie
- zur Ablösung von Vorrechten, beispielsweise im Zusammenhang mit dem Verzicht auf nach altem Recht gewährte Mehrstimmrechte.

In letzter Zeit sind die Genußscheine primär ein Instrument der flexiblen, auf die speziellen Finanzierungsbedürfnisse ihrer Emittenten zugeschnittenen Kapitalbeschaffung geworden. Sie können dabei seit der Novelle des Kreditwesengesetzes aus dem Jahre 1985 unter bestimmten Bedingungen von den Kreditinstituten auch zur Erweiterung des haftenden Eigenkapitals eingesetzt werden. Die Emission von Genußscheinen hat für die Kreditinstitute den Vorteil einer steuerlich anerkannten und damit vergleichsweise kostengünstigen Bereitstellung echten Risikokapitals, die zudem mit keinen Veränderungen innerhalb der Beteiligungsverhältnisse verbunden ist. Den Käufern von Genußscheinen wird ein gegenüber den Aktionären vorrangiger Rückzahlungsanspruch und eine höhere Verzinsung bzw. ein Zinsaufschlag bei Überschreiten eines bestimmten Dividendensatzes geboten.

2. Gläubigerpapiere

a) Ausstattungsvarianten

Urkunden, in denen sich der Schuldner zur Rückzahlung eines aufgenommenen Geldbetrages sowie i.d.R. zur Zahlung von an bestimmten Terminen fälligen, festen Nominalzinsen verpflichtet, werden als Gläubigerpapiere bezeichnet. Zu der Gruppe der Gläubigerpapiere gehören Schuldverschreibungen, Anleihen, Obligationen und Schatzanweisungen. Diese Papiere werden im wirtschaftlichen Sprachgebrauch auch mit dem Ausdruck "Rentenwerte" belegt.

Ähnlich den Aktien können auch bei festverzinslichen Wertpapieren nach der Art der Übertragbarkeit auf Dritte Inhaber-, Order- sowie Namensschuldverschreibungen unterschieden werden. Bei **Inhaberschuldverschreibungen** erfolgt eine Übertragung der Rechte durch Einigung der Vertragspartner und Übergabe der Urkunde.

Orderschuldverschreibungen lauten auf den Namen einer bestimmten Person; die Übertragung der Rechte auf Dritte geschieht mittels eines Indossamentes. Lautet eine Schuldverschreibung auf den Namen einer bestimmten Person und ist nur der namentlich genannte Inhaber oder dessen Rechtsnachfolger zur Geltendmachung des verbrieften Anspruchs berechtigt, so liegt eine **Namensschuldverschreibung** vor. Als ein Rektapapier ist dessen Fungibilität - im Vergleich zu den zuvor genannten Arten - am geringsten. Eine Übertragung ist nur durch Abtretung und mit Zustimmung des Schuldners möglich, der auf diese Weise seinen Einfluß auf die Zusammensetzung des Gläubigerkreises behält.

Wird der Gesamtumfang einer Anleihe in standardisierte Teilbeträge aufgeteilt, entstehen sogenannte **Teilschuldverschreibungen**. Häufig werden heutzutage keine Einzelstücke mehr ausgegeben, sondern es exisitert lediglich eine **Sammel- resp. Globalurkunde**. Bei **Schuldbuchforderungen** werden die Gläubigerrechte in ein sog. Schuldbuch eingetragen. Diese Form wird hauptsächlich bei öffentlichen Anleihen gewählt.

Neben der Art der Übertragbarkeit auf Dritte lassen sich Schuldverschreibungen auch nach **Emittentengruppen** differenzieren. Zu unterscheiden sind

- Anleihen der öffentlichen Hand,
- Schuldverschreibungen der Kreditinstitute und
- Industrieobligationen.

Die **Anleihen der öffentlichen Hand** werden von der Bundesrepublik Deutschland, den Bundesländern, Gebietskörperschaften und den Sondervermögen des Bundes (Bundespost, Bundesbahn) emittiert. Über die wesentlichsten Ausstattungsmerkmale dieser Anleihen informiert die nachstehende Abb. 7.12. Kreditinstitute geben Schuldverschreibungen zur Beschaffung mittel- und langfristiger Mittel zur laufzeitkongruenten Refinanzierung des Kreditgeschäftes heraus. Die Emission von **Bankschuldverschreibungen** betreiben die Kreditinstitute im Rahmen des passivischen Wertpapiereigengeschäftes, das an anderer Stelle beschrieben wird. Mit **Industrieobligationen** können sich Unternehmen aus Industrie, Handel und Verkehr langfristige Mittel zur Durchführung von Investitionen beschaffen. Die Besicherung erfolgt i.d.R. durch Grundpfandrechte. In den letzten Jahren sind von den Unternehmen nur wenige Industrieanleihen emittiert worden. In den Vordergrund gerückt ist stattdessen das Schuldscheindarlehen, das mit geringeren Emissionskosten verbunden ist und wesentlich flexibler eingesetzt werden kann.

Merkmale	Anleihen von Bund, Bahn und Post	Bundesobligationen	Bundesschatzbriefe	Finanzierungs-schätze
1. Nennwert (Mindestanlage)	100 DM	100 DM	Typ A = 100 DM Typ B = 50 DM	1.000 DM
2. Anlagehöchstbetrag	unbeschränkt	unbeschränkt	unbeschränkt	500.000 DM je Person und Geschäftstag
3. Zinszahlung	jährlich	jährlich	Typ A = jährlich Typ B = Zinsansammlung (Auszahlung der Zinsen mit Zinseszinsen bei Rückzahlung des Kapitals)	Abzinsung (Nennwert - Zinsen = Kaufpreis)
4. Laufzeit	Neuemissionen: überwiegend 10 Jahre, börsennotierte Titel: von ca. 1 Monat bis 27 Jahre	Neuemissionen: überwiegend 10 Jahre, börsennotierte Titel: von ca. 1 Monat bis unter 5 Jahre	Typ A = 6 Jahre Typ B = 7 Jahre	ca. 1 Jahr ca. 2 Jahre
5. Rückzahlung	Zum Nennwert, Gutschrift durch die depotführende Stelle bzw. die Bundesschuldenverwaltung		Typ A zum Nennwert, Typ B zum Rückzahlungswert (= Nennwert + Zinsen), Gutschrift durch die depotführnde Stelle bzw. Bundesschuldenverwaltung	Zum Nennwert, Gutschrift durch die depotführende Stelle
6. Erwerber	jedermann	Ersterwerb: nur natürliche Personen sowie gemeinnützige, mildtätige und kirchliche Einrichtungen, nach Börseneinführung: jedermann	nur natürliche Personen sowie gemeinnützige, mildtätige und kirchliche Einrichtungen	jedermann außer Kreditinstitute
7. Verkauf bzw. vorzeitige Rückgabe	täglicher Verkauf zum Börsenkurs	nach Börseneinführung täglicher Verkauf zum Börsenkurs	jederzeit nach dem 1. Laufzeitjahr bis 10.000 DM je Gläubiger innerhalb von 30 Zinstagen	nicht möglich
8. Übertragbarkeit auf Dritte	jederzeit	vor Börseneinführung nur an Erwerbsberechtigte, nach Börseneinführung an jedermann	jederzeit auf Erwerbsberechtigte, nicht auf Gebietsfremde	
9. Verwahrung/ Verwaltung	Banken, Sparkassen, Kreditgenossenschaften,Bundesschuldenverwaltung und Landeszentralbanken (Haupt- und Zweigstellen der Dt. Bundesbank)			bei Kreditinstituten und Landeszentralbanken
10. Kosten und Gebühren Erwerb ex Emission Einlösung bei Fälligkeit Verwaltung durch - Kreditinstitute - Bundesschuldenverwaltung - Landeszentralbanken	 gebührenfrei gebührenfrei bei Landeszentralbanken und Bundesschuldenverwaltung Depotgebühren gebührenfrei Depotgebühren	 gebührenfrei gebührenfrei bei Landeszentralbanken und Bundesschuldenverwaltung Depotgebühren gebührenfrei Depotgebühren	 gebührenfrei gebührenfrei bei Landeszentralbanken und Bundesschuldenverwaltung Depotgebühren gebührenfrei Depotgebühren	 gebührenfrei gebührenfrei bei Landeszentralbanken und Bundesschuldenverwaltung Depotgebühren nicht möglich gebührenfrei

Abb. 7.12: Merkmale der Bundeswertpapiere (Quelle: Handelsblatt, April 1989)

Als **Auslandsanleihen** werden von ausländischen Emittenten herausgegebene Schuldverschreibungen bezeichnet. Auslandsanleihen können sowohl auf DM (DM-Auslandsanleihe) als auch auf fremde Währungen lauten. Die Emission von Auslandsanleihen erfolgt vielfach über den Eurobond-Markt. Der gebräuchlichste Anleihetyp ist dabei die langfristige, planmäßig zu tilgende Schuldverschreibung (Straight Bond). Daneben sind in den 70er und 80er Jahren am Eurobond-Markt eine Reihe von Anleihe-Sonderformen entwickelt worden, die sich inzwischen auch am deutschen Markt etabliert haben und auf die im folgenden genauer eingegangen werden soll.

b) Wandelschuldverschreibungen

Wandelschuldverschreibungen (Convertible Bonds) beinhalten neben dem Anspruch auf Verzinsung und Rückzahlung des geschuldeten Kapitalbetrages das Recht auf Umtausch der Schuldverschreibung in Aktien des emittierenden Unternehmens innerhalb eines bestimmten Zeitraumes zu einem bei Emission des Titels festgelegten Wandlungskurs. Mit dem Umtausch **erlischt** die **Forderung**, und es **entsteht** eine **Beteiligungsbeziehung** zwischen dem Emittenten und dem Inhaber der Urkunde.

Zur Erweiterung der Kapitalbasis bietet sich die Emission einer Wandelschuldverschreibung bei besonderen Kapitalmarkt- und Unternehmenssituationen an, in denen Aktien oder Schuldverschreibungen nicht zu den gewünschten Konditionen plaziert werden können. Beispielsweise sind denkbar:

- ein hohes Zinsniveau für Anleihen bei gleichzeitig niedrigem Kursniveau der Aktien,
- vorübergehend schlechte Ertragsaussichten des Emittenten.

Durch die Ausgabe von Wandelanleihen entsteht für den Emittenten zunächst keine Dividenden-, sondern eine steuerlich absetzbare Zinsbelastung. Der Zinssatz ist zudem aufgrund der Kurschance i.d.R. niedriger als das Marktniveau. Der Anleger vermeidet bis zur Umwandlung das Eigenkapitalrisiko, partizipiert jedoch indirekt an Kurssteigerungen.

Bei der Emission von Wandelanleihen steht den Altaktionären ein gesetzliches Bezugsrecht zu, das allerdings durch einen entsprechenden Hauptversammlungsbeschluß ausgeschlossen werden kann. Das nominelle **Bezugsverhältnis** ergibt sich aus der Beziehung zwischen dem gezeichneten Kapital und dem Nennwert der Wandelanleihe:

$$\text{Bezugsverhältnis} = \frac{\text{Gezeichnetes Kapital}}{\text{Gesamtnennwert der Wandelanleihe}}$$

Besitzt ein Unternehmen beispielsweise ein Grundkapital von 360 Mio. DM und emittiert es Wandelanleihen im Wert von 30 Mio. DM, so muß ein Aktionär bei einem Bezugsverhältnis von 12 : 1 Aktien im Nominalwert von 1.200 DM besitzen, um eine Wandelanleihe im Wert von 100 DM beziehen zu können. Bei dem üblichen Nennwert von 50 DM je Aktie sind damit 24 Anteile erforderlich. Fehlende Bezugsrechte kann der Aktionär an der Börse erwerben, überschüssige Bezugsrechte entsprechend verkaufen.

Um die Ausstattungsmerkmale einer Wandelanleihe zu kennzeichnen, sind die Anleihe und die Umtauschmöglichkeiten zu differenzieren. Im Hinblick auf die **Anleihebedingungen** entspricht die Wandelanleihe weitgehend der normalen Schuldverschreibung. Die Laufzeit der Anleihe liegt i.d.R. zwischen 15 und 20 Jahren, die Tilgung erfolgt endfällig, sofern vom Gläubiger kein Umtausch in Aktien und vom Schuldner keine vorzeitige Rückzahlung verlangt wird. Der unter dem marktüblichen Niveau liegende Zinssatz wird für die gesamte Laufzeit garantiert.

Die Gestaltung des Umtauschrechts bezieht sich vor allem auf die folgenden Merkmale:

- **Umtauschobjekt**
  Als Umtauschobjekt kommen i.d.R. nur die Stammaktien des emittierenden Unternehmens in Betracht.

- **Umtauschzeit**
  Die Umtauschzeit bezeichnet den Zeitraum von der frühest- bis zur letztmöglichen Ausübung des Umtauschrechtes. Sie kann sich auf mehrere Jahre erstrecken oder nur einzelne Termine oder Fristen innerhalb dieses Zeitraums umfassen.

- **Umtauschverhältnis**
  Das Umtauschverhältnis bringt zum Ausdruck, wieviele Wandelanleihen zum Bezug einer Aktie aus der bedingten Kapitalerhöhung eingetauscht werden müssen. Es errechnet sich folgendermaßen:

  $$\text{Umtauschverhältnis} = \frac{\text{Gesamtnennwert der Wandelanleihe}}{\text{Bedingtes Kapital}}$$

  Bei einem bedingten Kapital von 10 Mio. DM und Wandelanleihen von 30 Mio. DM sind drei Wandelanleihen im Nennwert von jeweils 100 DM erforderlich, um eine Aktie im Nennwert von 100 DM oder zwei Aktien im Nennwert von 50 DM zu beziehen. Durch das Umtauschverhältnis entsteht ein Differenzbetrag, da den zurückzunehmenden Wandelanleihen von 30 Mio. DM nur neue Aktien mit einem Nominalwert von 10 Mio. DM gegenüberstehen. Dieser Differenzbetrag wird der Kapitalrücklage der Gesellschaft zugeführt, so daß auch die effektive Erhöhung des gezeichneten Kapitals durch die Wahl des Umtauschverhältnisses beeinflußt werden kann.

- **Zuzahlung**
  Neben der Inzahlungsnahme der Anleihe wird für die Ausgabe der jungen Aktien von dem emittierenden Unternehmen häufig eine Zuzahlung gefordert. Durch eine zeitliche Staffelung kann das Unternehmen dabei auf den Zeitpunkt der Umwandlung Einfluß nehmen. Soll z.B. der Wandlungstermin möglichst weit hinausgeschoben werden, so wird die Zuzahlung zu Beginn der Umtauschfrist vergleichsweise hoch und später niedriger festgesetzt. Ein konstanter Zuzahlungsbetrag hat dagegen die gleiche Wirkung wie die Ausgabe von Aktien über pari.

- **Verwässerungsschutzklausel**
  Erfolgt während der Laufzeit der Wandelanleihe eine Kapitalerhöhung, so führt dies i.d.R. zu einer Kurssenkung bei den Altaktien, da die jungen Aktien zu einem niedrigeren Kurs emittiert werden. Verbunden ist dieser Kursrückgang mit einer Benachteiligung der Inhaber von Wandelanleihen, deren Erwartungen hinsichtlich einer positiven Kursentwicklung sich zumindest kurzfristig nicht erfüllen. Daher sehen Verwässerungsschutzklauseln in diesem Fall eine automatische Änderung der Wandlungsbedingungen vor, die bei einer Kapitalerhöhung gegen Einlagen folgendermaßen gestaltet sein können:

- Verringerung der Zuzahlung um den börsenmäßigen oder rechnerischen Wert des Bezugsrechts,
- Einräumung eines Bezugsrechts auf die jungen Aktien,
- Veränderung des Umtauschverhältnisses,
- Gewährung eines außerordentlichen vorzeitigen Wandlungsrechtes.

c) Optionsanleihen

Die Optionsanleihen (Warrant Issues) weisen eine gewisse Ähnlichkeit mit den Wandelanleihen auf. Im Unterschied zu diesen sind sie jedoch neben dem Forderungs- nicht mit einem Wandlungs-, sondern einem **Bezugsrecht** auf Aktien, Anleihen, Rohstoffe oder Devisen verbunden. Durch die Ausübung des Bezugsrechtes wird die Existenz der Forderung nicht berührt.

Hinsichtlich der Emissionsmotive entspricht die Optionsanleihe weitgehend der Wandelanleihe. Dies gilt auch für die Ausstattungsmerkmale der Anleihe, deren Verzinsung unter dem marktüblichen Niveau vergleichbarer Anlageformen liegt. Unterschiede sind hingegen im Hinblick auf die Gestaltung des Optionsrechts festzustellen, das zunächst durch eine eigene Urkunde, den **Optionsschein** oder **Warrant**, verbrieft wird. Das **Optionsobjekt** bilden häufig die Stammaktien des Emittenten oder anderer Unternehmen (Equity-Linked Issues); letzteres kann bei verbundenen Unternehmen der Fall sein, wenn beispielsweise der Emittent ein Finanzierungsinstitut der betreffenden Aktiengesellschaft ist. Der **Optionspreis** repräsentiert den Bezugskurs der optierbaren Wertpapiere und stellt damit die Zuzahlung bei Ausübung des Optionsrechtes dar. Das **Optionsverhältnis** gibt die Stückzahl der optierbaren Aktien je Einheit der Anleihe an, die **Optionszeit**, in der das Optionsrecht ausgeübt werden kann, entspricht meistens der Laufzeit der Anleihe. Da auch bei dem Erwerb einer Optionsanleihe zwischenzeitliche Kapitalerhöhungen die Kurserwartungen beeinflussen, sind auch hier entsprechend den Wandelanleihen **Verwässerungsschutzklauseln** in den Anleihebedingungen enthalten.

Um einen selbständigen Handel des Optionsrechts zu ermöglichen, kann der Optionsschein von der Anleihe getrennt werden. In der Regel ist dies frühestens zu dem Termin möglich, an dem das Optionsrecht erstmalig ausgeübt werden kann. Von diesem Zeitpunkt an ergeben sich amtliche Notierungen für folgende drei verschiedene Wertpapierarten:

- die Anleihe mit Optionsrecht (Anleihe cum),
- die Anleihe ohne Optionsrecht (Anleihe ex) sowie
- den isolierten Optionsschein (warrant).

Die "Anleihe cum" verbrieft ein Rentenpapier, das aufgrund des Optionsscheins mit aktienrechtlichen Elementen verbunden ist. Wird der Optionsschein abgetrennt, orientiert sich die Bewertung allein am allgemeinen Zinsniveau, so daß gegenüber der "Anleihe cum" ein deutlicher Kursabschlag erfolgt. Der isolierte Optionsschein enthält nur noch das Recht zum Bezug bestimmter Vermögenswerte und ist nicht durch Substanz gesichert. Auch kann kein Recht auf Zinsen, Dividende und auch kein Stimmrecht aus dem Optionsschein abgeleitet werden. Am Ende der Laufzeit verfällt der Optionsschein.

Das Besondere eines Optionsscheins ist die Möglichkeit, eine Aktie zu einem festgelegten Kurs erwerben zu können. Der **rechnerische Wert** eines Optionsscheins resultiert unter Berücksichtigung des Bezugsverhältnisses aus der Differenz zwischen dem Tageskurs der Aktie und dem Optionspreis. Befindet sich beispielsweise der Kurs einer Aktie bei 180 DM und kann diese Aktie über den Optionsschein zu 140 DM erworben werden, so besitzt der Optionsschein rechnerisch einen Wert von 40 DM. Tatsächlich liegt jedoch der Kurs des Optionsscheins in der Regel oberhalb des rechnerischen Wertes. Dieser Mehraufwand (**Aufgeld oder Prämie**) für den indirekten Erwerb einer Aktie über die Ausübung des Optionsscheines resultiert aus den zukünftigen Gewinnchancen, die wiederum von der Höhe der erwarteten Kurssteigerungen der Aktie innerhalb der Optionsfrist abhängen. Beträgt der Kurs des Optionsscheines in dem oben angeführten Beispiel 58 DM, so sind für das Recht zum Bezug der Aktie zu 140 DM in der festgelegten Optionszeit 18 DM oder 10 % des aktuellen Kurses zu zahlen. Der Erwerber eines Optionsscheins wird dazu nur dann bereit sein, wenn er in dieser Frist mit Kurssteigerungen rechnet, die sein Aufgeld überwiegen (Kurs > 198), damit insgesamt sein Einstandskurs günstiger ausfällt. Formelmäßig läßt sich das Aufgeld folgendermaßen berechnen:

$$\text{Aufgeld} = \frac{\text{Optionsscheinkurs + Optionspreis - Tageskurs der Aktie}}{\text{Tageskurs der Aktie}} = \frac{58 + 140 - 180}{180} = 0{,}10$$

Beim Kauf eines Optionsscheins von besonderem Interesse sind

- die Hebelwirkung und
- der Leverage-Effekt.

Verändert sich der Kurs der Aktie, so reagiert i.d.R. auch der Kurs des Optionsscheines. Dabei fallen jedoch die **relativen Schwankungen des Optionsscheins stärker als die Veränderungen des Aktienkurses** aus, was allgemein auch als **Hebelwirkung** bezeichnet wird. Der **Optionsscheinkurs** läßt sich mit der folgendermaßen umgestellten Formel zur Berechnung des Aufgeldes ermitteln:

Optionsscheinkurs = Tageskurs der Aktie (1 + Aufgeld) - Optionspreis

Bei einer Steigerung des Aktienkurses um 10 % auf 198 DM erhöht sich der Kurs des Optionsscheins auf 77,80 DM. Bezogen auf den ursprünglichen Wert von 58 DM bedeutet dies eine Erhöhung um 19,80 DM oder 34 %. Der Hebel errechnet sich damit unter der Bedingung eines konstanten Aufgeldes wie folgt:

$$\text{Hebel} = \frac{\text{Relative Anderung des Optionsscheinkurses}}{\text{Relative Änderung des Aktienkurses}} = \frac{34\ \%}{10\ \%} = 3{,}4$$

Jede Änderung des Aktienkurses wirkt sich mit der 3,4-fachen Wirkung auf den Kurs des Optionsscheines aus. Dies gilt jedoch nicht nur in positiver Richtung, sondern auch bei einem Kursverfall, woraus das besondere Risiko eines Optionsscheins deutlich wird. Allerdings zeigt die Vergangenheit, daß bei Veränderungen des Aktienkurses häufig eine Anpassung der Aufgelder erfolgt, die zu einer geringeren Hebelwirkung führt. Steigende Aktienkurse gehen damit mit niedrigeren und sinkende

Aktienkurse mit steigenden Aufgeldern einher, da vielfach nur ein begrenztes Kursschwankungspotential unterstellt wird.

Während sich der Hebeleffekt auf die Bewertung des Optionsscheins bezieht, trifft der **Leverage-Faktor** eine Aussage über die **Vermögensveränderung eines Anlegers**. Er gibt an, in welchem Umfang der Optionsscheininhaber bei gleichem Kapitaleinsatz stärker an der Kursentwicklung als beim direkten Erwerb einer Aktie teilnimmt. Der Leverage-Faktor errechnet sich wie folgt:

$$\text{Leverage-Faktor} = \frac{\text{Tageskurs der Aktie}}{\text{Optionsscheinkurs}}$$

Der Inhalt des Leverage-Faktors soll anhand der nachstehenden Abb. 7.13 verdeutlicht werden (GLOGOWSKI/MÜNCH 1990). Den Ausgangspunkt bilden die angeführten Daten zum Zeitpunkt t_0. Einem Aktienkurs von 180 DM steht bei einem Bezugsverhältnis von 1:1 ein Optionsscheinkurs von 58 DM gegenüber. Der Leverage-Faktor beläuft sich auf 3,1, d.h. ein Anleger kann bei einem Kapitaleinsatz von 180 DM entweder an der Kursentwicklung einer Aktie oder von 3,1 Optionsscheinen partizipieren. Durch die Zunahme des Aktienkurses und des Kurses des Optionsscheines sinkt der Leverage-Faktor auf 2,54, im anderen Fall steigt er auf 4,24. Die Veränderungen des Leverage-Faktors resultieren aus der unterschiedlichen relativen Zu- resp. Abnahme des Aktien- und des Optionsscheinkurses und damit letztlich aus dem Hebeleffekt.

Neben Optionsscheinen, die zum Bezug von Aktien berechtigen, existieren an den Kapitalmärkten Optionsanleihen, deren Warrants ein Bezugsrecht auf weitere Schuldverschreibungen, sogenannte "Baby Bonds", zu bestimmten Konditionen beinhalten (**Debt Warrants**). Die Käufer derartiger Warrants erwarten künftig fallende Kapitalmarktzinsen und damit steigende Rentenkurse während der Optionsfrist, die wiederum eine Hebelwirkung auf den Kurs der Optionsscheine wegen des geringen Kapitaleinsatzes ausüben. Für diese Ertragsaussichten akzeptiert der Investor auch einen gegenüber vergleichbaren Anleihen niedrigeren Zinsertrag aus der Optionsanleihe. Bei Debt Warrants existieren eine Reihe von Kombinationen und Varianten. Die bekanntesten sind:

- Festsatz-Anleihen mit Optionsscheinen auf Festsatz-Anleihen,
- Festsatz-Anleihen mit Optionsscheinen auf zinsvariable Anleihen,
- Nullkupon-Anleihen mit Optionsscheinen auf Festsatz-Anleihen sowie
- Nullkupon-Anleihen mit Optionsscheinen auf Nullkupon-Anleihen.

Weitere am Kapitalmarkt inzwischen etablierte Kombinationen sind:

- Optionsscheine auf Wandelanleihen oder Genußscheine,
- Optionsscheine mit der alternativen Bezugsmöglichkeit von Aktien oder Anleihen,
- Optionsscheine auf Gold und andere Edelmetalle,
- Optionsscheine auf Eigenbestände an Aktien, Anleihen oder Devisen (Covered Warrants) sowie
- Optionsscheine auf Anleihen verschiedener Währungen.

Eine weitere Innovationsform stellen Teileinzahlungsanleihen, sogenannte "**partly paid bonds**" dar, bei denen zunächst nur ein Bruchteil des Zeichnungsbetrages und erst zu einem späteren Zeitpunkt der verbleibende Restbetrag geleistet werden muß. Sinkt der Marktzins, kann der Anleger mit einem nur geringen Kapitaleinsatz von der Zinsentwicklung profitieren; besonders in Zeiten klarer Zinssenkungsperspektiven stellen somit partly paid bonds eine interessante Anlagealternative dar (BÜSCHGEN 1988).

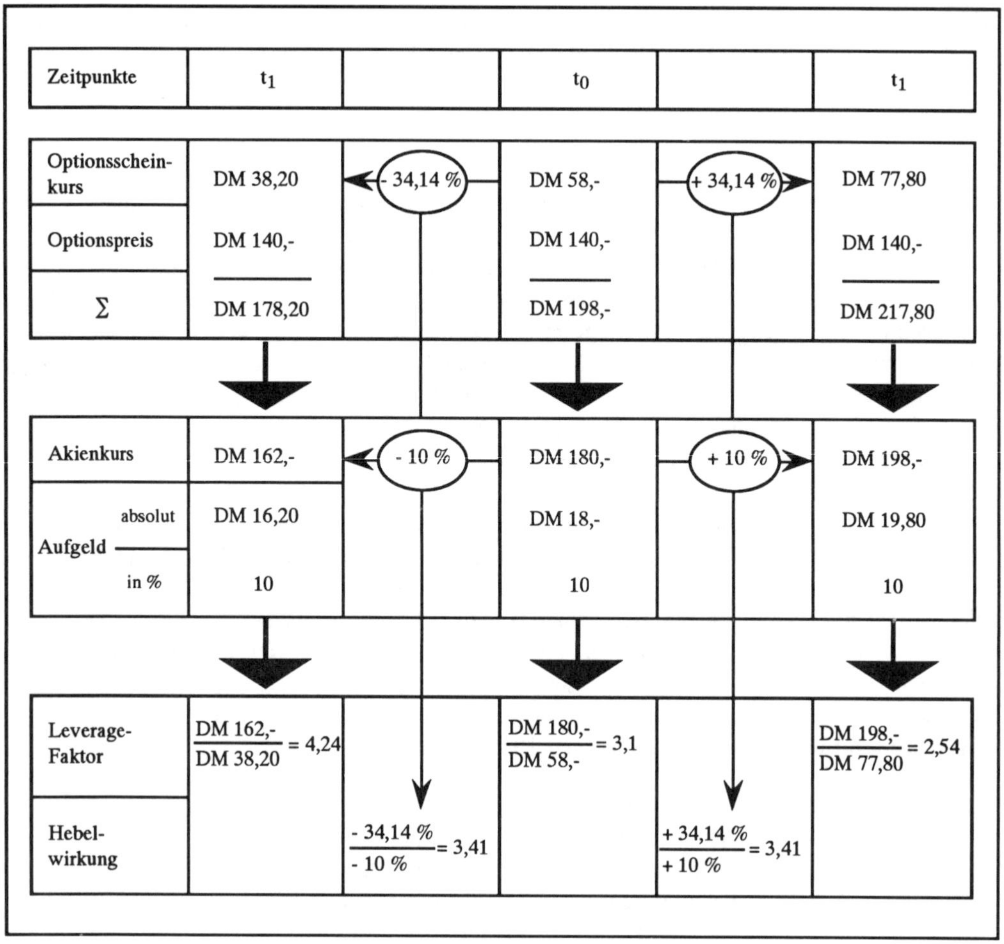

Abb. 7.13: Berechnung des Leverage-Faktors und der Hebelwirkung von Optionsscheinen

d) Zerobonds

Zerobonds, auch Nullkuponanleihen genannt, unterscheiden sich von den herkömmlichen Anleihen dadurch, daß während der Laufzeit **keine Zinszahlungen** erfolgen. Stattdessen werden die Zinsen und Zinseszinsen thesauriert und erst bei Endfälligkeit der Anleihe zusammen mit dem ursprünglich eingezahlten Kapitalbetrag an den Anleger ausgezahlt. Der Ertrag für den Anleger resultiert daher aus der Differenz zwischen dem Emissions- und dem Rückzahlungs- bzw. dem Kauf- und dem Verkaufskurs.

Angeboten werden Zerobonds in zwei verschiedenen Formen: Bei **Zuwachsanleihen** erfolgt die Ausgabe zu 100 % und die Rückzahlung einschließlich Zinsen mit einem entsprechend hohen Aufschlag. **Echte-Nullkuponanleihen** werden dagegen zum Barwert ausgegeben und zu 100 % zurückgezahlt (vgl Abb. 7.14).

	Zeitpunkte 0	1	2	3	4	5
"Normale" Schuldverschreibung	- 1.000	+ 100	+ 100	+ 100	+ 100	+ 1.100
Zuwachsanleihe	- 1.000	-	-	-	-	+ 1.611
Echte-Nullkuponanleihe	- 621	-	-	-	-	+ 1.000

Abb. 7.14: Gestaltungsvarianten von Zerobonds (Zinssatz = 10 %)

Während die Anleger früher darauf angewiesen waren, bei einer Anlage in Nullkuponanleihen auf überwiegend in US-Dollar denominierte Papiere zurückzugreifen, können seit der sogenannten "**Restliberalisierung**" vom 1.5.1985 auch Anlagen in DM-Zerobonds am deutschen Kapitalmarkt getätigt werden. Ein inländischer Anleger kann seitdem das zuvor mit einer Zerobond-Anlage zwangsläufig verbundene Wechselkursrisiko vermeiden.

Von ihrer Grundkonzeption her stellen Zerobonds - auch für den deutschen Kapitalmarkt - jedoch keine Innovation dar. Die Finanzierungsschätze des Bundes, die Bundesschatzbriefe vom Typ B und einige Sparbrieftypen werden bereits seit langem als Auf- resp. Abzinsungspapiere emittiert. Gegenüber diesen Anlageformen sind Zerobonds jedoch

- an der **Börse** handelbar und damit wesentlich fungibler sowie
- mit einer erheblich längeren **Laufzeit** ausgestattet (teilweise 30 Jahre und mehr).

Eine besondere Variante der Zerobonds stellen die sogenannten "**Stripped-Bonds**" dar. Bei diesen werden die Zinsscheine einer normalverzinslichen Anleihe von der Schuldurkunde getrennt und anschließend auch getrennt gehandelt. Stripped Bonds entstehen meistens dadurch, daß eine Bank erhebliche Teile oder den ganzen Betrag der Emission einer normal verzinslichen Anleihe übernimmt. Sie trennt im folgenden die Zinsscheine vom Wertpapiermantel, d.h. der Rückzahlungsurkunde. Während das im Wertpapiermantel verbriefte Recht auf die Rückzahlung des Kapitalbetrages unmittelbar an private und institutionelle Anleger weiterveräußert wird, werden - zwecks Bildung größerer Anlagebeträge - die Zinsscheine gleicher Fälligkeit zunächst zu Gruppen zusammengefaßt. Aus einer Anleihe mit beispielsweise zehnjähriger Gesamtlaufzeit und jährlicher Zinszahlung entstehen sozusagen "künstlich" elf Zerobonds mit unterschiedlicher Laufzeit: Zum einen die ursprüngliche Schuldurkunde mit zehnjähriger Laufzeit und zum anderen zehn Nullkuponanleihen, von denen jede eine Zinszahlung verbrieft und damit eine Laufzeit von einem bis zu zehn Jahren aufweist. Teilweise werden für die weiterveräußerten Wertpapierteile eigene Urkunden ausgestellt. Die aus diesem Vorgang resultierenden Papiere werden beispielsweise als **CATS** (Certificates of Accrual on Treasury Securities) oder als **TIGR'S** (Treasury Investment Growth Receipts) auf dem Kapitalmarkt angeboten (KUßMAUL 1989, WALZ 1987).

Zerobonds sind für den **Emittenten** mit dem Vorteil verbunden, daß aus der Anleihe während ihrer Laufzeit **keine Auszahlungen** in Form wiederholter Zinszahlungen zu leisten sind. Zudem entfallen die Provisionen für den Zinsscheineinlösungsdienst und die Kosten der damit verbundenen Verwaltungsarbeiten. Allerdings führt die Befreiung vom zwischenzeitlichen Zinszahlungen für den Anleiheschuldner dazu, daß das **Wiederanlagerisiko** der normalerweise ausgeschütteten Zinsbeträge vom Anleger auf den Emittenten zurückverlagert wird. Für den Schuldner besteht nicht nur die Notwendigkeit, die aus der Emission resultierenden Zinsverpflichtungen zu erwirtschaften, sondern er muß die Zinsen darüber hinaus mit einem der Emissionsrendite entsprechenden Zinssatz weiter verzinsen. Dabei ist zu beachten, daß die "ersparten" Zinsen nur zu einer sich ständig verkürzenden Restlaufzeit angelegt werden können, und im Normalfall mit abnehmender Anlagedauer die erzielbaren Zinserträge zurückgehen (BÜSCHGEN 1988).

Auch für **Anleger** weisen Zerobonds, sofern sie nicht an regelmäßigen Zinserträgen interessiert sind, im Vergleich zu anderen festverzinslichen Wertpapieren Vorteile auf. So entfällt die **Reinvestition** der Zinserträge, darüber hinaus garantiert die Konstruktion der Zerobonds, daß sich die Zinsschwankungen am Kapitalmarkt nicht auf die Erträge aus der Wiederanlage der Zinsen auswirken. Dies dürfte gerade für Anleger mit Erwartungen rückläufiger Zinsen von Interesse sein. Dadurch bietet ein Zerobond einerseits einem risikoaversen Anleger größtmögliche **Zinssicherheit**, da Emissionskurs und Rückzahlungskurs fest vereinbart sind und mit dem Wiederanlagerisiko behaftete Zinszahlungen nicht erfolgen. Andererseits beinhalten Zerobondanlagen aufgrund der impliziten Zins- und Zinseszinskomponente für risikofreudige Investoren **Spekulationsmöglichkeiten**, denn durch einen vorzeitigen Verkauf können positive Zinsentwicklungen ausgenutzt werden. Analog zu normalen Festzinsanleihen mit regelmäßiger Zinsausschüttung steigt der Kurs eines Zerobonds, wenn die Marktzinsen während der Laufzeit sinken. Da aber bei einem Zerobond nicht nur der Kapitalbetrag, sondern auch die zukünftigen Zinsen mit einem über dem Marktzinssatz liegenden Zinssatz weiter verzinst werden, resultiert aus einem Verfall des Zinsniveaus bei einem Zerobond eine - im Vergleich zur Kursentwicklung bei einer "normalen" Anleihe - überproportionale Kurssteigerung. Da diese Kursvolatilität von der Höhe der Zinsen und Zinseszinsen abhängt, sinkt die mit einer Marktzinsänderung verbundene "Hebelwirkung" mit abnehmender Restlaufzeit.

Die unterschiedlichen Kursvolatilitäten von Zerbond und Normal-Kupon-Anleihe verdeutlicht Abb. 7.15 (BÜSCHGEN 1986). Dabei werden jeweils bei dem Zerobond und bei der Festzinsanleihe die vor und nach der Marktzinsänderung geltenden Kurswerte miteinander ins Verhältnis gesetzt. Die Kurswerte selbst ergeben sich bei dem Zerobond aus dem mit dem Marktzins abgezinsten Rückzahlungskurs und bei der Normal-Kupon-Anleihe aus dem mit dem Marktzins abgezinsten Nennwert zuzüglich des über die verbleibende Restlaufzeit ermittelten Barwertes der jährlich anfallenden Zinszahlungen. Während die Normal-Kupon-Anleihe eine Kursvolatilität von 32,43 % aufweist, liegt der entsprechende Wert des Zerobonds bei 46,68 %. Analoge Überlegungen gelten für steigende Zinsen: So wird der Kurswert von Zerobonds - im Vergleich zu dem der Anleihen mit regelmäßigen Zinsausschüttungen - bei steigenden Marktzinsen überproportional sinken.

(1) **Zerobond**

Emissionskurs	33,37 %
Emissionsrendite	7,25 %
Laufzeit	15,5 Jahre
Veränderung des Marktzinses innerhalb von zwei Jahren	- 3 %-Punkte
Restlaufzeit	13,5 Jahre

Bestimmung des zukünftigen Kurswertes:

$$\text{Kurswert} = \frac{\text{Rückzahlungskurs}}{(1+\text{Marktzins})^{\text{Restlaufzeit}}} = \frac{100}{(1+0{,}0425)^{13{,}5}} = 57{,}01$$

Kurswert bei unverändertem Zinsniveau:

$$\text{Kurswert} = \frac{100}{(1+0{,}0725)^{13{,}5}} = 38{,}87$$

Kursvolatilität in Prozent: $\frac{57{,}01}{38{,}87} - 1 = 46{,}68\ \%$

(2) **Normal-Kupon-Anleihe**

Emissionskurs	100 %
Emissionsrendite	7,25 %
Laufzeit	15,5 Jahre
Rückgang des Marktzinses innerhalb von zwei Jahren	- 3 %-Punkte
Restlaufzeit	13,5 Jahre

Bestimmung des zukünftigen Kurswertes:

$$\text{Kurswert} = \frac{\text{Nennwert}}{(1+i)^{T}} + \sum_{t=1}^{T} a_t(1+i)^{-t}$$

a_t = Zinszahlung am Ende der Periode t; t = 1,..., T
i = Marktzins

$$\text{Kurswert} = \frac{100}{1{,}0425^{13{,}5}} + \sum_{t}^{13{,}5} 7{,}25\,(1+0{,}0425)^{-t}$$

Kurswert = 57,01 + 75,42 = 132,43

Kurswert bei unverändertem Zinsniveau: 100

Kursvolatilität in Prozent: $\frac{132{,}43}{100} - 1 = 32{,}43\ \%$

Abb. 7.15: Kursvolatilitäten von Zerobond und Normal-Kupon-Anleihe (Quelle: Büschgen 1986, S. 308)

Besonderheiten weist der Zerobond auch in **steuerlicher Hinsicht** auf. Zu den steuerpflichtigen Einkünften aus Kapitalvermögen gehören gemäß § 20 Abs. 1 Nr. 8 EStG Zinsen aus Kapitalforderungen jeder Art sowie besondere Vorteile oder Entgelte, die neben einer Verzinsung oder an deren Stelle gewährt werden. Für die einkommensteuerliche Behandlung der Kapitalerträge aus Zerobonds, die zu einem Privatvermögen gehören, müssen zwei Fälle unterschieden werden:

(1) War der Zerobond vom Emissionszeitpunkt bis zum Zeitpunkt der Fälligkeit im Besitz des Anlegers, so ist der Unterschiedsbetrag zwischen dem Emissions- und dem Einlösungspreis als

steuerpflichtiger Kapitalertrag anzusehen. Versteuert wird der Kapitalertrag somit erst im Jahr der Fälligkeit, was zu einer **Steuerstundung** bis zum Zeitpunkt der Einlösung führt. Ist das Einkommen eines Steuerpflichtigen bei Fälligkeit der Zerobonds niedriger als das während der Laufzeit des Zerobonds erzielte Einkommen, so ist mit dem Zerobond neben der Steuerstundung auch eine **Steuerersparnis** verbunden.

(2) Wird ein Zerobond hingegen während der Laufzeit veräußert, tritt eine **Ertragsrealisierung** und damit verbunden eine **Versteuerung** im Jahr des Verkaufes ein. Nach dem Schreiben des Bundesministers der Finanzen vom 24.1.1985 und einer entsprechenden gesetzlichen Klarstellung im Rahmen des Steuerreformgesetzes 1990 (§ 20 Abs. 1 Nr. 4 EStG) ermittelt die Finanzverwaltung die Zinseinkünfte auf der Basis der **rechnerischen Anschaffungs- und Veräußerungskurse**, die sich aus den Faktoren "Emissionskurs" und "Aufzinsungfaktor" ergeben.

Beträgt beispielsweise der Emissionskurs eines Zerobonds 1.000 DM und der Rückzahlungskurs bei einer Rendite von 10 % nach 5 Jahren 1.611 DM, so ergibt sich der bei einer Veräußerung z.B. nach 2 3/4 Jahren zu versteuernde Ertrag aus der Differenz zwischen dem mit der Emissionsrendite aufgezinsten Ausgangsbetrag und dem Emissionskurs (KUßMAUL 1989):

$$\text{Steuerpflichtiger Ertrag} = \text{DM } 1.000 \cdot (1{,}1^2) \cdot \left(1 + \frac{0{,}1 \cdot 270 \text{ Tage}}{360 \text{ Tage}}\right) - \text{DM } 1.000$$

Steuerpflichtiger Ertag = DM 1.300,75 - DM 1.000 = DM 300,75

Für die Besteuerung ist allein die **Emissionsrendite** - im vorliegenden Fall 10 % - maßgebend. Somit ist nicht der real erwirtschaftete Kapitalertrag, sondern ein fiktiver finanzmathematisch ermittelter Ertrag zu versteuern. Demnach erzielt ein Anleger, der einen Zerobond als Zweit- resp. Folgebesitzer erwirbt, einen Vorteil, wenn die tatsächliche Rendite im Erwerbszeitpunkt die Emissionsrendite übersteigt. Die Differenz zwischen realisiertem und rechnerisch ermitteltem Betrag wird in einem solchen Fall als **steuerfreier Kursgewinn** behandelt. Im umgekehrten Fall, in dem ein Anleger einen Preis von geringerer Höhe erzielt als es dem Emissionspreis zuzüglich der rechnerisch bis zum Veräußerungszeitpunkt ermittelten Zinsen entspricht, sind gleichwohl die **rechnerisch ermittelten Zinsen** der Besteuerung zugrunde zu legen, während der Verlust dem auf die einkommensteuerrechtlich unbeachtlichen Vermögensebene befindlichen Kapitalstamm zugerechnet wird und somit allenfalls die Vermögensteuerschuld mindert (BÜSCHGEN 1986).

Obgleich Zerobonds insgesamt für den Anleger eine interessante Alternative darstellen, dürfen einige, speziell mit dieser Anlageform verbundene **Risiken** nicht außer acht gelassen werden. So stellt sich bei langlaufenden Nullkuponanleihen grundsätzlich die Frage nach der dauerhaften **Bonität** des Schuldners. Es ist vor der Anlageentscheidung zu prognostizieren, ob der Schuldner während der Laufzeit der Zerobonds die Zinsen und die Zinseszinsen erwirtschaften und am Laufzeitende den investierten Emissionsbetrag mobilisieren kann. Die Qualität einer derartigen Prognose sinkt mit zunehmendem Prognosehorizont, zumal laufende Zinszahlungen - wie bei Normal-Kupon-Anleihen - als Indikatoren für die Leistungsfähigkeit des Schuldners fehlen. Da bei Zerobonds keine laufenden Zinszahlungen erfolgen, muß im Vergleich zu der klassischen Festzinsanleihe auch das **Inflationsrisiko** höher eingestuft werden. Die realen Kapitalrückflüsse aus einer Anlage mit regelmäßigen Zinszahlungen können sich bei steigender Inflationsrate wesentlich vom realen Rückzahlungswert eines Zerobonds unterscheiden. Ähnliche Überlegungen sind auch hinsichtlich eines **Wechselkursrisikos** anzustellen, das mit einer Zerobondanlage in fremder Währung verbunden ist. Während ein Anleger einer Normal-Kupon-Anleihe zu jedem Zinstermin neu die Entscheidungsfreiheit hinsichtlich einer Reinvestition der Erträge in die Anlagewährung hat, wird bei einer Zerobondanlage in Fremdwährung das volle Wechselkursrisiko auf den Rückzahlungszeitpunkt verlagert (BÜSCHGEN 1986).

e) Doppelwährungsanleihen

Neben dem Zerobond kann seit dem 1.5.1985 am deutschen Kapitalmarkt eine weitere neue Anleiheform, die Doppelwährungsanleihe (Dual Currency Bond), begeben werden. Bei Doppelwährungsanleihen erfolgen die Einzahlungen der Anleger beim Kauf der Anleihe sowie die laufenden Zinszahlungen des Emittenten **in anderer Währung** als die Rückzahlung des Anleihebetrages bei Fälligkeit.

Doppelwährungsanleihen werden vorwiegend von US-amerikanischen Unternehmen, Investmentbanken und Finanzierungsgesellschaften emittiert. Primär zielen Doppelwährungsanleihen auf eine **Reduzierung der Finanzierungskosten** ab, darüber hinaus entstehen dem Emittenten keine Kosten zur Absicherung des Wechselkursrisikos für den Rückzahlungsbetrag, da dieser in für ihn inländischer Währung, nämlich in US-Dollar, zu leisten ist. Der Emittent muß nur das den jährlichen Zinszahlungen anhaftende Wechselkursrisiko absichern, sofern er nicht die Möglichkeit hat, die in DM zu erbringenden Zinszahlungen aus laufenden DM-Einnahmen anderer Geschäfte zu begleichen.

Gezeichnet werden die Doppelwährungsanleihen insbesondere von internationalen Investoren, wie Pensionsfonds, Trusts, Investmentbanken und Investmentgesellschaften; ferner von Privatkunden, die bereit sind, ein (teilweises) Währungsrisikos einzugehen (GLOGOWSKI/MÜNCH 1990). Für die Übernahme des **Wechselkursrisikos** erhalten die Anleger einen über dem inländischen Marktzins liegenden Zinssatz. Da diese Verzinsung jedoch unter derjenigen liegt, die bei einem direkten Engagement am US-Markt erzielt werden könnte, sichert der Emittent dem Anleger zudem einen US-Dollar-Rückzahlungsbetrag zu, der den auf der Basis des Wechselkurses bei Begebung der Anleihe in US-Dollar bewerteten Einzahlungsbetrag übersteigt. Ob der Kauf einer Doppelwährungsanleihe gegenüber einer alternativen reinen DM-Anlage tatsächlich vorteilhaft ist, kann letztlich nur ex post beurteilt werden. Die Vorteilhaftigkeit der Anlage hängt weitgehend von dem Wechselkurs zum Rückzahlungszeitpunkt der Anleihe ab (BÜSCHGEN 1986).

Um das Währungsrisiko der Anleger zu begrenzen, enthalten Doppelwährungsanleihen teilweise die Option auf eine **vorzeitige Rückzahlung** in der vereinbarten Währung. Dies gilt auch für die folgende, von der First City Financial Corporation Vancouver/Canada im Februar 1984 begebene Doppelwährungsanleihe (GLOGOWSKI/MÜNCH 1990):

Emissionsbetrag:	45 Mio. Dollar
Emissionspreis:	5.000 sFr je Obligation
Zinssatz:	8 3/4 % aus 5.000 sFr
Rückzahlung:	3.000 Dollar spätestens Februar 1994
Laufzeit:	10 Jahre
Dollarkurs zum Emissionszeitpunkt:	2,16 sFr
Option:	Rückzahlung mit 90tägiger Kündigungsfrist im Februar 1992 zu 2.750 Dollar je Obligation

Auf der Basis des Dollarkurses zum Emissionszeitpunkt lag der Kaufpreis der Anleihe bei 2.315 Dollar. Die Differenz bis zum vereinbarten Rückzahlungsbetrag von 3.000 Dollar dient dem Ausgleich des Währungsrisikos, das bis zu einem Kurs von 1,67 sFr abgesichert ist. Sollte sich während der Laufzeit der Doppelwährungsanleihe eine stärkere Abwertung des Dollars abzeichnen, kann der Anleger nach Ablauf von acht Jahren die Obligation kündigen. Er erhält dann 2.750 Dollar, die bis zu einem Kurs von 1,82 sFr zu einer Rückzahlung des Anlagebetrages von 5.000 sFr führen.

f) Floating Rate Notes

Floating Rate Notes sind **variabel verzinsliche Schuldverschreibungen**, bei denen der Zins nicht für die gesamte Laufzeit festgelegt ist, sondern in regelmäßigen Abständen - i.d.R. alle drei oder sechs Monate - neu festgelegt wird. Der vom Emittenten zu entrichtende variable Nominalzinssatz ergibt sich aus der Summe von Basiszinssatz (Reference Rate) und einem vorher fixierten Zinszuschlag (Coupon Spread). Der **Coupon Spread** verändert sich während der gesamten Laufzeit nicht. Seine Höhe ist von der Bonität des Schuldners abhängig.

Als **Reference Rate** dienen im Euromarktbereich normalerweise die London Interbank Offered Rate (LIBOR), im Bereich der variabel verzinslichen DM-Anleihen die Frankfurt Interbank Offered Rate (FIBOR). Der **LIBOR** ist ein (durchschnittlicher) Geldmarktsatz, zu dem internationale Großbanken in London bereit sind, an andere erste Bankadressen kurzfristige Gelder auszuleihen bzw. bei ihnen anzulegen. Zur Ermittlung des LIBOR werden drei bis fünf im Eurodepositenhandel tätige Banken als sogenannte Referenzbanken ausgewählt. Der LIBOR stellt das arithmetisches Mittel der von diesen ausgewählten Banken genannten Drei- resp. Sechsmonatssätze dar. Neben dem LIBOR wird im Euromarktbereich als Reference Rate auch der LIMEAN, ein Mittelwert aus dem Geldangebotssatz LIBOR und dem Geldnachfragesatz LIBID (London Interbank Bid Rate), sowie die T-Bill-Rate, der Zinssatz für US-Treasury-Bills, verwendet (BÜSCHGEN 1986, FORSTNER 1987).

Die Ermittlung des **FIBOR** erfolgt analog: 12 Institute aus allen Bereichen der deutschen Bankwirtschaft melden täglich der Privatdiskont AG die Zinssätze für Drei- und Sechsmonatsgeld im Interbankenhandel mit ersten Adressen. Die Privatdiskont AG eliminiert aus den zwölf Nennungen den niedrigsten sowie den höchsten Zinssatz und bestimmt aus den verbleibenden zehn Werten den auf 0,05 % gerundeten Durchschnitt; dieser wird als FIBOR in der Frankfurter Börse veröffentlicht.

Der **Ausgabepreis** von Floating Rate Notes beträgt in der Regel 100 %; Ausgabekurse von knapp unter pari sind sehr selten und werden nur dann verwendet, wenn der Emittent einen zusätzlichen Kaufanreiz für die Anleger für notwendig hält. Zu Beginn lauteten die Floating Rate Notes regelmäßig auf **US-Dollar**, im Laufe der Zeit wurden sie jedoch zunehmend auch in anderen Währungen, wie beispielsweise in ECU, in britischen Pfund sowie japanischen Yen emittiert. Seit der Restliberalisierung des deutschen Kapitalmarktes im Jahre 1985 können Floating Rate Notes auch in DM begeben werden (FORSTNER 1987).

Bis Mitte der 70er Jahre setzten vorwiegend Industrieunternehmen und öffentlichen Haushalte Floating Rate Notes ein. Heute dominieren innerhalb der **Emittentengruppen** die Kreditinstitute, die mit den Floating Rate Notes längerfristige Mittel zu Geldmarktkonditionen mobilisieren. Auf der vorwiegend institutionell ausgerichteten **Nachfragerseite** stehen ebenfalls die Banken im Vordergrund. Für sie stellt ein Engagement in Floating Rate Notes wegen der Zinsreagibiliät bei einer weitgehenden Ausschaltung des Kursrisikos eine attraktive Alternative zur reinen Geldmarktanlage dar.

Aufgrund der unterschiedlichen Ansprüche von Schuldnern und Gläubigern an die Ausstattung von Floating Rate Notes kreierten Investmenthäuser und Banken neben der Grundform von Floating Rate Notes verschiedene **Sonderformen**. Dadurch sollten die Floating Rate Notes als Finanzierungsinstrument attraktiver gemacht und durch die Anpassung an die Bedürfnisse der Investoren etwaigen Absatzproblemen am Kapitalmarkt entgegengewirkt werden.

Viele dieser Sonderformen der Floating Rate Notes erwiesen sich als sehr kurzlebig, einige wurden jedoch zu erfolgreichen Kapitalmarktinstrumenten (FORSTNER 1987). Insbesondere folgende Varianten sind dabei zu erwähnen:

- **Convertible Floating Rate Notes**
  Die Convertible Floating Rate Notes beinhalten ein Wandlungsrecht in einen Straight Bond, d.h. in eine normale festverzinsliche Anleihe.

- **Rolling Rate Floating Rate Notes**
  Bei dieser Form der Anleihe, die auch unter dem Terminus Mismatch Floating Rate Note bekannt ist, wird der Referenzzinssatz nicht nur zu Beginn, sondern während des drei- resp. sechs-Monats-Zeitraums mehrmals ermittelt. Am Ende der Zinsperiode erhält der Anleger den Durchschnittszinssatz.

- **Perpetual Floating Rate Notes**
  Bei den perpetual (ewigen) Floating Rate Notes handelt es sich um Anleihen mit einer unbegrenzten Laufzeit. Üblicherweise wird dem Anleger ein Wandlungsrecht (flipflop option) in eine Anleihe mit begrenzter Laufzeit, dafür aber mit niedrigerem Zins, eingeräumt.

- **Drop Lock Floating Rate Notes (Floors)**
  Sobald ein bestimmter Zins unterschritten wird, erhält der Anleger bei Drop Lock Floating Rate Notes einen fest fixierten Mindestzins. Dadurch wird das Zinsänderungsrisiko für den Anleger begrenzt.

- **Capped Floating Rate Notes (Caps)**
  Bei den sogenannten Capped Notes variiert der Zinssatz in Anlehnung an den Referenzzinssatz nur bis zum Erreichen eines vorher festgelegten Höchstzinssatzes. Auch für den Fall, daß der Referenzzinssatz aufgrund der Entwicklung am Geldmarkt weiter ansteigt, erhält der Anleihegläubiger nur den vereinbarten Höchstsatz.

- **Minimax Floating Rate Notes (Collars)**
  Als Minimax Floating Rate Notes werden Anleihekonstruktionen bezeichnet, bei denen sowohl ein Höchst- als auch ein Mindestzinssatz existiert.

Floors, Caps und Collars können sowohl mir einer Anleihe als auch separat als selbständiges Recht gehandelt werden. Beispielsweise verpflichtet sich der Verkäufer eines **Solo-Caps**, sofern ein festgelegter Marktzins eine vereinbarte Zinsobergrenze überschreitet, an den Käufer den Differenzbetrag, bezogen auf einen bestimmten Nennwert, zu erstatten. Durch dieses Instrument kann eine variabel verzinsliche Verbindlichkeit gegen Zinsänderungsrisiken abgesichert werden (BINKOWSKI/BEECK 1989, GLOGOWSKI/MÜNCH 1990).

II. Wertpapierähnliche Instrumente

Vor dem Hintergrund der internationalen Schuldenkrise sowie wirtschaftlicher Probleme einzelner Industrieländer entstand in den letzten Jahren ein verstärkter Wettbewerb der international tätigen Banken um bonitätsmäßig einwandfreie Kreditnehmer. Der daraus resultierende Margenverfall führte dazu, daß die Banken als Substitut zu den bislang vergebenen, traditionellen Eurokrediten neue, wertpapierähnliche Finanzierungsinstrumente entwickelten, deren Kennzeichen eine immer stärkere Verschmelzung von Elementen des Eurokredit- und des Eurobondmarktes ist. Zu den wertpapierähnlichen Instrumenten gehören hauptsächlich die als **Emissionsfazilitäten** bezeichneten, gesetzlich bindenden Arrangements zwischen Schuldner und Banken, die zum einen die Emission kurzfristiger Papiere durch die Schuldner in deren Namen und zum anderen die anschließende Plazierung dieser Papiere durch die beteiligten Banken zum Inhalt haben. Bei diesen Emissionsfazilitäten kann grundsätzlich zwischen "**Underwritten Facilities**" auf der einen Seite sowie "**Non-Underwritten Facilities**" auf der anderen Seite unterschieden werden. Underwritten Facilities sind für den Schuldner - falls er seine Papiere nicht plazieren kann - mit einer Übernahmelinie oder einer Kreditlinie in Höhe der nicht plazierten Papiere durch die Kreditinstitute verbunden. Non-Underwritten Facilities bieten diese Absicherung dagegen nicht (BÜSCHGEN 1988, FORSTNER 1987).

Mittlerweise sind an den Euromärkten weitere Fazilitäten kreiert worden, die Elemente sowohl der Underwritten- als auch Non-Underwritten-Facilities miteinander verbinden. Bei diesen Finanzierungsalternativen handelt es sich um sog. "**Multi Components Facilities**" (MCFs), die individuell zu vereinbarende Paketfinanzierungen darstellen. Im Rahmen eines MCF kann der Schuldner zwischen einer Mittelbereitstellung über die Plazierung von Papieren mit oder ohne Underwriting-Verpflichtung seitens der Banken sowie einer Inanspruchnahme kurzfristiger Überbrückungskredite wählen. Häufig beinhaltet diese Fazilität auch eine Optionsmöglichkeit für traditionelle Eurokredite (BÜSCHGEN 1988).

1. Emissionsfazilitäten

a) Underwritten Facilities

Unter den Oberbegriff Underwritten Facilities läßt sich eine Vielzahl innovativer Finanzierungskonstruktionen subsumieren, deren Grundstrukturen jedoch weitgehend vergleichbar sind. Die bekanntesten Varianten sind die sog.

- **RUFs** (Revolving Underwriting Facilities) sowie die
- **NIFs** (Euronote-Standby-Facilities resp. Note-Issuance-Facilities);

darüber hinaus existieren von einzelnen Emissionshäusern kreierte Sonderformen, wie beispielsweise

- **PUFs** (Prime Underwriting Facilities),
- **RAFTs** (Revolving Acceptance Facilities by Tender),
- **TRUFs** (Transferable Revolving Underwriting Facilities),
- **SNIFs** (Short-Term Note Issuance Facilities),
- **BONUS** (Borrowers Options for Notes on Underwritting Facilities) oder
- **COLTs** (Continuously Offererd Long-Term Securities).

Diese Sonderformen weisen aber nur unwesentliche Abweichungen von der Grundkonstruktion der RUFs und NIFs auf, so daß im folgenden auf ihre Darstellung verzichtet wird.

Revolving Underwriting und Note Issuance Facilities stellen gesetzlich bindende Vereinbarungen zwischen Schuldnern und Banken dar. Während der i.d.R. mittelfristigen **Laufzeit** von meistens **fünf bis sieben Jahren** kann der Schuldner kurzfristige Papiere, sog. Euronotes, in eigenem Namen und für eigene Rechnung emittieren. Die **Euronotes** haben i.d.R. eine Laufzeit von einem bis zu sechs Monaten und können - dem jeweiligen Finanzierungsbedarf des Schuldners entsprechend - bis zum Erreichen der Gesamtlaufzeit der jeweiligen Vereinbarung (revolvierend) erneuert werden.

Aufgrund ihres Charakters als Underwritten-Facilitiy beinhalten RUF und NIF-Vereinbarungen auch eine Underwriting-Verpflichtung (Commitment) einer als "Underwriters" bezeichneten Gruppe von Banken. Sie verpflichten sich gegenüber dem Schuldner, entweder alle nicht plazierten Notes zu übernehmen (**Back-up-Facility**) oder einen Kredit in entsprechender Höhe zu gewähren (**Stand-by-Credit**). Damit gehen die als Underwriter tätigen Banken ein langfristiges Kreditrisiko ein, da sie auch weiterhin die Notes der Schuldner übernehmen oder Kredit gewähren müssen, wenn andere Investoren ihr Vertrauen in diese verloren haben.

An der Abwicklung einer Emissionsfazilität ist ein Konsortium von Geschäfts- und Investmentbanken beteiligt. Die Tätigkeiten der Banken umfassen die Beratung des Kreditnehmers, die Übernahmeverpflichtung nicht plazierbarer Papiere sowie die möglichst vollständige Unterbringung im Markt. Analog zu den Gepflogenheiten im internationalen Anleiheemissionsgeschäft ist eine Funktionsteilung typisch; man unterscheidet grundsätzlich drei Gruppen: den Arranger, den Underwriter sowie den Placing Agent.

Der **Arranger** ist damit betraut, die Dokumentation zu erstellen, die Gruppe der Underwriter und Placing Agents zusammenzustellen und die Konditionen auszuhandeln. Dafür erhält er eine sogenannte "**arrangement fee**".

Bei den **Underwritern** handelt es sich üblicherweise um internationale Geschäftsbanken, die in der Lage sind, das mit Abgabe einer langfristigen Liquiditätszusage verknüpfte Kreditrisiko zu evaluieren. Sie müssen nicht plazierbare Notes zu einem vereinbarten Maximalzinssatz übernehmen oder vorübergehend einen Bankkredit in derselben Höhe gewähren. Dafür stellen diese Banken dem Schuldner eine "**commitment**" oder auch "**underwriting fee**" in Rechnung.

Der **Placing Agent** ist für die Plazierung der Notes verantwortlich. Für die Plazierung bieten sich verschiedene Methoden an, die unterschiedliche Vor- und Nachteile aufweisen. Die **Sole-Placing-Agent-Methode** sieht vor, daß die Plazierung lediglich durch ein einziges Institut durchgeführt wird, das die Notes den Investoren anbietet. Der Sole-Placing-Agent trägt die alleinige Verantwortung für Preisfindung und Plazierung und vereinnahmt daher auch die vollen Provisionserträge aus der Plazierung. Da die Underwriter häufig auch an den Plazierungsprovisionen teilhaben wollen und deshalb ein Mitplazierungsrecht fordern, verlor diese Methode inzwischen jedoch an Bedeutung.

Bei der **Multiple-Placing-Agency-Methode** erhält jeder an der Plazierung interessierte Underwriter - entsprechend seiner prozentualen Beteiligungsquote - das Recht und die Pflicht zur Plazierung seines Anteils. Für den Underwriter ergibt sich gegenüber der Sole-Placing-Agent-Methode der Vorteil, daß er zusätzlich zur "underwriting fee" eine Provision aus dem Verkauf der Notes erhält. Da sich die Plazierungszuteilung nicht nach der Plazierungskraft der Institute, sondern nach deren Underwriting-Quote ausrichtet, ist für den Kreditnehmer jedoch nicht sichergestellt, daß kein erlösmindernden Wettbewerbs um Investoren stattfindet.

Auf die Vermeidung der Nachteile, die mit der Sole-Placing-Agent-Methode sowie der Multiple-Placing-Agency-Methode verbunden sind, zielt das sogenannte **Tender Panel** ab. Im Rahmen eines Tender-Panel werden die Zuteilungsraten der Notes nicht vorab für die ganze Laufzeit des Kredits festgelegt, sondern bei jeder Plazierung neu ermittelt. Die Mitglieder des Tender Panels werden vom Tender Panel Agent zur Abgabe von Geboten aufgefordert, zu denen sie bereit sind, die Plazierung der Papiere zu übernehmen. Die Zuteilung kommt dadurch ausschließlich über den **Preismechanismus** zustande. Zweck eines solchen institutionalisierten Wettbewerbes ist es, für den Schuldner möglichst günstige Konditionen zu erzielen. Als nachteilig erweist sich bei diesem Verfahren jedoch zum einen die nicht eindeutig geregelte Verantwortlichkeit für eine vollständige Plazierung; zum anderen bringt der Wettbewerb um Zuteilungsraten insbesondere dann nicht den gewünschten Erfolg, wenn das Tender Panel mit Banken ungleicher Plazierungskraft besetzt ist: Da die schwächeren Teilnehmer zunächst vielfach keine Zuteilungen erhalten, bieten sie in späteren Perioden teilweise nicht mehr mit, so daß der ursprünglich beabsichtigte Wettbewerb unter den Banken zu einem großen Teil verloren geht.

Eine Fortentwicklung des Tender Panels stellt das sogenannte **Continous Tender Panel** dar. Bei diesem wird ein Continous Tender Panel Manager eingesetzt, der zum einen die Zuteilung der Notes während der Plazierungsperiode übernimmt und zum anderen den Preis für die Notes, den "strike offered yield", festsetzt. Die Plazierung bei den Investoren zum strike offered yield erfolgt entweder durch den Continous Tender Panel Manger direkt oder aber durch gleichberechtigte Continous Tender Panel Mitglieder, für die zusätzlich die Möglichkeit besteht, sich Beträge ohne Abnahmeverpflichtungen reservieren zu lassen, während sie in Verhandlungen mit ihren Investoren stehen. Aus dieser Konstruktion resultiert ein einheitlicher Preis für alle Anbieter sowie eine ordentliche und geregelte Distribution. Für den Fall, daß die Notes zum strike offered yield nicht gänzlich plaziert werden können, müssen die Underwriter diese zum vorab vereinbarten Höchstzinssatz übernehmen.

Eine weitere Verfeinerung des Tender Panels ist das **Issuer Set Margin**. Um die Gefahr des ständigen Überbietens von einigen Mitgliedern oder die Dominanz einer kleinen Gruppe von Banken zu vermeiden, wird der Preis für die Notes bei diesem Verfahren vorab vom Kreditnehmer in Absprache mit dem Arrangeur der Fazilität festgesetzt. Die Mitglieder des Panels können, sie müssen aber nicht, zu diesem Preis Notes bis zu ihrer Quote beziehen. Die Vorteile dieser Methode liegen ebenfalls in dem einheitlichen Preis sowie in den verbesserten Chancen für schwächere Panelmitglieder (BROWN/JOHNSON/KESLER 1985, REINHARDT 1985).

Die Plazierung erfolgt im Rahmen von NIF-Vereinbarungen durch ein Tender Panel bzw. dessen Verfeinerungen. Demgegenüber werden bei den RUFs die Notes ausschließlich durch einen Sole-Placing-Agent, der i.d.R. identisch mit dem Arrangeur ist, am Markt untergebracht.

b) Non-Underwritten Facilities

Non-Underwritten Facilities gleichen im Prinzip den Underwritten NIFs, sie sind allerdings weder mit einer Back-up-Linie noch mit einem Stand by-Credit verbunden. Demnach gibt es im Rahmen von Non-Underwriting Facilities keine Underwriter-Banken, die im Falle einer Nichtabnahme der Notes diese übernehmen resp. einen Kredit gewähren.

Die am häufigsten in Anspruch genommenen Non-Underwritten Facilities stellen die Euro-Commercial-Paper-Programme dar. Die Schuldner, die diese Facilität in Anspruch nehmen, sind ausschließlich von höchster Bonität und vertrauen daher auf ihre Fähigkeit, die emittierten Notes, die sogenannten Euro-Commercial-Papers, absetzen zu können. Der Vorteil einer Emission von Euro-Commercial-Papers liegt zwar in der Ersparnis der Underwriting Fee; dafür müssen allerdings die Schuldner das Absatzrisiko selbst tragen (FORSTNER 1987).

2. Plazierungsinstrumente

Im Rahmen der Emissionsfazilitäten wurden bislang nur die Arrangements zwischen Schuldnern und Banken hinsichtlich Emission und Plazierung kurzfristiger Geld- resp. Kapitalmarktpapiere, nicht jedoch die Papiere selbst erörtert. Im Rahmen von Underwritten Facilities werden dabei Euronotes eingesetzt; bei Non-Underwritten Facilities finden Euro-Commercial-Papers Verwendung.

a) Euronotes

Euronotes sind kurzfristige, i.d.R. nicht börsennotierte Papiere emissionsfähiger Nichtbanken, die im Zusammenhang mit Underwritten Facilities als (Teil-)Schuldverschreibungen und/oder (Inhaber-) Geldmarktpapiere revolvierend am Euromarkt plaziert werden. Die unbesicherten Papiere weisen Laufzeiten von üblicherweise 1, 3, oder 6 Monaten auf und haben die rechtliche Gestalt von **"fully negotiable promissory notes"**, die mit umlauffähigen Eigenwechsel des Kreditnehmers gleichzusetzen sind. Der Zinssatz der Papiere orientiert sich am LIBOR für die entsprechende Zinsperiode und schwankt je nach Marktverfassung und Rating des Emittenten. Die Notes lauten gewöhnlich auf US-Dollar, vereinzelt auch auf Yen, Pfund Sterling, Schweizer Franken oder ECU (REINHARDT 1985, FORSTNER 1987).

b) Euro-Commercial-Papers

Bei den Euro-Commercial-Papers handelt es sich um kurzfristige, abgezinste Inhaberschuldverschreibungen, die bonitätsmäßig einwandfreie Emittenten am Euromarkt begeben. Im Unterschied zu den Euronotes können die ECPs innerhalb kürzester Zeit emittiert werden: So ist es über Euro-Commercial-Papers möglich, das benötigte Kapital innerhalb von nur zwei Geschäftstagen aufzubringen. Demgegenüber kann ein Schuldner im Rahmen einer Euronote-Fazilität erst nach sieben Geschäftstagen über die Mittel verfügen mit der Folge, daß er während dieser Zeit voll dem Zinsänderungsrisiko ausgesetzt ist. Ein weiterer Unterschied zu den Euronotes stellt die Fristigkeit von Euro-Commercial-Papers dar: Während die Fälligkeitstermine bei Euronotes auf 1, 3 oder 6 Monate standardisiert sind, können im Rahmen von ECPs die Fristigkeitsbedürfnisse von Schuldner und Investoren individuell aufeinander abgestimmt werden. So liegen die theoretisch möglichen Laufzeiten zwischen sieben und 365 Tagen; die durchschnittliche Laufzeit beträgt jedoch 30 bis 40 Tage. Die Begebung erfolgt in US-$, englischen Pfund oder ECU, seit Ende 1990 können Commercial Papers auch in D-Mark begeben werden (BINKOWSKIT/BEECK 1989, ROHLEDER/SCHÄFER 1991).

Euro-Commercial-Papers werden von sogenannten CP-Dealern direkt an die Investoren verkauft, ohne allerdings ihre Unterbringung zu garantieren. Während die Euronotes fast nur unter Banken plaziert werden, gibt es für ECPs eine breit gefächerte internationale Investorenschicht (FORSTNER 1987).

Daß sich Underwritten und Non-Underwritten Facilities und deren Kapitalmarktinstrumente in immer stärkerem Ausmaß am Euromarkt etabliert haben, ist auf einige für den Kreditnehmer wesentliche Vorzüge zurückzuführen:

- Als ein Vorteil können die **niedrigen Kosten** gegenüber vergleichbaren langfristigen Kreditinstrumenten mit variablem Satz angesehen werden. Mit der Emission von Euronotes resp. Euro-Commercial-Papers wird der Kreditnehmer in die Lage versetzt, sein Standing in attraktive Zinssätze umzusetzen.

- Ein weiterer Vorteil liegt in der **festen Liquiditätszusage**; diese erhält der Schuldner im Rahmen der Underwritten-Facilities mit der Übernahmeverpflichtung der Underwriters und weist einen langfristigen Charakter auf.

- Ein dritter Vorteil ist die **Flexibilität** der Fazilitäten. So kann der Kreditnehmer nach Belieben die Laufzeit der Papiere seinen Zinserwartungen und den gewünschten Betrag innerhalb der Fazilität seinem im Zeitablauf schwankenden Finanzbedarf anpassen. Darüber hinaus gesteht die Gruppe der Underwriter dem Schuldner i.d.R. das Recht auf einseitige Kündigung zu.

- Ein letzter Vorteil der Fazilitäten liegt in der **überschaubaren Dokumentation**: Bestandteile des Vertragswerkes sind einerseits das Facility-Agreement, das die Beziehung zwischen Kreditnehmer, Arranger, Placing Agent und Underwriter Group regelt und andererseits das

Tender Panel/Placing Agent Agreement, das die Aufgaben der Placement Agents festlegt (REINHARDT 1985).

Seit dem 1.1.1991 sind Commercial Papers auch auf dem deutschen Geldmarkt zugelassen. In den Monaten Januar bis September 1991 erreichten die CP-Programme ein Emissionsvolumen von rd. 13 Mrd. DM (LINK 1992).

3. Transferable Loan Facilities

Neben der Entwicklung von Emissionsfazilitäten hat der als "**Securitization**" bezeichnete Trend der Substitution traditioneller Buchforderungen durch die Emission handelbarer Wertpapiere auch im Bereich des herkömmlichen Eurokreditgeschäfts zu neuen Ansätzen geführt. So resultierte aus einem veränderten Risikobewußtsein sowie der Notwendigkeit, neue Möglichkeiten zur Verbesserung der Eigenkapitalrelation zu schaffen, ein deutlich gestiegenes Interesse an einer Handelbarkeit von Darlehensforderungen an einem funktionierenden Sekundärmarkt. Da durch die bisher bekannte Methode der **Loan Sub-Participation**, d.h. durch die Unterbeteiligung an Krediten und den Handel mit Darlehens(teil)forderungen zum einen die erwünschten bilanziellen Entlastungen nicht erreicht werden konnten und zum anderen erhebliche rechtliche Einschränkungen der Handelbarkeit bei diesen Vertragskonstruktionen auftraten, wurden im Jahre 1984 am Euromarkt sogenannte Transferable Loan Facilities (TLFs) kreiert (BÜSCHGEN 1986).

Zu unterscheiden sind zwei Transferable Loan-Konstruktionen, zum einen die sogenannten Transferable Loan Certificates (TLCs), zum anderen die Transferable Loan Instruments (TLIs), wobei das wesentliche Unterscheidungsmerkmal in der Rechtsnatur der Instrumente liegt. Beiden Varianten liegt ein **Konsortialkredit** zugrunde, der auf die Übertragbarkeit der Kreditforderungen ausdrücklich zugeschnitten ist.

Bei einem **Transferable Loan Instrument** handelt es sich um eine Schuldverschreibung, die den durch einfache **Zession** (assignment) übertragbaren, anteiligen Anspruch des Gläubigers verbrieft. Demgegenüber stellt ein **Transferable Loan Certificate** kein derartiges Schuldinstrument dar. Beim TLC wird die Übertragbarkeit von Kreditteilen durch eine entsprechende Gestaltung des Kreditvertrages mit dem Erstgläubiger sichergestellt; dies bedeutet, daß der Gläubiger seine Rechte nicht direkt aus dem Papier, sondern nur aus dem Vertrag selbst ableiten kann. Ein Gläubigerwechsel kann somit bei TLCs nur durch **Novation**, d.h. Vertragsneugestaltung, vollzogen werden.

Im Gegensatz zur Zession setzt die Übertragbarkeit von Kreditanteilen durch Novation die Mitwirkung aller Vertragsparteien voraus und verlangt daher nicht nur die Kenntnis des Schuldners, sondern auch dessen aktive Mitwirkung. Stellte diese Notwendigkeit bei der traditionellen Übertragung von Kreditteilen regelmäßig ein Problem dar, da quasi ein neuer Kreditvertrag geschlossen werden mußte, wird dieses Problem bei TLCs durch eine Standardisierung sowie eine auf spätere Weiterveräußerungsmöglichkeiten ausgerichtete Gestaltung des Grundvertrages umgangen (JÄHRIG/SCHUCK 1989).

Wegen ihrer einfacheren Übertragbarkeit mittels Zession werden von den Banken die TLIs favorisiert. Für den Schuldner ändert sich zwar weder durch die Übertragung mittels TLIs noch durch jene mittels TLCs etwas am bestehenden Schuldverhältnis, jedoch stehen die meisten Schuldner diesen Fazilitäten eher skeptisch gegenüber:

Zum einen ist der Kreis und die Anzahl der Banken, denen sie gegenübertreten und denen sie somit informationspflichtig sind, nicht von vornherein begrenzt bzw. kann nicht von vornherein festgelegt werden, zum anderen schätzen sie es nicht, wenn sich ein Kreditinstitut vorzeitig von einem an sie gewährten Kredit löst, da dadurch ihre Kreditwürdigkeit in Frage gestellt werden könnte. Aus Sicht der Banken kann ggfs. die Tatsache, daß die Mehrheitsbildung bei Konsortialentscheidungen bei einem großen und zum Teil wechselnden Kreis von Partizipanten schwieriger werden kann, negativ beurteilt werden.

III. Sonstige Finanzinstrumente

1. Financial Swaps

Ende der 70er, Anfang der 80er Jahre wurden an den internationalen Finanzmärkten innovative Techniken zur kostenoptimalen Mittelmobilisierung kreiert. Der Grundgedanke dieser unter dem Begriff "Swap" bekannten Verfahren ist der **Tausch** von Zahlungsforderungen oder -verbindlichkeiten mit dem Ziel, **komparative Kostenvorteile**, die die Vertragspartner aufgrund ihrer spezifischen Stellung an verschiedenen Segmenten des Finanzmarktes genießen, zu arbitrieren (LERBINGER 1988). Seit der Restliberalisierng des Kapitalmarktes im Jahre 1985 ist es auch in Deutschland möglich, Anleihen in Verbindung mit Zins- und Währungsswaps zu emittieren.

Nach Schätzungen kann von einem explosionsartigen Anstieg der Swap-Geschäfte in den vergangenen Jahren ausgegangen werden (vgl. Abb. 7.16). Betrug das Swap-Volumen in der Entstehungszeit dieser Instrumente nur wenige 100 Mio. US-$, so wurden im Jahr 1988 bereits Beträge von über 1.300 Mrd. US-$ im Rahmen von Swap-Vereinbarungen getauscht. Heutzutage dürften an den internationalen Kapitalmärkten 70 bis 80 % aller Neuemissionen mit Tauschabsicht begeben werden (BÜSCHGEN 1988). Vergleicht man die Entwicklung in der Bundesrepublik Deutschland von 1987 auf 1988 mit der internationalen Entwicklung des Swapmarktes, so wird deutlich, daß auch das Volumen und die Bedeutung des deutschen Swapmarktes erheblich gestiegen ist. Das enorme Wachstum des deutschen Marktes ist dabei vor allem auf die Zinsswaps zurückzuführen, die um 98 % zunahmen. Ersichtlich wird die Bedeutung der Swapgeschäfte auch, wenn man die Wertpapierbestände der deutschen Banken in Höhe von 468 Mrd. DM (1987) und 501 Mrd. DM (1988) als Vergleichsgröße heranzieht. Danach ist das Volumen der Swaps bis 1989 auf knapp 30 % des gesamten Wertpapierbestandes angestiegen.

Markt / Swapart	DM-Swapmarkt (in Mrd. DM)			US-$-Swapmarkt (in Mrd. US-$)			Gesamt-US-$-Swapmarkt (in Mrd. US-$)		
	1987	1988	Zuwachs	1987	1988	Zuwachs	1987	1988	Zuwachs
Zinsswap	57,00	113,34	+ 98 %	541,2	728,2	+ 34 %	628,9	1.010,2	+ 61 %
Währungsswap	25,44	36,16	+ 42 %	162,6	269,5	+ 65 %	182,8	316,8	+ 73 %
• Festzins/Festzins	8,20	11,62	+ 42 %	-	67,7	-	-	106,3	-
• Sonstige	17,24	24,54	+ 48 %	-	201,8	-	-	210,5	-
Swaps insgesamt	82,44	149,48	+ 81 %	703,8	997,7	+ 42 %	856,6	1.327,0	+ 55 %

Abb. 7.16: Vergleich des deutschen Swapmarktes mit dem Gesamtmarkt (Quelle: Knippschild 1991, S. 35)

Zur Systematisierung der unterschiedlichen Ausprägungsformen von Swaps bieten sich verschiedene Kriterien an. So können, je nachdem, ob die Bilanzaktiv- oder die Bilanzpassivseite Gegenstand von Swap-Transaktionen ist, "Asset-" und "Liability Swaps" unterschieden werden. Während **Asset-Swaps** einer Erhöhung der Zinserträge dienen, sollen **Liability-Swaps** eine Optimierung der Finanzierungskosten bewirken. Die Liability-Swaps können wiederum in Swaps mit Zahlungsverbindlichkeiten aus Mittelneuaufnahmen und Swaps mit bereits bestehenden Verbindlichkeiten differenziert werden. Swap-Geschäfte mit bereits bestehenden Verbindlichkeiten werden dabei häufig durch veränderte Zins- und Währungsentwicklungen, die eine Ablösung bestehender Verbindlichkeiten unter Kostengesichtspunkten vorteilhaft erscheinen lassen, ausgelöst.

Bezugnehmend auf die durch die Swaps ausgeschalteten Risiken können

(1) Zinsswaps (Interest Rate Swaps),
(2) Währungsswaps (Currency Swaps) und
(3) kombinierte Zins- und Währungsswaps (Cross-Currency-Interest-Rate-Swaps)

unterschieden werden. Auf diese drei Swapvarianten wird im folgenden näher eingegangen.

Zu (1): Beim sogenannten einfachen **Zinsswap** vereinbaren zwei Parteien mit unterschiedlichem Rating an den Finanzmärkten, ihre aus der Aufnahme von Mitteln gleicher Währung, jedoch unterschiedlicher Zinsberechnungsbasen (fest versus variabel verzinslich) resultierenden Zahlungsverpflichtungen zu "swappen", d.h. gegenseitig auszutauschen.

Damit beide Swap-Parteien eine Reduzierung der Finanzierungskosten erreichen, müssen drei Voraussetzungen erfüllt sein (BÜSCHGEN 1986):

- zwischen den beiden Swap-Parteien muß ein **Bonitätsunterschied** bestehen,
- die Differenz der von Gläubigern für festverzinsliche Mittel von Schuldnern unterschiedlicher Bonität geforderten **Risikoprämien** muß größer sein als die Differenz der Risikoprämien für variabel verzinslichen Mittel,
- die Swap-Partner müssen über eine hinsichtlich der jeweilige Zinsberechnungsbasis entgegengesetzte **Interessenlage** verfügen.

Unter diesen Bedingungen läuft ein einfacher Zins-Swap folgendermaßen ab: Zwei Parteien, z.B. eine mit Triple A ausgezeichnete Eurobank und ein mit Triple B bewertetes Industrieunternehmen, vereinbaren einen Interest Rate Swap. Während die Eurobank an variabel verzinslichen Mitteln interessiert ist, benötigt das Industrieunternehmen Festzinssatzmittel. Der Rating-Unterschied wirkt sich auf die Finanzierungskosten wie in Abb. 7.17 dargestellt aus.

Die Eurobank kann sich sowohl variable als auch festverzinsliche Mittel günstiger beschaffen, allerdings ist der Vorteil im festverzinslichen Bereich größer als im variablen Bereich. Um den Kostenvorteil des AAA-Schuldners gegenüber dem BBB-Schuldners zum Nutzen für beide Parteien zu realisieren, emittiert die Eurobank eine Festzinsanleihe. Sie verpflichtet sich gleichzeitig gegenüber dem Industrieunternehmen, die Zinszahlungen aus einer von diesem emittierten variabel verzinslichen Emission zu übernehmen.

	Variabel verzinsliche Mittel	Festverzinsliche Mittel
Eurobank (AAA)	LIBOR + $\frac{1}{8}$ %	$10\frac{1}{8}$ %
Industrieunternehmen (BBB)	LIBOR + $1\frac{1}{8}$ %	$11\frac{5}{8}$ %
Zinsdifferenz	1 %	$1\frac{1}{2}$ %

Abb. 7.17: Finanzierungskosten zweier Swap-Partner eines Zinsswaps (Quelle: Büschgen 1986)

Zum Ausgleich trägt das Industrieunternehmen die jeweiligen Zinszahlungen aus der Festzinsanleihe. Zusätzlich zahlt es der Bank - für deren indirekte Bonitätsüberlassung - einen Aufschlag; d.h., das Industrieunternehmen subventioniert der Eurobank die Zinszahlungen für die variabel verzinslichen Mittel. Die Höhe des Aufschlages hängt primär von der Marktstellung der beiden Swap-Parteien ab; in dem Beispiel wird davon ausgegangen, daß das Industrieunternehmen an die Bank einen Aufschlag von 1 1/4 % zu zahlen hat (vgl. Abb. 7.18).

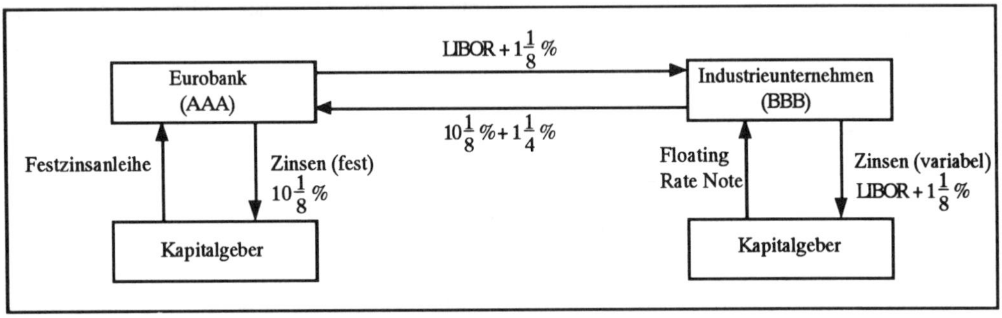

Abb. 7.18: Abwicklung eines Zinsswaps (Quelle: Büschgen 1986)

Ein Vergleich der Finanzierungskosten (vgl. Abb. 7.19) mit und ohne Swap-Vereinbarung zeigt, wie bei den beiden Swap-Partnern die Kosten der Mittelaufnahme durch die Swap-Transaktion gesenkt werden konnten. Beide Parteien erhalten die von ihnen gewünschte Zinsberechnungsbasis und können darüber hinaus ihre Zinskosten gegenüber einer direkten Mittelaufnahme mit entsprechender Zinsbasis am Markt um jeweils 1/4 % reduzieren.

Eurobank		**Industrieunternehmen**	
Zinskosten für Festzinsanleihe	$10\frac{1}{8}$ %	Zinskosten für Floating Rate Note	LIBOR + $1\frac{1}{8}$ %
Festzinsen von Industrieunternehmen	- $11\frac{3}{8}$ %	Variable Zinsen von Eurobank	- LIBOR + $1\frac{1}{8}$ %
Variable Zinsen an Industrieunternehmen	LIBOR + $1\frac{1}{8}$ %	Festzinsen an Eurobank	$11\frac{3}{8}$ %
Nettokosten	LIBOR - $\frac{1}{8}$ %	Nettokosten	$11\frac{3}{8}$ %
Marktzins für variable Mittel	LIBOR + $\frac{1}{8}$ %	Marktzins für festverzinsliche Mittel	$11\frac{5}{8}$ %
Vorteil durch Zinsswap	$\frac{1}{4}$ %	Vorteil durch Zinsswap	$\frac{1}{4}$ %

Abb. 7.19: Vorteilsvergleich eines Zinsswaps

Zu (2): Im Gegensatz zum Zins-Swap werden bei einem **Währungsswap** nicht Finanzierungsvorteile, die aus einem Rating-Unterschied der am Swap beteiligten Partner resultieren können, genutzt, sondern komperative Kostenvorteile, die eine oder beide Parteien im Hinblick auf den Zugang zu bestimmten Währungsmärkten besitzen.

Generell beinhaltet ein Währungsswap den Tausch eines Kapitalbetrages und der aus diesem Kapitalbetrag resultierenden Zinszahlungen einer Währung in entsprechende Größen einer anderen Währung. Ebenso wie beim Zins-Swap ist auch der Währungs-Swap an verschiedene Voraussetzungen gebunden, damit ein Tausch für beide Swap-Parteien Vorteile bringt (BÜSCHGEN 1986):

- zwei, i.d.R. in unterschiedlichen Ländern domizilierte Unternehmen müssen hinsichtlich Volumina, Laufzeiten und Zinsberechnungsbasen gleiche Finanzierungs-, jedoch entgegengesetzte **Valutabedürfnisse** aufweisen,
- die am Swap beteiligten Unternehmen müssen sich aufgrund ihres relativen **Standing-Vorteils** am Heimatmarkt günstiger verschulden können als das jeweils andere Unternehmen.

Unter diesen beiden Voraussetzungen funktioniert ein Währungsswap beispielsweise folgendermaßen: Ein deutsches und ein US-amerikanisches Unternehmen benötigen für den gleichen Zeitraum 200 Mio. US-Dollar. Während jedoch das deutsche Unternehmen einen Finanzbedarf in US-Dollar hat, ist das amerikanische Unternehmen an DM interessiert.

Aufgrund von Standing-Vorteilen an den jeweiligen Inlandsmärkten unterscheiden sich die Zinskosten für eine Mittelaufnahme an den einzelnen Finanzmärkten (vgl. Abb. 7.20). Am deutschen Kapitalmarkt ist die Mittelbeschaffung für das deutsche Unternehmen, am amerikanischen Finanzmarkt für das US-amerikanische Unternehmen günstiger.

	Mittelaufnahme in DM	Mittelaufnahme in US-$
Deutsches Unternehmen	$6\frac{1}{2}$ %	12 %
US-amerikanisches Unternehmen	$7\frac{1}{2}$ %	10 %
Zinsdifferenz	1 %	2 %

Abb. 7.20: Finanzierungskosten zweier Swap-Partner eines Währungsswaps (Quelle: Büschgen 1986)

Die relativen Zinsvorteile können in der Weise genutzt werden, daß sich zunächst jedes Unternehmen an seinem Heimatmarkt verschuldet, die aufgenommenen Mittel zum aktuellen Kassakurs getauscht, jährlich die entsprechenden Zinsverpflichtungen gegenseitig beglichen und schließlich am Laufzeitende die Kapitalbeträge zum ursprünglichen Kassakurs zurückgetauscht werden (vgl. Abb. 7.21).

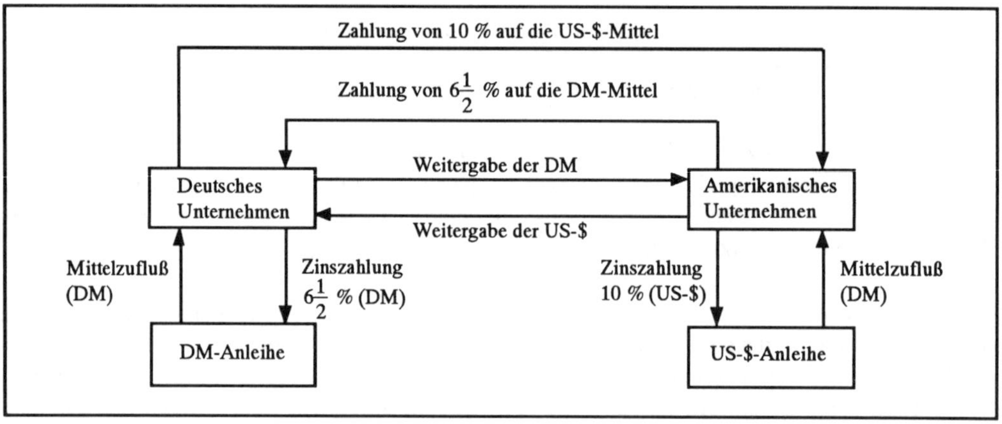

Abb. 7.21: Abwicklung eines Währungsswaps (Quelle: Büschgen 1986)

Der Vergleich der Kosten einer Mittelaufnahme mit bzw. ohne eine Swap-Vereinbarung zeigt die Vorteilhaftigkeit der Transaktion (vgl. Abb. 7.22). Dabei ermöglicht ein Währungsswap neben einem kostengünstigeren Zugang zum jeweiligen Fremdwährungsmarkt auch eine langfristige Absicherung des Währungsrisikos, da der Rücktausch der Kapitalbeträge bei Beendigung der Transaktion zu den ursprünglichen Wechselkursen erfolgt.

Deutsches Unternehmen		US-amerikanisches Unternehmen	
Zinskosten für DM-Mittel	$6\frac{1}{2}$ %	Zinskosten für US-$-Mittel	10 %
DM-Zinsen von amerikanischem Unternehmen	- $6\frac{1}{2}$ %	US-$-Zinsen von deutschem Unternehmen	- 10 %
Zinskosten für US-$-Mittel	10 %	Zinskosten für DM-Mittel	$6\frac{1}{2}$ %
Nettokosten	10 %	Nettokosten	$6\frac{1}{2}$ %
Marktzins für US-$	12 %	Marktzins für DM	$7\frac{1}{2}$ %
Vorteil durch Währungsswap	2 %	Vorteil durch Währungsswap	1 %

Abb. 7.22: Vorteilsvergleich eines Währungsswaps

Zu (3): Dem Tausch von Festsatz-Verbindlichkeiten in Verbindlichkeiten mit variabler Verzinsung bei gleichzeitigem Valutawechsel dient der **kombinierte Zins- und Währungsswap**. Unter Berücksichtigung der oben genannten Voraussetzungen können durch eine solche Swap-Konstruktion die jeweiligen Vorteile des Währungs- und des Zinsswaps kombiniert genutzt werden (GLOGOWSKI/MÜNCH 1990).

In den letzten Jahren hat das Swap-Geschäft erhebliche **Verfeinerungen** erfahren. So kann sich die Anzahl der beteiligten Parteien deutlich erhöhen. Beispielsweise stellen heutzutage Währungsswaps mit nur zwei Partnern eher die Ausnahme als die Regel dar. Des weiteren wurden neben den oben angeführten einfacheren Swap-Techniken komplexere Swap-Formen kreiert, die an unterschiedlichste Valutierungs-, Laufzeit- und Tilgungsmodalitäten angepaßt werden können. In diesem Zusammenhang sind insbesondere die folgenden Varianten zu erwähnen (BINKOWSKI/BEECK 1989, LERBINGER 1988):

- **Forward-Swaps**
  Bei einem Forward-Swap setzen die Zahlungen erst zu einem späteren, jedoch bei Vertragsabschluß festgelegten Zeitpunkt ein.

- **Amortisations-Swaps**
  Bei den Amortisations-Swaps handelt es sich um Swaps mit einer abnehmenden Kapitalbasis entsprechend dem Tilgungsverlauf eines Bankdarlehens.

- **Aufbauende Swaps**
  Der aufbauende Swap stellt das Gegenteil des Amortisations-Swaps dar. Das dem Swap zugrundeliegende Volumen erhöht sich sukzessive.

- **Swaptions**
  Eine Swaption stellt eine Kombination aus einem Swap und einer Option auf diesen Swap dar. Der Optionskäufer erwirbt zwar das Recht, jedoch nicht die Verpflichtung, innerhalb einer vereinbarten Frist und zu den vereinbarten Konditionen einen Währungs- und/oder Zinsswap durchzuführen; der Verkäufer garantiert im Gegenzug das vereinbarte Swap-Geschäft.

- **Eventual-Swaps**
  Im Unterschied zu den Swaptions wird die Swap-Transaktion bei Eventual-Swaps von einer dritten Partei initiiert, die an dem Swap nicht beteiligt ist.

Swap-Transaktionen ermöglichen einerseits eine den spezifischen Bedürfnissen der Schuldner angepaßte, flexible und kostengünstige Mittelaufnahme an unterschiedlichen Finanzmärkten. Andererseits führen sie jedoch dazu, daß zum einen traditionelle Marktgrenzen in Richtung auf einen globalen Finanzmarkt aufgelöst werden (**Globalisierung**), und zum anderen die Gläubiger-Schuldner-Beziehung weitgehend **intransparent** wird, da Mittelaufnahmen den eigentlichen Finanzbedarf von Emittenten nur noch unvollkommen widerspiegeln (BÜSCHGEN 1986). Für den Käufer einer Swap-induzierten Anleihe resultieren aus dem Swap-Geschäft keine spezifischen Risiken, denn der Emittent bleibt im Außenverhältnis weiterhin der Schuldner der Anleihe. Die Swap-Vereinbarung regelt nur das Verhältnis der am Zins- und/oder Währungstausch beteiligten Parteien untereinander.

Risiken aus dem Swap-Geschäft können sich für die einzelnen Swap-Partner ergeben, wenn einer der Partner vorzeitig das Verträgsverhältnis beenden will resp. seinen vertraglich vereinbarten Zahlungsverpflichtungen nicht nachkommt. Während in einer derartigen Situation bei einem Zins-Swap - da keine Kapitalbeträge ausgetauscht wurden - ein **Ausfallrisiko** lediglich in Höhe der zum Zeitpunkt des Ausfalls noch offenen Zinszahlungen schlagend wird, erstreckt sich das Ausfallrisiko bei einem Währungsswap zusätzlich auf die zu Beginn der Swap-Transaktion ausgetauschten Kapitalbeträge. Zwar dürfte sich die Höhe des Risikos dadurch reduzieren, daß im Falle der Zahlungsunfähigkeit des einen Swap-Partners der zahlungswillige andere Partner seine Zahlungen ebenfalls zurückhält, jedoch entsteht für die zahlungswillige Partei durch den Ausfall der Schlußtransaktion, d.h. dem abschließenden Austausch der Währungsbeträge zum ursprünglichen Kassakurs am Laufzeitende eine offene Fremdwährungsposition, aus der **Wechselkursrisiken** resultieren können.

Zur Minimierung dieser Risiken schalten die Swap-Parteien häufig Swap-Banken als Vermittler ein. Dabei können diese Banken entweder als "Arranger" oder als "Intermediary" fungieren. Nimmt eine Bank die Mittlerfunktion als **Arranger** wahr, beschränkt sich ihre Rolle ausschließlich auf die Zusammenführung der - sich ergänzenden - Swap-Parteien sowie auf Hilfsfunktionen bei der Vertragsgestaltung. Abgesehen von Imageverlusten entstehen bei einer Nichteinhaltung der Vertragsvereinbarungen durch die Swap-Partner für die vermittelnde Bank keine spezifischen Risiken aus der Mittlertätigkeit.

In der Regel fungieren die Swap-Banken jedoch bei ihrer Mittlerfunktion als **Intermediary**, d.h. sie schließen mit den Swap-Interessenten separate Verträge ab und treten jeweils als Vertragskontrahent auf. Kann einer der Swap-Partner seinen Verpflichtungen gegenüber dem Intermediary nicht nachkommen, bleibt davon die Verpflichtung der Bank gegenüber dem anderen, vertragstreuen Swap-Partner unberührt. Die Risiken sind in diesem Fall in voller Höhe von dem vermittelnden Institut zu tragen. Somit reduziert sich durch die Swap-Abwicklung über einen Intermediary für ein an einem Swap interessiertes Unternehmen das Ausfallrisiko; darüber hinaus ist es von eventuell notwendigen Kreditwürdigkeitsanalysen der anderen Swap-Partei befreit.

Neben dem **Bonitätsrisiko** hat eine als Intermediary auftretende Bank das Risiko zu tragen, daß entweder vereinbarte Zahlungsverpflichtungen nicht termingerecht vorgenommen werden (**Termin-**

risiko) oder aufgrund von zwischenzeitlich erlassenen staatlichen Beschränkungen des internationalen Kapitaltransfers nicht ausgeführt werden können (**Länderrisiko**). Des weiteren müssen die Swap-Geschäfte vermittelnden Banken das "**Mismatch-Risiko**" berücksichtigen. Dieses Risiko ergibt sich für die Banken immer dann, wenn Swap-Kontrakte mit einem Partner abgeschlossen werden, ohne daß die Banken über eine entsprechende Gegenpartei verfügen. Dadurch entstehen offene Positionen, die u.U. nicht durch kompensierende Swap-Geschäfte glattgestellt werden können. Daß Banken überhaupt solche offenen Positionen eingehen bzw. eingehen müssen, resultiert zum einen aus technischen Gründen wie z.B. aus unterschiedlichen Wünschen der Vertragspartner bezüglich Volumina, Laufzeit, Zinsberechnungsbasen etc. Zum anderen zwingen Wettbewerbsgründe die Swap-Banken dazu, Swap-Aufträge von Kunden anzunehmen, ohne schon über eine entsprechende Gegenpartei zu verfügen. Ein solches Mismatch-Risiko fällt umso größer aus, je individueller eine Swap-Offerte auf ein anfragendes Unternehmen zugeschnitten ist und je kurzfristiger eine Swap-Bank auf diese Anfragen reagieren muß (BÜSCHGEN 1986).

Für die Vermittlungstätigkeit erhalten die Swap-Banken von den Swap-Parteien eine **Provision**. Fungieren die Banken als Intermediary, erhöht sich die Provision um einen Risikoaufschlag. Die Höhe der Gesamtprovision ist in diesem Fall von der Risikoeinschätzung abhängig, d.h. von der Bonität der Swap-Parteien sowie von der Einschätzung der zukünftigen Zins- und/oder Wechselkursentwicklung.

Swap-Vereinbarungen weisen i.d.R. einen hohen Komplexitätsgrad auf. Internationale Vertragsabschlüsse basieren überwiegend auf einem von zwei **Standardsvertragswerken**: Entweder auf den "British Bankers Association Interest Rate Swap Terms and Conditions (BBAIRS)" oder auf dem "International Swap Dealers Association (ISDA)-Code". Innerdeutschen Interbanken-Geschäften liegen einheitliche Rahmenverträge zugrunde; im Kundengeschäft werden hingegen spezifisch ausgearbeitete Verträge benutzt. Wünscht eine Swap-Partei die **Auflösung** des Swap-Vertrages, so stehen ihr dazu eine Reihe von Möglichkeiten zur Verfügung. Dabei kann zwar ein Swap durch ein Gegenswap rechtlich nicht aufgehoben, jedoch in seiner Wertung neutralisiert werden. Swap-Verträge können aber auch eine einfache Auflösung gegen die Zahlung einer Gebühr, eine Option auf Abschluß eines Gegenswaps sowie den Verkauf resp. die Abtretung des Kontraktes vorsehen, wenn der die Auflösung wünschende Partner eine Partei findet, die in seine Verpflichtung eintritt (BINKOWSKI/BEECK 1989)

Das Grundprinzip eines Swaps, nämlich der Tausch von Forderungen und Verbindlichkeiten, wurde von den Banken in den vergangenen Jahren auf neue Anwendungsgebiete übertragen. Ein solches neues Anwendungsfeld ergibt sich aus der **internationalen Schuldenkrise**. Insbesondere Länder der Dritten Welt und Schwellenländer sind z.T. nicht in der Lage, ihre Kredite zurückzuzahlen und/oder ihre Zinsverpflichtungen zu erfüllen. Um die daraus resultierenden Probleme zu reduzieren, greifen die Banken auf die Swap-Technik zurück, wobei zum einen Loan Swaps und zum anderen Debt for Equity Swaps zu unterscheiden sind.

Bei einem **Loan-Swap** handelt es sich um einen Tausch von Kreditforderungen. Bedingt durch die unterschiedlichen Bedürfnisse der Marktteilnehmer haben sich die folgenden Varianten herausgebildet (GLOGOWSKI/MÜNCH 1990, LERBINGER 1988):

- **Par-Swap**
  Bei einem Par-Swap werden gleiche Nominalbeträge (z.B. 10 Mio. US-$) von Krediten an verschiedene Länder getauscht. Da die Bonität der Länder häufig unterschiedlich ist, muß eine Swap-Partei zusätzlich einen Ausgleich in Geld leisten.

- **Ratio-Swap**
  Ein Ratio-Swap ist dadurch gekennzeichnet, daß die getauschten Effektivbeträge identisch sind. Die Nominalbeträge weichen demzufolge voneinander ab, eine Cash-Zahlung ist nicht erforderlich.

- **Cash-Swap**
  Bei einem Cash-Swap wird eine zweifelhafte Forderung mit einem Abschlag gegen Barzahlung verkauft. Der Kredit verschwindet dadurch vollständig aus der Bankbilanz, ein Bruchteil der ursprünglichen Darlehenssumme kann jedoch endgültig gerettet werden.

- **Perpetual FRN-Swap**
  Bei einem Perpetual Floating Rate Note-Swap werden variabel verzinsliche Wertpapiere mit unbegrenzter Laufzeit gegen Länderkredite getauscht. Hintergrund dieser Variante ist ein deutlicher Kursverfall einiger Perpetual FRN zum Jahreswechsel 1986/87. Die Kreditkäufer gingen davon aus, die Länderkredite im Rahmen eines anschließenden Cash-Swaps veräußern zu können, während dies bei den Perpetuals nicht möglich erschien.

Während Loan-Swaps zwischen den Gläubigerbanken abgewickelt werden, ist bei einem **Debt for Equity Swap** das Schuldnerland unmittelbar beteiligt. Ein derartiger Swap beinhaltet die Umwandlung einer auf Fremdwährung lautenden **Bankschuld in Beteiligungskapital** in der Währung des Schuldnerlandes. Damit ist der Debt for Equity Swap nicht entwicklungsländerspezifisch. Vielmehr wird dieses Swapprinzip auch im sonstigen Kreditgeschäft angewandt, um den Unternehmen Eigenkapital zuzuführen und Bankschulden zu reduzieren.

Beispielsweise kann ein Debt for Equity Swap folgendermaßen ablaufen (LERBINGER 1988): Ein westliches Industieunternehmen, das eine Tochtergesellschaft in Mexiko besitzt, möchte das Eigenkapital dieser Gesellschaft erhöhen. Dazu erwirbt das Unternehmen auf dem Sekundärmarkt Mexikoschulden im Nominalwert von 100 Mio. US-$. Bei einer Abschlagsquote von z.B. 40 % sind für den Kreditkauf 60 Mio. US-$ erforderlich. Daraufhin trifft das ausländische Unternehmen mit amtlichen Stellen des Schuldnerlandes die Übereinkunft, daß der erworbene Kredit vorzeitig in Landeswährung auf der Basis des Nominalbetrages und des aktuellen Wechselkurses US-$/Schuldnerwährung getilgt wird. Die dem Unternehmen zufließenden Finanzmittel müssen für ein vorher genehmigtes Investitionsvorhaben verwendet werden. Üblicherweise stellt die Zentralbank des Schuldnerlandes für die Genehmigung der Transaktion eine Umtauschabschlagquote (bis zu 30 %) in Rechnung.

2. Financial Options

Neben den Financial Swaps haben in den letzten Jahren verstärkt Optionen das Interesse der Marktteilnehmer gefunden. Der Käufer einer europäischen Option erwirbt das Recht, an einem bestimmten Verfalltag eine bestimmte Menge eines Finanztitels zu einem heute festgelegten Preis zu kaufen oder zu verkaufen. Für dieses Recht zahlt der Erwerber der Option dem Verkäufer einen Preis, die sogenannte Optionsprämie.

An dieser Definition können die wesentlichen inhaltlichen und begrifflichen Elemente eines Optionskontraktes deutlich gemacht werden (BINKOWSKI/BEECK 1989):

- Der Kauf einer Option wird als **Long-Position**, der Verkauf resp. das Schreiben einer Option als **Short-Position** bezeichnet.
- Beim Kauf einer europäischen Option kann der Käufer von seinem Recht nur an einem ganz **bestimmten Tag** Gebrauch machen. Eine amerikanische Option kann dagegen **jederzeit** - bis zum Verfalltag - ausgeübt werden.
- Es sind zwei Optionstypen, nämlich Kauf- und Verkaufsoptionen zu unterscheiden. Eine Option, welche ein Kaufrecht verkörpert, wird **Kauf-** oder **Call-Option** genannt. Umgekehrt beinhaltet eine **Verkaufs-** oder **Put-Option** ein Verkaufsrecht eines Basiswertes.
- Eine Option verkörpert das **Recht**, hingegen **keine Pflicht**, bestimmte Finanztitel zu kaufen oder zu verkaufen. Während der Käufer einer Option somit ein Wahlrecht besitzt, muß der Verkäufer einer Option dagegen als **Stillhalter** bereit sein, den Titel zu liefern (Call) oder zu beziehen (Put).
- Der **Verfalltag** einer Option ist der letzte Tag, an dem die Option ausgeübt werden kann. Wird die Option an diesem Tag nicht in Anspruch genommen, verfällt sie. Vom Verfalltag zu unterscheiden ist der **Deklarationstag**, der jenen Tag darstellt, an welchem der Ausübungsentscheid vom Optionskäufer bekanntgegeben werden muß.
- Optionen gibt es für eine Reihe von **Basisinstrumenten**, beispielsweise auch für **Rohstoffe** oder **Edelmetalle**. Bei den sog. Finanzoptionen kann zwischen konkreten und abstrakten Basiswerten unterschieden werden. Bei konkreten Basiswerten kann es sich um **Währungen** (Currencies), **Zinssätze** (Interest Rates) oder **Aktien** (Stocks) handeln; abstrakte Basiswerte stellen beispielsweise **Aktienindizes** dar. Neben den Optionen auf Kassainstrumente spielen auf den Finanzmärkten auch Optionen auf **Financial Futures** eine nicht unerhebliche Rolle.
- Der Preis zu dem ein Basiswert ge- oder verkauft werden kann wird auch als **Ausübungs-** oder **Basispreis** resp. "strike-" oder "exercise price" bezeichnet.

Neben den unmittelbar als Option bezeichneten Rechten existiert eine Vielfalt innovativer und inzwischen an den internationalen Finanzmärkten etablierter Finanzinstrumente, die - obgleich nicht immer unmittelbar ersichtlich - ebenfalls Optionscharakter tragen:

- **Optionsanleihen**
  Optionsanleihen beinhalten neben der eigentlichen Anleihe das zusätzliche **Recht**, innerhalb einer bestimmten Frist insbesondere Aktien zu einem festgelegten Preis **zu erwerben**. Die i.d.R. separierbaren Optionsscheine (Warrants) verkörpern Optionseigenschaften.
- **Wandelschuldverschreibungen**
  Wandelschuldverschreibungen verbriefen das **Recht zum Tausch** des Gläubigerpapiers in eine bestimmte Anzahl von Aktien zu einem vorher festgelegten Preis während einer bestimmten Laufzeit. Im Gegensatz zu den Optionsanleihen ist jedoch bei der Wandelschuldverschreibung das Optionsrecht untrennbar mit der Anleihe verbunden.

- **Teileingezahlte Anleihen (Partly Paid Bonds)**
  Der Optionscharakter ergibt sich bei Teileinzahlungsanleihen dadurch, daß mit der Zahlung (zunächst nur) eines Bruchteiles des Anleihezeichnungsbetrages das **Recht** verbunden ist, die gesamte Anleihe durch Zahlung des verbleibenden Restbetrages zu einem späteren Zeitpunkt **zu übernehmen**. Falls dieses Recht vom Anleger nicht ausgeübt wird, erhält er die erste Teileinzahlung nicht zurück. Somit stellt der Betrag der zweiten Rate den Basispreis einer Rentenoption dar; die erste Teileinzahlung entspricht der gezahlten Optionsprämie.

- **Anleihen mit Kündigungsklauseln**
  Anleihen mit Kündigungsklauseln verbriefen das mit dem Papier untrennbar verbundene **Recht**, die Anleihe vor dem Erreichen ihrer Endfälligkeit **zu kündigen**. Steht ein solches Recht dem Schuldner zu, so besitzt dieser die Option, die Anleihe zu bestimmten, vorher festgelegten Zeitpunkten und zu einem vorher festgelegten Preis zurückzukaufen (Callable Bonds). Der Investor übernimmt in diesem Falle die Rolle des Stillhalters, der bei Optionsausübung durch den Emittenten die Basisobjekte zu liefern hat. Im gegenteiligen Fall, in dem der Investor ein Kündigungsrecht besitzt, stellt sich für den Anleger dieses Recht der Kündigung als ein Kauf einer Put-Option dar (Puttable Bonds). Der Wert von Anleihen mit Kündigungsklauseln setzt sich demnach aus dem Wert der reinen Anleihe zuzüglich dem Optionswert, der sich aus dem jeweiligen Kündigungsrecht ergibt, zusammen.

- **Capped Floating Rate Notes**
  Capped Floating Rate Notes sind Anleihen und Schuldverschreibungen mit variablen Zinssätzen, die aber nicht über einen vorab festgesetzten Maximalsatz steigen können. Der Käufer von Capped Floating Rate Notes verkauft dem Emittenten gegen eine Zusatzverzinsung als Optionsprämie de facto eine **Call-Zinsoption**, d.h. genau genommen eine Reihe von Zinsoptionen und zwar so viele, wie es Zinsanpassungstermine für den zugrundeliegenden Referenzzins (LIBOR, FIBOR etc.) gibt. Tritt die "Cap"-Situation ein, so erfolgt die Ausübung jedoch automatisch, denn dann zahlt der Emittent nur den Maximalzinssatz und nicht die höheren Marktzinsen.

Eine Option verkörpert ein Kauf- resp. Verkaufsrecht über einen bestimmten Basiswert. Dem Kaufrecht muß zwangsläufig eine entsprechende Lieferverpflichtung und dem Verkaufsrecht eine Abnahmeverpflichtung gegenüberstehen. Somit sind an einem Optionsgeschäft stets zwei Parteien mit entgegengesetzten Rechten und Pflichten beteiligt. Diejenige Partei, welche die Option zum Optionspreis erwirbt, wird Optionskäufer genannt; die entgegengesetzte Partei, welche gegen Erhalt jener Prämie die Option veräußert bzw. "schreibt", bezeichnet man als Optionsverkäufer oder auch als Optionsstillhalter. Rechte und Pflichten von Optionskäufer und -stillhalter verdeutlicht auch die nachstehende Abb. 7.23.

PARTEI	RECHT bzw. PFLICHT	OPTIONSTYP	
		CALL-OPTION	PUT-OPTION
Käufer (hat Ausübungsrecht)	Recht	Kauf des Basiswertes zum Ausübungspreis innerhalb der bestimmten Periode	Verkauf des Basiswertes zum Ausübungspreis innerhalb der bestimmten Periode
	Pflicht	Zahlung des Optionspreises	Zahlung des Optionspreises
Stillhalter (hat kein Ausübungsrecht)	Recht	Erhalt des Optionspreises	Erhalt des Optionspreises
	Pflicht	Lieferung des Basiswertes zum Ausübungspreis innerhalb der bestimmten Periode	Abnahme des Basiswertes zum Ausübungspreis innerhalb der bestimmten Periode

Abb. 7.23: Die Rechte und Pflichten des Optionskäufers und -stillhalters (Quelle: Codero 1989, S. 14)

Die zweite innovative Variante der Termingeschäfte stellen neben den Optionen die Financial Futures dar. Financial Futures und Optionsgeschäfte weisen insbesondere in den folgenden zwei Punkten Unterschiede auf (IMO/GITH 1989):

- Bei einer Option wird ein Recht gehandelt. Nur dem Stillhalter obliegt in Abhängigkeit von der Handlungsweise des Optionskäufers eine Abnahme- oder Lieferverpflichtung. Demgegenüber sind bei einem Futures-Kontrakt beide Parteien zur Abnahme resp. Lieferung des Vertragsgegenstandes verpflichtet.

- Beim Kauf einer Option beläuft sich der Verlust maximal auf den gezahlten Optionspreis. Das Verlustpotential ist dagegen beim Kauf eines Futures-Kontraktes quasi unbegrenzt.

Hinsichtlich des **Optionshandels** sind grundsätzlich zwei Formen zu unterscheiden:

- standardisierte börsengehandelte Optionen (Traded Options) sowie
- nicht-standardisierte, (Freiverkehrs-)Optionen (Over-the-counter-Options).

Zur Vereinfachung des Handels sind bei den **Traded-Options** einzelne Spezifikationen einer Option standardisiert. Die Geschäfte werden immer an einer Börse getätigt, wobei sich ein **Clearing-Haus** stets zwischen kaufendem und verkaufendem Börsenmitglied befindet. Das Clearing-Haus garantiert die Erfüllung des Vertrages. Traded Options werden heutzutage an verschiedenen Optionsbörsen gehandelt. Seit der Eröffnung der **Deutschen Terminbörse** im Jahre 1990 ist der börsenmäßige Optionshandel auch in Deutschland möglich. Traded Options weisen einerseits eine geringe Flexibilität, andererseits wegen ihrer Standardisierung sowie der Erfüllungsgarantie des Clearing-Hauses i.d.R. hohe Handelsvolumina auf.

Over-the-Counter-Options sind weder standardisiert noch werden sie an der Börse gehandelt. Sie können auf die individuellen Bedürfnisse des Benutzers abgestimmt werden und stellen zweiseitige Verträge zwischen einem spezifischen Käufer auf der einen Seite und einem spezifischen Stillhalter auf der anderen Seite dar. Da Over-the-Counter-Optionen ein erhebliches **Erfüllungsrisiko** in sich bergen, werden entsprechende Geschäfte i.d.R. nur zwischen größeren Institutionen (z.B. Kreditinstituten) abgeschlossen. Eine Auflösung des Optionskontraktes durch ein Gegengeschäft kann darüber hinaus nur bei Übereinstimmung der spezifischen Vertragspartner vollzogen werden. Somit steht einer größeren Flexibilität hinsichtlich der Ausgestaltung der Optionsspezifikationen ein höheres Risiko und eine i.d.R. geringere Marktgängigkeit gegenüber (CORDERO 1989).

Um den **Wert einer Option** zum Zeitpunkt des Verfalls zu bestimmen, sind zunächst die folgenden vier grundlegenden Optionspositionen zu unterscheiden (IMO/GITH 1989):

(1) Call-Long-Position (Kauf einer Kaufoption)
(2) Call-Short-Position (Verkauf einer Kaufoption)
(3) Put-Long-Position (Kauf einer Verkaufsoption)
(4) Put-Short-Position (Verkauf einer Verkaufsoption)

Zu (1): Der **Käufer einer Kaufoption** erwartet steigende Kurse. Es sind drei unterschiedliche Gewinnsituationen denkbar (vgl Abb. 7.24):

- Sofern der Kurs des Basiswertes unter dem Basispreis liegt, ergibt sich ein Verlust in Höhe des gezahlten Optionspreises. Der Inhaber der Option wird in diesem Fall sein Bezugsrecht nicht ausüben, denn er kann den Basiswert zu einem günstigeren Kurs an der Börse erwerben.

- Liegt der Kurs des Basiswertes oberhalb des Basispreises, so ist die Ausübung der Option günstiger als der Kauf über die Börse. Da der Inhaber der Option eine Optionsprämie zahlen mußte, vermindert sich jedoch bis zum Kurs "Basispreis plus Optionsprämie" zunächst nur der Verlust bis auf Null DM (Gewinnschwelle).

- Die Gewinnzone wird erreicht, wenn der Aktienkurs höher ist als die Summe aus Basispreis und Optionsprämie.

Da der Kurs einer Aktie theoretisch unbegrenzt steigen kann, sind auch die Gewinnmöglichkeiten bei einer Call-Long-Position quasi unbegrenzt. Die Höhe des maximal möglichen Verlustes wird demgegenüber durch den gezahlten Optionpreis bestimmt.

Zu (2): Auch beim **Verkäufer einer Kaufoption** - der sinkende Kurse erwartet - hängt der Gewinn resp. Verlust unmittelbar vom Kursanstieg des Basiswertes ab. Folgende Situationen sind zu unterscheiden (vgl. Abb. 7.24):

- Sofern der Kurs des Basiswertes den Basispreis nicht überschreitet, übt der Inhaber der Kaufoption sein Recht nicht aus. Für den Verkäufer des Calls entsteht daher ein Gewinn in Höhe des vereinnahmten Optionspreises.

- Bewegt sich der Kurs des Basiswertes in der Zone zwischen dem Basispreis und der Summe von Basispreis plus Optionspreis, vermindert sich der Gewinn bis auf Null DM (Gewinnschwelle).

- Wenn der Kurs des Basiswertes die Summe aus Basispreis und Optionspreis überschreitet, kommt der Verkäufer einer Kaufoption in die Verlustzone. Der Inhaber der Kaufoption übt in diesem Fall sein Bezugsrecht aus, der Stillhalter muß die Papiere zu dem im Vergleich zum Börsenkurs niedrigeren Basispreis liefern.

Den theoretisch unbegrenzten Gewinnmöglichkeiten des Käufers einer Kaufoption steht ein entsprechend unbegrenztes Verlustpotential des Stillhalters gegenüber. Der maximale Gewinn ergibt sich durch den Optionspreis, den der Käufer an den Verkäufer der Kaufoption entrichtet hat.

Zu (3): Der **Käufer einer Verkaufsoption** geht von sinkenden Kursen des Basiswertes aus. Sein Gewinn hängt unmittelbar vom Kursverfall des Basiswertes ab (vgl. Abb. 7.24):

- Sofern der Kurs des Basiswertes über oder beim Basispreis liegt, wird die Option nicht ausgeübt, da der Basiswert zum gleichen oder zu einem höheren Kurs an der Börse verkauft werden kann. Für den Inhaber der Option entsteht ein Verlust in Höhe der Optionsprämie.

- Sinkt der Kurs des Basiswertes unter den Basispreis, so reduziert sich bis zum Erreichen des Kurses "Basispreis minus Optionsprämie" der Verlust bis auf Null DM (Gewinnschwelle).

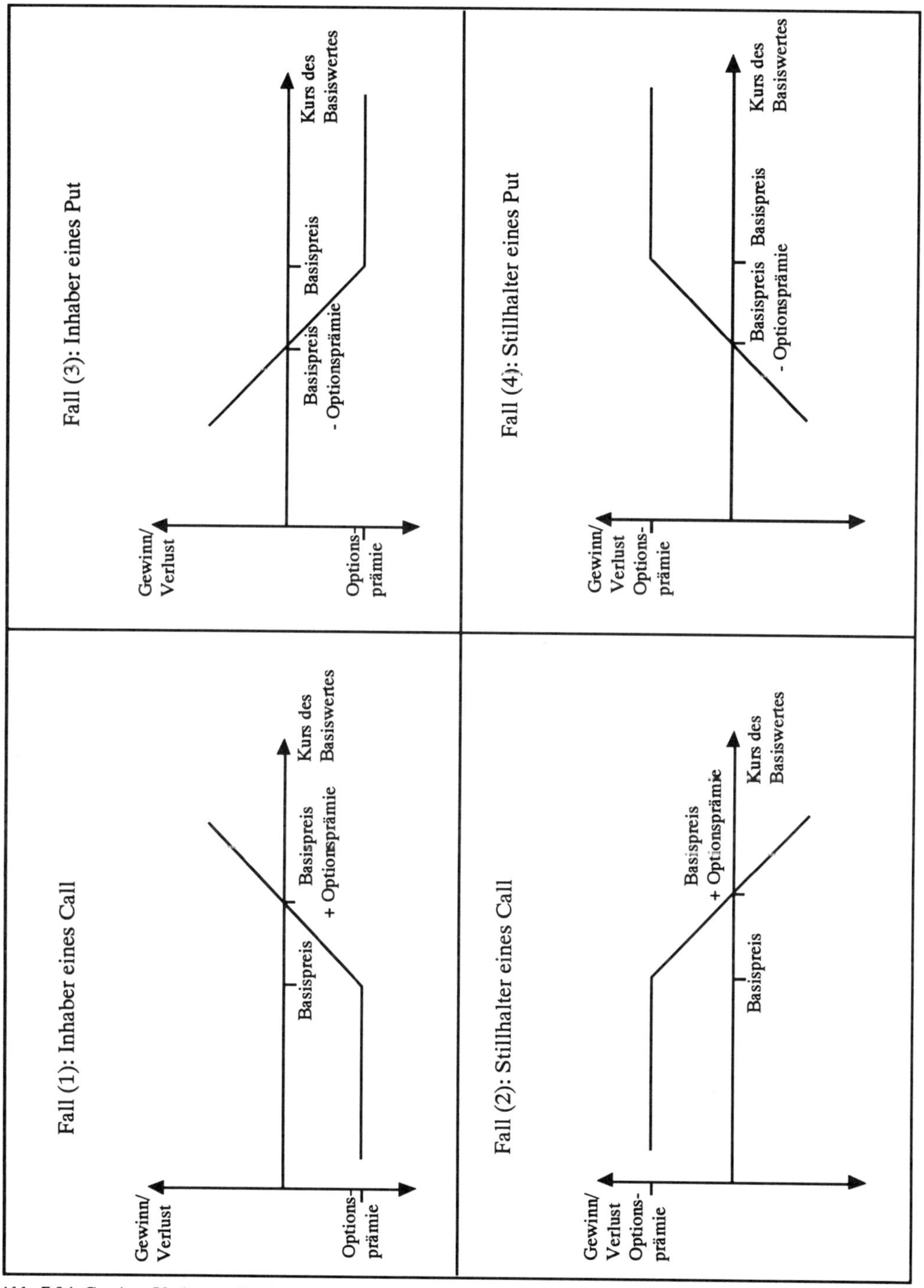

Abb. 7.24: Gewinn-/Verlustprofile der Optionsgrundpositionen

- Wenn der Kurs des Basiswertes die Differenz zwischen Basispreis und Optionspreis unterschreitet, erreicht der Inhaber eines Puts die Gewinnzone.

Ebenso wie beim Kauf eines Calls ist der maximal mögliche Verlust für den Inhaber eines Puts auf die gezahlte Optionsprämie begrenzt. Da der Kurs einer Aktie nicht unter Null DM fallen kann, ist der Gewinn maximal so groß wie die Differenz zwischen Basispreis und Optionsprämie.

Zu (4): Der **Verkäufer einer Verkaufsoption** erwartet steigende Kurse des Basiswertes. Folgende Gewinn-/Verlustsituationen sind denkbar (vgl. Abb. 7.24):

- Überschreitet der Kurs des Basiswertes den Basispreis, so wird der Käufer der Verkaufsoption sein Recht nicht ausüben. Für den Stillhalter entsteht ein Gewinn in Höhe des Optionspreises.

- Sofern der Kurs des Basiswertes unter den Basispreis bis zur Differenz von Basispreis und Optionspreis sinkt, vermindert sich der Gewinn bis auf Null DM (Gewinnschwelle).

- Der Stillhalter einer Verkaufsoption gerät in die Verlustzone, wenn der Kurs des Basiswertes unter die Differenz von Basispreis und Optionspreis sinkt. Der Inhaber der Verkaufsoption wird in diesem Fall von seinem Recht, das Papier zu einem im Vergleich zum Börsenkurs höheren Kurs zu verkaufen, Gebrauch machen.

Ebenso wie beim Stillhalter einer Kaufoption bestimmt die Optionsprämie den maximal möglichen Gewinn des Verkäufers eines Put. Da der Kurs des Basiswertes nicht unter Null DM sinken kann, ist der maximale Verlust auf die Differenz von Basispreis und Optionspreis begrenzt.

Zusammenfassend kann demnach in Erwartung **steigender Kurse** des Basiswertes ein **Call gekauft** oder ein **Put verkauft**, bei vermutlich **sinkenden Börsenkursen** ein **Call verkauft** oder ein **Put gekauft** werden. Unterschiede zwischen diesen Strategien ergeben sich aus dem **Gewinn-/ Verlustpotential** bei Eintritt resp. bei Nichteintritt der Prognose. Besonders risikoreich sind jeweils die Stillhalterpositionen, da der Verkäufer einer Option von der Handlungsweise des Optionsinhabers abhängig ist und der mögliche Verlust die erhaltene Optionsprämie erheblich übersteigen kann. Die für einen Stillhalter aus einer Optionsausübung resultierenden Konsequenzen hängen davon ab, ob die Positionen durch den Besitz des Basiswertes gedeckt (Call-Stillhalter) resp. durch Barmittel abgesichert sind (Put-Stillhalter). Sofern dies nicht der Fall ist, wird von dem Stillhalter gewöhnlich eine Sicherheitsleistung (Margin) verlangt.

Für das Recht, Aktien zu einem bestimmten Kurs kaufen oder verkaufen zu können, muß der Optionsinhaber die **Optionsprämie** bezahlen. Angebot und Nachfrage bestimmen wie bei jedem auf einem Markt gehandelten Gut die Höhe der Optionsprämie, die sich aus zwei Komponenten zusammensetzt: dem inneren Wert sowie dem Zeitwert (vgl. Abb. 7.25). Der **innere Wert** bezeichnet den Betrag, den der Optionsinhaber im Falle der Optionsausübung mit anschließender Veräußerung am Kassamarkt realisieren könnte. Er ergibt sich aus dem Vergleich zwischen dem Kurs des der Option zugrundeliegenden Wertpapieres und dem Basispreis. Da der Inhaber einer Option nicht zu deren Ausübung verpflichtet ist, kann der innere Wert einer Option niemals negativ sein.

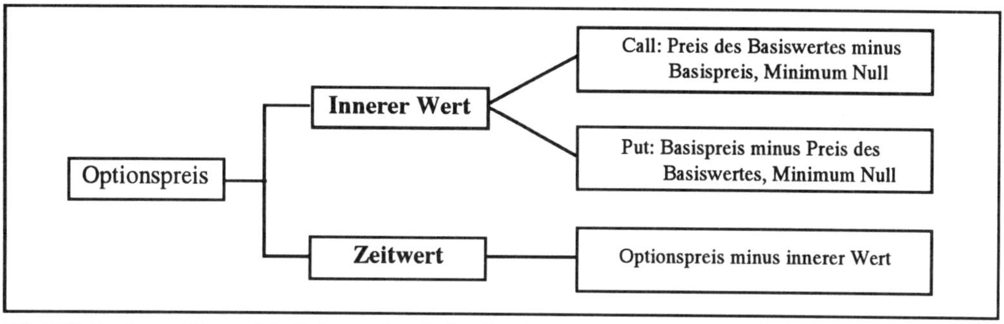

Abb. 7.25: Der innere Wert und der Zeitwert einer Option (Quelle: Imo/Gith 1989)

Der innere Wert eines Calls entspricht der Differenz von Preis des Basiswertes und dem Basispreis. Ist der Preis des Basiswertes bei Verfall gleich dem Basispreis oder niedriger, beträgt der innere Wert des Call Null; übersteigt der Marktpreis den Basispreis am Verfalltag, ist der innere Wert positiv. Analog zum Call ergibt sich der innere Wert eines Put aus der Differenz zwischen Basispreis und Preis des Basiswertes. Ist der Preis des Basiswertes bei Verfall gleich dem Basispreis oder höher, so weist der Put keinen inneren Wert auf; liegt hingegen der Preis des Basiswertes bei Verfall unter dem Basispreis, ist der innere Wert positiv.

Je nach dem Verhältnis von Basispreis und Kassakurs sind Optionen, die sich **in-the-money**, **at-the-money** oder **out-of-money** befinden, zu unterscheiden (vgl. Abb. 7.26). Dabei spricht man von einer in-the-money-Call-Option, wenn der Kurs des Basiswertes über dem Basispreis liegt. Eine in-the-money-Call-Option kann mit Gewinn ausgeübt werden. Ist der Basispreis hingegen höher als der Kurs des Basiswertes, so hat die Option keinen inneren Wert; man bezeichnet eine solche Option auch als eine out-of-the-money-Call-Option. Da ihre Ausübung zu einem Verlust führen würde, läßt man sie wertlos verfallen. Bei Gleichheit von Basispreis und Kurs des Basiswertes liegt eine sogenannte at-the-money-Option vor. Der innere Wert dieser Option ist Null, da sich Basispreis und Kassakurs entsprechen. Im Gegensatz zu dem Call ist bei einem Put, der in-the-money ist, der Kurs des Basiswertes geringer als der Basispreis. Bei einer out-of-the-money-Put-Option liegt der Kurs des Basiswertes über dem Basispreis.

	Call	**Put**
Basispreis < Kurs des Basiswertes	in-the-money	out-of-the-money
Basispreis > Kurs des Basiswertes	out-of-the-money	in-the-money
Basispreis = Kurs des Basiswertes	at-the-money	at-the-money

Abb. 7.26: Beziehungen von Basispreis und Kurs des Basiswertes (Quelle: Imo/Gith 1989)

Je mehr eine Option out-of-the-money und je geringer ihre Restlaufzeit ist, desto größer ist das Risiko, daß der Optionskäufer ganz oder teilweise seine Prämie verliert. Demgegenüber sind die Gewinnchancen von in-the-money-Optionen größer, je weiter die Optionen im Geld, d.h. in-the-money, stehen. Diese unterschiedlichen Gewinnchancen beeinflussen die Prämienhöhe: Je mehr sich eine Option in-the-money befindet, desto höher ist die für eine solche Option zu entrichtende Optionsprämie;

je weiter eine Option out-of-the-money ist, desto niedriger fällt die Prämie aus. Daraus resultiert, daß der innere Wert einer Kaufoption mit steigenden Kursen des Basiswertes und niedrigerem Basispreis, der innere Wert einer Verkaufsoption dagegen mit höheren Basispreisen und sinkenden Kursen des Basiswertes zunimmt. Wird eine Option, die in- oder out-of-the-money ist, mit dem Zusatz "deep" versehen, so soll damit eine erhebliche Differenz zwischen dem Basispreis und dem Kurs des Basiswertes angezeigt werden.

Die zweite Komponente des Optionspreises ist der **Zeitwert** einer Option. Er entspricht der Differenz zwischen dem Optionspreis und dem inneren Wert einer Option und ist u.a. von der Restlaufzeit, d.h. von der bis zum Verfalldatum verbleibenden Zeit der Option abhängig. In der Regel wird eine Option mit einer längeren Restlaufzeit einen höheren Optionspreis aufweisen als eine Option, deren Restlaufzeit geringer ist. Dies resultiert aus der mit der ständigen Restlaufzeitverkürzung verbundenen abnehmenden Wahrscheinlichkeit einer günstigen Kursentwicklung. Der Zeitwert einer Option verringert sich - Konstanz aller sonstigen preisbestimmenden Faktoren vorausgesetzt - mit abnehmender Restlaufzeit bis er am Verfalltag gleich Null ist. Zum Zeitpunkt des Verfalls weist die Option nur noch einen inneren Wert auf. Zeitwert und innerer Wert einer Option können immer separat voneinander kalkuliert werden, indem zunächst der innere Wert der Option berechnet und dieser dann vom Optionspreis subtrahiert wird.

Als Faktoren, die den inneren resp. den Zeitwert einer Option bestimmen, wurden bisher der Basispreis, die Kurse des Basiswertes sowie die Restlaufzeit analysiert. Daneben beeinflussen aber auch

- die Kursvolatilität,
- die kurzfristigen Zinssätze sowie
- Dividendenzahlungen

die Höhe des Optionspreises.

Als **Volatilität** wird die Größe und Häufigkeit der Kursschwankungen des jeweiligen Basiswertes bezeichnet. Sie gibt dabei nur den Umfang der Kursschwankungen, nicht jedoch deren Richtung wieder. Je höher die vom Markt erwartete Volatilität bezüglich eines Basiswertes, d.h. je stärker der Kurs des Basiswertes Schwankungen unterworfen ist, umso höher ist der Zeitwert und desto höher wird der Optionspreis notieren, da die Wahrscheinlichkeit, daß sich die Option vor dem Verfalldatum in-the-money befindet, größer ist. Einerseits werden die Stillhalter infolge dieser höheren Ausübungswahrscheinlichkeit einen höheren Optionspreis verlangen; aufgrund höherer Gewinnaussichten werden aber auch andererseits die Käufer dieser Option zur Zahlung eines höheren Optionspreises bereit sein.

Der Einfluß der **kurzfristigen Zinssätze** auf die Optionspreise läßt sich folgendermaßen begründen: Der Verkäufer einer Kaufoption beseitigt das Risiko, die Basiswerte bei Optionsausübung zu einem hohen Kurs erwerben zu müssen, wenn er die Wertpapiere bereits bei Abschluß des Optionsgeschäftes kauft. Aus dem Wertpapierkauf resultiert eine entsprechende Kapitalbindung, die bei Eigenfinanzierung zu einem Zinsentgang, bei Fremdfinanzierung zu einem Zinsaufwand führt. Da bei einer Erhöhung des Zinsniveaus die entgangenen Zinsen resp. die Finanzierungskosten ansteigen, wird der

Verkäufer einer Kaufoption einen höheren Preis verlangen. Somit bewirkt eine Marktzinssteigerung im Falle der Kaufoption eine Erhöhung der Optionsprämie.

Umgekehrt kann der Verkäufer einer Verkaufsoption einer möglichen Andienung der Wertpapiere entgegenwirken, indem er die Papiere bereits bei Abschluß des Kontraktes veräußert. Die aus der Anlage des Verkaufserlöses resultierenden Zinserträge nehmen bei einer Zinserhöhung zu, so daß der Verkäufer tendenziell bereit sein wird, die Verkaufsoption zu einem niedrigeren Preis zu veräußern. Folglich führt eine Marktzinserhöhung zu einer Reduzierung des Optionspreises einer Verkaufsoption.

Durch die **Ausschüttung der Dividende** sinkt der Kurs des Basiswertes. Daher stimmt die Wirkung einer Dividendenzahlung mit einem Kursrückgang des Basiswertes überein: Bei einer Kaufoption sinkt der Optionspreis, bei einer Verkaufsoption ist eine entsprechende Erhöhung der Optionsprämie zu verzeichnen.

Die nachstehende Abb. 7.27 faßt die wichtigsten optionspreisbestimmenden Faktoren sowie deren Wirkungsweise auf die Preise von Calls und Puts zusammen. **Optionspreismodelle** berechnen den auf der Basis der beschriebenen Einflußfaktoren fairen Optionspreis. Ein fairer Optionspreis muß die asymetrische Struktur des Kontraktverhältnisses widerspiegeln: Während der Stillhalter bei einem begrenzten Gewinnpotential (Optionsprämie) ein unbegrenztes Verlustpotential akzeptiert, besteht für den Inhaber einer Option die Möglichkeit, bei Zahlung eines festen Betrages einen unbegrenzten Gewinn zu erzielen. Eines der bekanntesten Optionspreismodelle ist das von Fischer Black und Myron Scholes im Jahre 1973 veröffentlichte **Black-Scholes-Modell** (CODERO 1989, IMO/GITH 1989, ZIMMERMANN 1988).

Bestimmungsfaktoren	**Veränderung**	**Wirkung auf den Optionspreis**	
		Call-Option	Put-Option
Preis des Basiswertes	Zunahme	(+)	(-)
Ausübungspreis	Erhöhung	(-)	(+)
Restlaufzeit	Verkürzung	(-)	(-)
Kursvolatilität	Zunahme	(+)	(+)
Marktzinssatz	Erhöhung	(+)	(-)
Dividende	Ausschüttung	(-)	(+)

Abb. 7.27: Bestimmungsfaktoren und Veränderungen des Optionspreises (Quelle: Codero 1989)

Optionen können von den Marktteilnehmern primär zum Trading und zum Hedging eingesetzt werden. Dem **Trader** resp. Spekulanten ermöglichen Optionen eine genauere Anpassung der Anlagestrategie an die erwartete Kursentwicklung und die persönliche Risikobereitschaft. Aufgrund eines relativ geringen Kapitaleinsatzes wirken sich sowohl positive als auch negative Kursentwicklungen des Basiswertes auf den Wert einer Optionsposition wesentlich stärker als auf eine Position aus dem Basiswert selbst aus. Dieser sog. **Leverage-Effekt** (Hebel-Effekt) ist umso größer, je weiter eine Option out-of-the-money steht und je kürzer die Restlaufzeit ist (IMO/GITH 1989). Weniger gewinnträchtig, dafür aber auch weniger risikoreich sind beispielsweise die folgenden Strategien, die jeweils eine spezielle Kombination der vier Grundpositionen darstellen:

- **Spread**
  Ein Spread beinhaltet den gleichzeitigen Kauf und Verkauf einer gleichen Anzahl von Optionen, die sich durch den Basispreis (Vertical Spread), das Verfalldatum (Horizontal Spread) oder sowohl durch den Basispreis und das Verfalldatum (Diagonal Spread) unterscheiden.

- **Straddle**
  Bei einem Straddle wird eine gleiche Anzahl von Call- und Put-Optionen mit gleichem Basiswert, Basispreis und Verfalldatum gekauft.

- **Strangle**
  Als Strangle wird der Kauf einer übereinstimmenden Zahl von Calls und Puts mit gleichem Basiswert, jedoch unterschiedlichen Basispreisen und/oder Verfalldaten bezeichnet.

Im Rahmen dieser Ausführungen soll im folgenden das **Hedging**, d.h. die Absicherung einer offenen Position im Basiswert, mittels Optionen näher erläutert werden. Es ist dabei grundsätzlich zwischen der fixen (einfachen) Absicherung (Fixed Hedge) und der sogenannten Delta- (dynamischen) Absicherung (Ratio-Hedge) zu unterscheiden.

Bei der **fixen Absicherung** wird eine Optionsposition im Verhältnis 1 : 1 zur Basiswertposition aufgebaut. Ziel dieser Absicherungsart ist es, den maximalen Verlust der Gesamtposition im Falle einer unvorteilhaften Marktentwicklung zu begrenzen, gleichzeitig jedoch die Erzielung eines Gewinns im Falle einer vorteilhaften Marktentwicklung zu ermöglichen. Beispielhaft soll dies an einer Long- sowie einer Short-Aktienposition erläutert werden.

Mit einer **Long-Position**, d.h. mit dem Kauf einer Aktie, geht das Risiko einher, bei sinkenden Kursen einen Verlust maximal in Höhe des für die Aktie gezahlten Preises zu erleiden. Das Risiko eines Preisverfalls kann durch den Kauf eines Puts eingegrenzt werden, denn dieser Put erlaubt den Verkauf der Aktie zu einem vorher festgelegten Preis (Buy-Put-Strategie). Sinkt der Kurs des Basiswertes, so können die aus dem Kursverfall entstehenden Verluste der Aktien-Long-Position durch die Ausübung des Puts ausgeglichen werden: Der Put-Inhaber liefert die Aktie gegen Bezahlung des vereinbarten Basispreises. Von einem Kursverfall ist er somit während der Optionslaufzeit nicht betroffen.

Die Höhe der Absicherungskosten hängt von der Wahl des Basispreises ab. Absicherungen mit out-of-the-money-Puts sind weniger kostengünstig als Absicherungen mit at-the-money-Puts; dafür wird der Schutz vor potentiellen Kursrisiken aber auch erst bei einem größeren Kursverfall wirksam. Der aus der Gesamtposition im Falle einer Baisse resultierende Verlust beläuft sich maximal auf die Höhe der gezahlten Optionsprämie. Von einer Hausse profitiert der Inhaber einer gesicherten Long-Position unbegrenzt, wobei er im Vergleich zur ungesicherten Basiswertposition um die gezahlte Optionsprämie schlechter gestellt ist.

Eine **Short-Position**, d.h. der Verkauf einer Aktie führt bei steigenden Kursen zu einem Verlust, da die zuvor verkauften Aktien anschließend teurer zurückgekauft werden müssen. Einem derart gestalteten Preissteigerungsrisiko kann mit dem Erwerb von Call-Optionen begegnet werden, denn diese erlauben den Kauf des Basiswertes zu einem Festpreis (Buy-Call-Strategie).

Ebenso wie bei der Absicherung einer Call-Position hängt die Höhe der Absicherungskosten auch in diesem Fall entscheidend von der Wahl des Basispreises ab. Zwar entstehen die geringsten Kosten bei einer Absicherung mit out-of-the-Money-Calls, dafür tritt der Absicherungsschutz jedoch erst bei einem größeren Kursanstieg ein. Der maximale Gewinn einer durch einen Call gesicherten Aktien-Short-Position ergibt sich im Falle einer Baisse aus der Differenz von Basispreis und aktuellem Kurs des Basiswertes. Im Vergleich zu der ungesicherten Position verringert sich der Gewinn des Options-Käufers allerdings um die gezahlte Optionsprämie. Im Falle einer Hausse ist das Verlustpotential begrenzt; seine Höhe hängt vom gewählten Basispreis und von der gezahlten Optionsprämie ab.

Im Rahmen der fixen Absicherung wird eine Option als ein "Versicherungsinstrument" eingesetzt, das den maximalen Verlust auf den Optionspreis beschränkt, die Gewinnmöglichkeiten jedoch nicht eingrenzt. Dem **dynamischen Delta-Hedging** hingegen liegt eine völlig andersartige Absicherungsmethodik zugrunde. Im Rahmen des Delta-Hedging wird eine Optionsposition aufgebaut, deren Wert sich in Abhängigkeit vom Kurs des Basiswertes so entwickelt, daß Verluste oder Gewinne aus der abgesicherten Position durch entsprechende Gewinne resp. Verluste aus der Optionsposition ausgeglichen werden. Ziel einer Delta-Absicherung ist es, eine sogenannte delta-neutrale Gesamtposition aufzubauen. Das Delta selbst stellt dabei ein Maß dar, welches die absolute Veränderung des Optionspreises beschreibt, die bei einer Veränderung des Kurses des Basiswertes um eine Einheit eintritt:

$$\text{Delta} = \frac{\text{Änderung des Optionspreises}}{\text{Änderung des Basiswertes}}$$

Das Delta einer Call-Option kann Werte zwischen Null und "1" annehmen (vgl. Abb. 7.28). Ein Delta-Faktor von Null bedeutet, daß eine Kursveränderung des Basiswertes ohne jegliche Auswirkung auf die Optionsprämie bleibt. Dies ist für Deep-out-of-the-money-Call-Optionen typisch. Deren Wert besteht ausschließlich aus dem Zeitwert, der durch eine Änderung im Basiswertkurs nicht tangiert wird. Anders stellt sich die Situation hingegen bei Deep-in-the-money-Call-Optionen dar, deren Prämie sich vollständig aus dem inneren Wert zusammensetzt. Bei solchen Optionen hat eine Kursveränderung des Basiswertes eine betragsmäßig identische Veränderung des Optionspreises zur Folge; ihr Delta-Faktor beträgt demnach "1".

	out-of-the-money	at-the-money	in-the-money
Call-Delta	ca. 0 bis 0,5	ca. 0,5	ca. 0,5 bis 1
Put-Delta	ca. 0 bis - 0,5	ca. - 0,5	ca. - 0,5 bis - 1

Abb. 7.28: Das Delta von Calls und Puts (Quelle: Imo/Gith 1989)

Das Delta von Put-Optionen liegt zwischen dem Wert Null, wenn der Put out of the money ist und "- 1", wenn der Put in-the-money steht. Das Delta nimmt bei Puts negative Werte an, da der Preis eines Puts sich in entgegengesetzter Richtung wie der Basiswertkurs bewegt.

Das Delta dient Optionsinhabern sowie Stillhaltern als wichtiger Indikator für Preisbewegungen. Dem Inhaber zeigt es an, in welchem Ausmaß ein Anstieg oder ein Absinken des Optionspreises in folge einer kurzfristigen Preisbewegung im Basiswert erwartet werden kann. Dagegen gibt das Delta dem Stillhalter Auskunft über das mögliche Risiko einer Ausübung der von ihm geschriebenen Optionen. So impliziert ein hoher Deltawert ein größeres Risiko als ein niedrigerer Delta-Faktor. Eine Option mit einem Delta von nahe Null wird nicht ausgeübt, da sie Deep-out-of-the-money steht.

Mit Hilfe des Delta-Faktors ist es möglich, gezielt eine der abzusichernden Basiswertposition entgegengesetzte Optionsposition aufzubauen. Das Delta kann dabei unmittelbar zur Ermittlung derjenigen Anzahl an Optionen (Absicherungsrate = Hedge Ratio) herangezogen werden, die - im Verhältnis zur Anzahl der abzusichernden Aktien - benötigt werden, um ein risikoloses Portfolio zu gewährleisten, d.h. um sich auf den Optionsmarkt gegen Preisveränderungen im Basiswert zu schützen. Wirken sich beispielsweise Kursveränderungen des Basiswertes nur zur Hälfte auf den Preis einer Put-Option aus (Delta = - 0,5), so sind zum Ausgleich der Kursbewegungen einer Aktie zwei Puts erforderlich. Die für eine Kompensation der Kurswertveränderungen des Basiswertes benötigte Anzahl an Optionen ergibt sich demnach ausschließlich aus dem Wert des Optionsdeltas. Rechnerisch entspricht die Anzahl der pro Aktie benötigten Optionen dem Kehrwert des Deltas. Unter zusätzlicher Berücksichtigung der Anzahl abzusichernder Aktien und der Menge der gehandelten Optionen je Kontrakt, ergibt sich folgende Formel zur Berechnung der benötigten Optionskontrakte:

$$\text{Erforderliche Kontraktzahl} = \frac{\text{Anzahl abzusichernder Aktien}}{\text{Kontraktgröße}} \bullet \frac{1}{\text{Delta der Option}}$$

Da das Optionsdelta vom Kurs des Basiswertes abhängt und sich demzufolge bei einer Basiskursveränderung ebenfalls verändert, muß die Optionsposition - um die Delta-Neutralität zu wahren - ständig überwacht und bei jeder Basiswertkursveränderung angepaßt werden. Bei starken Kursfluktuationen ist eine effiziente Delta-Absicherung jedoch nur dann zu verwirklichen, wenn dem Hedger auch Zeit zur Anpassung seiner Optionsposition verbleibt. Einen Hinweis auf eine mögliche Delta-Veränderung liefert ein weiterer Risikoparameter, das sogenannte **Gamma**. Dieses beschreibt die absolute Veränderung des Delta-Faktors bei einer Kurswertveränderung des Basiswertes um eine Einheit. Um ein optimales Hedge-Resultat zu erzielen, wird von den Marktteilnehmern im allgemeinen versucht, eine sogenannte delta- und gamma-neutrale Position aufzubauen. Verändert sich der Preis des zugrundeliegenden Basiswertes nur leicht, so bleibt die zusammengestellte gamma-neutrale Optionsposition auch delta-neutral.

Delta-Neutralität bietet jedoch nur eine Absicherung gegen Kursveränderungen. Einen Schutz gegen Veränderungen der Volatilität und gegen die sich verkürzende Restlaufzeit kann sie dagegen nicht gewähren. Wird beispielsweise eine Long-Position im Basiswert nur durch den Kauf von Puts - ohne gleichzeitigen Verkauf von Calls - abgesichert, besteht das Risiko, das der Optionspreis aufgrund eines Rückgangs der Volatilitäten abnimmt. Zur Verminderung dieses Risikos ist es sinnvoll, nicht nur Optionen zu kaufen, sondern auch zu verkaufen. Das durch eine beispielsweise gekaufte Put-Position hervorgerufe Zeit- und Volatilitätsrisiko vermindert sich so durch den gleichzeitigen Verkauf von Calls (IMO/GITH 1989).

3. Financial Futures

Aufgrund verstärkter Wechselkursschwankungen nach dem Zusammenbruch des Systems fester Wechselkurse (Bretton Woods) sowie einer zunehmenden, inflationsbedingten Zinsvolatilität in den 70er und frühen 80er Jahren nahm das Interesse von Banken und Unternehmen an Absicherungsmöglichkeiten gegen derartige Preisrisiken erheblich zu. Die herkömmlichen Instrumente zur Absicherung von Preisänderungsrisiken, wie sie bislang von den Warenterminmärkten bekannt waren, erwiesen sich aufgrund der Individualität der Verträge und einer nicht ausreichend organisierten Abrechnungsorganisation als wenig geeignet, um unmodifiziert auf die Finanzmärkte und die dort abzusichernden Risiken übertragen werden zu können. Vor diesem Hintergrund wurden neue Absicherungsformen, sogenannte **Finanzterminkontrakte** (Financial Futures), kreiert, die zwar grundsätzlich auf den Prinzipien des traditionellen Terminhandels basieren, die jedoch in mehreren Punkten eine entscheidende Weiterentwicklung des herkömmlichen Handels darstellen. Diese Weiterentwicklung beinhaltet insbesondere:

- die Vereinfachung durch **standardisierte Verträge**, sogenannte Kontrakte,
- die Errichtung **zentraler Märkte** (Börsen) für den Handel mit Kontrakten,
- die Vereinfachung der **Zugangsbedingungen** und
- die Einschaltung einer **Abrechnungsstelle**, der sogenannten Clearing-Organisation, zwischen Käufer und Verkäufer bei jedem Geschäftsabschluß (BINKOWSKI/BEECK 1989).

Financial Futures beinhalten die vertragliche Vereinbarung, eine standardisierte Menge eines bestimmten Finanzinstrumentes zu einem im voraus vereinbarten Kurs an einem späteren, standardisierten Fälligkeitstag zu kaufen resp. zu verkaufen. Die Financial Futures können sich auf unterschiedliche Finanzinstrumente beziehen. Zu unterscheiden sind

- Financial Futures auf konkreter Basis und
- Financial Futures auf abstrakter Basis.

Financial Futures auf **konkreter Basis** liegen echte Handelsobjekte zugrunde. Eine physische Lieferung des dem Kontrakt zugrundeliegenden Finanzinstruments ist damit i.d.R. möglich. Zu den Financial Futures auf konkreter Basis zählen zum einen die Währungs-Futures und zum anderen die Zins-Futures.

Währungs-Futures (Currency-Futures) beinhalten die vertragliche Vereinbarung, eine standardisierte Menge einer bestimmten Währung (z.B. Schweizer Franken 125.000) zu einem im voraus ausgehandelten Kurs an einem späteren, standardisierten Fälligkeitstag zu übernehmen (kaufen) oder zu liefern (verkaufen). Die Currency Futures gehörten zu den ersten Financial Futures. Im Jahre 1972 wurden sie erstmals am "International Money Market" (IMM) der "Chicago Mercantile Exchange" (CME) angeboten. Heutzutage werden Currency Futures auch an anderen Futures-Börsen gehandelt, doch keine von diesen erreichen bislang annähernd die Volumina des IMM. In der Bundesrepublik Deutschland spielen Currency Futures aufgrund von institutionalisierten Devisenterminmärkten bislang nur eine untergeordnet Rolle.

Zins-Futures (Interest Rate-Futures) beinhalten die vertragliche Vereinbarung, ein Zinsinstrument zu einem im voraus ausgehandelten Kurs an einem späteren, standardisierten Fälligkeitstag zu übernehmen (zu kaufen) oder zu liefern (zu verkaufen). Die ersten Interest Rate-Futures wurden 1975 am "Chicago Board of Trade" (CBOT) und an der CME eingeführt. Bis zu diesem Zeitpunkt existierten für Zinsinstrumente keine bzw. keine effizienten Terminmärkte, so daß Zinsänderungsrisiken nicht oder nur erschwert abgesichert werden konnten. Inzwischen haben sich Interest Rate Futures zu einem festen Bestandteil des Risikomanagements bei Banken und multinational tätigen Unternehmen entwickelt. Seit Ende 1990 wird ein Interest Rate Future auf eine Bundesanleihe mit einem Nominalzins von 6 % (BUND-Future) auch an der Deutschen Terminbörse gehandelt.

Von den Interest Rate-Futures zu unterscheiden sind die sog. **Forward Rate Agreements** (Zinssicherungsvereinbarungen). Im Rahmen eines Forward Rate Agreements vereinbaren zwei Vertragspartner

- einen festen Zinssatz,
- für einen bestimmten Kapitalbetrag,
- beginnend zu einem bestimmten Termin in der Zukunft und
- für eine bestimmte Laufzeit.

Im Gegensatz zu den Zins-Futures werden die Zinssicherungsvereinbarungen individuell vereinbart und außerbörslich gehandelt. Die Bonitätsrisiken sind von den Kontrahenten selbst zu tragen, eine Glattstellung vor Ablauf des Kontraktes ist nur mit Zustimmung des Partners möglich (BINKOWSKI/BEECK 1989).

Zu den Financial Futures auf **abstrakter Basis**, bei denen die physische Andienung des dem Kontrakt zugrundeliegenden Handelsobjektes i.d.R. unmöglich ist, und die am Laufzeitende lediglich durch ein Gegengeschäft glattgestellt werden, zählen die **Aktienindex Futures (Stock Index-Futures)**. Diese beinhalten die vertragliche Vereinbarung, einen standardisierten Wert eines Aktienindizes zu einem im voraus ausgehandelten Kurs des Indizes an einen späteren, standardisierten Fälligkeitstag zu kaufen bzw. zu verkaufen. Mit Stock Index Futures besteht die Möglichkeit, Aktien resp. Aktienportefeuilles gegen Aktienkursschwankungen abzusichern. Der erste Index-Futures-Kontrakt wurde 1982 an der "Kansas City Board of Trade" (KCBT) eingeführt; der zur Zeit umsatzstärkste Stock-Index-Futures-Kontrakt, der "Standard & Poor`s 500 Index Futures" wird jedoch am "Index and Option Market" (IOM) der CME gehandelt (Codero 1986). An der Deutschen Terminbörse wurde am 23.11.1990 der Handel mit einem Future-Kontrakt auf den Deutschen Aktienindex (DAX-Future) aufgenommen.

Hinsichtlich ihrer Anwendung weisen Financial Futures - von denen im folgenden insbesondere die Zinsterminkontrakte näher betrachtet werden sollen - einige Besonderheiten auf. Zu diesen Besonderheiten gehören in erster Linie:

(1) die Preisnotierung,
(2) das Margin-System sowie
(3) der Andienungsmodus.

Zu (1): Die **Preisnotierung** bei Zinsterminkontrakten basiert auf der inversen Beziehung zwischen dem Kurs eines Papiers und dem jeweils herrschenden Zinsniveau. Steigende Zinsen führen zu sinkenden Kursen, sinkende Zinsen zu steigenden Kursen, wodurch jeweils die Rendite des betreffenden Papiers an die aktuelle Marktrendite angeglichen wird. Zu unterscheiden sind im Hinblick auf die Preisnotiz lang- und kurzfristige Zinsterminkontrakte (BÜSCHGEN 1988a).

Langfristige Kontraktinstrumente werden in Prozent oder - an den amerikanischen Terminbörsen - in Prozent plus X/32 eines Prozentpunktes der Kontraktgröße notiert. Ein an der CBOT genannter Kurs von 96.12 entspricht 96 12/32 % der Kontraktgröße von z.B. 100.000 US-$ und damit einem **Kontraktwert** von:

Kontraktwert = 100.000 • 0,96375 = 96.375 US-$.

Die kleinste mögliche **Preisbewegung** (1 Basispunkt) beläuft sich auf 0,01 % bzw. an den amerikanischen Börsen auf 1/32 eines Prozentpunktes:

Basispunkt = 100.000 • 0.0003125 = 31,25 US-$.

Bei einem Kontraktvolumen des DTB-BUND-Futures von 250.000 DM entspricht ein Basispunkt 25 DM.

Kurzfristige Zinsterminkontrakte, die auf kurzlaufenden Wertpapieren oder Termineinlagen basieren, werden grundsätzlich in Indexform notiert. Der Preis des Terminkontraktes ergibt sich durch Subtraktion des Zinssatzes p.a. des betreffenden Instrumentes von 100. Eine Notiz von 92 bedeutet beispielsweise, daß dieser Kontrakt bei Fälligkeit eine Verzinsung von 8 % gewährleistet. Allerdings gibt der Index die Jahresverzinsung an und muß zur **Kontraktwertbestimmung** auf die tatsächliche Laufzeit des Papiers umgerechnet werden:

$$\text{Kontraktwert} = \text{Kontraktgröße} - \frac{\text{Restlaufzeit} \cdot \text{Zins p.a.} \cdot \text{Kontraktgröße}}{360}$$

$$\text{Kontraktwert} = 1.000.000 - \frac{90 \cdot 0{,}08 \cdot 1.000.000}{360} = 980.000 \text{ US-\$}$$

Die **Mindestzinsfluktuation** beträgt bei kurzfristigen Kontrakten 0,01 % (1 Basispunkt) und somit

$$\text{Basispunkt} = 1.000.000 \cdot 0{,}0001 \cdot \frac{90}{360} = 25 \text{ US-\$}.$$

Zwischen Verkäufer und Käufer eines Kontraktes besteht eine Beziehung lediglich zum Zeitpunkt des Vertragsabschlusses. Im Anschluß daran fungiert eine **Abrechnungsstelle** (Clearing House) der Börse als jeweiliger Kontraktpartner, demgegenüber von nun an die Verpflichtung zur Lieferung oder Abnahme besteht. Durch die Einschaltung einer Abrechnungsstelle ist während der Kontraktlaufzeit die **jederzeitige Glattstellung** eingegangener Engagements durch ein kompensierendes

Gegengeschäft möglich. So kann eine Kaufposition durch den Verkauf des gleichen Kontraktes ausgeglichen werden, wobei der Abschluß dieses Geschäftes mit einem beliebigen Marktpartner erfolgen kann.

Zu (2): Bei Eröffnung und während der Laufzeit einer Futures-Position muß nicht der gesamte Kontraktwert bereitgestellt werden. Vielmehr verlangt das Clearing House lediglich gewisse Sicherheitsleistungen, die als "**Margin**" bezeichnet werden. Zu unterscheiden sind dabei drei verschiedene Marginarten: die Initial-, die Variation- sowie die Maintenance Margin.

Als **Initial Margin** (Einschuß) wird der Betrag bezeichnet, der bei Eröffnung einer Futures-Position vom Clearing-House in Rechnung gestellt wird. Der Einschuß kann als **Garantiebetrag** interpretiert und darf normalerweise in Form von Geld oder bestimmten Wertschriften geleistet werden. Die Höhe der Initial Margin richtet sich im allgemeinen nach der relativen Volatilität des dem Futures zugrundeliegenden Handelsobjektes resp. nach dem Risikograd der eingegangenen Positionen. I.d.R. beläuft sich die Initial Margin nur auf einen Bruchteil des Kontraktwertes (ca 1,5 bis 5 %). Durch die geringe Höhe des Einschusses kann mit Financial Futures eine sehr hohe Hebelwirkung (Leverage-Effekt) erzielt werden; selbst bei kleineren Kursschwankungen des Kontraktes ergeben sich große Gewinnchancen aber auch hohe Verlustrisiken.

Solange eine Position nicht glattgestellt worden ist, verrechnet das Clearing House durch Kursveränderungen des Kontraktes hervorgerufene Gewinne und Verluste (**Variation Margins**) börsentäglich auf der Basis der Futures-Schlußkurse (settlement prices) mit der Einschußzahlung (mark-to-market). Während sich der Einschuß nur auf einen Teilbetrag des Kontraktvolumens beläuft, werden die täglichen Gewinne und Verluste aus den Änderungen des gesamten Kontraktwertes berechnet. Hat eine negative Wertänderung zur Folge, daß eine von der Börse festgelegte Mindestdeckung (**Maintenance Margin**) unterschritten wird, ist der Kontoinhaber zu einem Nachschuß verpflichtet. Normalerweise muß dieser Nachschuß innerhalb eines Tages geleistet werden. Bei außergewöhnlich starken Kursschwankungen behalten sich jedoch einige Börsen eine kurzfristige Abrechnung noch während der laufenden Börsensitzung vor. Kann ein Kunde seinen Nachschußverpflichtungen nicht in der vorgesehenen Zeit nachkommen, wird die betreffende Position durch das Clearing House zwangsweise ganz oder partiell glattgestellt (CODERO 1986).

Ein Beispiel soll das Margin-System verdeutlichen:

Anleger A kauft, Anleger B verkauft einen Zinsterminkontrakt über 100.000 US-$. Der Kurs beläuft sich auf 91.12, eine Einschußzahlung ist in Höhe von 5 % zu leisten.

Kontraktwert = 91,375 • 100.000 = 91.375 US-$
Einschußzahlung = 91.375 • 0,05 = 4.568,75 US-$

Am Folgetag steigt der Kurs auf 93.12. Der Kurs hat sich damit um 64 Basispunkte (64/32 %) verändert.

Kontraktwert = 93,375 • 100.000 = 93.375 US-$
Veränderung des Kontraktwertes = 93.375 - 91.375 = 2.000 US-$
Eigenkapital Anleger A = 4.568,75 + 2.000 = 6.568,75 US-$
Eigenkapital Anleger B = 4.568,75 - 2.000 = 2.568,75 US-$

Beträgt das Mindestniveau 3.000 US-$, so ist vom Anleger B ein Nachschuß zu erbringen, während der Anleger A gleichtägig über die 2.000 US-$ verfügen kann.

Zu (3): Der weitaus größte Teil der Kontrakte wird nicht bis zur Fälligkeit gehalten, sondern bereits zuvor durch eine entsprechende Gegenposition glattgestellt. Ein Futures-Geschäft wird somit i.d.R. nicht mit dem Ziel einer physischen Lieferung des Kontraktgegenstandes abgeschlossen, sondern dient Spekulations- und Absicherungszwecken. Die niedrige Andienungsquote ist des weiteren darin begründet, daß das Laufzeitende des Kontraktes nur selten mit den sich aus der abzusichernden Position ergebenden Terminen übereinstimmt. Ferner ist die Kontrakterfüllung mit einem zusätzlichen Aufwand verbunden. Trotz der häufig praktizierten vorzeitigen Glattstellung hat die Möglichkeit der effektiven Erfüllung einen erheblichen Einfluß auf die Preisbildung am Futures-Markt. Da nämlich der Kontrakt zur Andienung kommen könnte, wird (durch Arbitrage) garantiert, daß sich die Kurse des Kontraktes und des zu liefernden Kassainstrumentes umso mehr annähern, je näher der Erfüllungstermin heranrückt.

Grundsätzlich können zwei Formen der **Andienung**, d.h. der Befriedigung des Käufers bei Fälligkeit des Kontraktes, unterschieden werden:

- die physische Andienung (physical settlement) sowie
- die Barandienung (cash settlement).

Die **physische Andienung** ist bei den meisten Financial-Futures auf konkreter Basis möglich. Bei den Currency-Futures beinhaltet die physische Andienung die Lieferung der dem Kontrakt entsprechenden Menge einer bestimmten Währung. Da z.B. dem Schweizer Franken-Kontrakt der IMM 125.000 Schweizer Franken (gegen US-Dollar) zugrundeliegen, muß der Kontraktverkäufer für den Fall, daß er seine Position durchhält, pro Kontrakt 125.000 Schweizer Franken (gegen US-Dollar) andienen. Demgegenüber ist bei vielen Interest-Rate-Futures die Andienung nicht auf ein in Bezug auf Laufzeit und Verzinsung spezifisches Kassainstrument beschränkt; vielmehr kann der Kontrakt auch durch die Andienung eines Wertpapiers erfüllt werden, das dem Instrument, das dem Kontrakt zugrundeliegt, entspricht. Beispielsweise basiert der DTB-BUND-Future auf einer fiktiven Bundesanleihe mit einem Kupon von 6 %. Geliefert werden muß jedoch nicht unbedingt eine 6 %ige Anleihe, sondern es kann ebenso ein dieser Anleihe gleichwertiges Papier angedient werden, wobei die Restlaufzeit zwischen 8,5 und 10 Jahren liegen muß.

Diese Bedingungen werden von einer Vielzahl von Bundesanleihen erfüllt. Die betreffenden Papiere unterscheiden sich allerdings hinsichtlich der Ausstattungsmerkmale "Zinssatz" und "Restlaufzeit" und sind demzufolge nicht unmittelbar vergleichbar. Die Vergleichbarkeit mit dem Kontraktstandard wird über sog. Konversions- oder Preisfaktoren hergestellt, die auf finanzmathematischem Wege die unterschiedlichen Ausstattungsmerkmale der Anleihetypen ausgleichen. Dabei gilt allgemein: Für Anleihen mit einem Kupon, der größer ist als 6 %, übersteigt der Preisfaktor 1,0, bei Anleihen mit einem Kupon kleiner 6 % ist der Preisfaktor geringer als 1,0.

Der Kontraktverkäufer hat das Recht, aus der Gesamtheit aller lieferbaren Anleihen ein Papier auszuwählen. Da der Marktpreis vom theoretischen Anleihepreis aufgrund von zufälligen Preisschwankungen oder einer gekrümmten Zinsstrukturkurve abweicht und demzufolge eine absolute Vergleichbarkeit nicht gegeben ist, wird der Verkäufer auf diejenige Anleihe zurückgreifen, die ihm den höchsten Gewinn bzw. den geringsten Verlust verspricht (**cheapest to deliver**). Zur Ermittlung dieses cheapest to deliver-Papiers werden für jede Anleihe, die sich in dem zugelassenen Laufzeitintervall befindet, die Kosten für den Erwerb der Anleihe auf dem Kassamarkt verglichen mit dem am Futures-Markt erzielbaren Erlös, d.h. dem Betrag, den der Kontraktkäufer als Gegenleistung für die Lieferung der Anleihe bezahlen müßte. Die Kosten für das Kassa-Papier und den Futures-Kontrakt werden dabei wie folgt ermittelt:

Kosten Kassa-Markt = (Kassa-Kurs • Kontraktvolumen) + aufgelaufene Stückzinsen
Erlös Futures-Markt = (Future-Kurs • Kontraktvolumen x Preisfaktor) + Stückzinsen

Ein Beispiel soll das Vorgehen verdeutlichen (BEILNER/MATHES 1990):

Ein Investor, der einen Dezember 1990 BUND-Future verkauft hat, stehen zur Lieferung zwei Bundesanleihen zur Verfügung:

- 7,25 % Bundesanleihe, Kassa-Kurs 91,47, Preisfaktor 1,085456, aufgelaufene Zinsen 16.111,11 DM,

- 8,75 % Bundesanleihe, Kassa-Kurs 100,97, Preisfaktor 1,192933, aufgelaufene Zinsen 12.031,25 DM.

Der BUND-Future wird im Dezember zu 83,96 notiert, das Volumen eines Kontraktes liegt bei 250.000 DM.

Kauft der Investor die Anleihen am Markt, so müssen die folgenden Beträge aufgebracht werden:

Anleihe (1) = (0,9147 • 250.000) + 16.111,11 = 244.786,11 DM
Anleihe (2) = (1,0097 • 250.000) + 12.031,25 = 264.456,25 DM

Durch den Verkauf der Anleihen über den BUND-Future sind folgende Erlöse zu erzielen:

Anleihe (1) = (0,8396 • 1,085456 • 250.000) + 16.111,11 = 243.948,32 DM
Anleihe (2) = (0,8396 • 1,192933 • 250.000) + 12.031,25 = 262.427,89 DM

Aus den beiden Transaktionen ergibt sich jeweils die folgende Differenz:

Anleihe (1) = 243.948,32 - 244.786,11 = - 837,79 DM
Anleihe (2) = 262.427,89 - 264.456,25 = - 2.028,36 DM

Der Investor wird in diesem Beispiel die Anleihe (1) liefern, da bei gleichzeitiger Betrachtung von Kauf und Verkauf der geringste Verlust zu verzeichnen ist.

Im Gegensatz zur physischen Andienung erfolgt bei denjenigen Kontrakten, denen (i.d.R.) abstrakte Handelsobjekte zugrundeliegen, die **Bar-Andienung**, d.h. die Begleichung aller noch offenen Positionen am Erfüllungstag in bar. Die zu entrichtende Summe bestimmt sich dabei aus der Differenz des Gegenwertes des Kontraktes am Vortag des Erfüllungstermins und demjenigen am Erfüllungstag. Damit wird bei der Bar-Andienung lediglich eine letztmalige Neuberechnung der Margin vorgenommen.

Die **Notierungen** für Terminkontrakte bilden sich durch Angebot und Nachfrage an der Börse. Der Kurs eines Zinsterminkontraktes entwickelt sich dabei weitgehend parallel zum Kurs des entsprechenden resp. des relativ günstigsten Kassainstrumentes. Sind beispielsweise am Kassamarkt fallende Kurse zu verzeichnen, so werden auch die entsprechenden Zinsfutures diesem Trend folgen. Dabei stimmen Kassa- und Futures-Kurs i.d.R. jedoch nicht überein. Die rechnerische Differenz zwischen diesen beiden Größen wird als **Basis** bezeichnet, wobei diese positiv oder negativ ausfallen kann. Sie ist positiv, wenn der Kurs des Kassainstrumentes höher ist als derjenige des Financial Futures; im umgekehrten Falle liegt eine negative Basis vor.

Neben allgemeineren Faktoren wie den Erwartungen der Marktteilnehmer, Tagesereignissen, Angebots- und Nachfragestrukturen oder der jeweiligen Marktliquidität wird die Basis insbesondere durch die **Nettofinanzierungskosten** (cost of carry) bestimmt. Diese ergeben sich als Differenz zwischen den langfristigen und den kurzfristigen Zinssätzen und bringen die Opportunitätskosten des Haltens von Zinsterminkontrakten zum Ausdruck. Bei der Finanzierung einer Kassaposition in einem (langfristigen) festverzinslichen Wertpapier fallen einerseits (kurzfristige) Finanzierungskosten an, andererseits erbringt das Papier (langfristige) Zinserträge. Die Nettofinanzierungskosten als Saldo dieser beiden Zinszahlungen sind positiv, wenn die (langfristigen) Zinserträge den (kurzfristigen) Zinsaufwand übersteigen (normale Zinsstruktur). Demgegenüber sind sie negativ, wenn die Zinsaufwendungen über den Zinserträgen liegen (inverse Zinsstruktur). Positive Nettofinanzierungskosten führen zu einer positiven Basis (Futures-Kurs < Kassakurs), negative zu einer negativen Basis (Futures-Kurs > Kassakurs). Durch die Erfassung der cost of carry in der Preisbildung der Zinsterminkontrakte übernehmen letztere die Funktion eines temporären Substituts zu den am Kassamarkt gehandelten Papieren. Kassamarkt und Zinsterminmarkt befinden sich im Gleichgewicht, wenn die Basis gleich den cost of carry ist. Ist diese Situation nicht gegeben, setzt ein Arbitrageprozeß ein, der zu einer Minimierung der Unterschiede führt (BÜSCHGEN 1988a).

Die Größe der Basis wird des weiteren vom **Erfüllungszeitpunkt** des Zinsterminkontraktes bestimmt. Da die Nettofinanzierungskosten im Zeitablauf abnehmen, sind die Zu- resp. Abschläge vom Kassakurs umso größer, je weiter der Erfüllungszeitpunkt in der Zukunft liegt. Daraus resultiert, daß sich die Basis zum Kontraktende verringert, Kassa- und Terminkontraktpreis sich annähern. Diese sog. **Konvergenz der Basis** ist auch dadurch zu erklären, daß die Future-Position bei Fälligkeit durch Lieferung des Kassainstrumentes in eine Kassaposition übergeht. Eine konstante Basis hätte bei Fälligkeit die Existenz zweier Kassakurse zur Folge. Dadurch würden Arbitrageprozesse ausgelöst, die eine Annäherung der beiden Kurse herbeiführen würden.

Nach der Erläuterung des Wesens und der Preisbildung bei Financial Futures kann im folgenden auf die **Einsatzmöglichkeiten** der Terminkontrakte näher eingegangen werden. Drei Einsatzzwecke sind dabei zu unterscheiden (BINKOWSKI/BEECK 1989):

- Die als **Trader** bezeichneten Marktteilnehmer versuchen, Kursschwankungen ein- oder mehrerer Kontrakte auszunutzen. Dies erreichen sie dadurch, daß sie Terminkontrakte in Erwartung einer Aufwärtsbewegung der Kurse kaufen und in Erwartung einer Kursabwärtsentwicklung verkaufen. Durch den im Verhältnis zur Kontraktgröße geringen Kapitaleinsatz geht mit Financial Futures die Chance auf hohe Gewinne, aber auch das Risiko erheblicher Verluste einher (Leverage-Effekt).

- Die **Arbitrageure** versuchen, gezielt Kursunterschiede von Kontrakten an verschiedenen Märkten oder zwischen Kontrakt und vergleichbarem Kassainstrument zu nutzen. Dies gelingt ihnen dadurch, daß sie gleichzeitig das relativ überbewertete Instrument verkaufen und umgekehrt das relativ unterbewertete kaufen. Die Arbitrageure bewirken einen ständigen Kursausgleich an den Futures-Märkten und sorgen für den notwendigen Bezug zum jeweiligen Kassainstrument.

- Die Gruppe der **Hedger** benutzt die Financial Futures zur Ausschaltung bzw. Verminderung des finanziellen Risikos einer bestehenden oder einzugehenden Kassaposition. Diese Zielsetzung verwirklichen die Hedger dadurch, daß sie eine Position am Financial Futures Markt eingehen, die ihrer existierenden oder künftigen Position am Kassamarkt entgegengesetzt ist, so daß ein möglicher Kursverlust am Kassamarkt durch einen Kursgewinn am Terminmarkt möglichst kompensiert wird.

Das Hedging stellt das primäre Einsatzfeld von Financial Futures dar. Grundsätzlich kann das Hedging auf zwei Wegen erfolgen:

- durch einen Long-Hedge sowie
- durch einen Short-Hedge.

Ein **Long-Hedge** beinhaltet den Kauf eines Zinsterminkontraktes (Long position), um das Risiko fallender Zinsen resp. steigender Kurse zu vermindern. Das folgende Beispiel soll Zielsetzung und Anwendung eines Long-Hedge verdeutlichen: Ein Portfolio-Manager geht davon aus, daß die Zinsen in den kommenden Monaten fallen und somit die Kurse der festverzinslichen Wertpapiere steigen werden. Innerhalb der nächsten zwei Monate erwartet er einen größeren Zahlungseingang, der in Rentenwerten angelegt werden soll. Um sich die aktuellen, voraussichtlich höheren Zinssätze zu sichern, entschließt sich der Portfolio-Manager zu einem Long-Hedge. Er führt dazu die in Abb. 7.29 dargestellten Transaktionen durch.

	Kassamarkt	Financial Futures Markt
Zeitpunkt (1)	Zielsetzung: Sicherung des aktuellen Zinsniveaus Referenzgröße 6 % Bundesanleihe, Kurs 100 %	Kauf eines Zinsterminkontraktes Kurs: 99.16 (99,50)
Zeitpunkt (2)	Kauf der Bundesanleihe Nominalzins 6 %, Kurs 103,5 %	Verkauf des Zinsterminkontraktes Kurs: 102.24 (102,75)
Sicherungs-ergebnis	Opportunitätsverlust 103,5 % - 100 % = 3,5 %	Kursgewinn 102,75 - 98,50 = 3,25
	Nettoergebnis = 3,25 % - 3,5 % = - 0,25 % Effektive Einstandskosten = 100 % + 0,25 % = 100,25 %	

Abb. 7.29: Aufbau und Ergebnisse eines Long-Hedge

Zum Zeitpunkt des Zahlungseinganges sind die Zinsen tatsächlich gefallen. Aufgrund des Engagements in Financial Futures steht den höheren Einstandskosten am Kassamarkt jedoch ein Gewinn am Terminmarkt gegenüber. Die effektiven Beschaffungskosten belaufen sich dadurch nicht auf 103,5 %, sondern nur auf 100,25 %.

Ein **Short-Hedge** besteht aus dem Aufbau eines Verkaufsengagements (Short position) auf dem Financial Futures-Markt, um das Risiko steigender Zinsen resp. fallender Kurse einer Kassaposition zu vermindern. Die nachstehende Abb. 7.30 zeigt exemplarisch die Durchführung eines Short-Hedges. Im Gegensatz zum Long-Hedge hält der Portfolio-Manager 6 %ige Bundesanleihen und erwartet in absehbarer Zeit eine Erhöhung der langfristigen Zinssätze und damit fallende Obligationenkurse. Gegen diese Kursabschwächung sichert er sich durch den Verkauf eines Zinsterminkontraktes ab. Nach Eintritt der Zinserhöhung verkauft der Portfolio-Manager die Papiere zum Zeitpunkt (2). Der Opportunitätsverlust aus der Kassaposition wird jedoch durch den Gewinn aus der Futures-Position ausgeglichen. Insgesamt ist eine Auflösung der Bestandsposition zu einem Kurs von 105 % möglich.

Aus Gründen der Vereinfachung wurden in den o.a. Beispielen insbesondere die folgenden, für den Absicherungserfolg jedoch wesentlichen Aspekte vernachlässigt:

- die Analyse der Marktentwicklung,
- die Risikoanalyse der abzusichernden Positionen,
- die Auswahl des Hedge-Kontraktes,
- die Berechnung der (notwendigen) Kontraktanzahl sowie
- die Wahl der geeigneten Laufzeit des Kontraktes.

Vor jeder Hedging-Operation ist prinzipiell eine gründliche fundamentale und technische **Marktanalyse** erforderlich. Trotzdem können jedoch Fehlprognosen nicht ausgeschlossen werden. Hätte sich z.B. der Portfolio-Manager im obigen Beispiel des Short-Hedges bezüglich der Marktentwicklung geirrt, und wären die langfristigen Zinssätze nicht gestiegen, sondern gefallen, so hätte der Manager auf dem Kassamarkt keinen Verlust, sondern einen Gewinn erzielt. Diesem Gewinn würde in diesem

Falle jedoch - da auf dem Financial Futures-Markt eine zur Kassaposition entgegengesetzte Terminposition eingegangen wurde - ein Verlust auf dem Financial Futures-Markt gegenüberstehen. Das Gesamtergebnis wäre dadurch zwar nicht zwangsläufig schlechter ausgefallen, allerdings hätte man den Verlust auf dem Terminmarkt nicht erlitten, falls gänzlich auf eine Absicherung verzichtet worden wäre.

	Kassamarkt	**Financial Futures Markt**
Zeitpunkt (1)	Zielsetzung: Sicherung einer 6 %igen Bundesanleihe gegen Kursabschwächung aktueller Kurs: 104,5 %	Verkauf eines Zinsterminkontraktes Kurs: 104.00 (104,0)
Zeitpunkt (2)	Verkauf der Bundesanleihe Kurs: 102 %	Kauf des Zinsterminkontraktes Kurs: 101.00 (101,0)
Sicherungs-ergebnis	Opportunitätsverlust 104,5 % - 102 % = 2,5 %	Kursgewinn 104 % - 101 % = 3 %
	Nettoergebnis = 3 % - 2,5 % = 0,5 % Effektive Einstandskosten = 104,5 % + 0,5 % = 105 %	

Abb. 7.30: Aufbau und Ergebnisse eines Short-Hedge

Im Rahmen der **Risikoanalyse** der Kassaposition ist zu ermitteln, ob der Kurs der Kassaposition auf eine bestimmte Marktentwicklung in einem stärkeren oder nur in einem schwächeren Ausmaß reagiert. Ziel einer solchen Analyse ist damit zum einen die Identifizierung potentieller Kursrisiken sowie zum anderen die Entscheidung, ob die Hedging-Operation durchzuführen oder zu unterlassen ist.

Der Aufbau einer Hedge-Position setzt ferner die Auswahl eines geeigneten **Hedge-Kontraktes** voraus. Im obigen Beispiel wurden die Kursrisiken einer 6 %igen Bundesanleihe durch den entsprechenden DTB-BUND-Future abgesichert. In aller Regel ist eine solche Absicherungssituation, in der Kassa- und Futures-Instrumente identisch sind, jedoch nicht gegeben. In diesen Fällen muß ein möglichst ähnlicher Kontrakt gefunden werden, wobei ein derartiger **Cross Hedge** umso erfolgversprechender ist, je mehr sich Kassa- und Futures-Instrument in ihrem Kursverhalten entsprechen.

Bei allen Hedge-Transaktionen ist nicht nur die Richtung zukünftiger Kursverschiebungen, sondern auch deren Ausmaß richtig abzusichern. Daher kommt einer möglichst korrekten Berechnung der **Kontraktanzahl** (Hedge Ratio) eine besondere Bedeutung zu. Das folgende (ex post) Beispiel soll die Problematik der Hedge-Ratio-Bestimmung verdeutlichen (PALM 1984):

Ein Unternehmen beabsichtigt in 90 Tagen Wertpapiere in einer Größenordnung von 50 Mio. US-$ zu emittieren. Um gegen das Risiko steigender Zinsen abgesichert zu sein, verkauft das Unternehmen Zinsterminkontrakte (Kontraktvolumen 1 Mio. US-$). Bei Abschluß des Sicherungsgeschäftes liegt der beabsichtigte Emissionskurs bei 100 %, der Futures-Kurs bei (umgerechnet) 75,9308 %. Nach

90 Tagen ist der Emissionskurs auf 93,4707 %, der Kurs des Termin-Kontraktes auf 69,9074 % gesunken.

Wertänderung der Kassaposition = (1 - 0,934707) • 50 Mio. = 3.264.650 US-$
Wertänderung des Termin-Kontraktes = (0,759308 - 0,699074) • 1 Mio. = 6.023,40 US-$

Um die Wertänderung der Kassaposition auszugleichen, hätten 542 Kontrakte gekauft werden müssen:

$$\text{Kontraktanzahl} = \frac{3.264.650}{6.023,40} = 542$$

Bei der im vorhinein erforderlichen Berechnung der Hedge-Ratio sind die Zusammenhänge zwischen der Wertänderung der Kassaposition und der Wertänderung der Futures-Position zu erfassen und zu quantifizieren. Insbesondere die folgenden Verfahren können zur Lösung dieses Problems eingesetzt werden (PALM 1984):

- **Nominalwert-Methode**
  Nach der Nominalwert-Methode ist eine Identität der Nennwerte von Kassa- und Termin-Position herzustellen.

- **Basis-Point-Valuation-Methode**
  Im Rahmen der Basis-Point-Valuation-Methode werden die Wertveränderungen der Kassa- und der Kontraktposition, die sich aus einer Veränderung um einen Basispunkt ergeben, gegenübergestellt.

- **Preisfaktor-Methode**
  Die Preisfaktor-Methode basiert auf der Vorstellung, daß die im Rahmen der physischen Andienung eingesetzten Preisfaktoren die unterschiedlichen Reagibilitäten der Kassa- und der Terminpreise im Hinblick auf Zinsänderungen wiedergeben.

- **Duration-Methode**
  Die Durations-Methode greift auf die durchschnittliche Bindungsdauer der abzusichernden Position (Duration) zurück. Die Duration wird als ein Ausdruck für die Kurssensitivität angesehen.

- **Regressions-Methode**
  Der Regressions-Ansatz geht davon aus, daß gleiche Preisveränderungen an Kassa- und Terminmärkten lediglich ausnahmsweise vorkommen. Die Zusammenhänge zwischen den Preisveränderungen am Kassa- und Terminmarkt werden daher statistisch für bestimmte zurückliegende Zeiträume erfaßt und ausgewertet.

Die Errichtung einer Hedge-Position verlangt schließlich die Festlegung eines **Kontrakterfüllungstermines**. Dabei muß zunächst abgeschätzt werden, für welchen Zeitraum die bestehende oder zukünftige Kassaposition einem Kursänderungsrisiko ausgesetzt sein könnte. In die Überlegungen einzubeziehen ist das sog. Basisrisiko, das daraus resultiert, daß die als Basis definierte Kursdifferenz zwischen dem Kassainstrument und dem Kontrakt während der Kontraktlaufzeit nicht konstant bleibt. Die Basis verändert sich aus zwei Gründen:

- Zum einen können das Kassainstrument und der entsprechende Kontrakt auf dieselbe Marktentwicklung - zumindest kurzfristig - bezüglich Richtung und/oder Ausmaß der Kursverschiebungen unterschiedlich reagieren,
- zum anderen müssen sich am Ende der Laufzeit des Kontraktes Kassainstrument und Future im Wert entsprechen. Daher werden sich der Kurs des Kassainstrumentes und derjenige des entsprechenden Kontraktes bis zum Ende der Kontraktlaufzeit angleichen.

Der Risikodauer und insbesondere dem Basisrisiko kann durch unterschiedliche Formen des Hedging, beispielsweise durch den "one-off-Hedge", den "strip-Hedge", den "rolling-strip-Hedge" sowie den "rolling-Hedge" Rechnung getragen werden. Letztlich ist jedoch ein "**perfect Hedge**" in der Praxis nicht möglich, d.h. den Verlusten auf der einen Seite werden höhere oder niedrigere Gewinne auf der anderen Seite gegenüberstehen.

LITERATURHINWEISE:

BEILNER, T./MATHES, H.D. (1990)
BINKOWSKI, P./BEECK, H. (1989)
BROWN, C./JOHNSON, M./KESLAR, L. (1985)
BÜSCHGEN, H.E. (1986)
BÜSCHGEN, H.E. (1988)
BÜSCHGEN , H.E. (1988a)
CODERO, R. (1986)
CODERO, R. (1989)
FORSTNER, A. (1987)
GLOGOWSKI, E./MÜNCH, M. (1990)
IMO, C./GITH, T. (1989)
JÄHRIG, A./SCHUCK, H. (1989)
KNIPPSCHILDT, M. (1991)
KUßMAUL, H. (1989)
LERBINGER, P. (1988)
LINK, M. (1992)
PALM, M. (1984)
REINHARDT, P. (1985)
WALZ, H. (1987)
ZIMMERMANN, H. (1988)

8. Kapitel: Lebensversicherungsgeschäft

A. Wesen der Lebensversicherung

Unter dem Oberbegriff "Lebensversicherung" werden diejenigen Versicherungsarten zusammengefaßt, die die Deckung der aus der Unsicherheit des menschlichen Lebens erwachsenden Risiken bezwecken (HAGELSCHUER 1987). Im Mittelpunkt einer Lebensversicherung steht das **Todesfallrisiko**. Mit dem Ableben eines berufstätigen Menschen entfällt sein Arbeitsertrag. Dadurch kann die finanzielle Sicherheit der Hinterbliebenen, die diese Geldmittel zur Deckung des Lebensunterhaltes und zur Erfüllung langfristiger Spar- oder Tilgungsvereinbarungen benötigen, gefährdet sein. Darüber hinaus sind mit dem Tod eines Menschen regelmäßig zusätzliche Aufwendungen wie z.B. Beerdigungskosten verbunden.

Während die Absicherung des Todesfallrisikos einen Schutz Dritter bezweckt, dienen Lebensversicherungen, die auf das **Erlebensfallrisiko** ausgerichtet sind, den wirtschaftlichen Interessen des Versicherten selber. Mit Beginn des Ruhestandes entfällt das regelmäßige Arbeitseinkommen, so daß eine Vorsorge für das Alter erforderlich ist. Der Aufbau einer ausreichenden Altersversorgung kann außerhalb gesetzlicher und betrieblicher Maßnahmen durch einen reinen Sparvorgang oder eine Lebensversicherung erfolgen. Im Gegensatz zu einer privaten Rentenversicherung besteht jedoch bei einem Sparvertrag die Gefahr, daß das Kapital und die Erträge vor dem Lebensende aufgebraucht sind.

Mit den Unwägbarkeiten des menschlichen Lebens beschäftigen sich auch diejenigen Versicherungen, in deren Mittelpunkt die Absicherung des **Berufsunfähigkeitsrisikos** steht. Bei vorzeitig eintretender Berufsunfähigkeit steht das Arbeitsentgelt nicht mehr zur Verfügung, wodurch sowohl die eigene Versorgung als auch der Lebensunterhalt der Familie gefährdet sind. Besonders gravierend wirkt sich die Berufsunfähigkeit aus, wenn sie in frühen Jahren eintritt und ein eigenes Vermögen nicht vorhanden ist oder noch keine ausreichende Versorgung durch die gesetzliche Rentenversicherung besteht. Durch eine Lebensversicherung können ferner das **Unfalltod**-, das **Pflegefall**- und das **Heiratsrisiko** abgesichert werden. Der Unfalltod tritt vollkommen unvorhergesehen auf und läßt eine allmähliche Anpassung an die neue Situation nicht zu, der Pflegefall ist mit Kosten verbunden, die häufig die zur Verfügung stehenden Mittel übersteigen. Durch die Absicherung des Heiratsrisikos soll schließlich die Deckung der mit der Gründung eines Hausstandes verbundenen außergewöhnlich hohen finanziellen Belastungen sichergestellt werden.

Die Höhe des Versorgungsbedarfs bei Tod, Erleben, Berufsunfähigkeit, Unfall, Pflegebedürftigkeit oder Heirat hängt von den jeweiligen individuellen Gegebenheiten ab und entzieht sich ebenso wie eine wertmäßige Erfassung des menschlichen Lebens einer Einschätzung nach objektiven Grundsätzen (SCHWEBLER 1988). Die Lebensversicherung wird daher als **Summenversicherung** betrieben, bei der der Versicherungsnehmer den Versorgungsbedarf im vorhinein individuell ermittelt und sich der Versicherer verpflichtet, im Versicherungsfall die bei Vertragsabschluß festgelegte Summe oder Rente zu leisten. Grundsätzlich kann die Versicherungssumme vom Versicherungsnehmer in beliebiger Höhe festgelegt werden. Allerdings richten sich die Beiträge nach den vom Versicherer gegebenenfalls zu erbringenden Leistungen, so daß hier die verfügbaren Einkünfte eine natürliche Grenze bilden.

Voraussetzung für den Abschluß einer Lebensversicherung ist aus der Sicht eines Versicherungsunternehmens die hinreichend genaue Kenntnis über der Eintrittswahrscheinlichkeiten der versicherten Ereignisse. Ebenso wie bei anderen Versicherungsarten wird die Höhe der Gefahr auch in der Lebensversicherung durch objektive und subjektive Elemente bestimmt (HAGELSCHUER 1987). Zu den **objektiven Merkmalen** gehören im wesentlichen das Lebensalter, das Geschlecht, der Beruf und der Gesundheitszustand der versicherten Person. So hängt das Sterblichkeitsrisiko stark vom Eintrittsalter ab und haben Frauen eine durchweg höhere Lebenserwartung als Männer. In bestimmten Berufen ist eine deutlich größere Berufsunfähigkeitsgefahr festzustellen und schließlich können sich Krankheiten und bestimmte Anomalien nachteilig auf die Lebenserwartung und den Zeitraum, in dem der Beruf ausgeübt werden kann, auswirken. Die objektiven Gefahrenmerkmale schlagen sich nieder in sogenannten Sterbetafeln bzw. Berufsunfähigkeits- und Pflegefallwahrscheinlichkeiten. Diese Tabellen geben jeweils die Wahrscheinlichkeit an, daß im kommenden Jahr der Versicherungsfall eintritt.

Im Gegensatz zu den objektiven Elementen werden die **subjektiven Merkmale** durch die versicherte Person selbst, d.h. durch die Art der Lebensführung, das Gesundheitsbewußtsein, die Einstellung gegenüber Krankheiten und das moralische Verhalten des Versicherten, bestimmt. Abgesehen von der Berufsunfähigkeitsversicherung kommt dem subjektiven Risiko in der Lebensversicherung jedoch keine große Bedeutung zu, denn die Menschen sind in aller Regel von sich aus bestrebt, möglichst lange zu leben. Darüber hinaus versuchen die Lebensversicherer, dieses Risiko durch geeignete Maßnahmen auszuschließen, da es einer allgemeingültigen Kalkulation nicht zugänglich ist.

LITERATURHINWEISE:

HAGELSCHUER, P. (1987)
KOCH, P. (1989)
MOHR, H.-H./HOFMANN, H. (1965)
SCHWEBLER, R. (1988)

B. Formen der Lebensversicherung

I. Systematisierungsansätze

Die Angebotspalette der Lebensversicherungsunternehmen umfaßt eine Vielzahl verschiedener Versicherungsformen. Zur Unterscheidung und Systematisierung der Lebensversicherungsarten können generell die folgenden Kriterien herangezogen werden:

- **Anzahl der versicherten Personen**
  Nach der Anzahl der versicherten Personen sind Einzel- und Gruppenversicherungen zu unterscheiden. Während eine **Einzelversicherung** ein individuelles Vertragsverhältnis zwischen dem Versicherungsnehmer und einem Versicherer beinhaltet, wird in der **Gruppenversicherung** eine Personengesamtheit, z.B. die Angestellten eines Unternehmens oder die Mitglieder eines Vereins, durch einen Vertrag versichert. Bei einer Gruppenversicherung entfallen Teile der Abschluß- und laufenden Verwaltungskosten. Dies führt bezogen auf einen einzelnen Versicherten zu einer Beitragsermäßigung.

- **Art der Leistung**
  Bezugnehmend auf die Art der Leistung können Kapital- und Rentenversicherungen unterschieden werden. Bei einer **Kapitalversicherung** besteht die Leistung des Versicherers in einem Kapitalbetrag, der einmalig z.B. beim Tod des Versicherten oder bei Ablauf der Versicherung gezahlt wird. Im Gegensatz dazu werden bei einer **Rentenversicherung** wiederkehrende Leistungen vom Versicherer erbracht.

- **Bedingtheit der Leistung**
  Im Hinblick auf die Verpflichtungsstruktur zerfallen die Lebensversicherungen in kapitalbildende Versicherungen und in Risikoversicherungen. Bei den **kapitalbildenden Versicherungen** muß der Versicherer in jedem Fall eine Leistung erbringen und die bilanziellen Voraussetzungen hierfür durch die Bildung des Deckungskapitals schaffen. Demgegenüber leistet der Versicherer bei einer **Risikoversicherung** nur dann, wenn das versicherte Ereignis tatsächlich eintritt. Mit Ausnahme der Risikolebensversicherung, Berufsunfähigkeitsversicherung, Pflegerentenversicherung und der Unfallzusatzversicherung handelt es sich bei allen Lebensversicherungsarten um kapitalbildende Versicherungen.

- **Anzahl der versicherten Risiken**
  Nach der Anzahl der versicherten Risiken können reine und gemischte Versicherungen unterschieden werden. Während bei einer **reinen Versicherung** nur ein Risiko abgesichert wird, deckt die **gemischte Versicherung** mehrere Risiken ab. Beispielsweise leistet ein Versicherer bei einer Risikolebensversicherung nur im Falle des Ablebens des Versicherten während der Vertragslaufzeit. Demgegenüber ist mit der Grundform der gemischten Lebensversicherung eine Zahlung der Versicherungssumme bei Ablauf der Versicherung (Erlebensfall) oder im vorzeitigen Todesfall verbunden.

- **Höhe der Versicherungssumme**
  Im Hinblick auf die Höhe der Versicherungssumme wurden früher die Klein- und die Großlebensversicherung differenziert. Lebensversicherungen mit einer Versicherungssumme bis zu etwa 5.000,-- DM galten als **Kleinlebensversicherung** und Lebensversicherungen mit höheren Summen als **Großlebensversicherung**. Kennzeichnend für die Kleinlebensversicherung, die wesentlich zur Verbreitung des Versicherungsgedankens beigetragen hat, waren ein vereinfachter Vertragsabschluß und eine vereinfachte Vertragsdurchführung. Abgesehen von der Sterbegeldversicherung mit kleineren Summen bis zu 10.000,-- DM, die im Rahmen eigenständiger Vorschriften abgewickelt wird, gibt es heutzutage die Kleinlebensversicherung praktisch nicht mehr; die Großlebensversicherung umfaßt damit auch den Bereich der Kleinlebensversicherung

(HAGELSCHUER 1987). Trotzdem wird der vom Aufsichtsamt vorgeschlagene Geschäftsplan weiterhin als "Geschäftsplan für die Großlebensversicherung" bezeichnet. Sofern vereinzelt Lebensversicherungen mit kleinen Summen abgeschlossen werden, wird der Tarif für die Großlebensversicherung durch einen Kleinsummenzuschlag erweitert.

Vor dem Hintergrund dieser Unterscheidungsmerkmale konzentrieren sich die folgenden Ausführungen auf die Einzel- und die Großlebensversicherungen. Über die einzelnen Versicherungsarten informiert die nachstehende Abb. 8.1.

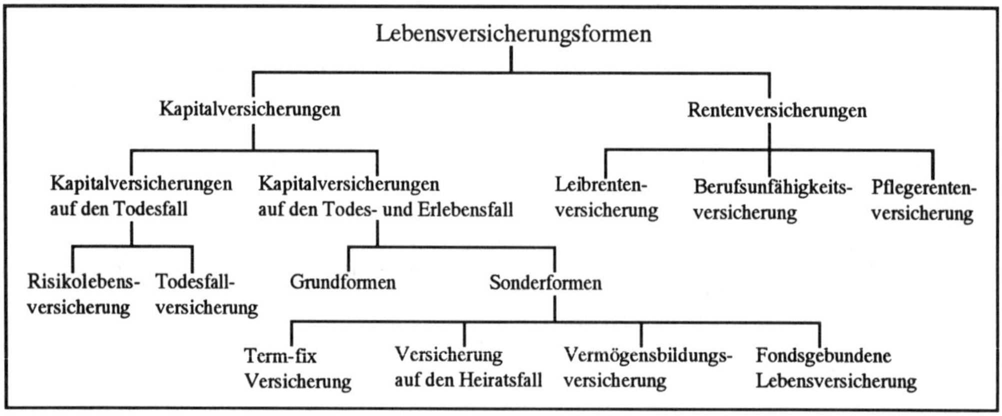

Abb. 8.1: Lebensversicherungsformen

II. Kapitalversicherungen

1. Kapitalversicherungen auf den Todesfall

Bei den Kapitalversicherungen auf den Todesfall wird die vereinbarte Versicherungssumme nur beim Tod der versicherten Person fällig. In Abhängigkeit von der Vertragslaufzeit sind die Todesfallversicherung und die Risikolebensversicherung zu unterscheiden.

a) Todesfallversicherung

Die Todesfallversicherung erstreckt sich vom Vertragsbeginn bis zum Tod des Versicherten, sie bietet also einen lebenslänglichen Versicherungsschutz. Da der Versicherer in jedem Fall die Versicherungssumme zu erbringen hat, zählt die Todesfallversicherung zu den kapitalbildenden Versicherungsformen. Sie wird insbesondere zur Versorgung der Hinterbliebenen, daneben jedoch auch zur Aufbringung der Bestattungskosten oder zur Deckung der Erbschaftsteuer abgeschlossen.

Die Beiträge für eine Todesfallversicherung sind aufgrund der in der Regel langen Vertragsdauer vergleichsweise niedrig. Die Beitragszahlung endet spätestens mit dem Tod des Versicherten. Regelmäßig wird jedoch ein bestimmtes Höchstalter vereinbart (häufig das Erreichen des Alters 85), wodurch vermieden wird, daß die Summe der von den Versicherten, die ein hohes Alter erreichen, gezahlten Beiträge, die Höhe der Versicherungsleistung wesentlich übersteigen (HAGELSCHUER 1987). Denkbar ist darüber hinaus die Vereinbarung einer abgekürzten Beitragszahlung, beispielsweise auf das Endalter 65, so daß mit dem Ende der Berufstätigkeit die Beitragszahlung entfällt.

Die Versicherungssumme wird generell mit dem Tode des Versicherten fällig. Häufig enthält eine Todesfallversicherung jedoch die Vereinbarung, daß die Auszahlung spätestens beim Erreichen eines bestimmten Alters - im allgemeinen 85 Jahre - erfolgt. Darüber hinaus ist es möglich, den Ablauf der Versicherung durch die Überschußbeteiligung und freiwillige Sonderzahlungen vorzuziehen. Bei einer derartigen Ablaufversicherung wird die Todesfallversicherung schrittweise in eine (gemischte) Versicherung auf den Todes- und Erlebensfall umgewandelt.

b) Risikolebensversicherung

Die Versicherungsdauer einer Risikolebensversicherung umfaßt nur eine beschränkte Anzahl von Jahren (z.B. 5 oder 10 Jahre). Die Versicherungssumme wird nur dann fällig, wenn der Versicherte während dieser Vertragslaufzeit stirbt. Im Prinzip handelt es sich bei der Risikolebensversicherung um eine spezielle Form der Todesfallversicherung, bei der sich der Versicherungsschutz lediglich auf einen bestimmten Zeitraum erstreckt. Die Versicherungssumme ist jedoch im Gegensatz zur Todesfallversicherung nicht grundsätzlich zu erbringen, so daß die Risikolebensversicherung keine Sparkapitalbildung erfordert.

Da die Risikolebensversicherung nur das Todesfallrisiko deckt, dient sie ausschließlich der Hinterbliebenenvorsorge. Zur verbesserten Altervorsorge des Versicherten eignet sich die Risikolebensversicherung demgegenüber nicht. Zu welchen speziellen Zwecken eine Risikolebensversicherung darüber hinaus eingesetzt werden kann, hängt von der Veränderung der Versicherungssumme im Zeitablauf ab. Zu unterscheiden sind Risikoversicherungen mit gleichbleibender und mit fallender Versicherungssumme.

Risikolebensversicherungen mit **gleichbleibender Versicherungssumme** werden häufig zur Absicherung bestimmter finanzieller Risiken - beispielsweise bei selbständigen Berufen - oder als Schutz für die Hinterbliebenen während Übergangszeiten - beispielsweise Wartezeiten in der Sozialversicherung oder der Beamtenversorgung - abgeschlossen. Ferner bilden derartige Tarife nicht selten als Risikovorversicherung oder Risikoumtauschversicherung die Vorstufe für eine kapitalbildende Lebensversicherung auf den Todes- und Erlebensfall. Wird die Risikoversicherung mit einem derartigen Umtauschrecht ausgestattet, kann sie während der Vertragslaufzeit, spätestens jedoch zum Ende des 10. Versicherungsjahres ohne erneute Gesundheitsprüfung in eine gemischte Versicherung über dieselbe oder eine niedrigere Versicherungssumme umgetauscht werden (HAGELSCHUER 1987). Die Berechnung des dann fälligen Beitrages richtet sich nach dem Alter des Versicherten zum Zeitpunkt des Umtausches, der Versicherer verzichtet jedoch auf eine erneute Gesundheitsprüfung, d.h. er trägt das Risiko, daß sich der Gesundheitszustand des Versicherten in den vergangenen Jahren verschlechtert hat.

Lebensversicherungen mit **fallender Versicherungssumme** finden im Zusammenhang mit Krediten, Leasing-Verträgen und Sparprogrammen Verwendung. Sie sollen die Erfüllung der Zahlungsverpflichtungen im Falle des Ablebens des Versicherten gewährleisten. In Verbindung mit **Kreditverträgen** kommt eine größere Bedeutung insbesondere drei verschiedenen Vertragsvarianten zu:

- Die **Restschuldversicherung** dient der Absicherung von Ratenkrediten, die in der Regel monatlich und innerhalb weniger Jahre getilgt werden. Der Versicherungsschutz fällt monatlich in einem gleichmäßigen, dem Tilgungsverlauf entsprechenden Ausmaß. Die Versicherung wird gegen Einmalbeitrag abgeschlossen, der meistens durch einen zusätzlichen Kredit finanziert wird. Wegen der häufig geringen Summen der Teilzahlungskredite erfolgt die Abwicklung der Restschuldversicherung nach einem vereinfachten Verfahren (HAGELSCHUER 1987).

- Im Unterschied zur Restschuldversicherungen handelt es sich bei einer **Bausparrisikoversicherung**, die der Absicherung eines Bausparvertrages dient, um eine verwaltungstechnisch einfachere Gruppenversicherung, bei der zudem normalerweise vollständige auf eine Gesundheitsprüfung verzichtet wird. Da sich aufgrund der im Zeitablauf konstanten Annuität die Tilgungsbeiträge erhöhen, und demzufolge eine Risikolebensversicherung mit gleichmäßig fallender Versicherungssumme zur Absicherung eines Bauspardarlehens weniger geeignet ist, besteht die Bausparrisiko-Versicherung aus mehreren einjährigen Risikoversicherungen. Die Versicherungssumme wird dabei im allgemeinen zu Beginn eines Jahres in Abhängigkeit von der Darlehenshöhe festgesetzt. Die Bausparkasse belastet das Darlehenskonto des Kreditnehmers mit den Versicherungsbeiträgen und leitet diese an das Versicherungsunternehmen weiter (HAGELSCHUER 1987).

- Der Absicherung von Dispositions-, Abruf- oder Rahmenkrediten dient die **Außenstands- bzw. Saldenversicherung**. Entsprechend der Inanspruchnahme eines Kredits orientiert sich die Versicherungssumme am jeweiligen Sollsaldo des Kontos. Die Beiträge werden monatlich oder quartalsweise nachträglich ermittelt und dem Konto des Kreditnehmers belastet. Sie richten sich nach dem aktuellen Alter des Versicherten und dem durchschnittlichen Sollsaldo während der Abrechnungsperiode. Im Falle des Ablebens des Versicherten zahlt das Versicherungsunternehmen den Saldo am Todestag und gleicht dadurch das Kreditkonto aus (SCHULZ 1988).

Bei einer Lebensversicherung im Zusammenhang mit **Leasing-Verträgen** erstreckt sich der Versicherungsschutz auf die ausstehenden Mietraten aus dem Leasing-Vertrag. Im Rahmen von **Sparprogrammen** werden die vereinbarten Sparbeiträge für den Fall des Ablebens des Sparers durch eine Risikolebensversicherung mit fallender Versicherungssumme abgesichert. Die letztgenannte Produktkombination erlangte Mitte der 80er Jahre größere Bedeutung, als von den Kreditinstituten der sogenannte **Sparplan mit Versicherungsschutz** eingeführt wurde. Bei diesem Modell, dessen Vertragsbestandteile beispielhaft die nachstehende Abbildung 8.2 verdeutlicht, wird ein langfristiger Sparvertrag mit 4-jähriger Kündigungsfrist, variabler Verzinsung und Prämienzahlung mit einer Risikolebensversicherung mit fallender Versicherungssumme verbunden.

Die Kreditinstitute sehen in diesem Angebot eine Alternative zur traditionellen Lebensversicherung auf den Todes- und Erlebensfall. Die Vorteilhaftigkeit des Versicherungsparens wird jedoch trotz geringerer Abschlußkosten durch die erhebliche steuerliche Bevorzugung der gemischten Lebensversicherung und die fehlende Möglichkeit, im Versicherungsfall unmittelbar auf die angesparten Verträge zurückgreifen zu können, stark eingeschränkt.

Versicherungssparen

Kombination

Ratensparvertrag
Langfristiger Ratensparvertrag zur Erreichung eines Sparzieles

Risikolebensversicherung
Sicherstellung des Sparzieles über Versicherungsvertrag mit monatlich fallender Versicherungssumme, gegebenenfalls für höhere Anfangsversicherungssumme

Voraussetzungen
Vertragsbedingungen

Vertragsdauer
z.B. 8 - 25 Jahre

Prämienstaffel (z.B)

Vertragsdauer	Prämie (auf Summe der Sparraten)
8 - 9 Jahre	2 %
10 - 11 Jahre	4 %
12 - 14 Jahre	10 %
15 - 19 Jahre	15 %
20 - 25 Jahre	30 %

Basiszinssatz
In der Regel Zinssatz für Spareinlagen mit 4jähriger Kündigungsfrist

Sparrate
Monatlich, viertel-, halb- oder jährlich in konstanter Höhe
Mindestsparrate 50 DM/Monat

Kündigung
Während der Vertragsdauer bis 4 1/2 Jahre vor Vertragsende mit 4jähriger Kündigungsfrist jeweils nach Ablauf der gesetzlichen Kündigungssperrfrist von 6 Monaten, zum Vertragsablauf mit dreimonatiger Kündigungsfrist

Teilverfügungen
Führen zur Auflösung des Vertrages

Vertragsunterbrechung
Möglich

Versicherungsdauer
(= Vertragsdauer Ratensparvertrag)
Mindestversicherungsdauer 5 Jahre
Höchstversicherungsdauer 25 Jahre

Versicherungssumme
Anfangsversicherungssumme ist die Höhe des Sparzieles (= Summe der zu leistenden Sparraten) oder z.B. Sparziel + voraussichtliche Zinsen + Prämie (= höhere Anfangsversicherungssumme)
Mindestanfangsversicherungssumme 4.000 DM

Versicherungsbeitrag
Beitragszahlung bis zum Tode des Versicherungsnehmers, längstens bis zum Ende der abgekürzten Beitragszahlungsdauer in konstanter Höhe

Beitragszahlungsdauer
Gegenüber der tatsächlichen und in Abhängigkeit von der Versicherungsdauer abgekürzte Beitragszahlungsdauer:

Versicherungsdauer	Abkürzung um
5 - 8 Jahre	3 Jahre
9 - 12 Jahre	4 Jahre
13 - 25 Jahre	5 Jahre

Versicherungsnehmer
Tatsächliches Mindesteintrittsalter bei Versicherungsbeginn: 14 Jahre.
Höchstalter bei Ablauf der Versicherungsdauer: 85 Jahre

Gesundheitsprüfung
Bis zur Versicherungssumme von 75.000 DM zwei im Versicherungsantrag vorgeschriebene Fragen über den gegenwärtigen Gesundheitszustand des Versicherungsnehmers. Ab 75.000 DM Versicherungssumme und Versicherungsdauer über 15 Jahre erweiterte Antragsprüfung.

Zahlungsweise

Sparraten in der Regel monatlich in konstanter Höhe (letzte Rate spätestens 9 Monate vor Ende der Vertragsdauer)

Versicherungbeiträge in viertel-, halb-, oder jährlich konstanter Höhe mit verkürzter Beitragszahlungsdauer, teilweise abzüglich Überschußbeteiligung; je nach Höhe der Anfangsversicherungssumme Summenrabatt möglich

Abb. 8.2: Vertragsbestandteile des Versicherungssparens (Quelle: Schöler 1987)

2. Kapitalversicherungen auf den Todes- und Erlebensfall

Die Versicherung auf den Todes- und Erlebensfall ist die in Deutschland übliche Form der Lebensversicherung. Im Gegensatz zur Todesfall- und Risikolebensversicherung wird die Versicherungssumme nicht nur beim **Ableben** des Versicherten fällig, sondern auch bei **Ablauf**, sofern der Versicherte diesen Zeitpunkt erlebt. Durch diese alternative Fälligkeitsstruktur bezweckt die Versicherung auf den Todes- und Erlebensfall sowohl eine Hinterbliebenen- als auch eine Altersvorsorge. Sie schützt auf der einen Seite die Familie vor materieller Not bei frühem Todesfall des Ernährers, auf der anderen Seite geht mit ihr ein Sparvorgang einher, der dem Versicherten bei längerer Lebensdauer zugute kommt (MOHR/HOFMANN 1965). Die Beiträge werden in der Regel laufend gezahlt, es kommt jedoch auch die Versicherung gegen Einmalbeitrag vor. Der Zweigleisigkeit des Versicherungszweckes entsprechend kann der Versicherer einen Teil der Prämie für die aufzubringende Todesfalleistung verbrauchen, ein anderer Teil muß jedoch für die Ausschüttung des Versicherungskapitals reserviert werden.

Kapitalversicherungen auf den Todes- und Erlebensfall werden in vielen unterschiedlichen Varianten angeboten. Die systematische Darstellung der verschiedenen Versicherungsformen soll anhand der vier Kriterien Auszahlungsbetrag, Auszahlungsursache, Summen- und Beitragsstabilität und Mittelanlage erfolgen.

a) Auszahlungsbetrag

Als Auszahlungsbetrag wird die im Todes- oder Erlebensfall von der Versicherung zu erbringende Leistung bezeichnet. Drei unterschiedliche Leistungsstrukturen sind denkbar:

- gleichhohe Todes- und Erlebensfalleistung,
- erhöhte Todesfalleistung,
- erhöhte Erlebensfalleistung.

Lebensversicherungen mit **gleichhoher Todes- und Erlebenfalleistung** und damit identischen Versicherungssummen für den Todes- und den Erlebensfall werden außer zur Hinterbliebenen- und Altersversorgung häufig auch zur Absicherung und Tilgung eines langfristigen Darlehens verwendet. Bei der sogenannten **Hypothekentilgungs-Versicherung** verzichtet der Darlehensgeber auf die planmäßige Darlehenstilgung. Der Schuldner zahlt an den Gläubiger nur die Zinsen und statt der Tilgung an das Lebensversicherungsunternehmen die Versicherungsprämie. Bei Fälligkeit wird mit der Versicherungssumme der Kredit zurückgezahlt. Die Versicherungssumme kann bei dieser Konstruktion der Darlehenssumme entsprechen, sie kann jedoch auch niedriger sein, denn die Gewinnanteile führen im allgemeinen zu einem Auszahlungsbetrag, der die ursprüngliche Versicherungssumme erheblich übersteigt. Der Kreditnehmer hat bei einer Hypothekentilgungs-Versicherung einerseits während der gesamten Laufzeit Fremdkapitalzinsen für den ursprünglichen Kreditbetrag zu zahlen. Ihm werden andererseits zwar für die in der Prämie enthaltenen Sparanteile Zinserträge gutgeschrieben, diese dürften jedoch durchweg die Höhe des Zinsaufwandes nicht erreichen. Diesem Nachteil stehen steuerliche Vorteile gegenüber, sofern die Schuldzinsen abzugsfähig sind. Ferner besteht während der gesamten Kreditlaufzeit Lebensversicherungsschutz (Dommermuth 1991).

Bei Lebensversicherungen mit **erhöhter Todesfalleistung** ist die Versicherungssumme für den Todesfall höher als die für den Erlebensfall. Besonders geeignet ist diese Versicherungsvariante für junge Familien, bei denen zunächst ein höherer Hinterbliebenenschutz benötigt wird. Bei Todes- und Erlebensfallversicherungen mit **erhöhter Erlebensfalleistung** liegt das Schwergewicht der Versorgung demgegenüber im Erlebensfall. Angeboten werden unterschiedliche Kombinationen, wobei jedoch normalerweise vorgesehen ist, daß die Todesfalleistung auf die Höhe des Deckungskapitals angehoben wird, wenn das Deckungskapital in den letzten Jahren die Todesfalleistung überschreitet. Ebenso wie die Lebensversicherungen mit erhöhter Todesfalleistung können auch die Versicherungen mit erhöhter Erlebensfalleistung sowohl über einen eigenständigen Tarif als auch über eine entsprechende Zusatzversicherung abgeschlossen werden. **Reine Erlebensfallversicherungen** kommen im übrigen in der Realität kaum vor, da diese bei Tod während der Vertragslaufzeit keine Zahlung beinhalten und alle bis zu diesem Zeitpunkt erbrachten Beiträg verfallen (HAGELSCHUER 1987).

b) Auszahlungsursache

Als Auszahlungsursachen kommen generell bestimmte **Ereignisse** und/oder bestimmte **Zeitpunkte** in Betracht. Im Normalfall einer gemischten Lebensversicherung wird die Versicherungssumme bei **Tod** des Versicherten oder bei **Vertragsablauf**, sofern der Versicherte diesen Zeitpunkt erlebt, fällig. Die Versicherung kann dabei sowohl auf ein als auch auf mehrere Leben abgeschlossen werden. Im letztgenannten Fall, der Todes- und Erlebensfallversicherung **auf verbundene Leben**, bezieht sich das Versicherungsverhältnis normalerweise auf zwei Personen. Die Zahlungspflicht des Versicherers wird durch den Tod des zuerst sterbenden Versicherten oder durch den Ablauf der Versicherung aufgelöst (SCHWEBLER 1988). Mit dem Tod eines Versicherten endet die Versicherung und es erlischt der Versicherungsschutz für den überlebenden Partner. Die Versicherung auf verbundene Leben bezweckt die Sicherstellung eines Kapitalbetrages für den Fall, daß ein Versicherter vor Ablauf der Versicherung stirbt oder die versicherten Personen den Ablauf der Versicherung erleben. Sie ist daher beispielsweise für Ehegatten oder Personengesellschaften geeignet (HAGELSCHUER 1987). Da jedoch das Risiko des vorzeitigen Todes von mindestens zwei Personen versichert wird, ist der Beitrag höher als bei einer Todes- und Erlebensfallversicherung auf ein Leben.

Zu den zeitpunktorientierten Lebensversicherungen auf den Todes- und Erlebensfall zählen die

- Teilauszahlungsversicherung und die
- Termfixversicherung.

Die **Teilauszahlungsversicherung** beinhaltet Auszahlungen beim Erleben fest vereinbarter Zeitpunkte. Normalerweise wird die früheste Leistung nach Ablauf des 12. Versicherungsjahres fällig, wobei die einzelnen Leistungen gleich, aber auch unterschiedlich hoch sein können. Die Summe der

Teilzahlungen im Erlebensfall ergibt in der Regel die Todesfallsumme, die im übrigen auch beim Ableben des Versicherten bereitgestellt wird, unabhängig davon, ob bereits Teilleistungen erbracht wurden (SCHWEBLER 1988). Im Unterschied zur Teilauszahlungsversicherung, bei der die zwischenzeitlichen Auszahlungen vom Erleben der vereinbarten Zeitpunkte abhängen, wird die Versicherungssumme bei der **Termfixversicherung** ohne Rücksicht darauf, ob der Versicherte noch lebt oder bereits verstorben ist, nur bei Ablauf der Versicherung fällig. Bei Tod des Versicherten vor Vertragsablauf erfolgt eine beitragsfreie Weiterführung der Versicherung. Mit der Termfixversicherung ist ein schwächerer Hinterbliebenenschutz als bei der gewöhnlichen Versicherung auf den Todes- und Erlebensfall verbunden. Sie wird häufig als Ausbildungsversicherung eingesetzt, um unabhängig vom Todesfallrisiko des Ernährers das für die Ausbildung der Kinder erforderliche Kapital sicherzustellen.

Eine ereignisorientierte Lebensversicherungsart stellt die sogenannte **Heiratsversicherung** dar. Ihre Aufgabe liegt in der Deckung der mit einer Heirat - gegebenenfalls auch der Ausbildung - verbundenen Kosten. Die Versicherungssumme gelangt bei der Heirat des versicherten Kindes, spätestens jedoch beim Ablauf der Versicherung zur Auszahlung. Mit dem vorzeitigen Tod des versicherten Versorgers endet die Beitragszahlung, stirbt das zu versorgende Kind vor Beendigung der Versicherung, so werden die gezahlten Beiträge erstattet. Bei einer Versicherung auf den Heiratsfall sind damit gleichzeitig zwei Personen versichert.

c) Summen- und Beitragsstabilität

Die Summen- und Beitragsstabilität bezieht sich auf die Konstanz oder die Veränderung der Versicherungssumme und der Prämie im Zeitablauf. Die im Hinblick auf diese Kriterien generell möglichen Ausstattungsformen einer Lebensversicherung auf den Todes- und Erlebensfall gibt die nachstehende Abbildung 8.3 wieder.

	Konstante Beiträge	**Steigende Beiträge**
Konstante Versicherungssumme	Lebensversicherung ohne Beitrags- und Leistungsanpassung (statische Lebensversicherung)	Lebensversicherung mit Beitragsanpassung
Steigende Versicherungssumme	-	Lebensversicherung mit Beitrags- und Leistungsanpassung (dynamische Lebensversicherung)

Abb. 8.3: Summen- und Beitragsstabilität von Lebensversicherungen

Traditionell beinhaltet eine Lebensversicherung konstante Beiträge und eine - abgesehen von der Überschußbeteiligung - konstante Versicherungssumme. Lebensversicherungsverträge erstrecken sich allerdings im Normalfall über einen langen Zeitraum, so daß es während der Versicherungsdauer regelmäßig notwendig ist, den Versicherungsschutz an die wirtschaftliche Entwicklung und an Änderungen der persönlichen Einkommensverhältnisse anzupassen. Bis Anfang der 70er Jahre war dies nur möglich mittels neuer, selbständiger Versicherungsverträge, die jedoch eine erneute Gesundheitsprüfung erforderten und erheblichen Verwaltungsaufwand verursachten. Abhilfe schuf die Ein–

führung der **dynamischen Lebensversicherung**, bei der bereits bei Vertragsabschluß vereinbart wird, daß sich Prämie und Versicherungssumme jährlich ohne erneute Gesundheitsprüfung erhöhen. Dem Versicherungsnehmer wird der jährliche Erhöhungsbetrag schriftlich mitgeteilt. Sofern er der Erhöhung innerhalb von vier Wochen widerspricht oder nicht binnen zwei Monaten den erhöhten Beitrag zahlt, verbleiben Versicherungssumme und Beitragshöhe auf ihrem ursprünglichen Niveau. Aus versicherungstechnischen Gründen erlischt allerdings das Recht auf spätere Erhöhungen, wenn mehr als zwei Erhöhungen hintereinander nicht wahrgenommen werden.

Die Dynamik der Lebensversicherung bezieht sich primär auf die Erhöhung des jeweiligen Beitrages. Daraus abgeleitet nehmen auch die Versicherungsleistungen zu, allerdings nicht in einem im Zeitablauf konstanten Ausmaß. Je älter der Versicherte, um so größer ist der zur Deckung der Todesfalleistungen verbrauchte Prämienteil, ferner sinkt mit kürzerer Restlaufzeit der Zeitraum, auf den die Abschlußkosten verteilt werden können. Die Höhe des Steigerungssatzes hängt von dem jeweiligen Lebensversicherungstarif ab. Denkbar ist sowohl eine Erhöhung in Anlehnung an die Veränderung des Beitragssatzes in der gesetzlichen Rentenversicherung als auch die Vereinbarung eines bestimmten, im Zeitablauf konstanten Erhöhungssatzes des im Vorjahr erreichten Beitrages. Maximal darf die Steigerungsrate 10 % betragen, der aus Kostengründen festgelegte Mindestwert liegt häufig bei 5 %. Die dynamische Lebensversicherung hat im Laufe der Zeit eine große Verbreitung erfahren (HAGELSCHUER 1987). Inzwischen wird der überwiegende Teil aller Todes- und Erlebensfallversicherungen - sowie darüber hinaus der Risikolebensversicherungen und Rentenversicherungen - mit planmäßiger Erhöhung der Beiträge und Leistungen abgeschlossen.

Bei der **Lebensversicherung mit Beitragsanpassung** ist im Gegensatz zur dynamischen Lebensversicherung mit der Beitragssteigerung keine Leistungserhöhung verbunden. Die Versicherungssumme bleibt während der gesamten Vertragsdauer konstant, die Beiträge steigen demgegenüber jährlich um einen bestimmten Prozentsatz des Vorjahres- oder des Anfangsbeitrages. Es ist für den Versicherten nicht möglich, einzelne Beitragssteigerungen auszulassen.

Die Vorteile einer Lebensversicherung mit steigenden Beiträgen liegen in dem niedrigen Anfangsbeitrag bei einem gleichzeitig hohen Versicherungsschutz. Besonders angebracht ist diese Versicherung daher überall dort, wo Interesse an einer möglichst niedrigen Belastung - also beispielsweise in jungen Familien - besteht. Der niedrige Beitrag wird dabei dadurch erreicht, daß zu Beginn der Versicherung ein großer Teil der Prämie zur Deckung des Todesfallrisikos verbraucht und die Finanzierung der Erlebensfalleistung progressiv in die Zukunft verlagert wird (HAGELSCHUER 1987). Damit verbunden bauen diese Versicherungen zunächst allerdings kein Deckungskapital auf und der Versicherungsnehmer erhält bei einer Kündigung während der ersten Jahre nur den Mindestrückkaufswert zurück.

d) Mittelanlage

Im Hinblick auf die Mittelanlage sind die konventionelle und die fondsgebundene Lebensversicherung zu unterscheiden. In der **konventionellen Lebensversicherung** richtet sich die Verwendung der Gelder nach den Anlagevorschriften der §§ 54 ff. VAG. Die Vermögenswerte setzen sich aus verschiedenen Anlagearten wie beispielsweise Immobilien, Hypotheken, Darlehen und Wertpapieren zusammen. Das Prinzip der Kapitalmischung wird demgegenüber bei der **fondsgebundenen Lebensversicherung** bewußt aufgegeben. Die Mittel fließen in einen als Anlagestock bezeichneten Fonds, der regelmäßig nur wenige Anlagearten enthält. Der Anlagestock wird in Anteileinheiten aufgespalten, wobei sich der Wert eines Anteils aus der Division des Fondsvermögens durch die Anzahl aller Anteileinheiten ergibt. Bei den Fonds handelt es sich normalerweise um thesaurierende Spezialfonds, die entweder von einer Kapitalanlagegesellschaft in enger Zusammenarbeit mit dem Versicherer oder vom Versicherungsunternehmen selbst verwaltet werden. Sofern die Mittel in einen Fonds fließen, dessen Erträge nicht thesauriert werden, führt der Versicherer die ausgeschütteten Beträge dem Anlagestock erneut zu und schreibt den Versicherungsnehmern eine entsprechende Anzahl zusätzlicher Anteileinheiten gut.

Bei der konventionellen Versicherung auf den Todes- und Erlebensfall garantiert das Versicherungsunternehmen, daß das Spar- resp. Deckungskapital unter Berücksichtigung einer Mindestverzinsung von 3,5 % am Ende der Laufzeit die Versicherungssumme erreicht. Während der (Mindest-) Auszahlungsbetrag bei der herkömmlichen Lebensversicherung also eine fest, im voraus bestimmbare Größe ist, hängt der Wert der Sparbeiträge einer fondsgebundenen Lebensversicherung von der Wertentwicklung der Vermögensgegenstände des Anlagestocks ab (HAGELSCHUER 1987).

Der DM-Gegenwert einer fondsgebundenen Versicherung ergibt sich aus der Multiplikation der Zahl der Anteileinheiten mit dem aktuellen Wert einer Anteileinheit. Der Versicherte hat die Chance, durch eine günstige Entwicklung der in einem Fonds vertretenen Vermögensgegenstände einen Wertzuwachs zu erzielen, bei einem Kursrückgang ist jedoch auch ein überproportionaler Wertverlust nicht ausgeschlossen. Das aus der Konstruktion der fondsgebundenen Lebensversicherung resultierende Risiko trägt in jedem Fall der Versicherungsnehmer.

Für die fondsgebundene Lebensversicherung haben sich zwei mit A und B gekennzeichnete Grundmodelle herausgebildet (vgl. Abb. 8.4). Die Höhe des Deckungskapitals wird in beiden Modellen durch die Anzahl der Anteileinheiten und den Wert einer Anteileinheit bestimmt. Unterschiedlich geregelt sind demgegenüber die Höhe der Beiträge und die Zahlungen im Todesfall. Im **Modell A** ist der Beitrag ein fester, unveränderlicher DM-Betrag. Die Menge der Anteileinheiten, die einem Versicherten auf der Basis einer Beitragszahlung gutgeschrieben wird, hängt von der Höhe des erforderlichen Risiko- und Kostenanteils und dem jeweiligen Kurs einer Anteileinheit am Anlagestichtag ab (GREB 1988). Die Risikosumme ergibt sich aus der Differenz zwischen einer vertraglich vereinbarten Mindesttodesfallsumme und dem Zeitwert des Deckungskapitals, wobei die Mindesttodesfallsumme entweder allen während der Vertragsdauer zu zahlenden Beiträgen oder der Versicherungssumme einer herkömmlichen Lebensversicherung entspricht (HAGELSCHUER 1987).

Durch diese Konstruktion nimmt die Wertentwicklung des Anlagestocks auf die Erlebensfalleistung und nur in begrenztem Umfang, sofern das Deckungskapital die Mindesttodesfallsumme übersteigt, auf die Todesfalleistung Einfluß. Im Unterschied zum Modell A beinhaltet das **Modell B** eine vollständige Abkehr von der auf D-Mark lautenden Lebensversicherung. Sowohl die Beiträge als auch die Versicherungsleistungen werden in Anteileinheiten definiert. Da daraus folgt, daß die Beiträge nicht im vorhinein feststehen und eine Todesfalleistung nicht garantiert werden kann, hat sich das Modell B in der Praxis nicht durchgesetzt.

Erstmals eingeführt wurde die fondsgebundene Lebensversicherung Ender der 60er, Anfang der 70er Jahre. Ihre Entwicklung geht auf einen damals zu beobachtenden ständig steigenden Mittelzufluß bei deutschen und ausländischen Investmentfonds zurück. Die Akzeptanz der fondsgebundenen Lebensversicherung war allerdings gering, so daß einige Gesellschaften den Vertrieb wieder einstellten.

Merkmale \ Modell		Modell A	Modell B
Beiträge		DM-Betrag	Anteileinheiten
Leistungen	Deckungskapital	Anteileinheiten	Anteileinheiten
	Risikosumme	DM-Betrag	Anteileinheiten

Abb. 8.4: Modellvarianten der fondsgebundenen Lebensversicherung

Das Interesse wuchs wieder mit der in den 80er Jahren einsetzenden Börsenhausse sowie der Einführung der sogenannten "**Variablen Investmentpolice**". Bei dieser Produktvariante können die Versicherten im Gegensatz zur üblichen fondsgebundenen Lebensversicherung das Verhältnis von Risikoschutz und Kapitalanlage in weiten Grenzen variieren, während der Laufzeit der Versicherung den Fonds wechseln und die Höhe der Beiträge und der Todesfallsumme veränderten Bedürfnissen anpassen. Abgesehen von der Flexibilität liegt jedoch der entscheidende Vorteil der variablen Investmentpolice in der steuerbegünstigten Kapitalanlage, wobei nur ein vergleichsweise geringer Todesfallschutz vereinbart werden muß (HENRY 1989, WOLFF 1988). Ebenso wie bei den anderen Versicherungen auf den Todes- und Erlebensfall sind auch die bei einer fondsgebundenen Lebensversicherung im Versicherungsfall oder bei Ablauf ausgezahlten Beträge einkommensteuerfrei, wenn eine laufende Beitragszahlung vorgesehen ist und eine vereinbarte Vertragslaufzeit von mindestens 12 Jahren - außer im Todesfall - eingehalten wird. Im Unterschied zu einem Großteil der übrigen Lebensversicherungen können jedoch die Beiträge zu einer fondsgebundenen Lebensversicherung nicht als Vorsorgeaufwendungen im Rahmen der Sonderausgaben (§ 10 Abs. 1 Nr. 2b EStG) geltend gemacht werden.

Die staatliche Förderung der Lebensversicherung äußert sich jedoch nicht allein in steuerlichen Vergünstigungen. Vielmehr hat der Gesetzgeber im Jahr 1970 die Lebensversicherung auf den Todes- und Erlebensfall in den Katalog derjenigen Anlageformen aufgenommen, die gemäß dem Vermögensbildungsgesetz besonders gefördert werden. Die Beiträge zu derartigen **Vermögensbildungsversicherungen**, die der Arbeitgeber für den Arbeitnehmer an das Versicherungsunternehmen weiterleiten muß, werden tarifvertraglich gestützt ganz oder teilweise vom Arbeitgeber finanziert, wobei der jährliche Höchstbetrag seit 1984 936 DM beträgt. Vom Staat gefördert wurde die vermögensbildende Lebensversicherung bis 1989 durch die Arbeitnehmer-Sparzulage, die sich ursprünglich auf 30 % des angelegten Betrages (maximal 624 DM im Jahr) belief, wenn bestimmte Einkommenshöchstgrenzen nicht überschritten wurden. Für alle nach dem 31.12.1988 abgeschlossenen Verträge wird jedoch von 1990 an eine Arbeitnehmer-Sparzulage nicht mehr gezahlt. Mit dem Vermögensbildungsgesetz will der Staat die Bildung von Vermögen in Arbeitnehmerhand erleichtern. Aus diesem Grund müssen die Vermögensbildungsversicherungen bestimmte Voraussetzungen erfüllen. Insbesondere

- darf die Mindestvertragsdauer 12 Jahre nicht unterschreiten, wobei eine Verfügung im Todesfall unschädlich ist,
- muß der bei einer vorzeitigen Auszahlung nicht kürzbare Sparanteil bereits im ersten Jahr der Vertragsdauer mindestens 50 % des gezahlten Beitrages ausmachen,
- dürfen die jährlichen Überschußanteile nur zur Erhöhung der Versicherungsleistung verwendet und während der Sperrfrist nicht ausgezahlt werden (HAGELSCHUER 1987).

Außer bei Vermögensbildungsversicherungen kann der Umfang des Versicherungsschutzes einer Lebensversicherung durch den Abschluß einer Unfall- und/oder Berufsunfähigkeits-Zusatzversicherung erweitert werden. Im Vergleich zu den selbständigen Unfall- und Berufsunfähigkeitsversicherungen beinhaltet eine Zusatzversicherung verwaltungstechnische und daraus resultiertend beitragsmäßige Vorteile.

III. Rentenversicherungen

Abgesehen von der Todes- und Erlebensfallversicherung mit mehreren Teilauszahlungen beinhalten Kapitallebensversicherungen nur eine einmalige Leistung des Versicherers. Demgegenüber sind mit Rentenversicherungen jährlich, halbjährlich, vierteljährlich oder monatlich wiederkehrende Zahlungen verbunden. Zu unterscheiden sind die Leibrenten-, die Berufsunfähigkeits- und die Pfegerentenversicherung.

1. Leibrentenversicherung

Die Leibrentenversicherung ist das privatwirtschaftliche Gegenstück zur gesetzlichen Rentenversicherung. Sie garantiert dem Versicherten bis zum Tod ein festes, regelmäßiges Einkommen und eignet sich daher insbesondere für Personen, für die die Hinterbliebenenversorgung nur eine geringere Bedeutung besitzt.

Die Produktvarianten der Leiberentenversicherung weisen in den folgenden Punkten unterschiedliche Ausprägungen aus:

- Im Hinblick auf den Rentenbeginn sind sofort beginnende und aufgeschobene Leibrenten zu differenzieren. Bei **sofort beginnenden Leibrenten**, deren Rentenzahlungen unmittelbar nach dem vereinbarten Versicherungsbeginn einsetzen, müssen die Beiträge bei Vertragsabschluß in einem Betrag gezahlt werden. Vielfach entstehen sofort beginnende Leibrentenversicherungen aus der

Verrentung einer fälligen Kapitallebensversicherung. Leibrentenversicherungen mit **aufgeschobener Rentenzahlung** ermöglichen es dem Versicherten, die erforderlichen Beiträge während eines bestimmten Zeitraums, der sogenannten Aufschubzeit, kontinuierlich anzusammeln (SCHWEBLER 1988a). Häufig ist am Ende der Aufschubzeit die Wahl zwischen der vertraglich vereinbarten Rentenzahlung und einer Kapitalabfindung vorgesehen. Eine bereits laufende Rente kann dagegen im Prinzip nicht in eine Kapitalzahlung umgewandelt werden, da von diesem Recht insbesondere Personen mit ungünstigen Gesundheitsverhältnissen Gebrauch machen würden (Gegenauslese).

- Bei aufgeschobenen Leibrentenversicherungen besteht die Gefahr, daß der Versicherte während der Aufschubzeit stirbt. Um einem Kapitalverlust vorzubeugen, kann daher eine sogenannte **Beitragsrückgewähr** vereinbart werden. Diese beinhaltet beim Tod des Versicherten zwischen Vertrags- und Rentenzahlungsbeginn die Rückerstattung der bereits gezahlten Beiträge.

- Erhebliche Kapitaleinbußen können ebenfalls bei einem frühzeitigen Tod des Versicherten während der Zeit, in der die Rente ausgezahlt wird, eintreten. Vermieden wird dies durch die Vereinbarung einer **Rentengarantie**. Stirbt der Versicherte während der Rentengarantiezeit, die häufig fünf oder zehn Jahre beträgt, erhalten die Hinterbliebenen entweder die restlichen garantierten Renten oder deren diskontierten Wert ausgezahlt.

Auf der Basis dieser Klassifikationskriterien sind insgesamt sechst Produktvarianten denkbar. Am Markt haben sich jedoch nur bestimmte Kombinationen durchgesetzt (vgl. Abb. 8.5), wobei die Leibrentenversicherung mit aufgeschobener Rentenzahlung, Rentengarantie und Beitragsrückgewähr die gebräuchlichste Form ist (HAGELSCHUER 1987).

	Beitragszahlung	**Rentenzahlung**	**Leistung beim Ableben**	
			Aufschubzeit	**Rentenzahlung**
Leibrentenversicherung mit sofort beginnender Rentenzahlung	Einmalbeitrag	Lebenslange Rente	Nicht relevant	Keine
Leibrentenversicherung mit sofort beginnender Rentenzahlung und Rentengarantie	Einmalbeitrag	Lebenslange Rente	Nicht relevant	Gezahlter Beitrag abzüglich bezogener Renten oder Rentenzahlung während der Garantiezeit
Leibrentenversicherung mit aufgeschobener Rentenzahlung	Jahresbeitrag oder Einmalbeitrag	Lebenslange Rente	Keine	Keine
Leibrentenversicherung mit aufgeschobener Rentenzahlung, Beitragsrückgewähr und Rentengarantie	Jahresbeitrag oder Einmalbeitrag	Lebenslange Rente oder Kapitalabfindung bei Rentenbeginn	Rückerstattung der gezahlten Beiträge	Gezahlter Beitrag abzüglich bezogener Renten oder Rentenzahlung während der Garantiezeit

Abb. 8.5: Die wichtigsten Rentenversicherungstarife (in Anlehnung an Bergmann/Schulz 1989)

Zur Versorgung des Ehepartners kann eine Witwen- resp. Witwerrenten-Zusatzversicherung in eine Leibrentenversicherung eingeschlossen werden. Sie umfaßt die Anwartschaft auf eine lebenslängliche

Rente für den Ehepartner des Versicherungsnehmers und beträgt häufig in Anlehnung an die Regelung in der gesetzlichen Rentenversicherung 60 % der ursprünglichen Rentenzahlung. Der Anspruch aus der Zusatzversicherung entsteht mit dem Tod der versicherten Person. Er erlischt, wenn der Ehepartner vor dem Versicherungsnehmer stirbt. Häufig umfaßt die Zusatzversicherung auch eine Waisenrente. Von einer **Pensionsversicherung** wird gesprochen, wenn in einem Vertrag über die Alters- und Hinterbliebenenrente hinaus eine Invaliden- oder Berufsunfähigkeitsrente enthalten ist.

2. Berufsunfähigkeitsversicherung

Die Berufsunfähigkeitsversicherung gewährt Versicherungsleistungen für den Fall, daß der Versicherte während der Vertragsdauer vollständig oder teilweise berufsunfähig wird. Durch die Leistungen des Versicherers soll der gewohnte Lebensstandard gesichert oder eine Umschulung auf einen anderen Beruf finanziert werden (BAYER 1988).

Die **vollständige Berufsunfähigkeit** liegt vor, wenn der Versicherte infolge Krankheit, Körperverletzung oder Kräfteverfalls voraussichtlich dauernd nicht in der Lage ist, seinen Beruf oder eine andere Tätigkeit auszuüben, die er aufgrund seiner Ausbildung und Erfahrung ausüben kann und die seiner bisherigen Lebensstellung entspricht. Sofern diese Voraussetzungen nur in einem bestimmten Ausmaß voraussichtlich dauernd erfüllt sind, handelt es sich um **teilweise Berufsunfähigkeit** (HAGELSCHUER 1987). Das Kriterium der Dauerhaftigkeit gilt als erfüllt, wenn die vollständige oder teilweise Berufsunfähigkeit mindestens sechs Monate ununterbrochen bestanden hat.

Maßgebend für Leistungen der Berufsunfähigkeitsversicherung sind ausschließlich die Folgen einer eingetretenen Gesundheitsbeeinträchtigung für die Berufstätigkeit des Versicherten. Damit unterscheidet sich der Begriff der Berufsunfähigkeit wesentlich vom Invaliditätsbegriff der Unfallversicherung, der lediglich auf eine medizinisch begründete Invalidität abstellt. Die medizinische Feststellung eines die Berufstätigkeit beeinträchtigenden Leidens löst für sich genommen noch keine Zahlungen der Berufsunfähigkeitsversicherung aus. Ausschlaggebend ist vielmehr, ob und in welchem Umfang der Versicherte weiterhin seinen Beruf oder eine andere zumutbare Tätigkeit ausüben kann (HAGELSCHUER 1987). Gegenstand der Berufsunfähigkeitsversicherung ist dabei die Tätigkeit des Versicherten bei Eintritt der Berufsunfähigkeit und nicht ein früher ausgeübter Beruf oder ein Ausbildungsziel.

Die Berufsunfähigkeitsversicherung wird zum einen als Zusatzversicherung, zum anderen als selbständige Versicherung angeboten. Während die Berufsunfähigkeits-Zusatzversicherung den durch eine sonstige Lebensversicherung gegebenen Versicherungsschutz um das Berufsunfähigkeitsrisiko ergänzt, beruht die selbständige Berufsunfähigkeitsversicherung auf einem eigenständigen Versicherungsvertrag. Die Grundleistung einer Berufsunfähigkeits-Zusatzversicherung besteht regelmäßig in der Beitragsbefreiung für die Hauptversicherung. Ebenso wie bei der selbständigen Berufsunfähigkeitsversicherung kann darüber hinaus für den Versicherungsfall die Zahlung einer laufenden Rente vereinbart werden. Folgende Varianten werden dabei von den Versicherungsunternehmen angeboten:

- Bei der **50 %-Regelung** wird ab einem Berufsunfähigkeitsgrad von 50 % die volle und bei einem niedrigeren Grad keine Leistung fällig. Da im Versicherungsfall die Bestimmung eines exakten Prozentsatzes naturgemäß schwierig ist, sind Meinungsverschiedenheiten nicht auszuschließen, wenn der Grad der Berufsunfähigkeit in der Nähe von 50 % liegt (BAYER 1988).

- Bei der **Staffelregelung** zahlt die Versicherung bei einer Berufsunfähigkeit von mehr als 75 % (66 2/3 %) die volle Rente und bei einer Berufsunfähigkeit von mindestens 25 % (33 1/3 %) einen dem Grad der Berufsunfähigkeit entsprechenden Betrag.

Leistungen aus der Berufsunfähigkeitsversicherung werden frühestens ab dem 15. Lebensjahr und bei Männern (Frauen) längstens bis zum 65. (60.) Lebensjahr erbracht. Im Falle von Berufsunfähigkeits-Zusatzversicherungen beträgt die jährliche Rente bei Kapitallebensversicherungen maximal 24 % der Versicherungssumme und im Zusammenhang mit Rentenversicherungen höchstens 100 % der vereinbarten Leibrente (HAGELSCHUER 1987).

Seit einigen Jahren bieten verschiedene Versicherungsunternehmen die Berufsunfähigkeits-Zusatzversicherung incl. eines Umtauschrechtes an. Hierdurch kann die zusammen mit einer kapitalbildenden Lebensversicherung abgeschlossene Berufsunfähigkeits-Zusatzversicherung, sofern noch keine Leistungen fällig geworden sind, in eine zusätzliche Versicherungssumme umgetauscht werden.

Das Risiko der Berufsunfähigkeit wird allgemein in der selbständigen Versicherung höher als in der Berufsunfähigkeits-Zusatzversicherung veranschlagt. Daher gelten für die selbständige Berufsunfähigkeitsversicherung zusätzliche Vorsorgemaßnahmen, beispielsweise eine sorgfältige Risikoprüfung, die Vereinbarung von Sicherheitszuschlägen und die Möglichkeit, die Prämien auch bei bestehenden Versicherungen erhöhen zu können. Da die Verwaltung eines gesonderten Vertrages zudem höhere Kosten mit sich bringt, liegt das Beitragsniveau der selbständigen Berufsunfähigkeitsversicherung erheblich über dem der Zusatzversicherung.

3. Pflegerentenversicherung

Vor dem Hintergrund eines erheblichen Wachstums der Pflegekosten wurde Mitte 1985 von den Kranken- und den Lebensversicherungsunternehmen mit der Pflegeversicherung eine neue Versicherungsform am deutschen Markt eingeführt. Dabei bieten die privaten Krankenversicherer die Pflegekrankenversicherung und die privaten Lebensversicherungsunternehmen die Pflegerentenversicherung an.

Bezugsgröße der Pflegerentenversicherung ist die Pflegebedürftigkeit. Diese liegt in Anlehnung an das Bundessozialhilfegesetz vor, wenn die versicherte Person so hilflos ist, daß sie für die gewöhnlichen und regelmäßig wiederkehrenden Verrichtungen im Ablauf des täglichen Lebens täglich der Hilfe einer anderen Person bedarf (BOHN/HELBIG 1988).

Die Höhe der Pflegerente hängt von der Schwere der Pflegebedürftigkeit ab. Die Pflegebedürftigkeit wiederum wird über drei sogenannte Pflegeintensitäten bzw. Pflegestufen gemessen, wobei auf der niedrigsten Stufe 40 %, auf der mittleren Stufe 70 % und auf der höchsten Stufe 100 % der vereinbarten Pflegerente gezahlt werden. Die Zuordnung eines Pflegefalls zu einer Pflegestufe richtet sich nach der Anzahl bestimmter Verrichtungen, die nicht ohne fremde Hilfe ausgeführt werden können. Ein Leistungsanspruch entsteht erst dann, wenn für mindestens drei Verrichtungen eine andere Person eingeschaltet werden muß. Neben der Pflegerente, die im übrigen unabhängig davon gezahlt wird, ob die Pflege durch Familienangehörige erfolgt oder ein Heimaufenthalt notwendig ist, enthält die Pflegerentenversicherung ab einem bestimmten Zeitpunkt - z.B. dem 80. oder 85. Lebensjahr - eine Altersrente der höchten Pflegestufe sowie eine Todesfalleistung in Höhe von zwei oder drei Jahrespflegerenten, auf die jedoch bereits geleistete Pflegerenten angerechnet werden (HAGELSCHUER 1987).

Die Zahlung der Beiträge einer Pflegerentenversicherung kann einmalig oder laufend erfolgen. Sofern Anspruch auf eine Pflegerente besteht, entfällt die Pflicht zur Beitragszahlung. Bei Einführung der Pflegerentenversicherung lagen ausreichende inländische Untersuchungen über die Pflegebedürftigkeit nicht vor. Daher stützt sich die Prämienberechnung derzeit auf einer zweijährigen Befragung von über 200.000 Personen in den USA (BOHN/HELBIG 1988). Vor dem Hintergrund unzureichender Erfahrungen mit dem Pflegefallrisiko, der begrenzten Aussagekraft des statistischen Materials und der erheblichen Unsicherheiten bezüglich der weiteren Entwicklung der Pflegekosten ist unter bestimmten Voraussetzungen auch für bestehende Versicherungen eine Beitragserhöhung möglich.

LITERATURHINWEISE:

BAYER, G. (1988)
BOHN, K./HELBIG, M. (1988)
DOMMERMUTH, T. (1991)
GREB, W. (1988)
HAGELSCHUER, P. (1987)
MOHR, H.-H./HOFMANN, H. (1965)
SCHULZ, H. (1988)
SCHWEBLER, R. (1988)
SCHWEBLER, R. (1988a)

C. Kalkulation und Überschußbeteiligung

I. Kalkulationsgrundsätze

Zur Kalkulation einer Lebensversicherung werden die vom Versicherer beim Eintritt des Versicherungsfalles zu erbringenden Leistungen den Leistungen des Versicherungsnehmers gegenübergestellt, wobei die Kosten zunächst unberücksichtigt bleiben. Leistung und Gegenleistung sind jedoch nicht unmittelbar miteinander vergleichbar, da sie zu unterschiedlichen Zeitpunkten anfallen. Um die Vergleichbarkeit zu erreichen, müssen die Versicherungsleistungen und Beiträge auf einen einheitlichen Zeitpunkt bezogen werden. Als Bezugszeitpunkt wird üblicherweise der Beginn der Versicherung herangezogen, so daß sowohl die Leistungen des Versicherungsunternehmens als auch die Beiträge des Versicherungsnehmers auf diesen Zeitpunkt abzuzinsen sind. Der bei der Abzinsung resp. Diskontierung verwendete Zinsfuß wird als **Rechnungszinsfuß** bezeichnet (HAGELSCHUER 1987).

Während bei einem Sparvertrag die Anzahl der Sparraten und der Auszahlungszeitpunkt im vorhinein feststehen, sind bei einer Lebensversicherung die Beitragszahlungsdauer und der Zeitpunkt, an dem die Versicherungsleistung zu erbringen ist, ungewiß. Der Ungewißheit wird bei der Diskontierung Rechnung getragen, indem die einzelnen Prämienzahlungen und die Leistungen des Versicherungsunternehmens mit den Wahrscheinlichkeiten, daß diese Zahlungen erfolgen, gewichtet werden. Die wichtigste bei der Kalkulation einer Lebensversicherung verwendete Wahrscheinlichkeitsordnung ist die **Sterbetafel**.

Die Summe der diskontierten und gewichteten Beiträge ergibt den Erwartungswert der Beiträge, entsprechend führt die Abzinsung und Gewichtung der Zahlungen des Versicherers zum Erwartungswert der Versicherungsleistungen. Die Kalkulation einer Lebensversicherung beruht nun auf der Bedingung, daß der Erwartungswert der Beiträge dem Erwartungswert der Versicherungsleistungen entspricht. Dieses sog. **Äquivalenzprinzip** der Lebenversicherung wird häufig auch folgendermaßen beschrieben: **Barwert der künftigen Beiträge = Barwert der künftigen Versicherungsleistungen**. Da in die Kalkulation einer Lebensversicherung Wahrscheinlichkeitsziffern einfließen, gilt das Äquivalenzprinzip nicht für einen einzelnen Vertrag. Stirbt beispielsweise bei einer gemischten Versicherung der Versicherungsnehmer kurz nach dem Beginn des Versicherungsverhältnisses, so steht den bis zu diesem Zeitpunkt erbrachten Versicherungsprämien eine wesentlich größere vom Versicherer zu leistende Versicherungssumme gegenüber. Das Äquivalenzprinzip hat daher nur für eine große Gesamtheit von Versicherten Gültigkeit.

Der auf der Basis des Äquivalenzprinzip ermittelte Beitrag, der auch als Nettobeitrag bezeichnet wird, enthält keine Betriebskosten. Um den vom Versicherungsnehmer tatsächlich zu leistenden Bruttobeitrag zu bestimmen, muß der Nettobeitrag um Zuschläge für **Abschluß- und laufende Verwaltungskosten** erhöht werden.

Als **Rechnungsgrundlagen** werden die wesentlichen den Versicherungsbeitrag bestimmenden Determinanten bezeichnet. Zu den Rechnungsgrundlagen der Lebensversicherung gehören der Rechnungszinsfuß, die Wahrscheinlichkeitstafeln und die Kostenzuschläge. Die auf diesen Rechnungsgrundlagen beruhenden Grundsätze zur Berechnung der Prämien gehören ebenso wie die Tarife selbst nach § 11 VAG zum Geschäftsplan eines Lebensversicherungsunternehmens und bedürfen daher der Genehmigung durch die Aufsichtsbehörde. Aufgrund bestimmter Mindestanforderungen des BAV an die Prämienkalkulation hat sich im Laufe der Zeit ein unteres Beitragsniveau herausgebildet, das nach der Ansicht des Aufsichtsamtes nicht unterschritten werden sollte (STÖFFLER 1984). Da gleichzeitig der Wettbewerbsdruck auf den Märkten dafür sorgt, daß die Beiträge eine bestimmte Höhe nicht überschreiten, verlangen nahezu alle Lebensversicherer in etwa die **gleiche Prämie**.

Die errechneten Beiträge sind mit wenigen Ausnahmen fest vereinbart, d.h. sie können ohne ausdrückliche Zustimmung des Versicherungsnehmers nicht mehr geändert werden. Ferner weisen Lebensversicherungsverträge im allgemeinen eine sehr lange Laufzeit auf. So betrug die durchschnittliche Versicherungsdauer im Jahre 1987 28,2 Jahre. Demgegenüber unterliegen die Rechnungsgrundlagen im Zeitablauf Veränderungen. Insbesondere vor dem Hintergrund der langen Laufzeiten kann die künftige Entwicklung der Zinsstruktur, der Todesfallhäufigkeit und der Kostensituation kaum abgeschätzt werden (SCHWEBLER 1988). Die Rechnungsgrundlagen müssen aus diesem Grund ausreichende **Sicherheitszuschläge** enthalten, damit die zugesagten Versicherungsleistungen auch bei einer ungünstigen Entwicklung erbracht werden können.

Diese bezogen auf die heutige Situation vorsichtige Kalkulation führt bei den Lebensversicherungsunternehmen zu beträchtlichen **Überschüssen**. Um die Interessen der Versicherungsnehmer zu wahren, verlangt das Bundesaufsichtsamt für das Versicherungswesen, daß mindestens 90 % der Überschüsse an die Versicherungsnehmer zurückerstattet werden. Damit ist die Lebensversicherung unter Berücksichtigung der Überschußbeteiligung zum einen durch ein **variables Preis-/Leistungsverhältnis** gekennzeichnet, das von der Ertragssituation bei den Kapitalanlagen, der Risikoentwicklung des Versicherungsbestandes und der Höhe der Betriebskosten des Versicherers abhängt (HAGELSCHUER 1987). Zum anderen setzt das Verständnis des betriebswirtschaftlichen Gehalts einer Lebensversicherung die Kenntnis der wesentlichen Strukturelemente des Überschußbeteiligungssystems voraus. Im Mittelpunkt steht daher im folgenden der Prozeß der Ermittlung und Verteilung der Überschüsse eines Lebensversicherungsunternehmens, wobei zunächst auf die Rechnungsgrundlagen genauer eingegangen werden soll. Die Ausführungen konzentrieren sich dabei auf den gebräuchlichsten Lebensversicherungstyp, nämlich die (gemischte) Versicherung auf den Todes- und Erlebensfall.

II. Determinanten der Lebensversicherungsprämie

1. Rechnungszins

Die Lebensversicherungsgesellschaften benötigen nur einen Teil ihrer Prämieneinnahmen für sofortige Schadenzahlungen und zur Deckung der Betriebskosten. Den übrigen Teil legen sie verzinslich an, um daraus die später fälligen Verpflichtungen erfüllen zu können. Die aus den Kapitalanlagen resultierenden Erträge werden in Höhe des Rechnungszinsfußes **bereits bei der Prämienbestimmung** in Rechnung gestellt. Dadurch erreichen die vom Versicherungsnehmer erbrachten Sparleistungen nur unter Berücksichtigung einer Verzinsung mit diesem Rechnungszins zum Vertragsende exakt die Versicherungssumme.

Die Integration eines Zinssatzes in die Prämienkalkulation führt im Vergleich zur pauschalen Verteilung der Versicherungssumme auf den Versicherungszeitraum zu einer Verringerung der Beiträge. Dabei ist der prämienreduzierende Effekt umso größer

- je höher der Rechnungszinsfuß ist und
- je weiter die Zeitpunkte der Beitragszahlungen und der voraussichtlichen Versicherungsleistungen auseinanderfallen.

Wie sich diese Bestimmungsfaktoren auf das Beitragsniveau auswirken, verdeutlicht die nachstehende Abb. 8.6, in der für verschiedene Zinssätze und Vertragslaufzeiten die Jahresbeiträge einer gemischten Versicherung (Eintrittsalter 30 Jahre, Versicherungssumme 1.000 DM) angegeben werden, wobei die übrigen Rechnungsgrundlagen den ab 1987 in Deutschland allgemein verwendeten Werten entsprechen (HAGELSCHUER 1987). Es ist ersichtlich, daß die Beiträge mit steigendem Rechnungszinsfuß sinken. Ein besonders hohes Niveau erreichen die relativen Beitragsermäßigungen bei langen Vertragslaufzeiten. So sinkt der Beitrag bei einer Erhöhung des Rechnungszinsfußes von 3 % auf 3,5 % und einer Vertragsdauer von 10 Jahren um 2,4 %, bei einer Laufzeit von 40 Jahren dagegen um knapp 6 %.

Rechnungszinsfuß %	Versicherungsdauer in Jahren			
	10	20	30	40
3	96,71	45,36	29,37	22,63
3,5	94,41	43,46	27,78	21,29
4	92,16	41,66	26,31	20,08
4,5	89,98	39,94	24,95	19,00
5	87,85	38,31	23,70	18,03
5,5	85,78	36,77	22,55	17,18
6	83,77	35,32	21,50	16,42

Abb. 8.6: Jahresbeiträge einer Versicherung auf den Todes- und Erlebensfall (Quelle: Hagelschuer 1987, S. 119)

Um den zur Erreichung der Versicherungssumme beim Vertragsablauf notwendigen Beitrag zu ermitteln, ist im Endeffekt allerdings nicht die Abzinsung der Leistungen und Gegenleistungen mit einem pauschalen, allgemeingültigen Rechnungszins, sondern mit dem bei den Kapitalanlagen in jedem Versicherungsjahr erzielbaren Zinssatz erforderlich. Jedoch würde zum einen durch den Ansatz eines variablen Zinssatzes die Rechnung erheblich erschwert, zum anderen läßt sich die künftige Ertragsentwicklung nicht mit der erforderlichen Genauigkeit abschätzen. Daher wird in der Lebensversicherung von einem während der Vertragslaufzeit konstanten Zinssatz ausgegangen.

Der Rechnungszins repräsentiert aufgrund seiner Berücksichtigung in der (unveränderlichen) Prämie die den Versicherungsnehmern **garantierte Verzinsung**. Da in seiner Höhe folglich Kapitalanlageerträge erzielt werden müssen, fixiert er die Rahmenbedingungen der Kapitalanlagepolitik eines Lebensversicherungsunternehmens und ist nur so hoch festzulegen, daß die in den kommenden Jahren erzielten Einnahmen die technisch vorgesehenen im Durchschnitt mindestens erreichen. Begründet in diesen Sicherheitsanforderungen betrug der Rechnungszins in Deutschland über eine lange Zeit nur 3 %. Er wurde erst zusammen mit der Tarifreform des Jahres 1987 auf **3,5 %** angehoben.

Durch die Erhöhung des Rechnungszinsfußes kann ein potentieller Versicherungsnehmer eine höhere Versicherungssumme bei unveränderter Prämie versichern oder die vorgesehene Versicherungssumme mit einem geringeren Beitrag realisieren. Dabei geht mit der Zunahme des technischen Zinsfußes keine zwangsläufige Leistungssteigerung einher, denn in dem Umfang, in dem die garantierten Versicherungsleistungen steigen, sinken die in Aussicht gestellten Überschußanteile. Der im Vergleich zum Durchschnittsertrag vieler Lebensversicherer vergleichsweise niedrige Rechnungszins kann im übrigen als realer Kapitalmarktzins interpretiert werden, der bei einer langfristigen Betrachtung etwa 3 % betrug. Die Differenz zum tatsächlichen Ertragssatz, der den Versicherungsnehmern über die Überschußbeteiligung gutgebracht wird, stellt bei dieser Interpretation eine Entschädigung für den Kaufkraftverlust dar (ACKERMANN 1985).

2. Sterbetafel

Die für die Berechnung der Beiträge erforderlichen Wahrscheinlichkeitsziffern werden den sog. Sterbetafeln oder Ausscheideordnungen entnommen. Unter einer Sterbetafel ist ein mathematisches Modell zu verstehen, daß den **Abbau einer Personengesamtheit** beschreibt. Sie gibt in tabellarischer Form darüber Auskunft, wieviele Personen aus einer bestimmten Grundgesamtheit das nächste, das übernächste und die folgenden Jahre erreichen (MOHR/HOFMANN 1965).

Die erste Sterbetafel wurde von dem englischen Astronomen Edmond Halley (1656 - 1742) aufgestellt. Halley konstruierte die im Jahre 1693 veröffentlichte Sterbetafel mittels Geburts- und Totenlisten der Stadt Breslau, die vom dortigen Pastor C. Neumann in den Jahren 1687 bis 1691 aufgezeichnet worden waren. Heutzutage beruhen die Sterbetafeln auf umfangreichen Bevölkerungsstatistiken, wobei zum einen differenzierte Informationen über die Geburten, die Todesfälle und die Zu- und Fortzüge erforderlich sind, zum anderen die nach dem Alter aufgegliederten Bestände aller Lebenden bekannt sein müssen. Die Bestandsdaten werden im Zuge von Volkszählungen ermittelt, woraus folgt, daß die Erarbeitung einer neuen Sterbetafel in der Regel eine Gesamterhebung der Zahl und der Struktur der Bevölkerung voraussetzt. Eine auf diese Weise ermittelte Sterbetafel wird als **Bevölkerungs- oder Periodensterbetafel** bezeichnet. Generell ebenfalls denkbar ist die Aufstellung einer **Generationssterbetafel**. Diese besitzt jedoch keine praktische Bedeutung, da zu ihrer Entwicklung eine Generation solange zu beobachten ist, bis alle Personen des ausgewählten Geburtsjahrgangs gestorben sind (HAGELSCHUER 1987).

Zur Aufstellung einer Bevölkerungssterbetafel wird zu einem bestimmten Zeitpunkt für jedes Alter die Anzahl der Lebenden ermittelt. Daneben ist für alle Altersstufen die Menge der Sterbefälle innerhalb eines Untersuchungszeitraums festzustellen. Obwohl der beobachtete Zeitraum zur Beseitigung zufälliger Schwankungen üblicherweise mehrere Jahre umfaßt, weisen die aus der Verknüpfung der Todesfälle und der Lebenden resultierenden Wahrscheinlichkeiten häufig deutliche Unregelmäßigkeiten auf. Um ein möglichst wirklichkeitsnahes Bild des Sterblichkeitsverlaufs zu erhalten, werden daher diese sog. **rohen Sterbewahrscheinlichkeiten** mittels graphischer, mathematischer oder mechanischer Ausgleichsverfahren geglättet und dadurch in sog. **ausgeglichene Sterbewahrscheinlichkeiten** verwandelt. Graphische Ausgleichsverfahren glätten dabei durch einen Kurvenzug; im Rahmen analytischer Ausgleichsverfahren werden die Beobachtungswerte formelmäßig, z.B. durch eine Parabel höherer Ordnung approximiert. Mechanische Verfahren arbeiten schließlich mit gleitenden Durchschnitten aus Rohwerten benachbarter Altersklassen.

Die von den Lebensversicherern für neue Verträge ab 1987 verwendeten Sterbetafeln gibt auszugsweise die nachstehende Abb. 8.7 wieder. Die Tafeln enthalten die folgenden Daten (MOHR/HOFMANN 1965):

- die Altersskala (x/y) in vollendeten Lebensjahren von Null bis 100,
- die zu jedem Alter x/y gehörende Anzahl der Personen, welche von einem angenommenen Anfangsbestand von 1.000.000 Personen den x/y-ten Geburtstag erleben bzw. das x/y-te Lebensjahr vollenden (l),
- für jedes Alter die während eines Jahres, d.h. zwischen dem Alter x/y und x/y+1 Gestorbenen (d),
- für jedes Alter die Sterbewahrscheinlichkeit einer x/y-jährigen Person, d.h. die Wahrscheinlichkeit, zwischen dem Alter x/y und x/y+1 zu sterben (q).

Bei den in der Sterbetafel angegebenen Wahrscheinlichkeiten handelt es sich um ausgeglichene und modifizierte Werte. Die aus Sicherheitsgründen vorgenommene **Modifikation** besteht dabei darin, daß für die Sterbewahrscheinlichkeit der x/y-jährigen die Sterbewahrscheinlichkeit der x/y+1-jährigen Person, mindestens jedoch ein um 0,5 ‰ höherer Wert verwendet wird. Eine für Männer und Frauen unterschiedliche Sterbetafel existiert erst seit 1987. Bis 1977 wurde für die versicherten Frauen die Sterbetafel der Männer verwendet, anschließend floß die geringere Frauensterblichkeit über ein um drei Jahre verringertes Eintrittsalter in die Kalkulation ein.

Die Sterbetafeln liefern Wahrscheinlichkeiten für die Sterblichkeit der gesamten Bevölkerung. Eine Übertragung dieser Ziffern auf die Versicherten eines Lebensversicherungsunternehmens ist jedoch nur dann unproblematisch, sofern die Zusammensetzung des Versichertenbestandes dem Querschnitt der Gesamtbevölkerung entspricht. Da eine derartige Strukturgleichheit jedoch nur in Ausnahmefällen vorliegt, weichen die tatsächlichen Werte von den kalkulierten Todesfällen ab. Durchweg kann dabei davon ausgegangen werden, daß die Versichertensterblichkeit niedriger als die der Gesamtbevölkerung ist. Die Ursachen hierfür liegen

- zum einen in der von den Versicherern bei Antragstellung durchgeführten **Risikoauslese**, durch die überwiegend gesunde Personen Lebensversicherungen abschließen,
- zum anderen in dem häufig überdurchschnittlichen **Lebensstandard** der Versicherten, der sich im allgemeinen positiv auf den Sterblichkeitsverlauf auswirkt (HAGELSCHUER 1987).

Zur exakten Ermittlung der notwendigen Prämien müßten daher spezielle Versichertensterbetafeln herangezogen werden. Eine aktuelle deutsche Versichertensterbetafel liegt jedoch nicht vor.

Sterbetafel Männer				**Sterbetafel Frauen**			
x	l_x	d_x	$1000 * q_x$	y	l_y	d_y	$1000 * q_y$
.				.			
.				.			
.				.			
30	958963	1899	1,98	30	968083	1317	1,36
31	957064	1905	1,99	31	966766	1353	1,40
32	955159	1910	2,00	32	965413	1410	1,46
33	953249	1916	2,01	33	964003	1485	1,54
34	951333	1922	2,02	34	962518	1559	1,62
35	949411	2032	2,14	35	960959	1634	1,70
36	947379	2179	2,30	36	959325	1736	1,81
37	945200	2344	2,48	37	957589	1839	1,92
38	942856	2546	2,70	38	955750	1940	2,03
39	940310	2755	2,93	39	953810	2041	2,14
40	937555	2981	3,18	40	951769	2151	2,26
41	934574	3206	3,43	41	949618	2279	2,40
42	931368	3455	3,71	42	947339	2425	2,56
43	927913	3730	4,02	43	944914	2599	2,75
44	924183	4029	4,36	44	942315	2780	2,95
45	920154	4371	4,75	45	939535	2988	3,18
46	915783	4771	5,21	46	936547	3222	3,44
47	911012	5275	5,79	47	933325	3472	3,72
48	905737	5824	6,43	48	929853	3747	4,03
49	899913	6407	7,12	49	926106	4056	4,38
50	893506	7005	7,84	50	922050	4371	4,74
51	886501	7597	8,57	51	917679	4717	5,14
52	878904	8200	9,33	52	912962	5058	5,54
53	870704	8820	10,13	53	907904	5411	5,96
54	861884	9498	11,02	54	902493	5785	6,41
55	852386	10254	12,03	55	896708	6178	6,89
56	842132	11116	13,20	56	890530	6626	7,44
57	831016	12083	14,54	57	883904	7213	8,16
58	818933	13119	16,02	58	876691	7881	8,99
59	805814	14207	17,63	59	868810	8601	9,90
60	791607	15294	19,32	60	860209	9350	10,87
.				.			
.				.			
.				.			

Abb. 8.7: Sterbetafel 1986 Männer/Frauen (Quelle: Hagelschuer 1987)

3. Kostenzuschläge

Durch die Bereitstellung des Versicherungsschutzes entstehen beim Versicherer vielfältige Betriebskosten. Diese werden seit jeher in Abschluß- und laufende Verwaltungskosten unterschieden und in Form einer **differenzierten Zuschlagskalkulation** in die Beiträge eingerechnet. Zur Bemessung der während der gesamten Laufzeit nicht veränderbaren Zuschläge hat das Aufsichtsamt interne Richtlinien aufgestellt, die ebenso wie die Rechnungsgrundlagen Zins und Sterbetafel dem Sicherheitsbedürfnis Rechnung tragen und nur in Ausnahmefällen, z.B. einem fehlenden Außendienst, unterschritten werden dürfen.

Die **Abschlußkosten** resultieren aus denjenigen Tätigkeiten, die mit dem Abschluß neuer Versicherungen in Zusammenhang stehen (ACKERMANN 1985). Der überwiegende Teil der Abschlußkosten ist den sog. **äußeren** Abschlußkosten zuzurechnen. Er umfaßt im wesentlichen die Provisionszahlungen für die selbständigen Mitarbeiter, die Gehälter für den angestellten Außendienst sowie die Kosten der Geschäftsstellen (HAGELSCHUER 1987). Zu den **inneren** Abschlußkosten gehören zunächst alle mit der Antragsbearbeitung einhergehenden Aufwendungen wie z.B. die Kosten der Gesundheitsprüfung und der Policierung, daneben rechnen zu dieser Kostenkategorie jedoch auch die Aufwendungen für die Aus- und Weiterbildung des Außendienstes, für die Werbung und für die Entwicklung neuer Versicherungsprodukte.

Die Abschlußkosten fallen mit dem Vertragsabschluß an und wären vom Versicherungsnehmer im Prinzip zusammen mit dem ersten Jahresbeitrag zu entrichten. Um zum einen eine konstante Prämie anbieten zu können sowie zum anderen einen erheblich höheren ersten Beitrag zu vermeiden, übernimmt zunächst das Lebensversicherungsunternehmen die gesamten Abschlußkosten und rechnet dafür einen **Abschlußkostenzuschlag** in die Prämie ein, der diese Vorleistung des Versicherers bis zum Ende der Vertragslaufzeit tilgen soll (STÖFFLER 1984).

Der Abschlußkostenzuschlag besteht aus zwei additiven Komponenten, nämlich dem Zillmer- und dem Amortisationszuschlag. In Höhe des **Zillmersatzes** dürfen die Lebensversicherer Forderungen aus Abschlußkosten aktivieren und dadurch einen Teil der insbesondere in stark expansiven Zeiten die Erfolgsrechnung erheblich belastenden Abschlußkosten erfolgsmäßig neutralisieren. Um eine zu große Belastung der Versicherten mit Abschlußkosten zu vermeiden, ist der maximale Verrechnungssatz vom Aufsichtsamt auf **35 ‰** festgesetzt worden. In Höhe dieser 35 ‰ besitzt das Versicherungsunternehmen eine Forderung gegenüber dem Versicherten, die dieser kalkulatorisch während der gesamten Vertragslaufzeit tilgt. Bilanziell werden die aktivierten Abschlußkosten dagegen nicht kontinuierlich, sondern bereits in den ersten Jahren mit den gezahlten Prämien, d.h. also auch mit den kalkulierten Sparanteilen verrechnet, wobei die sofortige Kürzung der Prämie allerdings durch den Umfang, in dem ein geschäftsplanmäßig festgelegter Garantiewert gebildet werden muß, begrenzt wird.

Der Zillmersatz deckt im allgemeinen nicht die gesamten Abschlußkosten. Zur Tilgung der übrigen Kosten muß daher seit 1987 ein **Amortisationszuschlag** in die Prämie eingerechnet werden, der sich auf durchschnittlich 1 ‰ der Versicherungssumme beläuft (HAGELSCHUER 1987). Eine Aktivierung der diesem Zuschlag gegenüberstehenden Kosten ist nicht möglich. Auch der Amortisationszuschlag führt häufig nicht zu einer vollständigen Deckung der Abschlußkosten. Es entstehen daher sog. **überrechnungsmäßige Abschlußkosten**, denen kein planmäßiger Ertrag gegenübersteht (vgl. Abb. 8.8).

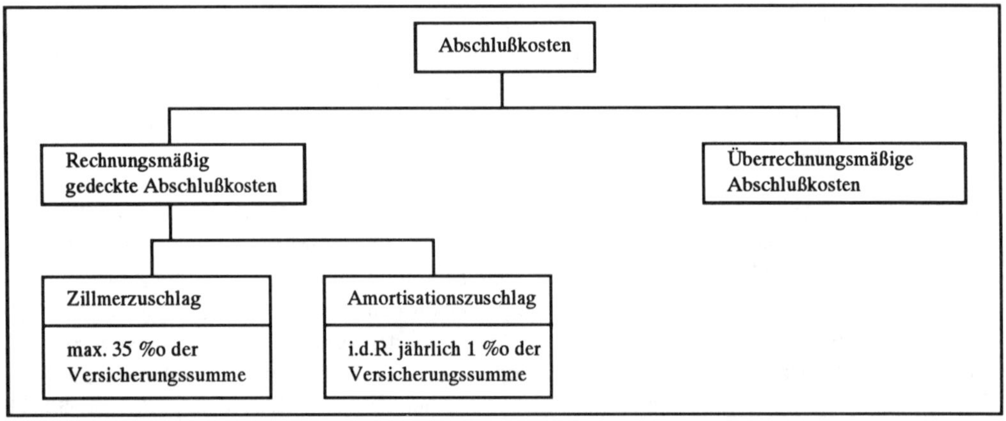

Abb. 8.8: Struktur der Abschlußkostenzuschläge

Die **laufenden Verwaltungskosten** resultieren u.a. aus dem Beitragsinkasso, der Bestandsführung, der Korrespondenz mit Kunden, Berechnungen zur Überschußbeteiligung sowie Jahresabschlußarbeiten. Daneben sind den laufenden Verwaltungskosten jedoch auch alle Aufwendungen im Zusammenhang mit Vertragsbeendigungen durch Kündigung, Eintritt des Versicherungsfalles und Ablauf der Versicherung zuzurechnen. Der Deckung dieser Kosten dienen folgende, jährlich zu erbringende Zuschläge (CLAUS 1986, HAGELSCHUER 1987):

- Durch den **Stückkostenzuschlag K** sollen diejenigen Verwaltungskosten abgedeckt werden, die unabhängig von der Höhe der Versicherungssumme anfallen. Der Stückkostenzuschlag beträgt pro Beitragszahlungsjahr 24 DM.

- Der **β–Kostenzuschlag** diente ursprünglich dem Ausgleich der Inkassokosten. Da der Beitragseinzug heutzutage nicht mehr über die Versicherungsvertreter, sondern wesentlich kostengünstiger über Kreditinstitute erfolgt, wird der β–Kostenzuschlag vom Aufsichtsamt nunmehr als Gemeinkostenzuschlag interpretiert. Er beträgt bei Versicherungen mit laufender Beitragszahlung je nach Höhe des γ-Kostenzuschlages 3 % bzw. 6 % des Bruttobeitrages.

- Der **γ–Kostenzuschlag** hängt von der Höhe der Versicherungssumme ab und beläuft sich bei einem Stückkostenzuschlag von 24 DM und einem β-Kostenzuschlag von 3 % auf 1 ‰ (K = 24 DM, β = 6 %, γ = 0). Bei Lebensversicherungen mit großen Versicherungssummen würde der γ-Kostenzuschlag ein absolut hohes Niveau erreichen. Er wird daher auf eine mittlere Versicherungssumme bezogen. Bei Versicherungen mit kleinen bzw. großen Versicherungssummen erfolgt eine Korrektur des γ-Kostenzuschlages durch Summenzu- oder Summenabschläge .

Während die Rechnungsgrundlagen Zins und Sterbetafel auf sehr vorsichtigen Annahmen beruhen und im allgemeinen bei den Versicherern zu Überschüssen führen, reichen die kalkulierten Kostenaufschläge i.d.R. zur Deckung der Abschluß- und laufenden Verwaltungskosten nicht voll aus. Die Ermittlung der Über- bzw. Unterdeckungen ist die erste Stufe des Überschußbeteiligungssystems, auf das nachfolgend näher eingegangen wird.

III. Struktur des Überschußbeteiligungssystems

Durch die Überschußbeteiligung werden zuviel erhobene Beiträge an die Versicherten zurückgezahlt. Die einzelne Versicherung ist daher in dem Umfang am Überschuß zu beteiligen, in dem sie zu seiner Entstehung beigetragen hat. In einem ersten Schritt müssen dazu die beim Versicherer entstandenen Gewinne und Verluste nach ihren Ursachen untersucht werden, wobei für jede Rechnungsgrundlage die Differenz zwischen der tatsächlichen Entwicklung und der unterstellten Situation festzustellen ist. Die ermittelten Überschüsse bzw. Defizite sind im Anschluß daran auf die einzelnen Versicherungen zu verteilen und im letzten Schritt des Abrechnungsprozesses den Versicherten gutzuschreiben. Der im folgenden erläuterte Zerlegungs- und Abrechnungsprozeß beruht auf dem vom Bundesaufsichtsamt für das Versicherungswesen veröffentlichten Muster zum Gesamtgeschäftsplan für die Überschußbeteiligung. Dabei wird die Aufspaltung des Überschusses in den Nachweisungen 211 bis 219 im einzelnen dargestellt.

1. Überschußquellen

Der Überschuß eines Lebensversicherungsunternehmens kann insbesondere in das Kapitalanlage-, das Risiko- und das Kostenergebnis zerlegt werden.

a) Kapitalanlageergebnis

Das Kapitalanlageergebnis ist die Differenz zwischen den tatsächlichen Vermögenserträgen und den Zinsen, die den Versicherten rechnungsmäßig gutgeschrieben werden. Es setzt sich aus dem Zinsergebnis und dem Übrigen Ergebnis aus Kapitalanlagen zusammen, wobei das **Zinsergebnis** im wesentlichen die folgenden Positionen enthält:

	Laufende Erträge aus Kapitalanlagen
+	Ratenzuschläge bei unterjährlicher Beitragszahlung
-	Verwaltungsaufwendungen für Kapitalanlagen
-	Planmäßige Abschreibungen auf Kapitalanlagen
-	Abschreibungen auf Betriebs- und Geschäftsausstattung
-	Rechnungsmäßige Zinsen auf die Deckungsrückstellung
-	Zinsen auf die Pensionsrückstellung
-	Zinsen auf gutgeschriebene Überschußanteile
	Zinsergebnis

Die ersten fünf Positionen führen zum **laufenden Reinertrag aus Kapitalanlagen**, aus den letzten drei Positionen ergeben sich die **gesamten rechnungsmäßigen Zinsen**. Durch die Ratenzuschläge bei unterjährlicher Beitragszahlung soll der Zinsausfall ausgeglichen werden, der entsteht, sofern Versicherte ihre Beiträge nicht zu Beginn eines Jahres erbringen. Die Zinsen auf die gutgeschriebenen Überschußanteile fallen im Zusammenhang mit der verzinslichen Ansammlung der Überschüsse an.

Das **Übrige Ergebnis aus Kapitalanlagen** erfaßt alle außerordentlichen Positionen. Es enthält insbesondere die Gewinne resp. Verluste aus dem Abgang von Kapitalanlagen sowie außerplanmäßige Abschreibungen auf und Zuschreibungen zu Kapitalanlagen.

Das Kapitalanlageergebnis stellt seit langem die **Hauptüberschußquelle** eines Lebensversicherungsunternehmens dar (vgl. Abb. 8.9). Die absolute Höhe des Ergebnisses aus Kapitalanlagen wird dabei

- vom Ausmaß des zinstragenden Kapitals,
- vom Umfang der Verwaltungsaufwendungen,
- der Verzinsung der Kapitalanlagen und
- den außerordentlichen Entwicklungen bestimmt.

	1985	1986	1987	1988	1989
Kapitalanlage	31,3	31,2	24,4	26,7	25,2
Risiko	10,6	10,2	10,4	10,2	10,1
Abschlußkosten	- 4,9	- 5,0	- 4,7	- 4,3	- 4,2
lfd. Verwaltungskosten	4,5	4,5	4,6	4,0	4,0
Sonstiges	- 2,3	- 2,6	- 2,2	- 2,1	- 2,0
Gesamtergebnis	39,2	38,3	32,5	34,5	33,1

Abb. 8.9: Überschußquellen in der Lebensversicherung (Verhältnisse der Ergebnisse der einzelnen Überschußquellen zu den verdienten Brutto-Beiträgen) (Quelle: Bundesaufsichtsamt für das Versicherungswesen, Geschäftsberichte 1988 und 1990)

Das zur Anlage bereitstehende Kapital hängt weitgehend von der Struktur und dem Alter des Versicherungsbestandes ab (STÖFFLER 1984). So verfügen Unternehmen mit einem hohen Anteil an Erlebensfallversicherungen und mit älteren durchschnittlichen Beständen über einen größeren Anlagebetrag als Unternehmen mit vergleichsweise vielen Versicherungen mit Todesfalleistung und mit jüngeren Beständen. Die Verzinsung der Kapitalanlagen lag im Durchschnitt des Jahres 1989 bei **7,6 %** und war damit erheblich höher als der Rechnungszins von 3,5 % (BUNDESAUFSICHTSAMT 1991). Wie Abb. 8.9 zeigt, hat sich das relative Gewicht der einzelnen Ergebnisquellen in den Jahren 1985 und 1986 kaum verändert. Der Rückgang des Kapitalanlageergebnisses im Jahre 1987 ist zum einen auf erheblich niedrigere Zinseinnahmen aus neuen Kapitalanlagen aufgrund des niedrigen Zinsniveaus, zum anderen auf außerordentliche Einflüsse, insbesondere auf höhere Abschreibungen auf Aktienbestände, zurückzuführen.

b) Risikoergebnis

Als Risikoergebnis wird die Differenz zwischen dem rechnungsmäßigen Ertrag zur Deckung der Risiken und dem tatsächlichen Risikoaufwand bezeichnet. Da die verschiedenen Lebensversicherungsarten unterschiedliche Gefahrenmomente abdecken, muß auch das Risikoergebnis getrennt nach den verschiedenen Risikoarten ermittelt werden. Die größte Bedeutung kommt dabei dem Sterblichkeitsergebnis zu (HAGELSCHUER 1987), das den Verlauf des Todesfallrisikos wiedergibt und insbesondere die folgenden Positionen beinhaltet:

	Risikobeiträge des Geschäftsjahres
	• aus den laufenden Beiträgen
	• aus der Deckungsrückstellung
+	Ratenzuschläge für das Todesfallrisiko
-	Aufwendungen für Todesfälle
-	Aufwendungen aus der Erhöhung der Deckungsrückstellung
+	freigewordene Deckungsrückstellung
	Sterblichkeitsergebnis

Eine Entnahme von Risikobeiträgen aus der Deckungsrückstellung erfolgt bei Versicherungen mit einmaliger Prämienzahlung, da hier nicht nur der in der Prämie enthaltende Spar-, sondern auch der Risikoanteil der Deckungsrückstellung zugewiesen wird. Die Risikobeiträge aus den laufenden Prämien sind vor dem Hintergrund einer Beitragszahlung zu Beginn eines Versicherungsjahres kalkuliert worden. Bei unterjähriger Beitragszahlung entgeht dem Versicherer im Todesfall ein Teil der kalkulierten Prämie, für die ein spezieller Risikozuschlag erhoben wird. In das Sterblichkeitsergebnis gehen die Aufwendungen für Todesfälle zunächst in ihrer nominellen Höhe ein. Effektiv erfolgswirksam ist jedoch letztlich nur der Teil der Todesfalleistung, der über die für diese Versicherung bereits angesammelte Deckungsrückstellung hinausgeht. Ein Teil der Lebensversicherungen wird schließlich im Todesfall nicht sofort, sondern erst später ausgezahlt (z.B. Term-fix Versicherungen). Die zu erbringende Leistung wird in diesen Fällen passiviert und führt zu einer Erhöhung der Deckungsrückstellung.

Das Risikoergebnis liefert ebenso wie das Kapitalanlageergebnis im allgemeinen einen Überschuß, dessen Größenordnung in der Vergangenheit bei rd. 10 % der Bruttobeiträge (vgl. Abb. 8.9) und 50 % der Risikobeiträge lag (HAGELSCHUER 1987). Dafür sind mehrere Ursachen ausschlaggebend, die sich zum einen in den **Rechnungsgrundlagen** und zum anderen in der **Versichertenstruktur** äußern (STÖFFLER 1984):

- Die Kalkulation beruhte bis 1987 auf einer Sterbetafel der Jahre 1960/62, die Bevölkerungssterblichkeit ist jedoch seit dieser Zeit zurückgegangen. Da seit 1987 für Neuabschlüsse die Sterbetafel 1986 zugrundegelegt wird, dürften die auf diese Ursache zurückzuführenden Überschüsse in Zukunft geringer ausfallen.

- Sowohl bei der alten als auch bei der neuen Sterbetafel wird eine Alterserhöhung von einem Jahr vorgenommen, was einem zusätzlichen Sicherheitszuschlag gleichkommt.

- Bis 1987 wurde der Kalkulation nur die Sterblichkeit der Männer zugrundegelegt. Da die Frauen eine geringere Sterblichkeit aufweisen, entstehen bei den bis zu diesem Zeitpunkt abgeschlossenen Versicherungen nahezu zwangsläufig Überschüsse.

- Der Bestand eines Versicherers entspricht nicht genau der Struktur der Bevölkerung, deren Sterblichkeit in der Sterbetafel erfaßt wird. Insbesondere weil die Versicherer eine Gesundheitsprüfung durchführen und sich eher der wohlhabende, tendenziell länger lebende Teil der Bevölkerung versichert, ist die Sterblichkeit der Versicherten geringer als die der gesamten Bevölkerung.

c) Kostenergebnis

Die Überschüsse aus dem Verlauf der Sterblichkeit und der Kapitalanlage werden bei den meisten Versicherern durch ein negatives **Kostenergebnis** vermindert. Dies ergibt sich hauptsächlich aus der Eigenart der Prämienkalkulation und ist für sich genommen noch kein Zeichen einer unwirtschaftlichen Betriebsführung. Zur Ermittlung des Kostenergebnisses müssen den zur Verfügung stehenden Kostendeckungsmitteln die tatsächlich angefallenen Kosten gegenübergestellt werden. Dabei sind die Bereiche Abschlußkosten und allgemeine Verwaltungskosten zu trennen.

In das **Abschlußkostenergebnis** gehen die rechnungsmäßigen Erträge zur Deckung der Abschlußkosten und die effektiv mit dem Abschluß von Versicherungen verknüpften Aufwendungen ein. Insbesondere die folgenden Positionen sind zu erfassen:

Rechnungsmäßig gedeckte Abschlußkosten
- durch Aktivierung noch nicht fälliger Ansprüche sowie durch Zillmerung der Deckungsrückstellung für den Neuzugang des Geschäftsjahres
- durch Abschlußkostenzuschläge bei Versicherungen gegen Einmalbeitrag
- durch laufende Amortisationszuschläge

\- Abschlußaufwendungen
\- Abschreibungen auf Forderungen an Versicherungsvertreter
\- <u>Abschreibungen auf Betriebs- und Geschäftsausstattung</u>

Abschlußkostenergebnis

Zu den rechnungsmäßig gedeckten Abschlußkosten zählt bei Versicherungen gegen laufende Beitragszahlung zunächst der Teil der Abschlußkosten, der als Forderung an die Versicherungsnehmer aktiviert bzw. um den die Deckungsrückstellung eines einzelnen Vertrages gekürzt werden kann, soweit sich dadurch kein negativer Wert ergibt (Zillmerung). Die Höhe der im Jahr des Geschäftsabschlusses nicht nur aufwands-, sondern ebenso unmittelbar ertragswirksamen Abschlußkosten beträgt bei gemischten Versicherungen i.d.R. 35 ‰ der Versicherungssumme (HAGELSCHUER 1987). Während die in den Prämien enthaltenen Zillmerzuschläge in den Folgeperioden erfolgsneutral vereinnahmt werden, gehen die Amortisationszuschläge laufend in das Abschlußkostenergebnis ein. Zu den Abschlußaufwendungen gehören alle in der Gewinn- und Verlustrechnung ausgewiesenen Positionen, die im Zusammenhang mit dem Abschluß von Lebensversicherungen angefallen sind. Dem Funktionsbereich "Absatz" kann ein Teil der Aufwendungen dabei nur über eine Kostenstellenrechnung zugeordnet werden (ACKERMANN 1985).

Die Höhe des Abschlußkostenergebnisses wird primär durch zwei Faktoren bestimmt:

- Zum einen beeinflussen die Form und die Qualität des Außendienstes die Abschlußaufwendungen. So können Versicherer, die auf bestimmte kostenintensive Dienstleistungen wie z.B. die Beratung verzichten, einen Teil der Abschlußkosten einsparen, ebenso besitzen Anbieter, die bereits bestehende Organisationen nutzen, Kostenvorteile. Schließlich nimmt auch die Wahl des Vergütungssystems auf die Höhe des Abschlußaufwandes Einfluß.

- Zum anderen werden durch den Berechnungsvorgang nahezu alle 35 ‰ übersteigenden Abschlußkosten der Rechnungsperiode des Geschäftsabschlusses zugeordnet. In Zeiten eines sehr starken Neugeschäfts führt dies zu niedrigeren Abschlußkostenergebnissen, denen jedoch erhöhte Überschüsse in den Folgeperioden gegenüberstehen (STÖFFLER 1984).

Im Unterschied zu den Abschlußkosten ist die tatsächliche Höhe der laufenden Verwaltungskosten bei Vertragsabschluß unbekannt, da sie während der gesamten Vertragslaufzeit anfallen und ihre Entwicklung in der Zukunft ungewiß ist. In das **Verwaltungskostenergebnis** gehen die folgenden Positionen ein:

	Beitragszuschläge für laufende Verwaltungskosten
+	Ratenzuschläge für laufende Verwaltungskosten
+	Verwaltungskostenanteile aus der Deckungsrückstellung
-	Aufwendungen für den Versicherungsbetrieb, soweit es nicht Abschlußaufwendungen sind
-	Aufwendungen für die Regulierung von Versicherungsfällen
-	Abschreibungen auf die Betriebs- und Geschäftsausstattung
-	Sonstige Betriebsaufwendungen
	Verwaltungskostenergebnis

Die Ratenzuschläge für laufende Verwaltungskosten sollen den Zinsausfall bei unterjährigen Zahlung der Beiträge - und damit auch der Verwaltungskostenzuschläge - ausgleichen; aus der Deckungsrückstellung werden bei Versicherungen mit nur einmaliger Beitragszahlung Mittel zur Deckung der Verwaltungskosten entnommen. Die Position Sonstige Betriebsaufwendungen ermöglicht es den Lebensversicherungsunternehmen, alle nicht dem Abschluß- und dem Kapitalanlagebereich zuzurechnenden Betriebsaufwendungen im Verwaltungskostenergebnis zu erfassen.

Das Ergebnis aus Verwaltungskosten wird in entscheidendem Maße dadurch geprägt, daß den im vorhinein endgültig feststehenden Zuschlägen im Zeitablauf veränderbare Betriebskosten gegenüberstehen. Insbesondere wird ein Lebensversicherungsunternehmen auf Dauer nur dann ein ausgeglichenes Verwaltungskostenergebnis aufweisen, wenn es ihm gelingt, die aufgrund der Personalintensität der Versicherungbetriebe bedeutsame Steigerung der Personalkosten durch Rationalisierungsmaßnahmen auszugleichen sowie darüber hinaus die in weiten Teilen volumensunabhängigen Betriebskosten auf eine größere Anzahl von Verträgen mit möglichst hohen Versicherungssummen zu verteilen (STÖFFLER 1984).

Während das Abschlußkostenergebnis in den vergangenen Jahren im Branchendurchschnitt negativ ausfiel, hat sich bei den laufenden Verwaltungskosten ein etwa - absolut gesehen - gleichhoher Überschuß ergeben. Da erst bei den ab 1987 abgeschlossenen Verträgen ein laufender Amortisationszuschlag erhoben wird, und bis zu dieser Zeit ein weiterer Verwaltungskostenzuschlag vorgeschrieben war, dürften sich die Überschüsse aus Abschlußkosten und die Defizite aus Verwaltungskosten in Zukunft reduzieren.

Zu den **sonstigen Ergebnisquellen** gehören insbesondere der vorzeitige Abgang (Storno) und die Rückversicherung. In diesen Bereichen führten die vorgesehenen Mittel in den vergangenen Jahren durchweg nicht zu einer vollständigen Kostendeckung (vgl Abb. 8.9).

2. Überschußabrechnung

Trotz einiger defizitärer Erfolgsquellen erzielten die Lebensversicherer in der Vergangenheit insgesamt einen deutlichen Überschuß. Da dieser Überschuß größtenteils nicht als spezielle Leistung eines Versicherers interpretiert werden kann, sondern vielmehr in den vorsichtigen Rechnungsgrundlagen begründet ist, genehmigt das Bundesaufsichtsamt nur **Geschäftspläne**, nach denen den Versicherten **mindestens 90 %** der Überschüsse rückvergütet werden. Für die Versicherten bedeutet dies letztlich, daß sich die Rentabilität einer Lebensversicherung nur unter Berücksichtigung der Prämie und der Überschußbeteiligung abschätzen läßt. Die **Beteiligungsquoten** liegen dabei nicht nahe 90 %, sondern im Durchschnitt der vergangenen Jahre **zwischen 97 % und 98 %** (BUNDESAUFSICHTSAMT 1990).

Die Beteiligung der Versicherten am Überschuß geht historisch betrachtet jedoch nicht auf eine Maßnahme des Aufsichtsamtes zurück, sondern hat sich im 19. Jahrhundert im Zuge des Wettbewerbs der Unternehmensformen entwickelt. Die Versicherungsvereine auf Gegenseitigkeit, bei denen die Versicherten gleichzeitig Mitglieder sind, verteilten von Anfang an ihre gesamten Überschüsse an die Mitglieder. Mit der Zeit ersetzten sie sogar die Nachschußpflicht durch Sicherungsfonds (STÖFFLER 1984). Um keine Wettbewerbsnachteile zu erleiden, mußten auch die Aktiengesellschaften eine Gewinnbeteiligung der Versicherungsnehmer einführen und deren Anteile mehr und mehr erhöhen. Begrenzt wird die Überschußbeteiligung heute durch den § 56 a VAG, nach dem eine Aktionärsdividende mindestens in Höhe von 4 % gezahlt werden muß.

Das Bundesaufsichtsamt für das Versicherungswesen ist verpflichtet, die Belange der Versicherten zu wahren. Trotz der hohen Überschußbeteiligungsquoten von nahe 100 % achtet es daher darauf, daß den Versicherten

- **retrospektiv** in etwa die gleichen Anteile rückvergütet werden und die Überschüsse nicht durch eine enorme Kostenbelastung unnötig sinken,
- **prospektiv** nicht zu hohe, vermutlich nicht erreichbare Überschußbeteiligungen avisiert werden.

Zur Erfüllung des ersten Zweckes berechnet das Aufsichtsamt Kennzahlen, und zwar u.a. von 1973 bis 1979 die sogenannte **Rückerstattungsquote** (RE-Quote) und ab 1980 die **Rückgewährquote** (R-Quote), die seit 1983 zudem im § 81 c VAG verankert ist. Eine zukunftsorientierte Untersuchung wird vom BAV durch das Verlangen eines **Finanzierbarkeitsnachweises** der Überschußbeteiligung angestellt.

Die nach Abzug der Dividende und ggfs. der Rücklagenzuweisung verbleibenden Überschüsse werden den Versicherten im Rahmen eines komplexen Abrechnungsprozesses gutgebracht. Zu unterscheiden sind dabei die zeitliche Struktur und die sachliche Form des Abrechnungsprozesses. Auf beide Aspekte wird im folgenden näher eingegangen.

a) Die zeitliche Struktur des Abrechnungsprozesses

Ein Teil der verteilungsfähigen Überschüsse fließt den Versicherten seit 1984 unmittelbar in Form der sog. **Direktgutschrift** zu. Die Höhe der Direktgutschrift beträgt **5 % minus Rechnungszinsfuß**, also entweder **2 %** oder **1,5 %**, je nachdem, ob es sich um einen älteren oder einen neueren Tarif handelt.

Die Direktgutschrift nimmt eine ähnliche Stellung wie der von vornherein für die gesamte Laufzeit garantierte Rechnungszins ein. Beide Verzinsungskomponenten stellen GuV-wirksame Aufwandspositionen dar, woraus automatisch folgt, daß der ausgewiesene Jahresüberschuß eines Lebensversicherungsunternehmens keine unmittelbare Beziehung zur Überschußbeteiligung aufweist. Die wesentlichen Unterschiede zwischen der Direktgutschrift und dem Rechnungszins liegen darin, daß

- die Direktgutschrift nicht endgültig festgelegt ist, und sie sich bei schlechter Geschäftslage nach unten, bei guter Geschäftslage jedoch generell auch nach oben verändern kann,
- die Direktgutschrift nicht in die Beitragskalkulation einfließt, die Prämien also durch die Abzinsung mit 3,5 % und nicht 5 % ermittelt werden.

Der die Direktgutschrift übersteigende Teil der Überschüsse wird den Versicherten nicht im gleichen Jahr zugeteilt, sondern zunächst in die **Rückstellung für Beitragsrückerstattung** eingestellt. Diese Rückstellung bildet eine Gesamtschuld gegenüber allen Versicherten, wobei der einzelne Versicherte keinen Anspruch auf einen bestimmten Teil der Rückstellung hat (STÖFFLER 1984). Nach einer bestimmten Wartezeit werden die passivierten Überschußanteile der Rückstellung für Beitragsrückerstattung entnommen und auf die Versicherungsnehmer verteilt. Im allgemeinen bleiben die Überschußanteile ein bis drei Jahre in der Rückstellung für Beitragsrückerstattung. Spätestens nach fünf Jahren muß die Zuführung eines Jahres jedoch verteilt sein, da sie ansonsten gewinnerhöhend aufzulösen ist, soweit sie nicht der Ansammlung einer Schlußdividende dient. Die Verteilung der laufenden Überschüsse erfolgt über die sog. **Vorausdeklaration**. Ein bis zwei Jahre vor Fälligkeit der Überschüsse legt der Vorstand eines Lebensversicherungsunternehmens die Überschußanteile verbindlich fest und veröffentlicht diese im Geschäftsbericht. Der Zeitraum, für den die Anteilssätze bestimmt werden, wird als **Deklarationszeitraum** bezeichnet. Durch das Verfahren der Vorausdeklaration ist die Ausschüttung an die Versicherten unabhängig vom tatsächlichen Überschuß des jeweiligen Geschäftsjahres. Um unrealistische Versprechungen zu verhindern, muß die Rückstellung für Beitragsrückerstattung zum Ende des Geschäftsjahres die im folgenden Deklarationszeitraum fälligen, verbindlich festgelegten Überschußanteile bereits enthalten, soweit sie nicht aus der Direktgutschrift des jeweiligen Jahres bestritten werden (HAGELSCHUER 1987).

Die Rückstellung für Beitragsrückerstattung liegt als Puffer zwischen der Entstehung und der Verteilung der Überschüsse. Ihr kommen damit folgende **Funktionen** zu:

- Die Rückstellung für Beitragsrückerstattung soll zum einen zufällige **Schwankungen** in der Überschußlage eines Versicherers **ausgleichen** und so eine stetige Überschußbeteiligung sicherstellen. Die Unternehmen versuchen, ihre Überschußanteilssätze langfristig konstant zu halten und nur selten zu verändern. Schwankende Anteilssätze wären aber die Folge, wenn grundsätzlich der Periodenüberschuß rückvergütet würde. Die Rückstellung für Beitragsrückerstattung gleicht die Schwankungen der Periodenergebnisse aus.

- Die der Rückstellung für Beitragsrückerstattung zugewiesenen Beträge sind zwar ausschließlich für die Überschußbeteiligung der Versicherten bestimmt, im Ausnahmefall ist der Versicherer jedoch mit Zustimmung des Bundesaufsichtsamtes berechtigt, Mittel der Rückstellung für Beitragsrückerstattung zur Abwendung eines Verlustes zu entnehmen. Die Rückstellung für Beitragsrückerstattung dient damit zum anderen auch als **Verlustausgleichspotential**. Die Haftungsfunktion der passivierten Überschußanteile sieht man im übrigen auch daran, daß ein Teil der Rückstellung für Beitragsrückerstattung als Eigenmittelbestandteil gemäß § 53 c VAG anerkannt wird.

Vor Einführung der Direktgutschrift wurden sämtliche Überschüsse zunächst der Rückstellung für Beitragsrückerstattung zugewiesen, so daß die Überschußverteilung heutzutage zeitnäher erfolgt. Die von den Versicherern veröffentlichten Anteilssätze stellen dabei Bruttogrößen dar, enthalten also die Direktgutschrift und die aus der Rückstellung für Beitragsrückerstattung entnommenen laufenden Überschußanteile bzw. sowohl im abgelaufenen als auch in weiter zurückliegenden Geschäftsjahren erzielte Überschüsse. Diese zeitliche Abrechnungsstruktur verdeutlicht auch Abb. 8.10.

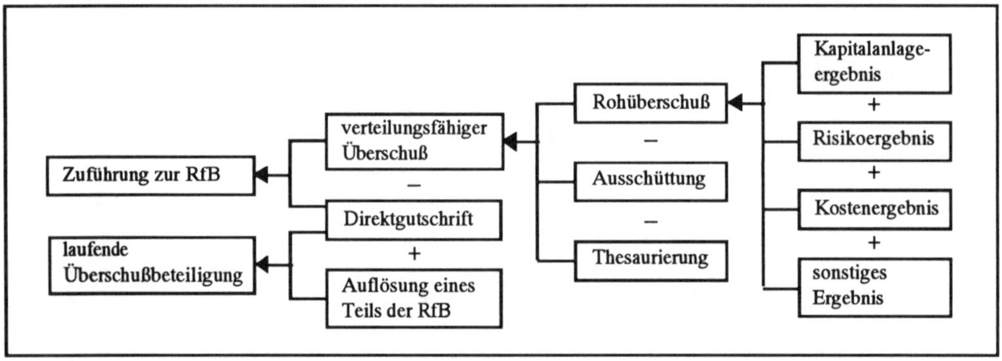

Abb. 8.10: Zeitliche Struktur des Abrechnungsprozesses (RfB = Rückstellung für Beitragsrückerstattung)

Neben der laufenden Überschußbeteiligung wird den kapitalbildenden Lebensversicherungen i.d.R. ein sog. **Schlußüberschußanteil** gutgeschrieben. Dem Schlußüberschußanteil liegen dabei zwei Zielsetzungen zugrunde:

- Durch die Vorausdeklaration werden die Überschüsse zeitlich verzögert ausgeschüttet. Bei Beendigung einer Versicherung sind daher bereits Überschüsse entstanden, die eigentlich erst in rund zwei Jahren auf die einzelnen Versicherungen verteilt werden. Über die Schlußüberschußanteile wird sichergestellt, daß auch die Versicherten, deren Verträge ablaufen, an diesen Überschüssen partizipieren.

- Die laufenden Überschußanteile verändern sich kaum und werden zudem wegen der Schwankungen der Jahresergebnisse niedriger festgelegt als es der tatsächlichen Überschußlage entspricht.

Die Versicherungsnehmer erhalten die in den jährlichen Gutschriften nicht erfaßten Überschüsse über den Schlußüberschußanteil (HAGELSCHUER 1987).

Ein Anspruch auf einen Schlußüberschußanteil bestand ursprünglich nur bei **Ablauf** einer Versicherung. Erst seit 1980 werden Schlußüberschußanteile auch im **Todesfall** fällig. Zunächst galt dies nur für neue Verträge, ab 1989 sind Schlußüberschußanteile bei Tod auch für vor 1980 abgeschlossene Versicherungen zu gewähren. Im Falle des **Rückkaufs** bzw. der Kündigung eines Vertrages wurde ein Schlußüberschußanteil üblicherweise nur in den letzten Versicherungsjahren gezahlt, prinzipiell aber dann, wenn die Vertragsauflösung in den für die flexible Altersgrenze maßgebenden Zeitraum fiel. Im Jahre 1989 verbesserte sich die Zuteilung von Schlußüberschußanteilen im Rückkaufsfall. Sie sind nunmehr nach einer Aufschubzeit von einem Drittel der Vertragslaufzeit, spätestens jedoch nach 10 Jahren zu gewähren.

Die Schlußüberschußanteile entstehen zu einem Teil ebenso wie die laufenden Überschußanteile durch Vorausdeklaration. Mit dem Vertragsende werden diese Mittel frei und können den Versicherten sofort gutgeschrieben werden. Viele Gesellschaften zahlen jedoch höhere als die durch die Vorausdeklaration bestimmten Schlußüberschußanteile. Da die Gefahr besteht, daß die nicht deklarierten, jedoch in den Beispielsrechnungen zur Überschußbeteiligung enthaltenen Schlußüberschußanteile aus Wettbewerbsgründen zu hoch angesetzt werden, verlangt das Bundesaufsichtsamt, daß diese Mittel zeitanteilig aufgebaut und in der Rückstellung für Beitragsrückerstattung in einer Teilrückstellung, der **Schlußgewinnreserve**, angesammelt werden. Die in der Schlußgewinnreserve enthaltenen Mittel sind zweckgebunden. Sie dürfen nur für Schlußzahlungen und nicht zur Finanzierung der laufenden Gewinnbeteiligung verwendet werden (LÜCK 1981).

b) Die sachliche Form des Abrechnungsprozesses

Das Bundesaufsichtsamt für Versicherungswesen verlangt von den Lebensversicherungsunternehmen eine möglichst **verursachungsgerechte Verteilung** der Überschüsse. Jeder Versicherte soll als Überschußanteil den Betrag erhalten, den seine Versicherung zur Überschußentstehung beigetragen hat. Problematisch wird die Erfüllung dieses Verteilungsziels dadurch, daß die einzelnen Versicherungen den Gesamtüberschuß in unterschiedlichem Umfang beeinflußt haben und ein mehrstufiger Abrechnungsprozeß erforderlich ist. Die **erste Stufe** des im folgenden dargestellten Abrechnungsprozesses beinhaltet die Ermittlung der Überschüsse für mehrere Abrechnungs- und Gewinnverbände, in der **zweiten Stufe** sind diese differenzierten Ergebnisgrößen auf die einzelnen Versicherungsverträge zu verteilen. Das Abrechnungsverfahren, das im Prinzip dem Verteilungsprozeß eines Betriebsabrechnungsbogens entspricht, bewegt sich dabei in einem Spannungsfeld von **Wirtschaftlichkeit** und **Genauigkeit**. Der Verursachungsgerechtigkeit wird immer dann nur unvollständig Rechnung getragen, wenn der Aufwand zu seiner Verwirklichung nicht mehr sinnvoll erscheint (STÖFFLER 1984).

Abrechnungsverbände fassen solche Versicherungen zu einer Gruppe zusammen, die eine gleiche oder zumindest ähnliche Ertrags- und Kostenstruktur aufweisen, und die aus diesem Grund eine selbständige Gewinnabrechnung nahelegen. Die Bildung von Abrechnungsverbänden erfolgt insbesondere anhand von drei Kriterien:

- **Kapitalanlage**
  Lebensversicherungen, deren Mittel in spezielle Vermögenswerte fließen, sind von Wertveränderungen dieser Anlageformen stärker als andere Lebensversicherungen betroffen. Zu denken ist in diesem Zusammenhang insbesondere an die fondsgebundene Lebensversicherung.

- **Risiko**
  Die unterschiedliche Abhängigkeit von der Entwicklung der versicherten Risiken zeigt sich beispielsweise darin, daß mit geringerer Sterblichkeit der Überschuß in der Todesfallversicherung steigt, das Risikoergebnis in der Rentenversicherung jedoch sinkt. Daneben weist die Bauspar-Risikoversicherung üblicherweise eine deutlich niedrigere Sterblichkeit als das Normalgeschäft auf.

- **Kosten**
  Die Lebensversicherungen unterliegen teilweise unterschiedlichen Kosteneinflußgrößen. So werden Gruppenversicherungen häufig mit verminderter bzw. ohne Gesundheitsprüfung abgeschlossen. Erhöhen sich nun die Kosten der Gesundheitsprüfung, so darf dies nicht die Überschußbeteiligung der Gruppenversicherungen belasten (VOGEL/LEHMANN 1983).

Unabhängig von den genannten Kriterien müssen die in den verschiedenen Abrechnungsverbänden geführten Bestände ein gewisses **Mindestvolumen** erreichen. Dies ist erforderlich, um zum einen die Überschußbeteiligung wirtschaftlich sinnvoll abwickeln zu können und zum anderen weiterhin den Risikoausgleich je Abrechnungsverband sicherzustellen. Vor diesem Hintergrund werden in der Lebensversicherungspraxis insbesondere die folgenden Versicherungsarten zu Abrechnungsverbänden zusammengefaßt:

- Einzel-Kapitalversicherungen,
- Vermögensbildungsversicherungen,
- Gruppen-Kapitalversicherungen,
- Rentenversicherungen,
- Berufsunfähigkeitsversicherungen,
- Fondsgebundene Lebensversicherungen.

Häufig sind in den Abrechnungsverbänden Versicherungen unterschiedlicher Tarifsysteme enthalten, wobei sich die Unterschiede sowohl auf die Höhe der Prämie als auch auf das Ausmaß der Gewinnbeteiligung auswirken können. Wurde z.B. mit einer älteren Sterbetafel gearbeitet oder basiert die Kalkulation auf dem früher üblichen Rechnungszins von 3 %, so fallen im Vergleich zu den mit aktuelleren Daten kalkulierten Versicherungen höhere Überschüsse an. Berücksichtigt werden diese Unterschiede nicht durch die Abgrenzung eigenständiger Abrechnungsverbände, sondern durch die Bildung von **Gewinnverbänden**, die spezielle Untergruppen von Abrechnungsverbänden darstellen.

Die **Ermittlung der Überschüsse** je Abrechnungsverband erfolgt im Prinzip gemeinsam mit der auf das Gesamtunternehmen bezogenen Quantifizierung der Ergebnisquellen. Dazu sind die tatsächlichen und die rechnungsmäßigen Aufwands- und Ertragspositionen jedes einzelnen Abrechnungsverbandes zu bestimmen, so daß nach dem Verteilungsprozeß quasi für jeden Ab rechnungsverband ein Kapitalanlage-, Risiko- und Kostenergebnis vorliegt. Zur Aufteilung der Aufwands- und Ertragsgrößen stehen folgende Verfahren zur Verfügung:

- **Direkte Zuordnung**
  Bei der direkten Zuordnung lassen sich die Ertragsgrößen den Abrechnungsverbänden unmittelbar, d.h. ohne Schlüsselung, zuordnen. Denkbar ist dabei sowohl die **buchhalterische Zuordnung**, bei der auf vorliegende Daten der Buchhaltung zurückgegriffen wird (z.B. Aufwendungen für Todesfälle), als auch die **versicherungstechnische Zuordnung**, die auf der Basis gesonderter mathematischer Berechnungen erfolgt (z.B. Sparbeiträge des Geschäftsjahres, freigewordene Deckungsrückstellungen).

- **Indirekte Zuordnung**
  Für einige Positionen ist eine direkte Zuordnung nicht möglich, so daß geeignete Schlüsselungsverfahren eingesetzt werden müssen. Der indirekten Zuordnung dienen u.a. der Zinsträger- und der Summenschlüssel. Beim **Zinsträgerschlüssel**, der insbesondere bei den Erträgen aus Kapitalanlagen Anwendung findet, erfolgt die Aufteilung im Verhältnis der versicherungstechnischen Passivpositionen der Bilanz (z.B. Deckungsrückstellung, Rückstellung für Beitragsrückerstattung), wobei häufig auf das arithmetische Mittel von Jahresanfangs- und Jahresendbestand zurückgegriffen wird. Dem **Summenschlüssel**, nach dem insbesondere das Abschlußkostenergebnis verteilt wird, liegt der Mittelwert aus den Versicherungssummen eines Abrechungsverbandes am Anfang und am Ende eines Jahres zugrunde. Die Verteilung erfolgt daraufhin nach dem Verhältnis dieser durchschnittlichen Versicherungssummen.

Im Unterschied zu den Abrechnungsverbänden ist für die Gewinnverbände eine selbständige Überschußabrechnung nicht erforderlich. Zur Ermittlung der Überschüsse je Gewinnverband werden die bestehenden Unterschiede in der Aufwands- und Ertragsstruktur in entsprechende Relationen bezüglich der Überschußanteile je Gewinnverband umgerechnet. Die Überschußanteile werden dabei so miteinander gekoppelt, daß mit der konkreten Fixierung des Satzes für einen Gewinnverband auch die Sätze für die übrigen Gewinnverbände feststehen (HAGELSCHUER 1987).

Nach der Ermittlung der Ergebnisse je Abrechnungs- resp. Gewinnverband sind die **Überschüsse** in der zweiten Stufe des Abrechnungsprozesses auf die einzelnen Versicherungen zu **verteilen**. Die Bemessung des Überschußanteils je Versicherung erfolgt anhand sog. mechanischer und natürlicher Verteilungsverfahren.

Die **mechanischen Verfahren** berücksichtigten nicht die Art und Weise der Überschußentstehung und legen der Verteilung eine im Zeitablauf konstante Relation zugrunde. Dabei sind drei Varianten zu unterscheiden. Beim **Gewinnplan A** erhalten die Versicherungsnehmer einen bestimmten Prozentsatz der jährlichen Prämie oder einen Promillesatz der Versicherungssumme. Durch die Bezugnahme auf die im Prinzip unveränderliche Prämie bzw. Versicherungssumme ergibt sich beim Plan A ein im Zeitablauf konstanter Gewinnanteil. Das Verfahren ist einfach und kostengünstig, jedoch nicht verursachungsgerecht, da ältere Verträge größere zinstragende Bestände aufweisen und demzufolge auch der Anteil am Kapitalanlageergebnis im Zeitablauf steigen muß. Diesen Nachteil versuchen die Pläne B und C zu vermeiden. Beim **Gewinnplan B** wird der Gewinnanteil als Prozentsatz der eingezahlten Prämien, beim **Gewinnplan C** als Prozentsatz der Deckungsrückstellung ausgedrückt. Zwar nimmt durch die Wahl steigender Bezugsgrößen die Überschußbeteiligung im Zeitablauf zu, beide Pläne berücksichtigen allerdings nicht, daß der

Überschuß eines Lebensversicherungsunternehmens neben dem Kapitalanlageertrag auch aus dem Sterblichkeitsverlauf und der Kostenentwicklung resultiert (LÜCK 1981).

Da somit die mechanischen Systeme der Überschußentstehung nur unvollkommen Rechnung tragen, setzt sich in der Praxis zunehmend das als Gewinnplan D bezeichnete **natürliche Verfahren** durch (STÖFFLER 1984). Der **Gewinnplan D** versucht, die einzelnen Überschußkomponenten auch bei der Verteilung der Überschüsse auf die Versicherten zu berücksichtigen und jedem Versicherungsvertrag genau denjenigen Anteil am Zins-, Risiko- und Kostenergebnis zuzurechnen, den er zum Gesamtüberschuß des Abrechnungsverbandes beigetragen hat. Dabei besteht der auf einen Vertrag entfallende Überschußanteil aus zwei Komponenten, einem konstanten und einem variablen Teil. Während der **konstante Teil** den Sterblichkeitsverlauf und die Kostenentwicklung wiedergeben soll und als Prozentsatz der Versicherungssumme oder als Promillesatz der Jahresprämie ausgedrückt wird, dient der **variable Teil** der Rückvergütung des im Zeitablauf natürlicherweise steigenden Zinsgewinns. Bezugsgröße der variablen Ausschüttungskomponente ist daher i.d.R. die Deckungsrückstellung.

In allen Gewinnplänen wird durch die weitgehende Konstanz der Anteilssätze keine vollständige Räumung der Ergebnisse je Abrechnungsverband erreicht. Die daraus resultierenden "Rest-Überschüsse" werden als Schlußgewinnanteile bei Ablauf, Tod oder Rückkauf auf die Versicherungen verteilt.

3. Überschußverwendung

Die festgestellten Überschüsse müssen abschließend den Versicherten in geeigneter Form gutgeschrieben werden. Hierzu kann der Versicherte i.d.R. nur einmal bei Vertragsbeginn eine seinen Wünschen entsprechende Verwendungsalternative wählen. Generell stehen den Versicherten fünf Alternativen zur Verfügung, die sich allerdings auf zwei Grundformen reduzieren lassen, nämlich die Entlastung der laufenden Prämienzahlung und die Erhöhung der Versicherungsleistung (O.V., 1979).

Eine **Entlastung der laufenden Prämienzahlung** kann durch die Barauszahlung, die Prämienverrechnung und die Abkürzung der Versicherungsdauer erreicht werden. Bei Vereinbarung der **Barauszahlung** wird der jährliche Überschußanteil direkt an den Versicherten überwiesen. Allerdings

- sind zum einen die in der Einkommensteuer-Erklärung geltend gemachten Sonderausgaben um die Barauszahlungen zu kürzen und
- zählen zum anderen die ausgezahlten Überschüsse zu den Einkünften aus Kapitalvermögen, unterliegen damit also der Einkommensteuer (§ 20 Abs. 4 EStG).

Wegen dieser Nachteile besitzt die Barauszahlung keine nennenswerte praktische Bedeutung.

Bei der **Prämienverrechnung** stellt der Versicherer nur den um die Überschußbeteiligung verminderten Betrag in Rechnung. Auch diese Verwendungsform hat zur Folge, daß der als Sonderausgaben abzugsfähige Betrag sinkt, eine Einkommensteuerpflicht besteht jedoch nicht. Daher handelt es sich bei der Prämienverrechnung um eine Variante, die es dem Versicherten ohne entscheidende Nachteile ermöglicht, die feste in eine variable Lebensversicherungsprämie zu verwandeln. Allerdings ist diese Alternative für die Lebensversicherungsunternehmen verhältnismäßig aufwendig, da der Beitrag in regelmäßigen Abständen neu ermittelt und in Rechnung gestellt werden muß. Sie wird daher von den Unternehmen nur wenig empfohlen.

Die Vereinbarung einer **abgekürzten Versicherungsdauer** führt dazu, daß eine Lebensversicherung mit Auszahlung der gesamten Versicherungssumme bereits zu dem Zeitpunkt abläuft, an dem die Summe aus dem Deckungskapital, den laufenden Überschußanteilen sowie ggfs. des Schlußüberschußanteils die Versicherungssumme erreicht (HAGELSCHUER 1987). Häufig wird diese Verwendungsalternative gewählt, wenn ein Versicherungsnehmer für eine bestimmte Prämie sofort einen vergleichsweise hohen Versicherungsschutz genießen möchte. In diesem Fall legt man der Versicherung eine lange Laufzeit zugrunde und schließt beispielsweise einen Vertrag auf das Endalter 85 ab (vgl. Abb. 8.11). Da die Altersversorgung im Normalfall jedoch früher einsetzen muß, wird gleichzeitig die Verwendung der Überschüsse zur Verkürzung der Versicherungsdauer und damit die frühere Auszahlung der Versicherungssumme vereinbart. Der Versicherte erreicht durch diese Konstruktion eine Absicherung in Höhe der Versicherungssumme und deren späteste Auszahlung nach Ablauf der abgekürzten Versicherungsdauer. Der Abschluß einer entsprechend ausgestalteten, "normalen" Lebensversicherung hätte wesentlich höhere Beiträge zur Folge, so daß mit dieser Variante letztlich auch eine geringere Prämie einhergeht.

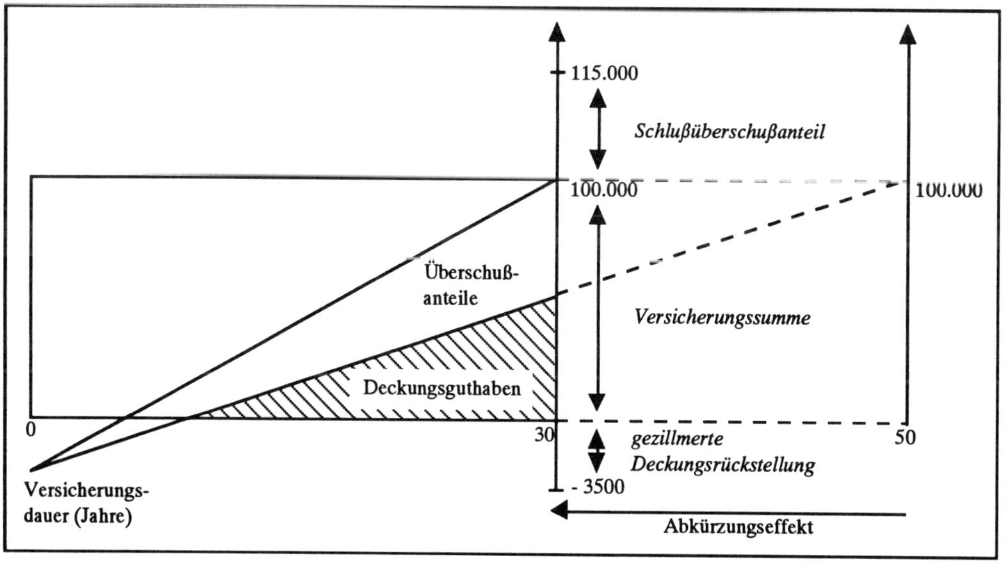

Abb. 8.11: Laufzeitverkürzung (vereinfachte Darstellung) (Quelle: o.V. 1979)

Die **Erhöhung der Versicherungsleistung**, die neben der Beitragsermäßigung die zweite grundsätzliche Verwendungsalternative der zugeteilten Überschüsse darstellt, kann auf zwei Wegen erfolgen: zum einen über die verzinsliche Ansammlung, zum anderen über das Bonussystem. Bei der **verzinslichen Ansammlung** werden die Überschußanteile beim Versicherer angespart, verzinst und bei Beendigung des Vertrags zusammen mit der garantierten Leistung ausgezahlt (vgl. Abb. 8.12). Dieses Verfahren beinhaltet damit einen reinen Sparvorgang. Die Höhe des Zinssatzes, zu dem die Überschußanteile verzinst werden, hängt von der durchschnittlichen Verzinsung der Kapitalanlagen ab. Im Regelfall kann der Versicherungsnehmer während der Laufzeit des Vertrages ganz oder teilweise über das vorhandene Überschußguthaben verfügen (HAGELSCHUER 1987).

Während sich bei der verzinslichen Ansammlung ausschließlich die Erlebensfalleistung erhöht, ist mit dem **Bonussystem** eine Verbesserung sowohl der Erlebens- als auch der Todesfalleistung verbunden. Der Überschußanteil wird bei diesem System als ein Einmalbeitrag für eine neue gemischte Lebensversicherung interpretiert, wobei die Zusatzversicherung zum gleichen Zeitpunkt wie die Stammversicherung fällig wird. Die aus der jährlichen Überschußbeteiligung resultierende neue Versicherung ist ihrerseits wiederum am zukünftigen Überschuß beteiligt.

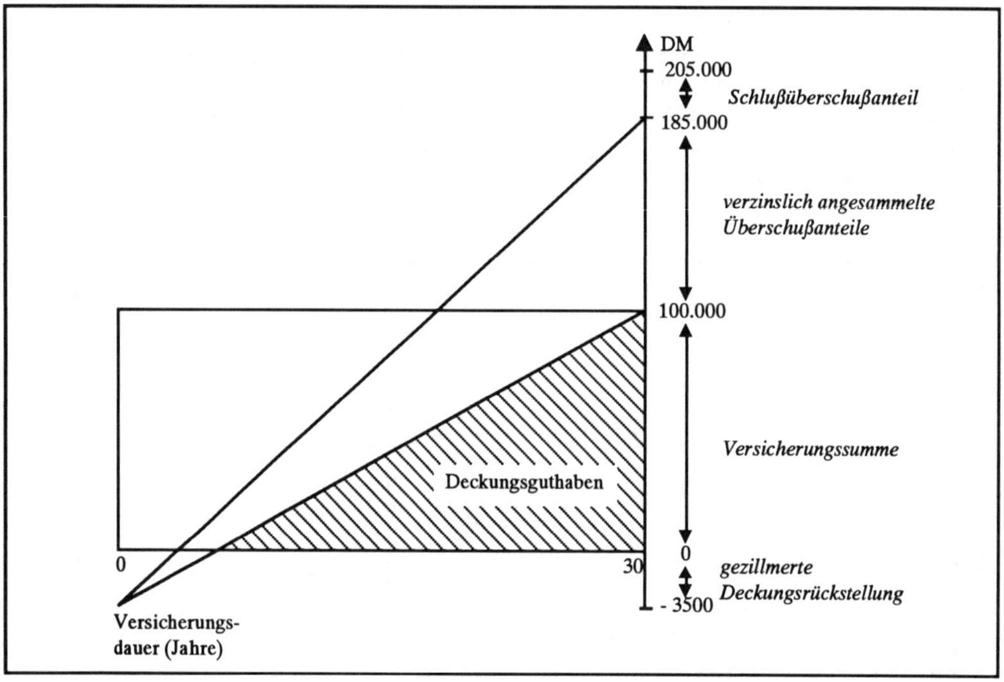

Abb. 8.12: Verzinsliche Ansammlung (vereinfachte Darstellung) (Quelle: o. V. 1979)

Die zusätzliche Versicherungssumme hängt neben der Höhe der Überschußbeteiligung insbesondere von der Restlaufzeit des Vertrages und dem Alter des Versicherten ab. Allerdings dienen bei vielen Lebensversicherern die ersten Überschüsse primär der Erhöhung der Todesfallsumme. Erst wenn diese ein gewisses Mindestvolumen erreicht hat, werden die Überschüsse gleichmäßig zur Erhöhung der Todes- und Erlebensfalleistung verwendet.

Die Entwicklung der Versicherungssummen beim Bonussystem zeigt abschließend die nachstehende Abb. 8.13. Im Vergleich zur verzinslichen Ansammlung ist die Todesfalleistung beim Bonussystem -

abgesehen von den letzten Jahren - wesentlich höher. Die dafür benötigten Risikobeiträge stehen zur Erhöhung der Erlebensfalleistung nicht zur Verfügung. Diese ist demnach geringer als bei der verzinslichen Ansammlung.

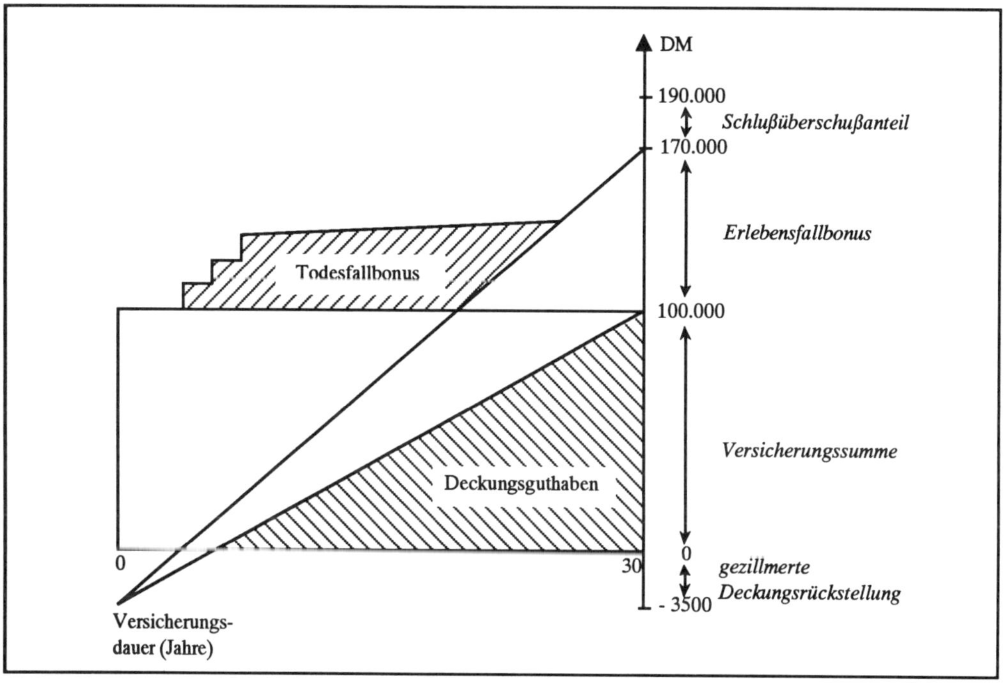

Abb. 8.13: Bonussystem (vereinfachte Darstellung) (Quelle: o.V. 1979)

LITERATURHINWEISE:

ACKERMANN, P. (1985)
BUNDESAUFSICHTSAMT FÜR DAS VERSICHERUNGSWESEN (1991)
CLAUS, G. (1986)
HAGELSCHUER, P. (1987)
LÜCK, W. (1981)
O.V. (1979)
STÖFFLER, M. (1984)
VOGEL, W./LEHMANN, R. (1983)

Dritter Teil

Die externe Rechnungslegung der Banken und Versicherungsunternehmen

9. Kapitel: Grundlagen der handelsrechtlichen Rechnungslegung

A. Der Einzelabschluß

I. Grundlegende Merkmale der Rechnungslegung von Banken und Versicherungsunternehmen

1. Aufgaben und Funktionen der externen Rechnungslegung

Banken und Versicherungen nehmen aufgrund ihrer zentralen informations-, liquiditäts- und risikoorientierten Funktionen eine Schlüsselstellung innerhalb einer Volkswirtschaft ein. Dadurch erhält auch die externe Rechnungslegung einen weit über rein betriebswirtschaftliche Gesichtspunkte hinausgehenden Stellenwert.

Während das interne Rechnungswesen auf die Unterstützung des Managements bei seinen Planungs-, Steuerungs- und Kontrollaufgaben abzielt und es insofern dem Unternehmen selbst dient, richtet sich die externe resp. handelsrechtliche Rechnungslegung in erster Linie an bankexterne Adressaten. Die grundlegende Aufgabe des handelsrechtlichen Jahresabschlusses ist dabei die **Dokumentation des Unternehmensgeschehens**. In Form einer zahlungsorientierten Abbildung sollen alle im Abrechnungszeitraum entstandenen und verzehrten Werte (Gewinnermittlung) sowie der Wertbestand (Vermögen) am Ende der Periode festgestellt werden (COENENBERG 1991). Diese Basisaufgabe der handelsrechtlichen Rechnungslegung resultiert aus den beiden zentralen Funktionen, die dem Jahresabschluß allgemein zugeschrieben werden, nämlich der Informations- und der Ausschüttungsbemessungsfunktion.

Die **Informationsfunktion** besagt, daß die am Unternehmen Beteiligten über den Jahresabschluß Informationen erhalten sollen, die es ihnen ermöglichen, Ausmaß und Sicherheit der Zielrealisation abzuschätzen. Im einzelnen besitzen die folgenden Gruppen ein Informationsinteresse:

- Zu den **Bank- und Versicherungskunden** gehören primär die Einleger sowie die Kredit- und Versicherungsnehmer. Die Einleger wünschen Informationen über die Sicherheit der Rückzahlung und der vereinbarungsgemäßen Verzinsung der eingelegten Mittel, die Versicherungsnehmer sind an Informationen zur Beurteilung der sicheren Vertragserfüllung interessiert. Von Seiten der Kreditnehmer resp. Kapitalanlagekunden besteht Interesse an Informationen über die Bonität des Kreditinstituts resp. Versicherungsunternehmens, da eine ungünstige Unternehmensentwicklung z.B. die Nichtprolongation eines Kredits zur Folge haben kann (KREMKOW 1980).
- Die angestellten oder freien **Mitarbeiter** wollen aus dem Jahresabschluß Informationen darüber gewinnen, ob die Arbeitsplätze und daraus resultierend ihre Einkommen gesichert sind, ob zugesagte Pensionsleistungen erbracht werden können oder ob aufgrund der Ertragslage eine Erhöhung der Gehälter möglich ist (WÖHE 1987).
- Die **Anteilseigner**, d.h. insbesondere die Aktionäre einer Aktiengesellschaft, sind im allgemeinen daran interessiert, ihr Kapital zu vermehren resp. zumindest zu erhalten und eine regelmäßige Dividendenzahlung aus dem Unternehmen zu beziehen. Sie benötigen dazu Informationen über das in der Vergangenheit erzielte Ergebnis sowie die entsprechenden Zukunftsaussichten, ferner

über die finanzielle Stabilität der Unternehmung und die unternehmerischen Leistungen oder Fehlleistungen der Unternehmensleitung. Auch zur Begründung, Wahrnehmung und Beendigung einer Unternehmensbeteiligung sind differenzierte Informationen notwendig (FEDERMANN 1987).

- Die **Aufsichtsbehörden** werden durch die externe Rechnungslegung mit den für die Durchführung der Aufsicht erforderlichen Informationen versorgt. Allerdings sind die Aufsichtsbehörden, d.h. in erster Linie das Bundesaufsichtsamt für das Kreditwesen und das Bundesaufsichtsamt für das Versicherungswesen, nicht allein auf den handelsrechtlichen Jahresabschluß angewiesen. Vielmehr müssen die Banken und Versicherungen den Aufsichtsbehörden umfangreiche zusätzliche Informationen zur Verfügung stellen (FARNY 1989).

- Die **Finanzverwaltung** fordert zur Bemessung der Steuerlast Informationen über ein Unternehmen. Der Fiskus greift jedoch nicht auf Handelsbilanz, sondern auf die nach steuerlichen Vorschriften erstellte Steuerbilanz zurück, wobei die Besteuerung an zahlreichen Größen wie z.B. Gewinn, Vermögen oder Kapital anknüpft.

- Schließlich ist die **Öffentlichkeit** an Informationen über die allgemeine wirtschaftliche Situation der Unternehmen der Bank- und Versicherungsbranche interessiert. Abgesehen von einem generellen Wunsch nach mehr Transparenz und dem Erfordernis statistischen Materials für politische Entscheidungen resultiert das Interesse der Öffentlichkeit insbesondere aus der zentralen Mittlerfunktion der Banken und Versicherer, durch die Schwierigkeiten einzelner Unternehmen rasch auf andere Unternehmen und Branchen übergreifen können.

Aufgrund der vielfältigen und teilweise gegensätzlichen Interessen ist eine zufriedenstellende Regelung der Informationsbedürfnisse nur über eine Kompromißlösung und ein objektiviertes und normiertes Informationsinstrument möglich. Ausdruck der Informationsfunktion ist die grundlegende Norm des § 264 Abs. 2 HGB, derzufolge der Jahresabschluß "unter Beachtung der Grundsätze ordnungsmäßiger Buchführung ein den tatsächlichen Verhältnissen entsprechendes Bild der Vermögens-, Finanz- und Ertragslage" zu vermitteln hat (COENENBERG 1991).

Nach der **Ausschüttungsbemessungsfunktion** hat der Jahresabschluß die Aufgabe der Ermittlung des ausschüttungsfähigen Bilanzgewinns. Durch die Ausnutzung gesetzlicher Bewertungs- und Bilanzierungswahlrechte kann der Bilanzgewinn jedoch beeinflußt werden, so daß die Höhe der Ausschüttung sowohl von gesetzlichen Vorschriften als auch von der Gewinnverwendungspolitik der Unternehmung und der Entscheidung der Anteilseigner abhängt. Divergierende Ausschüttungsinteressen entstehen dabei vor allem durch Gegensätze zwischen den Gläubigern und den Anteilseignern: Während letztere tendenziell an einer höheren Dividende interessiert sind, präferieren die Gläubiger resp. Versicherungsnehmer zur Verbesserung ihrer Sicherheit eher eine Gewinnthesaurierung und damit eine Stärkung der Haftungsbasis.

In diesem Spannungsfeld ergibt sich einerseits durch die Festlegung der Anschaffungs- und Herstellungskosten als handelsrechtlicher Wertobergrenze (§ 253 HGB), Vorschriften zur Wertberichtigung notleidender Engagements sowie zur ausreichenden Bildung versicherungstechnischer Rückstellungen eine dem Gläubigerschutz dienende Ausschüttungssperre. Andererseits schränken aktivische Bewertungsuntergrenzen und passivische Bewertungsobergrenzen die Bildung stiller Reserven ein und sichern den Aktionären dadurch eine gewisse Mindestausschüttung. Zumindest im Bankensektor wird dabei dem Gläubigerschutz jedoch eindeutig Priorität eingeräumt (BÜSCHGEN 1989).

2. Rechtsgrundlagen

Die Rechtsgrundlagen für die Rechnungslegung der Banken und Versicherungsunternehmen sind zersplittert und nicht zuletzt durch einen im Vergleich zu den übrigen Unternehmen langsameren Überarbeitungsprozeß unübersichtlich aufgebaut. Zunächst gelten die allgemeinen Vorschriften des **Handelsgesetzbuches** (§§ 238 bis 263 HGB) für **Kaufleute** uneingeschränkt auch für Kreditinstitute und Versicherungsunternehmen. Sämtliche Versicherungsunternehmen (§ 55 Abs. 1 VAG) sowie im Prinzip alle Kreditinstitute (vgl. z.B. § 336 Abs. 2 HGB, § 25 a KWG i.V. m. § 5 PublG) haben darüber hinaus nach den für **große Kapitalgesellschaften** geltenden Vorschriften (§§ 264 bis 289 und 290 bis 315 HGB) Rechnung zu legen, wobei im Hinblick auf den Einzelabschluß den allgemeinen Vorschriften (§§ 264, 265 HGB), den Bewertungsvorschriften (§§ 279 bis 283 HGB) und den Vorschriften über die Gestaltung und den Inhalt von Anhang und Lagebericht (§§ 284 bis 289 HGB) eine besondere Bedeutung zukommt. Neben diesen grundlegenden gesetzlichen Vorschriften müssen die Kreditinstitute und die Versicherungsunternehmen die für die jeweilige Rechtsform maßgeblichen Gesetze beachten. Unternehmen beider Branchen fallen unter das **Aktiengesetz**; für die in der Rechtsform einer GmbH arbeitenden Banken ist das **GmbH-Gesetz**, für die Kreditgenossenschaften das **Genossenschaftsgesetz** relevant.

Aufgrund branchenspezifischer Besonderheiten gelten jedoch für Banken und Versicherungsunternehmen neben den allgemeinen auch spezielle Rechnungslegungsvorschriften, die traditionell in Spezialgesetzen sowie in Verordnungen niedergelegt sind. Für die Kreditinstitute besitzt dabei das **Kreditwesengesetz** die größte Bedeutung. Mit der Ende 1990 erfolgten Umsetzung der **Bankbilanzrichtlinie** wurden allerdings die im KWG niedergelegten Aufstellungs-, Veröffentlichungs- und Bewertungsvorschriften nicht nur novelliert, sondern auch aus dem KWG in das HGB überführt. Der Vierte Abschnitt des Dritten Buches (§§ 340 bis 340 o) des HGB enthält nunmehr spezielle Rechnungslegungsvorschriften für Kreditinstitute. Die Bankbilanzrichtlinie stellt eine Ergänzung der 4. und der 7. EG-Richtlinie dar, die mit dem Bilanzrichtlinien-Gesetz zwar bereits in deutsches Recht transformiert worden war, die sich jedoch auf die Rechnungslegung der Kreditinstitute bisher nur in begrenztem Umfang ausgewirkt hat. Die neuen Vorschriften sind auf alle Jahresabschlüsse von Geschäftsjahren anzuwenden, die nach dem 31. Dezember 1992 beginnen, so daß zum einen erstmals der Jahresabschluß zum 31. Dezember 1993 nach den neuen Vorschriften aufzustellen ist, zum anderen bis zu diesem Zeitpunkt die alten Regelungen weiterhin Bestand haben (BETZ/BRINKMANN 1990). Mit dem Inkrafttreten des Bankbilanzrichtlinie-Gesetzes müssen grundsätzlich alle Kreditinstitute auf ihren Jahresabschluß die für große Kapitalgesellschaften geltenden Vorschriften des HGB anwenden, sofern die für Kreditinstitute erlassenen ergänzenden Vorschriften nichts anderes bestimmen (§ 340 a HGB).

Da sich die Vermögens- und Kapitalstrukturen der Kreditinstitute und der Industrie- und Handelsunternehmen deutlich voneinander unterscheiden, hat der Bundesminister der Justiz in der auf den §§ 330 HGB sowie 25 a Abs. 2 KWG beruhenden "**Verordnung über Formblätter für die Gliederung des Jahresabschlusses von Kreditinstituten**" (Formblattverordnung) spezielle Mustergliederungen für die Bilanz und die Gewinn- und Verlustrechnung von Banken unterschiedlicher Rechtsformen und Geschäftssparten erlassen. Die Formblätter weichen in einzelnen Punkten erheblich vom Aufbau der Bilanz und der Gewinn- und Verlustrechnung im

Handelsgesetzbuch ab. Durch Bilanzierungsrichtlinien, Mitteilungen, Bekanntmachungen und Schreiben des Bundesaufsichtsamtes für das Kreditwesen, deren Rechtsverbindlichkeit völlig unterschiedlich ist, soll darüber hinaus eine einheitliche Bilanzierung und eine weitgehende Vergleichbarkeit der Jahresabschlüsse gewährleistet werden (BIEG 1980, BÜSCHGEN 1989). Auf der Basis des Bankbilanzrichtlinie-Gesetzes ist Anfang 1992 die bisherige Formblattverordnung durch eine neue "**Verordnung über die Rechnungslegung der Kreditinstitute**" ersetzt worden. Diese enthält nunmehr auch weitere Bilanzierungsvorschriften, so daß die Bilanzierungsrichtlinien des Bundesaufsichtsamtes künftig entfallen (RIXEN 1990).

Entsprechend dem Vorgehen im Bankensektor sind die speziellen gesetzlichen Rechnungslegungsvorschriften für Versicherungsunternehmen im **Versicherungsaufsichtsgesetz** niedergelegt, das in den §§ 55 bis 64 insbesondere Regelungen für die Aufstellung des Einzel- und des Konzernabschlusses und die Bewertung enthält. Das Kernstück der Rechnungslegung bildet jedoch die vom Bundesjustizminister auf der Basis der §§ 330 HGB und 55 Abs. 4 VAG erlassene "**Verordnung über die Rechnungslegung von Versicherungsunternehmen**" (Externe VUReV). Die externe VUReV enthält im wesentlichen die Formblätter für die Bilanz und die Gewinn- und Verlustrechnung sowie Vorschriften über den Inhalt von Anhang und Lagebericht. Ergänzt wird die Externe VUReV durch die Bilanzierungsrichtlinien für Versicherungsunternehmen, in denen die Auffassungen des Bundesaufsichtsamtes für das Versicherungswesen zur Rechnungslegung niedergelegt sind und die eine einheitliche Rechnungslegungspraxis herbeiführen sollen (FARNY 1989).

Ebenso wie die Kreditinstitute sind auch die Versicherungsunternehmen von wesentlichen Teilen der Harmonisierung der Rechungslegung durch das auf der 4. und 7. EG-Richtlinie beruhende Bilanzrichtlinien-Gesetz ausgenommen worden. Während jedoch der Ministerrat der Europäischen Gemeinschaft eine entsprechende spezielle Richtlinie für Kreditinstitute bereits im Jahre 1986 verabschiedet hat, liegt für Versicherungsunternehmen derzeit lediglich ein Vorschlag für eine Richtlinie über die Rechnungslegung von Versicherungsunternehmen vor. Mit Veränderungen der Rechnungslegung aufgrund von europaweiten Harmonisierungsbemühungen ist daher in unmittelbarer Zukunft im Versicherungssektor nicht zu rechnen.

3. Aufstellung, Offenlegung, Prüfung

Die externe Rechnungslegung der Banken und Versicherungen besteht aus dem handelsrechtlichen **Jahresabschluß**, der

- die **Bilanz** (stichtagsbezogene Gegenüberstellung von Vermögen, Schulden und Eigenkapital),
- die **Gewinn- und Verlustrechnung** (zeitraumbezogene Gegenüberstellung der Aufwendungen und Erträge) und
- den **Anhang** (Erläuterung und Ergänzung der Bilanz und der Gewinn- und Verlustrechnung)

umfaßt sowie dem **Lagebericht**, der Angaben über den Geschäftsverlauf und die Lage des Unternehmens enthält. Dieser Umfang der Rechnungslegung gilt unabhängig von Größe und Rechtsform für alle Erst- und Rückversicherungsunternehmen und mit der Anwendung des Bankbilanzrichtlinien-Gesetzes auch für sämtliche Kreditinstitute (vgl. §§ 340 a HGB, 55 VAG). Bis zur Anwendung des Bankbilanzrichtlinie-Gesetzes können sich jedoch Kreditinstitute, die in der Rechtsform eines Einzelkaufmanns oder als Personenhandelsgesellschaft betrieben werden, auf die Aufstellung einer Bilanz und einer Gewinn- und Verlustrechnung beschränken (BIEG 1990, FARNY 1989, RIXEN 1990).

Nach § 26 Abs. 1 KWG ist der Jahresabschluß und der Lagebericht von den Kreditinstituten innerhalb der ersten drei Monate des Folgegeschäftsjahres aufzustellen. Für Erstversicherungsunternehmen verlängert sich diese Frist auf vier Monate, für Rückversicherer gilt nach § 55 Abs. 2 VAG eine Aufstellungsfrist von zehn Monaten.

Der von einem Kreditinstitut resp. einer Versicherung erstellte Jahresabschluß ist mit dem Bestätigungsvermerk des Abschlußprüfers, dem Lagebericht, dem Bericht des Aufsichtsrates sowie dem Vorschlag bzw. Beschluß über die Verwendung des Jahresergebnisses im **Bundesanzeiger** zu veröffentlichen und anschließend zusammen mit der Bekanntmachung selbst dem **Handelsregister** einzureichen. An die Stelle des Handelsregisters tritt bei Kreditgenossenschaften nach § 339 HGB das Genossenschaftsregister, die Veröffentlichung hat bis zur Anwendung des Bankbilanzrichtlinie-Gesetzes in den für die Bekanntmachung der Genossenschaften bestimmten Blättern, anschließend ebenfalls im Bundesanzeiger zu erfolgen. Ausnahmen von der Offenlegungspflicht gelten auf Bankenseite - derzeit - insbesondere für Kreditinstitute in der Rechtsform der Personenhandelsgesellschaft und des Einzelkaufmanns. Um einen weitergehenden Einblick in die Vermögens- und Ertragslage als bei Kapitalgesellschaften zu vermeiden, sind letztgenannte Institute lediglich verpflichtet, die mit dem Bestätigungsvermerk des Abschlußprüfers versehene und um eine Anlage ergänzte Bilanz bekanntzumachen und dem Handelsregister einzureichen (BÜSCHGEN 1989). Die Gewinn- und Verlustrechnung und der Gewinnverwendungsbeschluß müssen demzufolge nicht offengelegt werden (§ 9 PublG). Mit der Anwendung des Bankbilanzrichtlinie-Gesetzes entfällt jedoch diese eingeschränkte Publizität für Privatbankiers. Allerdings ist in § 340 l Abs. 4 HGB vorgesehen, daß Kreditinstitute, deren Bilanzsumme am Bilanzstichtag 300 Mio. DM nicht übersteigt, auf die Offenlegung im Bundesanzeiger verzichten dürfen. Diese Publizitätserleichterung dürfte neben den Privatbankiers insbesondere für zahlreiche Kreditgenossenschaften von Bedeutung sein.

Versicherungsunternehmen besitzen aus Kostengründen im Hinblick auf die Veröffentlichung - nicht jedoch hinsichtlich der Einreichung der Unterlagen zum Handelsregister - ein Wahlrecht, nach dem von der umfangreichen Bekanntmachung von Anhang und Lagebericht im Bundesanzeiger abgesehen werden kann (§ 55 Abs. 7 VAG). Falls von dieser Erleichterung Gebrauch gemacht wird, sind allerdings jedem Interessierten auf Anforderung der Jahresabschluß und der Lagebericht zuzusenden. Unabhängig von der Ausübung des Wahlrechtes hat jedoch jeder Versicherte einen Anspruch auf die Jahresabschlußunterlagen (HESBERG 1990). Grundsätzliche Erleichterungen gelten darüber hinaus für kleinere Versicherungsvereine, die den Jahresabschluß und den Lagebericht weder im Bundesanzeiger veröffentlichen noch - mangels Eintragung - dem Handelsregister einreichen müssen.

Aufgrund der Sonderstellung der Banken und Versicherungsunternehmen innerhalb einer Volkswirtschaft besteht eine grundsätzlich rechtsformunabhängige **Prüfungspflicht**. Gegenstand der Abschlußprüfung ist der handelsrechtliche Jahresabschluß unter Einbeziehung der Finanzbuchhaltung und des Lageberichts. Durch die Prüfung soll kontrolliert werden, ob die gesetzlichen und statutarischen Vorschriften über den Jahresabschluß eingehalten wurden und ob der Lagebericht keine falsche Vorstellung über die Entwicklung der Bank resp. Versicherung erweckt. Abschlußprüfer von Versicherungsunternehmen können nur Wirtschaftsprüfer oder Wirtschaftsprüfungsgesellschaften sein (MINZ/RICHTER 1988), im Bankensektor kann die Prüfung darüber hinaus bei Kreditgenossenschaften durch einen genossenschaftlichen Prüfungsverband, bei Sparkassen durch die zuständige Prüfungsstelle des jeweiligen Sparkassen- und Giroverbandes erfolgen. Ausnahmen von der Prüfungspflicht bestehen derzeit noch für Kreditgenossenschaften mit einer Bilanzsumme unter 10 Mio. DM (§ 27 Abs. 1 KWG). Bei kleineren Versicherungsvereinen ist eine Prüfung nur erforderlich, wenn sie von der Aufsichtsbehörde angeordnet wurde (§ 64 VAG), für öffentlich-rechtliche Versicherungsunternehmen, die nach Landesrecht errichtet wurden und der Landesaufsicht unterliegen, gelten landesrechtliche Prüfungsvorschriften (§ 60 VAG).

II. Bilanzierung und Bewertung im Jahresabschluß

Da die Rechnungslegungsvorschriften des Handelsgesetzbuches vom Grundsatz her auch für Banken und Versicherungsunternehmen Gültigkeit besitzen, soll die Grundstruktur dieser Vorschriften im folgenden kurz erläutert werden. Zu unterscheiden sind dabei die Bilanzierungs- und die Bewertungsvorschriften. Nach den §§ 243 Abs. 1 und 264 Abs. 2 HGB hat der Jahresabschluß den Grundsätzen ordnungsmäßiger Buchführung (GoB) zu entsprechen. Auf den Inhalt der GoB wird daher zunächst eingegangen.

1. Grundsätze ordnungsmäßiger Buchführung

Als Grundsätze ordnungsmäßiger Buchführung werden allgemein anerkannte Regeln, nach denen Bücher zu führen und Bilanzen aufzustellen sind, bezeichnet. Die Ermittlung der GoB kann auf zwei Wegen erfolgen. Nach der **induktiven Methode** gehören jene Handlungsweisen zu den GoB, die der Buchführungs- und Bilanzierungspraxis eines ordentlichen und ehrenwerten Kaufmanns entsprechen, im Rahmen der **deduktiven Methode** werden die GoB aus dem Zweck des Jahresabschlusses abgeleitet (COENENBERG 1991). Entscheidend für das Wesen der GoB ist dabei, daß sie Rechtsnormen ergänzen bzw. Lücken im kodifizierten Recht schließen.

Im alten Handelsrecht, d.h. vor Umsetzung der 4. EG-Richtlinie wurde lediglich auf die GoB verwiesen, ohne ihren Inhalt exakt zu definieren oder zumindest grob zu umschreiben. Zwar wird der Begriff "Grundsätze ordnungsmäßiger Buchführung" auch derzeit vom Gesetzgeber an keiner Stelle erläutert, jedoch geben seit dem Inkrafttreten des Bilanzrichtlinien-Gesetzes z.B. die §§ 243, 246 und 252 des HGB verschiedene GoB inhaltlich wieder.

Aufgrund zahlreicher Interdependenzen und Überschneidungen ist es trotz vieler Versuche bislang noch nicht gelungen, die GoB voll zufriedenstellend zu systematisieren. Der anerkannteste und im folgenden dargestellte Systematisierungsversuch wurde von LEFFSON unternommen (COENENBERG

1991, LEFFSON 1987). Er unterscheidet zwischen den Grundsätzen der Dokumentation und den Grundsätzen der Rechenschaft. Vorgeschaltet sind den GoB nach LEFFSON insbesondere

- das **Postulat der Materiality**, nach dem nur das Wesentliche offenzulegen ist und
- das **Going-Concern-Prinzip**, wonach die Bewertung unter der Annahme einer unbegrenzten Unternehmensfortführung zu erfolgen hat.

Die **Grundsätze der Dokumentation** befassen sich primär mit der Buchführung. Sie sollen sicherstellen, daß die Geschäftsvorfälle lückenlos dokumentiert, die Aufzeichnungen zuverlässig festgehalten und in geeigneter Weise dargestellt werden. Um dies zu erreichen, muß beispielsweise

- der Buchführung ein System (Kontenplan) zugrunde liegen,
- sind alle Buchungen zu belegen und die Belege unter Wahrung der gesetzlichen Fristen geordnet aufzubewahren,
- muß ein Internes Kontrollsystem vorhanden sein, daß in der Lage ist, Unredlichkeiten und Fehler bei der Erfassung und Verbuchung der Geschäftsvorfälle zu verhindern,
- ist die Buchführung regelmäßig zum Ende des Geschäftsjahres abzuschließen, wobei sich der Abschluß systematisch aus der Buchführung entwickeln muß,
- sind die Posten des Jahresabschlusses einzeln und insgesamt durch die Inventur nachzuweisen (SCHIERENBECK 1989).

Die **Grundsätze der Rechenschaft** sollen gewährleisten, daß sich ein Kaufmann mit der Bilanz und der Gewinn- und Verlustrechnung nicht reicher und nicht ärmer rechnet als er tatsächlich ist. Demzufolge beziehen sich die Grundsätze der Rechenschaft auf die Bilanzierung und die Bewertung. Die folgenden Grundsätze sind zu unterscheiden (COENENBERG 1991, LEFFSON 1987, SCHIERENBECK 1989):

- Der **Grundsatz der Wahrheit** umfaßt die Grundsätze der Richtigkeit und der Willkürfreiheit. Der **Grundsatz der Richtigkeit** fordert, daß der Abschluß aus dem richtigen Zahlenmaterial und unter Zuhilfenahme der übrigen GoB abgeleitet wird. An dieser Stelle zeigt sich die Interdependenz der GoB besonders deutlich, denn die Richtigkeit eines Wertes kann nicht allgemein, sondern nur unter Berücksichtigung anderer Normen - z.B. der Abrechnungsgrundsätze - beurteilt werden. Die Übereinstimmung zwischen dem Jahresabschluß und den zugrundeliegenden Sachverhalten muß auch von sachverständigen Dritten nachprüfbar sein. Darüber hinaus verlangt der **Grundsatz der Willkürfreiheit**, daß die Bilanzinformationen der persönlichen Überzeugung des Kaufmanns entsprechen und Bilanzmanipulationen unterbleiben.
- Der **Grundsatz der Bilanzklarheit** fordert, daß die einzelnen Geschäftsvorfälle, Bilanzpositionen und Erfolgsgrößen der Art nach eindeutig bezeichnet und so geordnet werden, daß die Bücher verständlich und übersichtlich sind. Aus dem Grundsatz der Klarheit ergibt sich das Prinzip der Einzelbewertung und das Verbot der Saldierung von Positionen, wenn dadurch die Bilanzaussage leidet. Durch die Überkreuzkompensation, die eine Verrechnung bestimmter Aufwands- und Ertragspositionen erlaubt, geht die Klarheit der Gewinn- und Verlustrechnung eines Kreditinstitutes zum Teil verloren.
- Nach dem **Grundsatz der Vollständigkeit** sind alle buchführungspflichtigen Vorfälle, sämtliche Aktiv- und Passivpositionen sowie ggfs. bestehende Risiken zu erfassen. Darüber hinaus for-

dert der Grundsatz der Vollständigkeit die formelle Bilanzkontinuität, nach der die Anfangsbilanz eines Geschäftsjahres mit der Schlußbilanz der vorhergehenden Periode übereinstimmen muß. Aus dem Postulat der Vollständigkeit folgt schließlich auch die Pflicht, Informationen, die Vorgänge vor dem Bilanzstichtag betreffen, die aber erst nach dem Bilanzstichtag, jedoch vor dem Tag der Bilanzerstellung bekannt werden, zu berücksichtigen.

- Der **Grundsatz der sachlichen Abgrenzung** bestimmt, in welcher Periode der durch die Leistungserstellung verursachte Werteverzehr als Aufwand das Ergebnis der Periode verringern darf. Da in Banken und Versicherungsunternehmen eine Produktion auf Lager nicht vorkommt, besitzt der Grundsatz der Abgrenzung der Sache nach für diese Unternehmen nur eine untergeordnete Bedeutung.

- Nach dem **Grundsatz der zeitlichen Abgrenzung** sind zeitraumbezogene Erträge und Aufwendungen zeitproportional zu periodisieren. Außerordentliche Erträge und Aufwendungen müssen darüber hinaus in dem Geschäftsjahr erfaßt werden, in dem sie anfallen bzw. in dem die Vermögensänderung bekannt wird.

- Das **Realisationsprinzip** regelt zum einen, wann eine Leistung als "realisiert" gilt, zum anderen bestimmt es den Wert mit dem noch nicht realisierte Leistungen in der Bilanz auszuweisen sind. Dabei gilt ein Erlös erst zu dem Zeitpunkt als realisiert, wenn die Lieferung vollzogen bzw. die Dienstleistung beendet ist. Bis zu diesem Zeitpunkt sind die Vermögensgegenstände maximal mit den Anschaffungs- bzw. Herstellungskosten zu bewerten. Durch diese Wertobergrenze dürfen noch nicht realisierte Erträge in der Bilanz nicht erscheinen.

- Das **Imparitätsprinzip** fordert, daß negative Erfolgsbeiträge aus bereits eingeleiteten Geschäften, die schon abzusehen sind, die auf das Unternehmen jedoch erst nach dem Abschlußstichtag zukommen, bereits in diesem Jahresabschluß Berücksichtigung finden müssen. Damit gilt das Realisationsprinzip für Verluste nicht. Seinen gesetzlichen Niederschlag hat das Imparitätsprinzip im sog. Niederstwertprinzip gefunden. Nach dem **strengen Niederstwertprinzip** ist das Umlaufvermögen mit dem Börsen-, dem Marktpreis oder dem beizulegenden Wert zu bewerten, wenn dieser geringer ist als die Anschaffungs- oder Herstellungskosten (§ 253 Abs. 3 HGB). Das **gemilderte Niederstwertprinzip** gilt für das Anlagevermögen. Bei einer vorübergehenden Wertminderung können, bei einer voraussichtlich dauernden Wertminderung müssen die im Vergleich zu den Anschaffungs- oder Herstellungskosten niedrigeren Stichtagswerte angesetzt werden (§ 253 Abs. 2 HGB). Für Kapitalgesellschaften im allgemeinen sowie für Versicherungsunternehmen und - mit Einschränkungen - für Banken besitzt das gemilderte Niederstwertprinzip jedoch nur in modifizierter Form Gültigkeit. Mit Ausnahme der Finanzanlagen darf bei einer nur vorübergehenden Wertminderung eine Abschreibung des Anlagevermögens nicht vorgenommen werden (§§ 279 Abs. 1, 340 e Abs. 1 HGB).

- Der **Grundsatz der Stetigkeit** soll eine Vergleichbarkeit der Jahresabschlüsse gewährleisten. So sind stets die gleichen Gliederungsbegriffe und Gliederungsschemata zu verwenden (formelle Bilanzstetigkeit) und die einzelnen Positionen immer in der gleichen Weise zu ermitteln, abzugrenzen und zusammenzustellen (materielle Bilanzstetigkeit). Sofern die Bilanzkontinuität durchbrochen wird, sind die Änderungen zu erläutern. Der Grundsatz der Stetigkeit gilt aus Gründen des Gläubigerschutzes für Kreditinstitute nur in abgeschwächter Form.

- Der **Grundsatz der Vorsicht** besagt, daß die Rechnungslegung keinen zu optimistischen Eindruck von der Lage des Unternehmens vermitteln darf. Seine besondere Bedeutung erhält der Grundsatz der Vorsicht dadurch, daß trotz der prinzipiellen Vergangenheitsorientierung in den Jahresabschluß auch Prognosen einfließen. Liegen dabei einwandfrei feststehende Tatsachen z.B. über einen Forderungsausfall vor, so ist die erwartete Zahlung anzusetzen. Bei häufigen und damit statistisch fundierbaren Ereignissen ist vom - ggfs. um eine Vorsichtskomponente ergänzten - mathematischen Erwartungswert auszugehen, bei rein subjektiven Erwartungen soll derjenige realistische Schätzwert angesetzt werden, der die stärkste Erfolgsminderung hervorruft.

Die Grundsätze der Wahrheit, Klarheit und Vollständigkeit können als **Rahmengrundsätze**, die Grundsätze der sachlichen und der zeitlichen Abgrenzung sowie das Realisations- und das Imparitätsprinzip als **Abrechnungsgrundsätze** bezeichnet werden. Die Grundsätze der Stetigkeit und der Vorsicht stellen unter diesem Blickwinkel **ergänzende Postulate** dar.

2. Bilanzierungsvorschriften

Inhalt der Bilanzierungsvorschriften ist die Frage, ob ein Gegenstand dem Grunde nach in die Bilanz aufgenommen werden muß resp. aufgenommen werden kann, d.h. ob er aktivierungs- oder passivierungsfähig ist. **Aktivierungsfähig** sind insbesondere

- Vermögensgegenstände, die selbständig veräußerbar, also verkehrsfähig sind, sowie
- Vorauszahlungen, die für einen bestimmten Zeitraum nach dem Bilanzstichtag geleistet werden (Aktive Rechnungsabgrenzungsposten).

Demgegenüber gelten prinzipiell als **passivierungsfähig**

- alle echten Verbindlichkeiten,
- Rückstellungen,
- Einnahmen, die erst nach dem Stichtag als Ertrag zu verbuchen sind (Passive Rechnungsabgren zungsposten),
- Wertberichtigungen sowie
- das Eigenkapital als die Differenz zwischen dem Vermögen und den Schulden.

Auf die Passivierungsfähigkeit der versicherungstechnischen Rückstellungen weist § 56 Abs. 3 VAG ausdrücklich hin (SCHMIDT/FREY 1989, S. 651). Die Rechnungsabgrenzungsposten, einzelne Rückstellungsarten sowie die Wertberichtigungen werden zu Korrekturzwecken passiviert.

Bilanzierungsverbote gelten u.a.

- für Vermögensgegenstände, die dem Bilanzierenden weder nach rechtlicher noch nach wirtschaftlicher Betrachtung zuzurechnen sind,
- für Rückstellungen, soweit ihr Zweck nicht ausdrücklich gesetzlich vorgesehen ist (§ 249 Abs. 3 HGB),
- für Aufwendungen zur Gründung des Unternehmens und zur Beschaffung des Eigenkapitals (§ 248 Abs. 1 HGB),
- für immaterielle Gegenstände des Anlagevermögens, sofern sie nicht entgeltlich erworben wurden (§ 248 Abs. 2 HGB) sowie

- für Wertberichtigungen, wenn sie nicht zur Wahrung steuerlicher Interessen erforderlich sind (SCHIERENBECK 1989).

Das Bilanzierungsverbot für Gegenstände, über die ein Unternehmen nicht verfügen kann, hat für Kreditinstitute unmittelbare Auswirkungen im Hinblick auf die Bilanzierung von Pensionsgeschäften. Aus dem weitgehenden Verbot der Passivierung von Wertberichtigungen resultiert, daß Banken und Versicherungsunternehmen die Wertkorrekturen für Forderungen und Wertpapiere aktivisch absetzen müssen. Ein spezielles Bilanzierungsverbot für Versicherungsunternehmen enthält der § 56 Abs. 2 VAG. Danach dürfen Aufwendungen für den Abschluß von Versicherungsverträgen nicht aktiviert werden. Bei der sog. "Zillmerung" handelt es sich nicht um die Aktivierung von Kosten, sondern um den Ausweis einer Forderung des Versicherungsunternehmens gegen den Versicherten.

Besteht für einen bilanzierungsfähigen Gegenstand kein Bilanzierungsverbot, so gilt eine grundsätzliche Bilanzierungspflicht. Von dieser Ansatzverpflichtung kann nur dann abgewichen werden, wenn das Unternehmen im Gesetz verankerte **Bilanzierungswahlrechte** ausübt. Das Handelsgesetzbuch enthält beispielsweise die folgenden Wahlrechte (SCHIERENBECK 1989):

- Aufwendungen für die Ingangsetzung und Erweiterung des Geschäftsbetriebes (z.B. aus dem Aufbau einer Vertriebsorganisation) dürfen als Bilanzierungshilfe aktiviert werden (§ 269 HGB);

- das Disagio bei der Kreditaufnahme darf in den Rechnungsabgrenzungsposten auf der Aktivseite aufgenommen werden (§ 250 Abs. 3 HGB);

- der erworbene Geschäfts- oder Firmenwert (Differenz zwischen dem Kaufpreis eines Unternehmens und den um die Schulden verminderten Vermögensteilen) kann als gesonderte Position aktiviert werden (§ 255 Abs. 4 HGB);

- Passivposten, die aus steuerlicher Sicht zulässig sind, dürfen in der Handelsbilanz ebenfalls gebildet und als Sonderposten mit Rücklageanteil ausgewiesen werden (§§ 247 Abs. 3 und 273 HGB).

Im Unterschied zu den übrigen Unternehmen besteht für Kreditinstitute hinsichtlich des Disagios bei der Darlehensaufnahme resp. der Begebung von Schuldverschreibungen kein Aktivierungswahlrecht, sondern eine Aktivierungspflicht (BIRCK/MEYER 1989). Darüber hinaus müssen Banken - ebenso wie Versicherungsunternehmen - auch das bei der Gewährung eines Kredits einbehaltene Damnum passivieren, um eine Vereinnahmung unrealisierter Gewinne zu verhindern. Ein Passivierungswahlrecht gilt künftig für den "Sonderposten für allgemeine Bankrisiken", in den die Kreditinstitute die nicht still einbehaltenen Beträge zur Sicherung gegen die allgemeinen Risiken des Bankgeschäftes einstellen können (§ 340 g HGB). Bei Versicherungsvereinen auf Gegenseitigkeit ist die Aktivierung der Errichtungs- und Einrichtungskosten des ersten Geschäftsjahres nur mit Erlaubnis der Aufsichtsbehörde gestattet (§ 36 a VAG).

3. Bewertungsvorschriften

Während die Bilanzierungsvorschriften der Überprüfung der grundsätzlichen Bilanzierungsfähigkeit eines Gegenstandes dienen, legen die Bewertungsvorschriften den Wertansatz fest, mit dem ein zu bilanzierender Gegenstand in die Bilanz eingestellt werden muß resp. eingestellt werden kann. Aufgrund der Irrelevanz der Herstellungskosten bilden für Banken und Versicherungsunternehmen auf der Aktivseite die **Anschaffungskosten** die zentrale bilanzielle Wertkategorie. Als Anschaffungskosten gelten nach § 255 Abs. 1 HGB im wesentlichen die Aufwendungen, die geleistet werden, um einen Vermögensgegenstand zu erwerben und ihn in einen betriebsbereiten Zustand zu versetzen. Zu den Anschaffungskosten gehören auch die Nebenkosten; Anschaffungspreisminderungen sind abzusetzen.

Erwerben Banken und Versicherungsunternehmen **Grundstücke und Gebäude**, so sind neben dem Kaufpreis auch die Kosten der Überführung aus der fremden in die eigene Verfügungsgewalt (z.B. Grunderwerbsteuer, Notariatskosten) sowie die Kosten der Erlangung der Betriebsbereitschaft (z.B. Kosten aus der Aufstellung von EDV-Anlagen) zu aktivieren. Im **Kreditgeschäft** ergeben sich die Anschaffungskosten zunächst aus dem Auszahlungsbetrag, der jedoch vor dem Hintergrund der Grundsätze ordnungsmäßiger Buchführung im Falle eines Disagios häufig durch den Nennbetrag ersetzt wird. Dem Kunden nicht in Rechnung gestellte Nebenkosten (z.B. Schätzgebühren, Vermittlungsprovisionen) sind nicht aktivierungsfähig, sondern müssen zum Zeitpunkt ihres Anfalls als Aufwand verrechnet werden. Auch die bei der Anschaffung von Wertpapieren anfallenden Maklerprovisionen und Spesen werden aufgrund ihrer i.d.R. unbedeutenden Höhe von den Kreditinstituten üblicherweise unmittelbar als Aufwand erfaßt und demzufolge nicht aktiviert. Da bei einem hohen Umschlag im Rahmen des **Wertpapiergeschäftes** die individuelle Feststellung der verkauften Wertpapiere sehr arbeitsaufwendig ist, können Banken und Versicherungsunternehmen die Höhe der Anschaffungskosten auch auf der Basis eines gewogenen Durchschnittswertes oder eines Verbrauchsfolgeverfahrens wie z.B. LIFO oder FIFO ermitteln (BIRCK/MEYER 1989, SCHMIDT/FREY 1989).

Die Anschaffungskosten stellen die Ausgangsgröße für den Bewertungsprozeß dar. Aufgrund handelsrechtlicher Vorschriften und der GoB können oder müssen jedoch die Anschaffungskosten ggfs. durch niedrigere Wertansätze ersetzt werden. Derartige Wertherabsetzungen werden im Handelsrecht als **Abschreibungen** oder als **Wertberichtigungen** bezeichnet. Das Pendant zu den Wertherabsetzungen sind Wertheraufsetzungen oder **Zuschreibungen**, die der buchtechnischen Anhebung von Bilanzansätzen gegenüber dem vorangegangenen Jahresabschluß dienen.

Die Vornahme von Abschreibungen hängt zunächst davon ab, ob ein bestimmter Vermögensgegenstand dem Anlage- oder dem Umlaufvermögen angehört. Zum **Anlagevermögen** zählen nach § 247 Abs. 2 HGB nur die Gegenstände, die bestimmt sind, dauernd dem Geschäftsbetrieb zu dienen. In Kreditinstituten sind mit Ausnahme der Beteiligungen und weniger Wertpapiere alle Vermögenswerte aus dem Kredit- und Geldanlagegeschäft Bestandteil des **Umlaufvermögens**, da der Betriebszweck der Banken darin besteht, Kredite aller Art, d.h. also auch langfristige Darlehen, zu gewähren. Demgegenüber können sich in den Kapitalanlagen der Versicherungsunternehmen sowohl Gegenstände des Anlage- als auch des Umlaufvermögens befinden.

Bei den Gegenständen des **abnutzbaren Anlagevermögens** müssen die Anschaffungskosten um **planmäßige Abschreibungen** vermindert werden (§ 253 Abs. 2 HGB). Grundlage der planmäßigen Abschreibungen ist ein Abschreibungsplan, der Annahmen über die Nutzungsdauer, die Abschreibungsmethode und einen etwaigen Restverkaufserlös enthalten muß. **Außerplanmäßige Ab-**

schreibungen auf **abnutzbare und nicht abnutzbare Anlagegüter** sind zwingend vorzunehmen, wenn die eingetretene Wertminderung voraussichtlich von Dauer ist. Im Falle einer nur vorübergehenden Wertminderung ist dagegen für Kapitalgesellschaften eine Abschreibung nicht erlaubt, sofern es sich nicht um Finanzanlagen handelt (§ 279 Abs. 1 HGB). Nicht-Kapitalgesellschaften besitzen bei einer nur vorübergehenden Wertminderung ein Abschreibungswahlrecht, jedoch werden sämtliche Versicherungsunternehmen und ein Großteil der Kreditinstitute wie Kapitalgesellschaften behandelt. Das Abschreibungswahlrecht nutzen können derzeit noch die Kreditgenossenschaften (§ 336 Abs. 2 HGB) und diejenigen Banken, die dem Publizitätsgesetz unterliegen (z.B. Privatbankiers). Mit dem Inkrafttreten des Bankbilanzrichtlinien-Gesetzes wird diese Sonderregelung jedoch entfallen. Danach dürfen alle Kreditinstitute bei einer nur vorübergehenden Wertminderung lediglich bei den Beteiligungen und den Anteilen an verbundenen Unternehmen Abschreibungen vornehmen (§ 340 e Abs. 1 HGB).

Im **Umlaufvermögen** sind Abschreibungen grundsätzlich auch dann anzusetzen, wenn die Wertminderung voraussichtlich nur vorübergehender Natur ist; es gilt also kein Abschreibungswahlrecht, sondern eine von der Rechtsform und der Dauer der Wertminderung unabhängige Abschreibungspflicht (§ 253 Abs. 3 HGB). Sofern die Gründe für eine Wertkorrektur des Umlaufvermögens sowie für eine außerplanmäßige Abschreibung im Anlagevermögen nicht mehr bestehen, sind **Zuschreibungen** zulässig, aber nicht zwingend (§ 253 Abs. 5 HGB). Die komplexen Regelungen hinsichtlich der Zuschreibungsmöglichkeiten und -pflichten des § 280 HGB gelten derzeit für Banken und Versicherungsunternehmen nicht (§§ 25 a Abs. 2 KWG, 55 Abs. 4 VAG). Mit der Anwendung des Bankbilanzrichtlinien-Gesetzes wird zwar insbesondere für das Anlagevermögen aus dem Zuschreibungswahlrecht eine Zuschreibungspflicht, jedoch dürfte sich diese Änderung aufgrund anderweitiger, auf das Steuerrecht Bezug nehmender Vorschriften, ebenso wie heute schon bei den Unternehmen anderer Branchen, nur beim abnutzbaren Anlagevermögen auswirken.

Abschreibungen führen bei den Vermögensgegenständen zu einem niedrigeren Wertansatz. Abgesehen von den speziellen bankbetrieblichen Bewertungsvorschriften kommen dabei zur Abwertung des Umlauf- und für außerplanmäßige Abschreibungen des Anlagevermögens die folgenden Wertkategorien in Betracht:

- **Abschreibungen auf den Börsen- oder Marktpreis**
  Der Börsen- oder Marktpreis dient der Bewertung des Umlaufvermögens, er kann jedoch im Rahmen der Finanzanlagen auch für das Anlagevermögen von Bedeutung sein. Als Börsenpreis wird der an einer amtlich anerkannten Börse festgestellte Preis bezeichnet. Der Marktpreis ist demgegenüber derjenige Preis, der an einem Handelsplatz für Waren einer bestimmten Gattung von durchschnittlicher Art und Güte zu einem bestimmten Zeitpunkt im Durchschnitt gezahlt wurde. Als Waren gelten dabei auch Forderungen oder Wertpapiere (BIRCK/MEYER 1989).

- **Abschreibungen auf den beizulegenden Wert**
  Der im Vergleich zu den Anschaffungskosten niedrigere, am Abschlußstichtag beizulegende Wert gilt für das Anlagevermögen; die Gegenstände des Umlaufvermögens haben sich an diesem Wert zu orientieren, wenn kein Börsen- oder Marktpreis existiert. Im Anlagevermögen kann zur Bestimmung des beizulegenden Wertes vom Wiederbeschaffungs-, vom Einzelveräußerungs- oder vom Ertragswert ausgegangen werden. Zur Bewertung von Gegenständen des Umlaufvermögens, die zum Verkauf bestimmt sind, ist auf den voraussichtlichen Verkaufserlös abzüglich der noch entstehenden Aufwendungen abzustellen.

Der beizulegende Wert ist für den bedeutendsten Teil der von **Banken** gehaltenen Vermögensgegenstände, nämlich für die im Bestand befindlichen und im Bestand bleibenden **Forderungen**, die maßgebliche Wertkategorie. Zur Bewertung der Forderungen ist aus geeigneten Unterlagen abzuleiten, ob der Kreditnehmer in der Lage ist, die vereinbarten Leistungen tatsächlich zu erbringen. Entsprechend der Bonität des Schuldners lassen sich die Kredite folgendermaßen einteilen:

- Als **Kredite ohne erkennbare Risiken** gelten "risikofreie" Forderungen, z.B. an die öffentliche Hand sowie (traditionell) an ausländische Staaten und in- und ausländische Kreditinstitute.

- Zu den **anmerkungsbedürftigen Krediten** gehören Engagements, die wegen erhöhter oder nicht abschließend beurteilbarer Risiken einer besonders intensiven Beobachtung bedürfen, bei denen beispielsweise die Eigenkapitalverhältnisse und die Finanzierung des kreditnehmenden Unternehmens zufriedenstellend sind, im letzten Geschäftsjahr jedoch erstmalig ein Verlust im laufenden Geschäft entstanden ist.

- Bei **notleidenden Krediten** muß mit Zahlungsausfällen gerechnet werden. Der Kreditnehmer ist wahrscheinlich nicht mehr in der Lage, den Kredit zurückzuzahlen und die vereinbarten Zinszahlungen zu leisten.

- Die **uneinbringlichen Kredite** können schließlich aller Wahrscheinlichkeit nach nicht mehr eingetrieben werden. Werthaltige Sicherheiten sind nicht vorhanden.

Während uneinbringliche Kredite abzuschreiben sind, müssen für notleidende Kredite **Einzelwertberichtigungen** gebildet werden. Zur Bemessung der Einzelwertberichtigungen ist zum einen die **Bonität des Schuldners** zu analysieren. Dabei sind Verluste aus einem Unternehmenskredit wahrscheinlich, wenn die zu seiner ordnungsgemäßen Rückführung erforderlichen Mittel voraussichtlich weder aus dem laufenden Geschäftsbetrieb noch aus einem etwaigen Liquidationserlös aufgebracht werden können. Auch bei einer schlechten wirtschaftlichen Lage des Schuldners bildet jedoch der Wert der vorhandenen Sicherheiten die Untergrenze für den beizulegenden Wert einer Forderung. Zur Ermittlung der angemessenen Einzelwertberichtigung ist daher zum anderen die **Werthaltigkeit der Sicherheiten**, d.h. ihr rechtlicher und ihr tatsächlicher Bestand, zu überprüfen.

Auch die nicht akut gefährdeten Kredite können später ganz oder teilweise ausfallen. Bis zum 30.12.1988 mußte dieses **latente Kreditrisiko** in Kreditinstituten durch **Sammelwertberichtigungen** berücksichtigt werden, deren Höhe sich aus der Anwendung bestimmter, vom Bundesaufsichtsamt vorgeschriebener Sätze ergab. Nachdem die Pflicht zur Bildung von Sammelwertberichtigungen für Jahresabschlüsse ab dem 31.12.1988 nicht mehr besteht, müssen die Kreditinstitute dem latenten Kreditrisiko nunmehr durch **Pauschalwertberichtigungen** Rechnung tragen. Im Unterschied zu den Sammelwertberichtigungen liegen den Pauschalwertberichtigungen keine allgemeingültigen Sätze, sondern bankspezifische Erfahrungswerte der Vergangenheit zugrunde, die auch nach Kreditarten oder Kreditnehmergruppen differenziert werden können (BIRCK/MEYER 1989, STANNIGEL 1989).

Die Unterscheidung zwischen Einzel- und Pauschalwertberichtigungen hat auch für **Versicherungsunternehmen** Bedeutung. So kommen **Einzelwertberichtigungen** insbesondere für die Kapitalanlagen, die Betriebs- und Geschäftsausstattung sowie für sonstige Forderungen, z.B. an Versicherungsvertreter, in Betracht. Darüber hinaus können **Pauschalwertberichtigungen** für folgende Positionen gebildet werden:

- Kapitalanlagen, soweit sie Forderungen verkörpern,

- Forderungen aus dem selbst abgeschlossenen Versicherungsgeschäft an Versicherungs nehmer,

- noch nicht fällige Ansprüche an Versicherungsnehmer,
- Forderungen aus dem selbst abgeschlossenen Versicherungsgeschäft an Versicherungs vertreter,
- Abrechnungsforderungen aus dem Rückversicherungsgeschäft.

Ferner sind Pauschalwertberichtigungen für sämtliche übrigen Forderungsarten zulässig, sofern ein allgemeines Wertminderungsrisiko besteht. Die Höhe der Pauschalwertberichtigungen richtet sich nach den voraussichtlichen Ausfällen unter Berücksichtigung der in der Vergangenheit gewonnenen Erkenntnisse. Nach einem gewissen Zeitraum sind die ermittelten Wertansätze zu überprüfen und ggfs. zu korrigieren. Ebenso wie in Kreditinstituten dürfen auch in Versicherungsunternehmen Sammelwertberichtigungen seit dem 31.12.1988 nicht mehr gebildet werden (FRICKE 1989).

- **Abschreibungen auf den zur Vermeidung künftiger Wertschwankungen nach unten notwendigen Wert**
  Bei Wirtschaftsgütern des Umlaufvermögens kann ein - im Vergleich zum Börsen- oder Marktpreis resp. beizulegenden Wert - niedrigerer Wert angesetzt werden, um zu verhindern, daß in der nächsten Zukunft aufgrund von Wertschwankungen, die nach vernünftiger kaufmännischer Beurteilung zu erwarten sind, eine erneute Wertkorrektur nach unten erforderlich wird (§ 253 Abs. 3 HGB). Diese Wertkategorie ist Ausdruck des Grundsatzes vorsichtiger Bewertung und dient nicht der Bildung stiller Reserven. In Betracht kommt diese Vorschrift insbesondere bei Forderungen und Wertpapieren. Aufgrund anderweitiger Abschreibungsmöglichkeiten wird sie in Kreditinstituten bislang jedoch kaum angewendet (BIRCK/MEYER 1989).

- **Abschreibungen auf den steuerlich für zulässig gehaltenen Wert**
  Aufgrund des Maßgeblichkeitsprinzips ist die Ausnutzung steuerlicher Wahlrechte an die Bedingung geknüpft, daß die Wertansätze der Handelsbilanz nicht von denen der Steuerbilanz abweichen. Das Ansatzwahlrecht für steuerlich zulässige Werte in der Handelsbilanz soll sicherstellen, daß die in der Steuerbilanz grundsätzlich erlaubten Wertansätze tatsächlich auch ausgenutzt werden können (§ 254 HGB).

- **Abschreibungen im Rahmen vernünftiger kaufmännischer Beurteilung**
  § 253 Abs. 4 HGB gestattet den Unternehmen im Rahmen vernünftiger kaufmännischer Beurteilung die Bildung stiller Reserven. Allerdings gilt diese Vorschrift nicht für Kapitalgesellschaften und die nach deren Recht bilanzierenden Unternehmen. Sie ist daher primär nur für Kreditinstitute in der Rechtsform des Einzelkaufmanns, der Personenhandelsgesellschaft sowie Kreditgenossenschaften relevant. Die übrigen Banken können stille Reserven über den § 26 a KWG schaffen. Durch das Bankbilanzrichtlinie-Gesetz ist die Stille-Reserve-Bildung der Kreditinstitute vereinheitlicht worden. Künftig regelt § 340 f HGB für alle Kreditinstitute, bei welchen Positionen und in welchem Umfang stille Reserven gebildet werden dürfen.

Ebenso wie die aktivischen hängen auch die **passivischen Wertkategorien** von der jeweiligen Bilanzposition ab. So ist das **Eigenkapital** zum Nennbetrag anzusetzen (§ 283 HGB), für die Bewertung der **Verbindlichkeiten** ist der Rückzahlungs- d.h. Erfüllungsbetrag maßgebend (§ 253 Abs. 1 HGB). **Rentenverpflichtungen**, für die eine Gegenleistung nicht mehr zu erwarten ist, sind in Höhe ihres Barwertes zu passivieren, bei **Rückstellungen** darf nur der Betrag angesetzt werden, der nach vernünftiger kaufmännischer Beurteilung notwendig ist. Letzteres betont speziell für Versicherungsunternehmen auch § 56 Abs. 3 VAG.

III. Aufbau der Jahresabschlüsse von Banken und Versicherungsunternehmen

1. Gliederungsmerkmale

Die besonderen, von den Kreditinstituten und Versicherungsunternehmen betriebenen Geschäfte prägen naturgemäß die Bilanzstruktur der Banken und Versicherungsunternehmen in entscheidender Weise. Zahlreiche **branchenspezifische Positionen** führen dazu, daß die Bilanzen und Gewinn- und Verlustrechnungen dieser Institute zum einen starke materielle Abweichungen von den entsprechenden Rechnungslegungsinstrumenten anderer Unternehmen aufweisen, zum anderen auf der Basis eines allgemeinen Bilanzierungswissens nicht unmittelbar verständlich sind. Unabhängig von diesen, in den folgenden Kapiteln dargestellten Besonderheiten im Detail lassen sich jedoch **strukturelle Gliederungsunterschiede** zwischen den Jahresabschlüssen eines Kreditinstituts, einer Versicherung und eines Unternehmens, das die im HGB (§§ 266, 275) niedergelegten Gliederungen verwendet, ausmachen.

Das Bilanzbild der Kreditinstitute ist im Vergleich zum Bilanzschema gemäß HGB zunächst durch eine **entgegengesetzte Reihenfolge** der Bilanzpositionen gekennzeichnet. Während die Bilanz beispielsweise eines Industrie- oder Handelsunternehmens mit den besonders dauerhaften Vermögenswerten beginnt und - abgesehen von dem Rechnungsabgrenzungsposten - mit den Kassenbeständen und den Bankguthaben endet, stehen bei einem Kreditinstitut die liquiden Mittel an erster und die nicht oder nur mit Schwierigkeiten liquidierbaren Positionen an letzter Stelle. Entsprechendes gilt für die Passivseite, die im Unterschied zu den Unternehmen, die ihre Bilanz gemäß § 266 HGB aufstellen nicht mit dem Eigenkapital beginnt, sondern mit dem Eigenkapital endet.

Mit dieser besonderen Reihenfolge der einzelnen Bilanzpositionen soll dem Bilanzleser ein besserer Einblick in die **Liquiditätssituation** eines Kreditinstituts vermittelt werden (GERKE/PHILIPP 1983). Dem gleichen Zweck dient die Angabe von Laufzeiten und Kündigungsfristen sowie die Ausgliederung besonders liquider Aktivpositionen, wie beispielsweise der bei der Deutschen Bundesbank rediskontfähigen Wechsel und beleihbarer Wertpapiere. Allerdings kann die Bilanz letztlich nur über die **Stichtagsliquidität** Auskunft geben. So sind aus der Bilanz eines Kreditinstituts weder Informationen über die Kreditzusagen noch über faktische Prolongationszwänge im Rahmen des Kreditgeschäfts ersichtlich. Da die Bilanzierung zudem auf der Basis von Ursprungslaufzeiten erfolgt, ist eine abschließende Beurteilung der Liquiditätslage eines Kreditinstituts anhand der Bilanz nicht möglich (BIRCK/MEYER 1980). Auf der Basis des § 340 d HGB ist allerdings ab 1998 für die Gliederung nach der Fristigkeit nicht mehr die Ursprungs- sondern die **Restlaufzeit** maßgebend.

Das im HGB niedergelegte Prinzip der Anordnung der aktivischen Bilanzpositionen gemäß der zunehmenden Liquiditätsnähe findet sich in den Versicherungsbilanzen nur in Ansätzen wieder. Vielmehr liegt der Bilanzgliederung der Versicherungsunternehmen das Ziel zugrunde, alle **artgleichen Vermögensteile** zu Gruppen zusammenzufassen (LORCH 1974). So bilden insbesondere sämtliche Kapitalanlagen sowie die sonstigen Vermögenswerte eigenständige Bilanzpositionen, wobei innerhalb dieser Gruppen jedoch jeweils die dauerhaften Vermögensgegenstände wie Grundstücke,

Gebäude oder die Betriebs- und Geschäftsausstattung zuerst genannt und die liquiden Aktiva später aufgeführt werden. Die Bündelung der versicherungstypischen Positionen zeigt sich auch auf der Passivseite der Bilanz, die einen eigenständigen Posten "Versicherungstechnische Rückstellungen" enthält. Die versicherungstechnischen Rückstellungen dominieren in den Versicherungsunternehmen mit 85 % eindeutig die Passivseite, die Kapitalanlagen machen den größten Teil der Aktivseite aus (vgl. Abb. 9.1). Sowohl in Banken als auch in Versicherungsunternehmen ist der Eigenkapitalanteil an der Bilanzsumme verhältnismäßig niedrig. Aktivseitig stehen in Banken die Kredite mit mehr als 80 % der Bilanzsumme im Vordergrund. Ein erheblicher Teil der Kapitalanlagen ist auch in Versicherungsunternehmen in Krediten gebunden, jedoch fließt im Vergleich zu den Kreditinstituten ein weitaus größerer Teil des anlagefähigen Kapitals in Wertpapiere.

Banken				**Versicherungsunternehmen**			
AKTIVA		PASSIVA		AKTIVA		PASSIVA	
Barreserve	2,4%	Einlagen	74,7%	Kapitalanlage darunter:	89,7%	Eigenkapital	4,6%
Kredite	82,2%	Schuldverschreibungen	17,8%	• Grundstücke/ Gebäude	5,8%	Versicherungstechnische Rückstellungen	85,0%
Wertpapiere	12,1%			• Forderungen	53,9%		
		sonstige Passiva	3,7%	• Wertpapiere	30,0%		
sonstige Aktiva	3,3%					Verbindlichkeiten aus Rückversicherung	1,9%
		Eigenkapital	3,8%	Forderungen aus Rückversicherung	4,6%		
				sonstige Aktiva	5,7%	sonstige Passiva	8,5%
Summe	100,0%	Summe	100,0%	Summe	100,0%	Summe	100,0%

Abb. 9.1: Bilanzstruktur der Banken und Versicherungsunternehmen per 31.12.1989 (Quelle: Monatsbericht der Deutschen Bundesbank, April 1990; Geschäftsbericht des Bundesaufsichtsamtes für das Versicherungswesen 1989, eigene Berechnungen)

Neben der Verdeutlichung von Liquiditätsgesichtspunkten dient die Gliederung der Bilanz eines Kreditinstituts auch der Kenntlichmachung von **Bonitätsaspekten**. So sind beispielsweise die Anleihen und Schuldverschreibungen nach öffentlichen Emittenten sowie nach Emissionen von Kreditinstituten und sonstigen Schuldnern zu differenzieren. Bei den Forderungen an Kunden wird zwischen denjenigen an Kreditinstitute und an Kunden unterschieden; darüber hinaus wird der Risikogehalt der Kundenforderungen durch die Ausgliederung der Kommunaldarlehen und der grundpfandrechtlich gesicherten Kredite verdeutlicht. Letztlich hängt die Höhe des Bonitätsrisikos jedoch von der Kreditwürdigkeit des einzelnen Schuldners ab. Darüber gibt die Bankbilanz ebensowenig Auskunft wie über die von den Instituten eingegangenen Währungsrisiken, so daß die Bilanz insgesamt nur einen begrenzten Einblick in die effektiven Risikoverhältnisse eines Kreditinstitutes gewährt. Bonitätsunterschiede werden durch die Aufführung der Schuldbuchforderungen gegen den Bund, der grundpfandrechtlich gesicherten Kredite und der Darlehen und Vorauszahlungen auf Versicherungsscheine auch in Versicherungsbilanzen deutlich. Wegen der von vornherein geringeren Höhe des Ausfallrisikos spielen Risikoaspekte bei der Bilanzgliederung in Versicherungsunternehmen jedoch nur eine untergeordnete Rolle.

Sowohl in den Bilanzen der Banken als auch der Versicherungsunternehmen wird eine Trennung zwischen **Anlage- und Umlaufvermögen** nicht vorgenommen. Materiell ist diese Unterscheidung aufgrund unterschiedlicher Bewertungsvorschriften allerdings von erheblicher Bedeutung. Während dabei die Kreditinstitute die Möglichkeit haben, Wertpapiere in das Anlagevermögen einzustellen und diese gemäß dem gemilderten Niederstwertprinzip zu bewerten, müssen Versicherungsunternehmen ihre Wertpapierbestände laut § 56 Abs. 1 VAG unabhängig von der Zuordnung zum Anlage- oder Umlaufvermögen nach den für das Umlaufvermögen geltenden Vorschriften bewerten.

In den **Gewinn- und Verlustrechnungen** der Banken und Versicherungsunternehmen entfällt ein nicht unerheblicher Teil der Aufwendungen auf den Verwaltungsbereich, d.h. auf Personal-, Sachkosten sowie auf Abschreibungen auf Grundstücke, Gebäude und die Betriebs- und Geschäftsausstattung (EDV). Darüber hinaus wird die Aufwandsseite in Banken durch die Zinsaufwendungen, in Versicherungsunternehmen durch die ausgezahlten Versicherungsleistungen bestimmt. Die Erträge fließen den Banken insbesondere aus Zins-, daneben in wachsendem Umfang jedoch auch aus Provisionsgeschäften zu. In den Versicherungsunternehmen setzen sich die Erträge im wesentlichen aus den Prämienzahlungen der Versicherungsnehmer und den Erträgen aus der Kapitalanlagetätigkeit zusammen.

2. Abbildungsprinzipien

Die Grundsätze ordnungsmäßiger Buchführung und die handelsrechtlichen Bilanzierungsvorschriften orientieren sich in erster Linie an den Verhältnissen in Industriebetrieben. Wegen der besonderen Natur der Bank- und Versicherungsgeschäfte sind über die allgemeinen Grundlagen der Rechnungslegung hinaus für den Jahresabschluß von Banken und Versicherungsunternehmen spezielle Abbildungsprinzipien erforderlich.

Die Abweichungen von den allgemeinen handelsrechtlichen Grundsätzen betreffen primär die Gewinn- und Verlustrechnung. Insbesondere die folgenden Punkte resp. Alternativen sind in diesem Zusammenhang von Bedeutung:

(1) Konto-, Staffelform,
(2) Primär-, Sekundärprinzip,
(3) Umsatz-, Erfolgsprinzip,
(4) Gesamt-, Teilerfolgsprinzip,
(5) Brutto-, Nettoprinzip.

Zu (1): § 275 HGB schreibt für die Gewinn- und Verlustrechnung die **Staffelform** vor. Im Gegensatz zur **Kontoform**, bei der die Aufwendungen auf der linken und die Erträge auf der rechten Seite der GuV stehen, stellt die Staffelrechnung eine gemischte Additions- und Subtraktionsrechnung dar, bei der jeweils Zwischensummen gebildet werden. Die Staffelform soll einerseits die Aussagekraft der Rechnung verbessern, andererseits ergibt sich bei ihr jedoch das Problem, eine zweckmäßige Reihenfolge zu finden und aussagefähige Zwischensummen zu bilden (FARNY 1989).

Obwohl dieses Problem nicht vollständig gelöst wurde, sehen die Rechnungslegungsvorschriften für Versicherungsunternehmen generell die Staffelform vor. Demgegenüber haben Kreditinstitute - auch zukünftig - eine Wahlmöglichkeit zwischen der konten- und der staffelmäßigen Darstellungsweise.

Zu (2): Nach dem **Primärprinzip** ist für den Ausweis der Erträge und Aufwendungen sowie des Vermögens und des Kapitals die Entstehung der Positionen im Verkehr mit der Umwelt maßgebend (LORCH 1974). Demgegenüber beinhaltet das **Sekundärprinzip** eine Umgliederung der Vorgänge, um auch für bestimmte betriebliche Bereiche oder Funktionen Aussagen aus der veröffentlichten Rechnungslegung ableiten zu können. Eine nach dem Sekundärprinzip erstellte Bilanz resp. Gewinn- und Verlustrechnung enthält zusätzliche Informationen. Allerdings ist das Sekundärprinzip nicht willkürfrei, da die Zuordnung der Beträge oft anhand von Schlüsseln erfolgen muß.

Der handelsrechtliche Jahresabschluß ist als Primärrechnung konzipiert. Mit geringen Ausnahmen (z.B. der Warenverkehr einer Kreditgenossenschaft) gilt das Primärprinzip auch für Kreditinstitute. Dagegen sehen die Rechnungslegungsvorschriften für Versicherungsunternehmen sowohl das Primär- als auch das Sekundärprinzip vor. Das Primärprinzip ist z.B. bei den meisten Erlösarten und den Abschreibungen anzuwenden, das Sekundärprinzip wird insbesondere in Funktionsaufwendungen (Aufwendungen für Versicherungsfälle einschließlich Schadenregulierungsaufwendungen, Verwaltungsaufwendungen für Kapitalanlagen) und Funktionserträgen (technischer Zinsertrag) sichtbar (FARNY 1989).

Zu (3): Das charakteristische Merkmal des **Erfolgsprinzips** ist der Ausweis ausschließlich der erfolgswirksamen Erträge und Aufwendungen in der Gewinn- und Verlustrechnung. Während die Abgrenzungsbuchungen nach dem Erfolgsprinzip außerhalb der GuV erfolgen, wird die periodengerechte Abgrenzung im Rahmen des **Umsatzprinzips** in der Erfolgsrechnung selbst vorgenommen. Damit enthält eine auf der Basis des Umsatzprinzips aufgestellte Gewinn- und Verlustrechnung auch erfolgsunwirksame Zahlungsströme.

Die Rechnungslegungsvorschriften der Kreditinstitute bauen in vollem Umfang auf dem Erfolgsprinzip auf. Auch für die Versicherungsunternehmen ist das Erfolgsprinzip für die überwiegende Mehrzahl der Positionen maßgebend. Das früher in der Erfolgsrechnung der Versicherungsunternehmen vorherrschende Umsatzprinzip findet allerdings zum einen noch bei den Prämien, die mit dem Einzahlungsbetrag ausgewiesen und anschließend in Höhe des auf das kommende Jahr entfallenden Betrages auf die Prämienerträge umgerechnet werden, Anwendung. Zum anderen wird der gesamte Sparprozeß in der Lebensversicherung gemäß dem Umsatzprinzip behandelt (FARNY 1975).

Zu (4): Beim **Gesamterfolgsprinzip** sind nur die für das Gesamtunternehmen entstandenen Aufwendungen und Erträge erkennbar. Demgegenüber wird die Erfolgsrechnung im Rahmen des **Teilerfolgsprinzips** so differenziert, daß Teile des Gesamterfolges, die auf bestimmte Geschäftsbereiche entfallen, entweder unmittelbar gezeigt werden oder errechenbar sind. In Kreditinstituten ist dabei weder die Ermittlung der Teilerfolge einzelner Kundengruppen, Geschäftsstellen oder Produktarten noch eine Differenzierung zwischen sachlich, zeitlich oder betragsmäßig ordentlichen und außerordentlichen Erfolgselementen möglich. Durch die Zusammenfassung des Zins- und Provisionsüberschusses sowie der Betriebskosten kann von externer Seite nur annäherungsweise ein Betriebsergebnis errechnet werden.

Während somit für Kreditinstitute das Gesamterfolgsprinzip gilt, wird in Versicherungsunternehmen in mancherlei Hinsicht auch das Spartenerfolgsprinzip angewendet. So müssen im Prinzip sämtliche Erstversicherer bestimmte Ertrags- und Aufwandspositionen nach dem selbst abgeschlossenen und dem in Rückdeckung übernommenen Geschäft trennen. Lebensversicherer haben die Erträge und Aufwendungen aus der fondsgebundenen Lebensversicherung im Anhang gesondert anzugeben. Darüber hinaus müssen die Schaden-, Unfall- und Rückversicherungsunternehmen zahlreiche versicherungstechnische Erfolgspositionen nach Versicherungszweigen trennen, um eine öffentliche Kontrolle des aufsichtsrechtlichen Grundsatzes, daß sich jeder Versicherungszweig auf Dauer selbst tragen muß, zu ermöglichen. Allerdings sind die Ergebnisse der einzelnen Teilversicherungsbestände nicht vollständig und nicht willkürfrei, da Teile der Betriebsaufwendungen nicht erfaßt werden oder nur mit Schlüsseln verteilt werden können, so daß das Teilerfolgsprinzip nicht eine grundsätzlich verbesserte Informationsbereitstellung zur Folge hat (FARNY 1989).

Zu (5): Die Abbildung der Geschäftsvorfälle nach dem **Bruttoprinzip** beinhaltet schließlich den unsaldierten Ausweis der Erträge und Aufwendungen sowie der Aktiva und Passiva. Bei Anwendung des **Nettoprinzips** werden dagegen einzelne Positionen miteinander verrechnet, wodurch der Bilanzleser lediglich die saldierten Ergebnisse erfährt. Wahrheitsgemäße Informationen über die Art und den Umfang der Geschäfte sowie das Zustandekommen des Ergebnisses bietet der Jahresabschluß nur dann, wenn er nach dem Bruttoprinzip aufgestellt wird (GERKE/PHILIPP 1983). Daher sehen zwar die Rechnunglegungsvorschriften der Banken und Versicherungsunternehmen grundsätzlich den Bruttoausweis vor, jedoch gibt es von diesem Prinzip sowohl für Kreditinstitute als auch für Versicherer eine wesentliche Ausnahme. So dürfen die Kreditinstitute die Erträge aus höherer Bewertung von Forderungen und Wertpapieren, dem Eingang ganz oder teilweise abgeschriebener Forderungen oder dem Abgang von Wertpapieren mit den entsprechenden Aufwandspositionen verrechnen, um einen Einblick in die Stille-Reserve-Politik resp. die tatsächliche Risikosituation zu verhindern (§ 4 Formblattverordnung, ähnlich § 340 f Abs. 3 HGB).

Die Ausnahmeregelung vom Bruttoprinzip betrifft in Versicherungsunternehmen die Rückversicherung, die die Überwälzung eines Teils des Risikos auf den Rückversicherer beinhaltet. Dadurch sind die Rückversicherungsunternehmen an den Erträgen und Aufwendungen, den Aktiva und Passiva des Erstversicherers beteiligt (FARNY 1989). Bei Anwendung des Bruttoprinzips werden sämtliche Erträge und Aufwendungen sowie die gesamten Aktiva und Passiva für das Bruttogeschäft und für den Anteil der Rückversicherung ausgewiesen. Das Nettoprinzip beinhaltet dagegen die Verrechnung der Bruttogrößen mit den Anteilen der Rückversicherung, so daß in der Bilanz resp. Gewinn- und Verlustrechnung nur der Saldo "für eigene Rechnung" erscheint. Die Rechnungslegungsvorschriften sehen für die Rückversicherung sowohl das Brutto- als auch das Nettoprinzip vor. Für die Bilanzen gilt mit Ausnahme der Deckungsrückstellung der Lebensversicherung (§ 67 VAG) das Nettoprinzip, wobei die Bruttobeträge und die Anteile der Rückversicherung in einer Vorspalte anzugeben sind. In der Erfolgsrechnung müssen die Lebens- und Krankenversicherer das Bruttoprinzip, die Schaden-, Unfall- und Rückversicherungsunternehmen hingegen teilweise das Brutto-, teilweise jedoch auch das Nettoprinzip anwenden.

LITERATURHINWEISE:

BETZ, W./BRINKMANN, J. (1990)
BIEG, H. (1990)
BIRCK, H./MEYER, H. (1980)
BIRCK, H./MEYER, H. (1989)
BÜSCHGEN, H.E. (1989)
COENENBERG, A.G. (1991)
FARNY, D. (1975)
FARNY, D. (1981)
FARNY, D. (1989)
FEDERMANN, R. (1987)
FRICKE, F. (1989)
GEIB, G./HORBACH, L. (1991)
GERKE, W./PHILIPP, F. (1983)
HESBERG, D. (1990)
KREMKOW, K.-D. (1980)
LEFFSON, U. (1987)
LORCH, M. (1974)
MINZ, G./RICHTER, H. (1988)
RICHTER, H./GEIB, G. (1991a)
RIXEN, H.-H. (1990)
SCHIERENBECK, H. (1989)
SCHMIDT, R./FREY, P. (1989)
STANNIGEL, H. (1989)
TRÖBLIGER, A. (1991)
WÖHE, G. (1987)

B. Der Konzernabschluß

Der Konzernabschluß faßt die Einzelabschlüsse rechtlich selbständiger, wirtschaftlich jedoch von einer übergeordneten Einheit dominierter Unternehmen zusammen. Aufgrund dieser wirtschaftlichen Abhängigkeit kann die Aussagekraft der Jahresabschlüsse einzelner zum Konzern gehörender Gesellschaften erheblich eingeschränkt sein. So sind die Konzernunternehmen zum einen an die Konzerninteressen gebunden und können ihre Geschäftspolitik nicht ausschließlich anhand eigener Zielsetzungen entwickeln. Zum anderen ist es denkbar, daß der Ausweis bestimmter Positionen durch manipulierte Geschäfte beeinflußt wird, ohne daß die für ein einzelnes Unternehmen geltenden Rechnungslegungsvorschriften verletzt werden müßten.

Vor diesem Hintergrund soll der Konzernabschluß die beschränkte Aussagefähigkeit der Einzelabschlüsse von Konzernunternehmen beseitigen. Er hat die Aufgabe, über die Vermögens-, Finanz- und Ertragslage der **wirtschaftlich als Einheit** zu betrachtenden Gruppe rechtlich selbständiger Unternehmen zu informieren. Dabei ist entscheidend, daß sich der Konzernabschluß nicht durch die reine Addition der Einzelabschlüsse ergibt, sondern unter weitgehender Ausschaltung der konzerninternen Verflechtungen erstellt wird.

Die im **Bilanzrichtlinien-Gesetz** enthaltenen Vorschriften bezüglich des Konzernabschlusses waren auch von Banken und Versicherungsunternehmen spätestens auf Jahresabschlüsse anzuwenden, die ab dem 01.01.1990 begannen. Da die Kreditinstitute eine doppelte Umstellung nach Möglichkeit vermeiden wollten, haben sie sich zum einen bis einschließlich 1989 zur Erstellung des Konzernabschlusses an den Regelungen des **Aktiengesetzes** in der Fassung vom 09.06.1965, d.h. vor dem Inkrafttreten des Bilanzrichtlinien-Gesetzes, orientiert. Für die Kreditinstitute sind die Vorschriften des **Bankbilanzrichtlinie-Gesetzes** zum anderen zwar grundsätzlich erst ab dem 01.01.1993 relevant, im Unterschied zum Einzelabschluß können die Vorschriften auf den Konzernabschluß jedoch auch schon früher angewendet werden (Artikel 30 Abs. 2 des Bankbilanzrichtlinie-Gesetzes).

Der im folgenden neben den zukünftigen Regelungen dargestellte "**derzeitige Stand**" bezieht sich daher auf den Zeitraum ab dem 01.01.1990, wobei es denkbar ist, daß einzelne Kreditinstitute unmittelbar oder nach einer nur kurzen Anwendungszeit auf das Bankbilanzrichtlinie-Gesetz zurückgreifen. Die Unterschiede zwischen den konzernspezifischen Vorschriften des Bilanz- und des Bankbilanzrichtlinie-Gesetzes sind dabei vergleichsweise unbedeutend, da das Bankbilanzrichtlinie-Gesetz nur die branchenbezogenen Besonderheiten enthält. Änderungen ergeben sich primär im Hinblick auf den Konsolidierungskreis, insbesondere sind sämtliche Konsolidierungsvorschriften auch derzeit bereits anzuwenden.

I. Grundlagen des Konzernabschlusses

Der handelsrechtliche Konzernabschluß besteht aus der Konzernbilanz, der Konzern-Gewinn- und Verlustrechnung und dem Konzernanhang. Diese Elemente bilden eine Einheit und sollen insgesamt die mit der Konzernrechnungslegung verfolgte Zielsetzung erfüllen (§ 291 Abs. 1 HGB). Ferner ist ein Konzernlagebericht Pflichtbestandteil der konsolidierten Rechnungslegung. In dem Lagebericht sind neben einigen speziellen Angaben insbesondere der Geschäftsverlauf und die Lage der in den Konzernabschluß einbezogenen Unternehmen darzustellen (§ 315 HGB).

1. Aufstellungs- und Einbeziehungspflichten

Vorschriften zur Aufstellung des Konzernabschlusses und des Konzernlageberichts befinden sich für Banken und Versicherungsunternehmen in der Rechtsform einer Kapitalgesellschaft im § 290 HGB und für Kreditinstitute und Versicherer sonstiger Rechtsformen im § 11 PublG.

Nach **§ 290 Abs. 1 HGB** ist ein inländisches Mutterunternehmen zur Aufstellung eines Konzernabschlusses und eines Konzernlageberichts verpflichtet, wenn die Unternehmen eines Konzerns unter der einheitlichen Leitung einer Kapitalgesellschaft stehen und dem Mutterunternehmen eine Beteiligung an den bzw. dem Unternehmen unter seiner einheitlichen Leitung gehört. Die **ausgeübte einheitliche Leitung** stellt nach § 18 AktG das für die Definition des Konzerns entscheidende Merkmal des deutschen Konzernrechts dar. Eine einheitliche Leitung liegt dann vor, wenn wichtige Unternehmensentscheidungen im Konzern koordiniert werden und die gesetzlichen Vertreter der Konzernunternehmen ihre eigenständige Leitungsmacht in wesentlichen Teilen einbüßen. Mit der rechtlichen Selbständigkeit ist in diesem Fall folglich eine wirtschaftliche Unselbständigkeit verbunden (MOXTER 1986). Die einheitliche Leitung läßt sich jedoch nur schwer nachweisen. Sie wird bei einer Mehrheitsbeteiligung angenommen und besteht generell im Falle eines Beherrschungsvertrages und der Eingliederung. Neben der einheitlichen Leitung setzt die Einbeziehung eines Unternehmens in den Konzernabschluß das Bestehen eines **Beteiligungsverhältnisses** voraus. Als Beteiligung bezeichnet § 271 Abs. 1 HGB Anteile an Unternehmen, "die bestimmt sind, dem eigenen Geschäftsbetrieb durch Herstellung einer dauernden Verbindung zu jenen Unternehmen zu dienen". Im Zweifel gilt ein 20 % übersteigender Anteilsbesitz als Beteiligung (SCHIERENBECK/HÖLSCHER 1988).

Unabhängig von der Existenz der einheitlichen Leitung und einer Beteiligung ist ein Mutterunternehmen in der Rechtsform einer Kapitalgesellschaft nach § 290 Abs. 2 HGB jedoch auch dann zur Erstellung eines konsolidierten Abschlusses und Lageberichts verpflichtet, wenn bestimmte konzerntypische Rechte und Pflichten bestehen, die die Möglichkeit eines beherrschenden Einflusses vermitteln **(Control-Verhältnis)**. Im einzelnen handelt es sich hierbei darum, daß dem Mutterunternehmen entweder

- die Mehrheit der Stimmrechte der Gesellschafter zusteht,
- das Recht zusteht, die Mehrheit der Mitglieder des Verwaltungs-, Leitungs- oder Aufsichtsorgans zu bestellen oder abzuberufen oder
- das Recht zusteht, einen beherrschenden Einfluß aufgrund eines mit diesem Unternehmen geschlossenen Beherrschungsvertrags oder aufgrund einer Satzungsbestimmung dieses Unternehmens auszuüben.

Dem Mutterunternehmen werden dabei auch Rechte zugeordnet, die einem Tochterunternehmen und einer für Rechnung des Mutter- oder eines Tochterunternehmens handelnden Person zustehen. Ferner rechnet § 290 Abs. 3 HGB dem Mutterunternehmen diejenigen Rechte zu, über die es selbst oder über die ein Tochterunternehmen aufgrund einer Vereinbarung mit anderen Gesellschaftern dieses Unternehmens verfügen kann. Abzuziehen sind dagegen Rechte aus Anteilen, die für Rechnung einer anderen Person als Sicherheit gehalten werden (HEINEN 1986).

Von der Pflicht, einen Konzernabschluß und einen Konzernlagebericht aufzustellen, ist ein Mutterunternehmen befreit, wenn zum einen am Abschlußstichtag von den einzubeziehenden Konzernunternehmen keine Wertpapiere an einer **Börse** eines Mitgliedstaates der Europäischen Gemeinschaft zum amtlichen Handel zugelassen oder in den geregelten Freiverkehr einbezogen sind bzw. die Zulassung zum amtlichen Handel nicht beantragt ist (§ 293 Abs. 5 HGB) und zum anderen bestimmte **Größenverhältnisse** nicht überschritten werden. Die Größe dieses ausschließlich aus nicht börsennotierten Kapitalgesellschaften bestehenden Konzerns kann anhand der Brutto- oder der Nettomethode überprüft werden. Während bei der **Bruttomethode** lediglich die Bezugsgrößen der einzubeziehenden Institute addiert werden, sieht die **Nettomethode** die Aufstellung eines Probe-Konzernabschlusses vor. Für **Kreditinstitute** ist die Befreiung von der Konzernrechnungslegungspflicht vorgesehen, wenn die um die

- den Kreditnehmern abgerechneten eigenen Ziehungen im Umlauf,
- Indossamentverbindlichkeiten aus weitergegebenen Wechseln sowie die
- Verbindlichkeiten aus Bürgschaften, Wechsel- und Scheckbürgschaften sowie aus Gewährleistungverträgen

ergänzte **Konzernbilanzsumme** am Abschlußstichtag und am vorhergehenden Abschlußstichtag

- bei der **Bruttomethode 132 Mio. DM** und
- bei der **Nettomethode 110 Mio. DM**

nicht überschreitet (§ 293 Abs. 2 HGB). Dagegen sind **Versicherungsunternehmen** von der Pflicht, einen Konzernabschluß und einen Konzernlagebericht aufzustellen befreit, wenn die **Bruttobeiträge aus dem Erst- und Rückversicherungsgeschäft** in den vergangenen zwölf Monaten und am vorhergehenden Abschlußstichtag

- **addiert 43,2 Mio. DM** und
- **konsolidiert 36 Mio. DM**

nicht übersteigen (§ 293 Abs. 3 HGB).

Grundsätzlich muß **auf jeder Stufe eines Konzerns** ein konsolidierter Jahresabschluß erstellt werden, so daß auch für ein Mutterunternehmen, welches selbst wiederum ein Tochterunternehmen eines übergeordneten Unternehmens ist, eine Konsolidierungspflicht besteht. Von dieser auch als **Tannenbaum- oder Stufenabschlußprinzip** bezeichneten Regelung ist ein (nachgeordnetes) Mutterunternehmen allerdings **befreit**, wenn sein Mutterunternehmen seinen Sitz in einem Mitgliedsstaat der Europäischen Gemeinschaft hat und folgende **Voraussetzungen** erfüllt sind (§ 291 HGB):

- das obere Mutterunternehmen muß einen Konzernabschluß und -lagebericht einschließlich des Bestätigungsvermerks oder des Vermerks über dessen Versagung nach den für den entfallenden Konzernabschluß und -lagebericht maßgeblichen Vorschriften in deutscher Sprache offenlegen;

- das zu befreiende Mutterunternehmen muß einschließlich seiner konsolidierungspflichtigen Tochterunternehmen im Konzernabschluß enthalten sein;

- der befreiende Konzernabschluß und der befreiende Konzernlagebericht müssen mit den Vorschriften der 7. EG-Richtlinie übereinstimmen und von einem Prüfer, der die in der 8. EG-Richtlinie niedergelegte Qualifikation aufweist, geprüft worden sein;

- im Anhang des von dem zu befreienden Mutterunternehmen erstellten Jahresabschlusses müssen der Name und der Sitz des oberen Mutterunternehmens sowie ein Hinweis auf die Befreiung von der Verpflichtung zur Konzernrechnungslegung enthalten sein.

Ein Mutterunternehmen mit Sitz außerhalb der EG kann einen befreienden Konzernabschluß nur dann erstellen, wenn dies in einer Rechtsverordnung ausdrücklich gestattet wird (§ 292 HGB). Dies ist bislang noch nicht geschehen.

Ein befreiender Konzernabschluß ist trotz Vorliegens der o.g. Voraussetzungen nicht möglich, sofern Gesellschafter, denen bei einer AG und einer KGaA mindestens 10 % und bei einer GmbH mindestens 20 % der Anteile des zu befreienden Unternehmens gehören, spätestens sechs Monate vor Ablauf des Geschäftsjahres die Aufstellung eines Konzernabschlusses und eines Konzernlageberichts beantragt haben. Sofern dem Mutterunternehmen mindestens 90 % der Anteile des zu befreienden Unternehmens gehören, müssen die anderen Gesellschafter der Befreiung zustimmen (§ 291 Abs. 3 HGB).

Eine Pflicht zur Aufstellung von Konzernabschlüssen und Konzernlageberichten kann sich nach geltendem Recht nicht nur für Muttergesellschaften in der Rechtsform einer Kapitalgesellschaft, sondern auch für **Muttergesellschaften sonstiger Rechtsformen** ergeben. Im Gegensatz zu Mutterunternehmen in der Rechtsform einer Kapitalgesellschaft ist hierfür ausschließlich das Kriterium der **einheitlichen Leitung** (§ 11 Abs. 1 PublG) maßgebend. Es kommt somit bei diesen Unternehmen nicht darauf an, daß der Anteilsbesitz als eine Beteiligung interpretiert wird. Vielmehr genügt es, wenn unabhängig von seinem Zweck und seiner Höhe Anteilsbesitz gehalten wird und die Unternehmen unter der einheitlichen Leitung des Mutterunternehmens stehen. Darüber hinaus muß jedoch eine bestimmte **Mindestgröße** erreicht werden, die im Gegensatz zu anderen Unternehmen bei Kreditinstituten und Versicherungsunternehmen nur anhand jeweils **eines Merkmals** gemessen wird. So muß die **Bilanzsumme** eines **Bankkonzerns** an drei aufeinanderfolgenden Abschlußstichtagen unter Berücksichtigung der o.g. Position unter dem Bilanzstrich **300 Mio DM** übersteigen. Für **Versicherungskonzerne** tritt die Pflicht zur Konzernrechnungslegung nach dem Publizitätsgesetz dann ein, wenn die **Bruttobeiträge** aus dem Versicherungsgeschäft an ebenfalls drei aufeinanderfolgenden Abschlußstichtagen **100 Mio. DM** übersteigen (§§ 11 Abs. 4 i.V.m. 1 Abs. 3 und 4 PublG).

Zusammenfassend werden die eine Pflicht zur Konzernrechnungslegung begründenden Vorschriften gemäß Handelsgesetzbuch und Publizitätsgesetz in der nachstehenden Abb. 9.2 verdeutlicht.

	Rechtsform des Mutterunternehmens	Qualität des Anteilsbesitzes	Handelbarkeit	Größenverhältnisse: Bankkonzern – Bezugsgröße	Größenverhältnisse: Bankkonzern – Konsolidierungsschwelle	Größenverhältnisse: Versicherungskonzern – Bezugsgröße	Größenverhältnisse: Versicherungskonzern – Konsolidierungsschwelle
Plicht zur Konzernrechnungslegung	Kapitalgesellschaft	einheitliche Leitung und Beteiligungsbeziehung oder Control-Verhältnis	Börsennotierung mindestens einer Gesellschaft	———	———	———	———
Befreiung von der Konzernrechnungslegung			keine Börsennotierung	Bilanzsumme + den Kreditnehmern abgerechnete eigene Zahlungen im Umlauf + Indossamentverbindlichkeiten aus weitergegebenen Wechseln + Verbindlichkeiten aus Bürgschaften, Scheck-und Wechselbürgschaften sowie aus Gewährleistungsverträgen ——— erweiterte Bilanzsumme	addierte Bilanzsumme ≤ 132 Mio. DM	Bruttobeiträge aus dem Erst- und Rückversicherungsgeschäft einschließlich der in Rückdeckung gegebenen Anteile	addierte Bruttobeiträge ≤ 43,2 Mio. DM
					konsolidierte Bilanzsumme ≤ 110 Mio. DM		konsolidierte Bruttobeiträge ≤ 36 Mio. DM
	sämtliche Nicht-Kapitalgesellschaften	einheitliche Leitung	———		konsolidierte Bilanzsumme ≤ 300 Mio. DM		konsolidierte Bruttobeiträge ≤ 100 Mio. DM

Abb. 9.2: Determinanten der Pflicht zur Konzernrechnungslegung

Für die dem Publizitätsgesetz unterliegenden Konzerne gelten sinngemäß die in den §§ 291, 292 HGB enthaltenen Vorschriften für den befreienden Konzernabschluß und -lagebericht. Da nach dem Publizitätsgesetz das ausschließliche Kriterium für die Aufstellungspflicht die einheitliche Leitung und dieses Kriterium nur auf die oberste Muttergesellschaft anwendbar ist (kein Tannenbaumprinzip), haben die Befreiungsmöglichkeiten jedoch zunächst keine Bedeutung. Lediglich für inländische Kreditinstitute und Versicherungsunternehmen, die unter der einheitlichen Leitung eines Unternehmens mit Sitz im Ausland stehen und über die das ausländische Unternehmen weitere Unternehmen beherrscht, ist im § 11 Abs. 3 PublG eine Ausnahme vorgesehen. So sind die inländischen Unternehmen, die der Konzernleitung am nächsten stehen, zur Aufstellung eines Konzernabschlusses und -lageberichts verpflichtet. Durch die befreiende Konzernrechnungslegung des ausländischen Mutterunternehmens nach den §§ 291, 292 HGB kann in diesem Fall die Erstellung eines weiteren Konzernabschlusses und -lageberichts vermieden werden.

Eng mit der grundsätzlichen Pflicht zur Aufstellung eines Konzernabschlusses ist die Frage nach dem **Konsolidierungskreis** verbunden. Grundsätzlich müssen **sämtliche Tochterunternehmen** ohne Rücksicht auf deren Rechtsform oder Sitz konsolidiert werden (§ 294 Abs. 1 HGB, § 13 Abs. 2 PublG). Da neben den inländischen auch sämtliche ausländische Töchter in den Konsolidierungskreis einzubeziehen sind, wird in diesem Zusammenhang auch vom **Weltabschlußprinzip** gesprochen.

Ähnlich wie für die Konzernbilanzaufstellungspflicht existieren auch hinsichtlich des Konsolidierungskreises Ausnahmeregelungen. So gilt ein **Konsolidierungsverbot** für Tochterunternehmen, deren Tätigkeit sich von der Tätigkeit der anderen einbezogenen Unternehmen derart unterscheidet, daß die Einbeziehung in den Konzernabschluß mit der Verpflichtung, ein den tatsächlichen Verhältnissen entsprechendes Bild der Vermögens-, Finanz- und Ertragslage des Konzerns zu vermitteln, unvereinbar ist (§ 295 Abs. 1 HGB, § 13 Abs. 2 PublG). Das Einbeziehungsverbot stellt einen Ausnahmetatbestand dar und ist nach Meinung des Gesetzgebers restriktiv auszulegen (BIENER/BERNEKE 1986). Es greift nicht schon dann, wenn die einzubeziehenden Unternehmen unterschiedlichen Branchen angehören oder verschiedene Produkte erstellen bzw. vertreiben (§ 295 Abs. 2 HGB). Dabei ist es umstritten, ob der Anteilsbesitz von Kreditinstituten oder Versicherungsunternehmen an Industrie- und Handelsunternehmen unter das Konsolidierungsverbot fällt (ALBERS 1991).

Ein **Einbeziehungswahlrecht** von Tochterunternehmen besteht, wenn (§ 296 HGB):

- erhebliche und andauernde Beschränkungen vorliegen, die die Ausübung der Rechte des Mutterunternehmens in bezug auf das Vermögen oder die Geschäftsführung des untergeordneten Unternehmens nachhaltig beeinträchtigen,

- unverhältnismäßig hohe Kosten oder Verzögerungen bei der Beschaffung der zur Aufstellung des Konzernabschlusses notwendigen Angaben entstünden,

- die Anteile des Tochterunternehmens lediglich zum Zwecke der Weiterveräußerung gehalten werden sowie

- das Tochterunternehmen für die Darstellung eines den tatsächlichen Verhältnissen entsprechenden Bildes der Vermögens-, Finanz- und Ertragslage des Konzerns von untergeordneter Bedeutung ist.

Sofern mehrere Tochterunternehmen einzeln betrachtet die zuletzt genannte Bedingung erfüllen, darf auf ihre Einbeziehung nur verzichtet werden, wenn sie auch zusammengenommen nur von untergeordneter Bedeutung sind.

Nach **zukünftigem Recht** ist der Konzernabschluß von Kreditinstituten grundsätzlich größen- und rechtsformunabhängig nach den Vorschriften für **große Kapitalgesellschaften** zu erstellen (§ 340 i Abs. 1 HGB). Damit sind zum einen die Vorschriften des Publizitätsgesetzes und zum anderen die größenabhängigen Befreiungsvorschriften für die Aufstellung des Konzernabschlusses nach § 293 Abs. 3, 5 HGB nicht mehr anzuwenden.

Darüber hinaus werden sich sowohl für die **Aufstellungspflicht** als auch für den **Konsolidierungskreis** Änderungen ergeben. So gelten in Zukunft als Kreditinstitute auch bestimmte **Holdinggesellschaften**. Hierbei handelt es sich um Mutterunternehmen, "deren einziger Zweck darin besteht, Beteiligungen an Tochterunternehmen zu erwerben sowie die Verwaltung und Verwertung dieser Beteiligungen wahrzunehmen, sofern diese Tochterunternehmen ausschließlich oder überwiegend Kreditinstitute sind" (§ 340 i Abs. 3 HGB).

Weiterhin werden Tochterunternehmen ausdrücklich **vom Konsolidierungsverbot ausgenommen**, wenn ihre Tätigkeit eine **unmittelbare Verlängerung der Banktätigkeit** oder eine **Hilfstätigkeit für das Mutterunternehmen** darstellt (§ 340 j Abs. 1 HGB). Dabei hat der Gesetzgeber zwar nicht konkretisiert, was unter einer unmittelbar verlängerten Banktätigkeit oder unter einer Hilfstätigkeit in bezug auf die Banktätigkeit zu verstehen ist, jedoch kann aus der Gesetzesbegründung entnommen werden, daß sich das Konsolidierungsverbot nicht auf Tätigkeiten wie das Leasing, das Factoring, die Verwaltung von Investmentfonds oder die Übertragung von Verwaltungsaufgaben auf Rechenzentren bezieht. Fraglich ist allerdings, ob Versicherungsunternehmen oder Unternehmensberatungsgesellschaften, die im Zuge von Allfinanzkonzeptionen von Kreditinstituten entweder gegründet oder akquiriert werden, unter den § 340 j Abs. 1 HGB fallen.

Ein **Konsolidierungswahlrecht** gilt zukünftig für Tochterunternehmen, deren vorübergehender Besitz auf eine **finanzielle Stützungsaktion** zur Sanierung oder Rettung dieses Unternehmens zurückzuführen ist. Sofern diese Unternehmen, bei denen es sich zudem um Kreditinstitute handeln muß, in den Konzernabschluß nicht einbezogen werden, muß der Jahresabschluß des Tochterunternehmens dem konsolidierten Abschluß beigefügt werden (§ 340 j Abs. 2 HGB). Außerdem sind im Konzernanhang zusätzlich Angaben über die Art und die Bedingungen der finanziellen Stützungsaktion zu machen.

2. Umgestaltung der Einzelabschlüsse

Bank und Versicherungskonzerne müssen die Vermögens-, Finanz- und Ertragslage der einbezogenen Unternehmen so darstellen, als ob diese Unternehmen insgesamt ein einziges Unternehmen wären (§ 297 Abs. 3 HGB). Es ist somit fiktiv davon auszugehen, daß die Aktiva und Passiva der zu konsolidierenden Unternehmen direkt in den Konzern eingebracht werden. Als Folge hieraus müssen die Aktiva und Passiva grundsätzlich nach **einheitlichen Regeln** angesetzt und bewertet werden. Welche einheitlichen Regeln anzuwenden sind, konkretisiert für Konzerne, deren Muttergesellschaft eine Kapitalgesellschaft ist, § 298 Abs. 1 HGB. Danach muß der Konzernabschluß auf den für große Kapitalgesellschaften geltenden allgemeinen Ansatz- und Bewertungsvorschriften sowie den speziellen rechtsform- und/oder geschäftszweigspezifischen Vorschriften beruhen, sofern die Eigenart des Konzernabschlusses keine Abweichungen bedingt. Für nach dem PublG bilanzierende Kreditinstituts- und Versicherungskonzerne ist § 298 Abs. 1 HGB mit geringen Ausnahmen sinngemäß anzuwenden (§ 13 Abs. 2, 3 PublG).

Aus der notwendigen Einheitlichkeit der Einzelabschlüsse resultiert, daß grundsätzlich alle in den Konzernabschluß einzubeziehenden, nicht die bank- oder versicherungsspezifischen Vorschriften beachtenden Unternehmen einen ggfs. geänderten Jahresabschluß, die sog. **Handelsbilanz II** (HB II), erstellen müssen. Die Umgestaltungspflicht betrifft zunächst alle in- und ausländischen Unternehmen, sofern es sich nicht um Banken oder Versicherungen handelt. Bei den ausländischen Unternehmen ist insbesondere zu beachten, daß die ausländischen Abschlüsse nicht immer den Grundsätzen ordnungsmäßiger Buchführung entsprechen. Aber auch für ausländische Kreditinstitute und Versicherungsunternehmen kann die Erstellung einer HB II erforderlich sein, da die ausländischen Bilanzierungsvorschriften häufig Abweichungen von den inländischen Rechnungslegungsnormen aufweisen.

In Zukunft müssen Kreditinstitutskonzerne nach § 340 i Abs. 2 HGB rechtsformunabhängig die für den Einzelabschluß geltenden kreditinstitutsspezifischen Regelungen und ansonsten die für große Kapitalgesellschaften geltenden Rechnungslegungsvorschriften anwenden, soweit durch die Eigenart des Konzernabschlusses keine Abweichungen notwendig sind. Dabei können sich wie bereits derzeit Abweichungen ergeben, wenn Geschäftsvorfälle aus Konzernsicht anders beurteilt werden als aus Einzelabschlußsicht. So ist es beispielsweise denkbar, daß aus Einzelabschlußsicht außerordentliche Erfolge aus Konzernsicht zur normalen Geschäftstätigkeit gehören.

Die allgemeinen Regeln der zur Zeit relevanten §§ 298 Abs. 1 HGB bzw. 13 Abs. 2, 3 PublG sowie des zukünftig von Banken anzuwendenden § 340 i Abs. 2 HGB sind für die Ansatzvorschriften im § 300 HGB und für die Bewertungsvorschriften im § 308 näher konkretisiert worden.

Für den **Ansatz** der Bilanz- und der GuV-Positionen sind die Rechnungslegungsvorschriften des den Konzernabschluß aufstellenden **Mutterunternehmens** maßgebend. Nach diesem Recht **bilanzierungspflichtige** Vermögensgegenstände, Schulden, Rechnungsabgrenzungsposten, Erträge und Aufwendungen sind ebenfalls in den Konzernabschluß einzustellen. Dies kann dazu führen, daß für ausländische Tochterunternehmen im Ausland nicht zulässige Rückstellungen zur Aufstellung des Konzernabschlusses gebildet werden müssen. Allerdings ist es nach § 56 b Abs. 5 VAG in Versicherungskonzernen nicht erforderlich, versicherungstechnische Rückstellungen im Konzernabschluß zu bilden, wenn diese nach dem für Tochterunternehmen maßgeblichen Recht nicht gebildet werden müssen. Durch diese Vorschrift, die insbesondere die Schwankungsrückstellung betrifft, soll der Aufwand zur Vereinheitlichung im Konzernabschluß eine zumutbare Grenze nicht überschreiten (RICHTER/VON TREUBERG 1989).

Neben den Bilanzierungspflichten sind die für das Mutterunternehmen bestehenden **Bilanzierungsverbote** im Konzernabschluß zu beachten, was beispielsweise zur Folge hat, daß die teilweise in ausländischen Abschlüssen vorgenommene Aktivierung der Aufwendungen für die Gründung des Unternehmens oder die Beschaffung von Eigenkapital im Konzernabschluß rückgängig zu machen sind. Die nach dem Recht des Mutterunternehmens geltenden **Bilanzierungswahlrechte** dürfen schließlich unabhängig von ihrer Ausübung in den Einzelabschlüssen im Konzernabschluß neu ausgeübt werden.

Auch die **Bewertung** hat im Rahmen eines Konzernabschlusses nach dem Recht des den Konzernabschluß erstellenden **Mutterunternehmens** zu erfolgen. Damit liegen einem **Bankkonzernabschluß** neben den nicht kreditinstitutsspezifischen Bewertungsvorschriften für Kapitalgesellschaften die kreditinstitutsspezifischen Regelungen - z.B. zur Bildung stiller Reserven, zu den wie Anlagevermögen zu bewertenden Vermögensgegenständen, zur Bewertung der Agien und Disagien von Ausleihungen und zur Bewertung der Forderungen - zugrunde. Hinsichtlich der kreditinstitutsspezifischen stillen Reserven ist zu beachten, daß sie auf Konzernabschlußebene und somit auch auf die entsprechenden Aktiva von Nichtbanken gebildet werden können (ALBERS 1991). Daneben sind in einem **Versicherungskonzern** die speziellen Bewertungsvorschriften des § 56 Abs. 1 bis 4 VAG hinsichtlich der Abschlußkosten, der versicherungstechnischen Rückstellungen und der von Versicherungsunternehmen gehaltenen Wertpapiere zu beachten.

Für die Ausübung der **Bewertungswahlrechte** ist grundsätzlich die Vorgehensweise im Einzelabschluß des Mutterunternehmens maßgebend. Im Falle einer Abweichung von der Handhabung im Einzelabschluß ist dies im Anhang anzugeben (§ 308 Abs.1 HGB). Die Bewertung hat, abgesehen von einigen Ausnahmen, **einheitlich** zu erfolgen, d.h. gleiche Sachverhalte sind gleich zu bewerten. Ist diese Gleichheit der Sachverhalte nicht gegeben, können in einem Konzernabschluß auch unterschiedliche Bewertungsmethoden angewandt werden. Von der Einheitlichkeit der Bewertung darf im Falle spezieller Bewertungsvorschriften für Banken und Versicherungsunternehmen abgesehen werden (§ 308 Abs. 2 Satz 2 HGB). Weiterhin ist eine Vereinheitlichung der Bewertung nicht erforderlich, wenn ihre Auswirkungen für die Vermittlung eines den tatsächlichen Verhältnissen entsprechenden Bildes der Vermögens-, Finanz- und Ertragslage des Konzerns nur von untergeordneter Bedeutung sind (§ 308 Abs. 2 Satz 3 HGB). Schließlich sind Abweichungen von der konzerneinheitlichen Bewertung in vom Gesetzgeber nicht näher konkretisierten "Ausnahmefällen" zulässig (§ 308 Abs. 2 Satz 4 HGB).

II. Die Vollkonsolidierung

Die Konzernbilanz und die Konzern-Gewinn- und Verlustrechnung werden aus den - ggfs. korrigierten - Einzelabschlüssen des Mutterunternehmens und der Tochterunternehmen entwickelt. Dabei beruht der Konzernabschluß grundsätzlich auf dem Konzept der Vollkonsolidierung, nach dem die gesamten Vermögens- und Schuldenpositionen ungekürzt übernommen werden müssen. Zu eliminieren sind allerdings die konzerninternen Verflechtungen. Dies geschieht in vier Schritten, nämlich der Kapitalkonsolidierung, der Schuldenkonsolidierung, der Zwischenerfolgseleminierung sowie der Aufwands- und Ertragskonsolidierung.

1. Kapitalkonsolidierung

Da das Mutterunternehmen den Tochtergesellschaften einen Teil seines Eigenkapitals überlassen hat, kann eine reine Addition der Kapitalpositionen aller in den Konzernabschluß einbezogenen Unternehmen nicht das Gesamtkapital des Konzerns ergeben. Um eine Doppelzählung von Eigenkapitalelementen zu vermeiden, sind in der Bilanz des Mutterunternehmens die Beteiligungsbuchwerte gegen die entsprechenden Eigenkapitalteile der Untergesellschaften aufzurechnen. An die Stelle der Beteiligung tritt der Gesamtbetrag der Vermögensgegenstände, Schulden, Rechnungsabgrenzugsposten, Bilanzierungshilfen und Sonderposten des Tochterunternehmens (§ 300 HGB).

Im Rahmen der Kapitalkonsolidierung treten insbesondere zwei Probleme auf (vgl. Abb. 9.3):

- Zum einen entsteht eine **Kapitalaufrechnungsdifferenz**, wenn der Buchwert der Beteiligung höher (**aktiver Ausgleichsposten**) oder niedriger (**passiver Ausgleichsposten**) als der anteilige Buchwert des Eigenkapitals des Tochterunternehmens ist. Während eine aktive Kapitalaufrechnungsdifferenz im allgemeinen auf stille Reserven oder positive Zukunftsaussichten in der Untergesellschaft hindeutet, läßt eine passive Aufrechnungsdifferenz auf eine Unterbewertung der Beteiligung bzw. bei einer erstmaligen Konsolidierung auf eine Überbewertung von Aktiva, eine Unterbewertung von Passiva oder negative Zukunftschancen schließen.
- Zum anderen gehen nach dem Verfahren der Vollkonsolidierung auch dann sämtliche Vermögens- und Schuldenpositionen der Untergesellschaft in den Konzernabschluß ein, wenn der Muttergesellschaft weniger als 100 % des Tochterunternehmens gehören. Der auf die **Minderheitsgesellschafter** entfallende Anteil ist auf der Passivseite der Konzernbilanz gesondert auszuweisen.

Seit der Anwendung der im Bilanzrichtlinien-Gesetz niedergelegten neuen Rechnungslegungsvorschriften für den Konzern darf ein aktiver oder passiver Ausgleichsposten nicht undifferenziert in die Konzernbilanz übernommen werden. Vielmehr sind zunächst die Ursachen der Kapitalaufrechnungsdifferenz zu untersuchen. Dabei stehen zwei Verfahren, die Buchwert- und die Neubewertungsmethode zur Verfügung, bei denen zudem zwischen der Erst- und der Folgekonsolidierung unterschieden werden muß.

Am **Erstkonsolidierungsstichtag** ist bei Anwendung der **Buchwertmethode** die Differenz zwischen dem Buchwert der Beteiligung und dem anteiligen Eigenkapital des Tochterunternehmens auf die verschiedenen Vermögensgegenstände und Schulden aufzuteilen, d.h. es hat eine Auflösung der auf das Mutterunternehmen entfallenden stillen Reserven und Lasten zu erfolgen. Ein verbleibender aktivischer Unterschiedsbetrag ist als **Geschäfts- oder Firmenwert** auszuweisen; eine etwaige passivische Differenz ist in die Position "**Unterschiedsbetrag aus der Kapitalkonsolidierung**" einzustellen (§ 301 Abs. 3 HGB). Die Anteile konzernfremder Gesellschafter werden nach ihrer Beteiligungsquote aus dem Eigenkapital des Tochterunternehmens ermittelt und in einem "**Ausgleichsposten für die Anteile der anderen Gesellschafter**" ausgewiesen (§ 307 Abs.

1 HGB). Da für die Berechnung dieser Position das buchmäßige Eigenkapital maßgebend ist, werden die fremden Gesellschaftern zustehenden stillen Reserven folglich nicht aufgedeckt.

Bank A

Beteiligung B (50%)	200	Fremdkapital	1.600
		Eigenkapital	400
Beteiligung C (100%)	100		
verschiedene Aktiva	1.700		
	2.000		2.000

Bank B

verschiedene Aktiva	1.000	Fremdkapital	600
		Eigenkapital	400
	1.000		1.000

Bank C

verschiedene Aktiva	500	Fremdkapital	430
		Eigenkapital	70
	500		500

Konzernbilanz

verschiedene Aktiva	3.200	Fremdkapital	2.630
		Eigenkapital	400
Kapitalaufrechnungsdifferenz (C)	30	Anteile fremder Gesellschafter	200
	3.230		3.230

Abb. 9.3: Kapitalaufrechnungsdifferenzen und Anteile fremder Gesellschafter in der Konzernbilanz

Im Gegensatz zur Buchwertmethode sieht die **Neubewertungsmethode** zunächst eine Neubewertung sämtlicher Aktiva und Passiva vor. Zur Wahrung des Anschaffungswertprinzips dürfen die stillen Reserven und Lasten dabei jedoch nur soweit aufgedeckt werden, bis das anteilig auf den Konzern entfallende Eigenkapital nach Neubewertung die Anschaffungskosten der Beteiligung erreicht (§ 301 Abs. 1 Satz 4 HGB). Erst nach der Feststellung der neuen Wertansätze wird der Beteiligungsbuchwert mit dem anteiligen Eigenkapital verglichen, wobei ein verbleibender Unterschiedsbetrag ebenso wie in der Buchwertmethode zu behandeln ist (SCHIERENBECK/HÖLSCHER 1988). Der Ausweis der Anteile konzernfremder Gesellschafter erfolgt in Höhe des prozentualen Anteils der Minderheiten am Eigenkapital, so daß die Neubewertungsmethode mit einer Aufdeckung der dem Konzern und der den konzernfremden Anteilseignern zustehenden stillen Reserven verbunden ist. Die aufgedeckten Unterschiedsbeträge sind von der angewandten Methode unabhängig. Werden mehrere Tochterunternehmen konsolidiert, dürfen entstehende Unterschiedsbeträge saldiert werden. Sie sind allerdings im Konzernanhang unsaldiert anzugeben (§ 301 Abs. 3 Satz 3 HGB).

In den **folgenden Abrechnungsperioden** erfolgt **keine neue Verrechnung** des Beteiligungsbuchwertes des Mutterunternehmens mit dem jeweiligen anteiligen Eigenkapital des Tochterunternehmens. Die stillen Reserven bzw. stillen Lasten sind fortzuschreiben und ggfs. durch Abschreibungen erfolgswirksam zu vermindern, d.h. sie teilen das Schicksal der Positionen, denen sie zugeordnet wurden (COENENBERG 1991). Ein aktivierter Geschäfts- oder Firmenwert ist in jedem Folgejahr zu mindestens 25 % abzuschreiben oder auf die Geschäftsjahre zu verteilen, in denen er voraussichtlich genutzt wird. Ein passivischer Unterschiedsbetrag muß dagegen solange in der Konzernbilanz fortgeführt werden, bis die zum Zeitpunkt des Erwerbs der Anteile oder der erstmaligen Konsolidierung erwartete ungünstige Situation eingetreten oder mit ihrem Eintritt endgültig nicht mehr zu rechnen ist (§ 309 HGB).

2. Schuldenkonsolidierung

Ein rechtlich selbständiges Unternehmen darf in seiner Bilanz keine Forderungen oder Verbindlichkeiten gegen sich selbst ausweisen. Da auch bei einem Konzern unterstellt wird, daß es sich um ein **einheitliches Unternehmen** handelt, können in einer Konzernbilanz nur die gegenüber nicht einbezogenen Unternehmen bestehenden Forderungen und Verbindlichkeiten ausgewiesen werden. Aus den in die Konzernbilanz einfließenden Einzelbilanzen der Tochterunternehmen sind daher sämtliche **Bilanzpositionen mit Forderungs- und Verbindlichkeitscharakter** (lt. § 303 Abs. 1 HGB Ausleihungen und andere Forderungen, Rückstellungen, Verbindlichkeiten sowie entsprechende Rechnungsabgrenzungsposten) **gegenüber anderen einbezogenen Unternehmen** wegzulassen (COENENBERG 1991). In Versicherungskonzernen betrifft die Schuldenkonsolidierung auch die versicherungsspezifischen Forderungen und Verbindlichkeiten (Depotforderungen/-verbindlichkeiten, Abrechnungsforderungen/-verbindlichkeiten) und die versicherungstechnischen Rückstellungen (RICHTER/VON TREUBERG 1989). Allerdings besteht nach § 56 b Abs. 4 VAG die Möglichkeit, auf die Schuldenkonsolidierung - ebenso wie auf die Zwischenerfolgseliminierung und die Aufwands- und Ertragskonsolidierung - zu verzichten, wenn die Geschäfte zu marktüblichen Bedingungen abgeschlossen und die Erträge versicherungstechnischen Rückstellungen zugeführt wurden.

Die Eliminationspflicht gilt ferner nicht für Beträge, die für die Vermittlung eines den tatsächlichen Verhältnissen entsprechenden Bildes der Vermögens-, Finanz- und Ertragslage des Konzerns nur von untergeordneter Bedeutung sind (§ 303 Abs. 2 HGB). Ein Konsolidierungswahlrecht besteht weiterhin für bestimmte **Drittschuldverhältnisse**. Ein Drittschuldverhältnis liegt vor, wenn ein nicht in den Konzernabschluß einbezogenes Unternehmen gegenüber verschiedenen in die Konsolidierung einbezogenen Unternehmen gleichzeitig Forderungen und Verbindlichkeiten hat. Sofern die Forderungen und Verbindlichkeiten als gleichartig, gleichfristig und gleichwertig anzusehen sind, kann eine Saldierung erfolgen. Vorgeschrieben ist dies jedoch nicht, da im § 303 Abs. 1 HGB nur von einer

Elimination der Forderungen und Verbindlichkeiten zwischen einbezogenen Unternehmen die Rede ist.

Sofern sich die zu eliminierenden Aktiva und Passiva betragsmäßig entsprechen, sind sie ohne weitere Konsequenzen in der Konzernbilanz gegeneinander aufzurechnen. Eine Erfolgswirkung tritt in diesem Fall nicht ein, es erfolgt lediglich eine Bilanzverkürzung. Allerdings können sich aufgrund

- zeitlich auseinanderfallender Buchungen und Fehlbuchungen sowie
- Bewertungsunterschieden zwischen den aufzurechnenden Positionen

auch Aufrechnungsdifferenzen ergeben. Zeitlich auseinanderfallende Buchungen resultieren bei Kreditinstitutskonzernen vor allem aus unterschiedlichen Wertstellungen, sie können prinzipiell aber auch das Ergebnis längerer Überweisungswege sein: Während die Verbindlichkeiten gegenüber Kreditinstituten bereits um den Überweisungsbetrag reduziert wurden, steht der Geldeingang beim empfangenden Kreditinstitut noch aus. Derartige sog. **"unechte Aufrechnungsdifferenzen"**, zu denen auch die Fehlbuchungen gehören, sind vor der eigentlichen Schuldenkonsolidierung zu eliminieren, so daß aus diesen Gründen ein Unterschiedsbetrag nicht entstehen kann.

Ein Unterschiedsbetrag ergibt sich jedoch zum einen bei einem **zeitversetzt gebuchten Rückversicherungsgeschäft** (RICHTER/VON TREUBERG 1989). Er tritt zum anderen auf, wenn der **Abschlußstichtag** eines Tochterunternehmens vor dem Konzernabschlußstichtag liegt, kein Zwischenabschluß aufgestellt wird und die Bilanz des Tochterunternehmens eine schuldrechtliche Beziehung gegenüber einem einbezogenen Unternehmen enthält, die zwischen den Abschlußstichtagen aufgelöst wird. Ebenfalls denkbar ist der umgekehrte Fall, bei dem zwischen den jeweiligen Abschlußstichtagen eine neue Position entsteht, die nur in der Bilanz der Muttergesellschaft, jedoch noch nicht im Jahresabschluß des Tochterunternehmens enthalten ist. Auf einen Zwischenabschluß kann dabei nach § 299 Abs. 2 HGB nur verzichtet werden, wenn der Abschlußstichtag eines Unternehmens um nicht mehr als drei Monate vor dem Stichtag des Konzernabschlusses liegt.

Neben den buchungstechnischen Unterschieden können sich aus differierenden Wertansätzen von Forderungen und Verbindlichkeiten in den Einzelbilanzen auch **materielle Unterschiede** ergeben. Dabei sind die eliminationsbedürftigen Aktiv- und Passivpositionen vor der Verrechnung nicht neu zu bewerten, so daß der Schuldenkonsolidierung die Einzelbilanzen (Handelsbilanz I) und nicht die bewertungsmäßig angepaßten Bilanzen (Handelsbilanz II) zugrundeliegen. Dies läßt sich indirekt dem § 308 HGB entnehmen, in dem ausdrücklich nur die einheitliche Bewertung der in den Konzernabschluß eingehenden Vermögensgegenstände und Verbindlichkeiten geregelt wird. Im einzelnen sind für die Existenz materieller Differenzen beispielsweise die folgenden Ursachen ausschlaggebend:

- Bildung einer Rückstellung gegenüber verbundenen Unternehmen, der bei dem Tochter- resp. Mutterunternehmen keine entsprechende Forderung gegenübersteht,

- unterschiedliche Behandlung von Agien und Disagien aus Forderungen oder Verbindlichkeiten bei den einbezogenen Unternehmen,

- Abschreibung einer Forderung gegenüber einem Konzernunternehmen, das seine Verbindlichkeit weiterhin zum Rückzahlungskurs passiviert,

- unterschiedliche Umrechnungskurse bei Forderungen bzw. Verbindlichkeiten in Fremdwährung zwischen den zu konsolidierenden Unternehmen.

Wie die Unterschiedsbeträge aus der Schuldenkonsolidierung im Konzernabschluß zu berücksichtigen sind, ist gesetzlich nicht vorgegeben. Während die Behandlung derjenigen Differenzen, die aus unterschiedlichen Abschlußstichtagen resultieren, derzeit noch umstritten ist (vgl. ALBERS 1991), wird für die Bewertungsunterschiede i.d.R. die periodenanteilig-erfolgswirksame Verrechnung vorgeschlagen.

Im Rahmen der **periodenanteilig-erfolgswirksamen Verrechnung** ist der zu einem Bilanzstichtag gebildete Unterschiedsbetrag aus der Schuldenkonsolidierung in einen erfolgswirksamen und einen erfolgsunwirksamen Bestandteil aufzuteilen. Der erfolgswirksame Teil ergibt sich aus der Differenz zwischen dem Unterschiedsbetrag der abzurechnenden und der vorherigen Periode. Diese neuen Positionen (z.B. im vergangenen Jahr neu gebildete Rückstellungen) sind für die Konzern-GuV rückgängig zu machen und gehen demzufolge nicht in die Konzernbilanz ein. Der erfolgsunwirksame Teil besteht dagegen aus der schon in früheren Perioden erfolgswirksam berücksichtigten Komponente des Unterschiedsbetrages (z.B. in weiter zurückliegenden Jahren gebildete Rückstellungen gegenüber Konzernunternehmen). Sie kann in eine spezielle Position im Konzernabschluß, in die Konzernrücklagen oder den Konzerngewinn- bzw. den Konzernverlustvortrag eingestellt werden.

3. Zwischenerfolgseliminierung

Durch die **Lieferung eines Vermögensgegenstandes** von einem Konzernunternehmen an ein anderes, in den Konzernabschluß einbezogenes Unternehmen entsteht zum einen bei dem liefernden Unternehmen ein positiver oder negativer **Erfolgsbeitrag**, zum anderen ergeben sich aus dem Verkaufspreis für das empfangende Unternehmen die anzusetzenden **Anschaffungskosten**. Aus der Gesamtsicht des Konzerns hat ein Umsatz jedoch nicht stattgefunden, da die Lieferung die Unternehmenseinheit "Konzern" nicht verlassen hat. Damit sind Vermögensgegenstände, die aus konzerninternen Transaktionen resultieren und am Abschlußstichtag noch von einem Konzernunternehmen bilanziert werden, aus der Sicht des Konzerns um die entstandenen Verkaufsgewinne **zu hoch** bzw. um etwaige Verluste **zu niedrig** bewertet (COENENBERG 1991). Diese Wertansätze müssen vor der Erstellung der Konzernbilanz um die aus Konzernsicht noch nicht realisierten Erfolge korrigiert werden (Zwischenerfolgseliminierung).

Grundsätzlich sind **sämtliche Vermögensgegenstände**, die ganz oder teilweise auf Lieferungen oder Leistungen zwischen den in den Konzernabschluß einbezogenen Unternehmen beruhen, von der Zwischenerfolgseliminierung betroffen (§ 304 Abs. 1 HGB). Für Kreditinstitutskonzerne kommen dabei insbesondere konzerninterne Verkäufe von Wertpapieren, Wechseln, Beteiligungen oder Grundstücken für die Zwischenerfolgseliminierung in Betracht (ALBERS 1991), in Versicherungskonzernen treten Zwischengewinne überwiegend im Zusammenhang mit der Veräußerung von "Kapitalanlagen" auf.

Von der Zwischenerfolgseliminierung darf abgesehen werden, wenn die Lieferung oder Leistung zu **üblichen Marktbedingungen** vorgenommen worden ist und die Ermittlung des Zwischenerfolges einen **unverhältnismäßig hohen Aufwand** erfordern würde. In Versicherungskonzernen ist der unverhältnismäßig hohe Aufwand nicht erforderlich, sofern die Erträge versicherungstechnischen Rückstellungen zugeführt wurden und es sich nicht um Rückversicherungsgeschäfte handelt (§ 56 b Abs. 4 VAG). Durch diese Sonderregelung kann auf die Eliminierung derjenigen Zwischengewinne, die von einem Lebensversicherungsunternehmen bereits für die Überschußbeteiligung verwandt wurden, verzichtet werden (RICHTER/VON TREUBERG 1989). Sofern die Zwischenerfolgseliminierung unterbleibt, ist dies im Konzernanhang anzugeben und der sich daraus ergebende - wesentliche - Einfluß auf die Vermögens-, Finanz- und Ertragslage des Konzerns zu erläutern (§ 304 Abs 2 HGB). Weiterhin ist die Zwischenerfogseliminierung nicht erforderlich, wenn sie für die Vermittlung eines den tatsächlichen Verhältnissen entsprechenden Bildes der Vermögens-, Finanz- und Ertragslage des Konzerns nur von untergeordneter Bedeutung ist (§ 304 Abs. 3 HGB).

Die von der Zwischenerfolgseliminierung betroffenen Vermögensgegenstände sind mit dem Wert anzusetzen, zu dem sie in der Konzernbilanz angesetzt werden könnten, wenn die in den Konzernabschluß einbezogenen Unternehmen auch rechtlich ein einziges Unternehmen bilden würden (§ 304 Abs. 1 HGB). Als Vergleichswerte zur Ermittlung der Zwischenerfolge dienen dabei nicht die in der Handelsbilanz I des empfangenden Unternehmens ausgewiesenen Werte, sondern die entsprechenden Werte auf der Grundlage der jeweiligen Handelsbilanz II.

Zur Eliminierung der Zwischenerfolge sind in der Konzernbilanz die **Vermögensgegenstände** bei einem **Zwischenverlust aufzuwerten** und bei einem **Zwischengewinn abzuwerten**. Der bilanzielle Ausgleich kann entweder über den **Konzernbilanzgewinn**, einen "**sonstigen Ausgleichsposten**" oder über die **Konzernrücklagen** erreicht werden (COENENBERG 1991). Die ermittelten Wertansätze der Konzernbilanz sind bis zum Ausscheiden der Vermögensgegenstände grundsätzlich **beizubehalten**, wobei in den **Folgeperioden** eine erneute Erfolgskorrektur nur erfolgen darf, sofern im Einzelabschluß auf die in den Vermögensgegenständen weiterhin enthaltenen Zwischengewinne außerordentliche Abschreibungen oder (später) Zuschreibungen vorgenommen wurden. Ebenso verändern sich die Zwischenerfolge bei abnutzbarem Anlagevermögen analog zu den im Einzelabschluß vorgenommenen Abschreibungen.

4. Aufwands- und Ertragskonsolidierung

Durch die Aufwands- und Ertragskonsolidierung sollen die in den Gewinn- und Verlustrechnungen der einzelnen Unternehmen erfaßten Erträge und Aufwendungen aus Lieferungen und Leistungen zwischen den in den Konzernabschluß einbezogenen Unternehmen eliminiert werden. Eine Verrechnung ist nicht erforderlich, wenn die wegzulassenden Beträge für die Vermittlung eines den tatsächlichen Verhältnissen entsprechenden Bildes der Vermögens-, Finanz- und Ertragslage nur von untergeordneter Bedeutung sind (§ 305 Abs. 2 HGB) oder wenn die Spezialvorschrift des § 56 b Abs. 4 VAG greift (RICHTER/VON TREUBERG 1989). Nach § 305 Abs. 1 HGB kann bei der Aufwands- und Ertragskonsolidierung unterschieden werden zwischen der Aufrechnung von

Umsatzerlösen und von anderen Erträgen aus Lieferungen und Leistungen mit den auf sie entfallenden Aufwendungen der Empfänger der Lieferungen und Leistungen.

Zur Kategorie der **Umsatzerlöse** gehören bei Kreditinstituten Zinsen und ähnliche Erträge, Provisionserträge, Erträge aus Wertpapieren und aus Finanzgeschäften. Der Gruppe der **anderen Erträge** sind beispielsweise die Erträge aus der konzerninternen Veräußerung von Grundstücken, Gebäuden oder Wertpapieren zuzurechnen, sofern sie nicht bereits im Rahmen der Zwischenerfolgseliminierung berücksichtigt wurden (ALBERS 1991).

Eine besondere Beachtung erfordern im Rahmen der Aufwands- und Ertragskonsolidierung diejenigen laufenden Erträge resp. Dividenden, die einem Kreditinstitut oder Versicherungsunternehmen zufließen, weil Anteile an einem in den Konzernabschluß einbezogenen Unternehmen gehalten werden. Dabei ist zu unterscheiden, ob die Erträge

- im Jahr ihrer Entstehung
- oder in der Folgeperiode

vereinnahmt werden. Um eine Doppelerfassung zu vermeiden, sind die in den Einzelabschlüssen ausgewiesenen Beteiligungserträge im erstgenannten Fall mit dem Konzernjahresüberschuß zu saldieren, sofern sie nicht aufgrund eines Ergebnisabführungsvertrages bereits eine Verminderung des Jahresüberschusses der abführenden Gesellschaft bewirkt haben und insofern lediglich eine Verrechnung der Aufwendungen und Erträge aus dem Gewinntransfer erforderlich ist. Eine Periodenverschiebung tritt bei Aktiengesellschaften ein, bei denen die Ausschüttung erst nach einem Gewinnverwendungsbeschluß der Hauptversammlung vorgenommen werden kann. In einem derartigen Fall würden die Erträge ohne eine Konsolidierungsmaßnahme im Jahr der Gewinnentstehung als Bilanzgewinn und im Jahr der Ausschüttung als Wertpapiererträge berücksichtigt. Zur Vermeidung einer Doppelerfassung werden diese Gewinne im Jahr der Ausschüttung zu Lasten des Konzernjahresüberschusses auf den Gewinnvortrag umgegliedert.

III. Weitere Konsolidierungsmethoden

1. Quotenkonsolidierung

Die vor dem Bilanzrichtlinien-Gesetz nur im Zusammenhang mit aufsichtsrechtlichen Regelungen erlaubte Quotenkonsolidierung darf in der handelsrechtlichen Konzernrechnungslegung auf **Gemeinschaftsunternehmen** ("joint venture") angewandt werden. Ein Gemeinschaftsunternehmen liegt vor, wenn ein in den Konzernabschluß einbezogenes Unternehmen ein anderes Unternehmen gemeinsam mit einem oder mehreren nicht in den Konzernabschluß einbezogenen Unternehmen führt (§ 310 Abs. 1 HGB). Bei der Bestimmung der gemeinsamen Führung kommt es nicht auf die gleichmäßige Verteilung des Anteilsbesitzes an, sondern auf den **gleichen Einfluß sämtlicher Anteilseigner** auf das Gemeinschaftsunternehmen.

Bei der Quotenkonsolidierung werden die Jahresabschlußpositionen des Beteiligungsunternehmens nicht in voller Höhe, sondern nur **entsprechend dem Anteil** an dem Gemeinschaftsunternehmen in die Konzernbilanz und die Konzern-Gewinn- und Verlustrechnung übernommen. Damit gehen die Anteile fremder Gesellschafter an den Vermögensgegenständen und Schulden, am Kapital und am Ertrag in den Konzernabschluß nicht ein. Auch die Konsolidierungsschritte sind nur quotal vorzunehmen. Darüber hinaus ist die Quotenkonsolidierung jedoch nach den für die Vollkonsolidierung geltenden Vorschriften durchzuführen.

2. Equity-Konsolidierung

Nach der Equity Methode sind die sog. assoziierten Unternehmen zu konsolidieren. Bei einem **assoziierten Unternehmen** handelt es sich um ein Unternehmen, auf dessen Geschäfts- und Finanzpolitik ein in den Konzernabschluß einbezogenes Unternehmen einen maßgeblichen Einfluß ausübt und an dem es im Sinne des § 271 Abs. 1 HGB beteiligt ist (§ 311 HGB). Da diese Voraussetzungen prinzipiell auf alle Tochterunternehmen zutreffen, muß die Anwendung der Equity-Konsolidierung in Bank- und Versicherungskonzernen insbesondere immer dann geprüft werden, wenn Unternehmen mit der Begründung nicht in den Konzernabschluß einbezogen werden, daß durch die Konsolidierung kein den tatsächlichen Verhältnissen entsprechendes Bild der Vermögens-, Finanz- und Ertragslage des Konzerns gegeben wird.

Ein **maßgeblicher Einfluß** kann unterstellt werden, wenn vom Management des Beteiligungsunternehmens Entscheidungen getroffen werden, die ohne Vorhandensein der Beteiligung nicht in dieser Form gefällt worden wären. Des weiteren deuten erhebliche finanzielle Abhängigkeiten, der Austausch von Führungskräften sowie die Vertretung im Aufsichtsrat und/oder Vorstand auf einen maßgeblichen Einfluß hin. Insbesondere das Kriterium der finanziellen Abhängigkeit dürfte bei Bank- und Versicherungskonzernen eine wichtige Rolle spielen, wenn das Mutterunternehmen umfangreiche geschäftliche Beziehungen zu dem Unternehmen unterhält, an dem es eine Beteiligung besitzt.

Da die Feststellung des maßgeblichen Einflusses im Einzelfall problematisch sein kann, gilt die gesetzliche **Vermutung**, daß eine entsprechende Einflußnahme vorliegt, wenn ein Unternehmen bei einem anderen Unternehmen mindestens **20 % der Stimmrechte** der Gesellschafter innehat (§ 311 Abs. 1 Satz 2 HGB). Diese Vermutung ist allerdings wiederlegbar. So besteht keine Notwendigkeit zur Equity-Konsolidierung, wenn die für die Anwendung dieser Methode erforderlichen Angaben nicht zu erhalten sind oder die Rechte aus der Beteiligung nicht geltend gemacht werden können. Auch setzt die Verpflichtung zur Equity-Konsolidierung die tatsächliche Ausübung des maßgeblichen Einflusses voraus, so daß die Vermutung widerlegt ist, wenn faktisch keine Einflußnahme besteht.

Grundsätzlich in Frage kommen als assoziierte Unternehmen:

- Unternehmen mit Stimmrechtanteilen unter 20 %, wenn ein maßgeblicher Einfluß vorliegt,
- Unternehmen mit Stimmrechtsanteilen zwischen 20 % und 50 %,

- Tochterunternehmen, die unter ein Konsolidierungswahlrecht oder ein Konsolidierungsverbot fallen und deshalb nicht vollkonsolidiert werden sowie

- Gemeinschaftsunternehmen.

Dabei gilt ein Konsolidierungswahlrecht, wenn die Beteiligung für die Vermittlung eines den tatsächlichen Verhältnissen entsprechenden Bildes der Vermögens-, Finanz- und Ertragslage des Konzerns von untergeordneter Bedeutung ist (§ 311 Abs. 2 HGB).

Im Unterschied zur Vollkonsolidierung ist die Konsolidierung assoziierter Unternehmen mit einer **Neubewertung des Buchwertes der Beteiligung** verbunden. Der im Konzernabschluß auszuweisende Wertansatz der Beteiligung läßt sich folgendermaßen ermitteln (HAVERMANN 1975):

	Anschaffungskosten der Beteiligung
+/-	anteiliger Jahreserfolg des assoziierten Unternehmens
-	außerplanmäßige Abschreibungen
+	Zuschreibungen
+/-	erfolgswirksame Konsolidierungsvorgänge
-	vereinnahmte Gewinnausschüttung vom assoziierten Unternehmen
=	Wertansatz der Beteiligung

Die notwendigen Konsolidierungsschritte der Equity-Konsolidierung stimmen vom Grundsatz her mit denen der Vollkonsolidierung überein. Dabei gilt für die Erstellung einer **Handelsbilanz II** ein Wahlrecht. Sofern nicht konzerneinheitlich bewertet wird, ist dies allerdings im Konzernanhang anzugeben (§ 312 Abs 5 HGB). Die **Kapitalkonsolidierung** kann nach der Buchwertmethode oder der Kapitalanteilmethode, die der Buchwert- resp. Neubewertungsmethode der Vollkonsolidierung entsprechen, erfolgen.

Eine **Zwischenerfolgseliminierung** ist erforderlich, soweit die für die Beurteilung maßgeblichen Sachverhalte bekannt oder zugänglich sind (§ 312 Abs. 5 HGB). Im Falle einer upstream-Lieferung, also einem Lieferungs- oder Leistungsstrom vom assoziierten Unternehmen zum Konzernunternehmen, setzt eine Zwischenerfolgsermittlung voraus, daß das liefernde Unternehmen seine Kalkulationsunterlagen dem Konzernunternehmen überläßt. Liegt eine down-stream-Lieferung vor, ist dagegen die Kenntnis der im belieferten Unternehmen noch vorhandenen Bestände notwendig. Im Unterschied zur Vollkonsolidierung kann die Zwischenerfolgseliminierung bei der Equity-Methode auch anteilig erfolgen.

Eine **Schuldenkonsolidierung** sieht das Gesetz nicht vor, so daß von einem Konsolidierungswahlrecht ausgegangen werden kann. Die **Konsolidierung der Aufwendungen und Erträge** ist schließlich nicht erforderlich, da die Gewinn- und Verlustrechnung des assoziierten Unternehmens nicht in den Konzernabschluß eingeht.

IV. Der Konzernanhang

Ebenso wie beim Einzelabschluß ist der Konzernanhang neben der Konzernbilanz und der Konzern-Gewinn- und Verlustrechnung das dritte Element des Konzernabschlusses. Der Konzernanhang soll die beiden anderen Bestandteile des Abschlusses **erläutern und ergänzen**. Er ist dabei keine Zusammenfassung der Anhänge der einbezogenen Konzernunternehmen, sondern hat eine **eigenständige**, auf den Jahresabschluß der wirtschaftlichen Einheit "Konzern" bezogene **Funktion**. Allerdings erlaubt § 298 Abs. 3 HGB die Zusammenfassung des Konzernanhangs mit dem Anhang des Mutterunternehmens. Durch die nur einmalige Darstellung bestimmter Sachverhalte werden Wiederholungen vermieden. Sofern dieses Wahlrecht in Anspruch genommen wird, sind der Konzernabschluß und der Abschluß des Mutterunternehmens gemeinsam offenzulegen (COENENBERG 1991).

Zur Vereinfachung und wegen nur geringer Unterschiede werden im folgenden ausschließlich die zukünftig zu machenden Anhangangaben aufgeführt. Die anzugebenden Sachverhalte können im wesentlichen danach unterschieden werden, ob sie sich auf den Beteiligungs- und Konsolidierungskreis, die Bilanz- und die Gewinn- und Verlustrechnung im weitesten Sinne oder die Konsolidierung beziehen. Im Hinblick auf den **Beteiligungs- und Konsolidierungskreis** sind insbesondere die folgenden Informationen zu geben:

- Angaben zu den in den Konzernabschluß einbezogenen Unternehmen (§ 313 Abs. 2 Nr. 1 HGB),
- Angaben zu assoziierten und quotenkonsolidierten Unternehmen (§ 313 Abs. 2 Nr. 2 und 3 HGB),
- Angabe und Begründung, wenn ein Tochterunternehmen unter das Konsolidierungsverbot fällt (§ 295 Abs. 3 Satz 1 HGB),
- Begründung, wenn für ein Tochterunternehmen ein Einbeziehungswahlrecht in Anspruch genommen wird (§ 296 Abs. 3 HGB),
- Angaben, die die Vergleichbarkeit mit dem Vorjahresabschluß ermöglichen, wenn sich der Konsolidierungskreis wesentlich geändert hat (§ 294 Abs. 2 HGB),
- Angaben zu bestimmten Unternehmen, an denen das Mutterunternehmen, ein Tochterunternehmen oder für deren Rechnung ein Dritter mindestens 20 % der Anteile hält (§ 313 Abs. 2 Nr. 4 HGB).

Bezüglich **Bilanz und Gewinn- und Verlustrechnung** sind u.a. folgende Informationen erforderlich:

- Zusätzliche Angaben, falls der Konzernabschluß kein den tatsächlichen Verhältnissen entsprechendes Bild der Vermögens-, Finanz- und Ertragslage vermittelt (§ 297 Abs. 2 HGB),
- Angabe der angewandten Bilanzierungs- und Bewertungsmethoden (§ 313 Abs. 1 Nr. 1 HGB),
- Angabe und Begründung, wenn die konzerneinheitliche Bewertung von den auf den Jahresabschluß des Mutterunternehmens angewandten Methoden abweicht (§ 308 Abs. 1 HGB),
- Hinweis auf die Übernahme versicherungsspezifischer Bewertungsvorschriften (§ 308 Abs. 2 HGB),

- Angabe der Beträge aufgrund steuerlicher Wertberichtigungen und Begründung der Maßnahmen (§ 308 Abs. 3 HGB),
- Angabe des Gesamtbetrages sonstiger finanzieller Verpflichtungen,wenn diese für die Beurteilung der Finanzlage von Bedeutung sind (§ 314 Abs. 1 Nr. 2 HGB, gilt nicht für Versicherungskonzerne lt. § 56 b Abs. 4 HGB),
- Angabe der Grundlagen für die Währungsumrechnung (§ 313 Abs. 1 Nr. 2 HGB),
- Angabe, Begründung und Darstellung des Einflusses auf die wirtschaftliche Lage bei Abweichungen von Bilanzierungs-, Bewertungs- und Konsolidierungsmethoden (§ 313 Abs. 1 Nr. 3 HGB).

Schließlich setzen sich die zur **Konsolidierung** erforderlichen Anhangangaben folgendermaßen zusammen:

- Angabe und Begründung, wenn von Konsolidierungsmethoden, die auf den vorhergehenden Konzernabschluß angewandt wurden, abgewichen wird (§ 297 Abs. 3 HGB),
- Angabe und Begründung von Abweichungen des Konzernbilanzstichtages von dem des Mutterunternehmens (§ 299 Abs. 1 HGB),
- Angabe der Vorgänge von besonderer Bedeutung für die wirtschaftliche Lage bei abweichenden Stichtagen (§ 299 Abs. 3 HGB),
- Angabe der gewählten Kapitalkonsolidierungsmethode (§ 301 Abs. 1 HGB),
- Angabe des Zeitpunktes der erstmaligen Kapitalkonsolidierung (§ 301 Abs. 2 HGB),
- Angabe der verrechneten Unterschiedsbeträge aus der Kapitalkonsolidierung (§ 301 Abs. 3 HGB),
- Angabe, wenn die Zwischenerfolgseliminierung unterbleibt und Erläuterung eines daraus resultierenden wesentlichen Einflusses auf die wirtschaftliche Lage (§ 304 Abs. 2 HGB),
- Angaben zur Quotenkonsolidierung (§ 310 Abs. 2 HGB),
- Angaben zur Konsolidierung assoziierter Unternehmen (§ 312 HGB).

LITERATURHINWEISE:

ALBERS, M. (1991)
BIENER, H./BERNEKE, W. (1986)
BRÜNGLINGHAUS, E. (1991)
COENENBERG, A.G. (1991)
HAVERMANN, H. (1975)
HEINEN, E. (1986)
MOXTER, A. (1986)
RICHTER, H./ VON TREUBERG, H. (1989)
SCHIERENBECK, H./HÖLSCHER, R. (1988)

10. Kapitel: Die Rechnungslegung der Kreditinstitute

Nachdem in dem vorangegangen Kapitel die Rechnungslegungsvorschriften für Banken und Versicherungsunternehmen aus einem allgemeinen Blickwinkel betrachtet wurden, wird im folgenden auf die kreditinstitutsspezifischen Rechnungslegungsnormen eingegangen. Dabei liegen den Ausführungen neben dem geltenden Recht das die entsprechende EG-Richtlinie umsetzende **Bankbilanzrichtlinie-Gesetz** sowie die Anfang 1992 erlassene **Verordnung über die Rechnungslegung der Kreditinstitute** (Rechnungslegungsverordnung, RechKredV) zugrunde.

Der bankbetriebliche Jahresabschluß basiert zur Zeit auf insgesamt elf verschiedenen **Formblättern**, die von den Instituten je nach Rechtsform und spezieller Geschäftstätigkeit anzuwenden sind. Im folgenden werden zur Darstellung der Gliederung und des Inhalts der Bilanz und der Gewinn- und Verlustrechnung das als Leitformblatt fungierende Formblatt für Kreditinstitute in der Rechtsform einer Kapitalgesellschaft (AG, KGaA, GmbH) und das neue Leitformblatt der Rechnungslegungsverordnung (§ 2 RechKredV) betrachtet. Zur Verdeutlichung werden alle neuen Positionen resp. Positionsbezeichnungen *kursiv* geschrieben. Die Neuordnung der Aktivpositionen verdeutlicht die nachstehende Abb. 10.1

Formblattverordnung	**Rechnungslegungsverordnung**
1. Kassenbestand 2. Guthaben bei der Deutschen Bundesbank 3. Postgiroguthaben	1. Barreserve a) Kassenbestand b) Guthaben bei Zentralnotenbanken darunter: bei der Deutschen Bundesbank c) Guthaben bei Postgiroämtern
4. Schecks, fällige Schuldverschreibugnen, Zins- und Dividendenscheine sowie zum Einzug erhaltene Papiere 5. Wechsel darunter: a) bundesbankfähig b) eigene Ziehungen	2. Schuldtitel öffentlicher Stellen und Wechsel, die zur Refinanzierung bei Zentralnotenbanken zugelassen sind a) Schatzwechsel und unverzinsliche Schatzanweisungen sowie ähnliche Schuldtitel öffentlicher Stellen darunter: bei der Deutschen Bundesbank refinanzierbar b) Wechsel darunter: bei der Deutschen Bundesbank refinanzierbar
6. Forderungen an Kreditinstitute a) täglich fällig b) mit vereinbarter Kündigungsfrist oder Kündigungsfrist von ba) weniger als 3 Monaten bb) mind. 3 Monaten, aber weniger als 4 Jahren bc) 4 Jahren oder länger	3. Forderungen an Kreditinstitute a) täglich fällig b) andere Forderungen
7. Schatzwechsel und unverzinsliche Schatzanweisungen a) des Bundes und der Länder b) sonstige	4. Forderungen an Kunden darunter: durch Grundpfandrechte gesichert Kommunalkredite
8. Anleihen und Schuldverschreibungen a) mit einer Laufzeit bis zu 4 Jahren aa) des Bundes und der Länder ab) von Kreditinstituten ac) sonstige darunter: beleihbar bei der Deutschen Bundesbank	5. Schuldverschreibungen und andere festverzinsliche Wertpapiere a) Geldmarktpapiere aa) von öffentlichen Emittenten ab) von anderen Emittenten

Abb. 10.1: Die Aktivpositionen der Bilanz eines Kreditinstituts (Teil 1)

Formblattverordnung	Rechnungslegungsverordnung
noch: 8. Anleihen und Schuldverschreibungen b) mit einer Laufzeit von mehr als 4 Jahren ba) des Bundes und der Länder bb) von Kreditinstituten bc) sonstige darunter: beleihbar bei der Deutschen Bundesbank	5. Schuldverschreibungen und andere festverzinsliche Wertpapiere a) Geldmarktpapiere aa) von öffentlichen Emittenten ab) von anderen Emittenten b) Anleihen und Schuldverschreibungen ba) von öffentlichen Emittenten bb) von anderen Emittenten darunter: beleihbar bei der Deutschen Bundesbank c) eigene Schuldverschreibungen Nennbetrag
9. Wertpapiere, soweit sie nicht unter anderen Posten auszuweisen sind a) börsengängige Wertpapiere und Investmentanteile b) sonstige Wertpapiere darunter: Besitz von mehr als dem zehnten Teil der Anteile einer Kapitalgesellschaft oder bergrechtlichen Gewerkschaft ohne Beteiligungen	6. Aktien und andere nicht festverzinsliche Wertpapiere
10. Forderungen an Kunden mit vereinbarter Laufzeit oder Kündigungsfrist von a) weniger als 4 Jahren b) 4 Jahren oder länger darunter: ba) durch Grundpfandrechte gesichert bb) Kommunaldarlehen	7. Beteiligungen darunter: an Kreditinstituten
11. Ausgleichsforderungen gegen die öffentliche Hand	8. Anteile an verbundenen Unternehmen darunter: an Kreditinstituten
12. Durchlaufende Kredite (nur Treuhandgeschäfte)	9. Treuhandvermögen darunter: Treuhandkredite
13. Beteiligungen darunter: an Kreditinstituten	10. Ausgleichsforderungen gegen die öffentliche Hand einschließlich Schuldverschreibungen aus deren Umtausch
14. Grundstücke und Gebäude	11. Immaterielle Anlagewerte
15. Betriebs- und Geschäftsausstattung	12. Sachanlagen
16. Ausstehende Einlagen auf das gezeichnete Kapital davon eingefordert	13. Ausstehende Einlagen auf das gezeichnete Kapital darunter: eingefordert
17. Eigene Aktien (Geschäftsanteile) Nennbetrag	14. Eigene Aktien oder Anteile Nennbetrag
18. Anteile an einer herrschenden oder mit Mehrheit beteiligten Gesellschaft	15. Sonstige Vermögensgegenstände
19. Eigene Schuldverschreibungen Nennbetrag	16. Rechnungsabgrenzungsposten
20. Sonstige Vermögensgegenstände	17. Nicht durch Eigenkapital gedeckter Fehlbetrag
21. Rechnungsabgrenzungsposten	
22. Bilanzverlust	
Summe der Aktiva	*Summe der Aktiva*
23. In den Aktiven und in den Rückgriffsforderungen aus den unter der Passivseite vermerkten Verbindlichkeiten sind enthalten a) Forderungen an verbundene Unternehmen b) Forderungen aus unter § 15 Abs. 1 Nr. 1 bis 6, Abs. 2 des Gesetzes über das Kreditwesen fallenden Krediten, soweit sie nicht unter a) vermerkt sind	

Abb. 10.1: Die Aktivpositionen der Bilanz eines Kreditinstituts (Teil 2)

A. Die Bilanz

I. Die Positionen der Aktivseite

1. Die flüssigen Mittel

Zu den flüssigen Mitteln zählen der Kassenbestand, die Guthaben bei der Deutschen Bundesbank sowie die Postgiroguthaben (Pos. Nr. 1, 2 und 3). Nach neuem Recht werden diese Positionen zu einem Posten *(Barreserve)* zusammengefaßt, dort allerdings wiederum in die einzelnen Bestandteile untergliedert.

Der "**Kassenbestand**" setzt sich sowohl derzeit als auch in Zukunft aus den gesetzlichen Zahlungsmitteln einschließlich der Sortenbestände sowie den Postwertzeichen und Gerichtsgebührenmarken zusammen. Nicht in dieser Position zu erfassen sind die Bestände an Barrengold und Goldmünzen, die stattdessen als "Sonstige Vermögensgegenstände" bilanziert werden.

Zu den "**Guthaben bei der Deutschen Bundesbank**" gehören zur Zeit sämtliche Guthaben in Deutscher Mark und in fremder Währung bei der Deutschen Bundesbank einschließlich ihrer Landeszentralbanken. Dabei erfolgt keine Differenzierung in jederzeit verfügbare und nicht jederzeit verfügbare Beträge (z.B. Guthaben auf Akkreditiv-Deckungskonten oder Bardepotbeträge). Sofern bei ausländischen Notenbanken Guthaben unterhalten werden, sind diese unter der Position "Forderungen an Kreditinstitute" zu erfassen (BIRCK/MEYER 1980).

Nach neuem Recht sind als ***"Guthaben bei Zentralnotenbanken"*** sowohl die jederzeit fälligen Guthaben bei der Deutschen Bundesbank als auch die jederzeit fälligen Guthaben bei ausländischen Notenbanken auszuweisen; die nicht jederzeit verfügbaren Guthaben bei der Deutschen Bundesbank müssen dagegen ebenso wie die entsprechenden Bestände bei ausländischen Zentralbanken als *"Forderungen an Kreditinstitute"* bilanziert werden.

Die Position "**Postgiroguthaben**" enthält derzeit die Guthaben bei den inländischen Postgiroämtern. Verfügt ein Kreditinstitut bei mehreren Postgiroämtern über Guthaben, so sind diese zusammenzufassen. Das gilt auch in dem Fall, daß die Kontenstände bei einzelnen Postgiroämtern negativ sind. Guthaben bei ausländischen Postgiroämtern fallen unter die Position "Forderungen an Kreditinstitute". Analog zur Vorgehensweise bei den Zentralbankbeständen gehören zu den *"Guthaben bei Postgiroämtern"* zukünftig auch die jederzeit fälligen Guthaben bei ausländischen Postgiroämtern; die nicht jederzeit fälligen Guthaben sind als (andere) Forderungen an Kreditinstitute auszuweisen.

2. Die geldnahen Forderungen

Wegen ihrer relativ großen Liquditätsnähe zählen die derzeit unter den Ziffern 4, 5 und 7 auszuweisenden Positionen "Schecks, fällige Schuldverschreibungen, Zins- und Dividendenscheine sowie zum Einzug erhaltene Papiere", "Wechsel" sowie "Schatzwechsel und unverzinsliche Schatzanweisungen" zu den geldnahen Forderungen.

Zur **Position 4** gehören grundsätzlich alle zum Einzug hereingenommenen Papiere (Inkassopapiere), die innerhalb von 30 Tagen ab ihrer Einreichung zur Vorlage bestimmt sind und die den Einreichern bereits unter der Bedingung "Eingang vorbehalten" gutgeschrieben wurden. Inkassopapiere mit späteren Fälligkeitsterminen werden je nach Einreicher unter den Forderungen an Kunden resp. Kreditinstitute erfaßt. Die erst nach Eingang des Gegenwertes gutzuschreibenden Inkassopapiere sind auf bilanzunwirksamen Konten zu führen. Im einzelnen dürfen als **Inkassoschecks** nur auf fremde Institute gezogene Papiere erfaßt werden, während Schecks, die sich auf das eigene Institut beziehen, dem Scheckaussteller direkt zu belasten sind. **Fällige Schuldverschreibungen, Zins- und Dividendenscheine** sind nur dann ausweisfähig, wenn sie entweder am Bilanzstichtag oder bei Vorlage von einer Zahlstelle eingelöst worden wären oder am ersten auf den Bilanzstichtag folgenden Geschäftstag einlösbar sind. Zu den sonstigen zum Einzug erhaltenen Papieren gehören insbesondere die **Inkassowechsel**, die **Lastschriften** sowie die dem Einreicher bereits gutgeschriebenen, aber mit dem bezogenen Kreditinstitut noch nicht abgerechneten **Reiseschecks**.

Demnächst entfällt die Position "Schecks, fällige Schuldverschreibungen, Zins- und Dividendenscheine sowie zum Einzug erhaltene Papiere". Die Inkassopapiere werden dann unter den *"Sonstige(n) Vermögensgegenstände(n)"* ausgewiesen (§ 20 RechKredV).

Die derzeitige Position "**Wechsel**" umfaßt grundsätzlich alle im Bestand befindlichen Wechsel aus dem Diskont- oder Geldmarktgeschäft. Der Wechselbestand ist zum **Nettowert**, d.h. abzüglich des nach dem Bilanzstichtag anfallenden Diskontertrages, zu aktivieren. Als **Diskontwechsel** werden die im Rahmen des Diskontgeschäftes von den Kunden angekauften Wechsel bezeichnet; zu den **Geldmarktwechseln** gehören die Privatdiskonten und die Vorratsstellenwechsel (Solawechsel der Einfuhr- und Vorratsstellen). Nicht in dieser Position ausgewiesen werden dürfen die Inkassowechsel, die Schatzwechsel und unverzinslichen Schatzanweisungen sowie die im Bestand befindlichen Eigenen Aktzepte, die von der Passivposition "Eigene Akzepte und Solawechsel im Umlauf" abzusetzen sind.

Um die Transparenz der Wechselposition zu verbessern, enthält die Formblattverordnung zwei Ausgliederungsgebote (GERKE/PHILIPP 1983). So müssen zum einen die Bestände an bundesbankfähigen Wechseln, zum anderen die abgrechneten Eigenen Ziehungen getrennt als Unterposten ausgewiesen werden. Zu den **bundesbankfähigen Wechseln** gehören nach den Bilanzierungsrichtlinien alle im Bestand befindlichen Wechsel, die nach dem Bundesbankgesetz zum Ankauf zugelassen sind, sofern der Ankauf nicht durch anderweitige Regelungen der Deutschen Bundesbank ausgeschlossen ist. Als grundsätzlich ankaufsfähig gelten dabei nach § 19 Abs. 1 Bundesbankgesetz nur solche Wechsel, aus denen drei als zahlungsfähig bekannte Verpflichtete haften, die innerhalb von drei Monaten fällig sind und bei denen es sich um gute Handelswechsel handelt. Nach den Allgemeinen Geschäftsbedingungen der Deutschen Bundesbank werden beispielsweise Abschnitte, die nicht an einem Bankplatz zahlbar sind, Sichtwechsel oder Nach-Sicht-Wechsel mit Zinsversprechen nicht angekauft. Für die Ausgliederung ist es unerheblich, ob die Rediskontkontingente ausgeschöpft sind und ob die Wechsel für einen Verkauf überhaupt zur Verfügung stehen. Daher sind auch die lombardierten, anderweitig verpfändeten oder in Pension gegebenen bundesbankfähigen Wechsel auszugliedern (BIRCK/MEYER 1980).

Bei einer **Eigenen Ziehung** handelt es sich um ein Wechselgeschäft, bei dem die Bank auf den Kreditnehmer einen Wechsel zieht, den dieser akzeptiert und der damit der Bank als Sicherungs- und Finanzierungsinstrument dient. Verrechnet die Bank diesen Wechsel mit der Ursprungsforderung, werden Buchforderungen durch Wechselforderungen ersetzt. Sofern die Bank den Wechsel in ihrem Bestand behält, sind unter der Position "Wechsel" Eigene, dem Kreditnehmer abgerechnete Ziehungen auszuweisen (vgl. Abb. 10.2). Befinden sich Eigene Ziehungen im Umlauf, so dürfen diese nicht (mehr) aktiviert werden. Um dem Bilanzleser zu verdeutlichen, daß das Kreditinstitut bei einer evtl. Zahlungsunfähigkeit des Bezogenen aufgrund der Wechselstrenge haftet, ist in Höhe des Wechselbetrages eine Eventualverbindlichkeit unter dem Bilanzstrich auf der Passivseite zu vermerken.

	Eigene Ziehungen im Bestand	**Eigene Ziehungen im Umlauf**
abgerechnete Eigene Ziehungen	Aktiv-Pos. Nr. 5: Wechsel	Passiv- Pos. Nr. 16: Eigene Ziehungen im Umlauf
nicht abgerechnete Eigene Ziehungen	kein Ausweis	Passiv-Pos. Nr. 1: Verbindlichkeiten gegenüber Kreditinstituten Passiv- Pos. Nr. 16: Eigene Ziehungen im Umlauf

Abb. 10.2: Ausweis der Eigenen Ziehungen

Nicht abgerechnete, im Bestand befindliche Eigene Ziehungen stellen für das Kreditinstitut eine zusätzliche Sicherheit für den Fall dar, daß der Kreditnehmer seinen Verpflichtungen aus einem Kreditgeschäft nicht nachkommt. Die nicht abgerechneten Eigenen Ziehungen dürfen in der Bilanz nicht ausgewiesen werden, da die ursprüngliche Forderung weiterhin in der Bilanz enthalten ist. Wird eine nicht abgerechnete Eigene Ziehung zwecks Refinanzierung in Umlauf gebracht, entsteht - da der Kunde seine Ursprungsforderung tilgt - für das Kreditinstitut eine Verbindlichkeit, die auf der Passivseite auszuweisen ist. Zusätzlich ist der Wechselbetrag als "Eigene Ziehungen im Umlauf" unter dem Bilanzstrich zu vermerken.

Nach neuem Recht ist in der Unterposition 2. b) *"Wechsel"* ein eigenständiger Ausweis nur noch für die bundesbankfähigen Wechsel und zusätzlich für die bei Zentralnotenbanken ausländischer Niederlassungsländer zur Refinanzierung zugelassenen Abschnitte vorgesehen (§ 13 RechKredV). Alle übrigen Wechsel müssen mit der Anwendung des Bankbilanzrichtlinie-Gesetzes je nach Aussteller unter den Forderungen an Kreditinstitute oder an Kunden aktiviert werden. Die Ausgliederung der Eigenen Ziehungen entfällt zukünftig.

Die Position "**Schatzwechsel und unverzinsliche Schatzanweisungen**" enthält derzeit sämtliche unter Diskontabzug hereingenommenen Schuldtitel inländischer und ausländischer staatlicher Stellen, sofern die Ursprungslaufzeit der Papiere nicht einen Zeitraum von zwei Jahren übersteigt. In Zukunft müssen diese Papiere, soweit sie bei einer Zentralnotenbank der Niederlassungsländer des bilanzierenden Kreditinstituts zur Refinanzierung eingesetzt werden können, unter dem Posten ***"Schuldtitel öffentlicher Stellen und Wechsel, die zur Refinanzierung bei Zentralnotenbanken zugelassen sind"*** (Pos. Nr. 2) ausgewiesen werden, wobei eine Untergliederung in *"Schatzwechsel und unverzinsliche Schatzanweisungen sowie ähnliche Schuldtitel öffentlicher Stellen"* (Unterposition a) und *"Wechsel"* (Unterposition b) zu erfolgen hat. In der Unterposition a) ist das Volumen der bei der Deutschen Bundesbank refinanzierbaren Titel zusätzlich anzugeben. Als zur Refinanzierung zugelassen gelten alle Diskontpapiere öffentlicher Stellen, die nach dem Bundesbankgesetz lombardfähig sind oder für die die Bundesbank im Rahmen ihrer Geldmarktregulierung eine Ankaufszusage erteilt hat. Sofern die Wertpapiere nicht zentralbankfähig sind, werden sie im Falle der Börsenfähigkeit unter dem Posten *"Geldmarktpapiere von öffentlichen Emittenten"* (Pos. Nr. 5aa) und in dem Fall, daß keine Börsenfähigkeit vorliegt, unter dem Posten *"Forderungen an Kunden"* (Pos. Nr. 4) auszuweisen sein.

3. Die Forderungen an Banken und Nichtbanken

In der Position "Forderungen an Kreditinstitute" (Pos. Nr. 6) sind derzeit alle **Buchforderungen an Kreditinstitute** zu erfassen, soweit nicht ein spezieller Bilanzausweis wie bei den Forderungen gegenüber der Deutschen Bundesbank und den Postgiroämtern erforderlich ist. Zu den Forderungen an Kreditinstitute gehören zunächst die Geldmarktkredite, zu denen das Tagesgeld, das tägliche Geld sowie Termingelder zählen, sowie mittel- und langfristige Darlehen. Desweiteren gelten - in Abgrenzung zu den Wertpapieren - Orderschuldverschreibungen, die nicht Teile einer Gesamtemission sind, sowie Namensschuldverschreibungen als Buchforderungen. In der Position Forderungen an Kreditinstitute sind schließlich auch nichtbankgeschäftliche Forderungen wie beispielsweise Forderungen aus dem Verkauf von Grundstücken auszuweisen.

Nach den Bilanzierungsrichtlinien zählen zu den **Kreditinstituten** inländische und ausländische Unternehmen, die Bankgeschäfte im Sinne des § 1 KWG betreiben, die Kreditanstalt für Wiederaufbau sowie die in § 1 Abs. 1 Bausparkassengesetz ausdrücklich als Kreditinstitute bezeichneten Bausparkassen.

Die Forderungen an Kreditinstitute sind nach ihrer **Ursprungsfristigkeit** zu untergliedern in

- täglich fällige Forderungen sowie in
- Forderungen mit einer Laufzeit oder Kündigungsfrist von
  - weniger als drei Monaten,
  - mindestens drei Monaten, aber weniger als vier Jahren,
  - vier Jahren oder länger.

In Zukunft ist für die Fristenstruktur der Forderungen an Kreditinstitute nicht mehr die Ursprungs-, sondern die ***Restlaufzeit*** am Bilanzstichtag maßgebend (§ 340 d HGB). Abgesehen von den in einer Unterposition auszuweisenden täglich fälligen Forderungen muß die Aufschlüsselung allerdings nicht wie bisher in der Bilanz, sondern im ***Anhang*** vorgenommen werden. Dabei sind der Aufgliederung die folgenden Zeiträume zugrunde zu legen (§ 9 RechKredV):

- bis drei Monate,
- mehr als drei Monate bis ein Jahr,
- mehr als ein Jahr bis fünf Jahre,
- über fünf Jahre.

In Ausübung eines entsprechenden nationalen Wahlrechtes tritt § 340 d HGB jedoch erst am **1. Januar 1998** in Kraft (Artikel 14 Abs. 2 Bankbilanzrichtlinie-Gesetz). Die Gliederung nach Restlaufzeiten bietet einen besseren Einblick in die **Liquiditätslage** eines Kreditinstituts, dagegen stellt eine nach Ursprungsfristigkeiten vorgenommene Gliederung die **Geschäftsstruktur**, d.h. die Anteile der kurz-, mittel- und langfristigen Kredite und deren Refinanzierung, besser dar (BETZ/BRINKMANN 1990).

Anders als bislang werden mit der Anwendung des Bankbilanzrichtlinie-Gesetzes die jederzeit fälligen Guthaben bei ausländischen Postgiroämtern und Zentralnotenbanken der Niederlassungsländer des bilanzierenden Kreditinstituts unter der Position *"Barreserve"* erfaßt. Da in der Position *"Forderungen an Kreditinstitute"* nur noch Forderungen aus Bankgeschäften enthalten sein dürfen, werden die bislang hier ausgewiesenen nichtbankgeschäftlichen Forderungen unter der Position *"Sonstige Vermögensgegenstände"* ausgewiesen.

Zu den "**Forderungen an Kunden**" (Pos. Nr. 10) gehören alle nicht in Wertpapieren verbrieften bankgeschäftlichen Forderungen an Nichtkreditinstitute. Somit sind im Vergleich zu den "Forderungen an Kreditinstitute" die nicht bankgeschäftlichen Forderungen nicht in dieser Position, sondern unter den "Sonstige(n) Vermögensgegenstände(n)" zu bilanzieren.

Als Kundschaftsforderungen sind die unterschiedlichsten Kreditarten auszuweisen. Im wesentlichen handelt es sich um

- Kontokorrentkredite,
- Ratenkredite,
- Realkredite,
- Kommunaldarlehen,
- Namensschuldverschreibungen,
- Akzeptkredite,
- Rembourskredite und
- Schuldscheindarlehen.

Obwohl Leasing, Factoring und Forfaitierung nicht zu den Bankgeschäften gemäß § 1 KWG gehören, sind auch die Forderungen aus diesen Geschäften gegenüber Nichtbanken als Forderungen an

Kunden zu aktivieren. Auszuweisen sind bei allen Kreditarten nicht die Kreditzusagen, sondern grundsätzlich nur die beanspruchten Kreditbeträge.

Die "Forderungen an Kunden" sind derzeit ähnlich wie die "Forderungen an Kreditinstitute" in solche mit vereinbarter (Ursprungs-) Laufzeit oder Kündigungsfrist von

- unter vier Jahren und
- vier Jahren oder länger

zu untergliedern. Bei den Forderungen mit einer Laufzeit von vier Jahren oder mehr muß außerdem das Volumen der nur mit einem geringeren Risiko behafteten durch Grundpfandrechte gesicherten Forderungen und der Kommunaldarlehen angegeben werden.

Als **"durch Grundpfandrechte gesichert"** dürfen Aktien- und GmbH-Banken, Privatbankiers, Genossenschaftsbanken und Zentralkassen nur Forderungen ausweisen, die den §§ 11 und 12 des Hypothekenbankgesetzes entsprechen. Bei diesen Krediten beläuft sich die Beleihung auf maximal 60 % des Grundstückswertes. Für das Realkreditgeschäft der Sparkassen und öffentlich-rechtlichen Kreditanstalten sehen die Bilanzierungsrichtlinien den Ausweis grundpfandrechtlich gesicherter Forderungen vor, wenn diese den gesetzlichen und satzungsmäßigen Vorschriften für den Realkredit entsprechen (BIRCK/MEYER 1980). Sofern nur ein Teilbetrag eines Darlehens in der für Realkredite vorgeschriebenen Weise besichert ist, darf weder der Darlehensteilbetrag noch der Gesamtbetrag als durch Grundpfandrechte gesichert ausgewiesen werden.

In der Ausgliederungsposition **"Kommunaldarlehen"** sind alle Darlehen zu erfassen, die an inländische Körperschaften oder Anstalten des öffentlichen Rechts gewährt wurden oder für die eine entsprechende Körperschaft oder Anstalt die volle Gewährleistung übernommen hat. Sofern Objekte über die im Realkreditgeschäft übliche Beleihungsgrenze hinaus beliehen wurden und der übersteigende Betrag durch eine Bürgschaft oder sonstige Gewährleistung der öffentlichen Hand gesichert ist, haben Aktien- und GmbH-Banken, Privatbankiers, Kreditgenossenschaften und Zentralkassen den innerhalb der zulässigen Beleihungsgrenze liegenden Teilbetrag (Ia-Hypothekendarlehen) als "durch Grundpfandrechte gesichert" zu vermerken und den überschießenden Betrag (Ib-Hypothekendarlehen) als "Kommunaldarlehen" auszugliedern.

In Zukunft sind die *"Forderungen an Kunden"* ebenso wie der *"Forderungen an Kreditinstitute"* im Anhang nach Restlaufzeiten zu untergliedern. Die bislang unter der Position "Sonstige Vermögensgegenstände" ausgewiesenen nichtbankgeschäftlichen Forderungen werden ebenfalls als *"Forderungen an Kunden"* erfaßt. Die für die weiterhin auszugliedernden grundpfandrechtlich gesicherten Kredite und Kommunaldarlehen der Aktien- und GmbH-Banken, Privatbankiers, Genossenschaftsbanken und Zentralkassen geltenden Sondervorschriften ändern sich nicht, sie sind zukünftig jedoch für alle Kreditinstitutsgruppen maßgebend (§ 15 RechKredV).

Zu den Forderungen gehören neben denjenigen an Kreditinstitute und Kunden auch die "Ausgleichsforderungen gegen die öffentliche Hand" und die "Durchlaufende(n) Kredite". Bei den **Ausgleichsforderungen** (Pos. Nr. 11) handelt es sich um Schuldbuchforderungen gegenüber dem Bund, den Bundesländern und Berlin, die im Zusammenhang mit der Währungsreform entstanden sind. In Zukunft werden die Ausgleichsforderungen unter der Position *"Ausgleichsforderungen gegen die öffentliche Hand einschließlich Schuldverschreibungen aus deren Umtausch"* (Pos. Nr. 10) ausgewiesen.

Als "**Durchlaufende Kredite**" (Pos. Nr. 12) sind diejenigen Kredite zu erfassen, die von einem Treugeber mit dem Auftrag zur Verfügung gestellt wurden, sie an den Kreditnehmer weiterzuleiten und für den Treugeber zu verwalten, ohne daß die bilanzierende Bank ein Kreditrisiko zu tragen hat. Um die Verbindlichkeit gegenüber dem Treugeber zu verdeutlichen, ist eine entsprechende Position "Durchlaufende Kredite" zu passivieren.

Die "Durchlaufende(n) Kredite" sind Bestandteil der "**Weitergeleitete(n) Kredite**" (vgl. Abb. 10.3). Werden Gelder mit vollem oder teilweisem Kreditobligo weitergeleitet ("**Durchgeleitete Kredite**"), sind diese je nach Adressat unter den Postionen 6 oder 10 auszuweisen. Die sogenannten **Verwaltungskredite**, worunter im fremden Namen und für fremde Rechnung gewährte, also für das bilanzierende Kreditinstitut risikolose Kredite zu verstehen sind, dürfen oberhalb des Bilanzstrichs nicht in die Hauptspalte aufgenommen werden, da sie dem Kreditinstitut nicht zurechenbar sind. Es ist zwar zulässig, diese Kredite in einer Vorspalte zu den durchlaufenden Krediten auszuweisen, allerdings werden sie i.d.R. unter dem Bilanzstrich angegeben.

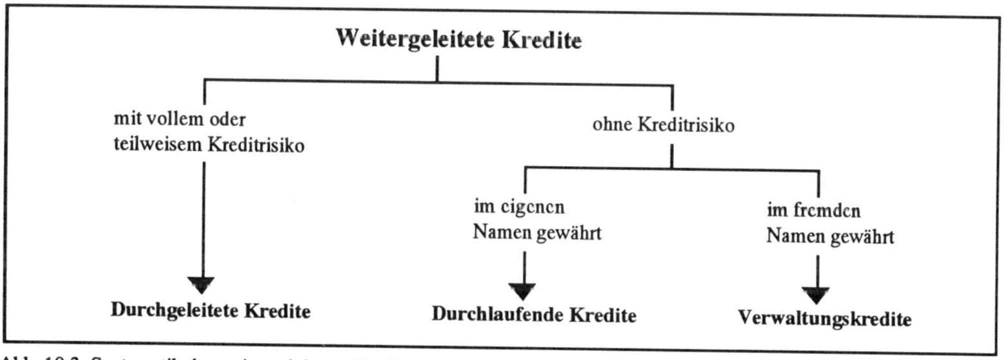

Abb. 10.3: Systematik der weitergeleiteten Kredite

Die "Durchlaufende(n) Kredite" gehören zu den **treuhänderisch gehaltenen Vermögenswerten**. Zur generellen Bilanzierung dieser Vermögenswerte - also nicht nur der Kredite - ist zu unterscheiden zwischen

- dem **Vollrechtstreuhandvermögen**, bei dem der Treuhänder im eigenen Namen und für eigene Rechnung handelt und nach außen die volle Rechtsstellung eines juristischen Eigentümers hat,
- dem **Ermächtigungstreuhandvermögen**, bei dem der Treuhänder im eigenen Namen und für fremde Rechnung handelt und infolgedessen der Treugeber konkurrierend mit dem Treuhänder verfügungsberechtigt ist und
- dem **Vollmachtstreuhandvermögen**, bei dem der Treuhänder nur die Vollmacht hat, im fremden Namen und für fremde Rechnung zu handeln (WÖHE 1986).

Bislang wurde das Treuhandvermögen bei Vorliegen einer Ermächtigungs- oder Vollmachtstreuhandschaft mit **Ausnahme** der durchlaufenden Kredite grundsätzlich **nicht** bilanziert, da das wirtschaftliche Eigentum beim Treugeber verbleibt. Beim Vollrechtstreuhandvermögen wird eine Bilanzierung für unzulässig gehalten, wenn das Treugut unmittelbar vom Treugeber stammt, so daß dieser im Konkursfalle des Treuhänders Zugriffsmöglichkeiten auf sein Vermögen hat. Wurde das Treugut nicht direkt vom Treugeber erworben, besteht ein Ansatzwahlrecht.

In Zukunft müssen **sämtliche** im **eigenen Namen** und für **fremde Rechnung** gehaltenen **Vermögenswerte** unter den Positionen ***"Treuhandvermögen"*** und ***"Treuhandverbindlichkeiten"*** (Aktiv Nr. 9 und Passiv Nr. 4) gesondert bilanziert werden (§ 6 RechKredV). In die Bilanz ist dabei der Gesamtbetrag einzustellen, darüber hinaus muß im *Anhang* angegeben werden, in welchen konkreten **Vermögenswerten** das Treuhandvermögen investiert ist. Insbesondere kommen dabei die Positionen Nr. 1, 5, 6, 7 und 12, d.h. Geldguthaben, Wertpapiere, Beteiligungen und Grundvermögen, in Frage. Weiterhin sind im eigenen Namen und für fremde Rechnung weitergeleitete Mittel ***("Treuhandkredite")*** in der Bilanz zu vermerken. Wie bislang dürfen Vermögensgegenstände und Schulden, die ein Kreditinstitut im fremden Namen und für fremde Rechnung hält (Verwaltungskredite), in die Bilanz nicht aufgenommen werden. Unklar ist die Zuordnung des im eigenen Namen und für eigene Rechnung gehaltenen Vollrechtstreuhandvermögens, wobei ein Ausweis entweder unter der entsprechenden Vermögensposition oder unter dem Treuhandvermögen denkbar ist (ALBERS 1991).

4. Die Wertpapierpositionen

Das von den Kreditinstituten betriebene (aktivische) Wertpapiereigengeschäft findet in verschiedenen Positionen der Aktivseite seinen Niederschlag. Zur Systematisierung der betroffenen Bilanzpositionen kann dabei zwischen Wertpapieren mit Forderungscharakter, mit Anteilscharakter sowie mit Forderungs- und Anteilscharakter unterschieden werden (vgl. Abb. 10.4).

Wertpapiere

mit Forderungscharakter
- Pos. Nr. 4: Fällige Schuldverschreibungen, Zins- und Dividendenscheine
- Pos. Nr. 7: Schatzwechsel und unverzinsliche Schatzanweisungen
- Pos. Nr. 8: Anleihen und Schuldverschreibungen
- Pos. Nr. 19: Eigene Schuldverschreibungen

mit Forderungs- und Anteilscharakter
- Pos. Nr. 9: Wertpapiere, soweit sie nicht unter anderen Posten auszuweisen sind

mit Anteilscharakter
- Pos. Nr. 13: Beteiligungen
- Pos. Nr. 18: Anteile an einer herrschenden oder mit Mehrheit beteiligten Gesellschaft
- Pos. Nr. 17: Eigene Aktien (Geschäftsanteile)

Abb.10.4: Systematisierung der Wertpapierpositionen

Zu den **Wertpapierpositionen mit Forderungscharakter** gehören zur Zeit neben den an anderer Stelle bereits angesprochenen fälligen Einzugspapieren sowie den Schatzwechseln und unverzinslichen Schatzanweisungen mit einer Laufzeit von unter 2 Jahren insbesondere die "**Anleihen und Schuldverschreibungen**" (Pos. Nr. 8). Unter diese Position fallen zunächst in Abgrenzung zu den Buchforderungen die **Inhaberpapiere** sowie **Orderpapiere**, die Teile einer Gesamtemission sind, sofern es sich nicht um fällige oder eigene Schuldverschreibungen handelt. Außerdem zählen zu den Anleihen und Schuldverschreibungen nach den Bilanzierungsrichtlinien die **Schuldbuchforderungen.** Schuldbuchforderungen stellen Wertrechte dar, die hinsichtlich ihrer Börsennotierung, ihrer Handelbarkeit im Schuldbuchgiroverkehr sowie ihrer Beleihbarkeit bei der Bundesbank mit den Wertpapieren vergleichbar sind. Für den Bund und die Länder sind die Schuldbuchforderungen wegen der entfallenden Druck- und Ausgabekosten vorteilhaft; die Gläubiger sparen Verwahrungs- und Verwaltungskosten und sind gegen den Verlust der Wertpapiere geschützt. Unter der Position "Anleihen und Schuldverschreibungen" sind auch die Schatzwechsel und unverzinslichen Schatzanweisungen mit einer Laufzeit von mehr als zwei Jahren auszuweisen.

Die Anleihen, Schuldverschreibungen und Schuldbuchforderungen müssen nach den Bilanzierungsrichtlinien mit einem **festen Zinssatz** ausgestattet sein. Allerdings ist die Festverzinslichkeit weit auszulegen, so daß in dieser Position auch Zerobonds, mit planmäßig steigenden Zinssätzen ausgestattete Papiere, Wandel- und Optionsanleihen sowie Anleihen und Schuldverschreibungen, deren Zinssatz an einen Basiszinssatz gebunden ist (Floating Rate Notes), zu bilanzieren sind. Nicht als "Anleihen und Schuldverschreibungen", sondern als "Wertpapiere, soweit sie nicht unter anderen Posten auszuweisen sind" müssen Gewinnschuldverschreibungen und Genußrechte ausgewiesen werden. Die Bilanzierung hat einschließlich der auf die Zeit bis zum Bilanzstichtag entfallenden **Stückzinsen** zu erfolgen.

Die Schuldverschreibungen sind zunächst nach (Ursprungs-) Laufzeiten in Papiere mit einer Laufzeit

- bis zu vier Jahren und
- über vier Jahren

zu unterteilen. Innerhalb dieser Kategorien ist wiederum eine Untergliederung nach den Emittentengruppen, und zwar nach den Papieren des Bundes und der Länder, der Kreditinstitute sowie der sonstigen Emittenten, erforderlich. Außerdem sind die von der Bundesbank zum Lombardverkehr zugelassenen sowie die wie Anlagevermögen bewerteten Schuldverschreibungen auszugliedern.

Die Bestände an **eigenen Schuldverschreibungen** (Pos. Nr. 19) resultieren aus dem Rückkauf von Eigenemissionen und können bilanziell als Korrekturposten zu den passivierten Schuldverschreibungen interpretiert werden. Während in der Hauptspalte der Bilanz der Buchwert einschließlich anteiliger Zinsen auszuweisen ist, muß in einer Ausgliederungsspalte der Nennbetrag der Papiere angegeben werden.

Mit der Anwendung des Bankbilanzrichtlinie-Gesetzes muß die Position ***"Schuldverschreibungen und andere festverzinsliche Wertpapiere"*** (Pos. Nr. 5) in *"Geldmarktpapiere"*, *"Anleihen und Schuldverschreibungen"* und *"eigene Schuldverschreibungen"* unterteilt werden. Als **Geldmarktpapiere** sind dabei Schatzwechsel, Schatzanweisungen, Commercial Papers, Euronotes oder Certificates of Deposit auszuweisen, sofern sie börsenfähig sind und nicht zu dem Posten Nr. 2. a) *"Schatzwechsel und unverzinsliche Schatzanweisungen sowie ähnliche Schuldtitel öffentlicher Stellen"* gehören. Innerhalb der Geldmarktpapiere und der Anleihen und Schuldverschreibungen ist in Zukunft nur noch eine Differenzierung zwischen **öffentlichen** und **anderen Emittenten** erforderlich. Im *Anhang* sind die Beträge anzugeben, die in dem Jahr, das auf den Bilanzstichtag folgt, fällig werden. Da es sich bei den Schuldverschreibungen und den anderen festverzinslichen Wertpapieren im Bestand um börsenfähige Papiere handeln muß, sind die **nicht börsenfähigen** Geldmarktpapiere sowie Anleihen und Schuldverschreibungen unter den *Forderungen an Kunden resp. Kreditinstitute* zu erfassen, zurückgekaufte nicht börsenfähige eigene Schuldverschreibungen sind von den *begebenen Schuldverschreibungen* (Passivpos. Nr. 3) abzusetzen.

Wertpapiere mit Anteilscharakter enthält zunächst die Position "**Beteiligungen**" (Pos. Nr. 13). Als Beteiligung sind generell Anteile an Personenhandelsgesellschaften und stille Beteiligungen sowie i.d.R. Anteile an Gesellschaften mit beschränkter Haftung auszuweisen. Während Aktienbestände nur unter bestimmten Voraussetzungen in die Position "Beteiligungen" eingestellt werden müssen, zählen die Anteile an Genossenschaften nicht als Beteiligung i.S.d. handelsrechtlichen Rechnungslegung (§ 271 Abs. 1 HGB). Die Anteile an anderen Kreditinstituten sind durch eine Ausgliederung in der Bilanz besonders kenntlich zu machen.

Insgesamt müssen nach § 271 Abs. 1 HGB bei einer Beteiligung vier Voraussetzungen gleichzeitig erfüllt sein:

- Es muß sich um **Anteilsrechte** an einem anderen Unternehmen handeln. Diese Voraussetzung dient der Abgenzung der Beteiligungen mit Wertpapiercharakter von den übrigen Wertpapierarten. Während Anteilsrechte wirtschaftliches Miteigentum darstellen, verbriefen die übrigen Wertpapiere immer Gläubigerrechte.

- Desweiteren sollen die Anteile **dem eigenen Geschäftsbetrieb dienen**. Zur Erfüllung dieser Voraussetzung muß die Gesellschaft mit dem Anteilsbesitz mehr als nur eine Kapitalanlage gegen eine angemessene Verzinsung beabsichtigen. Indizien hierfür sind z.B. personelle Verflechtungen oder faktische Mitwirkungsmöglichkeiten. Im Gegensatz zu der vor Anwendung des Bilanzrichtlinien-Gesetzes herrschenden Meinung muß somit für das Vorliegen einer Beteiligung das Besitzunternehmen nicht notwendigerweise die Absicht haben, auf die Geschäftsführung des anderen Unternehmens Einfluß zu nehmen. Daher dürfen Kreditinstitute Anteile an Unternehmen des nicht-finanziellen Sektors nicht mehr unter den Wertpapieren mit der Begründung ausweisen, keinen Einfluß auf die Geschäftsführung des Unternehmens ausüben zu wollen.

- Außerdem muß eine **Verbindung** zwischen dem Beteiligungsunternehmen und dem Unternehmen, an dem es beteiligt ist, bestehen, was durch die Überlassung des Kapitals mit den sich daraus ergebenden Rechten und Pflichten gewährleistet ist.

- Schließlich muß die Verbindung mit dem Unternehmen **dauerhaft** sein. Bei diesem Kriterium ist die beabsichtigte zukünftige Besitzdauer entscheidend. Die Dauerhaftigkeit stellt dabei zwar ein subjektives Kriterium dar, die getroffene Einschätzung kann jedoch durch objektive Merkmale erhärtet oder widerlegt werden. Zu den objektiven Kriterien gehören beispielsweise über den Anteilsbesitz hinausgehende Bindungen wie Leistungsbeziehungen oder die Mitgliedschaft im Aufsichtsorgan des beteiligten Unternehmens.

Vom Gesetzgeber ist die Vermutung aufgestellt worden, daß es sich bei Anteilen an einer Kapitalgesellschaft ab einem Anteilsbesitz von 20 % im Zweifel um eine Beteiligung handelt (§ 271 Abs. 1 HGB).

In Zukunft sind auch die bislang unter den sonstigen Vermögensgegenständen auszuweisenden Geschäftsanteile an Genossenschaften unter den *Beteiligungen* zu aktivieren (§ 18 RechKredV). Die Anteile an Kreditgenossenschaften sind darüber hinaus in Form einer Ausgliederungsangabe gesondert anzugeben.

In einer eigenen Position müssen die "**Anteile an einer herrschenden oder mit Mehrheit beteiligten Gesellschaft**" (Pos. Nr. 18) getrennt von den übrigen Beteiligungen ausgewiesen werden. Nach dem Aktiengesetz wird von einer herrschenden Gesellschaft gesprochen, wenn ein Unternehmen unmittelbar oder mittelbar auf ein abhängiges Unternehmen, hier das bilanzierende Kreditinstitut, einen beherrschenden Einfluß ausüben kann. Dabei gilt die Vermutung, daß ein in Mehrheitsbesitz stehendes Unternehmen von dem mit Mehrheit beteiligten Unternehmen abhängig ist (§ 17 AktG). Eine Mehrheitsbeteiligung liegt vor, sofern einem Unternehmen die Mehrheit der Anteile an dem anderen rechtlich selbständigen Unternehmen gehört oder ihm die Mehrheit der Stimmrechte zusteht. Mit der Anwendung des Bankbilanzrichtlinie-Gesetzes wird die Position Nr. 18 in den Posten *"Anteile an verbundenen Unternehmen"* eingehen.

Die Bestände an **eigenen Aktien** bei Aktiengesellschaften bzw. **eigenen Geschäftsanteilen** bei Gesellschaften mit beschränkter Haftung sind derzeit unter Position Nr. 17, zukünftig als Position Nr. 14 auszuweisen. Derartige Bestände stellen einen Korrekturposten zum Eigenkapital dar. Sie verdeutlichen, welcher Teil des Gesellschaftskapitals sich im Besitz des Kreditinstituts befindet. Der Erwerb eigener Aktien bzw. eigener Geschäftsanteile ist gesetzlich geregelt. So dürfen Aktiengesellschaften eigene Aktien nur aus den im Aktiengesetz abschließend aufgezählten Gründen und nur maximal in einer Höhe von 10 % des Grundkapitals erwerben (vgl. § 71 AktG). Für Aktiengesellschaften und Gesellschaften mit beschränkter Haftung ist der Erwerb eigener Anteile darüber hinaus nur zulässig, wenn diese Anteile voll eingezahlt sind. Eine Ausnahme bildet lediglich der Erwerb eigener Aktien, wenn damit Aktionäre im Rahmen von Beherrschungs- und Gewinnabführungsverträgen oder zur Eingliederung der Gesellschaft abgefunden werden sollen (§§ 305, 320 AktG). Schließlich dürfen eigene Anteile nur erworben werden, sofern die Gesellschaft die nach § 272 Abs. 4 HGB vorgeschriebene Rücklage für eigene Anteile bilden kann, ohne das Grund- bzw. Stammkapital oder eine nicht für die Aktionäre bzw. Gesellschafter zu verwendende Rücklage zu mindern.

Die Position "**Wertpapiere soweit sie nicht unter anderen Posten auszuweisen sind**" (Pos. Nr. 9) enthält sehr unterschiedliche Wertpapierarten, die teilweise Forderungs- und teilweise Anteilscharakter besitzen. Wichtigster Bestandteile dieser Position sind die Eigenbestände an nicht als Beteiligung auszuweisenden Aktien, ferner sind hier Investmentanteile, Optionsscheine, die nicht den Einzugspapieren zuzurechnenden Zins- und Gewinnanteilsscheine, die bei Gründung einer Aktiengesellschaft oder einer Kapitalerhöhung als vorläufige Bescheinigung bis zur Herstellung der Aktien herausgegebenen Interimsscheine sowie verbriefte Genußrechtsanteile und Gewinnschuldverschreibungen auszuweisen.

Die Wertpapierposition ist zu untergliedern in börsengängige Anteile und Investmentanteile auf der einen Seite und sonstige Wertpapiere auf der anderen Seite. Außerdem ist eine - sich auf die gesamte Wertpapierposition beziehende - Ausgliederung erforderlich, wenn das Kreditinstitut mehr als 10 % der Anteile an einer Kapitalgesellschaft oder bergrechtlichen Gewerkschaft besitzt und die Anteile nicht als Beteiligung ausgewiesen werden.

In Zukunft wird diese Wertpapierposition durch die Position "***Aktien und andere nicht festverzinsliche Wertpapiere***" ersetzt. Nicht mehr erforderlich ist die Ausgliederung des Anteilsbesitzes von mehr als 10 %. Die bislang unter den Wertpapieren ausgewiesenen Anteile an verbundenen Unternehmen i.S.d. § 290 HGB werden demnächst in dem Posten *"Anteile an verbundenen Unternehmen"* erfaßt.

5. Das Sachvermögen und das sonstige Vermögen

Zur Position "**Grundstücke und Gebäude**" (Pos. Nr. 14) gehören sämtliche im Eigentum der Bank stehenden Grundstücke und Gebäude. Auszuweisen sind in dieser Position auch Gebäude auf fremdem Grund und Boden, Erbbaugrundstücke, im Bau befindliche Anlagen, Anzahlungen auf im Bau befindliche Gebäude und auf gekaufte Grundstücke und Gebäude sowie Grundstücke und Gebäude, die zur Vermeidung von Kreditverlusten erworben wurden.

In der Position "**Betriebs- und Geschäftsausstattung**" (Pos. Nr. 15) sind auszuweisen

- alle beweglichen Anlagegüter wie Büroeinrichtungen, Büromaschinen, Kraftwagen, Software,
- die in einer unmittelbaren Beziehung zu dem Gebäude stehenden Betriebsvorrichtungen, wie Teile von Tresoranlagen und Schließfachanlagen,
- Um- und Ausbauten in fremden Gebäuden sowie
- Anzahlungen auf solche Anlagegüter (BIRCK/MEYER 1980).

In Zukunft sind die Grundstücke und Gebäude sowie die Betriebs- und Geschäftsausstattung insgesamt als ***"Sachanlagen"*** auszuweisen. Im *Anhang* ist der Gesamtbetrag der dem Bankbetrieb dienenden Grundstücke und Gebäude anzugeben. Ebenso ist dort der Betrag der Betriebs- und Geschäftsausstattung aufzuführen.

Bei den "**Sonstige(n) Vermögensgegenständen**" (Pos. Nr. 20) handelt es sich sowohl nach geltendem als auch nach zukünftigem Recht um eine Sammelposition, in die eine Vielzahl verschiedener Forderungen und sonstiger Vermögenswerte eingeht, die einer anderen Position nicht zugeordnet werden können. Beispielsweise sind unter den sonstigen Vermögensgegenständen Forderungen an das Finanzamt, Forderungen aus Sachversicherungen und Forderungen aus Vermietung und Verpachtung zu erfassen. Darüber hinaus gehören Goldmünzen aller Art, Goldbarren, Silbermünzen, soweit es sich nicht um gesetzliche Zahlungsmittel handelt, sowie immaterielle Anlagewerte wie Abfindungen, Konzessionen, Patente, Lizenzen und Urheberrechte und der derivative Geschäftswert zu den sonstigen Vermögensgegenständen. Für den derivativen Geschäftswert besteht ein Aktivierungs wahlrecht (§ 255 Abs. 4 HGB). Er ist zu ermitteln als Differenz zwischen dem Betrag, den der Erwerber des Kreditinstituts aufwendet, und der Summe der Zeitwerte aller Vermögensgegenstände abzüglich der Schulden.

Mit der Anwendung des Bankbilanzrichtlinie-Gesetzes werden sich die Bestandteile der Position *"Sonstige Vermögensgegenstände"* verändern. So sind zukünftig in eine eigene Position die immateriellen Vermögensgegenstände einzustellen. Nicht mehr als sonstige Vermögensgegenstände auszuweisen sein werden die nichtbankgeschäftlichen Forderungen an Kunden und die dort zur Zeit teilweise bilanzierten Anteile an verbundenen Unternehmen. Zu den sonstigen Vermögensgegenständen gehören demnächst jedoch die Einzugspapiere und die nichtbankgeschäftlichen Forderungen an Kreditinstitute.

6. Die Korrekturpositionen

Die Korrekturpositionen können grundsätzlich unterteilt werden in Positionen

- zur Korrektur des Eigenkapitals,
- zur Korrektur des Fremdkapitals sowie
- zur Ermittlung des periodengerechten Jahresüberschusses.

Zu den Eigenkapitalkorrekturpositionen zählen die "**eigene(n) Aktien**" (Pos. Nr. 17) bzw. Geschäftsanteile sowie die "**Ausstehende(n) Einlagen auf das gezeichnete Kapital**" (Pos. Nr. 16). Bei den aussstehenden Einlagen ist zusätzlich zu vermerken, in welcher Höhe sie eingefordert sind. Desweiteren gehört der "**Bilanzverlust**" (Pos. Nr. 20) zu den Eigenkapitalkorrekturpositionen. Während nach geltendem Recht jeder Bilanzverlust aktivisch gezeigt werden muß, ist der aktivische Ausweis in Zukunft nur erforderlich, wenn der Jahresfehlbetrag das Eigenkapital übersteigt.

Die "**eigene(n) Schuldverschreibungen**" stellen eine Korrekturgröße zu den passivisch ausgewiesenen Schuldverschreibungen dar. Der **aktivische Rechnungsabgrenzungsposten** dient schließlich der periodengerechten Erfolgsermittlung. Er ist gemäß § 250 Abs. 1 HGB zu bilden für Ausgaben vor dem Abschlußstichtag, soweit sie Aufwand für eine bestimmte Zeit nach diesem Tag darstellen. Beipiele hierfür sind im voraus gezahlte Wechselzinsen, Versicherungsprämien, Kraftfahrzeugsteuern, Mieten und Pachten. Als Rechnungsabgrenzungsposten ist ferner ein Disagio aus Verbindlichkeiten auszuweisen. Im Unterschied zu anderen Unternehmen besteht für Kreditinstitute bezüglich des bei der Darlehensaufnahme oder der Begebung von Schuldverschreibungen entstehenden positiven Unterschiedsbetrages zwischen dem Rückzahlungs- und dem Ausgabebetrag kein Aktivierungswahlrecht, sondern eine Aktivierungspflicht (BIRCK/MEYER 1989).

II. Die Positionen der Passivseite

1. Die Verbindlichkeiten gegenüber Kreditinstituten und Nichtbanken

Analog zu den Forderungen an Kreditinstitute sind als "**Verbindlichkeiten gegenüber Kreditinstituten**" (Pos. Nr. 1, vgl. Abb. 10.5) zur Zeit in Abgrenzung zu den Wertpapieren i.S.d. Bilanzierungsrichtlinien alle Buchkredite in in- und ausländischer Währung auszuweisen, wobei zu den Kreditinstituten auch die Deutsche Bundesbank und die Postgiroämter gehören. Neben den Namensschuldverschreibungen und Orderschuldverschreibungen, sofern sie nicht Teile einer Gesamtemission sind, zählen zu den Verbindlichkeiten gegenüber Kreditinstituten insbesondere:

- Geld- und Kapitalmarktkredite von Kreditinstituten,
- Lombardkredite von Kreditinstituten,
- von Banken hereingenommene zweckgebundene Mittel, soweit hiermit ein anteiliges oder volles Ausfallrisiko verbunden ist,
- eingegangene Zins- und Tilgungsbeträge der Kreditnehmer von durchlaufenden Krediten, soweit diese am Bilanzstichtag noch nicht an den Treugeber abgeführt waren,
- Gegenwerte (Diskonterlöse) aus der Weitergabe der den Kreditnehmern nicht abgerechneten Eigenen Ziehungen,
- Nebenleistungen an Kreditinstitute wie anteilige Zinsen, Verzugszinsen und rückständige Tilgungen.

Die Untergliederung der Verbindlichkeiten gegenüber Kreditinstituten nach (Ursprungs-)Fristigkeiten entspricht im Prinzip der Auffächerung der entsprechenden Forderungen auf der Aktivseite. Allerdings sind innerhalb der Verbindlichkeiten mit einer Ursprungslaufzeit von vier Jahren oder länger die **vor Ablauf von vier Jahren fälligen Verbindlichkeiten** auszugliedern. Vom Prinzip der Ursprungslaufzeit wird somit bereits nach derzeitigem Recht bei den langfristigen Verbindlichkeiten abgewichen, wobei dies im übrigen für alle Arten von Verbindlichkeiten und nicht nur für die gegenüber Kreditinstituten gilt.

Formblattverordnung	Rechnungslegungsverordnung
1. Verbindlichkeiten gegenüber Kreditinstituten a) täglich fällig b) mit vereinbarter Laufzeit oder Kündigungsfrist von ba) weniger als 3 Monaten bb) mind. 3 Monaten, aber weniger als 4 Jahren bc) 4 Jahren oder länger darunter: vor Ablauf von 4 Jahren fällig c) von der Kundschaft bei Dritten benutzte Kredite	1. Verbindlichkeiten gegenüber Kreditinstituten a) täglich fällig b) mit vereinbarter Kündigungsfrist
2. Verbindlichkeiten aus dem Bankgeschäft gegenüber anderen Gläubigern a) täglich fällig b) mit vereinbarter Laufzeit oder Kündigungsfrist von ba) weniger als 3 Monaten bb) mind. 3 Monaten, aber weniger als 4 Jahren bc) 4 Jahren oder länger darunter: vor Ablauf von 4 Jahren fällig c) Spareinlagen ca) mit gesetzlicher Kündigungsfrist cb) sonstige	2. Verbindlichkeiten gegenüber Kunden a) Spareinlagen aa) mit gesetzlicher Kündigungsfrist ab) mit vereinbarter Kündigungsfrist b) andere Verbindlichkeiten ba) täglich fällig bb) mit vereinbarter Laufzeit oder Kündigungsfrist
3. Schuldverschreibungen mit einer Laufzeit von a) bis zu 4 Jahren b) mehr als 4 Jahren darunter: vor Ablauf von 4 Jahren fällig	3. Verbriefte Verbindlichkeiten a) begebene Schuldverschreibungen b) andere verbriefte Verbindlichkeiten darunter: Geldmarktpapiere eigene Akzepte und Solawechsel im Umlauf
4. Eigene Akzepte und Solawechsel im Umlauf	4. Treuhandverbindlichkeiten darunter: Treuhandkredite
5. Durchlaufende Kredite (nur Treuhandgeschäfte)	5. Sonstige Verbindlichkeiten
6. Rückstellungen a) Pensionsrückstellungen b) andere Rückstellungen	6. Rechnungsabgrenzungsposten
7. Wertberichtigungen a) Einzelwertberichtigungen b) vorgeschriebene Sammelwertberichtigungen	7. Rückstellungen a) Rückstellungen für Pensionen und ähnliche Verpflichtungen b) Steuerrückstellungen c) andere Rückstellungen
8. Sonstige Verbindlichkeiten	8. Sonderposten mit Rücklageanteil
9. Rechnungsabgrenzungsposten	9. Nachrangige Verbindlichkeiten
10. Sonderposten mit Rücklageanteil	10. Genußrechtskapital darunter: vor Ablauf von 2 Jahren fällig
11. Genußrechtskapital darunter: vor Ablauf von 2 Jahren fällig	11. Fonds für allgemeine Bankrisiken
12. Gezeichnetes Kapital	12. Eigenkapital a) gezeichnetes Kapital b) Kapitalrücklage c) Gewinnrücklage ca) gesetzliche Rücklage cb) Rücklage für eigene Anteile cc) satzungsmäßige Rücklagen cd) andere Gewinnrücklagen d) Bilanzgewinn/Bilanzverlust
13. Kapitalrücklage	
14. Gewinnrücklagen a) Gesetzliche Rücklage b) Rücklage für eigene Anteile c) Satzungsgemäße Rücklagen d) andere Rücklagen	

Abb. 10.5: Die Passivpositionen der Bilanz eines Kreditinstituts (Teil 1)

Formblattverordnung	Rechnungslegungsverordnung
15. Bilanzgewinn	
Summe der Passiva	*Summe der Passiva*
16. Eigene Ziehungen im Umlauf darunter: den Kreditnehmern abgerechnet 17. Indossamentsverbindlichkeiten aus weitergegebenen Wechseln 18. Verbindlichkeiten aus Bürgschaften, Wechsel- und Scheckbürgschaften sowie aus Gewährleistungsverträgen	13. Eventualverbindlichkeiten a) Eventualverbindlichkeiten aus weitergegebenen abgerechneten Wechseln b) Verbindlichkeiten aus Bürgschaften und Gewährleistungsverträgen c) Haftung aus der Bestellung von Sicherheiten für fremde Verbindlichkeiten
19. Verbindlichkeiten im Falle der Rücknahme von in Pension gegebenen Gegenständen, sofern diese Verbindlichkeiten nicht auf der Passivseite auszuweisen sind 20. Haftung aus der Bestellung von Sicherheiten für fremde Verbindlichkeiten 21. In den Passiven sind an Verbindlichkeiten (einschl. der Verbindlichkeiten unter 16 bis 20) gegenüber verbundenen Unternehmen enthalten	14. Andere Verpflichtungen a) Rücknahmeverpflichtungen aus unechten Pensionsgeschäften b) Plazierungs- und Übernahmeverpflichtungen c) Unwiderrufliche Kreditzusagen

Abb. 10.5: Die Passivpositionen der Bilanz (Teil 2)

Daneben sind die von der Kundschaft bei Dritten benutzten Kredite in einer getrennten Untergliederung anzugeben (**Kundschaftskredite**). Hierbei handelt es sich um Rembourskredite sowie Barvorschüsse im Außenhandelskreditgeschäft, worunter von befreundeten Banken im Ausland den Kunden der bilanzierenden Bank gewährte Bar- oder Akzeptkredite zu verstehen sind (BIRCK/MEYER 1977). Für das Kreditinstitut führen beide Formen der Kundschaftskredite zu einer Bilanzverlängerung. Einerseits entsteht durch die Finanzierung des Außenhandelsgeschäfts eine Forderung gegenüber dem deutschen Importeur, andererseits ist in gleicher Höhe eine Verbindlichkeit gegenüber der ausländischen Korrespondenzbank, die den Betrag an den ausländischen Exporteur gezahlt hat, auszuweisen.

Nach neuem Recht sind analog zu den Forderungen an Kreditinstitute alle nichtbankgeschäftlichen Verbindlichkeiten unter den *"Sonstige(n) Verbindlichkeiten"* zu erfassen. Darüber hinaus müssen die Verbindlichkeiten wie die Forderungen im Anhang nach ***Restlaufzeiten*** aufgegliedert werden.

Zu den "**Verbindlichkeiten aus dem Bankgeschäft gegenüber anderen Gläubigern**" (Pos. Nr. 2) gehören alle bankgeschäftlichen Buchverbindlichkeiten. Die Buchverbindlichkeiten aus nichtbankgeschäftlichen Tätigkeiten werden unter der Position Nr. 8 "Sonstige Verbindlichkeiten" bzw. der Position Nr. 6 "Rückstellungen" erfaßt.

Die Fristengliederung der Verbindlichkeiten gegenüber Nichtbanken entspricht weitgehend der Gliederung der Verbindlichkeiten gegenüber Kreditinstituten und ist somit erheblich detaillierter als die Untergliederung der Forderungen gegenüber Nichtbanken. Zusätzlich sind als Unterposition die Spareinlagen i.S.d. § 21 KWG, unterteilt in Spareinlagen mit gesetzlicher Kündigungsfrist und sonstige Spareinlagen, anzugeben.

In Zukunft sind ebenso wie bei den Forderungen unter den *"Verbindlichkeiten gegenüber Kunden"* alle Arten von Verbindlichkeiten gegenüber in- und ausländischen Nichtbanken auszuweisen (§ 21 RechKredV). Für die Spareinlagen ist lediglich eine formale Änderung vorgesehen. Die Spareinlagen ohne gesetzliche Kündigungsfrist sind nicht mehr als sonstige Spareinlagen, sondern als *"Spareinlagen mit vereinbarter Kündigungsfrist"* zu passivieren.

2. Die Schuldverschreibungen

Als "Schuldverschreibungen" sind zur Zeit diejenigen vom Kreditinstitut in Umlauf gegebenen Gläubigerpapiere zu bilanzieren, die als Wertpapiere im Sinne der Bilanzierungsrichtlinien gelten. Die Position Nr. 3 enthält somit Inhaberschuldverschreibungen sowie Orderschuldverschreibungen, soweit sie Teile einer Gesamtemission sind. Andere im Umlauf befindliche Schuldverschreibungen (z.B. Sparbriefe) sind je nach Emittent unter den Positionen Nr. 1 oder 2 auszuweisen. Sogenannte Schalterstücke, d.h. noch nicht verkaufte bzw. plazierte Schuldverschreibungen, stellen keine Verbindlichkeit dar und sind daher nicht zu bilanzieren. Zurückgekaufte Schuldverschreibungen müssen auf der Aktivseite als Korrekturposten in die Position Nr. 19 eingestellt werden, solange eine Wiederveräußerung noch nicht ausgeschlossen ist. Insoweit ist also eine Saldierung mit den umlaufenden Schuldverschreibungen nicht zulässig. Zusammen mit den Schuldverschreibungen sind die auf das abgelaufene Geschäftsjahr entfallenden Zinsen auszuweisen.

Die Schuldverschreibungen sind in Papiere mit einer (Ursprungs-) Laufzeit von bis zu vier Jahren und mehr als vier Jahren zu unterteilen. Ebenso wie bei den Verbindlichkeiten gegenüber Kreditinstituten und gegenüber anderen Gläubigern müssen die Schuldverschreibungen mit einer Restlaufzeit von weniger als 4 Jahren ausgegliedert werden.

In Zukunft werden die Schuldverschreibungen unter dem Posten *"Verbriefte Verbindlichkeiten"* erfaßt. Die verbrieften Verbindlichkeiten enthalten dabei mit den *begebenen Schuldverschreibungen* und den *sonstigen verbrieften Verbindlichkeiten* zwei Unterpositionen, wobei anders als auf der Aktivseite das Kriterium der Börsenfähigkeit keine Rolle spielt. Als begebene Schuldverschreibungen sind wie bisher Inhaberschuldverschreibungen und Orderschuldverschreibungen, die Teile einer Gesamtemission sind, auszuweisen. Zu den anderen verbrieften Verbindlichkeiten gehören die Geldmarktpapiere (z.B. Commercial Papers, Certificates of Deposit), die als verbriefte Verbindlichkeiten jedoch nur dann ausgewiesen werden dürfen, wenn sie Teile einer Gesamtemission sind (§ 22 RechKredV).

3. Weitere Verbindlichkeiten

Unter der Position Nr. 4 **"Eigene Akzepte und Solawechsel im Umlauf"** sind Wechsel auszuweisen, die das Kreditinstitut selbst akzeptiert (Akzeptkredit, Privatdiskonten) und ggfs. auch selbst ausgestellt (Solawechsel) hat. Bilanzierungsfähig sind dabei nur Papiere, die sich im Umlauf befinden, wobei dies immer dann gegeben ist, wenn das Akzept dem Kunden ausgehändigt wurde. Kauft die Bank dagegen das Eigene Akzept an und behält es im Bestand, erfolgt kein Ausweis in der Bilanz, da die Bank eine Forderung gegen sich selbst erworben hat. Der Kunde verpflichtet sich im Rahmen eines Akzeptkredits allerdings, den Wechselbetrag vor Fälligkeit bereitzustellen, so daß grundsätzlich eine entsprechende "Forderung an Kunden" zu aktivieren ist.

In Zukunft sind die Eigenen Akzepte und die Solawechsel im Umlauf Bestandteil der *verbrieften Verbindlichkeiten* und dort neben den Geldmarktpapieren in einer Ausgliederungsposition zu zeigen.

Die im Rahmen von Treuhandgeschäften erbrachten Mittlertätigkeiten finden zur Zeit sowohl auf der Aktiv- als auch auf der Passivseite unter der gleichen Bezeichnung **"Durchlaufende Kredite"** ihren Niederschlag. Beide Positionen müssen betragsmäßig übereinstimmen. In Zukunft stehen dem *Treuhandvermögen* die *Treuhandverbindlichkeiten* gegenüber.

In der Position **"Sonstige Verbindlichkeiten"**, (Pos. Nr. 8) werden alle Verbindlichkeiten ausgewiesen, die einer anderen Passivposition nicht zugeordnet werden können. Hierzu gehören beispielsweise

- die Verbindlichkeiten aus dem nicht bankbetrieblichen Geschäft gegenüber Nichtbanken (z.B. Verbindlichkeiten aus erhaltenen Lieferungen und Leistungen),
- der Höhe nach genau feststehende Steuerschulden,
- noch abzuführende Sozialversicherungsbeiträge sowie
- fällige, jedoch noch nicht ausgezahlte Gehälter.

In Zukunft sind die *sonstigen Verbindlichkeiten* in der Position Nr. 5 zu erfassen.

4. Die Rückstellungen

Als "Rückstellungen" (Pos. Nr. 6) sind Verbindlichkeiten auszuweisen, deren Höhe und/oder Fälligkeit zum Zeitpunkt der Bilanzerstellung noch ungewiß sind, deren Entstehung jedoch in der abgelaufenen Periode begründet ist. Rückstellungen werden damit in der Periode gebildet, der sie wirtschaftlich zurechenbar sind und im Zeitpunkt der Inanspruchnahme - abgesehen von Schätzungsdifferenzen - erfolgsunwirksam aufgelöst.

Die Rückstellungsgründe sind abschließend im § 249 HGB aufgeführt. Danach sind die folgenden Rückstellungsarten zu unterscheiden, für die eine **Passivierungspflicht** besteht:

- **Rückstellungen für ungewisse Verbindlichkeiten**
  z.B. für Pensionszusagen, Steuernachzahlungen, Prozeßkosten, Urlaubsgeld,

- **Rückstellungen für drohende Verluste aus schwebenden Geschäften** z.B. für Bürgschaften, Devisentermingeschäfte, etwaige Verluste aufgrund von Zinsänderungsrisiken,

- **Rückstellungen für im Geschäftsjahr unterlassene Aufwendungen für Instandhaltung**, die im folgenden Geschäftsjahr innerhalb von drei Monaten, **oder für Abraumbeseitigung**, die im folgenden Geschäftsjahr nachgeholt werden.

Daneben besteht ein **Ansatzwahlrecht** für genau umschriebene, dem laufenden oder einem früheren Geschäftsjahr zuzuordnende **Aufwendungen**, die am Abschlußstichtag wahrscheinlich oder sicher, aber bezüglich ihrer Höhe oder des Zeitpunktes ihres Eintritts unbestimmt sind (§ 249 Abs. 2 HGB) oder für unterlassene Instandhaltungen, wenn die Nachholung innerhalb des folgenden Geschäftsjahres (nach Ablauf von drei Monaten) erfolgt.

In der Bilanz ist derzeit zu unterscheiden zwischen

- Pensionsrückstellungen und
- anderen Rückstellungen.

Für **Pensionsrückstellungen** besteht seit der Anwendung des Bilanzrichtlinien-Gesetzes eine Passivierungspflicht für alle unmittelbaren, nach dem 01.01.1987 erteilten Neuzusagen. Ein Passivierungswahlrecht ist vorgesehen für

- Neuzusagen, die vor dem 01.01.1987 erteilt wurden,
- Erhöhungen von Pensionszusagen, die vor dem 01.01.1987 bestanden,
- mittelbare Pensionszusagen sowie für pensionsähnliche Verpflichtungen.

Im Gegensatz zu Kapitalgesellschaften sonstiger Geschäftszweige müssen Kreditinstitute die **Steuerrückstellungen** nicht gesondert bilanzieren. Mit der Anwendung des Bankbilanzrichtlinie-Gesetzes wird diese Ausnahmeregelung jedoch entfallen, so daß die Rückstellungsposition künftig in *"Rückstellungen für Pensionen und ähnliche Verpflichtungen"*, *"Steuerrückstellungen"* und *"andere Rückstellungen"* zerfällt.

5. Die Korrekturpositionen

Wertberichtigungen (Pos. Nr. 7) dienen der Korrektur aktivseitig zu hoch ausgewiesener Vermögenswerte. Sie müssen nicht passiviert werden, sondern können grundsätzlich auch von den entsprechenden Aktivpositionen abgesetzt werden; in den meisten Fällen ist diese Absetzung sogar vorgeschrieben (BIRCK/MEYER 1977). Die Formblätter sehen für den passivischen Ausweis der Wertberichtigungen eine Untergliederung in

- Einzelwertberichtigungen und
- vorgeschriebene Sammelwertberichtigungen

vor. Die Unterposition "Einzelwertberichtigungen" darf nur die **Einzelwertberichtigungen** auf Sachanlagen, Beteiligungen und Wertpapiere des Anlagevermögens enthalten. Es ist daher nicht zulässig, Einzelwertberichtigungen zu Kreditforderungen und Wertpapieren des Umlaufvermögens auf der Passivseite auszuweisen; diese müssen vielmehr über aktivische Kürzungen berücksichtigt werden. **Sammelwertberichtigungen** dienen der Abdeckung des latenten Kreditrisikos. Während bis Ende 1988 für die Bildung der Sammelwertberichtigungen bestimmte Mindestsätze galten, sind die anzuwendenden Pauschalsätze für die einzelnen Forderungsgruppen eines Kreditinstituts nunmehr individuell, d.h. nach den Grundsätzen ordnungsmäßiger Buchführung, zu ermitteln. Die zur zusätzlichen Risikovorsorge nach § 26 a KWG für Forderungen und Wertpapiere des Umlaufvermögens gebildeten **Pauschalwertberichtigungen** müssen schließlich zwingend von den betreffenden Aktivpositionen abgesetzt werden.

Derzeit besteht folglich ein Passivierungswahlrecht für bestimmte Einzel- und die Sammelwertberichtigungen. Demgegenüber dürfen nach zukünftigem Recht *Wertberichtigungen* von vornherein nicht mehr passivisch ausgewiesen werden. Mit der Anwendung des Bankbilanzrichtlinie-Gesetzes wird die Passivposition "Wertberichtigungen" entfallen; alle Wertkorrekturen sind über eine aktivische Kürzung zu berücksichtigen.

In dem **passivischen Rechnungsabgrenzungsposten** (Pos. Nr. 9) sind sowohl derzeit als auch zukünftig Einnahmen vor dem Abschlußstichtag auszuweisen, soweit sie Ertrag für eine bestimmte Zeit nach diesem Tag darstellen. Im wesentlichen handelt es sich dabei um Zins-, Provisions-, Gebühren- und Mieterträge des neuen Jahres, die von den Kunden schon im alten Jahr gezahlt wurden. Nicht unter dem passivischen Rechnungsabgrenzungsposten erscheinen dürfen die Diskonterträge aus Bestandswechseln, soweit sie auf zukünftige Perioden entfallen. Während um diese Zinserträge der Nominalbetrag des Wechselbestandes direkt zu kürzen ist, müssen die anteiligen Erträge aus rediskontierten Wechseln als Rechnungsabrenzungsposten ausgewiesen werden. Ebenfalls in dieser Position zu zeigen ist das bei der Gewährung von Darlehen in Abzug gebrachte Disagio sowie das Agio bei der Ausgabe von Anleihen (BIRCK/MEYER 1977).

6. Die Positionen mit Eigenkapitalcharakter

Die Positionen mit Eigenkapitalcharakter enthalten entweder unmittelbar Eigenkapitalbestandteile oder weisen starke Ähnlichkeiten zum Eigenkapital im engeren Sinne auf.

Der im alten Formblatt als Nr. 10 und im neuen als Nr. 8 erfaßte **"Sonderposten mit Rücklageanteil"** darf gemäß §§ 247 Abs. 3, 273 HGB nur gebildet werden, wenn das Steuerrecht die Anerkennung eines Wertansatzes im Rahmen der steuerrechtlichen Gewinnermittlung vom Ansatz in der Handelsbilanz abhängig macht:

- Der Sonderposten mit Rücklageanteil kann dabei zum einen die sog. **"steuerfreien Rücklagen"** enthalten (z.B. Rücklage gemäß § 6 b EStG, Rücklage für Ersatzbeschaffungen nach Abschnitt 35 EStR),

- zum anderen dürfen in den Sonderposten die über die handelsrechtlichen Vorschriften hinausgehenden **steuerlich bedingten Wertberichtigungen** (z.B Sonderabschreibungen auf Anlagegüter im Zonenrandgebiet gemäß § 3 ZonRFG) eingestellt werden (§ 281 Abs. 1 HGB).

Der Sonderposten mit Rücklageanteil wird aus dem noch nicht versteuerten Gewinn gebildet. Da die einzelnen Positionen jedoch innerhalb bestimmter Fristen auszulösen sind oder auf andere Wirtschaftsgüter übertragen werden müssen und damit durch niedrigere jährliche Abschreibungen während der Nutzungsdauer aufgelöst werden, wird die Ertragsteuerzahlung nicht endgültig erlassen, sondern nur für einen bestimmten Zeitraum hinausgeschoben. Der Sonderposten mit Rücklageanteil besteht damit aus einem Eigenkapital- und aus einem Fremdkapitalanteil.

Die Position "**Genußrechtskapital**" (Pos. Nr. 11 resp. Nr. 10) weist ebenfalls Eigenkapitalcharakter auf, da die gesetzlich nicht definierten, in vielen Varianten vorkommenden Genußscheine auch Anteilsrechte und -pflichten verbriefen, wie beispielsweise die Gewinn- und Verlustbeteiligung bzw. die Beteiligung an einem anfallenden Liquiditätserlös. Unter bestimmten Bedingungen werden Genußscheine nach § 10 Abs. 5 KWG auch als haftendes Eigenkapital anerkannt.

Neue Bilanzpositionen bestehen zukünftig für *"Nachrangige Verbindlichkeiten"* (Pos. Nr. 9) und den *"Fonds für allgemeine Bankrisiken"* (Pos. Nr. 11). Als **nachrangige Verbindlichkeiten** sind verbriefte und unverbriefte Verbindlichkeiten auszuweisen, die im Falle der Liquidation oder des Konkurses erst nach den anderen Gläubigern zu befriedigen sind. Der **Fonds für allgemeine Bankrisiken** dient der möglichen offenen Darstellung der versteuerten Pauschalwertberichtigungen (BETZ/BRINKMANN 1990). Der Saldo der Veränderungen dieser bankspezifischen Position muß in der Erfolgsrechnung gesondert ausgewiesen werden.

7. Die Eigenkapitalpositionen

In den derzeitigen Formblättern für Kreditinstitute ist eine Hauptposition für das Eigenkapital nicht vorgesehen. Die Elemente des Eigenkapitals werden vielmehr einzeln aufgeführt. Es handelt sich um

- das "Gezeichnete Kapital" (Pos. Nr. 12),
- die "Kapitalrücklage" (Pos. Nr. 13),
- die "Gewinnrücklagen" (Pos. Nr. 14) sowie
- den "Bilanzgewinn" (Pos. Nr. 15).

Als **gezeichnetes Kapital** wird bei den Aktienbanken das Grundkapital, bei Banken in der Rechtsform einer GmbH das Stammkapital bezeichnet. Kreditgenossenschaften weisen als gezeichnetes Kapital den Betrag der Geschäftsguthaben der Mitglieder aus.

In der **Kapitalrücklage** werden nur dem Kreditinstitut von außen zugeflossene und somit nicht aus dem erwirtschafteten Gewinn gebildete Beträge erfaßt. Nach § 272 Abs. 2 HGB sind als Kapitalrücklage u.a. auszuweisen

- der Betrag, um den der bei der Ausgabe von Anteilen einschließlich von Bezugsanteilen erzielte Erlös den Nennbetrag übersteigt sowie

- der Betrag, der bei der Ausgabe von Schuldverschreibungen für Wandlungs- und Optionsrechte zum Erwerb von Anteilen erzielt wird.

Gewinnrücklagen werden im Rahmen der Ergebnisverwendung gebildet. Sie sind folgendermaßen zu untergliedern:

- "Gesetzliche Rücklage",
- "Rücklage für eigene Aneile",
- "Satzungsmäßige Rücklagen",
- "Andere Gewinnrücklagen".

In die **gesetzliche Rücklage** müssen Kreditinstitute in der Rechtsform einer Aktiengesellschaft oder einer GmbH nach § 150 Abs. 1 AktG 5 % des um einen Verlustvortrag aus dem Vorjahr geminderten Jahresüberschusses einstellen, bis die gesetzliche Rücklage und die Kapitalrücklage nach § 272 Abs. 2 Nr. 1 bis 3 HGB zusammen 10 % oder den in der Satzung bestimmten höheren Teil des Grundkapitals erreichen. Die **Rücklage für eigene Anteile** ist für erworbene eigene Anteile und für Anteile an einem herrschenden oder mit Mehrheit beteiligten Unternehmen zu bilden (§ 272 Abs. 4 HGB). Sie soll verhindern, daß die Gegenwerte dieser auf der Aktivseite auszuweisenden Anteile an die Anteilseigner bzw. Gesellschafter ausgeschüttet werden. Zu den **satzungsmäßigen Rücklagen** gehören die Gewinnrücklagen, die aufgrund der Satzung, des Statuts oder des Gesellschaftsvertrages zu bilden sind. Nicht zu den satzungsmäßigen Rücklagen zählen allerdings die Gewinne, die nach einer Satzungsbestimmung in die gesetzliche Rücklage eingestellt wurden. Die **anderen Gewinnrücklagen** enthalten alle ansonsten nicht erfaßten Gewinnrücklagen, die bei Aktienbanken aufgrund einer Satzungsbestimmung, eines Beschlusses von Vorstand und Aufsichtsrat oder auch eines Hauptversammlungsbeschlusses gebildet werden können (§ 58 AktG).

Der **Bilanzgewinn** ist schließlich definiert als die positive Differenz zwischen den Aktiv- und Passivpositionen. Er läßt sich auch aus der Gewinn- und Verlustrechnung ableiten, indem der Jahresüberschuß um den Gewinn- oder Verlustvortrag, die Entnahmen aus der Kapitalrücklage, die Veränderung der Gewinnrücklagen sowie die Entnahmen aus resp. die Wiederauffüllung des Genußrechtskapitals korrigiert wird.

Der Ausweis des Eigenkapitals wird sich nach neuem Recht dadurch verändern, daß die genannten Bestandteile unter der Bezeichnung *"Eigenkapital"* zu einer Gesamtposition zusammenzufassen sind.

III. Die Angaben unter dem Bilanzstrich

Unterhalb der eigentlichen Bilanz, die mit der Bilanzsumme endet, müssen die Kreditinstitute zahlreiche zusätzliche Angaben machen. Die Zusatzangaben sind dabei ein wesentlicher Bestandteil des Bilanzausweises. Sie haben für Kreditinstitute im Vergleich zu Unternehmen anderer Wirtschaftszweige eine wesentlich größere Bedeutung, da auch unter dem Strich typische Bankgeschäfte ihren Niederschlag finden (BIRCK/MEYER 1977). Die Angaben unter dem Bilanzstrich können unterteilt werden in Angaben zu besonderen finanziellen Beziehungen der Kreditinstitute, Eventualverbindlichkeiten und Angaben über Verbindlichkeiten aus bestimmten Pensionsgeschäften.

1. Angaben zu besonderen finanziellen Beziehungen

Die Angaben über besondere finanzielle Beziehungen enthalten **zusätzliche Informationen** zu den Bilanzpositionen über dem Bilanzstrich und zu den Eventualverbindlichkeiten. Sie bewirken damit keine Bilanzverlängerung im eigentlichen Sinne, sondern verdeutlichen in Form einer **Ausgliederungsangabe** (Schuldner- und Gläubiger-) Beziehungen zu bestimmten Kundengruppen.

Unter dem Bilanzstrich der Aktivseite müssen sämtliche **Forderungen** an **verbundene Unternehmen** sowie vergebene **Organkredite**, die in den Aktivpositionen und in den Rückgriffsforderungen aus den unter der Passivseite vermerkten Eventualverbindlichkeiten enthalten sind, ausgegliedert werden (Pos. Nr. 23). Entsprechend sind unter dem passivischen Bilanzstrich die unter den Passivpositionen und den Eventualverbindlichkeiten ausgewiesenen **Verbindlichkeiten gegenüber verbundenen Unternehmen** gesondert zu vermerken (Pos. Nr. 21).

Die Begriffe "**Forderungen**" und "**Verbindlichkeiten**" beziehen sich dabei nicht nur auf die entsprechend bezeichneten Bilanzpositionen. Vielmehr sind neben den Buch- auch die verbrieften Forderungen und Verbindlichkeiten, die durchlaufenden Kredite sowie die nichtbankgeschäftlichen Forderungen in den Vermerken zu berücksichtigen. Bei den Rückgriffsforderungen handelt es sich um Eventualforderungen, die den Eventualverbindlichkeiten gegenüberstehen.

Als **verbundene Unternehmen** gelten nach § 271 Abs. 2 HGB solche Unternehmen, die nach den Vorschriften über die Vollkonsolidierung in den Konzernabschluß einzubeziehen sind. Es handelt sich auch dann um ein verbundenes Unternehmen, wenn die Aufstellung eines Konzernabschlusses unterbleibt, da die Möglichkeit eines befreienden Konzernabschlusses nach den §§ 291, 292 HGB in Anspruch genommen wird oder nach den §§ 295, 296 HGB ein Verbot oder ein Wahlrecht für die Einbeziehung in den Konzernabschluß vorgesehen ist.

Die Ausgliederungen der Forderungen an und Verbindlichkeiten gegenüber verbundene(n) Unternehmen gewähren dem Bilanzleser einen Einblick in Geschäftsbereiche, in denen Marktmechanismen u.U. nicht mehr voll funktionieren. Ähnliches gilt für die **Organkredite**, zu denen nach § 15 KWG Forderungen an Personen und Unternehmen gehören, die in besonders enger Beziehung zu dem Kreditinstitut stehen. Der gesonderte Ausweis der Organkredite soll neben den Beschlußfassungs- und Anzeigepflichten sicherstellen, daß der Umfang dieser Kreditgeschäfte nicht zu groß wird, und die Vergabe von Gefälligkeitskrediten unterbleibt (GERKE/PHILIPP 1983).

In Zukunft entfallen die Angaben über *besondere finanzielle Beziehungen* unterhalb des Bilanzstrichs. Die Erläuterungen zu den Forderungen an sowie Verbindlichkeiten gegenüber verbundene(n) Unternehmen können entweder unmittelbar in der *Bilanz* oder - aufgefächert nach den betroffenen Bilanzpositionen - im *Anhang* gemacht werden (§ 3 RechKredV). Als *Organkredite* müssen nur noch die an Geschäftsführer, Aufsichtsräte, Beiräte oder die Mitglieder einer ähnlichen Einrichtung vergebenen Kredite genannt werden, wobei die Angabe im *Anhang* zu erfolgen hat (§ 285 Nr. 9 HGB).

2. Eventualverbindlichkeiten

Die Eventualverbindlichkeiten stellen eine Ergänzung zu den Positionen oberhalb des Bilanzstrichs dar. Bilanzsumme und Eventualverbindlichkeiten ergeben insgesamt das Geschäftsvolumen einer Bank, in der das gesamte Kreditgeschäft enthalten ist. Zu den Eventualverbindlichkeiten zählen die unter dem Bilanzstrich der Passivseite ausgewiesenen Eigenen Ziehungen im Umlauf, die Indossamentsverbindlicheiten aus weitergegebenen Wechseln, die Verbindlichkeiten aus Bürgschaften, Wechsel- und Scheckbürgschaften und aus Gewährleistungsverträgen sowie die Haftungen aus der Bestellung von Sicherheiten für fremde Verbindlichkeiten.

Innerhalb der "**Eigene(n) Ziehungen im Umlauf**" (Pos. Nr. 16) müssen die den Kreditnehmern abgerechneten Eigenen Ziehungen ausgegliedert werden, so daß indirekt die nicht abgerechneten Eigenen Ziehungen im Umlauf bekannt sind. Während es sich bei den abgerechneten Eigenen Ziehungen um Wechselkredite handelt, dienen die im Umlauf befindlichen und den Kreditnehmern nicht abgerechneten Eigenen Ziehungen ausschließlich der eigenen Refinanzierung des Kreditinstituts. Da der Bezogene des Wechsels weiterhin seinen ihm ursprünglich gewährten Barkredit tilgt, muß das Kreditinstitut die Eigene Ziehung selbst einlösen und in entsprechender Höhe eine Verbindlichkeit oberhalb des Bilanzstrichs passivieren.

Unter den "**Indossamentverbindlichkeiten aus weitergegebenen Wechseln**" (Pos. Nr. 17) sind die wechselrechtlichen Eventualverbindlichkeiten des Kreditinstituts aus den Einreichern abgerechneten und weiterverkauften Wechseln zu erfassen. Aussteller und Bezogener derartiger Wechsel sind grundsätzlich Dritte. Nicht in dieser Position zu erfassen sind somit Eigene Akzepte und Eigene Ziehungen im Umlauf. Auch Schatzwechsel dürfen hier nicht ausgewiesen werden.

In der Pos. Nr. 18 "**Verbindlichkeiten aus Bürgschaften, Wechsel- und Scheckbürgschaften sowie aus Gewährleistungsverträgen**" spiegelt sich in erster Linie das Avalkreditgeschäft wider. Desweiteren sind in dieser Position u.a. die Verpflichtungen aus Akkreditiven, für die keine unter den Einlagen auszuweisenden Deckungsguthaben vorhanden sind, zu erfassen. Nach der Stellungnahme des Hauptfachausschusses des IDW (2/1976) müssen unter dem Bilanzstrich auch solche Patronatserklärungen ausgewiesen werden, in denen das Kreditinstitut als Muttergesellschaft schriftlich zusagt, daß es dafür sorgen will, daß die Tochtergesellschaft ihre Verbindlichkeiten erfüllen kann (BIRCK/MEYER 1977).

Schließlich sind die Beträge wegen einer "**Haftung aus der Bestellung von Sicherheiten für fremde Verbindlichkeiten**" (Pos. Nr. 20) unter dem Bilanzstrich anzugeben, sofern sie nicht schon bei den Rückstellungen berücksichtigt sind. Durch den Ausweis derartiger Eventualverbindlichkeiten soll gezeigt werden, in welchem Umfang eigene Vermögenswerte für in der Bilanz nicht enthaltene Verbindlichkeiten Dritter haften. Die eigenen Aktiva kann dabei beispielsweise durch Sicherungsübereignungen, gestellte Barkautionen oder die Verpfändung von Wertpapieren belastet sein.

Im Unterschied zum derzeitigen Bilanzformblatt wird es in Zukunft eine eigenständige Position

"Eventualverbindlichkeiten" geben. Zu den Eventualverbindlichkeiten zählen die bisherigen Positionen Nr. 16, 17, 18 und 20. Lediglich die den Kreditnehmern nicht abgerechneten Eigenen Ziehungen im Umlauf müssen nicht mehr genannt werden. Zusätzlich ist in dem neuen Formblatt die Position Nr. 2 ***"Andere Verpflichtungen"*** vorgesehen. In dieser Position sollen alle unwiderruflichen Verpflichtungen erfaßt werden, aus denen Kreditrisiken erwachsen können. Auszuweisen sind hier insbesondere *Plazierungs- und Übernahmeverpflichtungen* (z.B. Underwritten Fazilitäten) sowie *unwiderrufliche Kreditzusagen.*

3. Verbindlichkeiten aus Pensionsgeschäften

Im Rahmen von Pensionsgeschäften überträgt ein Kreditinstitut (Pensionsgeber) Vermögensgegenstände (z.B. Wechsel, Forderungen, Wertpapiere) gegen Zahlung eines Betrages auf einen anderen (Pensionsnehmer). Während der Pensionsnehmer bei sog. echten Pensionsgeschäften **verpflichtet** ist, die Gegenstände zu einem im voraus bestimmten oder vom Pensionsgeber noch zu bestimmenden Zeitpunkt zurückzuübertragen, besitzt der Pensionsnehmer bei unechten Pensionsgeschäften das **Recht**, jedoch nicht die Pflicht, zur Rückübertragung der Gegenstände.

Bei **unechten Pensionsgeschäften** sind die in Pension gegebenen Vermögensgegenstände dem Pensionsnehmer zuzurechnen und von ihm in Höhe des Anschaffungswertes zu aktivieren. Demgegenüber hat der Pensionsgeber den Pensionsgegenstand in der Bilanz vom Bestand abzusetzen. Sowohl nach derzeitigem als auch nach zukünftigem Bilanzrecht muß der Pensionsgeber den beim Rückerwerb zu zahlenden Betrag unter dem Bilanzstrich der Passivseite vermerken. Dabei sind die ***"Rücknahmeverpflichtungen aus unechten Pensionsgeschäften"*** in Zukunft als Unterposition zu den *"Anderen Verpflichtungen"* zu erfassen.

Die Bilanzierung der **echten Pensionsgeschäfte** hängt derzeit von der Zurechnung der Vermögensgegenstände ab. Sind die in Pension gegebenen Gegenstände weiterhin dem **Pensionsgeber** zuzurechnen, so hat dieser lediglich den beim Rückerwerb zu zahlenden Betrag als Verbindlichkeit gegenüber Kreditinstituten resp. Kunden auszuweisen. Der Pensionsgegenstand ist nicht vom Bestand abzusetzen. Demgegenüber darf der Pensionsnehmer nicht die Pensionsgegenstände, sondern er muß vielmehr den bei Übernahme geleisteten Betrag als Forderung an Kreditinstitute resp. Kunden aktivieren. Die Zuordnung der Vermögensgegenstände zum Pensionsgeber setzt voraus, daß sie weiterhin zu seinem Vermögen gehören. Diese Bedingung ist i.d.R. erfüllt, wenn

- die in Pension gegebenen Gegenstände als Sicherheit für ein Kreditgeschäft dienen,
- durch das Pensionsgeschäft lediglich die Erträge aus den Vermögensgegenständen für eine begrenzte Zeit auf den Pensionsnehmer übertragen werden sollen oder
- der Pensionsgeber bei Aktien über die Ausübung des Stimmrechts entscheidet.

Echte Pensionsgeschäfte, bei denen die Vermögensgegenstände nicht weiterhin zum Vermögen des Pensionsgebers gehören, sind bilanziell wie unechte Pensionsgeschäfte zu behandeln. Derartige **"unechte echte" Pensionsgeschäfte** erfahren künftig in der Bilanz keine gesonderte Behandlung. Mit der Anwendung des Bankbilanzrichtlinie-Gesetzes wird nur noch zwischen echten und unechten Pensionsgeschäften unterschieden, wobei die derzeit geltenden Ausweisregeln im wesentlichen fortbestehen (vgl. § 340 b HGB).

IV. Die kreditinstitutsspezifischen Reserven

Die **Ertragslage** der Kreditinstitute ist einerseits nicht **unerheblichen Schwankungen** unterworfen. Da andererseits offen ausgewiesene extreme Ertragseinbrüche das **Vertrauen der Kunden** beeinträchtigen können, stehen Kreditinstituten besondere Möglichkeiten zur Bildung und Auflösung stiller Reserven offen. **Stille Reserven** repräsentieren den Unterschiedsbetrag zwischen dem Zeitwert von Vermögensgegenständen resp. Schulden und dem Buchwert. Soweit sie nicht das (erzwungene) Ergebnis gesetzlicher Bewertungsvorschriften sind, also insbesondere aus dem Ansatz der Vermögenswerte maximal mit dem Anschaffungswert resultieren, stellen stille Reserven ein Verlustausgleichspotential dar, mit dem unvorhergesehene Belastungen geräuschlos aufgefangen und demzufolge schwankende Erträge verstetigt werden können (BÜSCHGEN 1989).

Nach altem Recht hängt der Umfang der stillen Reservebildung von der Rechtsform der Institute ab. Kreditinstitute, die **nicht** in der Rechtsform einer **Kapitalgesellschaft** organisiert sind, dürfen nach **§ 253 Abs. 4 HGB** über die sonstigen zulässigen bzw. notwendigen Wertberichtigungen nach § 253 Abs. 1 bis 3 HGB hinaus Abschreibungen auf sämtliche Vermögensgegenstände des Anlage- und Umlaufvermögens "**im Rahmen einer vernünftigen kaufmännischen Beurteilung**" vornehmen. Für Kreditinstitute in der Rechtsform einer **Kapitalgesellschaft** (AG, AGaA, GmbH) gilt dagegen **§ 26 a KWG**, nach dem für Forderungen und Wertpapiere des Umlaufvermögens über die ansonsten vorgeschriebenen oder zugelassenen Wertberichtigungen hinaus weitere Wertberichtigungen gebildet werden dürfen, soweit dies "**nach vernünftiger kaufmännischer Beurteilung zur Sicherung gegen die besonderen Risiken des Geschäftszweigs der Kreditinstitute**" notwendig ist. Da sämtliche Forderungen unabhängig von ihrer Fristigkeit immer dem Umlaufvermögen zuzuordnen sind und die Forderungen und Wertpapiere den Großteil der Aktivseite eines Kreditinstituts ausmachen, besteht letztlich im Hinblick auf den Umfang der stillen Reserven kein erheblicher rechtsformspezifischer Unterschied.

Die stillen Reserven gemäß § 26 a KWG sollen "**die besonderen Risiken des Geschäftszweigs der Kreditinstitute**" abdecken. Sie dienen daher zur Vorsorge für alle bankbetrieblichen Risiken und sind nicht ausschließlich zum Ausgleich etwaiger Ausfallrisiken aus den Forderungen und den Wertpapieren des Umlaufvermögens vorgesehen. Operative Maßstäbe zur theoretischen oder praktischen Herleitung einer Abwertungsobergrenze gibt es dabei nicht, so daß das einzelne Kreditinstitut über erhebliche Spielräume verfügt. Begrenzt wird die jährliche Zuführung zu den stillen Reserven letztlich jedoch durch

- die erforderliche Ausschüttung,
- die vorgesehene Zuweisung zu den offenen Rücklagen und
- die mit diesen Transaktionen verbundenen Steuerzahlungen.

Die Wertberichtigungen nach § 26 a KWG und § 253 Abs 4 HGB müssen **direkt** von den betroffenen Aktivpositionen abgesetzt und dürfen nicht passivisch ausgewiesen werden. Da zwischen den Wertberichtigungen und den einzelnen Vermögensgegenständen kein zwingender Zusammenhang besteht, kann je nach Umfang der stillen Reservenbildung und der jeweiligen Kürzungsposition der Bilanzausweis erheblich von den tatsächlichen Buchsalden abweichen. Bilanztechnisch wird dem globalen Charakter der Wertkorrekturen zur Bildung stiller Reserven dadurch Rechnung getragen, daß die Pauschalwertberichtigungen nicht von bestimmten Einzelengagements, sondern direkt von den Bilanzpositionen abgesetzt werden, wobei das Institut in der Entscheidung, welche der in Betracht kommenden Bilanzpositionen durch die neu geschaffenen stillen Reserven gekürzt werden sollen, grundsätzlich frei ist. Dadurch eröffnen die §§ 26 a KWG und 253 Abs. 4 HGB auch weitgehende Möglichkeiten zur Bilanzstrukturpolitik und damit verbunden zur Steuerung der Auslastungskennziffern der Grundsätze I, II und III.

Gemäß § 26 a KWG dürfen stille Reserven auf Wertpapiere des Anlagevermögens nicht gebildet werden. Um das abwertungsfähige Aktivvolumen zu erhöhen, können die Kreditinstitute in der Rechtsform einer Kapitalgesellschaft - ebenso wie die übrigen Kreditinstitute - Wertpapiere aus dem Anlage- in das Umlaufvermögen **umwidmen**. Voraussetzung für diese Umschichtung ist

- ein formeller Umwidmungsbeschluß,
- die Dokumentaion dieses Beschlusses in den Akten,
- die buchhalterische Belegung der Wertpapieraufteilung sowie
- die grundsätzliche Veräußerungsmöglichkeit der Wertpapiere.

Umgekehrt gilt jedoch nach dem Handelsrecht für die dem Umlaufvermögen zugeordneten Wertpapiere das strenge Niederstwertpinzip (§ 253 Abs. 3 HGB). Dies führt unabhängig von den Abschreibungsmöglichkeiten des § 26 a KWG bei sinkenden Kursen zu einem Abschreibungszwang, der den Periodenerfolg in entscheidender Weise vermindern kann. Sofern die Wertminderungen nicht voraussichtlich von Dauer sind, ist die Umwidmung der Wertpapiere vom Umlauf- in das Anlagevermögen mit einer Erhöhung des Jahresüberschusses verbunden, da im Anlagevermögen nur das gemilderte Niederstwertprinzip Anwendung findet (§ 253 Abs. 2 HGB). Neben den formellen Voraussetzungen muß hierbei allerdings die Durchhaltefähigkeit gegeben sein. Wertpapiere können nicht "dauernd" gehalten werden, wenn sie zur Liquiditätssicherung veräußert werden müssen. Dabei wird eine angespannte Liquiditätslage dann angenommen, sofern bei einem Kreditinstitut der Grundsatz II, der die offenen Finanzierungmöglichkeiten langfristiger Geschäfte widerspiegelt, ausgelastet ist (BIRCK/MEYER 1989).

In Zukunft ist von allen Kreditinstituten unabhängig von ihrer Rechtsform **§ 340 f Abs. 1 HGB** anzuwenden. Danach dürfen Kreditinstitute

> *"Forderungen an Kreditinstitute und Kunden, Schuldverschreibungen und andere festverzinsliche Wertpapiere sowie Aktien und andere nicht festverzinsliche Wertpapiere, die weder wie Anlagevermögen behandelt werden noch Teil des Handelsbestandes sind, mit einem niedrigeren ... Wert ansetzen, soweit dies nach vernünftiger kaufmännischer Beurteilung zur Sicherung gegen die besonderen Risiken des Geschäftszweigs der Kreditinstitute notwendig ist. Der Betrag der auf diese*

Weise gebildeten Vorsorgereserven darf vier vom Hundert des Gesamtbetrages der in Satz 1 bezeichneten Vermögensbestände ... nicht übersteigen."

Unterschiede zum geltenden Recht ergeben sich damit zum einen im Hinblick auf die Positionen, bei denen über die handelsrechtlichen Maßstäbe hinausgehende Abwertungen vorgenommen werden dürfen, zum anderen hinsichtlich des maximalen Umfangs der stillen Reserven gemäß § 340 f Abs. 1 HGB.

So wird die Bildung stiller Reserven nicht mehr bei allen, sondern ***nur noch bei bestimmten Wertpapieren***, d.h. bei Schuldverschreibungen, Aktien und anderen fest- oder nicht festverzinslichen Wertpapieren, zulässig sein. Darüber hinaus spricht der Gesetzgeber nicht wie im § 26 a KWG von den Wertpapieren des Umlaufvermögens, sondern von **Wertpapieren, die nicht "wie Anlagevermögen behandelt werden"**, so daß zukünftig unabhängig von einer Umwidmung die Bildung stiller Reserven auf Wertpapiere, die zwar dem Anlagevermögen angehören, jedoch wie Umlaufvermögen bewertet werden, zulässig sein wird.

Ausgeschlossen von der Bildung stiller Reserven sind in Zukunft die **Wertpapiere des Handelsbestandes**. Der Handelsbestand verkörpert "einen von dem Kreditinstitut zu bestimmenden Bestand an Wertpapieren, den es vorhält, um seinen Wertpapierhandel zu betreiben". Da der Gesetzgeber den Begriff des Handelsbestandes über diesen Passus aus der Begründung des Gesetzentwurfes hinaus nicht konkretisiert hat, dürften die Kreditinstitute bei der Abgrenzung des Handelsbestandes über vergleichsweise große Freiräume verfügen. Dabei ist davon auszugehen, daß ein Kreditinstitut möglichst wenige Wertpapiere dem Handelsbestand zuordnen wird, da sich hierdurch der bilanzpolitische Spielraum vergrößert.

Die Höhe der stillen Reserven wird auf ***4 % des Gesamtbetrages der begünstigten Forderungen und Wertpapiere*** begrenzt. Damit gibt es in Zunkunft im Vergleich zum alten Recht eine operationale Obergrenze für das Volumen stiller Reserven resp. Wertuntergrenze für die betroffenen Vermögensgegenstände. Ausgangsbasis zur Berechnung der maximalen stillen Reserven ist dabei der Gesamtbetrag der nach den sonstigen handelsrechtlichen Vorschriften (§ 253 Abs. 1 Satz 1, Abs. 3 HGB) bewerteten Vermögensgegenstände, bei denen die Bildung stiller Reserven erlaubt ist.

Die Pauschalwertberichtigungen müssen von den Kreditinstituten in Zukunft jedoch nicht grundsätzlich still gebildet werden. Vielmehr besteht die Möglichkeit, auf die aktive Kürzung der Bilanzpositionen zu verzichten und stattdessen - **offen** - einen ***"Fonds für allgemeine Bankrisiken"*** zu bilden. Diese offen ausgewiesenen Reserven dienen wie die stillen Reserven der Sicherung gegen die allgemeinen Bankrisiken (§ 340 g HGB). Sie können gebildet werden, soweit sie "nach vernünftiger kaufmännischer Beurteilung wegen der besonderen Risiken des Geschäftszweigs der Kreditinstitute notwendig" sind. Eine operationale Begrenzungsnorm existiert folglich nicht, so daß zukünftig - wie bislang bei den stillen Reserven - offene Reserven in theoretisch nahezu unbegrenztem Umfang gebildet werden können. Aus wirtschaftlicher Sicht wird jedoch die **Ertragskraft** ein entscheidender Begrenzungsfaktor sein. Inwieweit in Zukunft offene Reserven gebildet werden, wird auch von der Reaktion der Anteilseigner auf die offene Kürzung des Jahresüberschusses sowie von einer etwaigen

Anerkennung des "Fonds für allgemeine Bankrisiken" als haftendes Eigenkapital im Sinne des § 10 KWG abhängen.

Die ***Zuführungen*** zum Sonderposten oder die ***Erträge aus der Auflösung des Sonderpostens*** sind in der Gewinn- und Verlustrechnung gesondert auszuweisen (§ 340 g Abs. 2 HGB).

LITERATURHINWEISE:

ALBERS, M. (1991)
BETZ, W./BRINKMANN, J. (1990)
BIEG, H. (1988)
BIEG, H. (1990)
BIENER, H. (1988)
BIRCK, H./MEYER, H. (1977)
BIRCK, H./MEYER, H. (1980)
BIRCK, H./MEYER, H. (1989)
BÜSCHGEN, H.E. (1989)
GERKE, W./PHILIPP, F. (1983)
NOLTE, E.-D. (1987)
SCHIMANN, G. (1985)

B. Die Gewinn- und Verlustrechnung

I. Die Saldierungspositionen

Die Gewinn- und Verlustrechnung (GuV) soll die Quellen des Jahresüberschusses oder -fehlbetrages verdeutlichen. Um dies zu erreichen, sind vom Grundsatz her alle Aufwendungen und Erträge unsaldiert auszuweisen (Bruttoprinzip). Als Ausnahme vom Bruttoprinzip und in Ergänzung zu den weitreichenden Möglichkeiten zur Bildung stiller Reserven gestattet es der Gesetzgeber den Kreditinstituten, bestimmte Aufwendungen und Erträge aus dem Kredit- und Wertpapiergeschäft miteinander zu verrechnen und nur das Nettoergebnis in der GuV auszuweisen.

Die **Saldierungsmöglichkeit** gilt nach altem Recht für die

- Abschreibungen und Wertberichtigungen auf Forderungen und Wertpapiere sowie Zuführungen zu Rückstellungen im Kreditgeschäft (Aufwandsposition Nr. 3) sowie für die
- Andere(n) Erträge einschließlich der Erträge aus der Auflösung von Rückstellungen im Kreditgeschäft (Ertragsposition Nr. 4).

In diese Positionen gehen alle Wertberichtigungen und Auflösungen von Wertberichtigungen auf Forderungen und Wertpapiere ein (vgl. § 26 a Abs. 3 KWG), wobei es keine Rolle spielt, ob reale Wertveränderungen erfaßt oder stille Reserven gebildet bzw. aufgelöst werden. Ferner finden hier einerseits für das **Kreditgeschäft** die mit Rückstellungen verbundenen Aufwendungen und Erträge, die endgültigen Abschreibungen und die Eingänge auf abgeschriebene Forderungen sowie andererseits für den **Wertpapierbereich** Abschreibungen aufgrund von Kursverlusten sowie buchmäßige und realisierte Kurserfolge Berücksichtigung (vgl. Abb. 10.6). Da nicht nur die Aufwendungen und Erträge des Kredit- und des Wertpapierbereichs isoliert, sondern auch die Aufwendungen und Erträge der beiden Geschäftsbereiche miteinander saldiert werden können, wird in diesem Zusammenhang auch von einer sog. **Überkreuzkompensation** gesprochen. Nicht in die Überkreuzkompensation einbezogen werden dürfen die Erträge, die einer anderen Position nicht zugeordnet werden können, die ebenfalls in die Ertragsposition Nr. 4 einzustellen sind (z.B. Erträge aus nicht bankgeschäftlichen Tätigkeiten, Kursgewinne im Devisen-, Sorten- und Edelmetallhandel sowie Erträge aus dem Abgang von Gegenständen des Anlagevermögens).

Aufgrund der Überkreuzkompensation, die durch die Aufhebung von Berichtspflichten im Anhang und - für Aktiengesellschaften - auf der Hauptversammlung ergänzt wird (§ 26 a Abs. 2 KWG), stehen den Kreditinstituten weitgehende Möglichkeiten der **stillen Bildung und Auflösung von Reserven** offen. Dem Bilanzleser ist nicht ersichtlich (BIEG 1983):

- wie sich der veröffentlichte Saldo aus Aufwendungen und Erträgen zusammensetzt,
- welchen Anteil an dem Saldo die Kredit- und die Wertpapiergeschäfte besitzen,
- inwieweit der Saldo aus realisierten und aus unrealisierten Erfolgsbeiträgen besteht,
- inwiefern der Saldo neben den handelsrechtlichen auf bankspezifischen Bewertungsmöglichkeiten beruht.

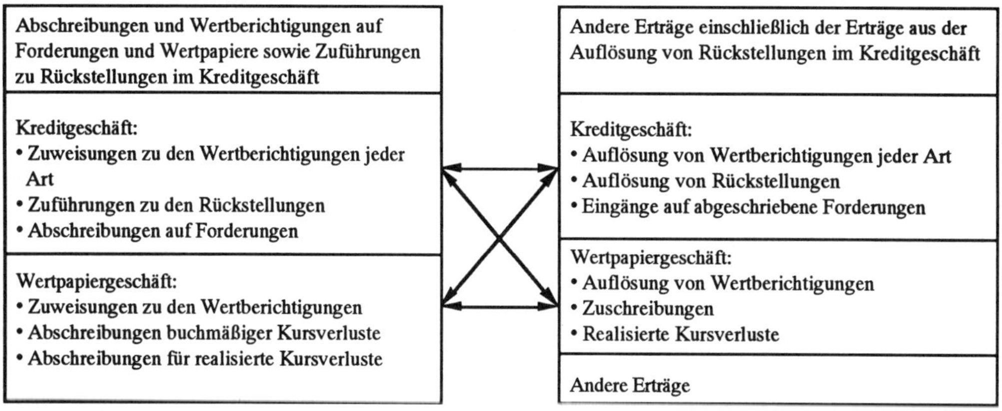

Abb. 10.6: Überkreuzkompensation nach § 26 a KWG

Während sich die außerordentlichen Aufwendungen und Erträge aus Kredit- und Wertpapiergeschäften derzeit jeweils in einer Ertrags- und Aufwandsposition niederschlagen, sind für die entsprechenden Vorgänge in Zukunft jeweils *drei Positionen* vorgesehen, wobei generell zwischen

- Finanzgeschäften,
- wie Anlagevermögen bewerteten Wertpapieren, verbundenen Unternehmen und Beteiligungen sowie den
- Forderungen und den übrigen Wertpapieren unterschieden werden muß (vgl. Abb. 10.7).

In den Posten

- *Nettoaufwand aus Finanzgeschäften* (Pos. Nr. 3) oder
- *Nettoertrag aus Finanzgeschäften* (Pos. Nr. 5)

ist das Ergebnis aus dem Eigenhandel mit Wertpapieren, Geschäften mit sonstigen Finanzinstrumenten (z.B. Swaps, Optionen, Futures), Devisen und Edelmetallen sowie aus der Bewertung dieser Vermögenspositionen zum Jahresende einzustellen. Eine **Saldierung** der Aufwendungen und Erträge ist **prinzipiell erforderlich**, so daß entweder ein Nettoaufwand oder ein Nettoertrag aus Finanzgeschäften ausgewiesen werden muß.

Aufwandspositionen	**Kompensations-möglichkeit**	**Kompensationsart**	**Ertragspositionen**
Aufwendungen aus Finanzgeschäften	Kompensationspflicht	artgleiche Kompensation	Erträge aus Finanzgeschäften
Abschreibungen und Wertberichtigungen auf Forderungen und bestimmte Wertpapiere sowie Zuführungen zu Rückstellungen im Kreditgeschäft	Kompensationswahlrecht	artungleiche Kompensation	Erträge aus Zuschreibungen zu Forderungen und bestimmten Wertpapieren sowie aus der Auflösung von Rückstellungen im Kreditgeschäft
Abschreibungen und Wertberichtigungen auf Beteiligungen, Anteile an verbundenen Unternehmen und wie Anlagevermögen behandelte Wertpapiere	Kompensationswahlrecht	artgleiche Kompensation	Erträge aus Zuschreibungen zu Beteiligungen, Anteilen an verbundenen Unternehmen und wie Anlagevermögen behandelten Wertpapieren

Abb. 10.7: Kompensation und Überkreuzkompensation gemäß §§ 340 f Absatz 3 HGB

Die Positionen

- *Abschreibungen und Wertberichtigungen auf Beteiligungen, Anteile an verbundenen Unternehmen und wie Anlagevermögen behandelte Wertpapiere* (Pos. Nr. 8) bzw.

- *Erträge aus Zuschreibungen zu Beteiligungen, Anteilen an verbundenen Unternehmen und wie Anlagevermögen behandelte Wertpapiere* (Pos. Nr. 7)

enthalten die Ergebnisbeiträge aus dem Abgang und der Bewertung der Finanzanlagen. Eine **Kompensation** dieser beiden Posten ist **zulässig**, jedoch **nicht** wie bei dem Ergebnis aus Finanzgeschäften zwingend **vorgeschrieben**. Sofern das Wahlrecht in Anspruch genommen wird, ist nur eine vollständige und nicht eine nur teilweise Verrechnung erlaubt.

In den Positionen

- *Abschreibungen und Wertberichtigungen auf Forderungen und bestimmte Wertpapiere sowie Zuführungen zu Rückstellungen im Kreditgeschäft* (Pos. Nr. 7) sowie

- *Erträge aus Zuschreibungen zu Forderungen und bestimmten Wertpapieren sowie aus der Auflösung von Rückstellungen im Kreditgeschäft* (Pos. Nr. 6)

werden schließlich realisierte Kursgewinne und Kursverluste, Abschreibungen und Zuschreibungen aus Geschäften mit den übrigen Wertpapieren, die also weder Teil des Handelsbestandes sind noch wie Anlagevermögen bewertet wurden, sowie die außerordentlichen Erfolgsbeiträge aus Kreditgeschäften (Abschreibungen, Zuführungen zu Rückstellungen sowie entsprechende Erträge) erfaßt. Die **Verrechnung** dieser Aufwands- und Ertragspositionen ist **möglich**; sie darf jedoch ebenso wie bei den Finanzanlagen nur insgesamt vorgenommen werden, so daß es im Falle der Kompensation entweder zum Ausweis eines Ertrags- oder eines Aufwandspostens kommt.

Wegen der Aufspaltung der Wertpapiererträge und -aufwendungen ist künftig zwar weiterhin durchgängig eine Kompensation, eine **Überkreuzkompensation** jedoch nur insoweit möglich, als außerordentliche Erträge resp. Aufwendungen aus Kreditgeschäften mit den entsprechenden Erfolgspositionen aus Wertpapiertransaktionen verrechnet werden, sofern es sich nicht um Erträge und Aufwendungen aus Finanzgeschäften, Beteiligungen, Anteile an verbundene Unternehmen oder wie Anlagevermögen bewertete Wertpapiere handelt. Das Ergebnis der Überkreuzkompensation wird dabei nicht mehr durch andere Erträge, die zukünftig als *"Sonstige betriebliche Erträge"* auszuweisen sind, beeinflußt.

II. Die übrigen Aufwandspositionen

Im folgenden werden die nicht saldierungsfähigen Aufwands- und Ertragspositionen erläutert, wobei sowohl auf die alten als auch auf die neuen Bilanzierungsvorschriften Bezug genommen wird. Die Neuordnung der Aufwandspositionen verdeutlicht die nachstehende Abb. 10.8.

Die übrigen Aufwandspositionen lassen sich in bankspezifische und nichtbankspezifische Positionen unterteilen. Speziell auf Kreditinstitute zugeschnitten sind nach geltendem Recht die folgenden Positionen:

- Zinsen und zinsähnliche Aufwendungen,
- Provisionen und ähnliche Aufwendungen für Dienstleistungsgeschäfte,
- Sachaufwand für das Bankgeschäft,
- sonstige Aufwendungen.

Zu der Position "**Zinsen und zinsähnliche Aufwendungen**" (Pos. Nr. 1) gehören alle Aufwendungen, die direkt oder indirekt, d.h. unabhängig von ihrer jeweiligen Bezeichnung, mit der Nutzung von Kapital verbunden sind. Im wesentlichen handelt es sich um Aufwendungen

- aus der Entgegennahme fremder Gelder,
- aus der Rediskontierung von Wechseln sowie die Inanspruchnahme von Lombardkrediten,
- für Pensionsgeschäfte,
- aus dem Factoringgeschäft,
- für von der Bank in Anspruch genommene Kreditleihen (u.a. Bürgschaften, Gefälligkeitsakzepte) sowie
- für die Nichteinhaltung der Mindestreservebestimmungen, für Warenverbindlichkeiten oder für die Stundung von Steuerzahlungen.

Formblattverordnung	Rechnungslegungsverordnung
1. Zinsen und zinsähnliche Aufwendungen	1. Zinsaufwendungen
2. Provisionen und ähnliche Aufwendungen für Dienstleistungsgeschäfte	2. Provisionsaufwendungen
3. Abschreibungen und Wertberichtigungen auf Forderungen und Wertpapiere sowie Zuführungen zu Rückstellungen im Kreditgeschäft	3. Nettoaufwand aus Finanzgeschäften
4. Gehälter und Löhne	4. Allgemeine Verwaltungsaufwendungen a) Personalaufwand aa) Löhne und Gehälter ab) Soziale Abgaben und Aufwendungen für Altersversorgung und für Unterstützung darunter: für Altersversorgung b) andere Verwaltungsaufwendungen
5. Soziale Abgaben	5. Abschreibungen und Wertberichtigungen auf immaterielle Vermögensgegenstände und Sachanlagen
6. Aufwendungen für Altersversorgung und Unterstützung	6. Sonstige betriebliche Aufwendungen
7. Sachaufwand für das Bankgeschäft	7. Abschreibungen und Wertberichtigungen auf Forderungen und bestimmte Wertpapiere sowie Zuführungen zu Rückstellungen im Kreditgeschäft
8. Abschreibungen und Wertberichtigungen auf Grundstücke und Gebäude sowie auf Betriebs-. und Geschäftsausstattung	8. Abschreibungen und Wertberichtigungen auf Beteiligungen, Anteile an verbundenen Unternehmen und wie Anlagevermögen behandelte Wertpapiere
9. Abschreibungen und Wertberichtigungen auf Beteiligungen	9. Aufwendungen aus Verlustübernahme
10. Steuern a) vom Einkommen, vom Ertrag und vom Vermögen b) sonstige	10. Einstellungen in Sonderposten mit Rücklageanteil
11. Aufwendungen aus Verlustübernahme	11. Außerordentliche Aufwendungen
12. Einstellungen in Sonderposten mit Rücklageanteil	12. Steuern vom Einkommen und vom Ertrag
13. Sonstige Aufwendungen	13. sonstige Steuern, soweit nicht unter Posten 6 ausgewiesen
14. Aufgrund einer Gewinngemeinschaft, eines Gewinnabführungs- und eines Teilgewinnabführungsvertrages abgeführte Gewinne	14. Aufgrund einer Gewinngemeinschaft, eines Gewinnabführungs- oder eines Teilgewinnabführungsvertrages abgeführte Gewinne
15. Jahresüberschuß	15. Jahresüberschuß
Summe der Aufwendungen	*Summe der Aufwendungen*

Abb. 10.8: Aufwandspositionen der GuV eines Kreditinstituts

In Zukunft müssen die Aufwendungen für die *Inanspruchnahme von Kreditleihen* unter den Provisionsaufwendungen erfaßt werden. Desweiteren sind mit der Anwendung des Bankbilanzrichtlinie-Gesetzes die für Nichtbankgeschäfte gezahlten Zinsen unter den *"Sonstige(n) betrieblichen Aufwendungen"* auszuweisen.

"Provisionen und ähnliche Aufwendungen für Dienstleistungsgeschäfte" (Pos. Nr. 2) resultieren aus der Inanspruchnahme von Fremdleistungen. Die zu erfassenden Vorgänge können dabei sowohl unmittelbar mit dem eigenen Dienstleistungsgeschäft zusammenhängen und insofern den Charakter durchlaufender Posten tragen als auch Entgelte für Dienstleistungsgeschäfte anderer Kreditinstitute oder Vermittlungsstellen sein (z.B. Provisionen für die Vermittlung von Krediten oder Einlagen). Nicht in dieser Position auszuweisen sind dagegen die Provisionen für allgemeine Dienstleistungen wie z.B. Postleistungen, Beratungs- und Prüfungsleistungen, die unter den Sachaufwendungen zu erfassen sind. Abgesehen von einer Änderung der Positionsbezeichnung *("Provisionsaufwendungen")* und der bereits erwähnten Übernahme der Avalprovisionen aus den Zinsaufwendungen ändert sich der Inhalt dieser Position zukünftig nicht.

In der Position "**Sachaufwand für das Bankgeschäft**" (Pos. Nr. 7) werden entsprechend dem Wortlaut der Positionsbezeichnung Sachaufwendungen von betriebsfremden Abteilungen oder von Hilfs- und Nebenbetrieben nicht erfaßt. Im wesentlichen gehören in diese Position Raumkosten, Bürobetriebskosten, Portokosten, Kraftfahrzeugbetriebskosten, Beiträge zu Verbänden, Rechts-, Prüfungs- und Beratungskosten, gesellschaftsrechtliche Aufwendungen, Aufwendungen für die Nachwuchsbildung und Berufsförderung sowie bei der Emission von Schuldverschreibungen anfallende Sachaufwendungen wie Druck-, Prospekt- und Börseneinführungskosten. In Zukunft wird die Position "Sachaufwand für das Bankgeschäft" durch die Position *"Allgemeine Verwaltungsaufwendungen"* (Pos. Nr. 4), die auch den Personalaufwand enthält, ersetzt.

Die Position "**Sonstige Aufwendungen**" (Pos. Nr. 13) ist ein Sammelposten für ansonsten nicht erfaßbare Aufwendungen. Dabei handelt es sich im wesentlichen um

- **Aufwendungen betriebsfremden Charakters,**
  wie beispielsweise Verluste aus nichtbankgeschäftlichen Umsätzen, Aufwendungen für nicht bankbetrieblich genutzte Gebäude sowie an Betriebsfremde gezahlte Provisionen,

- **Verluste im Zusammenhang mit der Veräußerung von Vermögensgegenständen,**
  z.B. Kursverluste im Devisenhandel, Verluste aus der Veräußerung von Beteiligungen, Grundstücken, Gegenständen der Betriebs- und Geschäftsausstattung sowie sonstigen Vermögenswerten, soweit es sich nicht um Wertpapiere handelt,

- **soziale Leistungen,**
  soweit sie nicht in die Positionen "Gehälter und Löhne" oder "Aufwendungen für Altersversorgung und Unterstützung" gehören, z.B. Zuschüsse zum Betriebssport oder Aufwendungen für Betriebsausflüge,

- **weitere Aufwendungen,**
  sofern sie nicht in andere Positionen aufgenommen werden können, beispielsweise Kassenfehlbeträge oder Fehlbestände im Wertpapierverkehr.

Mit der Anwendung des Bankbilanzrichtlinie-Gesetzes wird die Position "Sonstige Aufwendungen" weitgehend in die Position ***"Sonstige betriebliche Aufwendungen"*** eingehen. In einer anderen Position zu erfassen sind dagegen zukünftig

- die Aufwendungen aus dem An- und Verkauf von ***Edelmetallen und Devisen*** sowie die Abschreibungen, Zuschreibungen und die gebildeten Rückstellungen auf solche Vermögensgegenstände, die als *"Aufwand aus Finanzgeschäften"* auszuweisen sind,

- die Abschreibungen auf ***immaterielle Vermögensgegenstände***, die zusammen mit den Abschreibungen auf Grundstücke, Gebäude und auf die Betriebs- und Geschäftsausstattung einen eigenen Posten bilden sowie

- die ***außerhalb der gewöhnlichen Geschäftstätigkeit*** des Kreditinstituts (unternehmensfremd) und unregelmäßig (selten) anfallenden Aufwendungen, die zukünftig in der Position *"Außerordentliche Aufwendungen"* erfaßt werden.

Die sonstigen betrieblichen Aufwendungen enthalten ferner anders als bislang für Nichtbankgeschäfte gezahlte Zinsen.

Im Unterschied zu den bisher erläuterten Positionen handelt es sich bei den folgenden Aufwandsposten um **nichtbankspezifische Positionen**:

- **Gehälter und Löhne** (Pos. Nr. 4)
  regelmäßige Bruttoentgelte und Nebenbezüge, wie Gratifikationen, Gewinnbeteiligungen, vermögenswirksame Leistungen, Urlaubszuschüsse oder Weihnachtsgelder,

- **Soziale Abgaben** (Pos. Nr. 5)
  gesetzlich vorgeschriebene soziale Leistungen, wie die Beiträge des Arbeitsgebers zur Kranken-, Arbeitslosen, Renten- und Unfallversicherung sowie Beiträge zum Pensionssicherungsverein,

- **Aufwendungen für Altersversorgung und Unterstützung** (Pos. Nr. 6)
  u.a. Zuführungen zu Pensionsrückstellungen, Beiträge an Pensionskassen, Zahlungen für Hochzeiten, Geburten, Krankheiten und Todesfälle,

- **Abschreibungen und Wertberichtigungen auf Grundstücke und Gebäude sowie auf Betriebs- und Geschäftsausstattung** (Pos. Nr. 8)
  planmäßige sowie außerplanmäßige Abschreibungen auf den beizulegenden Wert oder den zur steuerlichen Anerkennung notwendigen Wert,

- **Abschreibungen und Wertberichtigungen auf Beteiligungen** (Pos. Nr. 9)
  außerplanmäßige Abschreibungen auf den beizulegenden Wert oder den zur steuerlichen Anerkennung notwendigen Wert,

- **Steuern** (Pos. Nr. 10)
  - vom Einkommen, vom Ertrag und vom Vermögen
    Körperschaft-, Grund-, Gewerbe-, Vermögensteuer
  - sonstige Steuern
    u.a. Kraftfahrzeugsteuer, Umsatzsteuer,

- **Aufwendungen aus Verlustübernahme** (Pos. Nr. 11)
  von einem abhängigen Unternehmen auf Grund eines Beherrschungs- oder Gewinnabführungsvertrages auszugleichender Jahresfehlbetrag (vgl. § 302 AktG),

- **Einstellungen in den Sonderposten mit Rücklageanteil** (Pos. Nr. 12)
  Zuweisungen zu zweckgebundenen Rücklagen gemäß §§ 247 Abs. 3, 273, 281 Abs. 1 HGB,

- **Aufgrund einer Gewinngemeinschaft, eines Gewinnabführungs- und eines Teilgewinnabführungsvertrags abgeführte Gewinne** (Pos. Nr. 14)
  Gewinnabführungen entsprechend den Vorschriften der §§ 291, 292 AktG,

- **Jahresüberschuß** (Pos. Nr. 15)
  Differenz zwischen den Erträgen und den Aufwendungen.

Die genannten Positionen werden weitgehend unverändert in das neue Formblatt übernommen. Die bisherige, die Abschreibungen auf Sachanlagen enthaltende Position Nr. 8 wird darüber hinaus in Zukunft auch die Abschreibungen auf immaterielle Vermögensgegenstände (Pos. Nr. 5) beinhalten. Die Abschreibungen und Wertberichtigungen auf Beteiligungen sind zukünftig zusammen mit den Abschreibungen auf Anteile an verbundenen Unternehmen und wie Anlagevermögen behandelte Wertpapiere auszuweisen (Pos. Nr. 8), und in die Position *"Sonstige Steuern"* (Pos. Nr. 13) gehören schließlich in Zukunft auch die Vermögensteuern.

III. Die übrigen Ertragspositionen

Auch die übrigen Ertragspositionen (vgl. Abb. 10.9), bei denen es sich zum größten Teil um "Gegenpositionen" zu den entsprechenden Aufwandspositionen handelt, lassen sich in bankspezifische und nicht bankspezifische Positionen unterteilen.

Formblattverordnung	Rechnungslegungsverordnung
1. Zinsen und zinsähnliche Erträge aus Kredit- und Geldmarktgeschäften	1. Zinserträge aus a) Kredit- und Geldmarktgeschäften b) festverzinslichen Wertpapieren und Schuldbuchforderungen
2. Laufende Erträge aus a) festverzinslichen Wertpapieren und Schuldbuchforderungen b) anderen Wertpapieren c) Beteiligungen	2. Laufende Erträge aus a) Aktien und anderen nicht festverzinslichen Wertpapieren b) Beteiligungen c) Anteilen an verbundenen Unternehmen
3. Provisionen und andere Erträge aus Dienstleistungsgeschäften	3. Erträge aus Gewinngemeinschaften, Gewinnabführungs- und Teilgewinnabführungsverträgen
4. Andere Erträge einschl. der Erträge aus der Auflösung von Rückstellungen im Kreditgeschäft	4. Provisionserträge
5. Erträge aus Gewinngemeinschaften, Gewinnabführungs- und Teilgewinn abführungsverträgen	5. Nettoertrag aus Finanzgeschäften
6. Erträge aus der Auflösung von Rückstellungen, soweit sie nicht unter 4. auszuweisen sind	6. Erträge aus Zuschreibungen zu Forderungen und bestimmten Wertpapieren sowie aus der Auflösung von Rückstellungen im Kreditgeschäft
7. Erträge aus der Auflösung von Sonderposten mit Rücklageanteil	7. Erträge aus Zuschreibungen zu Beteiligungen, Anteilen an verbundenen Unternehmen und wie Anlagevermögen behandelten Wertpapieren
8. Erträge aus Verlustübernahme	8. Sonstige betriebliche Erträge
9. Jahresfehlbetrag	9. Erträge aus der Auflösung von Sonderposten mit Rücklageanteil
Summe der Erträge	10. Außerordentliche Erträge
	11. Erträge aus Verlustübernahme
	12. Jahresfehlbetrag
	Summe der Erträge

Abb. 10.9: Die Ertragspositionen der GuV eines Kreditinstituts

Zu den bankspezifischen Positionen zählen:

- Zinsen und zinsähnliche Erträge aus Kredit- und Geldmarktgeschäften

- Laufende Erträge aus

  a) festverzinslichen Wertpapieren und Schuldbuchforderungen
  b) anderen Wertpapieren
  c) Beteiligungen

- Provisionen und andere Erträge aus Dienstleistungsgeschäften.

Anders als bei der entsprechenden Aufwandsposition werden in der Position "**Zinsen und zinsähnliche Erträge aus Kredit- und Geldmarktgeschäften**" (Pos. Nr. 1) nicht die laufenden Erträge aus Wertpapierbeständen ausgewiesen. Maßgebend für die Trennung der Erträge ist der Wertpapierbegriff im bilanziellen Sinne, so daß mit Ausnahme insbesondere der Erträge aus Namensschuldverschreibungen, Schuldscheindarlehen und Orderschuldverschreibungen, die nicht Teil einer Gesamtemission sind, alle Wertpapierzinsen als laufende Erträge aus Wertpapieren auszuweisen sind. Abgesehen von diesen Unterschieden entsprechen sich die Inhalte der Zinsaufwandsposition und der Zinsertragsposition aus Kredit- und Geldmarktgeschäften weitgehend. So werden hier die direkt oder indirekt durch die **Nutzung von Kapital** verursachten Erträge erfaßt, wobei die jeweilige Bezeichnung unerheblich ist. Es kann sich sowohl um Zins-, Diskonterträge oder Disagien als auch um Provisionen (Überziehungs, Bereitstellungs-, Akzept-, Rembours-, Avalprovision) oder Gebühren (Zessionsgebühren, Kreditgebühren aus Teilzahlungsgeschäften) handeln (GERKE/ PHILIPP 1983). Im einzelnen werden Erträge aus folgenden Geschäften erfaßt:

- Kredite an Kunden und Kreditinstitute,

- Anlagen in Geldmarktpapieren, zu denen auch Schatzwechsel und U-Wechsel mit einer Laufzeit bis zu 2 Jahren gehören,

- Wechselkredite,

- Kreditleihgeschäfte,

- Factoring-Geschäfte,

- Pensionsgeschäfte.

Mit der Anwendung des Bankbilanzrichtlinie-Gesetzes müssen die genannten Zinsen und zinsähnlichen Erträge mit Ausnahme der Erträge aus Kreditleihgeschäften unter der Position ***"Zinserträge aus Kredit- und Geldmarktgeschäften"*** (Pos. Nr. 1 a) ausgewiesen werden.

Zu den "**Laufende(n) Erträge(n) aus festverzinslichen Wertpapieren und Schuldbuchforderungen**" (Pos. Nr. 2 a) zählen insbesondere die periodischen Erträge aus Inhaberschuldverschreibungen, Schatzwechseln und unverzinslichen Schatzanweisungen mit einer Laufzeit von mehr als 2 Jahren sowie die Zinserträge aus den Ausgleichs- und Deckungsforderungen. In die Position "**Laufende Erträge aus anderen Wertpapieren**" (Pos. Nr. 2 b) gehören alle laufenden Erträge aus Wertpapieren des Anlage- und Umlaufvermögens (Zinsen, Dividenden, Erträge aus Investmentanteilen), die in den Positionen 1 und 2 a nicht erfaßt werden können, und die nicht als "**Laufende Erträge aus Beteiligungen**" (Pos. Nr. 2 c) auszuweisen sind. Die Position "Laufende Erträge aus anderen Wertpapieren" geht demnächst mit Ausnahme der *"Laufenden Erträge aus Anteilen an verbundenen Unternehmen"* in die Position *"Laufende Erträge aus Aktien und anderen nicht festverzinslichen Wertpapieren"* ein.

Bei den in die Position Nr. 3 "**Provisionen und andere Erträge aus Dienstleistungsgeschäften**" einzubeziehenden Erträgen, die nach neuem Recht als *"Provisionserträge"* auszuweisen sind, handelt es sich um Erträge aus bankgeschäftlichen Dienstleistungen. In dieser Position sind beispielsweise die folgenden Erträge zu erfassen (BIRCK/MEYER 1977):

- **Zahlungsverkehrsgeschäft**
  Kontoführungsgebühren, Dauerauftragsgebühren, Wechsel- und Scheckeinzugsprovisionen,

- **Wertpapiergeschäft**
  Provisionen und Gebühren im Wertpapierkommissions- und -emissionsgeschäft, Börseneinführungsgebühren,

- **Depotgeschäft**
  Depotgebühren, Schrankfachmieten,

- **Außenhandelsgeschäft**
  Gebühren aus Akkreditiven und Inkassoaufträgen, sonstige Gebühren im Auslandszahlungsverkehr,

- **Vermittlungsgeschäft**
  Provisionen für die Vermittlung von Krediten, Bauspar- und Versicherungsverträgen,

- **Edelmetallgeschäft**
  An- und Verkaufsprovisionen für Goldbarren, Münzen und Medaillen,

- **Vermögensberatung und Vermögensverwaltungsgeschäft**
  Provisionen für die Übernahme eines Verwaltungsauftrages.

Die nichtbankspezifischen Ertragspositionen, die vom Grundsatz her ebenfalls weitgehend der Aufwandsseite entsprechen, setzen sich aus den folgenden Positionen zusammen:

- **Erträge aus Gewinngemeinschaften, Gewinnabführungs- und Teilgewinnabführungsverträgen** (Pos. Nr. 5)
  Erträge entsprechend den §§ 291, 292 AktG,

- **Erträge aus der Auflösung von Rückstellungen, soweit sie nicht unter 4. auszuweisen sind** (Pos. Nr. 6)
  Auflösung von Rückstellungen außerhalb des Kreditgeschäfts, z.B. für Steuern, Pensionen, Prozeßrisiken,

- **Erträge aus der Auflösung von Sonderposten mit Rücklageanteil** (Pos. Nr. 7)
  Auflösung bestimmter Rücklagen gemäß §§ 247 Abs. 3, 273, 281 Abs. 1 HGB,

- **Erträge aus der Verlustübernahme** (Pos. Nr. 8)
  von einem abhängigen Unternehmen aufgrund eines Beherrschungs- oder Gewinnabführungsvertrages ausgeglichener Jahresfehlbetrag gemäß § 302 AktG,

- **Jahresfehlbetrag** (Pos. Nr. 9)
  negative Differenz zwischen Erträgen und Aufwendungen.

Die Erträge aus der Auflösung von Rückstellungen, soweit sie nicht unter der Position Nr. 4 auszuweisen sind, müssen in Zukunft zusammen mit den übrigen, anderweitig nicht erfaßbaren Erträgen, die bislang als andere Erträge ausgewiesen wurden, in der Position *"Sonstige betriebliche Erträge"* ausgewiesen werden.

LITERATURHINWEISE:

ALBERS, M. (1991)
BETZ, W./BRINKMANN, J. (1990)
BIRCK, H./MEYER, H. (1977)
BIRCK, H./MEYER, H. (1980)
BIRCK, H./MEYER, H. (1989)
BÜSCHGEN, H.E. (1989)
GERKE, W./PHILIPP, F. (1983)
WÖHE, G. (1986)

C. Der Anhang

Der Anhang soll die Bilanz und die Gewinn- und Verlustrechnung erläutern, soweit dies notwendig ist, um ein den tatsächlichen Verhältnissen entsprechendes Bild der Vermögens-, Finanz- und Ertragslage zu vermitteln. Bilanz, Gewinn- und Verlustrechnung und Anhang bilden insgesamt den Jahresabschluß.

Die von den Kreditinstituten zu machenden Angaben können danach unterschieden werden, ob sie ausschließlich im Anhang oder wahlweise in der Bilanz resp. GuV oder im Anhang zu machen sind. Die derzeit erforderlichen Angaben sind durchweg allgemeiner Natur und nicht speziell auf Kreditinstitute zugeschnitten. Ausschließlich im Anhang müssen beispielsweise die folgenden Sachverhalte aufgeführt werden (ALBERS 1991):

- zusätzliche Angaben, soweit diese erforderlich sind, um zusammen mit der Bilanz und der GuV ein den tatsächlichen Verhältnissen entsprechendes Bild der **Vermögens-, Finanz- und Ertragslage** zu vermitteln (§ 264 Abs. 2 HGB),
- Angabe und Begründung von Abweichungen vom Grundsatz der **Darstellungsstetigkeit** (§ 265 Abs. 1 HGB),
- Erläuterung der Aufwendungen für die **Ingangsetzung und Erweiterung des Geschäftsbetriebes** (§ 269 HGB),
- Angabe der durchschnittlichen **Zahl der Arbeitnehmer** (§ 285 Nr. 7 HGB),
- Angabe der Höhe der **Gesamtbezüge** für aktuelle oder frühere Mitglieder der Geschäftsführung, des Aufsichtsrats, eines Beirates oder einer ähnlichen Institution (§ 285 Nr. 9 a und 9 b HGB),
- Nennung der Mitglieder des **Geschäftsführungsorgans** und des **Aufsichtsrats** (§ 285 Nr. 10 HGB),
- Nennung von Name und Sitz von **Unternehmen**, von denen die bilanzierende Gesellschaft mindestens 20 % der Anteile besitzt; anzugeben sind außerdem die Höhe des Anteils am Kapital, das Eigenkapital und die Höhe des letzten Ergebnisses, sofern nicht auf eine anderweitig publizierte Aufstellung verwiesen oder die Sonderregelung des § 286 Abs. 3 in Anspruch genommen wird (§ 285 Nr. 11 HGB),
- Angabe von Name und Sitz bestimmter **Mutterunternehmen** (§ 285 Nr. 14 HGB),
- Angabe des Betrages der nicht passivierten **Pensionsrückstellungen** (Art. 28 Abs. 2 EGHGB).

Alternativ in der Bilanz oder im Anhang können die Kreditinstitute z.B. die folgenden Angaben machen (BIRCK/MEYER 1989):

- Angabe der Zugehörigkeit eines Vermögensgegenstandes oder einer Schuld zu **mehreren Posten der Bilanz**, wenn dies aus Gründen der Klarheit und Übersichtlichkeit erforderlich ist (§ 265 Abs. 3 HGB),
- Angabe der **steuerlichen Vorschriften**, nach denen ein Sonderposten mit Rücklageanteil gebildet wurde (§ 273 HGB),

- Darstellung der **Entwicklung** des Jahresüberschusses/Jahresfehlbetrages zum Bilanzgewinn/ Bilanzverlust (§ 3 Abs. 2 Formblattverordnung).

Mit der Anwendung des Bankbilanzrichtlinie-Gesetzes werden durch einen Verweis im § 340 a HGB zahlreiche allgemeine Angabevorschriften für die Kreditinstitute relevant. Darüber hinaus müssen die Kreditinstitute in Zukunft aufgrund der §§ 340 ff. HGB und der Rechnungslegungsverordnung eine Reihe zusätzlicher bankspezifischer Angaben machen. Zu den erstgenannten Angabepflichten gehören die folgenden Sachverhalte:

- Erläuterung der nicht vergleichbaren oder angepaßten ***Vorjahresbeträge*** (§ 265 Abs. 2 HGB),
- Angabe des Betrages der im Geschäftsjahr aus steuerlichen Gründen ***unterlassenen Zuschreibungen*** (§ 280 Abs. 3 HGB),
- Angabe der ***Bilanzierungs- und Bewertungsmethoden*** (§ 284 Abs. 2 Nr. 1 HGB),
- Angabe der Grundlagen der ***Währungsumrechnung*** (§ 284 Abs. 2 Nr. 2 HGB),
- Angaben zu ***Abweichungen von Bilanzierungs- und Bewertungsmethoden***, Begründung und Darstellung der ***Auswirkungen*** auf die Vermögens-, Finanz- und Ertragslage (§ 284 Abs. 2 Nr. 3 HGB),
- Angabe des Gesamtbetrages der ***sonstigen finanziellen Verpflichtungen***, wenn diese für die Beurteilung der Finanzlage bedeutsam sind (§ 285 Nr. 3 HGB),
- Angabe des Umfangs der ***Steuern*** auf die gewöhnliche Geschäftstätigkeit und das außerordentliche Ergebnis (§ 285 Nr. 6 HGB),
- Angabe des ***Gewinn- oder Verlustvortrages*** (§ 268 Abs. 1 HGB),
- Angabe eines ***aktiven Rechnungsabgrenzungspostens*** aufgrund eines Disagios bei Verbindlichkeiten (§ 268 Abs. 6 HGB).

Die beiden zuletzt aufgeführten Sachverhalte können wahlweise in der Bilanz oder im Anhang genannt werden. Ein Ausweiswahlrecht ist auch künftig bei einigen bankspezifischen Angabepflichten gegeben (vgl. ALBERS 1991). So können die in der Gliederung der Bilanz und der Gewinn- und Verlustrechnung mit kleinen Buchstaben versehenen ***Posten zusammengefaßt*** und dafür im Anhang gesondert ausgewiesen werden, wenn dadurch die Klarheit der Darstellung des Jahresabschlusses erhöht wird (§ 2 RechKredV). Desweiteren müssen für die folgenden Posten die ***Geschäftsbeziehungen*** des bilanzierenden Kreditinstituts zu verbundenen Unternehmen und solchen Unternehmen, mit denen ein Beteiligungsverhältnis besteht, in der Bilanz oder im Anhang betragsmäßig aufgeschlüsselt werden (§ 3 RechKredV):

- Forderungen an Kreditinstitute,
- Forderungen an Kunden,
- Schuldverschreibungen und andere festverzinsliche Wertpapiere,
- Verbindlichkeiten gegenüber Kreditinstituten,
- Verbindlichkeiten gegenüber Kunden,

- Verbriefte Verbindlichkeiten,
- Nachrangige Verbindlichkeiten.

Ferner sind ***Vermögensgegenstände nachrangiger Art*** bei dem jeweiligen Aktivposten oder Unterposten in der Bilanz oder im Anhang gesondert auszuweisen (§ 4 Abs. 2 RechKredV). Unter nachrangigen Vermögensgegenständen sind dabei Forderungen zu verstehen, die im Falle der Liquidation oder des Konkurses erst nach den Forderungen der anderen Gläubiger befriedigt werden dürfen. Alternativ darf auch die Bilanz oder der Anhang den ***Bruttoanlagespiegel***, der die Entwicklung primär der Positionen des Anlagevermögens zeigt, enthalten. Dabei dürfen die Zu- und Abschreibungen auf Beteiligungen, Anteile an verbundenen Unternehmen und die wie Anlagevermögen bewerteten anderen Wertpapiere mit anderen Posten zusammengefaßt werden (§ 34 Abs. 3 RechKredV). Ferner ist die jeweilige Höhe der ***Agien und Disagien mit Zinscharakter*** von Hypothekendarlehen und anderen Forderungen in der Bilanz oder im Anhang gesondert anzugeben (§ 340 e Abs. 2 HGB).

Neben den alternativ in der Bilanz oder im Anhang zu machenden Angaben sind nach dem HGB und der Rechnungslegungsverordnung diverse ausschließlich im Anhang zu gebende Angabepflichten vorgesehen. So ist der Gesamtbetrag des zu bilanzierenden ***Treuhandvermögens*** demnächst im Anhang nach den betroffenen Aktiv- und Passivposten aufzugliedern (§ 6 Abs. 1 RechKredV). Eine erhebliche Änderung gegenüber dem derzeitigen Recht stellt das Erfordernis dar, künfig die Forderungen an und die Verbindlichkeiten gegenüber Kunden und Kreditinstituten sowie die anderen verbrieften Verbindlichkeiten nach ***Restlaufzeiten*** detailliert aufzuschlüsseln (§ 340 d HGB).

Ferner müssen die Kreditinstitute zukünftig ihre Zins- und Provisionserträge, Erträge aus Anteilsrechten, den Ertrag aus Finanzgeschäften sowie die sonstigen betrieblichen Erträge nach ***geographischen Märkten*** aufgliedern, soweit diese Märkte sich vom Standpunkt der Organisation der Kreditinstitute wesentlich voneinander unterscheiden. Die Aufgliederung kann unterbleiben, wenn durch die differenzierten Informationen dem Kreditinstitut oder einem Unternehmen, an dem das Kreditinstitut mindestens 20 % besitzt, ein erheblicher Nachteil zugefügt werden kann (§ 34 Abs. 2 Nr. 1 RechKredV). Desweiteren sind die Kreditinstitute in Zukunft verpflichtet, die Beträge der gewährten ***Vorschüsse*** und ***Kredite*** und der eingegangenen ***Haftungsverhältnisse*** gegenüber den Mitgliedern des Geschäftsführungsorgans, eines Aufsichtsrats, eines Beirats oder einer ähnlichen Institution - zusammengefaßt für jede dieser Personengruppen - anzugeben (§ 34 Abs. 2 Nr. 2 RechKredV).

Eine Aufgliederungspflicht gilt in Zukunft auch für die in den Aktivposten Nr. 5 bis 8 ausgewiesenen börsenfähigen Wertpapiere, die im Anhang nach ***börsennotierten und nicht börsennotierten Papieren*** zu differenzieren sind (§ 35 Abs. 1 Nr. 1 RechKredV). Für die *"Schuldverschreibungen und andere festverzinsliche Wertpapiere"* sowie die *"Aktien und andere nicht festverzinsliche Wertpapiere"* ist darüber hinaus der Betrag der nicht mit dem Niederstwert bewerteten börsenfähigen Wertpapiere anzugeben (§ 35 Abs. 1 Nr. 2 RechKredV).

Ferner muß zukünftig zu den einzelnen davon betroffenen Bilanzpositionen der jeweilige Betrag angegeben werden, mit denen sich das bilanzierende Kreditinstitut im ***Leasing-Geschäft*** engagiert

(§ 35 Abs. 1 Nr. 3 RechKredV). Bislang müssen Leasinggegenstände nur angegeben werden, wenn sie nicht von untergeordneter Bedeutung sind (vgl. § 3 Abs. 5 FormBlV). Desweiteren sind die ***wichtigsten Einzelbeträge*** folgender Posten anzugeben und hinsichtlich ihres Betrags und ihrer Art zu erläutern, sofern sie für die Beurteilung des Jahresabschlusses nicht unwesentlich sind (§ 35 Abs. 1 Nr. 4 RechKredV):

- Sonstige Vermögensgegenstände,
- Sonstige Verbindlichkeiten,
- Sonstige betriebliche Aufwendungen,
- Sonstige betriebliche Erträge,
- Außerordentliche Aufwendungen und
- Außerordentliche Erträge.

Sofern ein Kreditinstitut ***Verwaltungs- und Vermittlungsleistungen*** gegenüber Dritten erbringt, sind darüber im Anhang Angaben zu machen, wenn der Umfang solcher Geschäfte in bezug auf die Gesamttätigkeit des Kreditinstituts von wesentlicher Bedeutung ist (§ 35 Abs. 1 Nr. 5 RechKredV). In Zukunft muß ferner der jeweilige Gesamtbetrag der auf ***Fremdwährung*** lautenden Vermögensgegenstände und Schulden in DM angegeben werden (§ 35 Abs. 1 Nr. 6 RechKredV). Weiterhin ist bei den Sachanlagen der Gesamtbetrag der vom Kreditinstitut im Rahmen seiner eigenen Tätigkeit genutzten ***Grundstücke und Bauten*** sowie der Gesamtbetrag der ***Betriebs- und Geschäftsausstattung*** zu nennen (§ 35 Abs. 2 RechKredV).

Darüber hinaus müssen in Zukunft Art und Betrag jeder ***"Eventualverbindlichkeit"*** und jeder als ***"Andere Verpflichtungen"*** ausgewiesenen Position angegeben werden, die in bezug auf die Gesamttätigkeit des Kreditinstituts von wesentlicher Bedeutung sind (§ 35 Abs. 4 und 6 RechKredV). Für jeden Passivposten und für die unter dem Strich auszuweisenden Eventualverbindlichkeiten ist darüber hinaus der ***Gesamtbetrag der als Sicherheit übertragenen Vermögensgegenstände*** anzugeben (§ 35 Abs. 5 RechKredV). Im Zusammenhang mit den Plazierungs- und Übernahmeverpflichtungen ist über von Kunden ***in Anspruch genommene Plazierungs- und Übernahmeverpflichtungen*** zu berichten (§ 27 Abs. 1 RechKredV).

Schließlich haben die Kreditinstitute ihre noch nicht abgewickelten ***Termingeschäfte*** im Anhang nach Arten aufzugliedern. Für jede Termingeschäftsart ist anzugeben, ob ein wesentlicher Teil davon zur Deckung von Zins-, Wechselkurs- oder Marktpreisrisiken abgeschlossen wurde und ob ein wesentlicher Teil auf andere Handelsgeschäfte entfällt (§ 36 RechKredV).

LITERATURHINWEISE:

ALBERS, M. (1991)
BETZ, W./BRINKMANN, J. (1990)
BIRCK, H./MEYER, H. (1989)
BÜSCHGEN, H.E. (1989)

11. Kapitel: Die Rechnungslegung der Versicherungsunternehmen

Auf der Basis der allgemeinen Erläuterungen des 9. Kapitels werden im folgenden die Besonderheiten der externen Rechnungslegung von Versicherungsunternehmen dargestellt. Die Ausführungen beruhen dabei insbesondere auf den Vorschriften des **Handelsgesetzbuches** und des **Versicherungsaufsichtsgesetzes**, der **Verordnung über die Rechnungslegung der Versicherungsunternehmen** vom 11.07.1973 in der Fassung der Dritten Änderungsverordnung vom 23.12.1986 (Externe VUReV) sowie den **Bilanzierungsrichtlinien für Versicherungsunternehmen** des Bundesaufsichtsamtes für das Versicherungswesen vom 30.12.1987 (VUBR).

Ebenso wie die Kreditinstitute müssen auch die Versicherungsunternehmen den Jahresabschluß nach bestimmten Formblättern aufstellen. Dabei liegt der Bilanz einheitlich das **Formblatt I**, der Gewinn- und Verlustrechnung von Lebensversicherungsunternehmen, Pensions- und Sterbekassen sowie Krankenversicherungsunternehmen das **Formblatt II** und der Gewinn- und Verlustrechnung der Schaden-/Unfall- und Rückversicherungsunternehmen das **Formblatt III** zugrunde. Die Versicherungsunternehmen haben sich zwingend an dem Aufbau der Formblätter zu orientieren, soweit nicht aufgrund besonderer Umstände Abweichungen, z.B. hinsichtlich der Positionsbezeichnung, erforderlich sind. Leerposten müssen nur dann aufgeführt werden, wenn im vorhergegangenen Geschäftsjahr unter diesem Posten ein Betrag ausgewiesen wurde (§ 265 Abs. 8 HGB, vgl. ANGERER 1988).

A. Die Bilanz

I. Die Positionen der Aktivseite

Im folgenden werden zunächst die einzelnen Bilanzpositionen vorgestellt. Die Aktivpositionen des entsprechenden Formblattes I verdeutlicht die nachstehende Abb. 11.1. Die Ausführungen beziehen sich schwerpunktmäßig auf die Verhältnisse in Lebensversicherungsunternehmen.

Im Unterschied zu dem Bilanzschema gemäß § 266 Abs. 2 HGB differenziert das Formblatt I nicht zwischen **Anlage- und Umlaufvermögen**. Da für das Anlage- und das Umlaufvermögen unterschiedliche Bewertungsvorschriften gelten, hat die Unterscheidung dieser beiden Vermögensarten jedoch auch für Versicherungsunternehmen eine erhebliche Bedeutung. Um die auf die einzelnen Aktivpositionen anzuwendenden Vorschriften und Grundsätze zu ermitteln, ist festzustellen, ob es sich um Gegenstände des Anlagevermögens, die nach § 247 Abs. 2 HGB dazu bestimmt sind, dauernd dem Geschäftsbetrieb zu dienen, oder des Umlaufvermögens handelt (FRICKE 1989). Unabhängig von ihrer Zuordnung zu der einen oder der anderen Vermögenskategorie sind allerdings Wertpapiere grundsätzlich wie Umlaufvermögen zu bewerten (§ 56 Abs. 1 VAG).

I. Ausstehende Einlagen auf das gezeichnete Kapital
davon eingefordert
II. Aufwendungen für die Ingangsetzung und Erweiterung des Geschäftsbetriebs
III. Immatrielle Vermögensgegenstände
1. Geschäfts- oder Firmenwert
2. sonstige immaterielle Vermögensgegenstände
IV. Kapitalanlagen, soweit sie nicht zu Posten V gehören:
1. Grundstücke, grundstücksgleiche Rechte und Bauten einschließlich der Bauten auf fremden Grundstücken
2. Hypotheken, Grundschuld- und Rentenschuldforderungen
3. Namensschuldverschreibungen, Schuldscheinforderungen und Darlehen
4. Schuldbuchforderungen gegen den Bund und die Länder
davon Ausgleichsforderungen
5. Darlehen und Vorauszahlungen auf Versicherungsscheine
6. Anteile an verbundenen Unternehmen
7. Beteiligungen
8. Wertpapiere und Anteile, soweit sie nicht zu anderen Posten gehören
9. Festgelder, Termingelder und Sparguthaben bei Kreditinstituten
10. Depotforderungen aus dem in Rückdeckung
a) übernommenen Versicherungsgeschäft
b) gegebenen Versicherungsgeschäften

V. Kapitalanlagen des Anlagestocks der fondsgebundenen Lebensversicherung
VI. Abrechnungsforderungen aus dem Rückversicherungsgeschäft
VII. Forderungen aus dem selbst abgeschlossenen Versicherungsgeschäft an
1. Versicherungsnehmer
a) fällige Ansprüche
b) noch nicht fällige Ansprüche
2. Mitglieds- und Trägerunternehmen
3. Versicherungsvertreter
VIII. Andere Forderungen und sonstige Vermögensgegenstände
1. Betriebs- und Geschäftsausstattung
2. Schecks, Kassenbestand, Bundesbank und Postgiroguthaben
3. laufende Guthaben bei Kreditinstituten
4. eigene Anteile
5. Forderungen an die ausländische Generaldirektion
6. Zins- und Mietforderungen
7. sonstige Forderungen und Vermögensgegenstände
IX. Rechnungsabgrenzungsposten
1. Unterschiedsbetrag gemäß § 250 Abs. 3 HGB
2. sonstige Rechnungsabgrenzungsposten
X. Voraussichtliche Steuerentlastung nachfolgender Geschäftsjahre gemäß § 274 Abs. 2 HGB
XI. Nicht durch Eigenkapital gedeckter Fehlbetrag gemäß § 268 Abs. 3 HGB

Abb. 11.1: Aktivpositionen der Bilanz eines Versicherungsunternehmens

1. Die Kapitalanlagen

Kapitalanlagen resultieren generell aus der Umwandlung finanzieller Mittel in ertragbringende Vermögenswerte. Dieses Kriterium erfüllen nahezu sämtliche Aktivposten der Versicherungsbilanz. Explizit als "Kapitalanlagen" auszuweisen sind jedoch nur die Vermögenswerte, die aus versicherungstechnischem Fremdkapital finanziert werden und die demzufolge der **Erfüllung der versicherungsspezifischen Verpflichtungen** dienen. Die Entstehung dieses Teils der Kapitalanlagen geht auf die allgemein übliche Vorauszahlung der Prämien und die insbesondere in die Lebensversicherung integrierten Spar- und Entsparprozesse zurück (FARNY 1989).

Die versicherungsspezifischen Kapitalanlagen, soweit sie nicht die fondsgebundene Lebensversicherung betreffen, finden in der Aktivposition Nr. IV ihren Niederschlag. Sie sind zunächst in der Bilanz nach den grundsätzlichen Anlagekategorien und darüber hinaus im Anhang nach den konkreten Anlageformen zu untergliedern. Ferner ist im Anhang die Entwicklung der Kapitalanlagen im Zeitablauf zu zeigen, wobei die Darstellung anhand der **Nettomethode** zu erfolgen hat. Im Unterschied zu der ansonsten geltenden Bruttomethode geht die Nettomethode nicht von den Anschaffungs- oder Herstellungskosten, sondern von den Buchwerten der Vorjahresbilanz aus. Die Differenz zwischen den Bilanzwerten des Vorjahres und des betreffenden Geschäftsjahres ist folgendermaßen aufzuspalten:

- Zugänge,
- Umbuchungen,
- Abgänge,
- Zuschreibungen,
- Abschreibungen.

In der Unterposition Nr. 1 **"Grundstücke, grundstücksgleiche Rechte und Bauten einschließlich der Bauten auf fremden Grundstücken"** sind alle dem Versicherungsunternehmen gehörenden Grundstücke und Gebäude, grundstücksgleiche Rechte wie z.B. Erbbaurechte sowie Voraus- oder Anzahlungen auf Grundstücke und Bauten zu erfassen. Für den Ausweis in dieser Position ist es unerheblich, ob die Grundstücke resp. Gebäude von dem Versicherungsunternehmen **selbst genutzt oder fremdgenutzt** werden, woraus folgt, daß das versicherungstechnische Fremdkapital auch zur Anschaffung oder Herstellung der eigenen Geschäftsgebäude eingesetzt werden kann. Im Anhang sind die Gebäude und grundstücksgleichen Rechte nach **Bebauungsarten** wie folgt zu untergliedern:

- Geschäfts- und andere Bauten,
- Wohnbauten,
- ohne Bauten,
- mit unfertigen Bauten.

Die Grundstücke und Gebäude gehören bei Versicherungsunternehmen regelmäßig zum **Anlagevermögen** und sind daher mit den Anschaffungs- oder Herstellungskosten, vermindert um plan- und/oder außerplanmäßige Abschreibungen, zu bewerten. Aufgrund von Wertsteigerungen des Grundbesitzes können in dieser Position erhebliche **stille Reserven** enthalten sein.

Als **"Hypotheken-, Grundschuld- und Rentenschuldforderungen"** (Unterpos. Nr. 2) sind Forderungen auszuweisen, für die das Versicherungsunternehmen über **Pfandrechte** an Grundstücken oder Schiffen verfügt, und bei denen eine Befriedigung der ausstehenden Forderungen allein durch die Verwertung des belasteten Objektes gewährleistet ist. Die Forderungen sind mit dem Rückzahlungsbetrag in die Bilanz einzustellen. Die Differenz zwischen dem (höheren) Rückzahlungsbetrag und dem (niedrigeren) Auszahlungsbetrag **(Disagio)** muß passiv abgegrenzt und auf die Zeit von der Begebung bis zur ersten Kündigungsmöglichkeit des Darlehens verteilt werden. Entsprechend ihrer Langfristigkeit sind die Hypotheken-, Grundschuld- und Rentenschuldforderungen als **Finanzanlagen** zu qualifizieren (FRICKE 1989). Sie gehören folglich nicht - wie in Kreditinstituten - zum Umlaufvermögen. Eine Abschreibung oder Wertberichtigung auf den niedrigeren beizulegenden Wert muß daher nur bei einer voraussichtlich dauernden Wertminderung vorgenommen werden;

im Falle einer nur vorübergehenden Wertminderung besteht nach den §§ 253 Abs. 2 und 279 Abs. 1 HGB ein Abwertungswahlrecht.

In der Unterposition Nr. 3 "**Namensschuldverschreibungen, Schuldscheinforderungen und Darlehen**" sind sämtliche Forderungen zu bilanzieren, bei denen die Kreditwürdigkeit des Schuldners im Vordergrund steht. Dabei ist es unerheblich, ob weitere, z.B. auch dingliche Sicherheiten, vorliegen. Nach den Bilanzierungsrichtlinien sind insbesondere die folgenden **Forderungsarten** in dieser Position auszuweisen:

- Namenspfandbriefe und -kommunalobligationen öffentlicher und privater Gläubiger,

- Sparbriefe und Sparobligationen, soweit sie nicht aufgrund ihrer Fungibilität den Wertpapieren zuzurechnen sind,

- Darlehen und Gehaltsvorschüsse an Mitarbeiter in Höhe von mehr als sechs Monatsbezügen, sofern es sich nicht um Hypotheken-, Grundschuld- oder Rentenschuldforderungen handelt.

Darüber hinaus ist im Anhang eine Untergliederung nach den **Schuldnergruppen**

- Bund, Länder und andere Körperschaften oder Anstalten des öffentlichen Rechts,
- privatrechtliche Unternehmen sowie
- sonstige Schuldner

erforderlich. Ebenso wie die Hypotheken-, Grundschuld- und Rentenschuldforderungen sind auch die in dieser Position zu erfassenden Kapitalanlagen dem **Anlagevermögen** zuzuordnen. Ein etwaiges Disagio ist über den Rechnungsabgrenzungsposten während der Laufzeit zu vereinnahmen. Bei einer **Marktzinssteigerung** sinkt der Wert der Namensschuldverschreibungen, Schuldscheinforderungen und Darlehen. Da die Ausleihungen am Ende der Laufzeit voll zurückgezahlt werden, wirken sich gestiegene Marktzinssätze jedoch nur vorübergehend auf den Wert von nicht zum Verkauf bestimmten Forderungen aus, so daß eine außerplanmäßige Abschreibung nicht erforderlich ist (FRICKE 1989).

Zu den "**Schuldbuchforderungen gegen den Bund und die Länder**" (Unterpos. Nr. 4) gehören u.a. sämtliche Ausgleichsforderungen sowie die Anleihen des Bundes, der Länder und der Gemeinden, die auf den Namen des Versicherungsunternehmens im Schuldbuch eingetragen worden sind. Bei den **Ausgleichsforderungen** handelt es sich um langfristige Forderungen, die im Zuge der Währungsreform von 1948 neben den Kreditinstituten auch den Versicherungsunternehmen zum Ausgleich ihrer Bilanzlücken gegeben wurden. Sie werden mit 3 % oder 3,5 % verzinst und nur langsam getilgt.

In der Position "**Darlehen und Vorauszahlungen auf Versicherungsscheine**" (Unterpos. Nr. 5) sind zunächst die an die Versicherten gewährten **verzinslichen und rückzahlbaren Kredite** in Höhe eines Teils der Versicherungssumme in der Lebensversicherung (Kapitalversicherung) und der Unfallversicherung mit Prämienrückgewähr auszuweisen. Darartige **Policedarlehen** können vergeben werden, sobald eine Versicherung rückkaufsfähig ist, d.h. wenn ein Deckungskapital vorhanden ist und der Beitrag mindestens für einen Zeitraum von drei Jahren gezahlt wurde. Sofern ein Darlehen den Rückkaufswert nicht übersteigt, verfügt das Versicherungsunternehmen über einen entsprechenden Kapitalbetrag. Abschreibungen bzw. Wertberichtigungen sind daher nur für darüber hinausgehende Beträge denkbar.

Im Unterschied zu den Policedarlehen stellen **Vorauszahlungen** auf Versicherungsscheine eine **nicht rückzahlbare, teilweise Leistung** der Versicherungssumme vor Eintritt des Versicherungsfalls in bestimmten Lebens- und Unfallversicherungen dar. Vorauszahlungen gehen in diese Position nur ein, wenn sie längerfristig und verzinslich sind. Kurzfristige, aus Kulanzgründen gewährte und ggfs. auch unverzinsliche Abschlagszahlungen sind in der Position "Sonstige Forderungen und Vermögensgegenstände" zu erfassen (FRICKE 1989).

Der **Anteilsbesitz an anderen Unternehmen** findet in den Unterpositionen Nr. 6 "Anteile an verbundenen Unternehmen", Nr. 7 "Beteiligungen" und Nr. 8 "Wertpapiere und Anteile, soweit sie nicht zu anderen Posten gehören" seinen Niederschlag. Als **verbundene Unternehmen** gelten dabei nach § 271 Abs. 2 HGB solche Unternehmen, die als Mutter- oder Tochterunternehmen in den Konzernabschluß des Mutterunternehmens einzubeziehen sind, wobei die Art der Unternehmensverbindung unerheblich ist. Es handelt sich auch dann um verbundene Unternehmen, wenn nach den §§ 291, 292 HGB ein befreiender Konzernabschluß aufgestellt wird oder die Einbeziehung in den Konzernabschluß aufgrund eines entsprechenden Verbots oder eines Wahlrechts gemäß der §§ 295, 296 HGB unterbleibt. Erfüllt ein Anteilsbesitz die Bedingungen zum Ausweis in den Unterpositionen Nr. 6 und 7 gleichzeitig, so geht der Ausweis als "Anteile an verbundenen Unternehmen" stets vor. Im Anhang sind die Anteile nach verbundenen Unternehmen mit Sitz im Inland und mit Sitz im Ausland zu differenzieren.

Als **Beteiligung** gelten nach § 271 Abs. 1 HGB **Anteile** an anderen Unternehmen, die bestimmt sind, dem **eigenen Geschäftsbetrieb** durch die Herstellung einer **dauernden Verbindung** zu jenen Unternehmen zu dienen. Für die Klassifikation eines Anteilsbesitzes als Beteiligung ist das Ziel einer unternehmerischen Einflußnahme nicht (mehr) erforderlich. Vielmehr genügt es, wenn die Gesellschaft mit der Beteiligung mehr verfolgt als die Absicht einer Kapitalanlage gegen angemessene Verzinsung. Ein Beteiligungsverhältnis kann bei Vorliegen der folgenden Merkmale vermutet werden:

- Branchenverwandtschaft,
- unternehmerische Verbindungen (z.B. Rückversicherungsbeziehungen, gemeinsame Außendienste),
- personelle Verflechtungen oder
- Funktionsausgliederungsverträge.

Für eine Beteiligung ist es unerheblich, ob die Anteile in Wertpapieren verbrieft sind oder nicht. Im Zweifel gelten Anteile an einer Kapitalgesellschaft, deren Nennbeträge 20 % des Nennkapitals dieser Gesellschaft überschreiten, als Beteiligung.

Beteiligungen sind mit den Anschaffungskosten zu bilanzieren, wobei zu den Anschaffungskosten auch die in den **Organisationsfonds** eingebrachten Mittel gehören. Der Organisationsfonds dient dem Aufbau der Verwaltung und des Vertreternetzes. Die Mittel werden von den Anteilseignern unter ausdrücklichem Verzicht auf Rückzahlung, Tilgung und Gewinnbeteiligung und zusätzlich zu den eigentlichen Einlagen bereitgestellt. Da die Beteiligungen zum Anlagevermögen gehören, ist eine Abwertung nur bei einer voraussichtlich dauernden Wertminderung erforderlich (FRICKE 1989).

Im Unterschied zum Anteilsbesitz sind die **Forderungen** an verbundene Unternehmen und Unternehmen, mit denen ein Beteiligungsverhältnis besteht, bei der Position auszuweisen, zu der sie inhaltlich gehören. Der besondere Charakter derartiger langfristiger Ausleihungen, Fest- oder Termingelder muß durch einen Vermerk mit der Angabe des entsprechenden Teilbetrages kenntlich gemacht werden.

Als **Wertpapiere und Anteile, soweit sie nicht zu anderen Posten gehören**, sind schließlich insbesondere auszuweisen:

- festverzinsliche Wertpapiere (z.B. öffentliche Anleihen, Kommunalobligationen, Pfandbriefe, Industrieanleihen), sofern es sich nicht um Namenspapiere handelt,
- unverzinsliche Schatzanweisungen,
- börsennotierte und nichtbörsennotierte Anteile (z.B. Aktien), ausgenommen Anteile an verbundenen Unternehmen und Beteiligungen,
- Anteile an Grundstücks-, Wertpapier- und Beteiligungs-Sondervermögen,
- Sparbriefe und Sparobligationen, soweit sie fungibel sind,
- Genußrechtsanteile sowie
- Anteile an eingetragenen Genossenschaften.

Unabhängig von ihrer Zuordnung zum Anlage- oder Umlaufvermögen sind diese Papiere **stets wie Umlaufvermögen zu bewerten** (§ 56 Abs. 1 VAG). Es gilt damit das **strenge Niederstwertprinzip**, nach dem Abwertungen auch dann erforderlich sind, wenn eine voraussichtlich nur vorübergehende Wertminderung eingetreten ist. Steigen die Börsenkurse der abgeschriebenen Wertpapiere in der Folgezeit wieder an, besteht ein Wahlrecht, die niedrigeren Wertansätze beizubehalten oder den Wertzuwachs durch eine Zuschreibung maximal bis zu den Anschaffungskosten zu erfassen (FARNY 1989).

In der Position "**Festgelder, Termingelder und Sparguthaben bei Kreditinstituten**" (Unterpos. Nr. 9) sind zum einen die für eine bestimmte Zeit angelegten Guthaben bei Kreditinstituten sowie sämtliche Sparguthaben auszuweisen. Zum anderen gehören in diesen Posten die zugunsten ausländischer Regierungen als Kaution hinterlegten Geldbestände. Derartige Barkautionen fallen häufig bei der Errichtung ausländischer Niederlassungen an, über die im Ausland Versicherungsgeschäfte betrieben werden sollen (FRICKE 1989).

Die Unterposition Nr. 10 "Depotforderungen" ist nach dem in Rückdeckung übernommenen und dem in Rückdeckung gegebenen Versicherungsgeschäft zu differenzieren. Bei den **Depotforderungen aus dem übernommenen Geschäft** handelt es sich um Forderungen des bilanzierenden Rückversicherers an den Vorversicherer. Sie entstehen, da die Vorversicherer verpflichtet resp. bestrebt sind, die anteilig auf die Rückversicherer entfallenden Gegenwerte für die versicherungstechnischen Rückstellungen selbst zu verwahren und zu verwalten, um im Versicherungsfall die entsprechenden Vermögenswerte bereits zu besitzen und nicht erst beim Rückversicherer anfordern zu müssen. Depotforderungen können grundsätzlich für alle Arten vor versicherungstechnischen Rückstellungen gestellt werden. Üblich sind Depots für die Beitragsüberträge, die Deckungs- und die Schadenrückstellung, wobei § 67 VAG sogar explizit verlangt, daß die Deckungsrückstellung vom Erstversicherer aufzubewahren und zu verwalten ist (EISOLD 1989). Durch die Depotstellung erhält der Vorversicherer das Recht, die dem Rückversicherer zu zahlende Prämie nicht in voller Höhe an ihn abzuführen, sondern Teile davon einzubehalten (PFEIFFER 1986). Damit verbunden kann jedoch der Rückversicherer seine versicherungstechnischen Verpflichtungen gegenüber dem Vorversicherer nicht mit konkreten Kapitalanlagen, sondern nur mit Forderungen gegen den Vorversicherer bedecken. Für diese Forderungen erhält der Rückversicherer Depotzinsen.

Die **Depotforderungen aus dem in Rückdeckung gegebenen Versicherungsgeschäft** treten im Zusammenhang mit der passiven Rückversicherung insbesondere der Lebensversicherungsunternehmen auf, wenn der Rückversicherer für den auf ihn entfallenden Anteil an der Deckungsrückstellung ein **Wertpapierdepot** einrichtet. Da die Deckungsrückstellung gemäß § 67 VAG brutto auszuweisen ist und der auf den Rückversicherer entfallende Anteil folglich nicht abgesetzt werden darf, muß der Lebensversicherer eine durch das Wertpapierdepot besicherte Forderung an den Rückversicherer in Höhe seines Anteils an der Deckungsrückstellung aktivieren. Der Rückversicherer hat in diesem Fall entsprechend keine Depotforderung, sondern unmittelbar die Wertpapiere auszuweisen (FRICKE 1989).

Die Depotforderungen stellen eine besondere Art der Kapitalanlage dar. Sie müssen daher durch eine **Zwischensumme** von den übrigen Kapitalanlagen abgegrenzt werden. Auf der Passivseite der Bilanz sind unter der Position Nr. V "Depotverbindlichkeiten aus dem in Rückdeckung gegebenen Versicherungsgeschäft" zu erfassen. Eine Aufrechnung von Depotforderungen und Depotverbindlichkeiten darf nicht vorgenommen werden, selbst wenn sie gegenüber dem gleichen Unternehmen bestehen.

In der Aktivposition Nr. IV sind die Kapitalanlagen derjenigen Versicherungen auszuweisen, die den Anlagevorschriften des § 54 a VAG unterliegen. Für die fondsgebundene Lebensversicherung gelten demgegenüber gemäß § 54 b VAG besondere Anlagemöglichkeiten. Insbesondere fließen die im sog. **Anlagestock** gesammelten Mittel in Zertifikate von Publikums- und Spezialfonds inländischer Kapitalanlagegesellschaften. Diese Anlagen sind in der Bilanz gesondert in der Position Nr. V **"Kapitalanlagen des Anlagestocks der fondsgebundenen Lebensversicherung"** auszuweisen und zu Tageskursen zu bewerten. Da der Wert des Anlagestocks den Verpflichtungen gegenüber den Versicherungsnehmern entspricht, stimmt diese Position i.d.R. mit der Passivposition Nr. IV "Versicherungstechnische Rückstellungen der fondsgebundenen Lebensversicherung, soweit sie durch den Anlagestock zu bedecken sind" betragsmäßig überein. Über die Verwendung des Anlagestocks sind im Anhang genauere Angaben zu machen (FARNY 1989).

2. Forderungen aus dem Versicherungsgeschäft

Zu den Forderungen aus dem Versicherungsgeschäft gehören die Positionen Nr. VI "Abrechnungsforderungen aus dem Rückversicherungsgeschäft" und Nr. VII "Forderungen aus dem selbst abgeschlossenen Versicherungsgeschäft".

Ein Rückversicherungsverhältnis wird nicht einzelfallbezogen, sondern **kontokorrentmäßig** in gewissen zeitlichen Abständen abgerechnet. Die **Abrechnungsforderungen** umfassen daher die aus dem Rückversicherungsgeschäft mit Vor- und Rückversicherern sowie mit Rückversicherungsmaklern im Zusammenhang mit der aktiven oder passiven Rückversicherung resultierenden Habensalden (FARNY 1989). In die Habensalden fließen dabei Rückversicherungsbeiträge, technische Zinsen, Schäden, Provisionen, Gewinnanteile sowie die Einbehalte und Veränderungsbeträge von Depots ein. Ergibt sich im Abrechnungsverkehr ein Sollsaldo, so ist dieser auf der Passivseite unter der Nr. VI auszuweisen. Im Unterschied zu den Depotforderungen können Abrechnungsforderungen und -verbindlichkeiten gegenüber demselben Unternehmen im Rahmen des § 387 BGB aufgerechnet werden, d.h. sie müssen gegenseitig bestehen, gleichartig und fällig sein (EISOLD 1989).

Die **Forderungen aus dem selbst abgeschlossenen Versicherungsgeschäft** betreffen

- das **Alleingeschäft**, d.h. das von dem bilanzierenden Versicherungsunternehmen allein gezeichnete Versicherungsgeschäft,
- das **Führungseigengeschäft**, d.h. die Anteile an Mitversicherungsgeschäften, die von dem bilanzierenden Versicherungsunternehmen als führender Gesellschaft gezeichnet wurden,
- das **Beteiligungsgeschäft**, d.h. die Anteile an Mitversicherungsgeschäften, die das bilanzierende Versicherungsunternehmen im Wege der offenen Mitversicherung von anderen Versicherern übernommen hat.

Die entsprechende Bilanzposition Nr. VII ist insbesondere zu untergliedern in Forderungen an Versicherungsnehmer und an Versicherungsvertreter. Forderungen an Mitglieds- und Trägerunternehmen treten nur bei Pensions- und Sterbekassen auf und beinhalten beispielsweise von den Mitgliedsunternehmen noch nicht abgeführte Beiträge.

Unter den Forderungen aus dem selbst abgeschlossenen Versicherungsgeschäft an **Versicherungsnehmer** sind die

- Forderungen aus noch nicht eingelösten Versicherungsscheinen,
- Forderungen aus noch nicht bezahlten Folgebeitragsrechnungen sowie
- sonstige Forderungen wie beispielsweise aus Gebühren

auszuweisen. Dabei gehören zu den Versicherungsnehmern auch die Mitglieder eines Versicherungsvereins auf Gegenseitigkeit. Neben diesen "**fälligen Ansprüchen**" müssen innerhalb der Forderungen an Versicherungsnehmer die "**noch nicht fälligen Ansprüche**" gesondert dargestellt werden. Die noch nicht fälligen Ansprüche zeigen an, daß die **Deckungsrückstellung negativ** ist, weil zu Beginn eines Lebensversicherungsvertrages die ungezillmerte Deckungsrückstellung um den Abschlußkostenzuschlag von 35 ‰ reduziert wurde. Der Versicherungsnehmer tilgt diese Abschlußkosten durch einen in den Versicherungsbeitrag eingerechneten, gleichbleibenden Zuschlag. Im Unterschied zu dieser kalkulatorischen Zahlungsweise werden die in der negativen Deckungsrückstellung ausgedrückten Forderungen gegenüber dem Versicherungsnehmer zu Beginn einer Lebensversicherung jedoch sowohl mit den Sparbeiträgen als auch mit den Abschlußkostenzuschlägen verrechnet. Aus diesem Grund nehmen die Forderungen vergleichsweise rasch ab und es entsteht bereits nach einer kurzen Zeitspanne eine positive Deckungsrückstellung.

Allerdings kann sich dieser Zeitraum dadurch verlängern, daß neuere Tarife künstlich erhöhte Rückkaufswerte und damit Deckungsrückstellungen vorsehen, die bilanztechnisch durch eine Forderung gegenüber dem Versicherungsnehmer ausgeglichen werden. Die aktivierten Forderungen unterliegen einem nicht unerheblichen **Ausfallrisiko**, da bei einer Stornierung des Versicherungsvertrages die noch ausstehenden Beträge dem Versicherungsnehmer gegenüber nicht geltend gemacht werden können. Das Lebensversicherungsunternehmen hat daher für die Forderungen ausreichende Wertberichtigungen zu bilden. Maßstab für die Wertberichtigungen sind die Erfahrungen der Vergangenheit (EISOLD/JÄGER 1989).

Die Forderungen aus dem selbst abgeschlossenen Versicherungsgeschäft gegenüber **Versicherungsvertretern** betreffen folgende Personenkreise:

- freie und angestellte Versicherungsvertreter,
- Versicherungsmakler,
- Versicherungsunternehmen (führende Gesellschaft) aufgrund eines offenen Beteiligungsgeschäfts.

Versicherungsunternehmen als führende Gesellschaften im offenen Beteiligungsgeschäft werden wegen der von der führenden Gesellschaft ausgeübten Funktionen wie Inkasso und Schadenregulierung als Vertreter behandelt. Dabei umfassen die Forderungen an Versicherungsvertreter insbesondere

- Provisionsvorschüsse einschließlich vorausgezahlter Provisionen für Versicherungen mit technischem Beginn im Folgejahr,
- Provisionsrückforderungen sowie
- Ansprüche wegen kassierter, aber noch nicht abgeführter Beträge.

Die Aktivierung der im voraus gezahlten Provisionen dient der periodengerechten Zuordnung der Provisionsaufwendungen zu dem Geschäftsjahr, in dem die Versicherungsverträge dem Versicherungsbestand zugehen. Zulässig ist eine Aktivierung allerdings nur, sofern der Rechtsanspruch des Vertreters auf die Provision nicht bereits im abgelaufenen Geschäftsjahr entsteht (DONANDT/RICHTER 1989). Nicht unter den Forderungen aus dem selbst abgeschlossenen Versicherungsgeschäft an Versicherungsvertreter dürfen beispielsweise Darlehens- oder Zins- und Mietforderungen ausgewiesen werden.

3. Weitere Vermögensgegenstände

Die in den Bilanzen der Versicherungsunternehmen enthaltenen weiteren Vermögensgegenstände setzen sich zusammen aus den Positionen "Aufwendungen für die Ingangsetzung und Erweiterung des Geschäftsbetriebs" (Pos. Nr. II), "Immaterielle Vermögensgegenstände" (Pos. Nr. III) sowie "Andere Forderungen und sonstige Vermögensgegenstände" (Pos. Nr. VIII).

Zu den **Aufwendungen für die Ingangsetzung und Erweiterung des Geschäftsbetriebs** gehören alle Aufwendungen für den Aufbau des Innen- und Außendienstes sowie sämtliche im Zuge einer sachlichen und/oder räumlichen Ausdehnung des Geschäftsbetriebs anfallenden Aufwendungen z.B. für Gutachten, die Ausbildung von Mitarbeitern, Werbeaktionen oder den Aufbau einer speziellen Betriebsorganisation (RICHTER/GEIB 1987). Die Aktivierung dieser Aufwendungen ist gemäß § 269 HGB im Sinne einer **Bilanzierungshilfe** möglich. Allerdings sind die aktivierten Beträge zum einen in jedem folgenden Geschäftsjahr zu mindestens 25 % durch Abschreibungen zu tilgen (§ 282 HGB). Zum anderen dürfen im Falle einer Aktivierung Gewinne nur ausgeschüttet werden, wenn die nach der Ausschüttung verbleibenden Gewinnrücklagen unter Berücksichtigung eines Gewinn- resp. Verlustvortrages dem angesetzten Betrag mindestens entsprechen.

Nach einer Sonderregelung des § 36 a VAG dürfen **größere Versicherungsvereine auf Gegenseitigkeit** nur die Errichtungs- und Einrichtungskosten des ersten Geschäftsjahres aktivieren. Während **Errichtungskosten** aufgewendet werden, um den Versicherungsverein rechtlich entstehen zu lassen (z.B. Gerichts- und Notarkosten), setzen **Einrichtungskosten** den Versicherungsverein in die Lage, den Geschäftsbetrieb durchzuführen (z.B. Miete von Geschäftsräumen, Aufstellung von Telefonapparaten, vgl. FRICKE 1989). Zudem ist neben bestimmten betragsmäßigen Obergrenzen für die Aktivierung die **Genehmigung** der Aufsichtsbehörde erforderlich. Das gebildete Aktivum muß innerhalb von fünf Geschäftsjahren abgeschrieben werden, so daß im Unterschied zur allgemeinen Regelung des Handelsgesetzbuches der Mindestabschreibungssatz lediglich 20 % beträgt.

Die Position "**Immaterielle Vermögensgegenstände**" ist in der Bilanz folgendermaßen zu untergliedern:

- Geschäfts- oder Firmenwert,
- sonstige immaterielle Vermögenswerte.

Obwohl nach dem Vollständigkeitsgrundsatz des § 246 Abs. 1 HGB eine Aktivierungspflicht für entgeltlich erworbene immaterielle Vermögensgegenstände besteht, gilt für einen **erworbenen Geschäfts- oder Firmenwert** ein Aktivierungswahlrecht (§ 255 Abs. 4 HGB). Der Geschäfts- oder Firmenwert entspricht dabei dem Betrag, um den die für die Übernahme eines Unternehmens erbrachte Gegenleistung den Wert der einzelnen Vermögensgegenstände des Unternehmens abzüglich der Schulden übersteigt. In den Folgejahren muß ein aktivierter Geschäfts- oder Firmenwert abgeschrieben werden. Zu den **sonstigen immateriellen Vermögensgegenständen** gehören beispielsweise der Kaufpreis für den Erwerb eines Versicherungsbestandes, entgeltlich erworbene EDV-Software sowie Anzahlungen auf diese immateriellen Vermögensgegenstände (FRICKE 1989).

Nicht entgeltlich erworbene immaterielle Vermögensgegenstände des Anlagevermögens dürfen nach § 248 Abs. 1 HGB nicht aktiviert werden. Da in den Bilanzen der Versicherungsunternehmen nicht explizit zwischen Anlage- und Umlaufvermögen unterschieden wird, ist bei jedem selbst erstellten immateriellen Vermögensgegenstand zu untersuchen, ob er zum Anlage- oder zum Umlaufvermögen gehört. Beispielsweise sind der Versicherungsbestand, die Außenorganisation und die selbst entwickelte Software dem Anlagevermögen zuzuordnen, so daß für diese Vermögenswerte ein Aktivierungsverbot besteht.

In der Position "**Andere Forderungen und sonstige Vermögensgegenstände**" werden alle nicht anderweitig erfaßten Gegenstände bilanziert. Folgende Untergliederung dieser Sammelposition ist erforderlich:

- Betriebs- und Geschäftsausstattung,
- Schecks, Kassenbestand, Bundesbank- und Postgiroguthaben,
- laufende Guthaben bei Kreditinstituten,
- eigene Anteile,
- Forderungen an die ausländische Generaldirektion,
- Zins- und Mietforderungen,
- sonstige Forderungen und Vermögensgegenstände.

Die Unterposition "**Betriebs- und Geschäftsausstattung**" enthält die gesamten Betriebsmittel eines Versicherungsunternehmens. Selbst genutzte Betriebsgebäude werden jedoch nicht in dieser Position, sondern unter den Kapitalanlagen ausgewiesen. Die liquiden Mittel eines Versicherungsunternehmens werden in den Unterpositionen "**Schecks, Kassenbestand, Bundesbank- und Postgiroguthaben**" sowie "**laufende Guthaben bei Kreditinstituten**" erfaßt. Dabei gehen in die letztgenannt Position nur die ständig verfügbaren Guthaben ein. Fest-, Termingelder und Sparguthaben sind dagegen als gesonderte Unterposition zu den Kapitalanlagen zu bilanzieren.

Die "**eigene(n) Aktien**" stellen eine Korrekturposition zu dem passivseitig ausgewiesenen Grundkapital einer Versicherungs-Aktiengesellschaft dar. Dabei darf eine Aktiengesellschaft eigene Aktien nur in Ausnahmefällen, nur bis zu bestimmten Höchstgrenzen und nur bei gleichzeitiger Bildung einer Rücklage für eigene Aktien erwerben resp. besitzen. Die Unterposition "**Forderungen gegen die ausländische Generaldirektion**" betrifft nur die deutschen Niederlassungen ausländischer Versicherungsunternehmen und enthält den Aktivsaldo des Verrechnungskontos aus dem Geschäftsverkehr mit der Generaldirektion sowie mit anderen ausländischen Niederlassungen mit Ausnahme der Abrechnungssalden aus dem aktiven und passiven Rückversicherungsgeschäft, die unter der entsprechenden Aktiv- resp. Passivposition auszuweisen sind. Wirtschaftlich verkörpert eine Forderung gegen die ausländische Generaldirektion keinen effektiven Zahlungsanspruch. Vielmehr handelt es sich um eine **aktive Ausgleichsposition** der Bilanz, die aus dem rechtlich unselbständigen Charakter der inländischen Niederlassung resultiert (FRICKE 1989).

In der Unterposition "**Zins- und Mietforderungen**" sind sowohl die fälligen, jedoch rückständigen Mieten und Zinsen als auch die das laufende Jahr betreffenden, aber erst im nächsten Jahr fälligen

Erträge auszuweisen. Diese Position enthält die gesamten **nachträglich zahlbaren Zinsen auf Darlehen und Wertpapiere**, die folglich nicht unmittelbar unter den Kapitalanlagen erfaßt werden. Unter den "**sonstige(n) Forderungen und Vermögensgegenstände(n)**" sind schließlich alle übrigen Vermögensteile zu bilanzieren. Beispielsweise gehören zu den sonstigen Forderungen:

- Forderungen aus Dienstleistungsverträgen mit verbundenen und anderen Unternehmen z.B. aus der Versicherungsvermittlung,
- Kredite an Vorstands- und Aufsichtsratsmitglieder sowie Darlehen und Gehaltsvorschüsse an Mitarbeiter, sofern diese nicht zu den Hypotheken-, Grundschuld- und Rentenschuldforderungen gehören,
- im voraus erbrachte Versicherungsleistungen,
- geleistete Kautionen,
- Beträge, die von dem bilanzierenden Versicherungsunternehmen einem Versicherungsverein auf Gegenseitigkeit als Gründungsstock zur Verfügung gestellt worden sind.

Als sonstige Vermögensgegenstände sind primär die Vorräte zu bilanzieren.

4. Die Korrekturpositionen

Die Korrekturpositionen dienen in Versicherungsunternehmen der Korrektur des Eigenkapitals und der Ermittlung des periodengerechten Jahresüberschusses. Zu den **Eigenkapitalkorrekturpositionen** gehören neben den eigenen Anteilen, die unter den anderen Forderungen und sonstigen Vermögensgegenständen erfaßt werden, die Positionen Nr. I "Ausstehende Einlagen auf das gezeichnete Kapital" und Nr. XI "Nicht durch Eigenkapital gedeckter Fehlbetrag gemäß § 268 Abs. 3 HGB".

Unter den **ausstehenden Einlagen auf das gezeichnete Kapital** ist das Volumen der in Versicherungs-Aktiengesellschaften nicht voll eingezahlten Aktien auszuweisen; ergänzend sind die zum Zeitpunkt der Bilanzaufstellung eingeforderten Beträge anzugeben. Dabei treten ausstehende Einlagen auf, wenn das Grundkapital in erster Linie Sicherungszwecken dient und zur Finanzierung des Betriebsgeschehens nicht unmittelbar benötigt wird (FARNY 1989). Bei Versicherungsvereinen auf Gegenseitigkeit sind in dieser Position die Wechsel der Zeichner des Gründungsstocks zu bilanzieren, die auszustellen sind, sofern die in der Zeichnungserklärung übernommene Verpflichtung zur Aufbringung des Gründungsstocks noch nicht erfüllt ist.

Gemäß § 272 Abs. 1 HGB besteht die Möglichkeit, die nicht eingeforderten ausstehenden Einlagen von dem Posten "Gezeichnetes Kapital" offen abzusetzen. In diesem Fall ist der eingeforderte, jedoch noch nicht eingezahlte Betrag in der Aktivposition "Andere Forderungen und Vermögensgegenstände" auszuweisen (FRICKE 1989).

Der Periodenverlust eines Versicherungsunternehmens muß zunächst mit dem passivierten Eigenkapital verrechnet werden. Daher ist ein **nicht durch Eigenkapital gedeckter Fehlbetrag** nur zu aktivieren, wenn die Verluste das verfügbare Eigenkapital übersteigen. Das Versicherungsunternehmen befindet sich in diesem Fall im Zustand der **Überschuldung** und muß dies nach § 88 Abs. 2 VAG unverzüglich der Aufsichtsbehörde mitteilen. Einen Antrag auf Konkurseröffnung kann ebenso wie bei Kreditinstituten nur die jeweils zuständige Aufsichtsinstanz stellen.

Die Korrekturpositionen zur **Ermittlung des periodengerechten Jahresüberschusses** setzen sich aus der Position Nr. IX "Rechnungsabgrenzungsposten" und der Position Nr. X "Voraussichtliche Steuerentlastung nachfolgender Geschäftsjahre gemäß § 274 Abs. 2 HGB" zusammen. Der **Rechnungsabgrenzungsposten** dient der periodengerechten Zuordnung der Ein- und Auszahlungen zu den Erträgen und Aufwendungen. Gemäß § 250 HGB dürfen im Rechnungsabgrenzungsposten nur sog. **transitorische Vorgänge** erfaßt werden, bei denen die Zahlungs- den erfolgswirtschaftlichen Vorgängen vorausgehen. Bei dem aktiven Rechnungsabgrenzungsposten liegen daher die Auszahlungen vor den Aufwendungen, beispielsweise aufgrund im voraus gezahlter Gehälter oder Mieten. Das getrennt auszuweisende Disagio auf Verbindlichkeiten besitzt in Versicherungsunternehmen nur eine untergeordnete Bedeutung. Ein Aktivierungswahlrecht besteht schließlich für die sog. **latenten Steuern**, wenn im Geschäftsjahr der steuerpflichtige den handelsrechtlichen Gewinn übersteigt und der daraus resultierende höhere Steueraufwand in den Folgejahren voraussichtlich durch eine entgegengesetzte Konstellation ausgeglichen wird.

II. Die Positionen der Passivseite

1. Das Eigenkapital und die eigenkapitalähnlichen Positionen

Die Passivposition Nr. I "**Eigenkapital**" (vgl. Abb. 11.2) setzt sich aus den Unterpositionen

- Gezeichnetes Kapital,
- Kapitalrücklage,
- Gewinnrücklagen,
- Gewinnvortrag / Verlustvortrag und
- Jahresüberschuß / Jahresfehlbetrag

zusammen.

Versicherungs-Aktiengesellschaften haben als **gezeichnetes Kapital** das "**Grundkapital**", **Versicherungsvereine auf Gegenseitigkeit** den "**Gründungsstock**" auszuweisen. Der Gründungsstock ist ein rechtsformspezifisches Instrument der Gründungsfinanzierung. Er wird von den Garanten in bar oder durch die Hingabe von Wechseln aufgebracht und dient der Finanzierung des Betriebsgeschehens sowie als Sicherheitsmittel im Falle von Verlusten. Sofern keine Schenkung vorliegt, wird der Gründungsstock gleichzeitig mit dem Aufbau einer Verlustrücklage zurückgezahlt, wobei gewährleistet sein muß, daß der verbleibende Gründungsstock und die Verlustrücklage insgesamt den ursprünglichen Nominalbetrag des Gründungsstocks ergeben.

I. Eigenkapital
1. Gezeichnetes Kapital
2. Kapitalrücklage
davon Rücklage gemäß § 5 Abs. 5 Nr. 3 VAG
3. Gewinnrücklagen
a) gesetzliche Rücklage
b) Rücklage für eigene Anteile
c) satzungsmäßige Rücklagen
d) Rücklage gemäß § 58 Abs. 2 a AktG
e) andere Gewinnrücklagen
4. Gewinnvortrag/Verlustvortrag
5. Jahresüberschuß/Jahresfehlbetrag

II. Sonderposten mit Rücklageanteil
a) Genußrechtskapital

III. Versicherungstechnische Rückstellungen, soweit sie nicht zu Posten IV gehören
1. Beitragsüberträge
a) für das selbst abgeschlossene Versicherungsgeschäft - brutto -
davon ab: Anteil für das in Rückdeckung gegebene Versicherungsgeschäft
b) für das in Rückdeckung übernommene Versicherungsgeschäft - brutto -
davon ab: Anteil für das in Rückdeckung gegebene Versicherungsgeschäft

2. Deckungsrückstellung
a) für das selbst abgeschlossene Versicherungsheschäft - brutto -
davon ab: Anteil für das in Rückdeckung gegebene Versicherungsgeschäft
b) für das in Rückdeckung übernommene Versicherungsgeschäft - brutto -
davon ab: Anteil für das in Rückdeckung gegebene Versicherungsgeschäft

3. Rückstellungen für noch nicht abgewickelte
a) Versicherungsfälle des selbst abgeschlossenen Versicherungsgeschäfts - brutto -
davon Renten-Deckungsrückstellung
davon ab: Anteil für das in Rückdeckung gegebene Versicherungsgeschäft
b) Versicherungsfälle des in Rückdeckung übernommenen Versicherungsgeschäfts - brutto -
davon ab: Anteil für das in Rückdeckung gegebene Versicherungsgeschäft
c) Rückkäufe, Rückgewährbeträge und Austrittsvergütungen - brutto -
davon ab: Anteil für das in Rückdeckung gegebene Versicherungsgeschäft

4. Schwankungsrückstellung

5. Rückstellung für Beitragsrückerstattung
a) erfolgsunabhängig - brutto -
davon ab: Anteil für das in Rückdeckung gegebene Versicherungsgeschäft
b) erfolgsabhängig - brutto -
davon ab: Anteil für das in Rückdeckung gegebene Versicherungsgeschäft

6. sonstige versicherungstechnische Rückstellungen - brutto -
davon ab: Anteil für das in Rückdeckung gegebene Versicherungsgeschäft

IV. Versicherungstechnische Rückstellungen der fondsgebundenen Lebensversicherung, soweit sie durch den Anlagestock zu bedecken sind
1. Deckungsrückstellungen - brutto -
davon Depotverbindlichkeiten
2. übrige versicherungstechnische Rückstellungen - brutto -
davon ab: Anteil für das in Rückdeckung gegebene Versicherungsgeschäft

V. Depotverbindlichkeiten aus dem in Rückdeckung gegebenen Versicherungsgeschäft, soweit sie nicht zu Posten III Nr. 2 Buchstabe a oder Posten IV Nr. 1 gehören

VI. Abrechnungsverbindlichkeiten aus dem Rückversicherungsgeschäft

VII. Verbindlichkeiten aus dem selbst abgeschlossenen Versicherungsgeschäft gegenüber
1. Versicherungsnehmern
2. Mitglieds- und Trägerunternehmen
3. Versicherungsvertretern

VIII. Andere Rückstellungen
1. Rückstellungen für Pensionen und ähnliche Verpflichtungen
2. Steuerrückstellungen
3. Rückstellung für voraussichtliche Steuerbelastung nachfolgender Geschäftsjahre gemäß § 274 Abs. 1 HGB
4. sonstige Rückstellungen

IX. Andere Verbindlichkeiten
1. Anleihen
davon konvertibel
2. Verbindlichkeiten aus Hypotheken, Grund- und Rentenschulden
3. Verbindlichkeiten aus der Annahme gezogener Wechsel und der Ausstellung eigener Wechsel
4. Verbindlichkeiten gegenüber Kreditinstituten
5. Verbindlichkeiten gegenüber der ausländischen Generaldirektion
6. sonstige Verbindlichkeiten
davon aus Steuern
davon im Rahmen der sozialen Sicherheit

X. Rechnungsabgrenzungsposten

Abb. 11.2: Passivpositionen der Bilanz eines Versicherungsunternehmens

Nach Abschluß der Phase der Gründungsfinanzierung verschwindet der Gründungsstock, so daß die entsprechende Bilanzposition leer bleibt (FARNY 1989). **Öffentlich-rechtliche Versicherungsunternehmen** verfügen i.d.R. über kein gezeichnetes Kapital, bei **inländischen Niederlassungen ausländischer Versicherungsunternehmen** tritt schließlich an die Stelle des gezeichneten Kapitals die geleistete "**feste Kaution**".

Das gezeichnete Kapital ist prinzipiell in seiner nominellen Höhe auszuweisen. Ausstehende Einlagen sind entweder zu aktivieren oder in Höhe des noch nicht eingeforderten Teils vom gezeichneten Kapital abzuziehen. Im letztgenannten Fall erscheint auf der Passivseite in der Hauptspalte nur das eingeforderte Kapital; der eingeforderte, aber noch nicht eingezahlte Betrag ist aktivseitig unter den anderen Forderungen gesondert zu zeigen (§ 272 Abs. 1 HGB).

In der **Kapitalrücklage** sind die dem Versicherungsunternehmen von außen zugeflossenen Haftungsmittel zu bilanzieren, soweit sie nicht dem gezeichneten Kapital zuzurechnen sind. Insbesondere enthält die Kapitalrücklage die bei der Ausgabe von Aktien im Falle von Überpariemissionen erzielten Aufgelder, die Erlöse für Wandlungs- und Optionsrechte zum Erwerb von Anteilen bei der Ausgabe von Schuldverschreibungen sowie sonstige Zuzahlungen der Gesellschafter in das Eigenkapital (vgl. § 272 Abs. 2 HGB). In die letztgenannte Kategorie gehört bei Versicherungsunternehmen auch der sog. **Organisationsfonds**, der von den Beteiligungskapitalgebern unter ausdrücklichem Verzicht auf Rückzahlung, Tilgung und Gewinnbeteiligung zusätzlich zu den eigentlichen Einlagen bereitgestellt wird. Bei dem Organisationsfonds handelt es sich um zweckgebundenes Eigenkapital, das i.d.R. zum kurzfristigen Verzehr, beispielsweise zum Aufbau der Verwaltung und des Vertreternetzes, bestimmt ist. In dem Umfang, in dem entsprechende Auszahlungen getätigt werden, wird der Organisationsfonds aufgelöst (FRICKE 1989).

Die **Gewinnrücklagen** enthalten diejenigen Teile des Eigenkapitals, die im laufenden oder in einem früheren Geschäftsjahr aus dem Ergebnis gebildet worden sind. Ebenso wie in Kreditinstituten zerfallen die Gewinnrücklagen in die gesetzliche Rücklage, die Rücklage für eigene Anteile, die satzungsmäßigen Rücklagen und die anderen Gewinnrücklagen. Bei Versicherungsvereinen auf Gegenseitigkeit tritt an die Stelle der gesetzlichen Rücklage die "Verlustrücklage", bei öffentlich-rechtlichen Versicherungsunternehmen die "Sicherheitsrücklage", deren Zuführungen und Mindestbeträge jeweils in den Satzungen geregelt sind. Ferner sieht das Formblatt für Versicherungsuntenehmen in der Rechtsform einer Aktiengesellschaft eine "**Rücklage gemäß § 58 Abs. 2 a AktG**" vor, in die der Eigenkapitalanteil von Wertaufholungen gemäß § 280 HGB eingestellt werden kann. Ebenso ist es jedoch möglich, den Posten im Anhang anzugeben und die entsprechenden Beträge unter den anderen Gewinnrücklagen auszuweisen.

Nach den Bilanzierungsrichtlinien dürfen Versicherungsunternehmen die Bilanz vor oder nach der teilweisen oder vollständigen Verwendungen des Jahresergebnisses aufstellen. Bei Erstellung der Bilanz nach **vollständiger Verwendung** des Ergebnisses, insbesondere für die Dotierung der Rücklagen oder die Ausschüttung von Dividenden, entfallen die Unterpositionen Jahresüberschuß/-fehlbetrag und Gewinn-/Verlustvortrag; im Falle einer **teilweisen Verwendung** des Jahresergeb nisses sind sie insgesamt durch die Position "Bilanzgewinn" oder "Bilanzverlust" zu ersetzen (§ 268 Abs. 1 HGB).

Zu den **eigenkapitalähnlichen Positionen** gehören der "Sonderposten mit Rücklageanteil" und das "Genußrechtskapital". Der **Sonderposten mit Rücklageanteil** kann dabei zum einen die sog. steuerfreien Rücklagen, zum anderen die über die handelsrechtlichen Vorschriften hinausgehenden steuerlich bedingten Wertberichtigungen enthalten. In die Position **Genußrechtskapital** sind schließlich diejenigen Genußrechte einzustellen, die aufsichtsrechtlich zu den Eigenmitteln gemäß § 53 c Abs. 3 a VAG zählen. Genußrechte, bei denen nicht der Eigenkapital-, sondern der Fremdkapitalcharakter überwiegt, sollten dagegen als andere Verbindlichkeiten ausgewiesen werden (FRICKE 1989, RICHTER/GEIB 1987).

2. Die versicherungstechnischen Rückstellungen

Bei den versicherungstechnischen Rückstellungen (Pos. Nr. III und IV) handelt es sich um der Höhe nach **ungewisse Verpflichtungen aus dem Versicherungsgeschäft**. In der Regel bilden die versicherungstechnischen Rückstellungen den größten Passivposten der Versicherungsbilanz. Dabei ist die Bezeichnung "Rückstellung" unpräzise, denn teilweise haben die Positionen auch den Charakter von Rechnungsabgrenzungsposten oder Verbindlichkeiten. Im einzelnen ergeben sich die versicherungstechnischen Rückstellungen

- aus dem in Zunkunft noch abstrakt zu gewährenden Versicherungsschutz (Beitragsüberträge, Schwankungsrückstellung),
- aus der in Zukunft konkret erforderlichen Auszahlung von Versicherungsleistungen, weil ein Versicherungsfall bereits eingetreten ist (Rückstellung für noch nicht abgewickelte Versicherungsfälle und Rückkäufe),
- aus den Verpflichtungen im Rahmen des Spar- und Entspargeschäftes (Deckungsrückstellung) sowie
- aus der Verpflichtung zur Auszahlung von Gewinnanteilen (Rückstellung für Beitragsrückerstattung).

Auszuweisen sind in den Versicherungsbilanzen die auf das bilanzierende Unternehmen netto entfallenden Verpflichtungen ("**für eigene Rechnung**"), wobei die von Rückversicherern übernommenen Anteile sichtbar in Vorspalten von den Bruttobeträgen abgezogen werden müssen. Lediglich für die Deckungsrückstellung und die Rückstellung für Beitragsrückerstattung in der Lebensversicherung gilt das Bruttoprinzip.

a) Beitragsüberträge

Die Versicherungsprämien werden jeweils zum Beginn einer Versicherungsperiode fällig. Da der Zeitraum, auf den sich die Beiträge beziehen, häufig nicht mit dem Geschäftsjahr, für das das Versicherungsunternehmen den Jahresabschluß erstellt, übereinstimmt, müssen die Teile der Prämien, die das Folgejahr betreffen, abgegrenzt werden. Bei den abgegrenzten, als Beitragsüberträge bezeichneten Teilen der Prämien handelt es sich um echte **passive Rechnungsabgrenzungsposten**, die im alten Geschäftsjahr gebildet und im neuen Geschäftsjahr erfolgswirksam aufgelöst werden. Beitragsüberträge können unabhängig von der Zahlungsweise, d.h. sowohl bei jährlicher als auch bei unterjähriger Beitragszahlung, auftreten. Sie entfallen lediglich bei kurzfristigen, innerhalb der Rechnungsperiode beendeten Versicherungsverhältnissen und im Fall einer Identität von Geschäfts- und Versicherungsjahr.

Mit Ausnahme der Lebens-, Kranken- und Rückversicherungsunternehmen sowie der Pensions- und Sterbekassen müssen die Beitragsüberträge in der Bilanz nach dem selbst abgeschlossenen und dem in Rückdeckung übernommenen Geschäft differenziert werden. Von den in der Vorspalte auszuweisenden Brutto-Beitragsüberträgen sind die Anteile der Rückversicherer abzusetzen, so daß die Hauptspalte die Netto-Beitragsüberträge enthält. Die Rückversicherungsanteile an den Beitragsüberträgen verkörpern dabei letztlich einen - passivisch abgesetzten - aktiven Rechnungsabgrenzungsposten, da sie Ausgaben beinhalten, die erst eine bestimmte Zeit nach dem Abschlußstichtag zu Aufwand werden (DONANDT/RICHTER 1989).

Die Berechnung der zu übertragenden Beitragsteile erfolgt i.d.R. nach dem Verhältnis des am Abschlußstichtag noch nicht abgelaufenen Teils des Versicherungszeitraums zur gesamten Periode, für die der Beitrag gezahlt wurde. Die rein **zeitanteilige Abgrenzung** der Prämien ist mit dem Vorteil der einfachen Handhabung verbunden, sie ist jedoch nicht in Versicherungszweigen geeignet, die Schwankungen im Risikoverlauf aufweisen (z.B. Sturmversicherung, Leitungswasserversicherung). Dabei sind die Beitragsüberträge grundsätzlich das Ergebnis einer **Einzelberechnung**, d.h. der auf das Folgejahr bzw. die Folgejahre zu übertragende Beitragsteil wird für jeden Versicherungsvertrag exakt nach Tagen oder Monaten ermittelt (pro rate temporis-Methode). Beginnt das Versicherungsjahr beispielsweise am 1.4. und beträgt die jährliche Prämie 1.200,-- DM, so fallen 3/12 des Jahresbeitrages (300,-- DM) in das kommende Geschäftsjahr.

Wegen des mit der Einzelberechnung verbundenen erheblichen Aufwandes können jedoch auch **Näherungsverfahren** eingesetzt werden, wenn anzunehmen ist, daß diese Verfahren zu annähernd gleichen Ergebnissen führen. Zu unterscheiden sind die beiden folgenden Berechnungsmethoden (DONANDT/RICHTER 1989):

- Bei der **Pauschalmethode**, die nur in Versicherungszweigen mit überwiegend kurzfristigen Versicherungsverträgen angewendet werden kann, ergibt sich der abzugrenzende Beitragsteil aus der Multiplikation der gesamten Beitragseinnahmen eines Geschäftsjahres mit einem bestimmten Prozentsatz, dem sog. BÜ-Satz. Es wird dabei unterstellt, daß sich die Beitragsfälligkeiten in etwa gleichmäßig über das Jahr verteilen, so daß die Beitragsüberträge 50 % der Prämienzahlungen ausmachen.
- Im Rahmen der **Bruchteilmethode** werden die Beiträge je nach Fälligkeit bestimmten Zeitabschnitten eines Geschäftsjahres zugeordnet und die Beiträgsüberträge in Bruchteilen dieser Beiträge ermittelt, wobei die Höhe der Bruchteile von der Größe der Zeitabschnitte abhängt. Beispielsweise liegt der 1/24 Methode die Unterstellung zugrunde, daß die Beiträge gleichmäßig während eines Monats, durchschnittlich also zur Monatsmitte fällig werden, so daß von den Januarbeiträgen 1/24, von den Februarbeiträgen 3/24 usw. abzugrenzen sind. Demgegenüber geht die 1/12-Methode davon aus, daß die Beiträge am Monatsanfang oder am Monatsende fällig sind; die 1/8-Methode unterstellt schließlich, daß die quartalsweise zusammengefaßten Beiträge im Durchschnitt

zur Mitte eines Quartals fällig werden und demzufolge von den Beiträgen des ersten Quartals 1/8, des zweiten Quartals 3/8 usw. auf das kommende Jahr entfallen.

In den Beitragsüberträgen dürfen nur die **übertragungsfähigen Teile** der Prämien enthalten sein. Auszugehen ist dabei vom Tarifbeitrag, d.h. demjenigen Beitrag, der keinen Ratenzuschlag für unterjährige Beitragszahlung enthält. In die Lebensversicherungsprämie wird darüber hinaus ein Zuschlag für das Inkasso der Beiträge eingerechnet. Da die Kosten für den Beitragseinzug in voller Höhe im alten Geschäftsjahr angefallen sind, muß der entsprechende Zuschlag bis zu einer Höhe von 4 % bei der Berechnung der Beitragsüberträge weggelassen werden (EISOLD/JÄGER 1989). Ebenso sind bei den übrigen Erstversicherungsunternehmen 85 % der Provisionen und sonstigen Bezüge der Vertreter nicht übertragungsfähig.

b) Deckungsrückstellung

In die Deckungsrückstellung, die auch als Deckungskapital, Deckungsrücklage oder Prämienreserve bezeichnet wird, fließen die zur Abwicklung des Kapitaltransfers erforderlichen Mittel. Die jährliche Prämie einer **Lebensversicherung** setzt sich aus dem Nettobeitrag zur Deckung des versicherten Risikos sowie - bei einer kapitalbildenden Versicherung - zur Ansparung der Versicherungssumme und Kostenzuschlägen zusammen. Die Deckungsrückstellung der Lebensversicherer enthält daher drei Teile:

- die eingezahlten und verzinsten **Guthaben** der Versicherungsnehmer aus Sparprozessen (gemischte Versicherung, Todesfallversicherung) und aus Entsparprozessen (Leibrentenversicherung),
- die abzugrenzenden **Risikoprämien**, d.h. die Differenzen zwischen den während der Vertragslaufzeit konstanten Versicherungsbeiträgen und den mit dem Lebensalter natürlicherweise ansteigenden effektiv erforderlichen Risikozahlungen,
- die noch nicht getilgten **Abschlußkosten**, mit denen der Versicherte unmittelbar beim Beginn der Versicherung belastet wird.

Die in der Deckungsrückstellung angesammelten Beträge werden mit dem **Rechnungszinsfuß** aufgezinst. Dieser beträgt bei älteren Tarifen i.d.R. 3 % und bei neueren Tarifen 3,5 %.

In der Lebensversicherung sind die sog. ungezillmerte und die gezillmerte Deckungsrückstellung zu unterscheiden. Das Volumen der **ungezillmerten Deckungsrückstellung** gibt die gesamten Spar- und Risikobeiträge wieder, die in der Vergangenheit vereinnahmt ($\text{Beiträge}_{\text{Ver}}$), aber noch nicht verbraucht wurden ($\text{Leistungen}_{\text{Ver}}$):

$$\textbf{Deckungsrückstellung} = \textbf{Beiträge}_{\text{Ver}} - \textbf{Leistungen}_{\text{Ver}}$$

Über die gesamte Vertragslaufzeit gleichen sich die Prämien und die Leistungen aus, so daß die Deckungsrückstellung im Sinne der Differenz zwischen den vereinnahmten Beiträgen und den erbrachten Leistungen der Differenz zwischen den zukünftigen Leistungen ($\text{Leistungen}_{\text{Zu}}$) und den zukünftigen Spar- und Risikobeiträge ($\text{Beiträge}_{\text{Zu}}$) entspricht:

$$\text{Beiträge}_{Ver} - \text{Leistungen}_{Ver} = \text{Leistungen}_{Zu} - \text{Beiträge}_{Zu}$$

Prospektiv wird die Deckungsrückstellung im technischen Geschäftsplan betrachtet. Danach ergibt sich die Deckungsrückstellung für einen bestimmten Berechnungszeitpunkt als Differenz zwischen dem versicherungsmathematischen **Barwert der versicherten Leistung** und dem **Barwert der künftigen Prämieneinzahlungen**. Die versicherungsmathematischen Barwerte sind dabei das Resultat der Abzinsung mit dem Rechnungszinsfuß und der Gewichtung der ausstehenden Versicherungsleistungen und -beiträge mit den Erlebens- bzw. Sterbewahrscheinlichkeiten, die aus den jeweils relevanten Sterbetafeln entnommen werden (EISOLD/JÄGER 1989).

Bei der ungezillmerten Deckungsrückstellung stimmt zu Beginn einer Versicherung der Barwert der Versicherungsleistungen mit dem Barwert der Beiträge überein, so daß die Deckungsrückstellung einen Wert von Null DM annimmt. Eine größere praktischere Bedeutung hat jedoch die **gezillmerte Deckungsrückstellung**. Unter dem Zillmerverfahren, das den Namen des Versicherungsmathematikers Zillmer (1831 - 1893) trägt, ist die versicherungsmathematische Verrechnung eines Teils der Abschlußkosten zu verstehen. Die Abschlußprovision fällt zwar zu Beginn einer Versicherung an, der Versicherte tilgt sie jedoch kontinuierlich über einen in den Versicherungsbeiträgen enthaltenen Zuschlag. Durch die Zillmerung wird der Versicherungsnehmer mit dem "Kreditsaldo", d.h. den jeweils noch nicht getilgten Abschlußkosten belastet, um den sich die ungezillmerte Deckungsrückstellung vermindert. Die Differenz zwischen der ungezillmerten Deckungsrückstellung und den noch nicht beglichenen Abschlußkosten ergibt die gezillmerte Deckungsrückstellung.

Der Versicherte kann aufgrund des vom BAV genehmigten Geschäftsplans zu Versicherungsbeginn maximal mit Anschaffungskosten in Höhe von **35 ‰** der Versicherungssumme belastet werden. Um diese 35 ‰ vermindert sich die ungezillmerte Deckungsrückstellung zu Versicherungsbeginn, sie wird also negativ. Der negative Betrag ist in der Versicherungsbilanz unter der Position "Forderungen aus dem selbst abgeschlossenen Geschäft an Versicherungsnehmer" zu aktivieren, auf der Passivseite wird die Deckungsrückstellung für solche Lebensversicherungsverträge auf Null DM gesetzt (EISOLD/JÄGER 1989). Der Abzugsbetrag vermindert sich im Laufe der Zeit um die mit den Beiträgen eingehenden Abschlußkostenzuschlägen unter Berücksichtigung der rechnungsmäßigen Verzinsung. Die gezillmerte Deckungsrückstellung ist somit stets kleiner als die ungezillmerte Deckungsrückstellung, erst zum Ende der Beitragszahlung stimmen beide Größen überein.

Ebenso wie die ungezillmerte Deckungsrückstellung kann auch der Zillmerzuschlag prospektiv formuliert werden. Er entspricht dann dem versicherungsmathematischen Barwert der künftig eingehenden Abschlußkostenzuschläge. Da in die gezillmerte Deckungsrückstellung nicht nur die Spar- und die abgegrenzten Risikobeiträge, sondern zusätzlich auch bestimmte Teile der Abschlußkosten einfließen, ist sie zur Beurteilung des Wertes einer Versicherung eher als die ungezillmerte Deckungsrückstellung geeignet. Daher bildet die gezillmerte Deckungsrückstellung auch traditionell die Basis zur Ermittlung des Rückkaufswerts oder der beitragsfreien Versicherungssumme. Allerdings gelten für vermögensbildende Lebensversicherungen und für die ab 1986 vom BAV vorgeschriebene Tarifgeneration künstlich erhöhte Rückkaufswerte (65 % der ab dem zweiten Versicherungsjahr gezahlten oder 50 % sämtlicher Beiträge), die als Deckungsrückstellung auszuweisen sind, solange die gezillmerte Deckungsrückstellung diese Beträge noch nicht erreicht. Der Unterschiedsbetrag zu der geringeren gezillmerten Deckungsrückstellung ist dann unter den Forderungen an Versicherungsnehmer zu aktivieren.

Die Lebensversicherer müssen nach § 67 VAG die Deckungsrückstellung brutto berechnen und den Deckungsstock brutto aufbewahren und verwalten. Die auf die Rückversicherer entfallenden Anteile werden als "Depotverbindlichkeiten" nachrichtlich bei der Deckungsrückstellung angegeben (FARNY 1989).

In der **Krankenversicherung** ist als Deckungsrückstellung insbesondere die sog. **Alterungsrückstellung** auszuweisen. Sie ist erforderlich, da einerseits der Versicherungsbeitrag, dessen Höhe vom Eintrittsalter des Versicherten abhängt, während der gesamten Vertragsdauer konstant bleibt, andererseits jedoch das Krankheitsrisiko mit zunehmendem Alter wächst. In die Alterungsrückstellung fließen somit Teile der anfänglich zu hohen Prämien; zur Auffüllung der nicht mehr ausreichenden Prämien wird die Alterungsrückstellung später wieder aufgelöst (HEUBAUM 1989). Bei **Schaden- und Unfallversicherern** kommt die Deckungsrückstellung schließlich nur bei den relativ seltenen **Versicherungszweigen mit Sparkapitalbildung** in Betracht. In diese Kategorie gehören beispielsweise die Unfallversicherung mit Beitragsrückgewähr, die lebenslängliche Hausratversicherung und die lebenslängliche Verkehrsmittel-Unfallversicherung. In den beiden letztgenannten Fällen hat der Versicherungsnehmer einen Einmalbeitrag zu entrichten, der über die Deckungsrückstellung der sukzessiven Abdeckung des Risikos dient. In der Unfallversicherung mit Beitragsrückgewähr werden nahezu alle eingezahlten Beiträge bei Erreichen eines bestimmten Alters oder im Falle eines vorherigen Todes des Versicherten zurückerstattet, so daß hier ebenso wie in der kapitalbildenden Lebensversicherung ein Sparvorgang abläuft (DONANDT/RICHTER 1989).

c) Schadenrückstellung

Die Rückstellung für noch nicht abgewickelte Versicherungsfälle, Rückkäufe, Rückgewährbeträge und Austrittsvergütungen (Schadenrückstellung) enthält **künftige Zahlungsverpflichtungen** aus Versicherungsfällen des Geschäftsjahres und der Vorjahre, d.h. Verpflichtungen aus Versicherungsfällen, bei denen die Höhe der Versicherungsleistungen noch nicht exakt bekannt ist und/oder die noch nicht erledigt sind. Bei den Schadenrückstellungen handelt es sich damit um Rückstellungen für ungewisse Verbindlichkeiten im Sinne des § 249 Abs. 1 HGB. Im wesentlichen ist eine Schadenrückstellung zu bilden für:

- am Bilanzstichtag **bekannte** Versicherungsfälle,
- bis zum Bilanzstichtag eingetretene, aber **noch nicht gemeldete** Versicherungsfälle,
- die bei der Abwicklung der Versicherungsfälle noch zu erwartenden **Schadenregulierungsaufwendungen**.

Die Schadenrückstellung hat ihren Ursprung in der Zeitspanne zwischen dem Eintritt eines Versicherungsfalles und der Auszahlung der Versicherungsleistung, d.h. in dem notwendigen Zeitbedarf für die Meldung des Versicherungsfalles und die Regulierung des Schadens. Folglich besitzt sie eine umso größere Bedeutung, je mehr Zeit in den einzelnen Versicherungszweigen für die Feststellung und Bewertung des Schadens erforderlich ist (FARNY 1989).

Schadenrückstellungen für noch nicht abgewickelte, jedoch bekannte Versicherungsfälle müssen für die bis zum Bilanzstichtag **gemeldeten Versicherungsfälle** gebildet werden. Für Versicherungsfälle, die sich **nach** dem Bilanzstichtag ereignen, kommt eine Rückstellung für noch nicht abgewickelte Versicherungsfälle nicht in Betracht. Die Ermittlung der Schadenrückstellung beruht auf dem Grundsatz der **Einzelbewertung**, nach dem jeder noch nicht abgewickelte Versicherungsfall einzeln zu beurteilen ist. Für bestimmte Gruppen von gleichartigen bzw. gleichwertigen Versicherungsfällen können die Schadenrückstellungen jedoch auch auf der Basis von Bewertungsvereinfachungsverfahren ermittelt werden, sofern eine Einzelbewertung aufgrund der Anzahl der gleichartigen noch nicht abgewickelten Versicherungsfälle nicht zumutbar ist und das Ergebnis der Gruppenbewertung nicht wesentlich von dem Ergebnis der Einzelbewertung abweicht (DONANDT/RICHTER 1989).

Die Schadenrückstellungen für Versicherungsfälle, die bis zum Bilanzstichtag verursacht, jedoch dem Versicherer noch nicht gemeldet wurden (**Spätschaden-Rückstellung**), umfassen

- die Rückstellung für bekannte Spätschäden und
- die Rückstellung für unbekannte Spätschäden.

Die **bekannten Spätschäden** beinhalten Versicherungsfälle, die zwischen dem Bilanzstichtag und dem Zeitpunkt der Bilanzerstellung bekannt geworden sind. Während die Rückstellung für bekannte Spätschäden grundsätzlich **einzeln** für jeden Versicherungsfall zu ermitteln ist, können die **unbekannten Spätschäden pauschal** durch die Multiplikation der voraussichtlichen Stückzahl der in den Folgejahren nachgemeldeten Versicherungsfälle mit dem voraussichtlichen durchschnittlichen Schadenaufwand bewertet werden.

Die Schadenrückstellung für **Regulierungsaufwendungen** ist für alle nach dem Bilanzstichtag vermutlich anfallenden Aufwendungen für die technische Abwicklung der noch nicht erledigten Versicherungsfälle zu bilden. Zu den Schadenregulierungsaufwendungen gehören sowohl die einzelnen Versicherungsfällen **direkt** zurechenbaren (z.B. Anwalt-, Gerichtskosten, Reisekosten der betriebseigenen Schadenregulierer) als auch die diesen nur **indirekt** zurechenbaren Aufwendungen (z.B. Gehälter der Schadenregulierer, Gebäudekosten), wobei es unerheblich ist, ob diese Aufwendungen in dem bilanzierenden Versicherungsuntenehmen selbst oder durch Dritte entstehen (DONANDT/RICHTER 1989).

In der Schaden-/Unfall- sowie in der Krankenversicherung sind von der Schadenrückstellung Forderungen abzusetzen, soweit sie aktivierungsfähig sind und bereits abgewickelte Versicherungsfälle betreffen. Im einzelnen kann es sich hierbei um Forderungen handeln, die entstanden sind,

- weil aufgrund gezahlter Entschädigungen Rückgriff genommen werden kann (**Regresse**),
- weil Ansprüche auf ein versichertes Objekt, für das Ersatz geleistet wurde, existieren (**Provenues**) oder
- weil **Teilungsabkommen** mit anderen Versicherungsunternehmen bestehen.

Innerhalb der Schadenrückstellung gesondert auszuweisen ist die Rückstellung für noch nicht abgewickelte Rückkäufe. Ein **Rückkauf** beinhaltet die vorzeitige Vertragsauflösung und die Auszahlung der angesammelten Sparguthaben an den Versicherungsnehmer. Diese Rückstellung ist damit insbesondere für Lebensversicherungsunternehmen relevant. Sie enthält alle beantragten Rückkäufe des Geschäftsjahres, die bis zum Bilanzstichtag noch nicht abschließend erledigt worden sind. Bei Schaden- und Unfallversicherungsunternehmen beinhaltet die Schadenrückstellung schließlich auch die **Rentendeckungsrückstellung,** die für jeden bis zum Bilanzstichtag eingetretenen und gemeldeten Rentenversicherungsfall passiviert werden muß, sofern eine Pflicht zur Rentenzahlung festgestellt wurde. Die Rentendeckungsrückstellung ist dabei für jeden einzelnen Versicherungsfall in Höhe des Barwerts der künftigen Rentenverpflichtungen unter Berücksichtigung der im Geschäftsplan festgelegten Rechnungsgrundlagen (Rechnungszins, Sterbetafel usw.) zu bilden.

d) Schwankungsrückstellung

Die Schwankungsrückstellung dient durch die periodische Verrechnung von Über- und Unterschäden dem **Risikoausgleich in der Zeit**. Sie ist erforderlich, weil selbst im Falle eines homogenen und ausreichend großen Versicherungsbestandes der Schadenbedarf i.d.R. von Periode zu Periode schwankt. Das Volumen der Schwankungsrückstellung wird für ein Kollektiv von Versicherungsverträgen nach versicherungsmathematischen Grundsätzen ermittelt. Aufgrund ihres Charakters scheidet eine Einzelbewertung für jeden einzelnen Versicherungsvertrag aus. Grundlage zur Berechnung der Schwankungsrückstellung sind die Beträge für eigene Rechnung, so daß der Ausweis eines Bruttowertes in der Bilanz entfällt. Generell wird die Schwankungsrückstellung dabei nur von Schaden-/Unfall- und Rückversicherungsunternehmen und somit insbesondere nicht von Lebensversicherungsunternehmen passiviert.

Zur Bildung der Schwankungsrückstellung hat das Bundesaufsichtsamt für das Versicherungswesen im Jahre 1978 eine Anordnung (**Rundschreiben R 4/78**) erlassen. Danach haben Schadenversicherungsunternehmen für einen Versicherungszweig eine Schwankungsrückstellung zu bilden, wenn sowohl

- die **Beiträge** im Durchschnitt der letzten drei Geschäftsjahre **250.000 DM** übersteigen und
- die **Standardabweichung** der Schadenquoten eines Beobachtungszeitraumes von der durchschnittlichen Schadenquote mindestens **5 %-Punkte** beträgt als auch
- die **Summe der Schaden- und Kostenquote** mindestens einmal im Beobachtungszeitraum **100 %** überschreitet.

Maßgebend für die Berechnung der Standardabweichung ist ein Beobachtungszeitraum von i.d.R. 15 Geschäftsjahren. Die Schadenquote ist das Verhältnis der Aufwendungen für Versicherungsfälle (inclusive der Regulierungsaufwendungen), der Aufwendungen für die Beitragsrückerstattung, für Rückkäufe und Rückgewährbeträge und der Veränderungen der Deckungsrückstellung zu den verdienten Beiträgen des Geschäftsjahres; die Kostenquote ergibt sich, indem insbesondere die Aufwendungen für den Versicherungsbetrieb zu den verdienten Beiträgen ins Verhältnis gesetzt werden.

Während dabei für die Schadenquote die Beträge für eigene Rechnung heranzuziehen sind, liegen der Kostenquote die Bruttobeträge zugrunde (DONANDT/RICHTER 1989).

Der Soll- und gleichzeitig auch Höchstbetrag der Schwankungsrückstellung beträgt das Viereinhalbfache, in der Hagel- und Kreditversicherung das Sechsfache der Standardabweichung, multipliziert mit den verdienten Beiträgen des Geschäftsjahres. In jedem Geschäftsjahr ist zu prüfen, ob die Schadenquote der Rechnungsperiode von der durchschnittlichen Schadenquote des Beobachtungszeitraums abweicht. Sofern sie unter dem Durchschnitt liegt, wird der Unterschaden der Schwankungsrückstellung zugeführt, überschreitet sie den Durchschnitt und kann der Mehraufwand nicht durch den in der Prämie enthaltenen Sicherheitszuschlag abgedeckt werden, wird der Überschaden aus der Schwankungsrückstellung entnommen. Unterschäden und eine Verzinsung in Höhe von 3,5 % des Höchstbetrages sind der Schwankungsrückstellung jedoch nur solange zuzuführen, bis dieser (wieder) erreicht ist (FARNY 1989). Sofern die Voraussetzungen zur Bildung einer Schwankungsrückstellung nach dem Rundschreiben R 4/78 nicht mehr erfüllt sind, ist die Schwankungsrückstellung aufzulösen. Eine Auflösungspflicht besteht ebenso, wenn der Höchstbetrag die Schwankungsrückstellung unterschreitet.

Unter dem Blickwinkel der Finanzierungsstruktur handelt es sich bei der Schwankungsrückstellung im Falle von auf Dauer bestehenden Versicherungsunternehmen um Fremdkapital, da die Rückstellung auf der Basis von Vergangenheitsanalysen zur Erfüllung der Versicherungsverpflichtungen benötigt wird; bei einer Liquidation stellen die in der Schwankungsrückstellung vorhandenen Beträge dagegen Eigenkapital dar (FARNY 1989).

e) Rückstellung für Beitragsrückerstattung

In die Rückstellung für Beitragsrückerstattung fließen diejenigen Beträge, die später an die Versicherungsnehmer ausgeschüttet werden sollen. Abgesehen von der "Direktgutschrift" in der Lebensversicherung erhalten die Versicherungsnehmer ihre **Gewinnanteile** üblicherweise nicht in dem Jahr, in dem die Gewinne entstanden sind. Vielmehr führen die Versicherungsunternehmen die Gewinnanteile der Versicherten zunächst der Rückstellung für Beitragsrückerstattung zu, aus der in späteren Perioden die Ausschüttungen entnommen werden. Die Rückstellung für Beitragsrückerstattung stellt damit eine Gewinnmasse dar, die den Versicherungsnehmern zwar schon zusteht, aber noch nicht den einzelnen Versicherten zugeteilt worden ist.

Insbesondere in der **Lebensversicherung** besitzt die Rückstellung für Beitragsrückerstattung eine überragende Bedeutung. Da die Lebensversicherungsbeiträge im vorhinein in gleichbleibender Höhe für langfristige Verträge festgesetzt werden, müssen sie vorsichtig kalkuliert sein und selbst unter ungünstigen Umweltentwicklungen ausreichen. Daraus resuliert, daß die Beiträge als Entgelt für die Übernahme des Versicherungsrisikos und ggfs. die Ansparung der Versicherungssumme überhöht sind und zu **Überschüssen** führen. Diese Überschüsse müssen nach den vom Bundesaufsichtsamt genehmigten Geschäftsplänen zu **mindestens 90 %** den Versicherungsnehmern als Beitragsrückerstattung wieder zufließen. Die Versicherten können die aus der Rückstellung für Beitragsrückerstattung entnommenen Beträge in unterschiedlicher Weise verwenden. Grundsätzlich bestehen vier Möglichkeiten:

- Barauszahlung,
- Kürzung fälliger Beiträge,
- Gutschrift auf einem Konto und Verzinsung,
- Erhöhung der Versicherungsleistung.

Im letztgenannten Fall führt die Verminderung der Rückstellung für Beitragsrückerstattung zu einer Erhöhung der Deckungsrückstellung. Die verzinslichen Guthaben der Versicherungsnehmer aus der Beitragsrückerstattung werden unter den "Verbindlichkeiten aus dem selbst abgeschlossenen Geschäft gegenüber Versicherungsnehmern" ausgewiesen (EISOLD/JÄGER 1989).

In **Kranken-, Schaden- und Unfallversicherungsunternehmen** ist die Rückstellung danach zu differenzieren, ob die Beitragsrückerstattung vom Gewinn des Versicherers unabhängig oder abhängig ist. Die **erfolgsunabhängigen Beitragsrückerstattungen** werden vom Schadenverlauf oder vom Ergebnis eines einzelnen Versicherungsvertrages bestimmt und sind im Bereich der Schadenversicherungen insbesondere in den **Technischen Versicherungen** üblich. So wird der endgültige Beitrag in der Maschinenversicherung neu festgesetzt, wenn die Schadenleistungen in dem vereinbarten Versicherungszeitraum 70 % der gezahlten vorläufigen Beiträge unterschreiten. Die zu berücksichtigende Vertragszeit beträgt bei einem Jahresbeitrag von mindestens 100.000 DM drei Jahre und bei mindestens 50.000 DM fünf Jahre (DONANDT/RICHTER 1989). In den Jahren vor Ablauf des Versicherungszeitraums müssen die einzelnen Verträge daraufhin überprüft werden, ob eine Beitragsrückerstattung zu erwarten ist. Sofern hiervon auszugehen ist, muß eine entsprechende Rückstellung gebildet werden. Häufig wird allerdings vereinbart, daß bereits der vorläufige Beitrag um die zu erwartende Beitragsrückerstattung gekürzt wird. Dadurch entfällt zum einen die Notwendigkeit zur Bildung einer Rückstellung, zum anderen muß der Versicherungsnehmer einen Restbeitrag entrichten, wenn die Schadenzahlungen eine bestimmte Größenordnung überschreiten.

Zu der **erfolgsabhängigen Beitragsrückerstattung** in der Schadenversicherung gehört vor allem die Rückstellung für die gesetzliche Beitragsermäßigung aus technischem Überschuß und aus Zinsausschüttung in der **Kraftfahrzeug-Haftpflichtversicherung** (FARNY 1989). Nach § 24 der Verordnung über die Kraftfahrzeug-Haftpflichtversicherung ist eine Beitragsermäßigung zu gewähren, wenn der technische Überschuß in einem Kalenderjahr 3 % der verdienten Beiträge übersteigt. In diesem Fall hat das Versicherungsunternehmen mindestens

- den über 3 % hinausgehenden Betrag bis zu einer Höhe von 6 % in vollem Umfang,
- den über 6 % hinausgehenden Betrag bis zu einer Höhe von 15 % zu zwei Dritteln und
- den 15 % übersteigenden Betrag wiederum in vollem Umfang

für die Beitragsermäßigung zu verwenden und der Rückstellung für erfolgsabhängige Beitragsrückerstattung zuzuführen. Nach Auflösung der Rückstellung kann die Beitragsermäßigung entweder dem Versicherungsnehmer ausgezahlt oder mit dem Folgebeitrag verrechnet werden (DONANDT/RICHTER 1989).

Neben der gesetzlichen Beitragsrückerstattung in der Kraftfahrzeug-Haftpflichtversicherung wird in den Bilanzen der Schaden- und Unfallversicherungsunternehmen als erfolgsabhängig auch die **vertragliche Beitragsrückerstattung** (z.B. in der Unfallversicherung mit Beitragsrückgewähr) und die **satzungsmäßige Beitragsrückerstattung** ausgewiesen. Dabei findet die satzungsmäßige Beitragsrückerstattung in Versicherungsvereinen auf Gegenseitigkeit und öffentlich-rechtlichen Versicherungsunternehmen Anwendung. Sie soll eine gerechte Behandlung der Versicherten resp. Mitglieder bewirken und beinhaltet die Anpassung des Versicherungsentgeltes an den Bedarf.

f) Sonstige versicherungstechnische Rückstellungen

Zu den sonstigen versicherungstechnischen Rückstellungen gehören insbesondere die folgenden Posten (DONANDT/RICHTER 1989, FARNY 1989):

- Alle Versicherer haben eine **Rückstellung für drohende Verluste aus schwebenden Versicherungsgeschäften** zu bilden, wenn die Verpflichtungen aus einem Versicherungsgeschäft den Wert des Gegenleistungsanspruchs übersteigen. Grundsätzlich liegt der Beitragskalkulation zwar das Äquivalenzprinzip zugrunde, nach dem sich Leistung und Gegenleistung auch bei einem einzelnen Versicherungsgeschäft entsprechen müssen, jedoch kann es beispielsweise bei einem unerwarteten Anstieg der Schadenhäufigkeit oder der Höhe des Durchschnittsschadens durchaus zu (drohenden) Verlusten kommen. Maßgebend für die Bildung einer Rückstellung sind die Verhältnisse am Bilanzstichtag (Stichtagsprinzip); bis zur Bilanzaufstellung gewonnene genauere Erkenntnisse sind allerdings zu berücksichtigen. Dabei reicht die bloße Möglichkeit eines Verlustes zur Antizipierung nicht aus. Vielmehr muß eine gewisse Wahrscheinlichkeit, die ihren Ursprung u.U. in der Erfahrung der Vergangenheit hat, für den Eintritt eines Verlustes bestehen.

- Schaden-/Unfall- und Rückversicherungsunternehmen müssen eine **Rückstellung für Großrisiken** bilden. Ein Großrisiko ist zur Zeit insbesondere mit der Versicherung von Atomanlagen und der Produkthaftpflicht-Versicherung von Pharmarisiken verbunden. Beispielsweise beträgt die Mindesthöhe der Atomanlagenrückstellung nach dem Rundschreiben R 1/81 des Bundesaufsichtsamtes für das Versicherungswesen entweder 100 % der Sach- und Haftpflichtversicherungssumme für Kernenergieschäden, die das Versicherungsunternehmen für die von ihm summenmäßig am höchsten versicherte Anlage auf eigene Rechnung übernommen hat, oder 25 % des Gesamtbetrages der Versicherungssumme für Kernenergieschäden, die das Versicherungsunternehmen zur Versicherung derartiger Anlagen auf eigene Rechnung übernommen hat. Maßgebend ist jeweils der niedrigere der beiden Beträge.

- Sämtliche Versicherungsunternehmen sind zur Bildung einer **Stornorückstellung** zu den Beitragsforderungen an die Versicherungsnehmer und zu den bereits kassierten Beiträgen wegen des Fortfalls oder der Verminderung des übernommenen Risikos verpflichtet. Auslöser für eine Veränderung des übernommenen Risikos kann beispielsweise die Zerstörung oder der Verkauf einer versicherten Sache, die Geschäftsaufgabe oder eine Haushaltsauflösung sein. Die Stornorückstellung erfaßt dagegen nicht das allgemeine Zahlungsausfallrisiko der Versicherungsnehmer, das über eine Pauschalwertberichtigung zu den aktivisch ausgewiesenen Beitragsforderungen berücksichtigt wird. In Lebens- und Krankenversicherungsunternehmen fließt in die Stornorückstellung auch die Beendigung von Versicherungsverhältnissen kurz nach Vertragsbeginn und die dadurch nicht mehr mögliche Tilgung negativer, d.h. gezillmerter Deckungsrückstellungen ein.

- Schaden- und Unfallversicherungsunternehmen haben ferner eine Rückstellung für **Verpflichtungen aus der Solidarhilfe und der Verkehrsopferhilfe** zu bilden. Der Verein "Solidarhilfe e.V." übernimmt im Falle des Konkurses eines seiner Mitgliedsunternehmen die

Verpflichtungen aus noch nicht abgewickelten Kraftfahrzeug-Haftpflichtschäden, wenn Verkehrsopfer und Versicherungsnehmer existenzbedrohende Schadenansprüche geltend machen können. Von der "Verkehrsopferhilfe e.V." werden dagegen Ersatzansprüche aus Personen- und Sachschäden befriedigt, sofern das Fahrzeug, durch dessen Gebrauch der Schaden verursacht wurde, nicht ermittelt werden kann, die gesetzlich erforderliche Haftpflichtversicherung nicht besteht oder wenn ein Versicherer keine Deckung gewährt, weil der Schaden vorsätzlich oder widerrechtlich herbeigeführt wurde.

Schließlich müssen Rückversicherungsunternehmen, die im Rahmen der übernommenen Risiken an den versicherungstechnischen Rückstellungen der Erstversicherer beteiligt sind, ihren Anteil an den Beitragsrückerstattungen unter den sonstigen versicherungstechnischen Rückstellungen ausweisen.

3. Verbindlichkeiten aus dem Versicherungsgeschäft

Zu den Verbindlichkeiten aus dem Versicherungsgeschäft gehören die Positionen Nr. V "Depotverbindlichkeiten aus dem in Rückdeckung gegebenen Versicherungsgeschäft", Nr. VI "Abrechnungsverbindlichkeiten aus dem Rückversicherungsgeschäft" und Nr. VII "Verbindlichkeiten aus dem selbst abgeschlossenen Versicherungsgeschäft". Alle drei Positionen ähneln von ihrem Charakter her den entsprechenden Aktivposten.

Depotverbindlichkeiten aus passiver Rückversicherung sind auszuweisen, wenn der bilanzierende Erstversicherer dem Rückversicherer die Anteile an den Prämien nicht aushändigt, sondern als Sicherheiten einbehält. In diesem Fall beschafft und verwaltet der Erstversicherer die Kapitalanlagen auch für den rückversicherten Teil des Geschäfts. Nach § 67 VAG ist dieses Verfahren für die Lebensrückversicherung zwingend vorgeschrieben. Im Unterschied zu den übrigen Versicherungszweigen werden die den Rückversicherern vorenthaltenen Finanzierungsmittel in der Lebensversicherung allerdings nicht separat als Depotverbindlichkeiten bilanziert, sondern in die Deckungsrückstellung einbezogen und dort in einer Ausgliederungsangabe gezeigt (FARNY 1989).

Die **Abrechnungsverbindlichkeiten** resultieren ebenso wie die Abrechnungsforderungen aus dem Kontokorrentverkehr mit den Vor- und den Rückversicherern. Daher sind in dieser Position die Sollsalden aus dem Rückversicherungsgeschäft (Rückversicherungsbeiträge, technische Zinsen, Schäden usw.) auszuweisen.

Die **Verbindlichkeiten aus dem selbst abgeschlossenen Versicherungsgeschäft** müssen analog zu den Forderungen - insbesondere - in Verbindlichkeiten gegenüber **Versicherungsnehmern** und Verbindlichkeiten gegenüber **Versicherungsvertretern** untergliedert werden. Bei den erstgenannten Verbindlichkeiten handelt es sich hauptsächlich um im voraus erhaltene Beiträge, die nach dem Bilanzstichtag fällig sind, sowie um gutgeschriebene, verzinslich anzusammelnde Überschußanteile in der Lebensversicherung. Zu den Verbindlichkeiten gegenüber Versicherungsvertretern gehören vor allem die noch nicht ausgezahlten Provisionen.

4. Die anderen Rückstellungen

Die Passivposition Nr. VIII "Andere Rückstellungen", die das der Höhe nach ungewisse und nicht unmittelbar aus dem Versicherungsgeschäft resultierende Verpflichtungsvolumen eines Versicherungsunternehmens enthält, ist in vier Unterpositionen aufzugliedern (FARNY 1989, FRICKE 1989):

- **Pensionsrückstellungen**
  Ebenso wie Unternehmen anderer Branchen haben auch die Versicherungsunternehmen in dieser Unterposition die Rückstellungen für laufende Pensionen und für Anwartschaften auf Pensionen auszuweisen. Das Volumen der Pensionsrückstellung wird versicherungsmathematisch errechnet, wobei allerdings im Vergleich zur Deckungsrückstellung in der Lebensversicherung andere Rechnungsgrundlagen verwendet werden (Rechnungszins 6 %). Für Zusagen, die vor dem 1.1.1987 erteilt wurden, besteht ein Passivierungswahlrecht.

- **Steuerrückstellungen**
  Unter den Steuerrückstellungen sind die das Geschäftsjahr betreffenden Steueraufwendungen auszuweisen, soweit Vorauszahlungen nicht geleistet wurden.

- **Rückstellung für voraussichtliche Steuerbelastung nachfolgender Geschäftsjahre gemäß § 274 Abs. 1 HGB**
  Versicherungsunternehmen sind zum Ausweis einer latenten Steuerbelastung verpflichtet, wenn im jeweiligen Geschäftsjahr der steuerrechtliche Gewinn den handelsrechtlichen unterschreitet und die daraus resultierende niedrigere Steuerschuld voraussichtlich durch eine umgekehrte Konstellation in den Folgejahren ausgeglichen wird. Die latenten Steuern können in die Steuerrückstellungen einbezogen werden, sofern das Volumen der Position im Anhang angegeben wird.

- **Sonstige Rückstellungen**
  In dieser Unterposition sind alle nicht gesondert auszuweisenden "anderen Rückstellungen" zu erfassen, beispielsweise für unterlassene Instandhaltungsaufwendungen, für Aufwendungen für den Jahresabschluß, für Urlaubsverpflichtungen, für Tantiemen oder für die Gewinnbeteiligung der Versicherungsvertreter.

5. Weitere Verbindlichkeiten und der Rechnungsabgrenzungsposten

Für die Position Nr. XI "Andere Verbindlichkeiten" ist nach dem Bilanzformblatt folgende Untergliederung vorgesehen:

- Anleihen,
- Verbindlichkeiten aus Hypotheken-, Grund- und Rentenschuldforderungen,
- Verbindlichkeiten aus der Annahme gezogener Wechsel und der Ausstellung eigener Wechsel,
- Verbindlichkeiten gegenüber Kreditinstituten,
- Verbindlichkeiten gegenüber der ausländischen Generaldirektion,
- Sonstige Verbindlichkeiten.

Die vier erstgenannten Unterpositionen kommen in Versicherungsuntenehmen nur selten vor. Unter den **Anleihen** ist das Genußrechtskapital mit eindeutigem Fremdkapitalcharakter auszuweisen, **Verbindlichkeiten aus Hypotheken-, Grund- und Rentenschuldforderungen** entstehen, wenn beispielsweise staatliche Wohnungsbauförderungsprogramme in Anspruch genommen oder

Grundstücke gekauft werden, auf denen unkündbare Hypotheken lasten. **Bankkredite** treten allenfalls als kurzfristige Überziehung der laufenden Konten auf, wenn die Liquidität knapp disponiert wurde (FARNY 1989).

Als **Verbindlichkeiten gegenüber der ausländischen Generaldirektion** weisen die deutschen unselbständigen Niederlassungen die Kontokorrentverbindlichkeiten gegenüber der Zentrale und anderen ausländischen Niederlassungen aus. In die Unterposition **sonstige Verbindlichkeiten** gehören schließlich alle nicht anderweitig zu erfassenden Verpflichtungen, beispielsweise die Verbindlichkeiten aus Nichtversicherungsgeschäften. Gesondert zu zeigen sind dabei alle von dem bilanzierenden Institut geschuldeten Steuern, soweit diese nicht unter den Steuerrückstellungen auszuweisen sind, sowie alle Verbindlichkeiten gegenüber Arbeitnehmern, die dazu dienen, diese sozial abzusichern (z.B. einbehaltene, aber noch nicht abgeführte Beiträge zur Sozialversicherung, zu Ersatzkassen und Zusatzversorgungseinrichtungen, vgl. FRICKE 1989).

Unter dem **passiven Rechnungsabgrenzungsposten** (Pos. Nr. X) dürfen nach § 250 Abs. 2 HGB nur Einnahmen vor dem Abschlußstichtag, soweit sie Ertrag für einen bestimmten Zeitraum nach diesem Tag darstellen, bilanziert werden. Inhaltlich umfaßt der passive Rechnungsabgrenzungsposten vor allem Disagien für vergebene Darlehen und Hypotheken sowie im voraus erhaltene Zinsen und Mieten. Ein Disagio ist auf die Zeit von der Begebung des Darlehens bis zur ersten Kündigungsmöglichkeit zu verteilen. Nicht als Rechnungsabgrenzungsposten auszuweisen sind die das kommende Geschäftsjahr betreffenden Prämieneinzahlungen, die als Beitragsüberträge unter den versicherungstechnischen Rückstellungen erfaßt werden müssen.

LITERATURHINWEISE:

ANGERER, A. (1988)
DONANDT, K./RICHTER, H. (1989)
EISOLD, U. (1989)
EISOLD, U./JÄGER, O. (1989)
FARNY, D (1977)
FARNY, D. (1989)
FRICKE, F. (1989)
GEIB, G./HORBACH, L. (1991)
HEUBAUM, W. (1989)
KÖNIG, E. (1991)
KÖNIG, E. (1991a)
PFEIFFER, CHR. (1986)
RICHTER, H./GEIB, G. (1987)
RICHTER, H./GEIB, G. (1991a)
TRÖBLIGER, A. (1991)
WELZEL, H.- J. (1988)

B. Die Gewinn- und Verlustrechnung

I. Besonderheiten der Erfolgsrechnung

Anders als bei der Bilanz müssen die Versicherungsunternehmen beim Aufbau ihrer Gewinn- und Verlustrechnung zwei unterschiedliche Formblätter anwenden. Dabei gilt für die Lebens- und Krankenversicherer das Formblatt II, für die Schaden-/Unfall- und Rückversicherungsunternehmen das Formblatt III. Zurückzuführen ist die Schaffung zweier Formblätter insbesondere auf den unterschiedlichen Ausweis der Erträge und Aufwendungen aus dem Kapitalanlage- und aus dem Rückversicherungsgeschäft (ANGERER 1989, FARNY 1989):

- In der Personenversicherung sind zahlreiche Versicherungsarten mit Sparprozessen verknüpft. Da die Erträge und Aufwendungen aus dem **Kapitaltransfer- und dem Risikogeschäft** somit eng zusammengehören, werden sie gemeinsam ausgewiesen. Demgegenüber wird bei den übrigen Versicherungszweigen davon ausgegangen, daß zwischen den Erträgen und Aufwendungen aus dem Kapital- und dem Risikogeschäft keine unmittelbare Beziehung besteht, so daß diese Positionen an verschiedenen Stellen erscheinen.

- Lebens- und Krankenversicherer weisen die Erträge und Aufwendungen im Hinblick auf die **Rückversicherung** brutto, d.h. einschließlich der Beträge, die auf das in Rückdeckung gegebene Versicherungsgeschäft entfallen, aus. Die Rückversicherungsanteile werden gesondert dargestellt. Demgegenüber enthält die Gewinn- und Verlustrechnung der Schaden-/Unfall- und Rückversicherungsunternehmen nahezu ausschließlich nur Nettobeträge, bei denen die Anteile der Rückversicherer bereits von den Bruttobeträgen subtrahiert wurden. Daher sind insbesondere die Bruttoschäden und die von den Rückversicherern übernommenen Anteile an den Schäden unbekannt.

Entsprechend dem handelsrechtlichen Gliederungsprinzip müssen die Versicherungsunternehmen die Gewinn- und Verlustrechnung in **Staffelform** erstellen. Dadurch soll generell die Ertragsentstehung und die Aufwandsverursachung besser als bei der kontenmäßigen Darstellungsweise verdeutlicht werden. Allerdings ist es bei der Staffelrechnung erforderlich, für die Positionen eine zweckmäßige **Reihenfolge** zu finden und aussagefähige **Zwischensummen** zu bilden. Beide Anforderungen werden von dem Gliederungsschema nicht vollständig erfüllt. So tauchen zum einen die Erträge und die aus diesen zu deckenden Aufwendungen zum Teil an entfernten Stellen auf (z.B. Erträge und Aufwendungen aus Kapitalanlagen bei Lebens- und Krankenversicherern), so daß Zusammengehörigkeiten verschwimmen, zum anderen ist die Interpretation der Zwischensummen teilweise unergiebig oder sogar unsinnig (FARNY 1989).

Den Aufbau der Gewinn- und Verlustrechnungen der Lebens- und Krankenversicherer sowie der Schaden-/Unfall- und Rückversicherungsunternehmen verdeutlichen die nachfolgenden Abbildungen 11.3 und 11.4. Die Positionen Nr. II/27 bis 32 resp. III/24 bis 29 zeigen die Höhe des Ergebnisses eines Geschäftsjahres und die Ergebnisverwendung. Die übrigen Positionen werden im folgenden besprochen, wobei abweichend von der Staffelform zunächst auf sämtliche Ertrags- und anschließend auf sämtliche Aufwandspositionen eingegangen wird.

1. verdiente Brutto-Beiträge
   a) gebuchte Brutto-Beiträge
   b) Veränderung der Brutto-Beitragsüberträge
2. Beiträge aus der Brutto-Rückstellung für die erfolgsabhängige Beitragsrückerstattung
3. Erträge aus der Verminderung versicherungstechnischer Brutto-Rückstellungen, soweit sie nicht zu Posten Nr. 1 b gehören
   a) Brutto-Deckungsrückstellung
   b) übrige versicherungstechnische Brutto-Rückstellungen
4. Erträge aus Kapitalanlagen
   a) Erträge aus Grundstücken, grundstücksgleichen Rechten und Bauten einschließlich der Bauten auf fremden Grundstükken, davon aus eigener Nutzung
      davon aus verbundenen Unternehmen
   b) Erträge aus Beteiligungen
      davon aus verbundenen Unternehmen
   c) Erträge aus Gewinngemeinschaften, Gewinnabführungs- und Teilgewinnabführungsverträgen
   d) Zinsen und ähnliche Erträge
      davon aus verbundenen Unternehmen
   e) Erträge aus dem Abgang von Kapitalanlagen und Zuschreibungen
   f) Erträge aus der Auflösung des Sonderpostens mit Rücklageanteil
5. Erträge aus dem in Rückdeckung gegebenen Versicherungsgeschäft
   a) Anteile der Rückversicherer an den Brutto-Aufwendungen für Versicherungsfälle, Rückkäufe, Rückgewährbeträge und Austrittsvergütungen
   b) sonstige Erträge
6. sonstige versicherungstechnische Brutto-Erträge

Zwischensumme 1

7. Brutto-Aufwendungen für Versicherungsfälle (einschließlich Regulierungsaufwendungen)
8. Brutto-Aufwendungen für Rückkäufe, Rückgewährbeträge und Austrittsvergütungen (einschließlich Regulierungsaufwendungen)
9. Brutto-Aufwendungen für Beitragsrückerstattung
   a) erfolgsunabhängige
   b) erfolgsabhängige
10. Aufwendungen aus der Erhöhung versicherungstechnischer Brutto-Rückstellungen, soweit sie nicht zu Posten Nr. 1 b gehören
    a) Brutto-Deckungsrückstellung
    b) übrige versicherungstechnische Brutto-Rückstellungen
11. Rechnungsmäßig gedeckte Abschlußaufwendungen
12. Brutto-Aufwendungen für den Versicherungsbetrieb
    a) Abschlußaufwendungen, soweit sie nicht zu Posten 11 gehören
    b) sonstige Aufwendungen
13. Aufwendungen für Kapitalanlagen
    a) Abschreibungen
       davon außerplanmäßige Abschreibungen gemäß § 277 Abs. 3 Satz 1 HGB
    b) Aufwendungen aus Verlustübernahme
    c) Verluste aus dem Abgang von Kapitalanlagen
    d) Einstellungen in den Sonderposten mit Rücklageanteil
    e) Aufwendung für die Verwaltung der Kapitalanlagen und sonstige Aufwendungen
14. gebuchte Rückversicherungsbeiträge
15. sonstige versicherungstechnische Brutto-Aufwendungen und Aufwendungen für das in Rückdeckung gegebene Versicherungsgeschäft

Zwischensumme 2

16. sonstige Erträge, soweit sie nicht zu Posten Nr. 1 a gehören
    davon aus verbundenen Unternehmen
17. Aufwendungen für Altersversorgung und Unterstützung
    davon für Altersversorgung
18. sonstige Abschreibungen
    a) auf immatrielle Vermögensgegenstände sowie auf aktivierte Aufwendungen für die Ingangsetzung und Erweiterung des Geschäftsbetriebs
    b) sonstige, soweit sie nicht zu den Posten 1 a oder 13 a gehören
19. Zinsen und ähnliche Aufwendungen, soweit sie nicht zu Posten 15 gehören, davon an verbundene Unternehmen
20. sonstige Aufwendungen
    davon an verbundene Unternehmen

Zwischensumme 3

21. außerordentliches Ergebnis
    a) außerordentliche Erträge
    b) außerordentliche Aufwendungen
22. Erträge aus Verlustübernahme
23. aufgrund einer Gewinngemeinschaft, eines Gewinnabführungs- und eines Teilgewinnabführungsvertrages abgeführte Gewinne
24. Steuern vom Einkommen und vom Ertrag
25. sonstige Steuern
26. Ausgleichsposten aus dem Vorjahr
27. Jahresüberschuß/Jahresfehlbetrag
28. Gewinnvortrag/Verlustvortrag aus dem Vorjahr
29. Entnahmen aus der Kapitalrücklage
    davon Entnahmen aus der Rücklage gemäß § 5 Nr. 3 VAG
30. Entnahmen aus Gewinnrücklagen
    a) aus der gesetzlichen Rücklage
    b) aus der Rücklage für eigene Anteile
    c) aus satzungsmäßigen Rücklagen
    d) aus anderen Gewinnrücklagen
       davon aus der Rücklage gem. § 58 Abs. 2a AktG
31. Einstellungen in Gewinnrücklagen:
    a) in die gesetzliche Rücklage
    b) in die Rücklage für eigene Anteile
    c) in satzungsmäßige Rücklagen
    d) in andere Gewinnrücklagen
       davon in die Rücklage gem. § 58 Abs. 2 a AktG
32. Bilanzgewinn/Bilanzverlust

Abb. 11.3: Die Gewinn- und Verlustrechnung der Lebens- und Krankenversicherungsunternehmen

1. Verdiente Beiträge f.e.R.
   a) gebuchte Brutto-Beiträge
   b) gebuchte Rückversicherungsbeiträge
   c) Veränderung der Netto- Beitragsüberträge
2. Erträge aus der Verminderung versicherungstechnischer Netto-Rückstellungen, soweit sie nicht zu den Posten 1 c oder 11 gehören
   a) Netto-Deckungsrückstellung
   b) übrige versicherungstechnische Netto-Rückstellungen
3. technischer Zinsertrag f.e.R.
4. sonstige versicherungstechnische Erträge f.e.R.

Zwischensumme 1

5. Aufwendungen für Versicherungsfälle (einschließlich für Schadenregulierungsaufwendungen) f.e.R.
6. Aufwendungen für Rückkäufe und Rückgewährbeiträge (einschließlich Regulierungsaufwendungen) f.e.R.
7. Aufwendungen für Beitragsrückerstattungen f.e.R.
   a) erfolgsunabhängige
   b) erfolgsabhängige
8. Aufwendungen aus der Erhöhung versicherungstechnischer Netto-Rückstellungen, soweit sie nicht zu den Posten 1 c oder 11 gehören
   a) Netto-Deckungsrückstellungen
   b) übrige versicherungstechnische Netto Rückstellung
9. Brutto-Aufwendungen für den Versicherungsbetrieb
   davon ab: erhaltene Rückversicherungsprovisionen aus dem in Rückdeckung gegebenen Versicherungsgeschäft
10. sonstige versicherungstechnische Aufwendungen f.e.R.

Zwischensumme 2

11. Veränderung der Schwankungsrückstellung und ähnlicher Rückstellungen

Zwischensumme 3

12. Erträge aus Kapitalanlagen
    a) Erträge aus Grundstücken, grundstücksgleichen Rechten und Bauten einschließlich der Bauten auf fremden Grundstücken, davon aus eigener Nutzung
    davon aus verbundenen Unternehmen
    b) Erträge aus Beteiligungen
    davon aus verbundenen Unternehmen
    c) Erträge aus Gewinngemeinschaften, Gewinnabführungs- und Teilgewinnabführungsverträgen
    d) Zinsen und ähnliche Erträge
    davon aus verbundenen Unternehmen
    e) Erträge aus dem Abgang von Kapitalanlagen und aus Zuschreibungen
    f) Erträge aus der Auflösung des Sonderpostens mit Rücklageanteil
    g) davon ab: technischer Zinsertrag
13. sonstige Erträge, soweit sie nicht zu Posten 1 a gehören
    davon aus verbundenen Unternehmen
14. Aufwendungen für Kapitalanlagen
    a) Abschreibungen, davon außerplanmäßige Abschreibungen gem. § 277 Abs. 3 Satz 1 HGB
    b) Aufwendungen aus Verlustübernahme
    c) Verluste aus dem Abgang von Kapitalanlagen
    d) Einstellungen in den Sonderposten mit Rücklageanteil
    e) Aufwendungen für die Verwaltung der Kapitalanlagen und sonstige Aufwendungen
15. Aufwendungen für Altersversorgung und Unterstüzung
    davon für Altersversorgung
16. sonstige Abschreibung
    a) auf immaterielle Vermögensgegenstände, sowie auf aktivierte Aufwendungen für die Ingangsetzung und Erweiterung des Geschäftsbetriebs
    b) sonstige, soweit sie nicht zu den Posten Nr. 1 a oder 14 a gehören
17. Zinsen und ähnliche Aufwendungen, soweit sie nicht zu Posten Nr. 3 gehören,
    davon an verbundene Unternehemen
18. sonstige Aufwendungen
    a) Sonderzuweisungen zur Rückstellung für Beitragsrückerstattung in der Kraftfahrzeug-Haftpflichtversicherung
    b) übrige
    davon an verbundene Unternehmen

Zwischensumme 4

19. außerordentliches Ergebnis:
    a) außerordentliche Erträge
    b) außerordentliche Aufwendungen
20. Erträge aus Verlustübernahme
21. aufgrund einer Gewinngemeinschaft, eines Gewinnabführungs- und eines Teilgewinnabführungsvertrages abgeführte Gewinne
22. Steuern vom Einkommen und vom Ertrag
23. sonstige Steuern, soweit sie nicht zu Posten Nr. 10 gehören
24. Jahresüberschuß/Jahresfehlbetrag
25. Gewinnvortrag/Verlustvortrag aus dem Vorjahr
26. Entnahmen aus der Kapitalrücklage, davon Entnahmen aus der Rücklage gem. § 5 Abs. 5 Nr. 3 VAG
27. Entnahmen aus Gewinnrücklagen:
    a) aus der gesetzlichen Rücklage
    b) aus der Rücklage für eigene Anteile
    c) aus satzungsmäßigen Rücklagen
    d) aus anderen Gewinnrücklagen
    davon aus der Rücklage gem. § 58 Abs. 2 a AktG
28. Einstellung in Gewinnrücklagen:
    a) in die gesetzliche Rücklage
    b) in die Rücklage für eigene Anteile
    c) in satzungsmäßige Rücklagen
    d) in andere Gewinnrücklagen, davon in die Rücklage gem. § 58 Abs. 2 a AktG
29. Bilanzgewinn/Bilanzverlust

Abb. 11.4: Die Gewinn- und Verlustrechnung der Schaden-/Unfall- und Rückversicherungsunternehmen

II. Die Ertragspositionen

1. Die versicherungstechnischen Erträge

Zu den versicherungstechnischen Erträgen gehören bei **Lebens- und Krankenversicherungsunternehmen** die folgenden Positionen:

- Verdiente Brutto-Beiträge (Pos. Nr. II/1),
- Beiträge aus der Brutto-Rückstellung für die erfolgsabhängige Beitragsrückerstattung (Pos. Nr. II/2),
- Erträge aus der Verminderung versicherungstechnischer Brutto-Rückstellungen (Pos. Nr. II/3),
- Erträge aus dem in Rückdeckung gegebenen Versicherungsgeschäft (Pos. Nr. II/5),
- sonstige versicherungstechnische Brutto-Erträge (Pos. Nr. II/6).

Bei den **Schaden-/Unfall- und Rückversicherungsunternehmen** entfallen die Positionen "Beiträge für Beitragsrückerstattung" sowie "Erträge aus dem in Rückdeckung gegebenen Versicherungsgeschäft". Die übrigen Positionen sind netto auszuweisen (Pos. Nr. III/1, III/2 und III/4). Zusätzlich gehört bei diesen Unternehmen der Posten "technischer Zinsertrag für eigene Rechnung" (Pos. Nr. III/3) zu den versicherungstechnischen Erträgen.

In der Position "**Verdiente Beiträge**" werden die Prämienerträge des Geschäftsjahres erfaßt. Obwohl die verdienten Prämien von Lebens- und Krankenversicherern brutto und von Schaden-/Unfall- und Rückversicherungsunternehmen netto auszuweisen sind, beginnen beide Formblätter in der ersten Unterposition mit den "**gebuchten Brutto-Beiträgen**", d.h. mit sämtlichen Prämieneinzahlungen des Geschäftsjahres. Ein Teil der Prämieneinzahlungen betrifft das Folgejahr, ebenso wurden im vergangenen Geschäftsjahr die auf das laufende Jahr entfallenden Prämien über die Beitragsüberträge neutralisiert. Um die Prämieneinzahlungen in Prämienerträge zu transformieren, wird daher in der Unterposition b) resp. c) die "**Veränderung der Beitragsüberträge**" erfaßt. Bei einem steigenden Geschäftsvolumen erhöhen sich bei konstanter Fälligkeitsstruktur die zu übertragenden Beitragsteile, so daß die verdienten Beiträge die gebuchten unterschreiten, im anderen Fall sind die verdienten größer als die gebuchten Beiträge, da der Auflösungbetrag die neu gebildeten Beitragsüberträge übersteigt.

Zu den Beiträgen zählen auch die Nebenleistungen der Versicherungsnehmer, z.B. alle tarifmäßigen Aufnahmegebühren, Ausfertigungs-, Hebegebühren oder Kreditprüfungsgebühren in der Kreditversicherung. Im Führungs- und Beteiligungsgeschäft dürfen nur die von dem Versicherer gezeichneten Anteile ausgewiesen werden. Saldierungen der Beiträge etwa mit Beitragsrückerstattungen oder Aufwendungen für den Versicherungsbetrieb sind nicht zulässig, abgezogen werden dagegen Rabatte (z.B. Schadenfreiheitsrabatte in der Kraftverkehrsversicherung). Ebenso sind die Beiträge um uneinbringliche Beitragsaußenstände sowie die Pauschalwertberichtigungen auf Prämienforderungen zu kürzen, resp. um Eingänge aus abgeschriebenen Beitragsforderungen sowie um die Erträge aus der Auflösung der Pauschalwertberichtigungen zu erhöhen. Die Versicherungsteuer stellt einen durchlaufenden Posten dar und ist für den Ausweis der Beiträge irrelevant (DONANDT/RICHTER 1989). In kapitalbildenden Versicherungsformen werden die in den Prämien enthaltenen **Sparanteile** nicht aus den Beiträgen herausgerechnet, obwohl diese letztlich nur bestands- und nicht erfolgswirksam sind.

Zur Ermittlung der Beiträge für eigene Rechnung müssen Schaden-/Unfall- und Rückversicherungsunternehmen die Brutto-Beiträge um die Rückversicherungsbeiträge, d.h. um die an die Rückversicherer gezahlten Prämien, kürzen (Pos. Nr. III/1 b). Aufgrund des Bruttoprinzips entfällt diese Position bei Lebens- und Krankenversicherungsunternehmen. Die aus dem Rückversicherungsgeschäft resultierenden Aufwendungen werden von den Lebens- und Krankenversicherern gesondert und an anderer Stelle als "gebuchte Rückversicherungsbeiträge" (Pos. Nr. II/14) sowie als "Aufwendungen für das in Rückdeckung gegebene Versicherungsgeschäft" (Pos. Nr. II/15) erfaßt.

Bei den "**Beiträgen aus der Rückstellung für Beitragsrückerstattung**" (Pos. Nr. II/2) handelt es sich insbesondere um Gewinnanteile in der Lebensversicherung, die nach dem **Bonussystem** verwendet werden, also in Form einer Einmalprämie den Versicherungsschutz erhöhen. In entsprechendem Umfang bewirken die der Rückstellung für Beitragsrückerstattung entnommenen Beträge eine Zunahme der Deckungsrückstellung, so daß mit dieser Position letztlich keine erfolgsmäßigen Konsequenzen verbunden sind (FARNY 1989).

"**Erträge aus der Verminderung der versicherungstechnischen Rückstellungen**" (Pos. Nr. II/3, III/2) ergeben sich bei solchen Rückstellungen, die am Ende der Rechnungsperiode ohne die gesonderte Feststellung der Entnahmen und Zuführungen **neu berechnet** werden und die sich gegenüber dem vorangegangenen Geschäftsjahr **verringert** haben. Zu diesen Rückstellungen gehören die Deckungsrückstellung, die Stornorückstellung und die Rückstellung für drohende Verluste aus schwebenden Geschäften. In der Lebensversicherung ist die Verminderung der Deckungsrückstellung mit einer **Auszahlung von Versicherungsleistungen**, d.h. erfolgsrechnerisch mit Aufwendungen für Versicherungsfälle (Pos. Nr. II/7), verbunden. Durch die Erfassung der Verminderungsbeträge hat letztlich nur der noch nicht in der Deckungsrückstellung vorhandene Betrag erfolgsmäßige Konsequenzen. Diese Ausweisform, die das Ergebnis des **Umsatzprinzips** ist, könnte durch die erfolgsneutrale Auszahlung der in der Deckungsrückstellung angesammelten Sparguthaben und damit durch die Anwendung der in Kreditinstituten üblichen Buchungstechnik vermieden werden. Als Erträge aus der Auflösung versicherungstechnischer Rückstellungen werden allerdings nicht generell sämtliche Auflösungsbeträge ausgewiesen. Vielmehr sind diese mit den Zuführungen einschließlich etwaiger rechnungsmäßiger Zinsen zu verrechnen, so daß nur ein Netto-Auflösungsüberschuß, der insbesondere in Zeiten rückläufiger Geschäfte auftritt, zu zeigen ist.

In die Position "**Erträge aus dem in Rückdeckung gegebenen Versicherungsgeschäft**" (Pos. Nr. II/5) sind die Vergütungen der Rückversicherer für ihre Anteile an den versicherungstechnischen Aufwendungen einzustellen. Die Position ist zu untergliedern in Erstattungen für Versicherungsfälle, Rückkäufe, Rückgewährbeträge und Austrittsvergütungen sowie in sonstige Erträge, wobei zu den letzteren die Anteile der Rückversicherer an der Erhöhung der Deckungsrückstellung, die Rückversicherungsprovisionen und die Gewinnanteile gehören. Generell sind Erträge aus dem passiven Rückversicherungsgeschäft nur bei Anwendung des Bruttoprinzips auszuweisen. Die Position betrifft daher nur Lebens- und Krankenversicherer. Bei Schaden-/Unfall- und Rückversicherungsunternehmen werden diese "Erträge" direkt von den entsprechenden Aufwendungen abgezogen (FARNY 1989).

Als "**sonstige versicherungstechnische Erträge**" (Pos. Nr. II/6, III/4) sind alle unter einem anderen Posten nicht aufzuführenden Beträge zu erfassen, die unmittelbar aus dem Versicherungsgeschäft resultieren. Insbesondere handelt es sich hierbei um (DONANDT/RICHTER 1989)

- Mahngebühren und Verzugszinsen der Versicherungsnehmer,
- Erträge aus der Erhöhung der aktivierten Abschlußkosten in Lebensversicherungsunternehmen,
- Erträge aus verjährten, nicht abgehobenen Beitragsrückerstattungen in der Kraftfahrzeug-Haftpflichtversicherung sowie
- Erträge aus der Abwicklung der sonstigen versicherungstechnischen Rückstellungen.

Lebens- und Krankenversicherungsunternehmen weisen die sonstigen versicherungstechnischen Erträge brutto aus. Schaden-/Unfall- und Rückversicherungsunternehmen zeigen die Beträge für eigene Rechnung.

Bei Schaden-/Unfall- und Rückversicherungsunternehmen gehört zu den versicherungstechnischen Erträgen schließlich auch der "**technische Zinsertrag f.e.R.**" (Pos. Nr. III/3). Diese Position ist das Ergebnis einer **Umbuchung** bestimmter rechnungsmäßiger Zinsen aus den Kapitalanlageerträgen (ANGERER 1989). Sie soll die Ermittlung eines **versicherungstechnischen Erfolges** (Zwischensummen 2 bzw. 3) ermöglichen und ist erforderlich, weil die Erträge aus Kapitalanlagen in Schaden-/Unfall- und Rückversicherungsunternehmen getrennt vom versicherungstechnischen Geschäft erfaßt werden. Der technische Zinsertrag betrifft die rechnungsmäßigen Zinsen auf solche versicherungstechnischen Rückstellungen, die nach dem Geschäftsplan verzinst werden müssen. Insbesondere handelt es sich hierbei um die verschiedenen Deckungsrückstellungen und die Rückstellung für Beitragsrückerstattung in der Kraftfahrzeug-Haftpflichtversicherung. Der technische Zinsertrag wird netto ausgewiesen, demgegenüber ist der Abzug der technischen Zinsen von den Erträgen aus Kapitalanlagen (Pos. Nr. III 12 g) brutto vorzunehmen. Der Differenzbetrag, d.h. der Anteil der Rückversicherer an den technischen Zinsen, wird bei den Depotzinsen (Pos. Nr. III/17) saldiert.

2. Die Erträge aus Kapitalanlagen

Die Erträge, die aus der Anlage der den Versicherern zufließenden Mittel resultieren, sind von allen Versicherungsunternehmen **gesondert** und **brutto**, d.h. vor dem Abzug irgendwelcher Aufwendungen, als "Erträge aus Kapitalanlagen" (Pos. Nr. II/4, III/12) auszuweisen. Der Posten ist dabei in die folgenden sechs Unterpositionen zu differenzieren (FARNY 1989, FRICKE 1989):

- **Erträge aus Grundstücken, grundstücksgleichen Rechten und Bauten einschließlich der Bauten auf fremden Grundstücken**
  Zu den Bau- und Bodenerträgen gehören sowohl die Erträge aus der **Fremdvermietung** als auch die **kalkulatorischen Eigenmieten** für die Selbstnutzung von Grundstücken und Gebäuden. Die kalkulatorischen Mieten müssen sich grundsätzlich an den jeweils ortsüblichen Verhältnissen orientieren und sind in der GuV nachrichtlich gesondert zu vermerken. Durch die Verrechnung

entsprechender Aufwendungen für den Versicherungsbetrieb werden die kalkulatorischen Mieten erfolgsmäßig wieder neutralisiert. Ihr Ansatz ist dennoch erforderlich, um die Erträge aus Kapitalanlagen und den Verwaltungskostenblock unabhängig davon zu zeigen, ob und in welchem Umfang das Versicherungsunternehmen in eigenen oder in fremden Räumen arbeitet.

- **Erträge aus Beteiligungen**
  Diese Position enthält sämtliche Erträge aus Beteiligungen an **verbundenen** und an **nicht verbundenen Unternehmen**, sofern es sich nicht um Gewinngemeinschaften handelt oder Gewinnabführungs- oder Teilgewinnabführungsbeträge vorliegen. Die Erträge aus Beteiligungen an Kapitalgesellschaften sind grundsätzlich erst in dem Jahr zu vereinnahmen, in dem die Organe der Beteiligungsgesellschaft über die Ausschüttung Beschluß gefaßt haben. Dabei gehört zu den Beteiligungserträgen auch die Steuergutschrift nach § 36 Abs. 2 EStG.

- **Erträge aus Gewinngemeinschaften, Gewinn- oder Teilgewinnabführungsverträgen**
  In dieser Position sind die an die bilanzierende Obergesellschaft eines Vertragskonzern geflossenen Gewinne auszuweisen, bei der (Versicherungs-) Untergesellschaft ist der entsprechende Betrag in die Position "Aufgrund einer Gewinngemeinschaft, eines Gewinnabführungs- und eines Teilgewinnabführungsvertrages abgeführte Gewinne" (Pos. Nr. II/23, III/21) einzustellen. Im Falle eines Verlustausgleiches sind die Positionen "Aufwendungen aus Verlustübernahme" (Pos. Nr. II/13 b, III 14 b) und "Erträge aus Verlustübernahme" (Pos. Nr. II/22, III 20) anzusprechen.

- **Zinsen und ähnliche Erträge**
  Zu den Zinsen und zinsähnlichen Erträgen gehören alle Erträge aus der Kapitalanlage bei **Banken**, der Vergabe von **Darlehen** sowie dem Besitz von **festverzinslichen Wertpapieren** und **Aktien**. Ferner sind hier auszuweisen die **Depotzinsen** von Vorversicherern für gestellte Sicherheiten, **Bereitstellungszinsen** für bereits zugesagte, aber noch nicht valutierte Hypothekendarlehen und Erträge aus der Auflösung von passiven Rechnungsabgrenzungsposten, die für die zeitanteilige Vereinnahmung des **Disagios** gebildet wurden.

- **Erträge aus dem Abgang von Kapitalanlagen und aus Zuschreibungen**
  Diese Position enthält die bei dem **Verkauf** von Kapitalanlagen und bei der **Einlösung** von Wertpapieren entstandenen Erträge sowie die Buchgewinne aus **Zuschreibungen**, die insbeson dere bei der Auflösung von Einzel- und Pauschalwertberichtigungen und der Rückgängigmachung von Abschreibungen auftreten.

- **Erträge aus der Auflösung des Sonderpostens mit Rücklageanteil**
  Um die gesamten Erträge aus Kapitalanlagen direkt aus der Gewinn- und Verlustrechnung ermitteln zu können, sind in dieser Position diejenigen Erträge aus der Auflösung des Sonderpostens mit Rücklageanteil auszuweisen, die die Kapitalanlagen betreffen. Sofern die Auflösungsbeträge nicht durch außerordentliche Abschreibungen auf neu angeschaffte Wirtschaftsgüter übertragen und damit erfolgsmäßig neutralisiert werden, führen sie zu einer Erhöhung des Gewinns. Die entsprechenden Erträge, die nicht mit den Kapitalanlagen zusammenhängen, sind als "Sonstige Erträge" (Pos. Nr. II/16, III/13) zu erfassen.

Von den gesamten Erträgen aus Kapitalanlagen müssen die Schaden-/Unfall- und Rückversicherungsunternehmen den **technischen Zinsertrag** in Abzug bringen, der innerhalb des versicherungstechnischen Ergebnisses der Gewinn- und Verlustrechnung als gesonderte Erfolgsposition ausgewiesen wird.

3. Sonstige Ertragspositionen

Neben den versicherungstechnischen Erträgen und den Erträgen aus Kapitalanlagen bestimmen die folgenden drei Positionen die Ertragssituation eines Versicherungsunternehmens:

- sonstige Erträge, soweit sie nicht zu Posten Nr. 1 Buchstabe a gehören (Pos. Nr. II/16, III/13),
- außerordentliche Erträge (Pos. Nr. II/ 21 a, III/19 a),
- Erträge aus Verlustübernahme (Pos. Nr. II/22, III20).

In die Position "**sonstige Erträge**" sind alle nichtversicherungstechnischen Erträge eines Versicherungsunternehmens einzustellen, soweit deren Ausweis nicht bei einem anderen Posten vorgesehen ist. Dabei können die sonstigen Erträge in drei Gruppen unterteilt werden (FARNY 1989):

- **Erträge aus Dienstleistungen für Dritte**, z.B. Vergütungen für die Versicherungsvermittlung, Bestandsbetreuung und Vermögensverwaltung, Führungsprovisionen aus dem Mitversicherungsgeschäft, Erträge aus anderen Dienstleistungen wie die zeitweilige Überlassung der Datenverarbeitungsanlage,

- **außergewöhnliche, d.h. periodenfremde und einmalige Erträge**, z.B. Währungskursgewinne, Erträge aus der Auflösung nicht mehr benötigter versicherungstechnischer Rückstellungen, realisierte Gewinne aus der Veräußerung von Gegenständen der Betriebseinrichtung, Erträge aus dem Eingang abgeschriebener oder wertberichtigter nichtversicherungstechnischer Forderungen,

- **übrige Erträge, für deren Ausweis keine andere Position der GuV in Frage kommt**, z.B. Zinserträge aus Vermögenswerten, die nicht zu den Kapitalanlagen zählen, Kontokorrentzinsen aus dem Abrechnungsverkehr mit Rückversicherern und anderen sowie Erträge aus der Auflösung des Sonderpostens mit Rücklageanteil, die nicht zu den Kapitalanlagen gehören.

Die "**außerordentlichen Erträge**" (Pos. Nr. II/21 a, III/19 a) sind Bestandteil des außerordentlichen Ergebnisses, das in Anlehnung an die allgemeinen Gliederungsvorschriften des § 275 HGB Vorgänge beinhaltet, die **außerhalb der gewöhnlichen Geschäftstätigkeit** des Versicherungsunternehmens anfallen, d.h. die in hohem Maße ungewöhnlich sind, nur in seltenen Ausnahmefällen vorkommen und vom Betrag her wesentlich sind. Nach den Bilanzierungsrichtlinien sind beispielsweise die folgenden Erträge als außerordentlich zu bezeichnen:

- Erlöse aus dem Verkauf eines Gesamt- oder Teilversicherungsbestandes,
- öffentliche Zuschüsse zu einer Verlegung des Sitzes der Gesellschaft,
- nicht in die Kapitalrücklage eingestellte Gesellschafterzuschüsse insbesondere zum Verlustausgleich,
- Gläubigerverzichte bei Sanierungen.

Außerordentliche Erträge können daneben jedoch auch aus erheblichen Umstrukturierungen, beispielsweise der Veräußerung von Geschäftszweigen oder der Aufgabe einer Außendienstorganisation resultieren (FRICKE 1989).

Die "**Erträge aus Verlustübernahme**" (Pos. Nr. II/22, III/20) beinhalten Ausgleichszahlungen, die das bilanzierende Unternehmen zum Ausgleich eines Verlustes erhält. Die Positionsbezeichnung sieht keine Beschränkung auf die gesetzliche Verlustübernahme gemäß § 302 AktG vor, so daß hier auch freiwillige oder auf Verträgen außerhalb des § 302 AktG (Beherrschungs-, Gewinnabführungsvertrag) beruhende Zahlungen auszuweisen sind.

III. Die Aufwandspositionen

1. Die versicherungstechnischen Aufwendungen

Ebenso wie die versicherungstechnischen Erträge verteilen sich auch die versicherungstechnischen Aufwendungen auf mehrere Positionen. In **Lebens- und Krankenversicherungsunternehmen** sind den versicherungstechnischen Aufwendungen die folgenden Posten zuzurechnen:

- Brutto-Aufwendungen für Versicherungsfälle (Pos. Nr. II/7),
- Brutto-Aufwendungen für Rückkäufe, Rückgewährbeträge und Austrittsvergütungen (Pos. Nr. II/8),
- Brutto-Aufwendungen für Beitragsrückerstattung (Pos. Nr. II/9),
- Aufwendungen aus der Erhöhung versicherungstechnischer Brutto-Rückstellungen (Pos. Nr. II/10),
- gebuchte Rückversicherungsbeiträge (Pos. Nr. II/14),
- sonstige versicherungstechnische Brutto-Aufwendungen und Aufwendungen für das in Rückdeckung gegebene Versicherungsgeschäft (Pos. Nr. II/15).

In **Schaden-/Unfall- und Rückversicherungsunternehmen** entfallen die "Gebuchten Rückversicherungsbeiträge", bei den übrigen Posten sind die Beträge für eigene Rechnung auszuweisen (Pos. Nr. III/5, III/6, III/7, III/8, III/10). Zusätzlich haben die Schaden-/Unfall- und Rückversicherungsunternehmen die Position Nr. III/11 "Veränderung der Schwankungsrückstellung und ähnlicher Rückstellungen" zu bilden. Dieser Veränderungsbetrag ist daher in der Position III/8 "Aufwendungen aus der Erhöhung der versicherungstechnischen Netto-Rückstellungen" nicht enthalten.

Die "**Aufwendungen für Versicherungsfälle**" bilden den Kern der Gesamtaufwendungen eines Versicherungsunternehmens. Die Position umfaßt die Versicherungsleistungen an die Versicherungsnehmer und an geschädigte Dritte in den Haftpflichtversicherungen sowie die Aufwendungen für die Regulierung von Versicherungsfällen, abzüglich der Ersatzleistungen aufgrund von Regressen, Provenues und Teilungsabkommen. Bei einer **zeitlichen Betrachtungsweise** setzen sich die Aufwendungen für Versicherungsfälle folgendermaßen zusammen:

- Aufwendungen für Versicherungsfälle des Geschäftsjahres
- abzüglich der Erträge oder zuzüglich der Aufwendungen aus der Abwicklung der aus dem Vorjahr übernommenen Rückstellung für noch nicht abgewickelte Versicherungsfälle (Abwicklungsgewinne resp. -verluste).

Die in der Abrechnungsperiode eingetretenen Versicherungsfälle sind zum Teil bereits reguliert. Soweit eine Regulierung noch nicht stattgefunden hat, werden auf der Grundlage von Schätzungen Rückstellungen gebildet. Allerdings sind die Schätzungen mit Unsicherheiten behaftet, so daß der zurückgestellte Betrag letztlich entweder zu hoch oder zu niedrig sein kann. In diesem Fall entsteht ein **Abwicklungsergebnis**, das sich wie folgt errechnet (DONANDT/RICHTER 1989):

	Rückstellung für noch nicht abgewickelte Versicherungsfälle am Jahresanfang
-	Zahlungen im Geschäftsjahr für Vorjahres-Versicherungsfälle
-	Rückstellung für noch nicht abgewickelte Versicherungsfälle am Jahresende
=	Abwicklungsergebnis

Zur Ermittlung des Abwicklungsergebnisses dürfen nur die noch nicht erledigten **Altschäden** und nicht die Versicherungsfälle des laufenden Geschäftsjahr erfaßt werden.

In der **Lebensversicherung** gehören zu den Versicherungsleistungen auch die von den Versicherten angesparten Beträge, die sich über eine entsprechende Auflösung der Deckungsrückstellung im Endeffekt nicht auf die Erfolgssituation auswirken (Umsatzprinzip). Erfolgswirksam sind lediglich die Auszahlungen von riskiertem, d.h. nicht angespartem Kapital. In **Schaden- und Unfallversicherungsunternehmen** umfassen die Versicherungsleistungen auch Entschädigungen und Renten, wobei im Falle von Leibrenten im Jahr des Eintritts des Versicherungsfalls der Barwert der künftigen Rentenzahlungen als Aufwand und die spätere Auszahlung von Renten - abgesehen von Abwicklungsgewinnen oder -verlusten - erfolgsneutral behandelt wird. In der **Haftpflichtversicherung** stellen darüber hinaus auch die Aufwendungen zur Abwehr unberechtigter Ansprüche Versicherungsleistungen dar (FARNY 1989).

Die Aufwendungen für Versicherungsleistungen enthalten auch die entstandenen resp. noch entstehenden **Schadenregulierungsaufwendungen**. Die Aufwendungen zur Regulierung der Versicherungsfälle können dabei außerhalb oder innerhalb des bilanzierenden Versicherungsunternehmens auftreten; sie setzen sich aus Aufwendungen zusammen, die einem Versicherungsfall direkt oder nur indirekt zurechenbar sind. Zu den direkten Schadenregulierungsaufwendungen gehören beispielsweise die Gehälter und Reisekosten der betriebseigenen Schadenregulierer, Honorare für betriebsfremde Schadenregulierer, Anwalts-, Gerichts- und Prozeßkosten. Die indirekten Regulierungsaufwendungen bestehen insbesondere aus Aufwendungen für die betriebseigenen Schadenabteilungen sowie anteiligen Aufwendungen für die zentralen Abteilungen des bilanzierenden Versicherungsunternehmens. Die letztgenannten Aufwendungen werden im Rahmen eines pauschalen Kostenverrechnungsverfahrens ermittelt und den Aufwendungen für Versicherungsfälle der einzelnen Sparten und Jahrgänge zugeordnet (FARNY 1989, DONANDT/RICHTER 1989).

Von den Lebens- und Krankenversicherern werden die Aufwendungen für Versicherungsleistungen brutto ausgewiesen, die von den Rückversicherern übernommenen Anteile gehen in die Position II/5 "Erträge aus dem in Rückdeckung gegebenen Versicherungsgeschäft" ein. Die Schaden-/Unfall- und Rückversicherungsunternehmen zeigen die Nettobeträge, von denen die von anderen Versicherern getragenen Beträge bereits abgezogen wurden.

In der Position "**Aufwendungen für Rückkäufe, Rückgewährbeträge und Austrittsvergütungen**" (Pos. Nr. II/8, III/6) werden die Zahlungen und Rückstellungsbildungen für Rückkäufe und ähnliche Vorgänge, einschließlich des Abwicklungsergebnisses der entsprechenden vorjährigen Rückstellung und der Regulierungsaufwendungen, ausgewiesen. Da bei einer vorzeitigen Beendigung des Vertragsverhältnisses im allgemeinen nur die in der Deckungsrückstellung angesammelten Sparbeträge ausgezahlt werden, ist diese Position nur in Ausnahmefällen (Rückkaufswert > Ansparbetrag) erfolgswirksam. Der Brutto- und Nettoausweis entspricht der Vorgehensweise bei den "Aufwendungen für Versicherungsleistungen".

Die Position "**Aufwendungen für Beitragsrückerstattung**" (Pos. Nr. II/9, III/7) enthält die zuviel erhobenen Beitragsteile, die i.d.R. später an die Versicherungsnehmer rückerstattet werden. Einen realen Aufwandscharakter besitzt dabei nur die **erfolgsunabhängige Beitragsrückerstattung** in der Krankenversicherung und einigen Sparten der Schaden- und Unfallversicherung. Dagegen handelt es sich bei der **erfolgsabhängigen Beitragsrückerstattung** um eine Überschußverwendung zugunsten der Versicherungsnehmer, auch wenn sie auf gesetzlichen, vertraglichen oder geschäftsplanmäßigen Rechtsgrundlagen basiert (FARNY 1989). Auszuweisen sind diejenigen Beträge, die in die **Rückstellung für Beitragsrückerstattung** eingestellt oder - selten - sofort an die Versicherten ausgeschüttet werden. Die **Direktgutschrift** in der Lebensversicherung ist allerdings nicht in dieser Position, sondern unter den "Aufwendungen aus der Erhöhung versicherungstechnischer Rückstellungen" (Bonussystem) oder unter den "Sonstigen versicherungstechnischen Aufwendungen" (verzinsliche Ansammlung) zu erfassen. Daher stimmen die Aufwendungen für Beitragsrückerstattung nicht mit dem Gesamtbetrag der Gewinnanteile der Versicherten überein.

Die Position "**Aufwendungen aus der Erhöhung versicherungstechnischer Rückstellungen**" (Pos. II/10, III/8) korrespondiert mit dem Posten II/3 resp. III/2 "Erträge aus der Verminderung versicherungstechnischer Rückstellungen". Betroffen sind solche Rückstellungen, die nicht durch Zuführungen und Auflösungen gesteuert, sondern die am Ende der Periode neu berechnet werden (z.B. Deckungsrückstellung) und die im Vergleich zum Vorjahr zugenommen haben. Bereits erwähnt wurde, daß in diese Position auch die zur Erhöhung der Versicherungssumme verwendeten Aufwendungen für Direktgutschriften in der Lebensversicherung (Bonussystem) gehören.

Als "**gebuchte Rückversicherungsbeiträge**" (Pos. II/14) weisen Lebens- und Krankenversicherer die an die Rückversicherer fließenden Teile der Bruttoprämien und Nebenleistungen aus. In Schaden- und Unfallversicherungsunternehmen werden die Rückversicherungsbeiträge direkt von den Bruttobeiträgen abgezogen.

Die Position "**sonstige versicherungstechnische Brutto-Aufwendungen und Aufwendungen für das in Rückdeckung gegebene Versicherungsgeschäft**" (Pos. Nr. II/15) enthält alle aus dem Versicherungsgeschäft resultierenden Aufwendungen, die nicht in einer anderen Position zu erfassen sind. **Lebens- und Krankenversicherungsunternehmen** haben hier insbesondere auszuweisen (FARNY 1989):

- die Direktgutschriften von Gewinnanteilen sowie die Zinsen auf angesammelte Gewinnanteile bei verzinslicher Ansammlung (nur Lebensversicherer),

- die Aufwendungen für die Gesundheitsfürsorge sowie

- die Anteile der Rückversicherer an der Verminderung der Deckungsrückstellung und der Beitragsüberträge sowie die Depotzinsen an die Rückversicherer.

Bei **Schaden-/Unfall- und Rückversicherungsunternehmen** entfällt aufgrund des Nettoprinzips der Ausweis der Aufwendungen für das in Rückdeckung gegebene Versicherungsgeschäft. Zu den sonstigen versicherungstechnischen Aufwendungen zählen bei diesen Unternehmen (DONANDT/RICHTER 1989):

- die Zuführungen zur Rückstellung für die erfolgsunabhängige Beitragsrückerstattung, soweit sie vorsorglich vor Ablauf eines mehrjährigen Beobachtungszeitraums gebildet wird,

- die Zuführungen zur Rückstellung für Beitragsnachverrechnungen,

- die Zuführungen zur Rückstellung für unverbrauchte Beiträge aus ruhenden Kraftfahrtversicherungen und Fahrzeug-Rechtsschutzversicherungen,

- die Aufwendungen für die Verkehrsopferhilfe und die Solidarhilfe in der Kraftverkehrs-Haftpflichtversicherung

- die Aufwendungen aus der Abwicklung der vorgenannten versicherungstechnischen Rückstellungen,

- die Feuerschutzsteuer sowie vergleichbare Aufwendungen zur Schadenverhütung und -bekämpfung.

Schaden-/Unfall- und Rückversicherungsunternehmen müssen schließlich in der Position Nr. III/11 **"Veränderung der Schwankungsrückstellung und ähnlicher Rückstellungen"** den Saldo aller Zuführungen und Auflösungen bei der Schwankungsrückstellung und ähnlicher Rückstellungen für Großrisiken zeigen. Die Schwankungsrückstellung ist Ausdruck des Risikoausgleichs in der Zeit. Der erfolgswirksam zu verbuchende Saldo wirkt im Falle einer Zuführung erfolgsmindernd und einer Entnahme erfolgserhöhend.

2. Die Aufwendungen für Kapitalanlagen

Die Aufwendungen für Kapitalanlagen gehören ebenso wie die Erträge aus Kapitalanlagen bei Lebens- und Krankenversicherungsunternehmen zum versicherungstechnischen, bei Schaden-/Unfall- und Rückversicherungsunternehmen zum allgemeinen Teil der Gewinn- und Verlustrechnung. Nach den Formblättern II und III sind die Aufwendungen für Kapitalanlagen (Pos. II/13, III/14) in fünf Unterpositionen zu gliedern (FARNY 1989, FRICKE 1989):

- **Abschreibungen**
  In diese Position gehören die gesamten ordentlichen und außerordentlichen Abschreibungen auf Kapitalanlagen. Ordentliche, d.h. nutzungsbedingte Abschreibungen treten nur bei Gebäuden und Schiffen auf. Zu den außerordentlichen Abschreibungen, z.B. auf Hypotheken, Geldanlagen bei Banken oder Wertpapiere, rechnen auch die Aufwendungen zur Bildung von Einzel- und Pauschalwertberichtigungen. Das Volumen der außerordentlichen Abschreibungen ist in der Gewinn- und Verlustrechnung nachrichtlich anzugeben. Sämtliche Abschreibungen sind von den jeweiligen

Kapitalanlagen abzusetzen. Die indirekte Abschreibung, also die Bildung eines entsprechenden Passivpostens, ist nicht (mehr) zulässig.

- **Aufwendungen aus Verlustübernahme**
  Als Aufwendungen aus Verlustübernahme sind die nach § 302 AktG zu übernehmenden Verluste sowie die aufgrund sonstiger Verträge oder freiwillig geleisteten Ausgleichszahlungen auszuweisen.

- **Verluste aus dem Abgang von Kapitalanlagen**
  Zu den Abschreibungen gehören nur die buchmäßigen Wertverluste. Die in dieser Position zu erfassenden realisierten Verluste (Buchwert > Verkaufspreis) treten im Zusammenhang mit dem Abbau von Kapitalanlagen, insbesondere Grundbesitz und Wertpapieren, auf. Im Anhang sind die Verluste ausführlich darzustellen.

- **Einstellungen in den Sonderposten mit Rücklageanteil**
  In dieser Position sind die Zuführungen zu zweckgebundenen Rücklagen gemäß der §§ 247 Abs. 3, 273, 281 Abs. 1 HGB auszuweisen, sofern die Zuweisungsbeträge, d.h. insbesondere die realisierten stillen Reserven, die auf später neu anzuschaffende Wirtschaftsgüter übertragen werden sollen, aus den Kapitalanlagen stammen.

- **Aufwendungen für die Verwaltung der Kapitalanlagen und sonstige Aufwendungen**
  Die Aufwendungen für die Verwaltung der Kapitalanlagen umfassen sämtliche in diesem Zusammenhang angefallenen Personal- und Sachaufwendungen. Ein Teil der aus den gesamten Verwaltungskosten abgegrenzten Betriebsaufwendungen kann den Kapitalanlagen direkt, ein anderer Teil nur indirekt mit Hilfe von Schlüsseln zugerechnet werden. Den sonstigen Aufwendungen sind die gesamten Betriebskosten für den Grundbesitz, wie z.B. Bewirtschaftungskosten, Instandhaltungskosten, Abgaben und Versicherungsbeiträge, zuzurechnen. Ferner enthält diese Aufwandsgruppe Depotgebühren und Verluste aus Anteilen an Personengesellschaften.

3. Die Aufwendungen für den Versicherungsbetrieb

Zu den Betriebsaufwendungen gehören die persönlichen und sachlichen Kosten eines Versicherungsunternehmens, also vor allem die Kosten für die freien und angestellten Mitarbeiter im Innen- und Außendienst sowie die Kosten für Büroraum, Verbrauchsgüter und fremdbezogene Dienstleistungen (FARNY 1975).

Ebenso wie die handelsrechtlichen Gliederungsschemata des § 275 HGB sehen auch die Formblätter II und III den Ausweis der Aufwendungen für den Versicherungsbetrieb in mehreren Positionen der Erfolgsrechnung vor. Im Unterschied zu den Unternehmen anderer Branchen besteht für die Versicherungsunternehmen jedoch nicht die Möglichkeit, die Betriebsaufwendungen grundsätzlich kostenartenorientiert zu untergliedern. Vielmehr müssen die Versicherer die betrieblichen Aufwendungen in weiten Teilen nach den **betrieblichen Funktionen**, zum Teil jedoch auch nach **Aufwandsarten** differenzieren. Dieser Systemwechsel bewirkt zusammen mit der Uneinheitlichkeit des Ausweiskriteriums zunächst eine erhebliche **Unübersichtlichkeit** der Gewinn- und Verlustrechnung. Er hat darüber hinaus zur Konsequenz, daß vor der Erstellung der Gewinn- und Verlustrechnung die Aufwandsarten z.T. den Funktionsbereichen zugeordnet werden müssen. Da nur ein Teil der Aufwendungen eine direkte Beziehung zu den betrieblichen Funktionen aufweist, ist ein **Kostenverteilungsverfahren** zu entwickeln, für das zwar generell das Verursachungsprinzip gilt, das jedoch aufgrund des allgemeinen Charakters der Gemeinkosten eine absolute Richtig- und Genauigkeit nicht gewährleisten kann. Schließlich folgt aus dem Systemwechsel auch, daß die bereits besprochenen versicherungstechnischen Aufwendungen und die Aufwendungen für Kapitalanlagen Betriebsaufwendungen enthalten. So sind

- **Schadenregulierungsaufwendungen** in den Positionen Nr. II/7 resp. III/5 "Aufwendungen für Versicherungsfälle" sowie Nr. II/8 resp. III/6 "Aufwendungen für Rückkäufe und Rückgewährbeträge",

- **Aufwendungen für die Schadenverhütung und -bekämpfung** in der Position III/10 "Sonstige versicherungstechnische Aufwendungen" sowie

- **Personal- und Sachaufwendungen für die Verwaltung der Kapitalanlagen** in der Position II/13 e resp. III/14 e "Aufwendungen für die Verwaltung der Kapitalanlagen und sonstige Aufwendungen"

zu erfassen. Nach den Formblättern für Lebens- und Krankenversicherer sowie Schaden-/Unfall- und Rückversicherungsunternehmen verbleiben damit für den Ausweis der restlichen Betriebsaufwendungen die folgenden Positionen (DONANDT/RICHTER 1989):

- Rechnungsmäßig gedeckte Abschlußaufwendungen (Pos. Nr. II/11),
- Aufwendungen für den Versicherungsbetrieb (Pos. Nr. II/12, III/9),
- Aufwendungen für Altersversorgung und Unterstützung (Pos. Nr. II/17, III/15),
- sonstige Abschreibungen (Pos. Nr. II/18, III/16) sowie
- sonstige Aufwendungen (Pos. Nr. II/20, III/18 b).

Die beiden letztgenannten Positionen enthalten neben Aufwendungen für den Versicherungsbetrieb häufig auch andere Aufwendungen und werden deshalb im Rahmen der sonstigen Aufwandspositionen besprochen.

Die nur in Lebensversicherungsunternehmen vorkommenden "**Rechnungsmäßig gedeckten Abschlußkosten**" haben ihre Ursache in den vergleichsweise hohen Ausgaben, die mit dem Abschluß von Lebensversicherungen verbunden sind. Bei einer sofortigen Transformation dieser Ausgaben in Aufwendungen würde der Erfolg einer Periode sehr stark durch das Neugeschäft bestimmt. Um dies zu vermeiden, darf der rechnungsmäßig gedeckte Teil der Abschlußkosten, der i.d.R. maximal **35 ‰ der Versicherungssumme** beträgt und in die GuV-Position II/11 einzustellen ist, auf die Laufzeit der Versicherungsverträge verteilt werden. Allerdings geschieht dies nicht durch die Bildung eines (aktiven) Rechnungsabgrenzungspostens, sondern durch die **Reduzierung der Deckungsrückstellung** um die noch nicht getilgten Abschlußkosten (Zillmerung). Da zu Beginn einer Versicherung die rechnungsmäßig gedeckten Abschlußkosten die (ungezillmerte) Deckungsrückstellung übersteigen, führt diese Abgrenzungsform zum Ausweis der Aktivposition "**noch nicht fällige Ansprüche an Versicherungsnehmer**" (FARNY 1989). Daneben wird die Erfolgsneutralität der rechnungsmäßig gedeckten Abschlußkosten im Jahr des Vertragsabschlusses dadurch erreicht, daß in gleicher Höhe sonstige versicherungstechnische Erträge zu verbuchen sind.

In der Position "**Aufwendungen für den Versicherungsbetrieb**" (Pos. Nr. II/12, III/9) sind diejenigen Betriebsaufwendungen auszuweisen, für die ein anderweitiger spezieller Posten nicht existiert. Während Schaden-/Unfall- und Rückversicherungsunternehmen die in diese Position einzustellenden Aufwendungen nur insgesamt zeigen, müssen Lebens- und Krankenversicherer die Abschlußaufwendungen und die sonstigen Aufwendungen in zwei Unterpositionen gesondert darstellen, wobei zu den Abschlußaufwendungen bei Lebensversicherungsunternehmen nur der überrechnungsmäßige Teil gehört.

Die **Aufwendungen für Abschlußkosten** entstehen durch den Absatz und die Erstbearbeitung eines Versicherungsvertrages. Hauptsächlich setzen sie sich zusammen aus Abschlußprovisionen sowie Aufwendungen für Werbung, die Schulung des Außendienstes, die Gesundheitsprüfung, die Policierung und die EDV-mäßige Einrichtung des Vertragsverhältnisses. Die **sonstigen Aufwendungen** sind daneben auf das Inkasso, die laufende Vertragsbearbeitung und Bestandsverwaltung, die Bearbeitung von Rückerstattungen und die passive Rückversicherung zurückzuführen. Insbesondere fallen in diesem Zusammenhang Provisionen für Versicherungsvertreter, Gehälter, Mieten und Sachkosten an.

Lebens- und Krankenversicherer haben die Aufwendungen für den Versicherungsbetrieb **brutto** darzustellen. Auch die **Schaden-/Unfall- und Rückversicherungsunternehmen** müssen von den Bruttoaufwendungen ausgehen, diese sind jedoch in einer Vorspalte um die erhaltenen **Rückversicherungsprovisionen** zu kürzen. Soweit von den Rückversicherern Aufwendungen für die Regulierung von Versicherungsfällen erstattet werden, ist es allerdings erforderlich, diese Beträge von den Aufwendungen für Versicherungsfälle abzusetzen. Entsprechendes gilt im Falle von Erstattungen für Aufwendungen für die Regulierung von Rückkäufen und Rückgewährbeträgen.

Schaden-/Unfall- und Rückversicherungsunternehmen müssen darüber hinaus die in der Hauptspalte erscheinenden Betriebsaufwendungen für eigene Rechnung nach **Versicherungszweigen** differenzieren. Ein Teil der Aufwendungen kann den Versicherungszweigen dabei **direkt** zugeordnet werden (z.B. Abschluß- und Rückversicherungsprovisionen), für die **nicht direkt** zurechenbaren Aufwendungen (z.B. Kosten des Innendienstes) muß ebenso wie für die funktionsorientierte Aufspaltung der Betriebsaufwendungen ein **Schlüsselungssystem** entwickelt werden, das sich generell am Verursachungsprinzip orientieren soll (DONANDT/RICHTER 1989).

Unter den "**Aufwendungen für Altersversorgung und Unterstützung**" (Pos. Nr. II/17, III/15) werden zusätzliche Leistungen an die angestellten oder selbständigen Mitarbeiter erfaßt, die freiwillig oder aufgrund arbeitsrechtlicher Vereinbarungen gewährt werden. Die Position umfaßt insbesondere die folgenden Aufwendungen (FRICKE 1989):

- Pensionszahlungen zu Lasten des laufenden Ergebnisses,
- Zuführungen zu Pensionsrückstellungen,
- Beiträge an Pensions- und Unterstützungskassen,
- Beiträge an den Pensionssicherungsverein,
- Aufwendungen für Vorruhestandsleistungen,
- Beihilfen in Krankheits-, Heirats-, Geburts- oder Todesfällen.

Die bei der Zahlung von Pensionen notwendige Auflösung von Pensionsrückstellungen ist unter den "sonstigen Erträgen" zu erfassen.

4. Sonstige Aufwandspositionen

Neben den versicherungstechnischen Aufwendungen, den Aufwendungen für Kapitalanlagen und den Aufwendungen für den Versicherungsbetrieb enthält die Gewinn- und Verlustrechnung eines Versicherungsunternehmens die folgenden Aufwandspositionen:

- sonstige Abschreibungen (Pos. Nr. II/18, III/16),
- Zinsen und ähnliche Aufwendungen (Pos. Nr. II/19, III/17),
- sonstige Aufwendungen (Pos. Nr. II/20, III/18),
- außerordentliche Aufwendungen (Pos. Nr. II/21 b, III/19 b),
- aufgrund einer Gewinngemeinschaft, eines Gewinnabführungs- und eines Teilgewinnabführungsvertrages abgeführte Gewinne (Pos. Nr. II/23, III/21),
- Steuern vom Einkommen und vom Ertrag (Pos. Nr. II/24, III/22),
- sonstige Steuern (Pos. Nr. II/25, III/23).

In der Position "**sonstige Abschreibungen**" (Pos. Nr. II/18, III/16) sind alle Abschreibungen auszuweisen, die nicht auf Kapitalanlagen und Forderungen an Versicherungsnehmer vorgenommen werden. Die Position ist zu untergliedern in

- Abschreibungen auf immaterielle Vermögensgegenstände (z.B. erworbener Firmenwert, Software) sowie auf aktivierte Aufwendungen für die Ingangsetzung und Erweiterung des Geschäftsbetriebs und
- sonstige Abschreibungen, zu denen vor allem die Abschreibungen auf die Betriebs- und Geschäftsausstattung, auf Forderungen an Versicherungsvertreter, auf Forderungen aus dem Rückversicherungsgeschäft und auf andere Vermögensgegenstände gehören.

Die Abschreibungen auf Kapitalanlagen müssen im Rahmen der Gesamtaufwendungen für Kapitalanlagen, die Abschreibungen auf uneinbringliche Beitragsforderungen innerhalb der gebuchten Brutto-Beiträge erfaßt werden.

Die Position "**Zinsen und ähnliche Aufwendungen**" (Pos. Nr. II/19, III/17) enthält alle nichtversicherungstechnischen Zinsaufwendungen. Auszuweisen sind in dieser Position in allen Versicherungszweigen

- die Schuldzinsen aus Kontokorrentverhältnissen mit Rückversicherern, Banken, Vermittlern und sonstigen Gläubigern sowie

- die Schuldzinsen für Hypotheken auf eigenen Grundbesitz, für sonstige Verbindlichkeiten und für Genußrechtskapital.

In Schaden-/Unfall- und Rückversicherungsunternehmen gehören aufgrund der engen Interpretation des versicherungstechnischen Bereichs auch die Depotzinsen an Rückversicherer zu den Zinsaufwendungen, sofern diese nicht beim technischen Zinsertrag für eigene Rechnung abzusetzen sind.

Entsprechend den sonstigen Erträgen gehen in die Position "**sonstige Aufwendungen**" (Pos. Nr. II/20, III/18) alle nichtversicherungstechnischen Aufwendungen ein, für deren Ausweis eine andere Position nicht in Frage kommt. Die sonstigen Aufwendungen bestehen aus drei Gruppen (FARNY 1989):

- **Aufwendungen aus Dienstleistungen für Dritte**, z.B. aus der Versicherungsvermittlung für verbundene und andere Unternehmen,

- **außergewöhnliche, also periodenfremde und einmalige Aufwendungen**, z.B. Währungskursverluste, Verluste aus der Veräußerung von Teilen der Betriebs- und Geschäftsausstattung, Zuführungen zum Sonderposten mit Rücklageanteil, die sich nicht aus den Kapitalanlagen ergeben,

- **übrige Aufwendungen, für die ein anderer Posten der Gewinn- und Verlustrechnung nicht zur Verfügung steht**, z.B. Aufwendungen für die Hauptversammlung, den Aufsichtsrat, die Steuerberatung und Abschlußprüfung, für Gutachten oder auch Spenden.

Schaden- und Unfallversicherungsunternehmen, die die Kraftverkehrs-Haftpflichtversicherung betreiben, müssen die sonstigen Aufwendungen in die

- Sonderzuweisungen zur Rückstellung für Beitragsrückerstattung in der Kraftfahrzeug-Haftpflichtversicherung und

- übrige sonstige Aufwendungen

differenzieren. Die erstgenannte Position enthält die an die Versicherten rückzuvergütenden Erträge aus angelegten versicherungstechnischen Passiva. Da die Kapitalanlageerträge bei Schaden- und Unfallversicherern im nichtversicherungstechnischen Teil der Erfolgsrechnung erfaßt werden, müssen in denselben Abschnitt auch die aus diesen finanzierten Ausschüttungen eingehen.

Ebenso wie den außerordentlichen Erträgen liegen auch den "**außerordentlichen Aufwendungen**" (Pos. Nr. II/21 b, III/19 b) Vorgänge zugrunde, die außerhalb der gewöhnlichen Geschäftstätigkeit eines Versicherungsunternehmens angefallen sind. Zu den außerordentlichen Aufwendungen gehören nach den Bilanzierungsrichtlinien beispielsweise

- Aufwendungen zur Durchführung von Betriebsaufspaltungen,
- Verluste aufgrund von Enteignungen,
- Sozialaufwendungen bei Schließung eines Teilbetriebs oder
- Bußgelder und Geldstrafen.

Die Position "**aufgrund einer Gewinngemeinschaft, eines Gewinnabführungs- und eines Teilgewinnabführungsvertrages abgeführte Gewinne**" (Pos. Nr. II/23, III/21) stimmt sinngemäß mit der innerhalb der Erträge aus Kapitalanlagen erfaßten Position Nr. II/4 c resp. III/12 c überein. Die "**Steuern von Einkommen und vom Ertrag**" (Pos. Nr. II/24, III/ 22) setzen sich im wesentlichen aus der Körperschaftsteuer und der Gewerbeertragsteuer zusammen, den "**sonstigen Steuern**" (Pos. Nr. II/25, III/23) sind insbesondere die Gewerbekapitalsteuer, die Vermögensteuer, die Gesellschaftsteuer, die Kraftfahrzeugsteuer und die Grundsteuer zuzurechnen. Auszuweisen sind jeweils (FRICKE 1989):

- die gezahlten und zurückgestellten Steuern für das Geschäftsjahr,
- die nachträglich gezahlten Steuern für Vorjahre, soweit die vorhandenen Steuerrückstellungen nicht ausreichen,
- die Zuführungen zur Rückstellung für voraussichtliche Steuerbelastung nachfolgender Geschäftsjahre gemäß § 274 Abs. 1 HGB.

Während Steuererstattungen für Vorjahre abgezogen werden können, müssen nicht mehr benötigte Steuerrückstellungen über die sonstigen Erträge vereinnahmt werden. Basis zur Berechnung der voraussichtlichen Ertragsteuerzahlungen ist der Beschluß bzw. der Vorschlag über die Verwendung des Jahresergebnisses.

Neben den Aufwendungen und Erträgen, dem Jahresergebnis und Angaben zur Ergebnisverwendung enthalten die Formblätter II und III verschiedene **Zwischensummen**. Während die Zwischensumme III/1 bei Schaden-/Unfall- und Rückversicherungsunternehmen der Summe der versicherungstechnischen Erträge für eigene Rechnung nahekommt, läßt das entsprechende Zwischenergebnis bei Lebens- und Krankenversicherern eine betriebswirtschaftlich sinnvolle Interpretation nicht zu. Die Zwischensummen II/2 und III/2 sowie III/3 entsprechen in etwa dem versicherungstechnischen Erfolg für eigene Rechnung; die Zwischensummen II/3 und III/4 sollen schließlich das Ergebnis aus der gewöhnlichen Geschäftstätigkeit wiedergeben (FARNY 1989).

LITERATURHINWEISE:

ANGERER, A. (1989)
DONANDT, K./RICHTER, H. (1989)
FARNY, D. (1975)
FARNY, D. (1986)
FARNY, D. (1989)
FRICKE, F. (1989)
GEIB, G./HORBACH, K. (1991)
KÖNIG, E. (1991)
TRÖBLIGER, A. (1991)
WELZEL, H.-J. (1991)

C. Der Anhang

Neben der Bilanz und der Gewinn- und Verlustrechnung bildet der Anhang den dritten Teil des Jahresabschlusses eines Versicherungsunternehmens. Der Anhang hat die Aufgabe, den Ausweis in der Bilanz und der Gewinn- und Verlustrechnung zu verdeutlichen und zu ergänzen. Er soll zusammen mit den übrigen Elementen des Jahresabschlusses ein den tatsächlichen Verhältnissen entsprechendes Bild der Vermögens-, Finanz- und Ertragslage vermitteln.

Ebenso wie in anderen Branchen können die Anhangangaben auch in Versicherungsunternehmen danach differenziert werden, ob sie generell im Anhang oder wahlweise in der Bilanz oder im Anhang zu geben sind. Die im folgenden dargestellten **speziellen Angabepflichten** für Versicherungsunternehmen müssen jedoch größtenteils im Anhang erfüllt werden, so daß auf diese Unterteilung verzichtet wird. Stattdessen werden die Anhangangaben nach ihrem Inhalt in

- Angaben zur Bilanz und
- Angaben zur Gewinn- und Verlustrechnung

untergliedert.

Dabei beziehen sich auf die **Bilanz** die folgenden Angabepflichten:

- Angabe des **Bilanzwertes der verpfändeten, zur Sicherheit übertragenen oder hinterlegten Vermögensgegenstände**, für die im Konkursfall Aus- oder Absonderungsrechte geltend gemacht werden können - mit Ausnahme des Deckungsstocks - in einer Summe (§ 11 Abs. 3 Externe VUReV),

- Darstellung der **Entwicklung** (Anfangsbestände, Zugänge, Umbuchungen, Abgänge, Zuschreibungen, Abschreibungen, Endbestände) **der Kapitalanlagen** (§ 11 Abs. 2 Externe VUReV),

- Angabe der **Anzahl der Grundstücke und grundstücksgleichen Rechte**, ferner sind u.a. die Bilanzwerte von Bauten auf fremden Grundstücken anzugeben (§ 11 Abs. 1 Nr. 2 Externe VUReV),

- Angabe der auf **verbundene Unternehmen** entfallenden **Depotforderungen, Abrechnungsforderungen, Forderungen an Versicherungsvertreter, sonstige Forderungen und der entsprechenden Verbindlichkeiten** je Bilanzposten, Bilanzunterposten und für jedes Unternehmen, für Unternehmen mit Sitz im Ausland ist eine Zusammenfassung zulässig (§ 11 Abs. 1 Nr. 5 Externe VUReV),

- Angabe **größerer Beträge** in den Unterposten "**sonstige Forderungen und Vermögensgegenstände**" und "**sonstige (aktive) Rechnungsabgrenzungsposten**" (§ 11 Abs. 1 Nr. 7 Externe VUReV),

- Gesonderter Ausweis oder Angabe im Anhang eines in den aktiven Rechnungsabgrenzungsposten aufgenommenen **Disagios aus Verbindlichkeiten** (§ 11 Abs. 1 Nr. 7 Externe VUReV),

- Angabe der **Methoden zur Ermittlung der einzelnen versicherungstechnischen Rückstellungen** mit Ausnahme der Rückstellung für Beitragsrückerstattung sowohl hinsichtlich der Brutto-Beträge als auch der auf das Rückversicherungsgeschäft entfallenden Beträge (§ 10 Abs. Externe VUReV),

- Angabe der **Bewegung** (Anfangsbestand, Zuführungen, Entnahmen, Endbestand) **der Schwankungsrückstellung** und jeder ähnlichen Rückstellung, jeweils untergliedert nach den Versicherungszweigen und Versicherungsarten, für die gesonderte Berechnungen durchzuführen sind (§ 12 Nr. 1 Externe VUReV),

- Angabe der **Bewegung der Rückstellung für Beitragsrückerstattung**, darüber hinaus haben u.a. die Lebensversicherungsunternehmen anzugeben, welche Teile der Rückstellung auf bereits festgelegte, aber noch nicht zugeteilte laufende Überschußanteile und Schlußüberschußanteile sowie auf künftige, noch nicht festgelegte Schlußüberschußanteile oder Gewinnzuschläge entfallen, für die einzelnen Abrechnungs-/Gewinnverbände sind ferner die festgelegten Überschußanteilsätze und ggfs. der verwendete Ansammlungszinssatz aufzuführen (§ 12 Nr. 2 Externe VUReV),

- Angabe der **Bilanzwerte der Beitragsüberträge, Deckungsrückstellung, Rückstellung für noch nicht abgewickelte Versicherungsfälle, Rückstellung für noch nicht abgewickelte Rückkäufe u.ä., sonstigen versicherungstechnischen Rückstellungen** sowohl mit den Bruttobeträgen als auch mit den auf das Rückversicherungsgeschäft entfallenden Beträgen, darüber hinaus haben u.a. die Lebensversicherungsunternehmen die Brutto-Deckungsrückstellung und die Brutto-Beitragsüberträge jeweils auf Kapitalversicherungen, Renten-, Pensions- und Gruppenversicherungen aufzuteilen (§ 12 Nr. 3 Externe VUReV),

- Angabe **größerer Beträge** in den Positionen **"sonstige Rückstellungen", "sonstige Verbindlichkeiten" und passive "Rechnungsabgrenzungsposten"** (§ 12 Nr. 5 Externe VUReV),

- Erläuterung von **Beträgen größeren Umfangs**, die als **"sonstige Forderungen und Vermögensgegenstände"** oder **"sonstige Verbindlichkeiten"** ausgewiesen werden und erst nach dem Abschlußstichtag rechtlich entstehen (antizipative Posten, vgl. § 8 Externe VUReV i.V.m. § 268 Abs. 4 Satz 2 HGB).

Zur **Gewinn- und Verlustrechnung** sind im Anhang insbesondere die folgenden versicherungsspezifischen Angaben zu machen:

- Angabe der **Brutto-Beiträge** und der **Rückversicherungsbeiträge**, jeweils untergliedert nach dem selbst abgeschlossenen und dem in Rückdeckung übernommenen Geschäft, darüber hinaus haben u.a. die Lebensversicherungsunternehmen die Brutto-Beiträge des selbst abgeschlossenen Geschäfts nach laufenden Beiträgen und nach Einmalbeiträgen sowie nach Kapital-, Renten-, Pensions- und Gruppenversicherungen aufzuteilen (§ 13 Nr. 1 Externe VUReV),

- **Personenversicherungsunternehmen** haben die **Aufwendungen für Versicherungsfälle, Rückkäufe, Rückgewährbeträge und Austrittsvergütungen** sowohl mit den **Brutto-Beträgen** als auch mit den **Rückversicherungsbeiträgen**, jeweils untergliedert nach dem selbst abgeschlossenen und dem übernommenen Geschäft anzugeben, ferner müssen u.a. die Lebensversicherungsunternehmen die zu nennenden Beträge auf Kapital-, Renten-, Pensions- und Gruppenversicherungen aufteilen (§ 13 Nr. 2 Externe VUReV),

- **Schaden- und Unfallversicherungsunternehmen** haben für das selbst abgeschlossene Versicherungsgeschäft die **Brutto- und Nettoschadenquoten** für Geschäftsjahresschäden für jeden gesondert ausgewiesenen Versicherungszweig anzugeben (§ 13 Nr. 2 Externe VUReV),

- Aufgliederung der **persönlichen Aufwendungen** (Provisionen, Löhne und Gehälter, soziale Abgaben) nach Abschlußaufwendungen, Aufwendungen für den Versicherungsbetrieb, Aufwendungen für die Regulierung von Versicherungsfällen, sonstigen versicherungstechnischen Aufwendungen, Aufwendungen für die Verwaltung von Kapitalanlagen und sonstigen Aufwendungen (§ 13 Nr. 3 Externe VUReV),

- Gegenüberstellung der "**Rückversicherungsbeiträge**" für das gesamte Versicherungsgeschäft und der **Summe der erhaltenen Rückversicherungsprovisionen** aus dem Rückversicherungsgeschäft jeweils mit den entsprechenden Beträgen des vorausgegangenen Geschäftsjahres (§ 13 Nr. 4 Externe VUReV),

- Angabe der **Abschreibungen** und **Zuschreibungen** für jeden einzelnen Bilanzposten und -unterposten mit Ausnahme der "Kapitalanlagen" (§ 13 Nr. 5 Externe VUReV),

- Angabe der **Erträge** und **Aufwendungen** aus dem **Abgang von Kapitalanlagen** für jeden einzelnen Bilanzposten und -unterposten, sofern die Beträge nicht unbedeutend sind (§ 13 Nr. 6 Externe VUReV),

- Angabe **größerer Beträge** in den Posten "**sonstige versicherungstechnische Erträge**", "**sonstige versicherungstechnische Aufwendungen**", "**sonstige Erträge**" und "**sonstige Aufwendungen**" (§ 13 Nr. 7 Externe VUReV),

- Erläuterung der "**außerordentlichen Erträge**" und der "**außerordentlichen Aufwendungen**" hinsichtlich **Art und Betrag**, soweit die Beträge nicht unbedeutend sind (§ 13 Nr. 8 Externe VUReV).

LITERATURHINWEISE:

ANGERER, A. (1989)
FANDRÉ, B. (1989)
FARNY, D (1989)
RICHTER, H./GEIB, G. (1991)

Literaturverzeichnis

ACKERMANN, P.:
Die Rückgewährquote der Lebensversicherungsunternehmen, Berlin 1985.
ADAMS, M.M.:
Spanischer Bankenmarkt - Auf dem Weg zu neuen Ufern, in: Geldinstitute, 1989, Heft 10, S. 4-9.
AEBERLI, R.W.:
Risikopolitische Analyse der Außerbilanzgeschäfte, Bankwirtschaftliche Forschungen, Bd. 119, Hrsg.: E. Kilgus, L. Schuster, Bern/Stuttgart 1989.
AKMANN, M.:
Die EG-Eigenmittelrichtlinie, in: ZfgK, 43. Jg. (1990), S. 186-194.
ALBERS, M.:
Der Bank-Konzernabschluß, Eine Analyse der sich aufgrund der EG-Bankbilanzrichtlinie ändernden Vorschriften zur Aufstellung des Konzernabschlusses von Kreditinstituten, Frankfurt a.M. 1991.
ALTENHAIN, TH:
Die Bonität einer Kreditgenossenschaft, Münster 1987.
ALVAREZ-CANAS, M.M.:
Geschichte, Struktur und Recht, in: ZfgK, 36. Jg. (1983), S. 1024-1032.
AMBROSIUS, R.:
Die Beurteilung der verschiedenen Bausparkassentarife aus der Sicht des Bausparers, in: Veröffentlichungen des Lehrstuhls für allgemeine Bank- und Versicherungslehre an der Friedrich-Alexander-Universität Erlangen, Heft 27, Hrsg.: O. Hahn, Nürnberg 1984.
AMEL, D.F./JACOWSKI, M.J.:
Trends in Banking Structure since the Mid-1970s, in: Federal Reserve Bulletin, March 1989, S. 120-133.
ANGERER, A.:
Zur Solvabilität der Lebensversicherungsunternehmen, in: Wirtschaftsprüfung und Wirtschaftsrecht, Beiträge zum 75jährigen Bestehen der Treuhand-Vereinigung AG, Stuttgart 1980, S. 12-49.
ANGERER, A.:
Rechnungslegung, in: HWB der Versicherung, Hrsg.: D. Farny u.a., Karlsruhe 1988, S. 593-603.
ANGERER, A.:
Versicherungsaufsicht, in: Bank- und Versicherungslexikon, Hrsg.: H. Schierenbeck, München/Wien 1990, S. 655-660.
ARNOLD, H.:
Risikotransformation, in: HWB der Finanzwirtschaft, Hrsg.: H.E. Büschgen, Stuttgart 1976, S. 1506-1515.
ARNOLD, W./SCHULTE-MATTLER, H.:
KWG-Grundsatz I novelliert, in: Die Bank, 30. Jg. (1990), S. 432-437.
ARNOLD, W./SPRIßLER, W.:
Was leistet das Abzugsverfahren?, in: Die Bank, 24. Jg. (1984), S. 156-160.
ASHAUER, G.:
Entwicklung der Sparkassenorganisation ab 1924, in: Deutsche Bankengeschichte, Bd. 3, Hrsg.: G. Aschoff u.a., Frankfurt a.M. 1983, S. 277-348.
ASHAUER, G.:
Das Bankwesen in der Deutschen Demokratischen Republik, Struktur, Funktionen, Perspektiven, in: Sparkasse, 107. Jg. (1990), S. 8-23.

ASHAUER, G.:
Das Einlagengeschäft, in: Obst/Hintner: Geld-, Bank- und Börsenwesen, Hrsg.: N. Kloten, J.H. von Stein, 38. völlig neu gestaltete Auflage, Stuttgart 1988, S. 443-464.
ASHAUER, G.:
Öffentlich-rechtliche Kreditinstitute, in: Bank- und Versicherungslexikon, Hrsg.: H. Schierenbeck, München/Wien 1990, S. 492-499.
AULMANN, H.:
Unfallversicherung, Gesetzliche, in: HWB der Versicherung, Hrsg.: D. Farny u.a., Karlsruhe 1988, S. 909-915.
BADER, H.:
Entstehung, Entwicklung und Perspektiven der Staatlichen Versicherung der DDR, in: Versicherungswirtschaft, 45. Jg. (1990), S. 443-448.
BANKSON, L./LEE, M.:
Euronotes, RUFs, TRUFs, NIFs, SNIFs and Bonuses, London 1985.
BANQUE DE FRANCE:
Loi Bancaire du 24 Janvier 1984 (Traduction en Anglais), o.O. 1989.
BARGEN, M. V.:
Vermögensanlage in der Versicherungswirtschaft, in: Versicherungsenzyklopädie, Bd. 2: Versicherungsbetriebslehre, Hrsg.: W. Große, L. Müller-Lutz, R. Schmidt, Wiesbaden 1984, S. 467-516.
BAUMANN, H./FALKENSTEIN, L.:
Die Volksbanken und Raiffeisenbanken, Frankfurt a.M. 1976.
BAYER, G.:
Berufsunfähigkeitsversicherung, in: HWB der Versicherung, Hrsg.: D. Farny u.a., Karlsruhe 1988, S. 61-64.
BECKER, H.:
Ertragsschwund der Auslandsbanken in Japan, in: Börsen-Zeitung vom 7.9.1989, S. 6.
BECKER, H.:
Universalbank in Japan ohne Chancen, in: Börsen-Zeitung vom 19.5.1990, S. 6.
BECKER, J.:
Quotenkonsolidierung, in: ZfgK, 33. Jg. (1980), S. 490-498.
BECKER, W.-D.:
Sparkassenentwicklung als Spiegel des sozialen Fortschritts - Eine Skizze, in: Sparkasse, 83. Jg. (1966), S. 115-118.
BECKER, W.-D./FALK, R. (HRSG.):
Stille Reserven in den Jahresabschlüssen der Kreditinstitute, Schriften des Verbandes öffentlicher Banken, Heft 6, Göttingen 1980.
BEILNER, T./MATHES, H.D.:
DTB-BUND-Futures: Bewertung und Anwendung, in: Die Bank, 30. Jg. (1990), S. 449-454.
BENKHOFF, W.:
Nach mehreren erfolglos gebliebenen Versuchen ein neuer Anlauf zur europäischen Einheitswährung. EG-Währungsunion / Die Verträge von Maastricht stellen Weichen für eine grundlegende Reform, in: Handelsblatt, 31.12.1991, S. 22.
BENTHIEN, T.:
Eurocheque-Karte, in: Studienwerk der Bankakademie: Besondere Bankbetriebslehre, Hrsg.: Bankakademie-Verlag, Stand: Oktober 1990, Teil 3, Kapitel 10.1.
BENUSILHO, M.:
Die Kooperations-Strategie der französischen Sparkassen für den gemeinsamen EG-Markt, in: Sparkasse, 105. Jg. (1988), S. 469-471.
BENUSILHO, M.:
Fankreich, in: Kreditinstitute im europäischen Binnenmarkt 1993, Hrsg.: Gesellschaft zur Förderung der wissenschaftlichen Forschung über das Spar- und Girowesen e.V., Stuttgart 1990.
BERGE, H.:
Zinsrückvergütung bei Kreditgenossenschaften, in: ZfgK, 42. Jg. (1989), S. 1003-1005.

BERNDT, L.:
Strukturen und Funktionen des Marktes für Investmentzertifikate in der Bundesrepublik Deutschland, Diss., Aachen 1975.
BERNHARD, R.:
Sonderformen und Alternativen zur Fremdfinanzierung, in: Finanzierungshandbuch, 1. Aufl., Hrsg.: F.W. Christians, Wiesbaden 1980, S. 233-246.
BETTE, K.:
Das Factoring-Geschäft, Praxis und Rechtsnatur in Deutschland im Vergleich zu anderen Formen der Forderungsfinanzierung, 2. Aufl., Stuttgart/Wiesbaden 1990.
BETZ, W./BRINKMANN, J.:
Der Jahresabschluß nach dem Bankbilanzrichtlinie-Gesetz, in: Bankinformation, 17. Jg. (1990), Heft 12, S. 46-51.
BIEG, H.:
Bankbilanzen und Bankenaufsicht, München 1983.
BIEG, H.:
Die Auswirkungen der stillen Rücklagen auf die Information unternehmensfremder Personen, in: Kreditpraxis, 1986, Heft 2, S. 21-24.
BIEG, H.:
Die Möglichkeiten der Bildung und Auflösung stiller Rücklagen, in: Kreditpraxis, 1986, Heft 1, S. 31-34.
BIEG, H.:
Auswirkungen der Bankbilanzrichtlinie der Europäischen Gemeinschaften auf die Einzelabschlüsse von Kreditinstituten, in: ZfbF, 40. Jg. (1988), S. 3-31 und 149-171.
BIEG, H.:
Externe Rechnungslegung und Prüfung in Kreditinstituten, in: Bank- und Versicherungslexikon, Hrsg.: H. Schierenbeck, München/Wien 1990, S. 231-242.
BIENER, H.:
Die Bankbilanzrichtlinie der EG, in: Der langfristige Kredit, 39. Jg. (1988), S. 40-63.
BIENER, H./BERNEKE, W.:
Bilanzrichtlinie-Gesetz, Düsseldorf 1986.
BINKOWSKI, P./BEECK, H.:
Finanzinnovationen, in: Wirtschaft - Finanzen - Innovationen, Bd. 1, Bonn 1989.
BIRCK, H./MEYER, H.:
Die Bankbilanz, Aufstellung, Struktur, Gliederung und Bewertung in den Jahresabschlüssen der Kreditinstitute nach Handels- und Steuerrecht einschließlich Bilanz- und Reservenpolitik, 3. Aufl., 1. Teillieferung, Wiesbaden 1980, 2. Teillieferung, Wiesbaden 1977, 3. Teillieferung, Wiesbaden 1979, 4. Teillieferung, Wiesbaden 1979, 5. Teillieferung, Wiesbaden 1989.
BITZ, M.:
Erscheinungsformen und Funktionen von Finanzintermediären, in: WiSt, 18. Jg. (1989), S. 430-436.
BITZ, M.:
Finanzintermediäre, in: Bank- und Versicherungslexikon, Hrsg.: H. Schierenbeck, München/Wien 1990, S. 254-258.
BLEY, S.:
Grundlagen und Praxis des Wertpapiergeschäfts, 4. Aufl., Stuttgart 1979.
BLITZ, J.:
Computerhandel nun auch im Kassamarkt, in: Die Bank, 31. Jg. (1991), S. 258-262.
BLOMEYER, K.:
Exportfinanzierung, 2. Aufl., Wiesbaden 1986.
BOARD OF GOVERNORS:
The Federal Reserve System, Purposes and Functions, Washington D.C., o.Jg.

BOFINGER, P.:
Die Finanzmärkte - ein teilweise gerechtfertigter Sonderfall der Regulierung, Vielfältige Herausforderungen an die Geldpolitik, in: Wo Regeln bremsen..., Deregulierung und Privatisierung im Vormarsch, Hrsg.: G. Schwarz, Zürich 1988, S. 96-104.
BOHN, K./HELBIG, M.:
Pflegeversicherung, in: HWB der Versicherung, Hrsg.: D. Farny u.a., Karlsruhe 1988, S. 509-512.
BONIN, K. V.:
Zentralbanken zwischen funktioneller Unabhängigkeit und politischer Autonomie, dargestellt an der Bank von England, der Bank von Frankreich und der Deutschen Bundesbank, Studien zum Bank- und Börsenrecht, Bd. 4, Hrsg.: U. Immenga, Baden-Baden 1979.
BORCHERT, M.:
Geld und Kredit, Eine Einführung in die Geldtheorie und Geldpolitik, Stuttgart 1982.
BORCHERT, M.:
Mindestreservekonzeptionen, in: Bank- und Versicherungslexikon, Hrsg.: H. Schierenbeck, München/Wien 1990, S. 475-481.
BORN, K.E.:
Vom Beginn des Ersten Weltkrieges bis zum Ende der Weimarer Republik, (1914 - 1933), in: Deutsche Bankengeschichte, Hrsg.: G. Aschoff u.a., Bd. 3, Frankfurt a.M. 1983, S. 15-146.
BREMEIER, E./STAUDT, N.:
Struktur ausländischer Bankensysteme: Schweiz, Schriftenreihe des Instituts für Banken, Industrie und Kredit der Freien Universität Berlin, Heft 3, 3. Aufl., Hrsg.: M. Hein, Frankfurt a.M. 1979.
BREUER, R.E.:
Das Effektengeschäft, in: Obst/Hintner: Geld-, Bank- und Börsenwesen, Hrsg.: N. Kloten, J. H. von Stein, 38. völlig neu gestaltete Aufl., Stuttgart 1988, S. 464-509.
BRINGMANN, R./KRAG, J.:
Mergers & Acquisitions im bankbetrieblichen Leistungsprozeß, in: ZfgK, 43. Jg. (1990), S. 69-74.
BRIXNER, U.:
Credit Unions in den USA - Struktur, Funktionen, Probleme, Veröffentlichungen der Deutschen Genossenschaftskasse, Heft 1, Frankfurt a.M. 1971.
BROWN, C./JOHNSON, M./KESLAR, L.:
Here comes Euro up, in: Euromoney Corporate Finance, Juni 1985, S. 23-30.
BRÜGGEMANN, G.:
Fall Drexel, Mit Junk-Bonds auf die schiefe Bahn - und der Schock sitzt tief, in: Die Welt vom 7.3.1990, S. VI.
BRÜNGLINGHAUS, E.:
Konzernabschluß und Konzernlagebericht, in: Kompendium zur Rechnungslegung von Versicherungsunternehmen (KoRVU), Band I, 2. Aufl., Karlsruhe 1982, Stand: April 1991, Beitrag K.
BRUNS, G.:
Das Depotgeschäft, Frankfurt a.M. 1972.
BUCH, T.:
Die Rolle der Institutionen im deutschen Kapitalmarkt, in: Die Rolle von Institutsgruppen und Kapitalsammelstellen am deutschen Kapitalmarkt, Hrsg.: G. Bruns, K. Häuser, Frankfurt a.M. 1972, S. 7-27.
BUCHHOLZ, A.:
Landesbanken: Neue Besitzstruktur als Anstoß zu einer folgenreichen Entwicklung, Die Steine kommen durch den Ausstieg des Landes Hessen ins Rollen, in: Handelsblatt vom 19.6.1989.
BUCHHOLZ, A./JOCHAM, A.:
Von der Deutschen Kreditbank und der Staatsbank wird nichts mehr übrigbleiben, Neuordnungspläne im Bundesfinanzministerium für Ostdeutschland, in: Handelsblatt vom 23./24.11.1990, S. 13.

BUCHHOLZ, A./JOCHAM, A.:
Der Kuchen ist noch lange nicht verteilt, Entwicklung des Einlagen- und Kreditgeschäfts klafft auseinander, in: Handelsblatt vom 1./2.3.1991, S. 18.

BUCHHOLZ, A./VON DER ROPP, N.:
Die Harmonisierung gestaltet sich aufgrund der unterschiedlichen Interessen als langwieriger Prozeß. Kreditwirtschaft / Die EG-Richtlinien basieren auf dem Prinzip des kleinsten gemeinsamen Nenners, in: Handelsblatt, 31.12.1991, S. 29.

BÜSCHGEN, H.E.:
Investmentgesellschaften, in: HWB der Betriebswirtschaft, Hrsg.: E. Grochla, W. Wittmann, Stuttgart 1975, Sp. 2018-2024.

BÜSCHGEN, H.E.:
Die Großbanken, Frankfurt a.M. 1983.

BÜSCHGEN, H.E.:
Zeitgeschichtliche Problemfelder des Bankwesens in der Bundesrepublik Deutschland, in: Deutsche Bankengeschichte, Hrsg.: G. Aschoff u.a., Bd. 3, Frankfurt a.M. 1983, S. 349-409.

BÜSCHGEN, H.E.:
Finanzinnovationen, Neuerungen und Entwicklungen an nationalen und internationalen Finanzmärkten, in: ZfB, 56. Jg. (1986), S. 301-336.

BÜSCHGEN, H.E.:
Internationales Finanzmanagement, Frankfurt a.M. 1986a.

BÜSCHGEN, H.E.:
Finanzinnovationen - Ein Überblick, in: Neue Instrumente an den Finanzmärkten: Geldpolitische und bankaufsichtliche Aspekte, Hrsg.: A. Gutowski, Berlin 1988, S. 9-42.

BÜSCHGEN, H.E.:
Zinstermingeschäfte, Instrumente und Verfahren zur Risikoabsicherung an Finanzmärkten, Frankfurt a.M. 1988a.

BÜSCHGEN, H.E.:
Bankbetriebslehre, Bankgeschäfte und Bankmanagement, 2. Aufl., Wiesbaden 1989.

BÜSCHGEN, H.E.:
Bankbetriebslehre, 3. Aufl., Wiesbaden 1991.

BÜSCHGEN, H.E.:
Finanzinnovationen, in: Bank- und Versicherungslexikon, Hrsg.: H. Schierenbeck, München/Wien 1990, S. 249-254.

BUNDESAUFSICHTSAMT FÜR DAS VERSICHERUNGSWESEN:
Veröffentlichungen, 37. Jg. (1988), S. 424-444.

BUNDESAUFSICHTSAMT FÜR DAS VERSICHERUNGSWESEN:
Geschäftsbericht 1987, Berlin 1988.

BUNDESAUFSICHTSAMT FÜR DAS VERSICHERUNGSWESEN:
Geschäftsbericht 1989, Berlin 1990.

BUNDESAUFSICHTSAMT FÜR DAS VERSICHERUNGSWESEN:
Geschäftsbericht 1990, Berlin 1991.

BUNDESMINISTERIUM DER FINANZEN:
Bericht der Studienkommission „Grundsatzfragen der Kreditwirtschaft", Schriftenreihe des Bundesministeriums der Finanzen, Heft 28, Bonn 1979.

BURGHAGEN, V./FÜLSTER, K.:
Der Finanzplatz Luxemburg und die Eurobanken im Europäischen Finanzraum - Eine Analyse der Kapitalverkehrsbeschränkungen und der Geschäftsmöglichkeiten in ausgewählten EG-Ländern, in: Europa-Banking, Bankpolitik im Europäischen Finanzraum und währungspolitische Integration, Hrsg.: D. Duwendag, Baden-Baden 1988.

BUSCHKÜHL, M.:
Electronic-Banking, in: Studienwerk der Bankakademie: Besondere Bankbetriebslehre, Hrsg.: Bankakademie-Verlag, Stand: Oktober 1990, Teil 3, Kapitel 9.

CAPELL, J./SWINNE, A.:
Internationales Kredit-Management, Frankfurt a.M. 1981.

CASSIER, S.C.:
Anfänge und gestaltende Kräfte des Industriebankwesens in Deutschland, in: ZfgK, Beilage 2 zu Heft 7, 28. Jg. (1975).
CAYTAS, I.G./MAHARI, J.I.:
Im Banne des Investment Banking - Funktionen und Übernahmen überleben den Crash '87, Zürich/Stuttgart 1988.
CHARLTON, P.:
Die Diversifizierungsstrategie der britischen Sparkassengruppe TSB, in: Sparkasse, 106. Jg. (1989), S. 308-312.
CHISLETT, W.:
Much binding in Madrid, in: The Banker, Vol. 137 (1989), No. 740, S. 83-85.
CHRISTIANS, F.W.:
Emissionsgeschäft der Banken, in: HWB der Finanzwirtschaft, Hrsg.: H.E. Büschgen, Stuttgart 1976, Sp. 297-311.
CLAUS, G.:
Der Geschäftsplan der Großlebensversicherung, in: Veröffentlichungen des Bundesaufsichtsamtes für das Versicherungswesen, 35. Jg. (1986), S. 201-215, 239-253, 283-292.
CLOES, R./SCHOGS, F.:
Frankreichs Wirtschaft zwischen Staat und Macht, in: Die Bank, 29. Jg. (1989), S. 100.
CODERO, R.:
Der Financial Futures Markt, Bern/Stuttgart 1986.
CODERO, R.:
Risiko-Management mit Optionen, Bern/Stuttgart 1989.
COENENBERG, A.G.:
Jahresabschluß und Jahresabschlußanalyse, Betriebswirtschaftliche, handels- und steuerrechtliche Grundlagen, 12. Aufl., Landsberg am Lech 1991.
COLLYNS, CH./HORIGUDIE, Y.:
Finanz-Supermärkte in den USA, in: Finanzierungs-Entwicklung, März 1984, S. 18-22.
COMMISSION BANCAIRE:
The French Banking Act, Paris 1989.
CREDIT AGRICOLE:
The World of Credit Agricole, Paris, o.J.
DEGENER, J./RÖHER, A.:
Die Bausparkasse, 6. Aufl., Frankfurt a.M. 1986.
DEGENER, T.:
Leasingentscheidungen bei beweglichen Anlagegütern - Ein Vorteilhaftigkeitsvergleich zwischen Leasing und Kreditkauf aus der Sicht gewerblicher Investoren, Frankfurt a.M. 1986.
DEHLITT, W.N. „RINK":
Why Banks need Interstate Banking, in: The Bankers Magazine, 167. Jg. (1984), Heft Nov.-Dez., S. 20-22.
DELORME, H.:
Die Wertpapiersammelbanken, Frankfurt a.M. 1970.
DELRIEU, A.:
Banken stellen sich dem Wettbewerb, in: Börsen-Zeitung vom 20.2.1988, S. 6.
DENZEL, E.:
Internationale Finanzmärkte, in.: Finanzierungshandbuch, 1. Aufl., Hrsg.: F.W. Christians, Wiesbaden 1980, S. 303-330.
DEPPE, H.-D.:
Betriebswirtschaftliche Grundlagen der Geldwirtschaft, Bd. 1: Einführung und Zahlungsverkehr, Stuttgart 1973.
DEPPE, H.-D.:
Die Rolle des Wertpapiererwerbs bei Anlagedispositionen eines Kreditinstituts, in: WiSt, 5. Jg. (1976), S. 441-449.

DEPPE, H.-D.:
Geldmarkt und Geldmarktkonzepte, in: Unternehmen und Gesellschaft, Festschrift zum 75. Geburtstag von W. Hasenack, Hrsg.: H.J. Engeleiter, Herne/Berlin 1976, S. 163 ff.
DEUTSCHE BUNDESBANK:
Deutsches Geld- und Bankwesen in Zahlen 1876-1975, Frankfurt a.M. 1976.
DEUTSCHE BUNDESBANK:
Die Novellierung des Kreditwesengesetzes, in: Monatsberichte der Deutschen Bundesbank, März 1985, S. 37-43.
DEUTSCHE BUNDESBANK:
Die Auslandsbanken - eine neue Untergruppe in der Bankenstatistik, in: Monatsberichte der Deutschen Bundesbank, Januar 1987, S. 32-37.
DEUTSCHE BUNDESBANK:
Geldpolitische Aufgaben und Instrumente, 5. Aufl., Frankfurt a.M. 1989.
DEUTSCHE BUNDESBANK:
Die neuen Grundsätze I und Ia über das Eigenkapital der Kreditinstitute, Frankfurt a.M. 1990.
DEUTSCHE BUNDESBANK:
Die neuen Grundsätze I und Ia über das Eigenkapital der Kreditinstitute, in: Monatsberichte der Deutschen Bundesbank, August 1990a, S. 39-46.
DICKERTMANN, D./SIEDENBERG, A.:
Instrumentarium der Geldpolitik, 4. Aufl., Düsseldorf 1984.
DIEL, R.:
Langfristige Fremdfinanzierung durch Emission von Industrieobligationen, in: Finanzierungshandbuch, 1. Aufl., Hrsg.: F.W. Christians, Wiesbaden 1980, S. 177-199.
DIEPEN, G./SAUTER, W.:
Wirtschaftslehre für den Bankkaufmann, Allgemeine Wirtschaftslehre, Spezielle Bankbetriebslehre, 3. Aufl., Wiesbaden 1990.
D'ILLIERS, B./MORGENROTH, G.:
Das Bankwesen in Frankreich, in: Das Bankwesen im größeren Europa, Hrsg.: R. Regul, H. Wolf, Baden-Baden 1974.
DISTELRATH, G.:
Sonderformen des Sparens, in: HWB der Sparkassen, Hrsg.: Deutscher Sparkassenverlag, Bd. 4, Stuttgart 1982, S. 7-14.
DOERRY, A.:
Versicherungskonzerne, in: HWB der Versicherung, Hrsg.: D. Farny u.a., Karlsruhe 1988, S. 1035-1042.
DOMMERMUTH, T.:
Unternehmensfinanzierung durch Tilgungsversicherung, Wiesbaden 1991.
DONANDT, K./RICHTER, H.:
Die versicherungstechnischen Posten des Jahresabschlusses der Schaden- und Unfallversicherungsunternehmen, in: Rechnungslegung und Prüfung der Versicherungsunternehmen, Hrsg.: Institut der Wirtschaftsprüfer in Deutschland e.V., 3. Aufl., Düsseldorf 1989, S. 135-282.
DORMANNS, A.:
Die amerikanischen Banken - das System und die derzeitigen Reformbestrebungen, in: Bank-Betrieb, 16. Jg. (1976), S. 191-196, S. 241-245.
DRIEVER, G.:
Das nachrangige Haftkapital - Eine Ergänzung zum Eigenkapital der Kreditgenossenschaften und anderer Kreditinstitute, Berlin 1982.
DÜRRE, G.:
Möglichkeiten und Grenzen der Bankenaufsicht, in: ZfgK, 26. Jg. (1973), S. 1189-1191.
DUWENDAG, D.:
Das Geld und seine Aufgaben - Geldfunktionen, Geldmenge, Geldwert, in: Obst/Hintner, Geld-, Bank- und Börsenwesen, Hrsg.: N. Kloten, J.H. von Stein, 38. Aufl., Stuttgart 1988, S. 45-60.

DUWENDAG, D.:
„Europa-Banking“ - ein Überblick, in: Europa-Banking, Bankpolitik im Europäischen Finanzraum und währungspolitische Integration, Hrsg.: D. Duwendag, Baden-Baden 1988a, S. 13-39.
EGGERSTEDT, H.:
Produktwettbewerb und Dienstleistungsfreiheit auf Versicherungsmärkten, Berlin 1987.
EHLEBRACHT, K./LANGE, D.:
Solidarische Hilfe für die genossenschaftlichen Banken der DDR, in: Bankinformation, 17. Jg. (1990), Heft 7, S. 16-19.
EHLEN, K.J.:
Die Filialgroßbanken, Entwicklung und Stellung im deutschen Kreditsystem, Stuttgart 1960.
EHRLICHER, W./SIMMERT, D.B.:
Wandlungen des geldpolitischen Instrumentariums der Deutschen Bundesbank, Beiheft Nr. 10 zu Kredit und Kapital, Berlin 1988.
EICKE, J.:
Vom Umgang mit dem neuen KWG, in: ZfgK, 38. Jg. (1985), S. 705-708, S. 754-757.
EILENBERGER, G.:
Bankbetriebswirtschaftslehre, Grundlagen - Internationale Bankleistungen - Bank-Management, 5. erg. Auflage, München/Wien 1990.
EILENBERGER, G.:
Internationale Bankensysteme, in: Bank- und Versicherungslexikon, Hrsg.: H. Schierenbeck, München/Wien 1990, S. 336-343.
EISENRING, P.:
Bern erweitert Bankenbegriff, in: Deutsche Sparkassenzeitung, 52. Jg. (1989), Nr. 80 vom 17.10.1989, S. 1.
EISOLD, U.:
Die versicherungstechnischen Posten des Jahresabschlusses der Rückversicherungsunternehmen, in: Rechnungslegung und Prüfung der Versicherungsunternehmen, Hrsg.: Institut der Wirtschaftsprüfer in Deutschland e.V., 3. Aufl., Düsseldorf 1989, S. 283-309.
EISOLD, U./JÄGER, O.:
Die versicherungstechnischen Posten des Jahresabschlusses der Lebensversicherungsunternehmen, in: Rechnungslegung und Prüfung der Versicherungsunternehmen, Hrsg.: Institut der Wirtschaftsprüfer in Deutschland e.V., 3. Aufl., Düsseldorf 1989, S. 65-96.
ELI, M.:
Japans Wirtschaft im Griff der Konglomerate - Verbundgruppen, Banken, Universalhandelshäuser, Hrsg.: FAZ, Frankfurt a.M. 1988.
EMCH, U./RENZ, H.:
Das Schweizerische Bankgeschäft, 3. Aufl., Thun 1984.
ENGEL, B./HERBER, H.:
Volkswirtschaftslehre für Bankkaufleute, 5. Aufl., Wiesbaden 1991.
ERNAELSTEEN, H./FRANK, E./KEßLER, H.:
Möglichkeiten der Außenhandelsfinanzierung, Stuttgart 1981.
FAIRLAMB, D.:
Spanish banks‘ dumbest deals?, in: Institutional Investor (International Edition), October 1988, S. 64-70.
FANDRÉ, B.:
Anhang und Lagebericht, in: Rechnungslegung und Prüfung von Versicherungsunternehmen, Hrsg.: Institut der Wirtschaftsprüfer in Deutschland e.V., 3. Aufl., Düsseldorf 1989, S. 395-482.
FARNY, D.:
Versicherungsbilanzen, Frankfurt a.M. 1975.
FARNY, D.:
Einführung in die Versicherungsbetriebslehre, in: Versicherungsenzyklopädie, Bd. 3, Hrsg.: W. Grone, H.L. Müller-Lutz, Wiesbaden 1976, S. 379 ff.

FARNY, D.:
Versicherung, in: HWB der Betriebswirtschaft, 4., völlig neu gestaltete Aufl., Hrsg.: E. Grochla, W. Wittmann, Stuttgart 1976, Sp. 4217 ff.
FARNY, D.:
Betriebswirtschaftliche Bemerkungen zu den Rechnungslegungsvorschriften für Versicherungsunternehmen, in: Die Betriebswirtschaft, 37. Jg. (1977), S. 505-514.
FARNY, D.:
Publizitätsempfänger und Informationsinteressen in der Versicherungswirtschaft, in: Geld und Versicherung, Festgabe für W. Seuß, Hrsg.: M. Jung u.a., Karlsruhe 1981, S. 13-32.
FARNY, D.:
Privatversicherung, in: HWB der Wirtschaftswissenschaften, Bd. 6, Stuttgart 1981a, S. 233-256.
FARNY, D.:
Sozialversicherung, in: HWB der Wirtschaftswissenschaften, Bd. 7, Stuttgart 1982, S. 160-169.
FARNY, D.:
Die deutsche Versicherungswirtschaft, Markt - Wettbewerb - Konzentration, Karlsruhe 1982, Fortsetzung der Untersuchung für die Jahre 1981 bis 1983, Karlsruhe 1985.
FARNY, D.:
Jahresabschluß und Geschäftsbericht eines Lebensversicherungsunternehmens als Abrechnung von Leistungsströmen zwischen dem Versicherer und seiner Umwelt, in: Staat, Wirtschaft, Assekuranz und Wissenschaft, Festschrift für R. Schwebler, Hrsg.: R. Henn, W.F. Schickinger, Karlsruhe 1986, S. 169-185.
FARNY, D.:
Versicherungsmarkt, in: HWB der Versicherung, Hrsg: D. Farny u.a., Karlsruhe 1988, S. 1043-1053.
FARNY, D.:
Theorie der Versicherung, in: HWB der Versicherung, Hrsg.: D. Farny u.a., Karlsruhe 1988a, S. 861-871.
FARNY, D.:
Versicherungsbetriebslehre, in: HWB der Versicherung, Hrsg.: D. Farny u.a., Karlsruhe 1988b, S. 1015-1023.
FARNY, D.:
Buchführung und Periodenrechnung im Versicherungsunternehmen, 3. Aufl., Wiesbaden 1989.
FARNY, D.:
Versicherungsbetriebslehre, Karlsruhe 1989a.
FEDERATION OF BANKERS ASSOCIATIONS OF JAPAN (ZENGINKYO):
The Banking System in Japan, Tokyo 1989.
FEDERMANN, R.:
Bilanzierung nach Handelsrecht und Steuerrecht, Ein Grundriß der Gemeinsamkeiten, Unterschiede und Abhängigkeiten mit systematischen Übersichten und unter besonderer Berücksichtigung der Rechnungslegung von Kapitalgesellschaften, 6. Aufl., Berlin 1987.
FERBER, M.:
Pensionsgeschäfte der Kreditinstitute, Frankfurt a.M. 1969.
FEUCHTMÜLLER, W.:
Investment Banking - Neue Herausforderungen für die neunziger Jahre, in: Investment Banking, Hrsg.: W. Bühler, W. Feuchtmüller, M. Vogel, Wien 1989, S. 11-21.
FEYERABEND, F.K.:
Die Bedeutung des Haftsummenzuschlages der Genossenschaftsbanken, Baden-Baden 1981.
FINSINGER, J.:
Verbraucherschutz auf Versicherungsmärkten, Wettbewerbsbeschränkungen, staatliche Eingriffe und ihre Folgen, München 1988.
FISCHER, H.G.:
Kreditgarantiegemeinschaften, Diss., München 1959.

FISCHER, R.:
Einlagensicherung - Institutssicherung, in: HWB der Sparkassen, Hrsg.: Deutscher Sparkassenverlag, Bd. 2, Stuttgart 1982.
FISCHER-ERLACH, P.:
Handel und Kursbildung am Devisenmarkt, 4. überarb. Aufl., Stuttgart/Bern/Köln/Mainz 1991.
FORSTNER, A.:
Entwicklungstendenzen auf den Kredit- und Anleihemärkten, in: Securitization, Der Trend zum Wertpapier, Hrsg.: W. Bühler, W. Feuchtmüller, M. Vogel, Wien 1987, S. 193-211.
FOSHAG, J.:
Frankreichs Banken auf der Gewinnstraße, in: Börsen-Zeitung vom 19.5.1989, S. 6.
FOSHAG, J.:
Mehr Wettbewerb für Frankreichs Banken, in: Börsen-Zeitung vom 26.4.1990, S. 6.
FRANKE, J.:
Die Deutsche Terminbörse als neues Segment am deutschen Kapitalmarkt, in: Nachrichten aus dem Institut für Kreditwesen, Heft 38, Hrsg.: H. Schierenbeck, Wintersemester 1989/90, S. 4-10.
FRICKE, F.:
Die nichtversicherungstechnischen Posten des Jahresabschlusses, in: Rechnungslegung und Prüfung der Versicherungsunternehmen, Hrsg.: Institut der Wirtschaftsprüfer in Deutschland e.V., 3. Aufl., Düsseldorf 1989, S. 311-394.
FRIES, K.:
Die Girozentralen, Überblick über ihre Entwicklung und gegenwärtigen Rechtsverhältnisse, 2. überarb. Aufl., Stuttgart 1973.
FÜLLENKEMPER, H./REHM, H.:
Finanzinnovationen auf den deutschen Kapitalmärkten, in: Wirtschaftsdienst, 1985, S. 510-515.
FÜLLENKEMPER, H./REHM, H.:
Internationale Finanzmärkte unter Innovations- und Liberalisierungsdruck, in: Kredit und Kapital, 18. Jg. (1985), Heft 4, S. 553-585.
GACHO, W.:
Das Akkreditiv, Praktische Erläuterungen für Banken, Handel und Industrie, 2. Aufl., Wiesbaden 1985.
GEIB, G./KÖNIG, E.:
Einzelfragen zur Rechnungslegung von Versicherungskonzernen nach neuem Recht, in: Die Wirtschaftsprüfung, 40. Jg. (1987), S. 661-669.
GEIB, G./HORBACH, L.:
Besonderheiten der Rechnungslegung der Schaden- und Unfall- sowie der Rückversicherungsunternehmen, in: Kompendium zur Rechnungslegung von Versicherungsunternehmen (KoRVU), Band I, 2. Aufl., Karlsruhe 1982, Stand: April 1991, Beitrag J.
GEIGER, H.:
Die kurzfristige Fremdfinanzierung durch Kreditinstitute, in: Finanzierungshandbuch, 2. Aufl., Hrsg.: F.W. Christians, Wiesbaden 1988, S. 215-242.
GEIGER, H.:
Die Sparkassenorganisation in den fünf neuen Bundesländern, in: ZfgK, 44. Jg. (1991), S. 246-250.
GEIS, H.-G.:
Strukturanalysen ausländischer Banksysteme: Frankreich, Schriftenreihe des Instituts für Bank- und Kreditwirtschaft der Freien Universität Berlin, Heft 2, Hrsg.: E. Thiess, Frankfurt a.M. 1968.
GERBER, B./GERTSCH, H./MARBACHER, J.:
Bank- und volkswirtschaftliche Kenntnisse, Zürich 1987.
GERHARD, W.:
Neue Anlageformen, in: WiSt, 14. Jg. (1985), S. 520-522.

GERKE, W.:
Genußscheine - Finanzierungsinstrumente mit großer Gestaltungsfreiheit, in: WiSt, 12. Jg. (1983), S. 527-529.
GERKE, W./PHILIPP, F.:
Bankbilanzen, Einführung in die externe Rechnungslegung der Kreditinstitute, Frankfurt a.M. 1983.
GIERSBERG, G.:
Die hundert größten Unternehmen, in: FAZ vom 6.7.1991, S. 13.
GLAUM, M.:
Internationale Cash-Management-Systeme, in: Bank und Markt, 16. Jg. (1987), Heft 1, S. 14-19.
GLESKE, L.:
Geld- und Kapitalmärkte, in: Bank- und Versicherungslexikon, Hrsg.: H. Schierenbeck, München/Wien 1990, S. S. 282-287.
GLOGOWSKI, E./MÜNCH, M.:
Neue Finanzdienstleistungen, Bankenmärkte im Wandel, 2. Aufl., Wiesbaden 1990.
GOEDECKE, W./KERL, V.:
Die Hypothekenbanken, Frankfurt a.M. 1974.
GOEDECKE, W./KERL, V.:
Die deutschen Hypothekenbanken, Pfandbrief-Realkredit-Kommunalkredit, 3. neubearb. und erw. Aufl., Frankfurt a.M. 1990.
GÖTTE, G.:
Kreditanstalt für Wiederaufbau, in: ZfgK, 39. Jg. (1986), S. 232-236.
GOLDBERG, A./MÜLLER, H.:
Versicherungsaufsichtsgesetz, Bundesaufsichtsgesetz, Kommentar, Berlin/New York 1980.
GONDRING, H.:
Interdependenzen zwischen Deregulation und den Veränderungen der US-Bankenstruktur, in: Die Bank, 24. Jg. (1984), Heft 4, S. 169-178.
GONDRING, H.:
Finanzsupermärkte in den USA auf dem Vormarsch, in: Die Bank, 24. Jg. (1984), Heft 10, S. 452-459.
GONDRING, P.:
Finanzmärkte im Wandel, Struktur- und Marktveränderungen im Finanzsystem der USA, Schriftenreihe der Stiftung Kreditwirtschaft an der Universität Hohenheim, Bd. 3, Hrsg.: J.H. von Stein, Frankfurt a.M. 1989.
GREB, W.:
Lebensversicherung, Fondsgebundene, in: HWB der Versicherung, Hrsg.: D. Farny u.a., Karlsruhe 1988, S. 427-429.
GREENE, E.F./HEHN, P.-A.:
Neuere Entwicklungen im amerikanischen Bankenrecht unter besonderer Berücksichtigung des Glass Steagell Act, in: Recht der internationalen Wirtschaft, 1984, Heft 7, S. 494-504.
GRESHAKE, K./LAUBSCHER, H.D.:
Haben Privatdiskonten eine Zukunft?, in: ZfgK, 44. Jg. (1991), S. 97-98.
GREULICH, H.:
Die Kreditversicherung, 2. erw. Aufl., Frankfurt a.M. 1975.
GRILL, W./PERCZYNSKI, H.:
Wirtschaftslehre des Kreditwesens, 25. Aufl., Bad Homburg vor der Höhe 1990.
GRÖSCHEL, U.:
Europäische Sparkassen-Kooperation, in: Sparkasse, 106. Jg. (1989), Heft 10, S. 438-444.
GROSJEAN, R.:
Das französische Banksystem im Jahr 1988, in: ZfgK, 42. Jg. (1989), S. 911-917.
GRÜGER, W.:
Genossenschaftsbanken im Osten: Strukturen aufgebaut, in: ZfgK, 44. Jg. (1991), S. 354-356.

GRUNWALD, J.-G./JOKL, S.:
Wettbewerb und Eigenkapital in der deutschen Kreditwirtschaft - unter besonderer Berücksichtigung des Sparkassensektors, Berlin 1978.
GRUSON, M./HERNDL, T.:
Prinzipien des US-Bankrechts, in: ÖBA, 30. Jg. (1990), S. 6-18.
GÜDE, U.:
Geschäftspolitik der Sparkassen, Grundlagen und aktuelle Probleme, 5. Aufl., Stuttgart 1989.
GUILD, R./HARRIS, R.:
Forfaitierung, Die Alternative in der Außenhandelsfinanzierung, Wiesbaden 1988.
HAEGELE, M.J./POJE, R.J.:
The Future for Regional Banks, in: The Bankers Magazine, 167. Jg. (1984), Heft Nov.-Dez., S. 12-19.
HÄUSER, K.:
Kapitalmarkt, in: HWB der Finanzwirtschaft, Hrsg.: H.E. Büschgen, Stuttgart 1976, Sp. 1058-1075.
HAFKE, H.C.:
„Freie" und öffentlich-rechtliche Sparkassen, in: ZfgK, 41. Jg. (1988), S. 174-180.
HAGELSCHUER, P.:
Lebensversicherung, 2. Aufl., Wiesbaden 1987.
HAGENMÜLLER, K.-F./JACOB, A.-F.:
Der Bankbetrieb, 5. Aufl., Bd. 1, Strukturelemente des Bankbetriebs, Einlagen und Einlagensurrogate, Wiesbaden 1987, Bd. 2, Kredite und Kreditsurrogate, Dienstleistungsgeschäfte, Wiesbaden 1987a, Bd. 3, Rechnungswesen, Bankpolitik, Wiesbaden 1988.
HAHN, O.:
Die Postbank, Ihre Stellung in der Bankwirtschaft, Wiesbaden 1978.
HAHN, O.:
Struktur der Bankwirtschaft, Bd. 1, Banktypologie und Universalbanken, 2. Aufl., Berlin 1989, Bd. 2: Spezialbanken und Internationale Banken, 1. Teilband, 2. Aufl., Berlin 1991, 2. Teilband, 2. Aufl., Berlin 1991.
HAHN, O.:
Spezialbanken, in: Bank- und Versicherungslexikon, Hrsg.: H. Schierenbeck, München/Wien 1990, S. 595-600.
HAMMER, K./MONTAG, W.:
Bilanzen der Kreditinstitute, 2. Aufl., Frankfurt a.M. 1979.
HAMMER, K.:
Die Lastenausgleichsbank - Porträt eines bundeseigenen Unternehmens, in: Zeitschrift für öffentliche und gemeinwirtschaftliche Unternehmen, 1980, S. 338-344.
HANSELMANN, G./GAL, M./SCHWEIZER, B.:
Internationale Geldmärkte, in: Obst/Hintner, Geld-, Bank- und Börsenwesen, Hrsg.: N. Kloten, J.H. von Stein, 37. völlig neu gestaltete Aufl., Stuttgart 1980, S. 885 ff.
HARDER VON, P.C.:
Versicherungszweige, in: Bank- und Versicherungslexikon, Hrsg.: H. Schierenbeck, München/Wien 1990, S. 667-674.
HAVERMANN, H.:
Die Bilanzierung von Beteiligungen an Kapitalgesellschaften in Einzel- und Konzernabschlüssen, Einige Anmerkungen zum Equity-Accounting, in: Die Wirtschaftsprüfung, 28. Jg. (1975), S. 233-242.
HAX, K.:
Grundlagen des Versicherungswesens, Wiesbaden 1964.
HEIN, M.:
Einführung in die Bankbetriebslehre, München 1981.
HEIN, M.:
Schweiz, in: Obst/Hintner, Geld-, Bank- und Börsenwesen, Hrsg.: N. Kloten, J.H. von Stein, 38. Aufl., Stuttgart 1988.

HEIN, M.:
Struktur ausländischer Bankensysteme: Großbritannien, Schriftenreihe des Instituts für Bank- und Finanzwirtschaft der Freien Universität Berlin, Heft 1, 4. Aufl., Hrsg.: M. Hein, Frankfurt a.M. 1989.
HEINEN, E.:
Handelsbilanzen, 12. Aufl., Wiesbaden 1986.
HENRY, A.:
Fondssparen mit Steuervorteil - Freizeichen, in: Capital, 28. Jg. (1989), Heft 12, S. 174-176.
HENTZNER, F./VOSSHENRICH, B.:
Edelmetallhandel, in: Obst/Hintner, Geld-, Bank- und Börsenwesen, Hrsg.: N. Kloten, J.H. von Stein, 38. Aufl., Stuttgart 1988, S. 638-645.
HENZLER, R.:
Der genossenschaftliche Grundauftrag: Förderung der Mitglieder, gesammelte Abhandlungen und Beiträge, Frankfurt a.M. 1970.
HERDER-DORNEICH, P.:
Krankenversicherung, Gesetzliche, in: HWB der Versicherung, Hrsg.: D. Farny u.a., Karlsruhe 1988, S. 385-390.
HERMANNS, F.:
Bankneutrale Leistungen, in: Obst/Hintner, Geld-, Bank- und Börsenwesen, Hrsg.: N. Kloten, J.H. von Stein, 38. völlig neu gestaltete Aufl., Stuttgart 1980, S. 646-654.
HERRMANN, A.:
Die Geldmarktgeschäfte, 3. Aufl., Frankfurt a.M. 1986.
HERTEL, A.:
Über einige offene Fragen und „Ungereimtheiten“ der Solvabilitätsvorschriften in der EG-Richtlinie zur Lebensversicherung, in : Versicherungswirtschaft, 36. Jg. (1981), S. 436-442.
HERTEL, A.:
Die Solvabilität deutscher Lebensversicherungsunternehmen, Frankfurt a.M. 1984.
HERTEL, A.:
Über die Sicherheit der vertraglichen Ansprüche der Versicherungsnehmer in der Lebensversicherung durch Solvabilität - zugleich eine empirische Untersuchung der Solvabilitätsverhältnisse 1982, in: Zeitschrift für die gesamte Versicherungswissenschaft, Bd. 73 (1984a), S. 409-414.
HESBERG, D.:
Externe Rechnungslegung der Versicherungsunternehmen, in: Bank- und Versicherungslexikon, Hrsg.: H. Schierenbeck, München/Wien 1990, S. 224-231.
HEUBAUM, W.:
Die versicherungstechnischen Posten des Jahresabschlusses der Krankenversicherungsunternehmen, in: Rechnungslegung und Prüfung der Versicherungsunternehmen, Hrsg.: Institut der Wirtschaftsprüfer in Deutschland e.V., 3. Aufl., Düsseldorf 1989, S. 111-133.
HEW, F.:
Entwicklungstendenzen im amerikanischen Bankensystem, eine Untersuchung über die Entstehung, den gegenwärtigen Stand und die mögliche Entwicklung des amerikanischen Finanzsystems, unter besonderer Berücksichtigung der Handelsbanken, Bern 1976.
HEYDEN, W.:
Struktur und Entwicklung des schweizerischen Bankwesens, in: Sparkasse, 102. Jg. (1985), S. 222-232.
HIEBLER, F.:
Die Praxis der Kreditgewährung, 4. Aufl., Wiesbaden 1979.
HIELSCHER, U./LAUBSCHER, H.-D.:
Finanzierungskosten, Kostenbestandteile, Kostenvergleiche und Usancen der Industriefinanzierung, 2. Aufl., Frankfurt a.M. 1989.
HOCH, H. V.:
Zweifelsfragen und Auslegungsvorschläge zu § 10a Kreditwesengesetz, in: Bankaufsicht, Bankbilanz und Bankprüfung, Hrsg.: K.H. Forster, Düsseldorf 1985, S. 71-89.

HÖLSCHER, R.:
Risikokosten-Management in Kreditinstituten, Ein integratives Modell zur Messung und ertragsorientierten Steuerung der bankbetrieblichen Erfolgsrisiken, Frankfurt a.M. 1987.
HÖLSCHER, R.:
Eigenkapitalnormen für Banken und Lebensversicherungsunternehmen, in: ZfgK, 43. Jg. (1990), S. 173-178.
HÖLSCHER, R.:
Solvabilitätsvorschriften für Lebensversicherungsunternehmen, in: WiSt, 19. Jg. (1990), S. 600-604.
HÖSCH, W.:
Portrait: AKA Ausfuhrkredit-Gesellschaft mbH, in: Kreditpraxis, 16. Jg. (1990), S. 157-158.
HOLDIJK, R.:
Eigenkapitalprobleme der deutschen Sparkassen - Kriterien und Realisationsmöglichkeiten einer angemessenen Eigenkapitalausstattung, Wiesbaden 1979.
HÜBNER, K.:
Versicherungs-Aktiengesellschaft, in: HWB der Versicherung, Hrsg.: D. Farny u.a., Karlsruhe 1988, S. 965-970.
IMO, C./GITH, T.:
Einführung in den Optionshandel, Hrsg.: Deutsche Terminbörse GmbH, Wiesbaden 1989.
ISSING, O.:
Einführung in die Geldpolitik, 8. Aufl., München 1991.
JACOBI, H.H.:
Spezialisierung im Bankgeschäft: Gibt es Marktnischen für Spezialisten?, in: Organisation der Banken und des Bankenmarktes, Hrsg.: W. Engels, Frankfurt a.M. 1988, S. 127-144.
JÄHRIG, A./SCHUCK, H.:
Handbuch des Kreditgeschäfts, 5. Aufl., neubearbeitet von P. Rösler und M. Woite, Wiesbaden 1989.
JANßEN, R.:
Die japanische Postbank - zwischen traditioneller Bindung und Neuerung, in: Bank und Markt, 18. Jg. (1989), S. 30-38.
JANßEN, R.:
Die französischen Postbank- und Postgelddienste im Bemühen um Konkurrenzfähigkeit, in: Bank und Markt, 19. Jg. (1990), S. 28-32.
JOCHAM, A.:
Genossenschaftliche Bankengruppe: Porträt der regionalen Zentralbanken, Streit um Aufbau reicht zurück bis zu den Vätern des Genossenschaftssektors, in: Handelsblatt vom 11.10.1989, S. 12.
JUETERBOCK, D.:
Zehn Jahre S.W.I.F.T.-Netzwerk - ein Meilenstein der Automation?, in: Die Bank, 28. Jg. (1988), S. 269-275.
JUETERBOCK, D.:
S.W.I.F.T. II für die 90er Jahre, in: Die Bank, 28. Jg. (1988a), S. 329-334.
KALBAUM, G./MEES, J.:
Kapitalanlagen, in: HWB der Versicherung, Hrsg.: D. Farny u.a., Karlsruhe 1988, S. 331-343.
KAMINSKY, W.:
Die Teilzahlungsbanken, 4. Aufl., Frankfurt a.M. 1970.
KAMPER, K.:
Factoring, Heft 4 der Viereljahres-Schriftenreihe des österreichischen Forschungsinstituts für Sparkassenwesen, Wien 1981.
KANN, G.:
Die Industriekreditbank AG - Deutsche Industriebank, in: Die Bank, 23. Jg. (1983), S. 483-485.

KARTEN, W.:
Kapitalausstattung der Versicherungsunternehmen (Solvabilität), in: Bank- und Versicherungslexikon, Hrsg.: H. Schierenbeck, München/Wien 1990, S. 357-365.
KAVEN, J.-P.:
Chancen und Strategien der Auslandsbanken in Deutschland, in: ZfgK, 44. Jg. (1991), S. 57-59.
KELLENBENZ, P.:
Die Umgründungswelle rollt, Kundenanspruch auf die stillen Reserven, in: Handelsblatt vom 16.5.1989, S. 6.
KETZEL, E.:
Das Kreditwesen in der Bundesrepublik Deutschland, Institutionen und Märkte, Köln 1982.
KILGUS, E.:
Strukturwandlungen im Bankwesen der Schweiz, in: ÖBA, 34. Jg. (1986), S. 111-120.
KISSNER, E./FEINEN, K./BITTMANN, H.:
Forfaitierung, Leasing und Factoring am Austauschgeschäft, Frankfurt a.M. 1982.
KLEIN, D.:
Die Bankensysteme der EG-Länder, Frankfurt/Main 1991.
KLEINER, B.:
Neuerungen im Schweizer Bankrecht, in: ÖBA, 38. Jg. (1990), S. 44-46.
KLOTEN, N.:
Die Anpassung der Struktur an die veränderten staatlichen Gegebenheiten, in: ZfgK, 44. Jg. (1991), S. 604-608.
KLUGE, O.:
Die Mindestharmonisierung des Bankrechts, in: ZfgK, 43. Jg. (1990), S. 182-186.
KLUSAK, G.:
Die Raiffeisen-Kreditgenossenschaften, 3. überarb. Aufl., Frankfurt a.M. 1969.
KNIPPER, H.-J.:
Spanische Banken wollen rasch aufholen - Stürmische Modernisierung unter staatlichem Schutz, in: Banken im Binnenmarkt, Hrsg.: Handelsblatt, Frankfurt a.M. 1989, S. 20-21.
KNIPPSCHILD M.:
Controlling von Zins- und Währungsswaps in Kreditinstituten, Frankfurt 1991.
KNODEL, K.
Teilbausparsumme und Teilbausparverträge als marktpolitische und bauspartechnische Instrumente, in: Der langfristige Kredit, 37. Jg. (1986), S. 207-210.
KOCH, P.:
Rückversicherung, in: HWB der Versicherung, Hrsg.: D. Farny u.a., Karlsruhe 1988, S. 689-701.
KOCH, P.:
Geschichte der Versicherung, in: HWB der Versicherung, Hrsg.: D. Farny u.a., Karlsruhe 1988a, S. 223-232.
KOCH, P.:
Versicherungslehre I. Allgemeine Versicherungslehre und Versicherungsbetriebslehre, 2. Aufl., Bad Homburg vor der Höhe 1988b.
KOCH, P.:
Versicherungswirtschaft, Ein einführender Überblick, 2. Aufl., Karlsruhe 1989.
KOCH, P.:
Kapitalanlagen in Versicherungsunternehmen (Vorschriften und Politik), in: Bank- und Versicherungslexikon, Hrsg.: H. Schierenbeck, München/Wien 1990, S. 353-357.
KÖHLER, C./HÜBL, L.:
Geldmarkt, in: HWB der Finanzwirtschaft, Hrsg.: H.E. Büschgen, Stuttgart 1976, Sp. 687-699.
KÖHLER, C.:
Geldwirtschaft, 1. Band, Geldversorgung und Kreditpolitik, 2. Aufl., Berlin 1977.
KÖNNECKER, W.:
Die Deutsche Bundesbank, 2. Aufl., Frankfurt a.M. 1973.

KÖNIG, E.:
Kapitalanlagen, in: Kompendium zur Rechnungslegung von Versicherungsunternehmen (KoRVU), Band I, 2. Aufl., Karlsruhe 1982, Stand: April 1991, Beitrag B.
KÖNIG, E.:
Abrechnungsposten, in: Kompendium zur Rechnungslegung von Versicherungsunternehmen (KoRVU), Band I, 2. Aufl., Karlsruhe 1982, Stand: April 1991a, Beitrag C.
KÖSTERS, W.:
Deutsche Bundesbank, in: Bank- und Versicherungslexikon, Hrsg.: H. Schierenbeck, München/Wien 1990, S. 189-194.
KOHLHOFF, H.:
Deutsch-Deutsche Banken, in: ZfgK, 44. Jg. (1991), S. 208-212.
KPMG PEAT MARWICK MCLINTOCK:
Banking in the United Kingdom, 5. Aufl., o.O. 1988.
KPMG PEAT MARWICK:
Banking in the United States, 5. Aufl., New York 1988a.
KPMG PEAT MARWICK:
Banking in Spain, 4. Aufl., Madrid 1989.
KRAMER, H.:
Optionsanleihe wiederentdeckt, in: ZfgK, 37. Jg. (1984), S. 890-892.
KRANEFELD, W.:
25 Jahre Industriebank - 50 Jahre Deutsche Industriebank, Nachdruck aus: Unsere Wirtschaft, Zeitschrift der Industrie- und Handelskammer zu Düsseldorf, o.O. o.J.
KREMER, E.:
Genossenschaftliche Bankengruppe, in: Bank- und Versicherungslexikon, Hrsg.: H. Schierenbeck, München/Wien 1990, S. 288-295.
KREIM, E./KEẞLER, H.J.:
Außenhandelsfinanzierung, 3. Aufl., Frankfurt a.M. 1979.
KREMKOW, K.-D.:
Grundlagen bankbetrieblicher Rechnungslegung, Bilanzaufgaben und -vorschriften einer zukunftsbezogenen an den Interessen der Adressaten orientierten Rechnungslegung von Bankbetrieben, Berlin 1980.
KRÜMMEL, H.-J.:
Geld- und Kapitalmarkt, in: HWB der Sparkassen, Hrsg.: Deutscher Sparkassenverlag, Bd. 2, Stuttgart 1982, S. 164-179.
KRUMNOW, J.:
Bilanzierung und internationale Eigenkapitalstandards, in: Die Bank, 29. Jg. (1989), S. 472-478.
KUBISTA, B.:
Entwicklung des Bankensystems in der DDR, in: Bankinformation, 17. Jg. (1990), Heft 7, S. 7-10.
KÜHNEN, H.:
Der Geldmarkt, in: Finanzierungshandbuch, 1. Aufl., Hrsg.: F.W. Christians, Wiesbaden 1980, S. 289-302.
KUNTZE, W.:
Bankenaufsicht (BAK), in: Bank- und Versicherungslexikon, Hrsg.: H. Schierenbeck, München/Wien 1990, S. 46-54.
KUNZ, P.:
Mortgage-Related Securities (2), in: Der langfristige Kredit, 40. Jg. (1989), S. 174-175.
KURM, M.:
Geldpolitik - Wie autonom sind die Währungshüter in der EG? (I), Ketten des Staates fesseln Notenbanken mit den unterschiedlichsten Methoden, in: Handelsblatt vom 13./14.11.1989, S. 12.

KURM, M.:
Geldpolitik - Wie unabhängig sind die Währungshüter in der EG? - Spanien (VII), Freiheit besteht nur bei der Wahl der geldpolitischen Instrumente, in: Handelsblatt vom 6.2.1990, S. 11.
KUßMAUL, H.:
Zero-Bonds, in: WiSt, 18. Jg. (1989), S. 15-19.
LANGER, P.:
Neue rechtliche Rahmenbedingungen für das Bausparkassengeschäft, in: Sparkasse, 108. Jg. (1991), S. 130-135.
LASSAK, G.:
Zins- und Währungsswaps, Frankfurt a.M. 1988.
LAUX, H.:
Die Bausparfinanzierung, 5. völlig neu bearbeitete Aufl., Heidelberg 1983.
LAUX, H.:
Bauspartechnische Innovationen der 1980er Jahre, in: Geld, Banken und Versicherungen 1987, Band II, Hrsg.: W.-R. Heilmann u.a., Karlsruhe 1988, S. 1431-1446.
LEFFSON, U.:
Die Grundsätze ordnungsmäßiger Buchführung, 7. Aufl., Düsseldorf 1987.
LERBINGER, P.:
Zins- und Währungsswaps, Neue Instrumente im Finanzmanagement von Unternehmen und Banken, Wiesbaden 1988.
LERDO, F.-J./DIELMANN, G.:
Genußscheine - Statt mitbestimmen nur genießen, in: Bankkaufmann 1985, Heft 10, S. 17-24.
LETSCHERT, G./STEFFAN, F.:
Pfandbrief und Kommunalobligationen, 2. Aufl., Frankfurt a.M. 1981.
LINK, T.J.:
US-Reform benachteiligt Auslandsbanken, in: Die Bank, 31. Jg. (1991), S. 300-303.
LINK, T.J./HARTUNG, A.R.:
Vorstoß der US-Regierung zur Bankenreform, in: Die Bank, 31. Jg. (1991), S. 132-137.
LINK, M.:
Mittelstandsfinanierung durch wechselunterlegte Geldmarktpapiere, in: Die Bank, 1992, S. 17-19.
LIPFERT, H.:
Der Geldmarkt mit Eurogeldmarkt, 8. Aufl., Frankfurt a.M. 1975.
LIPFERT, H.:
Devisenhandel, 2. Aufl., Frankfurt a.M. 1981.
LIPFERT, H.:
Devisenhandel mit Devisenoptionshandel, 3. neubearb. u. erw. Aufl., Frankfurt a.M. 1988.
LIPPE, G.:
Das Wissen für Bankkaufleute, 6. neubearb. u. erw. Aufl., Wiesbaden 1990.
LORCH, M.:
Publizitätsorientierte Gestaltung der Rechnungslegungsvorschriften für Versicherungsunternehmen, Karlsruhe 1974.
LORENZ, E.:
Versicherungsverein auf Gegenseitigkeit, in: HWB der Versicherung, Hrsg.: D. Farny u.a., Karlsruhe 1988, S. 1147-1158.
LUBITZ, K.-J.:
Struktur ausländischer Bankensysteme: Spanien, Schriftenreihe des Instituts für Banken und Industrie, Geld und Kredit der Freien Universität Berlin, Heft 22, Hrsg.: M. Hein, Frankfurt a.M. 1985.
LÜCK, W.:
Gewinnbeteiligung in der Lebensversicherungswirtschaft, in: Der Betrieb, 34. Jg. (1981), S. 1049-1059.

MADER, R.:
Die Deregulierung des japanischen Finanzsystems, in: Wirtschaftspolitische Blätter, 1987, Heft 4, S. 549-558.
MADER, R.:
Die Mindestreservepolitik im internationalen Vergleich, in: Die Bank, 29. Jg. (1989), S. 128-133.
MAIER, K.M./ZIEGLER, W.:
Währungsanleihen, Möglichkeiten - Chancen - Risiken, in: Sparkasse, 101. Jg. (1984), S. 390-393.
MANDEL, H.H.:
Euro-Geldmarkt, in: HWB der Finanzwirtschaft, Hrsg.: H.E. Büschgen, Stuttgart 1976, Sp. 364-370.
MARIN, J.-F.:
Spanien: Banken im Zinskrieg um neue Kunden, Wie am Fischmarkt, in: Wirtschaftswoche, 44. Jg. (1990), Nr. 14 vom 30.3.1990, S. 114-117.
MARTIN, P.:
Der gelbe Riese erwacht, in: Capital, 1989, Heft 9, S. 68-69.
MATUSCHKA, A.:
Die Märkte für Mergers & Acquisitions aus finanzpolitischer Sicht, in: Strategisches Finanzmanagement der Unternehmen, Hrsg.: B. Rudolph, Frankfurt a.M. 1989, S. 11-26.
MAYER, H.:
Das Bundesaufsichtsamt für das Kreditwesen, Düsseldorf 1981.
MAYOUX, J.:
Der Trend zur Universalbank in Frankreich, in: Handbuch des Bankmarketing, Hrsg.: J. Süchting, E. van Hooven, Wiesbaden 1987.
MEEDER, C.:
Privatbankiers - eine „quantité négligeable"?, in: Die Bank, 29. Jg. (1989), S. 595-603.
MERTIN, K.:
Auswirkungen der Konsolidierung auf das Bilanzstrukturmanagement internationaler Banken - Kurzgefaßte Problemanalyse - in: Bilanzstrukturmanagement in Kreditinstituten, Hrsg.: H. Schierenbeck, Frankfurt a.M. 1984, S. 67-72.
MEYER, A.:
Von der Ländlichen Centralkasse zur Westdeutschen Genossenschafts-Zentralbank, in: Sonderbeilage der ZfgK zu Heft 17 vom 1.9.1984, 21. Jg. (1984), S. 1-4.
MEYER, H.A.:
Die Renaissance der Optionsanleihe - Chancen und Risiken bei Optionsscheinen, in: Bankkaufmann 1983, Heft 11, S. 375-377.
MEYER-HORN, K.:
Die Reform der britischen Sparkassen, in: Sparkasse, 104. Jg. (1987), S. 105-111.
MEYER-HORN, K.:
Die Zukunft der spanischen Sparkassen, Ergebnisse einer Studie für den spanischen Sparkassenverband, in: Sparkasse, 107. Jg. (1990), S. 104-107.
MEYER-KÖSTERS, J.:
Die Sonderstellung der Sparkassen im Wettbewerb, Marburg 1979.
MICHAELS, B./RIEGER, W./VOGELSANG, D.:
Versicherungsunternehmen, Öffentlich-rechtliche, in: HWB der Versicherung, Hrsg.: D. Farny u.a., Karlsruhe 1988, S. 1135-1144.
MINZ, G./RICHTER, H.:
Prüfung von Versicherungsunternehmen, in: HWB der Versicherung, Hrsg.: D. Farny u.a., Karlsruhe 1988, S. 581-589.
MITSUBISHI TRUST AND BANKING CORPORATION:
Prospekt für die Zulassung zum Börsenhandel amtlicher Notierung der DM 300.000 2 3/4 % Deutsche Mark Wandelschuldverschreibung von 1989 (1995) an der Frankfurter Wertpapierbörse, in: Handelsblatt vom 3.4.1990, S. 32-37.

MOESCH, I./SIMMERT, D.B.:
Banken - Struktur, Macht, Reformen, Köln 1976.
MOESCHEL, W.:
Das Trennsystem in der US-amerikanischen Bankwirtschaft, Eine normative und faktische Analyse, Baden-Baden 1978.
MOHR, H.-H./HOFMANN, H.:
Lebensversicherung, Wiesbaden 1965
MONOPOLKOMMISSION, HAUPTGUTACHTEN 1986/87:
Die Wettbewerbsordnung erweitern, Baden-Baden 1988.
MORISON, I.C./SHEPHERDSON, I.C.:
Großbritannien, in: Kreditinstitute im europäischen Binnenmarkt 1993, Hrsg.: Gesellschaft zur Förderung der wissenschaftlichen Forschung über das Spar- und Girowesen e.V., Stuttgart 1990.
MORSCHBACH, M.:
Die Struktur ausländischer Bankensysteme, USA, Schriftenreihe des Instituts für Banken und Industrie, Geld und Kredit, Heft 18, Hrsg.: M. Hein, Frankfurt a.M. 1981.
MORSCHNER, M.:
Mergers and Acquisitions, in: ÖBA, 36. Jg. (1988), S. 595-599, 709-712, 824-827, 921-923, 1107-1112, 1218-1224, 37. Jg. (1989), S. 72-78, 170-176, 310-316, 423-427.
MOST, E.:
Die Neuorientierung des DDR-Bankensystems, in: ÖBA, 38. Jg. (1990), S. 412-414.
MOXTER, A.:
Bilanzlehre, 3. Aufl., Wiesbaden 1986.
MÜLHAUPT, L.:
Strukturwandlungen im westdeutschen Bankwesen, Wiesbaden 1971.
MÜLHAUPT, L.:
§ 12 KWG: Solvabilitäts- und (oder) Finanzierungsregel?, in: ZfgK, 32. Jg. (1979), S. 1086-1094.
MÜLHAUPT, L.:
Einführung in die BWL der Banken, Struktur und Grundprobleme des Bankbetriebs und des Bankwesens in der Bundesrepublik Deutschland, 3. Aufl., Wiesbaden 1980.
MÜLHAUPT, L.:
Macht der Banken in: Bank- und Versicherungslexikon, Hrsg.: H. Schierenbeck, München/Wien 1990, S. 451-458.
MÜLHAUPT, L./HOLDIJK, R.:
Entwicklungstendenzen des öffentlichen Bankwesens in der Bundesrepublik Deutschland, in: Zeitschrift für öffentliche und gemeinwirtschaftliche Unternehmen, 1979, Heft 3, S. 241-251.
MÜLLER, B.:
Konsortialgeschäft, in: HWB der Finanzwirtschaft, Hrsg.: H.E. Büschgen, Stuttgart 1976, Sp. 1121-1126.
MÜLLER, H.-P./STOPPOK, G.:
Leasing im Steuerrecht, in: Leasing-Handbuch für die betriebliche Praxis, 4. völlig neu bearb. Aufl., Hrsg.: K.F. Hagenmüller, G. Stoppok, Frankfurt a.M. 1981.
MÜLLER, H.:
Versicherungsaufsicht, Erlaubnis zum Geschäftsbetrieb, in: HWB der Versicherung, Hrsg.: D. Farny u.a., Karlsruhe 1988, S. 971-978.
MÜLLER-LUTZ, H.L.:
Allgemeine Versicherungslehre (Teil II), in: Versicherungsenzyklopädie, Bd. 1: Allgemeine Versicherungslehre, Wiesbaden 1984, S. 445-481.
MÜLLER-SCHWERIN, E./STREIDT, G.A.:
Unternehmensberatung als Bankdienstleistung, Teil I und II, in: ZfgK, 30. Jg. (1977), S. 1062-1064, S. 1116-1119.
MÜLLER, W.A.:
Bankenaufsicht und Gläubigerschutz, Baden-Baden 1981.

NEUBER, F.:
Commercial Banking, in: Bank- und Versicherungslexikon, Hrsg.: H. Schierenbeck, München/Wien 1990, S. 165-169.

NEUHAUS, G.D.:
Der Weg zur Individualversicherung in der ehemaligen DDR, in: Versicherungswirtschaft, 46. Jg. (1991), S. 300-307

NIRK, R.:
Das Kreditwesengesetz, 8. Aufl., Frankfurt a.M. 1985.

NOLTE, E.-D.:
Grundzüge der Bankenrichtlinie - Die EG-Rechnungslegungsvorschriften für Kreditinstitute und Finanzinstitute, in: Die Wirtschaftsprüfung, 40. Jg. (1987), S. 561-572.

ODRICH, P.:
Nervosität an Japans Börsen, in: FAZ vom 28.2.1990, S. 17.

OECHLER, E.:
Die Umsetzung der KWG-Novelle, in: Bankinformation, 13. Jg. (1986), Heft 5, S. 8-14.

ORIOL, M.R.:
Spanien, in: Kreditinstitute im europäischen Binnenmarkt 1993, Hrsg.: Gesellschaft zur Förderung der wissenschaftlichen Forschung über das Spar- und Girowesen e.V., Stuttgart 1990.

ORTH, F.:
Vermögensverwaltung, in: HWB der Sparkassen, Hrsg.: Deutscher Sparkassenverlag, Bd. 4, Stuttgart 1982, S. 286 ff.

OSTHOFF, M.:
Strukturveränderungen im amerikanischen Bankwesen, in: Die Bank, 21. Jg. (1981), S. 122-125.

O.V.:
Privatbanken, Der Zug ist längst abgefahren, in: Die Wirtschaftswoche, 28. Jg. (1974), Nr. 35 vom 23.8.1974, S. 48-53.

O.V.:
Das japanische Bankwesen, in: Die Bank, 18. Jg. (1978), S. 77-80.

O.V.:
Milliarden für Millionen - Überschußbeteiligung in der Lebensversicherung, in: Zeitschrift für Versicherungswesen, 1979, S. 518-525.

O.V.:
Landesbanken - Markt und Misere, in: Wirtschaftswoche, 38. Jg. (1984), Nr. 31 vom 27.7.1984, S. 30-38.

O.V.:
Die Auslandsbanken in der Bundesrepublik Deutschland, in: Die Bank, 25. Jg. (1985), S. 312-317.

O.V.:
Bank von Frankreich - Die Leinen los, in: Wirtschaftswoche, 40. Jg. (1986), Nr. 21 vom 16.5.1986, S. 37-39.

O.V.:
USA - Industrie und Handel dringen ins Bankgeschäft vor - Lukrative Geschäfte mit eigenen Finanztöchtern, in: Handelsblatt vom 29.9.1987, S. 8.

O.V.:
Spaniens Banken unter Anpassungsdruck, in: Börsen-Zeitung vom 13.10.1988, S. 5.

O.V.:
Genossenschaftsbanken: Tauziehen um Struktur der Bankengruppe beendet, Verbands-Konvention regelt Zusammenarbeit bis in das Jahr 2000, Regionale Zentralbanken können frei über Verschmelzung mit der DG Bank befinden, in: Handelsblatt vom 11.12.1989, S. 13.

O.V.:
Schlagkräftige Struktur für die Victoria-Gruppe, in: Börsen-Zeitung vom 11.5.1989a.

O.V.:
Deutsche Bank - Übernahmeangebot für Londoner Merchant Bank Morgan Grenfell, Frankfurter bieten 2,7 Mrd. DM für einen großen Stützpunkt im Herzen der City, in: Handelsblatt vom 28.11.1989b, S. 11.
O.V.:
Spanische Banken - Umstrukturierung der öffentlichen Banken geplant - Staatliche Finanzholding hat sich zu einer bedeutenden Bankengruppe entwickelt, in: Handelsblatt vom 9.3.1989c, S. 7.
O.V.:
Amerikas Sparbanken-Sanierung - Größte Gesetzes-Reform im US-Finanzsystem seit den 30er Jahren, in: Börsen-Zeitung vom 11.8.1989d, S. 11.
O.V.:
Japans Banken erfüllen BIZ-Quoten, in: Auszüge aus Presseartikeln, Hrsg.: Deutsche Bundesbank, Nr. 103 vom 28.12.1989e, S. 10.
O.V.:
Kontrolle der CS Holding über First Boston, in: Neue Zürcher Zeitung vom 14.11.1990, S. 33.
O.V.:
Bancotrans - Die Deutsche Bank will ihren Anteil noch in diesem Jahr auf 100 Prozent erhöhen, in: Handelsblatt vom 1.3.1990a, S. 11.
O.V.:
Spanien - Banesto erhält grünes Licht für neue Industrieholding, in: Handelsblatt vom 24.4.1990b, S. 13.
O.V.:
Geldgewerbe - Die US-Bankenszene wird gründlich umgekrempelt, in: Handelsblatt vom 18.4.1990c, S. 11.
O.V.:
Savings and Loan Associations - Sparinstitute wollen mit Namenswechsel die Last der Vergangenheit abwerfen, in: Handelsblatt vom 3.12.1990d, S. 12.
O.V.:
Die alten DDR-Banken verschwinden peu á peu, in: Handelsblatt vom 1./2.3.1991, S. 18.
O.V.:
Müller: „Bundesbank-Debatte ausgestanden“, Acht bis zwölf Landesbanken/Schlesinger: Mehr Kooperation, in: FAZ vom 7.5.1991a.
O.V.:
Postbank und Kreditwirtschaft suchen Einigung, Gespräch über Leistungsangebot im Bundespostministerium, Verfassungsrechtliche Prüfung, in: FAZ vom 5.6.1991b, S. 23.
O.V.:
Mehr als 300 Investmentfonds in Deutschland, Europäische Investmentbranche strebt Vereinbarung mit Amerika an, in: FAZ vom 24.6.1991c.
O.V.:
Deutsche Verkehrs-Bank, in: ZfgK, 44. Jg. (1991d), S. 1045-1046.
O.V.:
Spaniens Großbanken liefern sich einen heißen Wettbewerb. Starker Konzentrationsprozeß / Fusion macht BCH zum größten Institut / Neue Staatsbanken-Holding entsteht, in: FAZ, 17.12.1991e, S. 18.
O.V.:
Konsolidierung der amerikanischen Banken auf eigene Faust. Die gesetzliche Hilfe bleibt aus / Nur die Einlagensicherung wird saniert, in: FAZ, 29.11.1991, S. 16.
PALM, M.:
Grundlagen und Möglichkeiten für das Management von Zinsänderungsrisiken durch Zins-Termingeschäfte, Diss., Berlin 1984.
PEAT MARWICK MINATO:
Banking in Japan, 6. Aufl., Tokyo 1987.

PECCHIOLI, R.M.:
Bankenaufsicht in den OECD-Ländern: Entwicklungen und Probleme, Baden-Baden 1989.
PEICK, H.:
Kooperation zwischen Banken und Versicherungen, Wiesbaden 1978.
PETERS, H.:
Geldmarktgeschäfte, in: Obst/Hintner, Geld-, Bank- und Börsenwesen, Hrsg.: N. Kloten, J.H. von Stein, 38. völlig neu gestaltete Aufl., Stuttgart 1988, S. 655-658.
PETERS, J.:
Swap-Finanzierung, Grundtypen, Varianten, Risiken, Wiesbaden 1990.
PFEIFFER, CHR.:
Einführung in die Rückversicherung, 3. Aufl., Wiesbaden 1986.
PHILIPP, F.:
Bankenaufsichtsrechtliche Risikobegrenzungsnormen, in: Bank- und Versicherungslexikon, Hrsg.: H. Schierenbeck, München/Wien 1990, S. 54-61.
POHL, M.:
Wiederaufbau, Kunst und Technik der Finanzierung 1947 - 1953, Die ersten Jahre der Kreditanstalt für Wiederaufbau, Frankfurt a.M. 1973.
POHL, M.:
Einführung in die Deutsche Bankengeschichte, Die Entwicklung des gesamten deutschen Kreditwesens, Frankfurt a.M. 1976.
POHL, M.:
Konzentration im deutschen Bankwesen (1848 - 1980), Frankfurt a.M. 1982.
POHL, M.:
Die Entwicklung des privaten Bankwesens nach 1945, Die Kreditgenossenschaften nach 1945, in: Deutsche Bankengeschichte, Bd. 3, Hrsg.: G. Aschoff u.a., Frankfurt a.M. 1983, S. 205-276.
POHL, M.:
Geschichte des Bankwesens, in: Bank- und Versicherungslexikon, Hrsg.: H. Schierenbeck, München/Wien 1990, S. 304-310.
POULLAIN, L.:
Die Sparkassenorganisation, Frankfurt a.M. 1972.
PRIEWASSER, E.:
Kartengesteuerte Zahlungsverkehrssysteme, Stuttgart 1981.
PRIEWASSER, E.:
Bankbetriebslehre, 2. erw. und erg. Aufl., München/Wien 1986.
PRIEWASSER, E.:
Die Banken im Jahre 2000, Eine Analyse und Prognose der Umweltbedingungen, der Bankpolitik und des Bankenwachstums in den 80er und 90er Jahren, Frankfurt a.M. 1985.
PRIEWASSER, E.:
Zahlungsverkehrssysteme, in: Bank- und Versicherungslexikon, Hrsg.: H. Schierenbeck, München/Wien 1990, S. 708-714.
PRINDL, A.:
Change and continuity in Japanese finance (I), in: Banking World 1989, Heft 3, S. 21-24.
PROCHNOW, H.V.:
The Federal Reserve System, New York 1960.
PROFESSOREN-ARBEITSGRUPPE:
Die Erfolgswirkung der Eigenkapitalsurrogate in der Kreditwirtschaft - Versuch einer Quantifizierung, in: Die Betriebswirtschaft, 43. Jg. (1983), S. 27-47.
PROST, G.:
Das Kreditwesen in der Bundesrepublik Deutschland, Aufgaben - Organisation - Rechtsgrundlagen, Wiesbaden 1975.
PUSKAS, G.V.:
Versicherungsaufsicht, Geschäftsplan, in: HWB der Versicherung, Hrsg.: D. Farny u.a., Karlsruhe 1988, S. 979-987.

QUICK, R.:
Management Buy-Outs, Motive und Anforderungsprofil, in: WiSt, 20. Jg. (1991), S. 311-315.
REHM, H./GEIGER, W.:
Die künftigen nationalen und internationalen Eigenkapitalanforderungen, in: Sparkasse, 107. Jg. (1990), S. 342-347.
REICHHARDT, H.:
Die D-Mark in Ost und West, in: ZfgK, 43. Jg. (1990), S. 1226-1230.
REINERMANN, W.:
Kreditgarantiegemeinschaften, in: HWB der Finanzwirtschaft, Hrsg.: H.E. Büschgen, Stuttgart 1976, Sp. 1157-1164.
REINHARDT, P.:
Der Euronotemarkt als internationale Finanzierungsquelle, in: ZfgK, 38. Jg. (1985), S. 380-386.
REISCHAUER, F./KLEINHANS, J.:
Kreditwesengesetz (KWG), Loseblattkommentar für die Praxis neben sonstigen bank- und sparkassenrechtlichen Aufsichtsgesetzen sowie ergänzende Vorschriften, bearbeitet von: J. Kleinhans, E. Meyer, W. Neuhaus, Stand: Ergänzungslieferung 3/91, Berlin 1963.
REITZ, B.:
Zur Bedeutung der Finanzunternehmung für die Geldpolitik, Stuttgart 1974.
REITZ, D.:
Lebensversicherungen, Veraltete Vorschriften, in: Wirtschaftswoche, 4. Jg. (1989), Nr. 14 vom 31.3.1989, S. 94-96.
REUß, H.:
„Konsolidierung" oder „Zusammenfassung" des Eigenkapitals, in: Die Bank, 23. Jg. (1983), Heft 11, S. 506-509.
REVELL, J.:
Banking structures in Great Britain: Changes and Future Aspects, in: ÖBA, 34. Jg. (1986), S. 207-217.
RICHOLT, K.:
Euro-Kapitalmarkt, in: HWB der Finanzwirtschaft, Hrsg.: H.E. Büschgen, Stuttgart 1976, Sp. 369-376.
RICHTER, H./GEIB, G.:
Auswirkungen des Bilanzrichtlinie-Gesetzes auf die Rechnungslegung von Versicherungsunternehmen, in: Die Wirtschaftsprüfung, 40. Jg. (1987), S. 181-201.
RICHTER, H./GEIB, G.:
Anhang, in: Kompendium zur Rechnungslegung von Versicherungsunternehmen (KoRVU), Band I, 2. Aufl., Karlsruhe 1982, Stand: April 1991, Beitrag E.
RICHTER, H./GEIB, G.:
Grundzüge und Einzelfragen der Rechnungslegung nach dem Bilanzrichtlinien-Gesetz, in: Kompendium zur Rechnungslegung von Versicherungsunternehmen (KoRVU), Band I, 2. Aufl., Karlsruhe 1982, Stand: April 1991a, Beitrag A.
RICHTER, H./GRAF VON TREUBERG, H.:
Der Konzernabschluß (mit Exkurs: Der Abhängigkeitsbericht), in: Rechnungslegung und Prüfung der Versicherungsunternehmen, Hrsg.: Institut der Wirtschaftsprüfer in Deutschland e.V., 3. Aufl., Düsseldorf 1989, S. 555-630.
RIXEN, H.-H.:
EG-Bankbilanzrichtlinie transformiert, in: Die Bank, 30. Jg. (1990), S. 638-642.
RÖHER, A./LANGER, P.:
Bausparen, in HWB der Sparkassen, Hrsg.: Deutscher Sparkassenverlag, Bd. 1: Aktivgeschäfte bis Dienstleistungsgeschäfte, Stuttgart 1982, S. 228-237.
RÖßLE, M.:
Sichteinlagen, in: HWB der Sparkassen, Hrsg.: Deutscher Sparkassenverlag, Bd. 3, Stuttgart 1982, S. 497-508.

ROHLEDER, M./SCHÄFER, G.:
Neues Finanzierungsinstrument im Inland: DM-Commercial Paper, in: Die Bank, 31. Jg. (1991), S. 204-207.
ROSENSTOCK, A.:
Portrait: Kreditanstalt für Wiederaufbau, in: Kreditpraxis, 15. Jg. (1989), S. 142-143.
SCHEIDL, K.:
Die Geschäftsbanken, in: Obst/Hintner, Geld-, Bank- und Börsenwesen, Hrsg.: N. Kloten, J.H. von Stein, 38. Aufl., Stuttgart 1988, S. 179-222.
SCHEWE, D.:
Rentenversicherung, Gesetzliche, in: HWB der Versicherung, Hrsg.: D. Farny u.a., Karlsruhe 1988, S. 639-648.
SCHICK, W.:
KWG und das Leasing, in: ZfgK, 38. Jg. (1985), S. 56-60.
SCHIERENBECK, H.:
Die Mehrfachbelegung von haftendem Eigenkapital bei Bankkonzernen, in: Die Bank, 22. Jg. (1982), S. 150-158.
SCHIERENBECK, H.:
Kreditpyramiden und Bankenbeteiligungen, in: WiSt, 13. Jg. (1984), S. 13-19.
SCHIERENBECK, H./ROLFES, B.:
Effektivzinsverfahren in der Bankenpraxis, in: ZfbF, 38. Jg. (1986), Heft 9, S. 766-778.
SCHIERENBECK, H.:
Genossenschaftliches Zentralbankensystem, Chancen und Risiken der Zweistufigkeit, Wiesbaden 1988.
SCHIERENBECK, H.:
Der geregelte Markt als Organisationsinnovation für den deutschen Kapitalmarkt, in: BFuP, 40. Jg. (1988a), S. 430-455.
SCHIERENBECK, H.:
Grundzüge der Betriebswirtschaftslehre, 10. Aufl., München/Wien 1989.
SCHIERENBECK, H. (HRSG):
Bank- und Versicherungslexikon, München/Wien 1990.
SCHIERENBECK, H.:
Ertragsorientiertes Bankmanagement, 3. Aufl., Wiesbaden 1991.
SCHIERENBECK, H./HÖLSCHER, R.:
Der handelsrechtliche Konzernabschluß und das bankaufsichtsrechtliche Zusammenfassungsverfahren - Gemeinsamkeiten, Unterschiede und Ansätze einer Verknüpfung beider Regelungskreise, in: Die Betriebswirtschaft, 48. Jg. (1988), S. 45-61.
SCHIERENBECK, H./HÖLSCHER, R.:
Banken und Versicherungen, in: Bank- und Versicherungslexikon, Hrsg.: H. Schierenbeck, München/Wien 1990, S. 62-72.
SCHIERENBECK, H./WIEDEMANN, A.:
Das German Discount Certificate (GDC) - ein Vorschlag, in: Die Bank, 30. Jg. (1990), S. 319-323.
SCHIMANN, G.:
Bilanzierungsvorschriften für Kreditinstitute - Änderungsvorschlag der EG-Bankbilanzrichtlinie im Vergleich zur deutschen Praxis, in: Die Wirtschaftsprüfung, 38. Jg. (1985), S. 157-171.
SCHIRMER, U.:
Der Einfluß paramonetärer Institutionen auf die Vermögensbildung, das Kreditangebot und die Geldpolitik, Berlin 1971.
SCHMALENBACH, E.:
Kapital, Kredit und Zins, 4. Aufl., Köln/Opladen 1961.
SCHMIDT, D.:
Deutsche Siedlungs- und Landesrentenbank mit neuem Gesetz, in: ZfgK, 33. Jg. (1980), S. 823-828.

SCHMIDT, D.:
Die Teilprivatisierung der DSL Bank, in: ZfgK, 42. Jg. (1989), S. 850-854, S. 908-911.
SCHMIDT, H./SCHURIG, M./WELCKER, J.:
Bank- und Börsenwesen, Bd. 1, Struktur und Leistungsangebot, Hrsg.: M. Bitz, München 1981.
SCHMIDT, P.:
Deutscher Kassenverein, in: ZfgK, 43. Jg. (1990), S. 121-122.
SCHMIDT, R.:
Versicherungsaufsichtsrecht, in: Versicherungsenzyklopädie, Bd. 3: Rechtslehre des Versicherungswesens, Hrsg.: W. Große, L. Müller-Lutz, R. Schmidt, Wiesbaden 1984, S. 527-633.
SCHMIDT, R./FREY, P.:
Prölss - Versicherungsaufsichtsgesetz, Bundesaufsichtsgesetze, Kartellrecht der Versicherungswirtschaft (§ 102 GWB) und andere Nebengesetze, 10. Aufl., München 1989.
SCHMIDT, R.H.:
Venture Capital, in: Bank- und Versicherungslexikon, Hrsg.: H. Schierenbeck, München/Wien 1990, S. 644-648.
SCHMITT, R.M.:
Das Factoringgeschäft, Frankfurt a.M. 1968.
SCHMITT-WEIGAND, A.:
Das Universalbanksystem im Lichte jüngerer Entwicklungen, in: Organisation der Banken und des Bankenmarktes, Hrsg.: W. Engels, Frankfurt a.M. 1988, S. 87-111.
SCHNEIDER, R.:
Trustbanken - Chancen auf lange Sicht, in: Börsen-Zeitung vom 29.7.1989, S. 12 f.
SCHNEIDER, U.H.:
Die Bankensysteme in den Mitgliedstaaten der Europäischen Gemeinschaft auf dem Weg in den EG-Binnenmarkt, in: Perspektiven für den Europäischen Bankenmarkt, Bd. 10, Hrsg.: J. Rehm, Verband öffentlicher Banken, Berichte und Analysen, Bonn 1989.
SCHNEIDER, U.H.:
Das Bankenaufsichtsrecht in Großbritannien und seine Bedeutung für die deutschen Kreditinstitute, in: Sparkasse 106. Jg. (1989a), S. 103-108.
SCHNEIDER-GÄDICKE, K.-H.:
Zukunft des Investment Banking in der Bundesrepublik Deutschland, in: Kapitalmarktanalyse, Institutionen, Instrumente und Anlagestrategien, Hrsg.: B. Rudolph, Frankfurt a.M. 1987, S. 147-161.
SCHÖLER, M.:
S-Versicherungssparen und S-Renta-Plan, Neue flexible Vorsorgeangebote der Sparkasse, in: Betriebswirtschaftliche Blätter, 36. Jg. (1987), S. 44-48.
SCHÖTTL, P.:
Die Stellung der Teilzahlungsbanken im Kreditgewerbe, Eine Strukturanalyse unter besonderer Berücksichtigung der Wettbewerbssituation, Frankfurt a.M. 1981.
SCHOGS, F.:
Zehn Jahre Privatisierungspolitik in Großbritannien, in: Die Bank, 29. Jg. (1989), S. 426-430.
SCHOLL, C.:
Einlegerschutz bei Kreditinstituten, in : WiSt, 9. Jg. (1980), S. 137-140.
SCHOLZ, F.J.:
Die neue Preisangabenverordnung in der Kreditwirtschaft, in: Kreditpraxis, 1985, Heft 11, S. 43-49.
SCHOLZE, H.:
Das Konsortialgeschäft der deutschen Banken, Erster und zweiter Halbband, Berlin 1973.
SCHRAMM , B.:
Die Volksbanken und Raiffeisenbanken, 2. Aufl., Frankfurt 1982.
SCHREIBER, W.:
Zum System sozialer Sicherung, Hrsg.: H. Allekotte, Köln 1971.

SCHREINER, K.:
Bedeutung, Entwicklung und Struktur des Finanzplatzes London, in: Sparkasse, 106. Jg. (1989), S. 25-30.
SCHRÖDER, G.:
Ratgeber für Ruheständler, Regensburg 1988.
SCHUBERT, G.:
Die Bereitstellung von Risikokapital durch Kapitalbeteiligungs- und Wagnisfinanzierungsgesellschaften, in: Die Information über Steuer und Wirtschaft, 36. Jg. (1982), S. 376 ff.
SCHUBERT, K.:
Interessenvermittlung und staatliche Regulation, Opladen 1989.
SCHUBERT, M./SCHNEIDER, F.:
Die Bankdienste der Post, Frankfurt a.M. 1980.
SCHÜTZ, A./FECHNER, A.:
Öffentlich-rechtliche Kreditinstitute und Privatbankiers, in: ZfgK, 44. Jg. (1991), S. 8-14.
SCHULTZE-KIMMLE, H.-D.:
Japans Banken - Das Kreditwesen eines Industriegiganten, Bankwirtschaftliche Studien, Institut für Bank- und Kreditwirtschaft der Bayerischen Julius-Maximilians-Universität Würzburg, Folge 1, Würzburg 1968.
SCHULZ, H.:
Kreditlebensversicherung, Restschuldversicherung, 2. Aufl., Frankfurt a.M. 1988.
SCHULZE, S.:
Entwicklungslinien im Versicherungswesen der DDR, in: Versicherungswirtschaft, 45. Jg. (1990), S. 379-386.
SCHULZ-HENNIG, I.:
Bank Holding Companies im Wirtschaftsrecht der USA, Eine rechtliche und faktische Analyse, Baden-Baden 1980.
SCHURIG, M.:
Bankgeschäfte - Das Leistungsangebot der Banken, in: Bank- und Börsenwesen, Bd. 1: Struktur und Leistungsangebot, Hrsg.: M. Bitz, München 1981, S. 75-131.
SCHUSTER, L.:
Investment Banking, in: Bank- und Versicherungslexikon, Hrsg.: H. Schierenbeck, München 1990, S. 345-350.
SCHWARZ-SCHILLING, CHR.:
Die Postbank: Spezialinstitut in neuer Struktur, in: ZfgK, 41. Jg. (1988), S. 737-739.
SCHWARZ-SCHILLING, CHR.:
Das Vertriebssystem der Postbank, in: Vertriebshandbuch für Finanzdienstleistungen, Hrsg.: O. Betsch, K.-F. Otto, Frankfurt a.M. 1989, S. 165-186.
SCHWEBLER, R.:
Lebensversicherung, in: HWB der Versicherung, Hrsg.: D. Farny u.a., Karlruhe 1988, S. 417-425.
SCHWEBLER, R.:
Rentenversicherung, Private, in: HWB der Versicherung, Hrsg.: D. Farny u.a., Karlsruhe 1988a, S. 649-650.
SCHWEBLER, R.:
Erweiterte Handlungsspielräume für Versicherer, in: Versicherungskaufmann, 38. Jg. (1991), Heft 2, S. 49-50.
SCHWEIZERISCHE NATIONALBANK:
81. Geschäftsbericht 1988, o.O. 1989.
SCHWEIZERISCHE NATIONALBANK:
Das schweizerische Bankwesen im Jahre 1988, Nr. 73, Zürich 1989a.
SCHUSTER, L.:
Revolution des Zahlungsverkehrs durch Automation, Stuttgart 1986.
SCHWENK, A.:
Die Kreditwürdigkeit der eingetragenen Genossenschaft, Göttingen 1984.

SEHRBROCK, H.:
Öffentliche Banken im Wandel der Aufgaben - das Beispiel der DSL Bank, in: Der langfristige Kredit, 36. Jg. (1985), S. 684-687.
SEIDEL, G.W.:
Die Landwirtschaftliche Rentenbank, Porträt eines gemischt-gemeinwirtschaftlichen Unternehmens: Sonderdruck der Zeitschrift für öffentliche und gemeinwirtschaftliche Unternehmen, o.O. o.J.
SEIPP, W.:
Private Geschäftsbanken, in: Bank- und Versicherungslexikon, Hrsg.: H. Schierenbeck, München/Wien 1990, S. 528-534.
SELZER, R.:
Die Forfaitierung - Ein nützliches Instrument zur Exportfinanzierung, in: Kreditpraxis, 1986, Heft 1, S. 13-18.
SIEBEL, U.R.:
Eigenkapital und Quasi-Eigenkapital von Kreditinstituten - Bemerkungen zum Thema mit rechtsvergleichenden Hinweisen, Frankfurt a.M. 1980.
SIEG, K.:
Seeversicherung, in: HWB der Versicherung, Hrsg.: D. Farny u.a., Karlsruhe 1988, S. 767-773.
SIEG, K.:
Versicherungsaufsicht, rechtliche Grundlagen, in: HWB der Versicherung, Hrsg.: D. Farny u.a., Karlsruhe 1988, S. 993-997.
SOLTWEDEL, R. ET AL:
Deregulierungspotentiale in der Bundesrepublik, Kiel 1986.
SPELSBERG, P.:
Öffentlich-rechtliche Bodenkreditinstitute, in: Handbuch des Realkredits, Hrsg.: F. Steffan, Frankfurt a.M. 1964, S. 831-932.
SPITTLER, H.J.:
Leasing für die Praxis, 3. erw. und überarb. Aufl., Köln 1990.
STANNIGEL, H.:
Pauschalwertberichtigungen auf Forderungen, in: ZfgK, 42. Jg. (1989), S. 260-265.
STAßBERGER, K.:
Börsengeschehen und Börsentechnik, in: Betriebswirtschaftliche Blätter, 33. Jg. (1984), S. 44-49.
STEIN, J.H. V./KIRSCHNER, M.:
Kreditleistungen, in: Obst/Hintner, Geld-, Bank- und Börsenwesen, Hrsg.: N. Kloten, J.H. von Stein, 38. völlig neu gestaltete Aufl., Stuttgart 1988, 304-442.
STEIN, J.:
Banken-System der DDR vor dem Umbruch, in: Die Bank, 30. Jg. (1990), S. 76-83.
STEIN, H. V./STIEGLITZ, S. V.:
Sicherungseinrichtungen im Kreditgewerbe, in: Bank- und Versicherungslexikon, Hrsg.: H. Schierenbeck, München/Wien 1990, S. 576-584.
STEINER, M.:
Kreditwürdigkeitsprüfung, in: Bank- und Versicherungslexikon, Hrsg.: H. Schierenbeck, München/Wien 1990, S. 414-427.
STILLE, H.T.:
Das spanische Bankwesen, in: Bankinformation, 16. Jg. (1989), Heft 3, S. 45-48.
STOBBE, D.:
Gesamtwirtschaftliche Theorie, Berlin/Heidelberg/New York 1975.
STÖFFLER, M.:
Markttransparenz in der Lebensversicherung, Karlsruhe 1984.
STORCK, E.:
Neue Instrumente im Euromarkt, in: Die Bank, 24. Jg. (1984), Heft 11, S. 504-508.
STORCK, E.:
Zins- und Währungsswaps am Euromarkt, in: Die Bank, 23. Jg. (1983), Heft 10, S. 459-464.

STRACKE, G./POHL, M.:
Financial Services in Deutschland (II): Marktstrategien der Bausparkassen, in: Die Bank, 27. Jg. (1987), S. 421-439.
STREIB, F.:
Japans Finanzinstitute - Die Eroberung der Weltfinanzmärkte durch Japan folgt dem Vorbild der Expansion der Industrie, in: Handelsblatt vom 13.2.1990, S. 30.
STRUNK, I.:
Veränderungen im Sparkassenrecht, in: Sparkasse, 107. Jg. (1990), S. 559-565.
STROER, H.:
Einführung, in: Sozialgesetzbuch, Reichsversicherungsordnung, 15. Aufl., München 1989, S. IX-XXX.
STÜTZEL, W.:
Die Rolle des Finanzvermögens in der modernen Wirtschaft, in: Obst/Hintner, Geld-, Bank- und Börsenwesen, Hrsg.: N. Kloten, J.H. von Stein, 38. Aufl., Stuttgart 1988, S. 45-60.
SÜCHTING, J.:
Auf Dauer nur lebensfähig mit Hilfe einer leistungsfähigen Kooperation, Haben die Privatbanken in der Bundesrepublik noch eine Zukunft?, in: Handelsblatt vom 16.2.1984, S. 17.
SÜCHTING, J.:
Bankmanagement, 2. Aufl., Stuttgart 1987.
SÜCHTING, J.:
Banken und Versicherungsunternehmen, in: HWB der Versicherung, Hrsg.: D. Farny u.a. Karlsruhe 1988, S. 37-43.
SZAGUNN, V./WOHLSCHIEß, K.:
Gesetz über das Kreditwesen, Kommentar, 4. Aufl., Stuttgart/Berlin/Köln 1986.
TOBIAS, E.J.:
Der Konsumentenkredit im Kontokorrentverhältnis, Eine Untersuchung zu den rechtlichen Grenzen neuer Vertragsformen im Kreditmarketing, Baden-Baden 1990.
TOCHTERMANN, A.:
Der Haftsummenzuschlag der Kreditgenossenschaften als haftendes Eigenkapital im Sinne des KWG - Eine Untersuchung einer gesellschaftsrechtlichen, aufsichtsrechtlichen und wettbewerbspolitischen Bedeutung, Göttingen 1980.
TORMANN, W.:
Investmentgesellschaften, 5. Aufl., Frankfurt a.M. 1978.
TRABER, U.:
Die Grundsätze I und Ia, Die Grundlinien der Neufassung, in: Kreditpraxis, 16. Jg. (1990), Heft 4, S. 7-9.
TRABER, U.:
Neufassung der KWG-Grundsätze I und Ia, Teil 1: Auch bilanzunwirksame Geschäfte sind mit Eigenmitteln zu unterlegen, Teil 2: Alle offenen Positionen werden erfaßt, in: Bankkaufmann, 39. Jg. (1990a), Heft 7, S. 17-20, Heft 8, S. 45-48.
TREMER, G.:
Öffentlich-rechtliche Bodenkreditinstitute, in: Handbuch des Real- und Kommunalkredites, Hrsg.: F. Steffan, Franfurt a.M. 1977, S. 457-496.
TREUARBEIT:
KWG-Novelle 1985, Frankfurt a.M. 1985.
TRÖBLIGER, A.:
Besonderheiten der Rechnungslegung der Lebensversicherungsunternehmen, in: Kompendium zur Rechnungslegung von Versicherungsunternehmen (KoRVU), Band I, 2. Aufl., Karlsruhe 1982, Stand: April 1991, Beitrag G.
ULLRICH, E.:
Die Wohnungsbaukreditanstalten, in: ZfgK, 44. Jg. (1991), S. 18-20.
VALLENTHIN, W.:
Kapitalbeteiligungsgesellschaften, in: HWB der Finanzwirtschaft, Hrsg.: H.E. Büschgen, Stuttgart 1976, Sp. 1021-1028.

VINER, A.:
Die japanischen Finanzmärkte, Hintergründe und Einblicke - Ein Insiderbericht, München 1989.
VÖLLING, J.:
Kapitalmarkt und Effektenbörse, in: Finanzierungshandbuch, 1. Aufl., Hrsg.: F.W. Christians, Wiesbaden 1980, S. 259-287.
VOGEL, W./LEHMANN, R.:
Der Gesamtgeschäftsplan für die Überschußbeteiligung, in: Veröffentlichungen des Bundesaufsichtsamtes für das Versicherungswesen, 32. Jg. (1983), S. 99-102, 124-132, 213-231.
VORLÄNDER, A.:
Frei Sparkassen, Nicht nur gemeinsame Interessen mit den kommunalen Schwestern, in: Bankkaufmann, 35. Jg. (1986), S. 30-34.
WALTER, H.:
Liberalisierung am japanischen Finanzmarkt, in: Die Bank, 26. Jg. (1986), S. 341-351.
WALZ, H.:
Stripped Bonds, in: WiSt, 16. Jg. (1987), S. 405-406.
WANDEL, E.:
Das deutsche Bankwesen im Dritten Reich (1933-1945), in: Deutsche Bankengeschichte, Bd. 3, Hrsg.: G. Aschoff u.a., Frankfurt 1983, S. 147-203.
WEBER, A.:
Das Gesundheitswesen in der Deutschen Demokratischen Republik, in: Informationsdienst der Gesellschaft für Versicherungswissenschaft und -gestaltung e.V., Nr. 215, Köln 1990.
WEIDENHAMMER, R.M.:
Das Bank- und Börsenwesen in den USA, Frankfurt a.M. 1966.
WELCKER, J.:
Struktur des deutschen Bankwesens, in: Bank- und Börsenwesen, Bd. I, Struktur und Leistungsangebot, Hrsg.: M. Pritz, München 1981, S. 7-70.
WELZEL, H.-J.:
Versicherungsbilanzen im Umbruch, in: ZfgV, 38. Jg. (1988), S. 573-617.
WELZEL, H.-J.:
Betriebskosten, in: Kompendium zur Rechnungslegung von Versicherungsunternehmen (KoRVU), Band I, 2. Aufl., Karlsruhe 1982, Stand: April 1991, Beitrag D.
WERMUTH, D./OCHYNSKI, W.:
Strategien an den Devisenmärkten, Eine Anleitung für die Praxis, 3. Aufl., Wiesbaden 1987.
WIDMER, R.:
Euromarkt, 2. Aufl., Frankfurt a.M. 1977.
WIEDEMANN, A.:
Verbundstrategie für Kreditgenossenschaften, Bern/Stuttgart 1992.
WILLNERS, G.:
Die Wertpapieranlage der Kreditbanken und ihre Bestimmungsfaktoren, Diss., Münster 1966.
WINGERT, A.:
Fünf neue Kreditgarantiegemeinschaften, in: ZfgK, 43. Jg. (1990), S. 1114-1117.
WINTERSTEIN, H.:
Das System der sozialen Sicherung in der Bundesrepublik Deutschland, München 1988.
WITTGEN, R.:
Geldmarkt, in: Obst/Hintner, Geld-, Bank- und Börsenwesen, Hrsg.: N. Kloten, J.H. von Stein, 37. völlig neu gestaltete Aufl., Stuttgart 1980, S. 758 ff.
WÖHE, G.:
Treuhandverhältnisse, in: Handbuch der Rechnungslegung, Kommentar zur Bilanzierung und Prüfung, Hrsg.: K. Küting, C.-P. Weber, Stuttgart 1986, S. 233-257.
WÖHE, G.:
Bilanzierung und Bilanzpolitik, 7. Aufl., München 1987.

WOESTE, C.:
Rahmenbedingungen für die Bildung von Eigenkapital bei den öffentlich-rechtlichen Sparkassen, Bundesrepublik Deutschland, Großbritannien und Österreich - ein Vergleich vor dem Hintergrund der jüngsten Entwicklungen, Schriften zum deutschen und ausländischen Geld-, Bank- und Börsenrecht, Bd. 17, Hrsg.: K.D. Bundschuh, W. Hadding, U.H. Schneider, Frankfurt a.M. 1989.

WOHLMANNSTETTER, G.:
Finanzplatz Tokio, Frankfurt 1991.

WOLFF, V.:
Fondssparen mit Versicherung - Steuervorteil gefährdet, in: Capital, 27. Jg. (1988), Heft 6, S. 52-53.

ZACHER, H.F.:
Sozialversicherung, soziale Sicherheit, in: HWB der Versicherung, Hrsg.: D. Farny u.a., Karlsruhe 1988, S. 795-806.

ZAHN, C.D./EBERDING, E./EHRLICH, D.:
Zahlung und Zahlungsversicherung im Außenhandel, 6. neubearb. und erweiterte Aufl., Berlin/New York 1986.

ZAHN, J.C.D.:
Der Privatbankier, 3. Aufl., Frankfurt a.M. 1972.

ZIEMER, G.:
Zwangig Jahre Lastenausgleichsbank, Bonn-Bad Godesberg 1970.

ZIMMERMANN, H.:
Preisbildung und Risikoanalyse von Aktienoptionen, Zürich 1988.

ZIMPELMANN, K.:
40 Jahre Landwirtschaftliche Rentenbank, in: Der langfristige Kredit, 40. Jg. (1989), S. 486-489.

ZSCHOCKELT, W.:
Das Versicherungswesen in der DDR - ein Überblick, in: Versicherungswirtschaft, 45. Jg. (1990), S. 306-310.

Stichwortverzeichnis